SÆCULUM X.

FLODOARDI
CANONICI REMENSIS
OPERA OMNIA.

PRODEUNT NUNC PRIMUM IN UNUM COLLECTA, PARTIM EX EDITIONE COLVENERII, PARTIM EX PRÆSTANTISSIMA V. CL. PERTZ COLLECTIONE; ACCESSERE FLODOARDI CARMINA DE TRIUMPHIS CHRISTI INEDITA, EX DUOBUS CODICIBUS MSS. INTER SE COLLATIS EXPRESSA.

SEQUUNTUR

JOANNIS XIII ET BENEDICTI VI

SUMMORUM PONTIFICUM

EPISTOLÆ ET DECRETA.

Intermiscentur

GUMPOLDI MANTUANI, ERACLII LEODIENSIS, UDALRICI AUGUSTANI, EPISCOPORUM,

SCRIPTA VEL SCRIPTORUM FRAGMENTA QUÆ SUPERSUNT.

ACCURANTE J.-P. MIGNE,

BIBLIOTHECÆ CLERI UNIVERSÆ,

SIVE

CURSUUM COMPLETORUM IN SINGULOS SCIENTIÆ ECCLESIASTICÆ RAMOS EDITORE.

TOMUS UNICUS.

VENIT 7 FRANCIS GALLICIS.

EXCUDEBATUR ET VENIT APUD J.-P. MIGNE EDITOREM
IN VIA DICTA D'AMBOISE, PROPE PORTAM LUTETIÆ PARISIORUM VULGO D'ENFER NOMINATAM,
SEU PETIT MONTROUGE.

1853.

ELENCHUS

AUCTORUM ET OPERUM QUI IN HOC TOMO CXXXV CONTINENTUR.

FLODOARDUS CANONICUS REMENSIS.

Historia Remensis.	Col. 23
Annales.	417
Opuscula metrica.	491

SANCTA MATHILDIS REGINA.

Vita auctore anonymo.	885

GUMPOLDUS EPISCOPUS MANTUANUS.

Vita Vencezlavi ducis Bohemiæ.	899

ERACLIUS LEODIENSIS EPISCOPUS.

Epistola ad Ratherium episcopum.	943
Relatio miraculi S. Martini.	945

JOANNES XIII PAPA.

Epistolæ et decreta.	949

SANCTUS UDALRICUS AUGUSTANUS EPISCOPUS.

Sermo synodalis.	1069
Diploma.	1073

BENEDICTUS VI PAPA.

Epistolæ et decreta.	1079

Ex typis MIGNE, au Petit-Montrouge.

PATROLOGIÆ
CURSUS COMPLETUS
SIVE
BIBLIOTHECA UNIVERSALIS, INTEGRA, UNIFORMIS, COMMODA, OECONOMICA,
OMNIUM SS. PATRUM, DOCTORUM SCRIPTORUMQUE ECCLESIASTICORUM
QUI
AB ÆVO APOSTOLICO AD INNOCENTII III TEMPORA
FLORUERUNT;
RECUSIO CHRONOLOGICA
OMNIUM QUÆ EXSTITERE MONUMENTORUM CATHOLICÆ TRADITIONIS PER DUODECIM PRIORA ECCLESIÆ SÆCULA,

JUXTA EDITIONES ACCURATISSIMAS, INTER SE CUMQUE NONNULLIS CODICIBUS MANUSCRIPTIS COLLATAS, PERQUAM DILIGENTER CASTIGATA;
DISSERTATIONIBUS, COMMENTARIIS LECTIONIBUSQUE VARIANTIBUS CONTINENTER ILLUSTRATA;
OMNIBUS OPERIBUS POST AMPLISSIMAS EDITIONES QUÆ TRIBUS NOVISSIMIS SÆCULIS DEBENTUR ABSOLUTAS DETECTIS, AUCTA;
INDICIBUS PARTICULARIBUS ANALYTICIS, SINGULOS SIVE TOMOS, SIVE AUCTORES ALICUJUS MOMENTI SUBSEQUENTIBUS, DONATA;
CAPITULIS INTRA IPSUM TEXTUM RITE DISPOSITIS, NECNON ET TITULIS SINGULARUM PAGINARUM MARGINEM SUPERIOREM DISTINGUENTIBUS SUBJECTAMQUE MATERIAM SIGNIFICANTIBUS, ADORNATA;
OPERIBUS CUM DUBIIS TUM APOCRYPHIS, ALIQUA VERO AUCTORITATE IN ORDINE AD TRADITIONEM ECCLESIASTICAM POLLENTIBUS, AMPLIFICATA;
DUOBUS INDICIBUS GENERALIBUS LOCUPLETATA : ALTERO SCILICET RERUM, QUO CONSULTO, QUIDQUID UNUSQUISQUE PATRUM IN QUODLIBET THEMA SCRIPSERIT UNO INTUITU CONSPICIATUR; ALTERO
SCRIPTURÆ SACRÆ, EX QUO LECTORI COMPERIRE SIT OBVIUM QUINAM PATRES ET IN QUIBUS OPERUM SUORUM LOCIS SINGULOS SINGULORUM LIBRORUM SCRIPTURÆ TEXTUS COMMENTATI SINT.
EDITIO ACCURATISSIMA, CÆTERISQUE OMNIBUS FACILE ANTEPONENDA, SI PERPENDANTUR : CHARACTERUM NITIDITAS CHARTÆ QUALITAS, INTEGRITAS TEXTUS, PERFECTIO CORRECTIONIS, OPERUM RECUSORUM TUM VARIETAS TUM NUMERUS, FORMA VOLUMINUM PERQUAM COMMODA SIBIQUE IN TOTO OPERIS DECURSU CONSTANTER SIMILIS, PRETII EXIGUITAS, PRÆSERTIMQUE ISTA COLLECTIO, UNA, METHODICA ET CHRONOLOGICA SEXCENTORUM FRAGMENTORUM OPUSCULORUMQUE HACTENUS HIC ILLIC SPARSORUM;
PRIMUM AUTEM IN NOSTRA BIBLIOTHECA, EX OPERIBUS AD OMNES ÆTATES, LOCOS, LINGUAS FORMASQUE PERTINENTIBUS, COADUNATORUM.

SERIES SECUNDA,
IN QUA PRODEUNT PATRES, DOCTORES SCRIPTORESQUE ECCLESIÆ LATINÆ A GREGORIO MAGNO AD INNOCENTIUM III.
Accurante J.-P. Migne,
BIBLIOTHECÆ CLERI UNIVERSÆ,
SIVE
CURSUUM COMPLETORUM IN SINGULOS SCIENTIÆ ECCLESIASTICÆ RAMOS EDITORE.

PATROLOGIA BINA EDITIONE TYPIS MANDATA EST, ALIA NEMPE LATINA, ALIA GRÆCO-LATINA. — VENEUNT MILLE FRANCIS DUCENTA VOLUMINA EDITIONIS LATINÆ; OCTINGENTIS ET MILLE TRECENTA GRÆCO-LATINÆ. — MERE LATINA UNIVERSOS AUCTORES TUM OCCIDENTALES, TUM ORIENTALES EQUIDEM AMPLECTITUR; HI AUTEM, IN EA, SOLA VERSIONE LATINA DONANTUR.

PATROLOGIÆ TOMUS CXXXV.

FLODOARDUS CANONICUS REMENSIS, JOANNES XIII ET BENEDICTUS VI, SANCTA MATHILDIS, GUMPOLDUS MANTUANUS, ERACLIUS LEODIENSIS, UDALRICUS AUGUSTANUS, EPISCOPI.

TOMUS UNICUS.

EXCUDEBATUR ET VENIT APUD J.-P. MIGNE EDITOREM,
IN VIA DICTA D'AMBOISE, PROPE PORTAM LUTETIÆ PARISIORUM VULGO D'ENFER NOMINATAM,
SEU PETIT-MONTROUGE.

1853

ANNO DOMINI DCCCCLXVI.

FLODOARDUS

CANONICUS REMENSIS.

NOTITIA HISTORICA IN FLODOARDUM.

(Apud Mabill. Acta SS. ord. S. Bened., tom. VII, pag. 525.)

Flodoardum presbyterum Remensem, præcipuum sæculi x ornamentum, monachis accensent viri docti non pauci post Sigebertum, quos inter Guillelmus Marlotus in *Metropoli Remensi* et Natalis Alexander in *Historia sæculi* x. Flodoardus, quem idem Sigebertus *Flawaldum* vocat, nunquam satis laudatus, nec scio an ulli temporum illorum scriptori secundus, Sparnaco oppido ad Matronam, vulgo *Epernay*, natus est anno 894, siquidem anno 965 septuagenarius erat, ex ipsius Chronico. Archivum ecclesiæ Remensis ejus curæ commissum erat cum crypta seu capella sancti Petri ex Historiæ suæ, lib. II, cap. 19, ubi de Ebone agit, his verbis : « Archivum ecclesiæ tutissimis ædificiis, cum crypta in honore sancti Petri omniumque apostolorum, martyrum, confessorum ac virginum dedicata, ubi Deo propitio deservire videmur, opere decenti construxit. » Ibidem, Gundacrum, Canonicum, ut puto, Remensem, nutritorem suum vocat, matris ejus *avunculus* erat *Flawardus nomine*, qui *duos filios* in sancti Basoli monasterio habuit, unum Tetbertum, *qui presbyter dudum*, inquit, *apud nos obiit*. Artaldo archiepiscopo Romam, nescio cujus rei causa, profectus sub annum 936, a Leone papa VII perhonorifice exceptus est. Ita enim ipse canit in fine libri metrici de Romanis pontificibus, ubi de Leone VII

Qui me visentem ætherei pia limina Petri
Jocunde excipiens, animo quæsita benigno
Admisit, favitque pie, studuitque modeste.
Ramina grata serens, epulis recreavit utrisque
Corporis atque animæ, benedixit, et oscula libans,
Ac geminans dono cumulatum muneris almi
Pergere lætantem amplexu dimisit honoro.

Anno 940 Hugone Heriberti Vermandensis comitis filio, ad sedem Remensis Ecclesiæ in locum Artaldi superordinato, Flodoardus factum improbans, peregrinationem ad limina sancti Martini prætexuit, sed ab Heriberto retentus est. Rem narrat iisdem pene verbis Flodoardus ipse tum in Chronico ad illum annum, tum in Historia Remensi. Verba ejus referenda sunt, ut appareat eumdem utriusque operis esse auctorem. Sic itaque in Chronico habet : « Ego denique disponens orationis gratia sepulcrum sancti Martini visere, retentus sum ab Heriberto comite, clam me quibusdam accusantibus apud eum, quod sui causa nocumenti vel filii sui vellem proficisci. Fecitque me sub custodia detineri, ablatis a me rebus, quas de episcopatu tenebam, cum ecclesia quam regebam in Culmisciaco (*Cormicy*), sicque plenis quinque mensibus sum detentus. » Idem in Historiæ, lib. IV, cap. 28 : « Mihi quoque ecclesiam Culmisciaci vici abstulit cum terra beneficii, quam tunc temporis tenebam. Ego denique disponens orationis gratia sepulcrum visere sancti Martini, retentus sum ab ipso, clam me quibusdam personis insimulantibus apud eum, quod sui causa nocumenti vel filii sui vellem proficisci : et quia renutabam me huic electo nostro committere, nesciens utrum Deo placeret præsulem nostrum fore. Sicque plenis quinque mensibus apud fratres nostros (*id est canonicos Remenses*), ipso comite jubente sub custodia partim libera sum detentus. » Tum alia inde consecuta subdit, nempe se absolutum a custodia « ipsa die conceptionis et passionis Domini nostri Jesu Christi, ad urbem Suessonicam » cum suo electo perrexisse, ubi Hugonis ordinatio confirmata est in conventu episcoporum. « Ibi ergo, inquit, Hugo princeps tunc me per manum accipiens, huic Hugoni nepoti suo ad benefaciendum commisit, quique mihi ecclesiam sanctæ Mariæ dedit in Colrido (*Coroy*) sitam : terram quoque quam pater suus mihi abstulerat reddidit, et aliam in prædicta villa superadjecit. » Ex his constat, Flodoardo ante annum 940 commissam fuisse curam ecclesiæ Culmisciacensis : ac proinde ante Agapeti pontificatum, qui anno 946 sedere cœpit, presbyterum fuisse. Quod quam ob causam hic notem, inferius videbitur. Anno 941 Flodoardus Hugonis « jussu primum de exsilio evocatur. »

Idem synodo Virdunensi anno 947 interfuit, ut ex eo colligitur, quod post synodum, *Mansimus*, ait, *cum Roiberto Trevirensi*, nempe ipse et Artoldus. Quæ verba utrobique eadem leguntur tum in Chronico ad prædictum annum, tum in Historia, lib. IV, cap. 35. De eo nihil amplius legitur ad annum 982, quo anno Hugo archiepiscopus in ordinem redactus, atque Odalricus ejus loco suffectus est. Chronici hæc verba sunt : « Elegimus ad episcopum Remensem Odalricum illustrem clericum, Hugonis cujusdam comitis filium, » etc. Denique anno sequenti « Odalricus Remensis archiepiscopus proceres Franciæ, qui possessiones quasdam Remensis

occupaverant Ecclesiæ, vocari fecit. Ego vero, subdit Flodoardus, fractus ætate, et attritus infirmitate, ministerio me abdicavi prælaturæ coram eodem præsule : quique me hoc absolvens jugo, imposuit illud per electionem fratrum meorum nepoti meo Flodoardo septuagesimo ætatis meæ anno. »
Hactenus Flodoardus de seipso.

Quænam sit illa *prælatura*, quam abdicavit, valde obscurum est. Hoc nomine sine dubio intelligitur, non simplex canonici titulus, sed vel præpositura ecclesiæ Remensis (nam et præpositos, saltem monasteriorum, aliquando *prælatos* appellatos legere memini), vel dignitas abbatialis. Abbatem quippe, imo et monachum fuisse Flodoardum probant argumenta et indicia non pauca. Primo id præcise tradit epistola Adelagi seu Adelgagi Bremensis archiepiscopi et apostolicæ sedis legati ad Flodoardum, qua ipsum consolatur, quod ad cathedram ecclesiæ Noviomensis electus, Fulcherio cedere coactus sit. Inscriptio epistolæ sic habet : *Frodoardo Patri Remensi, verbum pacis.* Fortasse legendum, *presbytero Remensi.* In hac autem epistola quæ omnino sincera et genuina videtur, Flodoardum, « beneficio deposito, in solitudinem et monasterii latebram, » secessisse testatur Adelgagus, qui hanc epistolam scripsit *anno* 951, *prid. Kalend. Octobris.* An tunc pastore destituta fuerit ecclesia Noviomensis, non satis constat ex Flodoardi Chronico, in quo Rodulfi episcopi ordinatio ponitur anno 950, et deinde, nulla ejus obitus mentione facta, « Fulcarius decanus monasterii sancti Medardi Noviomensium episcopus Remis ordinatus » dicitur anno 954. Si mendo caret in prædicta epistola anni designatio, dicendum est, Rodulfum anno ab ejus ordinatione proximo 951 obiisse : deinde in eligendo successore divisa fuisse suffragia, aliis Flodoardo faventibus, aliis Fulcario seu Fulcherio, qui tandem superior exstiterit. Nec aliquis dicat, alium esse hunc, de quo agitur in epistola prædicta, Flodoardum : cum tempus, locus, cæteraque omnia conveniant. Certe apud Sigebertum, auctorem ejus supparem, in cap. 131 de scriptoribus ecclesiasticis, *Flawaldus Remensis, qui gesta pontificum Remensium scripsit, monachus* appellatur. Et in vetusto epitaphio Gallicis rhythmis scripto, quod a Bulæo relatum est, idem asseritur, uti de Flodoardi patria et dignitas abbatialis. En epitaphium :

Si ti veu de Rein savoir li Eveque,
Lye le temporaire de Flodoon le saige.
Y les mor du tam d'Odalry Eveque,
Et fut d'Epernay né par parentaige.
Vequit caste Clerc, bon Moine, meilleu Abbé,
Et d'Agapit ly Romain fut aubé.
Par sen histoire maintes novelles sauras,
Et en ille toutes antiquité auras.

Quod ita reddidit Bulæus : « Si vis nosse Remenses archiepiscopos, lege Chronicon Flodoardi docti. Is fato functus est tempore Odalrici præsulis, oriundus ex Sparnaco. Vixit castus clericus, bonus monachus, melior abbas. Ab Agapito papa factus fuit sacerdos. Ex ejus Historia multa nova scies, et in illa totam antiquitatem hauries. » Belle omnino, sed tamen verbum *aubé*, quod in sexto versu legitur, non id significare puto, quod Flodoardus sacerdos factus sit ab Agapito, qui anno 946 sedere cœpit. Nam ante annum 940 Flodoardus ecclesiæ Culmisciacensis rector erat, ex dictis num. 9, ac proinde sacerdos. *Aubé* sine dubio idem est ac Latine *albatus*. Quid autem vocabulum istud hoc loco significet non capio. Quidquid sit, ex his versibus, qui non longe ab illis temporibus scripti sunt, elicitur, Flodoardum, Historiæ Remensis scriptorem, monachum fuisse et abbatem. Id quod non solum Sigebertus, sed etiam Adelgagi epistola contestatur, quæ mox integra referenda est.

Unum contra hanc epistolam opponi potest, nempe quod in ea legitur, Flodoardum jam ante annum 951 deposuisse beneficium ; cum ex Chronici postremo loco superius relato constet, eum non nisi anno 964 prælaturam abdicasse. Sed reponi potest, *beneficii* nomine ab Adelgago intelligi curam ecclesiæ Culmisciacensis, et titulum quem in ecclesia Remensi possidebat : at *prælaturæ* vocabulo significari abbatialem dignitatem quam Odalricus « per electionem fratrum, » id est monachorum, Flodoardi nepoti cognomini imposuerit.

Cujus ergo, inquis, monasterii, si usquam monachus et abbas fuit ? Marlotus ex communi sententia scribit, eum monasticen induisse apud sanctum Remigium, Colvenerius ibidem etiam abbatem fuisse. Quod utrumque vereor ut verum sit. Nam in accurato quem habemus indice tum abbatum illustris istius cœnobii, tum monachorum, qui sub unoquoque abbate devixerunt, nullus reperitur Flodoardus. Et quidem a restitutione disciplinæ regularis ibidem facta, primus abbas fuit Hincmarus ab anno 945 in annos XXII ; quo ex calculo excluditur Flodoardus. Alii secessum ei tribuunt in monasterium sancti Basoli, ubi abbas postea creatus sit. Favet quod ibi duos habuerit consanguineos, avunculi sui filios, ut ipse ait in lib. II, cap. 3. Verum illud obstat quod anno 952, ex Chronico, Artoldus archiepiscopus « in monasterio sancti Basoli monaches restituit, expulsis clericis qui serviebant ibi, committens illud Hincmaro et Rotmaro abbatibus. » Atqui ante annum 951 Flodoardus jam monachus erat, ex Adelgagi litteris (si tamen vitium in numeros non irrepsit). Non ergo apud S. Basolum, sed potius apud Altivillarenses, ubi Rotmarus abbas erat. Inter monachos ejus temporis Altivillarenses unum invenio *Flodoldum*. An hic Flodoardus ? Sane id unum nobis conjiciendum restat, quando quidem serius apud sanctum Theodericum monachi restituti sunt, ut inferius videbimus. Porro in Altivillarensi monasterio abbatem fuisse Rotmarum, cui cum Hincmaro commissa est cura restituenda apud sanctum Basolum disciplinæ monasticæ, evincit prædictus index Altivillarensium monachorum, quem habemus ex pervetusto codice Remigiano, in quo Rotmarus et Rodulfus abbates recensentur. Unde conjicere licet, Rotmarum cœnobii sancti Basoli curam, favente Hincmaro abbate, imposuisse Flodoardo monacho suo. Sed hæc longius nos ferunt.

Flodoardi obitum anno 966 contigisse docet Appendix ad ejus Chronicon his verbis : « Ipso anno, videlicet 966, vir vitæ venerabilis et Remensis ecclesiæ presbyter, nomine Flodoardus, honore sanctitatis venerandus, castitatis splendore angelicus, fulgore sapientiæ cœlicus, cæterarumque virtutum insignibus abundanter oppletus, præcedentis libelli, aliorumque dictator egregius, quinta Kalendas Apriles terrenæ peregrinationis relinquens exsilia, civica, ut credimus, adeptus est jura. » Flodoardus ipsa die laudatur in Necrologio ecclesiæ Remensis, teste Sirmundo, sed sine tituli gradusve adjectione. Alius itaque censendus est *Flodoardus presbyter et canonicus*, qui in Necrologiis ecclesiæ Remensis et Remigiano notatur XVI *Kal. Junii*. In ms. codice PP. Carmelitarum Excalceatorum apud Parisios hoc ejus epitaphium quatuordecim libris carminum ab eodem scriptis subjunctum est, ipso Flodoardo, ut videtur, auctore :

Hic jacet indignus Flodoardus honore sacerdos,
Arbiter exspectans cœlicus ut redeat.
Hoc sibi contusus veniam miserante ferendam,
Sit licet admissis obstitus innumeris.
Quisque legis titulum, sortis memor ipse futuræ,
Expete sic Dominum propter humi positum.
Christe tuo servo Flodoardo parce benigno,
Et pro judicio da veniam famulo.

Ad scripta ejus quod attinet, non satis laudari potest Remensis Historia, quatuor libris ab ipso eruta et contexta ex vetustis illius ecclesiæ archivis, conciliorum actis, gestis martyrum aliorumque sanctorum, epistolis pontificum aliisque monumentis ; quam historiam R. præsuli, id est, ut Sirmundus interpretatur, *Rodulfo Laudunensi* nuncupavit. Ejusdem est sine dubio magni momenti Chronicon, sub ejus nomine primo vulgatum a Pithæo, qui an idem esset auctor immerito dubitavit, ut ex mutua comparatione evidenter supra collegimus, de quo hæc leguntur in Chronico Andegavensi, tomo I Bibliothecæ Labbeanæ, pag. 283 : *Anno 917 initium Chronicæ Flodoardi*, et : *Anno 965 finis Chronicæ Flodoardi*. Duobus annis mutilum est Chronicon in editis. Henricus Bunderius Dominicanus Gandensis, qui anno 1555 vixit, in suo indice librorum mss. Belgicorum alia enumerat Flodoardi opuscula his verbis : « Flodoardus presbyter scripsit de triumphis Italicis martyrum et confessorum metrice libros quindecim, manuscriptos Treveris in summo templo ; de triumphis Christi et sanctorum Palæstinæ metrice libros tres manuscriptos ibidem ; tertio de triumphis Christi et Antiochiæ gestis metrice libros duos. ms. ibidem. » Priores, non quindecim, sed tantum quatuordecim libri exstant in pervetusto, ut jam dixi, codice, qui modo est PP. Carmelitarum Excalceatorum : quibus ex libris nonnulla de Pontificibus Romanis edimus. In his libris integra sunt acta sancti Patris nostri Benedicti et sancti Columbani aliorumque sanctorum, quorum Gregorius Magnus et in Dialogis meminit. Columbani Vitam hanc metricam et carmen de S. Benedicto damus infra. Browerus in Annalibus Trevirensibus fragmentum de Pontifice Leone VII refert ex codice Treverensi, idem nimirum quod superius exhibuimus. Denique Flodoardus versibus etiam cecinit miracula quædam beatæ Mariæ, de quibus agit in Historiæ suæ, lib. III, cap. 6. Ratherius Veronensis episcopus tanti eum fecit, ut opera sua ipsi emendanda traderet, teste Folcuino in Chronici Laubiensis, cap. 20, ubi epistolam Flodoardo Remensi a Ratherio scriptam in Laubiensis monasterii scriniis suo tempore asservatam dicit.

Superest ut Adelgagi epistolam eidem Flodoardo directam, quæ a Colvenerio primam, deinde ab aliis, etiam a Binio in Bibliotheca Patrum vulgata est, hic repræsentemus. « Adelagus, miseratione divina Bremensis ecclesiæ servus, Flodoardo Patri Remensi, verbum pacis. Qui dudum deposuisti beneficium, ut tecum mundanæ gloriæ contemptorem animum in solitudinem et monasterii latebram deferres, ex voto non ante finem discessurus, quid jam doles tibi inde non licere egredi ad episcopium ascendendo, quod subripuit Fulcherius ? Stas et non stas ? Deo promisisti de stabilitate, ut si aliquando aliter feceris, ab eo te damnandum scires quem irriseris, et jam tamen vacillas ? Esto firmus in via Dei, et a matutina usque ad noctem quæ sunt honoris et dignitatis obliviscere. Orasti : (a) Suscipe me, Domine, secundum eloquium tuum et vivam. Eloquium Dei est : Omnis ex vobis qui non renuntiat omnibus quæ possidet, non potest meus esse discipulus. Salvabuntur qui fugerint ab eis, et erunt in montibus sicut columbæ convallium. Vidit Deus boni operis in te affectum, exercendi, præstitit facultatem, exaudivit preces : ne dubita, consummandi afferret auxilium. Sed dicis : Negotiari volenti commodat Deus talentum, lucrantes beat. An nescis quanto quis altius evectus est, tanto propius esse ne cadat ? Ignoras honoris gradum superbiæ esse irritamentum, esse inanis gloriæ materiam ? Cave ne tibi blandiaris, ne justitiam tuam facere desideres coram hominibus, ut videaris ab eis. Fac te aptum regno Dei, negotiare, lucrare super destinato bravio tuæ vocationis in Christo Jesu. Qui te aptum dicunt dignitati majori, ipsi te, frater, decipiunt, et viam gressuum tuorum consultore diabolo conantur dissipare. Fateor enim qui prodesse non præesse, qui contradictiones non honores, qui labores non delicias, qui opus non opes episcopus desiderat, bonum opus desiderare : sed in omnibus interiorem discute animum, et disce Christum non semetipsum clarificasse ut pontifex fieret. Officium quidem episcopale suscepimus ; sed opus officii non implemus. In affectata præeminentia latet periculum. Horreo

(a) Benedictinæ professionis formula.

notare quod dixit sanctus, rescripsit sanctus : » Nunc essem de numero damnatorum, si fuissem de numero episcoporum. « Hæc accipe ab eo qui tuus est, et jacta tuum in Domino cogitatum : patientia tua non peribit in finem. Fient in desolationem, subito deficient, peribunt propter iniquitates suas qui te oderunt. Cognoscetur Dominus judicia faciens, et in operibus manuum suarum comprehendetur peccator. Ora pro me. Scriptum pridie Kal. Octob. anno 951. »

Hactenus epistola, in qua Bulæus pro anno 951 annum 955 reponendum putat, nempe ut id quadret cum anno 954, quo Fulcarius apud Flodoardum ordinatus memoratur. Jacobus Vassor in historia Noviomensis Ecclesiæ retinet annum priorem. Cæterum nemo, ut spero, moleste feret, quod de Flodoardi monachatu fuse disseruerim, non tam absolute de eo pronuntians, quam alii auctores, quorum nihil interest. Equidem Natalis Alexander, vir doctus, relata Adelgagi epistola (tom. XV, pag. 308), « Ex hac epistola, inquit, perspicuum est Flodoardum monachum fuisse. » Itaque non immerito arguerer neglectæ ordinis nostri dignitatis, si saltem, quæ argumenta tantum virum nobis vindicare quoquo modo possunt, non afferrem in medium, relicto æcuis lectoribus decretorio judicio.

NOTITIA ALTERA

Ex libris Historiæ Remensis Ecclesiæ et aliunde conscripta per Georgium Colvenerium.

(Ex tomo XVII Bibliothecæ Patrum edit. Lugdun., pag. 500.)

Ut a nomine ordiamur, integrum auctoris nomen fuit, ut arbitramur, Flodohardus, seu Flodoardus, ex quo per syncopem factum est Flohardus, et Floardus. Quod posterius in nostris fere exemplaribus reperitur, quomodo item legit Joannes Savaro in notis suis ad Sidonium Apollinarem. Sigebertus Flawaldum, Trithemius Flavaldum nominat. Petrus Pithœus in duodecim auctoribus simul editis, Papirius Massonus, eosque secutus illustrissimus cardinalis Cæsar Baronius Frodoardum appellant. Sed pro littera *l*, non *r*, in prima syllaba facit, quod lib. II hujus Historiæ, cap. 3, meminerit Flawardi, sive, ut habet aliud exemplar, Flavardi avunculi matris suæ, et in Chronico suo, anno 963; nepotis sui Flodoardi, ut ibi legit correctius exemplar Divionense. Unde et prædictus Pithœus in Glossario Capitularium Karoli Magni et Ludovici Pii, quod auctum posterius in lucem emisit, perpetuo Flodoardum nominat, uti et Josias Simlerus in præfatione seu epistola dedicatoria Cosmographiæ Æthici, quod et nos sequemur. Patria ei fuit Sparnacum oppidum non procul Remis dissitum. Vixit sub archiepiscopis Remensibus Hæriveo, Seulfo, Artoldo et Odalrico. Sub Artoldo eum hoc opus conscripsisse patet ex libro III, cap. 6. Vixit sub regibus Francorum Carolo Simplice, Ludovico Transmarino et Lothario ejusdem Ludovici filio, quem in regem Francorum consecravit Artoldus anno 954. Fuisse presbyterum et canonicum Ecclesiæ Remensis testantur codices Remensis et Igniacensis, qui illum his titulis ornant, imo omnia nostra exemplaria manu exarata, in quorum calce legitur : *Explicit Floardus vel Flohardus presbyter et Remensis canonicus.* Similiter dictus Josias presbyterum vocat, et Joannes Filesacus Parisiensis theologus in veteris Ecclesiæ Gallicanæ Querela canonicum Remensem, uti et Joannes Molanus in Nat. SS. Belgii die quinta Augusti.

Fuisse etiam aliquando rectorem seu pastorem Colmisciaci vici testatur ipse libro IV, cap. 28. At postmodum vitæ genus mutasse, et relicto canonicatu monasticæ regulæ sese subdidisse, et deinde abbatem factum esse, certa sunt documenta ex epistola Adelagi Bremensis archiepiscopi, quam habes infra. Item ex eo quod de se scribit in Chronico anno 963, his verbis : « Ego vero fractus ætate, et attritus infirmitate, et ministerio me abdicavi prælaturæ coram eodem præsule (scilicet Odalrico, Artoldi successore) quique me hoc absolvens jugo, imposuit illud per electionem fratrum meorum, nepoti meo Flodoardo, septuagesimo ætatis meæ anno. » Sic ibi. Idem confirmant versus Gallici, in codice perantiquo ms. reperti, a nobis in frontispicio positi, quorum hæc est interpretatio : « Si vis scire Remenses episcopos, lege Chronicon Flodoardi docti. Is mortuus est tempore Odalrici episcopi, oriundus ex Sparnaco. Vixit castus clericus, bonus monachus, melior abbas, ab Agapito papa fuit factus sacerdos. Ex ejus historia multa nova scies, et in illa totam antiquitatem hauries. » Idem denique probatur ex testimonio Dominici Grimani cardinalis, quod infra posuimus. Fuit autem monachus et abbas ordinis S. Benedicti Remis in monasterio sancti Remigii. Quare non fallitur, nec injuste illum suo ordini vindicat Trithemius, Sigebertum secutus, libro II De Viris illustribus ordinis sancti Benedicti, cap. 68, et in Catalogo scriptorum ecclesiasticorum, cum dicit eum fuisse monachum Remensem ordinis sancti Benedicti. Quos item sequitur Conradus Gesnerus in sua Bibliotheca, et Arnoldus Wion libro II Ligni Vitæ, capite 67 : sed hic in ætate ejus fallitur centum prope annis, scribens eum floruisse anno 870. Fallitur quoque Antonius Possevinus in Apparatu sacro, in eo quod Flavaldum a Flodoardo et Frodoardo distinguat, tanquam diversos auctores,

Froqoardo solummodo tribuens Chronicon, de quo infra, Flodoardo autem hanc Remensium episcoporum Historiam : sed quæ in appendice nonnihil corrigit. Similiter dictus Wion in adjunctis ad Lignum Vitæ, pag. 909, Flodoardum a Flavaldo non recte distinguit. Præterea fallitur Papirius Massonus in Catalogo auctorum, quibus usus est in suis Annalibus, dum vocat eum Remensem pontificem. Quod secutus est Baronius anno 933, nisi in Baronio mendum sit, et pro *Remensi archiepiscopo*, legendum sit, *Remensis archiepiscopus*, ut ad Artaldum referatur. Nam anno 948 vocat eum Remensis Ecclesiæ presbyterum, sicut et ipse Papirius, lib. II, in Carolo Simplice, ut per inadvertentiam pontificem vocasse videatur.

Illud interim verum est, mortuo Rodolfo, ab utroque capitulo, Noviomensi et Tornacensi, die 20 Julii anno 950 electum fuisse in episcopum Noviomensem et Tornacensem. Non fuit tamen confirmatus, quia Ludovicus Transmarinus rex Francorum subdole, clam et via extraordinaria in sedem utriusque Ecclesiæ intrusit et introduxit impurum monachum et simoniacum clericum Fulcherum, sui archimagiri Kentii filium nothum. Quod resciens Adelagus, vel, ut vocat Albertus Krantzius in sua metropoli, Adaldagus Bremensis archiepiscopus, apostolicæ sedis legatus, in hæc verba prorupit : *Cognoscetur Dominus judicia faciens*. Deinde consolatoriam epistolam eidem transmisit (*vide supra in notitia ex Mabillonio.*) Hæc ex mss. Quibus habent consona de Fulchero Jacobus Meyerus et Antonius Demochares in tabulis episcoporum Tornacensium his verbis : « 44. Fulcharus, sive Fulcherus monachus Suessionensis sancti Medardi, sepultus in templo sancti Elegii extra muros, civitatis Noviomensis de quo scribit Meyerus anno 953. Fulcherus homo spurius, filius existimatus principis coquorum Ludovici regis, Noviomagensem malis artibus adeptus episcopatum, omnia fecit deteriora, administravitque menses omnino 18 : morbo absumptus pediculari et phthiriasi, magnum exemplum puniti ambitus et simoniæ, si nos posteri timeremus Deum. »

Fuit porro Flodoardus vir litteris et moribus egregie exornatus, ut declarant testimonia, quæ infra subjungemus, et quod in historico præcipuum est, variæ lectionis, magnæ diligentiæ et indefessi laboris. Hinc ait in præfatione hujus Historiæ, « opus hoc undecunque collectum esse : » videlicet ex scriptoribus sacris et profanis, gestis martyrum et Vitis aliorum sanctorum, actis conciliorum, et epistolis pontificum, præsertim Remensium, quas ex archivis Ecclesiæ suæ deprompsit. Sane a prædictis eum commendant nostri sæculi doctissimi Annalium scriptores Baronius et Papirius Massonus, qui suos Annales ex ipsius scriptis plurimum exornaverunt. Meminit ipsius frequentissime Baronius tom. X, ab anno 845 usque ad ann. 962. Sed quod dolendum, ea allegans quæ ex Gallico exemplari mutilo et imperfecto curavit in Latinum transferri, ut ipse fatetur dicto an. 845, recensens ibidem diploma Caroli Calvi, quo edicit ut Hincmaro restituantur omnia bona episcopatus Remensis, quod habetur lib. III, c. 4. De quo non sine ratione ait Pithœus in dicto Glossario, verbo *Beneficiario jure* : Nolim virum multæ lectionis ex interpretatione Gallica, alienis a sensu verbis, hoc idem diploma retulisse. Verum ab an. 865 incipit ipsa verba Latina Flodoardi allegare, sed ex unico exemplari, eoque sæpe incorrecto et depravato, ut eodem anno, item 871, 877, 892, 893, et alibi videre est. Cæterum non sine laude ipsius meminit, ut an. 933, vocans accuratum illius temporis scriptorem, cui tantam fidem tribuit, ut anno 954 ex eo alios omnes mendacii redarguat. Quantæ vero auctoritatis fuerit, ex eo discimus quod ad legationes et publica negotia interdum adhibitus sit. Unde libro primo, capite 20, se scribit ab Artaldo episcopo missum propter res quasdam Remensis Ecclesiæ ad Otthonem regem et Conradum ducem.

Ut vero ad scripta ejus veniamus. Quatuor hujus operis libros esse demonstrat auctoris prologus, in quo vocat *quadrifidum laboris sui opus*. Quapropter male Trithemius, et qui eum sequuntur, tres solummodo numerant. Præter hos quatuor libros Historiæ Remensis Ecclesiæ, sive ut alii vocant, De Gestis Remensium pontificum, in quibus multa alia de sanctis et monasteriis ejusdem civitatis et diœcesis interserit. Scripsit etiam Chronicon ætatis suæ exactissimum ab anno Domini 919 usque ad 966, quod in lucem protulit Petrus Pithœus inter duodecim scriptores coætaneos Annalium et historiæ Francorum. Excusum est opus in octavo Parisiis 1588, et Francofurti 1594. Tametsi in præfatione dubitet idem Pithœus sitne ejusdem auctoris. Sic enim ait : « Jam de Frodoardi Chronico (sive is Flavaldus vel Floardus sit Remensis Ecclesiæ presbyter, qui archiepiscoporum suorum Vitas a B. Remigio ad Artaldum, diverso plane stylo descripsit) et hoc monere visum est, ea quæ ad Virdunenses episcopos pertinent, sed et alia quædam virgulis inclusa, ex tribus unius esse quod Divionense appellavimus, quanquam Viriduni potius descriptum videatur. Quisquis ille fuit scriptor, multas profecto nobis sui sæculi historiæ tenebras discutiet. » etc. De hac re Pithœum non abs re dubitasse ait in præfatione Sirmondus, adhibito etiam hoc argumento, quod in vetere Kalendario S. Mariæ Remensis adnotatus sit obitus his verbis : XVI *Kalendas Junias Flodoardus presbyter et canonicus*; cum auctorem Chronici Flodoardum V Kalendas Apriles vita functum esse Chronici appendix doceat. Verum scire oportet non iisdem diebus, quibus aliquis ex hac vita discedit, anniversariam commemorationem obitus ipsius celebrari in Ecclesiis, ut passim testatur usus, idque ob varia impedimenta et potissimum circa tempus paschale, quo iste migravit e vita. Quapropter eumdem esse utriusque operis auctorem non solum fatetur Papirius, lib. II Annalium Francorum in Carolo Simplice, sed etiam apertissime convincitur ex iis quæ habentur in eodem Chronico, anno 940, collatis cum iis quæ habentur lib. IV Historiæ Remensis. cap. 23. Utroque enim loco eamdem rem gestam narrat auctor de seipso, videlicet de sua detentione in custodia ab Heriberto comite, et ablatione Ecclesiæ quam regebat in Colmisciaco. Neque sane id Pithœus unquam scripsisset, si hanc pariter historiam legisset, quæ non a B. Remigio, qui fuit decimus quintus Remensis sedis archiepiscopus, sed a B. Sixto, primo ejusdem sedis episcopo, primisque fidei Patribus et fundatoribus exorditur. Tantumque abest, ut stylus sit diversus, quod etiam ubi res eadem refertur, iisdem pene verbis utatur. Conferantur cum hoc Chronico ea quæ habentur lib. IV, cap. 15, usque ad 35. Utrum vero prius ab eo scriptum sit non certo constat. Chronicon ex eo videtur posterius, quia hæc historia desinit in actis Artoldi, pertingens ad annum usque 948 Chronicon ulterius progreditur usque ad 966. Quod ait Trithemius, præter gesta Remensium pontificum, eum Vitas quoque multorum sanctorum libro uno scripsisse, cum ejus operis nusquam meminerit, forte non aliud, sed hoc ipsum est, ut Sigebertus insinuat, in quo agit de Vita et miraculis multorum sanctorum. Porro non prosa tantum, sed et carmine valuit Flodoardus. Scripsit enim versibus miracula suo tempore facta in ecclesia B. Mariæ ab Hincmaro ædificata, ut ipse testis est lib. III, cap. 6. Plura eum scripsisse de Vitis sanctorum metrice testis est Joannes Bunderius Gandavensis ordinis Prædicatorum, qui vivebat ann. 1550 in indice mss. codicum in Belgio exstantium his verbis : « Flodoardus presbyter scripsit de triumphis Italicis martyrum et confessorum metrice lib. XV mss. Treveris in summo templo. De triumphis Christi et sanctorum Palæstinæ metrice, lib. III mss. ibidem. Tertio de triumphis Christi et Antiochiæ gestis, metrice libros duos mss. ibidem. » Quæ scripta si adhuc exstent, utinam Treverenses publico Ecclesiæ bono evulgent. De cæteris ipsius operibus compertum nihil habeo. Obiit autem plenus dierum, ætatis videlicet suæ anno 73, incarnationis Dominicæ 966, quinto Kalendas Aprilis, hoc est 28 die Martii, non quinta die Aprilis, ut inadvertenter adnotavit Nicolaus Chesneau et Possevinus. Sic enim in supplemento chronici ipsius legimus : Ipso anno (videlicet 966) vir vitæ venerabilis et Remensis ecclesiæ presbyter, nomine Flodoardus, honore sanctitatis venerandus, castitatis splendore angelicus, fulgore sapientiæ cœlicus, cæterarumque virtutum insignibus abundanter oppletus, præcedentis libelli aliorumque librorum dictator egregius, quinta Kalendas Apriles terrenæ peregrinationis relinquens exsilia, civica, ut credimus, adeptus est jura.

NOTITIA BIBLIOGRAPHICA.

(Apud Fabric. Biblioth. med. et inf. Lat.)

Flodoardus, sive *Frodoardus*, Sigeberto et Trithemio *Flauvaldus*, ordinis Benedicti Culminiacensis, (*Cormicy*) presbyter et canonicus sancti Remigii Remensis, obiit an. 966, 28 Martii, ætatis 73. Ejus scripta sunt ;

Annales, seu *Chronicon* ætatis suæ ab anno 919 ad 966, in P. Pithœi XII scriptoribus coætaneis, Parisiis 1588, et Francofurti 1594, 8°, pag. 109, 198, cum brevi appendice usque ad annum 978, pag. 198, 201 ; et continuationis ab anno 977 ad 990, ex Chronicis *Wilhelmi Nangii*, monachi sancti Dionysii, pag. 207, 214. Hoc Chronicon licet Flodoardo non audet certo tribuere Pithœus, tamen egregiam lucem præferre illis temporibus non diffitetur, et sub Flodoardi nomine recusum est et ex Codice Thuano emendatius in Andreæ du Chesne, sive Quercetani, scriptoribus rerum Francorum, tomo II, p. 590. Novam editionem hujus Chronici et omnium Flodoardi operum meliorem jampridem parari a D. de Targny, Noviodunensi, thesaurario Ecclesiæ Remensis et bibliothecario regio testatus est Jacobus le Long in bibliotheca Historicorum Galliæ, n. 5746, et 6870. Conferendus codex integrior Cottonianus ab Octaviano imperatore, cum continuatione *Reginaldi*, archidiaconi Andegavensis, usque ad annum 1277. Vide catalogum ms. bibl. Cotton., n. 69.

Historia Ecclesiæ Remensis, sive, ut Sigebertus, cap. 132, vocat, *Gesta pontificum Remensium*, libris quatuor usque ad annum 948, quorum versionem Gallicam sed pluribus passim omissis ediderat Nicolaus Chesnau, sive Querculus, decanus Remensis, Remis 1580, 4 integros Latine primus vulgavit Jacobus Sirmondus, Parisiis 1611, 8°, cum appendice *Anonymi*, canonici Remensis circa annum 1140, qui Flodoardum breviaverat, aliisque opusculis ad eamdem Ecclesiam spectantibus. Post Sirmondum, Georgius Colvenerius, qui codice Latino, ex quo Chesnæus Gallicam versionem suam adornaverat, contulisse se testatur, ac præter scholia et vocum obscurarum explicationem addidit appendicem Sonacii de statutis synodalibus Ecclesiæ Remensis, et catalogum archiepiscoporum Remensium, Duaci 1617, 8°. Colvenerii editionem expresserunt Bibliothecæ Patrum, Paris. 1639, et novissima Lugdunensis, tom. XV, p. 500. *De Romanis pontificibus* a beato Petro ad Leonem VII, poemate heroico libris 15, quod Anastasiani operis de vitis Pontificum paraphrasim esse notat Papebrochius in Actis sanctorum, tom. VII, Maii, pag. 773, nisi quod variorum sanctorum elogia passim interspersa habet. Insignem partem hujus operis a Gregorio II, an. 715, ad Leonem VII, an. 955, ex codice Carmelitarum excalceatorum San-Germanensi vulgavit Mabillonius, sec. Benedict. III, parte II, pag. 596. Etiam ex sanctorum interspersis elogiis non pauca edidit idem Mabillonius, ut a præstantissimo Caveo jam notatum, S. *Columbani* abbatis, sec. II, pag. 30; S. *Attalæ*, pag. 127; S. *Bertulfi* abbatis Bobiensis; et ex libro XIII carmen octavum de S. *Benedicto* ejusque miraculis, in supplemento ad sec. I, ad calcem sæculi II, pag.

1095. Ex eodem Mabillonio mutuatus Papebrochius Flodoardi carmen de *Paschali papa*, quod exhibet in Actis sanctorum, appendice ad 14 Maii, tom. VII, pag. 775.

Non dubium haberi debet idem hoc esse opus Flodoardi, quod Treviris in summo templo asservari testatus est apud Miræum ad Sigebertum Vossium-que Joannes Bonderius an. 1555, in Indice codicum mss. per Belgicam, *De Triumphis Italicis martyrum et confessorum*, lib. xv, metro scriptos. Clare hoc patet ex Theodorici Ruinarti observatione de ms. Carmelitarum Sangermanensi, quam infra subjungam, cum prius notavero in eadem Bibliotheca Trevirensi, Bonderio teste, etiam asservatos *libros 3, De Triumphis Christi et sanctorum Palæstinæ, et libros 2, De Triumphis Christi et Antiochiæ gestis*, itidem carmine epico, a priore opere diversos. Etiam lib. iii Hist. Eccles., c. 6, Flodoardus, miracula in basilica B. Virginis Remensis credita referens, « quorum plurima, inquit, quæ ante nostram ætatem sunt gesta, nobis habentur incognita. Nos tamen ea, quæ coram positi vidimus, vel personis quæ viderant retulentibus agnovimus, silentio hic quoque præterire incongruum rati sumus, licet ea versibus olim exaravimus. » Sed Ruinartum lingua sua, plerisque eruditis hodie familiari, quæ in ms. illo codice observavit, exponentem audiamus.

« J'ai examiné ce manuscrit, dont le commencement est déchiré; l'ouvrage commence par la fin du premier chapitre du troisième livre. Il y est parlé des martyrs qui ont souffert sous la persécution de Valérien.

« Le iv⁰ livre commence par le pape S. Félix, et traite des persécutions d'Aurélien, de Claude, de Numérien et de Dioclétien. Il y parle des papes, selon le temps qu'ils ont vécu.

« Le v⁰ et le vi⁰ ne s'y trouvent pas, quoiqu'il semble n'y rien manquer.

« Le vii⁰ ne traite que de la persécution de Dioclétien.

« Le viii⁰ est intitulé : *De Persecutione Maximiani*. Il commence par l'histoire de S. Marcel et de tous les martyrs, qui sont dans ses faux actes; ensuite il parle des saints martyrs qui sont révérés dans les villes d'Italie. Le chapitre 15 est de sainte Afre d'Augsbourg. Le 16⁰ est de Saint Eusèbe, pape.

« Le ix⁰ livre parle de saint Valentin, martyr à Rome, ensuite des martyrs des environs et des actes de saint Silvestre, de Gallican, de saint Jean et de saint Paul, et de plusieurs autres martyrs que l'on met à Rome sous Julien l'Apostat.

« Le x⁰ livre commence par saint Jules, pape, et finit à Vitalien et à Adéodat. Il y mêle plusieurs autres saints, comme dans le chapitre 2. Il parle d'Eusèbe, qu'il appelle *præsul*, qu'on dit avoir souffert à Rome sous Constance, avec Orose, etc., de saint Eusèbe de Verceil, de Victorin le Rhéteur, et de saint Denis de Milan; il fait mention de la translation de ce dernier, faite par saint Basile, qui envoya son corps à saint Ambroise. (J'ai la lettre de saint Basile, adressée à saint Ambroise, d'un ancien manuscrit, où il est fait mention de cette translation.) Dans le 3⁰ chapitre, où il traite de saint Damase, pape, il y parle de saint Jérôme. Dans le 8⁰ chapitre il parle du schisme de Laurens, de Paschase, diacre. Dans le 19⁰, de Hormisde, pape, de la paix d'Orient, de saint Germain de Capoue, de la restitution d'Afrique, de saint Remy, de la conversion de Clovis, de la couronne qu'il envoya à Rome, des habits consulaires qu'il reçut de l'empereur. Dans le 10⁰ chapitre, de saint Jean, pape, de Symmaque, et de Boèce, que Théodoric fit tuer. Dans le chapitre 12⁰, de Cassiodore, de ce qu'a fait Bélisaire contre les Goths en Italie et en Afrique. Enfin il traite fort au long de saint Grégoire, et de ce qui est arrivé en son monastère.

« Le xi⁰ livre comprend l'histoire des papes depuis Agathon jusqu'à Christophe. Dans le chapitre 5⁰, il parle au long de saint Boniface d'Allemagne, qu'il appelle docteur et martyr. Dans le chapitre 6⁰, de Carloman, prince français, qui se fit religieux. Dans le chapitre 7, du pape Étienne II, de son voyage en France, de sa guérison miraculeuse à l'abbaye de saint Denis, etc.

« Le xii⁰ livre contient l'Histoire depuis Léon IV jusqu'à Léon VII. Dans le chapitre 1⁰ il parle des deux *pallium* d'Hincmar, de l'établissement de l'octave de la fête de l'Assomption de Notre-Dame. Dans le chapitre 2, de Jean, évêque de Ravenne. Dans le chapitre 3, d'Hincmar et de Charles le Chauve. Dans le chapitre 4, de Foulques, archevêque de Reims, et de plusieurs commissions que les papes lui ont données. Dans le chapitre 5, de la translation de saint Calixte, pape, à Reims, qu'il appelle *urbem nostram*. Il traite au long des actions de Formose, à qui il dit que Charles, roi de France, demanda de lui envoyer du pain bénit, *panem benedictum*.

« Le xiii⁰ livre est des saints, dont saint Grégoire traite dans ses dialogues, et d'autres saintes d'Italie.

« Le xiv⁰ livre est des saints patrons, martyrs et autres des villes d'Italie.

« Il finit par saint Colomban et ses disciples.

« A la fin est une épitaphe de Flodoard même.

« Ce manuscrit n'est guère moins ancien que Flodoard. »

DE FLODOARDO TESTIMONIA ET ELOGIA.

I.

Sigebertus Gemblacensis in libro De illustribus Ecclesiæ Scriptoribus, cap. 132.

Flavaldus monachus Remensis scripsit gesta pontificum Remensium. Orditur narrationem suam a conditione ipsius civitatis, quæ a qualitate civium, qui in bello erant duri cordis, primo aucupata est sibi nomen Cordurus. Postea milites Remi, a Romulo fratre suo, a facie Romuli fugientes ad eam profugerunt, eamque a nomine principis sui Remi, Remum denominaverunt. Hic scriptor digne scriptoribus ideo connumerari, quia digressus ab opere suo, memoriam faciens sanctorum martyrum, vel confessorum quiescentium in ecclesiis Remensi ecclesiæ adjacentibus vel subjacentibus, Vitas vel passiones eorum legentibus notificavit.

II.

Joannes Trithemius De Scriptoribus ecclesiasticis.

Flavaldus monachus Remensis, ordinis S. Benedicti, in Scripturis divinis eruditus, et in sæcularibus litteris egregie doctus, ingenio subtilis, et disertus eloquio, scripsit non contemnendæ lectionis opuscula, quorum studio nomen suum cum gloria transmisit ad posteros. E quibus fertur opus insigne, a conditione Remensis civitatis, quam milites Remi a fratre Romulo necati fugatos, ob memoriam domini sui construxisse, et sic appellasse commemorant, usque ad sua tempora : in quo multa de sanctis martyribus et aliis rebus ac gestis interserens, volumini huic titulum dare voluit, Gesta Remensium pontificum lib. iii. Vitas quoque multorum sanctorum lib. I. Alia insuper multa scripsisse dicitur, quæ ad notitiam meam non venerunt.

III.

Dominicus Grimanus, cardinalis S. Marci in Dario ad Des. Erasmum can. ordin. S. Augustini, quod excusum est Basileæ anno 1508, apud Michaelem Furterium et Joannem Scotum, folio 32, nota 13.

Dum Remis agerem, obtulit mihi D. Robertus Briconetus, archiepiscop. clariss. Galliæ cancellarius registrum ms. continens quatuor libros Historiæ Remensis Ecclesiæ, auctore et collectore Flodoardo, illius quondam canonico, exinde monacho. Mutatio status, et ex canonico factum fuisse monachum, indicat pietatem viri. Docte scripsit et diligenter. Plurima enim illius registri iis contuli quæ hic in Vaticana asservantur, eaque fideliter exscripta inveni : abest ab eo veteratorum rubigo, et novorum auctorum asperitas. Et si nostri temporis ærumnosa miseria non præferret studio historiæ lucrum vitæ, nec magis consuleret avaritiæ quam antiquitatis notitiæ, dignus esset prelo auctor.

IV.

Guillelmus Eysengrein in Catalogo testium veritatis orthodoxæ matris Ecclesiæ.

Flavaldus, Remensis Benedictinæ professionis monachus, vir tam divinis quam profanis scripturis eruditus, historicus perfectus, theologus vero pro- fundus, gesta Remensium pontificum, ab urbe Remis condita, quam milites Remi a fratre Remulo necati fugatos, ob memoriam Domini sui construxisse commemorant, usque ad sua tempora tribus voluminibus, quibus complures SS. martyrum historias recitat, deduxit.

V.

Papirius Massonus lib. II Annalium Francorum in CAROLO MAGNO.

Frodoardus sub Carolo Simplice et Ludovico floruit, Vitasque pontificum Remensium diligentissime scriptas ad posteros transmisit, cujus operis exemplaria aliquot Lutetiæ vidimus.

VI.

Idem in CAROLO SIMPLICE.

Sequenti anno (hoc est 920) magni motus in Gallia sunt exorti, de quibus et aliis publicis negotiis dicemus ex Chronicis ejusdem Frodoardi (quem alii Flodoardum vocant) Remensis Ecclesiæ presbyteri. Is enim auctor præter Vitas pontificum Remensium scripsit chronica ab anno nongentesimo decimonono usque ad annum nongentesimum sexagesimum sextum, quo excessit e vita quinto Kalendas Aprilis septuagesimo sexto [*dicendum* tertio] ætatis anno : nosque illum scriptorem deinceps in Carolo, Roberto, Rodulpho, Ludovico et Lotario sequemur, præteritis Vilichindo, et aliis minoris diligentiæ ac fidei scriptoribus.

FLODOARDI
CANONICI REMENSIS
HISTORIÆ REMENSIS ECCLESIÆ
LIBRI QUATUOR,

Opera et studio Georgii Colvenerii, S. theologiæ doctoris et regii ac ordinarii professoris, collegiatæ ecclesiæ S. Petri præpositi et Academiæ Duacensis cancellarii, in lucem editi, Scholiis et notis amplissimis illustrati.

(Bibliotheca Patrum, tom. XVII.)

PRÆFATIO AD LECTOREM.

Benevole lector, quid a nobis præstitum sit in hujus auctoris editione paucis accipe. Collatio facta est in universum ad septem exemplaria. Tria enim inter se contulit piæ memoriæ dominus Nicolaus Chesneau, decanus et canonicus S. Symphoriani in urbe Remensi, qui hanc historiam, seu verius historiæ hujus bonam partem in Gallicam linguam transtulit, et eadem lingua edidit Remis excusam, anno 1581, per Joannem Foygni. Hujus decani exemplar Latinum manuscriptum, ex quo ille vertit in Gallicum, attulit ad me Thomas Witus J. U. licentiatus, tradente ei R. viro domino Antonio Beauchesne Remensis ecclesiæ canonico et succentori, qui testamenti prædicti domini Chesneau fuerat executor. Hoc notamus littera *c*. Porro collatum est ad exem- plar monasterii S. Remigii, quod littera r designamus, ad exemplar ecclesiæ metropolitanæ B. Mariæ, et ad tertium, quod particulari nomine non designat, sed credo fuisse Igniacense. Ex his secundum diversum fuit ab eo quod ad me postea transmissum est, de quo infra. Nam sæpe notat in margine aliter legi in exemplari B. Mariæ quam habeatur in eo quod nos habuimus ut exempli gratia lib. I, c. 20, in codice metropolit. dicit legi *secus amnem Saram*, cum in eo quod habuimus legatur *Faram*. Lib. III, c. 4, notat legi *Algardis abbatissa*, uti et in codice S. Remigii, cum in nostro sit Adalgardis. Ibidem, c. 7, dicit legi in codice S. Mariæ et S. Remigii *cum palmis*, in alio autem exemplari *cum psalmis*, quomodo etiam habebat nostrum B. Mariæ. Hoc igitur exemplar domini

Chesneau curavi meis sumptibus describi, et postea exacte relegi. Verum deprehendens quibusdam locis nonnulla deesse, quærere cœpi alia exemplaria ex quibus impleri possent istæ lacunæ. Tum mihi opportune, opera dicti domini Witi, duo alia exemplaria integra Remis transmissa sunt, unum ex archivis ecclesiæ metropolitanæ B. Mariæ, in membrana antiqua manu exaratum, quod signamus littera *m*, alterum recenti, anno videlicet 1596, descriptum in charta, ex eodem veteri exemplari per dominum Georgium Montgerard priorem cœnobii S. Martini Sparnacensis, partim correctis, partim mutatis hic et ibi verbis quibusdam. Signamus littera *s*, et utrumque fere semper junctis notis *ms*. quandoquidem et pro uno exemplari habenda sint hæc duo, eo quod posterius ex priori sit desumptum. Duo tamen numeramus, quia multis locis correctio aut mutatio facta est. His acceptis integris exemplaribus, deprehendi in exemplari dicti Domini *Chesneau* facile deesse quartam partem operis. Quapropter descriptis locis singulis quæ deerant, novo labore totum, exemplar meum ita suppletum contuli, et integre relegi cum prædictis duobus integris exemplaribus, et postmodum quam fieri potuit accuratissime dispunxi. Ad hæc pro majori luce etiam ad exemplar Gallicum omnia recensui, et ex eo plerumque patria lingua obscuriora nomina propria in margine adnotavi, lectori gratum id fore non dubitans. Ex omnibus autem correctius visum est exemplar monasterii S. Remigii, ex quo exemplar metropolitanæ ecclesiæ, alioqui satis correctum, multis locis suppleri debuit, non tantum in verbis, sed etiam integris sententiis, quæ omissæ fuerant. Sciebam Parisiis et alibi plura exstare calamo descripta exemplaria. Commemorat enim Papirius Massonus lib. II suorum Annalium, se aliquot ejus exemplaria vidisse Lutetiæ. Sed quia puriores ex ipso fonte hauriri solent aquæ, idcirco ex archivis Remensibus ea potius petenda esse judicavi, pro quibus magnas ago gratias thesaurariis et archivorum dictæ metropolitanæ ecclesiæ magistris, qui ea duorum annorum spatio mihi utenda communicarunt. Prædictis exantlatis laboribus, prodiit hoc opus sine ullis tamen notis aut scholiis. Parisiis anno 1611, *cura et studio R. P. Jacobi Sirmondi Soc. Jesu presbyteri*. Quod exemplar nactus denuo, a capite ad calcem, omnia cum eo relegi : et sicut illius ope non paucas mendas sustuli, sic ibi complures esse derelictas deprehendi, et nonnunquam integras lineas deesse. Hoc exemplar notamus littera I.

Cæterum nihil est a nobis immutatum, vel in textu positum, quod non erat in exemplaribus, vel in originalibus in iis quæ aliunde citantur, nisi idipsum expresse in margine, vel in scholiis significaverimus, vel ubi exploratum erat mendum esse, et lapsum scriptoris, unam litteram pro alia scribentis. Ubi diversa erat lectio, nec certo constabat quæ vera esset, probabiliorem in textu retinuimus, alteram plerumque ad oram relegavimus.

In orthographia nihil etiam mutavimus, nisi eas, quæ insolentes et depravatæ censentur, ut *dompnus, dampnatio, sompnus, contempnet, solempnitas, ebdomas, parrochus, parrochia, carta, summittere, Nicholaus, Nichasius, subiciens, adiciens, exenium,* et similes. In aliis placuit scripturam illo tempore usitatam relinqui in gratiam antiquitatis, ut Karolus, Karlomannus, Pippinus, Theodulfus, Rodulfus.

Omnia Scripturæ loca quæ citantur, plerumque etiam ea ad quæ respicitur, margini adjecimus. Similiter et ea quæ ex aliis citantur auctoribus, quæ omnia ad originalia contulimus, et sæpius ex iis emendavimus. Quædam tamen reperiri non potuerunt. Qua ratione nonnulla sunt emendata, quæ alioqui vix emendari potuissent, cum exemplaria auctoris multis locis fuerint depravata, et præ vetustate, legentium oculos fugientia.

Quæ tertio libro habentur (qui totus est de gestis et scriptis Hincmari) contuli ad opuscula et epist. ejusdem Hincmari, tam a R. P. Joanne Busæo, quam a Joanne Cordesio Ecclesiæ Lemovicensis canonico edita.

Ad hæc collatio facta est ad tomos Conciliorum et epistolas Romanorum pontificum, ubi de conciliis agitur. Item cum Annalibus ecclesiasticis Cæsaris Baronii, et præcipuis Galliæ ac Belgii historiographis, Gregorio Turonensi, Aimoino, Sigeberto, Christiano Massæo, Jacobo Meyero, Papirio Massono, et aliis. Ex quibus auctoribus plerumque certa temporis cujusque rei gestæ nota est adjecta in margine, vel in scholiis post calcem operis adpositis.

Hæc enim scholia omnino necessaria esse judicavimus : tum quod auctoris dictio ob hoc frequenter obscura sit, quod longas texat periodos, quæ implicantur varietate et multitudine eorum quæ congerit et interserit; tum etiam quod interdum utatur vocabulis illo quidem ævo tritissimis, sed quæ jam abierunt in desuetudinem. Hæc indice separato recensuimus. Denique per hoc multam auctori lucem attulisse credimus, quod in his scholiis quæcunque possent in dubium verti explicuerimus; pleraque etiam auctoris dicta aliorum testimonio firmaverimus, et unde plura in eam rem de qua agitur peti possint, indicaverimus.

Postremo catalogum omnium Remensium archiepiscoporum adjecimus, non sola nomina recensentes, sed et tempus sessionis eorum et decessus, quam potuimus certa fide, et principalia eorum gesta. Si tamen in tempore, in tanta vetustate, scriptorum raritate, et opinionum diversitate, scopum ubique non attigimus, veniam dabit æquus lector et candide emendabit. In hoc catalogo plurimum adjuti sumus iis quæ nobis communicare dignatus est Claudius Despretz Atrebas, dominus de Queant, J. U. L. consultissimus, depromptis ex variis antiquitatibus locorum Galliæ, partim mss., partim excussis. Qui etiam nobis suppeditavit statuta synodalia per dominum Sonnacium, epistolam Adelagi ad Flodoardum, et nonnulla alia de eodem testimonia. Juvit præterea catalogus ad calcem exemplaris ecclesiæ metropolitanæ B. Mariæ Remensis diversa manu ascriptus, A Qui etsi usque ad quinquagesimum quartum archiepiscopum non habeat nisi nuda nomina, in sequentibus est copiosior.

PROLOGUS AUCTORIS

AD R. EPISCOPUM.

Domino venerabili, et in Christi charitate admodum diligibili, præclaro præsuli R. FLODOARDUS, tantæ benignitatis famulus, omne sanctarum virtutum in Christo gaudium.

Creberrimis admonitionum vestrarum stimulis instigatus, discusso tandem desidiæ pigritantis torpore, abjectisque diversarum curarum occupationibus, relego ferventis studii vestri solertiæ quadrifidum; nostri laboris opus undecunque collectum, et capitulatim, prout jubere dignati estis, dispositum, nostræ scilicet Ecclesiæ Remensis historiarum librum. Haud mirari vel cumque potens sanctitatem culminis vestri super hac rememoratione obsequii nostri, utpote diversis occupationibus præpediti, hiemali quoque glacialis gelu rigoris obstricti, charaxaturum insuper indigentia coarctati. Neque mirum, me mi-

B nimum in correctione meorum terere moras opusculorum, cum veterum nonnulli scriptorum magis in retractatione suorum, quam meditatione demorati ferantur librorum. Sed nec adhuc omnes ad perfectum me puto eliminasse mendas; et si qua reperientur scriptoris forte vitia, industriæ vestræ poterunt expurgari sagacia. Non enim me ita perfectum reor ad unguem fore perscrutatorem, ut ferre nolim si quem diligentiorem in eliminandis vitiis invenero correctorem. Igitur quia sanctitatis vestræ circa tantitatem nostram profusa videtur exuberasse dilectio, hunc studii nostri fructum, vestri dignum duxi tutaminis delegare patrocinio, ut quæ a nostra sunt dicta in tenebris humilitate, ab industriæ vestræ sublimitate dicantur in lumine.

LIBER PRIMUS.

CAPUT PRIMUM.
De conditione urbis Remensis.

Fidei nostræ fundamina proditurus, ac nostræ Patres Ecclesiæ memoraturus, mœnium nostrorum locatores vel instructores exquisisse, non ad rem adeo pertinere videbitur, cum ipsi salutis æternæ nil nobis contulisse, quinimo erroris sui vestigia lapidibus insculpta reliquisse doceantur. De urbis namque nostræ fundatore, seu nominis inditore, non omnimodis a nobis approbanda vulgata censetur opinio, quæ Remum Romuli fratrem, civitatis hujus institutorem ac nominis tradit auctorem, cum urbe Roma geminis auctoribus, Romulo Remoque, fundata, fratris militibus Remum certis accipiamus scriptoribus, interfectum; nec illum prius a fratre recessisse, dum uno partu editi, et inter pastores educati, latrociniisque dediti, urbem constituisse reperiantur; ortaque simultate ac Remo fratre interfecto, civitati Romulus ex nomine suo nomen dedisse legatur. Nam ut Titi Livii verbis utamur (decad. I, lib. 1) : « Numitori Albana permissa re, Romulum Remumque cupido cepit, in his locis ubi expositi ubique educati erant, urbis condendæ, et supererat multitudo Albanorum Latinorumque ; ad id pastores quoque accesserant, qui omnes facile spem facerent, parvam Albam, parvum Lavinium, præ ea urbe quæ conderetur,

C fore. Intervenit deinde his cogitationibus avitum malum, regni cupido, atque inde fœdum certamen coortum a satis miti principio. Quoniam gemini essent, nec ætatis verecundia discrimen facere posset ut dii; quorum tutelæ ea loca essent, auguriis legerent qui nomen novæ urbi daret, qui conditam imperio regeret, Palatinum Romulus, Remus Aventinum ad inaugurandum templa capiunt. Priori Remo augurium venisse fertur sex vultures : jamque nuntiato augurio, cum duplex numerus Romulo se ostendisset, utrumque regem sua multitudo consalutaverat tempore illi præcepto : at hi numero avium regnum trahebant. Inde cum altercatione congressi, a certamine irarum ad cædem vertuntur. Ibi in turba ictus Remus cecidit. Vulgatior autem fama est, ludibrio fratris Remum novos transiluisse muros. Inde ab irato Romulo (cum verbis quoque increpitans adjecisset: Sic deinde, quicunque alius transiliet mea mœnia) interfectum. Ita solus potitus imperio Romulus, condita urbs conditoris nomine appellata. » Ita Livius. Probabilius ergo videtur, quod a militibus Remi patria profugis urbs nostra condita, vel Remorum gens instituta putatur, cum et mœnia Romanis auspiciis insignita, et editior porta Martis Romanæ stirpis, veterum opinione, propagatoris ex nomine vocitata, priscum ad hæc quoque nostra cognomen reservaverit tempora. Cujus etiam fornicem, prodeuntibus dexteram, lupæ Remo Romuloque parvis ubera præbentis fabula, cernimus insculptum; medius autem duodecim mensium, juxta Romanorum dispositionem, panditur ordinatione desculptus; tertius, qui et sinister cygnorum vel anserum figuratus auspicio. Nautæ siquidem cygnum bonam prognosim prodere ferunt, ut ait Æmilius:

Cygnus in auspiciis semper lætissimus ales.
Hunc optant nautæ, quia se non mergit in undas.

Anseres quoque nocturnas excubias celebrant, quas cantus assiduitate testantur. Denique Romana etiam capitolia Gallo servasse traditur ab hoste.

Nec mirum tamen, urbis nostræ conditionem vel originem non in propatulo dari, cum de ipsius gentium, vel orbis dominæ Romæ conditione, Isidoro teste (l. xv *Originum*, cap. 1), oriatur plerumque dissensio, ut ejus diligenter agnosci non possit origo. Nam Sallustius (*In Catilin.*) : « Urbem, inquit, Romam, sicuti ego accepi, condidere atque habitavere initio Trojani, qui, Ænea duce, sedibus incertis vagabantur. » Alii dicunt ab Evandro secundum quod Virgilius (*Æneid.* viii):

Tunc rex Evandrus Romanæ conditor arcis.

Eutropius quoque in libro Historiarum sic loquitur dicens : « Romulus, cum inter pastores latrocinaretur, octo decem annis natus, urbem exiguam in Palatino monte constituit, conditam civitatem ex nomine suo Romam vocavit. Post hunc Tullus Hostilius eam, adjecto Cœlio monte, ampliavit. Indeque cæteri diversi diversis temporibus principes, ejus editores vel amplificatores exstitere. » Urbis autem nostræ nomen Durocortorum quondam dictum, Cæsaris astruitur Historia, in qua libro sexto sic legitur : « Vastatis regionibus, exercitum Cæsar Durocortorum Remorum reducit, concilioque in eum locum Galliæ indicto, de conjuratione Senonum et Carnutum quæstionem habere instituit. » Æthicus etiam in Cosmographia sic memorat: « A Mediolano per Alpes Cottias Viennam M. P. CCCCIX. Inde Durocortorum, M. P. CCCXXXIII, quæ sunt leugæ CCXXI. Item a Durocortoro Divodurum usque, M. P. LXU. Item alio itinere a Durocortoro Divodurum usque M. P. LXXXVIII. Item a Durocortoro Treveros usque leugæ XCIX. Item a Bagaco Nerviorum Durocortorum Remorum usque, M. P. LIII. »

CAPUT II.
De amicitia Romanorum atque Remorum.

Constat itaque Remorum populum populo Romanorum tenacissima priscis olim temporibus amicitia junctum, prælibatæ Julii Cæsaris Historiæ libris (l. ii init.) hoc ipsum astipulantibus, ubi legitur : « Eo, scilicet ad fines Belgarum, ipso Cæsare de improviso, celeriusque omnium opinione, perveniente, Remos, qui proximi Galliæ ex Belgis sunt, ad eum legatos Iccium et Andebrogium, primos civitatis suæ, misisse, et se suaque omnia offerentes in fidem atque amicitiam populi Romani omnino conjurasse, paratasque esse et obsides dare, et imperata facere, et oppidis recipere, et frumento cæterisque rebus juvare. Reliquos omnes Belgas in armis esse, Germanosque, qui ripas Rheni incolunt, sese cum his conjunxisse, tantumque esse eorum omnium furorem, ut ne Suessones quidem, fratres consanguineosque suos, qui eodem jure, eisdem legibus utantur, unumque magistratum cum illis habeant, deterrere potuerint, quin cum his consentirent. » Item (*Ibid.*) : « Cæsar, postquam omnes Belgarum copias in unum locum coactas ad se venire vidit, neque jam longe abesse, ab his, quos miserat, exploratoribus et ab Remis cognovit, flumen Axonam (*Aisne*) ; quod est in extremis Remorum finibus, exercitum traducere maturavit atque ibi castra posuit. Quæ res et latus unum castrorum ripis fluminis munitum et post eum quæ erant, tuta ab hostibus reddebat, et commeatus ab Remis, reliquisque civitatibus, ut sine periculo ad eum portari possent, efficiebat. In eo flumine pons erat. Ibi præsidium ponit, et in altera parte fluminis Titurium Sabinum legatum cum sex cohortibus reliquit. Castra in altitudinem pedum duodecim fossamque pedum octodecim munire jubet. Ab ipsis castris oppidum Remorum, nomine Bibrax, quod aberat millia passuum octodecim (*Orig.*, octo) ex itinere, magno impetu Belgæ oppugnare cœperunt. Ægre eo die sustentata est Gallorum atque Belgarum oppugnatio hæc. Ubi circumjecta multitudine hominum totis mœnibus, undique in murum lapides jaci cœpti sunt, murusque defensoribus nudatus est, testudine facta portis succedunt, murumque subruunt, quod (*ms.*, aditu) tum facile fiebat. Namque tanta multitudo lapides ac tela conjiciebant, ut in muro consistendi potestas esset nulli. Cum finem oppugnandi nox fecisset, Iccius Remus, summa nobilitate et gratia inter suos, qui tum oppido præfuerat, unus ex his, qui legati de pace ad Cæsarem venerant, nuntium ad eum mittit, nisi subsidium sibi mittatur, sese diutius sustinere non posse. Eo de media nocte Cæsar, iisdem ducibus usus, qui nuntii ab Iccio venerant, Numidas et Cretas sagittarios et funditores Baleares subsidio oppidanis mittit. Quorum adventu et Remis cum spe defensionis studium propugnandi accessit, et hostibus eadem de causa spes potiundi oppidi discessit. Itaque paulisper apud oppidum morati, agrosque Remorum depopulati, omnibus vicis, ædificiisque, quo adire poterant, incensis, ad castra Cæsaris omnibus copiis contenderunt, et a millibus passuum minus duabus castra posuerant. » Et post pauca : « Hostes protinus ex eo loco ad flumen Axonam contenderunt, quod esse etiam post nostra castra demonstratum est. Ibi vadis repertis, partem copiarum suarum transducere conati sunt, eo consilio, ut, si possent, castellum, cui præerat Quintus Titurius legatus, expugnarent pontemque interciderent (*Orig.* inter scinderent). Si minus potuissent, agros Remorum populerentur, qui magno nobis usui ad bellum gerendum erant, commeatusque nostros sustinebant. Cæsar, certior factus a Titurio, omnem equitatum et lenis armaturæ Numidas, funditores sagittariosque pontem traducit, atque ad eos contendit. Acriter in eo loco pugnatum est. Hostes impeditos nostri in flumine aggressi, magnum eorum numerum occiderunt. Per eorum corpora reliquos audacissime transire conantes, multitudine telorum et audacia repulerunt: primos qui transierant, equitatu circumventos interfecerunt. » Item in eadem Historia libro tertio : « Cæsar Labiennum legatum in Treviros, qui proximi Rheno sunt, cum equitatu mittit. Huic mandat Remos reliquosque Belgas adeat, atque in officio contineat. » Item in v : « Tantam omnium voluntatis commutationem, Cæsar scilicet, attulit, ut præter Heduos et Remos quos præcipuo semper honore Cæsar habuit; alteros pro vetere ac perpetua erga populum Romanum fide; alteros pro recentibus belli Gallici officiis nulla fere civitas fuerit non suspecta nobis. » Item in vi : « Carnutes legatos, obsidesque mittunt, usi deprecationibus Remis, in quorum erant clientela. Eadem ferunt responsa, quæ videlicet Senones, obsidibus imperatis. »

Principatum quoque Remos antiquitus inter sibi finitimos tenuisse constat. Sed et apud Romanos id ipsum obtinuisse, auctumque sibi legitur in præmissa, tam jus, quam decus, historia, ut in eodem libro vi : « Sequani principatum dimiserant; in eorum locum Remi successerant. » Semper enim, et in omnibus bellis Remi fidem Romanis servaverant. Et in vii, etiam quando totius pene Galliæ populi adversus Romanos conspirasse, conciliumque Bibracte habuisse leguntur, illi nullatenus adesse voluere, quod amicitiam Romanorum sequebantur. In necessitatibus autem copias eos Romanorum sustentasse proditur, ut in quinto hujus historiæ libro : « Quo anno frumentum propter siccitates angustius provenerat, coactus est, » Cæsar scilicet, « aliter ac superioribus annis, exercitum in hibernis collocare, legionesque in plures civitates distribuere. Ex his unam in Morinos ducendam, C. Fabio Legato dedit; alteram in Nervios Q. Ciceroni; tertiam in Essuos L. Roscio; quartam in Remis cum T. Labieno in confinio Trevirorum hiemare jussit. » Item in vii : « C. Fabium et L. Minutium cum legionibus duabus in Remis collocat. » Insuper et usque ad internecionem pene Remos pro salute Romanorum certasse, Orosius etiam libro vi, astipulatur, eo prælio quod Bellovaci, post cæterorum Gallorum, qui arma contra Romanos tulerant, devictum exercitum, instauraverant, magnam Remorum manum, quæ auxilio Romanis erat asserens trucidatam. Remos denique præliis fortes, optimosque fuisse jaculatores : sed et ad bella civilia quibus Pompeio superato, monarchiam totius, ut fertur, orbis obtinuit, Cæsare invitante profectos, Lucanus libro primo testatur his versibus :

Rura Nemetis
Qui tenet et ripas Satyri, qua littore curvo
Molliter admissum claudit Tarbellicus æquor,
Signa movet, gaudetque amoto Santonus hoste.
Et (ms. j, Bitures) Biturix, longisque leves Axomes in
[armis,
Optimus excusso Leucus Remusque lacerto.

Optima gens flexis in gyrum Sequana frenis,
Et docilis rector rostrati Belga covini.
LUCAN. *De Bello civili*, lib. I.

CAPUT III.
De primis hujus urbis episcopis.

Nec solum apud ethnicos tunc temporis tanti habitum Remorum populum, quin et apud primos Ecclesiæ Dei propagatores, atque per Evangelium in Christo patres, primæ hujus provinciæ nostræ sedis pontifices constat semper honore decoratos, adeo ut ipse beatissimus Ecclesiæ Christi princeps, Petrus apostolus, urbi nostræ beatum Sixtum a se archiepiscopum ordinatum, cum suffraganeorum auxilio censuerit delegandum, idoneos ei ac necessarios in eadem provincia destinans socios, sanctum Sinicium videlicet, Suessonicæ sedis primo, nostrum postea præsulem; ac beatum Memmium, Catalaunicæ urbis rectorem. Sanctus vero Sixtus Remorum primus episcopus, etiam Suessonicam fundasse fertur ecclesiam, et beatum Sinicium collaboratorem et cooperatorem suum inibi constituisse; quique post ejusdem sancti Sixti decessum, nepote suo, ut ferunt, sancto Divitiano Suessoni a se pontifice ordinato, quoniam noviter instituta Remensis ecclesia, lacte adhuc, tenera forte fovebat pignora, necdum ad onus pontificale perferendum robusta, Remis archiepiscopalem (ea cogente necessitate) subiit cathedram. Ubi pro animarum salute fideliter elaborans, bonumque certamen decertans, cum decessore, ut in cœlis, ita etiam meruit in terris habere consortium, unius ejusdemque templi tumbæque sortitus cum beato Sixto sepulcrum. Quorum postmodum meritis basilicæ domus ipsorum claris illustrata miraculis, nonnullis dotata ditatur muneribus, agris quoque domibusque ac vineis locupletata, clericorum pariter enituit ministeriis decorata. Quorum nonnunquam duodecim, nonnunquam decem, ut domni Sonnatii præsulis tempore, ibidem reperitur congregationem fuisse, donec moderno tempore, abundante iniquitate et refrigescente charitate, deficere Deo inibi militantium chorus, et unius ipsum cœpit esse templum presbyteri (*al.*, presbyterii) titulus. Quocirca etiam ipsorum nuper abinde ossa translata, in ecclesia beati Remigii post altare sancti Petri, eorumdem præceptoris, servantur recondita. Nec eos Ecclesiam nostram tantummodo ab urbe Roma constat habuisse patres vel fundatores, quæ martyribus etiam redimita, eorumque sacrata sanguine atque triumphis, sub ipso Neronianæ persecutionis articulo, decorata probatur.

CAPUT IV.
De primis ejusdem martyribus urbis.

Beatus siquidem Timotheus, ab Orientis partibus ad hanc Remensem urbem perveniens, Jesu Christi Domini publice non veritus est prædicare veritatem. Unde et a præside Lampadio, qui tunc præerat huic populo, tentus et, quod novæ legis propositum hominibus suaderet, conventus. Hinc minis principum legumque severitate vexatus, opum quoque pollicitatione tentatus, responsum quod olim ab Ecclesiæ principe didicerat, improbo incussum supernæ nuhdinatori gratiæ, rependere non timuit; divitiæ, inquiens, tuæ tecum sint in perditionem, et ibis cum ipsis in ignem æternum (*Act.* viii, 20). Dominus enim meus Jesus Christus Filius Dei, ipse te judicaturus est. Tunc præses ira repletus, jussit eum torqueri. Et dum Christum constanter inter ipsa cruciatum confiteretur tormenta, inferens inter cætera, quod illi, quos præses pro Christi nomine se putabat occidere, ipsi pœnaliter eum judicaturi essent: et præses diceret : Ergo tu judex eris mei? Ego te occidam; et quis erit qui te eripiat de manibus meis? Sanctus Timotheus respondit : Dominus meus cui credo, potest liberare me; in te autem debita tormenta immittet. Iterum, dum per supplicia multa cruciari jussus fuisset, ait ad judicem : Quanto tu mihi ampliora tormenta intuleris, tanto amplius refrigerium præstabit Dominus, cui credo. Et cum cæderetur a ministris, exclamavit voce magna, dicens : Aspice, Domine, et vide quæ infert diabolus servo tuo, ne me derelinquas, ne dicant homines : Ubi est Deus ejus? Præses denique jussit calce viva et aceto aspergi plagas ipsius. Sanctus vero Timotheus dixit : Age tibi gratias, Domine Jesu Christe, qui mihi das tolerantiam ut hæc possim sufferre. Ita istud factum est in corpore meo, tanquam oleo perunctus sim. Unus autem de ipsius cædentibus, nomine Apollinaris, vidit duos angelos stantes ad latus ejus, et dicentes illi : Confortare, Timothee; missi sumus ad te, ut ostendamus tibi Dominum Jesum Christum, pro cujus nomine sustines pœnas, ut videas quæ aguntur in cœlis; Erige caput tuum, et vide. Aspiciens autem sanctus Timotheus vidit cœlos apertos, et Jesum ad dexteram Patris coronam tenentem ex lapidibus pretiosis, ac dicentem sibi : Timothee, hæc quam vides, tibi parata est. Accipies illam tertia die imminente de manibus meis. Et Angeli dixerunt ei : Confortare Timothee, et abierunt in cœlos. Apollinaris vero cum hæc vidisset, procidens ad pedes ejus, dixit ei : Domine Timothee, ora pro me : Ego enim libentissime torquebor pro nomine Christi, quia vidi tecum loquentes viros splendidissimos, dum tecum loquerentur magnalia Dei illius qui regnat in cœlo. Tunc præses, ut vidit se esse confusum, dixit : Sistatur Apollinaris : afferte autem mihi plumbum bulliens, et effundite in os ipsius, ut non talia verba loquatur. Cumque allatum fuisset plumbum bulliens, et missum in ore ejus, factum est frigidum tanquam glacies. Viso autem hoc miraculo, multitudo magna credidit in Dominum Jesum Christum. Tunc præses iracundia plenus et confusione dixit : Ducite illos in carcerem, usque dum ego petractem quo supplicio interficiantur. Cum autem ducerentur, plurima turba sequebatur eos flens et dicens : O injustum judicium quod incidit in civitatem istam ! Perducti sunt vero in carcerem, et multi erant circa eos, desiderantes consolari a sancto Timotheo. Ipsa autem nocte adveniens quidam presbyter, nomine Maurus, multitudinem hominum baptizavit in nomine Domini nostri Jesu Christi. Apollinaris vero cum baptizaretur, vidit cœlos apertos, et audivit angelum dicentem sibi : Beatus es, Apollinaris, qui credidisti, beati omnes qui tincti sunt in aqua, in qua tu purificatus es. Quicunque hac nocte hic baptizatus fuerit, crastina die in paradiso suscipietur. Hoc autem dictum omnes qui ibidem aderant audierunt, et genua flectentes, dixerunt : Parce nobis, Domine Deus noster, et præsta misericordiam tuam his qui diligunt nomen tuum. Altera autem die jussit præses adduci eos ante tribunal suum. Astantibus autem illis præses dixit : Stulti homines, quæ res vos circumvenit, ut credatis in hominem crucifixum, qui sub Pontio Pilato multa perpessus est, novissime autem crucifixus asseritur? Tunc illi responderunt, dicentes : Vidimus in hac nocte angelum Dei loquentem cum sanctis quos tu tenes in carcere : et ipsi angeli dixerunt nobis, hodie ituros esse in paradisum, et accepturos coronas quas tui oculi videre non merebuntur. Præses vero iracundia plenus, jussit cunctos [*ms.* j, singulos] decollari. Cumque ducerentur sancti extra civitatem, signaverunt se signaculo Christi, et sic martyrizati sunt, confitentes Patrem, et Filium, et Spiritum sanctum. Fuerunt autem omnes qui decollati sunt quinquaginta viri sub die undecimo Kalendas Septembris.

Altera autem die procedens præses, sedit pro tribunali, sanctum vero Timotheum et Apollinarem adduci præcepit. Astantibus autem illis, ait ad eos præses : Infelicissimi hominum, consentite præceptis Imperatorum, et adorate eos quos illi adorant. Timotheus et Apollinaris dixerunt : Nos dæmones non adoramus, sed solum Dominum Jesum Christum, qui est Deus vivus et verus, ipsum oportet confiteri nos. Tu ergo ne putes nos artibus tuis separari a charitate et a regno Dei. Hoc autem tibi notum sit quia, qua hora nos putas mortificari, tunc vivificamur, sicut illi qui a te hesterna die interfecti sunt, et vivunt in cœlis. Te ergo vere percutiet Jesus Christus ulcere pessimo. Iratusque præses, dixit : Istos si non mortificavero, alii multi ad novam sectam venturi sunt. Sic dedit adversus eos sententiam, ut gladio interficerentur. Illi autem cum magna fiducia perducti sunt extra civitatem, in via quæ appellatur Cæsarea, in locum qui Buxitus dicitur, ibique martyrizavit eos, sub die decimo Kalendas Septembris, et coronati sunt ab angelis, et vox audita est, dicens : Venite, Timothee et Apollinaris, dilectissimi mei, et ostendam vobis quanta mirabilia meruistis pro animabus vestris, quas obtulistis pro nomine meo; et scitote quæ facturus sum Lampadio præsidi. Statimque jaculum igneum descendit de cœlo multis videntibus, et ingressum est humerum ejus dextrum, et a dæmonio arreptus vitam finivit. Corpora vero sanctorum sepulta sunt a Christianis die nono Kalendas Septembris. Eusebius quidam vir spectabilis, qui et ipse per verbum ipsorum credidit, fabricavit illis basilicam; in qua multa signa et remedia ostenderunt. Cæcis visum, claudis gressum reddiderunt, et qui a dæmonibus vexabantur curati sunt in nomine Domini nostri Jesu Christi. Eorum vero corpora donus Tilpinus archiepiscopus veteri promovens tumulo, sepulcrum ipsorum decenter argento decoravit et auro. Altare denique quod ante tumbam eorumdem stat medium, sancti Mauri fertur reliquiis et honore dicatum, qui eodem quo præfati tempore, pro Christo cæsus capite, ipsorum meruit consortio renitere. Cujus ossa in ecclesia beati Celsini servantur deposita. Caput autem infra civitatem intra beatæ Dei genitricis Mariæ basilicam in arca secus altare veneratur reconditum. Ipsa etiam præmissorum ecclesia martyrum pignoribus complurium traditur insignita sanctorum. In cujus dextera parte sanctorum Silvani et Silviani [*j*, Silviniani]; in sinistra vero sancti Tonantii et sancti Jovini feruntur reservari corpora. Hæc etiam in eadem sanctorum basilica beatus Remigius tumulum sibi parari præcepisse reperitur, ut post conditam testamenti sui continentiam subintulit, addens : « Post conditum testamentum, imo signatum, occurrit sensibus meis, ut basilicæ domnorum martyrum Timothei et Apollinaris missorium argenteum sex librarum ibi deputem, ut ex eo sedes futura meorum ossium comparetur. » Sed et in ipso testamento suo, duodecim solidos ad ipsius basilicæ cameram struendam jusserat dari. Diversi quoque diversis idem locupletavere dotibus templum; ubi domnus Gondebertus, vir clarissimus, cum uxore sua Bertha, villam in pago Vontinse sitam, Perthas nomine, dedit. Reperitur autem congregationem ibidem nonnumquam viginti, nonnunquam duodecim fuisse clericorum, ut in tempore Theoderici regis, quando ad eamdem basilicam prædiorum donaria plura leguntur tradita. Et usque ad recentia nuper tempora (quibus religione deficiente, ad unius est redacta presbyteri titulum) Deo servientium cœtu, dignoscitur insignita virorum. Nonnullis etiam aliis templa locis, eorum splendent honore decorata, quoniam signis pluribus eis olim coruscantibus, amatores Christi memoriis ipsorum suas excolere studuerunt atque munire possessiones. Quorum quidam, ceu Gregorius Turonensis episcopus in libro Miraculorum refert, eorum reliquias, ædificata horum honore basilica, devotus expetiit. Quas pontifice loci per presbyterum honorifice dirigente, dum iter idem presbyter ageret, ab obvia quadam muliere salutatus, obnixe importuneque ab ea rogatus est, ut horum sibi quiddam pignorum condonaret. Qui diu nutatim differens, mulieris improbitate tandem devictus, sacrorum cinerum particulam tradit roganti. Ascensoque caballo, injunctum sibi moliens iter expedire, nullatenus eum percussis admodum lateribus, valet itineri promovere. Insuper ipse quoque sic interim prægravatus opprimitur, ut vix valeret attollere caput. Ita demum animadvertens virtute se detineri martyrum, motus pœnitentia recepit opportune, quod largiri præsumpsit incongrue, reddibitaque sacrorum quam dempserat portione, liber ad jussa relaxatur abire. Apud Duodeciacum quoque

(1) Otho I, qui et Magnus.

A vicum horum constructa decore sanctorum basilica martyrum, magnorum prædicatur radiare nitore magnalium, optabilique refulgere gratia sanitatum.

Beati denique Timothei ossa, rex Otho (1), concedente Artaldo archiepiscopo, transferri fecit in Saxoniam, et monasterium monachorum in ejus instituit honore. In qua translatione multa mira feruntur ostensa. Nam ut Anno tunc abbas, nunc episcopus, mihi retulit, a quo eadem sacra pignora translata sunt, præter alia plura remedia, duodecim inter claudos et cæcos fuere curati. Beatus quoque Apollinaris, ossibus suis in Orbacense [*Orbay* vel *Orbé*] monasterium translatis, nonnullis inibi florere spectatur gratiarum insignibus.

CAPUT V.

De successoribus præmissorum præsulum.

Frequentibus igitur persecutionum procellis intonantibus, Ecclesiæ puppis nostræ jactata, diversisque oppressa fluctibus, quoniam caput vix attollere poterat, quanto sedes ipsa tempore rectore vacua digno resederit, haud facile panditur, adeo ut post præmissos nostræ fidei Patres, beatum Sixtum atque Sinicium, unum duntaxat præsulem inveniamus Amansium ad imperium usque Constantini, sub quo Betausius reperitur, qui cum Primogenito diacone suo, primus ex hac Belgica provincia legitur Arelatensi primæ interfuisse synodo relatæ per Marinum episcopum beatissimo papæ Silvestro, Volusiano et Aniano consulibus. Post quem Aper, inde Maternianus, cujus reliquias ossium domnus Hincmarus archiepiscopus Ludovico regi Transrhenensi, se direxisse commemorat in epistola pro ejusdem, aliorumque sanctorum pignoribus ad eumdem regem transmissa. Hinc Donatianus exstitit episcopus, cujus etiam pignora maritumas in partes episcopii Noviomagensis vel Tornacensis perlata, vario signorum memorantur splendore decorata. Quem beatus Viventius tam celsus illustris vitæ meritis, quam claro pontificalis sequitur ordine culminis. Cujus etiam sacra membra domno Ebone antistite nostro deferente, super fluvium Mosam translata, Braquis instructa ecclesia, dispositaque famulariorum caterva clericorum, debito deponuntur honore servanda. Ubi etiam pluribus olim renituisse prædicatur insignibus, claudis gressum, cæcis quoque reformans aspectum, cui successit Severus.

CAPUT VI.

De sancto Nicasio.

Post præmissos præsules beatus Nicasius cultu sequitur pontificatus, magnæ vir charitatis, magnæque constantiæ, sub Vandalica in Galliis persecutione, sanctæ sibi commissæ validissimus rector Ecclesiæ, in pace quidem nobilitator ac decorator, in periculis vero moderator et tutor, piis populum doctrinis et exemplis instituens, decoremque cœlibis sponsæ Christi Ecclesiæ, fabricis et ornatibus attollens. Is namque sedis hujus sanctæ basilica in honore perpetuæ virginis Dei genitricis Mariæ, divina traditur admonitus revelatione fundasse, quam proprio quoque consecravit sanguine. Cathedra siquidem pontificalis antiquitus in ecclesia, quæ ad Apostolos dicitur, exstitisse fertur. Hic beatus antistes angelica præmonitione instructus, futuram longe ante præscisse docetur internecionem, peniciosamque prosperitatis redarguendo securitatem, imminentem divini prædixisse verberis ultionem. Portabat autem charitatis humeris anxius peccatorum crediti sibi gregis pondus, mori paratus pro omnibus, ut iram indignationis Dei a populo averteret, aut in ipsa certe vindicta, cœlestem clementiam humilitatis spiritu et animo contrito placaret, ne usque ad animam, licet temporalis, at non æternalis perveniret gladius. Sed quia verbi Dei semen in spinis divitiarum suffocatur consitum, prosperantesque, et in vanitate sæculi gloriantes, monita salutis, aure cordis ad fructificandum non admittunt : imo perituris implicili occupationibus, nec vera vitæ, quin lethifera peccati, mortisque stipendia sequentes, quoniam perfecte mala non oderant, vera sectari bona digne non valebant. Piam insuper religionem negligere, divinitatis præcepta postponere, vanitatibus inservire, concupiscentiæ vitiis inhærere, schismatica scandala suscitare, Deumque, proh dolor ! in his omnibus haud metuebant offendere. Et ecce subito ejusdem prosperitatis temporibus, animositas dirissimarum gentium commota, Dei offensionis iram in diversas vindicatura provincias, intentione truculenta, Wandalorum multitudo properanter accelerat, subversis multarum munitionibus urbium, gladioque interemptis utriusque sexus progenitoribus cum filiis, non aliam dignitatis gloriam, non aliud aliquid in temporalibus lucris tam desideranter concupiscere cernebatur, quam humanum haurire ac fundere sanguinem, et Christianorum duntaxat sitire internecionem. Sub hujus vero tempestatis turbine, gloriosi renitebant in Galliis inter episcopos viri, sanctissimus Remorum præsul Nicasius, et beatissimus Aurelianensium pontifex Anianus, sanctus quoque Lupus Trecassinus, et beatus Servatius Tungrensis antistes, aliique nonnulli virtutibus insignes, qui hanc indignationis Dei, suis meritis ac precibus, iram diu differre certaverunt, ut omnibus hæresibus et pravitatibus populi restinctis, ad catholicam religionem et verum Dei cultum per pœnitentiam revocarent, ac tantæ persecutionis et divinæ animadversionis gladium ab Ecclesiæ cervicibus avocarent. Sed, proh nefas ! *Impius, ut scriptum est, cum in profundum peccatorum venerit, contemnit* (*Prov.* xviii, 3), salutaribus eorum præceptis nullatenus obtemperabant. At vir beatissimus Nicasius præsul, instantibus studiis, continuisque doctrinis ac precibus, populum Dei ad pœnitentiam seu patientiam, et triumphum martyrii provocabat, ut quos incauta prosperitas ad offensionis impulerat foveam, adversitatis devota tolerantia, non judicium damnationis, sed gratiam purgationis, causamque salutis efficeret. Interea castrametantur agmina Wandalorum circa urbem Remorum, universaque regione depopulata, neces tantum inibi habitantium ferventissime pertractantes Christianorum. Hos veluti deorum suorum inimicos, et moribus paganorum contrarios, interimere, penitusque de terra delere ambiebant. Beatus itaque Nicasius animam suam pro fratribus, Christi sequens exemplum, ponere paratus, elegit, obnixeque proposuit, sibi commissum nullatenus omittere gregem, prorsus instituit, aut cum eis pariter vivere, aut pariter, quod eos paterfamilias perpeti vellet, sufferre, ne fugiendo, Christi videretur (sine quo non possunt homines vel vivere vel fieri Christiani) deserere ministerium. Unde et juxta beati Augustini sententiam (*epist.* 80), majorem charitatis reperit fructum quam qui non propter fratres, sed propter seipsum fugiens, atque comprehensus non negavit Christum, susceptitque martyrium. Metuebat enim potius antistes sanctissimus, ne se deserente, lapides vivi exstinguerentur, quam ne lapides et ligna terrenorum ædificiorum, se præsente, incenderentur, magis timens, ne destituta Christi corporis membra spiritali victu necarentur, quam ne membra corporis sui hostili oppressa impetu torquerentur. Paratus ad utrumque, ut, si non posset hic calix transire, fieret voluntas ejus (*Matth.* xxvi, 42), qui mali aliquid non potest velle. Nec requirebat quæ sua sunt, sed imitans cum qui dixit: Non quæro quod mihi utile est, sed quod multis, ut salvi fiant (*I Cor.* x, 33). Et ne magis fugiendo obesset exemplo, quam vivendo prodesset officio, nulla ratione consensit esse fugiendum. Neque temporalem mortem (quæ quandoque ventura est, etiamsi caveatur), sed æternam (quæ potest si non caveatur venire, et potest si caveatur etiam non venire) formidans; non sibi placens, nec personam suam in tantis periculis fuga digniorem, utpote gratia excellentem, judicans, ne ministerium in his maxime periculis necessarium, ac debitum, subtraheretur Ecclesiæ. Non, ut mercenarius videns lupum venientem, dimissis ovibus fugit, sed ut pastor bonus, pro grege sibi credito animam paratissimus obtulit (*Joan.* x, 11, 12). Et quod melius agendum invenire potuit, sedulas ad Dominum pro se suisque fundere preces elegit. Fatigatis igitur tandem præliatoribus impugnatione continua, excubiis et inedia, furentibusque circumquaque hostibus, ac fortiter bello concutientibus urbem, nimio terroris tædio civitas universa perculsa, ad sanctissimum Nicasium in orationibus prostratum decurrunt, futuram paganorum victoriam pertimescentes, et auxilium consolationis ab eo velut a patre filii, requirentes. Interrogant quid utilius consilii faciendum decernat, aut servituti gentium sese tradere, aut ad mortem usque pro salute urbis dimicare. Beatus autem Nicasius cœlitus divina præsciens revelatione, Remorum subvertendam civitatem, consolans eos, infatigabiliter Domini supplicabat clementiæ, quatenus hæc tribulatio mortis temporariæ, non ad judicium, sed ad indulgentiam, persistentibus in vera fidei confessione proficeret; pro animæ pugnare salute, non armis visibilibus, sed probis docens moribus, non corporalium fiducia virium, sed spiritualium exercitatione virtutum. Hanc supernam justo Dei judicio, peccantium sceleribus excitatam demonstrans indignationem. Certum salutis id prædicans esse consilium, si ad divina compuncti flagella converterent animum, suscipientes hæc non inviti aut desperantes, ut iniquitatis filii; quin patientes ac mansueti, ceu filii pietatis, promissa regni cœlestis præmia percepturi. Exhortans eos, spe salutis æternæ præsentem devotissime sufferre tribulationem, ultroque seipsos ad hanc offerre momentaneam necem, quo debitam reatibus perpetuæ damnationis evadere mererentur ultionem, quatenus eis mors præsens, non supplicium, sed animarum fieret perenne remedium. Pro inimicis eos etiam admonens exorare, ut tandem aliquando resipiscerent ab iniquitatibus suis, et qui ministri tunc videbantur impietatis, possent cultores nonnunquam pietatis, sectatoresque fieri veritatis. Seipsum paratum esse depromens, ut bonum decet pastorem, pro ovibus animam ponere (*Joan.* x, 11), præsentemque vitam contemnere, quatenus ipsi peccatorum veniam et salutem secum mererentur æternam accipere. Aderat etiam germana sua beata Eutropia, virgo Christi sacratissima, quæ ob castitatis munitionem, sanctissimum semper imitando et adhærendo sequebatur episcopum, ut et ab spiritualibus aliena nequitiis a Domino servaretur puritas mentis, et a carnalium corruptione delectationum tegeretur immunis integritas corporis. Ambo itaque plebem Dei pro viribus ad coronam martyrii piis exhortationibus animabant, et agonem victoriæ suæ Domino precibus commendabant. Dei tandem decreto judicio irruptionis die, dum paganorum furibundum beatus præsul Nicasius irruere comperit impetum, sancti Spiritus virtute roboratus, alma comitante sorore, cum hymnis et canticis spiritalibus ad ostium basilicæ sanctæ Dei genitricis Mariæ, quam ab eodem in hujus urbis arce fundatam memoravimus, traditur occurrisse, dumque divinæ deditus psalmodiæ, versum Domino Davidicum pia voce decantat, inquiens : *Adhæsit pavimento anima mea* (*Psal.* cxviii, 25), mox, insequente gladio cervicem cæsi, verbum pietatis ab ore non defecit; capite in terram cadente, immortalitatis (ut traditur) sententiam prosecuto : *Vivifica me secundum verbum tuum* (*Ibid.*), inferendo [ms. addit *Domine*].

Sancta vero Eutropia videns impietatem circa se quasi mitigatam, et pulchritudinem suam ceu paganorum libitus reservatam, super eumdem sacerdotis interfectorem insiliens, magnoque clamore increpitans, et ad martyrii sui bellum provocans, sacrilegi alapa faciem percussi, oculos, divini virtute numinis evulsos, in terram proditur effudisse. Quæ mox insanientium ferro jugulata, sacro fuso sanguine, palmam victoriæ cum germano suo pontifice Christi, cæteris- que triumphatoribus sanctis, adipisci promeruit. Fuere siquidem nonnulli, tam ex clero, quam ex laicali cœtu, constantiæ hujus consectatores ac comites, qui per præsentis tolerantiæ participationem, æternæ beatitudinis cum hoc beatissimo Patre suo consequi certavere communicationem. Inter quos Florentius diaconus, et beatus Jocundus exstitisse clarissimi referuntur; quorum capita Remis post altare sanctæ Dei genitricis Mariæ tumulata servantur. Barbaros igitur de constantia virginis, et profani speculatoris subitanea mulctatione stupefactos, expleta cæde, sacro mundante cruore, terribilis omnes horror invasit, quasi cœlestes acies dimicantes, tanti sceleris vindices aspicientes, ipsa quoque horrendo reboante basilica sonitu. Relictis ergo passim spoliis, territa Wandalorum agmina, dum divinam metuunt ultionem, irrevocabiliter per diversa fugientes, invasam trepidi deserunt civitatem. Qua diu sic manente solitaria, Christianis qui ad munitiones montium fugerant, incursiones paganorum trepidantibus, paganis vero cœlestes quos ibi pertulerant horrores pertimescentibus, sub divina duntaxat angelicaque custodia, sanctorum servabantur inibi martyrum corpora; ita ut in noctibus a longe cœlestia cernerentur lumina, et suavissimi sidereis supernarum soni virtutum choreis dulciter reboantibus, audirentur a nonnullis carmina. Unde et cœlestis victoriæ revelatione confortati tandem concives, qui ad sepelienda sanctorum corpora, divina remanserant providentia, cum precum votis ad urbem regredientes, inæstimabilem suavitatis odorem, ubi sanctorum decorabantur funera, hauriunt, gaudioque permiscentes gemitum, lacrymosis Dominum laudibus magnificant, et ad tumulandum sacra se præparantes pignora, congruis ea circa civitatem locis veneranter recondunt. Beatissimi vero Nicasii præsulis ac sororis ejus, sacratissima solemniter in cœmeterio sancti Agricolæ, templo quondam a Jovino, Christianissimo Romanæ militiæ magistro, longe scilicet ante fundato, magnificeque decorato, collocant membra, ut appareat, instinctu divinæ procurationis, ad celebritatis istorum dignitatem magis, quam ad primæ præparatam fuisse conditionis auctoritatem. Hanc autem basilicam (2) præfatus vir Jovinus, his versibus, aureo prætitulavit decore.

Felix militiæ sumpsit devota Jovinus
Cingula, virtutum culmen provectus in altum :
Bisque datus meritis equitum, peditumque magister,
Extulit æternum sæculorum in sæcula nomen,
Sed pietate gravi tanta hæc præconia vicit,
Insignesque triumphos religione dicavit,
Ut cum fama dabat rebus superantem honorem,
Et vitam factis posset sperare perennem.
Conscius hic sancto manantis fonte salutis,
Sedem vivacem moribundis ponere membris,
Corporis hospitium lætus metator adornat,
Reddendos vitæ salvari providet artus.
Omnipotens Christus judex venerabilis, atque
Terribilis, pie, longanimis, spes fida precantum,
Nobilis eximios famulis non imputat actus.
Plus justo fidei ac pietatis præmia vincant.

---

(2) Hæc hodie est ecclesia S. Nicasii quomodo infra vocatur, c. 12.

Ubi posteaquam sunt horum deposita sanctorum martyrum corpora, innumerabilibus eadem Ecclesia constat miraculorum signis, redimita, ut et eorum meritis ac precibus, multitudo languentium recuperationis inibi percipiat alacritatem, et exemplis ipsorum plebs ad cœlestem [*C.*, devota] discat properare sublimitatem. Meminit hujus barbaricæ persecutionis beatus Hieronymus (*epist.* 11) scribens ad quamdam adolescentulam viduam Aggerunchiam nobilem, et exhortans eam de perseverantia viduitatis, ita memorando inter cætera : « Innumerabiles et ferocissimæ nationes universas Gallias occuparunt. Quidquid inter Alpes et Pyrenæum, quod Oceano et Rheno includitur, Quadus, Wandalus, Sarmata, Alani, Gepides, Heruli, Saxones, Burgundiones, Alamanni, et, o lugenda respublica ! hostes Pannonii vastaverunt. *Etenim Assur venit cum illis* (Psal. LXXXII, 9). Magontiacus, nobilis quondam civitas, capta atque subversa est, et in ecclesia multa millia hominum trucidata. Wangiones longa obsidione deleti. Remorum urbs præpotens, Ambiani, Atrabates, extremique hominum Morini (3), Tornacus, Nemetes, Argentoracus translatæ in Germaniam. Aquitaniæ, Novemque populorum Lugdunensis, et Narbonensis provinciæ, præter paucas urbes, cuncta populata sunt, quas et ipsas foris gladius, intus vastat fames, » etc. In præfata denique basilica beatus Remigius morandi traditur habuisse consuetudinem, quatenus sanctorum martyrum meritis, ut erat spiritu semper, ita proximus redderetur et corpore. Monstratur adhuc ædicula secus altare ubi secreto Domino vacare, et inspectori summo, beatissimæ speculationis hostias, turbis remotus popularibus, devotissime consueverat immolare. Istuc enim intentus his degebat officiis, quando comperto urbis incendio, cum divinitatis invocatione deproperans, sanctorum fultus suffragio, lapidibus ecclesiæ graduum deinceps expressa reliquit vestigia.

CAPUT VII.
De miraculis ipsius ecclesiæ.

Diversis etiam multimoda clarificatione fertur hæc illustrata temporibus ædes. Sed nos unum tantum, quod nostris fere diebus actum, referentibus nostris qui interfuere patribus, agnovimus, propalandum putavimus. Solemnitas hiemali tempore præfatorum agebatur martyrum quæ solito XIX Kal. Januarias celebrari consuevit. Ad cujus celebritatis vigilias fratres temperius exsurgentes, custodes ipsius ecclesiæ dormientes, ostia quoque diligenter obserata reperiunt. Quæque diutius obterendo pulsantes, dum neminem responsa dantem deintus accipiunt, domum presbyteri petunt portamque crebris incutientes ictibus, et tecta lapidibus verberantes, ubi nullum sibi qui pandat excitare prævalent templi januam repetunt; quam sponte patentem reperientes, accensa luminaria cuncta vident; sed auctorem facti neminem intus aspiciunt. Sicque post orationem Christo gratias agentes, nocturnas ineunt laudes. Quibus jam magna parte decursis, ad horum voces presbyter excitatur, rem cum suis admiratus, hymnos dicturus cum cæteris stupefactus approperat. Nullumque demum accensionis hujus, vel reserationis reperire queunt administrationem, nisi summum divini duntaxat muneris largitorem, qui sanctorum suorum jugi mirorum splendore, propagare non desistit honorem. Hujus autem beati pontificis et martyris pignora quædam Noviomagensium episcopus quidam obtenta, suam pertulit ad civitatem. Quæ tam apud Noviomum, quam et apud Tornacum castrum (ubi nunc quoque servari perhibentur) claris, multisque referuntur illustrata miraculis. Postea vero cætera corporis ejusdem martyris Fulco archiepiscopus, simul cum corpore beatæ sororis ejus Eutropiæ intra Remensia transvexit mœnia, retroque post altare sanctæ Dei genitricis Mariæ, ubi ea modo veneramur, juxta beati papæ Callisti membra, debita recondidit reverentia.

CAPUT VIII.
De sancto Oriculo et sororibus ejus.

Sub eadem Wandalorum, vel Hunnorum persecutione, quidam Dei servus, Oriculus nomine, Deo vacabat, cum sororibus suis Oriçola [*ms. i*, Oricula], et Basilica, in hoc eodem episcopatu Remensi; in pago Dulcumensi, vico Sinduno in ecclesia quam construxerat, ubi fertur quoque peremptus a barbaris cum prædictis sororibus suis. Traditur etiam caput suum, postquam decollatus est, ipse in quodam fonte lavisse. De sanguine quoque suo signum crucis (quod adhuc manifeste parere dicitur) in quadam petra digito figurasse suo, et proprium manibus caput ferens, sepulcrum, quod sibi construxerat, [*ms. i*, condiderat] expetisse ; ad quod multa miracula referuntur ostensa. Erat olim quidam rusticus ibi manens, cui revelatio in somnis facta est, ut fontem de quo caput sibi sanctus Dei, ceu diximus, laverat, tecto cooperiret. Qui postquam bis admonitus facere id distulit, in infirmitatem decidit, in qua integro anno ægrotans decubavit. Post hæc votis, ut jussa compleret, promissis, convaluit, et fontem ligneis tabulis circumdans, operuit; ex quo fonte potantes, a diversis multi curantur languoribus. Presbyter ejusdem loci, nomine Betto, balneum ex ipsius puteo, quem infra ecclesiam hic sanctus martyr edidisse traditur, sibi parari præcepit, quo postquam ablutus est balneo sic elanguit, ut usque ad anni terminum ægrotus jacuisse, nec adhuc perfecte postea reviguisse constiterit. Quorum sanctorum corpora uno dudum sarcophago recondita tempore Seulfi archiepiscopi levantur e terra, humo prius sponte patefacta, et loculo, in quo jacebant, ultro sursum mirabiliter elevato.

CAPUT IX.
De successoribus beati Nicasii.

Post præmemoratam Wandalorum discessionem,

---

(3) Hemistichium est Virgilianum ex Æneid. IX :
Extremique hominum Morini Rhenusque bicornis.

dentæ Nicasio Barno [ms. Baructius] episcopali sede traditur successisse, quem Barucius, inde Barnabas subsecuti feruntur; tum Bennadius, cujus tamen Bennagius nomen in testamento suo, propria ipsius manu (velut inibi legitur) perscripto, reperitur caraxatum. Hujus enim ipse testamenti auctoritate, rerum suarum hæredem Remensem fecit Ecclesiam cum fratris sui filio, quem in sacro fonte, sub gratiæ sempiternæ traditione, se commemorat suscepisse. Inter cætera vero vas argenteum ab antecessore suo sanctæ recordationis episcopo Barnaba, sibi, ut meminit, testamento collatum, Ecclesiæ suæ delegat hæredi, quod ad ipsius ornamentum (cum illud proprios distrahere potuisset in usus) se asserit reservasse. Deputat et solidos viginti ad ejusdem Ecclesiæ reparationem, cum agellis et sylvis; presbyteris ipsius ecclesiæ solidos octo : diaconibus solidos quatuor; ad captivos solidos viginti; subdiaconibus solidos duos; lectoribus solidum unum; ostiariis et exorcistis solidum unum, sanctimonialibus et in matricula positis solidos tres. Hæredem suam subinferendo alloquens ecclesiam, ut in se ducat esse collocatum, quidquid presbyteris, diaconibus, ac diversis clericorum scholis, captivis quoque et pauperibus, pro refrigerio sui fuisset in commemoratione devotum.

CAPUT X.
De sancto Remigio.

Præfato Bennagio beatissimus succedens Remigius, imbuendis ad fidem præfulgidum surrexit lumen gentibus. Quem divina pietas, ut Fortunatus quoque poeta noster asserit (initio Vitæ S. Remigii), non solum priusquam nasceretur, sed et antequam conciperetur, elegit; in tantum, ut Montanus quidam monachus, dum levissimo sopore quiesceret, tertio fuisset [Or., fuerit] admonitione pulsatus, ut matri suæ benedictæ Ciliniæ, quod masculum conceptura esset, veridica relatione prædiceret, et nomen ejus vel meritum designaret. Hic itaque Montanus in reclusione solitariam vitam ducens, jejuniis, vigiliis et orationibus assidue vacans, cæterarum quoque virtutum insigniis divinitati se commendabilem reddens, dum supernam Christi clementiam pro pace sanctæ ipsius Ecclesiæ, quæ variis apud Galliarum provincias vexabatur afflictionibus, indefessis precibus exoraret; ubi quadam nocte carnis compellente fragilitate, membra permittit sopori, quiete reparanda, angelicis subito per divinam gratiam choris, sanctarumque sibi videtur animarum cœtibus interesse, celeberrimum quoque haurire colloquium, eosque de Gallicanæ dejectione vel restitutione Ecclesiæ conferentes, et quia jam tempus esset miserendi ejus, percensentes, audire. Interea vocem a superioribus atque secretioribus suavissime intonantem excipit : « Quod Dominus de excelso sancto suo prospexit, de cœlo in terram aspexit, ut audiret gemitus compeditorum, ut solveret filios interemptorum, ut annuntietur nomen ejus in gentibus; in conveniendo populos in unum et reges, ut serviant ei (Psal. CI, 20-23). » Et quod Cilinia in utero concipiens, filium pareret, nomine Remigium, cui salvandus foret populus committendus. Vir igitur iste venerabilis tanto percepto solamine, post tertiam divinæ super his præceptionis admonitionem, visionis æthereæ nuntiat oraculum Ciliniæ. Hæc autem beata genitrix in flore dudum juventutis, ex unico viro suo Æmilio pepererat Principium, Suessorum civitatis postea sanctum episcopum, et patrem beati Lupi, ejusdem Principii successoris. Miratur beata Cilinia, utpote jam provecta, quonam pacto sit anus paritura, vel sobolem lactatura. Et quia tam vir ejus, quam ipsa diebus jam multis processerant, effeti et carne infecundi, nec spes eis ulterius procreandi, nec appetitus inerat pignoris. Beatus vero Montanus, ut meritis accresceret patientiæ, corporalium privatus oculorum ad tempus exstiterat lumine. Qui dictis ut fidem faceret, oculos sibi lacte ipsius asserit perungendos, moxque lumen amissum, pueri sibi fotu recipiendum. Gavisis ergo de tanta consolatione parentibus concipitur futurus Christi pontifex; cujus adminiculante gratia feliciter editus, nomen sacro sumit e fonte Remigius. In cujus lactatione promissum pridem vati gaudium, veraciter adimpletur, dum ejus oculis beatæ matris illius lacte tactis, lumen olim perditum reparatur. Ortus est autem puer iste, præconiis declaratus antequam natus, in pago Laudunensi, alto parentum sanguine, jam tamen senum, diuque sterilium resplendens, insigne mirificatus in ortu, qui magnifice disponebatur mirificandus in actu. Nomen illi digne divina imponitur jussione Remigius, utpote qui Ecclesiam Dei, specialiterque Remorum, in hujus fluctuantis vitæ salo remis erat doctrinæ recturus, et ad portum salutis æternæ, meritis et orationibus perducturus. Remedium tamen eum fuisse vocatum in veteribus quibusdam reperitur scriptis. Quod et merita vel acta ipsius attendentes, rite crederemus, nisi gestis emendatioribus, oraculo illum divino, Remigium nuncupari debere cognosceremus. In versibus etiam ab eo compositis, et ejus præcepto in vase quodam per eumdem Deo dicato sculptis, ita lectum asseritur :

Hauriat hinc populus vitam de sanguine sacro,
Injecto æternus quem tudit vulnere Christus :
Remigius reddit Domino sua vota sacerdos.

Quod vas usque ad moderna tempora perduravit, donec fusum, Nordmannis dudum in redemptionem datum est Christianorum. Hujus beatissimi Remigii nutrix beata Balsamia fuisse traditur, quæ mater exstitisse sancti Celsini memoratur; qui et ipse beati Remigii discipulus fuisse familiaris asseritur, miraculis quoque postmodum claruisse dignoscitur, et æquorum maxime votis adhuc insignis habetur : in cujus et ipsa beata genitrix ejusdem requiescit ecclesia. Traditus a parentibus scholæ beatus Remigius litteris imbuendus, brevi coævis, sed et natu majoribus doctrina eminentior est effectus. Cunctos superans condiscipulos, morum maturitate ac benevolentiæ charitate, populorum studens turbas vitare, atque solitarius in reclusione Domino deservire, quod et obtinuit, habitaque, sanctæ conversationis studiis adolescens pius, inclusione, Lauduni Christo militavit.

CAPUT XI.
De ordinatione ipsius ad episcopatum Remensem.

Ast ubi vicesimum secundum ætatis subiit annum, defuncto præfato venerabili Bennadio archiepiscopo, in hac urbe Remensi, omnium generaliter votis ad apicem pontificatus non tam electus, quam raptus fuisse dignoscitur. Fit siquidem populi concursus, diversi quidem sexus, conditionis, dignitatis et ætatis, una eademque sententia, hunc vere Deo dignum, et qui populis præfici deberet, acclamantis. Sanctissimus igitur adolescens his depressus angustiis, quoniam nec fugæ locus ei uspiam patebat, nec populo ut ab intentione cœpta desisteret, ullo modo satisfacere poterat, super ætatis infirmæ cœpit conqueri tempore, et quod ecclesiastica regula hanc ætatem ad tantam non admitteret dignitatem, voce publica prædicare. Sed cum irrevocabiliter populi acclamaret frequentia, et vir Dei magna retineretur constantia, placuit omnipotenti Deo manifestissimis indiciis propalare, quod ipse de eo judicium dignabatur habere. Traditur enim cœlestis radii lumen super ipsius sanctum subito descendisse verticem, et cum ipso lumine cœlitus ejus infusum capiti unguinis divini liquorem, cujus sacri nectaris, ejusdem totum videretur caput infusione delibutum. Omni ergo posthabita dubitatione, præsulum Remensis unanimitate provinciæ, pontificali consecratur benedictione. Ad quod officium mirifice mox devotus et aptissimus apparuit exsequendum; largus in eleemosynis, sedulus in vigiliis, attentus in orationibus, in humanitate profusus, in charitate perfectus, in doctrina præcipuus, in conversatione sanctissimus. Mentis purissimæ sinceritatem, pii vultus præferebat alacritate, clementissimique cordis benignitatem sermonis indicabat tranquillitate. Salutis æternæ munia non minus implens opere, quam edocens prædicatione; reverendus aspectu, venerandus incessu, metuendus severitate, amplectendus benignitate, censuram districtionis permistione temperabat mansuetudinis. Minari quidem fronti videbatur austeritas, sed cordis blandiebatur serenitas; ut erga devotos Petrus appareret in vultu contra delinquentes Paulus videretur in spiritu; sicque gratiarum diversitate in unum conveniente, illius pietatis, hujus erat imitator auctoritatis, neglector quietis, refuga voluptatis, appetitor laboris, patiens abjectionis, impatiens honoris, pauper in pecunia, dives in conscientia, humilis ad merita, superbus ad vitia. Et ut ante nos de ipso prædicatum legitur (HINCMARUS in libr. *De Vita ipsius*), sic in se diversas excoluit gratiarum virtutes, ut vix ita pauci tenerent singulas, quomodo ille implevit universas. Semper in sancti operis exercitio, semper in compunctionis affectu, nulla illi ex omnibus propensior

cura, nisi aut de Deo in lectione, atque sermone, aut cum Deo in oratione loqui; sicque attenuato continuatis jejuniis corpore, de persecutore certabat inimico, jugi triumphare martyrio. Inter hæc tamen omnia intendebat vir beatissimus, ut etiam ab aliis de ipso jamdudum prædicatum legitur (HINCMARUS *ibid.* et FORTUNATUS) : Jactantiam virtutum fugere, in quo non poterat gratia celsa latere. Præeminebat enim ad admirationem omnium, veluti civitas supra montis verticem sita : nec sub modio voluit Dominus hunc occuli lucernam, quam supra candelabri constituerat eminentiam (*Matth.* v, 14-15), igne divinæ tribuens eam charitatis ardere, claraque splendidarum Ecclesiæ suæ virtutum lumina ministrare.

CAPUT XII.
De diversis ab eo patratis miraculis, et de doctrina ipsius.

Ad cujus sanctitatis innocentiam, non solum rationabilium, sed etiam irrationabilium consueverant] agrestia corda mansuescere, adeo ut dum inter domesticos secretius cum contigisset habere convivium, et delectaretur in hilaritate charorum, passeres ad eum sine trepidatione descenderent, et mensæ reliquias ab ejus manu colligerent, discederent alii saturi, accederent alii saturandi. Quod ab eodem nequaquam jactantia propalabatur meritorum, sed id Dominus agi certa disposuerat utilitate convivantium, ut hoc aliisque frequentissimis per hunc Christi famulum visis miraculis, sese dominicis ferventius studerent mancipare servitiis.

Hic vir beatissimus, cum ex more, quodam tempore pastorali solertia parochias circumiret, ut si negligenter aliquid in divinis cultibus ageretur, fidelis Christi servus agnosceret, in vicum, Calmiciacum nomine, ipsius accessit studii devotione. Ubi, dum quidam cæcus ab eo misericordiæ postulasset opem, cœpit, qua dudum captus exstiterat infestatione dæmonis, vexatione torqueri corporis. Tunc sanctus Remigius in oratione, qua Deo semper sancta intentione vacabat, corporea se dejectione prostravit, statimque pristinum cæco lumen redhibens, immundi quoque pestem spiritus effugavit, triplici remedio, nimirum victu solans egenum, munerans visu cæcatum, restituens libertati captivum.

Alio quoque tempore, dum pontificali sollicitudine parochiam peragraret, rogatus a quadam sobrina sua, nomine Celsa, Deo sacrata, villam ipsius, vocabulo Celtum (Gal. *Cernay*), adiit. Ibi dum beatus vir spiritalibus colloquiis vitæ propinat hospiti de more pocula, minister præfatæ Celsæ, vini sufficientiam dominæ suæ nuntiat non adesse. Re hujuscemodi cognita, sanctus Remigius hanc hilari consolatur vultu et post blanda verbi solamina ejusdem sibi domus ostendi præcepit habitacula. Sicque de industria prius perlustrans cætera, tandem ad cellam pervenit vinariam : quam sibi faciens aperiri, rogitat si forte remanserit in aliquo vasorum quidpiam vini. Et designato sibi vase, in quo tantillum vini, pro salvando scilicet eodem, relictum fuerat, claudi præcepit ostium, jussoque consistere loco cellerarium; ipse vero ad alteram accedens vasis frontem, super idem, quod erat non modicæ quantitatis, Christi adnotat crucem, flectensque genua secus parietem, cœlo devotam dirigit precem. Cœpit interea, mirum dictu, vinum per foramen superius exundare, ac supra pavimentum abundanter effluere. Exclamat hoc viso cellerarius, stupore perculsus. Sed mox a sancto viro repressus, ne id palam faciat, inhibetur. At quia tam clari lumen operis minime valuit abscondi, ubi consobrina sua factum comperit, eamdem villam ipsi, et Ecclesiæ ipsius perpetim possidendam tradidit, ac legali jure confirmavit.

Huic simile ferme miraculum ab eodem domno Remigio in olei fertur liquore patratum. Cum ægrotus quidam familiæ non ignobilis, nec tamen baptizatus, a sancto Remigio se visitari postulasset, et jam velut in ultimo spiritu se credere fateretur, et baptizari deposceret, beatus pontifex a presbytero loci oleum et chrisma requirens, jamque penitus in ampullis utrumque defecisse comperiens ipsas ampullas pene vacuas super altare posuit, ac sese in oratione prostravit. Surgens autem ab oratione vascula plena reperit, et sic infirmum oleo divinitus dato perungens, ecclesiastico de more baptizavit, et chrismate cœlitus collato linivit, redditaque sanitate, tam animæ salute quam corporis incolumitate donavit.

Humani denique generis hostis, ostendere nequitiam non desistens suæ malignitatis, urbem Remorum, surgentibus flammarum subito globis, immissione dira succendit, crudelique vastatione, jam partem fere tertiam concrematio peracta consumpserat; et quod residuum erat victrix flamma lambebat. Cujus rei nuntium beatus antistes accipiens, ad solita sese confert orationis præsidia, et in beati Nicasii martyris basilica, ubi tunc temporis morandi consuetudinem fecerat, Christi prostratus exposcit suffragia. Surgensque ab oratione, oculos ad cœlum attollit, et exclamans cum gemitu, ait: Deus, Deus meus, adesto voci meæ. Sicque cursu concito, per gradus, ante ipsam lapidibus stratos ecclesiam descendens, civitatem petiit; in quibus graduum lapidibus, ac si supra molle lutum depressa, hodieque, ad memoriam divini miraculi, signata visuntur vestigia. Celerique festinatione deproperans se flammis objecit, statimque, ut extensa contra ignem dextera, signum crucis cum invocatione Christi nominis edidit, totum illud incendium, fracta et in sese relisa virtute, cedere, atque ante viri Dei præsentiam quasi fugere cœpit. Quod beatus Remigius insequens, et se inter ignem et ea quæ adhuc videbantur intacta, cum signo sanctitatis opponens, hanc omnem flammarum immanitatem ante se fugientem, per patentem portam, fultus divinæ potentiæ præsidiis, expulit; et eamdem portam clausit, utque nunquam aperiretur ab aliquo, cum interminatione vindictæ in eum quæ vetita hæc præsumpsisset, inhibuit. Post aliquot vero annos civis quidam, nomine Fersinctus, secus ipsam portam commanens, maceriem qua eadem porta fuerat obstructa, ut suæ domus hinc ejiceret rudera, perforavit. Sed mox ultio tanta fertur ejus audaciam consecuta, ut non pecus, nec homo, clade superveniente in eamdem remanserit domo.

Quædam puella præclaris ab urbe Tolosa natalibus orta, maligni spiritus ab infantia tenebatur obsidione captiva. Quam cum tenero genitores amore diligerent, ad sepulcrum sancti Petri apostoli cum magna devotione duxerunt. In eisdem namque partibus enitebat tunc virtute venerabilis Benedictus, plurimis effulgens virtutibus. Cujus comperta fama, puellæ parentes hanc ad eumdem perducere satagunt, qui multis jejuniis et orationibus pro ipsius emundatione laborans, cum diri serpentis virus ab ea non valuisset ejicere, hoc tantum responsi, nominis divini obtestatione, ab antiquo extorquere potuit hoste, quod nunquam alterius de eodem habitaculo, nisi hujus beatissimi Remigii pontificis orationibus posset expelli. Tunc parentes ejus, tam ipsius beati Benedicti, quam etiam Gothorum regis Alarici affatibus suffragati, eorumque litteris ad beatum Remigium datis, ut traditur, freti, ad eumdum sanctum antistitem cum devincta sobole pervenerunt, virtutem deprecantes ejus in purgatione prolis agnoscere, quam latronis jam præsciverant confessione. At beatissimus Remigius, cum diuturna reluctatione se non esse dignum assereret et humilitate solita repugnaret, precibus est populi supplicantis evictus, ut orationem pro ipsa funderet, ac parentum lacrymis condoleret. Meritis itaque sanctitatis armatus, verbi præcepit imperio, ut iniquus prædo per quod ingressus fuerat discedens, Christi famulam relaxaret. Sicque cum nimio vomitu et obsceno fœtore, per os quo fuerat intromissus, abscessit. Sed paulo post, recedente pontifice, dum nimio labore fessa nutaret, vitæ calore privata, spiritum vitalem amisit. Iteratis ergo precibus, turba supplicantum recurrit ad medicum. Beatus autem Remigius se potius accusat facinus perpetrasse, quam sanitatis remedium indulsisse, homicidiique reum exstitisse, non remedium contulisse. Igitur ad sancti Joannis basilicam, ubi corpus jacebat exanime, populi obtentus deprecatione regreditur, ibique cum lacrymis ad pavimenta sanctorum in oratione prosternitur, et reliquos ut ita facerent adhortatur. Hinc effuso lacrymarum imbre consurgens, suscitavit mortuam, quam prius purgarat obsessam. Quæ protinus, apprehensa manu pontificis, cum integra incolumitate surrexit, et ad propria feliciter remeavit.

Cujus vero doctrinæ, cujus sanctitatis atque sapientiæ beatissimus hic pater nitore radiaverit opera testantur ipsius, quia vera procul dubio sapientia esse dignoscitur, quæ operum exhibitione, velut arbor fructibus, approbatur. Testatur gens Francica per eum ad fidem Christi conversa, et baptismi sanctificatione consecrata. Testantur diversa prudentissime ab ipso tam facta quam prædicata. Testantur diversæ ipsius personæ temporis, ex quibus Sidonii, Arvernorum episcopi, viri eruditissimi, et tam genere quam religione ac sermone clarissimi, epistolam huic beatissimo pontifici directam inserere placuit (SIDON. APOLLIN., *lib.* IX, *epist.* 7) :

« SIDONIUS, DOMNO PAPÆ REMIGIO, SALUTEM. Quidam ab Arvernis Belgicam petens (persona mihi cognita est, causa incognita, nec refert), postquam Remos advenerat, scribam tuum sive bibliopolam, pretio fors fuat officiove demeritum, copiosissimo, velis nolis, declamationum tuarum schedio emunxit. Qui redux nobis atque oppido gloriabundus (quippe perceptis tot voluminibus) quæcunque detulerat, quanquam mercari paratis, quod civis, nec erat injustum, pro munere ingessit. Curæ mihi e vestigio fuit, hisque qui student, cum merito lecturiremus, plurima tenere, cuncta transcribere. Omnium assensu pronuntiatum paucos nunc posse similia dictare. Etenim rarus aut nullus est, cui meditaturo par assistat dispositio per causas, positio per litteras, compositio per syllabas. Ad hoc opportunitas in exemplis, fides in testimoniis, proprietas in epithetis, urbanitas in figuris, virtus in argumentis, pondus in sensibus, flumen in verbis, fulmen in clausulis. Structura vero fortis et firma, conjunctionumque, persucetarum nexa cæsuris insolubilibus. Sed nec hinc minus lubrica et levis [*i.* lenis], ac modis omnibus erotundata ; quæque lectoris linguam inoffensam decenter expediat, ne salebrosas passa juncturas, per cameram palati volutata balbutiat. Tota denique liquida prorsus et ductilis, veluti cum crystallinas crustas, aut onychintinas non impacto dignitus ungue perlabitur : quippe si nihil eum rimosis obicibus exceptum tenax factura [*Orig. i.*, fractura] remoretur. Quid plura ? non exstat ad præsens vivi hominis oratio, quam peritia tua non sine labore transgredi queat ac supervadere. Unde prope suspicor, domne papa, propter eloquium exundans atque ineffabile (venia sit dicto) te superbire. Sed licet bono fulgeas, ut conscientiæ, sic dictionis ordinatissimæ ; nos tamen tibi minime sumus refugiendi, qui bene scripta laudamus, etsi laudanda non scribimus. Quocirca desine in posterum nostra declinare judicia, quæ nihil mordax ; nihil quoque minantur increpatorium. Alioquin si distuleris nostram sterilitatem facundis fecundare colloquiis, aucupabimur nundinas involantum, et ultro scrinia tua, conniventibus nobis ac subornantibus, effractorum manus arguta populabitur : inchoabisque tunc frustra moveri spoliatus furto, si nunc rogatus non moveris officio. »

CAPUT XIII.
De conversione Francorum.

Cujus autem prudentiæ, quam sancti studii noster hic Pater ac pastor almus exstiterit, quam fidelis et prudens in eroganda Domini sui pecunia viguerit, Francorum, ut prætulimus, ab idolis ad Deum verum facta per ipsum probat conversio, qui Gallicas eo tempore transito Rheno deprædabantur provincias, et Agrippinam jam Coloniam, quasdam quoque alias occupaverant Galliæ civitates. At postquam rex ipsorum Clodoveus Siagrium, Romanum quemdam principem, qui Galliis tunc præerat, evicit atque peremit, omni pene Galliæ dominari cœpit. Comperta beatissimi gestorum fama Remigii, quod scilicet eniteret virtute sanctitatis ac sapientiæ, miraculorum præclarus exhibitione, reverebatur eum, et licet paganus, diligebat tamen illum. Quo quondam secus urbem Remorum transitum faciente, quibusdam militibus ejus agminis ablata quædam Remensis Ecclesiæ vasa referuntur. Ea inter urceus etiam magnus argenteus, et decora pulchritudine comptus, pro quo beatus Remigius legatos ad eum direxisse traditur, ut illum saltem recipere mereretur. Ast ubi ad locum divisionis (4) prædæ ventum est, rogat rex milites suos, ut ipsum sibi dare ne renuant urceum. Pluribus igitur annuentibus, quidam Francus bipenni percutiens urceum, nihil hinc a rege nisi sorte tollendum proclamat. Obstupefactis hac temeritate cæteris, rex injuriam patienter ad tempus tolerans, apprehensum, plurimis faventibus, vasculum ecclesiastico reddidit misso, iram sub corde tectam reservans. Peracto denique anno cunctum sui exercitus apparatum solito prodire jubet in campum, ut armorum speculetur de more nitorem ; quem conventum, a Marte, Martium vocare consueverant. Rex ergo instructas circumiens rite phalanges, ad eum qui dudum percusserat urceum, pervenit, spretisque ipsius armis, ejus tandem franciscam projecit in terram, ad quam recipiendam inclinato militi rex in caput suam defigit bipennem, quam pridem in vase perpetraverat, cum increpitationis acerbitate, renemorans præsumptionem. Quo sic interempto, timor ingens regis hac super ultione, cæterorum perstringit corda Francorum. At postquam Clodoveus Thoringiam sibi provinciam subjugavit, et regnum vel ditionem suam dilatavit, etiam Rothildim, filiam Chilperici, fratris Gundebaudi Burgundionum regis, in matrimonium sumpsit. Quæ cum esset Christiana et filios ex rege susceptos baptismate consecrari, marito quoque nolente, fecisset, etiam virum ad Christi fidem perducere conabatur. Sed animum barbari mulier ad credendum flectere non valebat. Interea bellum Francis adversus Alemahnos accidit, et Francis cæde nimia corruentibus, rex ab Aureliano consiliario suo suadetur, ut crederet in Christum, ipsumque regem regum, et cœli ac terræ Deum confitens, invocet, qui ei victoriam pro velle possit conferre. Quod cum fecisset, Christique suffragium jam devotus expetisset, fiendumque se Christianum vovisset, si virtutem

---

(4) Locus divisionis fuit civitas Suessionum.

ipsius in capiendo victoriam experiri meruisset : post hujus voti pollicitationem mox in fugam vertuntur Alemanni, regemque suum comperientes interfectum, Clodovei se subdunt ditioni. Quos ille sub jugo constituens tributario, revertitur victor in sua, gaudium referens magnum reginæ, quod ad invocationem, scilicet, Christi nominis, victoriam meruerit obtinere. Tunc regina beatum Remigium vocat, deprecans, ut regi viam salutis ostendat. Quem sanctus sacerdos doctrina vitæ salutaris informans, ad baptismi commonet venire sacramenta. Ille se populum super his exhortatum ire respondens, affari studet exercitum, ut deos, qui eis subvenire non poterant, deserentes, ipsius cultum susciperent, qui tam præclaram largitus eis victoriam fuerat. Conclamat multitudo, divina se præveniente gratia, mortales se deos relinquere, atque in Christum qui sibi præsidio fuerat, credere, Nuntiantur hæc sancto Remigio, qui magno repletus gaudio, regem populumque, qualiter diabolo et operibus ac pompis ipsius abrenuntiantes, Deum verum credere debeant instruere satagit ; et quia paschalis solemnitas imminebat, indicit eis jejunium juxta morem fidelium.

Die vero Passionis Dominicæ, pridie scilicet antequam baptismi gratiam percepturi erant, post hymnos, precesque nocturnas, præsul regium cubile petiit, ut absoluto curis sæcularibus rege, liberius ei committere sacra valeret mysteria verbi. Quo reverenter a cubilariis admisso, rex prosiliens obvius alacriter occurrit, et oratorium beatissimi apostolorum principis Petri, cubiculo regis forte contiguum, pariter ingrediuntur. Cumque dispositis sedilibus, pontifex, rex atque regina consedissent, intromissis quibusdam clericis, sed et aliquibus regi necessariis ac domesticis, et venerabilis Pater regem monitis imbueret salutaribus, ad corroborandam salutiferam fidelis servi sui doctrinam, Dominus etiam visibiliter dignatus est ostendere, sese fidelibus in nomine suo congregatis, ut promiserat, semper adesse (*Matth.* xviii, 20). Repente namque lux tam copiosa totam replevit ecclesiam, ut solis videretur evincere claritatem. Mox cum luce vox facta est, inquiens : Pax vobis, ego sum, nolite timere (*Luc.* xxiv, 36), Manete in dilectione mea (*Joan.* xv, 9). Post quæ verba lux quæ advenerat, abcessit, sed ineffabilis odor suavitatis in eadem domo remansit. Ut evidenter valeret agnosci lucis, pacis atque piæ dulcedinis illuc auctorem advenisse, beatus etiam præsul ex eodem lumine, non modicum visus est vultus fulgorem traxisse. Rex igitur atque regina pedibus almi sacerdotis adstrati, cum magno pavore ipsius requirunt consolationem audire, opere adimplere parati quæ propalarentur ore patroni. Delectabantur etenim verbis quæ audierant, interius illuminati, quam viderant, luce, licet exteriore territi luminis claritate. Sanctus autem Pater supernæ repletus splendore sapientiæ de cœlestis eos instruit visionis consuetudine, quæ adventu quidem suo corda mortalium terret, sed timorem præcedentem

subsequenti consolatione demulcet, ut quibus apparuit patribus, primum quidem pavorem incusserit, at postea per pietatis gratiam lætitiæ blandimenta refuderit. Irradiatus quoque vir beatissimus Remigius, ut exterius, veteris exemplo legislatoris, vultus illustratione, ita, multoque magis, interius, divini fulgoris illuminatione, spiritu prophetico, quæ ipsis, vel eorum forent eventura prosapiæ, traditur prædixisse. Quomodo videlicet eorum posteritas regnum nobiliter esset propagatura, Ecclesiam quoque Christi sublimatura, Romanaque dignitate vel regno potitura, et victorias contra impetus aliarum gentium perceptura, si non a bono degenerantes, salutis viam forte relinquerent, et quibus Deus offendisset scelera consectari, pestiferorum vitiorum laqueos incurrerent, quibus regna subverti, atque de gente solent in gentem transferri (*Eccli.* x, 8). A domo denique regis eundi ad baptisterium via præparatur, vela cortinæque appenduntur, hinc inde plateæ sternuntur ; ecclesia componitur, baptisterium balsamo, cæterisque odoramentis aspergitur, tantamque Dominus populo gratiam subministrabat, ut odoribus se paradisi refoveri gauderet. Sicque præcedentibus sacrosanctis Evangeliis, et crucibus cum litaniis, hymnis et canticis spiritalibus, summus pontifex manum tenens regis, subsequente regina cum populo, ab aula pergit ad baptisterium. Et inter eundum rex rogitasse fertur episcopum, an id erat Dei, quod sibi promiserat regnum. Non hoc, præsul inquit, illud est regnum, sed initium viæ qua pervenitur ad ipsum. Ubi vero ad præparatum baptisterii perventum est locum, clericus chrisma ferens a populo interceptus ad fontem pertingere penitus est impeditus. Sanctificato denique fonte, nutu divino chrisma defuit. Sanctus autem pontifex oculis ad cœlum porrectis, tacite traditur orasse cum lacrymis. Et ecce subito columba, ceu nix, advolat candida, rostro deferens ampullam cœlestis doni chrismate repletam. Cujus odoris mirabili respersi nectare, inæstimabili qui aderant super omnia quibus antea delectati fuerant replentur, suavitate. Accepta itaque sanctus præsul ampulla, postquam chrismate fontem conspersit, species mox columbæ disparuit. Rex autem tantæ gratiæ conspecto miraculo lætus, actutum diaboli pompis et operibus abnegatis, a reverendo se petit pontifice baptizari. Quo vitæ fontem perennis ingressio, beatus profatur præsul ore facundo ; *Mitis depone colla, Sicamber. Adora quod incendisti, incende quod adorasti.* Sicque post orthodoxæ confessionem fidei, trina tinctus mersione, divino summæ individuæque Trinitatis, Patris, et Filii, et Spiritus sancti sub nomine, suscipitur ab eodem sancto pontifice, divoque consecratur insignitus unguine. Baptizantur sorores regis Albofledis et Landehildis, simulque de Francorum exercitu virorum tria millia, præter mulierum parvulorumque nomina. Quo die magnum in cœlis celebratum sanctis gaudium credere possumus angelis et hominibus lætitiam non modicam in terra devotis. Exercitus autem pars magna Francorum needum ad fidem Christi conversa, cum quodam Raganario principe, trans Somnam fluvium post aliquandiu in infidelitate versata est, donec superna disponente gratia, præfato rege Ludovico gloriosis potito victoriis, idem Raganarius flagitiorum sectator ac turpitudinum, vinctus a Francis traditus est, et interemptus, omnisque Francorum populus ad Christi fidem, per beatum Remigium convertitur ac baptizatur.

CAPUT XIV.
De possessionibus quas ei rex Ludovicus et Franci contulerunt.

Rex igitur, Francorumque potentes, plurimas B. Remigio possessiones per diversas contulere provincias, ex quibus ille, tam Remensem, quam reliquas nonnullas Franciæ dotavit [*ms. j, ditavit*] ecclesias. Non modicam necnon earumdem partem rerum, ecclesiæ sanctæ Mariæ Lauduni clavati, Remensis parochiæ castri, ubi nutritus fuerat, tradidit : ibique Genebaudum, carne nobilem virum, tamque sacris quam sæcularibus litteris eruditum, qui relicta conjuge, sancti Remigii, ceu traditur, nepte religiosam subierat vitam, ordinavit episcopum, comitatusque Laudunensis eidem castro subjecit parochiam. Qui Genebaudus de ante acta vita nimium, gradusque sublimitate confidens, ab uxore quam reliquerat, incaute, quasi pro instruenda ea, se crebrius visitari permisit. Sed ut divina testantur eloquia : *Lapides excavant aquæ, et alluvione terra consumitur, et rupis* [*rupes*] *transfertur de loco suo (Job* xiv, 19); ita quoque huic contigit, ut frequentes mulieris visitationes blandæque colloquia, durum validumque contra libidinem pectus emollirent episcopi, et quasi rupem de loco sanctitatis ad cœnum transferrent luxuriæ. Qui suasione diabolica in libidinis flammas exagitatus erupit, veterique se miscens sodali, filium ex eadem progenuit, quem velut in latrocinio procreatum, Latronem nominari præcepit. Et quia culpa pluribus ignota (ne in suspicionem hinc forte procederet, si a solita se præsulis visitatione femina submoveret) cœpit, ut antea, domum frequentare pontificis. Sicque factum est ut hominibus culpa celata, tacitusque tam viri quam mulieris ardor, in corde, libidinis, compunctum prius contra peccatum, ad culpam retraxerit episcopum. Qui velut oblitus quod planxerat, iteravit crimen quod defleverat. At ubi exortam de flagitio comperit filiam, nomen eidem mandat imponi Vulpeculam, utpote fraudibus argutæ matris generatam. Domino denuo, qui beatum Petrum respexerat hunc quoque respiciente (*Luc.* xxii, 61), compunctus mente Genebaudus, sanctum Remigium petit ire [ut eat] Laudunum. Quo cum debita veneratione suscepto, postquam cubilis intere secretum, magnum prorumpens in ejulatum, stolam deponere nititur reus, sancti se patroni prosternens pedibus. Quo doloris tanti causam diligenter indagante, lacrymis singultuque præpediente, vix admissa transgressor narrat ex ordine. Quem vir Dei contritum videns ac pene desperatum, blande consolari satagit, dolere se protestans, non tam de perpetrato facinore, quam quod ille de Domini videbatur benignitate diffidere ; cui constat nihil quod voluerit impossibile : qui nullum ad se revertentem peccatorem despicit, qui pro peccatoribus etiam sanguinem suum fudit. Diversis itaque vir benignus et prudens erigere lapsum certat exemplis, quod apud Deum scilicet facile, reatus hujus veniam valeret obtinere, si dignos pœnitentiæ fructus Deo studeret offerre. Sic demum dignis exhortationibus indicit animato pœnitentiam, structaque mansiuncula, fenestellis parvis illuminata, cum oratorio (quæ adhuc secus ecclesiam sancti Juliani manere feruntur) in ea pœnitentem concludit episcopum. Ejus quoque per annos septem gubernans parochiam, unam Remis Dominicam, Lauduni celebrare consueverat alteram. Qua sub reclusione, quantæ contritionis ac continentiæ districtione se vir præfatus coarctaverit, quam dignos inibi pœnitentiæ fructus exegerit, divina postmodum propalavit clementia. Anno siquidem septimo, cum in vigilia cœnæ Dominicæ pœnitens pernoctaret in oratione, seipsum deflens in hoc, quoniam qui ad id usque provectus fuerat, ut Domino pœnitentes reconciliaret, hac die nec inter pœnitentes ipse (criminibus suis exigentibus) in ecclesia merebatur consistere ; angelus Domini circa mediam noctem magna cum luce venit ad eum, ubi pronus jacebat in oratorio, talique decubantem compellasse fertur alloquio : « Genebaude, exauditæ sunt pro te orationes Patris tui Remigii. Suscepit Dominus pœnitentiam tuam, et dimissum est peccatum tuum. Surge, et hinc egrediens fac ministerium episcopalis officii, et reconcilia Domino pœnitentes de criminibus suis. » Genebaudus autem nimio terrore perculsus, respondere non poterat. Tunc angelus Domini confortans eum, ne timeat hortatur, imo gaudeat de Domini misericordia sibi collata. Roboratus tandem respondisse fertur non se posse hinc egredi, quia dominus et Pater suus Remigius ostii clavem secum haberet, quod et sigillo suo signasset. Et angelus ad eum : *Ut non dubites* (inquit) *a Domino me missum, sicut patet tibi cœlum, sic et ostium istud patebit*. Et statim salvo sigillo ac sera ostium illud apertum est. Tunc Genebaudus in modum crucis se prosternens in limine, sic traditur asseruisse. Etiamsi Dominus ipse Jesus Christus dignatus fuerit ad me peccatorem venire, non hinc egrediar, nisi venerit ille, qui me in ejus nomine sub hac reclusione constituit. Ad quæ responsa mox angelus abscessit ab eo. Beatus autem Remigius in crypta, quæ subter ecclesiæ sanctæ Mariæ sedem Remis habetur, in oratione pernoctabat. Quam postea cryptam præsul Heriveus in honore consecravit ejusdem beatissimi Remigii, ubi tunc ipse vir sanctus, vigiliis fatigatus, et quasi dormiens, in excessum raptus, videt angelum sibi assistentem, qui hæc ut acta fuerant ita narrat eidem, jubens, ut quantocius Laudunum petat, atque Genebaudum sedi datæ restituens, ei coram se pontificali fungi ministerio persuadeat. Illico vir beatus nihil hæsitans adit magna cum celeritate Laudunum. Quo perveniens, in ostii limine, salvo sigillo seraque reserati, Genebaudum jacentem reperit : quem protensis brachiis cum gaudii lacrymis Domini clementiam collaudans, erexit, eumque sedi et officio sacerdotali reddens, Remos cum gaudio repedavit. Genebaudus autem in sanctitate postea cunctos vitæ suæ dies, Dei fretus gratia, peragens, palam quæ sibi Dominus fecerat, prædicabat. Obiit igitur Genebaudus in pace sanctis Dei connumeratus, tandiu episcopatu perfunctus, ut ei successerit Latro filius ejus, episcopus et ipse postea sanctus.

Rex denique Lodovicus in civitate Suessonica sedem suam constituens, delectabatur præsentia et colloquio sancti Remigii. Sed quia vir hic sanctus in civitatis hujus vicinia villas non habebat alias, nisi quamdam parvam quæ sancto Nicasio data fuerat, rex (suggerente regina, locorumque petentibus incolis, qui multiplicibus erant aggravati xeniis, ut quod regi debebant, Ecclesiæ Remensi persolverent) sancto proposuit Remigio, ut quantum circumiret dum ipse meridie quiesceret, illi totum donaret. Beatus igitur Remigius per fines qui videntur adhuc manifesti, profectus, itineris sui signa dimisit. In qua determinatione quidam possidens molendinum repulit sanctum virum, ne intra ipsos illum concluderet fines. Quem vir Domini leniter affatus ait : Amice, non sit tibi durum, ut habeamus simul hunc molendinum. At ille ut eum rejecit, statim in contrarium rota molendini verti cœpit. Repulsor autem clamare cœpit post sanctum Remigium : Serve Dei, veni, et habeamus pariter molendinum. Cui vir sanctus : Nec mihi, nec tibi. Mox tanta profunditas in eodem loco, tellure se subducente, facta est, ut nunquam deinceps inibi molendinus haberi posset. A quibusdam quoque repulsus, ne silvulam quamdam suos intra terminos comprehenderet, dixit, ut nec folium unquam de ipsa silva (licet esset contigua), trans fines ipsos evolaret, neque fustis ex ea versus eosdem terminos caderet. Quod et observatum voluntate Dei traditur, donec ipsa silva perdurasse dignoscitur. Abinde quoque procedens, venit ad villam, nomine Caviniacum (*Chavignon*), quam finibus suis nitens concludere, prohibetur ab hominibus ejusdem villæ. Tunc ille miti vultu modo rejectus, modo repropinquans, signa quæ parent adhuc per suum dimisit iter. Tandem repulsus, dixisse fertur ad illos : *Semper laborate, et egestatem sustinete*. Quod hodieque compleri, manentis sententiæ virtus ostendit. Surgens autem rex a somno meridiano, quæcunque beatus Remigius ambitu suæ circumitionis incluserat, eidem præcepto regiæ dedit auctoritatis. Quarum rerum sunt Juliacus et Codiciacus (*Juilly* et *Cocy*) capita, quæ Remensis adhuc jure quieto possidet Ecclesia.

Eulogius denique vir quidam præpotens convictus apud regem Lodovicum super regiæ majestatis crimine, ad intercessionem beati confugit Remigii. Cui vir sanctus, tam vitam, quam rerum obtinuit possessionem. Ipse vero, quasi recompensationis beneficio, benefico patrono Sparnacum (*Epernay*) villam suam obtulit in proprietatem. Beatus autem præsul, temporalem pro suæ intercessionis munere vitans retributionem recipere, prædictum virum, quoniam verecundiæ confusione depressus (quia contra natalium decus suorum, vita donari per indulgentiam meruisset) in habitu sæculari manere nolebat, salubriter exhortatus est, dicens : Ut si perfectus esse vellet, vendens omnia sua daret pauperibus, et sequeretur Christum (*Matth*. xix, 21). Sicque taxatum, de thesauris ecclesiasticis, pretium, quinque millia scilicet argenti libras, Eulogio fertur dedisse, ipsamque villam in Ecclesiæ possessionem comparasse. Bonum cunctis relinquens exemplum episcopis, cæterisque sacerdotibus, ut dum pro his qui ad Ecclesiæ sinum, vel servorum Dei præsidia confugium faciunt, intercedunt, aut bona quælibet agunt, hæc pro temporali recompensatione non expleant, nec transitoria velint recipere : sed juxta mandatum Domini, qui gratis acceperunt, studeant quoque gratis impendere (*Matth*. x, 8).

CAPUT XV.
De victoriis Ludovici per auxilium sancti Remigii, et fine ipsius regis.

Rex itaque Ludovicus contra Gondebaudum et Godegisilum fratrem ejus ducens exercitum (*an*. 501 *Sigeb*.), percepta benedictione a beato Remigio victoriam sibi prædicente, accepit in mandatis ab eo sibi datis, ut tandiu contra hostes dimicaret, quandiu benedictum sibi vinum, quod ei vir Domini dederat, in usu quotidiano sufficeret. Contra quem Burgundiones cum prædictis ducibus pugnaturi, venerunt super Oscaram fluvium, secus Divionem castrum. Ubi confligentes atrociter Burgundiones in fugam vertuntur, et in Avimone castro se Gondebaudus concludens, a Ludovico pacem per Aredium consiliarium suum, multis datis thesauris, obtinuit. Ludovicus autem cum exercitu Francorum præda potitus maxima, revertitur ad propria. Sic etiam constituta Parisiis in honore beatorum apostolorum Petri et Pauli basilica (*hodie S. Genovefa*), et synodo per sancti patroni sui Remigii consilium ; in urbe Aurelianensi habita, pergens contra regem Alaricum Arianum, et accipiens a B. Remigio benedictionem, redditur de victoriæ perceptione securus. Cui vir quoque sanctus, ut et pridem fecerat, vas, quod vulgo flasconem vocant, vini a se benedicti plenum dedit : hoc idem quod antea mandans, ut eo usque ad bellum procederet, donec sibi suisque, quibus exinde dare vellet, hoc vinum de prædicto flascone non deficeret. Bibit igitur rex ex eo, pluresque suorum, vas tamen vini non patitur detrimentum. Bellum vero cum Gothis conferens, eos in fugam vertit, et ipse, beato Remigio se suffragante, victor exstitit. In qua pugna dum duo Gothi contis eum in latera feriunt, hujus patroni sui se protegentibus meritis, illum lædere nequiverunt. Multis autem civitatibus suæ ditioni subactis, usque Tolosam perrexit, et Alarici thesauros accipiens, per Engolismam civitatem (cujus ante conspectum ipsius muri corruerunt), interfectis Gotthis qui erant intus, ad propria cum gloriosa redit victoria, vino flasconis non deficiente, donec reversus est in sua (*an*. 509. *Sigeb.*).

Denique rex Ludovicus, exhortante sancto Remigio, regnum, hoc est coronam cum gemmis pretiosis auream, donum beato Petro apostolo misit : et codicillos [*ms. i*, codicellos] ab Anastasio imperatore pro consulatu sibi missos, cum corona aurea, tunicaque blattea sumpsit, et ab inde consul appellatus esse memoratur. Hormisda quoque Romanæ sedis pontifex, sancto Remigio vices suas in regno Ludovici, litteris suis ad ipsum directis, commisit. Post hæc mortuus Ludovicus rex in pace (*an.* 514 *Sigeb., Baron., Haræus*), ac sepultus in basilica sancti Petri apostoli, quam Parisiis ædificaverat ; eodemque momento quo spiritum emisit, revelante Spiritu sancto, beatus Remigius Remis positus, eum obiisse cognovit, et assistentibus sibi manifestavit.

CAPUT XVI.

De synodo ubi convertit hæreticum.

Galliæ quondam præsules ad synodum fidei gratia convenientes, beatum Remigium, utpote virum divinis eloquiis eruditissimum, et doctrinis ecclesiasticis exercitatissimum, ad idem concilium venire petierunt. Cui conventui Arianus quidem episcopus acerrimus disputator, et dialecticis propositionibus ac conclusionibus confisus, hincque nimis elatus, intererat. Ingrediente vero concilium S. Remigio, et a multitudine fratrum, reverenter ei cunctis assurgentibus, exceplo, superbus hæreticus illi assurgere dedignatur. At mox ut beatus Remigius ante ipsum transiit, ille locutionis officium ore obstructo amisit. Exspectantibus universis, ut post allocutionem sancti Remigii loqueretur ille, ne ullum quidem verbum proferre potuit. Sicque beati viri vestigia pronus tandem petens, nutibus veniam postulavit. Cui sanctus Remigius : In *nomine*, inquit, *Domini nostri Jesu Christi, veri Filii Dei vivi, si sic de eo recte sentis, loquere, et de illo, sicut catholica credit Ecclesia, crede et confitere*. Ad cujus vocem hæreticus ante superbus, humilis jam factus atque catholicus, orthodoxam fidem de divina et inseparabili Trinitate, ac de incarnatione Christi catholice confessus, in eadem confessionis suæ fide se permansurum repromisit. Sicque anima per infidelitatem perdito, et corporali voce propter superbiam juste condemnato, virtute divina venerabilis pontifex, et animæ reddidit et corporis sanitatem ; cunctis qui aderant, vel hæc cognituri forent, sacerdotibus patenter ostendens, in hoc male sentiente de Christo (qui proximus et frater nobis per humanitatem fieri dignatus est) qualiter contra peccantes in ipsum, vel in Ecclesiam atque rebelles, et erga post recognoscentes ac pœnitentes debeant agere.

CAPUT XVII.

De mitigatione ignis, et obitu ejusdem, vel sepultura ipsius.

Senescente jam S. Remigio, Deique Spiritu sibi revelante quod abundantiam tunc præsentem, fames secutura foret, de frugibus villarum episcopii nonnullos jussit acervos fieri fame laboraturæ postmodum profuturos plebi ; quorum in villa, quæ Celtus vocatur, facti sunt plures. At homines ipsius villæ seditiosi et rebelles erant ; qui die quadam inebriati cœperunt inter se dicere : Quid ille Jubilæus (ita virum sanctum propter ætatis prolixitatem vocitantes) facere vellet ex his quas aggregaverat metis? An civitatem de ipsis facere cogitaret : quia sicut turres per muros civitatis, ita per circuitum cortis dispositi cernebantur acervi. Tandem suadente diabolo se mutuo cohortati, miserunt in eos ignem. Quod cum B. præsuli nuntiatum fuisset in propinqua villa, quam Basilicæ Cortem [*Bazancourt*] vocant, tunc forte consistenti, ascenso protinus equo, celeriter ad tantam compescendam præsumptionem devenit Celtum. Quo cum pervenisset, ardentesque fruges reperisset, ad ipsum calefacere se cœpit ignem ; semper, inquiens, est bonus focus, si non superpotest. Verumtamen omnes qui hoc egerunt, et qui de ipsorum germine nati fuerint, viri ponderosi fiant, et feminæ gutturis calamitate plectantur. Quod ita quoque constat impletum. Usque ad tempora siquidem Caroli Magni, qui hujuscemodi homines de Celto, quoniam vicedominum ecclesiæ Remensis in eadem villa necarunt, exterminavit, cædis auctoribus interfectis, et consentientibus per diversas provincias dispersis ; atque perpetuo condemnatis exsilio : ac de cæteris hujus episcopii villis eamdem restaurari fecit. Ita viri feminæque generationis hujus multati permanserunt, ut sancti viri sententia promulgavit. Et apte quidem vir Dei (quoniam posteros eorum rebelles ac seditiosos fore prævidit) hujusmodi vindicta non solum præsumptores, sed etiam genus ipsorum plecti decrevit.

Post hæc igitur, aliaque multarum magnalia virtutum, quæ Dominus operari per hunc fidelem suum famulum dignatus est, gemitus illius exaudiens atque suspiria, quibus dicere consueverat : *Quando veniam, et apparebo ante faciem Dei?* (*Psal.* XLI, 3.) *Satiabor dum manifestabitur gloria ejus* (*Psal.* XVI, 8) ; illi pia consolatione Dominus obitus sui diem revelavit imminere. Qua revelatione fretus, rerum suarum condidit testamentum, ad illam pertingere festinans hæreditatem, de qua dicit Propheta : *Cum dederit dilectis suis somnum, hæc est hæreditas Domini* (*Psal.* CXXVI, 3, 4). Sic ergo sanctus hic vir Dei, terrenam derelinquens hæreditatem percepit æternam. Condito siquidem testamento et suis omnibus rite dispositis, quia verus agricola omnem vitis veræ palmitem fructum ferentem purgat, ut fructum plus afferat (*Joan.* XV, 2), oculorum corporalium lumine privatus est aliquandiu, quo superna, mentis oculis, ad quæ toto anhelabat desiderio, contemplari valeret attentius. Ipse vero studebat in suæ probationis tentatione semper gratias agere, laudibus, hymnisque Deo diebus ac noctibus vacare, fideliter pertractans : Quoniam qui patienter humiliterque flagella suscipiunt, post flagella sublimiter ad requiem suscipiuntur. Cujus æternæ gloriæ pignus in eo Dominus volens ostendere, priusquam decederet, ei visum restituit. Unde, sicut et de amissione, nomen Domini benedixit. Et non post longum spatium, sciens adesse sui transitus diem, per missarum celebrationem, et sacræ communionis participationem, valefaciens, et dans pacem filiis suis, postquam septuaginta quatuor annos in episcopatu religiosissime fidelis servus et prudens Domino ministraverat, nonagesimo sexto ætatis suæ anno Idibus Januarii [ms. i, Id. ix], cursu sancti certaminis consummato, fide servata, cum multiplici bonorum operum fructu, et animarum lucro, ut diu desideravit, anima cœlos penetrans, terræ corpus reliquit; accipiens stolam candidam, beatitudinem scilicet animæ sempiternam, percapturus in resurrectione alteram, beatam videlicet ad gloriam resuscitati corporis immortalitatem; possessurus partem societatemque cum præcipuis Christi membris in regno cœlesti, sicut attestatur apostolica sibi collata gratia. Gens siquidem Francica per ipsum ad fidem Christi conversa, martyrii palma, longanimitas patientiæ in longævitate ipsius vitæ, confessionis gloria, orthodoxæ fidei prædicatio, magnaliumque tam in vita corporis, quam post obitum præclara manifestatio. Cum vero funus ipsius sanctissimum deferretur ad sepulturam sanctorum martyrum Timothei et Apollinaris in ecclesia præparatam, ita feretrum in medio vico est aggravatum, ut nullo modo posset, hominibus quantumlibet adnitentibus, amoveri. Stupefactis omnibus, Deique misericordiam postulantibus, ut dignaretur ostendere, quo in loco sancti sui vellet recondi corpus, designant ad basilicam præfatorum martyrum; nec feretrum movere possunt. Proponunt ad ecclesiam sancti Nicasii, nec capulum valet attolli. Decernunt ad ædem sanctorum Sixti et Sinicii, nec sic potest moveri. Tandem coacti, quoniam parva supererat ecclesia in honore beati Christophori martyris, et nullius propalati corpus servabatur in ea sancti, circumjacentibus tamen atriis ecclesiæ cœmeterium ferebatur ex antiquo Remense, petierunt ut Dominus declararet, utrumnam in eadem ecclesiola pignus illud sacratissimum reponi decerneret. Ad quæ vota tanta facilitate loculum levant, ut nullum portantes onus sentirent. Recondita sunt autem reverendissimi Patris hujus membra in hac ecclesiola, divina moderante dispositione, in loco ubi nunc habetur altare beatæ virginis Genovefæ. Ubi vero feretrum constat ipsius aggravatum, multa feruntur ostensa miracula. postmodum. Hic etiam crux exstat abinde posita, columnæ monumentis his insignitæ præfixa.

Cum transisset ex hoc mundo ad cœlestem patriam.
Præsul magnus beatus Remigius huc
A plebe sancta digne delatus est, corpore

In ecclesia condendus Timot. ei martyris.
Tunc hoc loco moram fecit; nec moveri potuit,
Donec quo locandus esset revelavit Dominus :
Ubi nunc favente Christo præpollet virtutibus,
Præstans hic Deo devotis apta beneficia,
Cæcis visum, claudis gressum, et ægris remedium.
Igitur profusis votis ex oremus Dominum,
Veniam ut delictorum piis ejus precibus
Mereamur adipisci, et cœlorum gaudia.
Sancte Remigi, confessor pretiose Domini,
Adeloldi quoque tui miserere famuli.

CAPUT XVIII.

Testamentum ab ipso editum.

In nomine Patris, et Filii, et Spiritus sancti. Gloria Deo. Amen.

Ego Remigius episcopus civitatis Remorum, sacerdotii compos, testamentum meum condidi jure prætorio, atque id codicillorum vice valere præcepi, si ei juris aliquid videbitur defuisse. Quandoque ego Remigius episcopus de hac luce transiero, tu mihi hæres esto, sancta et venerabilis Ecclesia catholica urbis Remorum; et tu, fili fratris mei, Lupe episcope, quem præcipuo semper amore dilexi, et tu, nepos meus, Agricola presbyter, qui mihi obsequio tuo a pueritia placuisti, in omni substantia mea, quæ mea sorte obvenit antequam moriar : præter id quod unicuique donavero, legavero, darive jussero, vel unumquemque vestrum voluero habere præcipuum. Tu sancta hæres mea Remensis Ecclesia, colonos quos in Portensi habeo territorio, vel de paterna maternaque substantia, vel quos cum fratre meo sanctæ memoriæ Principio episcopo commutavi, vel donatos habeo, possidebis, Dagaredum, Profuturum, Prudentium, Temnaicum, Maurilionem, Baudoleifum, Provinciolum, Naviatenam, Lautam, Suffroniam colonas; Amorinum quoque servum, cum omnibus quos intestatos reliquero, tuo dominio vindicabis. Necnon villas, agrosque, quos possideo in solo Portensi, Tudiniacum scilicet, et Balatonium [ms., Balatonum], sive Plerinacum, et Vaculiacum, vel quæcunque in eodem solo Portensi qualibet auctoritate possedi, integre cum omnibus campis, pratis, pascuis, silvis, ad te testamenti hujus auctoritate revocabis. Simili modo, sanctissima hæres mea, quæcunque tibi a propinquis et amicis meis, in quocunque solo et territorio collata sunt, sicuti disposuero in parochiis, cœnobiis, martyriis, diaconiis, xenodochiis, omnibusque matriculis sub tua ditione degentibus, ordinationem meam futuri successores mei, ordinis sui memores, sicut ego prædecessorum meorum, ita quoque inconvulse, et absque ulla refragatione servabunt. Ex quibus Celtus, quam [Briss., quem] per manum meam Celsa, sobrina mea tibi tradidit, et Huldriciaca villa, quam Huldericus comes, ei loco ubi ossa mea sancti fratres et coepiscopi diœceseos tuæ ponenda elegerint, in tegumentis deserviant. Sitque locus ille successoribus meis Remorum episcopis peculiariter proprius, et in alimoniis ibidem Deo militantium, vicus ex proprio, in Portensi, et . . . villanis quoque ex episcopio in Remensi deserviant. Blandibaccius villa in Portensi, quam a cohæredibus meis Benedicto et Hilario, datis pretiis emi de thesauro ecclesiæ, et Albiniacus ex episcopis, in alimoniis clericorum Remensis Ecclesiæ communiter deputentur. Quibus etiam Berna ex episcopio, quæ peculiaris prædecessoribus meis esse solebat, cum duabus villis, quas Ludovicus a me sacro baptismatis fonte susceptus, amore nominis mei, Piscofesheim sua lingua vocatis [*i.* vocatas], mihi tradidit, sive cum Coslo et Gleni, vel omnibus silvis, pratis, pascuis, quæcunque per diversos ministros in Vosago infra, circum, et extra ; tam ultra quam citra Rhenum pretio dato comparavi, picem annuatim ministret, cunctisque locis regularibus, tam a me, quam ab antecessoribus meis ordinatis, sive in futuro ab episcopis successoribus meis ordinandis, pro necessitate locorum ad vascula vinaria componenda annuatim distribuat. Crusciniacum [*al.*, Cruciniatum] vero et Faram, sive villas quas sanctissima virgo Christi Genovefa, a rege Christianissimo Ludovico pro compendio itineris sui, cum Remensem ecclesiam sæpissime visitare soleret, adipisci promeruit, alimoniisque ibidem Deo famulantium deputavit, sicut ab ea ordinatum est, ita confirmo, ut Crusciniacus futuri episcopi successoris mei obsequiis, et sartatectis principalis ecclesiæ deputetur. Faram vero eidem episcopo, et sartatectis ecclesiæ ubi jacuero, perpetualiter servire jubeo. Sparnacus [*ms.*, Spernacus] villa, quam datis quinque millia libris argenti, ab Eulogio comparavi, tua (sanctissima hæres mea) non extraneorum hæredum meorum esse cernitur (*c.* 14), eo quod cum criminis accusatione regiæ majestatis idem teneretur obnoxius, et se minime purgare posset, non solum ne occideretur, dato jam dicto pretio de thesauris tuis, sed ne pecunia ejus publicaretur, una tecum obtinui : et ideo ut præfata Sparnacus perpetualiter tibi ad restituendum thesaurum, stipendiisque tui pontificis deserviat, liberali sanctione firmavi. Duodeciacus vero, sicut a Clodovaldo nobilissimæ indolis puero confirmatum est, tibi hæres mea perpetualiter famuletur. Villas quas mihi dominus illustrisque memoriæ Ludovicus rex quem de sacro baptismatis fonte suscepi, cum adhuc paganus Deum ignoraret, ad proprium tradidit, locis pauperioribus deputavi ; ne forte, cum esset infidelis, cupidum terrenarum rerum me arbitrari posset, et non potius suæ salutem animæ, quam exteriora ab ipso bona requirere. Quod et admiratus, intercedere me pro quibuscunque necessitatem patientibus et fidelis, et ante fidem, benigne liberaliterque concessit. Et quia ex omnibus episcopis Galliarum, pro fide et convocatione Francorum potissimum me laborare cognovit, dedit mihi Deus tantam gratiam in conspectu ejus, virtusque divina, quæ per Spiritum sanctum me peccatorem plurima signa ad salutem præfatæ gentis Francorum operari fecit, ut non solum ablata omnibus ecclesiis regni Francorum restitueret, sed etiam de proprio, gratuita bonitate, plurimas ditaret ecclesias. Neque prius de regno ejus, quantum passus est pedis, ec-

clesiæ Remorum jungere volui, donec, ut hoc omnibus ecclesiis adimpleret, obtinui. Sed neque post ejus baptismum, nisi Codiciacum et Juliacum, super quibus jam dictus puer sanctissimus et unanimus mihi Clodovaldus, et incolæ loci illius multiplicibus xeniis gravati, obnixe deprecantes, quod regi debebant ecclesiæ meæ solvendum, me petere compulerunt. Quod idem piissimus rex et gratanter accipiens, promptissima voluntate largitus est, usibusque tuis, sanctissima hæres mea, justa ejusdem piissimi datoris præceptum, episcopali auctoritate firmavi. Res etiam quas sæpe dictus rex, piissimusque princeps, tibi in Septimania et Aquitania concessit, et eas quas in Provincia Benedictus quidam (cujus filiam mihi ab Alarico missam, gratia sancti Spiritus per impositionem manus meæ peccatricis, non solum a diabolicæ fraudis vinculo, sed ab inferis revocavit) ad usum luminis tui, et loci ubi corpus meum jacuerit, continuatim deservire præcipio, villasque in Austria sive Toringa. Futuro episcopo successori meo amphibalum album paschalem relinquo, stragula columbina duo, vela tria, quæ sunt ad ostia diebus festis triclinii, cellæ et culinæ. Vas argenteum triginta, et aliud de cem et octo librarum, inter te, hæres mea, et diœcesin tuam Ecclesiam Laudunensem, factis patenis atque calicibus ad ministerium sacrosanctum, prout volui, Deo annuente, distribui. Illud quoque vas aureum decem librarum, quod mihi sæpe nominatus dominus, illustrisque memoriæ Ludovicus rex, quem, ut prædixi, de sacro baptismatis fonte suscepi, donare dignatus est, ut de eo facerem quod ipse voluissem, tibi hæredi meæ Ecclesiæ supra memoratæ jubeo turriculum et imaginatum calicem fabricari, et epigrammata, quæ Lauduni in argenteo ipse dictavi, in hoc quoque conscribi volo ; Quod faciam per me, si habuero spatium vitæ ; si autem [*Briss.*, sin ante] clausero ultimum diem, tu fili fratris mei Lupe episcope, species ante dictas, tui ordinis memor, efficias. Compresbyteris meis et diaconibus qui sunt Remis, quinque et viginti solidos æqualiter dividendos in commune dimitto. Vitis plantam super vineam meam ad suburbanum positam, simili modo communiter possidebunt cum Melanio vinitore, quem do in loco ecclesiastici hominis Albovichi, ut Albovichus libertate plenissima perfruatur. Subdiaconibus solidos duodecim, lectoribus, ostiariis, et junioribus solidos octo jubeo dari. Pauperibus duodecim in matricula positis, ante fores ecclesiæ exspectantibus stipem, duo solidi unde se reficiant, inferentur ; quibus Corcellum villam dudum deservire præcepi. Aliis pauperibus tribus, ubi fratres quotidie pedes lavare debent, quibus etiam Balatoforum [Relatoforum], quod dicitur Xenodochion ; ad hoc mysterium statui, solidus unus dabitur. Viduis quadraginta in porticu ecclesiæ alimoniam præstolantibus, quibus de decimis villarum Calmisciaco, Tessiaco, Novavilla stipendia ministrabantur, superaddo de villa Huldriciaca superius memorata, eis in perpetuum stipendia inferri, et tres solidos, et denarios quatuor dari jubeo; ecclesiæ S. Victoris ad portam Suessonicam, solidos duos; ecclesiæ S. Martini ad portam Collatitiam, solidos duos; ecclesiæ sancti Hilarii ad portam Martis, solidos duos; ecclesiæ sanctorum Crispini et Crispiniani ad portam Trevericam, solidos duos; ecclesiæ S. Petri infra urbem, quæ curtis Dominica dicitur, solidos duos; ecclesiæ quam in honore omnium Martyrum supra cryptam Remorum ædificavi, cum per auxilium virtutis Dei ab igne dæmonis pene jam totam urbem concrematam eripui, solidos duos; ecclesiæ, quam pro eodem signo virtutis Dei, in honore sancti Martini, et omnium confessorum infra urbem ædificavi, solidos duos; diaconiæ infra urbem, quæ dicitur ad Apostolos, solidos duos; titulo sancti Mauricii in via Cæsaria, solidos duos; ecclesiæ Jovinianæ [ms., Jovianæ] tituli beati Agricolæ, ubi ipse vir Christianissimus Jovinus, et sanctus martyr Nicasius, cum plurimis societatis suæ Christi martyribus requiescunt, ubi etiam quinque confessores proximi antecessores domni Nicasii, cum sanctissima virgine et martyre Eutropia conditi sunt, solidos tres; eidem quoque ecclesiæ proprium quod fuerat Jovini in solo Suessonico, cum ecclesia beati Michaelis, rebus prioribus superaddidi; ecclesiæ sanctorum martyrum Timothei et Apollinaris, ubi etiam Domino dante, si fratribus ac filiis meis episcopis diœceseos nostræ visum fuerit, ossa mea ponere disposui, solidos quatuor; ecclesiæ sancti Joannis, ubi virtus Christi, me orante, filiam Benedicti suscitavit, solidos duos; ecclesiæ sancti Sixti, ubi cum tribus successoribus suis requiescit, solidos tres, cui etiam de proprio meo Plebeias supra Matronam adjunxi; ecclesia S. Martini in eodem solo sanctæ Remensis ecclesiæ positæ, solidos duos; ecclesiæ S. Christophori, solidos duos; ecclesiæ S. Germani, quam ipse in solo Remensi ædificavi, solidos duos; ecclesiæ SS. martyrum Cosmæ et Damiani in præfatæ matris solo positæ, solidos duos. Matriculæ S. Mariæ, quæ dicitur Xenodochion, ubi duodecim pauperes stipem exspectant, solidus dabitur. Quam denique matriculam loco, ubicunque fratribus meis et filiis ossa mea ponere placuerit, perseverare præcipio, et ut diu [ms. i, die] noctuque pro peccatis atque criminibus meis Dominum deprecentur de proprio hæreditatis meæ jure, rebus quas antecessores mei in eorum stipendiis Domino dederunt, superaddo etiam villam Soladronam, et villam S. Stephani, et quidquid in villa Herimundi mihi per successionem evenit. Quod vero pretio ibidem comparavi, ecclesiæ S. Quintini martyris jam diu delegavi. De jam dicto Vacculiaco, Fruminium, Dagaleifum, Dagaredum, Ductionem, Baudowicum, Udulfum, Vinofeifam, liberos esse præcipio. Temnaredus qui de ingenua nascitur matre, statu libertatis utatur. Tu vero, fili fratris mei Lupe episcope, tuo dominio vindicabis Nifastem, et matrem suam Nuciam. Vineam quoque quam Æneas vinitor colit; Æneam et Monulfum ejus filium juniorem jubeo libertate perfungi. Mellosicum porcarium et Paschasidem conjugem suam, Vernivianum cum filiis suis, excepto Widragasio, cui tribui libertatem, tuo juri deputabis. Servum meum de Cesurnico tuum esse præcipio. Agrorum partem ad te, quam frater meus Principius episcopus tenuit, cum silvis, pratis, pascuis revocabis. Servum meum quem Mellowicus tenuit, Vitredum tibi derelinquo, Teneursolum, Capalinum, et uxorem suam Theodorosenam, tuo juri dominioque transcribo. Theodonima quoque ex mea præceptione sit libera. Edoneifam, quæ homini tuo sociata fuit, et ejus cognationem retinebis. Uxorem Aregildi, et cognationem suam ingenuos esse jubeo. Partem meam de prato quod Lauduni juxta vos habeo, ad imitatem montium posito, quæ Jovia sunt pratella quæ tenui, ad te revocabis. Labrinacum tibi, ubi ossa genitricis meæ posui, cum præfixis terminis deputavi. Tibi autem, nepos meus Agricola presbyter, qui intra domesticos parietes meos exegisti pueritiam tuam, trado atque transcribo Merumvastem servum, et uxorem suam Meratenam, et eorum filium, nomine Mercovicum. Ejus fratrem Medovicum jubeo esse liberum. Amantium et uxorem suam tibimet derelinquo. Eorum filiam esse præcipio liberam Dasoundam. Alaricum servum tuæ deputo portioni, cujus uxorem, quam redemi, et manumisi, commendo ingenuam defendendam. Bebrimodum et uxorem suam Moriam tuo dominio vindicabis. Eorum filius Monacharius gratulabitur beneficio libertatis. Mellaricum et uxorem suam Placidiam ad tuum dominium revocabis. Medaridus eorum filius sit libertus. Vineam quam Mellaricus Lauduni fecit, tibi dono; Britobaudem servum meum, necnon etiam Gibericum. Vineam quam Bebrimodus facit, tibi eatenus derelinquo, ut diebus festis, et omnibus diebus Dominicis, sacris altaribus mea inde offeratur oblatio, atque annua convivia Remensis presbyteris et diaconibus præbeantur. Delegoque nepoti meo Prætextato Moderatum, Totticionem, Marcovicum, Innocentium servum, quem accepi a Profuturo originario meo, cochlearia quatuor de majoribus, acetabulum, lucernam, quam mihi tribunus Friaredus dedit, et argenteam cabutam figuratam. Filiolo illius Parovio, acetabulum et tria cochlearia, et casulam cujus fimbrias commutavi. Remigii cochlearia tria, quæ meo sunt nomine titulata, mantile ipsius quod habeo feriale, transcribo; hichinaculum quoque dono illi, de quo Godebodo dixi. Delegoque benedictæ filiæ meæ Hilariæ diaconæ ancillam nomine Nocam, et vitium pedaturani, quæ suæ jungitur vinea, quam Catusio facit, dono : et partem meam de Talpuscinco transcribo, pro obsequiis quæ mihi indesinenter impendit. Aetio nepoti meo partem de Cesurnico, quæ mihi sorte divisionis obvenit, cum omni jure quod tenui atque possedi. Ambrosium quoque puerum ad jus illius, dominiumque transmitto. Vitalem colonum liberum esse jubeo, et familiam suam ad nepotem meum Agathimerum pertinere : cui vineam dono quam posui Vindonissæ, et meo labore constitui, sub ea conditione ut a partibus mei, Lupe episcope, et Agricola presbyter, porcos suis, omnibus diebus festis ac Dominicis pro commemoratione mea sacris altaribus offeratur oblatio : et Laudunensibus presbyteris atque diaconibus annua convivia, concedente Domino præbeantur. Dono ecclesiæ Laudunensi ex villis quas mihi sanctæ recordationis præfatus rex Ludovicus dedit, duas, Anisiacum, solidosque decem et octo, quos presbyteri et diaconi inter se æquali divisione distribuant. Partem meam de Secio ex integro ad se revocet ecclesia Laudunensis, et Lauscitam, quam mihi charissima filia et soror mea, virgoque, ut credo, Christi sanctissima Genovefa, in usibus pauperum Christi tibi dandam ad integrum delegavit. Commendo sanctitati tuæ, fili fratris mei, Lupe episcope, ex præfatis villis, quos libertos esse præcipio, Catusionem, et Auliatenam conjugem suam, Nonnionem qui meam vineam facit, Sonnoveïsam, quam captivam redemi, bonis parentibus natam, et ejus filium Leutliberedum, Mellaridum et Mellatenam, Vasantem, Cocum, Cæsariam, Dagarasenam, et Baudorosenam Leonis neptem, et Marcoleïsum filium Totnonis; hos totos, fili fratris mei, Lupe episcope, sacerdotali auctoritate liberos defensabis. Tibi autem, hæredi ecclesiæ meæ, Flavianum et uxorem suam Sparagildem dono. Eorum filiolam parvulam Flavarasenam, liberam esse constitui. Fedaniam uxorem Melani, et eorum parvulam Remenses presbyteri et diaconi possidebunt. Crispiciolum colonum liberum esse præcipio, et ad nepotem meum Aetium ejus familiam pertinere : ad utrumque, id est, ad Aetium et Agatimerum pervenire colonicam Passiacum. Pronepti meæ Prætextatæ dono Modorosenam. Profuturo Leudocharium puerum trado. Profuturæ dari jubeo Leudoneram. Laudunensibus subdiaconibus, lectoribus, ostiariis, et junioribus quatuor solidos derelinquo. Pauperibus in matricula positis solidus dabitur ad eorum refectionem. Delegoque ex dato præfati principis Salvonarias supra Moram, et decem solidos ecclesiæ Suessonicæ pro commemoratione nominis mei. Nam Sablonarias supra Matronam hæredibus meis deputavi. Catalannensi ecclesiæ ex dato sæpe dicti filii mei, Gellonos supra Matronam, et solidos decem. Ecclesiæ sancti Memmii, Fascinarias ex donis præscripti principis, et solidos octo. Mosomagensi, solidos quinque. Vongensi, agrum apud officinam molinarum, quæ ibi est constituta. Catarigensi ecclesiæ, solidos quatuor, totidemque Portensi pro commemoratione mei nominis inferentur Ecclesiæ Attrabatensi, cui, Domino annuente, Vedastum fratrem meum charissimum episcopum consecravi, ex dono jam dicti principis villas duas in alimoniis clericorum deputavi, Orcos videlicet, et Sabucetum; quibus etiam pro memoria nominis mei solidos viginti dari jubeo. Ursi archidiaconi familiaribus usus obsequiis, dono ei domi textilis casulam subtilem, et aliam pleniorem, duo saga delicata, tapete quod habeo in lecto, et tunicam quam tempore transitus mei reliquero meliorem. Hæredes meos inter vos æqualiter dividetis. Friaredus, quem ne occideretur quatuordecim solidis comparavi, duos concessos habeat, duodecim det ad basilicæ domnorum martyrum Timothei et Apollinaris cameram faciendam. Hæc ita do, ita lego, ita testor. Cæteri omnes exhæredes estote, suntote.

« Huic autem testamento meo dolus malus abest, aberitque in quo si qua litura, vel caraxatura fuerit inventa, facta est me præsente, dum a me relegitur et emendatur. Neque ei duo priora testamenta, primum quidem quod ante quatuordecim, et alterum quod ante septem condidi annos, obsistere, obviare, aut ullatenus nocere poterunt, eo quod quidquid in ipsis continebatur, in præsentia fratrum meorum hic inserta, et quæ deerant adjuncta, insuper et quæ Dominus mihi largiri in postmodum dignatus est, superaddita noscuntur. Sed inconvulsum et incontaminatum præsens hoc quod condidi testamentum, a fratribus meis successoribus, videlicet Remorum episcopis, conservandum [*ms.* i. conservatum] : a regibus quoque Francorum, filiis scilicet meis charissimis, quos per baptismum, Jesu Christi dono et gratia Spiritus sancti cooperante, Domino consecravi, ubique defensum, atque protectum contra omnia : et in omnibus, inviolabilem perpetuamque semper obtineat firmitatem. Et si quis, in ordine clericali, a presbytero usque ad tonsum contradicere, aut obviari ei præsumpserit, et correptus a successore meo satisfacere neglexerit, convocatis ex vicinioribus locis Remorum diœceseos tribus episcopis, deponatur a gradu. Si vero, quod non opto, nec cupio, sed neque spero, successor quilibet mihi in hac sede Remorum episcopus, exsecrabili cupiditate ductus, res præfatas, sicut a me, auctore Domino meo Jesu Christo, ad illius honorem, et ejus pauperum consolationem ordinatæ sunt, aliorsum distrahere, immutare, commutare, seu quolibet obtentu in usus laicorum, beneficii gratia dare, aut a quolibet datas, favere, aut consentire præsumpserit, convocatis totius diœceseos Remorum episcopis, presbyterisque ac diaconibus, necnon et ex filiis meis charissimis Francis religiosis quamplurimis, reatus sui pœnam, privatione sui episcopatus persolvat, et nequaquam ultra recuperationem gradus amissi, in hoc sæculo promereri. Quicunque vero ex laico habitu a nobis statuta parvipendens, sibique favens, quæ pauperibus Ecclesiæ attributa sunt, abuti, aut usurpare quolibet obtentu præsumpserit, pari simul perpetuaque damnatione alienator, petitor, dator, acceptor, pervasor, anathematis vinculo ab Ecclesia catholica sejungantur, donec valeant, Deo miserante, condignæ satisfactionis emendatione indulgentiam promereri. Sin autem in hoc perseverare cujuscunque donationis occasione quilibet delegerit, spes ei præsentis ac futuræ restitutionis a successore meo, Remorum scilicet episcopo, omnimodis auferatur. Generi tantummodo regio, quod ad honorem sanctæ Ecclesiæ, et defensionem pauperum una cum fratribus meis et coepiscopis omnibus Germaniæ, Galliæ, atque Neustriæ, in regiæ majestatis culmen perpetuo regnaturum statuens elegi, baptizavi, a fonte sacro suscepi, donoque septiformis Spiritus consignavi, et p r ejusdem sacri chrismatis unctionem ordinato in regem, parcens, statuo, ut si aliquando genus illud regium per benedictionem meam toties Domino consecratum, mala pro bonis reddens, ecclesiarum Dei pervasor, destructor, depopulator, gravis, aut contrarius existere voluerit, convocatis Remorum diœceseos episcopis, primum moneatur : et deinde Ecclesia Remensi [*i*, Remensis] præfata, adjuncta sibi sorore, Ecclesia scilicet Trevirensi, iterum conveniatur [*i*, conveniat]. Tertio vero, archiepiscopis tantummodo Galliarum tribus aut quatuor convocatis, princeps ille, quicunque fuerit, moneatur : ita ut usque ad septimam monitionem, si prius satisfacere renuerit, paternæ pietatis longanimitate differatur. Tandemque, si postpositis omnibus præfatis benedictionibus [*f.*, monitionibus], incorrigibilis contumaciæ spiritum non deposuerit, et se per omnia, Deo subdi nolens, benedictionibus Ecclesiæ participare noluerit, elogium segregationis a corpore Christi, ab omnibus ei porrigatur, quod per prophetam et regem David longe ante, eodem qui in episcopis est, dictante Spiritu sancto, noscitur decantatum : Quia persecutus est, inquit, hominem inopem, et mendicum, et compunctum corde, et non est recordatus facere misericordiam, et dilexit maledictionem, et veniet ei; et noluit benedictionem, et elongabitur ab eo (*Psal.* CVIII, 17, 18). Totumque ei quod in persona Judæ traditoris Domini nostri Jesu Christi, et malignorum episcoporum, ecclesia decantare solet, per singulas ei decantetur ecclesias, quia Dominus dixit : Quandiu fecistis uni ex minimis meis, mihi fecistis (*Matth.* XXV, 40) : et quandiu his non fecistis, nec mihi fecistis (*Ibid.*, 45). Et ideo quod probatur in capite, in membris intelligendum esse non dubitetur. Unum tantummodo ibi verbum per interpositionem commutetur : Fiant dies ejus pauci, et principatum ejus accipiat alter (*Psal.* CVIII, 8). Quod utique si successores mei Remorum scilicet archiepiscopi, operari, sicut a me ordinatum est, neglexerint, in se quidquid in principibus resecandum fuerat, maledictionibus depravati reperiant, ut fiant dies eorum pauci, episcopatum eorum accipiat alter. Si vero Dominus meus Jesus Christus vocem orationis meæ, quam quotidie pro genere illo in conspectu divinæ majestatis specialiter fundo, audire dignatus fuerit, ut sicut a me accepit ita in dispositione regni, et ordinatione sanctæ Dei Ecclesiæ perseveret, benedictionibus, quas Spiritus sanctus per manum meam peccatricem super caput ejus infudit, plurimæ super caput illustrius per eumdem Spiritum sanctum superaddantur; et ex ipso reges et imperatores procedant, qui in præsenti, et in futuro, juxta voluntatem Domini, ad augmentum sanctæ suæ Ecclesiæ, virtute ejusdem in judicio et justitia confirmati, et corroborati regnum obtinere atque augere quotidie valeant : et in domo David, hoc est in cœlesti Hierusalem, cum Domino in æternum regnaturi, sublimari mereantur. Amen. Peractum Remis, die et consule supradicto, intercedentibus et mediis signatoribus.

« Ego Remigius episcopus testamentum meum relegi, signavi, subscripsi, et in nomine Patris, et Filii, et Spiritus sancti, Deo adjuvante, complevi. † Vedastus episcopus cui pater meus Remigius maledixit, maledixi, et cui benedixit, benedixi : interfui quoque, atque subscripsi. † Genebaudus episcopus cui pater meus Remigius maledixit, et maledixi, et cui benedixit, benedixi : interfui quoque, atque subscripsi. † Medardus episcopus cui pater meus Remigius maledixit, maledixi, et cui benedixit, benedixi : interfui quoque, atque subscripsi. † Lupus episcopus cui pater meus Remigius maledixit, maledixi, et cui benedixit, benedixi . interfui quoque, atque subcripsi. † Benedictus episcopus cui pater meus Remigius maledixit, maledixi, et cui benedixit, benedixi : interfui quoque, atque subscripsi. † Eulogius episcopus cui pater meus Remigius maledixit, maledixi, et cui benedixit, benedixi : interfui quoque, atque subscripsi. † Agricola presbyter cui pater meus Remigius maledixit, maledixi, et cui benedixit, benedixi : interfui quoque, atque subscripsi. † Theodonius presbyter cui pater meus Remigius maledixit, maledixi : et cui benedixit, benedixi, interfui quoque, atque subscripsi. † Celsinus presbyter cui pater meus Remigius maledixit, maledixi, et cui benedixit, benedixi : interfui quoque, atque subscripsi. † V. C. Pappolus interfui, et subscripsi. V. C. Eulodius interfui, et subscripsi. V. C. Eusebius interfui, et subscripsi. V. C. Rusticolus interfui, et signavi. V. C. Eutropius interfui, et signavi. V. C. Daweus interfui, et signavi.

« Post conditum testamentum, imo signatum, occurrit sensibus meis, ut basilicæ domnorum martyrum Timothei et Apollinaris missorium argenteum sex librarum ibi deputem, ut ex eo sedes futura meorum ossium componatur. »

CAPUT XIX.
De remedio pestis inguinariæ, et cæteris per ipsum collatis.

Post hujus beatissimi Patris obitum, « cum lues inguinaria, » veluti Gregorius Turonensis enarrat (*De Gloria confess.* c. 79), « populum primæ Germaniæ devastaret, et omnes hujus cladis terrerentur auditu, concurrit Remensis populus ad sancti sepulcrum, congruum hujus causæ flagitare remedium. Accensis cereis, lychnisque accensis non paucis, hymnis, psalmisque cœlestibus per totam excubat noctem. Mane autem facto quid adhuc precatui desit in tractatu rimatur. Reperiunt etenim, revelante Deo, qualiter oratione præmissa, majori adhuc propugnaculo urbis propugnacula munirentur. Assumptam igitur pallam de beati sepulcro componunt in modum feretri, accensisque super cruces cereis, atque ceroferariis, dant voces in canticis; circumeunt urbem cum vicis, nec prætereunt ullum hospitium, quod non hac circumitione concludant. Nec post multos dies fines hujus civitatis lues aggreditur memorata. Verumtamen usque ad eum locum accedens, quo beati pignus accessit, ac si constitutum cerneret terminum, intro ingredi non est ausa, sed etiam quæ in principio pervaserat, hujus virtutis repulsu reliquit.) Multa denique postmodum ad ipsius sepulcrum sunt divinitus ostensa miracula, quæ per negligentiam non habentur scripta.

CAPUT XX.
De translatione corporis ipsius, et quibusdam denuo patratis miraculis.

Sepulto igitur in præmemorata basilica, beatissimi Remigii corpore, cum multa stupendaque in eadem per Domini gratiam fierent miracula, dilatata et exaltata est ipsa ecclesia, factaque crypta post altare in qua transferretur pignus venerabile. Detegunt humo loculum, quo præparatum deponant in antrum, sed ipsum penitus movere non possunt. Superveniente vero nocte multis accensis luminaribus, circa noctis medium sopor excubantes occupat omnes. Quibus evigilantibus, invenitur transvectus sacro cum thesauro sarcophagus, in præparatum (non nisi manibus angelicis) habitaculum deportatus. Tantaque cuncti replentur odoris suavitate, quantam lingua non valet humana propalare. Quæ delectationis amœnitas in eadem, per totam diem illam, sed et in crastina, perseveravit Ecclesia. Hac igitur die translationis ejus, scilicet Kalendis Octobris, cum divinis laudibus sumptæ sunt reliquiæ de capillis ejus, et casula, tunicaque ipsius : et integrum, licet exsiccatum, corpus ejusdem rubeo constat brandeo involutum.

Hic itaque Pater reverendus, et in vita corporis, et post obitum, sicut infirmis sanitatum gratiam contulit, sic et in pervasores vel præsumptores sæpissime vindex apparuit. De quo præfatus episcopus Gregorius referre studuit, quod ex ipsius hic verbis indere placuit (GREGOR. TUR., *ubi supra*) : ≀ Erat enim haud procul a basilica (*scil. S. Remigii*) fundus tellure fecundus (tales incolæ Oleas vocant) et hic datus basilicæ sancti fuerat : quem unus e civibus pervadit, despiciens hominem qui eum loco sancto contulerat. Qui cum ab episcopo ac loci abbate crebro conventus fuisset, ut quæ injuste pervaserat redderet : parvipendens verba quæ audiebat, pertinaci direpta defensabat intentione. Denique causa exstitit, et non devotio, ut urbem adiens, properaret ad sancti basilicam. Arguitur iterum ab abbate pro campi pervasione. Sed nihil dignum ratione respondet. Explicitisque negotiis ascenso equo domum redire disponit. Sed obstat nisui ejus sacerdotis injuria. Nam sauciatus [*ms.*, satiatus] a sanguine, diruit in terram ; obligatur lingua quæ locuta fuerat campum tolli ; clauduntur oculi, qui concupierant; manus contrahuntur, quæ apprehenderant. Tunc halbutiens, et vix sermonem explicare valens, ait : Deferte me ad basilicam sancti : et quatumcunque super me [*i*, apud me] auri est ad sepulcrum ejus projicite : peccavi enim auferendo res ejus. Aspiciens autem dator campi hunc cum muneribus deferri, ait : Nec accipias, quæso, sancte Dei, munera ejus, quæ nunquam cupide accipere consuevisti. Nesis, deprecor, adjutor ejus, qui inflammante concupiscentia rerum tuarum nequam possessor exstitit. Nec distulit sanctus audire vocem pauperis sui : nam homo ille licet dedisset munera, ostendit sanctus Domini se illa, non acceptasse, dum rediens pervasor domum amisit spiritum, et recepit ecclesia res suas. ›

Temporibus Chilperici Francorum regis exstitisse fertur Moderamnus, Redonensis (*Rennes*) ecclesiæ præsul, vir nobili prosapia oriundus : qui per licentiam prædicti regis limina sancti Petri adire disponens, divertit in monasterium beati Remigii situm in suburbio Remensis urbis. Ubi liberaliter a fratribus ejusdem loci susceptus, impetravit a Bernehardo sacrorum custode reliquias de stola, cilicio, atque sudario sancti Remigii. Quibus gratanter acceptis, iter incœptum lætus agens, dum permeat Italiam, in monte Bardonum quadam nocte metatum habens, memoratas in ilicis ramo suspendit reliquias. Cumque diluculo surgens, iter cœptum arriperet, immemor harum (nutu, ceu creditur, divino) hæc ibidem remansere pignora. Procedente vero aliquanto longius episcopo, ubi relictarum memor fit reliquiarum, suum statim ad has recipiendas dirigit clericum, nomine Vulfadum. Quo ad has perveniente, nullo valet eas ingenio contingere, cum mirabili signo, ut eas attingere vellet, elevarentur in sublime. Hoc præfatus episcopus audito miraculo, regrediens, in eodem loco fixit tentorium ; sed relicta pignera eadem nocte minime valuit recipere, donec facto mane, in monasterio quod vocatur Bercetum, in honore S. Abundii martyris inibi constructum, missam celebrans, prædictorum partem munerum devoveret ibidem se relicturum. Sicque rapta sibi recipiens, impleto venerabiliter voto, cœptum repetit iter. Cui obvius factus Luitbrandus [Luidbrandus] Italorum rex strenuus, qui hanc auditu jam compererat sacrorum virtutem, amore B. Remigii ductus, idem monasterium, Bercetum scilicet, cum omnibus adjacentiis, omnique abbatia, mansos octingentos [C., octo], ut tradunt, continenti, præfato præsuli Moderamno delegavit, eique in præsentia fidelium suorum, legali de more, vestituram ex ea, et chartam fecit. Remeans autem ab urbe Roma memoratus præsul, accessit ad venerandum B. Remigii sepulcrum : atque sicut illi præmissus rex hanc terram tradidit, ita nihilominus ille S. Remigio eamdem contulit. Sicque prospere in suum reversus episcopium, successorem sibi ordinari fecit, et vale faciens filiis suis, Bercetum monasterium repetiit, et usque ad obitus sui diem in loco illo moderate et honeste, ut servus Dei, conversatus vixit. Qui quoque nonnullis deinceps locus miraculis illustratus claruit.

Processu denique temporis Pippinus rex, Karoli Magni pater, episcopii Laudunensis villam, quæ dicitur Anisiacus, accipere nisus quasi sub censu, velut alias quasdam fecerat, venit in eam, ubi cum dormiret, apparuit ei S. Remigius, dicens: *Tu quid hic facis? Quare in hanc villam intrasti, quam mihi homo te devotior dedit, et quam ego ecclesiæ dominæ meæ Dei Genitricis donavi?* et flagellavit eum satis acriter, ita ut livores in ejus postea corpore parerent. At ubi disparuit B. Remigius, surrexit Pippinus, et correptus valida febre, quantocius ab ipsa villa recessit. De qua febre non parvo tempore laboravit. Deinceps vero regni princeps inibi usque ad moderna tempora non mansit, ut nec in Codiciaco vel Juliaco, nisi Ludovicus rex Germaniæ, qui quando fratris sui Karoli regnum pervasit, in Juliaco mansit, et inde turpiter in crastinum fugiens ante ipsum fratrem suum, vix evasit.

Partem quoque magnam silvæ in saltu Vosago beatus hic Pater, dato comparuit pretio; villulas etiam quasdam inibi constituisse fertur, quæ Cosla et Gleni vocantur; incolasque de vicina episcopii villa, nomine Berna, dudum sibi a Francis data, in eas transferens, ibidem manere disposuit, et ut picem religiosis annuatim locis ecclesiæ Remensis administrarent, instituit. Quibus et pensam tribuit, quæ hodie ab ipsorum successoribus accipitur, cum qua suum quoque persolvunt debitum. Hujus etiam suæ coemptionis fines ita per gyrum determinavit, et ut omnibus videntibus pateat ipsa determinatio, et hactenus ipsi fines ab eo denotati nomine tenus vocitentur et assignentur. In quibus determinationibus ligni cujusdam concavo, manu sua petram conjecisse traditur: quam quicunque voluerint contrectare, manum in ipsam cavernam valent inferre, lapidem devolvere, sed ab eadem concavitate nullo modo queunt educere. Post aliqua vero tempora quidam beati viri laudibus invidens, ipsam manu petram de ligno nisus est evellere; quod explere non valens, ipsum securi foramen tentavit ampliare. Sed elevato ferro ut arborem percuteret, arefacta mox jam dextera, quam procaciter extulit, ipsum [*ms. i, ipse*] quoque lumen oculorum amisit, et qui famam sancti Patris hujus exstinguere voluit, venerationem laudis adauxit invitus.

Istius partem silvæ hujus almi patroni nostri studiis emptæ, duo quidam fratres custodes regii saltus invadentes, asserebant quod potius ad fiscum quam ad jus S. Remigii pertineret. Accidit autem dum quondam cum incolis ecclesiæ Remensis ditioni subditis, ob id altercarentur, ut unus eorum veniens ad porcos suos, quos in eamdem silvam pastum miserat, lupum inter eos inveniret: quem ascenso equo celeriter insecutus, cumque percutere molitus, equo pavefacto caput ad quamdam collisit arborem, cerebroque ipsius in terram defluente, mortuus est. Frater vero ipsius in alteram pergens partem, pervenit ad quamdam petram, dicens: *Omnibus notum sit, quia usque ad hanc petram est ista silva imperatoris:* eoque sic lapidem cum dicto bipenni, quam manu gestabat, percutiente, saxi particulæ in ejus oculos ab ipso prosiliunt, et cæcus efficitur; sicque præsumptionis uterque mercedem recepit, et mendacii sui.

Quidam vir nobilis ex territorio Nivernensi, B. Remigii reliquiis obtentis, oratorium in sua proprietate sub ipsius ædificavit honore. Ubi Dominus nonnulla, propter hujus dilecti sui merita propalanda, dignatus est ostendere signa. Cum denique Ludovico imperatore defuncto, Aquitanii absque principis jugo facti, gentilitiaque mobilitate permoti, prout quisque poterat, efferre sese, mutuoque impugnare, ac per contiguos pagos debacchari cœpissent, pauperes quique res suas in ecclesiis reponere studuerunt. Unde confisi, virtutum quæ inibi fiebant, opinione, sua multi servanda in eodem certatim recondunt oratorio. Audientes autem prædones hoc opibus oratorium pluribus refertum plurimorum, eas vi diripere nituntur. Quorum quodam obserati seram conante frangere ostii, mox ut januam calce percussit, eidem cohærente pede ipsius ostio, resupinus in terram præsumptor cecidit. Quod alii cernentes, aufugiunt. Ipse vero miser, cogente cruciatu, cum maximo suos ejulatu cœpit exprimere dolores, et amarissimis præmittere cum lacrymis, quia si Deus per merita S. Remigii pedem ipsius ab hac compede solveret, ulterius nunquam, vel de illa, vel de qualibet aliquid ecclesia tolleret, aut tolli, quantum ex ipso esset, ullo modo consentiret. Caballum quoque suum cum sella, et alia quæ potuit ad eamdem donavit ecclesiam. Sicque post confessionem, lacrymas et votum, pes ejus ab ostio, cui adhæserat, est solutus. Verumtamen eo postmodum pede claudus permansit, dum crure femoreque computrescente, morte decessit.

Quando tres fratres Lotharius, Ludovicus, et Karolus regnum sibi Francorum post patris obitum divisere, villas episcopii Remensis, quod tenebat Fulco presbyter, Karolus suis distribuit militibus. Ex quibus villam Juliacum cuidam Ricuino dedit. Cujus uxor nomine Berta [*c. i, Beuta*], dum in ipsius villæ cubiculo jaceret, venit ad eam S. Remigius in somnis dicens: *Non est iste locus tuus ad jacendum. Alterius meriti et officii debet esse, qui hanc villam habere, et in hoc cubiculo debet jacere. Surge quantocius, et hinc abscede.* Quod illa parvipendit, putans inane se visum videre. Iterum quoque apparuit ei sanctus Domini, dicens: *Cur hinc non abscessisti, sicut tibi præcepi? Vide ne hic amplius inveniam.* Quod ipsa ceu prius, etiam nunc pro nihilo duxit. Tertio venit ad eamdem beatissimus præsul, et dixit: *Nonne jam semel et secundo tibi jussi. ut* hinc abscederes? Sed quia pergere contempsisti, aliorum deportatione discedes. Et percussit illam virga quam tenebat in manu, quæ mox in maximum toto corpore conversa tumorem, viro suo, quod viderat, aliisque nonnullis dixit, et per aliquot dies severissime cruciata, vitam finivit. Cujus corpus vir ejus in ecclesia S. Remigii deportari, et ibidem sepeliri fecit. Quod autem funus ipsius in ecclesia sua Pater hic almus receperit, non adeo mirabitur, si quis digne perpenderit qua sancti vindictas in delinquentes exercere soleant intentione, videlicet ut, si pœnituerint, hic recipiant quod merentur, ne post æternis suppliciis addicantur, ut in Regum libro de propheta legitur, qui ori Domini inobediens exstitit, et a leone percussus interiit, atque post ultionem perceptam corpus ipsius intactum a fera remansit (*I Reg.* XIII). Quod vero præmissam mulierem ter admonere curaverit, nec eam primo vel secundo visitans, percutere voluit (quam tamen ultione plectendam utpote Deo conjunctus non ignoravit) quid aliud quam patientiæ nobis exempla proposuit? ne scilicet ad proferendam in quemque scientiam faciles simus, qui Deo per diversa disjungimur, cum et cum patienter exspectare probemus, quem Deo cohærere, atque cum ipso judicare confidimus.

Moderno tempore colonus quidam villæ Remensis episcopi, quæ plumbea Fontana dicitur, manens juxta regii villam fisci, quam Rosetum vocant, neque messem, neque pratum, cæterumve peculium, propter fiscalinorum infestationem, habere quiete valebat: unde sæpe justitiam apud ministeriales regios sibi fieri petiit, nec obtinere potuit. Invenit autem tandem sibi salubre consilium. Nam coxit panes et carnes, et accepta cerevisia, prout visum fuit, in vasculis, hæc omnia vehiculo, quæ vulgo benna dicitur, imposuit, et junctis bobus ad basilicam sancti Remigii, candelam manu ferens, properavit. Quo perveniens, cibariis quæ detulit matricularios pavit, ad sepulcrum sancti candelam posuit, et ejus auxilium contra suos oppressores expetiit. Pulverem quoque de pavimento ecclesiæ colligens, panno colligavit, et in prædicta benna ponens, linteum desuper (ut supra corpus mortui solet fieri) composuit, et ad propria remeare cœpit. Si qui vero de obviantibus eum interrogabant quid in illo carro duceret, respondebat se S. Remigium ducere. Mirabantur autem omnes in dictis et factis illius, amentem hunc esse ferentes. In pratum vero suum perveniens, pastores ibi de Roseto diversi generis animalia pascentes invenit. Ast ubi S. Remigium ferre sibi suffragia postulans, invocavit, cœpere boves, hirci, capræque invicem se cornibus impetere, porci cum porcis confligere, verveces cum vervecibus se collidere, pastores se fustibus et pugnis mutuo percutere. Maximoque surgente turbine pastores ejulantes, animalia quæque, juxta genus suum, magno sonitu perstrependo, ita cœperunt Rosetum versus fugere, ac si multitudo persequentium flagris videretur insistere. Quod cernentes fiscalini, terrore perculsi, mortis imminere sibi pericula veriti, tandemque correpti, cessarunt ab afflictione pauperis S. Remigii. Sed quia secus amnem Saram (*Serre*) loco lutoso manebat, et in suis habitaculis a serpentibus molestiam magnam sustinebat, accipiens pulverem, quem secum ab ecclesiæ pavimento collectum detulerat, per habitacula sua respersit; ac postea serpens in eisdem locis non apparuit. Compertum quoque traditur quod in omnibus ecclesiæ beati Remigii circumjacentibus atriis, vel cœmeteriis, coluber nunquam soleat inveniri: sed et si delatus huc aliquomodo fuerit, nullatenus hic vivere possit.

Tempore domni Hincmari præsulis, quidam Blitgarius ecclesiæ mansum in villa Tenoilo, apud ipsius ecclesiæ custodem impetravit pretio, unde famulos sancti Remigii ejecit cum flagellis, conclamantibus eis S. Remigium sibi ferre subsidium. Quibus idem Blitgarius cum irrisione dixit: *Modo parebit qualiter vos sanctus Remigius adjuvabit. Videte quomodo in adjutorium vestrum venit.* Moxque inter hæc verba, maximo clamore ingemiscens, mirabili turgore distentus intumuit, et expirans crepuit medius. Qua vindicta commonemur ultionem divinam pertinescere, crudeliter ecclesiasticam non tractare familiam, et in Deum ac sanctos ejus summopere cavere blasphemiam.

Nostris olim diebus quidam Warnerius pagi Vormacensis comes, res sancti Remigii præmissas, in Vosago sitas, invadens, hominibus suis distribuerat. Veniens autem B. Remigius ad Herigarium Moguntiæ præsulem, in somnis ei visus est, præcipiens ut iret ad Conradum regem, commonens eum jubere sibi subjectis quatenus dimitterent terram suæ ditionis. Qui consurgens a somno, licet miratus de visione, regi tamen omisit indicare. Rursus post aliquot dies apparens ei S. Remigius redarguit eum, quare mandata non adimplesset illius, admonens iterum ne differat quin regi jussa denuntiet. Item ceu prius, ille visum reputans inane, neglexit perficere jussionem. Tertio hunc jam cum flagello sanctus adiens, ipsius increpavit contumaciam, quemque per brachium comprehendens, lecto visus est extraxisse. Sicque flagello, quod tenebat, eum verberans, acriter cæsum dimisit et humiliatum, Non amplius enim jam temnere jussa præsumens, regem mox adit, secretum petit, vestem deponit, lividum corpus ostendit, et dicta vel acta fideliter ex ordine pandit. Accidit autem, ut eadem die legatus domni præsulis nostri Hirivei, nomine Tendoinus, ab eodem seniore suo pro ipsis rebus repetendis ad regem cum muneribus deveniret, atque horam, qua regi præsentari possit, extra stans exspectaret. Cumque rem gestam rex admiratus, requiri præcepisset si quis illic inter suos forte nostris e partibus inveniretur, ille pro hac eadem re foris sustinens reperitur adesse, regi nuntiatur, eo jubente coram deducitur, et ei res quæ propalata fuerat aperitur. Ille gratias agens, pro rebus ipsis se missum retegit, res, rege reddente, recipit, et eodem favente præfato pontifici Herigario tutandas ad fidelitatem S. Remigii committit. Posteaque domnus præsul Heriveus, dum advixit, ex iisdem rebus annuatim debitum sine contradictione censum recepit.

Easdem res domnus Artaldus episcopus dudum Conrado duci commiserat: quas ille Ragenbaldo cuidam suorum delegaverat. Qui Ragenbaldus earumdem rerum colonos valde affligebat. Ipsi vero pro afflictione sua sæpe ad sanctum Remigium clamabant, Remis venientes, et ipsius patroni sui patrocinia requirentes. Pro qua re nuper anno præterito, cum rege Ottone et præfato duce locuti sumus, quando Aquis ad eumdem regem missi fuimus. Sed ut idem Ragenbaldus ab ipsarum rerum direptione desisteret impetrare nequivimus. Unde contigit horno [i, hoc an.], ut dum quodam Sabbato eosdem colonos ad opus quoddam peragendum congregatos haberet, præciperetque presbytero ne signa vespertinalia usque prope noctem pulsaret, operique implendo insisteret, percuteretur percussore inviso. Qui dum requireret quis eum percussisset, omnesque se vidisse negarent, furiis exagitatus, sensum amisit, graviterque vexatus, spiritum exhalavit. Quo comperto dux Conradus nimium territus ad sanctum Remigium venit, eique res ipsas reddidit, quas præmissus præsul Artaldus Hincmaro abbati, ac cæteris monachis ad supplementum victus attribuit.

In Vulfiniaco Rivo, pago Laudunensi, habetur oratorium in honore S. Remigii dedicatum. In quo dum Rodulfus rex Heribertum comitem persequeretur, qui episcopatum Remensem a rege sibi commendatum tenebat, homines ipsius villæ res suas propter hostiles incursus recondere studuerunt. At dum rex præfatus ad obsidendam Remensem venisset urbem, et in Culmissione metatus esset, exercitus ejus vicinas occupavit villas. Quidam vero illorum, qui in prænotata villa, scilicet Vulfiniaco Rivo, metatum habebant, vinum quod in ecclesia timoris causa reconditum fuerat invadit; et quasi tabernam constituens in eadem ecclesia, paribus suis illud vendere cœpit. Hæc dum ageret, percussus morbo, repente sensum amisit, ore sibi ad aurem usque pene retorto, diuque cruciatus tormento vitam finivit. Quod cernentes cæteri, eidem loco sacro debitam deinceps exhibentes reverentiam, ab hujusmodi sese cohibuere præsumptione.

CAPUT XXI.

De altera vel iterata translatione, seu relatione corporis ejus ad urbem.

Hujus beatissimi Patris nostri venerabile pignus, domnus Hincmarus archiepiscopus, adhuc ampliata ipsius ecclesia, cryptaque opera majore atque pulchriore præparata, præsentibus et annitentibus episcopis diœceseos hujus Remensis, transtulit [an. 852, Kalend. Octob.]: integrumque illud cum brandeo, quo prius repertum fuerat involutum, in argenteo locello transposuit. Sudarium vero quod super caput ipsius erat, cum parte prædicti brandei, scriniolo reconditum eburneo, Remis abinde reservatur, in ecclesia beatæ Dei genitricis Mariæ. Denique cum corpus ipsius sacratissimum de lapideo sarcophago in præmisso transponitur loculo, Rado quidam Suessonicæ tunc Ecclesiæ subdiaconus, qui cum episcopo suo Rothado illuc advenerat, adeo dolore dentium per integrum vexatus annum, ut, doloris nimietate periturus metueretur sensum, maxillam peste gravatam loco ubi sanctum pignus jacuerat, apposuit: et mox ab hac liber redditus ægritudine, dolorem deinceps hujuscemodi meruit non sentire. Hac eadem die duo quidam homines morbo contracti apud pagum Ribuarium (*Bruières* in Lannois), in oratorio quodam memoriæ hujus beati nostri patroni dedicato sanitatem nuntiatur recepisse. In ipsius autem qua corpore quiescit basilica, continua fieri non omittuntur insignia, dum advenientes ægroti sanantur, perjuri dæmone pervaduntur, energumeni liberantur, illuminantur cæci, eriguntur claudi, ut in cœlis gloriose cum Christo vivere demonstretur qui tot miraculorum signis, ubi corpus examine servatur, in terra vivere comprobatur. In loculo vero ubi tunc depositum corpus ejus est, hi versus a domno Hincmaro editi, leguntur insculpti.

Hic famulus Hincmar Domini sacra membra locavit.
Dulcis Remigii, ductus amore pio.
Qui prius est sanctus, mundo quam matre creatus,
Et magnus dictus cœlitus ore Dei.
Bis denos, binosque gerens feliciter annos,
Sorte Dei sumpsit pontificale decus.
Sexaginta simul bis septem mansefat annis
Istius urbis honor, præsul, et orbis amor.
Vitam defunctis, reddens quoque lumina cæcis :
Egerat et vivens plurima mira satis.
Nam domuit fera corda animo pius, ore profusus,
Sicambræ gentis, regia sceptra sacrans.
Nonaginta quidem sex cum compleverat annos,
Splendida lux nostras deseruit tenebras.
Idus jam plenas cum Janus mensis haberet,
Emeritus miles præmia digna capit.
Isdem Hincmarus primus hac sede sacerdos
Post triginta, loco constitit et numero :
Qui sextus decimus sub hac radiante lucerna
Remigio, Remis munia chara dedit.
Annis septenis, quinis ac mensibus egit
Pastoris curam, hæc recolenda parans.
Octingenteno quiquagenoque secundo
Quo Deus est anno virgine natus homo :
Tertius et Karolus regni componeret actus,
Octimber primam cum daret atque diem,
Ac ter centenus octavus tangeret annus
Hic justus Domini quo petit astra poli.
Ter centum fuerant, tres et deni quater anni,
Quo vitæ Francos gurgite lavit ovans.
Ipsius is precibus cœlesti in sede locetur,
Quem terris coluit verus amator. Amen.

Accidit autem postea, peccatorum meritis exigentibus, ut Dominicæ incarnationis anno 882 sub rege Karlomanno, prædicto domno Hincmaro archiepiscopo satagente, transferretur venerabile pignus corporis hujus sacratissimi patris et domini nostri Remigii (propter infestationem paganorum) ad villam ipsius jam supra taxatam, nomine Sparnacum, quia civitas Remorum tunc temporis non habebat in ambitu sui murum. Cujus obtentu totius tunc pagi ad quem delatum munus hoc habetur amantissimum, provisa probatur salus a persuasione barbarorum, vel incursu prædonum. Post Hincmari denique pontificis obitum (*obiit dicto an.* 882, *ut est in fine lib.* III), desiderabilis hic sacrorum thesaurus membrorum, ad Orbacense perducitur monasterium. Hic quoque beatissimi hujus patroni nostri suffragiis omnis commoditas aeris circumquaque degentibus attribuitur incolis, cum insolita fertilitate telluris.

Post decessum vero saepedicti praesulis Hincmari cum pontificatus subiisset honorem Fulco, sui primo praesulatus anno, referre decrevit alma beatissimi hujus nostri Patris ossa [*an.* 883]. Quod ubi aggreditur, perveniente jam eo, cum coepiscopis et cleris plurimis ad locum ubi pignus servabatur pretiosum, cum esset magna coeli serenitas, sed fervens admodum siccitas, subito se tantus effudit imber, ut totius hujus superficiem terrae videretur ubertim irrigasse. In crastinum vero dum sacra referre promovent munera, cuncta clara, cuncta jucunda, cuncta mundanae speciei redduntur amoena; prosperoque progressu confluentibus undique populis, ad vicum deveniunt Calniciacum, in quo nonnulla Pater hic eximius adhuc carne septus virtutum dignoscitur exhibuisse magnalia. Hic membra veneranda in ecclesia deponentes ejus nomine dedicata, noctis quiete fessa levant corpora. Post requiei subsidium, jam terras solis illustrante jubare, voces undique Deum benedicentium concrepant atque laudantium, quod eis pastorem, patronum, ac protectorem redderet corporaliter proprium, quem semper apud divinam clementiam intercessorem, et assiduum se habere confidant advocatum. Praefatus interea praesul, coelestium sacramentis mysteriorum rite celebratis, imminentis juga cum laudibus scandit montis, comitantibus undique secus populorum stipatus catervis. Hic ubi pro populi delictis, et irae mitigatione, coelestis ad Dominum fudisset orationem, paululumque processissent, adhuc clarificare Christus, mirificare atque glorificare disponens hunc beatissimum Patrem nostrum in terris, quem magnificare cum angelis elegerat in coelis, quanti sit apud se meriti concurrenti propalare decernit multitudini.

CAPUT XXII.
De remediis subinde pluribus impensis.

Accedit itaque mulier caeca, nomine Doda, manu sibi gressus regentis innixa, quae mox, ut cominus approperat, visum sibi restitui coram omnibus impetrat. Quod praesul audiens, hymnum laudis Dei cum populo, magno repletus concelebrat gaudio. Necdum finierant odas exsultatione coelum replentes, et ecce frustratus quidam multis gressu diebus cum integra procedit incolumitate laetabundus.

Transiere cum laudibus inde paulisper: et mulier quaedam manuum potita sanitate succedit. Duplicant ergo, triplicantque comitantia gratiarum actiones agmina. Tremefacti proximi quique mirabilium magnitudine, tantisper a tantae deliberant secedere sanctitatis sublimitate. Nec vox reciproca laudantium defecerat ab ore, dum quidam puer, Grimoldus nomine, diu lumine privatus, os quoque miserabiliter a rectitudinis loco distortus, invisaque deformitate turpatus a parentibus obviam delatus, pristinum, quem dudum amiserat, est visum consecutus, et in propriam sanctissimi Patris hujus opitulatione mirabiliter est effigiem restitutus. Interjecto velut unius horae spatio, puer alius a contractione corporis ejusdem patroni suffragiis feliciter est erectus. Cohors igitur devota, melodiis Davidica nequaquam sufficiens reboare carmina, maximo cordis affectu permota, inter laudum voces, eliciente gaudio lacrymis ora rigare profusis, et suspiria, singultusque formare pro canticis. Concurrentium quoque nimia stipatio plebium, sacri muneris gerulum deosculari cupientium loculum, importunitate valida vehentium coepit figere gressum. Mirorum siquidem quae gerebantur percrebrescebat opinio; certatimque tam sani quam diversis calamitatibus attriti properare studebant, cupientes intueri magnalia quae Dominus omnipotens, in sancti sui clarificatione, multiplicare proposuerat. Pro magno namque sibi damno quisque reputabat, imo delictum deputabat, non modo, si non procederet, verum si postremus accederet. Approperantes autem cives obviam, dum grata deferri cernunt munera, se prosternentes, soli deosculantur terga: suspicientesque, ubi contemplantur locum, pretiosae divini diadematis gemmae bajulum, hiulcas inter eximia gaudia lacrymas fundunt, obsecrantes ne amplius ejusdem Patris affici censeantur absentia, quin perpetua mereantur gratulari praesentia. Pater interea beatissimus filiorum devotioni praeclaris favens nutibus, addit adhuc divinis plebem suam multipliciter exhilarare mirabilibus. Etenim dum clerus cum sacerdotibus, psalmis, hymnis, et canticis intonant spiritalibus, populus etiam jubilationis immensa reboat vocibus, ut mirabilem Deum in sanctis suis jucundioribus adhuc praeconarentur animis, pristinam multitudo languentium sospitatem manifeste conspicitur recuperare, levatis pluribus varia peste corporibus: adeoque per singula pene momenta, coelestia pandebantur miracula, ut ad haec locorum vel temporum vix enumeranda censeri valerent interstitia.

Tunc igitur Hosanna quaedam mulier, cum admiratione gaudentium, celeri meruit prosperitate recipere visum. Et post pusillum claudus quidam felici munere consequitur gressum. Deodata quaedam, patefactis aurium januis, adipiscitur auditum. Quidam, nomine Teuto, desiderabili potitur illuminationis dono. Item, quaedam mulier eodem gavisa laetatur beneficio. Similiter Ausoldus [*j*, Ansol.] quoque lumine, quod nimio flagrabat assequi desiderio, fido ceu credidit animo, Patris hujus piissimo perfruitur suffragio. Quidam Gerbertus, paralysis est a dissolutione sanatus. Quidam quoque alius ejusdem muneris exsultat hic largitate perfunctus.

Cumque certatim quique, studio piae devotionis

obviam studerent occurrere, ac non modo benigni cordis intentionem, quin etiam rerum temporalium exhibitionem, prout cuique facultas suppetebat, afferrent : mulier quædam paupercula, de civitate properans in occursum, manu cereum ferebat, qui accensus nunquam fuerat. Mirabile dictu, subito cœlitus nutu divino cereus in manu gerentis est illuminatus : illumque dum per totam defert illa viam, Dei confitendo miraculum, nequaquam superni luminis amittit ille beneficium, donec mirifici pignora patris in stationis propriæ perferrentur domum, hicque a pontifice solemnia celebrarentur missarum. Tunc femina cereum lumine flagrantem mirabili basilicæ tradit custodi : qui ob supernæ gratiæ quod contigerat gaudium, luminaria quæcunque per ecclesiam videbantur ardere mandat exstingui, lumineque divinitus hoc dato rursus accendi : hujus vero partem cerei cœlo dati miraculi decernit in testimonium reservari.

Rotgardus [*ms.*, Totgardis] quædam femina de pago Castricio, gradiendi carens officio, pristinæ gaudet cum incolumitatis dono : ut quæ plaustro devehente fuerat adducta, propriis postmodum pedibus remeare valeret ad sua. Præterea mulier quædam secum parvulam sex annorum fere defert filiam, nomine Vulfidem : quæ dum quadam die cum coævis luderet, ab aliqua transeunte forte muliere percussa fuerat in capite. Quo ictu læsa, ita ut ejus retro reflexum inhærere cervi videretur occipitium, nec in aliam caput reclinare partem valeret; cibi vero nullam, nisi liquidam sumere posset sustentationem, quæ integrum sub tali ferme labore duxerat anni curriculum. Quam mater affectu diligens tenero, deque salutis ipsius sollicita recuperatione, studuit obviam deducere. Dumque cominus ob densitatem multitudinis non valet accedere, procurat aliquantulum vulgus antecedere. Mox in via per quam iter erat agendum, sese prosternens, simul cum sobole, fulta valida fide, preces ad Dominum devota dirigit mente. Necdum ab oratione cessarat, et ecce ipsius cœpit vociferari filia. Quam genitrix, ut maternis consoletur blanditiis, surgens, intuita, caput ejus ab inflexione videt ad propriam rectitudinis lineam remeasse. Tunc nimia hilaritate repleta, sed et de prolis sanitate confisa, perlustrans vulneris locum, cernit sanguine madidum, nervosque diu contractos, ac si funes extendi, productos. Sic accepta misericordiæ quam quæsierat benedictione, domum læta cum gratiarum revertitur actione.

Hac igitur dignitate clarificationis, et rerum gestarum admiratione toliors stipata, votoque gratulationis arreptum toto fervoris iter annisu, cum canticis, hymnisque percurrere satagebat. Præcesserat equidem præsul, sed reversus cleri comitantibus choris pretiosissimum propriis thesaurum sumit humeris : et sic ad ipsius propriam beatissimi domum patris, cum magna perfert gloria jubilationis. Ast ubi pervenitur in ecclesiam, quæ competere visa sunt rite dispositis, inchoata jam victimæ spiritalis immolatione, mulier quædam de pago Trecasino membrorum omnium agitatione multata, veniens coram altari ruit in pavimento ; ibique miserabiliter diu vexata hujus piissimi consolatoris miseratione surgit incolumis effecta. Quæ super eventu tantæ consulta calamitatis, necem se propriæ confitetur perpetrasse matris. Missarum denique solemnibus ex more peractis, sua quique repetunt, reversuri mature in crastinum, ad hoc tutelæ suæ præsidium in civitatem perferendum. Mane jam facto, dum ad condictum studiose contenditur, Erluidis quædam mulier, haud procul ab urbe degens, ad tantæ processionis spectaculum disponebat exire, quatenus optatæ sospitatis uti mereretur munere. Quæ quia jam per quinquennium languore pressa, partem corporis dextram præmortuam, peneque gestabat inutilem, nisu quo poterat accedere, et ad visendum sacri hujus muneris loculum, sese molitur promovere. Cumque tali conamine jam fere medium peragrasset itineris hujus spatium, non valens ultra procedere, gravi corruit confecta labore. Meditatur domum redire, sed neq it hoc ullatenus adimplere. Quæ postquam hac aliquandiu nutans jacuit hæsitatione, demum resumpto moliminis ausu, tentat an valeat adhuc aliquantulum propinquare. Moxque divina miserante clementia, vigor ægris additur nisibus; viribusque cum salubritate receptis, libera festinans celeritate, nimiaque tripudians hilaritate, quo decreverat ægrota se trahere agili cœpit incessu gaudens approperare. Infirmitatis etiam suæ solamen manu ferens baculum, iter peragit destinatum, non ut ejus amplius egeret auxilio, sed ut in hujus datæ sibi sanitatis ostenderet testimonio. Perveniensque quo desideraverat, laudabunda devotas interventori suo rependit gratias : hicque perlatum dimittens bacillum, priscæ calamitatis suæ solatium, alacris jam, nec opis hujus indiga, repetit iter emensum, referens læta quæsitum divinæ consolationis suffragium.

Adveniens pontifex, cleri magnatumque stipatus agmine ; victima salutis oblata, vestibus albis indutus, cum choris psallentium gratissimum deducit ad mœnia civitatis thesaurum. Illis autem feliciter eo progredientibus, et gratanter ad destinatum locum tendentibus, omnipotens Deus in hujus charissimi sui glorificatione fontem suæ benignitatis ac largitatis abunde est dignatus effundere, ut vix lingua quælibet effari valeat, quæ hoc tunc itinere per ipsa pene momentanea gesta probantur horarum interstitia. Nam tantam Dominus hic operatus est hac die miraculorum magnitudinem, ut viri quatuor, feminæ vero novem, visum ; viri quoque duo gressum recipere mererentur. Cum hujus itaque præclaræ gratulationis admiratione, in civitatem ad ecclesiam Dei Genitricis, prosperrima pervenitur exsultatione. Sicque lucerna hæc lucens et ardens æternaliter, in altaris sistitur crepidine. Dum præsul igitur ad sacrandum vivifici munus accedit mysterii, quis tam ferreum pectus, iam lapideum cor gessit, qui non gemitus ederet, pectus tunderet, lacrymas funderet, dum tam stupenda divinorum dona charismatum conspiceret? Quis etenim queat enumerare mirorum copiam cœlitus hic ea die profusam? Nemo revera, qui prævaleat expedire sermone quot ægrotantes sanati, quot titubantes erecti, quot ipsa die diversis hic sunt cladibus absoluti.

Post expleta mysticorum discedentes sacra, maturabant quique repetere sua. Sed inter abscedendum minax oriri territatio, nubes teterrimæ terribilesque consurgere, truculenta polum caligine claudere, micare fulgura, concrepare tonitrua, grandoque solum verberare cœpit non minima. Quo terrore perculsi rediere plurimi, clementiam deprecantes Altissimi, quatenus hujus intercessione patris beatissimi mererentur ab his imminentibus periculis erui. Mirum in modum perturbatio, quæ terrorem incusserat, immutari, nubium rarescere [s. i. clarescere] tenebrositas, cessare fulgura, mitigari tonitrua, cunctaque sedari cœpit ac dissipari tempestas, et ex truci conversa in exoptabilem pluviam grandine, telluris ubertim superficies, quæ nimio solis exusta fervebat ardore, perfusa secundo salubriter refovetur humore. Sicque manifeste dignosci datur indignationis ad horam concitata permotio, salutis immutata subsidio. Denique benignissimi patris hujus solatio totius diræ pestis nostris videtur finibus eliminata corruptio. Salubris aer, pluvia data congruens, timor etiam qui regnum pervaserat hostilis, in spem paulatim securitatis tranquillitate vertitur pacis.

Hac eadem præfata scilicet illationis sacri corpore in urbem die, tingui fervida jam solis Oceano rota petente, quidam, Nivolus nomine, de villa quæ vocatur Dominica, Remorum montis in latere sita, surdus et mutus, manibus quoque per annos novem debilis ac pedibus, qualicunque valuit per totam diem conamine, ab ipsius surgentis auroræ lumine, per quinque ferme passuum repens millia, vix ad ipsius ædis sepulcri limina, qua decima tandem pervenit hora. Qui dum veniens, sacrum corpus ibidem non adesse comperisset, templique fores seris diligenter obfirmatis clausas perspiceret, cadens in faciem super terram, quadam præsumptionis importunitate, sanctitatis aures clandestino cœpit clamore pulsare, tam magno se conquerens labore fatigatum, nec sibi fore permissum videre saltem loculum sacri pignoris bajulum, qui tamen ejus sibi posse subvenire celsum nequaquam diffideret præsidium. Talia denique dum tacita secum volutat, mente salutis vigor ipsius per membra quæque sensim cœpit irrepere, priscasque simul stupet omnium se vires sensuum recuperare. Cumque rumor hujuscemodi operationis, quibusdam nuntiantibus, aures percelleret plurimorum, certatim quique procurrunt, admiranda Dei magnalia lætantes aspiciunt; ovanter hominem ad locum venerandi sepulcri perducunt, campanas pulsant, lætabundis Deo laudes vocibus intonant. Hujus miraculi permoti fama quamplurimi, domum

petunt ecclesiæ, videre cupientes magnalia Dei. Videntes, ut audierant, divinarum signa virtutum, manibus gratanter in cœlum porrectis, benedicunt Dominum. Quod divinæ benignitatis miraculum valde tunc profuisse dignoscitur ad eorum solatium, qui se corporaliter deseri tanto querebantur patrono. Quibus tamen spiritaliter se non deesse tali patratæ pietatis declaravit indicio.

In ecclesia quoque beatæ Dei Genitricis, ubi venerabile patris hujus servabatur pignus, nonnulli diversis ægroti sunt interim curati languoribus. Nam quidam nomine Natalis de Burdenaco, mulier etiam quædam dicta Teutberga; item mulier altera nomine Gonthildis, hujus patrocinio patris visum recipere meruerunt. Alia quædam quoque mulier unius oculi visum in eadem domo recuperavit amissum. Quædam præterea puella, cognomine Eloigildis, ex villa quæ vocatur Caucella secus Libram rivulum sita, quatuor circiter ætatis annos gerens, lubricando prolapsa, utrumque sibi genu debilitaverat: ita clauda facta, ut omnino nec gressum figere, nec pedibus valeret insistere. Quam parentes ejus, quamvis pauperes, de sospitate tamen ipsius solliciti, per diversas deferre sanctorum curaverunt ecclesias. Ast ubi jam per duodenum fere annorum spatium tali vexaretur languoris acerbitate, nec remedium posset doloris invenire; comperiens de relatione sacri corporis, operumque miraculis, quo valuit nisu, repere cœpit, nec se carpento permittit imponi, sed tractu, prout valet, illud agere gestit iter. Ad templum vero perveniens, quo pretiosum salutis audierat munus inesse, fusis Domini clementiam votis pro sui flagitat liberatione. Sed et propriis fertur pavimenta lacrymis humectasse. Quæ postquam per tres ita dies egisset, dum denuo precibus incumberet, divina sibi gratia superveniente, vim medicinæ vix valens ferre magnis cœpit vocibus strepere, et ejulatus acerbos edere. Sicque nodis nervorum resolutis, omnique pop itum contractione relaxata, unius horæ ferme spatio, viribus exhausta, jacuit quasi mortua. Sed qui contulit absolutionis opem, roboris addidit quoque vigorem. Moxque ceu de gravi evigilans somno, ubi supernum sibi sentit obvenisse beneficium; pignoris almi petit loculum, cujus gratia sibi contigisse non hæsitabat remedium. Dehinc gratias hic agens, ibidemque degere gratifica decernens, et precibus crebris insistens, debitas medicatori suo celebrat excubias, ac salutaris quotidie libaminis offert oblationes.

Fuit autem Remis in præfata Dei Genitricis ecclesia corpus illud sacratissimum beatissimi patroni nostri Remigii dum præmemoratus antistes domnus Fulco præsulatus fungitur officio, scilicet usque ad episcopatum venerabilis Herivei archiepiscopi, qui cessante Nortmannorum persecutione (an. 901), per solam Dei clementiam pace recuperata, munus idem supernum propria sepulturæ ipsius referre decrevit intra mœnia. Quod dum convocatis quibusdam regni proceribus agere maturaret, accumulare Dominus ejus non distulit clarificationem, suorum repetentis ossium sedem. Contigit enim, dum magna populi confluentis stiparetur caterva, postquam sunt urbem egressi, quidam claudus et ariditate nervorum poplitumque contractus, Abraham nomine, qui scabellulis hærens, per terram se tantummodo trahebat, ut poterat, ubi secus urbem veniens, iter ad sanctam basilicam inchoasset intendere, divina tactus potentia, compagum duritia resoluta, cœpit ad salutis extendi remedia. Quem sospitate recepta pluribus vidimus annis incolumem, erectum gradientem, collataque sibi prosperitate gaudentem. In eo vero loco ubi hoc salutis accidit donum, posita deinceps exstat columna cruce præfixa, glorificationis hujus continens monimenta. Sed et tam prius creberrime, quam postea, clarissimis sæpe multiplicibusque miraculis ejus sepulcri decoratur ecclesia, quæ nequaquam litteris habentur comprehensa : sunt namque multimoda.

CAPUT XXIII.
De discipulis ejusdem beati Remigii.

Fuerunt hujus denique beatissimi patris nostri temporibus, in hac urbe viri clarissimi, Deoque virtutibus accepti, tam ex clero quam ex ordine laica'i, utpote qui tali, tam venerando, tamque sanctissimo famulabantur patri. Quorum videtur exlmius, Agricola nepos ipsius, presbyter venerandus, et eidem obsequiis, ut ipse testatur, a pueritia placitus, quam domesticos ejus exegit intra parietes : quem etiam cum Ecclesia Remensi, beatoque Lupo episcopo fratris sui filio, in omni substantia sua, præter id quod specialiter unicuique donaverat, darive jusserat, hæredem constituit. Ei quoque mancipia nonnulla cum vincis peculiariter deputans tradidit, hoc illi fidenter injungens ut diebus festis et omnibus Dominicis, sacris altaribus ejus offerretur oblatio, annuaque convivia Remensibus presbyteris et diaconibus præberentur. Erat et alius nepos ejus, Etius nomine, cui partem de Cesurnico, quæ sibi sorte divisionis obvenerat, cum omni jure quod ibi tenuerat atque possederat. Ambrosium quoque puerum, cum familiis quibusdam designans, ad jus illius dominiumque transmittit. Aderat et Agathimerus, æque nepos ipsius, cui familias quasdam delegans, vineam quoque quam pater idem beatissimus Vindonissæ posuerat, et suo labore constituerat, sub ea conditione donavit, ut omnibus diebus festis ac Dominicis pro commemoratione sua sacris altaribus offerretur oblatio, et Laudunensibus presbyteris atque diaconibus annua convivia pararentur. Archidiacono sui Ursi se familiaribus asserens obsequiis usum, donat ei casulam quamdam subtilem, et aliam pleniorem, duo saga delicata, tapete quoque quod habebat in lecto, et tunicam quam tempore transitus sui relinqueret meliorem. Erant et alii probati viri tunc Remis ex clero tam presbyteri quam diaconi, quos munere suo dignos ostendit, quibusque dona largitus, et vineam delegat communiter possidendam cum vinitore, addens eis alia quædam quoque mancipia. Aderat Hilaria diacona, quam benedicens idem pater sanctissimus, filiam vocat ; cui ancillam quamdam deputat, et vitium pedaturam, quæ suæ jungebatur vineæ, donat, partemque suam de Talpusciaco pro obsequiis quæ sibi indesinenter ab ea impensa testatur, ei transcribit. Erat et Remigia, cui dat cochlearia tria, quæ ipsius beatissimi patris fuerant nomine titulata, delegans illi alia quædam quoque munuscula. Sed et laici clarissimi nonnulli renitebant viri, quorum Pappolus, Eulodius, Eusebius, Rusticolus, Eutropius, et Dauveus privatis beati viri rebus interfuerunt, et ipsius testamento subscribentes nomina propria subdiderunt.

Enituit etiam vir præclarus Attolus, qui, sicut in ejus epitaphio legitur, amore studioque sancti Remigii, xenodochia duodecim rebus e propriis struxit : sepultusque cum filio et filia post altare in ecclesia beati Juliani martyris, hunc sepulturæ declaratur habere titulum templi pinnaculo innotatum :

Hic igitur nullum lateat, quid terra retentat;
Ne quis si cupiat discere, cassus eat.
Subdus enim tria consistunt monumenta petrina,
In quibus almorum corpora condita sunt.
Hic pater est Attolus, nato, nataque sepultus,
Exspectantque diem nunc Domini properam.
Illius certe natus memoratur Elanus.
Nata deinde sua dicitur Eufrasia.
Qui placuere Deo, dictis factisque supremo,
Nunc pariter, quorum membra tenent loculum.
Is struxit bis sena suis xenodochia rebus,
Jure fovens plebes, divitiis inopes.
Sic proprium censum cœlum transvexit ad altum,
In quo suscepit quod miserando [ms., miserendo] dedit.
Hoc totum sub amore sacri studioque Remigi,
Ob quod prærutilum detinet ipse polum.

Hanc esse quoque reor ecclesiam, de qua Gregorius Turonensis refert (lib. II *Mirac.* qui est *de passione et mirac. S. Juliani,* c. 52), quod quidam Belgicæ secundæ provinciæ in suburbio Remensis urbis in honore B. martyris hujus basilicam studiose construxit. Cujus reliquias post perfectam fabricam, fideliter expetens ac devote percepit : acceptisque viatim psallendo regrediens, dum Remensem cum his campaniam ingreditur, a pervasione dæmonis homo quidam, sancti sibi martyris hujus pignoribus applicitis, liberatur.

CAPUT XXIV.
De sancto Theoderico.

Exstitit his etiam beatissimi Remigii temporibus beatus vir Theodericus, almi magistri pius discipulus, quem non ex alio voluit adeo sanguine generari, qui sublimiter hunc in generatione justorum decreverat nobilitare. Ortus autem pago Remensi, villa, ut traditur, Alamannorum Corte, patre latrone, veluti rosa spinarum procreatur horrore. Ad declarandam vero castitatis ejus munditiam, quo infantilium ejusdem panniculi [ms., pannuli] feruntur abluti, non sordium jactu, non alicujus immunditia puteus inquinamento, licet os ejus ex tunc de more pateat, astruitur infici. Beatus itaque Theodericus ad annos usque pubertatis laudabiliter educatus, juxta morem propagationis humanæ, studio parentum coactus, sponsam cœpit habere nomine tenus uxorem, ceu non habiturus. Amore siquidem cœlestium latenter inflammatus, fieri studebat Dei cultor occultus. Hujus igitur angelici cultus habuit in proximo, quo sanaretur medicum, quo juvaretur patronum, quo doceretur magistrum, beatissimum videlicet patrem religionis suæ Remigium. Cujus piissimi præceptoris irradiatus exemplis, ardens desiderio virtutum, certatim crescebat in virum perfectum. Copulæ nuptialis amor amarescit, et castitatis dilectio indulcescit, desiderium desiderio restringitur, et ardor carnis ardore spiritus superatur. Abrenuntiat amator pudicitiæ mundo, fœdus init cum Deo. Bellum continentiæ indicitur hosti, singulari locus quæritur certamini. Alloquitur beatus Theodericus sponsam, et ad sponsi cœlestis hortatur amorem perpetuumque pro virginitate pollicetur honorem. Sed sponsa tabescens amore carnalis desiderii, spernit salutaria monita sponsi, et amaro animo respondet, dum se despectam videt. Cumque Dei servus cerneret quod ejus in animo sponsæ cohortatio locum non haberet, dissentientem deserit, et urbem Remensem proprie petens, abbatissam quamdam cœlibis vitæ cultricem, nomine Susannam, requirit. Sobrius adit sobriam, pudicus pudicam, virgo virginem; quæ sub tutela beati Remigii puellari præerat congregationi, femina virilis animi, virago profundi consilii, consiliatrix altioris ingenii. Ad cujus piissimæ matris sinus mitissimos sanctus se contulit Theodericus, solo sternitur ante pedes spiritalis matris, eique prodit arcana soli Deo cognita sui cordis; erumpentibus lacrymis gemitu conturbatur, singultu concutitur, atque salubre consilium sibi cum subsidio precum subnixe ferri precatur. Ad hunc compunctionis mœrorem devotissimi juvenis commota sunt viscera benignissimæ matris, flenti compatitur, lugentem consolatur, mœrentem lætificat, et ut eum voti compotem faciat, Dominum pietatis exorat. Communis itaque pater utriusque piissimus, ab utroque simul hac de causa sanctus consulitur Remigius : cujus institutione sublimiter jam beatus profecerat Theodericus. Pro sponsa denique mittitur, æternæ præmium retributionis in virginitate perseverantibus a patre servari demonstratur : et quia virginitas angelicæ grata munditiæ sit amica, propalatur. Acquiescit sponsa demum prudentissimi patris, imo complectitur affamina, vitæ cœlestis dulcedine mellita, seseque pollicetur, si Christo mereatur, adhærere, incorruptam salva pudicitia permanere. Lætus tandem castitatis decore sponsus amplexatur sponsam, quam videt a voluntate seductoris et voluptate carnis ereptam, conditorique jam sub integritatis honore mancipatam.

Dirigitur ad providendum sibi locum habitationis cum virgine virgo, Susanna cum Theoderico. Est silvula in monte sita, tribus a civitate millibus separata, in quo visum est venerabili semper in divinis flagranti patri Remigio construi cœnobium : quo sub pii regimine ductoris, quem proficere probabat exemplo virtutum, catervam Christo militantium colligeret fratrum. Conscenso denique silvosi montis vertice, dum circumferentes oculorum aciem, de monasterii corde volutant positione, subito sublimi cœlorum mittitur aliger index a culmine, per quem cœlos scansuro locus in terris beato deprometetur Theoderico. Nam mysticus ales aquila spatiando gyrans et gyrando circumvolans, quantum in ipso fuit, locum monasterii capacem secans aera designavit. Et ut expressius ostenderet quid Dominus vellet, unius fere horæ spatio, supra ubi ecclesia construi debuit, lentis volatibus stetit, et ne hoc ab incredulis casu contigisse putaretur, ipso natalis Domini die, quadriennio continuo supervolando, monasterium circumire, mirantibus plurimis, eadem aquila cernebatur. Quæ vero virtutum opera quanta miraculorum miles Christi Theodoricus inibi gessit insignia, non humanus sermo valet enarrare per singula.

Post successum denique temporis, ubi presbyteralis subiit onus honoris, implere volens officium sacerdotis, prædicare cœpit omnibus præcepta salutis. Specialiter autem tangit animum piissimæ prolis charissimi cura genitoris. Filius sapiens lætificat patrem (Prov. x, 1), cœloque regenerat terræ se generantem. De lubrico monachum, de latrone datorem largissimum, de servo diaboli Christi facit libertum. Jam jamque viritim de eo sancta per populos divulgabatur opinio. Et ne veluti lucerna confecta lateret sub modio, sed omnibus in Dei luceret domo, quantum sublimis erat meritis, tantum coruscis cœpit insignis effulgere miraculis. Ejus namque beatissima fama pervenerat usque ad Francorum regis palatia, quorum rex tunc erat Theodericus, Clodovei filius, cujus oculus doloris subiti nimis cruciatibus ita fuerat oppressus, ut nullis diversi generis medicaminibus ad sanitatem pristinam posset ullus cum reducere medicus. Unius oculi lacrymabilis ægritudo multorum lacrymas provocaverat in populo. Mentem regis varii conturbant exitus cladis. Hinc metus stimulat amittendi luminis; illinc imminentis pudor deformitatis. Nam si rex adforet luscus, maximum fuisset in populo dedecus, aut enim turpiter, regnando, fœditatis gestaret opprobrium, aut cum luminis amissione forte perdidisset et regnum. Unum ergo restabat regi consilium, quatenus ubi remedium cessabat humanum, divinum requireretur auxilium. Mittit igitur ad venerabilem Theodericum, cui venienti pandit miserabilis oculi morbum. Prodit pœnam quam patitur; prævenit precibus pericula quæ veretur. At vir Dei virtutem sciens operationis esse divinæ, non fragilitatis humanæ, corpus solo sternit, animum supra cœlos erigit, orationi se totum committit. Tandem finitis surgens precibus, ad sidera vultu sublato, sanctæ Trinitatis nomen invocans, olei sanctificati paululum summitati pollicis infudit, et oculo male habenti signum salutiferæ crucis imprimens, simul cum sospitate lumen in momento restituit. Regem regum magnificat rex lætus, celebri repletur lætitia populus, exsultat ingenti gaudio cunctus senatus; laudatur Theodericus Dei servus, et glorificatur ab omnibus mirabilis in sanctis suis

Deus. Convocantur a rege primates populi, de magnitudine congratulantur miraculi, quod tam cito rex senserit virtutem spiritalis medicamenti, et [ut] nullius cicatricis vestigia, nullius caliginis, vel glaucomae resideret in oculo saluti reddito macula. Quantis honoribus rex sublimaret famulum Christi si vellet, ac quantis muneribus, vel dignitatibus remuneraret, si contemptor ipse dignitatum permitteret. Quid enim oculo in corpore charius? Sed humanae laudis et mundanae retributionis refuga, gratis dare maluit quod gratis accepit : atque vir magnae humilitatis, sollicitus ne regi foret univocus, petit ut non Theodericus de caetero, quin vocetur Theodorio. Tunc rex admiratus purissimae simplicitatis humilitatem, venerabiles manus deosculans, sacerdotis benedictionem devote postulat, et eum honorifice ad suum deduci monasterium mandat. Quantas tunc cerneres ad eum confluere debilium multitudines, quae sine mora quaesitas recepere sanitates!

Reperitur etiam praefati regis filiam vita defunctam magnificus hic Domini praeco vitae reformasse spiraculo, pro qua languente rex ad sanctum direxerat Remigium, petens ut ad se veniret, atque cum precibus aegrotanti filiae manum imponeret. At pius praesul molestia quadam corporis, ut fertur, detentus, beato Theoderico, quem pie casteque nutrierat, et spiritalibus doctrinis instruxerat, quemque gratia curationum repletum videbat, negotium quod petebatur, ut pater filio, commendat. Qui magistri jussa cupiens solerter explere, dum festinus iter ad palatium regis ageret, adfuturam sibi divinam confidens clementiam, nuntiis accipit obiisse puellam ; et ne fatigari debeat, suadetur propriam repetere cellam. Ille vero praeceptoris parere non desistens imperio, pervenit ad palatium : moerore parentes affici, luctu palatinos invenit comprimi [ms. j, opprimi]. Quorum lacrymis et ipse sanctus Dei permotus, plures secedere praecipit, cum paucis ad funebria resedit. Cor et oculos ad coelum cum manibus extendit, devotas in cubiculo mentis Deo preces compunctionis, perfusus faciem lacrymis, effudit. At ubi exauditum se spiritu sentit, ad exanime corpus accedit, oleo sancto sensuum vias cum tactu pollicis illinit : mirumque in modum membra mortua in rediviva reparantur officia. Oculi lumen hauriunt, vox admoto pectoris impulsu prorumpit, et puella se beati Theoderici votis redditam paudit saluti. Accurrunt genitores cum gaudio miraculum stupentes ; omnis exsultat aula, tripudians laetatur familia. Veneratur sanctus, tam a rege quam a proceribus, glorificatur a palatinis omnibus. Laudibus effertur a turmis vulgaribus. Rex itaque non solum discipulum, sanctum scilicet Theodericum, sed et B. Remigium cupiens munificentiae sublimare dono, villam quam dicunt Venderam [*Vendier*], sitam super fluvium Maternam, reverendo patri Remigio ; Gaugiacum vero in pago Remensi, praecepto suae auctoritatis, sancto contulit Theoderico. Processu denique temporis, Karolo, Ludovici imperatoris filio, sceptra regni Francorum gubernante, Angilrannus aulicorum quidam, traditionis hujus ignarus, a rege Venderam sibi postulat dari. Quod ubi rex annuisset, audiens dominus Hincmarus praesul, qui sedem tenebat Ecclesiae Remensis, hanc infiscari villam, regalis praecepti chartam in Ecclesiae hujus archivo repertam, dationis hujusce seriem continentem Karolo mittit, et ne contra legem canonicam res usurpet Ecclesiae, commonefacere satagit. In quo praecepto manifeste legitur quomodo rex Theodericus, pro resuscitatione filiae S. Theoderici precibus obtenta, non solum praenotatam conferens ei villam, Dei servum sui muneris honore praetulerit, quin et magistro, praestantissimo scillicet Remigio, cui Dominus tantam gratiam contulerat, ut talem discipulum haberet, qui Spiritus sancti dono, sicut et magister, mortuos resuscitaret, beneficentiae gratia, villam Venderam obtulerit. Haec ut ita se habere, ex ipsis chartarum monimentis animadvertit, a pervasione villae destitit, et Ecclesiae propriis libere uti permisit.

Traditur hujus beati viri suggestione sanctus Remigius collectionem meretricum, quae ad id usque temporis prostibula fertur extra civitatem retinuisse, subversis fornicibus, in viduarum quadraginta congregationem permutasse, sumptusque quotidiano victui necessarios instituisse, ipsumque numerum viduarum perpetim manere, ut adhuc quoque manet, decrevisse. Nam dum sanctus Remigius monasterium sancti Theoderici visitans, secus meretricium, psalmos cum eodem charissimo discipulo suo concinendo transiret; ac sancto Theoderico vox faucibus haesisset, iterumque, in redeundo scilicet, idem in eodem, ceu memoratur, loco et versiculo contigisset, admiratus pater sanctissimus, et requirens cur discipulus solers in Dei laudibus contra morem titubaverat, accipit dolere beatum virum de animarum dispendio perditarum, et in tam sancti patris vicinia, tam foedae turpitudinis tanta diabolo crescere lucra. Sicque persuasum patri piissimo, discipulo suggerente castissimo, subvertere latibula diaboli, et deceptas atque decipientes animas in castimoniam transducere Christi. Multas praeterea constat virtutum per hunc fidelem Dei famulum patratas operationes. Caecis nempe visum, surdis auditum, claudis gressum restaurans, aridas contractasque manus relaxans, obsessos a daemonibus liberans ; mille nocendi Satanae fraudes per divinae medicinae destruebat oppositiones. Et revera felicem gregis Christi ductorem, cui datum est tam corporibus quam animabus conferre salutem ! Perseveravit autem in Dei famulatu usque in finem, et quod ore docuit exemplis evidentissimis demonstravit. Qui post multarum virtutum opera post miraculorum insignia, bono certamine ad victoriam perducto, felici cursu consummato, sanctis ei obviantibus spiritibus, et gaudenter eum angelis suscipientibus, die Kalendarum Juliarum cum gloria migravit ad Christum. Cujus audito transitu pretiosissimo, praefatus rex Theodericus ad monasterium propere cum magna venit multitudine, prærogative quique nobilitatis pompam pro nihilo ducens, elegit sibi beneficii memor, sed et debitæ servitutis non in sanctificatione Deo servire, relinquensque devios immemor, ad tumulum beatissimi corpus abbatis anfractus, viam recti callis expetiit, illa secutus vestigia, per quæ turgidos mundi fluctus pertransiens, hominum illius membra condiderit tumulo, cujus properaret ad cœlestia. Ingressus itaque monasterium B. Theoderici, gloriam hujus sæculi tradidit Ad cujus venerabile sepulcrum divina virtus usque oblivioni, dignitatemque natalium suorum humilitate in hodiernum diem multimodam dignatur operari despexit, et ultimæ servitutis famulatui se subjugasalutem. vit, humum rastro fodiens, et aratri vomere telluris Desidia vero, vel raritate scriptorum, plurima silentio constat neglecta mirorum. Nos tamen unum, satagens : *Labores manuum tuarum quia manducabis,* quod nuper comperimus actum, decrevimus inserendum. Quadam denique Sabbatorum die, jam vespera autem quotidiano per viginti duos annos insistens Domini diei accedente, quædam paupercula, nomine operi, cum duobus juvencis ad hoc sibi commissis, Gillaidis, [j, Gistaidis], ex familia sancti Dionysii, duros et varios temporum pertulit invictus labores. villæ Cortis superioris, dum molam manu verteret, Quod vero memorabile traditur, iidem juvenci nec manubrium molæ ipsius inhæsit dexteræ, ut divelli ætate, nec lassitudine deficientes : quod alii ruricolæ posset a nemine. Tandem molæ manubrium ex utraque parte manus abscindere cogitur, indicium nolens hic cum duobus infatigabiliter explebat. Cumque secum deferre miserabilis operæ. At salutis suæ sollicita, quoniam B. Dionysii tunc Remis ob infestationem paganorum servabantur membra, veloci ingressu tam duro servitio intentus esset, nec deficeret, ab ad ejusdem sancti martyris domini sui contendit accedere pignora. Perveniens ergo, cum magno timore pervigil hymnorum, psalmorumque laudibus tradiac reverentia solo prolapsa, liberationem deprecatur tur excubare solitus. a tantæ confusionis miseria. Id cum die peregisset Quadam denique die, dum laboris intermittendi ac nocte, remedium inde non desperans accipere, tempore domum rediturus ab agricultura cessasset, apparuit in somnis ei quidam clericali habitu, veste indutus candida, facie jucunda, capillo admodum albo, aratri accidit, virgamque stimuli figens in terram, vultu paulisper macilento, dicens illi : *Surge hinc, et vade ad sanctum Theodericum; quia secunda feria, quæ est post cras, ipsius erit festivitas celebranda, et vide ne in domo ejus appareas vacua; sed accipe ceram, prout tibi ram dedit; et mane, cum ad consuetum beatus vir ad præsens suppetit facultas, et sic ad ecclesiam ipsius opus rediret, atque resumere vellet, turgentem fronperge, et illius quod imploras obtinebis interventione.* Illa mox evigilans, hac de visione stupefacta, orat ex voluntate Dei sibi confirmari visa, et cum gaudio donec iter agens quidam pœna plectendus, eamdem festinat peragere jussa. Venit igitur ad ecclesiam abscindit, oculorumque sibi lumine cum abscissione sancti, venerandæ solemnitatis die, beati scilicet pariter adempto, juges incurrit tenebras. Theoderici, tres hebdomadas habens ex quo id discriminis acciderat illi. Tunc se ante sepulcrum ipsius Colubrosæ suspensum, ibi, donec eamdem inimicæ cum lacrymis sternens, pro salute sua preces effundit; ibique tota nocte perseverans in oratione, veniam de piaculis suis humiliter ac fidenter [*ms.*, fideliter] exposcit. Dumque adhuc ante tumbam jaceret beati confessoris Christi, divina jubente gratia, exoptatam, beati Theodulfi meritis percipere merebatur. Hæc beneficia non audita solum, sed a plurimis etiam visa noscuntur, et sanitate recuperata, minæ paulatim a ligno disjungi, et absque læsione cujuslibet doloris aperiri. Sicque dein tota manus sunt certissime propalata. expanditur, et lignum dicto citius in pavimento prolabitur, ac si nunquam adhæsisse videretur. Multi vero erat tertius, ut præmissum est, idem vir venerabilis qui aderant, hoc supernæ pietatis cernentes miraculum, glorificaverunt mirabilem in sanctis suis Deum. ordinatus abbas, præsule annuente, et monachoCAPUT XXV. rum caterva petente. Qui adepto regiminis honore, *De sancto Theodulfo.* quasi rudis tiro noviter addictus exercitio, nullam Tertius post beatum Theodericum S. Theodulfus fere præstabat artubus requiem. Quin ut infatigatus ejusdem monasterii rector exstitit, qui conspicua in opera manuum præstiterat, sic exercendo se, fuisse fertur aulicorum propinquitate, et venerabilium monachorum, atque sacerdotum dignitate, bat ministeria. Fabricavit enim basilicam in ho-

terga scindens, illud psalmographi factis implere *beatus es et bene tibi erit* (*Psal.* cxxvii, 2). Hoc cum quatuor, vel sex, aut octo vix poterant perficere, paululum cessaret ab aratro, rursus studebat insistere rastro. Stupendum quoque valde, quod cum agro rediens unam sæpe noctem, frequenter duas

monasterium repetenti quodlibet opus emendandi domum quo tendebat, immemor ejusdem forte, imo sic divina disposuit fieri moderatio, pervenit. Mirabile dictu, spinea virga sub nocte radices in terdibus invenit. Quæ plurimo tempore, cumulando robur, in excelsum crevit, et factum multis enituit,

Ejus post hæc aratrum a fidelibus in ecclesia villæ impellente vorax flamma cremavit basilicam, permansit. De quo quisquis dolorem dentium patiens hastulam præcidisset, ac de loco doloris parum sanguinis fluere fecisset, statim medelam salutis

Defuncto denique abbate, qui beato Theodulfo præin loco sanctæ recordationis domni Theoderici est

tiore S. Hilarii, quo cursum sui duplicaret laboris. Signo siquidem dato, cum fratribus conveniens, harum laudes persolvebat hymnologiarum. Sed ut duplex corona meriti, quasi nihil ante gessisset, iterum prædicta vota reddebat in ecclesia : qui licet clam, taliter agendo, vellet habere quod meruit, opera tamen cultoris sui non est passa divinitas oculi.

Accedit itaque quadam die, ut sus circa puteum, quo loci hujus vicini adaquabantur, deambulans, rueret in ipsum. Circumfluentibus undique monachis, cum nullus esset qui pereuntem posset eripere de profundo, præsertim cum ipse puteus centum pedum feratur altitudinis, vir Dei supervenit : factoque comperto de coinquinatione aquæ, si animal idem ibi moreretur, anxiari cœpit, oculisque ad cœlum porrectis, atque animo cum precibus in Domino fixo dum Christi suffragia devotus exposcit, ante pedes ipsius subito, limpha super os putei redundante, animal illæsum pervenit. Videntes cuncti stupore vehementi repleti, gratias egerunt Deo, qui tantam benignitatis suæ gratiam fideli suo contulit servo.

Quadam quoque die, cum isdem vir Dei iter ageret, a monasterio ad quemdam locum properans, agricolam quemlibet arantem viam publicam, per quam transire solitus erat, invenit. Cui et dixit : Non est bonum, o homo, viam aratro scindi, quæ debet a viatoribus inoffenso pede calcari. Regrediens autem vir sanctus per eamdem viam, rursus agricolam viam ut cœperat arantem offendit. Nonne, inquit, dixi tibi quia viam istam arare non debes? appropiansque manu sancta caput rustici tetigit dicens : Per istud caput te, homo, contestor ne viam istam amplius ares. Retrahente autem eo manum, tota pars capitis hominis [c. j, illius], quam vir Dei tetigerat, candens apparuit ut lana. Nec dubium quod non homo Dei voluit ut capilli caderent, sed ut signa per succedentem generationem promerentur hujus facti, ne quis agere simile præsumeret quod sanctus Dei Theodulfus imperavit ne fieret. Nam dum generatio ipsius agricolæ mansit, signum quod a sancto viro pater accepit, et ipsa simili modo pertulit.

Vir denique quidam venit ad virum Dei oculum habens virgulto percussum, et lumine privatum, cui nulla dabatur requies de cruciatione, nec spes erat de visus recuperatione. Quem beatus Theodulfus ad sacrosancta ducens altaria, docuit osculanda. Ille sacra velamina ore tangebat, et servus Christi precibus incubabat. Surgit sanctus a pavimento, et nulla doloris vestigia remanserunt in juvenis oculo. Qui, ut erat dignum, viro Dei gratias referens pro medela, gaudens remeavit ad propria, collata sibi quam quæsierat medicina.

Quidam quoque legatus Austrasiorum, nomine Otto (qui sunt superiores Franci) veniens a partibus Orientis, dum ad hujus tunc regni principem mitteretur, orationis gratia monasterium viri Dei videtur ingressus. Sanctus vero Theodulfus, corpore laboribus vigiliisque confecto, fessus forte quiescebat in lecto. Legatarius animi felle commotus, quod abbas loci non sibi dedisset occursum, rancore turbidus mentis, dabat ore proferens quæ non decebant. Cumque abiret indignans, ut ira iræ misceretur, potentissimus ejus equus, a puero mortuus nuntiatur. Ipse denique frendens in semetipso, cumulansque furorem furori, geminos dat cruciatus animo, de indignatione videlicet, et damno. Cumque vir sanctus id post soporem nuntio cognovisset, ad hominem consolandum non distulit exire ; suetoque de more blando conatur alloquio efferos ejus animos mitigare, invitansque ad orationem, monet in Deo spem ponere, ac de hoc quod accidisset minime conturbari. Pergentibus autem illis ad basilicam Christi confessoris Hilarii, dum veniunt in locum ubi signum crucis adoratur, in via prece solito data, blande vultum vertens in prædictum legatarium : Noli, ait, vereri, quia equum tuum invenies ante fores monasterii sanum, qui si ita furibundus, ut cœperas, recessisses, cadaver equi mortui nobis reliquisses. Legatario vero animum non apponente, præsertim cum viderit eum mortuum, ac toto corpore tumidum, decurrit puer ejus, affirmans ita se rem habere, ut ei sacerdos Christi, Theodulfus studuerat indicare : sicque quod non credebat, miraculo virtutis probato, mentis furore deposito, gratias refert Domino, vera se testans oculorum experiri probatione, quæ de servo Domini quorumdam dudum perceperat relatione. Non, inquit sanctus Dei, hoc meis, cum sim homo peccator, ascribas meritis, sed Deo gratias age, sanctorumque merita non cesses venerari, qui tibi possunt in omnibus auxilium largiri. Talibus itaque virum instruens monitis, data benedictione permisit abire. Unde liquido patet eum cum virtute mirabilium spiritu quoque viguisse prophetiæ, qui animal, quod mortuum dimiserat, esse vivum prænuntiabat.

Nec ullatenus omnia virtutum ipsius enumerare sufficimus insignia. Quot enim diversis detenti languoribus per ejus intercessionem, plenissimam receperunt sanitatem, solus ipse novit, qui hæc fieri præstitit. Inter cætera quoque bona quæ Christus huic servo suo concessit, illud memorabile spectabileque prædicatur, quod cum ad usque nonaginta vixerit annos, canitie præclarus, aspectu jucundus, moribus temperatus, charitate plenus, eleemosynis largus, contemptor sæculi gloriosus, nullo febrium dolore, nulla corporis lassitudine, nullo rerum variarum casu confectus, nulla mentis molestia motus, ab oratione, vel operum Dei exercitio cessavit, quousque beata ejus anima corpus vegetavit. Cum vero divina clementia fidelem famulum senio detentum, pro laboribus suis, quietis refrigerio, meriti præmio vellet remunerare, febrium calore aliquatenus eum permisit æstuare. Ingressusque basilicam die quadam dum matutinorum solemnia celebrarentur, orationibus profuse incumbens, Deo commendare studebat animam, quam corporeo ergastulo cito prænoverat absolvendam. Depulsis itaque noctis tenebris, aurora rutilante, comitantibus secum quibusdam monachis, cellulam repetiit, hilaris de visitatione sibi facta sanctorum, ac de revelatione, qua sui transitus horam sibi gaudebat intimatam. Ad quam dum se pervenisse cognovit, cum fratribus pacem faciens, oculos ad cœlum cum manibus elevavit, et animam sanctam mundi naufragiis ereptam Conditori lætus reddidit, quam Christus cum curiæ cœlestis exsultatione suscepit.

Horum denique beatorum monasterium patrum pro monachis modo clericos habet. Quorum quidam nuper, Otbertus nomine, priusquam Gallia gladiis Hungarorum laceranda traderetur, ad extrema deductus, dum certamina dæmonum pro se litigantium, et eum ad interitum rapere conantium pateretur, almi patroni sui domni Theoderici tandem se videt eripi meritis; dæmones vero per invocationem Christi nominis et sanctorum ejus, a se cum magno strepitu et indignatione recedere. Vidit etiam et quemdam fratrem, dictum Bertricum, qui non longe ante decesserat, se crebro visitantem, consolando quoque monentem, ne hic apud sæculum ultra manere cupiat, imo ad eum quantocius ire gaudeat, ut ea quæ nunquam potuit cogitare, valeat videre. Quoniam si demoraretur in sæculo diutius, nequaquam tantum malum vidisset aliquando, quantum visurus esset in proximo. Cujus dicta probatio constat veritatis insecuta. Iste siquidem levi dolore corporis tactus, ad ecclesiam properans, exitum suum precibus Domino commendat, fratres advocat, missam quoque, quam debito properantius celebrarant, illos repetere facit; quæ viderat narrat, et eos coram se charitatis gratia potum sumere rogat. De servitio Dei studiosius agendo, et psalmodiam cum devotione canendam monet, atque jam quasi securus et hilaris migrat. Post cujus obitum gens Hungarorum Galliam ingressa, cædibus, incendiis, ac rapinis pene cuncta devastat, ipsumque monasterium flammis exurit, et proxima quæque circumpositarum ruinis fere villarum proterit. Intuemurque modo jam manifeste, quam vera fuerint quæ ille audierat ex revelatione.

CAPUT XXVI.
De fonte in horum sanctorum monasterio nuper exorto.

In silvula huic contigua monasterio, fons dudum noviter exortus est. Ad quem febricitans quidam casu deveniens, vidit supra ipsum fontem inclinatum quemdam senem in clericali habitu stantem, aureum baculum manu tenentem. Qui cum sonitu advenientis motus se videretur erexisse a fonte, tanto iste pavore concussus est, ut attonitus in terram caderet, et nihil omnino videre valeret. At post modicum rediens ad se, surrexit, et splendorem qua senior abierat monasterium versus, magnum vidit, sicque salvatus ab infirmitate sua, lætus abscessit. Cæci tunc temporis hoc in loco illuminati nonnulli, claudi erecti, muti locuti sunt, et surdi receperunt auditum.

Nuper quoque ordinato Hugone Remis episcopo, quædam paralitica, quæ jacebat in civitate ad januas ecclesiæ sanctæ Mariæ, Magenildis nomine, admonita per visum, illo se deferri petiit, atque ut aqua ipsius fontis perfusa est, incolumitatem recepit. Quædam nihilominus Adelwidis nomine, arida brachiis, ut eadem lota est aqua, sospitate potita recessit. Cæcus quidam de castro Mosomo (*Mousom*) tunc adveniens, mox ut ecclesiam sancti Theoderici visus est introisse, lumen recipere meruit. Quædam paupercula de ipso loco, ut oculos sibi hoc fonte diluit, lumen, quod jam ab annis ultra quam sexdecim perdiderat, recepit. Fulbertus quidam brachium gerens aridum, et inutile sibi membrum, ut se hac aqua perfudit, sanitatem, brachiique recepit utilitatem. Tunc etiam quidam cæcus, nomine Amalricus, ibi visum recepit, mox ubi se hoc fonte lavit; aliaque plura nunc ibi refulsisse probantur miracula, et ex diversis ægritudinibus diversa sunt collata remedia.

LIBER SECUNDUS.

CAPUT PRIMUM.
De successoribus beati Remigii.

Beato Remigio successisse traditur Romanus, Romano Flavius, post quos Mapinius, cui potestas regia quædam cessisse reperitur prædia, deinceps ab Ecclesia Remensi possidenda. Hujus quoque temporibus Suavegotta regina Remensi Ecclesiæ tertiam partem villæ Virisiaci [*Verzy*], per testamenti paginam, delegasse reperitur. Quam partem villæ ipse quoque præsul Teudechildi præfatæ reginæ filiæ, usufructuario, per precariam, salvo Ecclesiæ jure, concessit; ita duntaxat, ut post ejus obitum, absque ullo præjudicio, sicut ab ea meliorata fuisset, ad ditionem Remensis revocaretur Ecclesiæ. Quæ scilicet Teudechildis regina postmodum nonnulla, per testamenti sui auctoritatem, tempore domni Egidii, Remensi contulit Ecclesiæ prædia.

CAPUT II.
De Egidio præsule.

Qui præsul Egidius in episcopatu Mapinium legitur secutus, episcopiumque invenitur auxisse, arva scilicet et mancipia nonnulla emisse, quarum ejus emptionum adhuc quædam quoque reperiuntur instrumenta, ut illud quo campos duos ab Oboleno super fluvium Rotumnam [*j. c.*, Rotonam, *Retourne.*]. legitur dato pretio comparasse, quorum unus modios mille tenere sementis, alter inscribitur quadringentos. Villarem etiam quemdam a Bertulfo quodam, cum adjacenti campo modios centum tenente. Partem quoque cujusdam silvæ a Charibodo quodam reperitur emisse. Necnon apud regiam majestatem immunitatis præceptum ecclesiæ suæ obtinuit, ut ab omni fiscali functione vel mutilatione prorsus haberetur ac permaneret immunis, omnia quoque data ecclesiæ stabilem obtinerent firmitatem. Childebertus etiam rex villarem quemdam situm in Vosago, prope fluvium Saroam, tam ipsi quam ecclesiæ suæ possidendum, instrumentis adhuc manentibus, invenitur tradidisse. Hujus præsulis tam vitam quam prædicationem Fortunatus Italicus, qui tunc apud Gallias in metrica insignis habebatur, his studuit commendare versibus (*lib.* III, *Carmin.* 18):

Actibus egregiis venerabile culmen Egidi,
  Ex cujus meritis crevit honore gradus,
Subtrahor ingenio, compellor amore parato,
  Laudibus in vestris prodere pauca favens.
Namque reus videor tantis existere causis,
  Si solus taceam quidquid ubique sonat.
Sed quamvis nequeam digno sermone fateri,
  Da veniam voto me voluisse loqui.
Exiit in mundo [*or.* mundum] gestorum fama tuorum,
  Et propriis meritis sidus in orbe micas.
Clarior effulges quam lucifer ore sereno.
  Ille suis radiis, tu pietate nites.
Nil lupus insidiis canto subdu it ovili,
  Te pastore sacro pervigilante gregem.
Facundo eloquio cœlestia dogmata fundis,
  Ecclesiæ crevit te monitore domus.
Pontificis studio correctio plebis haberis,
  Ne tenebræ noceant semita lucis ades.
Cunctorum recreas animos dulcedine verbi,
  Qui satias epulis, pascis et ore greges.
Præcepta implentur, non solo pane cibamur,
  Delicias capimus, dum tua verba ferunt.
Ut gaudet corpus cui mitior esca paratur,
  Sic animæ gaudent, si tua lingua sonet.
Hæresis illa (*or.* ista) cadit forti te milite Christi,
  Acquiris regi, qui (*or.* quia) dedit arma tibi,
Qui purgas spinis agros sermone colente,
  Et mundata Deo surgit ubique seges.
Qui venit ut exsul, tristis, defessus, egenus,
  Hic recipit patriam te reforvente suam.
Quæ doluit tollis, gemitus in gaudia vertens:
  Exsilium removens reddis amore lares.
Pauper habere cibum, meruit quoque nudus amictum.
  Invenit hic semper quæ bona quisque cupit.
Consultum tribuis generaliter omnibus unum,
  Qui populi pater es, tot pia rite regis.
Hæc tibi vita diu, Domino tribuente, supersit,
  Atque futura micet lucidiore die.

Ab hoc præsule Gregorius (*lib.* II *Mirac.*, c. 17) etiam Turonensis benigne quondam se narrat fuisse susceptum, quando Siggo quidam Sigeberti regis referendarius, virtute beati Martini cujus idem Gregorius tunc secum habebat pignora, in sacrario domus ecclesiæ Remensis auditum surdæ recepit auris. Qui tamen Gregorius in Historia gentis Francorum (*lib.* VI, *cap.* 3) de hoc præsule narrat, quod legatus ex parte Childeberti regis Sigeberti filii, ad Chilpericum regem patruum ipsius Childeberti, cum aliis legatis missus fuerit. In qua legatione constitutum fuisse refert, ut ablato Guntramni regis Chilperici fratris regno, in se conjungere pacem deberent. Qua pactione firmata, legati cum magnis ad Childebertum sunt muneribus regressi (*ibid.*, c. 31). Item quod postquam Chilperico filius natus est, et ipse Parisios pervasit, legatis Childeberti ad eum venientibus, primus inter eos hic pontifex fuerit, qui data suggestione, pacem, quam Chilpericus cum præfato Childeberto fecerat, ut conservaretur, Childebertum petere promunt, cum fratre vero ipsius Chilperici Guntramno pacem habere non posse Childebertum: quia partem Massiliæ post mortem abstulerit patris, fugacesque suos retinens, nolit ei remittere. Adjecit etiam Chilpericus, in multis eumdem fratrem suum esse culpabilem, cujus colludio pater hujus Childeberti fuerit interfectus. Unde legati quoque permoti, ultionem debitam super eum velocius inferri petunt; idque ut est juramento firmatum, datis et acceptis obsidibus, discesserunt. Pro quibus legationibus rex Gontramnus huic archiepiscopo semper erat infensus. Unde et, cum pacem postea fecisset cum Childeberto, hortatus est eum, ut nullo modo crederet, aut haberet hunc præsulem, conviciansque eum perjurii crimine. Postea denique dum quidam reus torqueretur, qui ad percutiendum Childebertum regem a Fredegunde regina fuerat missus, confessus est hunc episcopum socium fuisse in quorumdam consilio ad interficiendum eumdem Childebertum regem (GREGOR. lib. X, c. 13). Nec mora; episcopus rapitur, et ad Metensem urbem, cum esset valde ab ægrotatione longiua qua defessus, adducitur. Ibique dum sub custodia degeret, rex episcopos accersiri ad ejus examinationem præcepit, et apud Virdunensem urbem initio mensis octavi [Augusti] adesse jussit. Tunc a quibusdam clam (clam *deest in ms. et Gregorio*) sacerdotibus increpatus, cur hominem ab urbe rapi absque audientia, et in custodiam retrudi præcepisset, permisit eum ad urbem suam redire, dirigens epistolas ad omnes regni sui pontifices, ut medio mense nono ad eum discutiendum in urbe supradicta deberent adesse. Denique convenientes pertracti sunt usque ad Metensem urbem: ibique et Egidius præsul adfuit. Tunc rex inimicum sibi eum religionisque proditorem esse pronuntians, Ennodium ducem ad negotium dirigit prosequendum. Cujus propositio prima hæc fuit: Dic mihi, o episcope, quid tibi visum fuit, ut relicto rege, in cujus urbe episcopatus honore fruebaris, Chilperici te regiis amicitiis subderes, qui semper inimicus domino nostro regi fuisse probatur, qui patrem ejus interfecit, matrem exsilio condemnavit, regnumque pervasit, et in his urbibus, quas, ut diximus, iniquo pervasionis ordine suo subjugavit, tu ab eodem possessionum fiscalium prædia meruisti? Ad hæc ille respondit: Quod fuerim amicus regis Chilperici, negare non potero, non tamen contra utilitatem regis Childeberti hæc amicitia pullulavit. Villas vero quas memoras, per istius regis chartas emerui. Quo proferente easdem in publico, negat se rex hæc largitum fuisse. Requisitus Otto, qui tunc referendarius fuerat, cujus ibi subscriptio meditata tenebatur, adfuit, negans se subscripsisse. Hæc igitur causa primum fallax episcopus repertus esse dicitur. Post hæc epistolæ prolatæ sunt, in quibus multa de improperiis Brunechildis tenebantur, quæ ad Chilpericum scriptæ fuerant. Similiter et Chilperici ad episcopum delatæ, in quibus inter reliqua habebatur insertum, quia si radix cujuslibet rei incisa [c. excisa] non fuerit, culmus qui terris est editus non arescit. Unde prorsus manifestum est ideo hæc scripta, ut superata Brunechilde filius ejus opprimeretur. Item alia nonnulla eidem præsuli objiciuntur, tam de pactionibus regum, quam de perturbatione patriæ, quorum quædam negavit, quædam negare non potuit. Et dum altercatio diutius traheretur, adfuit etiam abbas Epiphanius basilicæ sancti Remigii, dicens quod duo millia aureorum, speciesque multas pro conservanda Chilperici regis amicitia idem præsul accepisset : et cum legatis, qui cum episcopo missi fuerant ad memoratum regem, propalat idem abbas, qualiter de excidio regionis ac regis Gontranni conventum fuerat, et ut gestum est ex ordine narrat. Hæc audientes episcopi, et in tantis malis sacerdotem Domini contuentes, triduani temporis spatium deprecantur tractandi : scilicet ut ullum modum reperire posset episcopus per quem se ab objectis excusare valeret. Sed illucescente die tertia, convenientes in ecclesiam interrogant episcopum, ut si aliquid excusationis haberet, ediceret. At ille confusus ait : « Ad sententiam dandam super culpabilem ne moramini. Nam ego novi me ob crimen majestatis reum esse mortis, qui semper contra utilitatem hujus regis, matrisque ejus egi : ac per meum consilium multa fuisse gesta certamina novi, quibus nonnulla Galliarum loca depopulata sunt. » Hæc episcopi audientes, ac lamentantes fratris opprobrium, obtenta vita, ipsum ab ordine sacerdotali, lectis canonum sanctionibus, removerunt. Qui statim ad Argentoratensem urbem, quam nunc Strateburgum vocant, deductus exsilio condemnatus est. In cujus loco Romulfus filius Lupi ducis, jam presbyteri honore præditus, episcopus subrogatus est, Epiphanio ab abbatis officio, qui basilicæ sancti Remigii præerat, remoto. Multa enim auri argentique in hujus episcopi regesto pondera sunt reperta. Quæ autem de illa iniquitatis militia erant, regalibus thesauris sunt illata ; quæ vero de tribunis, aut reliqua ratione Ecclesiæ inventa sunt, ibi relicta.

CAPUT III.
De sancto Basolo.

Hujus Egidii tempore sanctus Domini Basolus, ex territorio Lemovicino, regione Armoricana, nobili præsapia oriundus, a partibus Aquitaniæ, patrocinia beatissimi Remigii desiderabiliter appetens, Remensem devenit ad urbem. Cui advenienti comes itineris apparuisse traditur angelus Domini, quem constat habuisse præducem, dum destinatam ingreditur urbem. Hunc dignissime præfatus præsul Egidius suscipiens, cognito peregrinantis desiderio, petitusque secretioris conversationis habitaculum concedere, libentissime cessit, sicubi sibi placitum Dei famulus infra episcopium Remense valuisset reperire. Invenit tandem, superna disponente gratia, locum sibi congruum in vico Viriziaco, ad radices montis Remorum, quem nemus inde incipiens obumbrat Rigetium. Eo loci tunc temporis erat cœnobium, numero duodecim monachorum. Hic igitur benigne susceptus a fratribus, traditur ab abbate litteris imbuendus. Nec longum, sic doctrina emicuit, ut cœtaneos et contubernales sapientiæ luce præiret. Nulla illi propensior cura quam, aut in lectione vel sermone de Deo, aut in oratione loqui cum Deo. Transitoria despiciens, et æterna concupiscens, victus pensam pauperibus erogabat, pauxillum sibi duntaxat reservans, ad infirmitatem corporis sustentandam.

Ita virtutum crescens culmine, solitariam concupiscit vitam, fastigiumque, ad secretius habitandum, contigui deligit montis, in quo cellulam cum oratorio construit, ubi liberius cœlesti deserviret contemplationi. In qua inclusionis habitatione per quadraginta traditur annos Deo militasse, et contra serpentis antiqui tentamenta viriliter dimicasse, jejuniis, eleemosynis, vigiliis, orationibus, atque lectionibus indesinenter vacans, et ad se venientes doctrinæ sanctæ luce perfundens.

Dum hic igitur almifica conversatione decertat, placuit supernæ pietati virtutem sui militis evidentibus ostendere signis. Nam, orante illo, Dominus aquam ei montis in vertice produxit e silice, quæ sub sancti sepulcro fertur exsilire, ac per ecclesiæ fundamenta quasi de vasculo sese profundere, haustu dulcis, et ad potandum salubris. De quo videlicet fonte multi sanitatum remedia, potantes, vel balneis utentes, seu capita diluentes, consequuntur ægroti.

Quodam denique tempore, cum puer quidam privatus oculorum ab ætate primæva lumine, Annegiselus nomine, ante fores excubaret ipsius, duodecimo suo cæcitatis anno, lapsa virtute cœlitus, orante viro Dei, luminis est honore donatus. Quod divinæ claritatis miraculum comperientes monachi, magnis gratiarum actionibus Deum glorificant in clarificatione fidelis servi sui.

Accidit etiam quodam venatore, Attila nomine, in saltu ejus cellulæ contiguo aptum insequente, ut usque ad ipsius præsentiam fera perveniret, et quasi liberandam se per ipsum credens, ad pedes ejus, deposita feritate, procumberet, canesque naturalis obliti sagacitatis, eam insequi parcerent. Exinde mos, imo virtus Christi, ad honorem dilecti famuli sui, adhuc modo servatur, ut promota [f. permota] quælibet venatio, si aggestum in circuitu silvæ ipsius prominentem fuerit ingressa, nec canum ulterius insequatur aviditate, nec venatorum appetatur audacitate.

Fertur et aliud non contemnendæ rei miraculum hujus beati confessoris sui meritis, a Domino prærogatum, quod suspensus laqueo quidam, nomine Ragenulfus, ab adversariis, cum in supremo mortis periculo oculos ad cœlum intenderet, invocato voce lacrymabili beato Basolo, mox a morte dira rupto meruit liberari laqueo. Post multa denique pietatis insignia in vita ipsius ab eodem patrata, prænoscens per Spiritum suæ vocationis imminere sibi tempus, misit ad nepotem suum, nomine Balsemium, qui eum ad se a Lemovicina regione perduceret, significans illi quod post obitum suum in prædicto suo conversationis habitaculo deberet vitam ducere, juxta quod revelatum sibi fuerat a Domino. Cujus salutaribus præceptis, ut bonus filius obtemperans, et ad supernam hæreditatem pervenire desiderans, usque ad exitus sui diem in eadem permansit habitatione. Decessit autem beatus Pater Basolus vi Kal. Decemb., supernis aggregatus civibus. Ad cujus sepulcrum multa postea monstrata sunt miraculorum insignia, quæ tamen per negligentiam et ob sui frequentiam non sunt litteris comprehensa.

Processu denique temporis, post obitum sancti viri, advenit huc homo quidam natione nobilis, sed ferox tumore mentis; qui post orationem baculum hujus beati Patris accipiens, et illum super pedem suum ponens, ut erat procerus corpore, quasi subsannando protulit dicens: En manifestat iste baculus quam parvæ staturæ fuerit Basolus. Nec mora, pes idem cui superpositus sancti baculus fuerat, emarcuit : quoque putrefacto, divina vir idem perculsus ultione cum gravi decedit labore. Cujus corpus ad tumulandum ferri disponitur ad hujus sancti Dei monasterium ; sed aggravatum nullo modo valet moveri feretrum. Proponitur ferri ad cœmeterium sancti Remigii, sed nec sic potest moveri. Cogente tandem necessitate, in Catalaunicum defertur territorium, ibique demum permittitur habere sepulcrum.

Non longe quoque valde a nostra ætate, tempore scilicet domni Ebbonis archiepiscopi, ejus ordinatione quidam vir religiosus, Benedictus nomine, abbas constituitur hujus abbatiæ. Qui cum modestia familiam sancti Basoli tractans, et in simplicitate Domino serviens, diversis ecclesiam donariis ornavit, et post non modica vitæ suæ spatia, divinæ præceptione vocatus, ad Dominum transiit. Cui carne frater, cognomine Spernus [*J*, Spernus *et infra*], abbas in eodem loco subrogatur. Qui moribus fratri dissimilis, et diræ facibus ardens cupidinis, dum temulentus aliquando sederet, cœpit dicere quod frater suus de abbatia illa nihil boni sciverit habere, præcipiens villarum procuratoribus, in crastinum sibi ruricolas exhibere, quos variis faceret suppliciis torqueri, ut facultates ipsorum ab eis posset extorquere. Audientes ergo villarum incolæ quantæ intentabantur sibi pœnæ, omnes sancti Basoli flebiliter [*c. i*, suppliciter] expetunt suffragium, ne tam crudeli lanio traderentur ad dilacerandum, lugubresque in gemitu pernoctantes, non cessabant sancti Basoli implorare solatium. Nec renuit audire sanctus Domini querelas suæ plebis. Nam facto mane Spernus idem reperitur mortuus; quem lecto nitentibus extrahere suis, crepuit medius, tantusque fœtor eumdem locum replevit, ut nemo inibi remanere valuerit. Sicque familia S. Basoli trepidatis eripitur defensa suppliciis.

Avunculus matris meæ, Flavuardus [*ms.*, Flavardus] nomine, duos filios in hujus sancti viri cœnobio Deo servientes habuit; quorum juniorem, nomine Telbertum, charitate supra vires etiam exuberantem vidimus, qui presbyter dudum apud nos obiit. Is denique de patre suo quod dicturi sumus narrare nobis solebat; cui rei testis adhuc supererat nuper Ratoldus [*al.*, Rautnoldus] presbyter, horum tertius frater. Consueverat siquidem sem l in anno vir præfatus ad monasterium venire, fratribusque de suis facultatibus ministrare. Qui cum aliquando de more veniret, latrones eum properantem invadunt, caballum cui sedebat, cum cæteris quæ sibi visa sunt, sed et pecunias, quas servis Dei distribuendas ferebat, ornamenta quoque uxoris suæ pariter auferunt. Cumque de præda lætantes aliquantulum processissent, uxor ejus, quæ simul aderat, ingemiscens pro injuria, querulosis sanctum Basolum cœpit inclamare vocibus, dicens: Non ultra se venturos in ejus vel famulorum ipsius servitium, si sic eos abjiceret non ferendo præsidium. Post quas lamentationis voces, equi latronum, qui cum spoliis concite ferebantur, subito defiguntur, nec ullo modo promoveri possunt ad gradiendum. Ipsos quoque latrones caligo quædam perfudit, ut quonam sese verterent ignorarent. Resipiscentes tandem prædones, conferunt inter se ob innocentum factam injuriam sibi talia contigisse; initoque consilio, ad eos, quos rebus injuste privatos dimiserant, revertuntur; sua illis cuncta restituunt; et, ut veniam facinoribus suis deprecentur, exposcunt. Ita consolatione, domini Basoli suffragante sibi patrocinio, recepta, rapacibus ire dimissis, devotiores ad destinatum properant cœnobium; gratias Deo et sancto suo confessori pro indultis sibi beneficiis referunt, et læti servis Dei ministrare satagunt, pecuniis honorant, ac deinceps annis singulis idem promptiores, quod cœperant peragunt.

Quando nuper hæ Galliarum patriæ, peccatis nostris impellentibus, Hungarorum gladiis dilacerandæ sunt traditæ, quidam barbarorum sancti Basoli monasterium ingressi, dum clerici jam cum patroni sui pignoribus ad civitatem confugissent, habitacula cœnobii hominibus pene vacua repererunt, ibique metatum suum constituentes, huc undecunque prædatu reverti cœperunt. Quorum quidam in ecclesiæ signorum turricula, deaurata conspiciens relucere metalla, cupidus auri pecuniæ, tectum conscendit basilicæ, nisusque dissipare turriculam, subito delapsus ad terram corruit, membrisque confractis interiit. Alius horum super aram ipsius ecclesiæ, in honore beati Martini consecratam, conatus ascendere, dum manum supra cornu altaris apposuisset, ipsa manus ejus ita inhæsit marmori, ut nullo modo ab eo postea potuisset avelli [FLODOARD. *in Chron.* an. 937]. Et quia hic eum sui noluerunt relinquere, partem lapidis circa manum ipsius bipennibus abscindentes, eum secum particulam marmoris, quæ manui ejus adhæserat, invite ferentem deduxerunt. Qui etiam (ut captivi qui reversi sunt referunt) usque ad terram suam, arente jam brachio, hunc lapidem ferens, et Basoli virtute factum proclamans, reversus est.

CAPUT IV.
De Romulfo præsule.

Post Egidium Romulfus Remense rexit episcopium, vir carne nobilis, germanus Joannis tunc temporis ducis; quorum pater Lupus multas eis possessiones æqualiter inter se dividendas reliquit. De qua divisione pari jure gerenda præceptum obtinuerunt regale. Multis siquidem excellebat patrimoniis, maximeque trans Ligerim, et in pago Pictavensi; quorum ex parte majore, per paginam testamenti ecclesiam Remensem fecit hæredem, quædam dimittens fratribus vel nepotibus suis; quædam matriculæ quoque sancti Martialis deputavit, quædam ad basilicam sancti Remigii. Villam vero Lautiniacum super fluvium Caltaionem, contulit monasterio puellarum Remis in honore sancti Petri constructo; quam villam dato pretio se memorat comparasse. Quædam præterea donaria testamento diversis attribuit ecclesiis, tam Remensis episcopii, quam Suessonici, sed et Turonici, aliorumque quorumdam. Familiæ suæ partem maximam ingenuitate donavit. Cujus adhuc testamenti pagina in Archivo Remensis ecclesiæ reservatur, cum auctoritate Childeberti regis; qua petitus idem rex a præfato præsule per Sonnatium diaconum virum venerabilem hoc testamentum confirmare decrevit; scilicet, ut terras, vineas et mancipia, quæ ad ecclesiam præcipue Remensem, vel ad cætera loca sanctorum prædictus pontifex delegaverat, si quis hæredibus ipsius injuste usurpare præsumpsisset, omnimodis ea recipiendi sacerdotes eorumdem locorum liberam valerent habere potestatem. Quasdam quoque villas in territorio Metensi constitutas, quarum caput est Ortivallis [*i, Orcivallis*] quas dominus Egidius a Vincentio quodam traditura coemisse, cum Childeberto rege communitavit, pro aliis villis in pago Remensi sitis, id est Marciliana et Arbidogilo [*f. Margilly et Ardeuil*]. Res quoque, vel mancipia, in pontificatu positas ad augmentum ecclesiæ invenitur emisse. Oratorium denique sub honore beati Germani construxit in atrio sancti Remigii. Quasdam quoque res a quibusdam pervasas, apud regiam majestatem, agente præfato Sonnatio archidiacono, evindicasse reperitur, regiæ auctoritatis super his evindicationibus, adhuc manentibus instrumentis.

CAPUT V.
De Sonnatio episcopo.

Romulfum sequitur in episcopatu Sonnatius, qui synodum celebrasse reperitur cum aliis quadraginta, vel eo amplius Galliarum episcopis. Ubi etiam sanctus Arnulfus Metensium præsul invenitur interfuisse, cum Theodorico Lugdunensi, Sindulfo Viennensi, Sulpitio Bituricensi, Medegiselo Turonensi, Secono Elosanensi, Leontio Xantonensi, Modoaldo Treverensi, Cluneberto Coloniensi, Richerio Senonensi, Donato Vesontionensi, Auspicio Augustidunensi. Item Modoaldo Lingonensi, Rageberto Bajocensi, Childoaldo Abrincatensi, Bertegiselo Carnotensi, Palladio Antisiodorensi, Gondoaldo Meldensi, Leudeberto Parisiacensi, Chainoalgo Lauduni Clavati, Godone Virdunensi, Ansarico Suessonensi, Claudio Reiensi, Berthoaldo Camaracensi, Agomaro Silvanectensi, Cæsario Avernensi, Vero Rutenensi, Agricola Gabalensi, Lupoaldo Magontiacensi, Willegiselo Tolosano, Constantio Albiensi, Nammatio Egolemensi, Rustico Caturcensi, Auderico Auscensi, Emmone Aresetensi, Felice Cathalanensi, Hadoindo [*ms., r.* Chadoindo] Cenomannensi, Magnebodo Andegavensi, Joanne Pictavensi. Leobardo [*al.,* Loutbardo] Namnetico. In qua synodo multa leguntur utilia constituta.

1. De rebus scilicet ecclesiæ qualiter tractandæ sint; et de his quæ per precatoriam impetrantur ab ecclesia, ne diuturnitate temporis ab aliquibus in jus proprium usurpentur, et ecclesiæ defraudentur.

2. De clericis, si qui rebellionis ausu sacramentis se, aut scripturæ conjuratione constrinxerint, atque insidias episcopo suo callida allegatione confecerint, ut si admoniti emendare contempserint, gradu proprio omnino priventur.

3. Ut capitula canonum Parisiis acta in generali synodo, in basilica sancti Petri, Lotharii regis studio congregata, omni firmitate custodiantur.

4. Ut si qui hæretici adhuc esse suspicantur in Galliis, a pastoribus ecclesiarum perquirantur; et si veraciter fuerint inventi, ad fidem catholicam revocentur.

5. Ut temere nullus excommunicetur; et si excommunicatus existimat se injuste damnatum, in proxima synodo habeat licentiam reclamandi : et si injuste damnatus fuerit, absolvatur; sin autem juste, impositum pœnitentiæ tempus exsolvat.

6. Ut si quis judex cujuslibet ordinis clericum publicis actionibus inclinare præsumpserit, aut pro quibuslibet causis, absque conscientia et permissu episcopi distringere, aut contumeliis, vel injuriis afficere præsumpserit, communione privetur. Episcopus tamen de reputatis conditionibus clericorum negligentias emendare non tardet.

7. Hi vero, quos publicus census spectat, sine permissu principis, vel judicis, se ad religionem sociare non audeant.

8. Si quis fugitivum ab ecclesia absque sacramento, quo ei jurandum est, ut de vita [*c.,* devitato]

tormento, et truncatione securus exeat, qualicunque occasione abstraxerit, communione privetur.

9. Similiter si quis jus sacramenti præstitum violaverit, communione privetur. Ille vero qui sanctæ Ecclesiæ beneficio liberatur a morte, non prius egrediendi accipiat libertatem, quam pœnitentiam se pro scelere acturum esse promittat, et quod ipsi canonice imponetur, impleturum.

10. De incestis conjunctionibus, si quis infra præscriptum canonibus gradum incestuoso ordine cum his personis, quibus a divinis regulis prohibetur, se conjunxerit, nisi pœnitentiam sequestratione testentur, communione priventur, et neque in palatio militiam, neque agendarum causarum licentiam habeant. Et quando prædicti incestuosi se conjunxerint, episcopi seu presbyteri, in quorum diœcesi vel pago actum fuerit, regi vel judicibus scelus perpetratum annuntient, ut cum ipsis denuntiatum fuerit, se ab eorum communione aut cohabitatione sequestrent, et res eorum ad proprios parentes perveniant, sub ea conditione, ut antequam sequestrentur, per nullum ingenium, neque per parentes, neque per emptionem, neque per auctoritatem regiam, ad proprias perveniant facultates, nisi præfati sceleris separatione pœnitentiam fateantur.

11. Si quis homicidium sponte commiserit, et non violentiæ resistens, sed vim faciens impetu hoc fecerit, cum isto penitus non communicandum: sic tamen ut si pœnitentiam egerit, in exitu ei communionis viaticum non negetur.

12. Clerici, etiam vel sæculares, qui oblationes parentum, aut donatas, aut testamento relictas retinere præsumpserint [Concil. Paris. III, c. 1]: aut id, quod ipsi donaverint ecclesiis aut monasteriis, crediderint auferendum, sicut ante synodus sancta constituit, velut necatores pauperum, quousque reddant, ab ecclesiis excludantur.

13. Ut Christiani Judæis vel gentilibus non vendantur; et si quis Christianorum necessitate cogente mancipia sua Christiana elegerit venundanda, non aliis nisi tantum Christianis expendat. Nam si paganis aut Judæis vendiderit, communione privetur, et emptio careat firmitate. Judæi vero si Christiana mancipia ad Judaismum vocare præsumpserint, aut gravibus tormentis afflixerint, ipsa mancipia fisci ditionibus revocentur. Qui tamen Judæi ad nullas actiones publicas admittantur. Judæorum vero convicia in Christianos penitus refutanda sunt.

14. Item si clericus proficiscens de civitate ad alias civitates voluerit, aut provincias pergere, pontificis sui epistolis commendetur. Quod si sine epistolis profectus fuerit manifestis, nullo modo recipiatur.

15. Item ut episcopus mancipia vel res ad jus ecclesiæ pertinentes, neque vendere, neque per quoscunque contractus, unde pauperes vivunt, post mortem alienare præsumat.

16. Item de his qui auguria, vel paganorum ritus inveniuntur imitari, vel cum paganis superstitiosos comedunt cibos, quos benigna placuit admonitione suaderi, ut ab erroribus pristinis revocentur. Quod si neglexerint, et idololatris vel immolantibus se miscuerint, pœnitentiæ dignum tempus exsolvant.

17. Item ut serviles personæ ad accusationem non admittantur; et qui personam susceperint accusantis, cum unum crimen non probaverint, ad alia accusandum non admittatur.

18. Item si quis in quolibet gradu vel cingulo constitutus, aut potestate suffultus, decedente episcopo, res cujuslibet conditionis in domos vel agros ecclesiæ positas, ante reserationem testamenti, vel audientiam ausus fuerit occupare, vel ecclesiæ repagula effringere, et supellectilem infra domum ecclesiæ positam contingere, vel scrutari præsumpserit, a communione Christianorum penitus abdicetur.

19. Item, si quis ingenuum aut libertum ad servitium inclinare voluerit, aut fortasse jam fecit, et commonitus ab episcopo se de inquietudine ejus revocare neglexerit, aut emendare noluerit, tanquam calumniæ reum placuit sequestrari.

20. Item ut clerici cujuslibet ordinis, neque pro propriis, neque pro ecclesiasticis causis aliter adire debeant forum, nec causas dicere audeant, nisi quas cum permissu et consilio episcopi agere eis fuerit omnino permissum.

21. Item, ut in parochiis nullus laicorum archipresbyter præponatur; sed qui senior in ipsis esse debet clericus ordinetur.

22. Item, pontifices quibus in summo sacerdotio constitutis ab extraneis duntaxat aliquid, aut cum ecclesia, aut sequestratim, aut dimittitur, aut donatur (quia ille qui donat, pro remedio animæ suæ, non pro commodo sacerdotis probatur offerre) non quasi suum proprium, sed quasi dimissum ecclesiæ inter facultates ecclesiæ computabunt, quia justum est, ut sicut sacerdos habet quod ecclesiæ dimissum est, ita et ecclesia habeat quod reliquerit sacerdos [i, relinquitur, sacerdoti]. Sane quidquid per fidei commissum aut sacerdotis nomini aut ecclesiæ fortasse dimittitur, cuicunque aliis postmodum profuturum, id inter facultates suas ecclesia computatum retinere non poterit.

23. Item, si quis episcopus res, quæ ab alia ecclesia præsentaliter [e, præsentialiter] possidentur, quocunque ingenio aut callida cupiditate pervaserit, aut sine audientia præsumpserit usurpare, ac suis vel ecclesiæ suæ ditionibus revocare, dum communione privari non potest, ut necator pauperum, ab officio deponatur.

24. Item, si quis episcopus (excepto, si evenerit ardua necessitas, pro redemptione captivorum) ministeria sancta frangere pro qualicunque conditione præsumpserit, ab officio cessabit ecclesiæ.

25. Item, viduas, quæ se Domino consecrari petierunt, vel puellas Domino consecratas, nullus

neque per auctoritatem regiam, neque qualicunque potestate suffultus, aut propria temeritate rapere aut trahere audeat. Quod si utrique consenserint, communione priventur.

26. Judices, qui super auctoritate et edicto dominico canonum statuta contemnunt, vel edictum illud dominicum, quod Parisiis factum est, violaverint, aut contempserint, placuit eos communione privari.

27. Item, ut decedente episcopo in locum ejus non alius subrogetur, nisi loci illius indigena, quem universale et totius populi elegerit votum, ac comprovincialium voluntas assenserit. Aliter, qui præsumpserit, abjiciatur e sede quam invasit potius quam accepit. Ordinatores autem triennio ab officio administrationis suæ sedis cessare decernimus.

Præterea res ecclesiæ præfatus præsul domnus Sonnatius probabiliter ordinasse legitur, augens etiam episcopium, terris ac mancipiis dato pretio coemptis, quarum adhuc emptionum nonnulla reperiuntur monimenta. Quasdam quoque res, quas pravi quidam pervaserant, apud regiam majestatem, tam per seipsum quam etiam per suos actores, Marco presbytero quoque legato suo causas agente, repetitas et obtentas ecclesiæ rite restituit. Colonias etiam villarum quarumdam episcopii depositis ordinavit serviciis. Præcepta necnon regalia super ecclesiasticarum immunitate rerum, sed et traditionum quarumdam obtinuit firmitate. Sed et res invenitur quasdam cum regina Brunechilde commutasse, pro utriusque partis opportunitate.

Testamentum quoque rerum suarum condidit, in quo plura diversis donaria contulit ecclesiis. Basilicam tamen beati Remigii præcipue sibi hæredem instituit, ubi et sepulturam se habiturum delegit; ibique missorium argenteum deauratum deputavit. Cochlearia quoque duodecim, et salarium argenteum, ac portionem suam de villari quodam cum mancipiis, vineis, pratis, cæterisque adjacentibus, et alia nonnulla, quæ se dato pretio meminit comparasse. Ad basilicam sanctorum Timothei et Apollinaris delegavit casas quasdam tam juxta ipsam ecclesiam, quam infra civitatem. Ad basilicam sancti Martini quem peculiarem patronum suum dicit, villam Mutationis, quam comparavit ad integrum, sicut a se possessa est, tradidit; insuper et aurum dedit, unde calix inibi fieret. Ad basilicam sancti Juliani recuperandam auri solidos quinque. Ad basilicam sancti Nicasii similiter solidos quinque. Ad basilicam sancti Joannis solidos quinque. Ad basilicam sancti Sixti similiter in auro solidos tres. Ad basilicam sancti Mauricii solidos tres. Ad basilicam sancti Medardi solidos tres. Ad monasterium puellarum vineam in Germaniaco (*Germiny*) sitam, cum quibusdam vasis ipsi basilicæ profuturis. Ad basilicam quæ dicitur ad Apostolos, auri solidos tres, cum aliis munusculis unde calix fieret. Ad basilicam sancti Petri in civitate auri solidos tres. Ad basilicam sancti Theoderici portionem suam de villa Germaniaco, cum mancipiis vineis, et cæteris ad ipsam pertinentibus; argentum quoque ad sepulcrum domni Theodulfi fabricandum, vel exornandum. Ad basilicam sancti Viti vas quoddam argenteum ad calicem faciendum, et in auro solidos quindecim. Ad basilicam sanctorum martyrum Rufini et Valerii in auro solidos quindecim. Ad basilicam sanctorum martyrum Crispini et Crispiniani auri solidos quindecim. Ad matriculam præterea sanctæ Remensis ecclesiæ nonnulla contulit donaria.

Cæteris quoque matriculis, vel congregationibus diversa delegavit munera. Quibusdam hæredum quoque suorum personis prædia quædam eo tenore dereliquit, ut ad loca sanctorum a se destinata post eorum reverterentur decessum. Mancipia nonnulla libertate donavit, additisque ditavit peculiis. Quod viri Dei testamentum regalis præcepti reperitur pagina roboratum.

CAPUT VI.

De Leudegiselo episcopo, Angelberto et Landone.

Post hunc beatum virum Leudegiselus, Attilæ episcopi frater, tempore Dagoberti regis episcopium rexit, quod etiam rebus emptis, scilicet silvis, pratis, ruribus auxit. Quædam quoque cum Abbone Tricassino episcopo, pro utriusque partis opportunitate, commutavit; sed et alia quædam cum aliis quibusdam personis. Res etiam quasdam ecclesiæ ordinatis disposuit colonis.

Hunc sequitur Angelbertus. Ipse quoque rebus emptis auxisse reperitur episcopium. Cui successit Lando vir illustrissimus, et multorum possessor prædiorum: quorum nonnulla junxit ecclesiæ, quædam vero propinquis suis distribuit. Sed et ea quæ trans Ligerim Remensis habuerat ecclesia, et Felix abbas quidam ecclesiæ sancti Juliani martyris indebite retinebat, apud majestatem regiam legibus evindicata recepit; pro quibus jam antea prædecessor ejus Angelbertus episcopus cum Gallo Arvernensi episcopo, coram rege controversiam habuisse reperitur. Hinc Lando præsul ecclesiam Remensem rerum suarum per testamenti paginam rite fecit hæredem, et quæcunque alia dedit personis, vel ecclesiis, eidem ecclesiæ, vel successori suo constituit dispensanda. Diversorum siquidem sanctorum basilicis diversa delegavit donaria. Basilicæ scilicet sancti Remigii, ubi sepulturam fieri sibi delegit, villas et munera. Basilicæ sancti Gaugerici et sancti Quintini argenti varia dona; item, basilicis atque matriculis Remis, sanctorum scilicet Timothei et Apollinaris; item, sancti Martini; item, sancti Nicasii; item, sanctæ Genovefæ; monasterio quoque sanctorum Theoderici et Theodulfi; item, ad basilicam sancti Germani, et matriculam ipsius; item, sancti Juliani; item, sanctorum Cosmæ et Damiani; item, sancti Petri ad Cortem; item, sancti Petri ad Monasterium puellarum; item, ad basilicam S. Symphoriani, quæ vocatur ad apostolos; item, sancti Medardi, et sanctorum Crispini et Crispiniani; item, sancti Victoris; item, sancti Mauricii; item, sancti Basoli diversa contulit donaria; ecclesiæ quoque Laudunensi cujusdam villæ portionem suam delegavit, et basilicæ sanctæ Genovefæ ibidem constitutæ villam Appiam (*le village d'Eppe*), cum omni re ad se pertinente tribuit. Turrim quoque auream, quam ad votum suum fabricari fecerat, super altare posuit S. Mariæ Remensis ecclesiæ, et patenas tres, ac brachiale aureum. Fuit autem Sigiberti regis tempore.

CAPUT VII.
De sancto Nivardo.

Post præmissos, ad episcopale culmen eligitur beatus Nivo, qui et Nivardus : utroque namque reperitur vocitatus nomine. Hic prius in aula regis, utpote vir illustrissimus, traditur conversatus. In episcopatu vero positus, emptis per diversa loca tam fundis, quam domibus, necnon mancipiis dilatasse res invenitur ecclesiæ. Disposuit etiam nonnullas ordinatis colonis villas episcopii : quasdam quoque res commutasse reperitur cum Attila Laudunensi præsule, pro utriusque partis opportunitate. Commutavit etiam a Bavone et Theoderamno fratribus locum quemdam super fluvium Maternam de rebus Remensis ecclesiæ, ubi construxit monasterium, quod dicitur Altumvillare (*Hautvilliers*), petente Berecario abbate, qui ab eo petierat locum sibi dari, ubi cum fratribus suis monachis, sub regula Patrum sancti Benedicti et sancti Columbani, vivere posset; quod et idem præsul facere studuit, ut infra continetur. Sed et cum aliis quibusdam personis, prout congruum visum fuit, res quasdam commutavit. Dedit quoque, sub jure privilegii, ad monasterium sancti Basoli, ecclesiam in Viriziaco in honore sanctæ Mariæ constructam, cum omnibus ad ipsam pertinentibus, simulque locellum qui Wasciacus dicitur. Immunitatem quoque ipsis monachis, sub Petrone abbate ibidem Deo servientibus, instituit, ut nullus ecclesiasticorum judicum eos indebite in aliquo inquietare præsumeret, sed eis quieto ordine sub sancta regula vivere, ac Deo servire liceret. Præceptum etiam immunitatis a Childeberto rege (*Childebertus III*) super teloneis et quibusdam tributis, ecclesiæ Remensi obtinuit. Cui Ludovicus quoque rex, sub ecclesiæ suæ nomine, res quasdam in Malliaco super fluvium Vidulam, quas quibusdam infidelibus suis ejectis receperat, auctoritatis suæ præcepto concessit. Hujus etiam tempore tradidit Grimoaldus vir illustris sancto Remigio villas suas Calmiciacum et Victuriacum (*Mally, Veesle*), pro animæ suæ remedio.

Hic beatus Nivardus, dum ex communi consensu totius concilii præsulum Galliæ, Namnetis, Romani jussione pontificis, exhibiti, rege favente, restruxisset ecclesiam monasterii super ripam Maternæ fluminis, in loco nuncupato Villari, dudum siti, sed a barbaris diruti, et ab eo constructa hæc funditus cecidisset ecclesia, in alio loco rursus ab eo restructa, rursum traditur corruisse. Quadam vero die veniens de villa Sparnaco, simul comitante secum præfato abbate Berecario, visum sibi est, transito flumine, debere paululum requiescere : sicque caput

(5) Idem latius refertur in Vita S. Berchari.

in sinum sedentis reclinans Berecarii, obdormivit, et visum vidit, scilicet columbam locum silvæ circumire, et in fago quadam post hanc circumitionem resedisse; idque tertio columbam videt eamdem egisse, tumque cœlos petisse (5). Quam visionem, sicut ipse in somnis, ita prædictus quoque Berecarius vigilans fertur accepisse. Quo viso compunctus idem cœpit abbas fundere lacrymas. Experrectus autem beatus præsul a somno, ex lacrymis ejus sibi faciem reperit udam; et interrogans quæ illi causa fletus existeret, accipit cum propter sui ruinam flevisse operis. Invicemque sibi visa referentibus, traditur pontifex hæc etiam cuidam Dei servo, nomine Bavoni, cujus erat ipsa possessio, visa narrasse. Qui oratorium in honore sanctæ crucis illic habens, ibi conversabatur. Qui etiam postquam visionem præsulis, et ejus agnovit voluntatem, obtulit illi eamdem possessionem suam, partem quoque possessionis cujusdam fratris sui, nomine Baldini. Alterius vero fratris, Theoderamni nomine, causam retulit, quod esset scilicet in factione contra Reolum comitem, qui Remensis post exstitit episcopus, pro filiis ejus, quos occiderat in ultione filiorum suorum, quos Reolus pro latrocinio quod exercebant, suspendio necaverat. Unde dominus Nivardus eum cum Reolo, qui neptem suam filiam Childerici habebat uxorem, pacificavit; et sic ipse Theoderamnus simul cum cæteris fratribus suis eamdem possessionem sancto Nivardo, commutatione ab eo sumpta, tradidit. Mox idem præsul succidi silvam jubens, in honore sancti Petri et omnium apostolorum ibi construxit ecclesiam, et ubi resedisse columbam viderat, altare instituit, collectisque servis Dei monasterium ordinavit. Ubi etiam præfatus Theoderamnus monachus efficitur. Sed et Reolus filium suum nomine Gedeonem, de nepte sancti Nivardi susceptum, ibi monachum fieri petiit et rerum suarum partem ad idem monasterium condonavit. Beatus autem Nivardus, constituto monasterio, quidquid possessionum ante episcopatum fuerat visus habere ad ipsum locum tradidit, et exhortatus beatum Reolum, religionis ei suasit assumere habitum. Privilegium quoque, poscente præfato abbate Berecario, eidem contulit monasterio : ut scilicet ipse præsul idem monasterium in sui juris dominatione dum adviveret, conservaret, et ut post suum decessum Remensis episcopus ipsum cœnobium gubernet, et eosdem monachos contra omnes adversitates defendat; ipsi vero monachi potestatem habeant prælatum sibi regulariter eligendi, prout in descriptione ipsius privilegii continetur. Post hæc in ecclesiola sanctæ Mariæ, quam in eodem monasterio construxerat, obiisse fertur, et ad ecclesiam sancti Remigii Remis deportatus, ibidem sepultus est.

CAPUT VIII.
De translatione sanctæ Helenæ ad ipsius sancti monasterium.

Ad prænotatum hujus sancti viri cœnobium beatæ

Helenæ reginæ constat corpus ab urbe Roma devectum. Quod quidam presbyter Remensis parochiæ, Tergisus nomine, Romam profectus, noctis inopinus in ecclesia remanens tempore, furatus cautissime secum studuit deferre. Qui dum jam secundam mansionem haberet, in silva quæ civitati adjacet Sutriæ, in crastinum unus e comitibus ejus pignora sancta levare super asellum gestiens, ea minime valuit movere. At stupidus hæc magistro notificat; qui concitus pergens, thesaurum pavidus apprehensum jumento sine gravitate ponderis imposuit, cum esset inferior repulso viribus corporis. Confessus est autem idem minister nocturno se pollutum fuisse somnio. Venientes ad rapidissimum fluvium Taram, cum illum non auderent ingredi, propter validissimum ipsius impetum, animal, sacro tutum munere, sponte descendit in flumine. Quem secutus alter asellus ferens presbyterum, licet undis pene videretur immersus, transiit tamen fluvium, cum latera fluctibus non tinxisse probaretur almi pignoris bajulus. Item dum superant Alpium juga quædam comes hujus itineris puella in præceps labitur acta. Quæ dum miserabiliter volvitur per devexa, socii beatæ reginæ proclamantes expetunt patrocinia : cum subito in præupto montis hæsit latere delapsa ; sicque demissis fasciolis retrahitur incolumis ad superiora, nullam, ceu visum sibi est, læsionem perpessa. Quibus compertis nonnulli miraculis, devotius hujus oneris famulabantur obsequiis. Inter quos equo quidam desiliens, beata super-imponit pignora, descensuque montis artam ingressus semitam, propriis onus extollit humeris. At subito lubrica pede secuto ruit in præceps; sacra tamen brachiis astricta nullatenus omittens munera: cum protinus, turba sequente nomen reginæ precibus ingeminante, equus, qui sacra gesserat, suam nihili pendens ruinam, ruentem anterioribus hominem cruribus amplexus, tandiu cum, Deo se sustinente tenuit, donec ab incolis subter degentibus glacies ferro crispata, et tam homo quam equus in callem sunt funibus revocati. Pervenientes autem ad pagum Lingonicum, in vicum qui vocatur Osismus, ecclesiæ beati Winebaldi, almas intulerunt reliquias. Ubi quædam contracta genibus repens muliercula, mox ut horum gestamen pignorum attigit, ad sua revocatis officia nervis, sanitati perfectissime redditur. Inde itinere unius diei peracto, quidam omnibus jam per sexennium dissolutus artubus, linteum beatæ reginæ cum gladio mittit in munere. Sed antequam conjux ejus ad eum, quæ hæc detulerat munuscula, rediret, infirmus idem membrorum omnium recuperat munia. His auditis, quædam matris ab utero cæca puellula deducitur huc ad sancta præsidia, moxque dum feretrum beatæ contigit Dominæ, depulsa lumen recepit cæcitate. Ingressis villam Avergam quædam muta, sed et officio manuum destituta, progreditur obviam, quæ statim, recuperatis membrorum muniis, optatam meruit invenire medelam.

Deinde venerando hoc in ecclesia villæ Falesiæ posito munere, quidam lunaticus eamdem basilicam est ingressus. Tum novissime vexatus, merita beatissimæ petentibus cunctis plenissime regreditur absolutus, integra scilicet sospitate donatus. In eadem villa quidam morbo attritus tria grabato exegerat lustra, carne jam ita putrefacta ut viginti tria e corpore ipsius cecidisse feratur ossa : qui ad divam perlatus medicatricem, virtute divina erectus, stupente populo redditur sanus. Quædam quoque puella, nomine Bava, genibus attracta repens, utpote utroque poplite contracto matris ex utero, basibus hic solidatis, recto recessit vestigio, quæque postmodum Remis in sancto permansit proposito. Accedit quoque femina, quæ paralysi resoluta linguæ penitus amiserat officia, laxisque nervis, dextræ manus inutilia dependebant vincula. Cujus allatus in munere linteolus, ut thecam sacri contigit corporis, mulier pristinæ munia perfectæ recepit salutis. Quidam surdus a nativitate vervecem adduxit, ecclesiam ingressus ad missarum solennia stetit. Ut ad evangelium ventum est recitandum, verba vitæ insolita cœpit aure percipere ; quo perlecto curatus confessus est Evangelium se nunquam prius audisse. Pater quidam lactentis advenit pueri, quem ad exitium jamjamque vis impellebat ægritudinis. Genitor ergo, votum pro vita vovens nati, rediit, et puerum, qui per quinque jam dies fomenta spreverat mammæ, reperit incolumem, lacque sugentem. Paralyticus quidam Trevirorum e finibus est advectus, qui septem dudum vicibus omnium membrorum soliditatem adeptus, toties, carnis se prementibus desideriis, miserabiliter est recontractus. Qui postquam propria confessus est facinora, quod non egerat jam vicesimus volvebatur annus, permansura deinceps est sanitate potitus. Allata est item mulier quædam, dextro latere pestis immunitate resoluta, quæ perfectam consecuta medelam, reversa est sana. Item, adducitur mane mulier cæca, quæ hora rutilante tertia, gemina regreditur illuminata lucerna.

Denique ut perlata est ad præfatum Altumvillarense monasterium sacratissima gleba, quibusdam dubitantibus an ipsa foret Helena Constantini Augusti genitrix, vitalisque ligni repertrix, id probabili Christus asseverare dignatur aquæ indicio, triduano supplicatus jejunio. Mittuntur etiam tres fratres ex eodem monasterio Romam, ad indagandam translationis hujus beatæ reginæ certitudinem ; qui redeuntes et veritatis hujus indaginem, et geminatum gaudium, corpus videlicet beati Polycarpi presbyteri, collegæ sancti Sebastiani, huic attulere cœnobio.

Hujus beatæ reginæ quondam natali die imminente, piscatores monachorum noctu capturæ instabant piscium in Materna flumine, cassoque frustrati per totam fere noctem labore, tandem conquesti, sanctam Helenam pro sua cœperunt inclamare fatigatione. Tum in Dei, et in ipsius nomine laxantes rete, gemino ditati gaudent esoce. Sed mox unus horum repetens matrem, quodam gaudio interpolavit mœrore. Dumque rursus quæruntur, iterumque dominam inclamando turbantur, piscis elapsus mirabiliter dans saltum ab imo, superiorem retis funem tenacissimo corripit morsu, et sic inhærens funi-pependit, donec stupefactus eum tandem piscator gratanter excepit.

CAPUT IX.
De translatione sancti Sindulfi ad idem monasterium.

Ad hoc monasterium beati Sindulfi translata sunt ossa, quæ in villa quæ dicitur Alsontia, fuerant posita, ubi Deo idem sanctus vir sacerdotali servierat officio, et ubi pluribus post obitum claruerat miraculis. Cujus pignora ut perlata sunt ad villam, quæ dicitur Spida, mulier quædam cæca, pristinum gavisa est lumen adepta. Cumque appropinquarent jam portæ civitatis Remensis, obviam properante populi multitudine, accessit quædam muta et debilis manu puella; quæ ut se terræ prostravit, ab utraque sanari peste promeruit. Allata est illuc quædam muliercula manibus, genibusque contracta, quæ continuo, ut est ad terram deposita, sanitati lætatur restituta. Sed ubi victa luxu gloriari cœpit, quod eam vellet, nollet, vir suus reciperet, qui eam infirmitatis hujus causa dimiserat, ad depulsam rursus est miseriam revoluta. Item ut posita sunt beati viri membra in ecclesia, coram altari sanctæ Mariæ, advenit quædam puella reptans genibus contracta: quæ virtute erecta, hujus sancti meritis astitit sana. Adducitur etiam quædam jam per annos septem cæca, quæ mox ut valvas templi attigit, lumen recipere meruit. Celebratis missæ sacramentis, defertur inde corpus beati viri ad basilicam sancti Remigii. In crastinum perfertur ad monasterium Avennacum, et occurrentibus sanctimonialibus, advenit quidam jam duobus annis claudus; qui ubi se prostravit in humum, surgens priscum cœpit figere gressum. Affertur etiam quædam contracta, membrisque resoluta, quæ sine mora sospitati gaudet restituta. Tum perlatum est munus hoc venerabile ad monasterium Altumvillarense, ubi quædam puellula advecta a primo nativitatis anno cæca, ut ad januam monasterii pervenit, lucem videre cœpit. Duo germani provectæ fratres ætatis sub uno anno luce privati oratorium ingressi, ut se dederunt in orationem, cruor eis pro lacrymis fluere cœpit ex oculis; moxque lumine recepto, lætantur sepulcrum videre sanatoris. Quædam Deo sacrata votum habuit cum sociis, ut iret ad locum pignoris; quæ de itinere medio cæteris iter peragentibus cœptum reversa, ut ad suæ locum cellulæ pervenit, poplitibus, brachiisque contracta diriguit. Postea, plaustro ad præfatum devecta cœnobium, postquam aliquandiu ibidem in hac est ægritudine remorata, exsultat tandem pristinæ sibi sospitate redhibita.

CAPUT X.
De sancto Reolo episcopo.

Post S. Nivardum præfatus domnus Reolus (*saint Rieul*) episcopium hoc est adeptus, quod tam hæreditariis, quam emptitiis invenitur auxisse rebus. Qui ex præcepto domni Nivardi causas apud regiam majestatem pro rebus ecclesiasticis, vel colonorum legibus egisse ac evicisse reperitur. Ipse vero beatus Reolus in episcopatu jam positus magnam habuit intentionem, pro rebus præmissi sancti Nivardi episcopi, cum Gundeberto regis optimate, ipsius domni Nivardi fratre germano, dicente Gundeberto quod villæ germani sui Nivonis episcopi, tam de paterna, quam de materna hæreditate, quas Nivo moriens dereliquerat, ipsi jure legitimo deberentur. At contra domnus Reolus vel agentes sui dicebant, quod domnus Nivardus omnem rem suam, pro animæ suæ remedio, ad loca sanctorum per sua instrumenta contulisset, scilicet ad ecclesiam sanctæ Mariæ, et sancti Remigii, atque ad monasterium Altumvillare, necnon et Viriziacum, ubi domnus Basolus in corpore requiescit; quæ monasteria ipse domnus Nivo suo construxerat, vel restruxerat opere. Item, Remis ad monasterium puellarum, ubi Boba præesse videbatur abbatissa. Item sanctis Rufino et Valerio, vel per reliqua loca sanctorum. Sed dum inter utramque partem hæc intentio verteretur, meditantibus pacificis tandem personis, eo tenore ad pacem concordia redierunt, ut Gundebertus ea quæ ultra Ligerim fuerant Emmæ genitricis ipsorum, absque repetitione Reoli episcopi, vel agentium suorum, in sua reciperet potestate. Reliqua vero, quæcunque bonæ memoriæ domnus Nivo ad loca sanctorum per sua instrumenta delegavit, ad integrum eadem sanctorum loca perpetualiter absque repetitione Gundeberti, vel hæredum suorum cum Dei adjutorio possiderent. Unde conventiale quoque scriptum digestum apud nos adhuc reservatur, utriusque partis assignatione roboratum.

Hic partem villæ Diciaci positus in episcopatu emit; item, mansum et campos in villari Bersiniaco [*ms.,* Hersiniaco]; item, mansos aliquos plusquam quatuor infra civitatem Remensem a diversis personis, et alia quædam; item, portionem de villa, quæ dicitur Mons Allonis; item partes villarum Rosiciaci et Popiciaci, et alia nonnulla, tam prædia quam mancipia, ejus temporibus tradidit vir illustris Waratus ad ecclesias sanctæ Mariæ, et sancti Remigii Remis Cruciniacum (*Cruny*) montem, Curbam villam (*Courville*), cum Acciniaco, in pago Tardenensi (*Arcini en Tardenois*). Quædam denique hic beatus præsul Reolus ex rebus ecclesiæ invenitur cum quibusdam personis commutasse, partium scilicet liberata opportunitate.

Habuit filiam Deo sacratam in monasterio quod Ebroinus Suessionis construxit, sub sancta regula conversantem, nomine Odilam, quam ex legitimo susceperat ante clericatum matrimonio; cui villas quasdam tam in pago Remensi, vel Bellovagensi, quam etiam in partibus Transligeranis, eo tradidit jure, ut ad idem monasterium res ipsæ post ejus decessum proficerent omni tempore.

Construxit hic venerabilis præsul monasterium Orbacense, in loco quem promeruit dono regis Theoderici, per ipsius licentiam, suffragante quoque Ebroino majore domus. Impetravitque domnus idem Reolus a monasterio Rasbacensi sex monachos, qui regimina sanctæ regulæ ibidem tenerent, et alios ea docerent. Ex quibus unum, Landemarum [i, Leudomarum] nomine, in eodem loco abbatem constituit, qui rexit idem monasterium donec vixit. Nam licet ab Odone quodam fuerit expulsus, a Childeberto tamen rege postea restitutus est. Post cujus obitum domnus Rigobertus archiepiscopus ipsum recepit et rexit. Hujus monasterii monachum, nomine Hueboldum, nuper Hungari comprehensum trucidare nisi sunt; sed nequaquam ferro incidere potuerunt (6). Nam ut idem refert, et nonnulli captivi qui viderant, reversi nunc quoque testantur, dum sagittis eum nudum undique barbari petissent, ut ab adamante relisæ, sic ab ejus corpore resiliebant sagittæ, nec signum ictus ullum apparebat in cute, sed et omni conatu gladio percussus, nihilominus mansit intemeratus. Unde et Deum dicentes eum esse, duxerunt reveriti secum, donec redemptus a quodam episcopo, atque dimissus revertitur.

CAPUT XI.

De sancto Rigoberto.

Præfato domno Reolo beatus Rigobertus successit in episcopatu, ejus, ut traditur, etiam carne propinquus, in regione Ribuariorum (*pays de Ribemot*) nobili prosapia genitus; patre siquidem ex eodem pago, nomine Constantino, matre vero ex Porcensi oriunda territorio; vir piis moribus instructus, et virtutum insignibus adornatus. Qui nonnulla in episcopio collapsa reperiens, reparavit. Sed canonicam clericis religionem restituit, ac sufficientia victualia constituit, et prædia quædam illis contulit, necnon ærarium commune usibus eorum instituit. Ad quod has villas delegavit: Gerniacam cortem (*Gernicourt*), Musceium Roceium, Wilfiniacum Rivum, Curcellas; ecclesiam quoque S. Hilarii, cum suburbio ad eam pertinente, scilicet ut in annua transitus sui die sufficiens eis inde refectio pararetur; quæ superessent, ipsis communiter dividenda cederent. Famulos quoque, et eorum colonias ad necessaria canonicorum servitia deputavit, et eosdem Christi pauperes rerum suarum hæredes fieri destinavit. Harum vero summa rerum in 40 vel amplius mansos colligitur. Nonnullas etiam episcopii villas, descriptis earum coloniis, servitiisque, rite disposuit.

Res etiam quibus episcopium auxit quasdam dato pretio comparavit, ut villam, nomine Carlobram, in pago Tardonensi, a Gomnoaldo, pro qua dedisse traditur auri solidos quingentos, et in villa, cui nomen Turba, mansos duos, a diversis personis. Item portionem de villa quæ dicitur Campaniaca, super fluvium Vidulam, ab Hosomo [ms., Hosonio], pro qua dedisse reperitur in auro solidos 140. Item, a quadam consobrina sua, nomine Gilsinda, portionem de villa Bracancio [*Briquenay*], super fluvium Rotumnam, cum mancipiis, ædificiis, et omnibus ad ipsam possessionem pertinentibus. Item ab eadem Gilsinda partem quamdam de villa Bobiliniaca supra fluvium Suippiam [*Boul sur Suippe*], cum domibus, mancipiis, pratis, campis, et cæteris ad eamdem possessionem pertinentibus; pro quibus rebus in auro solidos centum invenitur dedisse. Quasdam quoque res trans Ligerim non modico auri dato pondere reperitur emisse. Quædam quoque cum aliquibus personis invenitur commutasse, pro partium scilicet opportunitate. A Dagoberto [*Dagobert III*] denique rege præceptum immunitatis suæ obtinuit ecclesiæ, suggerens eidem regi, qualiter ipsa ecclesia sub præcedentibus Francorum regibus, a tempore domni Remigii et Clodovei regis, quem ipse baptizavit, ab omni functionum publicarum jugo liberrima semper exstiterit. Qui præfatus rex hoc beneficium confirmare vel innovare disponens, cum consilio procerum suorum statuit, ad prædecessorum formam regum, præcipiens ut omnes ipsius sanctæ Dei ecclesiæ res, tam in Campania, et infra urbem, vel suburbanis, quam in Austrasia, seu Neustria, vel Burgundia, seu partibus Massiliæ, in Rodonico etiam, Gavalitano, Arvernico, Turonico, Pictavico, Lemovicino, vel ubicunque infra regna ejus ipsa Remensis ecclesia, vel basilica beatissimi Remigii villas aut homines habere videbatur, sub integra immunitate omni tempore possent manere. Sic quoque ut nullus judex publicus in ipsas terras auderet ingredi, ut mansiones intrando faceret, aut quælibet judicia, vel xenia ibidem exigere ullatenus præsumeret; sed quodcunque a prædecessoribus suis regibus ecclesiæ Remensi vel basilicæ sancti Remigii fuerat concessum, cunctis diebus eadem ecclesia valeret habere conservatum. Sed et a filio ipsius super hujusce auctoritatis corroboratione, et a cæteris sui temporis regibus, immunitatis, ac teloneorum remissionis, præcepta ecclesiæ suæ studuit obtinere. Item, Theoderici regis specialiter pro villa Calmiciaco, quam Grimoaldus vir illustris ecclesiæ Remensi contulerat. Quarum adhuc regalium monimenta præceptionum in archivo sanctæ hujus Remensis conservantur ecclesiæ.

Hic venerabilis præsul Pippinum majorem domus regiæ traditur amicissimum habuisse; cui eulogias pro benedictione crebro solebat mittere. Ad quem collocuturus, dum venisset aliquando, cœpit idem princeps requirere, quid huic sancto Patri gratum potuisset offerre. Morabatur autem tunc apud Gerniacam cortem, quam villam eidem oblatam, ubi gratam haberi beato pontifici comperit, offert ei, ut quantum vellet in gyro acciperet, vel quantum circumiret, dum ille meridie quiesceret. Beatus itaque Rigobertus, exemplum beatissimi Remigii secutus,

---

(6) L'em refert auctor in Chronico ad annum 937.

per fines qui manifestissime patent, pergens, passim itineris sui limitem poni præcepit, ut litem discerneret arvis. Cui regresso surgens Pippinus a somno, largitus est omnem quem circuitu suo concluserat locum. Ad indicium vero memorabile super hoc itineris sui, vernantior omni tempore, quàm in cæteris circa locis, visitur herba virere. Est et aliud non contemnendæ rei miraculum, quod procul dubio meritis ipsius constat eisdem rebus a Domino prærogatum. Siquidem postquam ejus cessere dominio, fertur eas nunquam læsisse tempestas, nec cecidisse super illas grando ; et cum in locis contiguis videbatur cadere, fines eorum non præsumit attingere.

Denique res istas, vel cætera quæ visus est obtinuisse, nullo mundanæ cupiditatis impetravit obtentu ; sed ecclesiæ suæ in cunctis consulens utilitatibus, illam constituit hæredem. Plures etiam rerum suarum participes fecit ecclesias, ut variis chartarum docemur instrumentis. Sub ipsius episcopatu dedit Ado quidam abbas ad ecclesiam sanctæ Mariæ Remensis res suas sitas in pago Laudunensi, in vico, qui dicitur Rausidus [*c. i*, Raosidus], cum adjacentiis earum, domibus scilicet, colonis, campis, vineis, pratis, silvis, piscinis, aquis, aquarumve decursibus, et omnibus appendiciis. Item ad matriculam sancti Remigii res quasdam in pago Tardonensi, in villa Corneciaco constitutas. Diversæ quoque personæ in locis diversis res suas pro animarum remedio ecclesiæ Remensi sub hoc Patre beatissimo tradiderunt, ut Beroaldus [*ms.*, Heroaldus] et Sairebertus in monte Betelini, et Taxovariis domos, arva, mancipia, vineas ac silvas : Gairefredus et Austreberta in pago Laudunensi, in villa Warocio, mansos cum terris adjacentibus, vineis ac mancipiis. Abbo res suas sitas in pago Porcensi, villa Augusta. Landemarus in Camarciaco, in pago Remensi, mansos cum ædificiis, mancipiis, ruribus, vineis, silvis, pratis, et cæteris adjacentiis. Rodemarus res suas sitas in vico Castricensi. Item Austrebertus suas in eadem villa. Quarum adhuc exemplaria traditionum apud nos condita reservantur.

CAPUT XII.
De expulsione ipsius ab urbe Remensi.

(An. 717, *Sigeb.* 7, 8.) Orta denique simultate inter regem Chilpericum et Karolum præfati Pippini filium, majoremque domus Ragemfridum, Karolus iste prope urbem transiens Remorum, clamasse fertur ad beatum Rigobertum supra portam civitatis situm, ut ei juberet eâmdem portam aperiri, quatenus ad ecclesiam sanctæ Dei Genitricis oratum posset abire. Cui crebris in idipsum vocibus instanti respondisse vir Domini perhibetur, quod non illi eam prius aperiret, donec sciret quem finem lis cœpta perciperet ; ne forte urbem sibi commissam ipsi diripiendam proderet, qui aliarum res nonnullas urbium diripuisset. Ad hæc Karolus cominatus asseritur furibunde, quod si reverteretur victor in pace, non ultra idem vir Dei tutus maneret in eadem civitate. Supra portam siquidem, quæ dicitur Basilicaris, vel quod basilicis in gyro sui dispositis abundaverit, vel quod euntibus ad basilicas in vico sancti Remigii sitas pervia fuerit, hic benedictus Domini consuevisse traditur commorari, quod apertis cœnaculi sui fenestris, loca sanctorum beati Remigii, cæterorumsque orandi gratia solitus fuerat contemplari.

Oratorium quoque super eamdem portam construxerat in honore sancti Michaelis archangeli, de quo in contiguam sancti Petri ecclesiam descendere morem fecerat orationis amore. Quod oratorium non pauco tempore perseveravit ibidem, donec Ludovicus imperator idem sancti Petri monasterium Alpaidi filiæ suæ dedit. Cujus mulieris vir, nomine Bego, præfatum dirui jussit oratorium ; quia scilicet quadam die caput in superliminari ejusdem ostioli graviter eliserit, eo quod statura procerus fuerit, et erecto collo ambulaverit, nec ad introeundum seipsum humiliaverit : prætendens quod fenestram obnuberet ecclesiæ præ sui celsitudine. Quod tamen oratorium ut cœpit everti, mox ille corripitur a dæmone, ut erat in pago Laudunensi, procul ab urbe Remensi. Porro per hujus portæ viam pulvis et venti mistim ferebantur, unde et tenebræ urbi videbantur illatæ : nec per eamdem viam facile valebat quisquam incedere. Hoc autem oratorium modo reparatum, et in præmemorato beati Michaelis veneratur honore restitutum.

Præfatus itaque Karolus ut principatum bello adeptus est, hunc virum Domini Rigobertum patronum suum, qui, ut traditur, cum de lavacro sancto susceperat, episcopatu deturbavit, et cuidam Miloni sola tonsura clerico, quod [*i*, qui] secum processerat ad bellum, dedit hoc episcopium. Hic Karolus ex ancillæ stupro natus, ut in annalibus regum de eo legitur, cæteris qui ante se fuerant audacior regibus, non solum istum, sed etiam alios episcopatus regni Francorum laicis hominibus et comitibus dedit ; ita ut episcopis nihil potestatis in rebus ecclesiarum permitteret. Verum quod contra hunc virum sanctum, et alias ecclesias Christi perpetravit malum, justo judicio Dominus refudit in caput ejus. De quo Patrum scripta relatione traditur, quod sanctus Eucherius, cujus in monasterio sancti Trudonis humatum est corpus, Aurelianensium quondam episcopus, dum in oratione positus, mente cœlestibus intenderet, ad alteram vitam raptus, inter cætera quæ Domino sibi velanto conspexit, hunc Karolum in inferno inferiori torqueri vidit. Cui de hoc sciscitanti responsum est ab angelo ductore suo, quod sanctorum judicio, qui in futuro examine cum Domino judicabunt, quorum res abstulit, sempiternis sit pœnis deputatus. Qui beatus Eucherius ad sæculum reversus, sancto Bonifacio, qui tunc Galliis, ad restituenda jura canonica, fuerat ab apostolica sede prælatus, et Fulrado abbati monasterii sancti Dionysii, et summo capellano regis Pippini, hæc indicare studuit, dans in assertione, ut ad sepulcrum ejus accedentes, si corpus ipsius inibi non reperierint, quæ de illo referebat, vera esse scirent. Quibus ad locum, ubi corpus ejusdem Karoli (*Car. Martelli*) sepultum fuerat, venientibus, et sepulcrum ipsius aperientibus, subito visus est serpens egressus ; et totum illud sepulcrum vacuum reperitur interius, sicque denigratum, ac si fuisset flammis exustum. De præfato denique Milone Zacharias papa Romanus, prænovato sancto Bonifacio inter cætera, quæ ad eum mandata dixerit, ita scribit (ZACHARIAS *ep.* 12) : « De Milone autem, et ejusmodi similibus, qui ecclesiis Dei plurimum nocent, ut a tali nefario opere recedant, juxta Apostoli vocem, opportune, inopportune prædica (*II Tim.* IV). Si acquieverint admonitionibus tuis, salvabunt animas suas ; sin vero, ipsi peribunt obvoluti in peccatis suis ; tu autem, qui recte prædicas, non perdes mercedem tuam. »

Cæterum sanctus Domini Rigobertus, Dominicis obtemperando præceptis, quibus jubetur sub persecutione de civitate in civitatem fugere, secessit in Vasconiam. Ibi exsulando, dum multorum sancto fervore memorias sanctorum lustraret, quamdam ingressus basilicam, donec insistit orationibus, campanæ pulsantur ex more, ibidemque duo pulsata signa sonitum nullum reperiuntur dedisse. Tunc sacerdos et alii circumstantes sollicite perscrutantur, quis sit, et unde advenerit. Ille se profitetur clericum, et de Francia profectum. Adjicientes illi, super novæ rei sciscitantur eventum ; cur scilicet impulsa eorum consuete non resonent signa. At ille duo pandit sibi de quadam ecclesia sua furtim ablata, arbitrarique se, ne forte sint ea. Quibus sibi ostensis, ut asserit sua fuisse, experimenti gratia rogatur pulsare illa. Ad cujus impulsum his altisone reboantibus, vera dixisse comprobatur. Ita cunctis super hujuscemodi facto stupentibus, suæ sibi nolæ redduntur ; et ipse tam admiratione quam veneratione dignus habetur, quæ postmodum in Franciam relatæ, et ecclesiæ Gerniacæ cortis sunt restitutæ.

Fertur hunc virum Dei præfatus Milo (cui episcopum Remense datum fuerat a Karolo) functus legatione apud Vascones in hac regione reperiisse, eique ut in Franciam reverteretur suasisse, suumque sibi redhibendum episcopum spopondisse. Qui regressus petitur a Milone, ut res quas ecclesiæ jam delegaverat, in jus proprium sibi traderet ; quod eo nullatenus assentiente, et Milone se de pollicitatione mutante, altare tantum vir Dei sibi rogat concedi sanctæ Dei genitricis Mariæ, ut scilicet in eo missas sibi liceat celebrare. Quo demum obtento, habitavit in Gerniaca corte tempore non pauco, vitam in humilitate, parcitate, vigiliis, orationibus, et eleemosynis, cæterorumque bonorum operum exhibitionibus agens. Morisque fuit ei, civitatem Remorum frequenter invisere, et in ara beatæ Mariæ missas, ut optaverat, celebrare. Tum per ecclesiam sancti Mauritii ad sanctum Remigium orandi gratia pergere. Inde sancti Theoderici monasterium visitare, ac per ecclesiam sancti Cyrici de Culmiciaco ad sanctum Petrum in Gerniacam cortem redire.

CAPUT XIII.

De miraculis in vita ipsius ostensis.

Contigit itaque quondam, dum ad sanctum Cyricum oratum venisset in Culmiciacum, locutum cum cum œconomo Remensis ecclesiæ qui aderat : rogatusque ad prandium, recusavit, utpote missas acturus ad sanctum Petrum. Interea mulier quædam anserem attulit vicedomino, quem ille offerens episcopo, petit ut jubeat recipi, secumque deferri. Quem puer viri Dei suscipiens ferebat, cum subito de manibus ejus evadens avolavit, spemque resumendi puero abstulit. At Pater sanctus puerum vehementer anxiatum conspiciens, blande, ceu vir mitissimus, consolatur, docens de temporalium amissione rerum nequaquam flendum vel contristandum ; quinimo semper in Domino, *qui dat omnibus affluenter* (*Jac.* 1), sperandum. Et ecce post aliquod spatium, avis ultro revolans, ad terram coram sancto præsule descendit, eumque quasi prædux præiens, nusquam a tramite deviat, donec ad Gerniacam cortem quo ibant, pervenit. Quam vir Domini non passus occidi, præviam habebat itineris. Fertur enim ante se cursitare solita, dum civitatem adibat, aut redibat. Hujus beati præsulis Adrianus, sedis apostolicæ pontifex, meminit in epistola sua Tilpino, post episcopo Remensi directa, in qua et querimoniam facit super eo, scribens in hunc modum : « Tua fraternitas nobis retulit, quia faciente discordia inter Francos, archiepiscopus Remensis, nomine Rigobertus, a sede contra canones dejectus et expulsus fuit, sine ullo crimine, et sine ullo episcoporum judicio, et sine ullo apostolicæ sedis consensu, vel interrogatione ; sed solummodo quod antea non consensit in parte [*or.*, partem] illius, qui postea partem illam de illo regno in sua potestate accepit, in qua parte Remensis civitas est (*id est in regno Austrasiæ*) et donatus, atque magis usurpatus contra Deum et ejus auctoritatem fuit ille episcopatus, simul cum alio episcopatu, et aliis ecclesiis, a sæcularibus potestatibus Miloni cuidam, sola tonsura clerico nihil sapienti de ordine ecclesiastico, et alii episcopatus de ipsa Remensi diœcesi diverso modo essent divisi, et aliqui ex magna parte sine episcopis consistentes, et ad alios metropolitanos episcopi et clerici ordinationes aliquando accipientes erant, et refugia indebita habebant, et a suis episcopis indicari et distringi non sustinebant, et clerici, et sacerdotes, et monachi, et sanctimoniales sine lege ecclesiastica pro voluntate et licentia vivebant, » etc.

CAPUT XIV.

De obitu et sepultura ipsius.

Hic denique beatus præsul Rigobertus actibus egregiis, magnisque virtutibus pollens, annos plures in hac exegit conversatione, consummataque viriliter præsentis vitæ militia, decessit pridie Nonas Januarii. Humatus est autem venerabiliter a sacerdotibus in præfata villa, in qua morari solebat, in ecclesia sancti Petri, ad australem plagam altaris. Qui multis hic post sanctam depositionem suam refulgens miraculis, quanti sit apud Deum meriti, patenter innotuit ; quæ tamen mira ob incuriam, vel scriptorum raritatem, non fuere descripta.

Tres siquidem claudi ab incolis ejusdem loci memorantur inibi fuisse curati. Cujus redhibitæ sanitatis indicia bacilli videlicet ac scabella, in eadem ecclesia diu sunt reservata, donec exinde beata ejus sunt pignora translata. Quædam quoque mulier cæca, nomine Ansildis [i, Ausisdis], ipsius loci habitatrix, ibi pristinum meritis hujus patrocinantibus lumen recepit oculorum. Puer quidem, scholaribus apud loci presbyterum studiis deditus, lascive quondam ludendo supra tumulum ejus subsilire cœpit, non dans honorem Deo, neque sancto ipsius ibidem sepulto. Sed ut sepulti meritum panderetur, et hujusmodi præsumptio coliberetur, continuo pes illius indoluit ; moxque claudus effectus, officium pedis unius amisit. Quo comperto, presbyter cancellos inibi circa tumbam, ne quis ignarus simile quid pateretur, fieri procuravit. In eadem basilica voces tantæ dulcedinis post ejus sepulturam sæpius auditæ narrantur, ut nonnisi angelicæ comprobentur. Lux quoque tantæ claritatis mediis inibi noctibus emicuit, ut solis fulgorem vicisse videretur, quæ magno etiam quondam jubare, sacerdotis contiguam penetravit ædiculam. Quo viso tantus timor invasit presbyterum, ut abinde majorum huic loco reverentiam exhibuit, quam antea solitus fuerit. Ad hoc viri Dei sepulcrum diversis ab ægritudinibus multi curantur infirmi. Frigoritici quidam cum fide venientes, candelam in votis offerunt, et abrasum sepulcri pulverem sumunt, quem aquæ mistum bibunt et sanitatem hujus sancti meritis adipiscuntur. Dentium vero doloribus cruciati hunc debita cum veneratione tumulum deosculantur, et ita curari merentur.

CAPUT XV.
De translatione corporis ejusdem.

Itaque dum in hoc loco hic inclytus Domini confessor pluribus clarificatus signis reniteret, domnus præsul Remensis Hincmarus hinc eum transtulit, et ad cœnobium sancti Theoderici detulit, ac secus ipsius beati viri tumbam posuit. Ubi dum aliquod annis veneratur, plura per eum Dominus mira patrare dignatus est. Multi siquidem febribus vexati, vel dolore dentium fatigati, ejus hic quoque cum fide petentes auxilium, divinum gavisi sunt adepti remedium. Ex quibus mulier quædam, nomine Audinga, de quadam proxima monasterio villa, nomine Colmelecta, febribus attrita, hæc apud se super recuperanda sibi sanitate fecisse traditur experimenta. Tres enim candelas unius fecit quantitatis, quarum unam nomine sancti Theoderici, alteram sancti Theodulfi, tertiam sancti Rigoberti constituit ; quas simul accendens, quæ superaret ardendo, probare disposuit. Quo facto, dum superdurat flagrando quæ beati fuerat nomine Rigoberti, mulier id reputans Deo placitum, eidem sancto fieri votum suum instituit. Continuo aliam instaurans candelam, hujus almi viri duntaxat venerationi dicatam, veniensque ad locum designatum, munusculum obtulit ; et ante quæsita sancti Dei pignora post orationem dormivit, evigilansque desideratam se sospitatem recepisse probavit.

Post annos novem hujus beati præsulis ossa Remorum perferuntur in urbem, et in basilica sancti Dionysii honore dicata locantur, ubi canonicorum sepultura Remensium tunc habebatur. Erat tunc quædam mulier cæca, in villa quam vocant Alamannorum cortem [Aumencourt] ; quæ dormiens audivit in somnis vocem dicentem sibi : Quid hic facis? cur jaces ? Crastina die pontifex Hincmarus et canonici Remenses sanctum transferent Rigobertum. Vade ad illum, et ille te adjuvabit. At illa diluculo consurgens acceleravit, candelam secum deferens, advenire. Quæ mox ad loculum beati pignoris accessit, lumen olim amissum recipere meruit. Surdus etiam quidam translationis hujus æque die veniens, ut locellum sacri corporis bajulum tetigit, auditum statim recepit, qui tali quoque modo se retulit accersitum. Noctu siquidem in diversorio quiescentem persona quædam incognita leviter [i, leniter] hunc in latere percussit et excitavit, excitatumque vocavit. Sensit ille tangentem, sed non audivit, utpote surdus, vocantem. Audierunt tamen qui secum aderant in domo vocem ad sanctum Rigobertum ire quantocius eum admonentem, licet viderint neminem. Qui confestim abiit, et salutem diu desideratam invenit.

Hujus beati Patris membra veneranda, quoniam ecclesia prænotata necessitate muri civitatis, ob infestationem paganorum construendi, evertebatur, Fulco præsul urbi postmodum intulit, et in medio ecclesiæ beatæ Dei genitricis Mariæ post altare sanctæ crucis collocavit ; ubi plures etiam cum fide accedentes optatam reperere medelam. His fere diebus monachus quidam cœnobii beatissimi Remigii, nomine Sigloardus, validissima febre correptus, impos quoque mentis effici videbatur. Qui dum quadam nocte cubitum perrexisset, incœnatus tamen, et quiescere nullatenus sineretur, arctatus undique, beatum Rigobertum auxilium sibi ferre clamans, invocat, et optatam protinus sanitatem recuperat.

Post aliquantum temporis deferuntur hujus sancti viri pignora in pagum Veromandensem ad villam Nemincum, quam Odalricus comes ecclesiæ Remensi tunc temporis contulerat ; et Fulco præsul canonicorum victui deputarat, ubi quidam commanebat in proximo presbyter, nomine Signinus, qui magno cruciabatur dentium dolore. Hic audiens hæc pretiosa illuc delata membra, quoniam victus ægritudine impediebatur adire, candelam illo studuit transmittere. Ac licet absens corpore, precibus tamen et lacrymis sanctum Domini Rigobertum non distulit exorare, quatenus per ipsius interventum medelam mereretur accipere. Qui mox ut munusculum ejus ad sancti loculum pervenit, medicum cœlestem sibi adesse, recepta sanitate, sentire promeruit. Et confestim ad locum sacri medicatoris profectus est, totumque se in lacrymis ante ipsius effundens memoriam, gratias retulit, et quanta sibi per ejus invocationem Patris fecerit Dominus, indicavit. Nec longum post hæc urbi Remorum sacra membra revocarunt, et ecclesia sancti Dionysii extra murum civitatis canonicorum Remensium studio, sumptibusque restructa, ibidem cum beati Theodulfi pignoribus honorifice venerantur illata.

CAPUT XVI.
De Abel ejus successore.

Beatum Rigobertum secutus Abel in episcopatus ordine reperitur, quamvis eum quidam corepiscopum tantum fuisse tradant. Pontificem tamen illum exstitisse diversis invenimus assertionibus, et maxime in epistolis Zachariæ papæ ad sanctum Bonifacium directis (ZACHAR. *epist.* 85, tom. III *Concil.*), in quarum una commemorat, indicasse prædictum beatum Bonifacium suis litteris inter cætera, quod tres episcopos per singulas metropolitanas urbes ordinasset, id est, Grimonem in civitate quæ dicitur Rodomus secundum vero Abel, in civitate quæ dicitur Remorum : tertium denique Haribertum in civitate quæ dicitur Senonis : « Qui et apud nos, inquiens, fuit, et tua nobis pariter, et Karlomanni atque Pippini detulit scripta, per quæ suggessisti, ut tria pallia iisdem tribus prænominatis metropolitanis dirigere deberemus, quod et largiti sumus pro adunatione et reformatione Ecclesiarum Dei. » Item in alia ipsius ad eumdem epistola (ZACHAR. *epist.* 9, al. 4) : « De episcopis vero metropolitanis, id est Grimone, quem nos jam compertum habemus, Abel, sive Hariberto, quos per unamquamque metropolim per provincias constituisti, hos per tuum testimonium confirmamus, et pallia dirigimus ad eorum firmam stabilitatem, et Ecclesiæ Dei augmentum, ut ita meliori proficiat statu. Qualiter enim [*i*, etiam] usus pallii sit, vel quomodo fidem suam exponere debeant hic qui pallii uti licentia conceduntur, eis direximus, informantes eos, ut sciat quod [*ms. i, quid*] sit palii usus, et subjectis viam prædicare salutis, ut ecclesiastica disciplina in ecclesiis eorum immutilate servetur, et maneat inconcussa : et sacerdotum, quod in eis fuerit non pollutum, ut antea fuit, sed mundum, et acceptum Deo esse possit, quantum humana conditione [or. *ms.*, *conditio*] valet ; ita ut nullus reperiri possit sacris deviare canonibus, et sacrificium mundum eorum ab eis immoletur ; ita ut Deus in eorum placetur muneribus, et populus Dei purificatus mentibus ex omni squalore sincerum exhibere valeant Christianæ religionis officium. » Sed et quædam chartæ ipsius episcopi reperiuntur, nomine titulatæ.

De quo etiam præfatus Adrianus papa in præmemorata epistola ad Tilpinum archiepiscopum, post illa, quæ superius præmissa sunt, ita subinfert (ADRIAN. I, *ubi supra*, c. 13) : « Sanctæ memoriæ Bonifacius archiepiscopus et legatus sanctæ Romanæ Ecclesiæ, et præfatus amabilissimus Fulradus Franciæ archipresbyter, tempore antecessorum nostrorum Zachariæ et Stephani (*Steph.* II) successoris illius, multum laboraverunt, ut bonæ memoriæ prædecessor noster domnus Zacharias pallium archiepiscopo Remensi, Abel nomine, per deprecationem supraseripti Bonifacii transmitteret, quod [*i*, qui] ab illo constitutus fuit, sed ibi permanere permissus non fuit, sed magis contra Deum ejectus est et Remensis Ecclesia per multa tempora, et per multos annos sine episcopo fuit, et res ecclesiæ de illo episcopatu ablatæ sunt, et per laicos divisæ sunt, sicut et de aliis episcopatibus, maxime autem Remensi metropolitana civitate. »

CAPUT XVII.
De Tilpino episcopo.

Præmissos in episcopatu sequitur Tilpinus, ex monasterio sancti Dionysii assumptus, cui magnus Karolus ab Adriano papa impetrasse pallium reperitur, sicut ejusdem papæ ad ipsum directa pandit epistola, quæ ita incipit :

« ADRIANUS episcopus, servus servorum Dei, reverendissimo et sanctissimo confratri nostro TILPINO Ecclesiæ Remensis archiepiscopo (7).

« Quia ad petitionem spiritalis filii nostri et gloriosi regis Francorum Karoli, præbente tibi bonum testimonium de sanctitate et doctrina Fulrando amabilissimo abbate, Franciæ archipresbytero, pallium secundum consuetudinem tibi transmisisse nos cum privilegio ut metropolis Ecclesia Remensis in suo statu maneret, et [*ms. i. omit. et*] bene memoramus. » Et post aliquanta, quæ de sancto Rigoberto, et Abel superius jam præmissa sunt, cum de rebus ecclesiæ Remensis ablatis loqueretur : « Et tua, inquit, fraternitas jam ex magna parte ipsas res apud gloriosum filium nostrum Karolum, et ante ad Carlomannum fratrem ejus impetratas habes, et ordinem ex aliqua parte, et in episcopis, et in aliis secundum canonicam, et sanctæ sedis Romanæ auctoritatem directum habes ; propterea petisti a nobis, tibi et ecclesiæ tuæ fieri privilegium ex auctoritate beati Petri principis apostolorum et sanctæ sedis Romanæ, ac nostra, ut quod perfectum habes in ante valeat permanere, et quod adhuc perfectum non habes, per nostram auctoritatem possis, auxiliante Deo, et B. Petro apostolo ad perfectionem perducere. Pro quo et nos ardenti animo, et divino juvamine apostolica fulti auctoritate, non solum vetera secundum sacros canones, et apostolica hujus sanctæ sedis decreta statuimus, sed et nova tibi pro tuo bono studio concedimus, atque auctoritate B. Petri principis apostolorum, cui data est a Deo et Salvatore nostro Jesu Christo ligandi, solvendique potestas peccata hominum in cœlo et in terra (*Matth.* XVI, *Joan.* XXI), confirmamus atque solidamus. Remensem ecclesiam sicut et antiquitus fuit, metropolim permansuram, et primam suæ diœceseos, sedem esse,

---

(7) Non exstat inter ejus epistolas.

et te qui, in eadem sede, cooperante Deo, ordinatus es, primatem ipsius diœcesis esse, cum omnibus civitatibus quæ ab antiquo tempore Remensi metropoli ecclesiæ subjectæ fuerunt, atque etiam perpetuis temporibus tibi et successoribus tuis sit confirmatum. Et hoc interdicentes, ut nullus audeat juxta sanctorum canonum traditionem, ex alio episcopatu ibidem translatare, aut constituere episcopum post tuam de hoc sæculo evocationem. Neque aliquis tuas parochias, aut ecclesias, vel civitates subtrahere, neque diœcesim Remensem ullo unquam tempore dividere, sed integra maneat, sicut antiquitus fuit, et sacri canones et prædecessorum nostrorum firmavit, et nostra firmat auctoritas. Et te, aut futuris temporibus Remensem episcopum, et primatem illius diœcesis, non præsumat, neque valeat unquam aliquis de episcopatu dejicere sine canonico judicio, et neque in illo [ms. i, ullo] judicio sine consensu Romani pontificis, si ad hanc sanctam sedem Romanam, quæ caput esse dignoscitur orbis terræ, appellaverit in ipso judicio. Sed in sola subjectione Romani pontificis permanens, diœcesim et parochiam Remensem, adjuvante Domino, et nostra atque B. Petri fultus ex ista sancta sede auctoritate, secundum sanctos canones et hujus sanctæ sedis præceptiones, tibi subjectos ita certes, et studeas gubernare, ut illam desiderabilem vocem Domini nostri Jesu Christi valeas cum electis ejus audire : *Euge, serve bone et fidelis, quia in pauca fuisti fidelis, supra multa te constituam; intra in gaudium domini tui (Matth. xxv).* Et quod ad nostram notitiam perduxisti, quia ad alios episcopos de ipsa diœcesi Remensi quidam accipiebant ordinationes, et habebant indebita refugia, et hoc per omnia prohibemus; sed sicut sacra docet auctoritas, et in synodis comprovincialibus convocandis et faciendis, et in ordinationibus, ac dijudicationibus, Remensis ecclesia, et archiepiscopus, qui in ea constitutus fuerit, talem habeat auctoritatem, sicut sacri canones, et hujus sanctæ Ecclesiæ constitutiones docent. Et nullus per ullum unquam tempus tibi, vel Remensi Ecclesiæ, de rebus ad illam debite pertinentibus divisionem vel violentiam, sicut antea factum fuit, facere præsumat. Nam si, quod non credimus, quis ille fuerit, qui contra hanc nostram præceptionem temerario ausu venire tentaverit, nisi se cito, et maxime post commonitionem correxerit, sciat se æterno Dei judicio anathematis vinculo esse innodatum; si quis vero apostolica servaverit præcepta, et normam rectæ et orthodoxæ fidei fuerit assecutus, benedictionis gratiam consequatur. Hæc a nobis diffinita per hujus nostræ confirmationis paginam, in tua ecclesia perpetuis temporibus pro sui confirmatione conservanda esse mandamus. Injungimus etiam fraternati tuæ, ut quia de ordinatione episcopi, nomine Lul, sanctæ Moguntinæ Ecclesiæ ad nos quædam pervenerunt, assumptis tecum Viomago et possessore episcopis, et missis gloriosi ac spiritalis filii nostri Karoli Francorum regis, diligenter inquiras omnia de illius ordinatione, et fidem ac doctrinam illius, atque conversationem et mores, ac vitam investiges; ut si aptus fuerit et dignus ad episcopalem cathedram gubernandam expositam et conscriptam, et manu sua propria subscriptam catholicam et orthodoxam fidem per missos suos cum litteris ac testimonio tuo seu aliorum episcoporum, quos tecum esse mandavimus, ad nos dirigat, ut pallium illi secundum consuetudinem transmittamus, et ordinationem illius firmam judicemus, et in eadem sancta ecclesia Moguntina archiepiscopum constitutum esse faciamus. Bene vale. »

Qui præsul res ecclesiæ diversa per loca direptas, tam per se apud regiam majestatem, quam per auctores ecclesiæ, diversos apud judices legibus obtinuit, et ecclesiastico juri restituit; maximeque per quemdam Achabbum, qui tam in Francia, quam etiam trans Ligerim pro rebus ecclesiæ revocandis operose laboravit, et tam prædia quam mancipia multa legibus evindicata Ecclesiæ reformavit. Possessionibus quoque vel mancipiis a quibusdam dato pretio coemptis, res auxisse præsul iste reperitur ecclesiæ; nonnullarum quoque jura villarum dispositis ordinasse coloniis. Sed et sacrarum codicibus Scripturarum, quibus adhuc aliquibus quoque utimur, hanc instruxit Ecclesiam. In cœnobio denique sancti Remigii monachos ordinasse, ac monastica vita eos traditur instituisse, cum canonicos prius idem cœnobium a tempore Gißebhardi abbatis, qui eamdem congregationem, ob amorem Dei et sancti Remigii reperitur aggregasse, ad hoc usque tempus habuisse feratur. Immunitatis denique præceptum a Karlomanno rege filio Pippini, primo mox regni ejusdem anno, ecclesiæ Remensi obtinuit, ad exemplar immunitatum quas ipsius prædecessores reges huic contulerant ecclesiæ : quarum ostendere quoque curavit ei monimenta; ut nullus scilicet judex publicus in hujus ecclesiæ terras auderet ingredi ad mansiones parandum, vel quælibet judicia facere, aut penitus xenia ibi requirere. Sed quæcunque antecessores ejus eidem concesserant ecclesiæ, perpetualiter habere valeret indulta. Postea quoque aliam ejusdem regis de omnium teloneorum remissione impetravit præceptionem; item, aliam de ponte Baisonensi; item de chartis concrematis, quarum tunc temporis per negligentiam acciderat exustio, ut res, et facultates ecclesiæ, quas eo tempore possidebat, ita permanerent absque diminutione confirmatæ ipsi ecclesiæ per regiam ejus auctoritatem; item de militibus, qui in villa Juvinaco residentes erant super terram sanctæ Mariæ, et sancti Remigii, concessa, remissaque ipsis omni quam debebant exactione militiæ. Item, aliud de his qui in Cruciniano, Curba villa, vel in omni pago Tardonensi infra terram Remensis ecclesiæ residebant. Dedit etiam idem Karlomannus rex sub hoc pontifice per chartarum instrumenta, pro loco sepulturæ vel remedio animæ suæ, villam Novilliacum in pago Urtinse sitam, cum omnibus terminis vel appenditiis suis, omnique integritate, ad basilicam vel monasterium sancti Remigii, ubi sepulturam quoque habere dignoscitur. Cujus germanus Karolus imperator magnus huic præsuli Tilpino pallium per legatos et litteras suas obtinuit ab Adriano papa, sicut in ejusdem papæ litteris ad ipsum regem super hac ipsius petitione directis, continetur. Immunitatis quoque præceptum, ab hoc etiam rege, juxta præcedentium exemplaria regum, Remensi ecclesiæ idem præsul impetravit; item, aliud præceptum de militibus pagi Tardonensis, juxta cessionem germani sui Karlomanni regis; item, de chartis concrematis; item, de confirmatione traditionis præfati germani sui regis, qua Novilliacum, et Bebriacum villas idem rex ad basilicam sancti Remigii condonavit. Præterea multi sub hujus præsulis episcopatu res suas ad ecclesiam Remensem, tam sanctæ Mariæ, quam sancto Remigio, contulerunt. Qui præsul defunctus est anno sui episcopatus 47; cujus corpus ad pedes sancti Remigii tumulatum, hujusmodi cernitur habere titulum

Hac requiescit humo Tilpinus præsul honoris,
Vivere qui Christus vita et obire fuit.
Hunc Remi populo martyr Dionysius almus
Pastorem vigilem misit, et esse Patrem.
Quem pascens quadragenis est amplius annis,
Veste senectutis despoliatus abit.
Quartas cum Nonas mensis September haberet,
Mortua quando fuit mors sibi vita manet.
Et quoniam locus atque gradus hos junxerat, Hincmar
Huic fecit tumulum, composuit titulum.

CAPUT XVIII.
De Vulfario episcopo.

Tilpinum sequitur Vulfarius, qui ab imperatore præfato magno Karolo missus dominicus ad recta judicia determinanda fuerat ante episcopatum constitutus super totam Campaniam: in his quoque pagis, Dolomense scilicet, Vongense Castricense, Stadonense, Catalaunense, Otmense [al. Ormense], Laudunense, Vadense, Portiano Tardunense, Suessionense, sicut et alii quidam sapientes, et Deum timentes habebantur abbates per omnem Galliam et Germaniam a præfato imperatore delegati, quo diligenter inquirerent, qualiter episcopi, abbates, comites et abbatissæ per singulos pagos agerent, qualem concordiam et amicitiam ad invicem tenerent, et ut bonos et idoneos vicedomnos et advocatos haberent, et undecunque necesse fuisset, tam regias, quam ecclesiarum Dei justitias, viduarum quoque et orphanorum, sed et cæterorum hominum inquirerent, et perficerent, et quodcunque emendandum esset emendare studerent; in quantum melius potuissent, et quod emendare per se nequivissent, in præsentiam imperatoris adduci facerent, et de his omnibus eidem principi fideliter renuntiare studerent. Residens igitur præfatus vir illustris Vulfarius ad injuncta sibi definienda judicia, cum quibusdam comitibus in malis publicis, jam quoque vocatus episcopus adhuc etiam antequam ordinaretur, res quasdam Remensi ecclesiæ, sed et mancipia nonnulla, vel colonos reimpetrasse, ac legibus per ecclesiæ advocatos evindicasse reperitur. Necnon etiam postquam præsul ordinatus est, plura invenitur ecclesiæ conquisisse, et res et colonos, tam apud regiam majestatem quam apud colonos et judices publicos, nec solum per auctores ecclesiæ, sed etiam quando per sui præsentiam. Cui valde credidisse Carolus imperator magnus ex eo probatur, quod illustres Saxonum obsides quindecim quos adduxit de Saxonia, ipsius fidei custodiendos commisit.

Hic synodum invenitur habuisse anno ab incarnatione Domini nostri Jesu Christi 814 in ecclesia Noviomensi, regnante Ludovico filio Karoli, congregatis secum coepiscopis suis Hildoardo, Ermenone, Jesse, Ragumberto, Grimboldo, Rothardo, Wendilmaro, Ostroaldo, et chorepiscopis Waltario, Sperno, necnon et abbatibus Adalbardo, Nautario, Eulrado, Ericho, Hilderico, Remigio, Ebbone, Sigbaldo, cum cætero clero, presbyteris et diaconibus; convocatis etiam comitibus Gunthardo, Rotfrido, Gisleberto, Otmero. His omnibus residentibus, sententia ventilata est inter Wendilmarum et Rothardum episcopos de terminis parochiarum suarum; et requisitum ac definitum est, quod hæc loca trans fluvium Isaram in pago Noviomensi pertinere deberent ad parochiam ecclesiæ Noviomensis, id est, Varinæ, Urbscampus, Trapiacus, Jerusalem, Harbaudianisva, sive ecclesia sancti Leodegarii, cum reliquis villis ad has ecclesias convenientibus. Cætera vero loca trans supradictum fluvium, in prædicto pago, omnia pertinere deberent ad parochiam ecclesiæ Suessionicæ. Hæc diligentissime investigata consenserunt supra scripti episcopi, et chorepiscopi, abbates, presbyteri et diaconi, et pars ecclesiæ Noviomensis, clerici et laici; et pars ecclesiæ Suessonicæ, similiter clerici, et laici, et uno animo unoque consensu confirmare decreverunt. Nec suæ tantum dioeceseos, quin etiam Trevericæ urbs archiepiscopum Amalarium, cum Adalmaro ipsius coepiscopo, et Herilando, jussione imperatoris magni Karoli, ab eodem scilicet Vulfario metropolitano convocatum ad ordinationem episcopalem cujusdam Frotharii, præfatæ Trevericæ ecclesiæ presbyteri, eidem paruisse reperimus. Hoc etiam Vulfario præsule ordinante, congregatum reperitur Remis ab imperatore Karolo Magno concilium plurimorum Patrum, in quo constituta 43, leguntur capitula, in quibus de fidei ratione atque Dei Ecclesiæ honore, rectorumque ipsius ac ministrorum dispositione, regisque fidelitate, atque totius regni utilitate tractatum est.

Quasdam præterea villas ecclesiæ Remensis rite distributis atque descriptis ordinavit coloniis. Sed et res ecclesiæ aliquas, mancipiaque, cum personis quibusdam pro partium commutavit opportunitate. De thesauris etiam sanctæ Mariæ, ac sancti Remigii nonnulla cum testimonio virorum illustrium, tam clericorum quam laicorum mutavit [al., mutuavit], et ornamenta vel vasa ecclesiastica exinde, prout dignum sibi visum fuit, fabricari fecit. Eundi denique Romam causa orationis, ad sanctum Petrum licentiam ab imperatore se accepisse in quadam sua designat epistola; sed utrum ierit, certum non habemus. Redditus autem villarum quarumdam ecclesiæ in eleemosyna probabiliter, pro sui corporis et animæ salute distributi, quibusdam adhuc descriptionibus tunc factis leguntur; in quibus inveniuntur inter Termidum, Grandem pratum, Vindicum, Furvillam [ms., Furnillam], Gramadum [Graviagum], Pidum, Cadevellum, et Cortem Magnaldi, in distributione eleemosynæ de annona modii 1975 [i, 167]. De animalibus inter majora et minora capita 168. Item inter villas Fagum, sive Boleticum, et alias quasdam annonæ modii 1052, vini mod. 64, salis modii 5, cum diversis animalibus, et aliis variis rebus expensa. Ad opus quoque fratrum Orbacensis cœnobii quantum sufficeret eis. Unde datur intelligi, in majoribus quoque locis multa tunc plura fuisse dissipata. Immunitatis quoque præceptum ab imperatore Ludovico, secundum præceptionem Karoli Augusti patris ipsius, ecclesiæ Remensi, monasterioque sancti Remigii obtinuit.

CAPUT XIX.
De Ebone præsule.

Huic successit Ebo, vir industrius et liberalibus disciplinis eruditus, patria Transrhenensis, ac Germanicus, imperatoris, ut fertur, Ludovici collactaneus, et conscholasticus, qui multis ecclesiam curavit instruere commodis, et præcipue artificibus quibus undecunque collectis sedes dedit, et beneficiis muneravit. Mancipia vel colonos quosdam ecclesiæ desertores tam per seipsum, quam per Radulphum vicedominum et ecclesiæ advocatum, apud judices publicos legibus evindicatos et obtentos, ecclesiastico juri restituit. Quasdam quoque res ecclesiæ, atque mancipia, cum aliquibus personis pro partium commoditate commutavit. Sed temporalia super ejusdem commutationibus præcepta obtinuit. Ab imperatore quoque Ludovico litteras ad Robertum comitem pro ecclesiasticarum rerum defensione (quas quidam pervadere moliebantur) impetravit. Colonias vero nonnullas ecclesiæ, descriptis per strenuos viros colonis, eorumque servitiis, ordinavit.

Archivum ecclesiæ tutissimis ædificiis, cum crypta in honore sancti Petri, omniumque apostolorum, martyrum, confessorum, ac virginum dedicata, ubi Deo propitio deservire videmur, opere decenti construxit: ubi multorum tam apostolicorum, quam cæterorum sanctorum condita pignora reservantur. In qua nonnullæ illustrationes ostensæ noscuntur. Vidi siquidem nutritoris mei Gundacri, in prospectu ipsius ecclesiæ commanentis, servum, dum temere prope fenestram hujus cryptæ accessisset mingere, terribili quadam quasi armati cujusdam viri visione ita deterritum, ut putaretur amittere sensum. Sed et Rohingum quemdam, hujus loci diaconum a simili præsumptione pari ferunt visione cohibitum. Unde cautum deinceps ac prohibitum, ne quis talem præsumere gestiat ausum.

Hujus ecclesiæ pinnaculum talem videtur præmonstrare titulum, per enis etiam vel imaginibus Stephani papæ, ac Ludovici imperatoris insignitum.

Ludovicus Cæsar factus coronante Stephano,
Hac in sede, papa magno, tunc et Ebo pontifex
Fundamenta renovavit cuncta loci istius,
Urbis jura sibi subdens, præsul auxit omnia.

Matris ejusdem Ebonis hujusmodi habetur epitaphium:

Mea forte si requiris temporis initia,
Scito Karoli fuisse regni sub primordia;
Ludovico triumphante dies fluxit ultima.
Rhenus primos lavit mores, alveus Germanicus.
Hinc nutrivit et secundos Liger amnis Gallicus.
Sequana fovit juventam, sordes sordeus Vidula.
Præsul erat urbis hujus mihi natus unicus,
Idem me conduxit sibi sociam laboribus,
Proximum ruinæ locum renovandi cupidus,
Decem ferme super annos simul hic peregimus.
Ebo rector, ego mater Himiltrudis humilis,
Fundamenta sedis sanctæ pariter ereximus,
Deo debitum laborem dum gerebat pontifex,
Fessa quietem quærebam; ecce sub hoc tumulo
Quinto me September mensis Kalendarum rapuit.
Oviator, esto cautus semper ab excessibus.
Fateor non profuisse, ut debui, dum potui:
Veniam, dic pro vindicta, da Deus, peccantibus.

Hujus præsulis hortatu Halitgarius Camaracensis episcopus sex libellos De remediis peccatorum, et ordine vel judiciis pœnitentiæ conscripsit. Ad quem talis ejus exstat epistola.

« Reverendissimo in Christo fratri ac filio HALITGARIO episcopo, EBO indignus episcopus, salutem.

« Non dubito tuæ id notum esse charitati, quanta nobis ecclesiasticæ disciplinæ, quantisque nostrorum necessitatibus subditorum, et insuper mundialium oppressionibus, quibus quotidie agitamur, cura constringat. Idcirco, ut tecum contuli, ex Patrum dictis, canonumque sententiis ad opus consacerdotum nostrorum excerpere Pœnitentialem minime valui, quia animus cum dividitur per multa, fit minor ad singula. Et hoc est quod in hac re me valde sollicitat, quoniam ita confusa sunt judicia pœnitentium in presbyterorum nostrorum opusculis, atque diversa, et inter se discrepantia, et nullius auctoritate suffulta, ut vix propter dissonantiam possint discerni. Unde fit ut concurrentibus ad remedium pœnitentiæ, tam pro librorum confusione, quam etiam pro ingenii tarditate, nullatenus valeant subveniri. Quapropter, charissime frater, noli teipsum nobis negare, qui semper in divinis ardenti animo disciplinis, ac solerti cura Scripturarum meditationibus perfectissimo otio floruisti. Arripe, quæso, sine excusationis verbo, hujus sarcinæ pondus a me quidem tibi impositum, sed a Domino cujus onus leve est (*Matth.* xi), levigandum. Noli timere, neque formides hujus operis magnitudinem : sed fidenter accede, quia aderit tibi qui dixit : Aperi os tuum, et ego adimplebo illud (*Psal.* LXXX, 11). Scis enim optime parvis parva sufficere, nec ad mensam magnatorum pauperum turbam posse accedere. Noli tuæ devotionis nobis subtrahere scientiam; noli accensam in te sub modio ponere lucernam, sed præcelso eam superpone candelabro, ut luceat omnibus, qui in domo Dei sunt fratribus tuis (*Matth.* v, 3), et profer nobis veluti scriba doctus (*Matth.* XIII, 52) quod accepisti a Domino. Aderit tibi hujus laboris itinere illius gratia, qui duobus discipulis euntibus tertium se socium addidit in via, et aperuit illis sensum, ut sanctas intelligerent Scripturas (*Luc.* xxiv, 32). Spiritus paracletus omni veritatis doctrina et perfecta charitatis scientia tua resplendeat pectora, charissime frater. Vale. »

Ad quæ idem talia rescribit Halitgarius.

« Domino et venerabili Patri in Christo Eboni archiepiscopo, Halitgarius, minimus Christi famulus, salutem.

« Postquam, venerande Pater, directas beatitudinis vestræ accepi litteras, quibus me hortari dignati estis, ne mentis acumen inerti, torpentique otio submitterem, sed cognitioni ac meditationi quotidie sacræ Scripturæ me vigilanter traderem : et insuper ex sanctorum Patrum, canonumque sententiis Pœnitentialem in uno volumine aggregarem, durum quidem mihi, et valde difficile, tremendumque hoc fuit imperium, ut hanc susciperem sarcinam, quam a prudentibus cognosco relictam. Multumque renisus sum voluntati vestræ, non velut procaciter durus, sed propriæ infirmitatis admonitus. Hac etenim cura sollicitus necessarium duxi, ut aliquandiu me a scribendi temeritate suspenderem, quia sicut perpendi injuncti operis difficultatem : ita et injungentis auctoritati nec volui, nec debui usquequaque resistere, certus quia imbecillitatem meam multo amplius vestra adjuvaret præcipientis dignitas, quam gravaret meæ ignorantiæ difficultas. Valete. »

Hic Ebo præsul supra memoratum papam Stephanum cum Ludovico rege Remis suscepit, postquam rex idem Sclavos in Oriente positos directo devicit, et oppressit exercitu : quando præfatus papa Stephanus, qui Leoni successerat, legatos suos ad eumdem principem destinans, intimavit ei, quod libenter eum videre vellet in loco ubicunque ipsi placuisset. Quod audiens rex, magno repletus gaudio, jussit obviam missos suos ire summo pontifici, et servitia præparare. Post quos et rex ipse perrexit ; obviaveruntque sibi in campo magno Remensium, et descendit uterque ab equo suo. Et princeps prostravit se in terram tertio ante pedes tanti pontificis ; salutaveruntque se invicem magnifice, et amplexantes se deosculati sunt pacifice, perrexeruntque ad ecclesiam, ubi cum diu orassent, erexit se pontifex, et excelsa voce cum choro suo fecit regi laudes regales. Postea pontifex honoravit eum magnis et multis honoribus, ac reginam pariter Hirmingardim; dein et optimates atque ministros eorum. Proxima que die Dominica, in ecclesia ante missarum solemnia, coram clero et omni populo, consecravit et unxit eum in imperatorem, coronam miræ pulchritudinis auream, pretiosissimis gemmis ornatam, quam secum detulerat, imponens super caput ejus. Reginam appellavit Augustam, et coronam auream posuit super caput ejus. Et quandiu mansit ibi apostolicus papa, quotidie colloquium habuere de utilitate sanctæ Dei Ecclesiæ. At postquam imperator eum maximis muneravit donis, amplioribus multo quam suscepisset ab eo, dimisit cum cum legatis suis Romam reverti ; quibus præcipit ubique in itinere honestum ei servitium exhibere.

Cupiens ergo præfatus pontifex Ebo domum ecclesiæ sanctæ Dei genitricis Mariæ diuturna pene lapsabundam vetustate reparare, in qua etiam secundus Stephanus papa Pippino regi dudum, et Leo tertius Karolo magno imperatori apostolica reperiuntur munia contulisse, ut in epistola commemoratur imperatoris Lotharii Leoni quarto, pro causa commendationis Hincmari archiepiscopi directa (*infra*, lib. III, c. 10), petiit a præmisso imperatore Ludovico ad renovandam et amplificandam eamdem basilicam murum civitatis sibi concedi. Quod idem princeps quietissima pace fruens, et imperii præclarissima potestate subnixus, nullas barbarorum metuens incursiones, nequaquam refutavit, sed benignissime ob amorem Dei, et ipsius almæ genitricis honorem concessit, atque jussionis suæ monimento fieri delegavit, hujusmodi super hoc suæ dans præceptionis decreta.

« In nomine Domini Dei et Salvatoris nostri Jesu Christi, Ludovicus divina ordinante providentia imperator Augustus. Si locis venerabilibus ea quæ exinde a prædecessoribus nostris, regibus vel imperatoribus, ad reipublicæ usus exigebantur, religiosa liberalitate in utilitatibus et necessitatibus eorumdem sanctorum locorum expendendis remittimus, et fidelium nostrorum saluberrimis pro hac eadem re suggestionibus ac petitionibus benignum commodamus assensum maximum et animæ nostræ, et regi ac regno providemus consultum ; quia nihil cernitur reipublicæ imminutum, quidquid ex eadem republica piis actibus, et locis religiosis, ac ecclesiarum Dei utilitatibus, seu servorum Dei fuerit commoditati indultum. Quapropter notum esse volumus omnibus Dei fidelibus, præsentibus scilicet et futuris, præcipue quoque successoribus nostris in potestatis culmine, in quo sumus, auctore Domino, constituti, ab eodem dominorum Domino deinceps constituendis : quia Ebo venerabilis archiepiscopus Remensis Ecclesiæ, et reverendissimæ sedis sancti Remigii, gloriosissimi pontificis, et specialis patroni nostri præsul, clementiæ nostræ innotuit, quia vetustatis senio contrita jam dictæ metropolis urbis sancta mater nostra ecclesia, in honore sanctæ, semperque virginis ac genitricis Mariæ consecrata, existeret. In qua auctore Deo, et cooperatore [*ms.*, cooperante] S. Remigio gens nostra Francorum, cum æquivoco nostro rege ejusdem gentis, sacri fontis baptismate ablui, ac septiformis Spiritus sancti gratia illustrari promeruit. Sed et ipse rex nobilissimus ad regiam potestatem perungi Dei clementia dignus inventus fuit. Ubi etiam et nos divina dignatione per manus domni Stephani Romani summi pontificis, ad nomen et potestatem imperialem coronari meruimus. Quam pro tantis beneficiis nobis ibidem a Deo collatis renovare cupientes, et ad id exsequendum loci incommoditatem cernentes, concedimus ad hoc opus, et ad cætera quæque pro servorum Dei ibidem degentium necessitatibus ædificanda, murum omnem cum portis ipsius civitatis, et omnem operam cum cunctis impendiis, quæ ex rebus et facultatibus ipsius ecclesiæ et episcopatus Remensis Aquis palatio nostro regio peragi et exsolvi solitum fuerat, in eleemosyna videlicet nostra, et pro remedio animæ domni ac genitoris nostri, atque cæterorum prædecessorum nostrorum, qui eumdem episcopatum contra salutem suam aliquandiu tenuerant, et in suos usus contra ecclesiasticas regulas, et res ac facultates ecclesiæ ipsius expenderant; et ob hoc minus quam debuerat utilitatis sacris locis in eodem episcopatu constitutis exinde provenerat. Volumus etiam, ut vassalli, et quicumque fideles nostri ex rebus ejusdem episcopatus aliquid habent, eidem operi inserviant, sicut constitutum est a bonæ memoriæ domno et genitore nostro, et sicut decretum est a piæ recordationis domno et avo nostro Pippino, decimas et non eidem ecclesiæ sanctæ ex rebus, quas exinde habent, persolvant. Vias etiam publicas omnes, quæ circa eamdem ecclesiam vadunt, et impedimento esse possunt ad claustra, et servorum Dei habitacula construenda, ut transferri atque immutari possint, concedimus. Et si aliquid ibi fisco nostro habetur, per hoc nostræ auctoritatis præceptum perpetuo æque concedimus, ut nullus judex, comes, aut missus, sive aliquis ex judiciaria potestate, ullam inde eidem sanctæ Dei prædictæ Remensi ecclesiæ inquietudinem, aut ullum calumniæ impedimentum inferre unquam præsumat, obsecrantes successores nostros, ut memores salutis suæ, præsentis scilicet et æternæ, memores etiam beneficiorum, quæ nobis et genti nostræ ac prædecessoribus nostris in eodem sancto loco, per B. Remigium, meritis S. Mariæ collata sunt, sicut sua bene gesta a suis successoribus conservari voluerint, ita quæ pro amore Dei, et sanctæ ejus genitricis ac beati protectoris nostri Remigii sæpe fato sancto loco contulimus, perpetuo inviolabiliter conservare procurent. Et ut hæc nostra concessionis auctoritas per futura tempora pleniorem in Dei nomine obtineat firmitatis vigorem, annuli nostri impressione subtersignari decrevimus. »

Sed et quemdam fabrum servum suum, nomine Rumalduni ad petitionem ejusdem, præsulis ecclesiæ Remensi concessit, ut hic de talento a Domino sibi collato, juxta vires diebus vitæ suæ proficeret : Quam etiam cessionem apicum adnotatione et annuli sui sigillatione roboravit. Aliud quoque præceptum de vitiis publicis transmutandis ob quasdam clausuras in locis vicinis ipsius urbis faciendas, et multimoda ecclesiæ compendia, eidem pontifici dedit, quod et annulo suo insignivit. Præterea de restituendis eidem sanctæ sedi prædiis, quæ illi quondam fuerant ablata, una cum filio Lothario Cæsare talem præcepti dedit auctoritatem

« In nomine Domini Dei et Salvatoris nostri Jesu Christi Ludovicus et Lotharius, divina ordinante providentia imperatores Augusti. Si liberalitatis nostræ munere locis Deo dicatis quiddam conferimus beneficii, et necessitates ecclesiasticas nostro relevamus juvamine, id nobis et ad mortalem vitam temporaliter transigendam, et ad æternam feliciter obtinendam profuturum liquido credimus. Idcirco notum fieri volumus omnibus fidelibus nostris, præsentibus scilicet et futuris, quod sanctam Remensem ecclesiam, in qua prædecessores nostri reges videlicet Francorum fidem et sacri baptismatis gratiam perceperunt, in qua et nos per impositionem manus domini Stephani papæ imperialia sumpsimus insignia ob reverentiam fidei Christianæ, et ob animæ nostræ salutem, ab imo construi fecimus, eamque in honorem Domini nostri Jesu Christi Salvatoris mundi, simul et in honorem ejusdem sanctæ et intemeratæ genitricis Mariæ consecrari decrevimus. Itaque divina inspiratione compuncti, et coelestis patriæ amore succensi, quædam prædia, quæ eidem sanctæ sedi quondam ablata fuerant devota mente restitui jussimus, id est, in suburbanis ipsius sanctæ ecclesiæ titulum S. Sixti, necnon et titulum S. Martini, cum appendiciis eorum. Exterius etiam in eadem parochia, in castro Vonzensi titulum baptismalem, et titulum in eadem parochia S. Joannis similiter baptismalem, suis cum appendiciis, et Bretiniacum : villam quoque Sparnacum cum appendiciis suis, et in villa quæ vocatur Lucida [*Lude*], necnon et in Proviliaco [*Prouilly*] in eodem pago Remensi. In pago vero Dulcomensi villam, quæ vocatur Cavera [i. Canera], necnon et in villa quæ dicitur Verna in pago Vertudense. Vel si forte deinceps de rebus prædictæ sanctæ ecclesiæ temporibus nostris adhuc superaddendum decrevimus, statuimus, per hoc nostræ auctoritatis præceptum, ut non tantum de istis restitutis, sed etiam restituendis, quidquid de ipsis vel in ipsis rectores et ministri præmemoratæ ecclesiæ elegerint, ita debeant perpetualiter possidere, atque ordinare, vel etiam facere, prontcumque sibi propensius voluerint, ut absque ullius injusta contradictione ordinent atque disponant, et faciant quidquid utilitati prædictæ ecclesiæ congruere et convenire prospexerint. Et ut hæc nostræ auctoritatis confirmatio præsentibus futurisque temporibus firmiorem in omnibus semper obtineat vigorem, manibus propriis subterfirmavimus, et annuli nostri impressione signari jussimus. »

Obtinuit etiam idem præsul ab eodem imperatore Ludovico Remensi ecclesiæ, secundum antiqua exemplaria priscorum regum immunitatis præceptum. Aliud quoque præceptum de ponte Bansionensi, et teloneis, vel exactionibus publicis; item, aliud de chartis concrematis secundum auctoritatem imperatoris Karoli ; item, a Pippino Aquitanorum rege præceptum immunitatis de rebus Remensis ecclesiæ in pago Avernico sitis. De villa vero Sparnaco semotim quoque præceptum Ludovici, atque separatim postea præceptum Lotharii filii ejus reperitur accepisse. Hic præsul Ebo cum consilio Ludovici imperatoris, et auctoritate Paschalis Romani pontificis prædicandi gratia ad terminos usque Danorum accessit, ac multos ex eis ad fidem venientes baptizavit.

Orta denique simultate inter patrem et filium Ludovicum, scilicet imperatorem, et Lotharium partibus filii favit, et cum cæteris episcopis corripuit imperatorem Ludovicum pro quibusdam erratis, quæ ei objiciebantur, quando filii sui comprehenderunt eum, et Lotharius adduxit secum patrem ad Compendium (*Compiègne*) palatium, ubi eum afflixit cum episcopis et cæteris nonnullis optimatibus [*ms. 1, primatibus*], qui jusserunt ut in monasterium iret, et esset ibi cunctis diebus vitæ suæ. Quod ille renuens, non consensit voluntati eorum. Tunc omnes episcopi qui aderant, molesti ei fuisse narrantur, et improperantes illi peccata sua, abstulerunt ei gladium a femore suo, induentes eum cilicio.

Dum frequenter igitur Ebo præsul in palatio tunc moraretur, hujusmodi de eo in monasterio sancti Remigii visio revelata est. Erat ibi monachus quidam, nomine Raduinus, genere Longobardus, qui abbas quondam exstiterat monasterii quod in monte Bardonis in Italia beatissimi Remigii celebri pollet memoria, Moderamni Redonensis episcopi studio dedicata. In quo monasterio, dum præfatus Raduinus monachicæ professionis gereret officia, ductus amore meritorum beati Remigii, sepulcri ejusdem limina petiit. Qui cum fratribus ejusdem loci vitam ducens religiosam, digne sese ad cœlestem satagebat præparare militiam. Quadam vero die, sacræ scilicet assumptionis sanctæ Dei Genitricis, post exactum matutinæ solemnitatis officium, reliquis fratribus quietem petentibus, ille precis gratia solus remansit in choro, custodibus ecclesiæ quiescentibus. At ubi psalmorum continuatione fatigatus, irruenti cœpit soporari somno, vidit a loco sepulcri sancti pontificis [*sc. Remigii*] procedere beatissimam Dei Genitricem nimio lumine coruscantem, cujus hærebant lateribus evangelista Joannes, et ipse sacer Remigius; sicque se visi sunt compositis adire gradibus. Superposita vero manu Virgo gloriosa leniter ejus capiti : Quid hic, inquit, agis, frater Raduine? quo mox pedes illius osculari procumbente, adjecit : Ubi modo degit Ebo Remensis archiepiscopus? Quo respondente : palatina jussu regis exsequitur negotia. Et cur, inquit, tam sedulo palatii terit limina? prorsus hinc nequaquam majore ditabitur sanctitatis efficacia. Veniet enim, veniet celerrime tempus, quando non prosperabitur in talibus. Quem nihil ad hæc audentem respondere, tali prosequens affatur allocutione : Quæ vestrorum versatur apud homines regum disceptatio? Tunc eo respondente : Domina Genitrix Salvatoris mundi, tuæ melius novit hoc sanctitatis incorruptio, ait, quid tantæ malo cupiditatis illecti vana nunc grassantur audacia. Illud enim tunc aderat tempus,

quando filiorum suorum contumeliis agebatur imperator Ludovicus. En, inquit, huic (astringens manum sancti Remigii) auctoritas est, a Christo tradita, Francorum perseveranter imperii. Equidem sicut hanc gentem sua doctrina percepit ab infidelitate gratiam convertendi, sic etiam donum semper inviolabile possidet eis regem vel imperatorem constituendi. Quæ beatissima Dei Genitrice dicente, frater præmemoratus evigilavit repente.

CAPUT XX.
De Ebonis depositione.

Itaque postquam Ludovicus ab æquivoco filio suo restitutus est in regnum et honorem suum, Ebo propter hujuscemodi factum depositus est ab episcopatu, pro infidelitate imperatoris. Pro qua re ipse jam Jesse Ambianensium præsulem dudum deposuisse traditur, sed nunc eum revocasse fertur in gradum priorem.

De Ebonis autem depositione, requirente postmodum papa Nicolao ab episcopis Galliæ, maximeque Belgicæ provinciæ, hæc inter alia in responsis accepit. Quod Ebo Remorum episcopus accepta a Lothario pro patris proditione abbatia sancti Vedasti, falsarum objectionum inventor exstiterit, et daliter criminatum eumdem imperatorem idem Ebo a suis complicibus a liminibus ecclesiæ projectum, ac publicæ pœnitentiæ mancipatum, custodiri fecerit (*anno 834*), usque dum in anno incarnationis Dominicæ octingentesimo tricesimo quarto, Lotharius territus conventu fratrum suorum, ac plurimorum fidelium patris imperatoris, fuga lapsus patrem suum adhuc ab ingressu ecclesiæ sequestratum dimisit. Cum quo inter alios etiam quidam episcopi, fautores ipsius in adversitate patris sui, relictis contra sacras regulas sedibus suis perrexerunt, Jesse videlicet Ambianensis, et Hereboldus Antisiodorensis, Agobardus Lugdunensis, et Bartholomæus Narbonensis episcopus, et abscedente illo, qui adfuerunt episcopi imperatorem in ecclesia sancti Dionysii reconciliaverunt, et ecclesiasticæ communioni restituerunt. Quod Ebo audiens, quibusdam familiaribus suis plenitudinem suorum delegavit hominum, et certum eis placitum dedit, ubi et quando iterum ad eum venirent. Adjicitur etiam quod Ebo plurima, quæ de facultatibus ecclesiasticis ferre tunc in argento et auro potuit, secum assumens, cum quibusdam Normannis, qui iter et portus maris ac fluminum mare influentium notos habebant, cum paucis quoque aliis domesticis suis, nullo impetente vel persequente, noctu Remis aufugit, et non solum parochiam suam, verum et Belgicam regionem deseruit, et iter ad Normannos, quibus a Paschali papa [*Paschal. I*], necnon ab Eugenio [*Eug. II*] successore ipsius, sicut epistolis eorumdem præsulum ad ipsum pro hac re datis edocemur, fuerat prædicator destinatus, arripuit. Quod manifestantibus eis, cum quibus hoc consilium iniit, imperatorem latere non potuit. Quapropter imperator eum per episcopos, Rothadum scilicet Suessonicam, et

Erchenradum [al., Arkeur] Parisiorum episcopum, revocari fecit, et in monasterio sancti Bonifacii, ei, et clericis ac laicis qui cum eo erant, necessaria ministrari, et synodum exspectare præcepit. Sed et Hildemannus Belvacensis episcopus insimulatus, quod sicut præfati episcopi, fugam ad Lotharium moliretur, in monasterio sancti Vedasti detentus, synodum exspectavit. Ad quam anno Incarnationis Dominicæ 835 venientes, omnes episcopi qui convenerant singillatim libellos de restitutione imperatoris communi consilio atque consensu ediderunt, et propriis manibus subscripserunt. Cum quibus et Ebo (ut revera in statu suo adhuc manens) libellum manu sua cum additamento archiepiscopi scriptum edidit. In quo libello professus est, quidquid in ipsius imperatoris dehonoratione gestum fuerat, injuste factum fuisse. Item post pauca : et post datos libellos, venientes episcopi cum imperatore, et quamplurimis ejus fidelibus, ac regni primoribus, in urbem Metensium, in basilica beati Stephani, publice a Drogone episcopo relecta sunt, quæ de restitutione imperatoris omnium unanimitate inventa fuere. Post hanc annuntiationem, Ebo Remorum episcopus, qui ejusdem factionis velut signifer fuerat, conscendens eumdem locum ubi Drogo steterat, coram omnibus professus est eumdem Augustum injuste depositum, et omnia quæ adversus eum patrata fuerant, inique, et contra totius auctoritatis tramitem fuisse machinata, merito justeque proprio imperii solio reformatum. Et sic omnibus laudes Deo canentibus, et quæ tunc ibidem fuerant agenda peractis, ad Theodonis villæ (*Thionville*) palatium regressi sunt; ibique Hildemannus in synodo præsens se a calumnia sibi impacta regulariter exuens, satisfecit synodo, et per eam imperatori. Ebo vero in eadem synodo præsens ab imperatore præsente accusatus est, quod eum falso fuerat criminatus, et eisdem falsis criminibus appetitum a regno dejecerat, armisque ab eo ablatis, nec confessum, nec convictum, contra regulas ecclesiasticas ab ecclesiæ aditu ac Christianorum societate eliminaverat, sicut et idem scripto subscriptione sua roborato, et verbis coram omnibus professus fuerat. Et cum essent alia etiam crimina, de quibus post hanc accusationem, accusandus erat, et de quibus apud imperatorem jam antea fuerat accusatus, et non canonice purgatus, sicut et epistola episcoporum ad Sergium papam demonstrat, et pro quibusdam eorum exstiterat a consilio imperatoris ejectus, quæ patefacta veritate negare non valebat, petiit secessum, ut sine præsentia imperatoris liceret ei in synodo episcoporum suam agere causam. Quod obtinens, convocavit ad se quosdam episcopos, et nullo cogente, sed propria sponte, secundum eorum consilium sequentium Africanum concilium, ut parceretur ipsius verecundiæ, ac propter ecclesiæ opprobrium et insolentem insultationem sæcularium, ne dignitas sacerdotalis pollueretur, si publice de his, de quibus impetitus et adhuc impetendus erat, confessus aut convictus foret, libellum suæ depositionis dictavit, et scribi coram se fecit, et propria manu subscripsit, secundum traditionem ecclesiasticam, eumdemque libellum propriæ ac vivæ vocis confessione attestatum in abdicationem sui, nullo ab eo quærente vel exigente, synodo ultro porrexit. Et sicut videri tunc ab his qui interfuerunt, potuit, sacerdotio se sponte submovit, quærens remedium pœnitendi, sicut in eodem professionis ac subscriptionis suæ libello continetur hoc modo.

« Ego Ebo indignus episcopus, recognoscens fragilitatem meam, et pondera peccatorum meorum, testes confessores meos, Ajulfum videlicet archiepiscopum, et Badaradum episcopum, necnon et Modoinum episcopum, constitui mihi judices delictorum meorum, et puram ipsis confessionem dedi, quærens remedium pœnitendi, et salutem animæ meæ, ut recederem ab officio et ministerio pontificali, quo me recognosco esse indignum, et alienum me reddens pro reatibus meis, in quibus peccasse secreto ipsis confessus sum. Eo scilicet modo, ut ipsi sint testes alii [*ms. alio*] succedendi et consecrandi in loco meo, qui digne præesse et prodesse possit ecclesiæ, cui hactenus indignus præfui. Et, ut inde ultra nullam repetitionem, aut interpellationem auctoritate canonica facere valeam, manu propria mea subscribens firmavi. Ebo quondam episcopus subscripsi. † »

Et ut omnia secundum leges quibus moderatur Ecclesia, in synodo legaliter adimpleret, simul cum eis, quos secundum Africæ provinciæ canones (*can.* 63) legerat sibi judices, dicente Apostolo : *Adversus presbyterum accusationem noli recipere, nisi sub duobus vel tribus testibus* (*I Tim.* v, 19), ut in ore duorum vel trium testium constaret etiam suæ accusationis, et ut alius se sacerdotio defuncto ei succederet, testificationis verbum (*Matth.* xviii, 16), ascivit et alios tres episcopos, veritatis de sua accusatione, et testificatione conscios in testimonium suæ professionis, Theodericum scilicet episcopum, et Achardum episcopum diœceseos suæ, et Nothonem archiepiscopum. Et sic ipse professus, et sex episcopis suæ professioni attestantibus, ut prædiximus, libellum synodo porrexit, cunctique episcopi, qui synodo interfuerunt, singillatim ac viritim dixerunt illi : Secundum tuam professionem et subscriptionem cessa a ministerio. Et coram omnibus hanc notitiam cum præscripto libello temporibus futuris conservandam, Jonas episcopus Heliæ notario (qui libellum Ebonis scripserat, cui idem Ebo subscripsit, secundum quinquagesimum nonum capitulum, et item secundum capitulum septuagesimum quartum concilii Africani) pro omnibus dictavit : et idem Helias hæc quæ sequuntur conscripsit : « Acta est hæc Ebonis professio, ejusque propriæ manus subscriptione roborata in conventu synodali generaliter habito apud Theodonis villam, anno incarnationis Domini nostri Jesu Christi octingentesimo tricesimo quinto, anno etiam 21 imperii gloriosi Cæsaris Ludovici. » Item post aliquanta : Libellum sibi ab Ebone porrectum post damnationem ejus synodus Fulconi presbytero, qui eidem Eboni in episcopii Remensis susceptione successerat, cum synodali notitia dedit, quique in Remensis Ecclesiæ scrinio conservatur, cujus exemplar sanctæ memoriæ papæ Leoni directum didicimus, etc.

Igitur Ebo post hanc depositionem suam in Cisalpinis fertur regionibus conversatus usque ad obitum Ludovici imperatoris, qui contigit anno Dominicæ incarnationis 840. Quo imperatore defuncto Lotharius ab Italia in Franciam venit, cui Ebo ad Wormaciam civitatem occurrit, eique Lotharius post aliquot dies sedem, et diœcesim Remensem per edictum imperiale restituit. Cujus edicti hoc habetur exemplar :

« In nomine Domini nostri Jesu Christi, Dei æterni, Lotharius divina ordinante providentia imperator Augustus. Quia confessio delictorum non minus in adversis necessaria est, quam in prosperis, et cor contritum et humiliatum Deus non despicit (*Psal.* L, 19), gaudium etiam esse angelorum in cœlo super uno peccatore pœnitentiam agente (*Luc.* xv, 7) non dubitamus, nos mortales in terris eos nequaquam despicimus, pro quibus gaudere angelos in cœlo divino testimonio non ignoramus. Accusantes et reprehendentes in excessibus semetipsos divina non benignitas non condemnare, sed recreare docuit, qui meretricem non solum a legali damnatione eripuit (*Joan.* VIII, 11), verum etiam publicanum humiliatum et accusantem se non condemnavit, sed magis justificando exaltavit (*Luc.* xvIII, 14). Qui non dixit, omnis qui se humiliat condemnabitur, sed exaltabitur (*ibid.*). Potestatem ergo, quam pro causa nostra raptus perdidisti, repetentibus Ecclesiæ tuæ filiis, præsentibus quoque astantibus, ac decernentibus præsulibus, sedem ac diœcesim Remensis urbis tibi, Ebo, restituimus, ut pristino sanctæ largitatis apostolicæ pallio indutus concordiam atque gratiam divini officii nobiscum, humili satisfactione expleta, solemni nostra a largitate recipiendo, exerceas. Drogo episcopus assensi, Otgarius archiepiscopus, Hecti archiepiscopus, Amaluvinus archiepiscopus, Audax archiepiscopus, Joseph episcopus, Adalulfus episcopus, David episcopus, Rodingus episcopus, Giselbertus episcopus, Flotharius ep., Badaradus episcopus, Hagano episcopus, Hartgarius episc., Ado episcopus, Samuel episcopus, Rambertus episcopus, Haiminus episcopus, Ratoldus presbyter vocatus episcopus, Amalricus vocatus episcopus, cum cæteris pluribus presbyteris ac diaconibus publice assistentibus. Actum in Engilenheim palatio publico, in mense Junio, VIII Kal. Julii, regnante et imperante domino Lothario Cæsare, anno reversionis ejus 1, successor factus patris in Francia, indictione 3. » Cui restitutioni præfata, quæ Suessionis habita est, contradixit synodus, asserens quod damnatus a se atque a 34 episcopis, a minori numero restitui non prævaluit. Quod edictum regis Ebo secum detulit, et apud episcopos et plures illud diversæ professionis et ordinis, dimulgavit [*i*, *divulgavit*], et in ecclesia Remensi publice recitari fecit. Et ita eo tempore, quo Lotharius Karolum a regno expulit, et ultra Sequanam fugavit, Ebo sedem Remensem, post sex annos suæ depositionis recepit, et episcopale ministerium agere cœpit : sicque ordinationes [*ms.*, *ordinationem*] celebrans quosdam clericos ordinavit, et per totum circiter annum hoc episcopium tenuit, donec Karolus resumptis viribus in Belgicam reversus est. Quod audiens Ebo, relicta sede Remensi, ad Lotharium profectus est, et in ejus familiaribus mansit obsequiis, donec una cum Drogone Metensium præsule Romam petiit, ubi a Sergio (*Serg. II*) papa reconciliari, ac pallium sibi tribui postulavit. Cui idem papa, communione tantum concessa, dare pallium renuit.

At Ebo Roma reversus, abbatiam sancti Columbani in Italia dono imperatoris Lotharii possedit, donec legationem in Græciam ab eodem imperatore sibi commissam exsequi detrectavit. Quocirca rebus sibi ab imperatore quæ datæ fuerant ablatis, ad Ludovicum regem Germaniæ demigravit. A quo in regione Saxoniæ quoddam episcopium promeruit, ubi et episcopi deinceps perfunctus est ministerio.

LIBER TERTIUS.

CAPUT PRIMUM.
De electione vel ordinatione Hincmari.

Anno denique Dominicæ incarnationis 845, Karolus (*Calvus*) synodum episcoporum regni sui apud Bellovagum civitatem Remensis provinciæ convocavit. Ubi inter cætera Ecclesiæ regnique negotia, de Remensis ecclesiæ desolatione, quæ Fulcone presbytero illam diu tenente, et Nothone in ea sibi succedente, tanto vacare pastore videbatur tempore, cum eisdem episcopis cœpit tractare. Qui sicuti viderant vel audierant, depositionem narrantes Ebonis, et auctoritatem sanctorum Patrum super hujusmodi negotiis ad memoriam revocantes, cogente necessitate atque suadente auctoritate, communi decrevere consensu, quo tandem post decennium depositionis Ebonis in ecclesia eadem ordinaretur episcopus. Igitur a clero et a plebe ipsius metropolis, necnon ab episcopis ejusdem provinciæ, archiepiscopo Senonensis Ecclesiæ Wenilone atque Ercanrado Parisiorum episcopo annuente, cum consensu abbatis sui et fratrum monasterii sancti Dionysii, in quo degebat, favente quoque Karolo rege, Hincmarus electus est. Sicque decreto peracto eligentiumque manibus roborato, Ecclesiæ Remensis ordinatur episcopus. Is siquidem Hincmarus, a pueritia in monasterio sancti Dionysii, sub Hilduino abbate monasteriali religione nutritus, et studiis litterariis imbutus, indeque pro sui tam generis quam sensus nobilitate, in palatium Ludovici imperatoris deductus, et familiarem ipsius notitiam adeptus fuerat; ibique, prout potuit, cum imperatore et præfato abbate sub episcoporum auctoritate laboravit, ut ordo monasticus in prædicto monasterio, quorumdam voluptuosa factione diu delapsus, restauraretur. Et ut opere quoque adimpleret quod sermone suadebat, etiam ipse religiosæ conversationi cum aliis se subdidit, castigans corpus suum, et spirituali subjiciens servituti. Processu vero temporis, cum præmemoratus Hilduinus abbas imperatoris Ludovici archicapellanus, offensam ipsius Augusti adeo cum aliis regni primoribus incurrisset, ut ablatis sibi abbatiis, in Saxoniam fuerit exsilio relegatus, iste per licentiam proprii episcopi cum benedictione fratrum illum secutus est in exsilium. Cui pro familiaritatis propiore [al., priore] notitia, tantam Dominus apud imperatorem, proceresque contulit gratiam, ut studere pro eo nutritore quiverit, donec ab exsilio revocatus duarum fuerit abbatiarum prælationi restitutus. Deinde quando Gregorius (Greg. IV) papa in Galliæ venit regiones, et regnum Francorum a præfato defecit imperatore, voluit eum præmemoratus abbas suus in obsequium suum contra fidelitatem imperatoris ducere; quod nequaquam potuit ab eo exigere. Restituto postea imperatore, prout potuit abbati suo prodesse studuit. Sicque deinceps in monasterio sine querela custos sacrorum pignorum, ecclesiæque sanctorum martyrum conversatus exstiterat, donec regiis ascitus obsequiis regimen monasterii sanctæ Dei genitricis Mariæ, et sancti Germani regali et episcopali, atque abbatis sui Ludovici diaconi jussione suscepit; rerum quoque ac mancipiorum possessionem quamdam regia liberalitate percepit, quam consecratus jam præsul monasterio sancti Dionysii, ubi Christo militaverat, per testamenti paginam tradidit.

CAPUT II.
De reparatione judicii pro Ebonis depositione.

Emenso denique anno post ipsius Hincmari ordinationem, Lotharius imperator pro contentione regni quam erga fratrem suum Karolum habebat, cujus obsequiis idem præsul fideliter adhærebat, contra eum commotus, epistolas a Sergio (*Serg. II*) papa exegit pro reparando judicio de Ebonis depositione. Unde idem papa litteras Karolo regi mittens, præcepit ut Guntboldum Rothomagensem episcopum cum cæteris episcopis regni sui, quos ipse Guntboldus ad hoc sibi eligeret, legatis ejus obviam Treveris ad hanc discutiendam querelam diligeret, et Hincmarum episcopum ad ipsam synodum venire faceret. Ipse quoque Guntboldo litteris mandavit ut cum post diem sanctæ Domini resurrectionis missos suos in servitium imperatoris mitteret, ipse cum episcopis prædictum locum, hanc causam diffiniturus, adiret. Sed et ipsi Hincmaro litteras misit ut ad idem veniret concilium. Legatis itaque Sergii papæ juxta condictum non venientibus, Guntboldus, annuente [*i*, annitente] rege Karolo, cum episcopis synodum conduxit, ad quam Ebonem per litteras et legatos ex auctoritate prædicti papæ convocavit. Quo tamen Ebo neque venisse, neque vicariam pro se personam, vel litteras canonicas misisse traditur. Guntboldus tamen et cæteri episcopi, qui apud Parisios tunc convenerant, (*an. 847*), Wenilo scilicet Ecclesiæ Senonicæ metropolitanus cum diœcesanis suis, Lantrannus [*al.*, Lanfrannus] Turonensis cum suffraganeis suis, et specialiter Hincmarus cum omnibus Remensis diœceseos coepiscopis, litteras suas ad eum miserunt, et diœcesim Remensem interdicentes, ut non haberet deinceps licentia ex ea quempiam sollicitare, nec scripto, nec verbo, nec misso aliquo, donec secundum jussionem Sergii papæ ipsis occurreret, et juxta canonica et apostolica statuta definitionis sententiam ab ipsis coram generali conventu perciperet. Sed ille ad nullam synodum, vel ad sedem apostolicam, vocem postea reclamationis vel repetitionis de sede Remensi, aut de ordine suo emisit. Qui etiam (postquam res gestas Leoni (*Leoni IV*) papæ referentibus episcopis, et regalibus insuper epistolis, ordinatio Hincmari, quando fidei quoque suæ tenorem Romam misit rata est cum largitione pallii comprobata) per quinque circiter annorum curricula supervixisse fertur in corpore, usque ad annum videlicet incarnationis Dominicæ octingentesimum quinquagesimum primum.

CAPUT III.
De visione ejusdem Bernoldi.

De quo postmodum talis ostensa est revelatio cuidam homini Remensis parochiæ, nomine Bernoldo, qui depressus infirmitate, pene usque ad mortem pervenit, ita ut per quatuor dies nec cibum nec potum capere, nec loqui valeret. Quarto vero die hora nona, velut exanimis jacuit, adeo ut non posset in eo sentiri halitum remansisse, nisi per vices, dum quis manum misisset ad os ejus, vel super pectus illius, vix sentiebat in eo adhuc spiritum esse. Rubor illi tamen in facie magnus videbatur, et sic jacuit usque ad mediam noctem. Tunc viriliter oculos aperiens, et affatus uxorem suam atque circumstantes, jussit ut quantocius currerent, et presbyterum suum velociter ad se venire rogarent. Accito autem presbytero, antequam intraret ille domum, dixit infirmus ut apponerent sellam, quia presbyter jam domum intraturus esset. Illo vero ingresso postquam orationem pro eo fudit, dixit ei ut sederet juxta eum, et attenderet quæ dicturus erat, ut si ipse superstes illi non potuisset annuntiare, saltem presbyter ea nuntiaret. Tunc ergo cœpit vehementer flere, et cum singultibus dixit : Ductus de isto sæculo ad aliud veni ad quemdam locum, inveni episcopos quadraginta et unum, inter quos cognovi Ebonem, Pardulum et Æneam pannosos, et denigratos, squalentesque sicut et alios, ac si ustulati fuissent, et per vices nimio frigore horribiliter cum fletu, ac stridore dentium tremulantes; per vices autem calore nimio æstuantes. Et Ebo episcopus me vocavit ex nomine, dicens : Quia tibi dabitur licentia redeundi ad corpus, precamur te ego et isti confratres nostri, ut adjuves nos. Et ego respondi : Quomodo vos possum adjuvare? Qui ait : Vade ad homines nostros clericos et laicos, quibus benefecimus, et dic illis ut pro nobis faciant eleemosynas, et orationes, et impetrent pro nobis offerri sacras oblationes. Et ego dixi quia nescirem ubi homines illorum essent. Ille vero ait : Nos dabimus tibi ductorem, qui te ad illos ducat. Et dederunt mihi ductorem quemdam, qui me præcessit et duxit ad quoddam palatium magnum, ubi multitudo erat hominum eorumdem episcoporum, qui de ipsis episcopis inter se loquebantur. Quibus suggessi quod mihi fuerat jussum ex parte episcoporum. Inde cum ductore meo reversus, ad locum redii ubi erant ipsi episcopi, et quasi jam facta fuissent pro ipsis ea quæ postulaverant, inveni eos facie jocundos, ac si a novo rasos et balneatos, albis vestitos, et stolis amictos atque sandaliis calceatos. Et dixit mihi præfatus Ebo præsul : Vides quantum nos adjuvit tua legatio. Usque modo nimis durum custodem et custodiam gravem habuimus sicut vidisti, modo vero habemus domnum Ambrosium custodem, et levem [i, lenem] custodiam : et cætera quæ visa atque relata ab eodem Hincmarus episcopus descripsit.

CAPUT IV
De restitutione rerum ecclesiasticarum a Karolo rege peracta.

Ordinato denique, ceu præmissum est, Hincmaro Ecclesiæ Remensis archiepiscopo, rex Karolus res quas ex eodem episcopio suis palatinis usurpare concesserat, ipsi sanctæ reddidit ecclesiæ. Pro qua restitutione talem præcepti sui dedit auctoritatem :

« In nomine sanctæ et individuæ Trinitatis, Karolus Dei gratia rex. Si ea, quæ a prædecessoribus nostris vel fidelium devotione bene tradita, statuta ac confirmata sunt, nostris oraculis roboramus; si etiam illa quæ quacunque necessitate corrupta sunt regia nostra auctoritate corrigimus et in melius commutamus, saluti nostræ consulimus et regium ministerium susceptum a Domino exercemus. Proinde noverit omnium fidelium Dei ac nostrorum solertia quia res ex episcopatu Remensi, quas magna necessitate et per omnia inviti, dum a pastore sedes illa sancta vacaret, fidelibus nostris ad tempus, unde quoddam temporale solatium a nostro haberent servitio, commendavimus, electo et ordinato munere sancti Spiritus, per Dei et nostram dispositionem, in eadem sancta sede Hincmaro archiepiscopo, hoc nostræ auctoritatis præcepto cum integritate quidquid exinde nos fidelibus nostris beneficiavimus, præsentaliter restituimus, tum Sparnacum et Juliacum, vel quidquid ex eodem episcopatu Richuinus habuit, vel quidquid exinde Odo comes habuit : quam et villam Culmiciacum, cum capella quam Rabanus presbyter habuit; seu et illa, quæ Pardulus, necnon et Adalgardis [c. i, Algardis] abbatissa, sive Rotbertus atque Amalbertus clerici, vel Altmarus, seu Joannes medicus, sive item Rabanus, atque pusillus Pumilio, Ratboldus [ms., Ratholdus] quoque, Goderamnus, et Herenboldus, vel Donatus, seu Gilbuinus habuerunt; sive etiam illa omnia, quæ tam clerici quam laici, qui in nostra dominatione aliquandiu fuerant, quosque jam dicto episcopo commendavimus, habebant. Et ut in calce omnia concludamus, quidquid ex eodem episcopatu, quando de manu Fulconis illum recepimus, alicui præstito beneficio concessimus, per hanc nostræ confirmationis auctoritatem, inspecto coram cœtu fidelium nostrorum, tam ecclesiastici quam laicalis ordinis, testamento sancti Remigii, præsentialiter casæ sanctæ Mariæ, et sancti Remigii, atque Hincmaro archiepiscopo cum omni integritate reddimus vel restituimus, ut absque ulla refragatione, cassatis quibuscunque aliis conscriptionibus, easdem res per hanc nostram auctoritatem recipiat; ut sicut res ecclesiæ disponendæ sunt ad utilitatem ipsius Ecclesiæ Dei, tam ipse quam successores ipsius disponant. Quam auctoritatem (in qua nos ulterius tale quiddam erga ipsam casam Dei non acturos spondemus, et ut nemo successorum nostrorum agere moliatur, per omnipotentem Dominum ejusdem Virginis filium obsecramus) ut per ventura tempora certior habeatur, et contra æmulos ipsius sanctæ ecclesiæ sui notitia valeat, manu nostra subterfirmavimus, et annuli nostri impressione roborari decrevimus. Data Kalendis Octobris anno 6 regnante Karolo gloriosissimo rege, indictione 8. Actum in pago Andegavensi, in villa Avegio. »

De cæteris quoque rebus, quæ tunc redditæ non fuerunt, hujusmodi postmodum invenitur dedisse [ms., edidisse] præceptum :

« In nomine sanctæ et individuæ Trinitatis, Karolus gratia Dei rex : omnibus comitibus, abbatibus, abbatissis, missis, vassallis, et cunctis sanctæ Dei Ecclesiæ fidelibus ac nostris, præsentibus scilicet et futuris, notum esse volumus, quia Hincmarus sanctæ ecclesiæ Remorum religiosus, nobisque valde dilectus ac venerabilis pontifex, accedens ad celsitudinis nostræ magnitudinem, innotuit mansuetudini nostræ, quod ex rebus sanctæ Dei genitricis Mariæ, et sancti ac pretiosi confessoris Christi Remigii, quæ per parentum antecessorum videlicet nostrorum regum dationem, sive per rectorum ejusdem ecclesiæ imprudentiam, vel concessionem, vel etiam quorumcunque malivolorum machinationem ab eadem sancta ecclesia abstractæ esse cernuntur, nonæ et decimæ ad eamdem prædictam ecclesiam nimine, sicut rectum est, persolvantur. Unde magnificentiæ nostræ petiit dignitatem, ut nostræ auctoritatis præceptum ob Dei et sanctæ ipsius Genitricis, sive pretiosi patroni nostri Remigii amorem ei fieri juberemus. Cujus nobis amabilibus et necessariis petitionibus acquiescentes, et libere placideque obsequentes, hoc nostræ magnæ auctoritatis præceptum ei fieri jussimus. Per quod præcipientes expresse jubemus, ut quisquis fidelium Dei omnipotentis, nostrorumque, ex eisdem sanctæ Dei genitricis Mariæ, vel sancti confessoris Christi Remigii, Remorum ecclesiæ rebus, sive episcopatus religiosissimi et dilectissimi nobis Hincmari venerabilis archiepiscopi, aliquid habere dignoscitur, sive per largitionis nostræ concessionem, sive per quorumcunque supramemoratorum affectationem, vel machinationem, seu etiam et deprecationem, aliquid tenore aliquo ex prædictis rebus tenere vel possidere cernitur, nonam et decimam in missorum nostrorum præsentia, misso ecclesiæ sanctæ Mariæ, vel sancti Remigii Remorum, sive Hincmari venerabilis archiepiscopi revadiet, et annis singulis ad eamdem præfatam et memoratam ecclesiam persolvere, absque ullius occasionis contradictione cum anni vigilantia studeat. Quicunque vero contra hanc nostræ auctoritatis præceptionem de hoc fieri præsumpserit, sciat secundum dignæ memoriæ avi, et piæ recordationis genitoris nostri capitula se emendaturum, et ipsas easdem res absque alicujus intercessionis impetratione amissurum (*lib.* I, *cap.* 163; *lib.* II, *c.* 21; *lib.* IV, *c.* 40). Et ut hæc nostræ præceptionis auctoritas inviolabilem obtineat firmitatis vigorem, et ab omnibus fidelibus sanctæ Dei Ecclesiæ et nostris, præsentibus scilicet et futuris, verius, certiusque credatur, eam annulo nostro subter sigillari jussimus. Data IV Nonas Septembris, anno 3, indictione 10, regnante Karolo gloriosissimo rege. Actum in monasterio sancti Quintini. »

Immunitatis etiam secundum antecessorum suorum regum exemplaria eidem sanctæ sedi suam contulit auctoritatem. Cessionem quoque genitoris sui Ludovici de exactione regia (*supra*, *lib.* II, *c.* 19), vel operariis ac muro civitatis ob restaurationem ipsius sanctæ Dei ecclesiæ delegata, hujusmodi confirmavit auctoritate:

« In nomine sanctæ et individuæ Trinitatis, Karolus gratia Dei rex. Si petitionibus fidelium nostrorum, maxime Domini sacerdotum, præcipue in his, quæ ecclesiasticis utilitatibus possunt præbere consultum, benignum commodamus assensum, nobis id ad æternæ remunerationis partem provenire augmentum. Proinde noverit omnium fidelium Dei ac nostrorum, præsentium scilicet et futurorum industria, quia vir venerabilis Hincmarus Remensis urbis archiepiscopus obtulit serenitatis nostræ obtutibus præceptum piæ memoriæ domni ac genitoris nostri Ludovici imperatoris, quod in eleemosynæ suæ augmento ecclesiæ S. Mariæ atque sancti Remigii fieri decrevit, de opere et operariis, atque omni exactione, quæ tempore avi nostri domni Karoli imperatoris ex eadem casa Dei exigebantur ad palatium, quod vocatur Aquisgrani, ut in ædificatione et restauratione ipsius ecclesiæ Dei, per futura tempora usque ad finem sæculi, ad utilitatem sæpe dictæ sanctæ ecclesiæ in eleemosyna illius proficerent, et nec ad eumdem locum, vel ad alium quemlibet ipsæ redhibitiones, vel impensæ ullo unquam tempore exigerentur, sed remissa indulgentia illius in eodem loco proficerent. Cujus bene gesta rata judicantes, per hoc nostræ auctoritatis præceptum decernimus, ut quidquid de exactione, vel operariis prædictæ constitutionis supra scriptus domnus et genitor noster, seu et de muro civitatis ipsius, vel viis ad utilitates claustri canonicorum proficientibus in suo præcepto concessit; hoc totum perpetua nostra indulgentia vel concessione, seu auctoritate concessum, vel confirmatum maneat in perpetuum. Et ut hæc nostræ confirmationis vel concessionis auctoritas per futura tempora certior cognoscatur, et permaneat inconvulsa, eam manu nostra subterfirmavimus, et de annulo nostro eam sigillari præcepimus. Data VI Kalendas Junias, anno 10 regnante Karolo glorioso rege, indictione 13. Actum Vermeriæ in palatio regio, in Dei nomine feliciter. Amen. »

CAPUT V.
De reparatione Remensis ecclesiæ ab ipso Hincmaro patrata.

Hujusmodi regiæ benignitatis functus auctoritatibus et in episcopali sede confirmatus, præfatus Hincmarus archiepiscopus, templum beatæ Dei genitricis Mariæ, quod a fundamentis Ebo renovare cœperat, iste pace gratiaque fruens regia, præclari consummavit decoris eminentia. Insuper et aram sanctæ Dei genitricis auro vestivit, ac lapidibus pretiosis ornavit. His quoque versibus titulavit:

Hanc aram Domini Genitricis honore dicatam
Cultor ubique suus (suis) decoravit episcopus Hincmar.
Muneribus sacris, functus hac sede sacerdos.
Jam bene completis centenis octies annis,
Quadraginta simul quinto volvente sub ipsis.
Cum juvenis Karolus regeret diademata regni,
Hunc sibi pastorem poscentibus urbis alumnis.

Et ad imaginem Dei Genitricis in ipso altari.

Virgo Maria tenet hominem, regemque, Deumque
Visceribus propriis natum de Flamine sancto.

Tecta templi plumbeis cooperuit tabulis, ipsumque templum pictis decoravit cameris, fenestris etiam illustravit vitreis, pavimentis quoque stravit marmoreis. Crucem eminentiorem gemmis, auroque cooperuit. Alias etiam cruces tam auro quam argento paravit. Calicem majorem cum patena, sumptorioque fecit ex auro, lapidumque pretiosorum illustravit nitore. Qui calix postea pro redemptione ac salute patriæ Nortmannis datus est; patena adhuc reservatur ibidem. Libellum quoque de ortu sanctæ Dei genitricis Mariæ, sed et sermonem beati Hieronymi de ipsius Dominæ assumptione scribi fecit, et tabulis eburneis, auroque vestitis munivit. Locellum etiam quemdam, hoc est capsam majorem, quæ a duobus clericis ferri solet, fieri jussit, argentoque imaginato ac deaurato vestivit; ubi ad urbis hujus totius tutamen, multorum sanctorum pignora recondidit. Insuper et alia altaris vasa, tam aurea quam et argentea præparavit. Evangelium aureis argenteisque describi fecit litteris, aureisque munivit tabulis, et gemmis distinxit pretiosis. His quoque versibus insignivit :

Sancta Dei genitrix et semper virgo Maria,
Hincmarus præsul defero dona tibi.
Hæc pia quæ gessit, docuit nos Christus Jesus,
Editus ex utero, casta puella, tuo.

Librum quoque sacramentorum, sed et lectionarium, quos scribi fecit, ebore argentoque decoravit. Candelabra texit argento, et templum variis ornavit lampadibus, et coronis diversisque tam palliorum quam cortinarum atque tapetium operuit ornamentis. Sacras etiam vestes altaris procuravit ministris. Pluribus denique convocatis episcopis, sed et Karolo rege in hanc civitatem adveniente, in honore incomparabilis et perpetuæ virginis genitricis Dei Mariæ, ut et antiqua fuerat sacrata, basilicam solemniter dedicavit, et cum coepiscoporum cooperatione sub omnipotentis invocatione Trinitatis almificæ consecravit.

CAPUT VI.
De miraculis in eadem ecclesia postea declaratis.

In hac igitur ecclesia multa diversis temporibus Dei virtute sub ineffabilis Christi genitricis Mariæ sunt honore patrata miracula. Quorum plurima, quæ ante nostram ætatem sunt gesta, nobis habentur incognita. Nos tamen ea, quæ coram positi vidimus, vel personis quæ viderant referentibus agnovimus, silentio hic quoque præterire incongruum rati sumus, licet ea versibus olim exaravimus. Mulier quædam civis hujus urbis, nomine Altrudis, unicam parvulam nutriebat filiam, quæ adhuc sub ubere matris posita, efficitur cæca. Pro qua cum variis frustra æstuaret mater remediis, nec ulla posset juvari medela; ad summum cogitat se vertere medicum; ejusque probat non aptius per quempiam sanctorum poscere posse misericordiam, quam per ipsius unicam, cujus etiam erat ipsa famula, Genitricem. Præparansque candelarum munuscula, tam pro se quam pro filia, templum hoc petit, cœlitum reginæ clementiam rogatura ; præfigensque candelabris luminaria, tum pavimentis astrata, cor supplex effundit in vota. Nec se posse præsumens sufficere, ministros suppliciter deposcit altaris, ipsius petitionem suis precibus adjuvare. Et quia devote ac fideliter postulavit, votum obtinere promeruit, lumenque sobolis impetravit. Unde gratias agentem Deo ipsiusque Genitrici piissimæ, cum adjutoribus sibi sacris ministris eam vidimus postea, dum sanam, clareque contuentem suam nobis exhiberet filiam.

Quidam clericus nostræ congregationis, carne nobilis, Hugo nomine, ita nimio dentium fatigabatur dolore, ut nec somnum, nec cibum præ nimietate valeret ægritudinis capere. Qui requisitus a quodam seniore, exposita suæ vexationis afflictione, hoc ab eo consilii accepit, ut coram altari Dei Genitricis sese prosternens, ejus corde tenus super hac anxietate sua deprecaretur clementiam. Et surgens ab oratione, osculato altari, supra nudum ipsius marmor, in qua vexabatur deponeret maxillam, sicque sanandum se confidens, domum regressus cooperiri se vestibus faceret atque sopori permitteret. Quibus ille per ordinem patratis, somnum iniit. Tempus autem erat solemnitatis natalis Domini, et fratres post celebratum vespertinum officium in cœnaculo, ubi calefaciendi causa consueverant colligi residebant. Præfatus vero frater videt in somnis illic se præ gradibus cœnaculi astitisse, atque beatam Dei Genitricem in superioribus, ante ipsius ostium domus consistere. A sinistris in gradu infimo sub specie cujusdam chirurgi, malignum conspexit astare spiritum. Non dubitans autem quæ esset illa quam aspiciebat domina, pavore tetri hostis abjecto, ad eam usque conscendit, et ante ipsius procidens pedes ejusdem susceptus est manu; ita ut mentum illius tenens, vexatam piissima domina contingeret maxillam. Et erigens eum blande consolata est, asserens ideo se non inventam ab eo in ecclesia, quoniam ibidem ad custodiam fratrum staret. Ille, inquiens, malignus, quem vides hic prope astantem, cogitat huc ascendere, et vult nostros fratres conturbare. Præcepitque eum redire, et de concessa sibi salute confidere. Qui rursus ad ejus se prosternens pedes erectus est ab ea, vestem tantum purpuream, qua ipsa erat induta, deosculans. Sicque mox excitatus, dari sibi præcepit manducare. Quod ut ejusdem domestici audiere, insanire illum putantes, quia tam alacriter sibi cibum dari peteret, anxiari cœperunt. Ille vero confirmabat se a beata Dei Genitrice sanatum, vel nihilque ægritudinis se, vel insaniæ pati. Sicque celerrime redditus sospitati, sæpe postea fidenter astipulabatur non se ulterius esse passurum talia, quem tanta saluti restituisset domina. Quod et revera illi accidit, ut deinceps hujusmodi ægritudinem nequaquam senserit, dum pluribus postmodum vixerit annis.

Hujus Hugonis clericis et diaconus, Ebrardus nomine, febris anhelæ vexabatur æstibus; qui ejus ægritudinis agitatas angoribus, in crypta, quæ sub ipsius ecclesiæ sede in honore beati Remigii consecrata est, fessus residebat, dum illic missæ celebrarentur mysteria. Cui vi febrium fatigato (ut assolet febricitantibus) sopor irruit. Et ecce videt beatam Dei Genitricem sibi astantem, impositaque manu ejus capiti pertransisse, et post altare sese visa est intulisse. Mox ille patefactis oculis surgit, finitisque mysteriis jam sanus amen respondet, et alacer officiorum inseruit expletioni. Cujus caput ad tactum mirabilis dominæ ita est delibutum, ac si oleo eadem fuisset hora peruunctum. Quod nos quoque mirati sumus, qui eum ipsa die lætum et comedentem nobiscum vidimus.

Tres denique claudos, et poplitibus contractis, nullo modo gressum figere valentes, in hac ecclesia diversis conspeximus [*ms.*, cognovimus] erectos temporibus. Unum quidem sub episcopatu domni Hervei præsulis, qui aliorum manibus illuc delatus, propriis regressus est pedibus. Alium sub præsulatu Seulfi, nomine Maganerum, qui gente Britannus, utroque genu claudus et scabellis inhærens, inter nos piorum eleemosynis sustentatus, transacto fere jam demorabatur anno. Huic dum nocturnas in omnium sanctorum solemnitate celebraremus laudes, ita subito in medio populi jacenti genuum extensi sunt nervi, ut lora quoque, quibus crura cum coxis erant annexa, rumperentur, rupta etiam pelle ex poplitibus ei sanguis deflueret; surgensque, stupente populo, gressibus deinceps usus est propriis (8). Tertium vero sub hujus domini præsulis Artoldi pontificatu, eoque missarum sacra celebrante, die solemni ejusdem sacratissimæ Virginis, qua Gabriel archangelus ad eam missus ab astris, partum illi mirabilem sæculis nuntiavit. Qui claudus, pauper, et miserabilis, dum per pavimenti sese marmora traheret, repente solutus extenditur, et tellurem corpore mensus, in pedes tandem erigitur, incessuque novo auxit lætanti gaudia populo, quique adhuc inter nos degens stipe sustentatur præsulis.

Quartus quoque quidam ruricola, Gerlaius [i, Germanis] nomine, ex familia hujus ecclesiæ, hanc urbem adiens oraturus, beatæ Dei genitricis Mariæ ingressus est basilicam. Ubi dum vota profundit, subito marcore diriguit, contractisque nervis, pene cunctis astringitur membris, sicque coarctatus, ibidem se permansurum, et dum videret serviturum, si relaxaretur, promisit. Tandem post mensem his absolutus vinculis, ecclesiasticis addicitur servitiis. Sicque partim in eadem ecclesia, partim in basilica sancti Dionysii extra murum civitatis per quinquennium incolumis deservivit. Post quod temporis spatium, in eadem solemnitate, Hypapanti scilicet Salvatoris, hanc ingressus ecclesiam, dum precibus incumbit, ita rigentibus membris visus est adhæsisse pavimentis, ut nec os, nec aliquod membrum ab his relevare valeret. Erectus autem a circumstantibus, tam cruribus quam ambabus contrahitur manibus. Quinta decima deinde die iterum absolutus, nec multo post humanis exemptus est rebus. Sed quis enarrare prævaleat, quot hic languentes pene quotidie pia dono salutis sumunt? quot febricitantes, quot salvantur energumeni? quis vel edicere pestes hic liberatis hominibus effugatas? Sed de innumerabilibus saltem pauca commemorasse sufficiat.

CAPUT VII.
De visione cujusdam Gerhardi presbyteri.

Presbyter quidam de pago Porcensi, Gerhardus nomine, in quamdam dudum deciderat valetudinem, ita ut veneno potatus esse crederetur. In qua valetudine sanctorum nonnullis consolatus est visitationibus, beati scilicet Petri apostoli, qui suam ei, quam regebat, præcepit etiam bis, ut restaurare studeret ecclesiam, atque redarguit per visa, cur toties medicos salutis suæ requisierit causa. Sanctum quoque

(8) Idem refert in Chron., an. 934.

Remigium postea sibi videt assistere, suam illi paudendo personam, et ægritudinis hujus remedia pollicentem. Qui mox urbem Remensem adiens, dum perlustratis orationis gratia beatæ Dei Genitricis, ac sancti Remigii basilicis, in vico noctu requiesceret, ipsius beati Remigii videt se deductum in templum quoddam splendidissimum, ad quod beatissimam contuetur virginem Mariam properantem, sancto Remigio, sanctoque Martino ab utroque latere stipantibus eam. In ipso vero templo multitudo Levitici ordinis atque sacerdotalis dignitatis eam exspectabat, et diacones induti dalmaticis; quidam cum palmis, quidam sine ipsis astabant. Cæterorum quoque sanctorum plurimus hic ordo videbatur. Idem vero presbyter nullius specialiter cognoscebat vultum, præter beati Petri, qui sibi jam pridem fuerat revelatus. At postquam beata Dei Genitrix ad prædictum templum pervenit, ubi ejus adventum hic frater se præstolari videbat, requirere cœpit, quis ille esset, aut quid quæreret? Cui beatus Remigius: Famulus, inquit, meus est, domina, quærens a tua pietate salutis remedia. Quid autem ipsa responderit, iste, ut retulit, audire non potuit. Velum vero quoddam appensum ibidem videbatur; post quod ubi ipsa intravit, splendidius hanc sole lumen ab oculis ejus suscepit, ita ut in id, præ splendoris magnitudine, intendere minime potuerit. Post aliquot denique dies apparuit illi beatus Martinus, missumque se a sancto Remigio ad eumdem testatus est, asserens etiam illi donatam vitam, concessamque medicinam. Restitit tamen postea huic dubietas aliqua de beatæ Dei Genitricis persona, quoniam nomen ipsius in visione revelatum non audierat. Sed precabatur assidue, ut Dominus sibi monstrare dignaretur utrum ipsa fuisset, quam viderat, Dei genitrix virgo Maria. Contigit autem illi post sex fere menses, ut subito, dum noctu quiesceret, gravi premeretur ægritudine, adeo ut desperaret ulterius se posse vivere. Et dum valde anxiaretur, appensis supra se beatæ Mariæ pignoribus, hujusmodi cœpit effundere preces: O beata Dei Genitrix, cujus hic dependent pignora, si revera, ut credimus, de te nobis hæ superappensæ habentur reliquiæ, et si vere de te visio est quam nuper vidi; si tu es illa domina, quam ad illud mirabile templum sanctus Martinus, et almus Remigius comitabantur euntem, ubi te clarissimus sanctorum cœtus exspectans, aspiciente me, lætanter excepit, fer opem mihi indigno famulo tuo, et tam diu impetra mihi vitam atque virtutem, ut missæ mysteria Domino celebrem, et munera vitæ corporis Christi sumere merear; vosque, beati pontifices Christi, quos cum eadem comitari conspexi, adjuvate me apud ipsam, qui me vestro piissimo consolari dignari fuistis alloquio. Interea inter angores precesque vix levis obrepsit somnus, cum subito sub eodem vultu habituque, quo prius eamdem aspexerat, beatissima se videndam præbuit regina, eisdem columnis innixa, quibus et antea inniti fuerat visa, nec coruscans clarissima. At ille tanto tremefactus splendore, nihilque fari ausus, luminibus in terram demissis videbatur stupefactus hærere. Quem beatus compellans Remigius : Quid, inquit, nos huc advocasti? Nonne vides dominam nostram Dei Genitricem te confortare paratam? quid dubitans tardas accedere ad illam? His dictis tremor abscedit, allevatur animus, elevansque oculos vires recepit, et ante pedes beatissimæ Dominæ frater ille corruisse se vidit. Quem manu ipsa levare dignata, fronti signum crucis imponit, et talia prosequitur : Ne timeas, neque desperes : confide in Domino quia percipies donum ab ipso salutis, signumque pulsare jube ut sacra mysteria celebres, et gratias Deo referas, eum collaudans qui te post verbera sanat. His dictis, ab ejus recessit visibus, suis stipata comitibus. Sicque mox frater idem collata sibi salute lætus exsurgit, et ad explenda jussa festinans, ita sanus et alacer effectus est, ut nunquam alacrior esse potuerit. Hæc ut eodem presbytero narrante didicimus, ita describere quoque dignum rati sumus.

CAPUT VIII.
De aliis quibusdam miraculis.

Hæc inclyta cœli regina, ut subvenire solet humili se corde petentibus, sic in præsumptores vel contemptores ultionis nonnunquam pœnas exerit. Quod pie quoque fieri credimus, ut hic in præsenti delinquentibus digna ingerantur verbera, ne in futuro graviora eos excrucient tormenta. Quod autem modo dicturus sum non ipse vidi, sed multorum relatu Patrum narrari frequenter audivi. Quidam ex clericis nostræ congregationis, Bernardus nomine, custos hujus erat ecclesiæ; qui petitus a quibusdam levibus personis, (ut ipse post scripto monstravit) quatenus ipsis quædam sanctorum dedisset pignora, dum quadam die cum quodam puero hic solus esset in templo, correpta quadam pixide, in qua sanctorum continebantur reliquiæ, ausu temerario præsumpsit aperire. Quo facto nimio pavore concutitur, et nebula locus totus magna repletur, talique vallatur horrore, ut non putaret se amplius vivere. Sicque perdita voce, tam ipse quam puer qui secum erat, ultra loqui nec ea quæ viderant fari potuerunt.

Quidam quoque custos hujus ecclesiæ, ut ipse nobis narravit, dum die aliqua post matutinales laudes in ecclesia requiescere vellet, arripiens templi tapetia, lectum sibi ex his stravit, ibique sese somno dedit. Et ecce matrona quædam sub habitu senili eidem apparuit, quæ herbas quasdam secum videbatur deferre. Hæc primo quidem blandis eum cœpit affari sermonibus. Ubi vero sacra sub eo contemplatur tapetia, taliter infit, eum mutato quoque vultu terrens, aggressa. Et tu dominæ sanctæ Dei Genitricis ausus es violare ac pedibus sacra superbe conculcare ornamenta, nec tantam timuisti dominam? Modo quidem parcam ; nunquam tamen ultra præsumas talia. Exemplumque dedit illi de quodam, qui sic sibi lectum solebat sternere, quem novimus olim ærumnis affectum in pauperrimo quoque stratu obiisse. Ita deterritus surgit, propriamque culpam confessus, scamnis tapetia reddit, et Dominum super hac correptione sua ejusque collaudat Genitricem. Hanc autem dominam quæ se visitaverat non agnovit; a beata Maria tamen fuisse credimus missam. Novimus etiam quosdam devotos, atque promissos a parentibus in hac ecclesia fore Christo, ejusque Genitrici servituros. Quod votum dum vellent postea mutare parentes, prolis sunt coacti languore suam promissionem adimplere.

Dudum cum agricolæ urbi vicini post Pascha, solito de more, hanc petissent urbem hujus admirabilis dominæ requirendo suffragia suaque vota ferendo, quædam villæ consueta quærere neglexere præsidia. Quarum messes cum jam tempus instaret metendi, tanta tempestatis sunt attritæ grandine, ut pene omnia eorum perierint sata; vineæ quoque, adustis fractisque pampinis, uvarum amiserint fructum. Eorum vero fines qui se hujus piissimæ dominatricis muniere subsidiis, neque tangere nedum intrare grando præsumpsit. Sicque deinceps tam hi, quam cæteri quique contigui, promptius libentiusque annuatim ejusdem dominæ nostræ, sancti quoque Remigii; cæterorumque sanctorum hanc Remensem adeuntes urbem, consueverunt expetere patrocinia.

CAPUT IX.
De secunda beati Remigii corporis translatione.

Præfatus denique præsul Hincmarus cryptam præclari operis ad pedes S. Remigii construxit, et corpus ejusdem beatissimi patroni de loco cryptæ priori, una cum sepulcro ipsius in eadem, collectis Remensis diœceseos episcopis, ut jam superius dictum est (*lib.* I, *cap.* 21), transtulit : et ante ipsius sepulcrum opus egregium auro edidit, gemmisque distinxit, fenestram inibi, unde sancti sepulcrum videretur, fecit, et circa ipsam fenestellam hos versiculos indidit :

Hoc tibi, Remigi, fabricavit magno sepulcrum
Hincmarus præsul ductus amore tuo.
Ut requiem Dominus tribuat mihi, sancte, precatu
Et diguis meritis, mi venerande, tuis.

Evangelium aureis litteris insignivit, ac parietibus aureis, gemmarumque nitore distinctis munivit, versibus etiam auro inlitis prætitulavit. Sed et crucem majorem cooperuit auro, gemmisque decoravit. Librum quoque sacramentorum sub eburneis tabulis, argento præsignitis; sed et lectionarium ad missas librum, pari decore venustatum, ibidem contulit, aliosque libros et ornamenta nonnulla eidem venerabili loco delegavit.

De corpore autem ipsius beatissimi Remigii non est ausus aliquid sumere, sicut ipse quoque testatur in epistola ad Ludovicum regem Transrhenensem, qui id sibi ab eo petebat muneris. Sed hic [*i, id*] pontifex pro maxima præsumptione asserit se duxissc, corpus ejus, quod Dominus per tanta tempora integrum conservaverat, illisumpere.

CAPUT X.
De pallii quotidiani usus a Romanæ sedis præsule perceptione, et rebus ecclesiæ sub eo concessis.

Hic denique venerabilis præsul Hincmarus, pro suæ sanctitatis ac sapientiæ reverentia, per interventionem Lotharii imperatoris pallium ad quotidianum suscepit [c. i, recepit] usum a quarto Leone papa, a quo jam aliud perceperat in designatis sibi solemnitatibus debite fruendum. Quem quotidianum pallii usum nulli unquam archiepiscopo se concessisse, vel deinceps concessurum esse, idem papa in epistola tunc ad eum directa testatur. Scripsit autem præfatus pontifex ad eumdem papam Leonem sexies, ut ipse in quadam ad eumdem asserit epistola, vel septies, sua dirigens ad eum scripta. In hac vero epistola de his, quos temeritas chorepiscopalis ordinare, vel quod Spiritum sanctum consignando tradere præsumebat, requisivit. Et quod terrena potestas hac materia sæpe offenderet, ut videlicet episcopo quolibet defuncto, per chorepiscopum solis pontificibus debitum ministerium perageretur, et res ac facultates ecclesiæ sæcularium usibus expenderentur, sicut et in nostra ecclesia jam secundo actum fuisset. Item de his, quos domnus Ebo post depositionem suam ordinaverat. In alia quoque epistola scribit de quodam Fulcrico, imperatoris Lotharii vassalo, de quo etiam pridem ei significaverat, pro quo ecclesiæ nonnullæ per hoc regnum maximum patiebantur impedimentum, qui uxore sua dimissa, postquam excommunicatus ab eo proinde fuerat, aliam insuper ducere præsumpsit uxorem. Item in eadem de privilegiis hujus Remensis ecclesiæ, quæ habuit ab initio, quo privilegia sedes habere cœperunt; et quia Remorum episcopus primas inter primates semper, et unus de primis Galliæ primatibus exstitit, nec alium se potiorem, præter apostolicum præsulem, habuit; ut scilicet ea, quæ tanto tempore ab antecessoribus ipsius huic sedi sunt concessa et conservata, conservare et augmentare dignetur. Ab imperatore quoque Lothario præceptionis imperialis auctoritatem super quibusdam rebus conjacentibus in his locis, Meuravallis, Termedo, Roserolis obtinuit, quæ tempore Karoli imperatoris, occasione quadam interveniente, a Remensi sunt abstractæ ecclesia, et publicis usibus subactæ, quas hic Lotharius imperator ad partem sanctæ Mariæ ac sancti Remigii sua restituit auctoritate. Qui Lotharius imperator nonnullis hunc præsulem Hincmarum apud Leonem papam honorifice commendasse reperitur episcopis atque legatis. Sed et quando Romam petere idem pontifex disposuerat, epistolam suam idem imperator pro eo præmittens, suggessit præfato papæ, ut ipsum decenter amabiliterque susciperet, et quidquid ab eo postulasset, libenter ei, liberaliterque tribueret. Item aliam pro synodalibus diffinitionibus, de ordinatis ab Ebone post suam depositionem, a sede apostolica confirmandis, et quibusdam privilegiis eidem Hincmaro, sedique Remensi concedendis; et quia illam volentem Romam proficisci, tam ipse, quam frater suus Karolus rex Franciæ, quando [i, qu., j, quoniam] valde necessarius eis erat ad sopiendas quæ tunc exortæ fuerant perturbationes, retinerent. In qua epistola commemorat, quod in hac sede Remensi beati Sixti primi ejusdem episcopi, et apostolorum discipuli, prædecessores ipsius papæ, Stephanus (Steph. I) Pippino, et Leo (Leo III) Karolo magno, apostolica contulerint munia. Alius quoque Stephanus (Steph. V) Ludovicum Augustum in eadem sede imperiali diademate coronaverit. Ad hoc denique obtinendum, quod pro prædicto præsule petebat, idem Lotharius Petrum Spoletinum episcopum, mandatis super hac re per semet instructum, exsecutorem direxerat, et alium Petrum Aretinum episcopum litteris exinde commonuerat, aliosque quosdam tam suos, quam præmissi papæ fideles ad id peragendum destinaverat. Eidem Lothario imperatori scribit præfatus præsul Hincmarus de Fulcrico ejus vassallo, quem excommunicaverat, qualiter ad pœnitentiam venire debeat; item, aliam epistolam in qua continentur culpæ ipsius Fulcrici, et quomodo eum rationabiliter excommunicaverit, quia noluerit ad pœnitentiam venire; item, aliam, in qua valde collaudat eum, congaudens ejus humilitati, quod ipsius obaudierit monitis super præfato excommunicato, absolvitque eum id humiliter deprecantem, pro participatione quam habuerat cum ipso. Item postquam convaluerat idem imperator de infirmitate sua. In qua epistola eum satis episcopaliter, licet succincte, de salute admonet animæ. Et alia nonnulla eidem scripsit. A Karolo denique rege suo hic præsul Hincmarus cellam in honore sancti Martini, in municipio Vongo constructam, cum omnibus ad eamdem cellam juste pertinentibus, ad partem Remensis Ecclesiæ reimpetravit, ac per auctoritatis ipsius præceptum recepit. Ad ipsius suggestionem dedit idem Karolus rex ecclesiæ sancti Remigii, vel monachis ibidem servientibus, Deo res quasdam; ita est in pago Portinse [i, Portinse], in villa Baildronis curte mansa duo, et in Dodelini monte mansa duo, atque in Waldonis curte mansa duo cum mancipiis, et omnibus ad easdem res legaliter aspicientibus. Præceptum quoque ipsius Karoli de via, quæ impediebat ad claustrum canonicorum sanctæ Remensis ecclesiæ amplificandum (quoniam et numerum eorumdem canonicorum augmentaverat) idem domnus Hincmarus obtinuit. Res præterea quasdam quæ ab hoc rege dudum fuerant episcopio subtractæ, ecclesiæ redintegrari laboravit; id est, villam Noviliacum, quam Karlomannus ad ecclesiam sancti Remigii pro anima sua dedit remedio, tam ipsam villam quam res et mancipia, quæ diversi homines dono regis retinebant, ad eamdem pertinentia. Item, res aliquas in Culmiciaco et Bairaco sitas; item, res super fluvium Rotomnam, et in aliis nonnullis locis conjacentes; itemque a rege Ludovico Transrhenensi præceptum restitutionis accepit super quibusdam rebus sancto Remigio quondam legatis: hoc est in pago Wormacensi Scavenheim [*i*, Stadenheim] cum omnibus ad se pertinentibus, Cossa et Gleni in saltu Vosago. In Thuringia quoque et Austria, in loco qui dicitur Schonerunstat, et in Helisleba, cum omnibus ibidem aspicientibus. Res quoque nonnullas, juraque ecclesiæ ac mancipia legibus per advocatos evindicata recepisse reperitur. Res etiam nonnullas episcopii, terras scilicet atque mancipia, cum diversis personis, ad incrementum ecclesiæ, pro partium opportunitate commutavit. Sed et præcepta regalia super pluribus earum rerum commutationibus obtinere curavit. Canonicis quoque hujus Remensis ecclesiæ hospitale constituit ad susceptionem peregrinorum, vel pauperum congruis ad id rebus deputatis, cum consensu coepiscoporum Remensis diœceseos, atque subscriptionibus eorumdem, ea conditione, ut nullo unquam tempore quilibet episcopus, vel quælibet persona easdem res cuiquam in beneficium dare, vel in alios usus quocunque modo abstrahere præsumat, neque aliquem censum vel redhibitionem exinde accipiat, sed totum quidquid ex ipsis rebus juste acquiri potuerit, in usus pauperum atque canonicorum, secundum modum descriptum in privilegio, et a cæteris episcopis confirmato, expendatur. Super hoc quoque constituto regiæ auctoritatis præceptum a Karolo rege fieri atque firmari obtinuit. Res præterea et villas episcopii pene omnes ordinatis rationabiliter coloniis describi fecit.

CAPUT XI.
De synodo comprovinciali apud Suessonicam urbem habita.

Hic honorabilis præsul Hincmarus, anno sui episcopatus septimo (*an.* 853), synodum habuit comprovincialem apud Suessonicam urbem, in monasterio sancti Medardi, in ecclesia sanctæ Trinitatis honore sacrata, cum Wenilone Senonensi archiepiscopo, Amalrico Turonensi, Theoderico Cameracensi episcopo, Rothado Suessonico, Lupo Catalaunensi, Immone Noviomagensi, Erpuino Silvanectensi, Ermenfrido Belvacensi, Pardulo Laudunensi, Hilmerado Ambianensi, Huberto Meldensi, Agio Aurelianensi, Prudentio Trecassino, Hermanno Nivernensi, Jona Augustodunensi, Godelsado Cavilonensi, Dodone Andegavensi, Guntberto Ebroicensi, Hildebranno Sagiensi, Rigboldo Remorum chorepiscopo. Residentibus etiam presbyteris et abbatibus, Dodone abbate monasterii sancti Sabini, Lupo abbate monasterii quod dicitur Ferrarium, Bernardo abbate monasterii sancti Benedicti, quod dicitur Floriacum, Odone monasterii, quod dicitur Corbeiæ, Heriaco monasterii Corbionis, Bavone monasterii Orbacensis, et quampluribus aliis sacerdotibus et abbatibus, astantibus diaconibus ac reliquorum graduum clero. Residente quoque in medio glorioso rege Karolo. Ubi quædam necessaria Ecclesiæ Dei sunt pertractata negotia. Ad quam synodum accedentes quidam Remensis Ecclesiæ canonici ac monachi, videlicet Radoldus, Gislodus, Vulfadus [*ms.* Volfadus], Fredebertus ex canonicis ipsius matris Ecclesiæ, Sigimundus ex cœnobio sancti Theoderici; ex monachis autem monasterii sancti Remigii, Nortvinus, Heinradus, Mauringus, Antheus, Tetlandus, Hairohaldus, Radulfus, Wicpertus, clamaverunt suspensos se a præfato archiepiscopo suo ab administratione ordinum ecclesiasticorum, ad quos ab Ebone quondam provecti fuerant. Super qua reclamatione elegit prænotatus pontifex Hincmarus judices sibi Wenilonem et Almaricum supra taxatos archiepiscopos, Pardulum quoque Laudunensem episcopum, qui in hoc judicio locum metropolitanæ suæ servasset auctoritatis. Ipsi clamatores eosdem judices suscipientes, addiderunt etiam Prudentium Trecassinæ civitatis episcopum. Hi judices constituti hoc judicarunt quod, si Ebo archiepiscopus in suo statu manens canonice hos fratres ordinaverit, deberent ministrare. Si etiam injuste dejectus, et canonice restitutus, post suam canonicam restitutionem eosdem ordinaverit, sine ulla quæstione deberent etiam ministrare. Unde interrogati sunt ordinatores Hincmari, ut edicerent quæ de Ebonis depositione, et de Hincmari comperissent ordinatione. Tunc surgens Theodericus Cameracensis episcopus porrexit in conspectu principis et synodi scriptum, continens ordinem depositionis præfati Ebonis. Tum ventilatum est qualiter exauctoratus episcopus restitui debeat, ut quia idem Ebo restitutus canonice non fuerit, insuper et ab apostolica sede Sergio papa confirmante dejectionem illius, damnatus exstiterit, ut in laica [*ms.*, laicali] tantummodo communione maneret. Tum recitata auctoritate, qualiter metropolitanus debeat ordinari, litteris quoque canonicis Erchamradi, episcopi Parisiorum Ecclesiæ, confirmatis sua suique archiepiscopi, et coepiscoporum suorum manibus, quas ad petitionem Remensis Ecclesiæ, cleri ac plebis Hincmaro tribuerat; decreto etiam canonico Remorum cleri nobiliumque manibus roborato, qualiter eumdem Hincmarum sibi postularunt ordinari episcopum ostensum est canonice cum præsentia, vel consensu omnium coepiscoporum Remensis diœceseos eum ordinatum archiepiscopum. Post hæc surgens idem Hincmarus, in conspectum [*ms.*, conspectu] principis et synodi, porrexit litteras canonicas quas ordinatum sacri canones ab ordinatoribus accipere jubent, diem præferentes et consulem. Porrexit etiam epistolam Remensis provinciæ, ac pene totius Galliæ manibus episcoporum subscriptam, ad apostolicam sedem pro confirmatione ipsius ordinationis datam. Ostendit etiam diploma sacrum, ipsius venerandi principis manibus insignitum, et sigillo subtersignatum, ex approbatione suæ ordinationis ab eamdem sanctam et apostolicam Romanam Ecclesiam. Sicque judicatum atque confirmatum est Hincmarum episcopum canonice ordinatum. Deinde ventilatum est, quid decernendum foret de his, quos Ebo post suam depositionem, absque legitima restitutione, præsumpserat ordinare. Tunc surgens Immo Noviomagensis episcopus, porrexit rotulum [ms., rotulam] auctoritatem canonicam et apostolicam continentem, quoniam qui ab ipso visi fuerant ordinari in gradus ecclesiasticos, ab eodem, quod ipse non habuit, nemo eorum accipere potuit, et cætera. Sicque decretum est, ut quidquid in ordinationibus ecclesiasticis Ebo post depositionem suam egerat, secundum traditionem apostolicæ sedis, præter sacrum baptisma (quod in nomine sanctæ Trinitatis perfectum est) irritum haberetur, et ordinati ab eo gradibus ecclesiasticis privati existerent. Tunc unus ex prædictis fratribus nomine Fredebertus libellum proclamationis legit, in quo continebatur, quod ideo se ab Ebone permisissent ordinari, quia viderant suffraganeos Remensis Ecclesiæ, Rothadum videlicet episcopum, Lupum, Simeonem, Erpuinum in metropolim Remensem ecclesiam convenisse cum litteris Lotharii imperatoris, et eumdem Ebonem restituisse. Et insuper ostenderunt iidem præfati clerici litteras quasi ex nomine Theoderici episcopi, Rothadi, Lupi, Immonis, ac cæterorum hujus diœceseos episcoporum manibus roboratas; quæ tamen ab eisdem episcopis recitatæ [i., lectæ, f. refutatæ] falsæque sunt comprobatæ; et quia talia episcopis impingere præsumpserint, jussi sunt communione privari. His ita terminatis, decreto judicum, atque consensu principis, Hincmarus archiepiscopus primatus sui locum recepit. Tum de presbytero quodam et abbate Altivillaris cœnobii, nomine Halduino, ab Ebone diaconus visus fuerat ordinatus, et a Lupo postea Catalaunensi episcopo presbyter fuerat consecratus, mota est quæstio. Surgens itaque Lupus episcopus, porrexit volumen, in quo continebatur, quomodo jussus est regiis litteris Karoli regis ut quia metropolis Remorum ecclesia pastore carebat, in confectione chrismatis, aliisque negotiis ecclesiasticis pro sui possibilitate consulere procuraret. Quocirca cum epistola regia ut ipsum Halduinum presbyterum ordinaret, atque in Altivillari monasterio abbatem sacraret, archidiaconus Remensis Ecclesiæ, cum aliis comministris tam canonicis quam monachis, illi obtulerit; quemque ad votum præfati principis et offerentium ordinaverit. Unde judicatum est a synodo, eumdem episcopum nihil damnationis de illius ordinatione attigisse. Sed qui saltu sine gradu diaconii ad sacerdotium prosilierit, in degradationem debitam resilire deberet. Deinde requisitum est de his qui Eboni post depositionem suam communicaverant, et recitata auctoritate qualiter sanari deberent, repertum est ex canonicis institutis, eos post satisfactionem, data illis indulgentia et communione sacra cum benedictione tributa, per eorum proprium episcopum, operante Domino nostro Jesu Christo, purificari atque sanari posse. Quod et actum est per venerabilem Hincmarum archiepiscopum. His ita peractis, benignus princeps Karolus petiit Hincmarum archiepiscopum, reliquosque pontifices, ut quia præfati fratres ad gradus ecclesiasticos obtinere non valebant, communionem saltem recipere possent per synodi indulgentiam. Quod et pietas sacerdotalis licenter assensit, et misericorditer eisdem fratribus veniam concessit. Et ita hæc omnia gestis inserta, et in conspectum [ms., conspectu] synodi recitata, et rata judicata, prædictorum manibus episcoporum, et aliorum, qui interfuere, subscriptione firmata sunt.

Quæ actio synodi sedi apostolicæ ab Hincmaro directa, et a Benedicto papa Leonis (*Leo IV*) successore corroborata est. Qui etiam Benedictus (*Bened. III*) papa privilegium auctoritate beati Petri, et apostolicæ ipsius sedis, huic præsuli nostro Hincmaro contulit (*epist.* 1), sanciens ne quilibet hujus diœceseos regulis subjectus, eo contempto impune auderet, seu valeret aliena expetere, aut exspectare judicia. Sed domnus Nicolaus (*Nicol. I*) ejusdem Benedicti successor, petentibus sedem apostolicam prænotatis dejectis, præmemoratæ gesta synodi retractasse atque reprehendisse reperitur (*epist.* 46), præcipue quod sola obedientia subditorum reputata fuisset in culpam, et qui prælati judicio temere non restiterunt, sed humiliter colla subdiderunt, severissime punirentur, et qui misericordiam petiverant, nec justum, ut asserit, judicium meruerint. Intimat etiam quomodo dominus Hincmarus pro his actis concilii Leoni papæ non semel supplices litteras miserit, quatenus idem concilium approbans, auctoritate apostolica roboraret. Quod ille agere sollicite renuerit, eo quod per aliquos ex his episcopis, qui synodo resederant, ut dubitatio foret radicitus evulsa, ejusdem synodi statuta destinari debuissent, præcipue cum ibidem legati sedis apostolicæ præsentes non fuerint. Et quia hi quos ille auctoritate synodi affirmabat depositos, per proprias litteras ad sedem apostolicam appellaverint, et vellent iterum se apostolicæ sedis audiri præsentia, præcepisse quoque eumdem papam, ut Hincmarus præsul ad concilium, cum illis occurreret, ad quod suum ipse legatum, Petrum videlicet episcopum Spoletanum, e latere suo direxerat, ad renovandum scilicet judicium vice sua. Cui audientiæ, quoniam domnus Hincmarus suam non exhibuit præsentiam, voti effectu frustrato Leo pontifex ab hac luce subtractus est. Benedicto autem viro apostolico succedente, eidem subreptum fuisse, et in ipso consecrationis ejus principio suasum, ut illud firmaret concilium; non tamen ei suaderi potuisse, ut a justæ definitionis tramite declinaret. Verum ita per ei concessum privilegium illius concilii roborasse institutum, ut auctoritatis summam sedi apostolicæ reservarit; ita decernens manere inconvulsa quæ petebantur, si ita essent per omnia, quæ de illa synodo ab Hincmaro referebantur, et ut inde quæstio nullis aliquando temporibus oriretur. Sed quoniam non ita per omnia, ceu suggestum est, fuisse comprobaretur, merito asserit in irritum deductum, quod contra dejectos non simpliciter fuerat impetratum. Quocirca primum quidem domno Hincmaro mandavit (Nicol. I, *epist.* 47), uti commemoratos viros, Vulfadum scilicet, collegasque ipsius, clementi animo studeret ad se revocare, et de restitutione ipsorum secum fraterne tractaret, atque misericorditer consummare contenderet. Alioquin ad conciliun cum his episcopis, q.ibus et ipse quoque papa pro hoc ipso scripserat (Nicol. I, *epist.* 46, 47), simul occurreret, quatenus omnes in unum convenientes, causam eorumdem clericorum examinarent, et non aliqua emergente disceptatione, Deo præ oculis habito, diffinirent. Si vero quælibet inter partes disceptatio proveniret, ad sedem apostolicam suæ suscepturi speciale judicium personæ, vices tenentes utriusque lateris convenirent. At Dei gratia juvamine hoc peracto judicio, intimat se litteras suscepisse amplectendæ dilectionis omnium, qui interfuerunt, episcoporum, manifestissime significantes, crebro memoratos clericos a totius consona voce concilii dignos graduum suorum receptione pronuntiatos. Ubi nulla (sicut in litteris eorumdem episcoporum reperiebatur) disceptatio provenit, nulla sicut putatum fuerat, varietas alia atque alia defendentium accidit, nullus accusator, nullus condemnator repertus est, sed cunctorum una eademque sententia, atque in restitutione ipsorum diffinitio claruerit, eisdem innoxiis a cunctorum unanimitate modis omnibus approbatis. Reprehendit autem et hoc quoque concilium præfatus papa Nicolaus (*ep.* 46), quod non solemniter omnia, juxta quod ipse diffiniverat, egerint, sedi apostolicæ plena relatione actionis seriem reserantes. Debuisse, aiens, quidquid de Ebonis dejectione, reclamatione [Nicol., relegatione], horum clericorum promotione, et ipsius Ebonis iterata repulsione, ad aliamque Ecclesiam migratione, vel undecunque ibi quod ventilatum est, ei scripto unanimiter, plenitter ac fideliter intimare. Sed et monimentis insertum ad pleniorem penes se notitiam et certitudinem reservare. Præcepit ergo, ut quæcunque super hac re scripta, tam a sede apostolica, quam a nostratibus edita reperiantur, et quod hinc præsul Hincmarus, et illi dejecti clerici sedi apostolicæ suggesserint atque retulerint, in volumen unum, ordine quo missa sunt, redigerentur, et apostolicæ sedi, exemplaribus sibi reservatis, summo studio dirigeretur. Et si de cætero quid tale forte contigerit evenire, propter quod conventum in regionibus his fieri sacerdotum præcipiat, hoc inter cætera nulli penitus oblivioni tradant, sed post omnia id agere majorum more studiosissime satagant, et cætera.

Præmissi denique concilii præsules, apostolicæ sedis obedientes præceptis, ordinem rerum gestarum de Ebonis dejectione, vel restitutione, iterataque repulsione colligentes, eidem venerabili papæ miserunt, hujusmodi præferentes epistolam :

« Reverendissimo et sanctissimo domno Patri ac papæ Nicolao, episcopi qui præterito anno per gratiam Dei et decretum vestrum apud Suessonicam urbem cum aliis qui tunc nequiverunt adesse convenimus.

« Seriem rerum gestarum de Ebonis quondam Remorum archiepiscopi depositione, sed et de ipsius restitutione, nec non et de fratris Vulfadi ac collegarum ejus promotione, et jam dicti Ebonis iterata repulsione, ad aliamque Ecclesiam migratione, unde a nobis investigari, et vobis remandari jussistis, quia his nemo nostrum in ordine episcopali interfuit, nisi frater Rothaldus (sicut ex regum et episcoporum monimentis qui interfuerunt, et scriptis suis posteris reliquerunt, breviter collegimus) vestræ sanctissimæ paternitati et præcellentissimæ auctoritati transmittimus. Quæ ante colligere et auctoritati vestræ dirigere necessarium non putavimus, quoniam sicut vobis per Egilonem venerabilem archiepiscopum scripto suggessimus in quo nullam memoriam de quacunque Ebonis depositione habuimus, nec haberi tunc necessarium vidimus, nobis in eorum fratrum restitutione non quidem disceptantibus, nec alia atque alia decernentibus, sed unum idemque secundum traditionem majorum, quam discretioni vestræ intimare curavimus, sentientibus, quos non procacia obnoxios fecit, sed obedientia inculpabiles in adeptione sacrorum graduum, juxta sincerissimum sententiæ vestræ intellectum induxit, sine contradictione in suis ordinibus restituere maturassemus, nisi privilegiis sanctæ Romanæ sedis, per reverendum confratrem nostrum Hincmarum archiepiscopum nostræ unanimitatis prolatis, quæ de ipsis viris quædam statuerunt, debita reverentia exhiberetur. Quorum summa, perfecta, et integra firmitas, ut claruit et justum est, in apostolicæ sedis reservata erat arbitrio potestatis ; quorumque privilegiorum authenticas chartas, cum salvis sigillis, et incorruptis scripturis, idem confrater et consacerdos noster, non ad prædictorum fratrum nocumentum, neque ad ullam contradictionem, sed ad debitam reverentiam sedi apostolicæ, ut dignum est, exhibendam, ostendit, cum gestis episcoporum, quorum vos acta relegisse, et qualiter præsignati clerici degradati fuerint reperisse, nobis aperire dignati estis. Quibus non subscripsit, quia et eosdem fratres suo judicio non dejecit, sicut vobis et ipse, et nos scripsimus, et gesta ipsa demonstrant, et sicut jam sanctissimæ paternitati vestræ suggessimus, in ejusdem rei negotio decertantibus et quædam deflorantibus non tamen terminantibus nobis, eousque causam perduximus, ut solummodo magisteriali vestro culmini eorum assignaretur restitutio, attribueretur reformatio, ascriberetur redintegratio. Unde postea unanimitas nostra in quamcunque partem non declinavit, etsi quidam quacunque necessitate exinde nobis ignorantibus, diverterunt. Egimus itaque prout potuimus, in succincta collectione, de gestis rerum et episcoporum ex causa Ebonis, et ut præcepistis vestræ auctoritati transmittimus. » Post harum vero rerum gestarum ordinem descriptum ita subjunxerant : «Hæc sicut vestra jussit auctoritas, quæ de Ebonis quondam Remorum archiepiscopi, quæ ante triginta et tres circiter annos exstitit depositione, et post de ipsius restitutione, nec non et de fratris Vulfadi ac collegarum ejus promotione, et jam dicti Ebonis iterata repulsione, ad aliamque Ecclesiam migratione, in eorum qui jam nos ad Dominum præcesserunt scriptis, verum et quæ illorum, qui interfuerunt, veridicis relationibus comperimus. Quæ etiam, ex magna parte in gestis episcoporum Belgicæ, Galliæ, Neustriæ, et Aquitaniæ provinciarum papæ Sergio dirigendis, et Leoni papæ directis cum eorum epistola, sed in epistolis Lotharii Imperatoris, et Karoli regis exinde directis continentur, quas in scrinio Romano credimus conservari, vestræ auctoritati transmittimus. Scripta quoque, quæ hinc a vestra auctoritate directa, et vestræ sanctitati remissa relegimus, ordine quo missa, vel remissa fuerunt, secundum vestram jussionem in volumine isto congessimus. Et si forte alia ex hoc negotio, aut a nobis aut ad nos missa fuerunt, nos tamen non legimus. Quæ etiam frater et consacerdos noster Hincmarus nobis vestræ auctoritati mittenda dedit, secundum quod præcepistis (Nicol., epist. 56), dicentes inter alia: Quæcunque super hac re scripta tam a nobis prius, quam nunc a vobis edita reperiuntur, et quid hinc coepicopus Hincmarus et illi dejecti clerici sedi apostolicæ suggesserint, atque retulerint, in volumen unum, ordine quo missa sunt, redigantur, et apostolicæ sedi, ut competens est, vobis eorum exemplaribus servatis, summo studio dirigantur, his subjuncta dirigimus, etc. »

CAPUT XII.
De vacatione Camaracensis sedis, et conjunctione Balduini cum Judith filia regis.

De vacatione præterea sedis Camaracensis, sed et de conjunctione Balduini comitis et Judith indebita; quæ scilicet Judith Karoli regis filia Edilnulfo regi Anglorum, qui et Edelboldus, dudum fuerat in matrimonium copulata, et reginæ decore ac benedictione insignita. Post cujus obitum, venditis quas in Anglorum obtinuerat regno possessionibus, ad patrem revertitur, quæ sub regali tutela sic manere decernitur: sed illa Balduinum comitem, ipso lenocinante, et fratre suo Ludovico consentiente, secuta est. Unde rex Karolus episcopos ac cæteros regni sui primores consulens, post mundanæ legis judicium, canonicam in jam dictum Balduinum et Judith, secundum edita beati Gregorii, ab episcopis depromi sententiam fecit. De Rothadi quoque Suessonicæ civitatis episcopi dejectione, quem ab episcopali ministerio judicio removerat episcoporum. De commemoratione etiam nominis Ebonis, atque de Gothescalci cujusdam hæretici damnatione præfatus præsul hujusmodi scripta direxisse ad sedem reperitur apostolicam.

« Domno unice singulariterque suscipiendo Patrum Patri, et summa veneratione honorando reverendissimo papæ Nicolao, Hincmarus homine, non merito, Remorum episcopus, ac plebis Dei famulus.

« In epistola vestræ sanctitatis per Odonem episcopum episcopis in regno Lotharii pro præjudicio Cameracensis Ecclesiæ directa, relegi vestram auctoritatem sciscitaturam, cujus neglectu eadem Ecclesia ultra decimum mensem pastore vacaret, unde, ne ut negligens a vestro apostolatu succensear, indico auctoritati vestræ (Nicol., epist. 63, 64, 65), post directas Lothario et episcopis regni ejus atque Hilduino, qui eamdem Ecclesiam irregulariter occupavit, ita ut antequam ipsas mitteretis epistolas, hactenus præjudicium permanere: neque Lotharium regem et legatis et litteris, prout potui sæpe, et eo usque inde commonuisse, donec regiis suis litteris mihi respondit, Hilduinum ad vestram auctoritatem suum legatum misisse, et nihil aliter de præfata Ecclesia, nisi ut egerat, disponere debuisse, donec a vobis inde responsum acciperet. Balduinus quoque in proximo nunc decurso mense Octobrio, quinto Kalendas Novembris, per duos homines suos mihi litteras auctoritatis vestræ direxit, in quibus continetur, ut easdem litteras coepiscopis provinciæ nostræ legerem, et Judith paternis ac maternis, obtutibus præsentandam susciperemus, si tamen intelligeremus quod confestim præfatus excellentissimus rex noster, quæ de illa vobis scriptis, et verbis per legatos vestros apostolatui vestro renuntianda spopondit, adimplere vellet. Quod si eorum animos ad id protelandum esse intentos investigare possemus, nequaquam eam reciperemus. Alioquin, id est si aliter egissemus, gratia et communione vestra frui nequaquam valeremus. Quam vestræ auctoritatis epistolam, ut oportuit, reverenter suscepi, et coepiscopis nostris eam relegi, et pro præfata Judith apud patrem et matrem illius, quantum potuimus, ut mandatis, communiter intervenimus, et paternis ac maternis obtutibus eam præsentare studuimus. Post quæ voluimus, quia sic nobis secundum sacras regulas, sicut eas intelligimus, visum fuerat (non enim sine dignis pœnitentiæ fructibus absolvi posse putamus, quod anathematis vinculo a sacris regulis innodatum videmus), ut juxta ecclesiasticam traditionem prius Ecclesiæ, quam læserant, satisfacerent, et sic demum quod præcipiunt jura legum mundialium, exsequi procuraret. Sed quoniam litteras vestras, quæ inde nihil præceperunt, imo etiam nullam protelationem in eorum conjunctione fiendam significaverunt, sibi sufficere voluerunt, et sine vestra auctoritate, ad quam clamaverant, cogi, nisi alio se modo submitterent, non debuerunt. Ex altera epistola vestræ sanctitatis eis retuli, quod non leges ecclesiasticas dissolvistis, sed preces, pro eo misistis, qui puniri secundum leges mundanas poterat, quatenus locum pœnitendi haberet, quod contra leges divinas admiserat. Sic et Salvator noster, qui vult omnes homines salvos fieri, et neminem vult perire (I Tim. II), in cruce apud Patrem jure sacerdotis pro suis persecutoribus intercessit (Luc. XXIII): quod in eis qui post passionem ejus crediderunt, et compuncti pœnitentiam egerunt, qui cum Patre omnia donat, efficaciter impetravit. Ad cujus instar, apostolorum vicarius, ad quorum limina confugerunt, et catholicæ atque apostolicæ Ecclesiæ summus pontifex, quod in hominem regem et in leges mundi peccatum est, perdonari petistis, ut quod in regem cœli et terræ, et in leges cœlestis regni offensum erat, haberent inducias per pœnitentiam abolendi. E contra carnales, et etiam quidam eorum, qui antea conjunctioni hujusmodi contradicebant, hac defensione, ut eis visum fuerat, se protegentes, (sed sicut se habet veritas) salute nudantes, ab istius novissimæ vestræ epistolæ verbis recedere noluerunt, quam sine protelatione eorum conjunctionem debere fieri demonstrare dicebant. Dicenti vero mihi, quia pro nulla potestate terrena quod de ecclesiasticis regulis intelligerem dimittere deberem : maxime cum etiam mecum, imo cum Deo, domnus rex noster, filius vester, Karolus faceret, quasi consulendo mihi quidam hoc dederunt consilium, in quo non meis, sed verbis eorum utar, quæ mansuetudo vestra, velut exemplum et doctrix disciplinæ Dei, mitis et humilis corde ac patiens æquanimiter sustinebit, dicentium : ut quia non sæcularis, sed ecclesiastica potestas de hoc mihi negotio imperaret, conspirationem resistentium aliquantulum declinarem, ne quisquam æmulus noster vestræ sanctitati suggereret, quasi in contemptum sancti apostolatus vestri, et sedis apostolicæ hoc egissem, et vestræ mansuetudinis erga me animum commoveret, et quamcunque excommunicationem, sicut pro Rothado actum fuerat (quod tamen ad me non pervenit, nisi quantum Odo episcopus, et postea Luido (ms.; Lanlo), detulit, antequam ad auctoritatem vestram gestorum seriem inde mittere valuissemus; vel quomodo res gesta fuerit per legatos vestros resciretis) obtineret : præsertim cum in hac epistola vestræ auctoritatis legatur : quod si aliter egissemus, quam in ea scriptum est, gratia et communione vestra frui nequaquam valeremus. Quo contra mihi dicenti hoc in epistola vestra vos ob id posuisse, ne femina illa a nobis deciperetur, et non ob hoc, ne ecclesiæ satisfaceret. Responderunt, cur, aliter vellem vestram epistolam intelligere, quam vobis placuit eam componere, cum de in præterito mihi transmissis ejus sensum possem manifeste cognoscere. Quapropter memor præteritarum epistolarum mihi episcopis regni filii vestri domni Karoli a vobis missarum, attendens etiam quæ in epistola nuper per Luidonem mihi benignitas vestra mandaverat (hæc enim in Antisiodoro post adventum Luidonis ventilabantur) inter metum præteritarum, et spem posterioris epistolæ mihi mitiora monstrantis, contentionem in hac causa dissimulando vitavi, et condescensionem quasi in tempus aliud differendo, dissimulavi, exspectans ut in causa hujus quæ instat dispositione vestra, ex Rothado discere valeam, qualiter de reliquo in hujusmodi agere debeam. Sicque nihil nobis de ecclesiastico ministerio eis interdicentibus, sed tantum quod valuimus, nostram

præsentiam ab hoc negotio subducentibus, Balduinus et Judith jura legum sæcularium, quæ elegerunt, exsequi studuerunt. Domnus etiam noster rex, filius vester, huic desponsationi et conjunctioni interesse non voluit, sed missis publicæ rei ministris, sicut vobis promisit, secundum leges sæculi eos uxoria conjunctione ad invicem copulari permisit, et honores Balduino pro vestra solummodo petitione donavit. »

CAPUT XIII.

De causa Rothadi Suessonici episcopi depositi.

« Denique ad epistolam vestræ auctoritatis (NICOL., *epist.* 32), ad quam me misistis obedienter audiendam, generaliter omnibus episcopis regni domni nostri Karoli regis gloriosi, pro Rothadi causa, per Odonem episcopum transmissam, sicut litteris exiguitati meæ directis sanctitas vestra præcepit, conveni, et simul eisdem venerabilibus episcopis, quantum ex me fuit, mox antequam synodus solveretur, vestram jussionem de eodem Rothado, ne aliqua mora vestræ præceptionis implendæ, aut de superventione paganorum, aut de alia qualibet causa interveniret, adimplere curavi, sicut et legati domni regis ac nostri, et litteræ pleniter vestræ notum facient sanctitati. Sed quoniam causa interveniente, quam vobis ipsi legati referent, statim ut præcepimus datis litteris, et designatis nostris vicariis, ad vestram præsentiam cum eodem Rothado ire non potuerunt, et ob id diutius quam voluerimus immorati fuerunt; interea Luido legatus domni nostri regis a vestra rediens sanctitate, pridie Kalendas Decembris vestras apostolicas litteras domno nostro regi, filio vestro, in civitate Antisiodoro detulit, et quia filius ejus atque æquivocus Karolus, qui patris animum in quibusdam offenderat, et ob id ad ejus præsentiam, quorumdam suggestione, aliquantulum venire distulerat, partem legatis suis petiit, ut meam parvitatem cum aliis quibusdam suis fidelibus pro eo ad ipsius vestigia deducendo transmitteret, quatenus nostro interventu patrem placabiliorem invenire valeret exiguitatem humilitatis meæ domnus rex illuc in suum venire servitium jusserat. Quo mox ut veni, mihi litteras vestras legendas donavit: in quibus licet pro sua dignatione sublimitas vestra humilitatem meam sine ulla meriti prærogativa benigne tractaverit; et a mea insipientia sapientiæ vestræ scripta supra id quod scio atque intelligo, non tamen absque subinducto cauterio, laudare dignata fuerit: tamen eis videor mihi videre vobis multiloquium meum increscere. Unde dignetur sanctitas vestra ignanter suscipere, quod beatus Augustinus de suo multiloquio Domino dominorum audaciter [*ms.*, audacter] non dubitavit dicere, cum se etiam apud cum voluit excusabilem reddere, inter alia scribens: Loqui multum non est nimium, si tamen est necessarium.

« Qua de re, sanctissime domine, et Pater reverendissime, æquanimiter sustinete modicum quid insipientiæ meæ, sed et supportate me (*II Cor.* xi), si adhuc quiddam de Rothadi causa vobis tam sufficienter notissima, quasi repetens scribo, cum quo quia vobis placet (cui cuncta bona placent) mittimus vicarios nostros, non ut accusatores ad confligendum, sed ut a Rothado, atque a vicinis nostris, qui causam plenite ac veraciter aut nesciunt, aut scire non volunt, accusati, quod non in contemptum sedis apostolicæ appellantem Rothadum secundum Sardicenses canones (4, 6) sedem apostolicam : sed cum qui ad electorum judicium de certis capitulis provocavit, juxta Carthaginenses et Africanos canones (*Concil. Afr.* c. 65, 88, 89, 94), ac decreta beati Gregorii regulariter judicavimus vestræ summæ auctoritati humiliter intimandum. Absit enim a nobis, ut privilegium primæ et summæ sedis sanctæ Romanæ Ecclesiæ pontificis pro sic parvo pendamus, ut controversias et jurgia tam superioris, quam etiam inferioris ordinis, quæ Niceni (*cap.* 5) et cæteri sacrorum conciliorum canones, et Innocentii (*epist.* 2, *c.* 5), atque aliorum sanctæ Romanæ sedis pontificum decreta in synodis provincialibus a metropolitanis præcipiunt terminari, ad vestram summam auctoritatem fatigandam ducamus. At si forte de episcopis causa nata fuerit, unde certa et expressa in sacris regulis non habeamus judicia, et ob id in provinciali, vel in comprovinciali nequeat examine diffiniri, ad divinum oraculum, id est ad apostolicam sedem nobis inde est recurrendum. Si etiam de majoribus causis a provinciali episcopo ad electorum judicium non fuerit provocatum, et in aliqua causa idem episcopus fuerit judicatus, id est a gradu suo in comprovinciali synodo dejectus, et putat se bonam causam habere, et appellaverit qui dejectus est, et confugerit ad episcopum Romanæ Ecclesiæ, et voluerit se audiri, si justum putaverit ut renovetur examen, scribendum est ab his, qui causam examinarunt post judicium episcopale, eidem summo pontifici, et ad illius dispositionem secundum septimum Sardicensis concilii capitulum renovabitur examen. Nam de metropolitano per sacras regulas constituto, qui ex antiqua consuetudine ab apostolica sede pallium accipit, sicut Leo (*epist.* 84, *c.* 1) ad Anastasium, quod et Nicænum concilium (*c.* 7) innuit, et cæteri Romanæ sedis pontifices in decretis suis ex sacris canonibus monstrant, sedis ipsius pontificis etiam ante judicium est sententia præstolanda. Is enim est, qui secundum Ezechielem prophetam moratur in gazophylacio quod respicit viam meridianam, et excubat in custodiis templi (*Ezech.* xl). Et nos metropolitani ad comparationem illius sumus, qui in ministerio altaris, quod est ante faciem templi, in quo carnes incenduntur, servimus, et controversias carnalium in synodis provincialibus laborantes diriminus, et de majoribus ac majorum causis ad examen summæ sedis pontificis, post judicium referre curamus. Homines enim sub illius potestate, sub nobis commilitones habemus et dicimus huic vade, et vadit, et alii veni, et venit (*Matth.* viii). Quoniam, ut Leo dicit, (*cap.* 11) et inter beatissimos apostolos in similitudine honoris fuit quædam discretio potestatis, et cum omnium par esset electio, uni tamen datum est ut cæteris præemineret. De qua forma episcoporum quoque est orta distinctio, et magna ordinatione provisum, ne omnes sibi omnia vindicarent, sed essent in singulis provinciis singuli, quorum inter fratres haberetur prima sententia, et per quos ad quam beati Petri sedem universalis Ecclesiæ cura conflueret, et nihil usquam a suo capite dissideret. Qui ergo scit se quibusdam præpositum, non moleste ferre debet aliquem sibi esse prælatum : sed obedientiam quam exigit, etiam ipse dependat. » Quam Rothadus a suis exigere magis, quam sacris regulis sategit dependere (cum etiam sancti angeli in cœlo legantur suis potioribus obedire) et ideo ad hoc pervenit ut dejici promeruerit. Quem per plures annos et beneficiis impensis, et monitis atque obsecrationibus, per me et per coepiscopos, ac per quoscunque familiares potui, ad obediendum sacris regulis commonere curavi. Multoties etiam et per litteras metropolitanas et ex apostolicæ sedis auctoritate minas ei inculcare curavi, et ex lectione catholicorum, quam graviter offendebat, ei ostendere studui. Ad quæ respondebat, quia nihil aliud facere sciebam, nisi ei meos libellos tota die ostendere. Unde a multis et frequentissime redargutus fui, cur incorrigibilem et ministerio sacro inutilem, tandiu scienter contra Dei voluntatem et sacram auctoritatem portarem. Ego vero quamvis sæpissime et regem, et coepiscopos ac vicinos suos, atque etiam me multo sæpius, quasi ex studio ad iracundiam provocare satageret, licet non posset, sciens periculosissimum esse in sacerdote perturbatam et præcipitem iram præcipitemque proferre sententiam, et persecutionum supplere sævitiam, dissimilitudines morum contumacias inobedientium, et malignarum tela linguarum, diu illum, non sine timore de periculo animarum sibi commissarum, portavi, et cum amplius portare non debui, ad plurimorum episcoporum consilium, ut vel eos audirem, illum deduxi. Quorum non audire consilium, sed adversum me postulare judicium maluit. Ad cujus petitionem, ut ei satisfacerem, ut vel sic erubesceret, et a cœpta se stultitia revocaret, judicio me devinxi, velut jam vestræ sanctitati plenius aliis litteris intimavi et replicare me pro vestræ auctoritatis satisfactione cogit necessitas : ut cognoscatis quoniam nihil in eum egi animo inimico, sed zelo divino, quantum in conscientia mea perspicere valeo. Sed et domno regi, ac episcopis regni ejus, et quamplurimis, tam ecclesiasticis quam sæcularibus viris, hæc sunt nota quæ dico. Post depositionem autem illius, obtinui ut unam abbatiam valde bonam ei domnus rex et episcopi consentirent ; et omnes nos illi sicut patri, de nostris impendiis serviremus, quatenus qui in deliciis vitam semper duxerat, non frangeretur, tantum ut seditiosus et molestus Ecclesiæ, cui præfuerat, esse non decertaret. Quod primum quidem acquisivit, sed, ut dicunt qui hoc se scire testantur, quidam episcoporum regni Lotharii zelo amaro contra nos ducti, quia illorum consiliis de Waldrada non acquievimus, et etiam aliqui de Germania, ut quidam dicunt, ad Ludovici sui regis suasionem, quoniam cum eo non feci sicut Rothadus, in fratris sui de regno expulsione, persuaserunt eidem Rothado, ut non se a seditione movenda concrederet : et ipsi apud vos obtinerent, ut restitueretur. Nunc autem, sicut jussistis, ad vestram præsentiam et dispositionem illum perduci, apud domnum nostrum regem filium vestrum obtinuimus, credentes quia quod Domino inde placabilius erit, cordi vestro inspirare dignabitur.

De quo, quia benignissima dignatio vestra mihi servo vestro per Luidonem dignata est scribere, ut juncto mihi integro collegio fratrum, secundum modum ibidem descriptum, vestra apostolica censura fretus, studerem illam pristino redintegrare decenter officio. Sciat reverendissima et amantissime colenda dulcissima vestra paternitas, hoc me agere nequivisse, pro his qui continentur in subditis : videlicet quia cum litteris ad vestram auctoritatem deferendis, idem Rothadus jam commissus erat eis, qui ad vestram præsentiam illum deducerent, et mihi non erat possibile integrum fratrum collegium convocare; quoniam, ut supra scripsi, a diœcesi nostra longius eram remotus, in filii vestri regis servitio. Et quoniam sine illorum judicio, qui in ejus depositione fuerant, et quibus inde scripsistis, restitui regulariter non valebat, et episcopi aliarum provinciarum, per meam convocationem, in multis occupati, congregari non poterant. Sed et coepiscopi Remorum provinciæ, ab ipsa synodo, in qua epistolam sanctitatis vestræ audivimus, causa resistendi Nortmannis ad suas sedes festinare maturaverunt. Pauci etiam numero episcopi, qui mecum in filii vestri regis nostri erant obsequio, cum eis benignitatis vestræ commendationem de Rothado relegi, responderunt non se scire talem vitam atque intelligentiam, taleque studium sacri ministerii in eo fuisse, ut in hoc se miscere auderent : præsertim cum is, qui antea aliquam reverentiam de dejectione sua habebat, et semper inobediens et sacris regulis et regiæ dignitati, et metropolitano privilegio fuerat, nunc effrenatius ad multorum malum exemplum, et plurimorum benevolentium scandalum desævire, et negligentius atque perniciosius vivere, voluntatibus suis serviens, cum libertate deberet.

De eo autem quod benignitas animi vestri, pensans non belluinum, sed humanum hominis animum, scripsit dicens : Fortasse cognoscet delictum suum, et sua sponte in judicio, quo judicatus est, perseverare deliget. Quod si fecerit, apud regem Karolum, dilectissimum videlicet filium vestrum agendum est, ut liberalitate sua eidem congrua beneficia, quibus sufficienter cum suis sustentari, ac honorifice degere possit, benigno mentis largiatur affectu ; sciat dignatio vestra, non illum esse hujusmodi temperantiæ. Nam ab eo quod cœpit nunquam potuit revocari. Quæ etiam ego famulus vestræ dominationis, meditatus sum cum corde meo, et conferens cum fidelissimo filio vestro domno meo rege glorioso, in hac causa providi, vestræ sapientissimæ auctoritati scribere dignum duxi : id est, quia licet fretus vestræ auctoritatis litteris per Luidonem meæ exiguitati directis, quarum mentionem fecistis in epistola quam filio vestro domno nostro regi misistis, quasque illi relegi, apud eum obtinere possem, ut missis suis, qui Rothadum ad vestram deducendum præsentiam susceperunt, mandaret, quatenus ab arripiendo Romam itinere exspectarent, donec opportunum tempus episcopos regionum nostrarum convocandi adveniret ; quia non erat ratio, ut aliis notificaretur, cur Rothadi transmissio tardaretur, antequam episcopis vestræ auctoritatis epistola legeretur : poterat fieri, ut qui me divina clementia et sua benignitate et amoris devotione colunt, et aliquid æstimant esse, cum nihil sim, cognoscentes meo obtentu id accidisse, in me scandalum paterentur, quasi contemni aut negligi facerem vestram commendationem, qui intra constitutos a vobis dies in epistola per Odonem episcopum missa, ad obediendum vestram accelerari fecerim, quantum potui, jussionem. Et si quando in unum convenirent episcopi, qui sciunt, et me una cum eis scire norunt Rothadi negligentiam, et diutinam in sacro ministerio inutilitatem, de ejus restitutione alloquerer, omnes me exsufflarent, et amentem penitus judicarent ; sic etiamsi Rothado, ut se concrederet (quod non suæ salutis intuitu faciet) beneficia nos impetraturos promitteremus : quoniam pene omnes in istis provinciis sciunt, quia secundum Carthaginenses et Africanos canones (65, 88, 89, 94), et decreta beati Gregorii, electorum se commisit judicio ; et amplius quam quingenti interfuerunt diversi ordinis viri, videntes quando calix aureus cum gemmis a caupone et tabernaria per missum regis, de illius pignore sumptus ; ac delatus fuit in synodum, et scientes coronas argenteas a Judæo, cui illas dederat, resumptas, et facultates ecclesiasticas ab eo suppressas, et latenter commendatas, indeque receptas et Ecclesiæ redditas, et vascula argentea, quæ non pauci ponderis a longo tempore in ecclesias pependerunt. Sed et alia quæ sui decessores ac prædecessores, cæterique fideles, pro remedio animæ suæ eidem Ecclesiæ obtulerunt, ab eo sine consensu metropolitani ac coepiscoporum, et sine œconomi, ac presbyterorum et diaconorum suæ ecclesiæ assensu pro libitu suo donata. Cum etiam beatus Gregorius multoties in epistolis suis ex sacris canonibus scribat : quæcunque episcopus post ordinationem episcopatus acquisierit, omnia esse Ecclesiæ in qua exstitit ordinatus. Unde constat, quia nec ipse sine œconomo et conscientia clericorum illa debeat dispensare. Sed et omnes urbis incolæ ac populi, qui cum rege ac episcopis ad synodum convenerunt, et ut revera ad spectaculum currentes, eum viderunt usque ad ostium synodi venientem, et inde ut maniaticum redeuntem, qui que sciunt quantam benignitatem regis et fratrum spernens, qualiter de certis capitulis, unde sacri canones expressa decreverunt judicia, judicatus, lacrymantibus rege et episcopis, durior saxo recesserit, putarent nos, qui eum secundum sacros canones sicut eos intelleximus, judicavimus, et postea, ut ipsi præcipiunt canones, per coepiscopum nostrum, qui eidem judicio interfuit, prius judicium nostrum, de eo referre, et nunc illum ipsum cum nostris litteris atque vicariis, sicut jussistis, ad apostolicam sedem, quæ paternos canones servandis confirmat, et confirmatos ac observandos sua observatione demonstrat, dirigere procuravimus, de vestræ auctoritatis justitia et æquitatis libramine dubitare ; et ideo ut se concrederet locarium ei promittere, sicque nos ut insanos merito denotarent, cum etiam si fieri posset (quod ab illa prima et sancta sede ac summo apostolatu vestro fiendum non creditur) ut talis a vobis cognitus, restitutus in ordine nominetur, nulla de cætero nobis conscientia de sibi a vobis commissis animabus esset periculum. Et cum omnes in istis regionibus sciant, quam negligens et contemptor sacrorum canonum, et quandiu, quamque patienter atque benigne fuerit toleratus, et a quam invitis, (quia se corrigere noluit, secundum sacras regulas, sicut eas intelleximus) fuerat judicatus, nullam habere possemus verecundiam de restitutione illius : si foret facta a vestri summi pontificatus potestate. Quia omnes senes cum junioribus scimus, nostras Ecclesias subditas esse Romanæ Ecclesiæ, et nos episcopos in primatu beati Petri subjectos esse Romano pontifici, et ob id salva fide, quæ in illa Ecclesia semper viguit, et Domino cooperante florebit, nobis est vestræ apostolicæ auctoritati obediendum. Nobis quippe cum aliis quibusque scriptum est, quia Jesus erat subditus parentibus suis (*Luc.* II). Nobisque item scriptum est : Obedite præpositis vestris, et subjacete eis (*Hebr.* XIII). Et nil per contentionem, neque per inanem gloriam (*Phil.* II). Et si quis vult contentiosus esse, nos talem consuetudinem non habemus, neque Ecclesia Dei (*I Cor.* XI). Propterea locutus cum fidelissimo filio vestro, domino meo rege glorioso, illi replicavi, quod sæpe inculcavi, quodque libentissime accepit, et adimplere cupit, quia sicut Domini est terra et plenitudo ejus, orbis terrarum et universi qui habitant in eo, (*Psal.* XXIII) ; et ipsius est regnum, et cui voluerit dabit illud (*Matth.* XVI) : ita ipse supra fundamentum apostolicæ petræ suam fundavit Ecclesiam (*Joan.* XX), quam et ante passionem, et post resurrectionem suam speciali cura et singulari privilegio beato Petro, et in illo suis commisit vicariis : cujus sedem, suæque sedis pontificem qui honorat, illum honorat qui dixit : Qui accipit si quem misero, me accipit (*Joan.* XIII). Et ab ipso honorabitur dicente : Honorantes me honorificabo, qui contemnunt me erunt ignobiles (*I Reg.* II). Idcirco quia multi sciunt, qualiter se Rothadi reclamatio habeat, et quidam inde aliter, dicunt, et omnes generaliter sciunt, quoniam vestra auctoritas illum cum nostris vicariis ad suum præcepit destinari judicium, dignum et justum est, ut quemcunque episcopum Romanus pontifex ad se Romam venire mandaverit, si infirmitas, vel gravior quemcunque necessitas vel impossibilitas, sicut sacri præfigunt canones, cum non detinuerit, ad illum venire studeat, multo magis etiam is, quem pro tali querela ad se quocunque modo clamantem præsentiæ suæ judicat exhibendum. Et quicunque viderit vel audierit, quod rex et episcopi apostolicæ sedis summum pontificem prompte obaudiunt, et honorant, promptius et humilius eis subjecti sui obedient. Nam ut beatus Gregorius dicit : Sicut languente capite subjecta membra in cassum vigent ; ita gloria et honore coronato, id est honorificato ac decorato capite, subjecta membra ejus honore atque decore fulgebunt. Et Rothado in nullo poterat melius satisfieri, quam si ad vestram pergeret præsentiam, et ei tantorum subscriptionibus episcoporum, qui Deo et vobis mentiri nolunt et allegationibus tot vicariorum eorumdem episcoporum fuerit, illum bonam causam nequaquam habere, ostensum.

« Quamobrem sibi ipsi, et non vobis reputare debebit, quia sine bona causa se et multos alios fatigavit. Unde illum vestra discretissima pietas, quæ compassionem proximo, et rectitudinem debere vitiis novit, suis apostolicis litteris sufficienter præmonuit. Quique inter alias secordias [*i*, socordias] tantæ duritiæ dignoscitur, ut cum multoties sine ullo respectu timoris vel amoris divini, et absque ulla humana verecundia, per tot annos et in tantis causis, toties sacris canonibus, et decretis sanctæ sedis Romanæ pontificum, et suæ metropolis privilegio, ac synodalibus judiciis resultaverit, et per tantos annos, atque a tantis pertoleratus a sua stultitia se revocare contempserit, a rege et episcopis multipliciter obsecratus, in hoc adduci non potuit, ut sacris canonibus et decretis sanctæ sedis Romanæ pontificum, et secundum ea suæ metropolis privilegio de cætero se obediturum subscriberet (quoniam sine horum observatione, nemo nostrum potest esse episcopus) et sic pace fraterna in omnibus potiretur. Postea autem sua sponte in libello suæ professionis, per quem ad electorum judicium provocavit, hæc se observasse impudenter, quia scientibus cunctis mendaciter, synodo misit, et sic ad judicium provocavit, quæ se servaturum ne judicaretur, subscribere detrectavit. Quod ideo, sicut postea nobis dixerunt, qui ab ipso audierunt, subscribere noluit, quod et nos percepimus, ne vinceretur : sed si in nostra rex et episcopi permaneremus sententia, Romam iret antequam vinceretur, et quando illuc veniret, bis per vestram jussionem, cum a vobis foret nobis nolentibus absolutus, subscriberet. Non intelligens, imo intelligere non valens (excæcavit enim eum malitia sua) vestram auctoritatem sapientissime intelligere, quare Dominus de cœlo alloquens Paulum ac dicenti : Quid me jubes, Domine facere? (*Act.* IX.) non omnia quæ agenda erant exposuit; sed ad Ananiam, a quo agenda auditurus et accepturus erat, illum direxit. Sic et angelus Cornelium, postquam illum exauditum esse denuntiavit, ad Petri doctrinam atque obedientiam misit (*Act.* x). Quem licet ante baptismum sancto, ut ita dicamus, Spiritu baptizatum, beatus Petrus illius baptismate, qui baptizat in Spiritu sancto, et in quo credentium corda fide purificantur, baptizari præcepit (*Act.* xi). Unde facta quæstione contra eum etiam a minoribus suis, tamen fidelibus, cur ad gentes intraverit, isdem apostolorum princeps summorum gratia donorum repletus et innumerabilium miraculorum potestate suffultus, querelæ non ex potestate, sed ex ratione respondit, causamque per ordinem ea mansuetudine exposuit, qua humilitate præfato Cornelio se adorare volenti dixit : Vide ne feceris : Nam et ego ipse homo sum, sicut et tu (*Act.* x). Si enim in querela fidelium, ut Gregorius dicit, aliquid de sua potestate diceret, profecto doctor mansuetudinis non fuisset. Humili ergo eos ratione placavit, atque in causa reprehensionis suæ humiliter rationem reddidit, et etiam testes adhibuit, dicens : Venerunt autem mecum et sex fratres isti (*Act.* xi). Cujus humilem auctoritatem, et mansuetissimam potestatem, et rectissimam prædicationem dicentis : Non dominantes in clero, sed forma facti gregi (*I Petr.* v), secutus B. Gelasius in decretis suis (*epist.* 9) ad omnes episcopos, de institutis ecclesiasticis dicit : Cumque nobis contra salutarium reverentiam regularium cupiamus temere nihil licere; et cum sedes apostolica super [*or.*, superior] his omnibus, favente Domino, quæ paternis canonibus sunt præfixa, pio, devotoque studeat tenere proposito, satis indignum est, quemquam vel pontificum, vel ordinum subsequentium, hanc observantiam refutare, quam B. Petri sedem, et sequi videat et docere ; satisque conveniens sit ut corpus [*or. addit.* totum] Ecclesiæ in hac sibimet observatione concordet, quam illi vigere conspiciet, ubi Dominus Ecclesiæ totius posuit principatum (*Gal.* i). De Barnaba quoque et Saulo, dicente veraciter, Paulus apostolus non ab hominibus, neque per hominem, sed per Jesum Christum et Dominum Patrem. Qui postquam diutius fruiti sunt apostolorum consortio, non ipsis apostolis, sed juxta fidem sacræ historiæ, ministrantibus Domino prophetis et doctoribus qui erant Antiochiæ, dixit Spiritus sanctus : Separate mihi Barnabam et Saulum in opus ministerii, ad quod assumpsi eos (*Act.* xiii). Tunc jejunantes et orantes, imponentesque eis manus, dimiserunt illos. Et ipsi quidem missi a Spiritu sancto abierunt vocati apostoli, et in sequenti anno, id est 14 post passionem Domini, licet qui operatus est Petro in apostolatum circumcisionis, operatus sit et Paulo inter gentes, tamen juxta condictum Jacobi, Cephæ et Joannis, gentium magisterium una cum Barnaba Paulus accepit. Idem quoque Paulus apud Corinthios negligentibus rectoribus de incestuoso scripsit : Congregatis vobis, et meo spiritu, traditum hujusmodi

A interitum carnis, Satanæ, ut spiritus salvus sit in die Domini (*I Cor.* v). Ipsi enim Corinthiorum rectores illum tradiderunt in interitum carnis Satanæ, et Paulus cognito ejus opere, sua auctoritate cum illis : et comperta ejus pœnitentia, ipsi eum restituerunt, et Paulus sua auctoritate cum illis : Cui inquiens, aliquid donastis, et ego. Nam et ego si quid donavi propter vos in persona Christi (*II Cor.* ii). Hinc beatus Gregorius (*lib.* xxxiii *Moral.* cap. 8, al. 11) : A bono, inquit, vestro non dissentio. Meum sit quod ipsi fecistis. Cui velut si dicere præsumamus, quare ita caute discipulis te copulas? quare vel te illorum, vel illos tuis actionibus tam sollicita mente conformas? ut non circumveniamur, inquit, a Satana : non enim ignoramus cogitationes ejus id est, ne hoc quod bene mens inchoat ipse in malitiæ finem vertat. Et Innocentius (*epist.* xxvii, *ad epist. Maced.*) : Hæc ad Corinthios apostolica est declarata benignitas, ut in uno spiritu ductam ac reductam sententiam boni semper indifferenter sequantur.

Et Leo ex Apostolo (*epist.* 84, *cap.* 11) : « Nemo quod suum est quærat, sed quod alterius, et unusquisque proximo suo placeat in bono ad ædificationem (*I Cor.* x). Non enim poterit unitatis nostræ firma esse compago, nisi nos ad inseparabilem soliditatem vinculum charitatis astrinxerit. Quoniam sicut in uno corpore multa membra habemus, omnia autem membra non eumdem actum habent : ita multi unum corpus sumus in Christo, singuli autem alter alterius membra (*I Cor.* xii). Connexio totius corporis unam sanitatem, unam pulchritudinem facit. Et hæc quidem connexio totius corporis unanimitatem requirit, sed præcipue exigit concordiam sacerdotum. Quibus etsi ordo est generalis, non tamen communis est dignitas omnibus. » Hæc autem, servata altiori intelligentia, circa supra dictos sunt acta, et a prædictis docta, ut cognoscatur qualiter minores potioribus debeant obedire, et potiores minoribus providere, et ordo a Deo dispositus ab omnibus, et in omnibus valeat conservari. Unde summus Ecclesiæ pastor docet : Si quis ministrat, tanquam ex virtute quam administrat Deus, ut in omnibus honorificetur Deus (*I Petr.* iv); qui servis suis commisit negotia sua, et unicuique secundum propriam virtutem (*Matth.* xxv) ; sicut et de Spiritu sancto scriptum est, quod dona dividit singulis prout vult (*I Cor.* xii). Et hinc juxta Sardicense concilium (*cap.* 7) : summus primæ et sanctæ sedis Romanæ pontifex, pro examinis renovatione ad se reclamantis et confugientis cum sua clamatione dejecti provincialis episcopi, non statim singularitate privilegii, et auctoritatis suæ restituit; sed remittens eum ad provinciam, ubi causa patrata fuerat, et in qua juxta Carthaginenses canones (*Conc. Carthag.* seu *Afric.* ubi supra), et jura legis Romanæ, causa potest diligenter inquiri, et quod non sit difficile testes producere, veritas inveniri; aut finitimis episcopis dignatur scribere, aut e latere suo mittit, qui habentes ejus auctoritatem præsentes cum episcopis judicent, et diligenter causam inquisitam diffiniant; aut dignatur credere episcopos sufficere, ut negotio terminum possint imponere. Et Innocentius (*epist.* 2, c. 5) : « Si quæ causæ vel contentiones inter clericos tam superioris ordinis, quam etiam inferioris fuerint exortæ, congregatis secundum synodum Nicænam (*Syn. Nic.* c. 5) ejusdem provinciæ episcopis jurgium præcipit terminari. Et Bonifacius (*ep.* 2) de Maximo scribit, ut ad provinciam venire cogatur, et illic se constituto præsentare judicio, et quidquid de illo duxerint provinciæ episcopi decernendum, cum ad eum relatum foret, sua firmaretur auctoritate : quatenus, ut idem (*epist.* 3, *can.* 8) ad Hilarium scribit, metropolitani sui unaquæque provincia in omnibus rebus ordinationem semper exspectet, sicut scriptum est in Nicæno concilio (*can.* 5), ut sicut apud Alexandriam, quia et urbis Romæ episcopo parilis mos est. Similiter et apud Antiochiam, cæterasque provincias, suis privilegia serventur Ecclesiis. » « Unde bene placuit (*Ibid., can.* 5) annis singulis per unamquamque provinciam bis in anno concilia celebrari, ut communiter omnibus simul episcopis congregatis provinciæ, discutiantur hujusmodi quæstiones. »

« Et hæc dico, non, quod absit, præjudicans summæ sedis apostolicæ, et sancti apostolatus vestri in aliquo potestatem, cui in omnibus sum, sicut rectum est, obedire paratus. Sed quia summæ auctoritati vestræ obsequium præstare me puto, cum ea quæ sentio, aut ad probationem, aut ad correctionem humiliter sapientiæ vestri magisterii pando ; et Rothadi mores vobis intimare procuro, ne mea negligentia, qui eos novi, vos lateant, quatenus certius quod vobis placuerit de illo vera auctoritas decernere valeat. Quem si nunc in dispositione judicium vestrum manere decreverit, scimus de benignitate et modestia ac pietate filii vestri domni nostri Karoli, quoniam quidquid de illo præfato filio vestro præceperitis, et rationabiliter poterit adimplere, sine ulla retractatione obedict. Sed et coepiscopi nostri de Ecclesiarum suarum stipendiis abundantissime illi impendent. Mea etiam exiguitas, sicut nunquam ad retributionem mali propter contemptus et contumelias ab illo mihi illatas pervenire volui ; ita quidquid benignitatis potero, libentissime abundantius etiam, quam unquam fecerim, impendere procurabo. Si vero sine ulla satisfactione tam diutini contemptus sacrorum canonum, et sedis apostolicæ decretorum, ac suæ metropolis privilegii, atque synodalium judiciorum, quibus nec obedire, nec se obediturum de cætero profiteri vel subscribere voluit, et absque professione, vel subscriptione suæ correctionis et obedientiæ, coram fratribus suis, quorum multoties regularia spreverat monita, cum inde pluraliter in Leonis et Gregorii epistolis relegatur. Si etiam, ut illa prætereamus quæ ob sacerdotii verecundiam et opprobrium sæcularium, sequentes Africanum concilium, nec ad nominationem bentes ejus auctoritatem præsentes cum episcopis in synodum deduci permisimus, parvipensis et sine aliqua correctione dimissis eis capitulis, auctoritati vestræ sub fidei astipulatione directis, pro quibus fuerat judicatus ab episcopis, ad quorum judicium provocaverat, secundum expressa sacrorum canonum et apostolicæ sedis decreta, Cœlestino dicente (*epist.* 5) : « Quæ enim a nobis res digna servabitur, si decretalium norma constitutorum pro aliquorum libitu licentia populis permissa, frangatur ? » Mox vestræ potestati placuerit illum restituere, ut primæ sedis et matris ac magistræ omnium Ecclesiarum pontificis, cunctorumque episcoporum patris atque magistri regulare judicium ferre convenit, æquo animo feram. Credo tamen diligentissimam discretionem vestram provisuram contemptum ac contumaciam subjectorum erga prælatos suos, et libertatem impune delinquendi contra canones sacros, quæ hinc in nostris regionibus poterunt (ut quibusdam videtur) noxias vires accipere : præsertim cum sapientissimæ auctoritati vestræ constet esse notissimum, demonstrare Sardicense concilium in septimo suo capitulo : qualiter dejecti et ad se clamantis episcopi restitutionis, vel in depositione permansionis exsecutio, cum indemnitate simpliciter judicantium ab apostolica sede debeat celebrari. Quod et Innocentius, ac Bonifacius, verum Leo in decretis (*ubi supra*), et Gregorius evidentius in epistolis suis demonstrant, Carthaginensis concilii, imo apostolicæ Sedis, quæ in suis eidem præsedit vicariis decreta sequentes (*Conc. Carth.* III, can. 10) : « Videlicet a quibuscumque judicibus ecclesiasticis ad alios judices ecclesiasticos, ubi est major auctoritas, fuerit provocatum, non eis obsit, quorum fuerit soluta sententia, si convinci non potuerint, vel inimico animo judicasse, vel aliqua cupiditate aut gratia depravari. » Unde nobis et conscientia testimonium perhibet, et omnibus qui interfuerunt notum factum fuisse dignoscitur, quoniam illum servare quam judicare maluimus, si pro sacrorum canonum neglectu eorum judicio, per quos Spiritu sancto inspirante promulgati sunt, cum eo quem corrigere nequibamus, damnari pariter non timeremus. Et idcirco nullo inimico animo, nulla cupiditate aut gratia depravati, flentes illius incorrigibilem socordiam, et irrevocabilem pertinaciam, regularia in eum judicia exsecuti sumus, quæ ab eo suspendere diutius non præsumpsimus.

« Vestra etiam et summa auctoritas in decernendo attendet Apostolum docentem, quia quorumdam peccata præcedentia sunt ad judicium, quorumdam etiam et subsequuntur (*I Tim.* v). Quæ, sicut beatus exponit Ambrosius (*lib.* I *De apol. David*, c. 6), ac si posita in bilance, in judicio sunt examinanda, utrum bona opera amplius pensando remuneranda præcedant, et male facta minima misericorditer dimittenda demonstrent : an male facta amplius pensando præcedant, ut mereantur damnationis judicium, et bona paucula suffocent. Quia et nos pro modulo nostro non solum inutilitatem, verum et noxietatem in Rothado cum factis suis pensavimus : et velut ficulneam infructuosam, terram rationalem diutius inutiliter occupantem, et etiam post plura tempora, pluresque admonitiones, quasi cophinos pinguedinis sibi appositos non recipientem, sed sterilem permanentem, non sine dolore cordis succidendum providimus. Et cum hæc ita se habeant, absque dubitatione confido, quia illud, quod in præfato Carthaginensis concilii (*Conc. 3 Carth.* can. 10, et *Afric.* can. 89) capitulo sine ulla interpolatione subsequitur, decretum vestri moderaminis nequaquam præteriet : Sane, inquit, si ex consensu partium electi fuerint judices, etiam a pauciore numero, quam constitutum est, non liceat provocari. Qui numerus constitutus in duodecimo superiori capitulo demonstratus, et consensus partium expetitus, in dijudicatione Rothadi constat fuisse completus. Quorum et si judicium pro quacunque causa forte rationabiliore, et adhuc nobis incognita, vestræ summæ auctoritati, quam multa nobis occulta non transeunt, placuerit refragari, quia meum est mea vobis obediendo committere, et non judicia vestra discutere, sustinebo, et contra vestram regularem restitutionem, si forte in eo agenda visa fuerit (in qua vestra disponet auctoritas, qualiter idem victor, ut solet, et voti compos quæ sunt episcopi de reliquo faciat) non recalcitrabo, ducens pro magno, si a diutinis et multis molestiis, quas ab illo et pro illo passus sum, jam tandem aliquando valeam respirare : et nunquam mihi contingat ulterius contra illius inquietudines inutiliter laborare. Et quod non solum ab ecclesiasticis personis, verum et multo magis etiam a sæcularibus nostra judicia contemnuntur, et pro nihilo ducuntur, dicentibus eis, et ad medium devocantibus illa, quæ mihi vestræ auctoritati non sunt ascribenda, ut non animum dulcedinis vestræ in aliquo moveam, quod summopere cavere desidero. Si qui in provincia nostra, quorum querela (illo restituto) ad vos valeat pervenire, majoribus causis de cætero quædam commiserint, sicut de quibusdam rebus frequentius in istis, quam retroactis temporibus committuntur, ne a Deo damner silentio, eos commonere studebo, et si corrigere se voluerint congaudebo. Sin autem, ad vestrum eos judicium provocabo. Qui si ire voluerint, vestra sancta sapientia quid inde melius viderit, decernere procurabit. Si autem ire noluerint, facient quod sibi utile judicaverint. Me utinam hinc a divina damnatione sententia sancti Ambrosii liberet, qua dicit : Si, inquiens, quis potestatem non habet, quam scit reum abjicere, aut probare non valet, immunis est. Sicque ut puto, quia in multis occupatus, et itineris longitudine atque in soliditate obstrictus de omnibus, antequam insolentium querela ad vos perveniat, ad apostolicam sedem referre non valeo, infirmitate gravatus, et (gratias Deo) termino jam vicinus, potero præcavere, ne a quocunque sanctitatis vestræ animus erga me moveatur, ut aliqua mihi excommunicatio intentetur. Et licet noverim secundum Apostoli Evangelium, redditurum Dominum unicuique secundum opera ejus (*II Cor.* v), testimonium reddente illis conscientia (*Rom.* II), et inter se invicem cogitationum accusantium, aut etiam defendentium, in die qua judicabit occulta hominum. Et ut Leo dicit : Si quid per servitutem nostram, videlicet sacerdotalem, bono ordine et gratulando impletur affectu, non ambigamus per Spiritum sanctum nobis fuisse donatum; et quod secus fuerit, ratum esse non poterit : modis omnibus, quantum ipse donaverit, a quo est omne datum optimum et omne donum perfectum (*Jac.* I), providere studebo, ne a communione sedis apostolicæ (quod absit) quolibet modo extorrem me ultimus dies, qui mihi incertus est, et subito venire potest, inveniat. Erit enim, quamvis tardius quam necesse sit, quoniam ego gravis peccator, gravi carcere corporis diu inclusus teneor, merito in multis afflictus, providentissimo Domino providente, et tempus, et persona in Remorum Ecclesia, quando, et in qua ab apostolica auctoritate privilegium integratum sibi ex antiqua consuetudine collatum et conservatum habebitur : quæ nunquam, excepto Romano pontifice, primatem habuit, nisi quandiu ejecto sine ullo crimine ab ea suo pontifice, violentia tyranni Milonis, tempore Karoli principis pastore vacans, Bonifacio apostolicæ sedis legato, aliquandiu, sicut et Ecclesia Treverensis, commissa fuit. Inter quas, Remensem scilicet et Treverensem Ecclesiam (has enim duas tantum provincias Belgica regio habet) hæc semper distinctio fuit, sicut in ecclesiasticis monumentis invenimus, et vetustissimam consuetudinem semper obtinuisse comperimus, ut isdem episcopus non loci, sed dignitate ordinis prior secundum sacras regulas haberetur, qui foret in qualibet istarum Ecclesiarum metropoli antea ordinatus. Mihi vero necesse erit, me taliter gerere, ne toties auctoritatis vestræ epistolas excommunicationes intentantes et objurgationes, quas raro et magna necessitate fiendas in apostolorum virorum litteris legimus, ferentes de reliquo accipiam, sicut istis temporibus, peccatis meis merentibus frequenter accepi. Quod si sanctitati vestræ placuerit, non vobis opus agere in postmodum erit, donec apostolica vestra jussio me inobedientem in aliquo contra regulas sacras per contemptum, quod absit, invenerit. Qui enim quare Dominus in Evangelio centurionis fidem (*sub.* laudaverit, *vel quid simile*), dicentis : Dic verbo et sanabitur puer meus (*Matth.* VIII), intelligit quam operatorium sit episcopi. imo sicut in Paulo in se loquentis Christi (*II Cor.* XIII), quanto magis pontificis apostolicæ sedis verbum, et quam obedienda sit ipsius præcepto, etiam sine ulla adjurationis adjectione, cognoscit. Quod et scientibus inculcare, et nescientibus intimare, sapientibus et insipientibus debitores debemus episcopi. Quibus si de reliquo verba iniquorum prævaluerint adversum nos, sicut jactitant proferentes, non erit necesse de provincialibus synodis, in quibus hactenus laboravimus, magnopere laborare : quippe quoniam erit et lex et spes sibi quisque. Quod quidem vestra humilitati nostræ scripsit sublimitas, primo vos commotos esse ad Rothadi causam inquirendam, cura, qua pro universis fratribus vestris constringimini, cum debita reverentia gratanter accepi : intelligens quia in numero fratrum nos qualescunque metropolitani computari debemus. Ea propter sicut vestræ discretioni providendum est, ne subjecti episcopi a metropolitanis irregulariter condemnentur : ita nihilominus providendum est ut metropolitani a subjectis episcopis non irregulariter contemnantur. Deinde quod perspectissime scripsistis secundo, quoniam sedem apostolicam Rothadus noscitur appellasse, et ne videamini Ecclesiæ vestræ privilegiorum detrimenta diebus vestris æquanimiter tolerare : et hoc nihilominus a nobis, et ab omnibus est rectissime suscipiendum, et solertissime conservandum. Quod et ego pro modulo meo servandum esse volui, et volo, et favente Domino in hac devotione manebo ; sciens privilegium metropolitanæ sedis Remorum, (cui me divina dignatio servire disposuit) in summo privilegio sanctæ sedis Romanæ manere, et privilegium esse sedis Romanæ, si sua auctoritate privilegium sibi subjectæ sedis fecerit vigere, et studuerit confirmare. De eo vero quod tertio loco ad medium devocastis, scribere aliud nihil præsumpsi, nisi quia causa Rothadi a causis illorum, de quibus scripsistis, est pene in cunctis dissimilis. De eo quod tandem apostolica vestra benignitas indignitati meæ scribere est dignata, ut hæc vobiscum cogitem, et quod de Rothado decernitis approbem, et non ad mei injuriam id vos egisse aliquantulum autumem, quantum valeo totis medullis cordis, cum omni supplicatione et debita ac submissa humilitate immensas gratiarum actiones sancto apostolatui vestro rependo, cum omni sinceritate animi rescribens, quia sicut mihi scribere dignati estis, ita per omnia credo. Et quia privilegium vestri summi pontificatus, ut condecet, et omnes desideramus, evindicatum habetis, quod nemo nostrum contradixerit in deductione Rothadi, sicuti præcepistis ad vestram præsentiam : ut perdonare dignati estis, videre desidero, et visurum me esse confido ; quia non aliud, nisi ut supra monstravi, quod regulæ sacræ præcipiunt, et mihi petendum et vobis concedendum est, postulo : videlicet, ut sic Rothado ab auctoritate vestra compassio exhibeatur, ut vigor ecclesiasticus non dissolvatur : et sic vigor ecclesiasticus conservetur, ut debita misericordia et necessaria sufficientia ei non denegetur : quatenus nec ipsius exemplo ad excedendum alii provocentur, ne quibus in istis regionibus longius ab apostolica sede remotis censuræ ecclesiasticæ moderatio est commissa, hinc (quod absit) conspiciant, unde aut negligentia aut dissolutione tepescant, vel terminos quos statuerunt patres (*Prov.* XXII), transgrediendi materiam se sumere posse dicant : quos sicut intelleximus, nos hactenus servasse putamus. Vos videbitis quid inde facto melius erit, et nobis in judicio vestro videndum est, quid Deus velit ; quoniam injusta esse non poterunt divina judicia, quia a soliditate confessionis apostolicæ petræ, adversus quam inferi portæ, id est, suggestiones vel operationes pravæ non prævalebunt (*Matth.* XVI), dictante justitia proferentur. Epistolam quam mihi auctoritas vestra, cum obtestatione præcepit Rothado dirigere, dominus noster rex, filius vester, mox ut ad eum venit, per abbatem suum Rothado direxit.

« Rodulfus quoque, ejusdem filii vestri domni nostri regis avunculus, III Idus nunc elapsi mensis Decembris ab Ludovico Germaniæ rege revertens, cum valde vesperi a corte regis nostri ad mansiones nostras super fluvium Ligerim, secus confinium regni Aquitaniæ festinaremus, misit ad me hominem suum, nomine Rodulfum, mandans quia præfatus rex Ludovicus quemdam hominem Rothadi, cum epistolis vestræ sanctitatis, manui, et fidei suæ commisit : quatenus ita ad præsentiam domni nostri regis Karoli cum eisdem episcopis eum perduceret, ut nullum malum ei inferret. Est enim apud domnum nostrum regem idem homo accusatus, quod furatus sit res et thesaurum Ecclesiæ, et post perjurium inde commissum, fuga lapsus, ad Ludovicum regem perrexerit. Unde idem Rodulfus petiit, ut ego illum inde apud domnum nostrum regem adjuvarem : ut quoniam prædictum hominem in sua fide acceperat, nullum malum haberet. Cui respondi, ut teneret ipsum hominem secum, ne interim ullum malum pateretur, donec ad cortem redirem, et quantum possem inde illum adjuvare curarem. Ipsum autem hominem nec tunc, nec postea vidi, nec quo abscesserit cum epistolis, audivi. Quæ ideirco sanctitati vestræ scribere studui, ut si aliquis malivorum nostrorum (more suo) vobis quidquam sinistri ex hoc suggerere voluerit, quid inde verum sit cognoscatis, et erga me vestrum animum non moveatis.

« Rationem denique quam reddidi coram electis judicibus, de quibus per libellum provocationis ad electorum judicium fueram a Rothado impetitus, ipsi venerabiles episcopi vestræ auctoritati transmittunt. De gestis vero a Rothado post excommunicationem suam in provinciali synodo compilatis, quæ per vicinos nostros ad vos in derogationem nostram pervenisse audivimus, episcopi Remorum provinciæ per communes legatos nostros vestræ sanctitati, quæ sciunt, intimare curarunt. « Item post aliquanta de promotione ipsius domni Hincmari ad episcopatum, quæ jam superius partim prænotata non curavimus hic iteranda. » Denique præfato Ebone defuncto, Ecclesia, sed et parochia nostra, secundum consuetudinem quam ex antiquo habuit (etiam de his, quæ in episcopatu usque ad obitum in eadem Ecclesia non permanserunt) ipsius nomen inter sacrosancta mysteria in episcoporum catalogo recitare pietatis gratia cœpit, et hactenus facit. Quod ego ne scandalizarem devotos, quasi invidens saluti fraternæ, maxime autem quiescentis in Domino animæ, qui non pro exorbitatione a catholicæ fidei sanitate anathematizatus, sed sua conscientia stimulante, primum a seipso, et postea a synodo, sed et apostolica sede damnatus exstitit, hoc prohibere sine apostolicæ sedis auctoritate nequaquam præsumpsi, dicente beato Cœlestino papa (*epist.* 1, cap. 12). Quia nefas est hæc pati religiosas animas, quarum afflictione (quia membra nostra sunt) nos quoque convenit macerari. Nunc autem in epistolis sanctitatis vestræ, quas Engelwinus diaconus nobis attulit, invenimus, ut Teotgaudium et Guntarium in catalogo episcoporum non recipiamus. Et Antiochenum concilium [*subaudi* statuit, *aut præcepit*] ; ut præmisimus, et melius ipsi scitis, de eo qui post damnationem juxta præcedentem consuetudinem, episcopale præsumit ministerium (quod Ebonem fecisse non dubium est), rescribere mihi dignetur apostolica vestra auctoritas, utrum eumdem Ebonem inter episcopos in sacris diptychis in ecclesia nostra nominare permittam, an, ne de cætero in episcoporum catalogo nominetur prohibere debeam ; quatenus vestra auctoritate fultus, quid in nostra Ecclesia inde sit observandum, sine ambiguitate, decernentibus vobis demonstrem (*Conc. Antioch.* 1, c. 4). »

CAPUT XIV.
De quodam Gothescalco schismatico.

Cæterum Luido mihi dixit, quod cum eo rationem de damnatione et reclusione Gothescalci habuissetis. Unde quoniam per alios jam audieram, ad sanctitatem vestram verba venisse, mihi auctoritati vestræ quædam ex verbis et catholicorum sensibus in rotula; qualiter contra ipsius pestiferi hominis sensum sentiam, per Odonem episcopum, et nihil inde responsionis accipere merui. De quo nihilominus ut redderem rationem, quidam episcopi, quorum nihil de illo intererat (quoniam nec eos, ut ipse manifestis indiciis prodiderunt, ad hoc charitas commovebat, nec auctoritas deducebat), me ad conciliabulum nuper Metis habitum, quod vocari synodum vetuistis, sicut intelligo, irregulariter quarto die antequam congregaretur (*an.* 863), cum ego longius quam octoginta, et idem Gothescalcus plusquam centum millibus ab ipsa civitate disparati essemus, nihil me inde ante præmonitum per quemdam laicum hominem litteris vocaverint. Et nunc ideo breviter de eo sanctitati vestræ suggero, quoniam antequam ad episcopatus ordinem pervenirem, sicut abbas suus et monachi, inter quos fuerat conversatus, ei testimonium perhibent, in metropolis Ecclesiæ Remorum monasterio, in Suessonica parochia, quod Orbacis [*l.* Orbacus] dicitur, habitu monachus, mente ferinus, quietis impatiens, et vocum novitate delectans, ac inter suos mobilitate noxia singularis, de omnibus quæ in his regionibus perverse tunc temporis sensa cognoverat, quædam sibi elegit capitula, ut novitate vocum innotesci valeret, utque simplicium et devotorum sensus perverteret, et magistri sibi nomen usurpando, post se discipulos traheret, illisque qui ad sua vota, auribus prurientes (*I Tim.* iv), magistros sibi coacervare decernant, quærere indebite (quoniam legitime non poterat) simulatione vitæ religiosæ et doctrina præesse. Quisque a Remorum chorepiscopo, qui tunc erat, contra regulas presbyter ordinatus, a monasterio irregulariter existens, peragratis regionibus plurimis, et exitiosa semina sator pessimus seminans, tandem in Mogontina civitate habita synodo (*an.* 848), Rabano archiepiscopo libellum sui erroris porrigens, damnatus ab omnibus Germaniæ episcopis, cum litteris synodalibus ad metropolim Remorum (cui jam auctore Domino præeram) est remissus. Postea autem a Belgicæ Remorum, ac Galliarum provinciarum episcopis auditus, et inventus hæreticus, quia resipiscere a sua pravitate non voluit, ne aliis noceret, qui sibi prodesse nolebat, judicio præfatarum provinciarum episcoporum, in nostra parochia (quoniam Rothadus, de cujus parochia erat, illi nesciebat resistere) et novitates amans timebatur a nobis ne disceret prava sentire, qui noluit recta discere docere ; neve idem Gothescalcus cum aliis communem vitam ducens errori suo faceret esse communes, monasteriali custodiæ mancipatus est, docente Apostolo : Hæreticum hominem post primam et secundam correptionem devita (*Tit.* iii), sciens subversum esse hujusmodi, et proprio judicio condemnatum. Qui ut Leo papa (*epist.* 43) de Eutichete dicit, cum videret insipientiæ suæ sensum catholicis auribus displicere, revocare se a sua opinione debuerat, nec ita Ecclesiæ præsules commovere, ut damnationis sententiam mereretur excipere. Quam utique si in suo sensu voluerit permanere, nullus poterit relaxare. A qua damnatione si voluisset ad sensum catholicum resipiscere, paratus semper fui et sum (quoniam sic venerabiles judicaverunt episcopi) eum in catholicæ Ecclesiæ communionem recipere, sicut ei jubeo quæ sunt corpori necessaria ministrare. Si autem vestra catholica sapientia vult scire, quæ contra catholicam fidem ex veteri hæresi Prædestinatiana (quæ primum in Africa, postea in Galliis per idem tempus, quando et Nestoriana hæresis, est exorta, et tempore Cœlestini papæ ipsius auctoritate, et instantia sancti Prosperi est revicta) dicere videatur, de multis pauca vobis numero, sed non pondere, capitulatim significamus.

Dicit, quod et veteres Prædestiniani dixerunt, quoniam sicut Deus quosdam ad vitam æternam, ita quosdam prædestinavit ad mortem æternam. Dicit, quod et veteres Prædestiniani dixerunt, quoniam non vult Deus omnes homines salvos fieri, sed tantum eos qui salvantur ; omnes autem salvari quosque ipse salvare voluerit, ac per hoc quicunque non salvantur, penitus non esse voluntatis illius, ut salventur ; quoniam si non omnes salvantur quos vult Deus salvos fieri, non omnia quæcunque voluit fecit, et si vult quod non potest, non omnipotens, sed infirmus est. Est autem omnipotens qui fecit quæcunque voluit, dicente Scriptura : Omnia quæcunque voluit Dominus fecit in cœlo et in terra, in mari et in omnibus abyssis (*Psal.* cxxxiv). Et item : In voluntate tua, Domine, cuncta sunt posita, et non est qui possit tuæ resistere voluntati. (*Esther.* xiii) : si decreveris salvare nos, continuo liberabimur. Dicit, quod et veteres Prædestinatiani dixerunt, quod non pro totius mundi redemptione, id est pro omnium hominum salute et redemptione Dominus et Salvator noster Jesus Christus sit crucifixus et mortuus, sed tantum pro his qui salvantur. Dicit quoquo modo dispari traditione, sed pari errore, quod et veteres Prædestinatiani dixerunt, exponens sententiam apostoli Petri : Eum qui emit eos, Dominum negantes (*II Petr.* ii). Baptismi, inquit, sacramento eos emit, non tamen pro eis crucem subiit, neque mortem pertulit, neque sanguinem fudit. Quod autem baptismi perceptio redemptio nuncupatur, doctor gentium manifeste fatetur : Nolite contristare, inquit, Spiritum sanctum Dei, in quo signati estis in die redemptionis (*Ephes.* iv). At illa quæ propria et specialis est solorum omnium electorum, quam eis tantummodo crucifixus impertivit pius Redemptor ipsorum, sicut a præteritis, ita nimirum et a præsentibus natos, et nascituros, vivos et mortuos, videlicet omnes pariter electos redemit, eruit, abluitque peccatis. Ipsi prorsus, ipsi sunt mundus, pro quo passus est Dominus, ut ipse dixit : *Panis quem ego dedero, caro mea est pro mundi vita* (*Joan.* vi, 52). Et item alibi idem Gothescalcus scribit : Absit procul a me, ut vel illud solummodo velim somniare, nedum semel susurrare, ut ullum eorum perpetualiter secum periturum antiquus rapere valeat anguis, pro quibus redimendis tam pretiosus Deo Patri Domini Dei nostri Filii sui, fusus est sanguis. Amen. Et item loquens ad Deum : Claret itaque satis aperte, quod nullus tibi perit, quisquis redemptus est per sanguinem crucis tuæ.

Quod Prædestinatiani veteres non dixerunt, iste ut audacius, ita et perniciosius dicit, deitatem sanctæ Trinitatis trinam esse. Sunt et alia, quæ ipse et alii plures in istis partibus dicunt, quæ nobis sanæ fidei adversari videntur ; quæ dum per alium quam per utilitatem meæ personæ auctoritas vestra cognoverit, forte attendet solertius, et quæ inde tenenda sunt docere studebit quantocius. Erit enim in proximo inde necessitas ; quia etsi eorum corda in insania perversi sensus ebulliunt, orthodoxi tamen regis nostri tempore, prava, quæ sentiunt, eloqui non præsumunt. Ita ut aperte videamus impleri quod scriptum est : *Congregans sicut in utre* [ms., *utrem.*] *aquas maris* (*Psal.* xxxii). Aqua enim maris sicut in utre congregata est : quia amara hæreticorum scientia quidquid hodie in isto regno filii vestri domni Karoli pravum sentit; in pectore comprimit, et aperte dicere non præsumit. Meam quoque exiguitatem et occulte canino dente corrodunt. Facile autem, adjuvante Domino, portare valebo, quia et mihi paucum superest temporis spatium, et si inter filios Ecclesiæ, permittente Deo, in me acceperint potestatem corporaliter affligendi, divina gratia adjuvante, exercebunt patientiam. Sed etsi tantummodo male sentiendo adversabuntur, exercebunt quantulamcunque scientiam, et ut etiam inimici secundum præceptum Domini diligantur (*Matth.* v, 44), exercebunt benevolentiam. Præfatum autem Gothescalcum, si vestra auctoritas mihi scripserit, ut eum a custodia solvam, et aut ut ad vos eundi, ut per vos ejus doctrinam experiamini, aut ad quemcunque ex nomine designatum pergendi licentiam donem, quia ut melius ipsi scitis, sicut absolute quisque regulariter ordinari non valet, ita nisi ex ipsius consensu, cujus esse dignoscitur, certæ personæ commendandus, et ad certum locum monachus, vel quisque sub regula constitutus, a loco suo absolvi juxta regulas sacras non valet, vestris jussionibus nullo modo resultabo. Tantum ut auctoritatem vestram habeam, ne tantorum episcoporum judicium mea præsumptione parvipendere videar. Non enim illius delector, quam juste sustinet pertinaciter contumax, quantulacunque reclusionis molestia, sed doleo a qua revocari non potest perfidiam. Quem si cuicunque commendandum vestra auctoritas viderit, hoc in commendatione etiam providebit, ut cui commendabitur catholicus sit, et gravitatem ecclesiasticam et vigorem ac Scripturarum scientiam habeat, quia non solum Scripturas ad suum sensum violenter inflexas, hoc et catholicorum dicta detruncata per totum, diem sine respiratione aliqua prævalet memoriter decantare. Unde non solum idiotas in admirationem sui abducere, verum et sciolos et incautos atque zelum Dei, sed non secundum scientiam habentes (*Rom.* x, 2), in sententiam suam solitus erat traducere. Et non solum doctorum suorum doctor videri appetit, sed et hoc solerter satis intendit, ut secum loquentes vel in sermone capere valeat. Et si de veritate non poterit, invincibiliter sacramentis affirmare curabit, ea secum loquentes dixisse, quæ forte non dixerant, ut ipse verax, et ei qui illi contradicunt probentur esse mendaces, et adversus suam doctrinam docentes.

CAPUT XV.

De libris quos idem præsul Hincmarus composuit.

Scripsit etiam præfato papæ Nicolao fidei suæ depromendo tenorem, et suam contra prænotati Gothescalci errorem, quam fidei catholicæ dependere satagebat, defensionem. Scripsit præterea multa. Librum quoque collectum ex orthodoxorum dictis Patrum ad filios Ecclesiæ suæ, quod divinæ Trinitatis deitas trina non sit dicenda, cum sit ipsius summæ Trinitatis unitas, ad refellendas præmemorati Gothescalci blasphemias; item ad Karolum regem super hac eadem re librum unum. Scripsit et ad eumdem Karolum regem opus quoddam egregium metrice, de gratia et prædestinatione Dei; de sacramentis quoque corporis et sanguinis Christi, et de videndo Deo, atque origine animæ, simul ac de fide sanctæ Trinitatis, quod opus appellavit *Ferculum Salomonis*. Item collegit atque composuit volumen ingens plures continens libros de prædestinatione Dei et libero arbitrio contra quosdam reprehensores suos, atque Ratramnum monachum Corbeiensem, ad eumdem Karolum regem; cui talem præfert epistolam.

« Domno glorioso regi KAROLO (*Calvo*) HINCMARUS, nomine, non merito, Remorum episcopus, ac plebis Dei famulus, una cum collegis domnis et fratribus meis venerandis episcopis, oratoribus scilicet salutis atque prosperitatis vestræ devotis.

« Deo gratias agimus, qui cor vestrum ad amorem suum accendit, et ad cognitionem veritatis et orthodoxæ fidei scientiam et diligentiam ignivit, prudentiam quoque et intelligentiam vobis in litteris divinitus inspiratis donavit, at in earum meditatione atque excitatione, quantum vobis pro reipublicæ negotiis licet, studium vestræ devotionis quotidiano augmento ad utilitatem sanctæ suæ Ecclesiæ provehit. Cæterum capitula synodalia venerabilium consacerdotum nostrorum, trium scilicet provinciarum, sicut ibidem continetur, et inferius scriptum invenietur, vobis delata, quæ nostræ humilitati juxta Scripturam præcipientem : Interroga sacerdotes legem meam (*Agg.* II, 12), quia et legem fidei esse legimus, præcedentium regum more, ob studium cognoscendæ veritatis, legenda et ventilanda dedistis, revolvimus. In quibus nos, licet nomina nostra sint tacita, designatione tamen effectus velut non catholicos reprehensos, et sine fraternitatis respectu despectos reperimus. Capitula quoque, quæ ob notam vobis, et infra innotescendam necessitatem, ex catholicorum Patrum sensibus et verbis excerpsimus, velut inutilia, imo noxia, repulsa et abominata invenimus. Quæ capitula, sicut a nobis excerpta sunt, suis scriptis inserere noluerunt, ne ab illis legerentur, in quorum manus illorum capitula devenirent, sed quædam de his quæ in capitulis a nobis excerptis habentur, alio sensu et aliis verbis tetigerunt, ut abominanda illa monstrarent; quædam autem suppresserunt, et taliter inde memoriam habuerunt, quasi nos contra sanctorum Patrum sensa in Africa et Arausica synodo senserimus. De quodam autem capitulo, id est, quod omnes homines vult Deus salvos fieri (*I Tim.* II, 4), licet non omnes salventur, funditus tacuerunt, sicut postmodum signantius demonstrabimus, cum Dominus dicat: *Ecce constitui te super gentes et regna, ut evellas et destruas, disperdas, et dissipes, et ædifices, et plantes.* (*Jer.* I, 10). Prius enim, si de conscientia rectæ intelligentiæ fuere confisi, ponentes ea, quæ destruere nitebantur, sicut illa cum integritate sua acceperant, in quibus evellenda et dissipanda erant, legentibus demonstrare, et tunc illa auctoritatem destructis atque dispersis, sua rationabiliter, et ordinabiliter plantare debuerant, ac in sublime ædificantes extollere. De quodam etiam capitulo, quasi ludificatio aliqua in sacris mysteriis esse possit, ita scripserunt, ut legentes hoc a nobis dictum fuisse intelligere possint, de quo nihil a nobis est memoratum; et quare nihil a nobis inde sit dictum, et in cujus scriptis a nobis postea quam capitula scripsimus, sit inventum, suo loco dicemus. Inseruerunt etiam in eisdem suis scriptis de quibusdam sexdecim capitulis, quasi nobis debeant imputari, de quibus nihil audivimus, vel vidimus antequam venerabilis Ebo Gratianopolitanus episcopus vobis ea, quasi a bonæ memoriæ fratre vestro Lothario transmissa, apud Vermeriam palatium detulit. Quorum capitulorum auctorem nec adnotatum invenimus, nec cum multum quæsierimus invenire valuimus. Unde putavimus quia alicujus invidia ad cujusquam opinionem infamandam fuerint compilata, sicut sæpe legimus. Ut de multis pauca commemoremus, veluti epistola capitulorum exstitit, quam venerabilis Ibas episcopus suam esse in synodo denegavit, et sicut quidam æmuli de verbis beati Augustini adhuc in sua vita fecerunt, quæ ille argute et catholice repulit; quantum ad illius notitiam exinde pervenit. Post ejus etiam obitum, quidam invidi capitulatim de ejus ipsius scriptis, ex his etiam unde nunc agitur, colligere curaverunt, ut illius doctrinam orthodoxam, atque utillimam, ob personæ illius invidiam vilifacere prævalerent, et lectores devotos ab illius lectione ac dilectione et necessaria crudelitate averterent. Quæ videlicet æmulorum mendacia ex delegatione sanctæ sedis Romanæ per Cœlestinum papam sanctus Prosper catholico et prudenti stylo falsa esse, et imprudenter objecta ostendit, et memorati ac memorandi viri doctrinam orthodoxam esse lucidissime demonstravit. Unde et fieri potest, ut ista capitula, quæ vobis ex nomine confratrum nostrorum ab aliis quam ab illis delata, vel transmissa sunt, taliter in suggillatione nostra conscripta non fuerint, sed instigante diabolo inter cætera mala, quæ nunc in hoc mundo crebrescunt, ad immittendam inter Domini sacerdotes discordiam sint confecta, qui charitatem vehementer in nobis et timet et invidet, cum videt illam a nobis servari hominibus terrenis in terra, quam ille servare nolens angelicus spiritus amisit in cœlo. Quomodo enim fieri posset, ut sic fratres nostri nos succensorie cum annihilationis despectu judicarent, qui regulam Dominicam, qualiter confratrem quisque admonere debeat (*Matth.* XVIII, 35), continue præ oculis et in usu quotidie habeant? Scriptum enim esse cognoscunt : *Priusquam interroges, ne vituperes quemquam, et cum interrogaveris, corripe juste* (*Eccli.* XI, 7).

« Sanctus enim Augustinus hæreticorum et reprehensorum suorum scripta, si in eis quiddam bene dictum invenit, benignissime acceptavit, et plura ad rectos sensus interpretari elaboravit, nulla autem de recto sensu ad pravum inclinare tentavit. Et quomodo fratres nostri talia agerent, antequam nos secundum evangelicam regulam, vel viva voce, vel scriptis suis inde interrogarent, ut vel volentes discere docerent, vel pravum sentientes, et ad tramitem veritatis et fidei redire contemnentes, fraterne et sæpius commonerent, et auctoritates divinas [*al.*, auctoritatis divinæ], et sanctorum Patrum scripta nobis proponerent, et ut in unum conveniremus nos cum mansuetudine et lenitate invitarent, scientes quia episcopus ideo ad synodum consacerdotum debet venire, ut aut discat, aut doceat? Litteras namque quorumdam eorum quidam nostrorum benignitas, et fraternas suscepimus, nostrasque illis remisimus, et nihil tale de eorum parte perspeximus, audivimus, intelleximus, sensimus, vel percipere prævaluimus. Si autem talia scripserunt, si forte illi scripserunt, ut suam sapientiam de nostra insipientia demonstrarent, et plus de jactantia laudis appetitum quærerent quam bona nostra, et bene a nobis dicta, si forent, per charitatem sua facerent, si etiam secus a nobis dicta invenerunt, plus illa publicare quam nos fraterne corrigere maluerunt. Miramur de tantis et talibus viris, archiepiscopis et episcoporum primoribus, maxime autem de Ebone (*Ebo Ebonis Rem. arch. nepos*), qui religiosus est, ut audivimus, quippe sicut ab ipsis pene cunabulis sub religione et habitu regulari nutritus in Remensis Ecclesiæ monasterio, ubi requiescit sanctus Remigius. In quo loco religioso suam exegit ætatem, quousque a domno Ebone avunculo suo, tunc Remorum archiepiscopo, ibidem diaconus consecratus, et abbas monachorum ad regularem ordinem tenendum et gubernandum constitutione episcopali est ordinatus; quemque ita humilitatis tenore nutritum, et humilitatis locum appetere et tenere velle dicimus, ut illi et omnibus scriptum est : *Si spiritus potestatem habentis ascenderit super te, locum tuum ne dimiseris* (*Eccle.* x, 2). *Spiritus* enim *potestatem habentis* spiritus est superbiæ, locus autem noster humilitas est, quam a se vere locus munitus, et turris fortitudinis nos discere jubet, *Discite a me,* inquiens, *quia mitis sum, et humilis corde* (*Matth.* xi, 29). Quamque pro loco tuto contra elationis ac jactantiæ spiritum præfatum religiosum virum obnixe tenere velle audivimus, et pro certo credimus, et idcirco discredimus ista capitula ab eo confecta, quia prætermissis aliorum consacerdotum nominibus, solius Ebonis nomen cum archiepiscopis est ibidem jactanter, ut quibusdam videtur, expressum. Et quod quam maxime in hoc ipse collaboraverit, quasi e regione sit sensum, ut etiam cum archiepiscopis major cæteris, et doctior in sententia fuerit.

« Hoc enim de sancto Augustino, qui in conciliis Africanis scientia, et laborare, ac vigilantia major exstitit, nequaquam invenimus. Nam et ipse sanctus Augustinus non solum se cæteris coepiscopis, privatam gloriam quærens, non prætulit, nec præferri permisit; verum se aliis supposuit, cum ipse plus aliis laboraverit, sicut in epistolis ad sanctum Innocentium papam scriptis, et ad alios apostolicæ sedis præsules (Aug. *epist.* 90, 92, 95); qui legere voluerit, invenire valebit. Nec de ullo episcoporum in illis conciliis aliter legimus, nisi forte apostolicæ litteræ propter evidentem causam aliquem coepiscoporum ad hoc negotium cum archiepiscopo suo ex nomine designari decreverint, sicut de Augustidunensi episcopo in epistolis beati Gregorii legimus. Quanto magis iste religiosus, et vir cautus in hujusmodi se efferre noluisset, aut præferri despectis, ac prætermissis cæteris coepiscopis, permisisset? Huc accedit, quia fratres nostri, et consacerdotes surda aure non debuissent transire Salomonis dictum commonitoris, si ex nobis, aut audito, aut scripto quiddam sinistri secreto accepissent, ut præpropere illud in publicum quacunque mobilitate nostra moti (unde non sumus conscii) ad contentiones et jurgia propalarent. Ait enim : *Quæ viderunt oculi tui, ne proferas in jurgio cito, ne postea emendare non possis, cum dehonestaveris amicum tuum* (*Prov.* xxv, 8). Scimus tamen quia sunt nonnulli, qui dum plus sapere quam oportet sapere student (*Rom.* xii, 3), a proximorum pace resiliunt, dum eos velint hebetes, stultosque contemnunt. Unde per se Veritas admonet, dicens : *Habete in vobis sal, et pacem habete inter vos* (*Marc.* ix, 49), ut quisquis habere sal sapientiæ studet, curet necesse est, quatenus a pace concordiæ nunquam recedat. Unde terribiliter Paulus admonet, dicens : *Pacem sequimini cum omnibus, et sanctimoniam, sine qua nemo videbit Deum* (*Hebr.* xii, 14). Præcipue autem nos eam servare et persequi, id est, perfecte sequi debemus, qui Deo quotidie sacrificare debemus, et Veritate contestante specialiter quasi præcipimur, ut si offeramus munus nostrum ad altare, et ibi recordati fuerimus quia frater noster habet aliquid adversum nos, relinquamus ibi munus nostrum ante altare, et eamus prius reconciliari fratri nostro, et tunc venientes offeramus munus nostrum (*Matth.* v, 23, 24). Ecce ductor et doctor noster a discordantibus non vult accipere sacrificium, holocaustum suscipere recusat. Hic ergo perpendendum est, quantum sit malum discordiæ, propter quod et illud non admittitur, per quod culpa laxatur. Non enim nos adversus fratres nostros habemus, si talia contra nos ante collationem scripserunt; sed credendum est, si illa scripsissent, ad nos contra quos illa scripserant, transmisissent. Nunc autem illis quomodo rescribere possumus, cum utrum illa scripserint ignoremus? Verumtamen ne sine responso nostro vestra dominatio maneat, vobis de cujus manu illa accepimus, corde, ore et stylo non formidantes carpentium nos, derogationem [*ms.*, derogationi] respondere curamus.

« Primo scilicet mittentes ea, quæ ab eisdem fratribus nostris in synodo conscripta fuisse leguntur, licet hinc antea, alia fuisse conscripta reperiantur.

Sed quia hæc in suggillationem nostram, et contra excerpta a nobis capitula confecta noscuntur, ea primum judicavimus ponere, quæ majoris nominis, licet non auctoritatis, quia partim non veritatis, propter synodalem tamen prætitulationem dignum diximus magnipendere. Deinde illa quæ a pluribus et per aliorum manus de pluribus ex his causis accepimus, propter quam necessitatem ex catholicorum Patrum, ut diximus, sensibus et verbis capitula illa quatuor reexcerpere procuravimus, ea conditione, ut de singulorum scriptis ex singulis sententiis quæ a nobis in excerptis capitulis continentur, quædam, prout necesse viderimus, ponamus. Post hæc, capitula a nobis excerpta de Patrum sensibus et verbis, ut illa excerpsimus, ponere procurabimus, et si divinis et authenticis Scripturis, et catholicæ atque apostolicæ Ecclesiæ, sanctæque Romanæ sedis fidei, et orthodoxorum Patrum sensibus, qui eidem sanctæ matri Ecclesiæ præsederunt, et qui ab eadem apostolica sede Romana nobis in canone recipiendi dati sunt (*Dist.* xv, c. *Sancta Romana*), sensum nostrum in eisdem capitulis expressum concordari demonstrare potuerimus, agere veraciter, humiliter, ac devote studebimus, quia aliorum ad stipulandum nostræ catholicæ intelligentiæ sensum sententias recipere, nec proferre volumus, cum constet illum esse verum atque catholicum quod ipsa mater omnium Ecclesiarum, et universalis Ecclesia duxerit approbandum. Et si qui fuerunt appellati doctores, ad probandam fidei sinceritatem illorum sententias non recipimus, neque proferimus, nisi quorum sententias ipsa catholica mater Ecclesia decrevit esse probabiles. Si autem et aliqui emerserunt, qui doctrinalem cathedram tenuerunt, postquam ab eadem sancta sede canon sacrarum Scripturarum, atque doctorum catholicorum, fidelibus cunctis est datus, qui aliter senserunt quam ipsi intellexerunt atque docuerunt, quos ipsa mater catholica suo orthodoxo sinu recepit, amplectitur, atque fovet: qui nec debemus, nec necesse habemus, ad auctoritatem sententias illorum proferre, aut recipere volumus, quoniam in istis, et per istos satis ad salutem habemus. Et si qui aliter quam isti, maturiore et saniore documento tenendum docuerunt, dogmatizant aut dogmatizare præsumpserunt, totum ducimus fidei et saluti adversum quidquid ab eorum salubri doctrina constat esse diversum. Eorum etiam sententias, qui divina dignatione, postquam ipse canon a beato Gelasio conscriptus est, sensu et doctrina catholica, et sanctitate conversationis in Ecclesia floruerunt, et ab ipsorum orthodoxorum Patrum, qui in eodem canone annotati sunt fidei, quia catholica doctrina nihil dissonum, nihil diversum scripserunt vel docuerunt, reverentia pari amplectimur, veluti venerabilis Bedæ presbyteri a discipulis sancti papæ Gregorii catholica fide imbuti, et a sancto Theodoro archiepiscopo, utriusque linguæ, Græcæ videlicet et Latinæ perito, et a sancta Romana Ecclesia ad Angelos post discipulos beati Gregorii ad eruditionem transmisso, non mediocriter instructi, ac venerandæ memoriæ Paulini patriarchæ Aquileiensis parochiæ atque Alcuini viri religiosi et docti, quorum fidem et doctrinam apostolica sedes Romana non solum benignissime acceptavit, verum et multis laudibus extulit, sicut in scriptis ipsius sanctæ sedis invenimus, quæ Ecclesiæ nostræ ab eadem Ecclesiarum matre acceperunt, tempore divæ memoriæ Karoli imperatoris, quando synodus pro cognita infidelitate Felicis est habita, et ad Romanam Ecclesiam velut ad apicem Ecclesiarum transmissa. Sed et eorum scripta qui legit, quam sint laudanda et recipienda intelligit. Denique si talium, ut diximus, sententiis concordari capitula quæ excerpsimus demonstrare non potuerimus, parati sumus doctoribus et catholicis autem accommodare, sensum subdere, et sine contentione nos doctrinæ illorum subjicere. Et quia libellum de scrinio bonæ memoriæ fratris vestri Lotharii, sine nomine auctoris suscepimus, in quo sigillatim per loca singula capitula a nobis excerpta sunt posita, et assensu illius, quiscunque ille fuerit, reprehensa sunt et damnata, cum de catholicorum Patrum dictis nostra capitula, si poterimus, confirmare curabimus, ipsius etiam reprehensiones ponemus, et eas, quantum Dominus dederit, confutare studebimus. Tunc demum ponemus de capitulo confratrum nostrorum quinto, unde notam nobis quasi tacite et e latere impegerunt, quod in Gothescalci scriptis invenimus, postquam capitula quatuor sæpe memoratæ excerpsimus, et quid inde sentiamus Domino inspirante dicemus. Et sic tandem subjiciemus illa decem et novem capitula, pro quibus de Scotorum pultibus confratres nostri, sine culpa nostra, in hac duntaxat causa nos pascere decreverunt, et quid de eisdem capitulis sentiamus, ex catholicorum fratrium sensibus ostendemus. »

CAPUT XVI.
De his quæ Karolo regi scripsit.

Item, aliud edidit volumen insigne ad eumdem regem, contra præfatum Gothescalcum et cæteros prædestinatos, de cuo huiusmodi ad ipsum scribit epistolam.

Domino KAROLO regi glorioso HINCMARUS, nomine, non merito, Remorum episcopus ac plebis Dei famulus, una cum collegis domnis et fratribus meis venerandis episcopis, oratoribus scilicet salutis atque prosperitatis vestræ devotis.

« Nuper elapso mense Junio, per indictionem septimam anno incarnationis Dominicæ octingentesimo quinquagesimo nono, dedistis nobis quædam capitula, sicut nostræ dixistis humilitati, a Remigio reverendissimo Lugdunensium archiepiscopo vestræ porrecta sublimitati, jubentes ut tempore congruo de his vobis redderemus responsum, si unanimes uno ore, eorumdem capitulorum sensu concordaremus, an quia vobis a cana Patrum fide in quibusdam dissentire videbantur, noster sensus, quem a catholico tramite non deviare credebatis, ab eis in aliquo dissideret, sequentes et præcepti Dominici jussionem, et Christianam prædecessorum vestrorum consuetudinem. Est enim et divinis legibus cautum, et prisco anteriorum principum more suetum, ut quotiescunque in catholica fide, vel divina religione quidalam novi emerserit, a principali sententia episcoporum consultui referatur, et quod eorum judicio, Scripturarum sanctarum auctoritate et orthodoxorum magistrorum doctrina, atque secundum auctoritatem canonicam et decreta pontificum Romanorum Christi Dei nostri vicarii, et sanctæ ejus Ecclesiæ præsules, credendum, sequendum, et tenendum, atque prædicandum decreverint, id ab omnibus corde credatur ad justitiam, ore autem confiteatur ad salutem (*Rom.* x, 10), sequatur ad vocationem, teneatur ad coronam, prædicetur ad lucrum. Quæ siquidem capitula conventu episcoporum habito in territorio Tullensi, in villa, quæ dicitur Saponarias, ante biduum quam vobis porrecta fuerint, sunt recitata, proferente et deponente ea synodo domno Remigio Lugdunensium archiepiscopo. Quæ sicut dixit, et in epigrammate eorumdem capitulorum continetur, in hoc ipso anno in Kalendis nihilominus ibidem de rescriptis, et in suburbio Lingonicæ urbis, ad instructionem Dominici populi, ipse et sibi comprovinciales episcopi ediderunt, et in crastina alia quædam capitula, de quibus post locuturi sumus, relicta fuere. Super quibus, sicut quibusdam ex fratribus visum est, quorumdam sensus est motus. Nam ut vere et nos fateamur, nostræ conscientiæ super pridem capitulis, quæ, ut diximus, Remigius archiepiscopus synodo præsentaverat, recitatis, catholicorum ad memoriam reducentes doctorum traditiones, non modice se concusserunt. Unde nostrorum quidam, fidei Christianæ zelo succensi, aliqua synodo voluere suggerere, sed motus nostri ab eodem venerabili archiepiscopo Remigio Lugdunensium sunt modeste compositi, eo venerabiliter perorante, ut si quorumcunque nostrorum sensus ab eisdem prolatis capitulis, in aliquo dissentiendo se communeret, ad proxime futuram synodum catholicorum libros doctorum quique deferre curemus; et sicut melius secundum catholicam et apostolicam doctrinam in commune invenerimus, de cætero omnes unanimiter teneamus. In cujus devotione coepiscoporum ipsius diœceseos, quorum etiam et ante ordinationem mentem catholicam atque doctrinam, sicut et vos non latet, cognovimus, quantum sensui pusillitatis nostræ fidem accommodare audemus, percepimus quia non ex ipsis, ut non dicamus per ipsos, synodo capitula ipsa fuere prolata. Quapropter quamvis blando sibilo eos quidam charaxare voluerint de eo quod sanctus Cœlestinus episcopus Gallicanos redarguit (CŒLEST. *epist.* 4, c. 1), dicens : « Quid illic, inquit, spei est ubi magistris tacentibus hi loquuntur qui, si ita est, eorum discipuli non fuerunt? timeo ne connivere sit, hoc tacere. Timeo ne magis ipsi loquantur, si permittunt illis taliter loqui. In talibus causis suspicione non caret taciturnitas, quia occurreret veritas, si falsitas displiceret. Merito namque causa nos respicit, si silentio faveamus errori. »

Nos tamen plures, qui eorum et fidem et doctrinam et prudentiam novimus, minus in eis ista noscentibus sententiam pro dissensione baptismi de beato Cypriano a sancto Augustino collaudatam, sæpenumero in libro secundo de Baptismo positam proposuimus. « Quomodo enim, inquit (AUG. l. II *de Baptismo*, c. 4), potuit ista res tantis altercationum nebulis involuta ad plenarii concilii luculentam illustrationem confirmationemque perduci, nisi primo diutius per orbis terrarum regiones, multis hinc atque hinc disputationibus et collationibus episcoporum pertractata constaret? Hoc autem facit sanitas pacis, ut cum diutius aliqua obscuriora quæruntur, et propter inveniendi difficultatem diversas pariunt in fraterna disceptatione sententias, donec ad verum liquidum perveniatur, vinculum permaneat unitatis, ne in parte præcisa remaneat insanabile vulnus erroris (*Ibid.*, c. 5). Et ideo plerumque doctioribus minus aliquid revelatur, ut eorum patiens et humilis charitas, in qua fructus major est, comprobetur : vel quomodo teneant unitatem, cum in rebus obscurioribus diversa sentiunt : vel quomodo accipiant veritatem, cum contra id quod sentiebant declaratum esse cognoscant. » Sciebant namque iidem venerabiles, catholici, et docti viri, quia in multis regionibus ac provinciis hæc pestifera erat recommota doctrina, et ideo silentium in suis provinciis imponere tam facile, sicut forte poterant, noluerunt errori, donec ad plurimorum notitiam pervenienti plurimorum judicio quæstio sopiretur. Quia, ut dicit sanctus Cœlestinus in epistola ad Nestorium directa (CŒLEST. *ep.* 6) : « Omnes debent nosse quod agitur, quoties omnium causa tractatur. » Videlicet ut cum omnium in unius propositione fuerit diffinita consultatio, cunctorum valeat ad omnes emanare solutio. Hæc eadem namque capitula, sicut facile reminisci, potestis, ante triennium nobis in villa Rothomagensis episcopii, quæ Melpsa dicitur, quando in excubiis contra Normannorum infestationem degebamus, sub titulo quasi in Valentiana synodo conscripta fuerint, anno incarnationis Dominicæ octingentesimo quinquagesimo quinto, sub Lothario imperatore dedistis, ut ad illa quæ nobis viderentur catholice ex orthodoxorum magisterio responderemus, cum aliis quorumcunque scriptis, quæ hinc ad vestram notitiam pervenere. Quorum quædam scripta recepimus, sed ea publicare noluimus, *solliciti servare unitatem spiritus in vinculo pacis* (*Ephes.* IV, 3), donec cum eis, qui vobis illa transmiserant, familiari colloqueremur sermone, et eo si aliquo modo valeremus, ab hac prava intentione ad catholicæ fidei unitatem cooperante Domino revocaremus. Sed quia partim occupationibus præpediti, partim autem in fraternis suasionibus minus quam necesse fuerat, obauditi, eos quos munere disposuimus a sua intentione revocare nequivimus. Unde quia sicut Apostolus : *Quorumdam hominum peccata manifesta sunt* (*I Tim.* v, 24), et quæ aliter se habent abscondi non possunt; adeo quorumdam excrevit dissensio, ut hæc dissonantia ad vestram pervenisset notitiam, et synodali decreto pro zelo fidei, et unanimitatis amore antequam hæc nobis perscrutanda committeretis, quatuor capitula episcopali diffinitione vobis de catholicorum Patrum dictis colligi, et singulorum exigeretis manibus roborari. Postea vero et quorumdam ex his qui eisdem capitulis subscripserant et aliorum etiam in tantum est accumulata vecordia, ut necesse foret, et jussionis vestræ instantia, et exsecutionis nostræ obedientia, hinc eorum, quos præmisimus scriptis et propositionibus litterali officio respondere. Inter quæ et his capitulis quæ nobis nuper dedistis, pro nostri ingenioli capacitate, sub dubietate tamen, respondimus, quia non credidimus, ut fratres et coepiscopi nostri contra regulas ecclesiasticas adversum nos talia debuissent conscribere, præsertim cum non ignorent Dominicis institutionibus et legibus sancto Spiritu promulgatis præfixum esse, qualiter si in sæpe factis capitulis fidei obloqueremur, nos compellere, et tunc synodali judicio nos, nostrasque sententias a sua debuissent communione explodere (Matth. XXVIII, 19, 20). Nunc vero quia certi sumus, cui compositioni debemus de sæpe nominatis quæstionibus respondere, servatis relationum absolutionibus contra eos, quibus a vestra dominatione, pro imposito nobis ministerio, jussi sumus reddere rationem, contra hæc tantum capitula, quantum ex nobis est cum omnibus pacem habentes (Rom. XII, 18), ex sanctarum Scripturarum auctoritate, et catholicorum Patrum sententiis simpliciter respondere curabimus, ut cui forte omnia illa legere non licuerit vel non libuerit, hic compendiosas pro tempore capitulorum responsiones inveniat, quas furatis horulis a diversis occupationum distensionibus, qui cognitionum ferias non habemus, sicut de sententiis sanctorum Patrum accipimus, ne torpore vel inobedientia a vestra denotaremur Christiana devotione, committere schedulis tumultuario sermone studuimus, quoniam in præfatis relationibus, provocati multiplicibus multiplicium illationibus, multipliciter multiplicibusque collationibus, non sine (sicut scimus et confitemur) lectoris tædio, sensu, sed tamen catholico, in tribus libris lacinioso sermone respondere satagimus. Sed in hoc maxime benigno lectori nos satisfacere autumamus, quia singulorum singulas semper ponentes sententias, singulariter ad objecta et resistentia fidei respondere studuimus; et vel in hoc solo devotum quemque lectorem nobis conciliari confidimus, quia cum ex sua mente nostrum laborem perpenderit, nos apud se excusatos habebit. Quis vero sit istorum capitulorum compositor, cui quasi a novo cogimur respondere, ipse se prodet cum necessario urgebitur ad lucem veritatis venire, quia operator tenebrosorum operum (Gal. VI, 1) (inter quæ ab Apostolo et hæreses describuntur) odit lucem, et non venit ad lucem, ut non arguantur

(9) Non exstat hæc Nicolai epistola ad Hincmarum.

opera ejus. Omnis vero qui bona agit (inter quæ bona ab Apostolo et fides connumeratur) venit ad lucem, ut manifestentur opera ejus, quia in Deo sunt facta (Joan. III, 21). Sed et ille quicunque est, si ad lucem venerit, et veritati ex corde consenserit, esse filius lucis poterit. Si autem et pertinaciter contradixerit veritati, ipse in infidelitate sua et contentionis suæ vecordia hæretici sibi nomen imponet, quia non statim hæreticum, quod ignoranter a fide sentitur diversum, si non fiat pertinaci contentione hæreticum. »

CAPUT XVII.
De synodo sex provinciarum Galliæ apud Trecas habita.

Anno denique Dominicæ incarnationis octingentesimo sexagesimo septimo, synodus provinciarum Remensium, Rothomagensium, Turonensium, Senonum, Burdegalensium atque Bituricensium apud Trecas VIII Kalendas Novembris convenit. Ubi quidam episcopi, ut assolet, gratia regis Karoli Vulfado faventes quemdam contra veritatem et canonum sacram auctoritatem adversus Hincmarum moliri cœperunt. Sed iisdem Hincmarus, eorum molitionibus ratione et auctoritate obvians, plurimorum sententia prævalente, rerum gestarum ordinem, de quibus agebatur, communi consensu epistola, scriptum per Actardum venerabilem Nannetensem episcopum papæ Nicolao episcopi, qui convenerant transmiserunt. Cujus epistolæ tenor idem exstitit, qui fuit in epistola Hincmari Remorum episcopi, quam per clericos suos sub peregrinorum habitu, propter contrariorum vitandas insidias, præcedente Julio mense Romam miserat. Epistolam autem in præscripta synodo factam, et archiepiscoporum, qui convenerant sigillis signatam, Actardus perferendam suscipiens, cum quibusdam episcopis ad Karolum, sicut ipse præceperat, rediit. Karolus autem immemor fidelitatis atque laborum, quos pro ejus honore et regni obtentu sæpe fatus Hincmarus per plures annos subierat, eamdem epistolam ab Actardo sibi dari exigit, et archiepiscoporum sigilla confringens, gesta synodi relegit, et quia, sicut voluerat, in eadem synodo Hincmarus non exstitit confutatus; epistolam suo nomine ad Nicolaum papam dictari in contrarietatem Hincmari fecit, quam et bulla sui nominis sigillavit, et cum epistola synodali per ipsum Actardum Romam direxit. Præfati autem Hincmari clerici in mense Augusto Romam venientes, Nicolaum papam jam valde infirmatum, et in contentione, quam contra imperatores Græcorum Michaelem et Basilium, sed et contra Orientales episcopos habebat, magnopere laborantem invenerunt. Quapropter usque ad mensem Octobrium ibidem sunt immorati. Nicolaus vero papa gratanter suscipiens quæ Hincmarus ei scripserat, de omnibus sibi satifactum esse rescripsit (9). Sed et alteram epistolam eidem et cæteris archiepiscopis et episcopis in regno Karoli constitutis transmisit, innolescens præfatos Græcorum imperatores, sed et Orientales episcopos calumniari sanctam Romanam Ecclesiam, imo omnem Ecclesiam, quæ Latina utitur lingua, quia jejunamus in Sabbatis, quod Spiritum sanctum ex Patre Filioque procedere dicimus, quia presbyteros sortiri conjuges prohibemus, quoniam eosdem presbyteros chrismate linire baptizatorum frontes inhibemus, dicentes ipsi Græci, quod chrisma ex aqua fluminis Latini conficiamus; reprehendentes nos Latinos, quod octo hebdomadibus ante Pascha a carnium, et septem hebdomadibus a casei et ovorum esu, more suo, non cessamus. Dicentes etiam, quod in Pascha more Judæorum super altare pariter cum Dominico corpore agnum benedicamus et offeramus; succensentes etiam nos, quia clerici apud nos barbas suas radunt; et dicentes, quia diaconus non suscepto presbyteratus officio apud nos episcopus ordinatur. De quibus omnibus per singulas provincias a metropolitanis cum eorum coepiscopis sibi rescribi præcipit, alloquens eumdem Hincmarum in epistolæ fine hoc modo : « Tua, inquit, Hincmare, charitas cum hanc epistolam legerit, mox ut etiam ad alios archiepiscopos, qui in regno filii nostri Karoli gloriosi regis consistunt, deferatur, summopere agere studeat, et ut de his singuli in diœcesibus propriis una cum suffraganeis suis in cujuscunque regno sint constituti, convenienter tractare, et nobis quæ repererint, suggerere curent, eos citare negligat, ita ut eorum omnium quæ præsentis epistolæ nostræ circumstantia continet, tu et strenuus exsecutor illic existas, et apud nos verax et prudens scriptorum tuorum serie relator inveniaris. » Quam epistolam Hincmarus suscipiens, in Corbanaco (*Corbeny*) palatio consistenti regi Karolo cum pluribus episcopis relegit, et per alios archiepiscopos, sicut in mandato acceperat, dirigere studuit. Nicolaus papa Idibus proxime præcedentis mensis Decembris obiit (*ad an.* 11, *Lud.* 11), cui Adrianus papa electione clericorum, et consensu Ludovici imperatoris in pontificatu successit; quem Actardus Romam veniens cum supra scriptis epistolis, in apostolica sede jam ordinatum invenit.

CAPUT XVIII.
Item de præfato rege Karolo.

Scripsit præmemoratus domnus Hincmarus ad eumdem regem Karolum libellum, ex sacris Scripturis et catholicorum dictis collectum, ac triformi digestione distinctum, scilicet de persona regis et regio ministerio in causa reipublicæ, et quæ debeat esse discretio in misericordia, et de ultione specialium personarum, quem conclusit in capitulis 33. Scribit etiam ad præfatum regem instructionem utilissimam (*i.* 7. *epist.* 126), de cavendis vitiis, et de exercendis virtutibus, mittens ei pariter epistolam beati Gregorii ad Recaredum Wisigothorum regem. Item scribit ad eumdem regem collectionem quamdam multarum auctoritatum de ecclesiis et capellis, contra dispositionem Prudentii Trecassini episcopi. Scribit etiam ad instructionem ipsius regis, de duodecim abusivis sanctorum in his colligens dicta Patrum et præteritorum constitutiones regum. Sed et de promissione sua eum admonens, quam verbo, ac scripto, antequam rex consecraretur, primatibus et episcopis fecerat. Scripsit quoque multas ad ipsum regem epistolas, ut qui ejusdem archiepiscopi de multis requirebat consilium, et per ejus prudentiæ suggestionem multa industrie disponebat. Quando etiam filius suus Karlomannus clericus adversus eum consurrexit, et ipse rex ad Viennam contra Gerardum comitem, (qui a se desciverat) profectus erat, huic præsuli nostro litteras suas misit, mandans ut convocaret episcopos regni, ac laicos ipsi fideles, ut episcopi secundum ministerium suum prohiberent Karlomanno ne aliquod damnum in hoc regno faceret, et laici resisterent illi ne hoc facere posset. Qua de re Engilranno, Gossino et Adelelmo comitibus scripsit, quærens ab eis, imo consilium dans, quid super hac re foret illis agendum. Litteras quoque deprecatorias regi jam pro eodem Karlomanno direxerat, et pro pace inter ipsum et patrem ejus laborabat; multa tamen mala et deprædationes ab ipso, ejusque complicibus patiebatur. Accedens autem cum aliis fidelibus regis ad ipsius Karlomanni colloquium, obsides ei dedit, et accepit ab ipso, ut pax fieret in regno, et homines ipsius Karlomanni pacifice in regno consisterent. Et idem Karlomannus in villis sancti Medardi cum paucis pacifice maneret, donec missi regis venirent, et Karlomannus cum fidelibus regis ad patrem suum pergeret, et placitum cum eo faceret, vel sanus ad suos rediret. Susceptis autem missis regis, misi litteras ad Karlomannum, ut veniret ejus ad colloquium, auditurus ibi quid rex mandaret : ubi etiam fideles regis convocavit, ut ibi quod rex mandaret de pace stabilire possent, agereque certarent. Quod et tunc quidem factum est. Sed rex eumdem filium suum cum suis postea excommunicari fecit ab episcopis totius regni, pro malis quæ relinquere nolebat, insuper et comprehensum oculis privari jussit. Domno vero Hincmaro rex idem non solum de rebus ecclesiasticis, sed et de populo in hostem convocando, ut ipse hoc ageret, mandare solebat : et ipse accepto regis mandato tam episcopos quam comites convocare solitus erat.

De hoc rege Karolo in visione Bernoldi redivivi (de qua superius [c. 3] aliqua jam narravimus) talia referuntur visa. Venit in quemdam locum tenebrosum, ad quem ex alia parte lux resplendebat de vicino loco satis lucidissimo, et pulcherrime florido ac odorifero, ibique jacere vidit hunc regem Karolum in luto ex sanie ipsius putredinis, et a vermibus edi, qui carnem ipsius omnem jam pene assumpserant, et non apparebat in corpore ipsius aliud, nisi nervi et ossa. Qui vocans hunc ex nomine, dixit : Quare me non adjuvas? Cui respondit : Domine, quomodo vos possum adjuvare? et ille : Prende, ait, illam petram, quæ juxta te est, et pone illam sub capite meo. Quo facto, dixit ad eumdem : Vade ad Hincmarum episcopum, et dic ei, quia illius et aliorum fidem meorum bona consilia non obaudivi, ideo ista quæ vides pro culpis meis sustineo, et dic illi quia semper in illo fiduciam habui, ut me adjuvet, quatenus de ista pœna sim liberatus, et per omnes qui mihi fuerunt fideles, ex mea parte postulet ut me adjuvent ; quia si inde certamen habuerint, cito de ista pœna ero liberatus. Cumque interrogasset eum, quis locus esset unde illa lux resplendebat, audivit sanctorum esse requiem ; conatusque propius accedere, vidit tantam claritatem, sensitque suavitatem, tantumque decorem [*f*, dulcorem] quantum humana non potest edicere lingua. Viditque inibi multitudinem hominum diversi ordinis in albis vestibus collætantium, et quædam sedilia lucida, in quibus nemo adhuc sedebat eorum quibus præparata erant. Et in illo itinere ingressus est ecclesiam quamdam, in qua reperisse visum sibi est Hincmarum episcopum, præparatum cum clericis revestitis ut missam celebraret ; dixitque illi hoc quod Karolus ejus mandaverat. Statim regressus ad locum ubi eumdem regem jacentem viderat, invenit eum in loco lucido sanum corpore, et indutum regiis vestibus, dixitque illi : Vides quomodo me adjuvit tuus missaticus ? et cætera. Quam visionem domnus Hincmarus sibi relatam describens, et per loca ubi necesse visum est exponens, ad multorum notitiam pervenire fecit, et tam per se quam per alios regis fidelis sibi quoque subjectos, pro ipsius absolutione animæ, et adipiscenda requie, pie fideliterque laboravit.

Idem vero præsul de multis regi necessariis sæpissime suggerebat. Inter quæ scribit ad eum pro electione Belvacensis episcopi, post obitum Hildemanni præsulis ipsius urbis. In qua epistola regem studet a Simoniaca hæresi compescere, asserens sibi multo amabilius esse istum episcopatum secundum sæculum dimittere, quam episcopum contra canonicam institutionem non tam benedicere, quam æterna secum maledictione maledicere ; item, pro cella, vel monasterio Flaviaco, quod idem rex sibi, dum in ipsius ante episcopatum moraretur servitio, donaverat, et ut in vita sua illud teneret, præcepto confirmaverat, quodque a quodam invasore destructum restruxerat, et religionem, prout valuit, in eo restauraverat, quod postea rex idem conabatur injuste a jure ipsius auferre ; item, pro quodam refuga, qui quamdam sanctimonialem sibi copulaverat, suggerens regi, ut eum comprehendi faceret, atque sua regia potestate separaret ab hoc crimine, quia ipse stuprator episcopali judicio renueret obedire ; item, pro causa Rothadi [*ms.*, Rothardi] episcopi, quem rex ad causas suas vocaverat, et advocatum dirigere præceperat, qui responderet contra hominem quemdam ipsius Rothadi de beneficio ipsius, unde inter eos causa versabatur, pro qua re subtiliter ac diligenter eumdem regem reprehendit, ab hac intentione, sacris auctoritatibus interpositis, revocare gestiens ; item, de missatico suo, quod exsecutus est apud Lotharium imperatorem, et Ludovicum Transrhenensem, fratres ipsius Karoli, pro pacto pacis inter eosdem tres fratres componendo ; item aliam epistolam de eadem re, in qua eumdem regem Karolum instruxit, qualiter agere erga fratres suos deberet, simulque de receptione vel rejectione eorum, de quibus ratio ventilabatur ; item de causa Lotharii imperatoris fratris ipsius, qualiter Romæ habebatur, et quando venturus esset in istas partes. Instruens etiam hunc regem, qualem se tam coram Deo quam etiam coram hominibus exhibere deberet. Unde reginam quoque admonet, ut regem ad honestam et regi congruam studeat exhortari conversationem; item, de militaris rei dispositione, pro solvenda Belvacensis urbis obsidione, in qua designare curavit, qualiter Ecclesiam sibi commissam tractaret, ecclesiasticas scilicet actiones per monasteriorum præpositos, et archipresbyteros, curam villarum ac dispositionis domus, regaliumque servitiorum et hospitum, querelasque clamantium vel interpellantium, per fidelissimos laicos ; item, de itinere ad superiorem Franciam, qualiter disponatur, et quomodo regnum istud ordinatum dimittatur ; item, de synodo quam præcipiebat rex convocari infra parochiam Remensem, ostendens quibus ex causis convocari debeat synodus, et de aliis quibusdam utilibus rebus ; item de causa Hilduini abbatis defuncti ; item, de causa Gerardi comitis ; item, de causa Ludovici regis Germaniæ fratris ejusdem Karoli ; item, de causa Lotharii regis Italiæ, nepotis ipsius Karoli ; item, de opera pontis, quem rex cum ipso ac cæteris nonnullis fidelibus suis faciebat ad Pistas in Sequana ; item, de causa Hincmari nepotis sui, montis Lauduni episcopi, plures scribit epistolas, pro quo multum apud eumdem regem laboravit ; item, de infirmitate sua, et de peregrinis quibusdam monachis suscipiendis ; item, de rebus sancti Remigii sitis in provincia Viennensi, vel Aquensi ; item, de ordinationibus quorumdam episcoporum et nonnullarum ecclesiarum ; item, de itinere ipsius regis ad Italiam post mortem nepotis ejus imperatoris Ludovici, quomodo iter illud disponat, et quomodo regnum istud ordinatum dimittat ; item, de quæstionibus cujusdam Mancionis ; item, de villa Noviliaco, et rebus ad ipsam pertinentibus ; item, pro litteris Ludovici regis fratris ipsius Karoli, quas illi pro visione, qua pater suus sibi apparuit, et miserat, quarum exemplar transmisit eidem Karolo, cum exemplari epistolæ, quam pro hac re ipsi Ludovico direxerat ; item, pro causa Waltarii defuncti, viri clarissimi, et de imagine Salvatoris ; item, pro causa Laudunensium, et ordinando eis pontifice post dejectionem Hincmari ; item, de eadem re ; item, de passione sancti Dionysii a Methodio Constantinopolitano Græce dictata, et ab Anastasio, Romanæ sedis bibliothecario Latine conscripta, et de vita vel actibus beati Sanctini, et quid in his invenerit de commemoratione S. Dionysii ;

item, de villis sancti Remigii in Vosago, qualiter usque ad id temporis sint habitae. Pro diversis quoque rebus aliis diversas ad eumdem dedit epistolas.

CAPUT XIX.

Quae Ludovico ejusdem Karoli filio scripsit.

Item, ad Ludovicum (*Ludov. Balb.*) regem filium hujus Karoli, quem unxerat et consecraverat, de conjecto Normannis dando; item, de disponendis regni utilitatibus, et ordinatione atque consilio patris imperatoris sequendo; item, post obitum ejusdem imperatoris, de ordinandis regni sui principiis, proponens ei exempla praedecessorum suorum, et instruens eum per capitula de justo regni regimine, et honore sanctae Dei Ecclesiae, caeterisque sibi ac regno necessariis rebus; item, de quibusdam praesumptoribus corrigendis, et temperanda censura correctionis, et aliis commoditatibus; item, ne quippiam contra canonicas moliretur regulas, nec alicubi hoc episcoporum praeciperet, ne sententiam divinam incurreret; item, qualiter commonuerit ex praecepto regis ipsius Hugonem Lotharii regis filium, super malefactis quae agebat, et de hominibus suis ad regem cum hostili apparatu dirigendis. Ad filios quoque ipsius defuncti regis (10), Ludovicum et Karlomannum, pro electione canonica ecclesiae Tornacensi vel Noviomensi obtinenda post obitum Ragenelini episcopi; item, pro ipsa electione jam facta, quam indigne tulerant ab ipso archiepiscopo fuisse dispositam; item pro eadem, ostendens qualiter in electione ipsorum consenserit, quando electi sunt ad regni principatum et quae ab eis pro hac electione mandata perceperit et quale sit ministerium regale, et quale pontificale, et qualis eligendus vel ordinandus sit episcopus, et qualis vel qualiter non debeat ordinari, et ut divinas auctoritates addiscere curent; item, pro cadem re, sacris demonstrans auctoritatibus quam graviter in Deum peccarent, qui ordinationem illam tandiu differre facerent, et de objectis sibi a Gosseno super Ludovici regis patris eorum assensu. Quare Ansgardim uxorem abjectam eum recipere non coegerit, et Adelaidim ab eo retineri non prohibuerit, et de litteris Ludovici regis ad eum pro filiorum suorum provectione datis, et de mandatis istorum regum ad se indebite missis; item, ad hunc Ludovicum solum de consilio a se petito, quale sit utile regi consilium, et qualiter debeat agere judicium et justitiam, et quid haec boni conferant observata, quidve mali neglecta irrogare soleant, etc.; Item, ad regem Karlomannum adolescentem et ad episcopos admonitionem de disponendo regali ministerio per capitula; item aliam admonitionem ad eumdem regem, similiter per capitula.

CAP. XX.

De iis qua Ludovico fratri ejusdem Karoli scripsit.

Ludovico regi Germaniae, praefati Karoli regis nostri fratri, nonnulli quoque scripsisse reperitur, ad

(10) Obiit Ludov. Bald. 870, die 10 Apr.

petitionem ipsius regis, de quibusdam quaestionibus super quibus fuerat interrogatus ab ipso pro quodam Fulcrico, reddens ei rationem dignam, cur excommunicaverit ipsum, quem sub obtentu absolvit agendae poenitentiae; item, pro tuitione ac defensione rerum Remensis ecclesiae in Thoringia conjacentium; item, de pervasione regni fraterni, dignis et utillimis ei hoc dissuadens admonitionibus, ne id ad suam aggregiatur damnationem; item, aliam de hac eadem re cum caeteris regni hujus episcopis ad eumdem regem scribit epistolam, episcopali moderatione refertam; item, semel ac secundo, ad ipsum per se, de his quae mandaverat ab eo fieri in adventu suo Remis, ut non sicut disponebat, nec tali veniret tempore quia incongruum esset, et animae suae inopportunum; item ad eumdem qualiter de pace inter ipsum et fratrem ejus Karolum stabilienda laborabat, referens ei gratiarum actiones pro filiis ecclesiae Remensis, qui in ipsius bene tractabantur regno; petens ut secure liceret illis suas, quas ibi habebant, tenere proprietates; item de metallo quod ei transmisit ad faciendum signum, subjungensque de pace atque charitate servanda et voluntate Dei sequenda, ut illi mandat, admonitionem; item pro rebus ecclesiae Remensis apud Thoringiam sitis, item de reliquiis sanctorum Remensis ecclesiae, quas illi sicut petierat transmittebat, et de libro vitae, virtutumque S. Remigii; item de rebus S. Remigii sitis in Thoringia; item, de passionibus sanctorum, et de rebus suorum hominum, quas in illius regno habebant, ut de his nullum praejudicium sustinerent; item scribit cum Remigio Lugdunensi, Arduico Vesontionensi, Erardo Turonensi, Adone Viennensi, Egilone Sennensi archiepiscopis eidem Ludovico Regi, pro Bertulpho Treverensi archiepiscopo, reprehensibile ac periculosum demonstrans esse, quod actum ab eo compererat, de hac metropoli scilicet et Treverensi ecclesia, ut eam invadi, discindi ac depopulari a pervasore permitteret quodam monacho ejusdem ecclesiae : ostendens, quia licet regulis potestas praesideat humano generi dignitate, rerum praesulibus tamen divinarum devote colla submittit, atque ab eis causas suae salutis expetit, inque sumendis coelestibus sacramentis, eisque ut competi disponendis, subdi se debere cognoscit religionis ordine, potius quam praeesse. Itaque inter haec illorum se pendere judicio, non illorum ad suam velle redigi voluntatem. « Proinde, » inquit, « sicut non leve discrimen incumbit pontificibus, siluisse pro divinitatis cultu quod congruit : ita regiae potestati (quod absit) non mediocre peculum est, si cum debeat parere refugit, quod ei ex divina voce a sacerdotibus nuntiatur : Domino dicente in Evangelio : *Qui est ex Deo, verba Dei audit*. (*Joan.* VIII). Si autem vobis aliquis minus devotus suggesserit, quod in eadem metropoli, in contemptu vestro, vel contra fidelitatem vestram, metropolitanum pontificem ordinari fecimus, quin potius consensu unanimitatis nostræ ipsi secundum sacros canones ordinavimus, quia, ut scriptum est : Sicut Deus loci angustia non continetur, ita verbum ejus non est alligatum (*II Tim.* II) : collaudante Redemptore ac Salvatore nostro, quod centurio in hoc sensu dixerat : *Dic verbo, et sanabitur puer meus* (*Matth.* VIII) ; videlicet quod hic dixeris, illic fiet. Qui in discipulis suis hodieque nobis, licet indignis, loquitur : *Spiritus patris vestri loquitur, in vobis* (*Matth.* X), qui replet orbem terrarum (*Sap.* I). Nolite credere, quæsumus, prava suadenti, quia pro certo sciatis, non in contemptu vestro, neque contra fidelitatem vestram, in eadem metropoli sede pontificem ordinavimus, sed perpendentes (quod et vos melius scitis) quanta et per quanta tempora ipsa Ecclesia desolata et destituta sit, et quanta contra Dei voluntatem non solum in eadem parochia, sed et in tota provincia ad eam pertinente, increverint : cum nihil canonice sine primate suffraganei episcopi agere valeant, nihil quod ad proprias parochias pertinet, ibid. commoditatem regularem invenientes, canonice pontificem ordinavimus. Quod et secundum divinas leges agere possent atque deberent ipsius metropolis suffraganei, ei tanti numeri forent, ut per se regulariter possent ordinare pontificem, qui non minus quibus a tribus prævalet regulariter ordinari.) Prosequitur etiam depromens auctoritates sanctorum Patrum, quibus fulti hoc egerant. Et subinde : « Et quia tot in eadem provincia suffraganei non erant episcopi, ut metropolitanum regulariter ordinare valerent, quoniam Ecclesiæ Remensis et Treverensis comprovinciales atque sorores et ex auctoritate et ex antiqua consuetudine habentur, ea conditione ut qui prior earum fuerit episcopus ordinatus, prior etiam habeatur in synodo, et si mutuo consilio et auxilio faveantur, atque fulciuntur : Treverensis provinciæ episcopi a primate provinciæ Remorum solatium suæ ordinationis, secundum sacras regulas quæsierunt, sicut sancti Sardacenses canones (*Conc. Sard.* c. 5, al. 6) dicunt, scilicet ut si contigerit in una Provincia, in qua plurimi fuerunt episcopi, unum forte remanere episcopum, et populi convenerint, episcopos viciniæ provinciæ, debere illum prius conveniri episcopum, qui in eadem provincia moratur, et ostendere quod populi petant sibi rectorem, et hoc justum esse, ut et ipsi veniant, et cum ipso ordinent episcopum. Quod si conventus litteris tacuerit, et dissimulaverit, nihilque rescripserit, satisfaciendum esse populis, ut veniant ex vicina provincia episcopi, et ordinent episcopum. Ex quibus rite colligitur, quia si provincia Treverensis non nisi unum vel nullum haberet episcopum, episcopi Remensis provinciæ, petenti clero et populo Treverensis Ecclesiæ, deberet ordinare episcopum. Cui Ecclesiæ omnes, quorum nomina præscripta in capite hujus epistolæ legit gloria vestra, unanimi voto atque consensu fratrem et consacerdotem nostrum Bertulfum, ut præmisimus, regulariter pontificem ordinavimus, sicut ex sacris regulis et ordinationis ejus gestis ostendere possumus, et si necesse fuerit, ostendemus. Quapropter ipsius ordinationem, et dispositionem rerum ac facultatum ecclesiasticarum, sicut sacri præfigunt canones, ita defendimus, et perpetuo defendemus, sicut et ordinem nostrum : quia si ipse non est episcopus, nec nos debemus nominari episcopi. Et si quis voluerit contra ordinationem ejus sinistris quidpiam dicere, exeat et dicat : verumtamen memor communionis suæ, quia aut ipse non communicabit ecclesiastico et episcopali ordini, aut nos non communicabimus, ministerio episcopali. Unde verbis beati Leonis (LEO, *ep.* XXIV) Theodosium Augustum quondam alloquentis, vos, Christianissime et venerabilis nobisque charissime rex, cum consacerdotibus nostris alloquimur, implentes reverentiam clementiæ vestræ sinceri amoris officio, cupientesque vos placere per omnia Deo, cui pro vobis a nobis, et ab Ecclesiis nobis commissis supplicatur, ne ante tribunal Domini rei de silentio judicemur, obsecramus coram unius deitatis inseparabili Trinitate, quæ tali facto læditur, cum ipsa vestri sit custos et auctor regni, et coram sanctis angelis Christi, ut in eo statu atque immunitate seu privilegio cum suo pontifice Treverensem ecclesiam esse jubeatis atque conservetis, quo vestri progenitores atque prædecessores, sed et in quo frater ac nepos vester Lotharius, pater scilicet ac filius, canonica conservarunt, quatenus et vos meritum inde apud Deum, et beatum apostolorum principem Petrum in cujus honore ecclesia ipsa est consecrata, habeatis, et nos amplius debitores in orationibus et cæteris debitis obsequiis acquiratis. Quia nisi pro vestra reverentia hoc differamus, jam in pervasorem ipsius ecclesiæ judicium in terris exertum haberemus, quod 630 episcopi in magna Chalcedonensi synodo de hujusmodi decreverunt (*Juxta can.* 7, 18), et de cœlo super eum litentant, et in judicio divino ad æternam damnationem exerent, nisi dignam pœnitentiam egerit ; » et cætera de auctoritatibus sacrorum canonum. Post quæ subjungitur : « Unde vestra religiosa et nobis charissime dominatio certissime sciat, quia quandiu iste frater noster Bertulfus a nobis in Treverensi Ecclesia ordinatus episcopus in hoc mortali corpore vixerit, alter in eadem Ecclesia ordinatus episcopus non erit, nisi forte ipse, quod absit, sacris regulis obvians, per easdem sacras regulas deponatur. Et isdem præsumptor et apostata monachus Walto de monasterio Treverensis parochiæ nunquam, jam judicio Spiritus sancti super eum prolato, in Treverensi Ecclesia, quam exitiabiliter usurpavit et læsit, poterit esse episcopus. Et si, ut diximus, pro vestra reverentia hoc non differremus, non solum per sacros canones decerneremus, ut nunquam et nusquam ad gradus ecclesiasticos præsumeret accedere, verum sub anathemate eum ponentes, retrudi in ergastulo, secundum sacras regulas, decerneremus ; et si in contumacia sua perstiterit, sine ulla retractatione modis omnibus decernemus. A præfatis autem in tentationibus sacrorum canonum vos immunem atque exsortem a Domino, per quem reges regnant (*Prov.* viii), et ex quo et per quem exordium sacer cœpit episcopatus, fieri totis nisibus exoramus, illius clementiam deprecantes, ut det vobis velle et perficere pro bona voluntate quæ præcepit (*Philip.* ii) : quatenus mereamini percipere æterna gaudia, quæ se diligentibus repromittit. » Item respondens ad litteras, quas idem rex ei transmiserat, rogans ut tam per se quam quoscunque poterat, orationes ageret pro genitore ipsius regis, qui apparuerat ei in visione, obsecrans ut pœnis eriperet eum quibus detinebatur. Unde et satis utilem ad eum rescribit epistolam de modo et qualitate orationis, auctoritatibus plenam. Item pro rebus sancti Remigii sitis in Vosago, et alia plura. Ad filium quoque ipsius, æquivocum ejus, scribit pro villa Deduciaco, significans qualiter sanctus Clodoaldus eam S. Remigio dederit, et quomodo Karolus Pippini regis filius eamdem villam apud Tilpinum archiepiscopum obtinuerit in præstariam, ea conditione, ut capellas ad ipsam pertinentes cum nonis et decimis episcopus Remorum retineret, et rex duodecim libras argenti in luminaribus ecclesiæ daret, et quod hunc censum tam ipse rex, quam successores ejus persolverint, et quod ipse quoque a patre illius eumdem censum de præfata villa receperit. Sed et de villa Noviliaca, quomodo a Karlomanno data fuerat sancto Remigio, et quid postea de ipsa fuerit actum. Item ad eumdem de consilio divinarum Scripturarum quærendo et observando, et de consiliariis inconsideratis, cæterisque rebus, qualiter istud regnum habebatur, et ne illud invadere præsumeret. Item pro salvanda civitate Remensi, et parcendo sacris locis, si veniret. Item qualiter egerint episcopi erga Ludovicum filium Karoli, quando eum regem consecraverunt, quia iste aliter audierat. Item de duabus uxoribus ipsius Ludovici filii Karoli, qualiter actum fuerit, et cætera. Scribit et Pippino regi Aquitanico, pro rebus ecclesiæ suæ in pagis Arvernico, Lemovico et Pictavico sitis, pro quibus etiam litteras Karoli regis ad eumdem Pippinum mitti obtinuit, quas res Frigidoloni viro illustri tutandas commisit. Karolo quoque Ludovici transremensis filio, collaudans fidei benignitatem, quam conservabat erga filios sobrini sui Ludovici Karlomannum (*Car. Crass.*) et Ludovicum, obsecrans eum pro Ecclesiæ Dei honore ac regni hujus statu et defensione, atque ut præfatis pueris regiis constitueret prudentes, justosque pædagogos, qui eos docerent Dei famulos honorare, et mandata Dei servare, semetipsos regere, regnique gubernacula rite tractare. Item pro causa Sigeberti fidelis sui. Item Lothario regi, filio imperatoris Lotharii, pro villa Deduciaco, quam pater ejus reddiderat ecclesiæ Remensi, ne res ad ipsam pertinentes aliquibus personis, sicut eum facere audiebat in proprietatem periculo suo traderet, vel colonos ipsius villæ absolveret; si quid autem tale a se factum fuisset, emendare curaret. Item pro ejusdem villæ male tractata dispositione, et censu, quem cum periculo animæ cum retinere fatetur, intimans quod sanctus Clodoaldus eamdem sancto Remigio dederit, admonens ne hoc inde ageret, unde condemnationem animæ acquireret. Item pro electione episcopi ecclesiæ concedenda Cameracensi. Item de utilitate animæ, regioque ipsius honore, in qua commemorat, qualiter pater ipsius Lotharius Augustus ei se ipsum, suamque commendaverat animam.

CAPUT XXI.
De his quæ quibusdam archiepiscopis vel episcopis scripsit.

Diversis etiam tam episcopis quam archiepiscopis multimoda utillima dedit scripta. Hecti trevirorum archiepiscopo scribit ordinationis suæ primordia, offerens se socium et obsecutorem in ecclesiasticis negotiis ipsius paternitati; item de eadem re, petens se ab eo instrui, et pro filio haberi, significans etiam de itinere suo, quo se Romam petere disponebat; item de Gondrico, quem excommunicaverat ille, et de Fulcrico a se excommunicato, qui refugium in Treverensi habere videbatur episcopatu. Guntbaldo (Gunt. Rothom.) archiepiscopo scribit pro quodam presbytero, de jure ecclesiastico conservando; item pro his quæ in synodo gesta fuerant; Amolo Lugdunensi, de placito quod habuerat cum rege, regnique primoribus, de Judæorum in hoc regno statu; item de synodo a tribus regibus condicta, et de Ebone præcessore ipsius, et aliis nonnullis, in qua eum charissimum et unanimem sibi patrem se habere significat; item de Lothario rege, et aliis quibusdam rebus, in qua se filium dilectionis ipsius appellat; item de Gothescalci vita vel conversatione, prædicatione, deprehensione, atque condemnatione, rei veritatem exponens; Hrabano Moguntiæ præsuli, super ejusdem Gothescalci (quem idem pontifex a parochia sua ob hæresum semina, quæ spargebat, repulsum, ad eumdem cum quibusdam complicibus suis [*i, ipsius.*] direxerat) susceptione vel discussione; item de hac eadem re, et quid post susceptionem ipsius de eodem egerit, qualemve invenerit ipsius vesaniam, consilium ab eo rationabilius, quid sibi adversus eum agendum sit, expetens; item de doctrina et hæresi ejusdem, et quid in eum fecerit, postquam in synodo hæreticus comprobatus fuerat, nec corrigi potuit, et quid ipse contra doctrinam ejus sentiat damnationemque ipsius, quæve contra eumdem scripserit, huic discutienda direxit, quærens etiam qualiter de Trinitatis fide ac prædestinatione diversorum Patrum sint intelligendæ sententiæ: in qua epistola asserit hunc beatum Hrabanum solum tunc temporis de discipulatu beati Alcuini relictum; Landramno archiepiscopo, de consilio, quod ab eo petierat pro monasterio puellarum; quod rex dari præcipiebat inconvenienti personæ, quid inde sibi foret agendum, utiliter admonens, ut ministerii sibi commissi sollicitudinem ferventius gerat; Teutgaudio Treverensi, de primatu quem deferri ab eo debere scripserat ille sedi Trevirorum, insinuans id eidem sedi a sede Remorum nunquam fuisse delatum, etc., item secundo ac tertio de causa Fulcrici excommunicati; item pro rebus Ecclesiæ Treverensis in Aquitania sitis, pro quibus idem domnus Hincmarus satis egerat apud Arnoldum quemdam Aquitannum, qui eas tenebat, ut ipsas Ecclesiæ Treverensi restitueret, quod et se obtinuisse significat Amalrico *(Amal. Turon.)* religioso, archiepiscopo, compatiens tribulationibus ipsius, et consolans patientiam, atque congaudens sanctitati ejus, quem chariorem inter charos se delegisse significat, mittens ei quædam pretiosa ornamenta, casulam scilicet diaprasinam, quam habebat unicam, et alia munuscula cum solidis centum. Item scribit eidem pro rebus Remensis Ecclesiæ in Aquitania sitis, quas ei rex restitui jubet, quasque tractandas eidem Amalrico fiducialiter committit. Rothlando archiepiscopo, pro rebus sancti Remigii conjacentibus in provincia, et pro quondam presbytero in synodo excommunicato, et altero in loco ipsius ordinato. Rodulfo Biturigensi, pro rebus Remensis Ecclesiæ in pago Lemovico conjacentibus; item pro quibusdam excommunicatis; Guntario Coloniensi, ut intercedat apud Lotharium regem, et satagat pro electione canonica Cameracensis episcopi post decessum Theoderici venerandi præsulis; item secundo, vel tertio pro hac eadem re, affirmans non nisi regulariter in diebus suis illic episcopum ordinandum Luitberto [*c. j.* Luidb.] Maguntino, pro rebus sancti Remigii sitis in Vosago [*Vosge*], significans qualiter quidam Gibero pro earum rerum pervasione sensum perdiderit, et per integrum mensem sine intermissione vexatus, cum dolore et periculo maximo vitam finierit; item pro tuitione rerum præscriptarum, et earum familiæ defensione, vel gubernatione sæpe scribit; item de collocutione sua quam habuit apud Trecas cum Joanne papa, et quid boni cum eo locutus fuerit de ipso, exhortans ut litteras et missum papæ benigne suscipiat, et ad eum venire studeat; item de quodam transgressore presbytero. Scribit idem venerabilis Hincmarus et ad Lotharium Italiæ regem, qui se, relicta uxore propria, cuidam feminæ copulaverat, dans ei consilium, et admonens, ut eam a præsentia sua omnibus removeret, significans se domni Adriani *(Adriani II)* papæ litteras *(est ep.* 13*)* et mandata super hac re suscepisse, et ut idem rex in hac causa ipsius papæ præcepta conservet, suggerere curat; item, aliam epistolam de hominibus pacem recipere nolentibus, quid inde fieri debeat, collaudans quod de quibusdam talibus regale jam ministerium exercuerit. Scripsit et Apologeticum contra obtrectatores suos, qui calumniabantur eum diversis detractionum appetitionibus, scilicet apud papam Joannem *(Joan. VIII)*, quod nollet auctoritatem recipere decretorum pontificum sedis Romanæ, ad quæ [*rest. pro atque*] et tunc in synodo Trecassina *(syn. Trecass. an.* 578*)*, et postea in hoc Apologetico respondit, refellens hos conviciatores suos, et se decretalia pontificum Romanorum a sanctis conciliis recepta et approbata recipere et sequi discrete, prout sunt

A sequenda, depromens; de Hincmari quoque Laudunensis depositione vel restitutione, qualiter actum sit manifestans. De hoc etiam unde calumniatus fuerat a quibusdam apud eumdem papam, quasi diceret non ipsum majoris dignitatis esse papam quam esset ipse; de ordinatione quoque Hedenulfi in locum Hincmari in episcopatu Laudunensi, et confirmatione papæ ipsius ordinationis; item de Karlomanno, et aliis quibusdam rebus, de quibus eum veritas excusabilem reddidit. Quibusdam quoque calumniantibus, licet respondere posset, asserit se noluisse, ne conviciis convicia videretur reddidisse [*ms.*, vitia videretur addidisse], gloriosius esse ducens eosdem tacendo fugere quam respondendo superare, ne suam gloriam

B quæsisse putaretur. Scripsit etiam quædam ad Adrianum papam, qui Romanus pontifex nonnulla ei dirigere se scripta commemorat. Cui etiam mittens epistolam suam per Actardum Nannetensem episcopum laudibus plenam, delegavit, ut ejus vice in istis partibus super Lotharii causa fungeretur, quatenus quod inde Nicolaus papa decreverat servaretur. Respondit etiam ad capitula quædam, regni Francorum episcopis a Joanne papa transmissa de privilegiis sedis per 7 capitula, quoniam idem papa nisus fuerat Ansegisum Senensem episcopum primatem constituere *(epist.* 13, *Adriani)*, ut apostolica vice per Gallias et Germanias frueretur [*f.*, fungeretur]. Cui conatui venerabilis hic præsul Hincmarus efficaciter obstitit. Scripsit deni-

C que ad diversos episcopos idem domnus Hincmarus plurima; Remigio archipræsuli, pro rebus sancti Remigii in provincia Cisalpina conjacentibus, quas idem committens, petit ut easdem in sua tuitione suscipiat; item, pro ordinatione Isaac Lingonensis episcopi; item, de constitutione [*ms.* consuetudine] synodica propter ecclesiasticarum rerum pervasores [*Rem. Lugdun.*], et alia; item, de causa præfati Lotharii regis, ad de prædictis rebus eidem nonnulla scripta direxit; item, ad eumdem Remigium, et cæteros episcopos, domni papæ Nicolai auctoritate, in synodum apud Suessionem venire jussos, pro causa Vulsadi et collegarum ejus. Adoni Viennensi archiepiscopo scribit inter cætera, pro epistola beati Aviti ad sanctum Remigium scripta, quam quidam

D Rotfridus monachus ei dixerat se apud eumdem Adonem legisse. Sed et si qua præterea de sancto Remigio reperire valeret, ei super aurum et topazion *(Psal.* CXVIII, 127*)* pretiosa et amabilia mitteret. Herardo Turonensium antistiti, de quibusdam apostatis ad Ecclesiam redeuntibus, et aliis pœnitentibus suscipiendis. Item de aliis quibusdam rebus, ut amico charissimo, qui eadem præsuli nostro ad ipsum veniens fraterna se dilectione commiserat, petens ut ubicunque posset regiæ dominationi pro Ecclesia illius suggereret. Obitu quoque suo propinquante, litteras ad eum ipse dictavit, et ei qui domno Hincmaro de obitu illius nuntiaturus erat, easdem litteras ipsi deferendas dedit. Sed et missi

Turonensis Ecclesiæ hac fiducia fulti, post obitum hujus sui archiepiscopi, ad eumdem domnum Hincmarum venerunt. Cleri quoque ac plebis petitionem ad ipsum deferentes, ut regiam celsitudinem pro eis deprecaretur, quatenus electionem canonicam rex ipsius concederet. Quod et idem pontifex promptissime peregit. Intimans etiam regi de quodam clerico, qui se ingerebat, non recipiendo, significat quod episcopi ejusdem provinciæ, clerus quoque et plebs ipsius Ecclesiæ, invitati auctoritate apostolicæ sedis, Actardum sibi velint donari episcopum; qui in eadem ecclesia baptizatus, nutritus et ordinatus fuerat, licet aliæ civitati datus episcopus, sed paganorum infestatione depulsus, et pallio fuerat a sede apostolica honoratus, ut etiam si locus de metropoli adveniret, ibi incardinaretur (ADRIAN., *ep.* 11 *et* 12). Datque insuper regi consilium, quid clero, quid laicis agere sit interim præcipiendum, quid de rebus quas ex beneficio regis habebat fecerit, intimans, qui ex his, quas reliquerat regi placeat, requirens. De quibusdam quoque libris sancti Augustini, quos sibi ab eodem remitti petierat, et de objectionibus Græcorum, super quibus Nicolaus papa eidem mandaverat et alia quædam. Bertulfo Trevirensi archiepiscopo, instruens eum de ordinanda et gubernanda diœcesi vel parochia sua, etc. A quo etiam rogatus Wiliebertum Catalaunensem episcopum misit ad ordinationem Arnoldi Tullensis episcopi, quia eodem Bertulfo infirmitate detento, numerus episcoporum a sacris canonibus præfixus in ordinatione præsulis ei non aderat. In hujus etiam Bertulfi ordinatione jam pridem jussione Karoli regis Hincmarum episcopum Laudunensem, Hodonem Belvacensem, et Johannem Cameracensem transmiserat, ad petitionem Adventii et Arnulfi episcoporum ejusdem Trevirensis diœceseos, quomodo id rite deberet, eos canonica apostolicaque informans auctoritate, ut a sacris regulis, nulla aut negligentia, aut præsumptione, in aliquo discederent. Scribit etiam præfato Bertulfo pro quibusdam capellis ad villam Duodeciacam pertinentibus, quas quidam ex parochia Trevirensi usurpabat per factionem cujusdam presbyteri, petitque sibi de his justitiam fieri. Item pro litteris quas Ludovico regi Transrhenensi mittebat, ut eas regi atque reginæ relegi faciat, et quæ apud eos inde audierit litteris sibi remandet. Litteras etiam quas Arnoni episcopo transmiserat, sibi legi faciat, et regem atque reginam, sed et populum de illorum salute et pace sanctæ Dei Ecclesiæ commoneat. Joanni Rothomagensi, respondens ad interrogationem ipsius de quodam clerico, qui ad Ecclesiam quamdam promotus regendam, ordinari per ætatem rite non poterat. Rothstano Arelatensi, qui ei de suæ ecclesiæ vexatione scripserat, et de quadam femina potenti, quæ res usurpabat ecclesiasticas, quid ei super his sit agendum rescribit. Adeloldo Turonensi petenti ut sibi liceret oratorium ædificare ac consecrare in villa suæ ecclesiæ regio

(11) Hic posteà fuit Rom. pontifex.

A dono datæ, sita in Remensi parochia, quæ Turris vocatur, rescribit, petita concedens ea conditione ut antiqua villæ ipsius ecclesia, vel presbyter ejusdem nullum privilegii sui propter hoc detrimentum patiatur. Leoni episcopo, et custodi bibliothecæ Romanæ Ecclesiæ litteras mitti pro susceptione legationis suæ, ut obtineat apud papam Leonem, quatenus ejus petitionem benigne suscipiat, et paterne rescribat eidem de his quæ in litteris ab eo missis continebantur. Gregorio quoque ejusdem Romanæ Ecclesiæ nomenclatori et apocrisiario petens ut inter fideles amicos suos eum tenere dignetur. Item postulans ut domno apostolico suggestionem suam acceptabilem fieri petat, benedictionis ei munuscula dirigens. Formoso sedis ejusdem religioso episcopo (11), collaudans ejus, quam audierat, sanctitatis et scientiæ formam, quærensque ipsius habere familiaritatem, et ut ipse pro se dignetur orare, vicem reprehendere spondens, et quædam ei munera mittens, ut sui memoriam in orationibus habeat. Item postquam litteras suas idem Formosus ei remiserat, in quibus de charitate erga eum significaverat, intimat quia magnum in ipso haberet fiduciam. Item Gauderico episcopo præfatæ Ecclesiæ, ut eum in suæ dilectionis suscipiat gremium, et Dominum sanctosque apostolos pro eo dignetur implorare. Joanni præfatæ sedis episcopo eadem pene scribit, et canones Martini papæ, Evangelium quoque Nazarenorum sibi ad transcribendum mitti petens, quædam etiam xenia illi transmittit. Vulfado Biturigensi archiepiscopo, de his qui inconsulte uxores suas interficiunt, sententiam Paulini, quam sibi mitti petierat, scribens. Sed et de aliis rebus. Frotario Burdegalensi, qui sibi talem dixerat versum :

Remus equum nobis, mulum Burdegala vobis,
talem post remisit :

Remus equum misit, mulum Burdegala nullum.

Et alia quædam ad eumdem scripsit ; pro monasterii quoque sanctæ Radegundis regulari electione abbatissæ, etc. ; item, de ordinatione Fulcrici ; item, Weniloni Rothomagensi, de operariis et opera, quam faciebat ad Pistas in Sequana ; item de causa Rothadi et Odonis episcoporum. Drogoni Metensium præsuli, imperatoris Ludovici fratri, pro familiaritate ipsius adipiscenda : item, referens ei gratiarum actiones pro sollicitudine quam habere videbatur Remensis Ecclesiæ ; petens etiam de quodam fratre hujus ecclesiæ ministro, ut ita frueretur obsequiis, quatenus ecclesia ista necessariis ipsius posset uti solatiis, et alia quædam. Rothado Suessonico, quem sæpe ad synodum venire differentem vel negligentem vocabat, scribit de quibusdam criminatis parochiæ Suessonicæ personis, vel purgandis, vel pœnitentiæ subigendis ; item, pro ordinandis quibusdam Ecclesiarum ministris ; item, pro recipiendo et adducendo ad judicium Gothescalco, quem domnus Rabanus ad diœcesim Remensem remiserat : qui profectus fuerat ex parochia Suessonica, scilicet Orbacensi monasterio; item, pro ordinatione monasterii sancti Medardi, et restituenda in eo regula; item, pro quibusdam monachis ex monasterio Altvillarensi fuga dilapsis; item, pro Godoldo, qui clamabat indebite se communione privari, pro quo etiam tertio litteras ad eum direxit; item, pro quibusdam presbyteris, qui clamaverant in synodo injusto se ab eo ecclesiæ rebus privatos, et quia irrationabiliter synodi mandata tractaverat, nisi se corrigeret, canonicæ ultionis delegat interminationem; item pro ordinatione Hincmari, post obitum Parduli Laudunensis episcopi; item, pro Adeloldo presbytero juxta sententiam synodi restituendo, pro quo litteras ei miserat, quas ille penitus contemnebat; item pro mandatis regis Ludovici et firmitate ab eo quæsita, quæ sacerdotio non congruebat; item pro clerico quem mitteret ordinandum ad regendum ecclesiam in villa Turre sitam; item, pro parochia, de qua contentione agebatur inter eum et Erpuinum Sylvanectensem episcopum; item, idem cum aliis Remensis diœceseos episcopis, de Græcorum adinventionibus, quas contra canonicas statuere conabantur regulas. Pro quibus tam ad ipsum, quam ad cæteros hujus regni archiepiscopos domnus Adrianus papa litteras dederat. Insuper et alia sæpenumero pro diversis negotiis ad eum scripta direxit. Immonni Noviomagensi episcopo, pro synodo comprovinciali a rege Parisiis [*i*, Parisius] condicta, et pro ordinatione Irminfridi post decessum Hildemanni Belvacensis episcopi; item, pro ordinatione Parduli post obitum Simeonis Laudunensis; item, pro consilio et auxilio dando Theoderico Cameracensi præsuli, super quodam inobediente, qui Deum non timebat, et ecclesiasticum ministerium non reverebatur; item, pro quodam presbytero, cui legem canonicam concedi monet; item, pro quadam femina, quam indebite queritur excommunicasse; item pro colloquio episcopali habendo. Erpuino Silvanectensi, pro quodam homine quem irrationabiliter ab eo excommunicatum ut compererat, intima, mandans ut obviam sibi veniat, et quid inde rectius sit agendum, secum pertractet; item, pro quodam presbytero rebus ecclesiasticis indebite frustrato; item, pro quodam clerico, qui se præjudicium ab eo pati clamaverat; item, pro mandatis Adriani papæ de prænotato presbytero; item, pro mandato regis regulariter exsequendo. Lupo Catalaunensi, pro synodo celebranda; item, pro quodam, qui dolo deceptus fuerat, ut infantem proprium ad catechizandum teneret; item, quid de hac re synodus decreverit. Cui etiam testimonium bonæ vitæ perhibet in epistola, quam scripsit post obitum ipsius ad regem Karolum pro impetranda electione regulari Ecclesiæ Catalaunensi. Prudentio Trecassino scribens, quæritur quare sibi præsentiam suam subtrahat, significans se ab eo consilium quærere, velle de statu et compressione Gothescalci, intimans quod de ipso actum vel judicatum fuerat in synodo, quo eum reclusum tenebat judicio, et quia multis modis eum converti tentaverit,

et de moribus ac superbia ipsius, et sic in cœna Domini, vel in Pascha debeat illum admittere ad audiendum sacrum officium, vel accipiendam communionem, et quid sibi videatur de sententia Ezechielis prophetæ qua dicitur : *In quacunque die ceciderit justus, omnes justitiæ ejus in oblivione tradentur: et quacunque die peccator conversus fuerit, omnes iniquitates ejus tradentur oblivioni* (*Ezech*. XVIII). Sed et de consuetudine cœnæ Domini celebrandæ. Item pro ecclesiis sedis Remensis in ipsius diœcesi sitis, quas ille aliter tractabat quam episcopali conveniret æquitati, ut de his et aliis, quæ de ipse audiebat simul loquerentur, exhortans ut alterutrum se instruerent, et Domino mutuo commendarent. Pro qua re librum quoque scripsisse reperitur. Pardulo Laudunensi episcopo scribit pro transitu domni Ebonis antecessoris sui, ut illi sacerdotalis benignitas plenis charitate votis debeat exhiberi. Item de reconciliatione Luidonis inconvenienti, quod non potuerit ad eam peragendam adulationibus, vel exprobrationibus hominum insipientium deflecti : corroborans eum ad rectitudinem episcopalem divinarum testimoniis Scripturarum, ut per auctoritatis gradiatur viam, et quid ei de præfato sit agendum Luidone significans; item, pro eadem re; item, de recognitione, humiliatione, et absolutione Fulcri; item, de absolutione cujusdam, requirens ipsius consilium; item de jejunio a regina mandato; item de infirmitate et humiliatione Rothadi Suessonici, et de consilio quod ei dederat, ut illud in eo corroboret, et ab obsequendum prudenter exhortetur; item pro auro, quod ei mittebat, per eum reginæ offerendo ad componendum quoddam Dei Genitricis ornamentum; item de opusculo Ferculi Salomonis a se composito, quod ei legerat, rogitans quid sibi videatur de illo (*De hoc supra, cap*. 15). Item pro Ecclesia Morini vacante pastore, ut inde cum rege loquatur, qualiter, ipsa electio rite peragatur, et pro libris S. Ambrosii de fide sibi mittendis. Irminfrido Belvacensi, pro electione pastoris Ecclesiæ Ambianensis, canonice consecrandi, post obitum Ragenarii præsulis; item, pro gubernanda prudenter Ecclesiæ navi, quæ in hoc naufragoso sæculi mari inter intestina concutiebatur bella. Eboni episcopo ecclesiæ Remensis alumno, pro quodam fratre ab hac ecclesia fuga lapso, et apud ipsum commorante, ut quantocius illum diligenti cura remittere studeat; item, pro ordinatione Isaac in episcopatu Lingonensi, ut exhortetur Remigium archiepiscopum ad eamdem ordinationem peragendam. Theoderico Cameracensi, pro quodam Hectone Lotharii regis vassallo, cui communi consensu pœnitentiam injunxerant, qui se absolutum a præfato Theoderico fuisse fatebatur, et pro quodam presbytero, quem idem Theodericus excommunicaverat, pro quo papa Romanus domno Hincmaro litteras miserit, quas ipse eidem Theoderico mittebat. Item, pro præfati Hectonis [*ms*., Hettonis] absolutione; item, pro rebus Remensis Ecclesiæ, quas sibi per præstariam Theodericus episcopus delegari petebat; item, pro ordinatione Hunfridi in episcopatu Morini; item pro ordinatione Ercamrai post decessum Lupi Catalaunensis episcopi; item, de adventu Ludovici Transrhenensis, quia Remis venerit, et quid egerit, quidve sibi præceperit; item, pro Balduino, qui viduam Judith filiam regis Karoli furatus fuerat, ut sciat eum a se sub anathemate positum, et id per suam denuntiet parochiam; item, pro quodam, qui quamdam feminam in concubinatu accipere persuasus fuerat a patre ipsius puellæ. Folcuino Morinensi, pro quodam presbytero ipsius ordinato, qui clamabat injuriam se pati ab Immone præsule, petitque simul reliquias sanctorum in Morinensi parochia quiescentium sibi mitti, quia in consecratione ecclesiæ Dei Genitricis altare ab ipso Folcuino consecrandum, et ex ipsius parochiæ reliquiis honorandum præparabat. Rainnero episcopo pro quodam presbytero, quem Notho archiepiscopus Arelatensis, et litteris indicaverat abjectum canonice, et excommunicatum a synodo; altero presbytero in ejus loco constituto. Agio (*Agio Aurel.*) episcopo pro rebus Ecclesiæ Remensis in Aquitania conjacentibus. Abboni Antisiodorensi, pro Heriboldo præsule defuncto, qui cuidam fratri apparens, admonuit de eleemosyna, et orationibus, atque oblationibus pro se offerendis. Æneæ Parisiorum, pro Rothado Suessionico, de quo quædam inconvenientia apud regem ventilata fuerant, et rex eumdem Æneam cum Immone Noviomagensi ad hæc discutienda dirigebat. Almarico [*j, Almerico*] Cumensis Ecclesiæ præsuli, pro Egilberto diacono monasterii sancti Remigii monacho, quem eidem episcopo id petenti ad ordinandum, et regendum committit.

CAPUT XXII.

Quæ instrumenta vitæ, vel redargutiones Hincmaro nepoti suo scripserit.

Hincmaro nepoti suo Laudunensi episcopo, in ordinationis ipsius initio, instruens et edocens eum, qualiter juxta canonicam auctoritatem, commissam sibi tractare deberet Ecclesiam; item, admonens, ut provideat ne conspirationes inter sibi subjectos adoleret: sed et si exortæ fuissent, mox rationis moderatione succiderentur, aut sibi si necesse foret hæc intimare curaret, et quando synodum debeat celebrare. Pro quo valde laboravit, multaque illi scribit, reprehendens eum, et castigans de levitate morum et actuum suorum, admonensque ut ad cor suum redeat, et Deum tota intentione precari studeat, ut eum respiciat, et intelligere sibi atque corrigere perversitatem suam donet; quia videlicet nimis sibi sapiens esse videbatur, et pertinax in contentionibus, et quia leges ecclesiasticas ad suæ voluntatis intentionem flectere nitebatur, et melius eas se putabat intelligere, quam seniores natu. Pro quo in tantum laboravit, ut etiam senioris sui regis offensionem incurrisse se dicat; illum vero impudenti fronte, erectaque cervice, trementibus labiis, et inflammatis verbis petitionem et humilitatem suam respuentem coram multis sustinuerit. Corripitque eum, quia nunquam se recognoscere de aliqua culpa, sed semper se defendere parabat, de habitu quoque, incessu, risu, juramentis, impatienti locutione, ira præcipiti, et aliis multis; item, quia contra sanctarum Scripturarum tramitem causa suæ injuriæ in paroc suæ hjæ gubernatione excesserat, ut hæc corrigere studeat, admonens eum qualem se debeat exhibere verbis Apostoli ad Timotheum; item, de quodam sacrilegio, et a se pro sceleribus excommunicato, quod illi res ecclesiasticas ad turpis lucri præmium dederit; item, pro Hadulfo quodam ipsius clerico petens, quem idem Hincmarus excommunicaverat; item, de epistola papæ Adriani ad quosdam episcopos per eum dirigenda; item, pro dispositione quarumdam parochiæ suæ ecclesiasticarum rerum, ut inde vel ad provincialem exspectaret synodum; item, pro excommunicatione Karlomanni, unde obedire ipsi nolebat, eum sæpe commonens, ut contumaciam suæ mentis deponeret, et ad obaudiendum sibi, ceu jam coram multis testibus professus fuerat in synodo atque subscripserat, se inclinaret; item, pro Berthario [*j. Berchario*] diacono, quem metropolitanæ [*ms. metropolitani*] atque comprovincialis synodi judicium appellantem indebite sub custodia detinebat. Unde promens ei quod ita in eum agere non debuisset, præcepit illi auctoritate sacrorum canonum et sua, ut eumdem diaconum, vel si qui fuissent alii clericorum judicium regulare proclamantes ab ipso detenti, ad suum ac cæterorum episcoporum judicium libere venire permitteret, et ipse eidem se judicio præsentaret. Item convocans eum ad synodum, ubi Adriani papæ mandata tractanda erant. Scribit ad eum præterea multa; novissime voluminis seriem, rememorans in eo, ad mentis ejus oculos revocans qualiter illum orphanum dulci dilectione sub religione nutrierit, litteris erudierit, per singulos gradus ecclesiasticos usque ad episcopatus apicem provexerit.

« Nunc, inquit, retribuendum mihi mala pro bonis, et odio me habentem gratis (*Psal.* xxxiv), quoniam non faveo tuis infructuosis operibus, quandiu te patiar, multis a te afflictus injuriis? (*Joan.* xv.) Etenim ab ipsa die ordinationis tuæ tam verbis quam scriptis, et inordinatis actibus ac motibus tuis frequentibus adeo sum gravatus, lacerationibus atque contusionibus, ut tædeat me vitæ meæ, quia sic pro loci mei officio tuæ insolentiæ sum connexus, ut non solum post primam et secundam correctionem, juxta Apostolum (*Tit.* iii), verum nec post plurimas privatim, et coram communibus familiaribus nostris, sed et coram rege, et episcopis ac plurimis aliis, verbis et scriptis commonitiones te valeam devitare. Et licet exoptem, ut darentur mihi pennæ sicut columbæ, et avolarem, ac requiescerem a te elongatus in aliquam solitudinem (*Psal.* xlv), non possum quoquam effugere, ut aut tua pertinacia contumacis præsentiæ, aut missorum tuorum duriloquiis, aut scripturarum tuarum derogationibus et inutilibus næniis, quin potius tragœdiis, aut talibus quæ non conveniunt episcopo, de te auditionibus non affligar; et jam tandem putavi te pigere talia exsequi, cum ecce nunc Idibus Novembris, quartæ indictionis prolixissimam rotulam, mendaciis et irrationalitatibus ac improperiis contra veritatem et auctoritatem repletam mihi misisti. Et miror cur sic exfrons factus, ut de Judæa Dominus queritur, nescis erubescere (*Jer.* vi et viii), et tibi non est nausea talia et tanta scribere, nisi quoniam utilitatibus non es intentus, neque in necessariis occupatus : et ut de aliis taceam, quæ si ex ordine voluero replicare, antea deficiet lux diurna, quam legenda exinde deficiat pagina ; replicabo tibi aliqua, quæ non valeo nec debeo silentio præterire. Videlicet quia statim ut a paternæ nido educationis factus, episcopus evolasti, et me et eos qui te nutrierunt deseruisti; et sæculares amicitias atque familiaritates quæsisti, et acquisisti ; et sic subinde alios et alios descrens et acquirens, non solum de comparibus, sed etiam et de tibi commissis, ad hoc emersisti, ut contra sacras Antiochenas regulas præcipientes ut præter me agere nihil debeas (*concil. Antioch.* I, *cap.* 9), secundum antiquam Patribus nostris regulam constitutam, nisi ea tantum, quæ ad tuam parochiam pertinent, possessionesque subjectas sine mea, vel coepiscoporum nostrorum conscientia, administrationem in palatio domni regis obtinueris, quam administrationem tibi coram eodem domno rege et aliis qui adfuerunt ex sacris regulis interdixi, et aliquandiu ab eadem administratione cessasti. Postea autem per exteras, id est sæculares potestates, contra Sardicenses canones (*concil. Sard. can.* 15) eamdem administrationem cum abbatia in tertia provincia ultra Remensem provinciam sine mea conscientia obtinuisti. Ad quam abbatiam sine mea licentia quoties tibi placuit, perrexisti, et quandiu tibi placuit ibidem fuisti immoratus, contra Hilarii papæ decreta dicentis (HILAR., *epist.* 8) : Illud non potuimus præterire quod sollicitudine diligentiore curandum est, ne præter metropolitanorum suorum litteras aliqui episcopi ad quamlibet provinciam audeant proficisci, quod etiam in omni genere officii clericalis per singulas debet ecclesias custodiri.

« Et sic antea Zosimus (ZOSIM., *epist.* 5 et 9), et postea sanctus Gregorius (GREGOR., *lib.* IV, *epist.* 51) decreverunt. Propterea quoque semel ac secundo litteris canonicis evocatus ad ordinationem episcopi in Ecclesia Cameracensi provinciæ nostræ pastore destituta, unde apostolica sedes me suggerente non modice laboravit, nec ipse venisti, nec pro te vicariam personam, vel litteras tui consensus, ut regulæ sacræ præcipiunt, ad me direxisti. Unde Symmachus papa ad Eonium ex sacris regulis promulgavit (SYM., *ep.* 11, *ad Cæsarium*), ut si quilibet episcopus metropolitano pontifici juxta canonicam definitionem vocatus obtemperare noluerit, noverit succidendum se, quod non optamus, ecclesiastica disciplina. Sed et hinc a me conventus, nullam satisfactionem, nec etiam humile responsum mihi ac coepiscopis nostris exhibuisti. Post hæc more tuæ instabilitatis ac inconstantiæ contra domnum regem in tantum te sine ratione contumaciter erexisti, ut et administrationem palatinam, et ipsam abbatiam tibi auferret, et a te exaggeratus duriora ingerenda tibi proponeret. Unde et scriptis, et verbis pro te satagens illum tibi reconciliavi. Indeque sicut sciunt plurimi, contra illum te iterum erexisti, et mandata sua, ut ad eum venires, contemnens, adeo illum ad iracundiam provocasti, sicut omnes in istis regionibus sciunt, ut coactus te per fideles suos sicut infidelem appeteret. Tu autem ante inauditam excommunicationem in meos, et multorum archiepiscoporum et episcoporum parochianos, sed et in ipsum regem sine mea conscientia contra sacras regulas jaculasti. Unde multos scandalizasti, et maximum scandalum non solum Ecclesiæ, sed et regi ac regno intulisti, cum lex prohibebat ut per alienam messem transiens falcem non mittas, sed manu spicas conteras et manduces (*Deut.* XXIII, 25). Falcem, inquit, beatus Gregorius, judicii mittere non potes in ea segete (GREG., *ad interrogat. Augustin. resp.* 9), quia alteri videtur esse commissa, sed per effectum boni operis frumenta Dominica vitiorum suorum paleis exspolia, et in Ecclesiæ corpus monendo et persuadendo, quasi mandando, converte.

« Post quam præsumptionem, adhibitis mecum confratribus nostris, to et cum eo pacificavi et episcopis, quorum parochianos excommunicasti, ut in te synodali sententia non inveherent, persuasi ; sed et eosdem a te excommunicatos, licet non sine labore, adminiculante tamen domno rege, adversum te conquiescere feci. Sed tu addens pejora prioribus, sic domnum regem, sicut mihi longum est enarrare, et multi sciunt, iterum exaggerasti, ut causa tuæ castigationis, te, sine mea voluntate, sineque meo consensu, aliquantulum detineri juberet. Tu vero causa tuæ injuriæ, me inconsulto, et sine consensu coepiscoporum Remensis provinciæ, sicut petitio a clericis Laudunensis Ecclesiæ mihi porrecta demonstrat, presbyteros et comministros ecclesiæ ac parochiæ tibi commissæ excommunicasti, ut nemo in eadem parochia missarum officia celebraret, neminem parvulorum, etiam in mortis urgentis periculo constitutum, baptizaret, nullum ad pœnitentiam quisquam, nec etiam obeunti communione viatica muneris subveniret ; nulli defuncto in sepeliendo humanitatis obsequium exhiberet ; donec aut tu ipse ad eos venires, aut a sede apostolica inde relationem reciperent. Quod audiens, fateor, vehementer exhorrui, et proinde ad te, metropolitana sollicitudine, litteras misi, monens et hortans te, ut tam exitiabilem excommunicationem et impietatis colligationem in tuum et multorum periculum intentatam, quantocius solveres. Sed et ad ministros Laudunensis Ecclesiæ, timens immane multorum exitium, certissimas et irrefragabiles definitiones evangelicæ veritatis, et apostolicæ auctoritatis, atque sacrorum canonum et apostolicæ sedis direxi, quatenus secundum easdem definitiones, quæ in nullo convelli possunt, ex eadem periculosa et irregulari excommunicatione agerent et ipsi satis. Sed quia meæ admonitioni obedire non voluisti, misi ad te iterum exinde litteras, sed et ad clericos Laudunensis parochiæ, et nec sic te ad obediendum invitare prævalui. Post hæc, quærens adinventiones, ut te a metropolitana subjectione posses exuere, libellum de antiquorum Patrum scriptis ante sacros Nicænæ synodi, et aliorum sanctorum canones editis collegisti, in quibus sententias inter se dissonas, et contra evangelicam et apostolicam, atque canonicam et apostolicæ sedis auctoritatem immiscuisti, et eidem libello sine metropolitani et coepiscoporum Remensis provinciæ conscientia ac consensu subscripsisti, et a clericis ecclesiæ tuæ, necnon et a parochianis presbyteris subscribi fecisti, volens te a subjectione tuæ metropolis exutum ostentare, et privilegium metropolitanæ sedis annullare, quasi non possem impietatis tuæ colligationes canonica auctoritate, sine tuo consensu, ac sine synodali conventu in parochia tua dissolvere, cum de certis et manifestis causis, quæ in nullo nobis sunt dubia vel obscura, et de quibus finitivas sententias, quæ nulla possunt ratione convelli, a sanctis Patribus promulgatas habemus, synodale consultum, vel coepiscoporum nostræ provinciæ consilium, vel consensum non debeam exspectare, et a regulis præstitutis, ut sanctus Leo dicit (Leo, ep. 84, c. 2), nulla aut negligentia, aut præsumptione discedere : nec etiam se.cem apostolicam inde inquietare, sicut ipsius sanctæ sedis beati pontifices Innocentius, Zosimus, Cœlestinus, Leo, Hilarius, Gelasius, Gregorius, et alii plures ejusdem sanctæ sedis rectores in decretis suis ostendunt, » et reliqua.

Item datis auctoritatibus Gelasii papæ : « Post præfati denique, inquit, monstruosi libelli a te monstruose collecti tuam tuorumque subscriptionem, litteris quarum exemplar habeo, denuo te commonui, ut ea quæ in parochia tua contra rationem et auctoritatem egeras, studeres corrigere, sed admonitioni meæ non paruisti. Deinde ex præfatis epistolis Romanæ sedis pontificum ante Nicænam synodum scriptis libellum a te collectum, et versiculis in nomine domni regis Karoli titulatum, per venerabilem quondam archiepiscopum Wanilonem in Gundufi villa coram episcopis qui adfuerunt, mihi direxisti, de quo tibi scripto respondi, cujus exemplar habeo, monens te, ut sacris canonibus et apostolicæ sedis decretis ex eisdem sacris canonibus et apostolicæ sedis promulgatis, fidem accommodares, et debitam obedientiam illis dependeres. Inde in Actiniaco Remensis parochiæ tibi coram episcopis dedi libellum in 55 capitulis auctoritates ecclesiasticas continentem (Syn., in Atteniaco, ann. 870), contra illa quæ in præfatis tuis duobus libellis collegeras, monens ut a talibus et hujusmodi reprehensionibus te cohiberes,

(12) Exstat apud Aimonium lib. v, c. 24.

et te sacris regulis subdens, pacem et sanctimoniam secundum Apostolum sequi studeres (Hebr. xii). Tu autem nullam inde meæ admonitioni satisfactionem exhibuisti, quin potius rotulam prolixissimam contra veritatem et auctoritatem, ac rationem contextam in eadem synodo obtulisti et præfatum tuum monstruosum libellum, a te et a tuis subscriptum in eadem synodo, protulisti, quem ibidem accipiens hactenus servo. Et cum me vidi post tot admonentes nihil apud te posse proficere, schedulam porrexi in synodo episcoporum decem provinciarum (syn. Duziacensis, an. 871); ab eisdem venerandis episcopis quærens consilium, quid contra tuam pertinacem contumaciam agere possem, et illa, quæ tibi ac parochiæ tuæ contra colligationes tuæ impietatis direxerant, coram illis relegi feci.

« Unde et ab eisdem episcopis prædictis sacri conventus auctoritatibus, quoniam injuste ac irregulariter tantas et tales excommunicationes agere præsumpsisti, et a domno rege impetitus, quoniam juramenta illi a te super sacra præstita non observasti; sed et quia res suæ proprietatis contra leges divinas et humanas invasisti, et a Normanno in synodo accusatus, quoniam cum de rebus tua concessione atque consensione a domino Karolo sibi beneficiatis, sine auctoritate regia, armata militari manu, et turba vulgi collecta, cum gladiis et fustibus primum quidem uxorem suam, quæ ibi sine ullo erat, et postea illum ipsum contra leges et regulas expulisti, et omnia sua, quæ ibi habuit, abstulisti sed et a tuis hominibus accusatus, quia contra leges divinas et mundanas eis sua beneficia abstulisti, ut synodalem censuram evaderes, dedisti regi et mihi, in eadem synodo professionis tuæ libellum de regulari obedientia tua, quem habeo ; et tu negare non potes, quoniam ipsius exemplar (12) de manu mea in eadem synodo accepisti, sicut in processu monstrabo. Sed ut vir duplex animo, et inconstans in omnibus viis tuis (Jac. i), statim in crastina misisti mihi per Harduicum venerabilem Vesontionensem episcopum, qui profitendum et subscribendum tibi breviculum ita se habentem : Et ego Hincmarus Remorum archiepiscopus tibi Hincmaro Laudunensis Ecclesiæ coepiscopo tuum debitum, sacris præcipientibus canonibus, privilegium conservabo, et in quibuscunque ecclesiasticis negotiis indigueris, secundum sacras regulas debitum tibi jure adjutorium archiepiscopali auctoritate adhibebo. Quæ causa non solum non de humili, verum nec de sano sensu processit. Injustum quippe ac irrationabile videtur, ut archiepiscopus a sacris canonibus non exorbitans, excedenti episcopo suffraganeo a se ordinato, professionis ac subscriptionis libello, sicut postulaveras, satisfaceret. Sicut enim secundum Scripturam minor a majore benedicitur (Hebr. vii), ita prorsus minor a majore judicatur, ligatur vel solvitur, sicut et in decretis Gelasii demonstratur (Gelas., ep. 4 et 13). Juste igitur et rationabiliter tibi hinc respondetur ex Jacobo : A Petisti et non accepisti, eo quod male petisti (*Jac.* iv). Sed et in eo quod tibi a me subscribi proposuisti, ut tuum debitum, sacris præcipientibus canonibus, privilegium conservarem, petisti quod voluisti, sed nescisti quod dixisti, quoniam ut sanctus Hieronymus dicit: Privilegia singulorum communem legem facere non possunt (Hieron., *in cap.* i *Jonæ*). Et sacri canones provincialibus episcopis, et eorum ecclesiis vel sedibus, privilegia, scilicet privatas leges, vel jura privata generaliter non dederunt, quia quod omnes generaliter habent, jus speciale et dignitatis lex privata esse non valet. Sed metropolitanis episcopis ac metropolitanis sedibus privilegia tribuerunt, etc., de sacris canonibus et decretis papæ Leonis subnexa. Post quæ subinfert :

« Quapropter quando talia mihi ad profitendum et subscribendum misisti, scire debueras, quod in istis regionibus nemo pene ignorat, quia municipium Lauduni, in quo es ordinatus episcopus, ab exordio sui, postquam a Marcobrio prætore, ut produnt historiæ, conditum fuit, nunquam inter sedes provinciales Remorum provinciæ, in paganismo, vel in Christianismo, nomen vel locum habuit, donec sanctus Remigius quindecimus Remorum archiepiscopus, certis quibusdam accidentibus causis, primus ibidem ordinavit episcopum, et eidem municipio, de rebus Remensis metropolis satis superque ditato, ipsum comitatum, in quo consistit, partem scilicet ex Remensi parochia delegavit; sed semper fuit Remensis provinciæ municipium, sicut hodieque et alia municipia in Remensi parochia, quæ in subjectionibus loco ac nomine permanent. Non igitur privilegium, sed municipatum tibi debere servari convenerat petere, quia sicut Patres nostri ac magistri Ecclesiæ tradunt, Paulus apostolus non se civem, sed municipem appellat, dicens : *Ego homo sum quidem Judæus a Tharso Ciliciæ, non ignotæ civitatis municeps* (*Act.* xxi). Natus quidem apostolus in oppido Galilææ Giscali fuit, quo a Romanis capto, cum parentibus suis Tharsum Ciliciæ commigravit. A quibus ob studium legis missus Hierosolymam, a Gamaliele viro doctissimo, sicut in subsequentibus ipse memorat, eruditus est (*Act.* xxii). Et ideo non se civem, sed municipem, a municipio, id est, territorio ejusdem civitatis, in quo nutritus est, appellat. Dictum autem municipium, quod tantum munia, id est tributa debita vel munera reddat. Nam liberales et famosissimæ causæ, et quæ ex principe proficiscuntur, ad dignitatem civitatum pertinent. Nec mirum, si te Tharsensem, et non Giscalitem dicat, cum Dominus ipse in Bethlehem natus, non Bethlehemites, sed Nazarenus, a loco in quo nutritus erat, cognominatus est. Et tu ergo in diœcesi Remensi natus, et in metropoli Remorum nutritus, et in municipio Lauduni ordinatus, non te civilem vel civicum, sed municipem, videlicet tributarium seu munerarium, utinam spiritalium donorum, episcopum, et excepto quod a pluribus

episcopis es ordinatus, pene vicarium episcopum, quem Græci chorepiscopum vocant, debueras recognoscere, ac per hoc non privilegium tibi ascribi, sed municipatum; nec contra privilegium tuæ metropolis te oportuerat rebellare, quod non ageres, si animo Paulus, scilicet *pusillus* et *humilis* esses. Unde timendum est, ne et in hoc perditionis filium imiteris, qui adversatur et extollitur supra omne quod dicitur Deus, aut quod colitur (*II Thess.* ii). Cui quantum ex te fuit, tradidisti eos quos irregulariter, ut præmisi excommunicasti, non ut, secundum Apostolum, spiritus eorum salvi (*I Cor.* v), sed quantum furor et indignatio tua prævalere potuit, perditi essent in die Domini. Quas colligationes impietatis, ut sæpe dictum est, et semper dicendum B est, quoniam regulariter contra votum tuum dissolvi, te adversum me erexisti. »

Item, post auctoritates super illicita excommunicatione : « De sacramentis autem a te regi præstitis non est mihi necesse aliquid scribere, quoniam pene omnes sciunt, quid de perjurio (si forte illud admisisti) Dominus in lege (*Deut.* v) et prophetis (*Zach.* v; *Mal.* iii), et in Evangelio (*Matth.* v), et per apostolos (*Jac.* v) ac Ecclesiæ doctores atque magistros dicat. Et quia, ut in decretis apostolicæ sedis dicitur, nolumus exaggerare quod gestum est, ne cogamur judicare quod justum est, quoniam quod inde tibi in synodo reputatum est, judiciario ordine comprobatum non est, sed regia benignitate intermissum est, omisi hinc regulare judicium ponere, C ut te ad conscientiam tuam remitterem. Pervasio autem rerum proprietatis regiæ a te perpetrata manifestissime claruit, quia nunquam res ipsæ juris Ecclesiæ Laudunensis fuisse legaliter probatæ sunt, nec sua, vel cujusquam alterius donatione, vel concessione ab eadem Ecclesia possessas fuisse monstratum est. Unde super hominem tuum Teduinum, cui easdem pervasas beneficiasti, legaliter conquisitum est. Sed et proclamatio adversum te Nortmanni vera fuisse claruit, nec testibus indiguit, quoniam tam manifestissime hoc, quod inde contra leges et regulas egisti, adeo omnibus in istis regionibus patuit, ut nulla tergiversatione factum tegi, aut excusari valeret. Nam constat multis esse notissimum, et tu in scriptis tuis domno regi et mihi D directis hoc confiteris, quoniam ad deprecationem Rodulfi et Conradi, easdem res, postquam domnus rex illas a longo tempore de ecclesia Laudunensi abstractas, eidem ecclesiæ sua potestate restituit, ipsi domno regi illas sine mea ac coepiscoporum nostrorum et comministrorum tuorum conscientia atque consensu beneficiasti, quatenus eidem Nortmanno illas beneficiaret. »

Item post aliquas datas auctoritates : « Et hoc a te ita irrationabiliter factum irrationabilius dissolvisti, qui armata militari manu, et permista vulgi multitudine cum armis et fustibus, et tumultu maximo, sicut dicunt qui factum illud viderunt et audierunt, eumdem Nortmannum, qui ipsas res a te regi concessas, per regis beneficium retinebat, violenter et sine regis auctoritate, ac verbo, vel litteris expulisti, et expulso illo, illas invasisti, et in eas intrasti, ac possedisti, cum sint leges et regulæ, sit etiam rex portans gladium ad vindictam malefactorum (*Rom.* XIII), sint episcopi, et canones ad judicanda crimina sacrilegorum, ut si ipse Nortmannus pervasor rerum ecclesiasticarum foret, gladio, id est vindicta regia puniretur, si sacrilegus comprobatus esset, episcopali et canonico judicio judicaretur. Sunt etiam judices, et sunt leges, quorum et quarum judicio, si quid forte tibi, et Ecclesiæ tibi commissæ injuste factum erat, legaliter et regulariter emendaretur. »

Item post quædam præcipue beati Gregorii præceptionum decreta : « Denique ex eo quod tui homines se ad regem reclamaverunt, quoniam ab eis sua beneficia, quæ apud antecessores tuos præservierunt, injuste et irrationabiliter abstulisses post datum regi et mihi libellum in synodo de regulari obedientia tua, secundum sacros canones, et decreta sanctæ sedis Romanæ pontificum, ex eisdem sacris canonibus promulgata ; electos judices episcopos apud me expetisti, et tres, secundum Africanum concilium (*conc. Afric.* can. 63, 88, 89, 94), scilicet Actardum, Ragenelinum, atque Joannem a me tibi designatos suscepisti, et eorum, atque apostolorum Deum timentium judicio, in domni regis sicut postulasti, præsentia de quibusdam decretum fuit, ut beneficia sua, quæ irrationabiliter perdiderant, recuperare deberent. Quorumdam autem eorum causa usque ad alium tractatum, certis causis intervenientibus non diffinita, sed die alia diffinienda remansit; et tu ante diffinitionem contra sacros canones, et sine ulla necessitate vel ratione, fuga lapsus, regularem diffinitionem exspectare contempsisti. »

Item post aliqua de canonibus : « Et ab electorum judicio, ut prædixi, incaute ac inhoneste fuga lapsus abscedens, pitacciolum irrationabiliter confectum, et manu tua subscriptum, ac præfatæ professioni tuæ usquequaque contrarium, per Ermenoldum diaconum tuum, VI Nonas Julii, indictione 3 mihi misisti, quod ita se habet (13) :

« Reverendissimo Remorum archiepiscopo HINCMARO sanctæ Laudunensis Ecclesiæ HINCMARUS, Deo miserante, episcopus, debitam in Christo devotionem. Vos scitis quia ab universali sanctæ Romanæ Ecclesiæ papa, Patre quoque nostro et magistro Adriano (*Adrian. II*) bis vocatus existo, et vos ipsi in quaternionibus mihi a vobis in Attiniaco palatio, coram archiepiscopis et episcopis, qui adfuerunt, datis, quod ad eadem sedem venire totidem vocatus detrectem, me reprehendistis ; si vitio scriptoris, pro detrectem, quod est dissimulem vel differam, detractem, quod valde tractem non ab re accipi potest, intercharaxatum non fuit. Unde vos nunc pro amore Dei omnipotentis, et reverentia S. Petri

(13) Exstat ad finem opusculi LV Capitul.

exposco, sicut et in eadem synodo in eodem Attiniaco a vobis convocata, quod impetrare, non valui, expostulavi, ac jam etiam per integrum efflagitavi annum, et præcipue in synodo apud Vermeriam palatium olim ab orno habita (*Syn. apud Vermer.*, an. 870), obsecrando declamavi, nunc quoque et obsecro, et item declamo, ut et hactenus egi, quo vestra archiepiscopali auctoritate apud domni nostri gloriosissimi regis Karoli (*Carol. Calvus*) clementiam obtineatis, quatenus domni et universalis papæ Adriani præceptis ac institutionibus ecclesiasticis, mihi ut omnibus expedit, velut ei qui de omni Ecclesia fas habet judicandi, liceat obedire, videlicet ut limina sanctorum apostolorum, Petri scilicet et Pauli, merear, ut devovi, et ab eodem insuper vocatus sum, penetrare. Alioquin me vobis ab hinc, ut archiepiscopo coepiscopus obtemperare debet, canonice sciatis obsequi non posse, quia ut decernit beatus papa Gelasius (GELAS., *epist.* 4), nesciunt quid loquuntur, qui decretis sanctæ Romanæ Ecclesiæ sedis præsulum quasi canones opponunt, quibus contraire contra canones est ipsos se erigere. Iste Gelasius papa venerabilis et sanctus omnes decretales epistolas venerabiliter sanxit suscipiendas, nec ea venerabiliter suscipit, licet ad tomum caput inclinet, qui eis non obedit, sed potius porro obvias manus inserens, quod sine periculo agi non potest, respuit utpote qui de se judicari non prospicit. Nam velimus nolimus, aut eis parebimus, aut eorum judicio percellemur, quorum neminem aliqui quique reprobare valemus. De archiepiscopis autem Remigio ac Harduico, quod mihi per Teutlandum diaconum mandastis, privilegio sanctæ Romanæ Ecclesiæ non præjudicat, sed quod eis eadem sancta sedes de me voluit ac disposuit committere, commisit, vos vero quod vestrum est agite. In Domino Jesu Christo bene valete. Ego Hincmarus sanctæ Laudunensis Ecclesiæ episcopus sponte subscripsi. »

« De quo pitatio tibi distuli respondere putans te retractare, et a tua contumacia resipiscere : tu autem non quievisti, sicut causa brevitatis omitto. Et post hæc per clericum tuum Bertharium domno regi tuas litteras direxisti, excusans te, quoniam ad illum, sicut tibi mandaverat, venire non posses, quia febricitans, ut te sol tangeret sufferre nequibas : sed tibi Romam eundi licentiam daret, secundum votum tuum quod vovisti, quando altera vice febrem habuisti, ut ad sanctorum apostolorum limina, sicut voveras veniens, ibidem ab eadem febre liberareris. Is autem domnus rex coram episcopis et aliis fidelibus suis, qui adfuerunt, tibi per eumdem clericum tuum remandavit, mirum et non verum esse quod diceres, quoniam ad illum venire non posses, et Romam adire valeres. Venires autem ad illum, et si ipse pro causa rationabili te illuc ire velle cognoscere posset, tibi licentiam non denegaret. Tu vero ad illum venire noluisti, donec circa Kalendas Septembris tertiæ indictionis, ad Silvacum de colloqutione fratris sui Ludovici rediit, quo obviam illi veniens, nihil cum eo, sed nec mecum, per te vel missos tuos, aut litteras tuas de licentia tua Romam eundi dixisti. Sed et quando missi domni apostolici Remis fuerunt, quotidie per septem dies, cum rege et mecum locutus fuisti, et inde nihil dixisti. Quod dicis te in synodo apud Vermeriam, indeque apud Attiniacum licentiam eundi Romam petisse, et impetrare non potuisse, omnes episcopi, qui in eisdem synodis fuerunt, liquido sciunt quoniam cum de tuis insolentiis increpabaris, timens regulare judicium, vel regis castigationem, licentiam eundi Romam petebas. Cum vero videbas, quia et rex et episcopi erant tibi placabiles, de ipsa licentia nihil dicebas, sicut nec modo facis, donec aliquam novitatem, ut soles, quam semper timendo exspecto, iterum facias, de qua compellatus solitam cantionem de tua recantes. Petitio autem tua apud domnum regem talis fuit, quando ad eum venisti, quia sicut plures et pene omnes in istis provinciis scire dicuntur, et patet, addens gravibus graviora, velut ipsa sacrorum canonum demonstrant judicia, nescio quibus machinationibus exquisitis a te jussio est principalis elicita, ut de his de quibus electos judices secundum sacros canones expetisti, non solum eorum querela, quorum causa usque ad alium tractatum diffinienda remansit : verum et quæ, ut dixi, in domni regis præsentia electorum judicum sententia diffinita fuerunt , sine metropolitani conscientia, sineque canonico et episcopali judicio, per judices sæculares, Helmigarium scilicet mercati palatini Telonearium, et Flotharium ac Ursionem villarum regiarum majores refricarentur, contra canones, qui ab ecclesiasticis ad majoris auctoritatis ecclesiasticos judices, et non a majoribus ad minores, nec ab ecclesiasticis ad sæculares, neque a consensu partium electis provocari permittunt. A quibus judicibus sæcularibus a te petitis quædam ex diffinitis refricata et immutata, quædam vero ex diffiniendis sunt diffinita, adinventitia reputatione, sicut ab ipsis, qui in eodem placito fuerunt, dicitur, de non necessariis et inconvenientibus juramentis reperta, et a te coram prædictis judicibus ipsis tuis accusatoribus, quos contra electos judices sicut expetieras, suscepisti, proposita, quatenus et is de quo legaliter ac regulariter diffinitum fuerat, ut beneficium suum haberet, quod contra rationem et æquitatem perdiderat, eadem adinventione dimitteret, et illi quibus judicatum fuerat, ut quoniam tu post expetitum electorum judicium, idem judicium subterfugisti, beneficia sua usque ad legalem diffinitionem tenerent, beneficia ipsa desererent, et tu quod incœpisti evindicares; cum sicut tibi non licet de accusatione, sive criminalis causæ, sive civilis, relicto ecclesiastico, publico purgari judicio, ita etiam non licet tibi postposito vel contempto ecclesiastico judicio, ad sæcularia judicia convolare, vel quemcunque, nec etiam laicam personam pertrahere, neque ad forum suum sequi, si ipsa persona laica consenserit ecclesiasti-

cum subire judicium, sicut lex Valentiniani, quam probat Ecclesia, demonstrat. »

Item post ostensas auctoritates : « Et non pertranseat etiam tuam considerationem, cur domnus rex tuæ petitioni annuerit, ut unde in præsentia illius electos judices episcopos secundum sacros canones accepisti, sine conscientia metropolitani, sineque ecclesiastico judicio consenserit, ut seculares judices ad retractanda ea quæ diffinita fuerunt, vel ad diffinienda, de quibus judices acceperas, demum acciperes. Scio enim et certus sum hinc illum canonicum scire judicium, et miror ac doleo cur tu hoc videre non voluisti, aut Deo judice arrogantia cæcatus non potuisti. Inunge igitur, secundum consilium Apocalypsis Joannis, collyrio oculos tuos, ut videas (Apoc. III), et albuginem arrogantiæ de oculo mentis, id est intellectu tuo, abjicere valeas, et pensa ne forte domnus rex, quem toties exacerbasti, sciens divina judicia atque eloquia, hinc in annuendo votis tuis cogitaverit contra te sententias divinas de his qui duræ cervicis et indomabiles corde sunt : Qui nocet, noceat adhuc (Ezech. II), et qui in sordibus est sordescat adhuc (Apoc. XXII), ut impleant peccata sua semper (I Thess. II); et : Dimisit eos secundum desideria cordis eorum, ibunt in adinventionibus suis (Psal. LXXX); et : Nonne hæc condita sunt apud me, et signata in thesauris meis ? mea est ultio, et ego retribuam eis in tempore, ut labatur pes eorum : juxta est dies perditionis, et adesse festinant tempora (Deut. XXXII). Et cum tantarum transgressionum inveniaris obnoxius, non cessas me provocare, ut de promisso pitacio tuæ professionis atque subscriptionis, de quo tibi, ut prædixi, respondere hactenus distuli, sed et de aliis tuis professionibus atque subscriptionibus vel lacessitus rescribam, quatenus professionum et subscriptionum tuarum historias plures legentes, si forte sunt qui adhuc eas ignorent, earum diligentiam cautelam quoque et utilitatem cognoscant. Et primum quidem respondebo tibi de præfato a te subscripto pitacio, in quo scribis in adminiculo tuo te a me reprehensum, et esse me ostendis reprehensibilem. Sed ego, spreta reprehensione tua, qua me quasi sub quodam excusationis velamine, de scriptoris vitio more tuo, evidenter reprehendere satagis, qui aut differentiam verbi detrectem [rest. pro detractem], quod in meis scriptis tibi datis posui, nesciam, aut scriptoris vitium in eis corrigere non sapuerim, vel emendare neglexerim, et ex mea reprehensione tuam ostentare scientiam, Cham Noe filius (Gen. IX) voluisti, non solum in verbi illius differentia, sed et in alio verbo, quod ad ostentationem tui in tuis adinventionibus iteratum inveni; et cum hinc meam insipientiam voluisti ostendere, tuam studuisti apud scholasticos stultitiam propalare. Pro me nihil curo dicere : Mihi enim pro minimo est ut a te judicer (I Cor. IV), aut sine dilectione a tua scientia reprehendar. Sed ne apud illos, qui tecum rumusculos captant, glorieris quasi me mutum effeceris et elinguem, qui solus nostris temporibus thesauros sapientiæ et scientiæ penetrans introisti, hic causa compendii prætermittens, cum mihi vacaverit, ostendam quid regularum grammaticæ artis auctores, quid ortographiæ doctores, quid sanctæ Scripturæ tractatores, inde sentiant atque dicant. »

Idem post nonnulla : « Sed et alia sunt hinc ex sacris canonibus et apostolicæ sedis decretis, quæ mihi hic ponere longum fuit, in opusculo 55 capitulorum, quod ad tuam commonitionem, et correctionem atque instructionem tibi dedi, potes relegere, præter epistolas præmissas quas tibi direxi ad redarguendam tuam temeritatem contra evangelicam veritatem, et apostolicam atque canonicam auctoritatem, contraque sedis apostolicæ decreta, in tuam et perniciem multorum præsumptam, sicut in synodo plurimorum episcoporum est comprobatum. Sed et præter alias epistolas, ac alia scripta, quæ tibi direxi, vel dedi ad comprimendam tuam insolentiam, et commonendam ac instruendam tuam dilectionem ut ageres juxta Domini dictum : Quid quærit Dominus Deus tuus a te, nisi ut timeas Dominum Deum tuum, et facias voluntatem ejus, obediasque ipsius imperio (*Deut.* x)? Quæ frater sollicita cordis intentione revolve, et recogita quid sit quod dixisti : Quia ex tunc quando mihi litteras illas misisti, ut archiepiscopo coepiscopus obtemperare debet canonice, scirem obsequi mihi te non posse; et revoca ante oculos tuos, quod coram episcopis decem provinciarum professus es, et manu propria subscripsisti : scilicet quia privilegio metropolitani provinciæ Remorum Ecclesiæ, secundum sacros canones et decreta sedis apostolicæ ex sacris canonibus promulgata pro scire et posse te obediturum profiteretis et subscripsisti. Dic, frater, quando et ubi, vel in quibus a te requisivi vel extorquere volui, ut mihi contra hæc in aliquo obedires? qui nunquam tua, sed juxta Apostolum, te quæsivi (*II Cor.* xII); at qui meas injurias, scilicet meæ personæ, facile, Deo gratias, possum dimittere, sicut et quotidie pro te omnipotentiam Domini devote exorans facio; injurias ordinationis divinæ, quæ a tua insolentia exquiruntur, ut metropolitano privilegio canonice non subdaris, in eum redundantes, qui Spiritu sancto suo, a quo promulgati leguntur et creduntur canones, instituit, patienter ferre non possum, nec debeo, quin tantum inde non satagam quantum potero. Nam sicut sollicitudo et primatus totius Ecclesiæ catholicæ sanctæ sedis Romanæ pontifici divinitus est collata, ita et unicuique metropolitano ac primati provinciæ sollicitudo sibi delegatæ provinciæ, per sacros canones Spiritu Dei conditos, et totius mundi reverentia consecratos noscitur esse commissa, » et cætera. Sequuntur denique plura de professionibus et subscriptionibus ejusdem Hincmari, et correptionibus ejus usque ad finem operis. Item aliud opus incipiens ita :

« HINCMARUS Remorum episcopus HINCMARO Laudunensi episcopo.

« Vir diversis flagellis a diversis attritus dicit : *Qui me comedunt non dormiunt* (*Job* xxx), ac si diceret, non quiescunt. Et tu, frater, me tuæ linguæ flagellis atterere, et venenosis scriptis tuis ad iracundiam provocando inficere non quiescis. Sed qui illum servum suum custodivit a murmurationibus, me peccatorem, et fragilem in se confidentem potest custodire a rancore et malitia contra tuas falsas criminationes. Post alia multa super dolorem vulnerum meorum addens (*Psal.* LXVIII), dicis : Sicut in scriptis tuis perversis invenio, quia apostolicæ sedis potestati derogo. Unde nemo sanum sapiens tibi unquam credidit, vel credet, quoniam et ipsa scripta quæ ad apostolicam sedem sæpissime misi, et illa quæ tibi resultanti sæpe transmisi, te revincent, et in isto sæculo, et in futuro judicio. Non enim de me verum esse valebis unquam, vel usquam probare quod dicis : Ab his, inquiens, a quibus pro apostolicæ sedis privilegiis, quæ Christi sunt usque ad mortem fas erat decertari, prædicatur et docetur, in his quæ eadem sedes statuit, velut respuendum probari. Sed tu probaris ejus privilegio resultare, qui secundum sacros sanctorum conciliorum canones supra positos, ab ipsa prima sede atque ab omni Ecclesia catholica comprobatos, ut revera Spiritu Dei conditos, et totius mundi reverentia consecratos, et juxta decreta ipsius sanctæ sedis, ex eisdem sacris canonibus promulgata, metropolitano privilegio, semel et secundo ac tertio commonitus, obedire detrectasti, ut colligationes impietatis (*Isa.* LVIII), quas contra evangelicam veritatem, et apostolicam atque propheticam auctoritatem, contraque sanctorum canonum, et decreta ipsius venerandæ sedis exitiabiliter, in tuum, et multorum periculum colligasti, dissolveres. Insuper contra sacras regulas adversus metropolitanum privilegium libello perniciose subscripsisti, et subscribi fecisti. Unde in synodo conventus ab episcopis decem provinciarum (*syn. Duziacensis*) libellum professionis de futura tua obedientia subscriptum manu propria, quem habeo, porrexisti. Contra quem iterum resubscripsisti. Nam ego decretales epistolas sedis apostolicæ diversis temporibus, pro diversorum Patrum consolatione, vel consultatione ab ejusdem sedis pontificibus datas, et venerabiliter suscipio, et venerabiliter suscipiendas dico et scribo, et sacros sanctorum conciliorum canones cum decretis apostolicæ sedis, ex eisdem sacris canonibus promulgatis, et recipiendos, et custodiendos, et servandos, sicut supra ostendi, profiteor. Et quod dicis, te audire obloqui de judicio domni papæ Nicolai, si de me dicis, mendacium dicis. Nam quod ille de Rothado sive de Vulfado judicavit, non contradixi, sed sicut ipse præcepit obedire curavi. De eo quod dicis de Rothado, quia in ejus depositione non consensisti, subscriptiones tuæ manus propriæ te revincunt. Nihil enim inde egi, quod mecum non egeris; nihil judicavi, quod non judicaveris; nihil subscripsi, quod non subscripseris. Habeo enim illas ipsas manus tuæ subscriptiones. »

Et circa hujus operis finem : « De illis vero, quæ in scripto apud Attiniacum dato mihi improperando mendaciter dicis, tibi respondere non curo. Sed scias quia non sum oblitus quod scriptum est in Isaia propheta (*Isa.* xxxvii), quoniam S. Ezechias arctatus angustia, blasphemas epistolas sibi directas in templo coram Domino expandit, et ad eum clamavit, et exauditus est. Expandam autem manus meas ad Dominum cum blasphemiis et superbissimis scriptis tuis mihi a te directis, orans ut, quando scit, et quando vult, et sicut scit et sicut vult, te convertat ad veræ pacis et dilectionis atque debitæ obedientiæ dilectionem [*for.*, directionem]; et me liberet a labiis iniquis, et a lingua dolosa (*Psal.* cxix). Et dominæ meæ beatæ et gloriosæ Dei genitricis Mariæ meritis, ac precibus sancti Remigii, cujus privilegio derogas, exaudiet me adjutor in opportunitatibus in tribulatione (*Psal.* ix). Et quia beatus Hieronymus de his, quorum adversum me gratis suscepisti officium, dicit : Audiant canes mei (HIERON. *præfat. in Job*), tu qui de filio in fratrem, indeque crevisti in coepiscopum, et post adeo profecisti, ut in canem meum excreveris, accipe hanc perversæ contumaciæ tuæ pitacioli exigente causa, prolixam responsionem. Cum autem mihi vacaverit, succinctius de aliis perversis, et incompositis scriptis tuis, in quibus quædam mendaciter, quædam reprehensibiliter me reprehendendo, quædam ficte humiliter, et vere superbe scripsisti, rescribam, et in illo scripto, quia lego dixisse Dominum : Jam non irascar tibi amplius (*Ezech.* xvi), quantum mihi adhuc paret de hujusmodi altercationibus tibi scribendi finem imponam. De hoc quod dicis, quia dicunt de me homines : Qualis est ille avunculus, qui talia suo nepoti scribit? dicant et de te ipsi homines : Qualis est ille nepos ab avunculo suo talis ut tunc erat assumptus, et talis, sicut nunc est in spirituali ac temporali honore effectus, qui talia sibi exigit ab invito avunculo, ne talis ab aliis, sicut a nepote suo depingitur, æstimatus, per eum blasphemetur nomen Domini (*Rom.* ii) et vituperetur ministerium ejus (*II Cor.* vi), secutus Apostolum scribentem ad Corinthios, contra se blasphemantes, et vilipendi ab aliis laborantes ? Egit quippe doctor egregius ut, dum ipse qualis esset agnoscitur, et vita et lingua male prædicantium ejus prædicatione vilesceret, illos videlicet commendaret, si se absconderet; cumque se non ostenderet, errori locum dedisset. Dicunt etiam et ipsi homines de te : Qualis est ille nepos, qui talia contra suum avunculum, et nutritorem atque ordinatorem machinatur, et quantum potest mali agit, et plusquam potest agere cupit, sicut tu in die magni judicii manifeste videbis, si te antea inde non recognoveris, et dignis pœnitentiæ fructibus non emendaveris ? Multum me fatigas, et merito, non tibi imputetur, sed fatigationem meam consolatur, quod sicut tibi scripsi, beatus dicit Gregorius : Etsi Æthiops niger in balneum intrat, et niger de balneo exit ; tamen balneator denarium balnei sui non perdit. Timeo de te meo Alexandro quod de suo dicebat Paulus : *Alexander ærarius, multa mala mihi ostendit, reddet illi Dominus* (*II Tim.* iv). »

CAPUT XXIII.

Quæ Altfrido Transrhenensi episcopo, et cæteris quibusdam episcopis scripserit.

Altfrido Transrhenensi episcopo scripsit quædam pro rebus S. Remigii sitis in Thoringia, quas eidem commiserat, ut redditus ipsarum ipsi tempore opportuno dirigeret, interdicens, juxta dispositionem B. Remigii, ut nemo colonos ipsarum in suo præsumeret opprimere servitio ; item, quod easdem res cuidam suo in beneficium dederit homini, rogans ut eidem homini solatium in quibuscunque indiguerit, ferre studeat ; Adventio, Mettensium præsuli, super quadam fidei quæstione, de qua fuerat interrogatus ab ipso ; item, de itinere quod idem Adventius Romam petiturus debebat incipere ; item, de adventu suo ad denuntiatam a rege synodum, pro memorata quæstione tractanda ; item, pro filio neptis suæ, quem eidem committebat ; item, pro his quæ idem Adventius ei mandaverat de Hincmaro Laudunensi episcopo, breviter intimans quæ bona erga ipsum gesserit, et quæ prava ille contra gerebat ; item, petenti consilium quid agere deberet, Karolo in regnum Ludovici fratris sui senioris ipsius veniente, significans quid egerit ipse, quando Ludovicus regnum Karoli pervaserat, et quid eidem tunc agendum foret ; item, pro acceleranda ordinatione Berardi Ecclesiæ Virdunensis electi, et vocati episcopi ; item, pro excommunicatione Karlomanni, quam mittebat ei, significans qualiter eamdem tractare deberet ; item, pro missis ipsius Adventii, quos Romam direxerat pro causa Bertulphi Trevirensis archiepiscopi, mirans cur sibi non significasset, qui ei renuntiavissent ; item, pro litteris Ludovici regis, quas idem Adventius ei direxerat, et ut litteras, quas ipse domnus Hincmarus Ludovico mittebat, ipse præfatus præsul ei aut mitteret, aut donaret ; item, pro litteris ipsius Adventii, quas ei miserat, intimans de adventu legatorum suorum pallium a sede apostolica Bertulpho archiepiscopo deferentium, exhortans etiam, ut de regum concordia laboraret ; unde, quia semper laboraverit et laborare decertet, innotescit, et de mulo, quem sibi mitti petierat, quia hoc animal ipse domnus Hincmarus non haberet, nec sedere soleret, et alia quædam ; item, pro excommunicationis discretione, quia excommunicatos significaverat a se quosdam malefactores Mettensis Ecclesiæ, homines scilicet Walterii comitis, et Lamberti, deposcens ut apostolicam regulam et episcopalem servet in hujusmodi negotio patientiam ; item, quo debeant ordine consecrari metropolitanus atque diœcesanus episcopi. Ercamrao Cathalaunensi episcopo, de quibusdam reprehendens quæ non libenter audiebat de illo, admonens et instruens qualiter se agere debeat, et ut monitis apostolicis diligenter attendat ; item, pro cujusdam villæ incolis, quos irrationabiliter ab omni consolatione divini ministerii, propter quoddam homicidium, non ab ipsis patratum, removerat, intimans quomodo nec charitatem, nec discretionis moderationem in hoc facto custodierit; item, pro absolutione cujusdam ab ipso excommunicati, pro quo Guntarius Coloniensis episcopus eidem litteras deprecatorias miserat, quas ille suscipere noluerat, ostendens qualem se erga delinquentes, et qualem erga recognoscentes episcopus exhibere debeat. Hilmerado Ambianensi, pro quodam monacho, qui presbyterum et monachum in monasterio sancti Richarii occidit, pro quo domnus papa Nicolaus litteras eidem domno Hincmaro direxerat, poenitentiae tenorem continentes; item, pro litteris Adriani papæ (14), quas ei pro quodam presbytero miserat, monetque ut apostolicis obediat jussionibus; item, pro quodam presbytero, qui ad eum clamaverat, quia, pro eo quod arma de cujusdam ebrii manibus, qui eum occidere volebat, extorquens, projecit et fugit, idem episcopus ab eo et Ecclesiam suam et facultates ejus tulisset. Unde redarguit eum, quod contra auctoritatem sacrorum canonum erga præfatum egerit presbyterum, mandans quid fiendum, et quid juxta canonicam sit auctoritatem de hoc observandum. Item redarguens eum quare in torpore negligentiæ requiescens, pravorum consiliis uteretur, cum et ætate et corporis infirmitate ad finem vitæ urgeri videretur, ostendens ei ex sanctarum monitis Scripturarum, quibus transgressionibus inveniretur obnoxius; item, pro quodam presbytero, mandans et interdicens auctoritate metropolitana, ut nullum præjudicium ei faciat, sed ad synodum convocatam die denominata sibi occurrere studeat; item, pro hac eadem re, intimans quia si non occurrerit ad synodum secundum præceptum papæ, quod synodus de eo judicaverit in ipsum sit exsequendum. Isaac Lingonensi, pro quodam regio milite ab ipso excommunicato, suadens ut mitius erga eum ageret, propter instantem de infestatione paganorum necessitatem, notificansque qualiter ipse agere soleret in talibus excommunicatorum causis, et quia illud anathema non duret amplius, nisi quandiu homo in peccato perseverat; item, pro nepotibus ipsius, qui apud eumdem domnum Hincmarum nutriti fuerant, et alia quædam. Hungario episcopo, pro excommunicatione Balduini qui Judith viduam regis filiam sibi furatus fuerat in uxorem, unde et ab episcopis hujus regni fuerat excommunicatus.

Hortatur autem eumdem Hungarium, ut admoneat Roricum Normannum, nuper ad fidem Christi conversum, ne recipiat eumdem Balduinum, neque præsidium ferat; sed et quod centum [i. si cæteri]. Normanni per ejus consilium, ut audierat, post conversionem ipsius istud regnum deprædati fuissent, hoc digna poenitentia emendare studeret. Fulcrico Trecassino episcopo, Ecclesiæ Remensis alumno, gratias referens pro epistolis quibusdam Augustini ab eo sibi missis, et de libro Didymi, quem Fulcri-

Acus mitti petebat, ac de Ecclesiis monasterii Orbacensis, admonens eum, ne contra matrem suam, Ecclesiam scilicet Remensem, et patronum suum sanctum Remigium aliquid perverse agere præsumeret. Odoni Belvacensi, quem filium charissimum sæpe vocat, multa fidenter [ms., fideliter] scripsit. Pro epistola siquidem Adriani papæ, quam sibi miserat super appellatione cujusdam presbyteri ex Ambianensi parochia, ut assumat idem Odo pro hac laborem, quatenus Hilmeradus episcopus papæ jussis obediat, et qualiter scripta, presbyter idem Roma detulerat, prudenter tractare debeat; item, pro quibusdam regis hominibus inter se discordantibus, ut commoneat eos ad pacem venire, indicetque ipsis, quod nisi hoc egerint, ab eodem domno Hincmaro excommunicandi sint; item, pro synodo, quam rex præceperat habendam non in tempore congruo, petens consilium quid inde agere debeat, rogans etiam sibi remandari quid rex responderit de illis hominibus quos se excommunicaturum significaverat, et de aliis necessariis causis. De quibusdam quoque scriptis, et Græcorum quæstionibus, et homiliis beati Petri cæterisque rebus; item de responsionibus ad objecta Græcorum, quas idem Odo colligens descripserat, et domno Hincmaro miserat. Unde Deo gratias refert, quia se ipsumque uno spiritu potatos invenit, et quid de his sibi videatur simul conferendum esse significat, sed et apud regem semper eum excusatum fieri rogat, qui tunc in ejus servitium, diversis infirmitatibus detentus, abire non potuerit, rememorans etiam de discordantibus, unde jam mandaverat, ut eos ad pacem redire moneret, laudans eum quod de his quæ in litteris suis ei significaverat, ut Deum et fratrem diligens, studiose ac episcopaliter egerit, et ut regem commoneat, et inde ministerium suum facere rogat, sibi quoque rescribi, de quibusdam, quæ inter se et regem versabantur. Quædam etiam intimans, quæ secreto Joanni episcopo notificaret de synodo tunc, ut rex jusserat, non agenda, et quare tunc convocari non deberet, addens de quibusdam quoque scriptis, quæ illi remittebat, vel quæ sibi mitti poscebat; item, de ordinatione Willeberti, cui rex episcopium Cathalaunense dederat, ne in ipsius ordinatione ab ordine debito declinaret, intimans quod irrationabiliter Cathalaunenses, post obitum sui episcopi, de sua ipsa necessitate fecerint, et quod ad regem litteras suas pro electione præfati Willeberti miserint, decretum vero suum ad archiepiscopum, sicut mittere debuerant, ut inde quæ agenda essent canonice ageret, non miserint, insinuans qualiter inde rite facere debuissent; sed quia non fecerant, quid exinde cautius agendum sibi videatur, edisserit, et prudenter attendendum mandat, ut regularis electio fiat, et postremo, sicut ipsius prudentiæ melius inde videretur, hanc ita disponeret; item, de causa parochiæ ipsius Odonis quæ inter ipsum et Rothadum Suessionensem episcopum ventilabatur, simulque de presbytero, qui

(14) Hæ epistolæ Nicol. I et Adriani ad Hincmarum non exstant.

epistolam papæ Roma detulerat, ut regem admoneat modificans ejus animum, ne contra Dominum aliquid faciat in Ecclesia Dei, vel episcopali ordine non pro Hincmaro nepote suo se tantum id dicere asserens, quantum pro ipso seniore suo rege, ne ipse taliter peccaret, unde æternaliter periret; item, de correctione epistolæ suæ, quam illi pridem miserat, ab imperito scriptore corruptam, et de his quæ objiciebantur Hincmaro scandalizatori suo; item, de litteris, quas pro eodem Hincmaro regi mittebat, ut ipse Odo eas illi porrigeret, et qualiter eas receperit, vel his annuerit, sed et de aliis sibi sciendis petit litteris sibi remandari; item de causa Erpuini episcopi, qui ad condictam synodum venire non valebat, ut causam ipsius Odo inter ejus personam et accusatores ejus exsequi studeret, et si ad integrum id agere non posset, eumdem Erpuinum et accusatores ejus ad synodum apud Pistas agendam abire commoneat; item, de litteris sibi ab Odone missis, in quibus compererat insurgere quosdam monachos contra sacram auctoritatem, et de privilegiis Corbeiensis monasterii; item pro itinere suo ad regem; item gratias referens Deo, pro satisfactionis et correctionis dulcedine, qua in litteris ipsius Odonis multam recognitionis ejus de his unde redarguerat eum reperit benignitatem; item pro electione Suessorum episcopi post obitum Rothadi; item, pro conventu synodali super responsione ad epistolam Adriani papæ; item, pro litteris regis, quibus præceperat episcopos regni a domno Hincmaro convocari, ut prohiberent filium ipsius regis Karlomannum a præsumptione cessare, quam criminabatur contra patrem exercere; item, pro ordinatione Ansegisi Remensis diœceseos monachi in episcopatu Senonico; item, pro libello historiæ de ortu S. Mariæ, et homilia B. Hieronymi de Assumptione ipsius Dei Genitricis, quæ quidam monachus Corbeiensis monasterii non esse recipiendam contendebat.

Ad quæ respondet idem domnus Hincmarus, præfatam historiam nos habere ad lectionem, non ad proferendum auctoritatem: homiliam vero eamdem a sancto Hieronymo asserit catholice dictatam, sicut et stylus, et cautela sensus, et intellectus, et alia certa indicia monstrant, et certæ personæ, per quas de partibus orientalibus tempore certo delata ad regiones nostras pervenit, fidem faciunt. Subjungit quoque de libello ipsius Odonis contra objectiones Græcorum, quædam se in eo commemorans adnotasse, quæ retractanda et corrigenda forent; item, pro ordinatione Hedenulfi secundum jussionem Joannis papæ ad episcopum Laudunensem diu pastore vacantem; item pro ratione lunæ paschalis, et lectione quam Adalardus abbas inde composuit; item pro eadem re, gratias agens Deo pro sollicitudine ipsius Odonis, qua studuit investigare mysticam paschalis solemnitatis observationem, et cætera; item, pro itinere suo ad concilium papæ Joannis, ut ad id ipse quoque venire festinet; item, de inquisitione ab ipso Odone et præfato Hedenulfo tractari judicii Auriniaci monasterii, pro regimine Ricoaræ abbatissæ, quæ contra leges idem usurpaverat monasterium, monetque ut suggerat regi, ne ageret inde qualiter alienis peccatis implicaretur. Idem de itinere suo non ad regem terrenorum præsentiam, sed ad regis æterni judicium, ad quod jam se festinare per continuas indicat ægrotationes; item, pro ordinatione Hetilonis, quem plebs Noviomagensis episcopum sibi elegerat ordinandum, aliaque nonnulla eidem sæpe direxisse reperitur scripta. Hildegario Meldensi episcopo, pro parochianis ipsius quibusdam, qui homicidia in Remensi perpetravere parochia scribit, exhortans ut eos salvare quocunque valeat consilio et auxilio procuret, adjuturum se spondens, ut ad pacem venire queant.

Scribit quoque ad eumdem quemdam De judicio aquæ frigidæ libellum. Joanni Cameracensi petenti commendatitias dari sibi Romam proficiscenti litteras, ex nomine domni Hincmari Adriano papæ offerendas, rescribit, quod si redditurus obsequium Cæsari, Romam velit ita pergere, ut obsequio Deo debito Cæsaris contrarium non esset obsequium, canonicas libenter ei litteras tribueret; sin autem pro causa Lotharii regis, quæ inter eum et ipsius uxorem diu ventilata fuerat, quoniam commendatitias in hac re dare litteras non valebat, reprehensibiles dare non audeat, quia nec debeat, præsertim cum nuper domnus Adrianus litteras ei suæ auctoritatis per Actardum Namnetensem episcopum miserit (ADRIAN. II ep. 13), in quibus significaverit se certamina, quæ sedes apostolica per antecessores suos Benedictum et Nicolaum in hac causa certaverat, sequi, monens eum, ut quod super hoc negotio gestum est, nullatenus enervari consentiat, intimansque qualiter excommunicata fuerit Waldrada. Addit etiam, quod sine consilio coepiscopum litteras ei dimissorias, maxime pro re incerta, dare nequiret; item, de obitu Lotharii regis, exhortans ut sine dilatione ad Karolum (*Carolus Calvus*) regem veniat; item pro quodam presbytero Cameracensis parochiæ, qui seipsum castraverat, frequenti monitus id agere visitatione, nesciens quid inde sacri decernerent canones, consiliumque dat, monens, ut diligenter investigetur quibus sit modis admissum, et interim per indulgentiam presbyter idem maneat in ordine suo, donec in provinciali synodo quid exinde tenendum sit inveniatur, quod nec præceptis evangelicis contrarium, nec decretis sanctorum reperiatur adversum; item, gratiarum referens actiones pro beneficiis sæpe sibi ab eo impensis, petens ut requirat sermonem sancti Augustini De lapsu monachi et viduæ, ac sibi ad transcribendum mittat, vel transcribi faciat, et ad proximam synodum sibi afferat. Expositionem quoque Bedæ in Proverbiis Salomonis ad eamdem synodum sibi deferri petens. Intimat etiam quod papa Romanus Karolo regi, et episcopis ipsius regni quædam mandata direxit, de quibus in synodo sit necesse tractari; unde et rex metropolitanis regni sui litteras miserit, præcipiens, ut coepiscopos suos ad eamdem convocarent synodum; item, pro parte decimæ, quam sibi significatum fuerat, ab antiqua regia capella tulisse, et altari, quam noviter sacraverat, addidisse; quod quia contra regulas esset, emendare, si sit actum, suadet; item, pro quodam presbytero, qui ad sedem Remensem proclamaverat, præjudicium se pati questus ab eodem præsule suo, interdicto sibi cum rebus suis officio quoque sacerdotali, nec sponte confesso, nec regulariter convicto, pro tumultu et homicidio perpetrato, ubi interfuerat; et invictus arma defendendo se sumpserat, hominemque vulneraverat, non tamen eum qui occisus fuerat. In quibus litteris ostendit ex auctoritate sacra, quid discretionis sit in hujusmodi causa tenendum, et quæ sacrorum canonum sint adhibenda capitula.

Scribit ad eumdem et alia quædam. Ragenolino Noviomagensi, pro quodam presbytero qui ei litteras ab Adriano papa detulerat (15), præcipientes ut, si episcopus idem quod injuste fuerat actum circa eumdem presbyterum corrigere differret, post primam et secundam admonitionem domnus Hincmarus hunc Ragelinum canonica usque ad satisfactionem percelleret auctoritate. Unde et litteris eum monet, ut jussis obtemperet papæ, et quare vel ipsi, vel aliis quibusdam episcopis talia venire solerent ab apostolica sede mandata declarat; quia scilicet in judicandis subditis regularem non sequantur tramitem discretionis, et quoniam ad auctoritatem metropolitanam interrogando atque obediendo recurrere negligant; item, pro visitatione Morinensis Ecclesiæ post obitum Hunfridi episcopi, juxta dispositionem regis; item, pro Rothado quodam ipsius episcopi amico, qui sua, quæ illius commiserat fidei, se fraude perdidisse querebatur; consilium dans quid inde faceret, ne ad synodalem sententiam perveniret. Villeberto [ms. Guiloberto] Catalaunensi rescribit ad ipsius consulta pro Gangulfo comite, ut de his quæ contra eum se fecisse vel negabat quædam, vel confitebatur aliqua, juxta præceptum apostolicum leniter ageret, quatenus in hoc legem Christi, charitatem scilicet, adimpleret (Gal. vi), et ad satisfactionem dilectionemque sui utcunque posset, et industria eumdem comitem provocari, illi suam clarescere benignitatem permitteret. Decens enim esse, ut primordia sui sacerdotii devotione atque dilectione commendaret. Item pro quodam presbytero transgressore, ut secundum beati Gregorii monita, de ipsius absolutione faciat, juxta propheticam, de confessione pœnitentis, et apostolicam de judicio et misericordia sententiam; præmissum vero comitem, quem significaverat jam de culpa sua ex integro se recognoscere, patris illius, qui filium prodigum lætus recepit (Luc. xv), benignitatem sequens, benigne suscipiat, et viceco

(15) Hæc Adriani epistola non exstat.

A mitem pacis inter eos procuratorem tanto benignius admitteret, quanto Dei esse filium pro Evangelii veritate recognosceret; item, pro duobus vasis salariis quæ rex sancto Stephano mittebat, et aurea cruce cum sanctorum reliquiis, quam regina delegabat altari ejusdem sancti; item, pro inquirenda causa, juxta regis mandatum, quæ versabatur inter episcopos Odonem et Rothadum; item pro ordinatione Arnoldi Tullensis episcopi, ut eat obviam pro hoc Adventio et Berardo idem petentibus, ad eamdem scilicet ordinationem celebrandam in pago Metensi, secundum regis jussionem; item, cum Odone, ut loquantur simul apud regem, pro synodo provinciali convocanda; item, consulenti si de monacho, necessitate cogente, valeat archidiaconum constituere; B item, pro quodam homine suo ab ipso excommunicato, quem quia irrationabiliter audierat ligatum, monet diligenter absolvi; ite, pro synodo Joannis papæ [Joan. viii] domno Hincmaro ab imperatore Karolo missa, quam idem Villebertus transcripserat. Jubetque ut ad vicinos sibi episcopos Berardum et Arnoldum eamdem transmittat, etc.

Sed et alia quædam scribit eidem; Hildebaldo Suessonensi, pro quadam ecclesia, de qua contentio agitabatur inter ipsum et Odonem Belvacensem episcopum, quam rex destrui præcipiebat; item, pro ministris Orbacensis monasterii ordinandis, et de quibusdam fratribus, qui ab eodem monasterio irrationabiliter exierant, reversique postea recepti fuerant; item, pro quibusdam presbyteris ex monasterio sancti Crispini, de quibus domnus Joannes papa eidem domno Hincmaro scripserat, et de quibus diffinitum fuerat, ut extra claustra monasterii non pergerent, et eadem censura eis paterne temperetur; item, pro ordinatione Hadeberti ad episcopatum Silvanectensis Ecclesiæ; item, pro litteris Joannis papæ a quodam criminato presbytero delatis, quas a sacris canonibus et sanctorum decretis Patrum manifeste discordare commemorat, unde et qualiter agendum sit, utile dat consilium; item, ut secum simul ad præsentiam Joannis papæ pergeret, qui Trecas pro quibusdam causis diffiniendis advenerat; item, pro constitutione regum, filiorum Ludovici, unde mandaverant ei episcopi, abbates, et comites, qui cum ipsis erant, ut ad eos litteras et D missum suum dirigeret, quod et fecit, mandans huic episcopo, ut ad eos proficiscens, quæ Deo inspirante invenerint, votis et orationibus prosequatur; item, cum Waltero, Gisleberto et Angelino episcopis, ut convenirent secum ad peragendam jussionem præfati papæ Joannis inter Hedenulfum et Hincmarum Laudunenses episcopos, cum sacrorum observatione canonum; item, exhortatoriam ad eumdem Hildebaldum corporea infirmitate detentum, in qua juxta petitionem litterarum, confessionis illius, absolvit cum reconciliando, licet per absentiam corporalem et alia nonnulla scribit ad ipsum. Atulfo [i, Octulfo, et infra] Trecassino, de reliquiis sanctorum, quas ille significaverat, ostensis mirabilibus, so reperisse, qualiter easdam disponat, et de ecclesia sancti Petri, quam restruere tractabat, qualiter ageret; ac de infirmitate, vel evasione sua, et cætera; item, de villis Boletico et Fago, quæ debitas presbyteris, decimas recusabant dare, quid esset agendum; item, pro mandatis papæ Joannis de Hincmaro Laudunensi ad eumdem Atulfum ab ipso papa directo, quid illi sit observandum. Waloni Metensium præsuli, ad litteras quas illi direxerat pro documentis vitæ pastoralis, et confœderatione fraternæ unanimitatis, atque de repentina ipsius provectione, ut confortabilia sibi verba remandaret expetenti; item, pro quodam presbytero, cui domnus Hincmarus quasdam res Remensis Ecclesiæ conjacentes in Vosago commiserat, qui eas male tractaverat, et nonnulla contracta fuerant ex eisdem rebus in potestatem Metensis ecclesiæ; item, pro consilio, quod ab eo petierat, de contentione quarumdam rerum, quæ versabatur inter Metensem et Treverensem Ecclesiam, et de pallio a sede Romana sibi obtento, unde archiepiscopus ipsius litteras papæ suscipere noluit; item, pro ordinatione Virdunensis episcopi, quem post obitum Berardi contra regulas provehi compererat, hanc epistolam suam sacris institutionibus instruens, et qualiter ordinandus, vel non ordinandus sit episcopus, divinis auctoritatibus ostendens, et alia præterea quædam. Hedenulfo, quem post Hincmarum Lauduni ordinaverat episcopum, pro quibusdam diaconis, quos ei dirigebat ad sacerdotium provehendos; item, pro quodam orphano, cui suam asserebat idem episcopus hæreditatem, et alia quædam. Arnoldo episcopo, pro quibusdam, qui homicidium perpetraverant in Remensi parochia, et pacem obtinere non valebant, sed pœnitentiam facere quærebant, quam in hac parochia non poterant agere, quid de ipsis observandum foret; item, pro consilio quod petierat sibi dari super adventu Ludovici Transrhenensis, et quid ipse domnus Hincmarus eidem regi eum ad se venire jubenti remandasset. Franconi episcopo, pro litteris commonitoriis, quas jussione regis mittebat Hugoni imperatoris Lotharii nepoti, rogans ut et idem Franco missum suum talem cum misso ipsius mitteret, qui cum salvum ducere et reducere posset; item, pro Eurardo, quem communem suum et ipsius filium vocat, et ut pro eo apud Ludovicum regem Transrhenensem, et reginam intercedat, obsecrat, et cætera. Bernoni Cathalaunensi, pro Noviomagensis Ecclesiæ missis, qui ad se post obitum Rainelini episcopi sui venerant, ut eos idem Berno ad præsentiam regum perducat, et eisdem regibus litteras hujus domni Hincmari relegat, et intelligere faciat, et pro hac causa tam apud reges, quam apud palatinos, secundum ministerium suum intercedere satagat; item, pro electione pastoris præmissæ Noviomagensis, vel Tornacensis Ecclesiæ, et quia formam visitationis, vel electionis Adalberno episcopo, et eidem Ecclesiæ transmiserit, monens ut petat reges, et Hugonem abbatem, ut quantocius sibi litteræ a regibus super hac causa mittantur, quia ipsa Ecclesia sine detrimento diu vacare pastore non poterat; item, pro eadem re, et aliis quibusdam. Adalberno, pro visitatione præfatæ Tornacensis Ecclesiæ, ut eidem suam visitationem solerter impendat, et frequenter electionis formam clero plebique relegat, et inculcet, ne per ignorantiam ab eadem forma in aliquo devient; item, pro electione pastoris ipsius Ecclesiæ, et quia multi laborarent, ut non per ostium intrarent (Joan. x), non timentes, neque verecundantes fures fieri et latrones, et quia mandandus sit ad præsentiam regum, quo cum perrexerit loquatur secum, ut qualiter hinc de cætero sibi sit agendum simul considerent, et cætera ; item, pro querimonia et proclamatione cujusdam presbyteri ejus parochiæ, ostendens qualiter episcopi rusticanarum parochiarum Ecclesias disponere debeant, et gubernare ; monens, ut legat sæpius homiliam beati Gregorii ex evangelio : Designavit Jesus, et alios septuaginta duos. Regula quoque pastoralis ejusdem beati Gregorii (GREGOR. hom. 17 in Evang.); cum sacris canonibus frequentius relegatur, et quæ [i. regulas, etc., relegat, ut quæ] ibi sequenda leguntur, viriliter exsequantur: et quæ cavenda inveniuntur, sollicite caveantur. Hetiloni [al. Hedit.] Noviomagensi, ut in adjutorium et fidelitatem regum, et orationibus, et auxilio quo potuerit satagat, significans in magna se tribulatione vallatum a barbaris esse, et quod cæteris omnibus deprædatis, tanta quærebatur pro civitate redemptio, quantam explere non valeret; item, quia Ludovicus rex Germaniæ mandaverat illi, ut iret ei obviam, quod tamen non esset acturus, in cippo infirmitatis detentus, mandans huic episcopo, ut et per se, et per sibi commissos precibus insistat, pro pace et defensione Ecclesiæ, et si aliquid utilitatis contra paganos facere potuerit, agat cum primoribus regni quantum valuerit.

De incensis quoque monasteriis, quod ille mandaverat, se dolere, et de his quæ necdum erant incensa satis formidare. Sigemundo episcopo, de reconciliatione pœnitentium, et aliis ad sacrum ministerium pertinentibus, de quibus Hildegarium episcopum se significat instruxisse. Item pro benigne tuendis ac tractandis subditis, commemorans eum de corporali medico spiritalem a Deo factum; item ad interrogationem ejus, quid ipse scientiæ requireret a presbyteris suæ parochiæ. Episcopis ad synodum Suessionis (16) ex jussione regis Ludovici Transrhenensis convenientibus legatum suum sacerdotem quemdam dirigens, et pro infirmitatis impossibilitate semet excusans; quidquid favente Domino secundum canonicam institutionem, et episcopale ministerium juste et rationabiliter, æquitate dictante, decreverint, eorum decretis se annuere profitens; quidquid vero sacris canonibus poterit obviare, et a recta fide ac æquitate, et justitiæ tra-

---

(16) Hæc synodus deest in tom. Concil.

mite valuerit deviare, se in nullo assensum præbere, nec ut idem vicarius ejus assensum præbeat vel coactus, annuere, episcopis diœceseos Ecclesiæ Senonicæ scribit pro electione Ansegisi Remensis diœceseos monachi ad episcopatum Senonicum, consensum suum in ipsius adhibens ordinatione. Episcopis quoque totius regni primoribus, commonens, et exhortans eos intemeratam fidem regi suo Karolo conservare, quando idem rex Romam perrexit; item episcopis, abbatibus, comitibus, et cæteris Dei fidelibus ad quoddam collegium convenientibus, quo ipse corporis infirmitate præpeditus abire non valuerat, gratias agens Deo pro quibusdam primoribus regni, qui ab episcopis aliquantulum dissenserant, at tunc, gratia Dei largiente, beneplacitæ sint unanimitati conjuncti. Significans per has litteras, et missum ecclesiæ suæ comministrum, se de bonis eorum studiis ac dispositionibus congaudere, suadensque ut secundum sapientiam eis a Deo datam, divinis obedientes præceptis, remotis privatis studiis, et indebitis cupiditatibus, ac noxiis contentionibus, primum quæ ad generalitatis salutem, pacem, et utilitatem pertineant, inquirant, et exsequi procurent : adnectens sacras auctoritates de veste Christi, quæ est Ecclesia Dei, hortansque ut seipsos tota virtute armantes justitiæ zelo erigant, et jugum oneris matris eorum Ecclesiæ, ac virgam exactoris ejus (*Isai.* ix) confringant, et vincula colli filiorum ejus dissolvant (*Isai.* lii); si qui sint oppressi maximum allevationis porrigant; si qui forte depravati cupiditate vel gratia, ad unanimitatem gregis Dominici reducere studeant; amplectantur consilium beati Gregorii, cæterorumque sanctorum Patrum ; et ipse quoque quod illi ad pacem populi Dei et justitiam procurandam decreverint, votis et obsequiis, quantum Dominus donaverit, prosequetur. Subjungit quoque sacras auctoritates de canonice promovendo, vel eligendo episcopo.

CAPUT XXIV.
Quæ abbatibus quibusdam scripta direxerit.

Aliis quoque diversis personis, tam clericis quam laicis, honestis etiam feminis, diversa pro utilitate cujusque reperitur scripta direxisse, nemini adulando parcens, sed commoda cuique pro rei opportunitate suggerere satagens. Ludovico abbati suo litteras misit pro repetendo corpore sancti Deodati, quod quidam Giso, cupiditate rerum ipsius sancti ductus, ex diœcesi Remensi furtim transferri fecerat in Parisiacensem parochiam, inconsulto episcopo in cujus jacebat episcopio. Asserit autem in his litteris se nemini, neque sibi vel proprio suo sanguini, contra divina parcere jura. Sed et indignantem pro his abbatem iterum litteris monere non destitit, hortans et admonens, ut ecclesiasticis regulis satisfacere procuraret; item, pro quodam nepote suo, quem commiserat ei, et pro rebus a rege per dispositionem ipsius domni Hincmari monachis sancti Dionysii traditis. Hilduino abbati

(17) Habita est anno 855, sub Bened. III.

pro epistola regis Karoli, et misso suo cum litteris ad imperatorem Lotharium perducendis. In quibus se quædam de salute ipsius imperatoris suggerere manifestat, ut emendet, quæ ipsi notificat emendanda, et de censu solvendo ex villa Dudeciaco. Item simul cum synodo episcoporum apud Carisiacum habita (17), scribit Hilduino Karoli regis archicapellano, et pro Ecclesia Lingonica, quam Wlfadus Ecclesiæ Remensi alumnus contra canonica occupaverat decreta. Unde suggesserat eadem synodus regi, ut alterum ad regendam præfatam constitueret Ecclesiam, et rex jusserat ut episcopi quærerent talem, qui posset in episcopali ministerio eidem Ecclesiæ proficere, eorumque vota in Isaac ipsius Hilduini discipulum convenerant, obscurantes hujus in hoc Hilduini consensum, et deprecationem ipsius pro eo apud regem; Brunuardo abbati, pro rebus sancti Remigii vel colonis Remensis Ecclesiæ in Thoringia constitutis; Adalardo abbati, de amicitia inter ipsos, et qualiter debet esse verus amicus; Grunoldo abbati, pro Sigeberto fideli suo, ut res ejus quæ conjacebant in regno Ludovici, in sua dominatione et tutela commendatas susciperet, et ut regi Ludovico suadeat, ne, perversorum credens consiliis, in talia se ulterius immittat, qualia contra fratrem suum Karolum tunc egerat; unde tale dedecus ipsi accidat, quale non accidisset, si exhortationibus hujus domni Hincmari aquiescere voluisset.

Trasulfo [i, Transulfo] Corbeiensi cum fratribus sibi subjectis, pro quodam fratre, qui præsumptive abscesserat a monasterio, quem a rege receptum in gratia præceperat, idem pontifex ad monasterium festine reverti, pro quo rex rogaverat, ut mandaret, quatenus in monasterio pacifice susciperetur, donec conversationis ejus modus a rege, et eodem archiepiscopo tempore opportuno disponeretur; item, ad eosdem gratiarum referens actiones pro impensa sibi ab eis benignitate, memorans se plurimum in eorum orationibus confidere, et eis devotum existere, commonitoriaque salutis eis dirigens hortamenta, ut quique in ipsis navem Dominicæ gubernationis susceperant regendam, contra insurgentium tempestatum impetus impigra sollicitudine dirigere studeant, et ut persecutione imminenti paganorum, quacunque recedendum sit, a bono proposito non recedant, etc.; item, Hilduino, ut certare procuret apud regem pro electione canonica Ecclesiæ Morinensis concedenda, quia et ipse hoc agere satageret quantum posset.

Adalgario abbati, gratias referens de orationibus ab ipso et fratribus sibi commissis Deo pro se oblatis, et de benedictione donorum ipsius abbatis, commemorans etiam de rebus Ecclesiæ Remensis in Thoringia sitis, quas cuidam Amalrico commiserat, sed ipse male abusus eis divinum proinde judicium susceperit, quasque idem abbas sub censu sibi dari petebat. Sed idem domnus Hincmarus id agere sine clericorum suorum consilio renuens, mandat ut easdem ad custodiendum interim suscipiat, et descriptionem earumdem sibi mittere studeat, et postea quod cum ecclesiasticorum consilio ministrorum rationabilius consideraverit, ei remandaturus sit. Item pro eadem re post missam sibi descriptionem, significans insuper Ludovico regi se pro iisdem rebus litteras misisse, ad petitionem ipsius abbatis, notificando ipsas res eidem abbati se commisisse, petendo quoque, ut ei solatium ferret, quatenus ipsas ordinare quiete valeret. Sed et Popponi cuidam, compescendo eum ab harum inquietatione rerum; familiæ quoque in eisdem rebus consistenti litteris mandans, quo eidem abbati obedientes in cunctis existerent. Anastasio venerabili abbati ac bibliothecario sanctæ Romanæ Ecclesiæ, gratiarum referens actiones pro benedictionibus sanctissimis ab eo sibi per Actardum episcopum directis; suas eidem quoque abbati mittens munerum benedictiones. Quædam etiam opuscula suo labore confecta ipsi delegans; item, pro beneficiis sibi ab eo collatis, et ut suggestionem suam domno papæ acceptabilem faciat, et de memoria benedictionis, quam dirigebat ei (*de hoc supra, cap.* 21). Gregorio ejusdem Romanæ Ecclesiæ nomenclatori, et apocrisiario, asserens quod præfatus Anastasius multa bonitatis insignia sibi de ipso suis litteris intimaverit, et quod magnam fiduciam in ipsius habere posset amicitia sinceriter mandaverit; unde et petit ut isdem Gregorius se inter fideles amicos suos tenere dignetur. Guntario abbati, pro quodam irreligioso monacho, quem de monasterio irreverenter proprio libitu recedere siverat. Unde valde reprehendit eum, ostendens ex auctoritate regulæ quod ita non debuisset eum dimittere; monetque ut cum misso regis perquiratur, et comprehendatur, atque in monasterium reducatur, et in arctissima custodia retrudatur, ejusque culpæ describantur, sibique descriptio ipsa cum proprii episcopi litteris dirigatur, ut secundum sacras regulas cum consilio coepiscoporum de ipso decernat. Gozlino, pro Bernardo nepote ipsius, qui seditionem contra regem moliri ferebatur, hortans ut ab hac intentione studeat eum revocare, et ut ipse Gozlinus pro nullo carnali affectu a recta via declinet; fratrem quoque suum Gozfridum commoneat, ut ambo memores parentum suorum a fidei sinceritate non degenerent; item, quærendo cur ad se missum vel litteras non dirigeret, ut facere solitus fuerat, exhortans ut id frequenter pro mutua dilectione atque consolatione facere studeat; item, significans quomodo de dilecto filio ei Gozlinus idem factus sit inimicus, et adhuc charum filium eumdem nominat, et injurias sibi ab eo illatas non solum patienter, sed et libenter se ferre depromit, ac petit ut reminiscatur, quia Remensis ecclesia eum regeneravit in Christo, tonsumque in clericum sub religione nutriverit et docuerit, de captione paganorum redemerit; ad gradus Ecclesiasticos usque ad diaconatum provexerit, plurimorum monasteriorum per concessionem regum abbatem constituerit. Contra quæ ille potentia elevatus, seditionem quæ in hac Ecclesia, vel in illo regno male grassabatur excitaverit, quibusque similia gesserit, et quantis malis obnoxius sit, prosequendo manifestat; obsecrans ut horum reminiscatur, et vocem Domini se revocantis audiat, animæque suæ misereatur (*Eccli.* xxx), ut salutem consequi mereatur; item, pro correctione ipsius Deo gratias agens, et orans ut confirmet Deus quod operatus est in eo (*Psal.* LXVII), et det illi et velle et perficere (*Philip* II) quæ sibi sunt placita pro bona voluntate, et cætera quædam. Grunhario [*ms.* Grimhario] abbati, pro rebus sanctæ Mariæ et sancti Remigii in Avernico pago sitis, quas interdixerat Bernardo comiti, mandans huic abbati ut eas describeret, et earum descriptionem sibi deferret. Adalgario vocato episcopo, pro rebus Remensis ecclesiæ in Aquitanis partibus conjacentibus, quas Bernardus Tolosanus comes occupaverat; et quia pretio eas obtinere non potuit, deprædatione pessumdedit; donec Deus inde suum judicium exercuit : quasque idem domnus Hincmarus Agilmaro episcopo commiserat, quando etiam de incestis, et usurpatoribus rerum ecclesiasticarum libellum, jubente rege, ipsi episcopo dederat. Mandata quoque pro eisdem rebus ad eumdem episcopum data huic dirigit ; et ut, cum eodem iste quoque, participato consilio, pro ipsis rebus satagat; hortatur, quosdam designans pagos, in quibus eædem res conjacerent, Avernicum videlicet, Nigrummontensem, Lemovicum, et Pictavum. In aliis quoque pagis, quorum non meminit, sed ab hoc requiri atque describi, sibique ipsam descriptionem mitti petit. Lamberto quoque, quem unice dilectum ac visceralem filium suum memorat, admonens et exhortans qualiter agere debeat erga illos, inter quos conversabatur, et qui eum electuri esse videbantur ad episcopatum Mettensem : præcipue monens pestem Simoniacæ hæreseos in omnibus præcavere. Quia proficere, inquit, in ecclesiastico gradu non poterit, qui ad hoc ut hæreticus fiat, promovetur. Suadet etiam ut regulam pastoralem sancti Gregorii festinanter legat ac mente recondat, et secundum eamdem regulam se interius et exterius in viam, qua ad episcopatum pervenitur, dirigat; et per quam in episcopatu ad vitam æternam tenditur, corrigat, significans se amicis suis, tam episcopis quam comitibus regni Lotharii pro eo litteras dirigere, fidem facere, quia de consiliis et salubribus ipsius exhortationibus non deviabit, petitque ne mendacem super his apud amicos eum faciat. Hugoni abbati, pro electione Noviomensis episcopi post decessum Ragenelini, petens ut hortetur reges Ludovicum et Karlomannum (18), quatenus voluntatem Dei, et antecessorum suorum consuetudinem in hac causa conservent. Notificat etiam illi obitum Hincmari nepotis sui Laudunensis episcopi, rogans ut pro ejus animæ remedio per subjectos ac familiares suos

---

(18) Ili erant filii Ludovici Balbi ac nepotes Caroli Calvi.

"Domini misericordiam deprecari satagat [ms: satagant]. Item, ut præfatis regibus necessarios constituat nutritios, quia nimis juvenem habebant consiliarium, et de his quæ sibi iidem reges pro custodia Tornacensis parochiæ [j, pro custodienda Tornacensi parochia] mandaverant, et quid ipse super his egerat, quidve illi postea remandaverint, vel quid ipse rescripserit eis nolentibus assensum præbere super electione canonica præfatæ Noviomensis Ecclesiæ; et quia ipse nihil inde aliud egerat, nisi quod per triginta et quinque annos in hujusmodi negotio solitus erat. Et quid sibi mandatum postea ex parte regum, vel ipsius Hugonis in hac causa per Warinum clericum fuerit, quasque litteras deinde præfati reges eidem miserint. Adjungens sacrorum canonum promulgatas super electione canonica auctoritates, et ostendens, quod non episcopi de palatio præcipiantur eligi, sed de propria qualibet Ecclesia, et quod de ordinando episcopo, non regis vel palatinorum debet esse commendatio, sed cleri et plebis electio, et metropolitani in electione dijudicatio, deinde terreni principis consensio, et sic fieri episcoporum manus impositio, asserens pro certo quod ipse in neminem specialiter intenderet, nisi ut quisque sit, secundum sacram auctoritatem ad hoc accederet officium, et quod spiritale ministerium postulat, sciret ac faceret, etc. Item mittens ei exemplar epistolæ, quam regi Karolo, Ludovici Transrhenensis filio direxerat, pro regibus adhuc pueris Ludovico et Karlomanno, hortansque ut si potuerit obtineat, quatenus idem Karolus (quia filium non habebat) unum ex his regulis sibi adoptet in filium, et sub manu boni ac strenui bajuli ad hoc eum nutriri faciat, ut sibi hæredem aut in totum, aut in partem statuat; et ut secrete Hugo apud Karolum obtineat, quo et horum puerorum, et regni hujus causam super se totam suscipiat, et quæque disponenda regio sunt in ministerio, ipse disponat. Præmittens etiam, ut scripta sua, quæ Karolo mittebat, ipse Hugo, si haberentur utilia, et rationabilia, suo sapienti consilio et prudenti prosequatur studio; sin secus quam inibi deberet inveniretur, sapienter illud commutare, vel si foret necesse quid addere, vel obtinere satageret. Item, pro mandatis Ludovici Germaniæ regis, ac suasionibus; primo scilicet ut episcopos Remensis diœceseos eidem regi apud Attiniacum obvios ire præcipiat; secundo ut ei consilium remandet, qualiter istud regnum disponat, quid videlicet ad hæc missis ejusdem regis respondeat, et si Ludovicus ipse advenerit, et rogaverit ut eum in regem consecret, quid et qualiter inde sit illi agendum, etc. Præterea et alia quædam abbati scribit eidem.

CAPUT XXV
Quæ sacerdotibus, vel monasteriis quibusdam scripsit.

Gautsnino sacerdoti et cæteris fratribus Deo et sancto Dionysio servientibus scribit pro quadam domo sibi quondam ab ipsis concessa, et ex parte ab eodem coempta, quam quidam eorum sibi subripiens, usurpaverat. Unde miratur, si hoc fratres ita fieri cohibuerint de eo, qui in nullo, quantum meminit, inutilis eis fuit, sed sicut illis tunc visum fuerat, in multis utilis et necessarius apud eos mansit, et non modica eis obtinuit et reobtinuit. Non hæc ideo dicens, ut sibi pretiosa sit illa domus ad tenendum, vel corticula, sine charitate, inquit, vestra, et cætera; item, Wiligiso cum cæteris ejusdem monasterii monachis, de eo quod audierat eos a quodam presbytero pretium quærere pro decima; unde maximam se verecundiam dicit habere propter alios homines, qui hoc audituri erant. Quod quantum periculum sit, eis ex divina ostendit auctoritate, et canonum promulgatione, ac deinde : « Absit, inquit, fratres, ut alii ecclesiastici et religiosi viri hoc audiant, quia monachi de monasterio sancti Dionysii decimam vendere quærunt, ut de ipso pretio infernum comparent. Multo magis autem absit, ut hoc laici audiant, quod nemo etiam peccatis publicis implicatus in mea parochia facere audet. Si enim aliquis de alio monasterio quam de nostro hoc tentare, quanto magis facere præsumeret, ab omni communione illum de parochia mea excommunicarem, » etc. Item, eisdem monachis, pro visitatione divinæ miserationis, qua admonitus dies suos sicut umbram declinasse dicit, et se sicut fenum arruisse (*Psal.* ci) : mittens eorum obsequiis tantulam benedictionem, ducentos scilicet solidos de meris denariis; petensque ut apud communem patronum beatissimum Dionysium in sacris orationibus sui memoriam jugiter haberent; poscens etiam pro Haimone fideli suo pene in extremis posito, quem dilectum filium suum nominat. Fulcramno [i., Fulcranno] præposito, et fratribus monasterii Corbeiensis, scribens pro electione abbatis eis a rege concessa, proque litteris regiis super eadem re, et adventu ipsius domni Hincmari ad eos. Unde illum consuluerant, instruit ipsos, qualiter in hac electione eis sit agendum secundum doctrinam beati Patris Benedicti, ut in omnibus magistram sequantur regulam, nec temere ab ea declinetur a quoquam, utpote rationem reddituri pro omnibus ante tribunal Domini nostri Jesu Christi. Magenardo præposito (*de hoc supra, cap.* 23), et fratribus in monasterio S. Richarii degentibus, pro litteris, quas apostolicus papa regi Karolo, sibique miserat, pro quodam, qui monachum, atque presbyterum interfecerat; in quibus litteris tenorem injunctæ pœnitentiæ exposuerat, admonens ut divinis monitis in his quæ ipsæ litteræ præcipiunt obedire procurent. Monachis cœnobii sancti Medardi pro Hainoardo monacho, qui veniam pro excessibus suis apud regem postulaverat; de quo ex verbo regis mandat, ut cum vel ad habitandum regulariter inter ipsos recipiant, vel juxta petitionem illius litteras dimissorias illi ad certum locum faciant; et absolutum abire cum pace permittant. Sigebodo sacerdoti et præposito monasterii sanctimonialium Lugdunensis Ecclesiæ, super interrogatione qua requisierat ab eo, qualiter oporteret eum agere de inquisitione sibi commissa in Oriniaco monacharum monasterio super abbatissa et præposito ipsius monasterii, unde interroganti respondere, quia non verbis de talibus, sed scriptis respondere deberet. Quocirca rescribens quoque ostendit quæ in legibus, quas catholica probat Ecclesia, et in regulis ecclesiasticis de his scripta sint : præcipiens etiam, ut privilegium ipsius monasterii sibi afferatur, et notificentur ei per certas personas de certis rebus accusationes ipsius abbatissæ atque præpositi, ut secundum sacras regulas cum consilio coepiscoporum et visitatoris Laudunensis episcopii, quia tunc episcopus ibi non habebatur, inde Domino inspirante decernat [i, decernatur]. Quibusdam decanis parochiæ Suessonicæ, pro quodam presbytero, qui præjudicium passus justitiam et judicium apud episcopum suum Rothadum non valebat obtinere, unde et ipse domnus Hincmarus eumdem præsulem monuerat, ut si propter infirmitatem non valeret ipse ad synodum venire, vel missos suos, comministros videlicet Ecclesiæ sibi commissæ, mitteret, ut res canonice diffiniri valeret ; admonetque per has litteras eosdem decanos, et metropolitana præcipit auctoritate, ut presbyteros decaniæ suæ ad denuntiatum placitum venire commoneant, et cum eis ipsi veniant. Quod si non fecerint, synodalem sententiam apud proxime futuram synodum se noverint accepturos. Sigeberto cuidam sacerdoti, pro Heidilone episcopo ipsius, de quo talia se audisse dolebat, qualia de bono laico dici non conveniret, et quia culpabatur quod talem episcopum ordinaverit, asserens se de illo, quem ante non cognoverat, fidei, et testimonio ipsius Sigeberti credidisse, præcepitque ipsi Sigeberto ad se venire, ut ore proprio ei dicere possit, quæ de episcopo audivit, et si vera forent, simul considerarent, qualiter illa corrigeret; si vera non essent, qualiter mendacia esse docerentur.

CAPUT XXVI.
Quæ viris quibusdam illustribus.

Viro illustrissimo Eberardo, ex principibus imperatoris Lotharii, litteras dirigens pro adipiscenda familiaritatis apud eum gratia quondam sibi ab ipso gratis oblata, congaudet bonis quæ de ipso per certas audiebat personas, maximeque [i, maxime quæ] per Amolum præsulem, quem sincerissimum, et charissimum vocat patrem suum, mittens ad ipsum cum litteris etiam fidelissimum quemdam missum suum. Item laudans sinceritatis ipsius devotionem erga Deum, et sacræ auctoritatis cultum, principumque unanimitatem, et ecclesiasticæ pacis studium, debitumque religionis, monens quoque pro charitatis officio, ut sicut coepit melius ac melius proficiat, quia natura humana, testante Job, nunquam in eodem statu permanet (*Job* XIV), et quia in isto sæculo quacunque præditus quis potestate contra fluminis tractum navigat; qua de re aut viriliter navigans superiora petet, aut remissis manibus habet ad ima relabi. Studeat autem præcipue, ut Deo super omnia placeat; deinde ut Ecclesiæ pacem provideat; tum ut principibus bona non solum suggerat, sed etiam ingerat. Viris ecclesiasticis et locis sanctis debita privilegia acquirere insistat, populo Christiano pacem et unanimitatem procuret, bene agentibus congaudeat, male agentibus resistat, seipsum, sobrie, juste et pie vivendo (*Tit.* II), solerter custodiat, et cætera exhortationum valde necessaria. Post quæ suggerit etiam de quibusdam necessitatibus, tam ex monasteriis, quam et aliis, pro quibus, et imperatori litteras direxerat, quæ in parochia sua ab illius erant auctoritate corrigenda ; et reliqua de utilitate animæ, et consilio spirituali conservando. Fulcrico cuidam (*de eodem supra*, c. 20), præmissi imperatoris magnati, qui uxorem legitimam illegitime dimiserat, alteramque insuper duxerat, vocans ad synodum, excommunicationis jam in eum datæ, atque in comprovinciali synodo confirmandæ pandit modum. Item postquam poenitentiam pro hoc admisso visus est suscepisse, iteranti vias suas, et reverso ad vomitum suum, manifestam dat excommunicationis sententiam, cunctisque id notificare satagit fidelium Christi personis, quibuscunque audire contigisset, maximeque episcopis, in quorum videbatur parochiis conversari, vel frequentare.

WLFINGO cuidam ministeriali ejusdem imperatoris Lotharii, commemorans familiaritatem, quam quondam ab eo poposcerat, et dilectionem quam ei spoponderat, rogans ut innotescat imperatori super epistola quam frater ipsius Karolus (*Carolus Calvus*) rex eidem dirigebat, quatenus eam suscipiens, familiariter distinguat, et secreto legat. Censum quoque de villa Dudeciaco anni præteriti cum censu præsentis anni sibi transmitti jubeat : unde in illius memoria aliquid ornamenti in sepulcro sancti Remigii facere posset, quod ornare, et corpus ipsius sancti in crypta disponebat a novo præparata transferre. Item pro repetitione præmissi census de villa Dudeciaco sex librarum, ne forte suggeratur imperatori, quod cupiditate illectus hunc censum repetat, quem in suos usus nunquam redegerat ; sed cupiens evadere periculum, ne silentio suo in diebus suis census ipse depereat, et ipsa villa in alodem vertatur, et ecclesiastica mancipia in servos et ancillas dispertiantur, sicut et de multis, tam rebus, quam mancipiis hujus ecclesiæ, sed et de ipsa jam villa fiebat. Enitens etiam, ut senior suus inde periculum non incurreret, vel ipse cum ipsius periculo partem non haberet. Asserens quod si cupiditas in hoc eum vexaret, duodecim libras repeteret, quas avus et pater hujus regis inde solverunt, etc. Subinfert etiam quædam de præfato Fulcrico, qui Roma veniens jactabat epistolas papæ pro absolutione sua tam regibus se, quam huic archiepiscopo deferre. De quo monet hunc Wlfingum, ut suggerat regi, ne seducatur in hac causa ; sed omne cum ratione cavens periculum, faciat, ut veniant ipsæ epistolæ coram illo et episcopis, et quidquid melius inventum fuerit inde sequantur, ut quia interim quod rationabiliter et canonice factum fuit, non debeat contemni ; Nantario amico suo fideli, pro rebus sancti Remigii disponendis in Wormacensi pago, inferens quod quidam homines cum petierint, ut præstaret illis colonos earum rerum ad diversas operas, et quidam ut venatores illorum in ipsis rebus per aliquod tempus manere concederet ; quod neutrum se concessisse, vel concessurum esse fatetur, quoniam sui antecessores hoc facere non sunt ausi, quia sanctus Remigius cum grandi maledictione vel interminatione hoc fieri vetuerit (S. REMIG. *in suo testamento*), etc.; Immoni comiti, pro rebus hujus ecclesiæ in regno Aquitanico conjacentibus, ut auxilium ferret earum provisori, cui committebantur. Gerardo comiti nobilissimo, pro Isaac Lingonicæ sedis electo, ut per ejus hortamen ordinaretur episcopus, quia Wlfadus, qui ipsam occupaverat ecclesiam, canonice non potuit ordinari ; item, pro his quæ sibi litteris idem Gerardus significaverat ; scilicet quod Karolus Franciæ rex senioris ipsius Karoli Cisalpinæ Galliæ regis regnum sibi vellet subripere, quod ipse domnus Hincmarus nequaquam fieri asserit ; de rebus quoque S. Remigii in Provincia sitis, pro quibus audierat domnum Hincmarum ad regem proclamasse, quod se penitus negat egisse, nec quotiescunque necesse fuit, pro ipsius [*i.* ipsis] rebus ad alium, quam ad ipsum Gerardum, et ad suos fideles inde suggestionem, direxisse; de hoc etiam quod scripserat hic comes se audisse, quod rex iste Karolus monasteria vellet usurpare, quæ beato Petro apostolo idem Gerardus tradiderat : et quia si res ipsius, quæ in hoc regno conjacerent, ab eo forent ablatæ, ipse licet invitus res hujus regni, quæ in illo habebantur regno præsumeret; respondet domnus præsul, quia sua voluntate nemo res ecclesiæ in suum periculum usurparet; timere se, asserens ne coram Deo dignus habeatur, ut hoc in tempore sacerdotii sui commissa sibi patiatur ecclesia. Verumtamen si quis præsumpserit, plus illi dolere quam sibi, periculum præsumptoris ex divinis pandens auctoritatibus. Adjiciens quoque de eo quod se monuerat, ut sacri causa ministerii regem a talibus revocaret excessibus, quia prius in illius dispositione talia non perceperat, et de vanis suspicionibus suum non erat seniorem corripere, ideo nec inde monuerat. Nunc autem certam et causam habens, et personam, debita devotione ac fidelitate studebit dominationem ipsius monere.

Item pro præfatis rebus sancti Remigii, de quibus idem Gerardus huic archiepiscopo litteris significaverat se condolere, quia devastabantur a multis et plures earumdem vastatores dicerent quod per concessionem regis Karoli, et hujus domni Hincmari easdem res occuparent. Unde notificat eidem Gerardo, quia ex quo easdem res eidem commiserit, nullius alterius eas provisioni delegaverit, nisi tantum Hildoardo cuidam nutrito suo injunxerat, ut majori villæ in his quæ necessaria fuissent, auxilium ferret, sub defensione tamen et tutela præfati Gerardi comitis, addens de cæteris earumdem rerum usurpatoribus quid agendum sibi videretur. Ipsas autem res nulli homini suo vel alterius in beneficium dare auderet, quia sanctus Remigius hoc in suo testamento terribiliter contradixit. Ipse vero comes, qui pro amore sanctæ Dei Genitricis et sancti Remigii, res ipsas in sua tuitione susceperat, sicut bene cœpit, ita viriliter de cætero agere procuret, quoniam in Remensi ecclesia per decem monasteria tam canonicorum, quam monachorum, atque sanctimonialium, amplius quam quingenti, pro ipsius præsenti et perpetua salute, in psalmis, et canticis spiritalibus, atque sacris oblationibus continui oratores existant, etc.

Item pro eisdem rebus pene similia. Item mittens ad easdem res ordinandas per ipsius comitis auxilium [*i.* consilium], atque disponendas, monachum atque presbyterum de monasterio sancti Remigii nomine Rotfridum. Rodulpho illustri comiti, pro infirmitate conjugis ipsius; et pro eo quod ferebatur idem comes inter regem et quosdam subjectos ipsius quædam contraria seminare, asserens sibi quoque domnus Hincmarus, quia ab hujusmodi re valde se immunem putabat, hoc ipsum reputari; et quia de his qui erant cum rege talia mandata venirent, quæ non convenissent. Unde nihil eidem comiti scribere posset, neque per alium mandare, donec simul loquerentur, et de talibus quæ vidissent melius ad utilitatem et honestatem senioris sui pertinere, mutuo conferrent, quantocius autem potuisset ad regem pergeret, et cum illo degens, quantumcunque valeret, certaret, ut se coram Deo corde et opere custodiret, orique suo ab ipsis etiam qui putabantur amici, custodiam imponeret (*ps.* CXL), et de convocatione fidelium regis, et directione ipsius animi, atque discissione hujus regni; sed ab interfectione Britonum Herispogii, Salomonis, et Almarchi, atque de itinere reginæ ad regem, prout ipse mandaverat, et quia multum de rege timebat. Item de eo quod in litteris ipsius comitis, inter ipsum comitem et regem commotionem cognoverat esse indebitam, unde satis tristis effectus erat. Et quia de his quæ sibi litteris significaverat, apud regem, prout potuisset, satageret, et quidquid inveniret, si eum remitteret, ipsi remandare curaret. Adjiciens quid sibi de hominibus suis acciderit, quos secum super Ligerim habuit, monens et confortans illum in Domino, ne commoneatur leviter pro talibus, quibus illi qui Deum timere nesciunt, commoventur : sed suum bonum nomen, sicut bene cœpit, usque ad finem perducere studeat. Et quia regis animum jam bene cognosceret, qui licet aliqua sit perturbatione commotus, statim ut cum eo locutus fuerit et ei suam devotionem manifestaverit, sicut decet, et sicut rectum est, eum habebit. Admonens, ut juxta Apostolum, omnis indignatio auferatur ab eo cum omni malitia (*Ephes.* IV). Quod si fieret, pro eo quod rex nepos ipsius esset, plus pium animum erga eum haberet, pro hoc quod senior ipsius esset, plus humilem haberet animum circa ipsum, etc. Uvelfo cuidam nobili viro, multas gratiarum referens actiones, quod talem erga se conservasset amicitiam, ut hominem ipsius sine consensu ejusdem recipere noluisset, et quod idem homo se sine causa dimiserit, et sine licentia sua irreverenter abcesserit, quod nemo suorum adhuc alius fecerat, intimans qualiter eum susceperit, et quam benigne nutrierit, multaque illi bona fecerit, qualiterque iste inter seniorem suum et regem missus ad ipsum, inconvenienter egerit. Petit autem, ut nullatenus eum recipiat, antequam secum loquatur, et sciat si rectam contra se idem homo rationem habeat, adjiciens non id se de illo ideo replicare, ut aliquod odium illius teneat, sed ne ille contra justitiam recipiens hunc, in Deum peccet, et in se amicum ipsius offendat, præsertim cum salva amicitia, per ejus licentiam illum habere poterit. Folconi comiti palatii regis, pro quodam presbytero parochiæ Suessonicæ, qui relicto ecclesiastico ad civile judicium proclamaverat, super accusatore suo, qui probaturum se promiserat esse quod adversus eumdem presbyterum proferebat. Mandat autem huic comiti, ne in hac se causa commisceat, antequam ab eo tractetur an id rationabiliter fieri debeat, quia de presbyteri et Ecclesiæ causa ad episcopos et ad synodum diffinitio pertineat, non ad malli vel civilium judicum dispositionem, etc. Maioni illustri comiti, gratiarum referens actiones pro benignitate et sollicitudine, quam domno Theoderico Camaracensi præsuli, viro sancto, et ecclesiæ ipsius exhibere curabat, petitque ut si in eorum diebus idem Dei servus ad communem Dominum transiret, pro electione concedenda clero et plebi ecclesiæ ipsius apud Lotharium imperatorem satageret.

De pace quoque procuranda inter reges, unde sibi scripserat, rescribit, quia semper eam desideraverit, et ut inviolata inter eos maneret, prout potuit, commonere curaverit, et quantum Deo cooperante valuerit, inde laborare curabit. Rorico Normanno ad fidem Christi converso, ut in Dei voluntate, et mandatorum illius observatione proficiat, sicut et eum velle ac facere per multos audiebat, et ut nemo ei persuadere valeat, quo contra Christianos paganis aut consilium, aut adjutorium præstet, quia nihil ei proderit baptismum Christianitatis accepisse, si contra Christianos, vel per se, aut per alios quoscunque perversa, vel adversa fuerit machinatus, et cætera, quæ prosequitur, episcopaliter intimans, quantum in tali sit machinatione periculum. Monens etiam, ut Balduinum a Dei Spiritu, quo canones sancti sunt conditi, per episcopalem auctoritatem propter filiam regis, quam in uxorem furatus fuerat, anathematizatum, nullo modo reciperet, neque solatium, vel refugium aliquod apud se habere permitteret, ne illius peccatis et excommunicatione involvantur tam ipse, quam sui, atque damnentur : sed talem se exhibere procuret, quatenus ei orationes sanctorum proficere valeant. Luitardo illustri viro, pro his quæ de ipso audiebat ad animæ illius periculum pertinentia, præcipue de quodam presbytero, quem contra leges de ecclesia ejecerat, et alterum ibi constituerat, efficaciter et episcopaliter, monens, ut a talibus se præsumptionibus compescat, quia si non fecerit, ipse quod sacræ leges præcipiunt facturus sit in eum, et per omnia regna episcopis usque ad papam Romanum, eum esse mandabit excommunicatum. Presbyterum vero, advenam, quem miserat in eadem ecclesia, ab omni Remensi parochia excommunicatum esse designat. Item vocans eum dilectum filium, et ideo sic eum vocare se dicens, ut talem se faciat, quatenus in ejus dilectione recte manere possit, vel ut item præsul exoptat. Sed audiens eum non talem se exhibere, qualem deberet [i, deceret] erga Remensem ecclesiam, de qua multa bona habebat, ut famulos ipsius ecclesiæ inquietans cum pace non sineret degere, mandat illi ex auctoritate Dei et sanctæ Mariæ, et sancti Remigii, et sua episcopali, necnon ex banno regis, cujus missus ipse pontifex, erat, ut nullum impedimentum, vel ipse, vel homines sui hominibus Remensis ecclesiæ faciant, nec per aliquod ingenium vel per consensum suum : sed si quid rationabile quærere vult contra potestatem Remensis ecclesiæ per legem quærat. Quia si aliter fecerit, tam per episcopalem auctoritatem, quam per missaticum regis, quod inde rectum fuerit sustinebit. Excommunicat etiam quemdam diaconum ipsius, qui adversabatur famulis sancti Remigii, etc. Theodulfo [i, Theudulfo] comiti, pro præsumptione ecclesiastici ministerii, qua defuncto quodam presbytero abstulerat quæ idem presbyter in eleemosyna pro se dari præceperat, et insuper usurpaverat quæ ad ipsam ecclesiam rite relicta fuerant.

Ostendit ergo manifeste quam maximum crimen sacrilegii commissum sit ab eo, sed et quomodo contra humanas egerit leges, et quid inde fieri debeat, et qualiter ecclesiæ in potestate et ordinatione sunt episcopi secundum sacros canones, et imperialia capitula. Unde mandat ei, ut juxta sacras auctoritates, et regum præcepta, quidquid de facultatibus ipsius ecclesiæ acceperat præsentialiter ecclesiæ reddat, et presbyteris, quibus res commendatæ fuerant, restituat, deinde ad se veniat, ut inde medicinam accipiat, quatenus sanus fiat, dans illi spatium septem dierum postquam litteras ipsas acceperit, ut octava die ad se veniat, quo vel si non est ita, debitam rationem reddat, vel si est ita, congruam satisfactionem agat : quod si non fecerit, exemplar istarum litterarum ipse regi transmittet, ut ille suum inde ministerium faciat, et postea idem præsul suum exinde perficiet. Et quoniam audierat quod ipsam ecclesiam idem comes denominato pretio vendere pararet, adjecit : « Propterea sciens, inquiens, quia si vel unum denarium tibi aliquis clericus pro ipsa ecclesia, vel pro alia aliqua in mea parochia, per se, aut per immissam personam dederit, per me ordinatus in ea non erit. Si autem vis ibi habere presbyterum, adhuc mihi talem clericum, qui aptus sit sacro ministerio, et ego illum inquiram, et illi ecclesiam dabo, et tunc illum ordinabo, si mihi talis clericus satisfactionem fecerit, quod nullum pretium inde donaverit. Et si tu ita facere non volueris, ego ordinabo, qualiter populus ibi officium habeat, usque dum ibi ordinem presbyterum. Cui si aliquod impedimentum contra divinas et humanas leges feceris, et manifestum fuerit, presbyter ibi permanebit, et tu et omnes qui tibi consenserint, ab omni Christianitate usque ad satisfactionem eritis separati. Hæc, chare fili, ideo mando tibi et taliter commoneo, quia salvum et honoratum te cupio, et inter filios ecclesiæ te in loco filii habere volo. Et si me coegeris, ut sicut Dominus dicit in Evangelio, sis velut ethnicus et publicanus (*Matth.* xviii), non mihi, sed tibi reputare debebis. Postquam istas litteras dictavi, dictum est mihi quod matricularios a ministro meo constitutos de illa matricula ejecisti, et ibi Bovarium [*i.*, Bonarium] misisti, et pro illa matricula in pretio unum asinum accepisti. Quod si ita est, non solum criminaliter fecisti, quia contra omnes leges ecclesiasticum ministerium homo laicus usurpasti, et eleemosynam, id est misericordiam pauperum, ac per hoc Deum, qui misericordia miserorum est, sicut Judas proditor, vendidisti. Sed etiam turpiter in hoc nimis fecisti, ut de mendicitate, de qua mendici vivere debent, comes et honoratus regis consiliarius in pretio asinum accepisti, et omnes qui hæc audiunt pensare possunt qualiter de aliis causis pro amore et timore Dei, et reverentia tui ministerii juste et recte facis, qui de tali miseria sine ulla verecundia turpe lucrum requiris. »

Anselmo illustri viro, pro quodam presbytero, quem apud se accusaverat, sed ad denominatum placitum non venerat, significans purificasse hunc presbyterum canonice seipsum a crimine coram missis ipsius Anselmi, in conspectu plurimorum tam clericorum quam laicorum, non tamen misisse, quia nec debuerit, in sacramentum plures sacerdotes ipsius testes. Hortatur autem et monet, ut omnem rancorem, quem contra præfatum presbyterum habebat, a corde suo expelleret, ostendens quantum malum sit odium retinere in corde. Interdicit etiam auctoritate Dei et sanctorum ejus, ut eidem presbytero nullum præjudicium vel machinationem inferat, quia si fecerit, ipse inde suum ministerium faciet. Precatur etiam ut justitiam Deo, sibique faciat de hominibus suis, qui presbyteris quibusdam testibus præmissi presbyteri ausi sunt injurias intulisse, quia si non fecerit, et de ipsis quoque suum facturus sit ministerium. Bernardo comiti Tolosano propinquo suo, pro rebus Remensis ecclesiæ in Aquitania conjacentibus, quas ille in præstariam sibi concedi petebat, quod idem præsul se facturum negat, quia non audeat, propter testamentum sancti Remigii, quod id omnino fieri prohibuerit. Unde alteri quoque Bernardo comiti Rodomensi [*i.*, Rodonensi] scribit ut loquatur cum hoc Bernardo, ne res easdem suis hominibus in beneficium donet, ut eum fecisse audierat, et de inqui-

sitione harum rerum, si rex juberet, per ipsum agenda. Item præfato Bernardo Tolosano pro eisdem rebus, adjurat illum per Deum omnipotentem Dominum Jesum Christum, et per ejus Genitricem, sanctumque Remigium, ut nihil inde præsumat, nec ullum impedimentum mancipiis in iisdem consistentibus faciat : neque Bernardo comiti Arvernico, cui easdem commiserat ad defendendum, inde molestiam ingerat, quia si fecerit, eum a liminibus sanctæ ecclesiæ, et a communione fidelium cum plenitudine episcoporum, tam Aquitaniæ, quam aliorum regnorum segregabit; item, admonens eum pro eadem re, ut conciliet sibi amicitiam sanctæ Mariæ et sancti Remigii de præfatis rebus, ostendens ex sacris auctoritatibus, quantum periculum sit res sacras injuste retinere, caveatque ne ecclesiasticum judicium proinde mereatur in hoc sæculo, et æternam perditionem in futuro ; item, quia præjudicium, et non modicum damnum Remensi faciebat ecclesiæ; ostendit eum prædamnatum a sacris canonibus sanctorum judicio, et a se cæterisque præsulibus, quorum res ecclesiasticas usurpabat; legationem pro hoc præjudicio directam, et tunc iterum cum imperatore ad papam Romanum dirigendam, quatenus ejus auctoritate congregata synodus, eum, cæterosque harum ecclesiasticarum pervasores damnationis sententia percellat. Ideo secundum evangelicam auctoritatem prius eum episcopali auctoritate commonet (*Matth.* xviii), atque per crucem Christi et sanguinem ipsius interdicit, ne de rebus ecclesiæ Remensis sibi præsumat, neque a quocunque, nisi ad ipsarum rerum contra pervasores defensionem, præsumi consentiat.

Engelramno, Goslino, et Adalelmo comitibus scribit. (*supra, c.* 18), mittens eis cum litteris suis litterarum regis exemplar, in quibus continebatur, ut episcopos convocaret et laicos fideles regis, ad prohibendum vel resistendum Karlomanno diacono regis filio, qui insurrexerat contra patrem suum, in quibus litteris, quærens quid eis super hoc regis sit agendo præcepto, designat non esse Karlomannum suæ provinciæ, utpote qui sit ordinatus ab Hildegario Meldensi episcopo, et secundum canones non possit aliquid disponere de illo. Episcopus quoque de alia provincia convocandi potestatem non habeat, sed neque suffraganeos suæ sedis tunc tempus habeatur convocandi, cum dies instet natalis Domini; et licet episcopi conveniant, et Karlomanno suas parochias interdicant, non sibi videtur ut pro quod cœpit dimittat, si alia potestas illi non contradicat. Considerandum vero monet rationabiliter, quid juxta mandatum regis super hac re sit agendum, ne malum majus accrescat, significans qualiter conveniendum, et alios eis sit convocandum, dansque consilium ut idem Karlomannus adversum se non provocet Deum et patrem suum, episcopos quoque regni hujus, et populum ad iracundiam contra se, ne et in animo, et in corpore, tam ipse, quam illi qui eum secuti fuerant, pereant. Ipse vero præsul et hi comites mittant ad regem, ut eum faciant, prout melius potuerint, illi placabilem; sin autem aliter, e s videtur, sibi remandent, et cætera. Item eisdem pro hac ipsa re, designans bonum sibi videri fuisse consilium, quia non commoverint populum antequam simul loquerentur, considerantes si quid boni possent invenire cum Karlomanno, credens quia suum et ipsorum debeat obaudire consilium, etc. Item Karlomanno, Goslino, et Conrado, pro jussione regis qua mandaverat, ut ipse præsul cum cæteris fidelibus regis conveniret ad mandatum regis audiendum, et Karlomanno denuntiandum, designans ubi et qua die vel hora simul convenire debeant, et ut Karlomannus Goslinum et Conradum ad ipsos mittat, vel ipse Karlomannus, si placuerit ei, ad eosdem veniat, ut missaticum regis simul cum ipsis audiat, et ibi pariter considerarent, qualiter ei ad salvationem et honorem suum de cætero sit agendum. Harduino comiti, pro causis supradictis de Karlomanno, quomodo tunc res se haberet; et quia obsides inter se dederant, et cum Karlomanno locuti fuerant, eique suaserant, ut pacifice in hoc regno degeret, ac veniente patre cum ipsis ei obviam pergeret. Sed quia regem citius quam sperabatur audierat advenire, quid idem Karlomannus tunc facturus esset se nescire fatetur. Monet tamen ut præparatus sit hic comes ad mandata regis, si qua jusserit, exsequenda.

Item pro quibusdam malefactoribus hominibus cujusdam Wiperti, qui rapinas, incendia, et homicidia, et alia mala faciebant, commonens eumdem Harduinum, ut cum fratre suo Hadeboldo decerteret, quatenus hæc mala legibus emendentur, et cessent, ne ipsi, qui missi regis erant in hoc regno, pro talibus offensam illius incurrant; quod ipse quoque certaret agere, nisi corporali detineretur infirmitate. Insuper et cum Gaulfo [i, Grimulfo] regis fideli loquatur, qui hos malefactores recipere ferebatur, et ostenderet illi quantum periculum suum in eos recipiendo faceret, admonens ut a talibus deinceps se custodiret. Item de his quibus significaverat se accusatum apud regem, et quia non [i, omit. non.] expresse litteris eamdem intimaverat accusationem, mandat ut ad se missum fidelem et rationalem dirigat, per quem rei veritatem diligentius agnoscere possit, et ei verum consilium dare, et ipsum inde in rebus pro viribus adjuvare. Maingando [i, Manigaudo] cuidam amico suo, pro rebus sancti Remigii in Vosago conjacentibus, de quibus quidam homines quoddam mansionile conabantur auferre.

Unde jam missi regis Ludovici requisierant, et invenerant quod Remensis ecclesia juste illud teneret, et manifestum esse, quia infra fines illarum rerum, quas ibi sanctus Remigius comparavit, nulla potestas aliquid haberet, nisi Remensis ecclesia. Unde precatur istum, ut si res ipsas evindicare quiete potuerit ad partem hujus ecclesiæ, faciat; sin autem, vel detineat ne reddantur aut addicantur aliæ potestati, donec ipse et Luithbertus archiepiscopus simul veniant, et secundum legem per ecclesiæ advocatum res rite diffiniatur; etc. Item pro eadem re, exhortans et petens, ut de ipsis rebus majorem curam adhibeat, etc. Erluino amico etiam suo, pro præfatis rebus et mansionili quo supra. Item gratiarum referens actiones pro auxilio quod impendebat præmissis rebus et mancipiis, precans ut quod bene cœpit perficiat, et ut monasteria servorum Dei picem de præfatis rebus habere possint, adjutorium probeat, et ut quædam mansa, quæ ab ipsa potestate injuste auferebantur, juste revocarentur, solatium adhibeat : mittens ei dona in auro et argento, et obsequium dignum tam speciale quam temporale promittens. Item significans quod audierat, pro eisdem rebus petens ut regi Ludovico suggerat, quatenus pro redemptione animæ suæ res quæ abstractæ sunt, ecclesiæ Remensi restitui faciat, et eas ipsi Erluino commendet, ipsumque missum faciat ad inquirendam et peragendam de rebus ipsis justitiam, mittens eidem Erluino quoque vasorum argenteorum munera. Item significans quod audierat, quemdam Lantfridum se jactantem, quia impetraverat res præfatas apud imperatorem Karolum, ut haberet ipsas, eodem domno Hincmaro consentiente in beneficium ; quod per omnia dicit esse mendacium, nec obtinere posse apud se omnes reges qui sub cœlo sunt, ut illas res unquam ab aliquo teneri consentiat, propter allegationes, quas sanctus Remigius in testamento suo disposuit.

Odalrico illustri comiti et amico suo, pro causa suorum hominum quorum res Ludovicus rex Transrhenensis domnus hujus Odalrici male tractabat, injuste agens contra ipsos ; monetque ut inde judicium Dei regum regis timeat, et quod injuste egit emendare procuret. Et quod audierat idem rex suasisse domnum Hincmarum regi suo, ut proprietates auferret, quas fideles Ludovici in regno ipsius possidebant, et ideo abstulisse ab hujus fidelibus proprietates ipsorum, dicit non decuisse regem de catholico et fideli suo episcopo talia credere, antequam veritatem inde cognosceret, et quia contradixerit etiam consiliariis regis, qui seniorem suum id hortati sunt agere. Ostenditque qualiter Karlomannus rex frater Karoli magni, villam Noviliacum sancto Remigio tradiderat, et qualiter deinceps usque ad id temporis eadem villa tractata fuerit ; et quia de honoris et animæ periculo ei res agebatur, si fraudem rerum ecclesiæ sibi commissæ consentiret, et periculum senioris sui regis illi celaret, qui nec etiam pro toto mundo suum gradum et suam animam perdere vellet, et cætera.

Item gratias agens de his quæ pro petitione ipsius erga fideles ejusdem decenter exsecutus fuerat, et quia in ejus dilectione manebat, petens ut deinceps idem agere non desinat. Bertranno illustri comiti Tardunensis pagi propinquo suo, pro sacramento regi agendo, qualiter regi fidelitatem jurare deberent, quæ in ipsius comitatu consistebant. Item pro loco vacante, sine presbytero, ubi sancta Patricia requiescit, monens ut quantocius ministris ecclesiasticis clericum sacro ministerio aptum ostendat, qui valeat ibi ordinari, sciens pro certo, quia post ordinationem, quæ fieri debebat in proximo, ipsum locum sine presbytero non dimitteret, quia nec cum mercenario, nec sine pastore proprio ipsos homines audebat dimittere; et si ipse non præsentaverit eum, qui dignus possit inveniri, ille ordinaturus esset qualem meliorem potuisset invenire ; item, pro Haimone fideli suo, quem idem comes ad placitum suum per bannum vocari jusserat, qui rege jubente in ipsius servitium profectus erat. Bosoni illustri comiti, de agenda electione Sil anectensis episcopi, ostendens quod non sui ministerii quamcunque specialem designare personam, etc.; item, Bosoni viro inclyto, gratiarum referens actiones pro rebus ecclesiæ Remensis in provincia sitis, quas ut sibi promiserat, tutabatur; monens ut se talem præparet, qualiter orationes ipsius et ecclesiæ sibi commissæ illi proficiant; idque quod de ipso periculosum audierat, non tacens, videlicet quod res diversarum ecclesiarum suis hominibus dedisset, unde satis timendum esse denuntiat, ne orationes fidelium Dei pro ipso impediantur a clamoribus sanctorum in cœlis cum Deo regnantium, et cætera.

Goiranno [i, Goirando] comiti, propter quemdam hominem ipsius, qui gravia quædam commisisse ferebatur crimina, et quia non audebat ea domnus præsul indiscussa dimittere, precatur hunc propter dilectionem, ut eum ad se venire jubeat discutiendum ab ipso, quia si non fecerit distringetur gravius ab illo tam de ministerio episcopali, quam de missatico regis; Isemberto illustri viro amico suo, precans pro Hincmaro nepote suo, quem miserum appellat, utpote qui pro excessibus suis tam gravia sustinebat, petensque ut illum in suis necessitatibus adjuvet; Rainoldo comiti, pro rebus Remensis ecclesiæ, quas receptas se habere significaverat, et de manibus diripientium ereptas; Theuderico illustri comiti, mittens ei nomina suorum in expeditionem, regisque servitium properantium; item, pro muneribus argenti, quod regi moranti ad Dei servitium in terra per paganos deserta mittebat; item, pro solicitudine quam tempore Ludovici regis nuper defuncti susceperat idem Theudericus de filiis ipsius regis, ne moleste acciperet, si eum commoneret causa dilectionis, vigilem esse debere apud filios ejusdem regis, ostendens quia non solum grandis præsumptio, sed etiam magnum periculum est, uni soli generalem regni dispositionem tractare, sine consultu et consensu plurimorum, notificans quoque de his quæ sibi mandaverat, qualiter quondam inter reges Ludovicum, Lotharium et Karlomannum fuerit actum, et qualiter tunc sit agendum, subjungens capitula quædam quæ a tribus regibus, Ludovico, Karolo et Lothario simul convenientibus constituta et confirmata fuerunt; item, pro quodam episcopo religioso, petens ut det ei locum loquendi secum, ut per ipsius interventionem pervenire valeat ad regis præsen-

tiam, et ea quæ rationabiliter postulaverit obtinere, et alia quædam scribit etiam eidem Hugoni etiam filio Lotharii regis, significans se amicos et familiares habuisse patrem et avum ipsius Lotharium imperatorem, et quia salutem ipsius optabat, idcirco quod audierat de periculo ejus, causa dilectionis ei notum faciebat, multos scilicet prædones conspirasse et conspirare secum, ipsoque principe atque auctore innumeras et horrendas fieri deprædationes, aliaque multa scelera perpetrari, quæ omnia in caput ipsius redundarent, ostendens quam horrendum sit pro tantis sceleribus perpetuas pœnas mereri, demonstrans hæc eadem pervenisse ad synodum episcoporum in Neustria gestam (Syn. in Nustria an. 877). Insuper etiam quod regni moliretur pervasionem, sibique mandatum de præfato conventu, ut ad eum mitteret atque moneret (juxta quod leges præcipiunt) a tantis malis resipiscere, ipsosque malefactores a se disjungere, et a seditione ac regni pervasione se cohibere. Si vero ipsius commonitionem et mandata synodi obaudire non vellet, tam suæ diœceseos, quam de vicinis provinciis episcoporum synodum convocaret, et synodali episcoporum sententia eum, suosque complices atque fautores [ms., factores] excommunicaret. Postea vero omnes hi episcopi eamdem excommunicationem Romano pontifici, et omnibus episcopis ac principibus per circumjacentia regna notam facerent. Unde monet eum tanquam filium, ut recogitet in quanto periculo sit, proponens ei divinarum sententias auctoritatum, ut periculum suum recognoscere possit, hortansque ac monens, ut nulli adulatori credat ad pervasionem regni aggrediendam, inferens ut attendat, quid profuerit patruis ejus, ut contra legem Dei regni pervasionem inceperint, et quod pater ejus pro labore, quo contra Dei voluntatem laboraverat, et vitam perdiderit et regnum. Adjiciens quid leges de pervasoribus regni præcipiant. Subjungens etiam, quod rex eidem promiserit, et ex parte ostenderit, eum se velle honoribus ampliare, et honoratum habere si culpa ipsius non fuerit. Admonens etiam, ut non auscultet hominum pravorum hortamenta neque imitetur malignantes, qui florent ad tempus, et cito sicut fenum arescent, sed obaudiat Scripturam sanctam viridice dicentem : *Exspecta Dominum, et custodi viam ejus* (Psal. xxxvi), etc. Subnectens quoque, ut sibi de his certam et veram responsionem remandet. Engilgario cuidam illustri litteras direxit hujusmodi :

« Hincmarus episcopus Engilgario salutem.

« Pervenit ad nos, quia hominem tuum Rathrannum irrationabiliter et inconvenienter periculosum sacramentum jurare fecisses, qui licet tibi servitium debeat, tamen sub nostra cura et tu et ille de salute vestra esse debetis: Propterea mando tibi quia valde miror te non intellexisse gravius esse periculum, cum hominem aut suadendo, aut terrendo in perjurium mittas, quem si te solus perjurares; quoniam in te unum perjurium, imo oro, perjurio homicidium perpetrares, cum autem alium perjurare facis, et te et illum perdis. Et ideo mandamus, ut si ita causa habetur, sicut ad nos pervenit, ab ecclesia et altario te abstineas, donec ad nos venias, et de tali incautela aut dignam excusationem facias, aut dignam pœnitentiam accipias. »

Leudowino amico suo, pro rebus et mancipiis Remensis ecclesiæ in Provincia consistentibus, sæpe litteras direxit. Item Letuardo et Hilduardo aliisque in eodem pago degentibus, tam pro ipsis rebus, quam pro animarum salute scripta direxit. Achadeo comiti, pro rapinis quas audiebat ab ejus hominibus fieri in ipsius comitatu, et pro villa Spantia, qua ille annonam ecclesiæ Remensis auferre disponebat : notificans ei, quod si aliquid inde raperet, tam ipsum quam suos excommunicaret, et alienos ab omni Christianitate faceret, atque per suum missaticum, quod de illo comite fieri debet, qui in suo comitatu injustitiam faciat, exsequi procuraret.

Amalberto illustri comiti, pro injustitia quam audierat eum in suo perpetrasse judicio, exigendo res cujusdam interfecti ab eo, qui secundum commendationem ipsius eas in illius eleemosynam distribuerat ; perhorrescens quod Christianus et moriturus admittere talia non expaverat, timens Dei futurum judicium. Et ostendit per divinam auctoritatem, quam grave perpetraverit flagitium, reducens ad mentis oculos, ne forte mercenarius, non pastor, haberetur, injustitiam videndo et tacendo ; et quia missus imperatoris erat, et capitula ipsius pro defensandis advenis et incestuosis habebat. Unde tam eidem comiti, quam omnibus exactoribus atque judicibus, qui in hoc resederant judicio, verbo Dei omnipotentis et banno imperatoris, episcopali auctoritate percipit, ut eumdem hominem nullus pro hac re condemnet, aut inquietet, vel contradictionem faciat, donec ipse præsul per seipsum, vel per missos suos hanc causam diligenter inquirat, et secundum leges ecclesiasticas et humanas hoc juste et rationabiliter diffiniat, denuntians quod quisque hoc contra Dei præceptum præsumpserit agere, primo secundum capitula legalia hoc eum emendare faciat ; deinde secundum leges ecclesiasticas illum a communione Christianorum usque ad satisfactionem repellet. Denuntiat etiam, quia quoscunque ad placitum suum venire mandaverit, ut hanc causam diligenter inquirat, et legaliter atque regulariter diffiniat ; si venire neglexerint, post tertiam commonitionem ab omni Christianorum consortio usque ad satisfactionem repellet, nisi rationabilem ostenderint excusationem. Adjiciens de flagellis quæ patiebantur multi [i, patiebantur multis], et ostendens quod ideo hæc tam duriter ex Dei verbo annuntient, ut intelligant quanta sit offensa, in hac causa contra Dei præceptum, et sacras præsumere Scripturas, admonens ne de peccatis alienis peccata sua accumulent. Sigeberto, pro præsumptione et præjudicio quod egerat pro quadam ecclesia cuidam presbytero, mandatque et ut hoc præ-

sentialiter emendet, et a talibus levitatibus vel præsumptionibus se caveat, quia si non fecerit, suum de eo ministerium facturus sit, et cæteris episcopis, ut idem faciant, notificabit.

CAPUT XXVII.
Quæ aliquibus reginis scripta miserit.

Irmingardi Augustæ scribens, congratulatur audito religionis ipsius fervore, asserens se in precibus assidua pro ea dependere munia. Item respondens ad litteras, quas ipsa sibi direxerat, significantes intimasse illi quosdam homines, quia per ejusdem episcopi jussionem multa mala fierent erga res Avennaci (*Avenay*) monasterii, Berthæ ipsius imperatricis filiæ, asseverans quod diabolus per eorum sit ora locutus mendacium, velut est pater mendacii. Si quid vero homines ipsius injuste fecerint in rebus ipsius monasterii, non degat ; tamen quia et ignoraverit, et non consenserit, nec voluerit indicat. De quodam præterea manso, quod illa significaverat injuste abstractum a præfato monasterio, asserit quod nulli homini, quantum sibi conscientia testimonium perbibebat, injuste unquam mansum abstulerit, sed apud regem pro eo petierit, et obtinuerit, ut missos suos dirigeret, qui diligentissime hoc inter ecclesia Remensis et Avennaci monasterii, possessiones æqua lance indagantes, decernerent. Nam ipse qui sua pro Christo dimiserat, nec vellet, nec indigeret, ea tamen quæ sibi commissa erant ; sine ratione et lege negligenter dimittere non audebat. Adjiciens esse multa de ipso monasterio, unde ipsius, filiæque suæ indigebat auxilio ; petitque ut mittat missum suum strenuum et fidelem cum misso filiæ suæ, qui una secum quæ corrigenda sunt, ibidem corrigat, et videat quam intentionem et voluntatem ipse in talibus habeat, ne ipsis et sibi periculum, quod absit, exinde maneat ; petitque ut animus ipsius sit semper sollicitus, ne alienæ linguæ facile credat, maxime de sacerdotibus Christi ; quoniam diabolus, si non potest in alio, in hoc velit intentionem ipsius fuscare, ut eam faciat in opinione indebita sacerdotum errare. Denique quod adjecerat ipsa, se pro eo suggessisse animo imperatoris Lotharii, contra ipsum fecisse illa testatur, non ut magnum, et Deo devotam decet facere conjugem. « Ego, inquit, scio quia ei multa de me dicta fuerunt contraria ; sed si vult poterit cognoscere non esse vera : tamen eum non audeo reprehendere, quia Dominus est, nec in ejus persona dico, sicut legitur in Scripturis : *Qui libenter audit verba mendacii, ministros quoque habebit impios* (Prov. xxix). Videlicet qui de piis erga eum voluntarie loquentur impia. Qui illi ea dixit ex mea parte, quæ mihi mandastis, aliter quam verum sit dixit, male autem interpretatus est bene dicta. Si voluisset cognoscere verum, et aliquis missus mihi de supra veniret, ut vera ex me cognosceret, sicut venit, et me qualemcunque Christi Domini sacerdotem suggillavit, libentissime suo animo satisfacerem. De meo autem misso, sicut dominatio benignissima vestra mandavit, ut ad eum dirigam qui ei hoc affirmet, quod de ejus infidelitate nihil velim tractare, scitis quanta mendacia nunc per istud vadunt saeculum, et quanta sinceritas debeat esse in sacerdote, et quanta merito domino meo velim servare fidelitatem. Et idcirco ne mali interpretes male bonum interpretentur, hoc adhuc facere non possum. Tamen si vult credere dominus meus Lotharius, potest veraciter cognoscere quia non tantum illi, sed nulli homini in mundo sum infidelis, et si vult credere, credat : sin autem, cum ille inter principes, et ego inter episcopos ante regem regum, et episcopum episcoporum venerimus, tunc quid inde verum sit, plenissime sine alicujus indicatione cognoscet, » etc. Berthae abbatissae Avannaci monasterii pro impedimentis, quae fratres ac servientes monasterii Altvillaris, aliarumque villarum Remensis ecclesiae patiebantur ab hominibus ipsius, postquam in hoc regnum illa devenerat. Unde petit ut diligentiam studiumque adhiberi jubeat, ne tanta et sic insolita praejudicia haec patiatur ecclesia de ipsius vicinitate, de qua solamen et gaudium pro ipsius bona vita et sobria conversatione habere debebat. Quod si egisset, Deum proinde placabilem sibi faceret, et sanctam Mariam, sanctumque Remigium sibi conciliaret, ab ipso quoque obsequium episcopale haberet. Si vero suos corrigere parvipenderet, ipse licet invitus aures regis inde pulsaret, ut si necesse foret, ut in tantum causa excresceret, ministerium ecclesiasticum, secundum regulas canonicas, in eam, suosque exereret. Irmintrudi reginae, pro Belvacensis Ecclesiae dispositione in pastoris electione, petens ut suggerat regi, ne a quocunque in quamcunque partem animus illius indebite posset inflecti de hujus Ecclesiae dispositione, donec ipse in ejus servitium veniens, quae ipsi necessaria fuerint notificans, ipsius juribus pandat ; et sic quae Deo sint placita, et illis utilia, Domino annuente, disponere procuret. Rotrudi Deo sacratae, et caeteris sororibus monasterii Sanctae Crucis, et sanctae Radegundis, pro electione abbatissae ipsius monasterii, pro qua rex praeceperat Frotario archiepiscopo, et Erardo, atque Angenoldo, ad praefatum monasterium pergere, et electionem regularem ibi facere : et si cuncta concors congregatio, vel pars quamvis minor, tamen melior, Rotrudem elegisset, constitueretur in ordine abbatissae. Si autem omnis congregatio concors illam abjecisset, et aliam eligeret, illa quam concorditer elegisset, in ordine abbatissae maneret, donec regi renuntiaretur, et quaecunque ibi fuisset electa, onus abbatissae susciperet, et Odila ad suum monasterium reverteretur. Primores autem clerici et vassalli ad reginam venirent, sub cujus defensione, post Dei et sanctorum ejus, consistere deberent. « Propterea, inquit, diligite sorores ante omnia : et in privatis collocutionibus, et in publico vestro conventu, remittite et abjicite funditus a cordibus vestris omnes injurias, et scandalorum fomites, quae hactenus inter vos ortae fuerunt; ut nulla de sorore sua vindictam, aut pro sermone, aut pro facto, vel pro aliquo despectu quaerat, aut a Deo, aut in saeculo. Quia sicut Dominus protestatur, sine concordia quidquid ei obtuleritis non illi placebit : sive enim oraveritis, sive sacrificium obtuleritis, sive vos afflixeritis, sine hac charitatis concordia nihil Deo placabile erit. Quia sicut dicit Apostolus : *Etiamsi tradidero corpus meum ut ardeat, charitatem autem non habeam, nihil sum* (I Cor. xiii). Et scitis, quia regula quam professae estis (S. Bened. cap. 13), propter scandalorum spinas, quae oriri in monasterio solent, orationem Dominicam in matutinis et vespertinis officiis, ita ut omnes illam audiant, a priore orari praecipit, ut timentes convenientiam, qua dicimus : Dimitte nobis debita nostra, sicut et nos dimittimus debitoribus nostris, omnem rancorem de corde nostro pellamus. Quae dum prius egeritis, ne per vestram discordiam, quod absit, regularis electio de vestro monasterio pereat, adunate vos ad Dei voluntatem, et regalis devotionis unanimitatem, vestramque ipsam salutem, praesentem, scilicet atque aeternam, cum charitatis concordia, quae est omnium virtutum mater, et cum humilitate, quae est custos ipsarum virtutum, atque cum vera obedientia, quae scala est qua ad coelum pertingitur, et in vobis salubri electione concordatae, et vosmetipsas ad regularem normam reducite, et constringite ac conservate ; quia aliter, sicut melius ipsae scitis, salvae esse nequaquam valetis. Et sicut animos ab inquietis motibus, ita et linguas a provocativis iracundiae, vobisque nocivis sermonibus custodite, contestante Apostolo : *Omnis clamor et indignatio auferatur a vobis cum omni malitia, et omnis sermo malus ex ore vestro non procedat* (Ephes. iv). Ne sicut solent homines prius dolore commoti, et postea aliquo gaudio, quasi victoriosi, obtinentes quae desiderant, exhilarati, de quocunque homine, quae non conveniunt aliqua vestrum dicat : ne et patientiae meritum inutilibus sermonibus coram Deo perdatis, et si aliquis fuerit, qui aliqua provocatione quamcunque vestrum ad hoc instigare voluerit, ut quaecunque indebita de quocunque proferat, qualiter illam comprehendere possit, ut rationabiliter damnare praevaleat, locum nec diabolus, nec astutus homo exinde aliquo modo habeat; sed tales vos exhibete, ut interius exteriusque decenter ornatae dignas atque exaudibiles orationes, et pro vobis, et pro seniore ac domina vestra [ms., nostra], proque non solum amicis vestris, verum etiam et pro inimicis, ad aures Dei mittere valeatis. »

Teutbergae abbatissae pro ordinatione Avannaci monasterii, quam ipse quondam cum Irmintrude regina disposuerat, de numero clericorum et nonnarum atque de rebus villarum ipsius monasterii, videlicet mille centum quinquaginta mansis ; significans se disposuisse 20 clericos et 40 nonnas ibidem consistere posse, victumque eis providisse, et res necessarias ac ministeriales instituisse, praeter luminaria, et caetera monasterii necessaria, ostendens quod Nivardus Remorum archiepiscopus de rebus Remensis Ecclesiæ monasterium Altivillarense construxerit, et frater ejus de suis proprietatibus, et quæ alii boni homines ad eumdem locum dederunt, Avennacum exstruxerit monasterium, quodque ad Ecclesiam Remensem tradiderit, unde et chartæ habebantur id aperte pandentes; sed per regium donum, sicut et aliæ res hujus Ecclesiæ, ab externis a longo retro tenebatur tempore, etc. Richildi reginæ, significans quod quando [*ms.*, quodam]. Laudunensis parochia episcopo vacans in sua specialiter erat providentia, malefactumque sit de eleemosyna Irmintrudis reginæ per quemdam præpositum Oriniaci monasterii, postea vero huic Richildi per Uvinifridum presbyterum contra sacras leges male sit obeditum, ut regularis abbatissa de ipso ejiceretur monasterio. Ostendit autem ex auctoritate sacra, quantum inde regina periculum habeat, et quia miserit ad eam qui moneret illam hoc evadere malum; illa vero non solum non emendaverat, sed malo pejus superaddiderat, contra divinam auctoritatem, neophytam scilicet in religione novellam provehendo ad regimen propter res terrenas acceptas ab illa. Adnectens, qualiter Hedenulfo episcopo in Laudunensi Ecclesia ordinato, monuerit illum, ut suggereret regi Karolo tam perniciosum factum dissolvere, et se atque reginam a tanto discrimine liberare. Sed quia quod monuerat perduci ad effectum non viderat, ipse præfatum regem inde commonuerit: sed ille, ne reginam contristaret, quod male factum sciebat, non correxerit. Reducit etiam ad memoriam, qualiter præfatus rex, petente Irmintrude regina, de rebus tunc suis per concilium Parduli Laudunensis episcopi, privilegium ad idem Oriniacum monasterium a se dictari, et a cæteris episcopis firmari rogaverit, et ipse rex confirmaverit. Hic autem præsul jussioni regis obediens, non suis verbis illud privilegium composuerit; sed sicut beatus Gregorius, papa de quodam monasterio a quadam regina ædificato, ipsa petente, dictaverat, et ipse quoque dictaveri vel transtulerit, repetens maledictionem, quam domnus idem Gregorius (*lib.* II, *epist.* 10) contra præsumptorem illius monasterii jaculatus sit; adjiciensque, quod illa, quandiu in hac præsumptione et malefacto permanserit, quotiescunque corpus et sanguinem Domini accipere præsumeret, judicium, id est, damnationem sibi accipiet; obsecratque monens illam, ut non sensus ipsius, aut alicujus suggestio eam decipiat, sed de remedio regis animæ, ac de redemptione sua cogitet, et quod male actum est corrigere festinet. Illud etiam quod audierat illam perpetrasse, scilicet quia præfatum privilegium, et præceptum regale de ipso monasterio abstulerat, quantum malum fecerit pandit, et hoc ideo, ut se corrigat, ne damnationem incurrat. Et quia si res, ut audierat, et mancipia de præmissa muliere neophyta acceperat, pro committendo regimine monasterii, simoniacam hæresim incurrerit: et quod quandiu eidem hæresi quisque faverit, in corpore unitatis Ecclesiæ catholicæ coram oculis Domini esse nequibit: monens ut legat capitula regulæ sancti Benedicti (*cap.* 665) de ordinatione abbatis, vel abbatissæ, et inveniet, quam graviter pro hac ordinatione in Spiritum sanctum, quo ipsa regula est promulgata, peccaverit; ex divinis institutionibus propalans, quantum periculosum malum, tam ipsa regina, quam emptrix illa subierint: petens, ut quæ ille ex debito ministerii sui cum gemitu scribit, pro salute ipsius, et remedio animæ regiæ, benigne suscipiat, et quia magna ex fidelitate hæc scribere curaverit, agnoscat. Leutgardi Ludovici Transrhenensis conjugi, pro suis missis, quos ad eumdem Ludovicum regem mittebat, ut per ejus interventionem ad illius præsentiam pervenirent, et ejus intercessione ac dispositione rex idem strenuos missos ad Remensem dirigeret urbem, qui eam, et monasteria sibi subjecta salvare possent ab impetu supervenientis exercitus Transrhenensis. Irmingardi conjugi Bosonis inclyti viri, pro rebus Ecclesiarum Dei, quam audierat sufficienter litteris sacris imbutam ab Anastasio quodam didascalo. Unde petit, ut qui eam dedit scire, det bonum velle, et posse, atque perficere. Monens ut hortetur virum suum timere Deum, et ejus custodire mandata. De rebus etiam ecclesiasticis, quas sicut audierat ab ecclesiis abstractas suis hominibus diviserat, ut ostendat illi ex Scripturis sanctis quam grave judicium proinde sit a Deo prolatum, et cætera. Item Berthæ uxori Gerardi comitis pro rebus Ecclesiæ sibi commissæ in Provincia sitis, quas eidem Gerardo tuendas atque ordinandas commiserat: petens ut ipsa strenua sit interventrix apud conjugem suum, pro rebus eisdem. Irminsindæ cuidam matronæ, pro quodam diacono, quem illa comprehendi jusserat, et in servitium suum redigi, reddens rationem qualiter idem diaconus liber legitime factus fuerat, et quomodo ejus recipiens libertatem diaconum licenter ordinaverat: ostendens, quod si servus ipsius fuisset, neque libertatem habuisset, et tanto tempore post ordinationem suam sine illius repetitione mansisset, secundum sacras leges jam in servitium repeti non posset; quanto minus ille qui colonus ecclesiasticus, et non alicujus fuerat, et legaliter liber factus, canonice ordinatus, et Ecclesiæ, atque ordinatori suo proprius erat effectus; monetque ut talem præsumptionem ulterius de ipsa non audiat, quia si hoc illa præsumeret, ipse hoc legaliter atque regulariter vindicare studeret, adjiciens illam se taliter commonere, quia charam familiaritatem ipsam habebat.

CAPUT XXVIII.

Quæ sibi subjectis monita salutis ediderit.

Sibi quoque subjectis nonnulla scribens, ut pater filios, de multis solerter instruit necessariis, tam spiritualibus quam temporalibus. Richaldo chorepiscopo, et Rodoaldo archipresbytero, pro synodo comprovinciali apud Carisiacum (*supra, cap.* 24) palatium regium habenda: mandans ut notum faciant omnibus per omnem parochiam Remensem, ut qui se læsos existimant, ad ipsam synodum convenire procurent, quosdam vero cum auctoritate invitent, et venire commoneant. Sed et Milonem cum filia sua, qua Fulcricus abusus fuerat; et omnes qui consentanei fuerunt in illa indebita conjunctione presbyteri, et in quorum parochiis consistebant, ex verbo Dei, et suo, atque ex banno regis ad eamdem synodum convenire jubeant. Ansoldo Gerolo, et Hadrico, pro inquisitione cujusdam fratris Ragamfredi, ministerialis sui, et ut, si necesse esset, libera, salvaque custodia detineretur, ne aufugeret, sibique adduceretur. Mandans etiam eidem Ragamfredo, ex auctoritate Dei ac sua præcipiendo, ut cum ipsis in eadem permaneat inquisitione. Cui etiam postquam recesserat, in alienis parochiis immoranti litteras mittit, revocans eum auctoritate canonica, ut ad metropolim suam redeat, et ejus se humilitati repræsentet; vel si de ipsius judicio quæritur, synodo regulari adesse festinet. Gisloldo canonicorum præposito, pro facultatibus sibi commissis, et indebite usurpatis, qui pro hac te irregulariter ab ipso discesserat, monetque auctoritate canonica, ut redeat, et de his, quæ illi opponebantur, satisfacere studeat. Theodaero quoque præposito, pro eodem Gissoldo, pro quo Irmintrudis regina precabatur, ut partem collaborationis suæ, quæ rationabiliter ei competebat, dari juberet; si qua vero illi debebantur in hoc episcopio, eidem redderentur: quod et idem episcopus fieri jubet, et quia dixerat se missaticum habere ex parte reginæ ad canonicos, mandat ut si venerit ad eos, sicut missus reginæ venerabiliter suscipiatur. Gerardo decano, pro quodam Radulfo excommunicato, qui ad se venerat petens pœnitentiam. Cui præcipit ut Remis eamdem accepturus, veniret cum femina sanctimoniali, quam sibi conjunxerat. Jubet autem huic presbytero, ut commendet aliis presbyteris, quatenus magnam sollicitudinem de illis accipiant; quatenus scilicet, si quilibet eorum infirmitate præventus fuerit; de qua se putet evadere non posse, si promiserit, quia de peccato suo ex corde pœniteat, et per dignos pœnitentiæ fructus illud se coram testibus emendare, ac episcopi jussioni obedire profiteatur, absolutus existat. Sigloardo archipresbytero, Ansoldo quoque, et cæteris quibusdam, quos inquisitionem facere de quodam presbytero jusserat: quibus hunc ordinem in eadem inquisitione tenere præcipit, ut quoniam, audierat eumdem presbyterum suis quibusdam facultatibus contra leges exspoliatum, suis omnibus revestiretur, antequam suis accusatoribus respondere cogeretur, ne contra legem fieret, et ipse præsul a presbytero legem tollendo, eamdem quoque sibi auferret: præcipiens etiam, ut si comes ipse presbyterorum rebus exspoliari jusserat, hoc illi emendare per vadium faciat, disponens qualiter inde fiat. Si vero ipse comes hoc fieri negavit (f. non rogavit), ipsi qui ab eo res suas abstulerunt, eidem presbytero legibus emendent, de pœnitentia illorum ipse præsul dispositurus secundum illorum recognitionem. Quod si comes ita facere noluerit, renuntient illi, ut ipse hoc indicet regi. Postquam hæc acta fuerint, ita rationem hujus aggrediantur judicii, ut provideant ne per ignorantiam accusatores ipsius presbyteri rem talem alicujus impulsu præsumant, unde damnari possint, sicut provideri debet, ne presbyter injuste damnetur. Post hæc adjurent accusatores vel testes eorum in illorum baptisma, et aliis diversis adjurationibus, ne odio, vel invidia, aut timore alicujus, vel hortamento de ipso presbytero mendacium proferant, nec pro gratia, vel amore, aut præmio inde veritatem reticeant. Notificetur etiam eisdem accusatoribus et testibus, quales personas ad accusationem presbyteri, vel ad testimonium super eum sacri canones recipi non permittunt, et qualiter discuti debeant et accusatores et testes. Omnia vero quæ accusatores vel testes de singulis causis testificati fuerint, describantur, et coram omnibus legantur, ut ita fuisse dicta comprobentur. Describantur quoque omnes, qui in hoc placito fuerint, tam de presbyteris quam de laicis, prout necessitas esse visa fuerit. Et ut accusatores suam præsentiam, testes vero juramentum jure polliceantur se daturos in proximo placito, quod canones presbytero donent ad licentiam se defendendi vel respondendi. Quod placitum eidem presbytero denuntietur ad triginta dies, ut ita præparatus veniat, quo se vel canonice purificet, vel concredat. Quod si non fecerit, canonicam se suscepturum sententiam sciat. Mittant quoque bannum, Dei et sacrorum canonum auctoritate, regisque ac præsulis interdictione, ut nemo ipsi presbytero ullas insidias præparet, aut aliquam violentiam faciat; sed nec ejus accusatoribus vel testibus, donec ista causa legalem diffinitionem accipiat, præcipiens etiam quod fieri deberet de illis hominibus, qui altera vice, quando ipse presbyter fuerit accusatus, juraverunt, et suum sacramentum judicio approbaverunt, tunc autem se perjurasse dicebant. De terra quoque Ecclesiæ pertinenti, unde contentio ventilabatur inter comitem et presbyterum, quid fieri deberet, et ut his quæ mandabat comes, obediret: aut si nollet, proinde ad placitum coram rege et fidelibus ipsius, tam episcopis, quam laicis veniret. Quod si presbyter aliis obedientibus obedire nollet, ad synodum comprovincialem canonice provocaretur. Item Sigloardo et Ansoldo, pro eadem inquisitione, succensens eos, quod negligenter illam sint executi, et cætera. Item pro quodam presbytero, qui ea, quæ de suo ministerio quondam didicerat, post ordinationem suam per incuriam fuerat oblitus, unde jusserat eum aliquandiu sub custodia reclusum servari, ut saltem per hoc amaritudo aliqua mentem illius tangeret, et a peccato purgaret, et cætera. Item pro jejunio triduano, quod rex cum episcopis et cæteris fidelibus suis disposuerat fieri pro pace sanctæ Dei Ecclesiæ, qualiter fieri deberet. Item pro quodam presbytero Avennaci monasterii, qui denotabatur super esauro ipsius ecclesiæ dudum perdito. Item Si gloardo et Rodoldo, pro quodam presbytero, cui consenserat, suadente Sigloardo, ut libello suæ professionis a regimine plebis sibi commissæ redderet se alienum, et alium in suo loco expeteret ordinandum : sed colludium quod habebat factum sibi celaverat, videlicet ut alumnus ejus sine consensu senioris sui, in loco ipsius ordinaretur, et quia xenium revadiare dolose fecerit, ut eumdem suum alumnum, contra episcopale interdictum, et cætera quid inde fieri deberet exsequentia. Item Sigloardo, pro presbytero ecclesiæ sancti Juliani, qui furatus fuerat lampadem sancti Remigii, unde valde redarguit istum, quia id factum compererat, et sibi tacuerat, cum idem præsul vices suas eidem Sigloardo, teste Domino, commendaverit, qui eumdem presbyterum in arctissima custodia debuerat retrudere, non per fidejussores dimittere : quod quia prius non fecerat, vel nunc faciat. Carcer quoque firmiter a vicedomino restauretur, et custodes, si necesse fuerit, adhibeantur. Item Rodoldo, succensens eum pro eo quod incaute solverit quod ipse præsul canonice alligarat, et aliis presbyteris missam celebrare permiserit in quadam capella basilicæ corlis ecclesiæ subjecta, præcipitque quid inde fieri debeat. Anselmo [*i* , Anselino] cuidam monacho, præcipiens ut describat omnia, quæ in monasterio, ut videtur, Altvillarensi, ante ipsius præsulis ordinationem facta, vel collata fuerunt, et quæque postea : numerum quoque fratrum ac famulorum eis servientium, et si qua exinde suo tempore dispensata fuerunt, et in quos usus, vel per quas personas, et ita veraciter omnia describantur, ut missi dominici nihil ibi falsum possint invenire. Ratramno præposito monasterii Orbacensis similiter. Item Ratramno pro quadam præstaria, quam Amalraus canonicus habuit, et ipsius obitum collaborationem ejus idem præpositus diripi jusserat. Quapropter excommunicat eum, in pane et aqua constituens tam, ipsum quam complices ejus in hoc facto, donec restituantur hæc quæ injuste abstulerant. Althario [*ms.*, Alchano] cuidam sacerdoti vel decano, pro presbytero de Ecclesia Vindonissæ ; quem Leutardus senior ipsius villæ legem et omnem auctoritatem de ipsa expulerat Ecclesia, et alteri presbytero ex alio episcopatu eamdem Ecclesiam commiserat. Quem presbyterum superinductum excommunicat, ne in omni Remensi parochia missam celebrare præsumat, neque communionem ecclesiasticam accipiat, nisi forte munus viaticum, gravis ægritudinis causa, et hoc ita, ut mox si convaluerit, de parochia ista recedat. Parochianis autem Ecclesiæ prædictæ auctoritate Dei præcipi jubet, ut nullius presbyteri missam in eadem ecclesia audiant, nisi illius injuste expulsi presbyteri, donec ipsius causa diffiniatur, nisi forte idem presbyter non infirmitate eis missam celebrare non potuerit, et cætera. Altmanno monacho, atque presbytero, quem procul obedientiæ causa direxerat, pro his, quæ invenerat in quibusdam litteris sibi per hominem quemdam Harduici archiepiscopi datis ; scilicet reputari eidem Altmanno, aspirare velle ad beneficia, et negotia sæcularia, quæ non convenirent ejus professioni et saluti. Unde præcipit, ut quantocius ad monasterium suum redeat, ubi lectioni et orationi, deflendo delicta suæ juventutis, vacare procuret, et cætera. Lantardo cuidam sacerdoti, qui de parochia Remensi Ebonis episcopi causa discesserat, quem petit, ut si qua, prout audierat, de vita et actionibus beati Remigii apud eumdem habebantur conscripta, præter illa quæ ex antiquo de Ecclesia Remensi legebantur, ea quantocius, aut ipse sibi afferat, aut sub sigillo transmittat, offerens se postea eidem in quibuscunque indiguerit promptum, et prodesse paratum. Si vero ad locum suum redire voluerit, eum libenter atque benigne recipere, et mox ut venerit, canonicam præbendam, et ordinem pristinum inter fratres concedere, et secundum quod sibi commodum, et illi opportunum fuerit, solatium, ut eum apud se manere delectet, impendere : pandens rationem, unde ille metuere ferebatur, quare scilicet ipse ordinatos ab Ebone post suam depositionem, a gradibus acceptis removerit, et qualiter post modum sententiam suam temperaverit. Rodoardo præposito, et cæteris fratribus canonicis Ecclesiæ Remensis, pro receptione Odalhardi et Waltarii nepotum Isaac episcopi Lingonensis, qui ab ipsa congregatione irregulariter discesserant, præcipitque quo modo recipi, et qualiter haberi vel conservari debeant : quibus etiam pro reversione ipsorum commonitorias direxerat litteras. Pro receptione quoque Adalgaudi [*ms.*, Addagaudi] diaconi tam canonicis, quam monachis scribit, ostendens eum qui se recognoverat per suam negligentiam ipsius offendisse animum, se in gremio suæ delectionis, et paternitatis recepisse, quemque benigne ac familiariter fratrem, et filium suscipi, et benignitatis ei beneficia jubet impendi. Pro quo rex etiam Ludovicus precatorias ei per eumdem direxerat. Rotfrido præposito, pro correctione [*i*, correptione] Odelcalci monachi, quem audierat inobedientem existere, et duris moribus, suæque voluntatis esse pertinacem, dans exempla sacræ auctoritatis, quæ illi legerentur, ut se corrigeret. Gontario et Odelhardo archipresbyteris, commonitorium ministerio ipsorum aptum describit in capitulis tredecim. Gontramno [*i*, Guntramnæ] præposito, pro famulis monasterii sibi commissi, qui suas terrulas, et debita sibi stipendia, querebantur auferri ab eo, quod emendari secundum quod justum fuerit, jubet. Gothescalco monacho, qui erat prolapsus in hæresim, de quibusdam sententiis auctorum, quas ille non bene intelligebat, vel exponebat, maxime Prosperi, quarum sensum per sententias præcipue beati Augustini exponit, et cæteros idoneos proponit testes apostolicæ fidei doctores : quorum sequendam in omnibus admonet esse doctrinam, ostenditque testimoniis manifestis, Deum et bona præscire et mala, sed mala tantum præscire, bona vero et præscire et prædestinare. Unde præscientia esse potest sine prædestinatione : prædestinatio autem non potest esse sine præscientia, et quia bonos præscivit et prædestinavit ad regnum; malos autem præscivit tantum, non prædestinavit, nec ut perirent sua præscientia compulit. Ubi diffinitioni subscribere idem Gothescalcus pertinacissime recusavit. Scripsit quoque idem domnus Hincmarus ad monachos Altvillarensis cœnobii, pro eodem Gothescalco, ut si se recognosceret, antequam anima illius egrederetur de corpore, et spiritalem et corporalem humanitatem exhiberent illi ostendens auctoritatem ecclesiasticam ex verbis orthodoxorum super hujusmodi excommunicatis. Amalgiso et Ragberto fidelibus suis, pro rebus Ecclesiæ suæ in Aquitania sitis, pro quibus Regimundo litteras miserat, deprecans ut eisdem missis suis adjutorium pro rebus ipsis evindicandis impenderet, præcipitque istis, ut easdem rex ex integro recipiant, et habeant in sua providentia. Petro fideli suo, pro rebus in provincia consistentibus, mittens ad eum quosdam fratres, qui cum ipsius consilio de fidelitate sua et utilitate rerum tractarent, et res ipsas ac redditus, atque facultates ipsarum disponerent. Et quia audierat, quod quædam sine consilio ipsius Petri exinde facta fuissent, quasi ex ejus auctoritate, excusat se non id jussisse, nec voluisse: mandans ei per capitula, qualiter easdem res disponi volebant, et quæ personæ ab ipsis rebus, et de quibus villis ad se venire deberent. Evrardo sororis suæ Hildegundis filio vel genero, instruit scripto qualiter erga Ludovicum regem Transrhenensem se gerere deberet, ne suum alodem, quem in Allemannia habebat, ab eo auferret, pro eo quod ipsius dominium idem Evrardus dimiserat. Pro quo etiam præfatæ sorori suæ scribit, petens ut illius domnum prudenter ordinet atque disponat. Plebeiis quoque quibusdam personis, villarum scilicet ministerialibus, pro rebus ministeriorum suorum nonnunquam scribens, prudenter atque rationabiliter disponebat, qualiter res sibi commissas tractare deberent. Generaliter etiam omnes sibi commissos tam verbis, quam litteris instruens, edocebat qualiter juste, pie et caste viverent, quam reverenter atque devote jejunia constituta tractarent: pro his qui obiisent, tam episcopis, quam aliis quibuscunque personis, qualiter Domini clementiam exorarent, et ut personæ Deo placitæ in vacantibus eligerentur episcopiis, tam jejuniis quam orationibus Dominum postularent. In diversis quoque synodis capitula nonnulla, et valde utilia edidit, suisque servanda dedit. Diversis nec non Ecclesiis suæ diœceseos, maxime si contigisset pastoribus viduari, consolatoria dirigens scripta, qualiter a Deo primum hujusmodi solamen requirerent; instruebat: qualiter etiam a terrenis principibus liberam sibi concedi quærerent electionem, et ut impetrarent tam per seipsum, quam per litteras et legatos suos elaborare studebat. Impetrata vero qualiter exercerent, et quomodo immunes ab omni perversitatis fraude seipsos in exsequendo custodirent, data forma electionis edocere curabat, ad nullam specialiter intendens, personam; sed quæ concorditer ab omnibus, vel utiliter a pluribus ac melioribus eligeretur, attendens.

CAPUT XXIX.
De libro edito a se qualiter Domini vel sanctorum sint imagines venerandæ, etc.

Scripsit etiam librum flagitantibus coepiscopis fratribus suis, qualiter imagines Salvatoris nostri, vel sanctorum ipsius venerandæ sint, cum epilogo quodam metrice digesto. Respondet quoque ad interrogationes cujusdam : cur apostatæ baptizati, et impositione manus episcopalis consignati, extra ordinem diaconii, vel presbyterii ad agendam pœnitentiam manus impositionem accipiunt. Scribit et cuidam archiepiscopo de præcipuis tractans sacramentis humanæ salutis. Item cuidam episcopo, ad interrogata ipsius respondens de ordinationibus episcoporum, vel translationibus de civitate ad civitatem: et de Actardo Namnetensi episcopo, qui expulsus a quodam Britonum duce, in vacante Morinensi Ecclesia aliquandiu demoratus, petente clero ac plebe provinciæ Turonensis, et convenientibus episcopis, in eadem metropoli fuit incardinatus. Item cuidam fratri, de homine, qui cum quadam femina concubuit, et postea sororem ipsius in conjugium duxit. Scribit etiam (*supra, cap.* 24) apologiam pro se, cunctis eam legere volentibus contra eos qui calumniati sunt illum apud Joannem papam, qui synodum habuit Trecas (i. 4, Trecis), a quo et benigne idem præsul suscipiebatur, quibus et in synodo tunc respondit pro tempore, postmodum vero excusare se litteris non neglexit, asserens se decretales epistolas pontificum Romanorum venerabiliter suscipere atque tenere, cum calumniarentur inimici, has eum nolle ad auctoritatem recipere. Item de Nicæna synodo, et de abjectione, vel restitutione Hincmari Laudunensis episcopi. De hoc quoque quod calumniabantur eum dicere non majoris dignitatis esse papam Romanum, quam existeret ipse. Sed et de Karlomanno, et aliis conviciis sibi per calumniam illatis, de quibus cum veritas excusabilem reddidit. Scripsit præterea plura, ad quæ nos enumeranda sufficere non putamus.

CAPUT XXX.
De translatione corporis sancti Remigii a monasterio ipsius, et obitu Hincmari episcopi.

Excrescentibus tandem flagitiis, contra quæ veluti murus inexpugnabilis semper obstiterat, gens Nortmannorum per omne Francorum diffunditur regnum (AIMOINUS, *lib.* v, *c.* 41). Et quoniam civitas hæc tunc absque muro habitabatur, accipiens ille quod sibi charius in thesauris habebat, corpus videlicet beati Remigii, silvestria loca trans fluvium Matronam expetiit, et apud villam Sparnacum idem sacrum corpus aliq andiu custodivit. Denique dum ibidem moraretur, apud eamdem villam diem clausit ultimum, cujus corpus ad monasterium sancti Remigii relatum, et post ipsius sancti tumulum in sepulcro, quod ipse sibi præparaverat, est sepultum. Cujus epitaphium ab eo dictatum habetur hujusmodi.

Nomine non merito, præsul Hincmarus, ab ante
Te, lector, tituli, quæso, memento mei.
Quem grege pastorem proprio Dionysius olim
Remorum populis, ut petiere, dedit.
Quisque humilis magnæ Remensis regmina plebis
Rexi pro modulo, hic modo verme voror.
Ergo animæ requiem nunc, et cum carne resumpta,
Gaudia plena mihi hæc quoque posce simul.
Christe, tui clemens famuli miserere fidelis :
Sis pia cultori sancta Maria tuo.
Dulcis Remigii sibimet devotio prosit
Qua te dilexit pectore, et ore, manu.
quare hic suppetiit supplex sua membra locari,
Ut bene complacuit, denique sic obiit.

Anno Dominicæ incarnationis 882; Episcopatus autem sui 52, mense 7 et die quarta.

LIBER QUARTUS.

CAPUT PRIMUM.
De episcopatu Fulconis, et quæ scripta quibusdam Romanis pontificibus direxit.

Præmisso viro Dei ad patres suos apposito, successit in episcopatu Remensi Fulco vir valde nobilis, et palatinis assuetus officiis : qui fidei suæ tenorem Marino papæ delegans, pallium ab eo, antecessorum suorum de more, suscepit. Cui etiam litteras misit pro concedendo debito Remensis Ecclesiæ privilegio, atque pro commendatione regis Karlomanni, in quibusdam se significat ab eodem papa dudum fuisse cognitum tempore Joannis papæ, quando cum Karolo imperatore idem Fulco fuerat Romæ. Item pro quodam monasterio, quod frater ipsius, nomine Rampo, ab eo construi, testamento delegaverat ex rebus suæ proprietatis, quas postea Erminfridus quidam pervaserat, qui uxorem ipsius R imponis viduam sibi copulaverat. Pro quo idem papa (*Joan. VIII*) Evrardo Senonensi archiepiscopo, in cujus parochia idem constructum fuerat monasterium, litteras direxit. Sed et Joanni archiepiscopo Rothomagensi, in cujus idem Erminfridus diœcesi degebat, præcipiens ut eum admoneret ab hac sacrarum rerum pervasione cessare, quod si facere nollet, canonicam subiret ultionem. Adrianum quoque papam (*Adrian. III, an.* 884) ipsius Marini successorem litteris initio pontificatus ejusdem visitare studuit, congaudens ipsius honori, et se Romam velle petere significat, si Deo pacem tribuente, valuerit. Exemplaria quoque privilegiorum a Leone (*Leo IV*), Benedicto (*Bened. III*), et Nicolao (*Nicol. I*) pontificibus Romanis Remensi sedi concessorum huic petit recitanda, et ab eo sibi conservanda, et roboranda, atque augmentanda. De præfato quoque monasterio, cujus res prædictus Erminfridus invaserat, suggerit, ut præmissis etiam archiepiscopis Aurardo et Joanni suæ auctoritatis præceptionem dirigat, jubens quid in eum fieri debeat, etc. Item pro commendatione præmemorati regis Karlomanni, atque pro defensione Frotharii Bituricensis archiepiscopi, qui ferebatur accusatus apud eumdem papam per quemdam suæ diœceseos monachum : quod scilicet post suæ civitatis dejectionem a paganis factam, in alterius sedis invasionem temere insiluerit. Ostenditque quod ab episcopis ipsius diœceseos, omnique clero et populo ejusdem civitatis sit peritus et electus, et quod

B prædecessori ipsius Marino, ad eorum petitionem, pium in hoc præbuerit assensum, insuper et pallio eum donaverit, et ipsius in Bituricensi Ecclesia promotionem scriptis roboraverit, etc. Stephano (*Steph. VI*) quoque hujus Adriani successori litteras mittens, gratiarum actiones referre curavit, quod eum, et Ecclesiam ipsius litteris apostolatus sui visitare, et inter varias mundi pressuras consolari dignatus fuerit, et quia fratris eum et amici vocabulo voluerit honorare, quod ipse tamen nolit appetere, sed magis servus et subjectus existere. Significatque se ad ipsum papam videndum properasse, nisi paganorum vallaretur obsidione : hosque deno tantum milliario a sua civitate abesse, civitatem quoque Parisiorum ab ipsis tunc obsideri. Hanc infestationem huic regno ab octo annis jam præteritis inferri, C ut nemini extra castella procul liber aditus patere videretur. Addit denique audisse se de insidiis quorumdam pestilentium, quas ipsi papæ moliebantur, et satis ægre tulisse, opemque ferre, si licuisset, optare, unum quod quibat agere, precibus videlicet pro eo insistere. ro Widone (19) quoque affine suo, quem idem papa in filium adoptaverat, memorat tam se quam cæteros consanguineos suos, quibus id notificaverat, debitam exhibituros eidem papæ reverentiam. De eo etiam quod illi scripserat, roborare se promptum fore quæcunque necessaria Dei Ecclesiæ significarentur, ejus suggestionem se multum per omnem modum effecisse ipsius fidelitati obnoxium, seque cum suffraganeis coepiscopis in cultu debito sanctæ sedis D Romanæ perseveraturum, et si quid contrarium sanæ fidei contra ipsam emerserit, omnimodis confutare, Deo auxiliante, paratum existere. Sedem vero Remensem notum habeat ab antecessoribus suis (*deest præ*) potius Gallicanis omnibus Ecclesiis semper fuisse honoratam, utpote cum primus apostolorum beatus Petrus primum destinaverit huic urbi sanctum Sixtum episcopum, et totius Gallicanæ regionis dederit ei primatum. Hormisda quoque papa sancto Remigio vices suas in Galliarum partibus commiserit. Hoc ideo se commemorare, ne sedes Remensis suis in diebus sineretur dehonestari : annectens etiam de privilegiis sibi in cunctis quæ petiit ab hujus prædecessoribus Marino, et Adriano concessis. Itemque de jam dictis rebus Ramponis, et earum pervasore, quem præmissi pontifices jusserant ab archiepiscopis Senonicæ ac Rothomagensis

(19) Wido ex duce Spoletano factus imperat. an. 892.

urbis excommunicari : quibus eamdem excommunicationem differentibus, idem persuasor adhuc rapta possidebat. Unde petit ut apostolica ab ipso feriatur sententia, præcipiatque hic papa præfatis archiepiscopis, ne ullam in eumdem excommunicando afferant amplius dilationem. De quibusdam præterea rebus Remensis ecclesiæ, quas quidam abstulerant invasores, poscit, ut ipse papa suggerat imperatori Karolo (*Crasso* cognom.) qui jam magnam ex his partem restituerat, ut bonum quod cœpit ejus precatu perficiat, et de his quæ egit ipse gratias ei agere dignetur, et cœtera. Ad quæ ille respondens asserit oppido se fuisse lætatum, quod eum circa sedis apostolicæ reverentiam cognoverit anhelare, hortans ut in hac dilectione semper ardentius accendatur. Memoriam quoque Widonis ducis gratissime se suscepisse, quem unico loco filii se tenere fatetur. De Nortmannorum infestatione, quam regnum nostrum patiebatur, dolere uti propria. Deumque deprecari pro hujus populi defensione per apostolorum principum interventionem, et ut incolumis hic præsul perducatur ad apostolorum limina ; quatenus etiam corporeis eum valeat ulnis amplecti, et conferre de privilegiis, de quibus sibi scripserat. Ad archiepiscopos etiam, quos petierat litteras se direxisse ; necnon ad imperatorem pro Remensis Ecclesiæ justitia deprecatorias, et pro collata benignitate grates illi referens (20).

Item litteras idem præsul ad eumdem papam dirigens, ac de prosperitate ipsius lætificari se inter multas tribulationum, quas a paganis patiebantur angustias, petens, præfati quoque Widonis satagit commendare favorem. De prænominata, necnon Erminfrido querimoniam repetens ; qui admonitus a præmemoratis archiepiscopis inobediens exstiterat, flagitat, ut iterum commoneantur ab auctoritate papæ archiepiscopi hunc asperius increpare, et si pervasa non reddiderit, ecclesiastico feriatur judicio. Interrogat præterea, sibique remandari poscit, si rite valeat episcoporum fieri ordinatio in qualibet sanctorum festivitate, nisi tantum Dominica die, etc. Ad hæc etiam rescribens idem papa, gratias agit pro ipsius erga sedem apostolicam charitate, et sollicitudine, condolens de ipsius afflictione, ac pro ipsius preces se Domino fundere pollicetur allevatione, et confortans, monet in Domini confidere consolatione. Item scribit eidem præsul, pro quodam Dominico a filiis et cognatis propriis oppresso, vel expulso, hortans ut id diligenter inquirat, et ejus inde adjutor existat. Item pro quorumdam susceptione Anglorum. Item eidem cum Aurelino Lugdunensi, Adelgario, Geilone [*l*, Gerlone], Emmennone, et reliquis per Galliam constitutis, pro querimonia Bituricensis Ecclesiæ super invasore Fortharii Burdegalensis episcopi, qui etiam Pictavensem aliquandiu tenuerat sedem, qui postea Bituricensis fuerat ad tempus a Joanne papa propter infestationem barbaricam tali tenore concessa, ut hac remota necessi-

(20) Non exstant hæ Stephani epist.

tate, id etiam removeretur, quod necessitas imperarat. Unde præcipit hic papa Stephanus præfatis archiepiscopis, ut ad propriam sedem illum remeare compellant. Quod si apostolicis monitis obedire contempserit, noverint eum sancti Spiritus judicio perpetuis anathematis vinculis innodatum. Item pro Theuthboldo Lingonensi episcopo, significans ad se hujus Lingonensis Ecclesiæ querimoniam pervenisse, quod obeunte Isaac episcopo, inconsulto clero et populo. Egilonem quemdam monachum nuper de sæculo venientem in episcopum Aurelianus Lugdunensis ordinaverit, eisque illata vi, præposuerit nolentibus. Quo divina vocatione hominem excedente, ne in idipsum incurrerent, concordi voto clerus, et populus Teutboldum ipsius Ecclesiæ diaconem eligentes, ab ipso papa sibimet in episcopum consecrari petierint. Sed ille uniuscujusque Ecclesiæ privilegium inconcussum servare volens, id agere distulerit, eumque præfato Aureliano direxerit, scribens ad eum, ut si cleri populique vota in eum concordarent, et sacri canones illi non obviarent, manus huic imponere nequaquam differret. Quod fieri si ratio prohiberet, et idipsum sibi rescriberet : interim tamen alterum inibi ordinare nullo modo, se inconsulto, præsumeret, simulque et Oirannum Senogalliensem episcopum a suo latere direxit exsecutorem. Quem deludens Aurelianus ad Lingonensem præmiserit urbem, pollicitus se citissime subsecuturum. Quo cum diu exspectaretur, nec ipse advenerit, nec moræ suæ causam innotescere, vel papæ remandare præviderit [*pro* providerit]. Quocirca iterato clerus et populus cum decreto omnium roborato, præfatum electum Romam remiserunt, obnixe sibimet illum consecrari petentes. Sed nec tunc id agere acquieverit, volens Lugdunensi Ecclesiæ collatum privilegium immutilatum consistere ; ideoque jam dicto Aureliano iterato, rescribens mandaverit, ut quia concordi voto clerus et populus jam dictum diaconem expetebat, aut ipsum consecraret, aut quid in eo reprehensibile judicaret, rescribere maturaret. Sed is priori inobedientiæ contumaciam adjiciens, non solum oblatum consecrare, seu quid in eo reprehensibile judicaret sibi rescribere contempserit ; verum etiam contra interdicta, et sacrorum canonum statuta quemdam extraneum, et eidem Ecclesiæ ignotum, in angulo ordinatum, illis ingerere niti præsumpserit. At hi potius laborem subire, quam subjici ignoto eligentes, ad se redierint, implorantes ne paterentur ecclesiastica jura violari. « Nos autem, inquit, qui omnium Ecclesiarum in beato Petro apostolorum principe curam suscepimus, scientes inter episcopos non haberi eum, qui neque a clero electus, neque a populo est expetitus, sæpe dictum Teuthboldum venerabilem diaconum, ipsorum lamentabilibus precibus inclinati, Lingonensi Ecclesiæ episcopum consecravimus, condigna sententia prævaricatoribus illata, licet et aliis prævaricationibus fuerint impediti. Quapropter tuæ injungimus sanctimoniæ, ut his nostris apostolicis litteris perceptis, postposita dilatione ad Lingonensem accedas Ecclesiam, et eumdem Teuthboldum a nobis solemniter consecratum episcopum, exinde revestias, omnibusque archiepiscopis et episcopis innotescas, pro tantæ contumaciæ ultione ejusdem Ecclesiæ specialem sollicitudinem suscepisse, pro tanti laboris maceratione, et oppressionis illatæ relevatione. Quidquid autem idem venerabilis episcopus Teuthboldus vobis ex nostra parte retulerit credite, et effectui mancipare nullo modo ambigite : utpote tuam reverentiam circa nos devotam consistere credimus. »

Ad hæc idem præsul Fulco rescribens, gratias agit pro consolatione litterarum ipsius, asserens se paratum fuisse, et esse quæcunque sibi ab ipsius papæ celsitudine injuncta fuerint adimplere; præfatam vero præceptionem de Theuthboldo episcopo explere sine mora voluisse, sed Odonis regis sui consultu interim intermissum, dum rex idem suos legatos ad eumdem papam dirigeret, ac per eos jussionem ipsius certissime cognosceret. Super his autem quæ litteræ ipsius papæ prosecutæ sunt, velle scilicet se omnibus Ecclesiis sua instituta et privilegia in confuso ordine intemerata servare, valde gavisos universos episcopos, in quorum præsentia hæc recitari fecerat. Consulit autem ejus auctoritatem deposcens, ut sibi rescriptis remandet, si liceat coepiscopis suffraganeis suis, qui in ejus diœcesi consistunt, ordinationem vel regis, vel alicujus alterius personæ sine sua licentia, et conniventia [*ms. c.*, cohibentia], seu permissione agere, vel aliud aliquid, inconsulto suo metropolitano, aut contra interdicta sui primatis præsumere. Privilegium denique a sede Romana quæsitum idem papa huic concessit, scriptumque transmisit præsuli super rebus ecclesiasticis huic Remensi Ecclesiæ collatis, vel conferendis, ut nemo eas invadere, vel detinere præsumeret; et ut post ejus decessum nullo modo aliquis hunc episcopatum, vel episcopii res occupare illicite auderet, cum interminatione hæc inhibens apostolicæ sedis censuræ. Item scribit eidem, pro altercatione quæ versabatur inter Herimannum Coloniensem archiepiscopum, et Adelgarium Amburgurensem et Brenemensem [*j*, Bremensem] episcopum, pro qua Herimannus eidem papæ suam direxerat, et postmodum per semetipsum accesserat, proclamans ab Herimanno Ecclesiæ suæ privilegia violari, ideoque in suam præsentiam commonuerat utrumque venire. Sed quoniam Adelgario veniente Herimannus defuit, tantæ liti finem imponere papa distulit, ne quidpiam præpropere judicare videretur, unde rediviva contentio futuris temporibus oriretur. Quocirca injungit huic præsuli, nostro, sua ipsius papæ vice synodum convocare apud Wangionem civitatem, cum vicinis suffraganeis, limitaneisque episcopis ; ad quam Herimannum Agrippinæ coloniæ, et Sonderoldum Moguntinum cum suis suffraganeis,

necnon et eumdem Adelgarium occurrere jusserat, quatenus quid cuique debeatur diligens examinatio declararet. Monet etiam fraternitatem ipsius domni Fulconis, ne sibi suam specialem præsentiam, si omnimodis fieri possit, exhibere cum eis quoquomodo differat ; quoniam et hæc, et alia quæ imminebant ecclesiastica negotia cum ipso tractanda, ejusque terminanda consultu providerat : de quo scilicet ipsius adventu satis gratularetur, volens ad ecclesiastica deliberanda negotia ejus habere præsentiam. Alioquin monet, ut assertione veridica per strenuum episcopalis ordinis virum una cum ipsis abeuntem notificet qualiter se super hoc veritas habeat. Quibus si veniendi facultas defuerit, suos cum eo dirigant legatos, qui eorum vicariatione perfuncti, disceptandi et deliberandi libertatem possideant, ut nullo ulterius tempore, percepta finitiva sententia, de hac re necessarium sit vertere quæstionem.

Super his quoque successori hujus Formoso (*Formosus papa*) domnus Fulco litteras mittens, qualiter hæc a præfato Stephano papa sibi sint injuncta, significavit, et ut sibi auctoritatis suæ in his exsequendis scripta dirigeret, expetit. Unde et iterum scribens, vehementer admirari se dicit, si litteræ suæ ad ejus præsentiam pervenerint, quid causæ fuerit cur hinc responsum hujus papæ non meruerit recipere. Grates inter hæc referens, quod sui memoriam dignatus sit habere, et per abbatissam Bertham verba sanctæ consolationis sibi mandare, eumque se videre velle, et collato sermone mutuo verba conferre. Quam rem fatetur immensum sibi peperisse gaudium, ut magis desideret ejus videre præsentiam, adjiciens sibi ab eo tempus quo ad eum veniat, remandari, locumque, et ejus sataget præceptis obtemperare. Præterea postulat, ut privilegium Ecclesiæ Remensi sui nominis auctoritate fieri jubeat, sicut etiam prædecessores suos fecisse constat : et res huic Ecclesiæ per suam humilitatem acquisitas perpetua firmitate contra omnes adversarios muniat. Adnotat etiam, qualiter Evrardus marchio sancti Calixti papæ et martyris venerabile corpus a Romana sede impetraverit, atque in ejus honore monasterium (21) in prædio suo constituerit. Quod prædium post ejus obitum ad filium ipsius Rodulfum abbatem hæreditario jure devenerit : qui res ipsas simul cum memorati martyris gleba vitæ suæ diebus absque ulla contradictione tenuerit, et de sæculo migraturus easdem res cum monasterio et corpore sacro Remensi sanctæ Dei Genitricis ecclesiæ delegaverit, eamdemque rerum suarum hæredem instituerit. Tunc vero Hucboldus quidam sororis hujus Rodulfi maritus, munus ejusdem abbatis calumniabatur, et ab ecclesia Dei Genitricis jure conabatur auferre. Proinde precatur, ut quid sibi sit in talibus agendum, suis eum sacris instruat litteris, et harum collationem rerum æternæ stabilitate corroboret, atque contradicentes digna

(21) Cisonium monast. in Belgio inter Tornacum et insulas

excommunicationis ultione percellat. Scrupulum denique sibi dixit ac singultum movere, quod audierat a quibusdam, sanctam Romanam Ecclesiam turbari, paratumque se totis viribus pro ipsius honore omnimodis decertare, et eidem papæ veluti domino et magistro in cunctis obsecundare. Subnectit etiam de quibusdam episcopis Galliarum, qui sibi pallium indebite a Romana poscebant sede, metropolitanos suos tali spernentes tenore, asserens quod res eadem, nisi prudenti præcauta foret sollicitudine, confusionem non mediocrem generaret Ecclesiæ, magnumque charitati dispendium valeret inferre. Unde tam se quam omnem precari dicit Ecclesiam, ne scito alicujus irrationabili petitioni, sine generali assensu et litteris consentiat, ne per hoc ecclesiasticæ dignitatis honor vilescere incipiat, si res indebita, quæ temere affectatur, inconsulte tradatur.

CAPUT II.

Quæ Formosus papa Eulconi, vel Karolo regi atque Odoni scripsit.

Cui rescribens idem papa Formosus, monet eum compati debere Romanæ Ecclesiæ, atque imminenti ejus subvenire ruinæ, nec ei suam præsentiam denegare : adjungens hæreses undique ac schismata pullulare, nec qui ad resistendum occurreret, esse. Dicitque longo retroacto tempore perniciosas hæreses Orientem confundere, et Constantinopolitanam Ecclesiam nociva schismata perturbare; simul etiam regionis Africanæ legatos insistere, responsa petentes pro dudum exorto inter episcopos ipsarum provinciarum schismate. Diversarum quoque partium legationes diversa responsa petentes instare. Cujus rei gratia generalem synodum *(concil. Rom.*, an. 893) die Kalendarum Martiarum, indictionis undecimæ se inchoare disposuisse, ad quam eumdem, remota omni dilatione, admonet festinare, ut colloquendo, largius de his valeant pertractare, et affluentius ad consulta singula respondere. Normannicæ gentis procellas, quibus asserebat se perturbari, plurimum dolere, et ut eos Excelsi dextera reprimat, apostolorum principum suffragiis intervenientibus, implorare. Litteras vero quas significaverat ad eum per quasdam personas primum se direxisse, ad ipsum minime pervenisse. Miserat alias etiam, pro hac eadem synodo celebranda, pridem huic quoque præsuli nostro litteras, quam decrevisse se asserit incipere mediante Maio mense, indictionis decimæ. In quibus litteris fatetur Italiam tunc semel et secundo horrida bella perpessam, et pene consumptam. Orientalium vero partium se deflere vesanam hæresim in Christum Jesum blasphemiam continentem [*j*, conjicientem]. Mittit ei præterea petitum super quibusdam præstariis privilegium, commemorans beatum Remigium genti Francorum, Romanæ sedis auctoritate, cum gratia Dei apostolum constitutum. Bernam quoque villam, quæ inique dudum subtracta fuerat, Remensi Ecclesiæ restitutam. Duodeciacum quoque, sed et ea quæ domnus idem Fulco per precarias obtinuerat, Rodemiam videlicet et Margolium, Lastemnam, et Guigleium, atque Virtudem, necnon abbatiam quæ dicitur Campellis, Atteias etiam et Maniacum, aliasque res quæ dudum ablatæ, tunc redditæ fuerant Ecclesiæ Remensi, restitutas auctoritate confirmat apostolica, ut eas, vel cæteras ejusdem Ecclesiæ possessiones nemo præsumat auferre, vel invadere. Sanciens insuper auctoritate beati Petri ut nemo regum, nullus antistitum, nemo quilibet Christianus, decedente Remorum episcopo, ipsum episcopatum, vel res ipsius Ecclesiæ suis compendiis applicet, neque sub suo dominio teneat, præter ipsius civitatis episcopum. Sed et eamdem metropolim non ultra constitutionem canonicam, sine regulis ecclesiasticis conveniente pastore manere cogat : neque aliter ibidem episcopum, nisi ut sacri canones jubent, constitui faciat. Promulgans etiam ac statuens, ut ea quæ idem venerabilis præsul Fulco de villis hujus Ecclesiæ ac facultatibus earum, usibus ecclesiasticorum ornamentorum, vel luminarium, seu sub stipendiis canonicorum, ac monachorum, atque sanctimonialium, seu matriculariorum, et hospitum, vel pauperum constituerat, perpetuo inconvulsa permaneant, hanc autoritatem sui decreti sub anathematis vinculo violatoribus innodatis corroborans. Imperatorem quoque Widonem coronatum eodem anno significans, indictione decima. Item ad ipsius domni Fulconis petitionem misit aliud eidem privilegium, pro monasterio Avennaco, atque pro eo monasterio, quod Rodulfus abbas in honore sancti Calixti martyris et papæ ex hæreditario proprietatis suæ jure constructum huic Remensi concesserat Ecclesiæ, tam eadem cœnobia quam omnes possessiones liberalitate regali, vel aliorum Christicolarum munificentia Remensi collatas Ecclesiæ, sive quas idem præsul acquisierat, aut deinceps acquisiturus erat, eidem Ecclesiæ apostolica corroborans et stabiliens potestate. Hic quoque Lambertum (*Lambert. imper.*) filium Widonis anno secundo imperii patris ipsius novum imperatorem factum fuisse designat. Item pro diœcesancis provinciæ Remensis episcopis, quod audierat, eorum quosdam hujus archiepiscopi sui audientiam contemnere, scribens eidem, ut suos conveniat coepiscopos, cæterorum quoque quos ipsum visum fuerit episcoporum collegium convenire denuntiet, ut de tanto neglectu synodali simul actione perquirant, et quidquid oportuerit canonica atque apostolica munii auctoritate decernant, subjiciens, ut nemo a tam Deo digno se subtrahat opere, qui apostolicæ ipsius particeps voluerit communionis existere. Item pro evectione Karoli (22) ad regimen regni, quem domnus idem Fulco ad regium culmen adhuc puerum provexerat, et de criminibus Odonis regis, vel correptione ipsius, qualiter esset agenda ; pro quibus rebus idem archiepiscopus huic papæ scripta sua, consilium et auxilium ab eo petendo, direxerat. Unde et ad eumdem

(22) Carolus Simplex consecratus an. 892, ætatis 12, vel 14, juxta alios.

regem Odonem litteras suas idem papa delegaverit, ut ab illicitis recederet, nec eumdem regem Karolum, vel quæque ipsius essent, infestaret, induciasque belli differendo daret, donec idem præsul Fulco scilicet, apostolicam sedem adire studeret.

CAPUT III.
Quæ Franciæ quibusdam præsulibus scripta legaverit.

Item ad archiepiscopos, et cæteros episcopos Galliarum, monens ut conveniant atque commoneant eumdem regem Odonem, ne illicita perpetrentur, et ne aliena usurpentur, sed bellum sedetur, et omnis hostilis commotio sopiatur, vel induciæ belli, donec Fulco Romam, ceu dictum est, adeat, edicantur; ipsique studeant interim cuncta differre, et pacem ac unanimitatis concordiam recreare. Item huic quoque regi Karolo, congruam dirigens admonitionem, ejusque congratulans eminentiæ atque devotioni, quam rex idem se significaverat erga sedem apostolicam gerere, qualiter ei sit in regno agendum succincte, lucideque demonstrat : quem petierat, ei panem benedictum pro pignore mittens, et de itinere præfati præsulis nostri ad sedem apostolicam monens.

Eidem quoque domno Fulconi litteras suas dirigens, hæc supradicta ad præmissas personas se destinasse scripta commemorat, ipsius videlicet suggestione, de pace vel induciis belli inter Odonem et Karolum differendi. Item scribit ipsi pro discordia sedanda, quam audierat insurrexisse pro Manigaldi ab Alberico perpetrata interemptione. Item petens eumdem pro cujusdam Grimlaici dilecti sibi sacerdotis ad episcopatum, ubi se locus obtulisset, promotione. Idem quoque præsul Fulco nonnulla præfato papæ præter præmissa reperitur direxisse scripta, tam pro sua vocatione, qua vocabatur ab ipso ad sedem apostolicam, quam pro contentione quæ versabatur inter reges Odonem et Karolum, necnon pro oppressione, quam Remensis patiebatur Ecclesia, petens ut papa, regibus scribendo, pacem imperaret. Arnulfo quoque Transrhenensi auctoritate apostolica præciperet, ne Karoli regnum inquietaret, quin potius ei auxilio esset, ut propinquum propinquo deceret. Odoni vero mandaret ne regnum istud invadere aut deprædari præsumeret ; quod si auderet, apostolicæ sedis sententiam reformidaret. Item quia post admonitionem ipsius papæ nec Arnulfus orbatali Karoli subvenire voluit, nec Odo a pervasione regni, rapinis, ac depopulatione cessavit. Sed et Arnulfus res Ecclesiæ Remensis tam eas, quas aliquandiu injuste sublatas ipsi restituerat, quam eas etiam, quæ nunquam prius subtractæ fuerant, abstulit, ob id tantummodo, quia temerariam ejus invasionem [*Papir.*, jussionem] hic præsul recipere noluerit. Et quod Odo civitatem Remensem obsederit, innumeras etiam cædes et deprædationes exercuerit, et res Ecclesiæ Remensis suis satellitibus dederit, hujus Ecclesiæ insistens rapinis, donec Karolus cum valido exercitus apparatu adveniens eum ab obsessa civitate depelleret. Significans etiam quod Robertus homo Arnulfi ex parochia Herimanni Coloniensis episcopi, res hujus Ecclesiæ invaserit ac diripuerit, donec eum vi ac si canem rabidum ab earum devastatione repulerit. De quo petit, ut nisi admonitus resipuerit, auctoritatis apostolicæ sententia feriatur. His se perturbationibus regni obsessum, impossibile fore significans ad ejus apostolicam se properare præsentiam, dum semper exspectetur bellum, nec aliter posse res regni componi credantur [*j*, credatur] : sed ipse semper bellum distulerit, non quod inferiores, vel impares fuerint, aut de injusta causa dubitaverint, sed ne vires regni bellis attritæ, paganorum proderentur invasionibus. Unde dato placito inter se dextras securitatis invicem usque ad tempus præfinitum dederint, et cætera. Item pro eodem rege Karolo et imperatore Lantberto (23), gratiarum referens actiones, quod notificaverit sibi de ipso Lantberto, patris se curam habere, filiique charissimi loco eum diligere, atque inviolabilem cum eo concordiam se velle servare, asserens, quod non illum tantum diligeret pro consanguinitatis necessitudine, qua illi devinctus habebatur ; verum multo magis, quia hujus papæ venerator et amator existeret. Precatur autem, ut idem Karolus rex cum prædicto Lantberto in amicitia jungeretur, et Odoni, vel proceribus regni, pro causa pacis papa rescribat, quo Karolus ad regnum hæreditario sibi jure debitum proficiat. Et quamvis nunc [*ms. j*, tunc] totum non posset suscipere regnum, saltem partem aliquam honori suo condignam, concorditer et juste regnum dividendo, illi conservet. Subjungens acturum se quod sibi apostolicus idem pontifex præceperat super transgressoribus et sacrorum violatoribus Richardo, Manasse, atque Rampone, mox ut coepiscopos suos in unum potuerit congregare. Id tantum papa remandet, quoniam æterno illos anathematis vinculo innodaverat, si liceat eis ad pœnitentiam conversis aliquid impendi misericordiæ, vel eos ad pœnitentiam suscipi, seu quis modus ipsius esse debeat pœnitentiæ. De Rampone vero asseverat, quia in solum Teutboldum episcopum reus existeret, nihil culpæ in Walteram Senonensem admiserat, ad quem comprehendendum nec præsens fuerat, nec adjutorium, vel consensum ad id agendum præbuerat. Item pro Herilando Tarwanensi episcopo, cujus episcopio a Nortmannis depopulato, eum necessitate cogente ad se venientem, sicut oportebat, susceperat, quemque visitatorem cuidam viduatæ Ecclesiæ constituerat, ut visitando sustentationem interim, dum episcopus ibi ordinaretur, ex illa caperet. At quia homines præfatæ Tarwanensis parochiæ barbaricæ videbantur esse feritatis et linguæ, supplicat ut responso papæ mereatur certificari, si hunc viduatæ debeat præponere plebi, et alterum ei liceret in præmemorata ipsius Eccle-

(23) Fulco consanguineus Lamberti *super*.

sia subrogare, qui acceptior propter parentelam et linguam, in eodem loco posset existere. Idem vero papa rescribens ei, laudibus attollit eumdem congratulans ejus dilectioni atque sollicitudini, quam gerebat erga Lanthertum imperatorem, de cujus fidelitate et stabilitate monet eum semper fieri sollicitum, veluti consanguinitatis propinquum, asserens se cum ipso tantam pacis et dilectionis habere concordiam, ut nequeant aliqua jam ab invicem pravitate sejungi. Notificat quoque Richardum, Manassem atque Ramponem excommunicatos a se, atque perpetuo ligatos anathemate, pro eo quod tam nefandissima perpetraverint, ut Teuthboldo [ms., Theobaldo], Lingonensi episcopo, oculos eruerint, Waltarium Senonensem, propria depulsum sede, custodiæ mancipaverint, mandans ut secum de his sentiat, et convocatis omnibus suffraganeis suis episcopis, canonicum super eis quod exercuerat judicium pari modo determinet. Item scribit eidem archiepiscopo, pro Berthario quodam presbytero, quem clerus et plebs Ecclesiæ Catalaunensis consensu regis Odonis ad episcopatum dicebatur elegisse, succensens quod hunc vocatum canonice noluerit consecrare, sed in transitu defuncti episcopi Ecclesiam ipsam Herilando Tarwanensi episcopo beneficiali more ferebatur contulisse. Postea quemdam Mancionem nonnullis criminibus irretitum in eadem Ecclesia, quasi episcopum ordinaverit, cumque prænominatus Bertharius apostolicam præsentiam vellet adire, comprehensus sit a quodam Conrado hujus domni Fulconis vassallo, de Ecclesia tractus, et in exsilium per unum mensem delegatus. Unde et evocans hunc nostrum præsulem, mandat expresse, sed fraterne, ut suam denominato tempore non differat ei exhibere præsentiam, habens secum præfatum Mancionem, et jam dictum Conradum, cum quibusdam denominatis coepiscopis suis, et cætera.

CAPUT IV.
Quæ Stephanus papa Fulconi, et quæ Fulco eidem papæ rescripserit.

Stephano (*Stephano VII*) quoque hujus Formosi successori scribens idem domnus Fulco, devotionem quam erga Romanam sedem gerebat conabatur ostendere, et quod limina creberrime cupiverit apostolorum adire, sed diversis obstantibus discriminum causis, hæc vota nequiverit adimplere: ubi significat Odonem et Karolum reges in pacis tandem concordia, se studente, connexos. Cui remittens hic papa litteras suas, a se suscepisse fatetur, ipsius non admittens, imo reprehendens excusationem, eo quod alii homines eamdem sedem adirent, et ipse fateretur fas sibi adeundi non fuisse concessum. Denuntiat ergo synodum se per mensem Septembrem imminentis indictionis quintæ decimæ certissime celebrare statuisse: ad quam censendo vocans hunc archiepiscopum, monet expresse, quatenus omni mora repulsa, omnique excusatione amota, eodem tempore suam specialem præsentiam eidem, synodoque omnino exhibere maturet, quod si præ-

termiserit, canonicam in eum ferre sententiam minime retractabit. Rescribens autem hic venerabilis præsul eidem, quam semper habuerit devotionem circa gloriosam principis apostolorum sedem, ejusque sanctos præsules, pandere nititur, asserens se tunc variis oppressionibus aggravatum, ac diversis astrictum perturbationibus, præsentia corporali eamdem adire sedem non valuisse; dilectos autem filios hujus Ecclesiæ illuc destinasse, ad itineris sui enarrandas incommoditates viva voce. Quemdam quoque consacerdotem suum ad id exsequendum se direxisse. Plura se scribere non præsumpsisse, quia senserit in epistola sibi ab ipso directa dura se satis invectione multatum: et hoc sibi non modicum incussisse miraculum, quod ita tunc primæ ipsius litteræ graviter eum perculerint, cum eatenus ab ipsa sede nihil aliud nisi mellitum ac dulce, prædecessoribus suis sibi scribentibus, venire consueverit. Quod peccatis tamen suis imputans, ut de malo suo se merito contristari, sic de correptione ipsius se fatetur lætificari: revolvens fieri potuisse, ceu quodam designat ad se perlatum rumore, ut a quibusdam minus charitate repletis aliter de se audisset, quam veritas se haberet. Unde petit, ne facile hujuscemodi personis aurem accommodet, donec (ut scriptum est) rem quam nescit diligentissime investiget (*Job.* XXIX). Adnectens simpliciter, uti ab ipsis pene cunabulis educatus canonicis fuerit disciplinis, donec a glorioso rege Karolo imperatoris Ludovici filio, in palatinis ac domesticis ejus sit assumptus obsequiis. Sicque in aula palatii perseverans usque ad tempora Karlomanni regis, Ludovici junioris filii, nepotis ejusdem Karoli, quando a sanctis provinciæ Remensis episcopis, necnon a clero et plebe hujus urbis electus sit, et episcopus ordinatus. Ubi qualiter hanc Ecclesiam paganorum infestatione laborantem repererit, et ut pro pace ipsius ad posse desudaverit, legati sui, vel aliorum hæc scientium petit explorari narratione. Asseverans præmissa se non arrogantia explicare, sed ut noverit, conjiciens quia qui sic enutritus, et taliter fuerit ante episcopatum conversatus, hoc sibi potius onus quam honorem, non elationis instrumentum, sed humilitatis esse servitium. Subnectit autem, quod si aliqua regno quies concessa fuerit, et ab Odone rege licentiam impetrare valuerit, ad ipsius beatitudinis vestigia tandem aliquando properare studebit, dum sibi viæ patuerint, quæ tunc ab Zendeboldo Arnulfi regis filio erant obstructæ: qui Ecclesiam quoque Remensem multis affligebat injuriis, res ejusdem suis impertiens subditis. Cujus tyrannidem apostolica petit auctoritate reprimi, dicens, quia in tam periculoso et necessitudinibus pleno tempore se suam Ecclesiam noxium esset deserere.

CAPUT V
Quæ regibus quibusdam Fulco scripta direxerit.

Totius itaque regni curam agens idem domnus archiepiscopus Fulco, litteras dirigit imperatori

Carolo (24), regis Ludovici Transrhenensis filio, pro tutela et defensione regni Francorum, quod in his partibus a Normannis multipliciter opprimebatur : asserens illud, auxiliante Deo, hactenus fuisse protectum, quandiu patrui et æquivoci ejus, ac filiorum ipsius regebatur dominatione. Tunc vero illis feliciter humana excedentibus, postquam se proceres regni ejus imperiali commiserant tuitioni, eos undique secus multi superaggravent casus. Memoratque civitatem Parisiorum, quam caput asserit et introitum regnorum Neustriæ atque Burgundiæ, barbarica cingi obsidione, citoque capiendam, nisi Dei subventum fuerit clementia? Quæ si capta fuerit, totius dispendium regni se perpessuros; tamque periculose hæc jam mala grassari, ut a prædicta urbe Remos usque nihil tutum remanserit : nulla nisi perversorum Christianorum barbarisque consentientium secura sit habitatio, quorum multi, Christianam deserentes religionem, paganorum se societati conjunxerant, ac tuitioni subdiderant. Scripsit et ad eumdem imperatorem pro percipiendo a sede Romana pallio, roborandisque datis olim a Romanis pontificibus Ecclesiæ Remensi privilegiis.

Arnulfo regi Transrhenensi litteras mittens, pro causa regis Karoli, quem parvulum adhuc unxerat in regem, reddit causas ejus provectionis, eo quod audierat motum fuisse animum ipsius Arnulfi contra se pro hac perpetratione : commemorans quod decedente Karolo imperatore, hujus Arnulfi avunculo, in ipsius Arnulfi servitium fuerit profectus, cupiens ejus suscipere dominium et gubernationem ; sed ipse rex eum sine ullo consilio vel consolatione dimiserit. Unde cum nec in eo sibi spes ulla remansisset, coactus sit ejus hominis, videlicet Odonis, dominatum suscipere, qui ab stirpe regia existens alienus, regali tyrannice abusus fuerit potestate, cujus et invitus hactenus dominium sustinuerit. Et quoniam hujus Arnulfi dominatum desideraverit, idcirco in ipsius servitium profectus fuerit. At postquam nullum consilium in ipse reperire valuit, hoc solum quod restabat egerit, eligens eum regem habere, quem solum post ipsum de regia ipsius habebant progenie, et cujus prædecessores ac fratres exstiterant reges. De hoc etiam, quod idem rex in culpa trahebat, quare non id ante fecissent, reddit rationem, quod quando Karolus imperator decessit, et idem Arnulfus regimen hujus regni suscipere noluit, hic Karolus adhuc admodum corpore simul et scientia parvulus existebat, nec regni gubernaculis idoneus erat, et instante immanissima Normannorum persecutione, periculosum erat tunc eam eligere. Ut vero ad eam viderunt perductum ætatem, in qua salubre sibi consilium dantibus assensum præbere noverat, susceperunt eum secundum Dei honorem, ut regno consuleret, volentes eum ita instituere, quatenus huic regno, et ipsi Arnulfo proficuus valeret existere. De eo quoque quod sine ipsius Arnulfi consilio præsumpserint hoc agere, morem Francorum gentis

(24) Carolus Crassus de quo supra.

asserit secutos se fuisse; quoniam mos semper fuerit, ut rege decedente, alium de regia stirpe, vel successione, sine respectu vel interrogatione cujusquam majoris, aut potentioris regis eligerent. Hoc more hunc regem factum ipsius fidelitati et consilio committere voluerint, ut ipsius adjutorio et consilio uteretur in omnibus, et ejus subderetur tam rex, quam universum regnum præceptis et ordinationibus. Præterea quod audierat huic regi suggestum, quia contra fidelitatem ipsius, et propter privatum hoc egerit commodum, infert quod Aschericus ipse, qui hæc jactitasse videbatur, antequam de re hujuscemodi aliquid idem archiepiscopus agere conaretur, venerit ad se, præsentibus Heriberto et Ecfrido [ms.; Exfrido, Erfrido] comitibus, et consilium, simulque auxilium quæsierit, quid agere deberet de jussionibus Odonis, qui res importabiles ei præcipiebat. Ex parte quoque filiorum Godfridi consilium petierit de malo, quod eis Odo facere conabatur, rogaveruntque ut tale caput communi consilio statueretur, per quod securi possent esse subditi, intendentes vel in Widonem, vel in hunc regiæ prosapiæ Karolum, et simul considerantes qui adfuerant, ad quem melius attendere deberent, visum illis est, propterea acquirendam regni utilitatem, et ipsius Arnulfi cavendam contrarietatem, propterque rectum, congruumque regii generis principatum, ut ad hunc Karolum se converterent, credentes quod Arnulfus hoc de propinquo suo gratum haberet, ipsique et regno præsidium ferret. Quod autem jactitatum audierat, causa Widonis hoc eum fecisse, ut hac arte illum subintroduceret in regnum, et dimisso puero Karolo, se verteret ad Widonem : asserit livore invidiæ, contra se scienter hæc falso fuisse jactata, aut etiam quod qualis erat ipse qui talia diffamabat, talem eumdem posse fieri sentiebat; ipse vero nec se talem fore, nec talibus ortum natalibus recognoscebat. Prædecessores quoque ipsius regis nequaquam talia ingenia in progenitoribus suis experti fuerant, quos in omni fidelitate ac regni utilitate probatos habuerint; ideoque illos honorifice sublimaverint. Quapropter erubescendum eidem regi fuisset, ut hoc de se crederet, vel infamia sedali notaret. Denique quod audierat ipsi Arnulfo dictum fuisse, quod hic Karolus filius Ludovici non fuerit, asseverat neminem se posse credere fore, qui eum si viderit, et parentum ipsius effigiem cognoverit, non recognoscat illum de regia processione progenie : quædam quoque patris sui Ludovici signa gestare, quibus agnoscatur filius ipsius fuisse. Poscit ergo Arnulfi regiam majestatem, ut hæc vera [j, verba] dignanter accipiat, nullusque animum ipsius contra hunc regem innocentem, propinquum suum commovere valeat. Sed utrum hæc quæ asserit ita se habeant, in sua præsentia, fideliumque suorum examinari faciat, et ad debitum finem perducat, cogitans qualiter antecessores sui regni statum gubernaverint, et quomodo regalis culminis successio semper hucusque viguerit. Tunc vero ille tantum princeps, et hic parvus propinquus ejus Karolus; de tota regali stirpe remanserint, perpendatque quid contingere possit, si eum debitus cunctis casus reposcerit, cum tot jam de aliena stirpe reges existant, et adhuc sint plures, qui sibi regium nomen affectent, quis post ipsius decessum adjuvabit ejus filium, ut ad debitam sibi regni concedat hæreditatem, si contigerit hunc sibi propinquum cadere Karolum. Adnectit etiam, quod in omnibus pene gentibus notum fuerit, gentem Francorum reges ex successione habere consuevisse, proferens super hoc testimonium beati Gregorii papæ (*hom.* 40). Subjicit etiam ex libris Teutonicis de rege quodam Hermenrico nomine, qui omnem progeniem suam morti destinaverit impiis consiliis cujusdam consiliarii sui, supplicatque ne sceleratis hic rex acquiescat consiliis (Greg., *in Evang.*), sed misereatur gentis hujus, et regio generi subveniat decidenti, satagens ut in diebus suis dignitas successionis suæ roboretur, et hi qui ex alieno genere reges exstabant, vel existere cupiebant, non prævalerent contra eos, quibus ex genere honor regius debebatur. Asseritque se misisse Alcdrannum [*ms. Papir., Alerannum*] ad eumdem Arnulfum, suggerendo ut quoscunque sibi placeret, ex his qui Karolum regem constituerant, in suum pergere servitium præciperet, qui coram sublimitate ipsius hæc ita esse rationabiliter ostenderent. Flagitans etiam orat, ut hæc præmissa benigno rex tractet animo, et hanc sciat ipsius esse devotionem, vel intentionem erga ipsius fidelitatem; ut hic Karolus ad ipsius consilium in omnibus, quæ acturus est, respiciat, et ipsius pietate tutus consistat, et ut nemo hujus regis animum ab auxilio istius regni, vel ejusdem Karoli deflectere valeat. Item ad eumdem regem, significans ei de fidelitate et devotione, quam erga ipsum habebat, et quia in ejus servitium ad ipsius jussionem properare desiderabat. Promissionem quoque, quam rex suus Karolus eidem Arnulfo, qui regnum sibi contradiderat, promisisset, manere inconvulsam, tam in ipso rege, quam in subditis sibi. Et quia proponeret idem Karolus Odonem inimicum sibi regem, et insidias sibi magnopere parantem armis aggredi. Widonem imperatorem legatione suarum visitans litterarum, admodum sede ipsius gaudere fatetur gloria et exaltatione; mirari vero atque turbari, quia nullis nuntiis jam longo tempore transacto sibi aliquid de statu et prosperitate sua notificaverit. Exorat autem, ut regi suo Karolo suffragium impendat, et talis erga ipsum existat, qualem eum erga propinquum existere decet, et ut celerius illum scire faciat, qualem voluntatem circa ipsum habeat. De Arnulfo quoque rege significat, quod non velit eidem Widoni pacem servare. Karolum denique sedi apostolicæ suam epistolam dirigere, orationibus se commendando papæ, atque ipsius petens roborari benedictione, et ut idem papa hujus

(25) Sunt verba Jehu ad Josaphat regem Juda.

Widonis eum conjungat amicitiæ. Poscit etiam, ut eidem regi de amicitia sua per suum missum, aut per sua scripta Wido remandet. Sed et suis, vel Ecclesiæ sibi commissæ compatiatur injuriis, quas fidelitatis ipsius causa tolerabat. Notificat etiam abbatiam sancti Martini a rege sibi concessam [*ms., commissam*], rogans ut res ejus, quæ in regno ipsius erant, in sua tutela Wido recipiat.

Odoni regi litteras dirigens, rogat pro concedenda Ecclesiæ Laudunensi post decessum Didonis episcopi, electione libera, ostendens non oportere violenter eos ad eum, quem nolint, suscipiendum compelli. Precatur etiam, ut eamdem Ecclesiam absque inquietudine degere jubeat, neque res ipsius a pervasoribus deprædari sinat, ne particeps diripientium fiat, si talia fieri permittat. Karolo regi suo scribens, indignatur valde sibi perlatum, quod pravis quorumdam consiliis vellet idem rex se sociare Nortmannis, ut illorum auxilio ad regni decus obtinendum juvari posset. «Quis enim, inquit, qui vobis sicut oportet fidelis est, non expavescat, vos inimicorum Dei amicitiam velle, et in cladem ac ruinam nominis Christiani pagana arma, et fœdera detestanda suscipere? Nihil enim distat, utrum quis se paganis societ, an abnegato Deo idola adoret. Nam si (ut ait Apostolus) mores bonos colloquia prava corrumpant (*I Cor.* xv), quanto magis corrumpitur castitas animæ Christianæ ethnicorum consiliis et societate? Neque enim poterit non imitari quod assidue viderit, quin potius assuescet paulatim, et quasi vinculo malæ consuetudinis trahetur ad facinus. Certe progenitores vestri reges, deposito gentilitio errore, divino cultui se sublimiter subdiderunt, et a Deo semper auxilium expetiverunt, propter quæ et feliciter regnaverunt, et regni hæreditatem ad suos posteros transmiserunt. Vos econtra nunc Deum relinquitis. Dicam certe, licet nolens, quia Deum relinquitis, cum vos ejus hostibus sociatis. Unde et merito prophetica illa vox ad vos dirigitur, quæ quondam ad regem (25) Israel similia facientem directa est: *Impio præbes auxilium, et his qui oderunt Deum amicitia jungeris* (*II Par.* xix). Et certe cum deberetis multis præteritis terminum ponere, et rapinis et deprædationibus pauperum renuntiare, ac pro his omnibus pœnitentiam agere, nunc ad majorem iram Dei provocandam, his qui Deum ignorant, et in sua feritate confidunt, vos conjungitis. Credite mihi, quia nunquam sic agendo ad regnum pervenietis, imo velociter disperdet vos Deus, quem irritatis. Hactenus quidem de vobis meliora sperabam: nunc video vos cum omnibus consanguineis [*ms. j. Papir.*, consentaneis] vestris periturum, si tamen hoc vere vultis agere, et talibus consiliis acquiescere. Revera qui tale vobis dant consilium, non fideles, sed per omnia infideles esse comprobantur, quos si audire volueritis; terrenum simul et cœleste regnum amittetis. Deprecor itaque vos per Deum, ut tale deseratis consilium, neque velitis vos in æternum præcipitare interitum, et mihi cæterisque, qui secundum Deum vobis fideles sunt, æterni doloris afferre dispendium. Melius enim fuerat vos non nasci, quam diaboli patrocinio velle regnare, et illos juvare, quos deberetis per omnia impugnare. Sciatis enim, quia si hoc feceritis, et talibus consiliis acquieveritis, nunquam me fidelem habebitis, sed et quoscunque potuero a vestra fidelitate revocabo, et cum omnibus coepiscopis meis vos et omnes vestros excommunicans, æterno anathemate condemnabo. Pro fidelitate quam vobis servo, hæc gemebundus scribo, quoniam cupio vos, secundum Deum et sæculum semper esse honoratum, et non Satanæ, sed Christi adjutorio, ad debitum vobis conscendere regni fastigium. Regnum enim quod Deus dat, firmum habet fundamentum; quod vero per injustitiam et rapinas acquiritur caducum est, et cito decidivum, nec poteris diu permanere. »

Lamberto imperatori congratulationis apices dirigens, notificat quid sibi de ipso domnus papa Formosus suis litteris intimaverit : quod scilicet eumdem imperatorem multum dirigeret, et in omnibus ei consulere, loco charissimi filii, atque indissociabilem vellet ad eum servare concordiam. Hortatur ergo hunc principem, et admonendo flagitat, ut tantæ benignitati ejusdem papæ gratus existat, illum ut patrem piissimum diligat, omnemque illi fidelitatem, et obedientiam servet, ejusque monitis, ut verus filius, obtemperet, et sedem Romanam digna veneratione honoret. « Ita enim vestrum, inquit, perenni soliditate stabilietur imperium, et contra omnes inimicos, et hostes vestros divinum vobis auxilium suffragabitur, fietque ut omnibus adversariis, divino adjutorio, semper superior et fortior sitis. Recordamini, quæso, avunculi vestri et æquivoci Lamberti illustrissimi, qualis erga sanctam Romanam sedem fuerit, qualemque exitum consecutus sit, et caute ne in idem exemplum deveniatis, si aliquid simile agere volueritis. Domnum etiam apostolicum deprecamini, ut eum dignetur absolvere, et pro illo apud Deum intervenire. Pro me quoque attentius postulo, ut ejus mihi benevolentiam concilieiis, quatenus tam de me, quam etiam de sede Remensi mercedem dignetur habere, et sua illi privilegia inviolabiliter custodire, sicut omnes sancti prædecessores ipsius semper fecisse noscuntur : et si aliquis unquam [*j*, nequaquam] aures clementiæ ipsius inquietare, et de nobis sinistri aliquid dicere præsumpserit, non prius obloquentibus credere, donec per me, aut certe per suum, vel meum missum, quod verum sit, possit agnoscere. De cætero cognoscat imperialis dignitas vestra, Ramponem propinquum vestrum, et meum, ab eodem domno apostolico excommunicatum, sicut ex ejus litteris agnovimus. Pro quo obsecro mansuetudinem [*ms.*, magnitudinem] vestram, ut eum deprecemini, quatenus illi locum pœnitendi, et quod admisit emendandi non deneget, nec eum perpetuo anathemate innodatum irrecuperabiliter perire sinat; sed quam illi placet, pœnitentiam et satisfactionis mensuram illi injungat. Nobis etiam et universis Italiæ, vel Galliæ episcopis, quibus de ejus damnatione scripsit, vicissim de sua misericordia quid illum agere, et qualiter esse conveniat, rescribi jubeat. »

Albrado regi Transmarino amicabiles litteras mittens, grates refert, quia tam bonum virum et devotum ecclesiasticisque regulis congruentem destinaverit episcopum in civitate Cantaburg nomine. Audierat enim, quod perversissimam [*ms.*, pertissimam] sectam paganicis erroribus exortam, et in illa gente tunc usque relictam, verbi mucrone satageret amputare. Quæ secta suggerere videbatur : episcopis et presbyteris subintroductas habere mulieres; ad propinquas quoque generis sui, quisque vellet, accedere insuper et sacratas Deo feminas incestare, et uxorem habens concubinam simul habere. Quæ omnia, quam sanæ fidei sint adversa documentis manifestat evidentissimis, ex sanctorum Patrum probatis [*ms. j*, prolatis] auctoritatibus. Richildim reginam, vel imperatricem litteris commonens atque redarguens, dolore multo se fatetur esse correptum, pro fama non bona, quæ ad ipsum de vita, vel actibus ejusdem reginæ pervenerat : quod scilicet esset diabolus, ubi fuisset illa, magis quam Deus, cum forent circa illam quæ contra salutem militant animæ, id est, iræ, rixæ, dissensiones, incendia; homicidia luxuriæ, rapinæ quoque pauperum, pervasiones ecclesiarum. De quibus omnibus debita sollicitudine et pastorali diligentia commoneat eam, ut transferat se de tantis malis ad fructum æternæ salutis : proponens ei quadrivium, vel quadrigam virtutum, quam assumens et ascendere nitens, apprehendat, ea quæ sunt sapientiæ, atque sanctimoniæ, ac felicitatis æternæ. Velamen quoque Christi, quod assumpserat viduitatis, incorruptum servare studeret, ut illud inviolatum Deo repræsentare posset, nec properare velit ad inferos, ut inveniat inæstimabile malum multarum, quas ei propalare nititur, miseriarum. Perpendat, si est amica Dei, vel soror. Quod si non est sine intermissione det operam (*Tit.* II), ut esse possit, etsi non candore virginitatis, studio tamen continentiæ salutaris, recte credendo, Deum ac proximum diligendo, pietatis opera faciendo, sobrie et juste, et pie vivendo (*Hebr.* III) ; attendat ut vitam corrigat donec hodie cognominatur, ne incidat in laqueum confusionis æternæ, dum non recogitat quam velociter præsens hodie transeat. Parcat animæ suæ, et attendat ut Deo proxima fiat, et habeatur columba per simplicitatem [*ms.*, habeat columbæ simplicitatem] et innocentiam, ut audire mereatur a Christo cum exierit e corpore. Hiems transiit, et recessit, columba mea veni, mecumque requiesce (*Cant.* II), sedens in dextera Patris mei. Multumque, se ideo loqui asserit, quod de ipsius salute plurimum sollicitus sit, optans ut vere stat regina, ornando virtutibus viduitatem suam, præ oculis habens diem mortis, vel resurrectionis suæ, audiatque Apostolum dicentem : *Evigilate justi, et nolite peccare* (*I Cor.* xv). Det tandem Deo suo gloriam, et operetur salutem propriam, divertat a malo, et faciat bonum (*Psal.* xxxvi). Oratque exoptans ut correptio sua et emendatio necessaria salubrisque compunctio tangat cor ejus, ut tandem aliquando resipiscat diaboli laqueis; gratia quoque Dei resuscitet eam de sepulcris vitiorum (*II Tim.* ii), et cætera. Febricitantem quoque in malis, faciat eam firmam et stabilem Deus, fixamque in bonis, ut hic et in æterna vita possit gaudere cum sanctis. *Quod si consilium nostrum,* inquit, *audieritis, tales vobis erimus, quales esse debemus; in omni fidelitate et reverentia atque debito servitio, et quod his omnibus majus est, erit vobis Deus propitius, sicut optamus, et oramus. Alioquin volumus, ut sciatis revera quod pro vobis nolumus incurrere offensionem Dei, sed secundum ministerium nostrum, faciemus de vobis, quod canonica nobis jubet auctoritas. Quod quam inviti faciemus, Deus testis est, non enim nos sumus discedere ab Apostolo, qui dicit : Quandiu Apostolus sum gentium, ministerium meum honorificabo* (*Rom.* xi); et : *Dei adjutores sumus* (*I Cor.* iii); et : *Deus est, qui operatur in nobis* (*Philip.* ii); et: *An experimentum quæritis ejus, qui in me loquitur Christus?* (*II Cor.* xiii.) Unde precor Deum in conscientia mea, ut adhæreant cordi vestro verba mea, et ipse qui per me loquitur, hæc in auribus vestris per seipsum loquatur in corde vestro. Deus omnipotens ad vota nostra manum suam de alto, et liberet vos de cœnulento hujus sæculi profundo.

CAPUT VI.

Quæ diversis scripserit episcopis.

Diversis etiam præsulibus diversa reperitur direxisse scripta, pio sale respersa, et divinis auctoritatibus referta. Flothero archiepiscopo pro rebus Remensis Ecclesiæ in sua conjacentibus diœcesi, quæ ab invasoribus non modicum patiebantur dispendium : monens et rogans, ut memor ministerii sibi a Deo collati, et apostolicorum præceptorum, quorum plura subjungit exempla, his persuasoribus auctoritate canonica interdicat, ne de rebus hujus Ecclesiæ amplius præsumere audeant, sicut [*rectius si*] offensam domini, sanctorumque ipsius incurrere nolint. Rostagno Arelatensium præsuli, grates referens, quod eum de rebus Ecclesiæ Remensis sollicitum esse compererat, quas sub ipsius providentia, et tutela constituerat ; sed audiebat eas a quibusdam pravis invasoribus infestari, vel usurpari. Unde hortatur, ut eosdem pervasores, nisi resipiscant, districta percellat excommunicatione, si non judicet rem hujusmodi ad apostolicam sedem deferri. Herimanno Agrippinensium archiepiscopo significans se desiderare cum ipso, cæterisque diœceseos ipsius episcopis loqui; et de necessariis Ecclesiarum causis, ut ab eodem sibi suggestum fuerat, pertractare:

id tamen insurgentibus Nortmanni æ persecutionis turbinibus impediri. Ut autem opportunitas se temporis aperuerit, maturata facilitate adimplere conari. Intimat præterea res quasdam Remensi Ecclesiæ in ipsius parochia perverso jure a quibusdam pervasoribus possideri. Qua de causa expetierat Arnulfum regem apud Warmaciam, ut ipse Willeberto præsuli hujus prædecessori præciperet, quatenus ipse super hoc negotio, secundum edicta canonum ageret. A quo scilicet rege, idem etiam Herimannus super hoc ipso legatus, ad præmissum episcopum fuerat destinatus. Sed quia idem Willebertus præceptum regis in hoc adimplere non potuit, hunc monens rogat, ut eosdem pervasores, vel qui res ipsas inquietare conantur, animadversione canonica feriat, nisi a cœpta præsumptione resipiscant. Decretum quoque Symmachi papæ eidem Herimanno dirigit, ubi quid de talibus sit agendum manifestissima possit assertione cognoscere. Item eidem, pro quibusdam rebus hujus Ecclesiæ super Rhenum sitis, in loco qui dicitur Bothert [*j,* Bobert], quas Maingaudio [*j,* Magnigaudo] commendaverat: quo defuncto, petit ut idem præsul Herimannus eas tutandas suscipiat. Quemdam etiam Wibertum, qui res alias Remensis Ecclesiæ tenere videbatur, admoneat, ut eas cum amicitia sibi restituat. De rebus quoque cujusdam abbatiæ sibi a rege concessæ, quæ in partibus ipsius Herimanni conjacebant, rogat ut eas ab extraneorum pervasione defendat, et cætera. Waltero Senonensis Ecclesiæ archiepiscopo, pro causa Hildegardis abbatissæ, de qua placita quædam constituerat, sed ad nullum idem Walterus, partim occupatione, partim infirmitate pressus, attenderat. Unde præscribit eidem, quæ res ipsa finem legitimum sit habitura; precansque monet ut nullatenus omittat, quin ad id placitum veniat. Si vero non venerit, ipse tamen, salva charitate, quod agendum est, auctore Deo, inde perficere conabitur; et quod hactenus id distulerat, non quasi auctoritatem, aut privilegium hoc agendi non haberet, egerat; sed potius causa dilectionis ipsius, quam per omnia inviolatam servare cupiebat. Petit etiam ut præfatam abbatissam idem Walterus, utpote diœcesaneam suam, præmoneri faciat, quo ne velut ignaram, se a conventu ipsius subtrahere, sed potius die prænominata præsentem studeat exhibere. Item consolatorias eidem dirigens super ipsius ægrotatione litteras, et de absolutione, quam sibi petierat idem Walterus, tam ab eo, quam a fratribus ipsius fieri simulque de ipsorum providendo ab eodem domno Fulcone, quando fieri posset, colloquio. Pleonico archiepiscopo Transmarino, congratulans bonis ejus studiis, quibus eum laborare compererat, pro abscindendis et exstirpandis incestuosis luxuriæ fomentis, supra in his litteris, quæ Albrado regi scripserat, commemoratis (*cap.* 5), quæ in ea gente videbantur inoluisse ; sacris cum instruens et armans auctoritatibus censuræ canonicæ [*for.,* Scripturæ], particeps nimirum piis ipsius laboribus cupiens existere. Joanni cuidam Romano præsuli, commemorans affectionem dilectionis, quam habebat erga eum, ita ut diceret, nullum se invenisse recordari, cum quo sic concorditer mutuo conjungeretur charitatis affectu : rememorans magna se quondam benevolentia susceptum ab eo fuisse, liberalissimaque humanitate tractatum, magnisque beneficiorum impendiis accumulatum. Asseritque se quantocius, pace reddita, dignis servitiis ostensurum, tam erga eum, quam erga domnum papam Stephanum gratam animi devotionem, precaturque ut eum suo favore tueatur apud ipsius excellentiam papæ, et in quibuscumque necessarium viderit, ei, sicut optime in ipso confidit, assistat. Dodiloni Cameracensium præsuli, pro placitis sibi ab eo datis, ad quæ minime attenderat : monens et rogans, ut satagat venire ad proximum placitum, ubicunque rex Odo fuerit, cum episcopis, quoniam rem de qua tunc agebatur de Hildegarde et Hirmingarde terminare deberent. Accusatores quoque ipsius Hirmingardis, eosque qui presbyterum luminibus privari, ac suspendi jusserunt, cum omnibus qui eidem nefandæ jussioni paruerunt, vel fautores hujus sceleris exstiterunt, commoneri faciat, et canonice convocari, ut huic conventui se studeant præsentare. Item pro eadem causa, gratias referens quia devote ipsius commonitionem susceperit, et ad constitutam diem paratissimus occurrerit. Illud vero succensere videtur, cur cum de negotiis ecclesiasticis ageretur, causa, non per clericum, sed per laicalis ordinis hominum sibi mandare voluisset. Ipse vero domnus Fulco, partim senioris servitio detentus, partim corporeæ incommoditatis molestia præpeditus, juxta condictum venire nequiverat. Admonet etiam, cum meminisse debere, qualis ipse erga eum quondam exstiterit, qualiter sine rege, sine ullo ipsius parti consulente modis omnibus institerit, ut ad hunc episcopalem perveniret honorem, cum adhuc sibi perfecte notus non esset. Ita tamen pro eo egerit, veluti pro fratre charissimo, quia crediderat et credebat in eo simplicem prudentiam, fidem non fictam, et firmam et inde mutabilem stabilitatem : speraverat etiam in omnibus sibi cooperatorem et adjutorem fore. Per illam ergo sinceram dilectionem, quam in ipso credebat, cum se dicit monere mandans ut posthabita omni dilatione, vel occupatione, ad condictum conventum episcoporum præsens adesse studeat, nulla causa excepta, nisi tantum infirmitate corporea. Personas etiam præmissas, quas per alteram significaverat epistolam, commoneri canonice faciat, ut præparatæ ad solemnem cœtum episcoporum pie præfixa se satagant præsentare. Item cum cæteris coepiscopis, Didone scilicet Laudunensi, Hetilone Noviomensi, Riculfo Suessorum, Herinando (supra, cap. 3,) (Herilando) Marnensi, scribens : huic præsuli Dodiloni significat, hos præmissos in urbem Remensem convenisse præsules, ad tractandum de pervasione Balduini (Bald Calvus. Fland. comes), de quo scripserat eidem Dodillo [j, Dod.loni], admonere illum, ut resipisceret a pravo temeritatis suæ fastu. Sed quoniam idem præsul rescripserat, occurrere eisdem præsulibus se nequivisse, quia suum iter Nortmannorum præripuit gladius, cæt. de communi compatitur exitio. Cæterum quod petierat de Balduino, in hoc acquiescit ei, ut admonendo, exhortando, et increpando, sedulo eum corripiat, ut a sua corrigatur pravitate, divinas ei proponens sanctorum sententias Patrum : litteras etiam eidem Balduino ab ipsorum episcoporum parte dirigi significat. De quibus hortatur, ut si fuerit præsens, ei recitentur; si absens fuerit, per suum archidiaconum ipsi transmittat, qui etiam illas eum intelligere faciat. Quod si et eum ille nequiverit adire, litteras ipsas publice coram se legi faciat in loco ubi Balduinus religionem pervasit, ei deinceps, nisi resipuerit, non ei vel monachus, vel quilibet rite Christianus adjungatur, si non anathematis vinculo implicari voluerit. Si Hetilo quoque ad civitatem Atrabatensem venerit, Dodilo illi occurrat, ut de hac re quod agendum est, canonice peragere possint, et quidquid inde fecerint, litteris sibi significet. Hetiloni præsuli litteris mandat, ut proficiscatur cum fidelibus regis ad Attrabatem, agens pro posse quod in alio scripto agendum sibi repererit significatum. Item pro his quæ a Dodilone Cameracensi patiebatur episcopo, asserens quomodo pro benefactis, ab eo sibi contumeliosa retribuantur : adsciscensque hunc s bi testem, qualiter eumdem Dodilonem paterno, simplicique benignitatis affectu ad potiora provexerit. Sed et quomodo Rodulfus vir devotus abbatiam quamdam in hujus Hetilonis parochia sitam Remensi delegaverit Ecclesiæ committendo, simul eidem corpus beati Calixti papæ et martyris, quod impetratum a Romana detulerat urbe. Intimat ergo qualiter precatus sit amicabiliter præfatum Dodilonem, ad Atrabatense castellum venire, et inde pignora præfati martyris honorifice levare, atque usque ad cœnobium sancti Quintini deducere. Hunc etiam Hetilonem expetierat, ut ad ipsum cœnobium occurreret, et tandiu cum sacro comitaretur corpore, donec ipse domnus Fulco veniret, et illud decenter exciperet, et usque ad hanc Remensem valeret urbem deducere : ubi tandiu servaretur, quousque, pace reddita, loco proprio ipsius Hetilonis parochia sito restitui posset. At Dodilo cum debuisset agere quod petebatur, e contra, filiationis ac fraternitatis posthabita reverentia, in medio occurrens viæ, et de manibus gestantium sanctum pignus abripiens, apud se reposuit, dicens : Non illud cuiquam se redditurum, nisi eidem Hetiloni, in cujus dignoscebatur fuisse parochia depositum : et hoc ipsum novæ fraudis argumento gessisse, quo valeret præfatum corpus sacrum cuidam Huchoto [ms. Bucholdo] comiti tradere. Quocirca petit hunc Hetilonem, ut missum suum ad illum dirigat, et paterno ac fraterno amore ipsum redarguens, corrigat, et in memoriam ei revocet, quomodo religionis solius et fidei, quam in eo forte credebat, intuitu, illum absque regis aut principis alicujus exspectatione in sede pontificali locave-rit, moneatque ut a cœpta temeritate pedem revocet, ne aliquid hunc eumdem archiepiscopum contra se, quod idem nolit, agere compellat. Hunc quoque precatur Hetilonem obnixe, ne illi assensum in re tali præbeat, sed justæ parti in omnibus faveat, et thesaurum cœlestem, Remensi ecclesiæ a præmemorato viro traditum, urbi ac basilicæ ipsius restitui non solum consentiat, sed etiam totis viribus adjuvet. Didoni Laudunensi episcopo, pro reconciliatione animæ cujusdam Valcheri, qui reus majestatis inventus, supplicium mortis incurrit. De quo audierat, quod in articulo mortis pœnitentiam per confessionem et sacræ communionis viaticum ab ipso expetierat, nec impetrare valuerat. Insuper et sepulturæ beneficium fuerat ei denegatum, et orari pro eo prohibitum. Succenset ergo eumdem præsulem, horrens cur sic voluerit agere, cum sciret optime quod auctoritas sacra de non neganda in ultimis statuerit pœnitentia; adhibetque nonnulla sanctorum Patrum super hac re testimonia, monens ut considerato communi periculo, imitetur communis Domini pietatem, et huic peccatori remedium pœnitentiæ in ultimis deprecato impendat misericordiam, ut et orari pro eo faciat, et per seipsum reconciliationem, animæque commendationem more Christiano persolvat; cumque de loco pervio in quo non sepultus, sed projectus erat, ad cœmeterium fidelium transferat. Item pro hac eadem causa, postulans et adhibens exemplum beati Gregorii (l. iv *Dial.*, c. 55) de quodam monacho, quem jusserat nec sepulturæ communi tradi, nec orationibus adjuvari, post legitimum [*ms. c.*, longum] spatium reconciliationem eidem præcepit impendi; adsciscens etiam illud evangelicum : quia Filius hominis venit quærere, et salvum facere quod perierat (*Luc.* xix). Sed et Nicæni concilii (*cap.* 13, *al.* 12) testimonium, quo generaliter cuilibet in exitu posito, et poscenti gratiam communionis tribui præcipitur.

Petro cuidam Romano scribit episcopo, pro his de quibus Formosum papam consuluerat super Herinaldo Morinensi episcopo, quem Catalaunicæ præficere decernebat viduatæ Ecclesiæ, petitque ut suggerat p. pæ pro hoc suo consultu, quatenus optatum super eo citius adipisci mereatur responsum : commemorans quod gestum reminiscatur super Actardo Namneticæ urbis episcopo, quod eum Nicolaus papa Morinensi Ecclesiæ postea censuerit præficiendum, ac demum in archiepiscopatu sedis Turonicæ decreverit incardinandum. Precatur etiam ut idoneam super hoc exquirat auctoritatem, repertamque sibi destinet exsequendam. Honorato Belvacensium præsuli scribit, asserit se mirari vehementissime, quomodo id potuerit contingere, ut animus ipsius tam contrarius et adversus sibi existeret, cum sciret qualis erga eum fuerit, et qualiter eum loco fratris ac filii semper habuerit, qualique affectu, ut ad eumdem honorem perveniret, decertaverit. Nec tamen ideo desperare debeat, sed quantocius ad pacem et concordiam secum tenendam redeat. Monet igitur eum tanquam filium charissimum, redire ad semetipsum, et cogitare cujus sit ordinis, cujusque professionis, perpendatque quod in nullo ab ipso læsus existat, et si possibile sit, ad se veniat, quatenus de his collato sermone melius conferant. Si vero id fieri nequit, quemdam familiarem sibi dirigat, per quem quæ fert animus eidem remandare valeat. Notificat etiam se audisse quædam de ipso, quæ non facile credere potuerit, scilicet quod rapinis insisteret, alienas possessiones invaderet, et pecunias diriperet : nominatimque designat Rotbertum quemdam apud se fuisse conquestum, quod universa mobilia sua ea abstulerit. « Ego autem, inquit, non hoc de vobis credere possum, sed puto esse aliquem, qui vestra gratia et auctoritate fretus, hæc agere præsumpserit, et idcirco vobis ascribitur quod ab alio gestum est. Si ergo a quocunque vestro id factum est, obsecro ut auctorem hujus mali digne coerceatis, et damnum omne emendare jubeatis. Si autem verum est, quod vos ipsi hoc egeritis, precor ut a tali intentione desinatis et ei qui damnum passus est, sua ex integro restitui faciatis. » Item redarguens eum de nonnullis, quæ ad se non simplici professione scripsisse videbatur, quasi domnus Fulco pacem et concordiam perturbasset. Significaverat etiam a pravis quibusdam suam vexari Ecclesiam, et super hac re nullum ad hoc archiepiscopo petentem se suscepisse responsum. Unde revocat ad memoriam, quia precatu, quam præceptio apud ipsum maluerit obtinere illis hominibus inducias interim dari, quousque simul quivissent ipsi præsules loqui. De quodam quoque Aledramno, quem tunc excommunicare minabatur, et archiepiscopo suam exsequi censuram præcipere videbatur ; asseritque se nunquam destinasse communibus et collatis coepiscoporum præceptionibus ac suggestionibus non parere ; Belvacensi tamen Ecclesiæ singulariter Ecclesia Remensis parere nesciret. Et quia in hac excommunicatione non ecclesiastica vigere censura, sed præceps prævalere cernebatur animositas. Cujus rei erat initium, desertio regis Odonis, et institutio Caroli. Annectitque post aliquanta, de viduatione Ecclesiarum, Silvanectensis videlicet atque Catalaunensis ; quarum Silvanectensis tunc elegerat Otfredum, quemque ad Remensem præsulem perduxerant, sibique petierant ordinandum pontificem. Ad quam petit hanc ordinationem venire, remota, ut canonica jubet auctoritas, omni excusatione. Subjungit quoque monens, ne intendat ejus animus hæc ita dicta, tanquam eumdem non liceat episcopum ultra in ipsius sperare amicitiam, quam sibi mutuo conjunxerant, quamque inconvulsam omni tempore archiepiscopus tenere cupiebat, et ad honorem suæ sedis, sedem ipsius honorare ac sublimare desiderabat. Sed quia se mordaci reprehensione viderat ejus latenter corrodi litteris, a tanta subreptione se voluerit excusabilem reddere, ne videretur in hoc ei silendo assentire. Item pro ordinatione Mancionis Catalaunensis episcopi ;

ad quam eumdem Honoratum venire mandaverat; sed ille non veniens, etiam ipsam ordinationem reprehensionis elogio notarat : quam tamen reprehensionem archiepiscopus charitatis studio patienter ferebat, mandans et poscens, ut ad ordinationem præmissi Otfridi occurere studeat, etc. Item pro litteris ab eo sibi directis, in quibus hortatus fuerat, ut statui, et religioni sanctæ Ecclesiæ labentis succurrere deberet. Unde gratiarum vota Deo se persolvere archipræsul asserit, qui ad hoc suadendum ejus excitaverit animum, cum priores ipsius episcopi epistolæ tumidum viderentur præferre rancorem : hæc vero tota fraternum testaretur amorem. Si vero quod verba resonabant, Honoratus corde teneret, paratum se dicit ejus charitati respondere, eamque inviolabiliter conservare. Sed quia tunc opportunum tempus, quo simul convenire valerent, non videbatur, cum Domino juvante, tempus arrisisset, id competenter tam ipsi, quam cæteris suffraganeis prænuntiare curaret. Item pro jussione Stephani papæ, quia mandaverat domno Fulconi, data eidem licentia interim, ut petierat, remorandi quatenus hunc Honoratum episcopum, atque Rodulfum Laudunensem Ravennam mitteret ad synodum ibidem celebrandam. Unde monet, ut sicut papa jubet, ejus præceptioni obtemperet. Teuthbaldo Lingonensi episcopo amicabiles et charitatis utrinque conjunctrices [ms., continetrices] dirigit litteras, significans de privatis inter se rebus, quas ei Teuthbaldus per suum significaverat missum, et de communi colloquio secum, de regia quoque et ipsius Teuthbaldi consanguinitate, atque amicitia ipsius episcopi regi Karolo grata. Rogat etiam sibi remandari de Richardo Burgundionum principe, et de Aquitanis, quod eum contigerit scire, etc. Rodulfo jam dicti Didonis episcopi successori, gratulando de honore ipsius, et profectu in Domino. Item pro quodam ipsius Rodulfi subjecto, sed ab eodem abjecto, monens cavendum ne laudatur in hoc episcopalis opinio, dum quod agitur zelo rectitudinis, feratur fieri zelo exercendæ ultionis : inferens Ecclesiam Remensem hoc ex antiquo privilegium habuisse, ut quicunque diœcesaneorum proprios episcopos quoslibet offendisse se modo sensissent, ad hanc cæterarum matrem confugerent Ecclesiarum, auxilium sibi veniæ flagitantes ab ipsa. «Ast ego, inquit, nulla in hoc negotio uti volui auctoritate : sed sicut amicus ab amico, imo sicut a specialiter dilecto filio postulare, eo quod me apud vos, non dicam aliquid, se bene posse, confidebam. » Subjungens quoque post aliqua, quia miseratio non est prævaricatio: cum Deus quotidie, post minas districtæ ultionis, ad se conversis paternæ consueverit impendere viscera pietatis; et quia nemo sic unquam cadit, ut ei resurgendi copia debeat denegari, etc.

CAPUT VII.
Quæ abbatibus, vel illustribus viris quibusdam.

Stephano cuidam abbati ac nobilissimo viro, qui ad episcopatum electus videbatur, tunc autem forte rejectus vel reprobatus, consolatorias dirigit litteras, amicitiam, quam ei promiserat, asserens se perpetuo servaturum. Dolens vero et ingemiscens, quod eum, quem præelectum regimini gaudebat Ecclesiæ, hoc videbat tunc effectu frustratum ; hortatur tamen, ut licet elisus sit fortiter validius resurgat, cupiens eidem omnes propinquos et amicos suos, vel quoscunque alios posset, ad pacem et concordiam revocare, etc. Balduino comiti Flandrensi, pro admissis ipsius, de quibus cum coepiscopis diœceseos suæ, quæ forent agenda tractaverat. Qui Balduinus inter alia quælibet prava, etiam ipsum presbyterum flagellaverat. Quod factum quanti sit sceleris, ex divinis ostendit auctoritatibus. Basilicas etiam quasdam abstulerat a presbyteris inibi ordinatis, et aliis dederat, inconsulto ipsorum episcopo. Possessionem quoque quamdam, quam rex Ecclesiæ Noviomensi tradiderat, idem Balduinus invadens, per violentiam retinebat. Adnectit ergo canonica et legalia super hujusmodi facinoribus capitula. Redarguit etiam eumdem pro eo quod monasterium monachorum sibi usurpaverat, et insurrexerat contra regem cum infidelitate et perjurio. Super quibus rebus, jam dudum data sibi dilatione, et adhibita episcopali admonitione, hanc de loco ad locum sese convertendo videbatur subterfugere. Unde et his eum litteris paterna vocans admonitione, hortatur emendationem profiteri. Quod si non faceret, extorrem se sciret esse a [ms. deest a] Christiana communione, etc. Item ad eumdem cum coepiscopis suis scribens ex synodo Remis habita Dominicæ Incarnationis anno 892, arguit eum quod ecclesiastica simul et legalia jura contemneret, res ecclesiasticas, et honores sibi non concessos invaderet, Dei timorem a se projiciens, et fidem quam in baptismate Deo promiserat, operibus abdicans, locum sacri monastici ordinis pervadens, et abbatis sibi nomen usurpans. Unde communi decreto episcoporum judicatum fuerat, eum auctoritatis canonicæ anathemate feriendum. Sed quoniam et Ecclesiæ, et publicis regni utilitatibus videbatur accommodus, censura suspenditur adhuc animadversionis ecclesiasticæ, recogitandique sibi et emendandi spatium reservatur, et obsecratur per misericordiam Dei, ut ab hac præsumptione animum revocet, nec amplius iram Dei contra se provocet, nec [ms., ne] illi quodammodo gaudium præbeat, etc. Divinarumque sequuntur auctoritatum testimonia et correptionem ipsius quoque prolata. Quibus si acquiescere nollet, ab omni se nosset Ecclesiæ consortio sequestrandum, perpetuoque anathemate feriendum. Ipsius quoque propalat excommunicationis sententiam in eumdem, si se corrigere noluit, quantocius jaculandam. Clero et plebi Silvanectensis Ecclesiæ, pro pastoris sibi præferendi scribit electione, succensens cur ad se venire distulerint, vel apicibus alloqui se, quam viva voce maluerint; mandans ut electas e collegio suo personas, tam ætate quam sapientia maturas et idoneas, ad se mittere maturent, qui nec gratia, nec odio, aut ullius avaritiæ obtentu, a tramite recto exorbitare ullatenus appareant [*j.*, appetant]. Ministris quoque Laudunensis Ecclesiæ, pro eo quod audierat inter eos contentiones esse, et conventicula seorsum facere. Quapropter monet eos ut filios, quod si hæc ita fuerint omnimodis amputentur : conventus autem ipsorum fiat moderatus atque jocundus, in quo secundum ætatem, vel datam sibi a Deo probitatem, omni deposito supercilio, quisque loquatur; etc. De concordia et charitate vera constituenda atque servanda, mittens eis exemplar epistolæ ad Odonem regem pro obtinenda ipsis canonica electione a se missæ, et exhortans, ut unanimes cum sancti Spiritus adjutorio congregati, magnopere satagant, et Dei clementiam attentissime implorent, ut eorum pastorali dignetur adesse electioni. Fratres Corbeiacensis cœnobii litteris suæ visitans admonitionis, redarguit et vehementer increpat super abjectione sui abbatis, quem gravi correptum infirmitate, crudeli abdicaverant temeritate, nec cum ad ipsos venientem, saltem ut peregrinum susceperant, aut ei ullam humanitatem impenderant : sed cum de communi habitatione perturbantes, in vilissimo extra claustra monasterii loco retruserant, et communi statuto firmaverant ut ad eumdem visitandum vel consolandum venire nullus auderet : sed neque moriens communi sepultura dignus haberetur. Unde admirans talem sensibus eorum obrepere potuisse improbitatem, et apostolicas atque regulares, super obedientia præceptis exhibenda, præponens præceptiones, ostendit non eis licuisse abbatem regulariter electum, et archiepiscopi ordinatione rationabiliter institutum, ita contra fas omne dehonorare, et divina humanaque in eo jura vel instituta convellere atque confundere : cum non sit in eorum arbitrio vel potestate, cum voluerint, abbatem deponere, et alium ad libidinem suæ voluntatis instituere. Proponit etiam maledictionem Cham, qui pudenda patris irrisit, et ejusdem complices eos ostendit esse maledictionis (*Gen.* IX) : ac proinde interposito ordinis ipsorum periculo, monet, auctoritate et ministerio sibi a Deo injuncto præcipiens, ut ab hac pertinacia resipiscant, eumdemque sui loci patrem, sicut abbatem honorent ac diligant, donec si convaluerit, et ipse tale onus ferre non potuerit, ipse ad regem excusaturus accedat, ut ejus præceptione, et archiepiscopali auctoritate ipsius in loco alius substituatur abbas.

CAPUT VIII.
De rebus quibus episcopium auxit, et cæteris bonis, quæ in episcopatu egit.

Multa denique bona in hac sede Remensi præsul hic operatus est. Nam et episcopium, rebus impetratis pluribus, tam monasterio Avennaco, quam nonnullis aliis, a regibus, ac diversis personis obtentis possessionibus, amplificavit, atque diversis muneribus et ornamentis hanc Remensem ecclesiam decoravit. Urbem quoque (cujus murum, ob ædificationem basilicæ Dei Genitricis Ebo destruxerat) iste novo circumdedit muro. Quædam etiam castella a novo instituit, Altimontem scilicet, et aliud apud oppidum Sparnacum, quod Odo rex, quia desciverat ab eo propter evectionem Karoli, subvertit. Venerabile quoque beatissimi Remigii corpus ab Orbacensi (*Omont*) monasterio Remensem revocavit ad urbem. In qua relatione (*lib.* I, *cap.* 21) multa et magna sunt ostensa miracula superius a nobis partim declarata. Eo tempore Nortmannis Francorum terras infestantibus, et diversa loca depopulantibus, hic pontifex plures, tam sacerdotes, quam cæteros clericos et monachos, ad se undecunque confluentes benigne suscepit, et paterne fovit. Inter quos etiam monachos S. Dionysii cum ipsius martyris pretioso corpore, aliorumque sanctorum pignoribus recepit, et aluit. Corpus etiam beati Calixti, concessa sibi vel Ecclesiæ Remensi abbatia ejusdem sancti, Remos deduci fecit, et post altare sanctæ Mariæ venerabiliter collocavit, juxtaque illud pignora beati Nicasii, et sanctæ sororis ejus Eutropiæ, ab Ecclesia tituli sancti Agricolæ honorifice delata, constituit.

CAPUT IX.
De sancto Gibriano et fratribus ejus.

Delata sunt etiam tunc temporis ad Ecclesiam beati Remigii membra S. Gibriani a pago Catalaunensi, ubi peregrinatus fuisse noscitur et humatus. Advenerant siquidem in hanc provinciam septem fratres ab Hibernia, peregrinationis ob amorem Christi gratia : hi scilicet, Gibrianus, Helanus, Tresanus, Germanus, Veranus, Abranus, Petranus, cum tribus sororibus suis Francla, Promptia, Possenna sibi eligentes super fluvium nomine Maternam, opportuna degendi loca. Quorum hinc Gibrianus sanctus sacerdos quemdam vicum elegit ad habitandum Cossa vocatum, ubi plurimis annorum curriculis sobrie, juste, et pie vivens, usque ad exitum vitæ bonum studuit certamen certare. Cujus corpus primo juxta publicum fertur aggerem sepultum fuisse, ubi postea supra tumbam ipsius est oratorii ædicula constructa, ob insignia scilicet quædam miraculorum ibidem manifestata. Ad quam confluere populi solita fuerat frequentia, maxime cum depositionis ejusdem celebrarentur festa. Multa namque inibi sanitatum tribuebantur remedia, ex quibus quædam habentur descripta, sed plurima celantur ignota. Tres tamen mulieres nominibus ascriptis ibidem notantur illuminatæ. Cuidam præterea Grimoaræ [*i*, nomine *Grimoart*] manus cum integra est sanitate restituta. Tempore denique regis Odonis, grassante Nortmannorum crudelitate, terrasque Francorum vastante, hujus sancti ecclesiola igne cremata est cum aliis multis ejusdem pagi. Post cujus combustionem sæpius auditæ feruntur voces inibi psallentium personarum non apparentium : luminaria tamen quædam noctibus inibi videbantur ardentia. Cumque fama hujuscemodi virtutum circumquaque percrebuisset, superno ductus amore, sanctique veneratione Hadericus [*ms.*, Haidericus] religiosus comes, accessit ad Rodoardum episcopum Ecclesiæ

Condominicati vocantur, episcoporum ditioni restituit; servos et ancillas plures acquisivit, et firmitatem oppidi destructam, forti macería novisque machinis circumquaque renovatis fossis firmiter munivit. Consuetudinem quoque 500 scilicet solidorum, quæ Joviniacensi comiti pro firmitate castri Apogniaci singulis annis dabantur, solidis 40 minoravit; et vinearum plantas ibidem ædificavit, Giacique domum lapideam et capellam episcopis construxit, Varziaci siquidem plurima acquisivit beneficia, ecclesiam scilicet sancti Petri, a laicorum dominio subtractam, ecclesiæ similiter et sanctæ Eugeniæ oblationes Pentecostales, ac nativitatis Dominicæ, atque ipsius assumptæ Virginis festivitatis a laicali possessione liberavit, jurisque episcoporum in perpetuum esse constituit. Vinearum plantas et clausum ædificavit, servos quoque et ancillas, domos, terras cultas et incultas attribuit; apud Conadam etiam Antissiodorensis episcopus episcopali domo carebat, ubi egregiam egregie domum construxit, ac sanctæ Mariæ capellam juxta positam decenter decoravit; ecclesiamque sancti Laurentii suo ingenio, magno tamen labore a laicali manu subtraxit, sibique ac successoribus suis in perpetuum habendam delegavit, et multa alia acquisivit beneficia. Tociaci vero episcopalem domum episcopis construxit, et ad episcoporum utilitatem et proficuum sua prudentia, ibidem multa bona multo labore acquisivit. Neque hoc silere debuimus, quoniam monasterium sancti Germani, ab antiquis Franciæ regibus ecclesiæ nostræ sublatum, a prælibato Urbano papa secundo in concilio Nemausensi obtinere meruit, quatenus Antissiodorensis episcopus in eodem monasterio abbatem in perpetuum Deo disponente poneret ; et regulari ordine ecclesiam eamdem ordinare curaret, quandiu vixit; prout potuit et debuit, fovere studuit. In alodio etiam Hildeberti ecclesiæ nostræ canonici, quod Pontiniacus vocatur, eodem Hildeberto rogante et submovente, monasterium monachorum sub beati Benedicti regula viventium constituit, et abbatem religiosum Hugonem ibi primum posuit; cœnobium vero, quod Fonshumidus vocatur, in termino Antissiodorensis episcopatus positum, a Girardo religioso viro postmodum futuro abbati ædificatum, beneficiis suis, in quantum potuit, sublimavit; ecclesiam quoque sancti Petri in suburbio Antissiodorensis urbis positam regularium canonicorum esse constituit, et a domino papa privilegium hoc ecclesiasticarum constitutionum habere meruit.

‹ Paschalis episcopus, servus servorum Dei, venerabili fratri Humbaldo, Antissiodorensi episcopo, ejusque successoribus canonice substituendis in perpetuum.

‹ Justis votis assensum præbere, justisque petitionibus aures accommodare nos convenit, qui, licet indigni justitiæ custodes, atque præcones in excelsa apostolorum principum Petri et Pauli specula positi Domino disponente conspicimur. Tuis igitur, frater in Christo, charissime Humbalde, justis petitionibus annuentes, sanctam Antissiodorensem ecclesiam, cui auctore Deo præsides, apostolicæ sedis auctoritate minimus ; statuimus enim ut universa, quæ ab antiquis prædecessorum nostrorum possessa temporibus, vestra Antissiodorensis ecclesia in præsenti ex xv indictione obtinere cognoscitur; tibi tuisque successoribus libera semper et illibata serventur; nullus omnino cujuscunque dignitatis aut ordinis invitis vobis aut ecclesiæ vestræ subjectionis aut res vestræ possessionis invadere, auferre, aut aliquo modo subtrahere audeat, sed omnia in tua tuorumque successorum canonica honestate viventium, obedientia et dispositione persistant : sic enim a prædecessoribus nostris sanctæ Romanæ Ecclesiæ pontificibus per beati Germani petitionem, cujus patrimonium Antissiodorensis parochia fuerat, creditur institutum. Si qua igitur ecclesiastica sæcularisve persona hanc nostræ constitutionis paginam sciens contra eam temere venire tentaverit, secundo tertiove commonita, si non satisfactione congrua emendaverit, potestatis honorisque sui dignitate careat, reamque se divino judicio existere de perpetrata iniquitate cognoscat, et a sacratissimo corpore ac sanguine Dei et Domini Redemptoris nostri Jesu Christi aliena fiat, atque in extremo examine districtæ ultioni subjaceat ; cunctis autem eidem loco justa servantibus sit pax Domini nostri Jesu Christi, quatenus et hi fructum bonæ actionis percipiant et apud districtum judicem præmia æternæ pacis inveniant. Amen, amen. › Item ejusdem ad clerum.

‹ Paschalis, servus servorum Dei, dilectis filiis Antissiodorensis Ecclesiæ canonicis, salutem et apostolicam benedictionem.

‹ Quod confrater noster Humbaldus, Ecclesiæ vostræ episcopus, erga filium nostrum Husgerium, canonicum vestrum, benigne se habuit eique præpositurræ dignitatem vestro consensu dedit, et ipsi et vobis gratias agimus. Notum autem vobis esse volumus quia nos tam ipsum quam omnia ad eum pertinentia volumus sub apostolicæ sedis tutelæ protectione persistere. Præsentium itaque litterarum auctoritate interdicimus ne qua Ecclesiastica sæcularisve persona eumdem filium nostrum de prædictæ præpositurræ beneficio inquietare præsumat. ›

Inter cætera vero benigne gestorum ejus insignia, vir honestæ vitæ et per cuncta laudabilis ecclesiæ sancti Eusebii, apud quam canonicorum nostrorum atque servientium constat fore sepulturam, canonicorum regularium esse constituit, et probabilis vitæ fratres sub prioratu de abbatia plures ibidem posuit, quibus et præbendam canonici nostri mortui per annum dari studuit, cum consensu totius cleri et populi, assistente et collaudante Hervelo Nivernensium episcopo, hujus nostræ ecclesiæ canonico, ut et ipsi regulares sancti Eusebii canonici pro nostris mortuis missas celebrarent, cæteraque mortuorum agenda quotidie persolverent ; quam etiam præbendam antecessor ejus pontifex Robertus cui-

pter immanitatem fetoris nullus ad eum accedere possel, miserrimam vitam miserabili decessu finivit.

CAPUT XI.
De præsulatu domni Herivei.

Sequitur in pontificatu Remensi domnus Heriveus, ex aula quoque regis ad episcopatum assumptus, vir genere nobilis, nepos videlicet ex sorore Hucbaldi comitis, qui juvenis quidem ad hunc provectus est honorem, exsequentibus et rite celebrantibus ejus ordinationem Riculfo Suessorum episcopo, Dodilone Cameracensi, Otgario Ambianensi, Mancione Catalaunensi, Rodulfo Laudunensi, Otfrido Silvanectensi, cæterisque diœcesaneis consensum præbentibus, et decretum hujus ordinationis corroborantibus. Qui mox huic adeo gradui sese exhibere studuit habilem, bonis omnibus præbens amabilem, ipsis etiam senibus imitabilem : benignus amator existens pauperum, largus solator religiosorum, multumque misericors recreator lugentium miserorum ; ecclesiasticis apprime cantilenis eruditus, ac psalmodia præcipuus, et hujus exercitatione limitatus, animo vultuque jocundus, suavis atque mitissimus, omnique bonitate conspicuus, pater cleri, atque totius populi pius patronus : tardus ad irascendum, et velox ad miserandum amator Ecclesiarum Dei, et fortissimus ovilis sibi commissi cum Dei virtute defensor. Recepit denique res diversas et villas Ecclesiæ, quas antecessor suus per precarias sive præstarias diversis contulerat personis. Cui sedula intentione sectanti spiritalia, affluenter exuberabant temporalia, quæ ipse honesta dispensabat prudentia, disponens competentibus episcopium ministerialibus, ipse orationibus incessanter intentus. Replentur igitur Ecclesiæ diversa bonis uberrimis tam horrea, quam promptuaria ; disponuntur cuncta tum rationabiliter, tum misericorditer prædia ; sed et quædam reparantur ab eo, vel etiam instituuntur municipia.

CAPUT XII.
De relatione beati Remigii ad monasterium suum.

Hic præsul corpus beati Remigii, quod catenus in civitate servabatur locatum post altare Dei Genitricis majoris ecclesiæ, ad basilicam sepulturæ ipsius sancti referre disposuit (*an.* 901, IV *Kal. Januarii*). Erat autem hiemale tempus, et ad celebrandam Dominici natalis solemnitatem, tam rex Karolus, quam nonnulli proceres ejus in hanc convenerant urbem. Cumque his diebus, multis imminentibus imbribus, nimium per totam, et circumquaque haberetur lutum, conqueri multi cœpere qualiter illud sanctum corpus tunc ad locum destinatum valerent efferre. Factum est autem, ut nocte post sanctorum Innocentium natale, cujus insequente die id operis disponebatur expleri, Borea ex improviso media nocte insurgente, totius subito cœni gelaretur immanitas, ita ut humi limique humore desiccato, per glaciei repente datæ superficiem, sicco liberoque vestigia membra sacra [*ms. j, sacri*] valerent deferri pontificis. At ubi extra civitatem ventum est ad locum, unde monasterium ipsius directo jam peteretur iti-

nere, claudus quidam, de quo jam supra retulimus, virtute divina erectus, et incolumitati est restitutus. Ubi cum multus haberetur populus, turbis undique confluentibus, principi Burgundiæ Richardo vaginæ auro exornatæ, gemmisque decenter excultæ, agminis densitate stipato, abscinduntur a balteo. Quas quidam negotiator emptas per diversa detulit fora, nec alicui venundare potuit, donec post annum ad eumdem principem in Burgundiam [*ms.,* in Burgundia] retulit, quas ille cum gratiarum actione, et sancti Remigii benedictione recepit.

CAPUT XIII.
De reparatione castri Mosomi, aliarumque munitionum quarumdam, vel ecclesiarum.

Hic pontifex castrum Mosomum (*Mouson*) reparatis muniit muris, et ecclesiam inibi dirutam a novo restauravit, atque in honore sanctæ Dei Genitricis, ut olim fuerat, dedicavit, collocatis [*j, collatis*] ibi sancti Victoris ossibus, quæ haud procul ab eo fuerant castello reperta. Munitionem quoque apud Codiciacum (*Coucy*) tuto loco constituit, atque firmavit. Aliam nihilominus munitionem apud Sparnacum super fluvium Maternam construxit. Ecclesias etiam nonnullas, quæ sub persecutione Nortmannorum dirutæ fuerant, restaurari fecit atque consecravit. Sed et in Vosingo infra possessionem beati Remigii ecclesiam construxit, ac per assensum Magontiacensis episcopi, depositis inibi pignoribus ejusdem sancti, dedicavit. Remis quoque ecclesiam in honore sancti Dionysii extra murum civitatis a canonicis urbis constructam consecravit, ubi et membra sanctorum beati Rigoberti episcopi, et sancti Theodulfi abbatis servanda deposuit. Cryptam quoque sub ipsa sede majoris ecclesiæ, quæ diu tellure manserat oppleta, ubi beatus Remigius secreto preces Deo fundere fertur assuevisse, mundatam et excultam in honore ipsius sancti præsulis consecravit. Multis quoque donariis Remensem Ecclesiam perornavit, coronis argenteis atque lampadibus, tam aureis, quam argenteis, illuminavit. Aliis etiam vasis utriusque hujus pretiosi metalli, sed et gemmeis [*j, gemmis*] locupletavit. Insuper et altare in medio chori sub honore sanctæ Trinitatis edidit atque dicavit, et tabulis argento coopertis circumdedit. Crucem quoque majorem auro cooperuit, et gemmis cum sacrosanctis pignoribus decenter insignivit. Ornamentis etiam holosericis quam plurimis almam decoravit aulam. Mihi quoque et cæteris tam clericis canonicis, quam monachis, et sanctimonialibus, omnibusque pro diversis eum petentibus necessitudinibus multa largitus est bona.

CAPUT XIV.
De synodalibus conciliis habitis, et Nortmannorum conversione, vel expeditione contra Hungaros.

Conventus denique synodales sæpe cum coepiscopis suæ diœceseos habuit : in quibus de pace et religione sanctæ Dei Ecclesiæ, statuque regni Francorum salubriter competenterque tractavit. De Nortmannorum quoque mitigatione, atque conversione valde laboravit, donec tandem, post bellum, quod Robertus comes contra eos Carnotenus gessit fidem, Christi suscipere receperunt, concessis sibi maritimis quibusdam pagis, cum Rothomagensi, quam pene deleverant urbe, et aliis eidem subjectis. Ad petitionem quoque Wittonis tunc Rothomagensis episcopi, collecta ex diversis auctoritatibus sanctorum Patrum triginta tres capitula qualiter ipsi Nortmanni tractari deberent, eidem archiepiscopo delegavit. Insuper etiam Romanum pontificem super hujuscemodi negotio consulere studuit. Ad cujus consulta quæ circa gentis hujus conversionem exsequenda forent, insinuare non destitit. Hungarus quoque regnum Lothariense deprædantibus, dum Karolus proceres Francorum in auxilium sibi contra gentem ipsam convocaret, solus hic præsul ex omnibus regni hujus primatibus, cum suis tantum in defensionem Ecclesiæ Dei regi occurrit, habens armatos secum (ceu fertur) mille quingentos.

CAPUT XV.

De Karoli regis a suis derelicti sustentatione.

Sequenti vero anno (920), cum pene cuncti Francorum optimates apud urbem Suessonicam a rege suo Karolo descisentes, propter Haganonem consiliarium suum, quem de mediocribus electum super omnes principes audiebat et honorabat, eum penitus reliquissent, hic pontifex fidelis et pius atque robustus in periculis semper existens, regem intrepidus ab eodem loco suscipiens, ad metatum suum deduxit; indeque secum ad urbem Remensem perduxit, per septem fere menses eum prosecutus atque comitatus est, donec illi comites suos, eumdemque regno restituit.

CAPUT XVI.

De Erlebaldi comitis excommunicatione, et absolutione.

Excommunicavit hic præsul Erlebaldum comitem Castricensis pagi, propter Remensis episcopii terram quam pervaserat, ibique munitionem quamdam super Mosam construxerat, indeque frequentia ecclesiasticæ familiæ mala ingerebat. Insuper et castrum Altimontem furtim irruperat. Sed cum nec ita cessaret a malis quæ cœperat, pergit archiepiscopus cum suis ad capiendam munitionem, quam ille construxerat, Maceriasque (*Mazières sur la Meuse*) nominabat. Quam per quatuor pene hebdomadas obsidens, deserente tandem illam Erlebaldo, cepit, et dispositis inibi custodiis Remis rediit. At Erlebaldus profectus ad regem, qui tunc morabatur in pago Warmacensi contra Henricum principem Transrhenensem, ibidem ab hostibus regis sibi supervenientibus interemptus est. Quem tamen postmodum in synodo, quam apud Troslegium idem domnus archiepiscopus cum diœcesaneis suis habuit, intercedente rege et obnixe flagitante, a vinculo excommunicationis absolvit.

CAPUT XVII.

De obitu Herivei præsulis.

Excrescente denique discordia inter regem Karolum et Rotbertum, cum pene cuncti regni proceres ad constituendum regem Robertum apud S. Remigium congregati essent, idem archiepiscopus, languore depressus, vita decessit, tertia die scilicet postquam Robertus rex factus fuerat, quarto vero die antequam vicesimum secundum sui episcopatus expleret annum. Contigit autem ut ipsa die sui decessus plures qui advenerant episcopi, Remensem ingrederentur urbem, quique funus ipsius dignis exsequiis celebrantes, cum maximo suorum, sed et exterorum luctu, decenti tradidere sepulturæ.

CAPUT XVIII.

De successione Seulfi episcopi.

Successit huic præsuli Seulfus, qui tunc urbis hujus ministerio fungebatur archidiaconatus: virtam ecclesiasticis, quam sæcularibus disciplinis sufficienter instructus: quique apud Remigium Antissiodorensem magistrum in liberalibus studium dederat artibus. Quo per consensum et jussionem Roberti regis ab Abbone Suessonico, cæterisque Remensis provinciæ præsulibus ordinato episcopo, delati sunt Odo frater quondam Herivei archiepiscopi, et Heriveus nepos ipsius apud eumdem præsulem, quod fidelitatem, quam ei promiserant, minime servarent. Qua de re, quia noluerunt ad reddendam venire rationem coram eodem pontifice, vel singulari certamine cum accusatoribus decernere, sublatis sibi Ecclesiæ possessionibus, quas plures ex hoc retinebant episcopio, per Heribertum comitem deducti sunt ad Robertum Regem, et sub custodia usque ad mortem regis Rotberti, Odo quidem penes eumdem Heribertum, Heriveus vero Parisius detenti sunt. Fertur autem tunc ab hoc archiepiscopo, et a consiliariis suis, Heriberto comiti depactum, de electione filii sui in hac sede pro prædictorum virorum expulsione. Hic denique præsul legatos hujus Ecclesiæ Romam dirigens, pro consensu papæ Joannis (*Joan. X*) in ordinatione sua, pallium ab eodem sibi missionem litteris privilegii hujus sedis suscepit.

CAPUT XIX.

De synodo quam habuit, et cæteris actibus, vel fine ipsius.

Hic etiam synodum habuit (924), in villa Trosleio cum episcopis Remensis diœceseos, ubi adfuere nonnulli quoque comites: in qua et Isaac comes ad satisfactionem venit pro his, quæ prave perpetraverat adversus Ecclesiam Camaracensem, quoddam castellum Stephani præsulis ejusdem urbis, dolosa comprehensum pervasione, succedens. Pro quo facinore vadatus in hac synodo, centum libris argenti pacatur cum præfato Stephano episcopo, salagente Heriberto, et aliis qui aderant Franciæ comitibus. Hic præsul monasterium sancti Remigii, cum a jacentibus ecclesiis, vel domibus muro cingens, castellum ibidem instituit, domum episcopalem cameris reparans, picturis excoluit. Fecit et calicem aureum majorem cum gemmis, in honore Dei Genitricis, pondo decem librarum; sed et alia quædam ecclesiæ præparavit ornamenta. Ciborium quoque super altare sanctæ Mariæ argento aggressus est operire, quod opus morte præventus explere nequivit. Fertur autem veneno potatus a domesticis vel familiaribus Heriberti comitis vitam finisse.

CAPUT XX.
De electione Hugonis filii Heriberti.

Nec mora, post obitum ipsius (925) Heribertus comes Remis venit, advocans Abbonem episcopum Suessonicum, et Bovonem Catalaunicum. Quibus sibi junctis tractans super electione rectoris hujus Remensis Ecclesiæ, tam clericos, quam laicos ad voluntatem suam intendere fecit. Sequentes igitur ejus consilium ne forte per extraneas personas episcopatus divideretur, eligunt filium ipsius, nomine Hugonem, admodum parvulum, qui nec adhuc quinquennii tempus explesset. Qua re patrata ad regem properant, ejus auctoritatis impetrandæ gratia. Rodulfus igitur rex, hac electione comperta, præfatorum episcoporum consilio Remensem episcopatum committit Heriberto, æquitatis censura disponendum atque regendum ab ipso. Qui etiam legatos Ecclesiæ cum Abbone præsule Romam mittere satagit, hujus electionis decretum secum ferentes, et assensum papæ super ea petentes. Joannes itaque papa, interveniente Abbone præsule, petitioni eorum consensum præbens, episcopium Remense Abboni episcopo delegat, quæ sunt episcopalis ministerii ab ipso in eodem episcopio tractanda ac finienda decernens. Heribertus itaque comes potestate potitus Remensis episcopii, injuste privavit tam me, qui non interfueram præmissæ electioni suæ, quam nonnullos alios, et clericos, et laicos beneficiis possessionum ecclesiasticarum, quibus a præcedentibus episcopis munerati videbamur obsecundationis gratia. Quæ pro libitu suæ voluntatis, quibus sibi placuit, impertivit. Nec longum postea, tumultu infra claustrum canonicorum inter clericos exorto, supervenientibus quibusdam militibus cum armis, duo interempti sunt ibidem clerici, quorum alter diaconus, alter habebatur subdiaconus.

CAPUT XXI.
De infestatione Hungarorum, et discordia inter Rodulfum regem, et Heribertum comitem.

(926) Hungaris Rhenum transgressis, et usque in pagum Vonzinsem depopulationibus, incendiisque bacchantibus ; corpus sancti Remigii, aliorumque quorumdam sanctorum pignora Remis hoc metu a suis sunt locis delata. Sequenti denique anno, simultas inter Rodulfum regem, et Heribertum comitem exoritur, pro Laudunensi comitatu, quem Heribertus Odoni filio suo dari petebat, concedente illum rege Rotgario Rotgarii comitis filio. Acies igneæ Remis in cœlo visæ quadam Dominica, die in Martio mense. Cui signo pestis e vestigio successit, quasi febris et tussis ; quæ prosequente quoque mortalitate, per cunctas Germaniæ Galliæque gentes desæviit. Heribertus comes legatos suos trans Rhenum dirigit ad Henricum, per quos ad ipsius evocatus colloquium, properat cum Hugone Rotberti filio, pactoque inter se fœdere, muneribus Henricum honorant, et honorantur ab ipso, synodus (*Trosleinsis an.* 927) sex episcoporum Remensis diœceseos apud Trosleium, Heriberti comitis jussione convocata, rege tamen Rodulfo contradicente, patrata est. Postquam synodum Heribertus Karolum de custodia, in qua eum detinebat, ejecit, et ad sanctum Quintinum deduxit, indeque cum eodem Karolo Nortmannorum colloquium expetiit : ubi se Willelmus, filius Rollolis principis Nortmannorum, Karolo commendavit, et amicitiam cum Heriberto confirmavit. Deinde Remis veniens cum Karolo Heribertus comes, litteras Romam Joanni papæ dirigit, significans ei de restitutione et honore Karoli, ut ille sibi, etiam sub excommunicationis interminatione, mandaverat se pro viribus decertare. Reversus autem missus, qui easdem pertulerat litteras, nuntiat Joannem papam retrusum in custodia detineri a Widone regis Hugonis fratre. Heribertus comes Lauduno potitus, exinde ad placitum Nortmannis obviam proficiscitur amicitiamque cum eis componit, filius tamen ipsius Odo, quem Rollo habebat obsidem, non illi redditur, donec se committit Karolo pater; cum aliis quibusdam Franciæ comitibus et episcopis.

CAPUT XXII.
De introductione Odalrici Aquensis episcopi Remis, et redactione sub custodia Karoli regis.

Per idem fere tempus Odalricus Aquensis episcopus, qui ob persecutionem Saracenorum a sede sua recesserat, in Ecclesia Remensi recipitur ab Heriberto comite, ad celebrandum episcopale duntaxat ministerium, vice Hugonis, ipsius comitis filii, tunc adhuc parvuli, concessa eidem præsuli abbatia sancti Timothei, cum unius tantum præbenda clerici. Hugo et Heribertus comites ad colloquium proficiscuntur Henrici. Unde reversi pergunt obviam Rodulfo regi, rursusque Heribertus committit se illi, redacto iterum sub custodia Karolo. At Rodulfus rex Remis veniens ubi Karolus custodiebatur, pacem fecit cum illo, humilians se ante ipsius præsentiam, et reddens illi Attiniacum fiscum, muneribus quoque quibusdam regiis eumdem honorat. Heribertus comes Victoriacum (*Vitry*) (929) castellum Bosonis fratris Rodulfi regis cepit. Deinde cum Hugone Monasteriolum (*Montreuil*) munitionem Erluini comitis juxta mare sitam obsidet, obsidibusque tandem acceptis, ab obsidione discedit.

CAPUT XXIII.
De simultate inter Hugonem et Heribertum comites, ac Rodulfum regem exorta.

Nec longum, simultas inter eosdem comites, Hugonem scilicet ac Heribertum, exoritur, recepto Erluino ab Hugone cum terra sua, et Hilduino, nec non et Arnaldo, qui erant Hugonis, ab Heriberto : indeque diversi motus agitantur bellorum per Franciam inter Hugonem et Heribertum. Cujus rei gratia Rodulfus rex de Burgundia veniens, pacem inter eos atque Bosonem, multa labore per diversa placita componit, et Heribertus Bosoni Victoriacum reddit.

Paucis autem diebus pace servata, Heribertus Anselmum Bosonis subditum, qui prædictum custodiebat castrum, cum ipso castello recipit, et Codiciacum S. Remigii municipium illi cum alia terra concedit. Nec longum, Bosonis fideles oppidanorum proditione Victoriacum recipiunt, et Mosomum fraude pervadunt. At Heribertus a quibusdam Mosomensibus evocatus, supervenit insperatus, transmissaque Mosa vadis inopinatis, et intrans oppidum, porta latenter a civibus aperta, milites Bosonis, qui ad custodiam loci residebant, ibidem omnes capit. Eodem tempore ante Natalem Domini, Remis infra et circa ecclesiam sanctæ Mariæ lumen magnum ab Aquilonari et Orientali parte paulo ante initium diei apparens, ad Australem partem pertransisse visum est. Anno post hunc Heribertus comes a rege Rodulfo desciscit, et milites ipsius ab urbe Remensi profecti, quoddam Hugonis castrum super Vidulam situm, nomine Brainam (*Braine sur Vesle*), quod idem Hugo tulerat ab episcopo Rothomagensi, capiunt ac diruunt.

CAPUT XXIV.
De ordinatione domni Artoldi episcopi.

Rodulfus rex litteras Remis mittit ad clerum et populum, pro electione præsulis celebranda : ad quas illi respondent, id agere se non posse, salvo suo electo, et electione, quam fecerant, permanente. Interea Heribertus comes ad Henricum profectus, ei sese committit, et exercitus regis atque Hugonis Remensem et Laudunensem deprædantur pagum : obsessaque civitate Remorum, tertia tandem rex potitur obsidionis hebdomada, aperientibus sibi militibus ecclesiæ. Conjunctis igitur sibi nonnullis episcopis ex Francia vel Burgundia, facit ordinari hac in sede præsulem Artoldum quemdam ex cœnobio sancti Remigii monachum. Exinde rex pergens Laudunum, obsidet inibi Heribertum, qui aliquandiu resistens, petit demum egrediendi locum. Quo accepto, recedit a Lauduno, dimissa uxore sua in arce quam construxerat ipse infra idem castrum, et ad quam postea capiendam majoris laboris et moræ opus regi fuit (935). Artoldus episcopus post annum ordinationis suæ pallium suscipit missum sibi per legatos Ecclesiæ Remensis a Joanne papa (*Joan. XI*) filio Mariæ, quæ et Marocia dicebatur, vel ab Alberico patricio fratre ipsius papæ, qui eumdem Joannem fratrem suum in sua detinebat potestate, et prædictam matrem ipsorum in custodia clausam tenebat : Hugonem quoque regem Roma depulerat. Rodulfo rege præsidium Heriberti, quod dicitur castellum Theoderici, obsidente, congregatis ad hanc obsidionem nonnullis Franciæ vel Burgundiæ præsulibus; ibidem celebrari visa est synodus (*Theoderici apud Cast.*) præsidente eidem Teutilone Turonensi antistite, Artoldo Remensi ; quique tunc Hildegarium Belvacensi urbi ordinavit episcopum. Eodem quoque anno Fulbertum Cameracensis urbis præsulem consecravit.

CAPUT XXV
De signis Remis visis, et morbis inde secutis.

Sequenti anno (934) igneæ Remis in cœlo discurrere visæ sunt acies, et jacula quædam. Sed et serpens igneus per cœlum celeri deferri meatu, moxque subsecuta pestis diversis affecit humana corpora morbis. Anno post istum secuto (935) synodus septem episcoporum apud sanctam Macram, Artoldo episcopo vocante convenit : in qua prædones et ecclesiasticarum rerum pervasores ad satisfactionem venire vocantur

CAPUT XXVI.
De receptione Ludovici post mortem Rodulfi regis.

Anno denique subsequente (936) defuncto rege Rodulfo, Hugo comes trans mare mittit pro accersiendo Ludovico Karoli filio (*Lud. Caroli Simpl. filius.*) quem rex Alstannus avunculus ipsius nutriebat, quique accepto jurejurando a Francorum legatis, eum in Franciam dirigit. Cui Hugo, cæterique Francorum proceres ad eum suscipiendum profecti, mox navem egresso in ipsis littoreis arenis apud Bononiam sese committunt; ut erat utrinque depactum. Inde Laudunum deductus, ab ipsis regali benedictione ditatur, ungitur, atque coronatur ab Artoldo archiepiscopo præsentibus regni principibus, et episcopis amplius viginti. Episcopatus etiam Laudunensis datur Rodulfo ejusdem loci presbytero concorditer a civibus suis electo, quem præfatus quoque ordinavit archiepiscopus. Sed et per alias Remensis diœceseos sedes, excepta Catalaunensi et Ambianensi, diversos ordinavit episcopos, Heriberto denuo cum Hugone pacato (936), homines ejusdem Heriberti comitis quoddam castrum Remensis ecclesiæ, quod vocabatur Causostis, super Maternam fluvium, ab Artoldo præsule constructum, prodente quodam Wicperto capiunt, et Ragembertum Artoldi præsulis consobrinum, qui eidem præerat munitioni, comprehendunt, circumpositasque villas ecclesiæ crebris deprædantur infestationibus. Interea rex Ludovicus, accersitus ab Artoldo episcopo, Laudunum venit, et arcem novam inibi nuper ab Heriberto editam vallat obsidione, multisque tentato machinis muro, tandemque suffossione diruto magno capit irruptum labore. Corbanacum (*Corbeny*) quoque castrum, quod pater ejus sancto Remigio tradiderat, quodque sibi monachi ipsius monasterii commiserant, ab Heriberti subjectis bellando recepit, et homines Heriberti, qui erant in eo comprehensos, rogante Artoldo præsule, salvos ad suos abire permisit.

CAPUT XXVII.
De excommunicatione Heriberti comitis.

(939.) Artoldus denique episcopus cum quibusdam aliis episcopis collocutus, Heribertum, qui oppida quædam villasque Remensis ecclesiæ pervaserat ac detinebat, in præsentia quoque regis excommunicat (940). Post hæc rex Ludovicus dedit Artoldo episcopo, ac per eum ecclesiæ Remensi, per præceptionis regiæ paginam, Remensis urbis monetam, jure perpetuo possidendam. Sed et omnem comitatum Remensem eidem contulit ecclesiæ. Artoldus episcopus Causostem munitionem obsidet; quam quinto tandem die Ludovico rege illuc veniente, hii qui erant intus reddentes, deserunt. Nec longum, subversa funditus ab his qui recepere dissipatur. Missi Hugonis ad regem veniunt, et de pace cum eis rex inter Artoldum præsulem et Heribertum laborare studet. Deinde ad castrum quoddam, quod Heriveus nepos Herivei, quondam archiepiscopi, super fluvium Maternam tenebat, unde et villas episcopii Remensis circumquaque positas deprædabatur, proficiscitur cum Artoldo episcopo. Nec mora; obsidibus acceptis ab ipso Herivco revertitur Remis; pergensque in crastinum ad sanctum Remigium, sese ipsius sancti committit intercessionibus, promittens vadibus libram argenti se daturum annis singulis. Monachis quoque ejusdem loci præceptum de eodem castello dedit immunitatis.

CAPUT XXVIII.
De expulsione domini Artoldi ab urbe Remensi.

Hugo (*dictus Magnus*) princeps, filius Rotherti, junctis sibi quibusdam episcopis tam Franciæ quam Burgundiæ, cum Heriberto comite et Willelmo Nordmannorum principe Remensem obsidet urbem, sextaque obsidionis die, deserente omni pene militari manu Artoldum episcopum, et ad Heribertum transeunte, idem comes Heribertus urbem ingreditur. Artoldus præsul ad sanctum Remigium, evocatione procerum episcoporum profectus, persuasus est, vel conterritus a principibus episcopii se procuratione vel potestate abdicare, concessaque sibi abbatia sancti Basoli, et Avenniaco monasterio, ad sanctum Basolum commoraturus abscessit, post annos octo et menses septem [*ms.*, sex] in episcopatu exactos. Hugo et Heribertus locuti cum quibusdam Lothariensibus, ad obsidionem Lauduni cum Willelmo proficiscuntur, relicto Remis Hugone diacono, Heriberti filio, jampridem ad episcopatum ipsius urbis evocato, quique tertio postquam regressus est mense, presbyter a Widone Suessonico præsule ordinatus est, expletis postquam fuerat electus annis quindecim, quos Antissiodori commorans egerat, litterarum studiis occupatus, apud Widonem ipsius urbis antistitem, a quo et diaconus ordinatus fuerat. Nam cæteros inferiores gradus ab Abbone Suessonico præsule Remis acceperat. Ludovico rege post hæc a Burgundia regresso, Artoldus episcopus deserens cœnobium sancti Basoli, ad eumdem regem proficiscitur cum quibusdam propinquis suis, a quibus ecclesiæ beneficia, quæ tenebant, Heribertus comes abstulerat. Mihi quoque ecclesiam Colmisiaci (*Cormicy*) vici abstulit cum terra beneficii, quam tunc temporis tenebam. Ego denique disponens, orationis gratia, sepulcrum visere sancti Martini, retentus sum ab ipso, clam me quibusdam personis insimulantibus apud eum, quod sui causa nocumenti, vel filii sui vellem proficisci; et quia renutabam me huic electo nostro committere, nesciens utrum Deo placeret eum præsulem nostrum fore. Sicque plenis quinque mensibus apud fratres nostros, ipso comite jubente, sub custodia partim libera sum detentus.

Contigit autem mihi, domina mea beata Dei Genitrice intercedente, ut ipsa die Conceptionis (25 *Martii*) et passionis (27 *Martii*) Domini nostri Jesu Christi absolverer a custodia, et die tertia, scilicet VI Kal. Aprilis, quas Dominus a mortuis resurrexit, egressus ipse cum præfato electo nostro ad urbem Suessonicam profectus sum. Ubi convenientes episcopi hujus diœceseos cum principibus Hugone ac Heriberto (*Syn. Suess.*, an. 941), tractarunt quid eis esset agendum super episcopali hujus Hugonis ordinatione; sicque decreverunt, pœnitentibus quibusdam filiis ecclesiæ Remensis, tam clericis quam laicis, eum ordinandum, asserentibus fautoribus ipsius, quod Artoldus nequaquam electus, sed per violentiam fuerit intromissus, seseque episcopali abdicaverit ditione. Ibi ergo Hugo princeps tunc me per manum (*i, manus*) accipiens, huic Hugoni nepoti suo ad benefaciendum commisit; quippe mihi ecclesiam sanctæ Mariæ dedit in Colrido sitam, terramque quoque quam pater suus mihi abstulerat, reddidit, et aliam in prædicta villa supra adjecit.

CAPUT XXIX.
De malis quæ deinceps consecuta sunt.

Nec mora, civitatem Remensem a præfato conventu adeuntes episcopi, præfatum electum nostrum in ecclesia sancti Remigii dignitate sublimant archiepiscopali. Sub hisdem fere diebus monasterium sancti Theoderici nonnullis illustratur miraculis de quibus jam quædam supra retulimus (*lib.* I, *c. ult.*), ubi commemorationem ejusdem beati viri fecimus. Ab ecclesia vero sanctæ Mariæ Remis, crux major, quam domnus Heriveus archiepiscopus auro cooperuerat, et gemmis ornaverat, a furibus noctu, tenebrarum scilicet amatoribus, aufertur. Quæ diu quæsita, tandem post annum pars auri gemmarumque ipsius mutilatis reperitur latronibus. Ex quo postmodum auro hic præsul, adjecta quadam sui quoque muneris quantitate, calicem sub honore Dei Genitricis fabricari fecit. Hugone ac Heriberto Laudunum pariter obsidentibus, rex Ludovicus, sumptis secum quos undecunque colligere potuit in pagum Portensem venit. Quo audito Hugo, et Heribertus, scilicet quod rex eis appropinquaret, obsidione relicta, properant contra, et insperatum regis invadentes exercitum, nonnullos sternunt, reliquos in fugam vertunt. Rex ipse cum paucis eductus a suis, et eximere se bello coactus, vix evasit, Artoldo episcopo et Rotgario comite comitantibus secum. Artoldus episcopus, perditis rebus quas ibi habuerat, ad Hugonem et Heribertum accessit adductus ab amicis, redditisque sibi abbatiis sancti Basoli et Avennaco cum villa Viudenissa [*Vendeure*] et pacta pace cum Hugone præsule, ad sanctum Basolum, illic habitaturus devenit. Sequenti anno (942) proditores quidam Remis reperti, et interfecti sunt; quidam rebus ecclesiæ privati ab urbe depelluntur. Legati Remensis ecclesiæ Roma regressi pallium deferunt Hugoni archiepiscopo, ab Stephano papa (*Steph. VIII*) transmissum. Cum quibus pariter et legatio venit principibus regni, ut Ludovicum regem recipiant, et sic legatos suos Romam dirigant.

CAPUT XXX.
De occupatione Altimontis castri, vel Mosomi, et morte Heriberti.

Anno quoque post istum (943) Artoldus episcopus, relicto cœnobio sancti Basoli, ad regem profectus est. At illi promittit ei se redditurum Remensem episcopatum. Qui assumptis secum fratribus suis, et aliis quibusdam, qui abjecti fuerant ab episcopatu Remensi, Altimontem castrum occupat. Cum quibus rex Ludovicus etiam Mosomum agressus, repellitur a fidelibus Hugonis episcopi, quibusdam suorum interemptis; suburbanas tamen domos quasdam ipsius castri succedit. Interea defuncto Heriberto comite, de recipiendis filiis ipsius a rege crebra inter ipsum regem et Hugonem principem versabatur intentio. Quorum rex primum tunc Hugonem archiepiscopum, mediatoribus Othone duce Lothariensium, et Adalberone præsule, Hugone quoque duce præcipue insistente, recipit eo tenore, ut abbatiæ, quas dimiserat Artoldus ad regem profectus, Artoldo episcopo restituerentur, aliud etiam episcopium ipsi provideretur, fratribus quoque et propinquis ejus honores, quos ex episcopatu Remensi habuerant, redderentur. Postea cæteri quoque filii Heriberti comitis recipiuntur a rege. Hugo denique præsul Amblicum (*Ambly*) castrum cepit atque combussit, quod Robertus et Rodolfus fratres, qui fuerant Remis expulsi, detinebant; unde deprædationes per episcopium Remensem faciebant. Item præfatus archiepiscopus Altimontem munitionem obsidet, quam tenebat Dodo frater Artoldi episcopi; tandemque accepto parvulo ipsius filio obside, discedit, rege quoque mandante. Anno sequente (944) regii milites episcopatum Remensem deprædantur, et filii Heriberti abbatiam sancti Crispini, Ragenoldus quoque abbatiam sancti Medardi, sicque alterutris debacchantur rapinis atque deprædationibus.

CAPUT XXXI.
De obsidione urbis Remensis ab exercitu Ludovici regis.

Anno post hunc (945), qui est hujus præsulis quintus in episcopatu, rex Ludovicus, collecto secum Nordmannorum exercitu, Veromandensem pagum deprædatur. Assumptoque cum ipsis Erluino cum parte militum Arnulfi, sed et Artoldo episcopo cum his qui dudum Remis ejecti fuerant; comite quoque Bernardo ac Theoderico nepote ipsius, Remorum vallat urbem; vastantur circumquaque segetes, villæque diripiuntur, et partim exuruntur, necnon ecclesiæ plures effringuntur. Quoties pugnatum ad portas, vel circa murum, vulnerati ex utraque parte non pauci, quidam etiam interempti sunt. Hugo denique dux præliatus cum Nordmannis, qui fines suos ingressi fuerant, eos non modica cæde fudit, et a terminis suis ejecit. Post hæc Remos ad regem mittit, quosdam obsides, ut Ragenoldus ex parte regis ad colloquium sibi occurrat. Quo abeunte, tractat cum eo, uti rex obsides ab Hugone archiepiscopo accipiat, et ab obsidione Remensi discedat, quatenus idem præsul, denominato placito, ad reddendam rationem de omnibus, quæ rex ab eo quæsierit, accedat. Quibus hoc sibi tenore datis rex ab obsidione recedit post quintam decimam qua civitas obsessa fuerat diem. Nec multo post idem rex a Nordmannis comprehensus est, et Rodomi detentus. Hugo præsul Altimontem castrum obsidens, post septem ferme obsidionis hebdomadas recipit, reddente illud sibi Dodone domni Artoldi fratre, tali sub conditione, ut filium ipsius et filium fratris sui suscipiens, idem præsul concederet eis terram patrum suorum.

CAPUT XXXII.
De restitutione regulæ in monasterio sancti Remigii, et constitutione abbatis Hincmari.

Advocans denique hic pontifex Ercamboldum monasterii sancti Benedicti abbatem, regulam monasticam in monasterio sancti Remigii restituere decertat, constituens ibi abbatem Hincmarum ejusdem loci monachum. Regina Gerberga nuper ad Othonem regem fratrem suum legationem direxerat, auxilium deposcens ab eo contra Hugonem principem, cui Laudunum reddiderat, ut reciperet Ludovicum regem, quem Hugo, sub custodia receptum a Nordmannis, retinuerat (946). Qui Otho maximum colligens ex omnibus regnis suis exercitum, venit in Franciam, Conradum quoque secum habens Cisalpinæ Galliæ regem. Quibus rex Ludowicus obviam profectus, satis amicabiliter et honorifice suscipitur ab eis. Sicque pariter Laudunum venientes, considerataque castri firmitate, deverterunt ab eo, Remensem aggredientes urbem, quam cingentes obsidione, ingenti vallarunt exercitu.

CAPUT XXXIII.
De repulsione Hugonis episcopi.

Videns autem Hugo præsul obsidionem se tolerare non posse, neque tantæ resistere multitudini, locutus est cum quibusdam principibus qui videbantur esse sibi amici, videlicet cum Arnulfo, qui ejus sororem, et Widone [*j*, Uddone, *et infra* Uddonis] quia amitam ipsius habebat uxorem, sed et cum Herimanno [*ms.;* Hermanno] Widonis fratre quæsivit ab eis quid sibi foret agendum. Qui tale consilium dederunt ei, ut egrederetur cum suis et relinqueret urbem, quia id dispositum a regibus erat ut omnimodis expellerentur, neque intervenire possent apud reges pro ipso, quin ei eruerentur oculi, si urbem vi capi contigisset. Quo consilio percepto ac suis intimato, post tertiam obsidionis diem cum pene cunctis qui secum tunc aderant militibus, egressus est. Sicque reges cum episcopis et principibus ingredientes urbem, domnum Artoldum præsulem, qui dudum fuerat ejectus, iterum inthronizari fecerunt. Quem Rotbertus, Trevirensis archiepiscopus, et Fredericus Magontiacensis, accipientes utraque manu, eidem sedi restituerunt. Deinde relinquentes Gerbergam reginam Remis, ipsi reges cum exercitibus suis terram Hugonis ingrediuntur, et gravibus alterunt deprædationibus. Terram quoque Nordmannorum peragrantes, loca quæque devastant, et inde remeantes ad sua quique regrediuntur. Anno sequenti (947) rex Ludovicus Mosomum castrum, quod Hugo Remis ejectus retinebat, obsedit ; sed nihil pro votis efficiens, recedentibus tandem post mensem Lothariensibus qui secum erant, ipse Remos revertitur.

Quo ad Othonem regem ad celebrandum Pascha profecto, Hugo princeps a quibusdam præsumptuose pervasus, Remensem cum Hugone præsule, quasi mox capturus, aggreditur urbem ; frustratoque negotio, resistentibus regis et Artaldi episcopi militibus, octavo postquam advenerant die, illusi recedunt. Defuncto Deraldo Ambianensium præsule, Tetbaldus quidam, Ecclesiæ Suessonicæ archidiaconus ordinatur ab Hugone Ambianensis episcopo. Conventu placiti regum Ludovici et Othonis super Charam (*Cher*) fluvium congregato, res litis inter Aldum et Hugonem, Remensis Ecclesiæ præsules, ab episcopis auditur; et quia synodus tunc congregata non fuerat, altercatio determinari non potuit. Synodus autem circa medium mensis Novembris habenda denuntiatur. Interim vero sedes Remensis Artoldo conceditur, Hugo Mosomi remorari permittitur. Heriveus, nepos Herivei archiepiscopi, habens munitionem quam ædificaverat citra Matronam fluvium, villas Remensis episcopii circumquaque sitas deprædabatur, excommunicatus ab Artoldo præsule, pro rebus quas invaserat ecclesiæ. Contra cujus prædones egressi quadam die Ragenoldus comes, et fratres Artaldi præsulis cum quibusdam militibus ecclesiæ, ipsos grassatores in fugam vertunt. Quo audito, Heriveus, armatis quos secum habebat militibus, egressus a sua munitione, contra nostros ad pugnam venit, et congressus cum eis interemptus est cum suorum quibusdam, reliqui omnes in fugam sunt acti, vulneratis utrinque nonnullis. Corpus ejusdem Remos a victoribus perlatum est. Hugo præsul assumens secum Theobaldum de Monte acuto, sororis suæ maritum, cum aliis quibusdam a grassatoribus, in villas Remis contiguas vindemiæ tempore venit. Qui omne pene vinum abinde colligentes, in diversos pagos abducunt.

CAPUT XXXIV.

De synodo Virduni habita.

Synodus postea (947) Virduni habetur, præsidente Rotberto Trevirensi præsule, cum Artoldo Remensi, Odalrico Aquensi, Adalberone Metensi, Gozlino Tullensi, Hildeboldo [*ms.*, Hildebaldo] Tranrshenensi, Israele Britone, præsente quoque Brunone abbate regis Othonis fratre, Agenoldo etiam et Odilone abbatibus, cum aliis nonnullis. Ad quam Hugo evocatus, missis quoque duobus ad eum deducendum episcopis venire noluit. Universa vero synodus Artoldo Remensi regendum decernit episco-

pium. Indicitur itaque synodus, quæ et convenit in ecclesiam sancti Petri in prospectu Mosomi ex diœcesi Trevirensi atque Remensi. Veniens autem illuc Hugo præsul, et locutus cum Rotberto archiepiscopo, synodum noluit ingredi. Litteras vero quasdam ex nomine Agapiti (*Agapit. II*) papæ misit ad episcopos per clericum suum, qui eas Roma detulerat, nihil auctoritatis canonicæ continentes, sed hoc tantum præcipientes, ut Hugoni Remense redderetur episcopium.

Quibus lectis responderunt episcopi, non esse dignum vel congruum, ut apostolicæ legationis mandatum, quod dudum Rotbertus archiepiscopus, deferente Frederico Magontiacensi præsule, coram regibus et episcopis susceperat, intermitterent propter has litteras, quas insidiator et æmulus Artaldi præsulis exhibebat ; imo quod regulariter cœperant canonice pertractaretur. Sicque præcipitur recitari capitulum 19 Carthaginensis concilii de accusato et accusatore. Quo recitato, dijudicatum est, juxta diffinitionem hujus capituli, ut Artoldo communionem et parochiam Remensem retinente ; Hugo qui ad duas jam synodos evocatus venire contempserat, a communione et regimine Remensis episcopii abstineret, donec ad universalem synodum se purgaturus occurreret. Ipsumque capitulum mox in charta describi fecerunt episcopi coram se, subnectentes hanc etiam definitionem suam, et eidem Hugoni miserunt. Qui post alteram diem eamdem chartam Rotberto pontifici remisit, hoc verbis remandans, quod ipsorum judicio nequaquam obediturus esset. Interea litteræ proclamationis Artoldi præsulis ad Romanam diriguntur sedem. Domnus igitur Agapitus papa vicarium suum Marinum episcopum misit ad Othonem regem, propter evocandam et aggregandam generalem synodum. Litteræ quoque ipsius papæ mittuntur ab urbe quibusdam speciatim episcopis, vocantes eos ad eamdem synodum. Congregata denique synodo in palatio Engulenheim (948, 7 *Junii*), recitata sunt hæc quæ sequuntur coram regibus et episcopis :

CAPUT XXXV.

De synodo apud Engulenheim congregata, et excommunicatione Hugonis episcopi. Series litis inter Artaldum et Hugonem episcopos agitatæ.

Sanctæ Romanæ et apostolicæ sedis vicario domno Marino, universæque sanctæ synodo apud Engulenheim congregatæ, Artoldus, divina propitiante clementia, Remorum episcopus.

Domnus Agapitus papa litteras nobis et cæteris ut episcopis nostræ diœceseos direxit, in quibus præcepit, ut ad hoc vestræ sanctitatis concilium convenire studeremus, ita instructi de omnibus, ut rei veritas miseriarum nostræ sedis, quas patimur, coram sanctitate vestra manifesta fieri posset. Quocirca propalare prudentiæ vestræ commodum ducimus, qualiter res exordium cœperit litis hujus, quæ adhuc inter me et Hugonem miserrime ventilatur. Defuncto siquidem Heriveo archiepiscopo, Seulfum, qui archidiaconatus urbis nostræ tunc officio fungebatur, ad præsulatum ejusdem sedis elegimus. Qui pontifex ordinatus (*Vide supra, c.* 18), assumens zelum contra proximos prædecessoris sui, cum eos per semet a loco depellere non valeret, consilio inito cum quibusdam laicis scilicet consiliariis suis, amicitiam quæsivit Heriberti comitis, quam dato jurejurando per eosdem consiliarios obtinuit eo tenore, ut post obitum ipsius ad electionem pontificis milites ecclesiæ nullatenus aspirarent sine consilio ipsius Heriberti; idem vero comes fratrem Herivei præsulis, et nepotes ipsius a participatione rerum Remensis episcopii separaret.

Quibus patratis, insimulati sunt iidem propinqui Herivei præsulis a consiliariis Seulfi episcopi de infidelitate ipsius senioris sui, accersitoque Heriberto comite cum pluribus suis jubentur ad rationem reddendam coram ipsis venire. Et quia contra eos a quibus accusati fuerant, singulari congredi certamine noluerunt, sublatis ab eis rebus quas ex episcopo possidebant, comprehensi sunt atque deducti per Heribertum comitem ad Rotbertum regem; a quo etiam sub custodia sunt, detenti usque ad mortem ipsius Rotberti. Tertio demum sui episcopatus anno, Seulfus episcopatus (ut plures asserunt) ab Heriberti familiaribus veneno potatus defungitur. Mox itaque comes Heribertus urbem Remensem adiit, et ecclesiæ milites, clericorum quoque quosdam de rectoris electione ad suum concilium (ceu juratum fuerat) intendere fecit. Cum quibus ad Rodulfum regem pergens in Burgundiam, obtinuit ab eo ut sibi committeretur idem episcopium, eo tenore, ut tam clericis quam laicis debitum honorem concederet et conservaret, nec injustitiam alicui faceret : sed ipsum episcopium æquo jure gubernaret, donec talem clericum eidem regi præsentaret, qui ad episcopale ministerium exsequendum rite ordinari valeret. Qui comes ad eamdem urbem regressus, res episcopii (prout sibi placuit) fautoribus suis divisit, cæteris abstulit, et absque ullo judicio vel lege, quos voluit rebus exspoliavit, vel ab urbe propulit. Odalricum denique Aquensem episcopum in eadem urbe suscipiens episcopale inibi ministerium celebrare præcepit. Sicque per annos sex, et eo amplius idem episcopium suo dominio vindicavit, pro libitu proprio illud tractans et in sede præsulis residens, tam ipse quam conjux sua, donec septimo tandem anno, ortis inter ipsum et regem Rodulfum atque Hugonem comitem quibusdam simultatibus, Rodulfus rex cum Hugone et Bosone fratre suo, cæterisque pluribus tam episcopis, quam comitibus Remorum obsidet urbem, succensentibus sibi episcopis, et conquerentibus adversus eum quod tam diuturno tempore, contra divinæ legis auctoritates, hanc urbem permiserit vacare pastore.

Quorum querimoniis permotus rex, admonet clerum et populum de pastoris electione; dans eis id agendi facultatem ad Dei honorem et sui fidelitatem. Sicque concordantibus cunctis tam clericis quam laicis qui extra obsidionem erant, pluribus etiam eorum qui clausi tenebantur in idipsum faventibus, eligitur humilitatis nostræ persona in hoc magis onere quam honore subeundo. Aperientibus tandem tam militibus quam civibus portas urbis regi Rodulfo, et episcopalem benedictionem mihi tradentibus episcopis qui aderant decem et octo, et suscipientibus nostram humilitatem tam clero universo quam reliquis civibus, inibi intronizatus ab episcopis nostræ diœceseos, impositum mihi, prout Deus concessit, ministerium per annos ferme novem tractavi, ordinans per diœcesim episcopos octo, et in episcopio multos, prout competens videbatur, clericos, quousque nono postmodum anno, postquam Ludovicum regem, favente Hugone cunctisque regni principibus, Gerbergam quoque reginam benedixeram et sacro perfuderam chrismate, instigatus Hugo comes iracundia quod ei consentire vel conjungi noluerim ad ipsius regis infidelitatem, adhibitis secum Heriberto comite, et Willelmo Nordmannorum principe, Remensem obsidet urbem. Nec longum, sexta scilicet obsidionis die, deseror ab omni pene cœtu laicalis militiæ. Sicque derelictus ab his, ad Hugonem et Heribertum compellor exire, a quibus coarctatus et conterritus, cogor memet episcopali procurationi abdicare (*supra, c.* 27), et ita me propellentes, in cœnobio sancti Basoli habitare constituunt; Hugonem vero filium Heriberti, qui Antissiodori diaconus ordinatus fuerat, in urbem introducunt, et civitate potiuntur. Ludovicus autem rex a Burgundia rediens, me apud sanctum Basolum reperit, et assumens secum, simul cum propinquis meis quorum res Heribertus comes abstulerat, Laudunum deducit, quod castrum tunc obsidebant Heribertus et Hugo : solutaque obsidione oppidum ingrediuntur, nobisque metatus degendi disponitur. Interim clerici nostri loci sed et laici quidam pessime ab Heriberto tractantur, et quidam clericorum in custodiis retruduntur, res eorum auferuntur atque diripiuntur, rapinæ per totam urbem licite perpetrantur.

Interea convocantur episcopi nostræ diœceseos ab Hugone et Heriberto, satagentibus et quærentibus ab eis de ordinatione Hugonis filii Heriberti. Qui Suessionis congregati, mittunt ad me Laudunum Hildegarium episcopum cum aliis quibusdam legatis, mandantes ut ad eos venirem, ad consentiendum scilicet hujus ordinationis perversitati. Quibus remandavi, quod non esset mihi competens ad eos illo proficisci, ubi adversarii et inimici mei cum ipsis erant aggregati. Quod si loqui mecum vellent, ad talem locum devenirent, ubi sine periculo ad eos accedere possem. Quibus advenientibus in locum ab eisdem delectum, profectus sum ad eos; adveniensque prosternor coram ipsis, obsecrans ut propter amorem et honorem Dei, tam mihi, quam sibi competens consilium dare studerent. Qui me de ordinatione prædicti Hugonis interpellare cœperunt, et hoc omnimodis suadere, ut eis in hac ordinatione consensum præberem, promittentes res nonnullas episcopii mihi se impetraturos. At ego postquam responsum diu distuleram, videns eos cunctos in proposito quod ceperant perseverantes, surgens interdixi palam cunctis audientibus, excommunicans auctoritate Dei Patris omnipotentis, et Filii, et Spiritus sancti, ut nullus eorum ad eamdem ordinationem accederet, nec alicui in episcopali honore, me vivente, manus imponeret; sed nec ullus eamdem benedictionem susciperet præsumeret. Quod si forte fieret, ad sedem apostolicam eos provocarem. Illis inde surgentibus, ut possem exire de medio eorum, et Laudunum reverti, temperavi responsum dicens ut mitterent mecum, qui eis renuntiaret, quid consilii reperire valerem super hac re in domina mea regina, et fidelibus ejus, quia rex non aderat. Ad hoc illi mittunt Deroldum episcopum, putantes me esse mutaturum consilium. Quo veniente, et coram domina regina et fidelibus ejus inde me interpellante, iterum exsurgens præfatæ modum excommunicationis in eosdem episcopos jaculatus sum; vocationem quoque ad sedem apostolicam iterare curavi, excommunicans ipsum hunc Deroldum, id ut eis omnino non taceret, sed cunctis manifeste proferret.

His ita gestis, parvipendentes illi nostram excommunicationem, Remis accedunt, et quidam eorum ordinationi huic manus applicarunt, quidam vero se subduxisse sciuntur. Ego vero cum rege manens, quas illi scitur angustias pertulisse secum pertuli; et quando eum bello aggressi sunt Hugo et Heribertus, cum ipso eram, et vix mortis evasi periculum. Prolapsus itaque auxilio et protectione Dei de medio inimicorum, profugus et vagabundus loca invia quæque silvasque perlustro, non ausus certo consistere loco. Comites autem Hugo et Heribertus affati quosdam nostros amicos sibi subditos, suadent ut me requirentes, ad ipsos deducant, pollicentes se mihi benefacturos, et rebus quas ipsi petissent ditaturos. Requirentes ergo me amicis, reperiunt per diversa vagantem, et ita perducor a fratribus meis et amicis ad præfatos comites. Qui postquam me in potestate sua conspiciunt, quærere cœperunt ut eis pallium a sede Romana mihi collatum traderem, et sacerdotali me ministerio penitus abjurarem quod nullatenus me facturum, neque pro amore hujus vitæ præsentis attestor. Districtus igitur et coangustiatus ab eis, episcopii tandem rebus abrenuntiare compellor : sicque rursus ad S. Basolum quasi vacans, habitaturus deducor. Mansi denique paucis diebus in ipso cœnobio, quoadusque comperiens per certos ex familiaribus Heriberti comitis nuntios, quod ab eo male de mea tractabatur perditione, iterum iterumque nuntiis hujusmodi pavefactus et impulsus, locum deserui, et abdita lustra silvarum vagabundus repetii; horisque silentibus, et itinere devio Laudunum revertor, ibique susceptus a rege, secum manere constituor. Mansi vero ibidem cum ipso vel fidelibus ejus, exspectans et deprecans misericordiam Dei, donec ipse dignatus est in cor domni regis Othonis mittere, ut ad subventionem senioris mei regis, et nostram, properaret in Franciam (Vide supra, c. 32).

Denique postquam domina nostra regina Laudunum, propter absolutionem domni regis, reliquerat, egressus inde ad domnum regem Othonem cum seniore meo deveni rege, simulque Remos accessimus (supra, c. 33). Cingitur itaque urbis exercitibus et episcopi qui aderant, me sedi nostræ restitui censent. Mandatur ergo Hugoni a domno rege Othone, ut egrederetur, et pervasam deserat urbem. At ille nutans aliquandiu et pro posse, ubi vidit ad resistendum penitus sufficere se nequaquam valere, nec amicorum sibi præsidia subvenire, decernit exeundum, quærens ut liber cum suis dimittatur abscedere. Permittitur itaque sanus exire, cum omnibus qui secum voluere comitari, et quæcunque secum voluit ferre, nullo contradicente, asportavit. Sicque cum regibus introgressus urbem, præcipior loco nostro, et honori restitui. Susceptus igitur a domnis archiepiscopis Rotberto Trevirensi, et Frederico Magontiacensi comitantibus cæteris et congratulantibus, tam clericis Ecclesiæ nostræ, quam reliquis civibus, ab ipsis restituor cathedræ episcopali. Hugo vero Remis egressus Mosomum castrum cum suis occupat, et muniens contra fideles regis senioris nostri detinet. Habito denique colloquii placito inter reges, seniorem meum videlicet ac domnum Othonem, super Charam [m., Karam] fluvium, convenimus ad illud tam ego quam ipse Hugo cum ordinatoribus suis. Ibique res litis hujus ab episcopis auditur : protulitque litteras ad sedem Romanam, quasi ex nostra persona datas, excusationis meæ, ac si vacationem petentes administrationis episcopii nostri ; quas me nunquam dictasse, neque vel subscribendo aliquatenus corroborasse protestatus sum atque protestor. Et quia tunc synodus convocata non fuerat (id opponentibus fautoribus ipsius Hugonis) altercatio nostra determinari non potuit. Synodus autem circa medium mensis Novembris habenda, Virduni, utriusque partis episcopis annuentibus denuntiatur. Interim vero sedes Remensis mihi regenda decernitur; idem vero Hugo Mosomi commorari permittitur. Nec longum, instante scilicet vindemiæ tempore, hic noster æmulus Hugo, assumens secum Theobaldum regis inimicum et regni nostri, cum aliis pluribus malefactoribus, in villas Remensis episcopii contiguas urbi devenit, et omne pene vinum ex his colligens in diversos pagos abduci fecit. Tum multa mala inibi perpetrata, et ecclesiæ nostræ homines captivi abducti, et ad redemptionem variis sunt adacti tormentis (supra, c. 34). Synodus autem circa medium mensis denuntiata, Virduni celebratur, præsidente Rotberto præsule Trevirensi, præcepto domni papæ Romani, præsente quoque domno Brunone, cum episcopis et abbatibus nonnullis.

Ad quam præfatus Hugo evocatus, missis etiam duobus ad eum deducendum episcopis, Adalberone et Gozlino, venire contempsit. Universa vero synodus mihi Remense regendum decernit episcopium. Iudiciturque iterum synodus habenda die Iduum mensis Januarii, quæ et aggregatur, ut denuntiatum fuerat, in ecclesia sancti Petri ante prospectum castri Mosomi, a domno Rotberto convenientibus cæteris quoque Trevirensis diœceseos episcopis, et aliquibus Remensis. Veniens autem illuc æmulus noster Hugo, et locutus cum domno Rotberto synodum noluit ingredi; litteras vero quasi ex nomine domni papæ direxit ad episcopos per clericum suum, qui eas Roma detulisse ferebatur, nihil auctoritatis canonicæ continentes, sed hoc tantum præcipientes, ut Hugoni Remense redderetur episcopium. Quibus recitatis incuntes episcopi consilium cum abbatibus et cæteris qui aderant sapientibus, responderunt non esse dignum vel congruum, ut mandatum legationis apostolicæ, quam dudum Rotbertus archiepiscopus, deferente Frederico præsule Magontiacensi, coram regibus et episcopis tam Galliæ quam Germaniæ susceperat, et partem jam præceptionis ipsius exegerat, propter illas litteras intermitteret, quas insidiator noster exhibebat : imo quod regulariter cœptum fuerat, ut canonice pertractaretur, unanimiter censent; præcipiturque recitari capitulum Carthaginensis concilii nonum decimum, de accusato et accusatore. Quo recitato, judicatum est juxta definitionem ipsius capituli, ut communionem et parochiam Remensem me retinente, Hugo, qui [ms., quia] ad duas jam synodos evocatus interesse contempserat, a communione et regimine Remensis episcopii abstineret, donec ad universalem synodum, quæ indicebatur, sese purgaturus, vel rationem redditurus præsentaret. Ipsumque capitulum mox in charta episcopi coram se describi fecerunt, subnectentes hanc etiam definitionem suam, et eidem Hugoni miserunt. Qui post alteram diem chartam eamdem Rotberto præsuli remisit, hoc verbis remandans : quod ipsorum judicio nequaquam obediturus esset. Sicque absoluto concilio, ipse Mosomum contra mandata regum et episcoporum retinet, et ego Remos regressus reclamationis meæ querelas ad sedem Romanam per legatos domni regis Othonis destinavi, præstolans mandata ipsius sanctæ sedis, ejus decretis et universalis hujus sancti concilii vestri judiciis parere paratus.

Post quarum litterarum recitationem, et earum propter reges juxta Thudesticam [ms., Teutonicam; f. Theotiscam] linguam interpretationem, ingressus quidam Sigebaldus, præmissi Hugonis clericus, attulit litteras quas Roma detulerat, quasque jam in alia synodo Mosomi propalaverat. Asserens easdem litteras sibi Romæ ab ipso qui aderat Marino vicario datas, qui domnus Marinus proferens litteras quas idem Sigebaldus Romam detulerat, præcepit eas coram synodo recitari; in quarum recitatione repertum est, prout ipsæ litteræ fatebantur, quod Wido episcopus Suessonicus, Hildegarius quoque Belvacensis, Rodulfus Laudunensis, cæterique cuncti Remensis diœce-

seos episcopi, easdem litteras ad sedem delegaverint apostolicam, pro restauratione Hugonis in sede Remensi, et expulsione Artoldi. Post quarum lectionem, exsurgentes Artoldus præsul, et præfatus Rodulfus qui in eisdem litteris nominabatur, Fulbertus quoque Cameracensis antistes eas litteras refutarunt, astruentes quod eas antea nunquam viderint vel audierint, neque in earum delegatione consensum præbuerint. Quibus dum idem clericus contraire non posset, licet in eos calumniis obstrepens, præcepit domnus Marinus, suggerens universæ synodo, ut sibi consilium et rectum judicium proferrent super hujusmodi calumniatore, et calumniatum in episcopos delatore.

At illi, postquam delator publice confutatus est falsa detulisse, lectis capitulis de hujuscemodi calumniatoribus, judicant et unanimiter censent eum, quo fruebatur honore privari debere, ac secundum capitulorum tenorem in exsilium retrudi. Diaconatus igitur quo fungebatur ministerio multatus, a conspectu synodi reprobatus abscessit. Artoldo vero præsuli, qui omnibus se synodis præsentem exhibuerat, non refugiens synodale judicium, episcopium Remense juxta canonum instituta sanctorum Patrum decreta, omnino retinendum atque disponendum decernunt, laudant, atque corroborant. Secunda concessionis die, post recitatas divinæ auctoritatis lectiones, et Marini vicarii allocutionem, suggessit domnus Rotbertus, Trevirensis archiepiscopus, ut quoniam juxta sacræ legis instituta, restitutum atque restauratum fuerat Remense Artoldo præsuli episcopium, in ejusdem sedis invasorem synodale perageretur judicium. Præcepit itaque Marinus vicarius, ut canonicam super hac præsumptione synodus proferret sententiam. Jubentur ergo sanctæ legis catholica recitari capitula. Quibus recitatis, secundum sacrorum instituta canonum, et sanctorum decreta Patrum, Sixti, Alexandri, Innocentii, Zosimi, Bonifacii, Cœlestini, Leonis, Symmachi, cæterorumque sanctorum Ecclesiæ Dei doctorum, excommunicaverunt, et ab Ecclesiæ Dei gremio repulerunt prædictum Hugonem Remensis Ecclesiæ pervasorem, donec ad pœnitentiam et dignam satisfactionem venire procuraret.

Cæteris quoque diebus synodi tractata sunt quædam necessaria de incestis conjugiis, et ecclesiis, quæ presbyteris in partibus Germaniæ dabantur, imo vendebantur indebite, et auferebantur illicite, prohibitumque ac statutum ne id omnino præsumeretur ab aliquo : sed et de aliis Ecclesiæ Dei utilitatibus tractata sunt, et definita nonnulla. Interea rex Ludovicus deprecatur regem Othonem, ut subsidium sibi ferat contra Hugonem et cæteros inimicos suos. Qui petita concedens, jubet ut Conradus dux cum exercitu Lothariensium in ejus pergat auxilium. Interim vero dum congregaretur exercitus, rex Ludovicus cum ipso duce maneat, et episcopi, scilicet, Artoldus et Rodulfus, qui erant cum rege, ne quid in via pateretur adversi, legerent cum Lothariensibus episcopis. Mansimus itaque cum Rotberto Trevirensi,

Rodulfus Laudunensis cum Adalberone Mettensi, hebdomadas fere quatuor. Exercitu denique collecto, Lotharienses episcopi Mosomum petunt, ipsumque obsidentes castrum atque oppugnantes, milites qui erant ibi cum Hugone ad deditionem compellunt, et acceptis ab eis obsidibus pergunt obviam Ludovico regi et Conrado duci in partes Laudunensis pagi. Obsident igitur ibi dux et exercitus quamdam munitionem quam ædificaverat et tenebat Theobaldus in loco qui dicitur Mons acutus, qui et Laudunum contra regem retinebat. Hoc etiam oppidum expugnantes, tandem non sine mora capiunt, indeque Laudunum adeunt, et in ecclesia S. Vincentii congregati, episcopi prædictum Thetbaldum excommunicant; Hugonem verum principem vocant litteris ex parte Marini legati sedis apostolicæ et sua, venire ad emendationem pro malis quæ contra regem et episcopos egerat. Wido denique Suessonicæ urbis episcopus ad regem Ludovicum veniens, eidem sese committit, pacaturque cum Artaldo archiepiscopo, satisfaciens illi pro ordinatione Hugonis. Conradus quoque dux filiam Ludovici regis sacro de fonte suscepit. Sicque recepto Mosomo castro et everso, Lotharienses revertuntur in sua.

CAPUT XXXVI.
De obsessione vel incensione urbis Suessonicæ ab Hugone comite.

Igitur Hugo, nullam moram faciens, collecta suorum multa Nordmannorumque manu, Suessonicam aggreditur urbem, et obsidens oppugnat, ceditque nonnullos. Injectis etiam ignibus domum matris ecclesiæ succendit, simulque claustra canonicorum et partem civitatis; nec tamen ipsam capere valens n. bem reliquit, et ad quamdam munitionem, quam Ragenoldus comes Ludovici super Axonam fluvium, in loco qui dicitur Rauciacus (*Roucy*), ædificabat, devenit, ipsamque adhuc imperfectam castris vallavit. Sed nec ipsam cepit; villas tamen Remensis ecclesiæ castris suis contiguas devastavit. Plures quoque colonorum prædones ipsius interemerunt, violantes ecclesias, et in tantum debacchantes ut in Culniciaco vico tam infra quam circa ecclesiam fere quadringentos homines interfecerint, ipsumque templum rebus penitus exspoliarint. Multis ergo flagitiis tunc perpetratis, Hugo tandem cum suis regreditur grassatoribus. Itaque milites qui hactenus cum Hugone fuerant excommunicati, ad Artoldum præsulem revertuntur. Qui nonnullos eorum, redditis eis rebus quas habuerant, recipit, quosdam vero rejicit. Post hæc Treviros proficiscitur ad synodum cum episcopis Widone Suessonico, Rodulfo Laudunensi, et Winefredo Morinensi. Quo pervenientes Marinum sese præstolantem reperiunt cum Rotberto archiepiscopo; cæterorum vero Lothariensium vel Germanorum præsulum illic invenere neminem. Considentibus igitur illis, suscitari cœpit Marinus vicarius quid egisset post præmissam synodum Hugo princeps erga ipsos vel regem Ludovicum. At illi referunt supra memorata quæ ipsis, et ecclesiis eorum [*ms.* j, Ecclesiæ Suessorum] intulerat mala. Requirit ergo de vocatione ipsius principis Marinus, utrum perlatæ ei fuissent litteræ vocationis, quas ei perferendas delegaverat. Cui respondetur ab Artoldo archiepiscopo, quod quædam earum perlatæ sint, quædam vero perferri nequiverint, earum gerulo ab ipsius grassatoribus intercepto; vocatus tamen fuerit tam litteris quam quibusdam internuntiis. Requiritur itaque si adsit aliquis ex parte ipsius legatus. Ubi cum nullus fuisset inventus, decernitur exspectandum si forte adventurus esset in crastinum. Quod cum minime contigisset, et omnes qui aderant, tam clerici quam illustres laici, eum excommunicandum esse acclamarent, definitur ab episcopis hanc excommunicationem adhuc differendam usque ad diem synodi tertiam. Tractatur autem de episcopis qui vocati fuerant et venire distulerant, vel his qui ordinationi Hugonis participes exstiterant. Et Wido quidem episcopus Suessonicus se culpabilem, prostratus coram Marino vicario et Artoldo archiepiscopo, confitetur. Intercedentibus autem pro eo apud Marinum Rotberto et Artoldo archiepiscopis, absolvi ab hac noxa meretur. Wiefredus Morinensis immunis ab eadem ordinatione reperitur. Adest Transmari Noviomensis (*Transmarus Noviom.* 42 *episc. in tab. Democh.*) episcopi legatus quidam presbyter, astruens eumdem præsulem ita gravi languore detentum, ut ad eamdem synodum venire non valuerit. Id quoque nostrates qui aderant, attestantur episcopi.

CAPUT XXXVII.
De excommunicatione Hugonis comitis.

Tertia tandem die, insistente præcipue Luitdulfo legato et capellano regis Othonis, quoniam idem rex id omnino fieri præcipiebat, excommunicatur Hugo comes, inimicus Ludovici regis, pro supra memoratis malis ab ipso perpetratis, eo tamen modo donec resipiscat, ad satisfactionem coram Marino vicario, vel episcopis, quibus injuriam fecit, deveniat. Quod si facere contempserit, Romam pro sui absolutione proficiscatur. Excommunicantur et duo pseudoepiscopi ab Hugone damnato ordinati, Tetbaldus [*ms.*, Theobaldus] et Ivo : prior post expulsionem ipsius in Ambianensi urbe; alter post damnationem ejusdem Hugonis, in Silvanectensi ab ipso constituti. Excommunicatur etiam quidam clericus Laudunensis, nomine Adelonus, quem accusavit Rodulfus episcopus suus, eo quod Tetbaldum excommunicatum in ecclesiam introduxerit. Vocatur Hildegarius Belvacensis episcopus litteris præfati Marini, ut veniat coram ipso, vel eat Romam rationem redditurus coram domno papa, pro illicita ordinatione prædictorum pseudoepiscoporum, cui interfuerat. Vocatur et Heribertus Heriberti comitis filius, ad satisfactionem venire pro malis, quæ contra episcopos agebat. His ita gestis, episcopi revertuntur in sua. Luitdulfus autem capellanus Othonis Marinum vicarium deducit ad regem suum in Saxoniam, ubi consecraturus erat ecclesiam Vuldensis monasterii. Post cujus consecrationem idem Marinus, exacta hieme Romam revertitur. Nascitur regi Ludovico filius, quem præsul Artoldus de sacro fonte suscepit, patris ei nomen imponens.

CAPUT XXXVIII.
De quibusdam ecclesiis vel monasteriis urbis Remensis.

Plures denique apud nos quondam sanctorum fuere basilicæ, sed et monasteria infra vel circa Remensem hanc urbem, quæ modo non haberi probatur. Duo tamen adhuc supersunt infra urbem puellarum monasteria : quorum unum (quod superius a situ scilicet loci nuncupatur) S. Baldericus presbyter, cum sorore sua Bova, ejusdem cœnobii postmodum abbatissa, in honore sanctæ Mariæ, vel sancti Petri construxisse traditur. Qui regali genere exorti fuisse referuntur, patre scilicet Sigeberto rege, habentes neptem, nomine Dodam, castissimam puellam, quæ desponsata fuisse fertur cuidam magnati ejusdem regis Sigeberti ; quamque præfata ipsius amita Bova instituens ad serviendum Deo, servandamque perpetuo virginitatem, ab amore terreni avertit sponsi. Qui cum sibi adversaretur, sponsam innitens eamdem corripere, ascenso equo, dum id conatur quoquo modo adimplere, furente lapsus ab equo, fractis cervicibus, traditur interiisse. Beata denique Doda in castitatis proposito permanens, amitæ suæ in ejusdem monasterii successit regimine. Quæ præceptum quoque immunitatis, quod adhuc apud nos habetur, a principe Pippino eidem postmodum obtinuit fieri cœnobio. Quarum corpora in ecclesia extra muros urbis, ubi primum puellarum fuerat monasterium, tumulata diu quieverunt, donec postmodum, revelationibus quibusdam elevata, et ad hanc novam sunt ecclesiam perlata, ibidemque venerabiliter collocata, continua honorificantur inibi Deo famulantium reverentia puellarum.

CAPUT XXXIX.
De sancto Balderico abbate.

Sanctus autem Baldericus (*S. Bauldry*) post hujus monasterii constructionem, locum quærens ubi suam quoque constitueret habitationem, in qua collectis secum viris religiose conversari, Deoque devote ac quiete servire valeret, tandem reperit sibi placitum, quem dicunt Montem Falconis locum (*Montfaucon*). Qui locus tunc temporis inhabitabilis, densis operiebatur silvis, quas ipse succidens, proprio sibi labore condidit habitaculum. Fertur autem avem, quam nuncupamus falconem, præviam et quasi præducem itineris, dum locum illum expeteret, habuisse, quæ loco eidem insederit, ac per triduum illo rediens in loco, ubi nunc habetur altare in honore sancti Petri apostoli, sine permutatione resederit. Unde et cœnobium ab hoc eventu sic vocitatum plurimi asserunt. Ubi cum Deo devotius servire cœpisset, nonnulli Deum timentes res suas eidem contulere ; sicque collectis secum monachis, cœnobium sub regulari constituit institutione, atque idem sub honore beati Germani ædificavit monasterium. Quibus patratis, ad sororem suam reversus a Remis, ultimum sui cursus ibidem clausit diem, ubi et sepultus tempore non modico requievit.

CAPUT XL.
De miraculis post obitum ipsius ostensis.

Processu denique temporis diligentia clericorum prænotatum ipsius beati viri monasterium incolentium, ejus est illuc furtim corpus delatum, delusis fraude custodibus, Remis ablatum. Quos dum insequerentur quidam cives Remenses, eo usque sunt persecuti donec eos visu quidam deprehenderent. Dumque turbarentur horum adventu sacri latores pignoris, inter utrosque densa dirimens nebula divinitus creditur illata, qua sequentes obtenebrati, et errore in devia rapti, vestigia præcedentium servare nequiverunt. Evectores autem sacri corporis in nocte splendor superne missus irradiavit, donec ad proximam cœnobio possessionem, quæ dicitur villa Spanulfi [*al.*, Spamulfi], infatigabiles pervenerunt. Ubi quia sancta deposuere membra, in honore ipsius postea constructa est ecclesia. Quibus abinde cum sacro promoventibus pignore, ubi monasterio propinquare cœperunt, ecclesiæ signa cœnobii sponte, absque humano scilicet impulsu, sonuisse feruntur. Quod audientes fratres obviam sunt egressi : sicque diu desiderata suscipientes munera, dum in ecclesiam sancti Germani ea conantur inferre, tanto persentiunt ante ipsius introitum basilicæ defixa pondere, ut hæc nequaquam potuerint ulterius emovere, cum per triduum id enitentes omni gestierint conamine perpetrare. Sic demum tecto super defixa condito membra confessoris, per triennium illic ita mansisse traduntur. Quo temporis peracto spatio, ad ecclesiam sancti Laurentii, ubi vivens ipse sibi sepulcrum paraverat, celebrato per triduum jejunio, venerabile corpus ejus perlatum, et in suo reverenter est deposito sarcophago. Ibique constat venerabili cultu servatum, usque ad tempora Karoli regis, et Hincmari archiepiscopi, quando Nordmanni hoc cœperunt regnum depopulari. Quorum terrore compulsi canonici ejusdem loci, corpus hujus patroni sui de sepulcro levatum super altare sancti Laurentii posuerunt. Quod dum fieret, tres guttæ sanguinis de capite ipsius defluxerunt, ita recentes et calidæ, ac si de vivente profluerent corpore. Sicque delatum est Virdunum. Unde relatum in ecclesia est sancti Germani locatum.

Interim dum suo abesset monasterio, Nordmanni ad id pervenerunt : sed Domino illud protegente, nec ecclesias incenderunt, nec homines, nisi unam duntaxat mulierem, occiderunt. Ut autem recesserunt, altaria muneribus suis cumulata dimiserunt. Altera vice dum Nordmanni ad eumdem locum rursus accederent, quidam canonicus loci, nomine Otradus, corpus sancti accipiens, reliquis fuga dilapsis, ipse cum sacro corpore in quamdam conscendit arborem. Quem insecuti pagani, usque ad ipsam pervenerunt arborem et respicientes sursum, neminem potuerunt eamdem conscendisse deprehendere. Idem vero frater per novem dies inibi permanens, nihilque victus, præter unam solummodo sumens glandem, neque famem, neque sitim passus fuisse memoratur. Iterumque tunc locus idem meritis hujus beati viri a cædibus et incendio paganorum liberatus est. Postea contigit, ut quidam prædones, regiæ majestatis infideles, ad eumdem devenirent locum, et non invenientes ibi manum repugnantem sibi, desolatum prædari aggressi sunt locum. Quod dum peragerent, signa ecclesiæ sancti Laurentii, nemine pulsante, sonare cœperunt, et duo cerei supero sunt igne divinitus accensi. Prædonibus vero timore perculsis et aufugientibus, unus eorum prolapsus ad ipsam monasterii portam corruit, tamque ipso quam superbo ejus equo ruina contrito, utres quoque, in quibus vinum deferebat ablatum, disrupti sunt. Cæteri hoc videntes, donis ecclesiam muneraverunt, metuque affecti recesserunt.

CAPUT XLI.
De villa Waslicia.

Hujus venerabilis loci canonici famis quondam necessitate compulsi, sumptis a corpore venerandi patroni sui reliquiis, ad suam quamdam villam, supra ripam Rheni sitam, cognomento Waslicjam, quam quidam eorum abbas, nomine Adelardus, eidem contulerat cœnobio, profecti sunt. Ubi dum pagenses, alma venerantes pignora, sua dona deferre cœpissent, abbas quidam monasterii, quod vocatur Bunna, pergens ad Willebertum Coloniensem præsulem, cœpit hanc infamare devotionem, nec revera sancti, alicujus pignora illuc astruens esse delata. Timentes autem canonici qui advenerant, ne forte constringerentur et discuterentur ab episcopo, quoniam totum ipsius sancti corpus secum haberi ferebant, mox ut hæc audissent, sub duobus diebus ad suum per leucas fere centum rediere monasterium; assumentesque cum integritate beati viri membra, sub totidem diebus ad prænotatam remeant villam. Cui dum propinquare cœpissent, eis adhuc ab ipsa villa spatio leucæ fere distantibus, ecclesiæ signa, nullo impellente, resonare cœpere. At hi qui remanserant in eodem loco clerici hoc audientes, et patronum suum advenire intelligentes, obviam cum crucibus pergunt, et honore digno tutorem suum suscipiunt. Quibus missarum solemnia celebrantibus, tria inibi repente mira contigerunt. Contractus unus erectus; cæcus quidam illuminatus, et loquelam mutus adeptus est. Iterum præfatus abbas blasphemare Dei non cessabat miracula, quos poterat a visitatione sancti avertens.

Quæ dum gereret, febre correptus ita graviter est vexatus, ut nec manducare, nec bibere, vel incedere posset. Ardoribus autem languoris hujusce coactus [al., excoctus], tandem peccatum suum recognovit, et sella se gestatoria, usque ad Rhenum, indeque navigio usque ad prædictam villam, sicque ante corporis almi præsentiam perferri fecit; ibique culpam suam confessus, absolvi se petiit, et quantitatem ceræ sui corporis ponderi coæquans dedit; factisque votis annuatim solvendis, per sex remoratus dies, sanitatem integerrimam recipere meruit; et sic pedibus suis ad sua sanus recessit. Demorantibus hic præfatis per anni spatium, cum patrono suo clericis, nulla ut ferunt dies præteriit, quo non ibidem Dei miracula patrarentur. In ipsis autem vigiliis sancti Joannis Baptistæ, confluentibus de Saxonia pluribus, et a longinquis etiam regionibus, decem et octo insignia probantur ostensa; vixque aliquis æger accessit, qui non sospes alacerque recesserit. Ubi tanta rerum delata est copia, ut et ipsi clerici exinde viverent, et cæteros qui remanserant in monasterio sustentarent, ecclesiamque ipsius villæ amplificarent, vel decorarent. Postea contigit ut propter aquæ indigentiam, foras extra monasterium suum, idem sacrum corpus efferretur, et obviam sancti Jovini pignoribus portaretur. Cujus dum fuisset in occursum perlatum, mox ut simul venerunt, obnubilato cœlo cum magna siccitas existeret, copiosa pluviarum vis effusa est; et dum humectarentur imbre omnium vestimenta, pallia duntaxat, quæ supra sanctorum præfatorum ferebantur corpora, penitus intacta manserunt a pluvia. Ibi quidam luscus lumen amissi recipit oculi. Qui statim fugiens, nec Deum glorificans, ut erat jocularis, ingratus recessit; at ubi domum pervenit, lumen quod receperat iterum perdidit. Dum vero perventum est ad monasterium cum utriusque sancti corpore, ita sancti Balderici pignus est aggravatum, ut nullatenus moveri posset; donec sancti Jovini usque ad cœnobium præcedere membra fecissent.

Cum autem domnus Dado Virdunensis episcopus hanc a rege (*Arnulfo Transrhenensi*) impetrasset abbatiam, et hæc mira cœpisset audire, constituit ut omnibus annis trium monasteriorum sacra pignora simul in quemdam medium deferrentur locum nomine Gaudiacum. De sede scilicet urbis Virdunensis sanctus Vitonus, et sanctus Agericus, sanctus vero Baldericus de monasterio suo, et sanctus Rodvicus de Wasloio. In quo conventu innumera postmodum sunt patrata miracula, ut vix præterierit hujusmodi coitio, in qua non aliquis infirmorum fuerit sospitate redintegratus : maxime tamen illi, qui patrocinia beati Balderici sunt expetere visi. Quodam tali conventu quidam locutus est mutus, quem Virdunensis arripientes secum ducere cœperunt, asserentes quod sanctorum virtus, quos detulerant, hoc miraculum perpetrasset. Sicque dum separati quique referrentur ad sua, tanto sancti Balderici pondere aggravata sunt ossa, ut penitus manere viderentur immobilia. Ad quem miraculi stuporem recurrentibus multis, dum quæruntur sui, cur inibi vellet immorari, et quid ibidem disponeret operari, accidit ut requireretur ille qui locutus fuerat mutus. Tandemque revocatus, ubi ad locum defixi perductus est pignoris, mox absque difficultate sublatum, et ad suum sacrum corpus gratanter est cœnobium reportatum.

Præfatus præsul Dado, postquam hanc sancti Balderici obtinuit abbatiam, res quasdam trans Rhenum sitas ab Adelardo abbate ad idem dudum monasterium datas, pro villa Gerlani monte, super Mosellam conjacente, mutavit. Ad quam villam, dum sanciendi sibi causa, proficisci fratres hujus congregationis præcepisset, illi assumentes secum patroni sui, domini videlicet Balderici membra, profecti sunt exsequi jussa. Qui dum ad villam, quæ Deva [j, Dena] dicitur, pervenissent, tanto pondere sancta defixa sunt pignora, ut progredi nequaquam valerent ulterius ea ferentes, initoque consilio, ut ad ecclesiam deferrentur ipsius villæ, sub honore sancti Martini dicatam, perferendi recipiunt possibilitatem. Quo perlatis pignoribus, ut post orationem ab ecclesia est perlatum, iterum sancti aggravatur corpusculum; mirantibusque cunctis, et quod aliqua inibi Deus pro sancti sui glorificatione signa vellet ostendere quibusdam ferentibus, si qui adessent forte debiles, est requisitum. Advenientibus autem læsis aliquibus, atque delatis quibusdam, vir quidam claudus erigitur, et femina quædam brachiis ab octo retro annis contracta resolvitur, duæque feminæ cæcæ sunt illuminatæ, et infans annorum septem mutus loqui cœpit. In quo loco crux ab ipsius villæ hominibus posita est, ubi postea duæ feminæ lumen oculorum receperunt, et candelæ divinitus accensæ, multique diversis sunt ab infirmitatibus liberati.

CAPUT XLII.
De ecclesia sancti Romani, et miraculis in Gallani [j, Gerlani] monte.

Ecclesiam sancti Romani, in præfata villa Gellani monte constructam, dudum Milo præpositus canonicorum hujus loci ab eis auferebat : quam dum Bosone comite sibi eam reddente recepissent, et sancti Balderici membra illuc retulissent, audientes multi ad ipsius cœperunt confluere patrocinia. Inter quos duæ cæcæ nobiles feminæ deductæ sunt, et quædam perlata pauperculæ omnibus fere membris contracta. Nocte vero vigiliarum sancti Romani, dum de more pervigiles in ecclesia celebrarentur excubiæ, subito tantum cœlitus est lumen effusum ut omnia quæ fuerant accensa videretur luminaria superare. Altare tantum, supra quod sancti erant ossa deposita, densa tegi videbatur nebula, ipsumque sacri pignoris quasi moveri cernebatur gestamen. Cum repente una cæcarum primum, moxque altera sese videre proclamant. Tum media jacens contracta, ubi cœpit clamare, auxiliumque Dei, et sancti Balderici deprecari, paulatim resolvitur, primum brachiis, et inde poplitibus, donec erecta stetit in pedibus. Quæ postmodum sana effecta, clericorum stipe huc usque sustentatur. Igitur dum præfato morarentur in loco clerici cum pignore sacro, contigit quadam vespera cum simul resideren, ut cujusdam Milonis amici homo, ebrietate atque furore succensus, cœpisset ad eos dicere, quid ibi facerent, et quare in villam Milonis ingressi fuissent? Quibus respondentibus quod sancti Balderici, non Milonis, eædem res essent; illoque contradicente quod non Balderici sed Milonis haberentur, comminantibus eum clericis recessit, et in eminentem villæ contiguam rupem conscendens sese in præceps dedit, sicque attritus jacuit, ut mortuus vel morti videretur proximus, indeque sublatus ante sancti corporis præsentiam est deportatus, ibique tandem se culpabilem reddens, insperate sanatus, et integræ in brevi restitutus est sospitati.

Item dum nuper ad præmemoratam villam Wasliciam hujus sancti membra relata fuissent, quoniam Godefridus principis Henrici comes palatii eamdem pervaserat villam, quidam clericorum sancti Balderici ad eumdem Godefridum pro hac causa perrexerunt; et cum nullam dignam potuissent apud eum percipere responsionem, nec magis se pro eis inde quam pro suo cane facturum respondisset, clericus quidam ex his intentando subjecit, quod calidum proinde sudorem sudaturus esset, nec canis suus adjuturus eum foret. Ille furibundus ad hæc eos a suo præcipit ejici conspectu. Quibus recedentibus ipse mox divina plectitur ultione, validaque correptus febre cœpit gravissime vexari, nimiisque succendi ardoribus atque ferventissimis effluere sudoribus. Mittens igitur ad episcopum Coloniensem Wicfridum, hunc ad se venire petiit, eique rem retulit atque id ab eo consilii percepit, ut ad præfatos clericos mitteret, eosque ad se venire faciens, et errata corrigens, ab eis de sua infirmitate concilium et pariter auxilium quæreret. Quod ille obaudiens, et ad eos mittens, ad se venire mandavit. At missus ejus typho ceu videbatur inflatus superbiæ, cœpit, ut ad suum dominum mox clerici pergerent, imperitando præcipere. Quibus renuentibus, sed eum charitatem secum facere rogantibus, ille contempsit, eoque recedente, in ipso egressu equus ejus incitatus ab ipso prosiliens ruit, et collo fracto interiit. Sic ille humiliatus ad fratres rediit, charitatem quam spreverat egit, et ita correctus recessit. Hinc iterum, tertioque vocati atque petiti, hujus tandem viri compertis incommodis, ad eum tum demum veniunt, patientis compatiuntur cruciatibus, et confitentem peccatum suum, emendationemque promittentem precibus suis absolvere student. At ille statim se melius habere professus, ubi recessere fratres, convaluit, res quas invaserat reddidit, ac deinceps ab earum se læsione continuit. Verum tanta domus ejus affecta clade fuisse perhibetur, ut vix aliqui remanserint qui eisdem rebus usi fuerant; ipsi etiam equi et canes interierint, et ipse pervasor, perditis cum cute capillis, et ungulis, vix evaserit.

CAPUT XLIII.
De miraculo in Rheno flumine patrato.

Tunc ob infestationem Hungarorum, quæ primitus eo tempore in hoc emerserat regnum, concilio inito canonici sancti Balderici Rhenum cum domino suo transmeant. Inde quadam vespera remeantes, in fluminis medio navem jactis defigunt anchoris. Relictisque paucis in navi cum sacro pignore custodibus, ipsi ad prædictam scapham properant suæ possessionis villam [scil. Wastitiam]. Tres vero quidam latrones, comperto quod pauci resedissent in navi custodes, ibique thesauros, vel ornamenta sancti remansisse rati, conscensa tendunt illo cymba. Sed, antequam pertingerent ad ipsam quam petebant navem, cæcati divinitus, perditoque sensu remigare non valentes, impetu fluminis ferri cœperunt. Sicque navicula eorum navi, quæ sancti corpus servabat, impacta contritaque, mediis eos in fluctibus dereliquit. Quorum duobus fluvio mox absorptis, tertius, qui etiam famulus erat sancti Balderici, jacta manu navem sancti arripuit, et taliter evadens mortem, clericorumque perductus in præsentiam, nihil eorum quæ passus fuerat edicere valuit, donec in crastinum refocillatus, sensuque recepto tandem quæ gesta fuerant, enarravit. Postquam vero a præfato loco hujus beati viri ad suum monasterium sunt ossa relata, multa inibi feruntur ostensa miracula, quæ præ multitudine non habentur scripta. Illuc nuper quidam pauper candelam deferens in circulo devolutam, paulo ante horam vespertinam supra loculum sacrorum hanc posuit ossium. Qui dum data oratione recederet, subito candela, supero accensa igne, cœpit ardere. Quæ donec custos ecclesiæ ad vespertinalia pulsanda venit signa, pallio, cui superjecta jacebat, illæso, deflagravit, nec ullam pallio læsionem, cui adhærebat, aggessit. Multa præterea sanitatum, clarificationumque ibidem creberrime ad declaranda sancti sui merita Dominus ostendere dignatur miracula, ad honorem scilicet ac laudem nominis sui, quod est benedictum in sæcula.

CAPUT XLIV.
De miraculis in monasterio sanctorum Bovæ ac Dodæ factis.

In præmemorato denique puellarum monasterio (*supra, cap.* 28), in quo præfatarum sanctarum Bovæ, ac Dodæ translata præfati sumus corpora, nonnulla postmodum patrata probantur miracula. Ubi frigoritici atque diversis ægritudinibus occupati venientes, optata merentur sospitate donari, maxime in die solemnitatis earumdem (*id est* 24 *Aprilis*). In qua quædam nuper puella, auditu frustrata, vi invaliltudinis sensus hujus obturatis meatibus, interventu earumdem sanctarum Christi sponsarum, perdita dudum munia recipere meruit aurium.

CAPUT XLV.
De visione cujusdam puellæ.

Habetur in hoc monasterio quædam sanctimonialis virgo, neptis quondam Guntmari religiosi presbyteri, nomine Ricuidis, cui apparuerunt olim per visum beatus Petrus apostolus et beatus Remigius, significantes ei, quod iter Romæ eidem, dum reverterentur ad ipsam, præcepturi essent; asseruerunt que se medio mense Septembri, scilicet Exaltationis sanctæ Crucis die, reversuros. Qua exspectatione suspensa nihil inde alicui, prohibita scilicet ab eis, ausa est intimare. Die vero qua prædixerant redituros, iterum apparuerunt ei, jubentes ut accersiret fratrem suum Fredericum presbyterum, et exhortaretur eum sequi, prout magis potuisset, vestigia præmissi sacerdotis Guntmari, et ex ipsorum jussione prædictum iter injungeret illi secum exsequi, tali videlicet tenore, ut ab ea die nec ille, nec ipsa carnem comederent, aut vinum biberent, donec iter ipsum arriperent, nisi tantum vini, quantum emi potuisset ex pretio, quod super altare quoddam ab ipsis ei designatum repertura esset, ipsa duntaxat perciperet. Ut ergo inde magis crederetur, quasdam sorores, tres videlicet sanctimoniales hujus monasterii, ad id inquirendum sibi testes ascisceret, denominatis scilicet personis, quas advocare debuisset. Sanctus autem Remigius hoc insuper addidit, ut diceret illa fratri suo quatenus esset memor, quod illi quondam apparuerat, et ei locutus fuerat. Addens etiam pro signo recognitionis, quod eum in palma de cultello visus fuerat percussisse. At illa mox ad præfatum fratrem suum mittens, mandavit ei ut ad se festinanter veniret. Qui veniens sororem suam hora jam vespertina jejunam adhuc, et de visione valde stupefactam invenit. Quæ advocans denominatas sibi sanctimoniales, pariter ante denotatum altare septem psalmos pœnitentiales decantaverunt, additis insuper litaniarum precibus, accesserunt ad altare, et exuentes operimentis, repererunt in cornu ejusdem altaris obolum parvum, quem assumentes cum gratiarum actione dederunt pro vino, quod tantummodo hæc sanctimonialis bibit, non deinceps amplius vinum sumptura, donec iter injunctum tam ipsa, quam prædictus frater suus, inirent. Quod fideliter et fiducialiter arripientes, prospere, Deo juvante, et S. Petro et sancto Remigio suffragantibus, ut ipsis promiserant, peregerunt. Ac deinceps a carnibus illa (præter Dominicam) abstinet, ac tribus diebus in hebdomada, usque dum signum sonet ad secundam, nihil operis agit, orationibus et psalmodiæ vacans; quod sibi usque ad septem annos commemorat adimplere præceptum. Fratri vero suo præmemorato hoc a supradictis sanctis per ipsam mandatum est, ut quatuor diebus in hebdomada a carnibus, omni vero sexta feria a vino semper dum advixerit, debeat abstinere. Quæ et observare visi sunt.

CAPUT XLVI.
De altero Remis puellarum monasterio.

Alterum denique puellare monasterium Remis habetur situm ad portam, quæ olim Collaticia, scilicet a conferendis mercibus, nunc Basilicaris [*forte* Baseillo] vocatur, eo quod circa se basilicis dudum, præ cæteris portis, abundasse feratur; seu quod euntibus ad basilicam, in vico sancti Remigii consistentes, pervia fuerit. Supra quam domno Rigoberto habitaculum fuisse commemoravimus [*l.* II, *c.* 12]. Quod monasterium domnus Gunthertus vir illustris in honore sancti Petri construxisse traditur, quod regale, vel fiscale vocatur, eo quod in regali potestate usque ad moderna tempora fuerit habitum. Quod monasterium Ludovicus imperator Alpheidi [*al.*, Alpaidi *et infra*] filiæ suæ, uxori Begonis comitis, dono dedit, eidemque sacro loco immunitatis præceptum delegavit, ut et pater ipsius Karolus imperator egerat olim. Quod coenobium postea per precariam ipsius Alpheidis, vel filiorum ejus Letardi et Ebrardi, ad partem et possessionem Remensis devenit ecclesiæ. Hic haberi asseritur dens sancti Andreæ apostoli; cujus beneficia multi, qui eum osculari promerentur frequenter, experiuntur infirmi. Vidimus hic, in ecclesia scilicet hujus coenobii, cereum igne coelesti ter quoque accensum; quem cereum collata cera fecerant quidam cives Remenses, qui ad visitanda nuper Apostolorum limina profecti fuerant. Vidimus in hoc quoque monasterio puellam quamdam sudasse sanguinem, quæ tunc hebdomada plena jacuit immota, quasi mortua, et visiones ei sunt ostensæ nonnullæ.

CAPUT XLVII.
De domno Guntberto, et ipsius uxore Berta.

Præmissus itaque domnus Guntbertus hujus instructor coenobii, relicta conjuge, maritima petens loca, ille etiam monasterium quoddam condidisse fertur. Ubi et a barbaris decollatus fuisse traditur. Relicta vero ipsius domna Berta coenobium puellare apud Avennacum, Domino sibi locum per angelum demonstrante, construxit. Et dum inibi aquam non haberet, impetravit a possessoribus proximæ silvæ, argenti libra data, fontem quemdam, duobus fere millibus a suo monasterio distantem. Ex quo fonte mox rivus egressus, secutus est eam ad coenobium remeantem. Qui adhuc largiter affluens, pro eo quod tantumdem fuerit emptus, Libra vocitatur. Privigni denique ipsius domnæ Bertæ, insurgentes contra eam, interemerunt illam. Qui statim traditi Satanæ in interitum carnis, ab humano sensu in beluinam feritatem mutati, decessisse [*ms. r.*, defecisse] feruntur. Nepti vero domni Guntberti, nomine Montiæ, quæ sceleris hujus consentanea fuerat, noctu vigilanti domna Berta fertur apparuisse, eique præcepisse, ut corpus domni Guntberti ad hunc locum referre satageret, ac juxta suum funus collocaret; sicque illi peccatum conscia necis suæ Dominus indulgeret. Quæ signum petens, quo sibi dimissum id esse sciret, audivit quod mox ut jussa complesset, ex ejus ore vel naribus erumperet sanguis. Quod et impletum est, dum corpus domni Guntberti juxta pignus Bertæ reconditur. Hujus domnæ Bertæ corpus post centum circiter annos inventum est integrum, et plagæ ipsius ita tunc recenti affluxere sanguine, ac si eadem hora viventi fuissent ingestæ. Ad horum denique sanctorum honorem et meritum demonstrandum, multa postmodum Dominus dignatus est operari miracula, quæ causa negligentiæ non habentur ascripta. De quibuslibet autem tribulationibus ipsorum congregatio Domini misericordiam, per eorum intercessionem expetiit, misericorditer impensam sibi consolationem percipere meruit. Quædam præterea mulier ab altera hujus monasterii linteum nuper furata, secum ferre voluit, sed egredi ecclesiam nullo modo potuit, donec suum confessa reatum, sublatum restituit altari velum. Hoc monasterium, vel abbatiam domnus Fulco præsul ab Odone rege concedi ecclesiæ Remensi per paginam præceptionis ipsius regis obtinuit, et pro confirmando eo huic ecclesiæ, a Formoso papa privilegium apostolicæ sedis impetravit.

CAPUT XLVIII.
De duabus ecclesiis sancti Hilarii Remis.

Sunt hic Remis ecclesiæ duæ in honore sancti Hilarii: una, infra civitatem, in qua nuper quædam puella contracta, et paralytica divina est erecta virtute; altera, quæ est antiquior ecclesia, ante portam Martis sita, quam sanctus Rigobertus pontifex antecessoribus nostris clericis ad sepulturam ipsorum dedit. Quæ dudum, scilicet ante discessionem, vel expulsionem domni Artaldi episcopi, crebris illustrabatur miraculis. Unde et tunc ab eo, civibus quoque suffragia ferentibus, tectis ac novis est reparata laquearibus. Nam quidam cæcus, nomine Paulus, admonitus in somnis, ut ad eamdem pergeret ecclesiam, lumen ibi recepturus, advenit, et recuperato lumine, nec mora, videns abcessit. Quidam ex episcopi famulis, cum ad ipsam pergeret ecclesiam, piscatorem cum piscibus ante fores ecclesiæ obvium habuit; quos apprehendens velut empturus abstulit. At pauper ille piscator, ut inde sibi cum sancto Hilario conveniret, devotionum clamores lugubri mente in eum ingessit. At ille despiciens hujuscemodi voces, ecclesiam, quasi ipsam auditurus, intravit. Ubi dum staret, subito corruit, graviterque vexatus ejicitur. De qua vexatione non parvo tempore laboravit. In hujus ecclesiæ coemeterio quidam Scotigena, Dei servus, olim sepultus. Sed cum jam a nostris et nomen, et memoria ipsius sepulturæ videretur abolita, apertis sese coepit manifestare visibus. Nam dum quidam civium non de inferioribus, sed pauper rebus, olim nostris diebus obisset, amici ejus ad Hildegarium hujus ecclesiæ presbyterum accedentes, petunt ab eo ut locum sibi sepulturæ impertiret, ubi sarcophagum reperirent in quo corpus ipsius recondere possent; quia de rebus ipsius unde emerent non haberent. Qui dum eis petita concessisset, sepulturam servi Dei aperuerunt; sed ipsum ejus sarcophagum aperire nequiverunt. Quo audito, presbyter accessit, et coopertorium sarcophagi levare tentans, aliquantulum aperuit sepulcrum. De quo mox fragrantia tantæ suavitatis emanavit, ut nunquam se delectabiliorem testatus sit hausisse odorem. Introspiciensque videt corpus integrum sacerdotalibus infulis redimitum, recomponensque sepulcri pallam, non ausus est hanc amplius violare sepulturam; permisit tamen ut idem corpus, depositis quibusdam, superponeretur tabulis. Ipsa nocte visus est ei avunculus suus presbyter in somnis, qui jam dudum decesserat, asserens quod valde offendisset Deum præterita die, maxime si sepulcrum sancti violare præsumpsisset. Idem quoque beatus vir quidam sub ipsis diebus apparuit, et quia valde gravaretur præ pondere et indignitate superjecti sibi cadaveris intimavit, et ut indicaret presbytero jussit; quia nisi cito corpus id [*ms.*, jam] fetidum a sepultura sua repelleret, divina quantocius ultione plectendus esset. His presbyter admonitionibus pavefactus, cadaver quod sepulturæ sancti superpositum fuerat, ejici fecit cum festinatione, et aperta alibi sepultura recondidit. Visus est idem sanctus Domini postea cuidam rustico, præcipiens ei ut iret ad episcopum Artoldum, et indicaret ei ex verbis ejus, ut corpus ipsius, quod extra jacebat, intra ecclesiam transferret. Quod idem rusticus intimare timens, neglexit mandatum. Nec longe post iterum apparens evigilanti, duriter increpavit illum, quare præceptum neglexit, et corripiens alapa ejus percussit maxillam. Qui mox auditum amisit ipsius auris in qua percussus est parte, capitisque dolore per dimidium fere vexatus est annum. Deinde cuidam presbytero in eadem ecclesia, sub præmisso sacerdote servienti, apparens in visione quadam Dominica nocte, admonuit eum, ut episcopo indicaret, quatenus corpus ipsius in prædictam ecclesiam transferret; locum quoque ubi ponendum foret ostendere non omisit, intimans ei obitum; et causam obitus, vel adventus sui, significans se Scotigenam fuisse, Romamque orationis gratia cum sociis petendi itinere occupatum, a latronibus super Axonam fluvium fuisse peremptum, indeque corpus suum a sociis huc delatum, ibique sepultum; propalans etiam nomen suum, quod vocaretur Merolilanus [scil. Merolianus], jubens ut id nomen, ne forte memoria delaberetur, ascribere curaret, inclinansque se partemque cretæ, quæ fortuitu jacebat, apprehendens dedit ei, præcipiens ut illud continuo adnotaret in arca quæ lecto ipsius adhærebat. Quam ille cretam visus est accepisse, nomenque descripsisse. In quo dum pro L littera, R scriberet, corrigere hoc eum monuit, et ita in crastinum hoc nomen ascriptum inventum est, ut testaretur idem presbyter, quod vigilando per diem tam bene scribere nequivisset. Quibus revelationibus monitus episcopus, ecclesiam quidem restaurari fecit, sed corpus sanctum non transtulit. Nec diu postea sic ei contigit, ut in eadem ecclesia coram Hugone principe se abdicaret episcopii gubernatione.

CAPUT XLIX.

De ecclesiis in honore sancti Martini circumquaque per totum circiter episcopium constructis.

In honore quoque beati Martini multæ circumquaque per totum circiter episcopium habentur ecclesiæ, divinis miraculis illustratæ; ad quæ neminem credimus enarranda sufficere. In vico denique sancti Remigii constat ecclesia hujus beati confessoris, quæ clericorum olim fertur habuisse congregationem, de qua tale apud nos refertur miraculum. Quidam vir illustris, cum duxisset uxorem, non longe post in expeditionem præcepto regis profectus, diuque moratus, postquam domum rediisset, significatum est illi quod uxor ejus adulterio fuisset corrupta. Quam vir uxorem diligens, tali examinatione probare voluit audita, ut supra sacra ecclesiarum quæ in hac vico habentur uxor sibi juraret altaria quod hoc crimine esset innoxia, sicque immunis sibi postmodum foret a noxa. Quod illa non abnuens, prompta suscepit, facturaque fidem dictis, cum marito ad vicum pervenit, et dans super quarumdam ecclesiarum altaria jusjurandum, tandem pervenit ad hujus ecclesiæ domum, accedens ad altare, dum falsa mente dejerat improba, repente utero disrupto ejus labuntur humo intranea, procidensque mortua ostendit quam vera essent quæ de se marito fuerant intimata. Ille nutu Dei compunctus ad miraculum, vovisse traditur se ulterius mulierem non habiturum; familiamque uxori delegatam eidem addicens ecclesiæ, hanc eis dedit legem, ut capitis censum ibidem dependerent, nullique præter id obnoxii servitio forent. Quæ familia hac sibi lege servata, ad duo millia, vel amplius excrevisse reperitur capita, ut olim, scilicet antequam vastaretur a barbaris, duodecim libras argenti partibus præstaret ecclesiæ.

CAPUT L.

De miraculis sancti Martini Remis-ostensis.

Aliis etiam nonnullis beati Patris hujus urbis nostra fertur insignita miraculis. Ex quibus ea quæ sanctus Gregorius Turonensis (GREG. *lib.* IV *Mirac. S. Martini, c.* 26) in suis miraculorum libris enarrat hic inderere placuit, ut si qui hæc legentes, ea forte non legerint, hic reperire possint. Refert enim, quod transeunte se quondam per pagum Remensem, retulerit ei quidam Remensis, carcerem in quo famulus ipsius hominis inter reliquos vinctus tenebatur, beati Martini virtute patefactum, vinctosque ab ergastulo absolutos, liberos abscessisse. Erat enim hujusmodi carcer, ut super struem tignorum axes validi superpositi pulpitarentur; ac desuper qui eumdem [orig. eosdem] opprimerent, insignes fuerant lapides collocati. Nihilominus et ostium carceris sera ferro munita, obducto, clave pessulo, obserabatur. Sed virtus antistitis, ut ipse relator asseruit, lapides pulpitaque disjecit, catenas confregit, trabem quæ vinctorum coarctabat pedes aperuit, ac nec reserato ostio, homines per aera sublevatos foras, tecto patente, produxit, dicens : « Ego sum Martinus, miles Christi, absolutor vester, abscedite cum pace, et abite securi. Sed cum nos, inquit Gregorius, ad regem accedentes hujus virtutis miraculum diffamaremus, affirmavit rex quosdam ex his qui absoluti fuerant ad se venisse, atque compositionem fisco debitam, quam illi fredum vocant, et se fuisse reis indultam. » Refert etiam idem Gregorius (*ubi supra, lib.* II, *cap.* 17) se quondam hanc urbem petisse, et in sacrario hujus Remensis ecclesiæ Sigonis aurem surdam referendarii Sigeberti regis, virtute beati Martini, cujus habebantur apud se pignora, dum colloqueretur secum, subito patefactam atque sanatam fuisse.

CAPUT LI.

De sancta Macra virgine.

Passa est in hoc Remensi pago beata Macra virgo sub Rictiovaro præfecto, quæ post insuperabilem Christi confessionem gravissima tormenta perpessa, post mammillarum abscissionem, et repentinam curationem per angelicam in carcere visitationem, dum super prunas et testulas accensas nuda volutaretur cum precibus et gratiarum actionibus, immaculatum Deo reddens spiritum, ac triumphans adversarium, inibi læta petiit cœlum. Corpus ejus haud procul a loco ubi passa est, tunc exstitit tumulatum. Multa vero post annorum curricula cuidam bubulco per visionem locus, quo beatissima virgo condita fuerat, juxta quamdam in honore beati Martini constructam ecclesiam, revelatus est. In quo, visu admonetur, ut corpus sacratissimæ virginis intra præfatam ecclesiam reconderetur honorificentius, quatenus incolis ejusdem loci, prout decebat, innotesceret manifestius. Quod si mox a viris Deo amabilibus magno constat peractum decore. In qua donec venerabile corpus ejus requievit, insignia per ipsius intercessionem sunt patrata miracula. Ibi cæci visum, claudi gressum, surdi auditum, Domino ejus obtentu largiente promeruerunt. Procedenti vero tempore vir quidam strenuus sanctarum fundator et cultor ædium, nomine Daugulfus [j, Dangulfus], ejus ubi nunc veneratur, fundavit templum, in quo illius sacratissima transtulit membra, regnante magno imperatore Carolo; ubi non minima quoque Domino præstante, sæpe miracula peraguntur (26). Quam nuper ecclesiam, tempore scilicet persecutionis Hungaricæ, iidem barbari succendere cupientes, acervos quosdam frugum magnos, qui parieti ejusdem adhæserant, incendunt, exustisque segetibus, flamma licet ecclesiæ tecta lambente, eamdem tamen accendere nequiverunt.

CAPUT LII.
De sanctis Rufino et Valerio martyribus.

Eodem tempore quo hæc sacra virgo passa est, lanciuator ejus Rictiovarus per urbem Remorum transiens, et quosdam Christianos ad culturam deorum compellens, ut eos superare nequivit, trucidari præcepit. Et egressus inde reperit duos quosdam viros Rufinum et Valerium, fide Christi robustos, regalium tamen horreorum custodes. Quos comprehensos, ubi comperit Christi dilectione et confessione firmissimos, plagis afflictos diuturna carceris maceravit retrusione: ubi angelica visitatione ac consolatione relevati et confortati sunt. Sic invicti tandem reperti, capitalem subire sententiam. Cumque non post longa temporis intervalla ad urbem Remorum sacratissima deducerentur eorum membra feretris imposita, in loco illo, ubi nunc tumulata ipsorum requiescunt ossa, ita tunc feretra sunt [c. i. feruntur] aggravata, ut nequaquam loco moveri valerent. Et ita Deo jubente factum esse probatur, ut ubi pauperibus eleemosynæ distribuerant largitatem, ibidem suorum corporum gratam perciperent requietionem. Sed dum nuper gens barbara Nordmannorum sævitura se Galliis infudisset, ob vitandam hujus persecutionis procellam, eorum pignora ad urbem sunt Remensem delata, positaque in beati Petri ecclesia, et per dies plurimos ibidem sub honore servata. At cum jam demum, barbaris recedentibus, in nos bacchata diu tempestas desedisset [i, desævis-

(26) Loco nomen est *Fismes.*

set], rediissetque tandem, Deo jubente tranquillitas, presbyter, qui sanctis deserviebat, et ad propria jam dudum redire cupiebat, acceleravit sanctorum martyrum glebas tollere, et ad dicatum sibi locum referre. Postque celebrata missarum solemnia levantur a sacerdotibus sacrata Christo corpora, atque cum magna populorum reverentia comitante caterva. Contigit autem diem illam, quæ Dominica scilicet habebatur, ventorum flatu fuisse nimbosam, ita ut omnes candelæ, quæ a l obsequium sanctorum ferebantur, vi turbinis exstinguerentur. Cumque carpentes iter partem fluminis fuissent ingressi, cereus qui ante sanctorum pignora ferebatur exstinctus, repente cœlitus accensus, omnibus mirum exhibuit spectaculum. Sicque inter commistos grandine nimbos, et ventorum flatus ad quatuor fere millia duravit ex miraculo flamma. Disposuit denique postea presbyter cereum ipsum in meliorem formam de eadem reficere cera. Cumque id a sacerdotibus sibi subjectis efficeretur, mirum dictu inter manus eorum mollis cœpit crescere cera, et in magnam grandescere quantitatem.

CAPUT LIII.
De miraculis eorumdem sanctorum.

Cumque illi stupentes, admirantesque perstreperent, ingressus presbyter, et videns auctam sic fuisse ceram credidit eos aliam ceram illi, quod non præceperat, adjecisse. Sed cognito tandem a sacerdotibus, quod acciderat, miraculo, Deo gratias egit, et ceram in ecclesia ad memoriam tantæ rei reposuit. De qua cera Riculfus Suessionum venerabilis episcopus reliquias sibi deferri jussit. Sed et vicinarum ecclesiarum religiosi presbyteri exinde ob devotionem expetitas particulas in ecclesiis venerabiliter condiderunt. Alia autem vice, cum de Suessonica civitate, in qua ob similem persecutionem delati fuerant, ad locum proprium referrentur, claudus quidam cum cæteris qui sanctorum corpora devoto comitabantur obsequio, reptabundus annisu quo poterat, incedebat. Non quidem hunc natura claudum produxerat, sed ex tempore illi accesserat gressuum dolenda debilitas. Cumque ad villam, quæ Vasneia dicitur, venissent, mox nativæ rectitudini restitutus, projectis adminiculis suis cœpit vadere plantis, et Deum in sanctis suis mirabilem ore collaudare gratanti. Præterea in eos qui sacrum locum violare et res sanctis martyribus delegatas pervadere nituntur, quam cito divina ultio exeratur, uno exemplo sufficiat demonstrare. Tempore quo inter reges Odonem et Karolum graves agebantur Francorum in regno discordiæ, per hanc occasionem licito rapinæ et deprædationes fiebant, confusum erat fasque nefasque; nusquam Dei aut humanarum timor legum, sed vi et potentia universa constabant; aliquando ad villam, quæ Basilica dicitur prædones adfuerunt, cœperuntque omnes pauperum substantiolas auferre. Tunc quædam muliercula cum supellectili sua fugiens ad ecclesiam sanctorum martyrum, cursu rapidissimo tendebat. Quam quidam ex his qui ad prædandum venerant, ita ut sedebat equo velocissime insequi cœpit, volens eam capere, et seria sua illi auferre. Sed cum quidam de astantibus diceret : Noli miser, noli illam in atrium sanctorum insequi martyrum, ne tibi mali aliquid contingat. Ille nihil veritus, admisso equo rapidissime fugientem insequebatur mulierculam. At ubi primis atrio pedibus equus institit, subito cernuatus cecidit. Sessor autem ejus tam gravi allisione vexatus est, ut a summo genu usquead pedem, disrupta tibia, caro velut ferro incisa dehisceret, osque ipsum carnis tegimine [*ms. i*, tegmine] nudatum, pateret; et qui superbus eques venerat, jam humiliatus, nec suis pedibus incedere valens, manibus alienis de atrio ecclesiæ projectus est. Tunc equo et quæ habere potuit sanctis martyribus pro eo datis, morti quidem subtractus est; sed quod supervixit temporis inutilis et nulli operi aptus fuit, testimonium divinæ virtutis in sua debilitate circumferens, et aliis quibusque salubrem timorem, exemplo patratæ in se ultionis, incutiens, ne talia agentes similia patiantur. Illud quoque notissimum, et omnibus habetur pervulgatum, ad sanctorum martyrum sepulcra oleum aliquando crevisse. Siquidem presbyter vas quoddam fictile juxta altare posuerat, ad servandum oleum, quod ibidem ad fontem luminis, ardere debebat. In quo vase parum quidem olei remanserat, majore ejus parte in lychnorum lumine consumpta, cum repente cœpit crescere, et nullo inspiciente in majus augeri, donec os vasis crescens oleum exæ-quaret. Quod, cum per dies aliquot fieret, nec jam se intra vasis angustias liquor divinitus auctus caperet, ac guttatim in terram flueret, clericus ecclesiæ ipsius custos hoc solus animadvertit, et subjecto vase altero, intra paucos dies ad unum sextarium collegit, furtimque abscondit; putans infelix divinum miraculum cupiditatis suæ fore compendium, et unde providebatur omnibus patrocinium, inde clandestinum se posse credidit perficere furtum. Sed Christus, qui sanctos suos mirificare apud omnes decreverat, non diu permisit latere, vel illius pudendum facinus, vel quod ad suorum martyrum gloriam contulerat munus. Nam quadam die domum, quæ basilicæ adhæret, in qua etiam Suessonicus episcopus, cum illuc accedit manere consuevit, presbyter nescio quid causæ fuerit, ingressus, vidit vas illud oleo superfluere, et miratur unde illa esset olei copia, cum illic perraro hujusmodi inveniri possit liquor, cœpit percunctari clericum tanti criminis conscium, cujus esset oleum, aut quis illud ibi deposuisset. Sed cum ille diceret, nescire se unde esset, pueri, qui ad discendos psalmos ibidem residebant et rem omnem noverant, indicaverunt presbytero et factum miraculum et custodis furtum. Ille hoc audito cito ad vas quod juxta altare stabat recurrit, et pavimentum adhuc olei exundatione madens invenit. Cumque immensum in sanctis suis glorificaret Deum, alius quidam de custodibus advenit et confessus est se magnam partem olei ipsius, nullo teste, tulisse, et ubi voluit, et sicut voluit expendisse.

AUCTARIUM FLODOARDI

Ex codice Igniacensi, qui continet Breviarium Flodoardi libris duobus comprehensum cum appendice.

(Apud Labbe, Biblioth. mss., tom. II, p. 363.)

(*Post epitaphium Fulconis episcopi*, lib. IV, cap. 8): Denique Winemarus ejus interemptor, etc., *usque* finivit. At vero præfatus Fulco utpote vir sapiens, Deumque timens testamentum suum jam dudum ordinaverat, et de jure patrimonii sui quibusdam ecclesiis distribuerat, inter quas Ecclesiæ Remensi pro animæ suæ remedio villam Neminicum quæ sita est in episcopatu Noviomensi contulit, cujus redditus pro illius memoria annuatim recolenda canonicis Remensibus dividuntur. De cujus etiam villæ censu canonici Noviomenses habent singulis annis solidos LX illius monetæ. Cujus autem conventionis causa nummi isti ecclesiæ Noviomensi ab Ecclesia Remensi persolvantur, hic apponere non incongruum æstimamus : ut ergo facilius hoc ostendamus, memoriale scriptum illius pacti huic operi adnectamus.

« In nomine sanctæ et individuæ Trinitatis, præsentibus et futuris sanctæ matris Ecclesiæ filiis sit nota conventio habita inter canonicos sanctæ Mariæ Remensis ac sanctæ Mariæ Noviomensis de tertia parte villæ quæ dicitur Bidricus. Harduinus Noviomensis ecclesiæ archidiaconus, postea autem Lingonensis factus episcopus, ipsam tertiam partem villæ supradictæ, quæ sibi a parentibus jure hæreditatis cesserat, fratribus ecclesiæ Noviomensis pro remedio animæ suæ contulerat, quam dum longe remoti teuerent, prædones regionis per invasiones crebras atque prædationes vehementer vastabant. Qua necessitate compulsi, sed et a fratribus Remensis ecclesiæ commoniti, ad Trecensum eam dederunt pro libris III nummorum Vermandensium, quos singulis annis acciperent de censu apud Neminicum in festo S. Dionysii. Quod si de censu solvendo injustitia facta fuerit, emendetur lege fori. Si vero villa ipsa vastata fuerit, Remenses fratres ab hac conventione ideo non resiliant ; et si emendata fuerit, Noviomenses fratres in sua conventione ideo nihilominus permaneant. Hujus vero conventionis ratio facta est consilio atque consensu Widonis archiepiscopi, Odalrici præpositi, Richardi decani, Odonis cantoris, necnon totius congregationis. At ex altera parte similiter concessa est ista conventio Balduini Noviomensis episcopi voluntate, atque consilio Haganonis præpositi, Rotberti decani, totiusque congregationis communi suffragio. Insuper etiam utraque pars volentes pactum hoc fore perpetuum, scriptum fieri delegarunt, quod esset in sempiternum prædictæ conventionis testimonium. Actum anno incarnationis Dominicæ mill. LI, indictione III, regnante Henrico rege, anno XXIII, archiepiscopatus domni Widonis anno XVIII, Balduini episcopi Noviomensis anno VIII.)

(*Item lib.* IV, *cap.* 19, *post finem capitis* : De isto Sculpho solebant dicere nostri antecessores quod ipse ampliaverat templum hoc quantum continet longitudo arcuum trium. Dicebant quoque quod ipse veterem turrim construxerat, quam domnus Samson archiepiscopus dirui fecit, quando etiam ipse ecclesiam duorum arcuum longitudine ampliavit, et in unoquoque latere turrim unam ædificare inchoavit anno incarnati Verbi 1152. Sed quoniam de prædicta opinione nulla in libro Flodoardi mentio invenitur, incertum esse videtur, quod neque scripto, neque teste aliquo comprobatur. Porro iste Flodoardus, qui hujus operis est auctor, fuit contemporaneus Herivæi archipræsulis, Sculphi quoque atque Arioldi, ut ex ipsius verbis perpenditur, et qui minora horum opera enarravit, rem istam magnam, si verum esse sciret, forsitan non omisisset. Sane præfatus Sculfus, ut scriptum habemus, immunitatem claustri nobis largitus est, videlicet domos vendendi, emendi, seu invicem commutandi, pro qua largitione annuatim defunctionis ejus diem recolimus, cui etiam obsequio Tilpini atque Widonis memoriam, qui pridie quam iste decesserunt, et multa Ecclesiæ bona contulerunt, non immerito adjungimus. Nunc itaque paululum digressi, ad narrationis seriem articulum reducamus.

IN LIBROS HISTORIÆ REMENSIS ECCLESIÆ

SCHOLIA SEU NOTÆ

Quibus obscura quæque illustrantur, dubia et involuta explicantur, mutila ac depravata supplentur et emendantur.

AUCTORE GEORGIO COLVENERIO,

SS. Theologiæ doctore et regio ac ordinario in Academia Duacensi professore collegiatæ ecclesiæ S. Petri præposito et Academiæ cancellario.

(*Ex Bibliotheca Patrum*, tom. XVII.)

SCHOLIA IN LIBRUM PRIMUM.

PROLOGUS.

Præclaro præsuli R. Flodoardus. Sic cum R. P. Jacobo Sirmondo extendimus, cum ms. sit R F L, ubi, ut idem Sirmondus ait, per litteram R. nonnulli putant Rodulphum episcopum Laudunensem intelligi, quem scribit in Chronico suo hic auctor noster obiisse anno 948 : neque hæc historia ulterius progreditur.

CAPUT PRIMUM.

Fratris militibus ..... interfectum. Sic omnia exemplaria, atque ita frequenter loquitur, subaudita præpositione, pro a fratris militibus, quam adjecit J. Sic infra cap. 6, *turbis remotus popularibus.*

Cujus etiam fornicem prodeuntibus dexterum. Hoc est eum qui a dexteris est iis qui civitatem ingrediuntur.

Nautæ siquidem cygnum bonam prognosin prodere ferunt, ut ait Æmilius. Hæc verba cum disticho sequente sumpta sunt ex Isidoro lib. XII Originum sive Etymologiarum, cap. 7, ex quo adjeci voculam *ait.* Isidorus ea desumpsit ex Servio in I Æneid., ad versum :

Aspice lætantes bis senos agmine cygnos.

Habet autem distichon hoc Æmilius Macer in Ornithogonia, quem librum citat Servius; item Nonius Marcellus, verbo *prosecta.* Ubi tamen pro *Æmilius* male legitur *Licinius*, ut docti adnotarunt. Servius ubi supra ad versum : *Ignavum fucos*, nominat Marcum Æmilium. Quod vero de anseribus hic subjungitur, sumptum est ex eodem Isidori loco, ubi de Capitolio per anseres servato citat Livium, Plutarchum et Florum. Quibus addi potest Plinius lib. x Hist. Nat., cap. 22, et lib. xxix, c. 3, et ipse Virgilius lib. viii Æneidos sub finem.

Urbis autem nostræ nomen Durocortorum quondam dictum. Ita hoc loco et infra semper legunt exemplaria C, M et J, pro quo S. ubique substituit *Durocortum*; quod legitur quidem vulgariter in textu Julii Cæsaris loco hic allegato. Verum Fulvius Ursinus in suis emendationibus, testatur in libro suo a sexcentis pene annis conscripto, et alio codice Vaticano legi *Durocortorum*, quomodo et Ptolomæus legit Δουρο- κόρτορον. Eadem lectio probatur ex Æthico, et commentario Hieronymi Suritæ ad Itinerarium Antonini, et ex Hincmaro epist. 6, inter eas quæ a R. P. Busæo editæ sunt, c. 18. Petrus Divæus, et Abrahamus Ortelius in suo Thesauro Geographico *Durocottorum* scribunt, mutata littera r in t.

Vastatis regionibus, exercitum Cæsar. Sic Orig. et C, pro quo MS J male legunt *factis legionibus*, ut declarant ea quæ in Cæsare præcedunt.

Æthicus etiam in Cosmographia sic memorat. Verba quæ citat leguntur in Itinerario provinciarum, quod Antonino Augusto, alias Antonino imp. ascribitur, et in editione Basileensi 1575 Æthici Cosmographiæ subjungitur, estque verisimile Æthicum utriusque auctorem esse. Videatur præfatio dictæ editionis. Cosmographiæ Æthici philosophi meminit S. Everardus Cisoniensis id suo testamento.

M. P. M. Ita ubique exemplar nostrum M. Quod lege, *millia plus minus*, vel potius, *millia passuum*, ut vult Hieronymus Surita initio sui Commentarii in jam dictum Itinerarium, refutans aliam interpretationem : Quod liquido, inquit, confirmare possimus vias eas certis et constantibus lapidum dimensionibus fuisse demetatas. Pro quo et illud facit, quod in ipso Itinerario non legantur nisi duæ litteræ M. P.—J distinctis punctis posuit M. P. M., omissa virgula superjacente.

Item a Durocortoro Divodorum, et paulo post, *Divodorum.* Frequentius in dicto Itinerario scribitur *Divodorum*, quomodo verisimile est secundo quoque loco legendum esse, uti legit J. Hæc hodie civitas Metensis, aut Theonis villa esse creditur.

Item a Bagaco Nervicorum. Restitui pro *ab Agracco* ex dicto Itinerario, in quo tamen quædam exemplaria legunt *Bajacum*. Videtur autem intelligi oppidum Hannoniæ, quod tunc Bavacum dicitur.

CAPUT II.

Castra in altitudinem pedum xii *fossamque pedum* xviii *munire jubet.* Clarius Orig. : « Castra in altitudinem pedum xii vallo fossaque duodeviginti pedum munire jubet. »

Cum finem oppugnandi nox fecisset. Sic restitui ex Orig. pro, *non fecissent*. Et paulo post : *Eo de media nocte*, pro, *eo die media nocte*.

Et docilis rector rostrati Belga covini. Ita in S correctum ex Orig. [quo modo et J legit, cum M. legat *monstrati Belgaco vinci*. In Corpore Poetarum, edito Lugduni 1603, legitur quoque *monstrati* et in primo versu *Aturi* pro *Satyri*, cum vera lectio, ut in Thesauro suo docet Ortelius, sit *Atyri*. Est autem Atyrus Tarbellorum in Gallia Aquitanica fluvius erumpens in Oceanum. Porro covinus est rhedæ seu vehiculi falcati genus, quo Britanni et Galli in præliis utebantur.

CAPUT III.

S. Sinicium videlicet Suessonicæ sedis primo, nostrum postea præsulem. Et infra Suessonicam et Suessoni. Hæc est quasi perpetua lectio antiquioris exemplaris M, quam S. ubique mutavit addita littera *i*, scripsitque *Suessionicæ* et *Suessioni*, etc. Sed antiquam retinere placuit, eo quod probationem suam habeat ex Ptolomæo, Æthico et aliis, atque etiam ex Gallica voce *Soissons*, tametsi posterioribus sæculis alia sit usitatior, quæ in Julio Cæsare interdum reperitur. Nec refert utrum hoc an illo modo efferatur. Cæterum veritas historiæ hic narratæ ex eo confirmatur quod S. Sixtus et S. Sinicius (de quibus Martyrologia Kalendis Septembris) ponantur primi in catalogo episcoporum Suessonensium, sicut et Remensium, ut videre est in tabulis Antonii Democharis, ubi referuntur martyrium passi sub Nerone, sicut et Amansius horum successor. Atque ob eam causam, teste eodem Demochare, episcopus Suessonensis primum locum obtinet inter suffraganeos episcopos provinciæ Remensis, et inter eos decanus appellatur, primamque vocem obtinet in deliberationibus, etc. : quia videlicet iidem fuerunt primi episcopi Suessonenses et Remenses. Nomina vero episcoporum qui olim subesse solent archiepiscopo Remensi hæc sunt : Suessionensis, Catalaunensis, Laudunensis, Bellovacensis, Ambianensis, Noviodunensis, Silvanectensis, Camaracensis, Atrebatensis, Tornacensis et Morinensis. Deletis autem Morinis a Carolo V. imp. 1533, sedes episcopalis ex parte translata est Bononiam, manetque Bononiensis episcopus eidem Remensi metropolitano subjectus. Sed anno 1559, in erectione novorum in Belgio episcopatuum per bullam Pauli IV, subtractæ sunt a metropoli Remensi Cameracensis, Atrebatensis et Tornacensis, et sedes Cameracensis erecta est in metropolitanam, cui subjectæ sunt Atrebatensis et Tornacensis, et aliæ duæ recenter erectæ, videlicet Audomarensis et Namurcensis.

Ac beatum Memmium Catalaunicæ urbis rectorem. Hic primus ponitur in catalogo Catalaunensium pontificum. De eo Romanum Martyrologium, Usuardus et alii 5 Augusti.

Nepote suo, ut ferunt, sancto Divitiano Suessoni a se pontifice ordinato. In C deest *sancto*, neque titulus sanctitatis apponitur in tabulis Democharis, in quibus tertium locum obtinet. Et cum omnia exemplaria nostra legant *Suessoni* in dativo, habet *Suessonis.*

Fovebat pignera. Sic fere ubique omnia exemplaria, etsi MS J hoc loco *pignora*, etc., fere ubique. Illud tamen antiquitati consonat. Hinc Aldus Manutius in epitome orthographiæ suæ, « *Pignus, pigneris* dicebant veteres, *pignoris* posteriores. »

Clericorum pariter enituit ministeriis decorata. Qui nunc canonici, olim simpliciter clerici nominabantur, ut constat ex antiquorum scriptis et ex Joanne Molano lib. 1 de Canonicis, c. 2.

CAPUT IV.

Quæ narrantur hoc cap. de primis martyribus urbis Remensis, Timotheo, Apollinari et aliis, desumpta sunt ex actis, quæ manuscripta se habere testatur Baron. in notis ad Rom. Martyrolog., die 23 Augusti, quorum hoc est exordium : « Sub Nerone imperatore, Lampadio præside, » etc. Eo enim die conformiter Flodoardo, dies natalitius eorum assignatur, et die præcedenti S. Mauri et sociorum martyrum. Tempus etiam addit Petrus de Natalibus lib. vii, c. 95, videlicet circa annum Domini 57. De iisdem, et præcipue beato Mauro, late agit Joannes Molanus in Natalibus SS. Belgii, die 22 August. Nam corpus ejusdem beati Mauri quod hoc capite scribit Flodoardus reservari in ecclesia B. Celsini, post ætatem ipsius Flodoardi, sub Arnulpho Remensi archiepiscopo, reservato capite, circa annum Domini 1012 translatum est in Belgium, ad locum dictum Florinas, diœcesis Leodiensis, ut patet ex litteris ipsius Arnulphi ad Baltricum Leodiensem episcopum, quas videre est in Molano.

Ubi dominus Gondebertus, vir clarissimus, cum uxore sua Bertha. De his late infra lib. iv, c. 46 et 47.

CAPUT V.

Sub quo Betausius reperitur, qui cum Primogenito diacono suo, primus ex hac Belgica provincia legitur Arelatensi primæ interfuisse synodo, relatæ per Marinum episcopum beatissimo papæ Sylvestro, Volusiano et Aniano consulibus. Berausius legit M et J in elencho archiep. Remens., quomodo etiam legitur ad marginem tom. 1 Conciliorum, in subscriptione. In epistola vero a synodo scripta ad Silvestrum *Ambitausüs*, et in margin. *Bethausus*, ut Baronius anno 314 corrigit. C, S et J. hoc loco Betansius, ex tabulis, ut apparet, Democharis scripserunt, qui testatur eum in concilio Arelatensi secundo *Bethanium* dici, quod notat habitum esse anno 316. Verum ex Baronio et dictis consulibus ostenditur celebratum fuisse anno 314, qui est Silvestri pontificis primus et Constantini imp. nonus. Porro ex præsenti Flodoardi loco confirmatur sententia Cæsaris Baronii, qua ait episcopos illos qui in tomis Conciliorum subscripti sunt secundæ synodo Arelatensi, subscribendos esse primæ, quod secutus est in novissimorum Conciliorum editione Coloniensi anno 1606 vir doctissimus Severinus Binius. Poterit et hinc textus subscriptionis emendari. Cum enim ibi legatur : « Ex provincia Galliarum, civitate Remorum. Ibethanius episcopus, Prigenius diacon. » et in margine *Betausius, Prigenius*, recte reponatur in textu, *Betausius* et *Primogenitus*. Sequitur.

Post quem Aper, inde Maternianus. De hoc additio Molani ad Martyrologium Usuardi 30 Aprilis : « Eodem die natalis sancti Materniani Remensis archiepiscopi, qui sextus rexit eamdem Ecclesiam. » Inter Aprum et Maternianum Demochares adjicit Discolium, quem sextum facit hujus sedis episcopum, qui subscriptus legitur in concilio Agrippinensi, sub Julio papa primo contra Euphratem celebrato, circa annum Domini 346. Sed forte fuerit tantum chorepiscopus, vel titulotenus Remorum episcopus, ut de Abel quidam respondent. Nam Discholium illum non esse addendum probatur in primis ex testamento B. Remigii infra cap. 18 : « Ecclesiæ inquit S. Sixti, ubi cum tribus successoribus suis requiescit. » Et supra : « Ecclesiæ Jovinianæ, etc., ubi etiam quinque confessores, proximi antecessores domni Nicasii, etc., conditi sunt. » Non sunt igitur plures quam novem, qui præcedunt S. Nicasium. Secundo ex epistola Ebonis ad Balduinum Ferreum Flandriæ marchionem, quæ exstat apud Molanum in Natal. SS. Belgii 14 Octobris, in qua diserte scribit B. Donatianum septimum fuisse sedis Remensis episcopum. Tertio ex Hincmari epistola, quæ infra exstat lib. iii cap. 22, ubi S. Remigium vocat decimum quintum Remorum archiepiscopum. Cur autem de his episcopis et aliis hujus provinciæ sanctis pauca scribantur, causam affert Ebo in citata epistola : « Ejus inquit (Donatiani), sanctique Remigii, ac innumerabilium sanctorum Vitæ scripta, Wandalorum vastatione sint esse deleta. »

Hinc Donatianus exstitit episcopus, cujus etiam pignora maritimas in partes episcopi Noviomagensis vel Tornacensis prælata. Sic et infra loquitur auctor, nominatim lib. iii, cap. 23, quia Ecclesia Noviomagensis et Tornacensis sexcentis annis unitæ fuerunt, videlicet a tempore S. Medardi, qui obiit anno Domini 556, usque ad ætatem S. Bernardi Clarævallensis abbatis. Noviomagensis, alio nomine Noviomensis et Noviodunensis (Gal., *Noyon*) dicitur. Translatus est autem hic beatus pontifex ad insignem Flandriæ maritimæ civitatem, Brugas dictam, quæ ante subjecta fuit Ecclesiæ Tornacensi, sed nuper, videlicet anno 1559, ipsa S. Donatiani Ecclesia erecta est in cathedram. Fuit eo translatus tempore dicti Ebonis archiepiscopi Remensis, et Caroli Calvi, anno, ut Jacobus Meyerus scribit in suis Annalibus Flandriæ, 863. Illud tamen non potest, cum veritate subsistere, quod non asserit quidem, sed se invenisse scribit idem Meyerus, videlicet eum ab Dionysio urbis Romæ episcopo sacris ablutum fontibus, creatumque ab eodem Remorum pontificem circiter salutis annum 270. Nam, ut ex prædictis constat, Betausius fuit Remensis episcopus anno 314. Successerunt ei Aper et Maternianus, deinde Donatianus. Ut vero nihil omittamus, in tabulis Democharis vocatur L. Donatianus Romanus, Cornelii et Lucinæ filius. Quæ de Vita ipsius existant, adnotat Molanus ad Usuardum 14 Octobris, et de ipsius translatione ad eumdem diem Laurentius Surius.

Quem beatus Viventius. Hujus meminit Molanus in additione ad Usuardum die 7 Septembris.

CAPUT VI.

Antiquitus in ecclesia quæ ad Apostolos dicitur, exstitisse fertur. Ita M. etc. Sed in M recentiori manu superscriptum est *S. Symphoriani.* Quod S retulit in textum, sicut et alia quædam ad explicationem pertinentia, hoc modo : « Quæ ad Apostolos olim, nunc S. Symphoriani dicitur, » quomodo etiam legit J. Eamdem adnotationem habet in Gallico suo exemplari Nicolaus Chesneau, decanus et canonicus ejusdem ecclesiæ S. Symphoriani. Sed non probo quod adnotationes marginales in textum referantur. Idem tamen in textu habent omnia exemplaria lib. II, c. 6.

Quæ autem hoc capite de martyrio S. Nicasii Eutropiæ, et sociorum narrat auctor, ea desumpsit pro majore parte ex gestis ipsorum martyrum, quæ ex manuscripto codice accepta, habentur apud Surium tom. VII, apud Vincentium in Speculo hist., l. xxi, cap. 37 et 38; Petrum de Natalibus l. i, cap. 69, et S. Antoninum part. ii Hist., tit. 11, cap. 8. Sed plenius et perfectius inter Vitas Sanctorum Coloniæ excusas in folio, in ipsas adhuc quasi typographiæ infantia ann. 1483. Item in breviariis propriis cathedralium ecclesiarum, Remensis, Ambianensis, Atrebatensis et Brugensis. Ubi ante omnia constituendum est de tempore quo hæc acciderunt. Qua in re magnam nobis præferunt lucem ea quæ in fine hujus cap. citantur ex epist. B. Hieronymi ad Ageruchiam sive ad Gerontiam, quam scriptam docet Baronius in Annal. an. 407. Quare eodem anno verisimile est ea contigisse. Nam Wandali et Alani pridie Kal. Januarii anno 406, transito Rheno, Gallias sunt ingressi, ut habet B. Prosper in Chronico, videlicet Arcadio sextum et Anicio Probo coss., quos ad annum hunc refert Christianus Massæus, et Baronius, etsi Prosper ad an. 408. Alia enim Chronica chronologiam Baronii duobus annis superant. Hoc idem referunt iisdem coss. Cassiodorus in Chronico, et Zosimus, l. vi. Eodem pertinere quæ de hac calamitosa irruptione scribit Hieron. epistola jam dicta, circa eumdem annum asserit Arnaldus Pontacus in suis notis ad Chron. Prosperi. Atque inprimis hæc sententia probatur Baronio, dum an. 407, post citata eadem Hieronymi verba, ita subjungit : « Quod autem inter alias Galliarum urbium clades Rhemos a Wandalis referat devastatos, in eam sententiam me magis trahit, ut existimem S. Nicasium ejus civitatis episcopum, una cum sorore Eutropia et sociis esse martyrio coronatos, licet aliqui ad Hunnorum id referant tempora, quorum acta passionis æque sub Wandalis ipsos esse passos habent, sed plane corrigenda in eo dum Wandalos paganos fuisse tradunt, quos liquet fuisse Christianos. » Sic ille. Verum quod ad posterius attinet verisimile est non omnes Wandalos fuisse Christianos, sed multos paganos Wandalis Arianis fuisse permistos. Quod vero prædicto tempore contigerit hoc martyrium (non autem, ut Sigebertus notat in Chronico, ex vulgaribus, ut verisimile est Francorum Annalibus, sub Hunnis an. 453, aut, ut Demochares, 454) ex Flodoardo nostro probatur, quia inter S. Nicasium, et S. Remigium intercedunt quatuor alii episcopi, qui infra recensentur cap. 9. Porro S. Remigius obiit an. Dom. 544, episcopatus sui 74, ætatis 95, ut patet ex ipsius epitaphio infra hoc eodem lib., c. 24. Ex quo sequitur enim factum esse episcopum an. 470. Atque ita pro quatuor istis episcopis intermediis non relinquerentur nisi anni 16 aut 17. Adde quod S. Hieronymus obiit an. 421 aut 422. Quare omnino ante hoc saltem tempus contigisse oportet. Denique pro hac sententia facit quod inter cœtaneos B. Nicasii nominetur B. Servatius, qui nequaquam vixisse potest usque ad an. 453. Fuisset enim plusquam centum annis episcopus. Interfuit enim conciliis Sardicensi et Agrippinensi, celebratis respective anno 343 et 346. Quod autem legitur trecentis annis vixisse, neutiquam probabile est. Quod tamen ad dictam B. Hieronymi epistolam attinet, salva auctoritate Baronii, magis credo eam scriptam esse anno 408. Nam cum excidium urbis Remorum contigerit in fine ann. 407, videlicet 14 Decemb., non potuit eodem anno ejus rei notitia ad B. Hieronymum in Bethlehem commorantem pervenisse. Altera difficultas hic est: An a Wandalis, an vero ab Hunnis passi sint, sed quæ jam manifesta relinquitur ex solutione prioris. Nam Hunnorum persecutio, et Galliarum per eos vastatio sub rege Attila posterior est, videlicet circa annum 450. Quo sane tempore vixit B. Anianus Aurelianensis episcopus, et B. Lupus Trecensis, qui præpropere ab auctore hic nominantur, quique suas civitates precibus suis et meritis liberaverunt a vastatione Attilæ Hunnorum regis. Sed de S. Lupo facilis videri posset conciliatio, quia annis 52 fuit episcopus. At obstat quod demum anno 427 ad episcopale solium evectus sit, juxta calculum Baronii, qui eum defunctum recenset an. 479. Sed excusandus Flodoardus, qui in hac re sequitur Hincmarum, epist. 5, c. 17, inter eas quas R. P. Joan. Busæus edidit. Quot annis sederit S. Anianus non invenio in historiis, sed obiisse scribitur an. 453. Verum et hunc diu in episcopatu vixisse, et utramque persecutionem videre potuisse ex eo potest colligi, quia Vincentius Bellovacensis de ipso agit, ubi de morte B. Hieronymi et Wandalorum persecutione, tanquam ab eo tempore fuisset episcopus, nempe lib. xx, c. 11, 12 et 13, secutus, ut ipse ait, Hugonem Floriacensem. Certe omnia eorum gesta, tam in Breviariis quam seorsim edita, meminerunt Wandalicæ persecutionis, non autem Hunnorum, quos de suo, motus forte auctoritate Sigeberti, Franciscus Harœus Wandalis conjungit in compendio de Vitis Sanctorum, cum integra acta non habeant. Postremo Wandalorum, non Hunnorum, meminerunt Hieronymus et Ebo locis ante citatis. Item

Martyrol. Usuardi a Joanne Molano auctum, et Martyrologium proprium Ecclesiæ Cameracensis. Sigebertum tamen secutus est Otho Frisingensis in Chron. l. iv, c. 28, Joannes Tilius in Chronico Francorum, et Vitæ SS. Gallice a Parisiensibus doctoribus editæ. Post hæc omnia a me digesta, invenio Massæum, non indiligentem historicum, lib. xi Chronicorum mundi, ann. 406, mecum idem sensisse, iisdem fere nixum rationibus, dum ait: « Eodem consulatu (videlicet Arcadii sextum et Anicii Probi), teste Prospero, prid. Kal. Januarii, trajecto Rheno, Wandali, Alani et aliæ barbaræ nationes in Gallias irruerunt, et infinitas cædes perpetraverunt: inter quas S. Nicasius Remis occubuit. Testatur idipsum propria ipsius historia, nullam Hunnorum, sed Wandalorum tantum faciens mentionem. Hoc et S. Hieronymus ad Geruntiam apertissime contestatur, qui diu ante adventum Hunnorum in Galliam defunctus est: Quare merito detestamur eorum negligentiam, qui plusquam 40 annis posterius S. Nicasium passum scribunt, ut nullum ferme inter ipsum et Remigium tempus fuerit? Hactenus ille. Idem advertit Nicolaus Camuzar in fine sui Promptuarii sacrarum antiquitatum Tricassinæ diœcesis, docens non recte Attilæ tribui cædem S. Nicasii a Sigeberto, « Flodoardum, inquit, auctorem paulo antiquiorem forte secuto, qui sanctissimos præsules Servatium Tungrensem, Nicasium et Lupum æquævos et contemporaneos facit, cum tamen perspicue palam sit D. Lupum non nisi 20 annis post obitum ipsorum antistitum ad episcopalem apicem evectum. » Sic ille. Quod vero quidam ratiocinantur, quia legitur hic Eutropia timuisse castitati suæ propter pulchritudinem, idcirco potius ab Hunnis id factum quam a Wandalis, quod genus Hunnorum præ cæteris in Venerem fuerit prona et impudica, ut testis est Salvianus lib. iv De recto judicio et providentia, id nimis leve argumentum est. Nam in quavis hostili irruptione talia merito timeri debent.

Aliique nonnulli virtutibus insignes. Ut Nicasio coævus S. Exuperius Tolosanus episcopus, cujus meminit, ubi supra, Hieronymus, et S. Germanus Antissiodorensis æqualis Lupo Trecensi, sed S. Nicasio posterior.

Unde et juxta B. Augustini sententiam, majorem charitatis reperit fructum, etc. Locus est epistola 180, ex cujus fere verbis appositæ suæ narrationis filum contexuit auctor ab eo loco : *B. itaque Nicasius animam suam pro fratribus,* usque ad illud : *Non ut mercenarius videns lupum venientem.* Hæc vero sententia Augustini integre sic habet : « Nam qui clades hostiles ideo non fugit, cum possit effugere, ne deserat ministerium Christi, sive quo non possunt homines vel fieri vel vivere Christiani, majorem charitatis invenit fructum quam qui non propter fratres, sed propter seipsum fugiens, atque comprehensus non negat Christum, suscipitque martyrium. »

Viduam Aggerunchiam. Ita M. Accedit J *Agerunchiam,* C, *Geruntiam;* similiter S, Gerontiam; quam lectionem in operibus Hieronymi prætulit Erasmus; Marianus legit *Ageruchia.* Vide notas nostras ad Chronicon Cameracense lib. i, c. 5.

Nemetes, Argentoracus translatæ in Germaniam. In Hyeronymo nunc legitur : *Nemetæ, Argentoratus, translati in Germaniam,* quomodo mutavit S. Verum recte legitur *translatæ,* ut ad urbes referatur.

Isthuc enim intentus hic degebat officiis. M. *Isto.* Vera lectio *isthuc* vel *isthic,* quomodo legitur in Vita B. Remigii per Hincmarum, ubi paulo latius declaratur quod hic dicitur de incendio urbis Remorum, et vestigiis pedum ejus lapidibus impressis, sicut et infra ab auctore c. 12.

CAPUT VII.

Quæcunque hoc capit, referuntur (excepta translatione per Fulconem facta) iisdem pene verbis habentur in actis horum martyrum Coloniæ excusis 1483, de quibus supra.

Quam ut apud Tornacum castrum (ubi nunc quoque servari perhibentur. Fuerunt olim Tornaci in ecclesia B. Mariæ notabiles reliquiæ S. Nicasii, sed centum annis post tempora Flodoardi Remos sunt relatæ, tempore Gervasii archiepiscopi, qui antea Cenomanensis fuerat episcopus. Unde et Remensis Ecclesia festum translationis S. Nicasii celebrat die 23 Julii. Quo die in Breviario ejusdem Ecclesiæ sic legitur : « Quidam e clericis Tornacensibus audiens Gervasium præfatum sacrarium (S. Nicasii Remis) instaurare cœpisse, ut partem corporis B. Nicasii, quæ in Tornacensi ecclesia servabatur, suæ restituat ecclesiæ omnibus modis elaborat, tempusque et locum perficiendo desiderio quærit. Cumque id per se præstare non posset, quadam nocte Tornacensis ardet ecclesia : quod incendium universæ civitati minatur ruinam. Prædictus vero clericus, opportunam nactus occasionem, intrepide ardentem ecclesiam ingreditur, gloriosumque thesaurum deferens, Remos pervenit, Gervasioque ut res se habebat, ordine exponit. Qui exceptam hanc beati corporis partem, alteri (quæ in arca recondita erat) apponens, æqualia omnia invenit. Postmodum vero integrum corpus in ædem divæ Virginis sacram, ubi nunc religiose colitur, translatum est. » Hæc ibi.

CAPUT VIII.

De S. Oricolo et sociis agit Molanus in additione ad Martyrologium Usuardi 18 Novembris, his verbis : « Ipso die, beati Oricoli martyris sociorumque ejus, qui sub Wandalica persecutione passi sunt. » Et Romanum Martyrologium : « Eodem die sanctorum Oricoli et sociorum, qui in persecutione Wandalica præside catholico passi sunt. » In notis ibidem Baronius hoc tantum adnotavit : « De eo, videlicet Oriculo, cætera manuscripta, ex quibus Molanus apud Usuardum. Eosdem lego in additione Colomensi quæ facta est ad Usuardum anno 1521. »

Quod adhuc manifeste parere dicitur. Ita M. C recenti manu syllaba *ap.* adjecta est. Unde C et J legunt *apparere,* cum *parere* pro *apparere* usitatissinum sit, ut *Matth.* xxiv: *Tunc parebit signum Filii hominis.*

Presbyter ejusdem loci nomine Betto. MS], *Becco*; C, *Beto.* Per presbyterum autem hujus, aut illius loci, passim in hac historia et antiquorum scriptis intelligitur is qui nunc pastor, parochus, aut Gallica voce curatus dicitur. Sic in Vita sancti Bavonis Domlinus presbyter ex Thurolto venisse dicitur, qui ejusdem loci pastor erat.

CAPUT IX.

Tum Bennadius, cujus tamen Bennagius nomen in testamento suo. In tabulis Democharis, et in Annalibus Baronii male legitur *Gennadius,* ubi et obiisse scribitur anno 471, cum potius uno anno ante obierit. Nam ut constat ex adnotatis ad cap. 6, et infra ad cap. 13, Remigius episcopatum suscepit anno 470.

CAPUT X.

Quæ de nativitate et vita S. Remigii hoc cap. et sequentibus disserit, ea fere delibata sunt ex Vita ipsius per Fortunatum et Hincmarum descripta. Illa exstat apud Surium die 1 Octobris, hæc 13 Januarii, quas accurate cum his quæ Flodoardus habet contuli. Et in Hincmaro quidem omnia uberius, interdum etiam clarius, recensentur. Nonnulla tamen addidit Flodoardus aliunde accepta. Natus est autem S. Remigius, teste Sigeberto, Christiano Massæo et aliis, anno 449. Vide infra notas ad cap. 13.

Principium, Suessorum civitatis postea sanctum episcopum, et patrem beati Lupi, ejusdem Principii successoris. Hic S. Principius in catalogo Suessionensium episcoporum apud Democharem est duodecimus Beatus, vero Lupus tertius decimus. De Principio Romanum Martyrol. 25 Septembris, et eodem die additio Molani ad Usuardum. De utriusque vero, id est Principii et Lupi, elevatione Kalendis Junii. Cæterum etsi hæc verba accipi possent ut significent beatam Cliniam, matrem S. Remigii, non duos habuisse filios in juventute, sed ipsum Principium fuisse patrem B. Lupi, ut expresse in Gallica translatione dicitur: in Vita tamen S. Remigii per Hincmarum diserte significatur duos habuisse. Sic enim ibi legitur: « Quæ in flore juventutis pepererat de unico viro suo Æmilio Principium, Suessonum civitatis postea sanctum episcopum, et fratrem ejus, patrem beati Lupi episcopi, ejusdem Principii successoris. » Idem dicere voluisse Flodoardum, qui Hincmarum abbreviat, non est dubium. Quare non recte Baronius in Annalibus, anno 463 et 507, dicit S. Lupum Suessionensem, fuisse filium S. Principii episcopi Suessionensis. Sed illud verum est, fuisse successorem Principii et nepotem S. Remigii, ut patet ex actis et ex testamento ejusdem. Sane Joannes Savaro in notis ad epistolam Sidonii 14, lib. viii, et 8 libri ix, dicit Principium fuisse patruum Lupi Suessionis episcopi suique successoris, non patrem. De hac difficultate consultus a me dominus Guillelmus le Begue, S. Theol. doctor et archimagister collegii Remensis, respondit confirmiter his quæ habent Hincmarus et Savaro, addens testimonium anonymi cujusdam scriptoris monasterii S. Remigii, quem vixisse scribit circa annum Domini 1400, quod sic habet: « Cilinia in flore juventutis peperit de unico viro suo Æmilio duos filios, videlicet Principium, et alium cujus nomen nobis est incognitum, qui duxerat uxorem, ex qua filium procreavit, nomine Lupum, qui quidem post S. Principium avunculum suum (vult dicere patruum) episcopum Suessionensem suscipit. »

In cujus lactatione. Sic omnia exemplaria, sed ex Hincmaro videtur legendum *ablactatione.*

Jam tamen senum. Ita CJ In M legitur *dum tamen,* quod S. in unam dictionem conjungens, exponit, ut sit quod *verumtamen.*

Et æquorum maxime votis adhuc insignis habetur. Æquorum, id est bonorum et piorum virorum, ut opponatur iniquis.

In cujus et ipsa beata genitrix ejusdem requiescit Ecclesia. Loquitur de beata Balsamia, vel, ut C, *Balsemia,* nutrice S. Remigii, quæ requiescit in ecclesia S. Celsini filii sui, quæ hodie vocatur ecclesia sanctæ Nutricis. Celsini autem meminit Molanus in additione ad Usuardum die 25 Octobris, his verbis: « Remis sancti Celsini confessoris et presbyteri, discipuli B. Remigii. »

CAPUT XI.

Quod ecclesiastica regula hanc ætatem ad tantam non admitteret dignitatem. Juxta antiquos canones, ut patet ex decretis Fabiani papæ, et concilio Neocæsariensi, can. 11, prohibetur ne quis presbyter ordinetur ante annum ætatis trigesimum, etiamsi valde dignus sit, qui canones habentur quoque apud Grat., dist. 78. Quare multo minus poterat episcopus ordinari.

Paulus videretur in spiritu. Sic omnia exemplaria præter C, quod legit *inspectu.* Sed legendum *in spiritu* patet, tum ex Hincmaro, tum ex initio Vitæ S. Rigoberti apud Surium 4 Januarii, ubi eadem sententia reperitur.

CAPUT XII.

In vicum Calmiciacum nomine, ipsius accessit studii devotione. Ita MS J, et infra c. 21, et lib. ii, c. 7 et 11, omnia exemplaria. Similiter in Fortunato, ex quo hoc miraculum est desumptum: « In vicum, cui vocabulum est Calmaciacus, ipsius devotionis studio accessit. » Hoc loco C legit *Culmiciacum.* Infra interdum *Calmisciacum,* ut capite decimo octavo in testamento sancti Remigii, aliquando Colmisciacum, Culmisciacum, et Culmissiacum, ut cap. 20 in fine. Ejus loci pastor fuit ipse Flodoardus, ut patet ex libro quarto, cap. 28. In Gallico vertitur *Cormicy,* et in margine ponit, *alias Chaumusy,* quomodo vertit capite vicesimo hujus libri, et libro secundo, capite septimo *Chaumuci.* Capite autem 12 iterum *Cormicy,* et ita consequenter.

Pro salvando scilicet eodem. Subaud. *vase* hoc est, ne vas corrumperetur, si plane esset vacuum.

Per portam Patentem. Hincmarus rationem nominis affert, adjecta hac parenthesi: « Sed enim tunc temporis vocabatur, quia portis aliis clausis ob civitatis custodiam, pro exeuntium et introeuntium commoditate, in die patebat. » Locus autem Remis est, ubi nunc est ecclesia Templi, quæ, ut reor, a Templariis nomen habet.

Eorumque litteris ad beatum Remigium datis, ut traditur, freti. Litteræ sancti Benedicti ad beatum Remigium adhuc hodie exstant in fine Chronici Casinensis, et in Breviario Benedictinorum Kalendis Octobris, et alibi aliquoties, teste Arnoldo Wion libro 1 Ligni vitæ, c. 1. Exstat eædem tom. VI Annalium Baronii anno 507, ubi eas vocat in suspicionem imposturæ, tum ex inscriptione, quæ videtur ei insolentior, tum ex eo quod in testamento S. Remigii ille cujus filiam curavit a dæmone, et a morte suscitavit, Benedictus vocetur, et errore factum existimat ab Hincmaro, ex quo accepit Flodoardus, ut pro Benedicto isto, patre puellæ, homine prædivite in Provincia, positus sit S. Benedictus hoc tempore monasticam vitam in Italia excolens. Verum hæc epistola et narratio Hincmari de S. Benedicto neutiquam repugnat cum testamento S. Remigii. Nam, ut habet historia Vitæ S. Remigii, iste Benedictus filiam suam primo ad limina apostolorum et ad S. Benedictum deduxit, deinde S. Benedictus cum hac epistola ipsos parentes in Gallias remisit. Quam epistolam non esse illius Benedicti, cujus vult esse Baronius, ex eo deducitur, quod ipse in persona, non per litteras ad S. Remigium venerit. Adde nec titulum, nec verba epistolæ ullo modo quadrare posse in Benedictum hujus puellæ patrem. Neque vero quempiam moveat quod Flodoardus ait, *ut traditur*, quomodo loqui solemus, dum res non est plane comperta, quia id non est in Hincmaro, sed a Flodoardo adjectum, tum hoc loco, tum alias sæpe, ubi nulla subest dubitatio, ac nominatim infra cap. 17. Hincmarus autem plane assertive id refert, de litteris tam ipsius viri Dei Benedicti (sic enim eum vocat) quam Alarici regis Gothorum. Utrarumque pariter meminit longe ante Hincmarum Fortunatus presbyter in Vita S. Remigii, et ab antiquitate non est leviter recedendum. Sed nec inusitatum prorsus videri debet. Considerata præsertim priscorum monachorum vere candida et Christiana simplicitate, quod inferior ætate et dignitate scribens ad majorem, se fratrem et conservum in Christo Jesu nominet, et æternæ benedictionis nomen, non dico auctoritative superiori impertiatur, sed humiliter exoptet: quomodo passim cuivis scribentes, salutem, vitam æternam, vel aliud bonum exoptamus. Ut autem de hac re quisque suum ferat judicium, litteras illas, quæ breves sunt, ex dicto Chronico hoc loco inserendas censui, et quidem aliquanto correctius, quam Gallicæ suæ versioni inseruit Nicolaus Chesneau, ex manuscriptis chartis venerandorum religiosorum monasterii S. Remigii Remensis. Sic igitur se habent : « Dominico sacerdoti Remigio, frater et conservus in Christo Jesu, cœnobialis vitæ humilis cultor Benedictus, æternæ benedictionis munus

A Sanctissimo tuo congratulans profectui, sacerdos Regis summi, quia summi capitis membra sumus, quod mihi sentio deesse in me, totum, laus Deo, possidere me credo in te. Ecce, quod mea peccata fieri prohibuerunt, tuæ auctoritatis sacerdotalia habent merita : et desinant amodo circa me rumores hominum, cum apud te constet omnium esse perfectionem virtutum. Hanc captivam et ab antiquo hoste obsessam tuæ delego celsitudini, quatenus pro ejus liberatione sacram hostiam offerre Deo debeas, et meam parvitatem victoria ipsa non minimum lætifices. Vale, sacerdotum Christi limpidissime calcule. »

Cum devincta sobole pervenerunt. Devincta, id est ligata, vinculis constricta. Nam in Hincmaro est :

B « illam secum vinctam adducentes. »

Sidonius domno papæ Remigio salutem. Nomen papæ tribui solere omnibus episcopis patet innumeris exemplis in Cypriano, Hieronymo, Augustino, Sidonio, Fortunato, Eulogio Cordubensi, et aliorum Patrum scriptis. Floruit autem hic Eulogius anno 850, ad quod usque tempus hoc nomen commune fuit omnibus episcopis, licet paulatim frequentius ac peculiarius tribui consuevisset Romano pontifici, ut facile observari potest ex scriptis Cassiodori. Cum igitur futuris temporibus obtinuisset communis usus, ut papæ nomen tantummodo Romano tribueretur pontifici, et schismatici quidam episcopi illud sibi in odium ejusdem Romani præsulis fastu superbo vindicarent aliaque non concessa præsumerent, tandem sub Gregorio septimo, anno Do-

C mini 1073, habita Romæ synodo, inter alia statutum est adversus prædictos schismaticos, ut papæ nomen unicum esset in universo orbe Christiano, nec liceret alicui seipsum vel alium eo nomine appellare. Exstat ea synodus in registro epistolarum Gregorii VII, in bibliotheca Vaticana. Hæc ex notis Baronii ad Romanum Martyrol. 10 Januarii. Utinam vero in lucem aliquando proferantur, si ab evidentibus absumpta non sint ea B. Remigii scripta, quorum meminit Sidonius in hac epistola. Nam B. Remigium multa scripsisse testatur quoque Romanum Breviarium Kalendis Octobris, dicens eum multos interpretatum esse divinæ Scripturæ libros. Hincmarus eum vocat undecumque doctissimum et in Scripturis sanctis eruditissimum. Gre-

D gorius Turonensis lib. II Historiarum Francorum, cap. 31, recitat principium epistolæ consolatoriæ B. Remigii ad Clodoveum regem super morte sororis suæ Albofledis. Aimonius lib. I de Gestis Francorum, capite ultimo, recitat epitaphium ejusdem regis Clodovei, ab eodem, ut creditur, S. Remigio compositum. Guilelmus Eysengrein in Catalogo testium veritatis, dicit eum, editis libris, adulterinas de Christi fide Arianorum opiniones prodidisse, et alia plurima litterarum monimenta reliquisse. Prodierunt nuper Moguntiæ excusæ in folio anno 1614 ejus in Epistolas Pauli explanationes opera R. P. Joannis Baptistæ Villalpandi societatis Jesu theologi; qui in præfatione ad lectorem probabiliter ostendit esse hujus Remigii, non autem Remigii Antissiodorensis, dissolvens quæ contra objiciuntur. Certe non solum Bellarminus, sed ante eum Cuthebertus Tonstallus Dunelmensis episcopus lib. I De veritate corporis et sanguinis Domini in eucharistia, et post eum Joannes Garetius de eodem argumento centenario sexto, citant ex Remigio Remensi archiepiscopo præclarum locum, qui exstat in his explanationibus. Addit Cuthebertus : « Hujus Remigii librum unum atque alterum vetusta scriptos manu, atque illius inscriptos nomine nos aliquando vidimus. Villalpandus autem in dicta præfatione testatur in variis libris monasterii Cassinensis varias asservari homilias, quæ Remigii episcopi nomen atque inscriptionem retinent. Res tamen hæc mihi necdum certa est. Est opus in folio Hanoviæ excusum anno 1613, cui titulus : *Corpus Franciæ Historiæ veteris et sinceræ.* In eo est tractatus multas continens regum et episcoporum epistolas, et inter cæteras quatuor sunt Remigii, duæ videlicet ad Clodoveum, quarum prima est consolatoria, de qua supra, tertia Heraclio, Leoni et Theodosio episcopis, quarta Fulconi episcopo dirigitur.

Quæcunque detulerat, quanquam mercari paratis, quod civis, nec erat injustum, pro munere ingessit. Ex Operibus Sidonii castigatis studio Joannis Savaronis, restitui voculam *paratis* pro *paratus,* et *civis* pro *cujus,* et infra tria alia verba : vicissim ex nostro auctore, in eadem Sidonii epistola, poterunt novem aut decem loca restitui. Sic autem ibidem legitur hæc sententia : « Quidquid detulerat, quanquam mercari paratis, quod tamen ut civis, nec erat injustum, pro munere ingessit. Eodem modo legit editio cum notis Joannis de Wouweren, et Petri Colvii, nisi quod in medio ita legat et distinguat, facta parenthesi *(quod tamen cujus nec erat, injustum)* sicut et alias in eadem epistola mendas habet, ut editio Savaronis merito sit præferenda, si ex ungue leonem judicare fas est.

CAPUT XIII.

Siagrium, Romanum quemdam principem. Is [erat Ægidii filius, dux Romanorum, qui Suessione residebat. Gregor. Turonensis lib. II Hist. Francorum, c. 27; Sigeb. in Chronico anno 489, quo eum occubuisse scribit.

Quo quondam secus urbem Remorum transitum faciente. Scilicet per viam quæ usque hodie, inquit Hincmarus, propter barbarorum per eam iter, Barbarica nuncupatur, Gallice, *rue de Barbatre,* et in ea vicus *Barbastre,* ut in manuscripto suo exemplari adnotavit Nicolaus Chesneau. De his autem quæ describuntur hoc cap. agit ubi supra Gregor. Turon. cap. 27-31.

Quo vitæ fontem perennis ingresso. Nota olim baptizandos ingredi solere, saltem pubetenus, fontem baptismalem, non autem, ut nunc sit, caput tantum aqua perfundi. Probant id antiquæ picturæ et historiæ. Unde de Rabbodo Frisonum duce legitur in Vita S. Vulfrani episcopi, scripta per Jonam

A Fontanellensem monachum, apud Surium tom. II die 20 Martii, quod postquam ad fontem processerat, a fonte pedem retraxerit, dicens : « Non se carere posse consortio prædecessorum suorum Frisonum principum, et cum parvo pauperum numero residere. In regno cœlesti. » Interrogaverat enim episcopum, ut esset major pars principum seu nobilium gentis Frisonicæ, in illa videlicet cœlesti, an in ea quam dicebat episcopus Tartarea regione. Idem refert Sigebertus in Chron. anno 718, his verbis : « Rabbodus dux Frisonum, prædicatione Vulfranni episcopi ad hoc inductus ut baptizari deberet, cum unum pedem in lavacro intinxisset, alterum pedem retrahens, interrogavit ubinam plures suorum majorum essent, in inferno an in paradiso? et cætera.

B *Mitis depone colla, Sicamber.* Ex hoc videri potest Clodoveus ortu aut origine Geldrus fuisse. Nam Geldros Belgiæ nostræ populos olim dictos Sicambros, multi constanter asserunt, et inter eos Hermannus a Nuenare in narratione De origine et sedibus priscorum Francorum, et in commentariolo de Gallia Belgica. De hac re videatur Molanus in Natal. SS. Belgii, die 13 Januarii.

Porro in quem Domini annum inciderit baptismus Clodovei non omnes consentiunt. Post finem exemplaris M. eadem manu qua scriptum est illud exemplar, hæc sunt adjecta, et quidem integris dictionibus, non notis numerorum, in quibus facilis est lapsus : « Ab incarnatione Domini ad transitum sancti Martini anni quadringenti quadraginta tres.
C Ab incarnatione Domini ad baptismum Francorum anni quingenti quadraginta duo. Ab incarnatione Domini usque ad transitum Clodovei anni quingenti quinquaginta sex. Ab incarnatione Domini usque ad transitum S. Remigii anni quingenti septuaginta quinque computantur. » Sic ibi. Sed hæc multis modis a vero deficiunt. Nicolaus Chesneau in translatione sua Gallica hoc loco margini adjecit, Clodoveum esse baptizatum in vigilia Paschæ, anno 497, regni sui 25, quamvis idem in præfatione ad clerum et populum Remensem, baptizatum dixerit anno 542, ut est in fine dicti exemplaris. Margarinus de la Bigne in indice chronologico Bibliothecæ Patrum secundæ et tertiæ editionis, sæculo quinto, in Claudiano Mamerto dicit Clodoveum baptizatum
D anno 452, hoc est centum fere annis citius. At juxta Sigeberti, Sebastiani Munsteri, Joannis Tielii, et Baronii chronologicam baptizatus est anno 499. Ab his non longe recedit Aimonius in fine libri primi De gestis Francorum, scribens Clodoveum regnasse annis 30 et obiisse anno Dominicæ incarnationis 514. Consentiunt enim plerique eum esse baptizatum anno regni sui 15, ut Joannes Trithemius, Franciscus Belforestus in Annalibus Francorum, et alii. Ab iisdem quoque parum aut nihil dissentiunt, qui docent eum fonte baptismatis lotum fuisse anno 500, ut Massæus, Belforestus, Genebrardus et alii recentiores. Cum enim constet eum baptizatum fuisse in vigilia Paschæ, et stylo Gallicano, ad nostra usque

tempora etiam in Belgio usitato, annus Domini inchoari soleat a festo Paschæ, secundum illos baptizatus fuit ultimo die anni 499, secundum hos primo die anni 500. Quibus ex antiquitate accedit Hincmarus in epitaphio B. Remigii, quod refertur infra cap. 21, in quo exactissime tempus ætatis, ordinationis, sedis ipsius et baptismi Francorum exprimitur. Nam constat ex illo epitaphio beatum Remigium creatum fuisse Remorum episcopum anno ætatis suæ 22, præfuisse annis 74, obiisse anno Domini 544, ætatis suæ 96, et gentem Francorum baptizatam anno 500. Quare oportuit cum creatum fuisse episcopum anno 470. Nec ab his quoad obitum dissentit Sigebertus, qui cum ponit natum fuisse anno 449, creatum episcopum 471, et obiisse 545, sicut et Jacobus Meyerus in Annalibus Flandriæ. Nam cum obierit 13 Januarii, unus idemque annus incipiendo a Januario est 545, a Paschate (ut Galli hactenus usque ad tempora Caroli IX computaverunt) est 544. Ilis tamen non consentit, quod Flavius, qui post Romanum B. Remigio successit, legatur subscripsisse concilio Arvernensi, celebrato anno 541, juxta Baronium (uti mecum sentit præfatus Guillelmus le Bègue), quod ponat illud concilium Arvernense dicto anno celebratum, cum potius 45 aut 46 annis postea habitum sit.

 Cum quodam Raganario principe trans Somnam fluvium. Id est Cameraci, ut exponit hæc verba Baldericus, auctor Chronici Cameracensis lib. I, cap. 4, ubi plura de isto Raganario, sive ut ipse scribit, Ragnachario. MS Somnam et codex monasterii S. Remigii, ut notat Nicolaus Chesneau, qui tamen in textu habet Somenam, et Gallice vertit Somne. Similiter Somenam habet J, et Sigebertus anno 445.

 Præfato rege Ludovico. Ita M C, cum M infra fere semper scribere soleat Ludowico, quomodo, ut notavit idem Nicolaus Chesneau, hic etiam legit dictus codex sancti Remigii. Quod nomen multis etiam aliis modis scriptum reperitur, ut notavi ad Chronicon Cameracense, libro primo, capite tricesimo septimo. Observant autem quidam Clodoveum post baptismum vocari Ludovicum, quod eo nomine in baptismo dictus sit, ut notavit Laurentius Surius die decimo tertio Januarii. Quare, obnitentibus præsertim omnibus exemplaribus, non est hic mutandum nomen Ludovici in Clodovei, ut in S factum est et J, etsi idem nomen esse non sit negandum.

CAPUT XIV.

 Non modicam, necnon earumdem partem rerum, ecclesiæ sanctæ Mariæ Lauduni Clavati, Remensis parochiæ castri, ubi nutritus fuerat, tradidit. Scilicet sanctus Remigius. Cum enim castrum Lauduni Clavati, et comitatus Laudunensis pertinerent ad parochiam seu diœcesim Remensem, ipse B. Remigius novum episcopatum Lugduni erexit, ut tum ex hoc capite, tum ex Sigeberto patet in Chronico. Sic enim ait ad annum Domini 500 : « Collatis a Clodoveo rege multis prædiis ecclesiæ Remensi, Remigius, multa eorum parte data Ecclesiæ Laudunensi, sedem epi-

scopatus ibi esse constituit, et eumdem in fornicationem cum sua quondam uxore prolapsum, sed septennali pœnitentia purgatum , et de reclusione divino jussu eductum, sedi suæ restituit. » Hæc Sigebertus sequitur in Floduardo.

 Ibique Genebaudum, carne nobilem virum. Nicolaus Chesneau in margine Gallicæ suæ translationis vocat eum comitem. Porro nostra exemplaria perpetuo legunt Genebaudum. In Hincmaro apud Surium vocatur Genebaldus, uti et in tabulis Democharis, qui addit a quibusdam Geraldum, ab aliis Genebaudum dici, quomodo etiam legit Hincmarus manuscriptus in Monte S. Eligii. Diversitas ex eo nata videtur, quia ex voce Gallica Genebauld, alii u abjiciunt, alii l.

 Tacitusque tam viri quam mulieris ardor in corde libidinis. Ms. pro tacitusque male legit totiusque. In Hincmaro integra sententia ita habet : « Sicque factum est ut, tecta hominibus culpa, et in cordibus tam episcopi quam feminæ, tectus luxuriæ ardor, quoniam, ut notum est, quo magis tegitur, tectus magis æstuat ignis : contra culpam compunctus episcopus, » etc. Tacitum ergo dixit tectum et secretum. Patet autem ex hac S. Genebaudi historia quam sit a veritate aliena sectariorum nostri temporis doctrina, qui illud Apostoli : Unius uxoris virum, intelligi volunt de uxore quam habebat, cum tanta pœnitudine ei oportuerit congressum cum uxore quam a se thoro separaverat ; et verissimum esse quod ait Hieronymus libro primo adversus Jovinianum : « Certe confiteris non posse esse episcopum, qui in episcopatu filios faciat. Alioqui si deprehensus fuerit, non quasi vir tenebitur, sed quasi adulter damnabitur. »

 S. Remigium petit ire Laudunum. Hoc est ut iret, seu veniret. Clarius Hincmarus : « Ad sanctum, inquit, Remigium misit, petens ut Laudunum veniret. »

 Obiit igitur Genebaudus in pace, sanctis Dei connumeratus. Agunt de eo, additio Coloniensis ad Usuardum, et Molanus quinto Septembris, de quo, inquit additio Coloniensis, in gestis S. Remigii legitur. Quæcunque enim hic de eo sunt commemorata fusius explicat Hincmarus in Vita S. Remigii. Petrus vero Equilinus de eodem, et filio ejus S. Latrone agit lib. I, c. 41.

 Quarum rerum sunt Juliacus et Codiciacus capita. Ita constanter omnia nostra legunt exemplaria, tum hoc loco, tum multis infra, et Hincmarus manu scriptus. Quapropter quod apud Surium in Hincmaro typis excuso legitur, Judaicus et Ociliacus, ex hoc auctore nostro corrigendum est.

CAPUT XV.

 Gondebaudum et Godegiselum. Ita codex Remig. conformiter Gregorio Turonensi, lib. II Hist. Francorum, c. 32 et sequentibus, et Aimoino lib. I De gestis Francorum, c. 19 : quibus locis eadem historia describitur, et legitur Godegisilus, quomodo hic legit J. Cui accedit quod in Hincmaro apud Surium legitur Godeglissum. Alia nostra exemplaria Godige-

selim legebant. Erat autem Gondebaudus iste, vel, ut in Hincmaro et Aimoino, Gundebaldus, in Gregorio Gundobaldus, rex Burgundionum, qui teste eodem Gregorio hæresi Ariana infecti erant. Massæus initio lib. xii Chron. scribit *Gundebaldum et Gundegisilum.*

Venerunt super Oscaram fluvium, secus Divionem castrum, etc., *et in Avinione castro se Gondebaudus concludens.* In Hincmaro *Oscharam*, quomodo scribit S. Omnia autem exemplaria, præter J, *Avionem* habebant, sed Avinionem scripsimus ex Hincmaro et Gregorio, qui eum Avenionem urbem ingressum esse dicit. Similiter et Massæus *Avinionem* nominat. Nicolaus Chesneau vertit *Avignon*.

Et synodo, per sancti patroni sui Remigii consilium, in urbe Aurelianensi habita. Hæc est prima synodus Aurelianensis : exstat tom. II Concil. Eam vult Baron. habitam anno 507 ; Sigebertus, Massæus, Onuphrius et alii, anno 512. Inter cæteros subscripti leguntur S. Gildaldus Rothomagensis episcopus, et S. Lupus Suessionensis.

Tunicaque blattea. Sic M J et Hincmarus manusc. excusus apud Surium, qui in margine quoque adnotavit : « Blattam pro purpura ponit Sidonius. » Sic et Sigebertus, ex mss. codicibus a viro doctiss. Autberto Miræo editus, etsi Gallica exemplaria legant *blacteam*, Germanica *Bracteam*, C. *baltea*, S. *blattrea*. Verum a prima lectione non est recedendum. Nam et blatteum pro purpureo usurpant Eutropius, Cassiodorus et alii. Adde quod *tunicam blatteam* legit Gregor, Turonensis, lib. ii. Hist. Francorum, cap. 58. Quod autem hic dicitur iisdem pene verbis habet Sigebertus ad annum 510, ita scribens : « Clodoveus rex ab Anastasio imperatore codicillos de consulatu, et coronam auream cum gemmis, et tunicam blatteam accepit, et ex ea die consul et Augustus est appellatus. Ipse vero rex misit Romam S. Petro coronam auream cum gemmis, quæ regnum appellari solet. » Pertinet ad ejusdem rei clariorem intelligentiam quod ait Papirius Massonus libro primo Annal. Francorum, his verbis : « Anastasius Cæsar Clodovei nomen resque gestas miratus, legatos ad eum in Celticam misit ex Græcia, honoraturos regem Francorum patricii dignitate a consulatu longe diversa, illa enim perpetua, hæc annalis. » Sic ille.

Litteris suis ad illum directis. Litteræ Hormisdæ papæ, quibus vices suas B. Remigio in regno Ludovici commisit, exstant tomo secundo Concil., et apud Surium, tomo primo, in Vita ipsius B. Remigii per Hincmarum conscripta.

CAPUT XVI.

Nomen synodi in qua S. Remigius convertit hæreticum, nusquam invenio. Baron. tom. VI, anno 514, ait fuisse synodum Remis coactam ab ipso S. Remigio post acceptas litteras ab Hormisda papa, quibus ei suas vices commisit, quem, ut in cæteris omnibus, sequitur Severinus Binius tom. II Concil., ponens illud celebratum anno jam dicto, sub Hormisda, in causa ecclesiasticæ disciplinæ in Gallia reformandæ.

Verum his adversatur quod initio hujus capitis dicitur : Præsules Galliæ petiisse, ut B. Remigius ad illud concilium veniret. Quod idem habet Hincmarus, et uterque dicit in causa fidei celebratum esse, non tantum ab episcopis Galliæ, sed et Belgicæ provinciarum, ut diserte asserit Hincmarus. Neque hanc synodum, ut ad me scripsit supra citatus Guillelmus le Bègue, Remenses agnoscunt. Quare existimat id factum in prædicta synodo Aurelianensi. Verum id manifeste adversatur Hincmaro et Flodoardo, qui duas synodos et hanc a priore diversam recensent.

CAPUT XVII.

Semper, inquiens, *est bonus focus, si non super potest.* Ita omnia exemplaria et Hincmarus. Sensus esse videtur : Si nihil amplius haberi potest. Quo facit quod in Hincmaro præcedit, B. Remigium hæc tranquillo corde et ore dixisse. In Gallico vertitur : Si non excedit, et non nimis potens est.

Viri ponderosi fiant, et feminæ gutturis calamitate plectantur. Hic ponderositas vitium est genitalium, quod quale sit explicat S. Greg., 1 part. Curæ pastoralis, cap. ult.

Quoniam vicedominum Ecclesiæ Remensis in eadem villa necarunt. Quodnam fuerit olim hoc officium, videantur canones apud Grat. dist. 89, cap. *Volumus* et sequentibus. Ex quo loco, et infra ex Flodoardo, libro secundo, cap. 13, constat eadem fuisse, vicedominum et œconomum ecclesiæ. Eodem modo exponit Onuphrius in interpretatione vocum ecclesiasticarum, Gallice vertitur *vidame de Reims*. Nam Gallice *dame* olim usurpabatur genere masculino pro domino, ut probat Sebastianus Roulliard in sua Parthenia Carnotensi, cap. 17, ubi late agit de vicedominis Ecclesiæ Carnotensis, declarans quodnam et quale fuerit eorum officium.

Cum dederit dilectis suis somnum, hæc est hæreditas Domini. Ita Psalterium Romanum legit. Nostrum vulgatæ editionis, quod consensit cum Gallicano, paulo aliter.

Et nullius propalati corpus servabatur in ea sancti, circumjacentibus tamen atriis, ecclesiæ cœmeterium ferebatur ex antiquo Remensis. SJ, *Remense*, et tota sententia clarior est in Hincmaro, ad hunc modum : « Sed nullum corpus nominati sancti in ea jacebat, et in qua eique circumjacentibus atriis, ex antiquo erat cœmeterium Remensis ecclesiæ. » Ut enim ad marginem adnotavit in Gallica versione Nicolaus Chesneau, antiquum cœmeterium Remense extra urbem fuit.

Adeloldi quoque tui miserere famuli. Hic videtur vel auctor monimenti ibi positi, vel potius horum rythmorum, quos per modum versuum excudi curavimus, quia facti sunt instar prosarum sive sequentiarum, quæ olim frequenter recitabantur ad sacrum missæ officium.

CAPUT XVIII.

Beati Remigii testamentum Barnabas Brissonius, lib. vii de formulis et solemnibus populi Romani verbis integre transcripsit ex hoc nostro auctore, et aliunde, de quo sic præfatur : « Exstat D. Remigii Remensis archiepiscopi, qui laudum suarum præconem egregium Sidonium Apollinarem æqualem suum epistola 7 lib. ix, habet elegans testamentum, a me pridem ex Hincmari et Flodoardi scriniis, et ipsius Remensis Ecclesiæ archiis descriptum, versione et nuper a Nicolao Querculo in Gallica Flodoardi, editum, » etc. Habet eodem loco Brissonius testamentum Hadoindi Cenomanensis episcopi. Hujus meminit Flodoardus libro secundo, capite quinto, ejusdem fere sæculi et styli, quod sic incipit : « In nomine Domini nostri Jesu Christi, et Spiritus sancti, viii Id. Februarii in anno v regnante gloriosissimo Clodoveo rege. Ego Hadoindus, ac si indignus tametsi peccator, episcopus sanctæ Dei Ecclesiæ Cenomannis civitatis, sanus, Deo propitio, mente et corpore, sanoque consilio, metuens casum humanæ fragilitatis, testamentum condidi, idque Cadulto diacono scribendum dictavi. Quod testamentum meum, si quo casu jure civili, aut prætorio, vel alicujus novæ legis interventu valere nequiverit, ac si ab intestato, ad vicem codicillorum valere id volo, et valeat. Itaque si quando ego Hadoindus suprascriptus episcop. e rebus humanis excessero, et debitum venturi temporis complevero, tunc tu SS. Ecclesia venerabilis hæres mea esto, hæredemque meam te esse constituo : ita ut ubicunque aliquid per hoc testamentum meum dedero, legavero dareve jussero, id ut detur, fiat, præstetur, fidei tuæ hæres mea committo, » etc. Quæ idcirco huc attuli, quia faciunt ad majorem testamenti B. Remigii intelligentiam, quod quidem, etsi fidelissime a Brissonio sit editum, est tamen ubi majorem admittere potest diligentiam et emendationem.

Si ei juris aliquid videbitur defuisse. Restitui si ei pro *fieri.* MS male *affuisse* pro *defuisse*, nisi forte scriptum fuerit *abfuisse*.

Donavero, legavero darive jussero. Ita MS J et Brisson. C, *donando legavero.* Paulo post male Brisson. *Pontensi* pro *Portensi*, quod forte typographi mendum est, sicut et multo post, *colonos* pro *colonas*, et post tres dictiones omittit illa verba, *cum omnibus quos intestatos reliquero*, quæ desunt etiam in C, et alia nonnulla quæ ex aliis exemplaribus supplevi.

Tuo dominio vindicabis. Sic tam hoc loco quam bis in medio testamenti habent omnia exemplaria, et Brisson. cum legendum videretur *vendicabis.* Sed etiam hodie docti sic scribendum judicant, et ita olim scriptum fuisse docet Aldus Manutius in sua Orthographia. Unde *vindex*, non *vendex*, et *vindiciæ.* Certe *vindicare* inter cætera significat *asserere.* Videatur Ludovicus Rhodiginus, lib. xvii antiquarum Lectionum, c. 29.

In ptochiis, cænobiis, martyriis, diaconiis. Ptochium, Græce πτωχεῖον, domum mendicorum significat. Martyria dicebantur ecclesiæ vel oratoria in quibus martyres colebantur. Diaconiæ a diaconis dictæ sunt. Erant hæ publicæ pauperum hospitales domus, quæ oratoria et sacella adjuncta habebant, in quibus a patre diaconiæ sive diacono egenis necessaria subministrabantur. Vide Onuphrium ubi supra. Meminit horum Zacharias papa epist. 7.

Vicus ex proprio in Portensi, et... Villanis quoque, etc. MS hoc loco et mox infra *Porcensi*, item *villaris* legunt, et in M vacat spatium, ut significetur deesse aliqua dictio, uti et infra; quod a Brissonio et aliis non est animadversum, ideoque omnia continenter scribunt. Similis est varietas lib. ii, c. 11, ubi initio capitis MS J iterum *Porcensi* legunt, sed C vertit *Postez*, et in s littera t superponitur. In fine vero M et C *Portensi*, lib. iii, c. 7, omnia legunt *Porcensi*, et ibidem vertit, *Potez*, sed in margine ponit *ou de Portiam.* Item lib. iv, c. 29, pagum Portensem, CJ *Porcensem*, et Gallice vertit *la terre de Portiam.*

Duodeciacus vero sicut a Clodowallo, etc. M, *Ludowallo*, et similiter infra *Ludowaldus.* Brisson., Hlodowaldo, et similiter infra lib. iii, cap. 20. In omnibus exemplaribus bis legitur *sanctus Clodoaldus.* Beatus Remigius paulo infra vocat eum puerum sanctissimum; sibique unanimem. Agunt de eo Usuardus, Romanum Martyrol., Martyrol. monasticum Arnoldi Wion., et alia die 7 Septembris. Quiescit juxta Parisios, Gallice *Saint-Cloud.* Agit de eo Gregor. Turonens. lib. iii Histor. Francorum, cap. 6 et 8, ubi scribitur *Chlodovaldus*; et Sigebertus anno 531. Filius fuit Clodomeris regis, nepos Clodovei primi.

In Austria, sive Toringa. Sic omnia exemplaria, sed S *Thoringa*, Brisson. et J, *Toringia.*

Futuro episcopo successori meo amphibalum album paschalem relinquo. Sic cætera omnia præter tertium exemplar, quo usus est Nicolaus Chesneau, quod legit *pastoralem* pro *paschalem.* Amphibalus autem indumentum aliquod designat, a Græco ἀμφιϐάλλω, *circumpono, operio, induo.*

Inter te, hæres mea, et diœcesim tuam Ecclesiam Laudunensem, et infra, Lauduni. Ita hic et infra recte correxit S. Similiter Brisson. et J perpetuo legit, cum M et R ubique *Lugdunensem* et *Lugdunum* haberent, sed perperam. Quid enim Ecclesiæ Rhemensi cum Lugdunensi? Laudunensis vero cum pars esset diœcesis Rhemensis, ab ipso Remigio erecta est in cathedralem Rhemensi subjectam, ut adnotavimus supra ad cap. 14 : ideoque Ecclesiam Laudunensem hic vocat diœcesim Rhemensem. Præterea sic legendum patet ex cap. 20 infra, ubi diserte Anisiacus Laudunensi Ecclesiæ attribuitur, et ex capite 14 supra, ubi dicitur S. Remigius non modicam partem possessionum sibi a Clodoveo, et aliis datarum tradidisse ecclesiæ S. Mariæ Lauduni Clavati, quomodo legendum est in Greg. Turon. lib. vi, cap. 4, ubi *Lugduni Clavati* legitur.

Illud quoque vas aureum decem librarum. Sic MS J et C in margine. In textu vero sic habetur : « Aliud argenteum vas decem librarum. » Quod secutus est Brisson. Sed legendum *aureum* patet ex antithesi, cum postea dicat, « quæ Lauduni in argenteo ipse dictavi. »

Jubeo turriculum et imaginatum calicem fabricari. Sic M et J, ex quo alius fecit *thuribulum,* quomodo C. legit in textu, et Brissonius, sed in margine notat C alias legi *turriculum :* « Pro quo, inquit, *turriculum* censeo reponendum. Est autem *turricula* quod vulgo ciborium vocant. » Sic ille, et propterea S *turriculam* scripsit. Non esse legendum *thuribulum* primum ex eo probatur quod omnino sit verisimilius ex vase aureo (quomodo legendum docuimus) eum potius jussisse fieri vas, ad usum venerabilis sacramenti eucharistiæ, quam thuribulum. Secundo quia addit : « Et epigrammata quæ Lauduni in argenteo ipse dictavi, in hoc quoque conscribi volo. » Quæ prorsus ea videntur esse quæ supra habentur cap. 10. Imaginatum calicem dicit imaginibus et figuris sculptum. Infra quoque libro secundo, capite sexto, mentio est turris aureæ super altare beatæ Mariæ positæ, quam et ibidem ciborium interpretatur idem Nicolaus Chesneau, hoc est repositorium venerabilis sacramenti eucharistiæ, a figura sic nominatum. Et infra libro IV, capite decimo nono, meminit Flodoardus ciborii super altare sanctæ Mariæ. Item turris aureæ ad eumdem usum mentionem facit Venantius Fortunatus libro tertio, capite vigesimo tertio, in epigrammate ad Felicem Bituricensem, qui subscripsit synodo secundo Turonensi, habitæ anno 570. Absolute turrem nominat Gregorius Turonensis, libro primo de Gloria martyrum, capite 86, dicens : « Acceptaque turre, diaconus, in qua mysterium Dominici corporis habebatur, ferre cœpit ad ostium ; ingressusque templum, ut eam altari superponeret, elapsa de manu ejus ferebatur in aera, » etc. Ut tamen a veteribus exemplaribus non recedamus, qui *turriculum* constanter legunt, (et plerumque ea lectio verior est, quæ est minus verisimilis) potest illud recipi, ut sit adjectivum, pro *turrium* vel *turriculatum.* Nam *turricus, a, um,* legitur ea significatione in Summa Joannis Januensis, quæ Catholicon dicitur. Porro ex eo quod huic calici velit inscribi versus illos, quos habes supra capite decimo, intelligimus hunc fuisse calicem ministerialem, ut docet Onuphrius ubi supra. Idcirco autem calices ministeriales dicebantur, quod ad ministrandum sanguinem Christi populo deservirent.

Badatoforum. Sic omnia exemplaria, nisi quod in manuscripto C sit *Badatoforum,* et videtur nomen proprium.

Alimeniam præstolantibus. Sic MS J et Brisson.; CR, *postulantibus.*

Calmisciaco, Tessiaco. Sic SJ et Brisson. Alias ut in M, *Colmisiaco.* Item alias *Tamaco* et *Trissiaco* legitur.

Ad portam Suessonicum solidos duos. Ita CSJ, Brissonius, tum sequentibus quindecim articulis, videlicet usque ad « ecclesiam sanctorum martyrum Cosmæ et Damiani. » M vero ubique in nominativo casu *solidi duo,* sicut et codex Remigianus. Quæ diversitas 'x eo provenisse videtur, quod non plena dictione, et per notas numerorum scriptum sit sol. 2, quomodo plerisque locis adhuc habetur in M, quod alius litteris extendit.

Supra cryptam Remorum ædificavi. Sic omnia exemplaria. Quare male Brisson., *supra scriptam,* nisi mendum sit typographi.

Rebus prioribus superaddidi. Sic MS J, Brisson. vero et C, *rebus superioribus addidi,* nec Brissonius id bene jungit sequentibus contra omnia exemplaria.

Plebeias supra Matronam adjunxi. Ita Brissonius et omnia exemplaria, quomodo et infra bis legitur in hoc testamento, nisi quod C in impresso hoc loco habeat *Maternam,* quod ejusdem fluvii recentius nomen est, Gallice *Marne.* Itaque promiscue nunc unum, nunc alterum in Flodoardo legitur. Nam libro tertio, capite ultimo, omnia exemplaria et Aimonius loco ibidem in margine a me notato *Matronam* legunt. Infra autem primo libro, capite vicesimo quarto, *Maternam* legunt MS et omnia exemplaria, libro secundo, capite septimo et octavo. Rursum, libro quarto, capite nono, decimo tertio, vicesimo sexto, et vicesimo septimo, omnia nostra exemplaria præter J *Maternam* legunt, et MS, cap. 33. Similiter *Materna* legitur in litteris fundationis monasterii seu prioratus S. Martini a Campis, Parisiis anno 1060 per Henricum primum Francorum regem fundati. *Matronam* habet Gregorius Turonensis, libro sexto Historiarum, capite vicesimo quinto, et libro octavo, capite decimo.

Et Paschasidem conjugem suam. Ita CS. et Brissonius, sed M, *Pascasidam,* J, *Pascasidem,* C vero notat alias legi *Pascasiolam.*

Theodonima. Brissonius et C in impresso, *Theudonima,* J, *Theodonivia.*

Edoneisan, quæ homini tuo. Sic et Brissonius *Edoversam* autem legunt MS. In codice R legi potest *Edoveisan* (quomodo habet) et *Edoveresam.*

Ad imitatem montium posito. Sic J et Brisson. Sed MS C, *ad unitatem.*

Et quæ Jovia sunt pratella. Sic omnia exemplaria. Legendum forte, adnotat Nicolaus Chesneau, *quæ juxta sunt.*

Et uxorem suam Moriam. Sic MS J et C in margine, sed in textu, *uxorem ejus Moram,* quomodo et Brisson.

Medaridus eorum filius. Ita CJ. et Brissonius ; MS, *Medarius.*

Delegoque nepoti meo Prætextato Moderatum. Hæc est vera lectio ex diversis restituta, quam habet C et J, ut Prætextatus sit nomen proprium. Sic infra meminit pronepotis suæ Prætextatæ. Sed C in textu excuso, S. et Brissonius legunt *Moderato,* ut cohæreat cum Prætextato, veluti cognomen ; M, *prætaxato Moderatum,* ut sit appellativum pro prædicto, quam lectionem codex notat in margine.

Totticionem. Ita MS. Cætera, *Tottionem.*

Lacernam. Sic C R et Brissonius ; alias *later-*

nam, MS J, *lucernam*. Est autem lacerna idem quod penula, nimirum vestis genus tunicæ superductum ad arcendam pluviam. De qua in actis S. Cypriani, et in Sulpitio, libro primo Dialogi, capite decimo quarto. Utitur Martialis aliique profani scriptores. Videantur loca in Baron. tomo secundo Annalium, anno 261.

Et argenteam cabutam figuratam. Sic omnia exemplaria. Brissonius, *cambutam*, qui non recte sequenti verba: *Filiolo illius Parovio* jungit præcedentibus, cum inde nova incipiat sententia, ut quatuor nostra declarant exemplaria. Et cui aliquid legat, eum in principio nominare solet. MJ *parvulo* legit; C *Parovio*; S, utrumque conjungit, *parvulo Parovio*. Vera lectio videtur *Parovio*. Quid sit cabuta explicent alii. Hoc mihi tantum occurrit. Cum Brissonius *cambutam* legat, si *cambuca* legeretur, pedum episcopale, vel potius baculum pedi episcopalis significaretur. Qua voce utitur Petrus Comestor in Historia Exodi, capite 52 : « Sicut, inquit, in baculo cambucæ pontificalis eburneo fieri solet. » Hinc in Pontificali Guillelmi Duranti, quod habeo manuscriptum, parte secunda, ubi agitur de consecratione Ecclesiæ, cum accedit pontifex ad ostium ecclesiæ, ita legitur : « Faciat crucem cum gambuca in limine superiori, et inferiori. » Pro quo Pontificale Romanum, excusum anno 1505, et Venetiis 1561, et alia dicunt « cum baculo pastorali. » Et antea diserte dicit idem Pontificale Duranti, « cum inferiori parte gambucæ, seu baculi pastoralis. » Quibus verbis aperte significat illa eadem esse.

Hichinaculum quoque dono illi. Ita CR et Brisson. MS J, *hiclinaculum*.

Vitium pedaturam. Infra CMS, *pedilura*, sed male. Videtur autem accipio pro eo quod Columella vocat pedamentum vitis, et statumen, hoc est pro perticis et palis qui vitem sustentant.

Aetio nepoti meo. Sic C in margine et infra in textu cum Brissonio et J, MS hic, *Actio*, sed paulo infra, et c. 25, M quoque, *Etio*, et SJ *Aetio*. Nomen Aetius legitur epistola 56 Leonis papæ primi.

Ita ut a partibus suis. Sic J. *Cætera patribus.*

Quos libertos esse præcipio, Catusionem et Auliatenam. Ita MS CJ. At Brissonius legit *percupio, Cattusionem et Aulietenam*, quomodo et C in impresso.

Leutiberedum. Sic MS. At CJ et Briss., *Leuberedum*.

Vasantem, Cocum. Sic MS C et Brissonius; sed C notat in margine alias legi *Adcum*, J, *Vasantem cocum*, ut sit appellativum, non autem duo propria nomina.

Dagarasenam et Baudorosenam. Et infra : *Flavaraseuam.* Sic CJ et Brissonius. Item S, nisi quod legat cum M *Dagarasceam*. Reliqua duo M legit per u in ultima syllaba *Baudoroseuam, Flavaraseuam.*

Modorosenam. Sic C et Brissonius; M, *Odóresevam*. SJ, *Odorosenam.*

Leudoneram. Ita CS et Brissonius. Sed MJ, *Leudoueram* per u.

Salvanarias supra Moram. Ita omnia exemplaria et Brisson., nisi quod M legat *Salvanarias*. C hanc annotationem margini adjecit : « Forte reponendum *Salinarias supra Mosam*, vel *Sablonarias*, ut infra. »

Domitexitiis casulam subtilem. In omnibus nostris exemplaribus sunt duæ dictiones, sed cum Brissonio conjunxi.

Cæteri omnes exhæredes estote, sunlote. Sic omnia exemplaria, nisi quod M omittit *posterius*, sed non recte. Ita ad majorem firmitatem et exaggerationem in formulis testamenti dici solet.

In quo si qua litura vel caraxatura fuerit inventa, facta est me præsente, dum a me relegitur et emendatur. Similis est clausula in fine testamenti sancti Berthicranni apud Brissonium his verbis : « Si quæ lituræ, si quæ caraxaturæ, si quæ litteræ adjectæ sunt, vel detractæ, ego feci fierique jussi, dum meam mihi sæpius prælego voluntatem, et omnia per singula recognosco, vel emendo, ut lex edocet, septem virorum honestorum subscriptionibus et sigillis credidi muniendum, et pro totius rei firmitate atque stipulatione adnecti præcepi. Actum Cenomannis in civitate, die et anno superius comprehenso. » Ubi *caraxatura*, seu potius *charaxatura* significat oblectionem sive deletionem. Verbo *caraxare* et *caraxari* pro *insculpere* et *insculpi* utitur Gregorius Turonensis libro septimo, capite tricesimo sexto, et libro octavo, capite vicesimo nono. Auctor noster in prologo, *characatorum indigentia*, id est scriptorum, seu scribentium, libro primo, capite nono *caraxatum*, id est scriptum. Infra libro tertio, capite decimo sexto, idem significare videtur quod notare vel redarguere. Vide nostrum indicem vocum obscurarum in Chron. Cameracensi, ubi et locum ex Prudentio citavimus.

Peractum Remis, die et consule supradicto. Hinc constat, quantacunque facta sit a nobis diligentia ut sincere et integre hoc testamentum ederemus, tamen aliquid adhuc initio deesse, quia ibi nec diei, nec consulis ulla fit mentio. Quod delendum est, quia ob hoc ignoratur tempus hujus testamenti conditi.

Intercedentibus et mediis signatoribus. Ita CJ. Brissonius quo tendit M, quod legit *meridicis*. Ex quo S fecit *veridicis*. Quæ lectio vera videri posset, nisi obstaret illud *et*

Episcopi qui testamento subsignarunt, hoc ordine recensiti, hi sunt : Sanctus Vedastus Atrebatensis, sanctus Genebaudus Laudunensis, sanctus Medardus Noviomensis et Tornacensis unitarum, S. Lupus Suessionensis, Benedictus et Eulogius.

In exemplari M post Medardum duo addendi videntur. Nam bis denuo ponuntur illa verba, *cui pater meus Remigius*, etc., addita cruce, sed omissis nominibus, et ideo ab aliis prætertii. Quare operæ pretium fuerit inquirere an in archivis Ecclesiæ Remensis vel in scriptis Hincmari non possit repe-

riri correctius aliquod exemplar testamenti hujus. Nam sane verosimile est omnes illius provinciæ episcopos, qui tunc novem erant, subscripsisse.

In manuscripto C post Agricolam presbyterum sequitur iterum Eulogius episcopus, *cui pater meus,* etc., deinde iterum : *Agricola presbyter.* Verum hoc scriptoris mendum est. Nam etsi fieri possit ut duo subsignarent episcopi ejusdem nominis, tamen nunquam episcopus post presbyterum subsignaret. Itaque hæc cum reliquis omnibus exemplaribus et Brissonio prætermisi.

Theodonius presbyter. Sic Briss. et C, notans alias legi *Theodonus,* MS J. *Theodericus.* Forte legendum *Theodorus.*

V. C. Pappolus interfui et subscripsi. Sex aut septem sequentibus laicis in exemplari M præponuntur duæ istæ litteræ, quas ex eo adjeci, easdemque expressit J. Quæ ab aliis forte non intellectæ, vel non animadversæ, prætermissæ sunt, uti ab CS et Brissonio. Legendum porro hoc est, *vir clarus* sive *clarissimus,* aut *vir consularis.* Inter subsignationem Eusebii et Rusticoli in M hæc interponuntur : *VC. interfui,* ideoque videtur hic unus præteritus; et forte Attolus, de quo infra capite vicesimo tertio ; vel illa verba abundant. Certe infra cap. 23 sex tantum laici nominantur subscripsisse , quorum sunt expressa nomina.

CAPUT XIX.

Hoc capitulum in exemplari MS præcedit caput de testamento; in aliis sequitur, idque magis exigit ordo rerum gestarum.

Populum primæ Germaniæ devastaret. Id est superioris Germaniæ. Intelligit Treviros et circumjacentes. Germania prima, inquit Papirius Massonus lib. I Annalium Francorum in Meroveo, Salviano, Sidonio et veteribus eis Rhenum est, ad quam Ammianus narrat præter alia pertinere Moguntiacum, Vangiones, Nemetes et Argentoratum. Idem Massonus in Clodoveo ait Agrippinam Coloniam inter civitates Germaniæ secundæ primas tenere. In eadem est Tungrorum civitas. Vide infra ad c. 23. Contigit autem hæc pestis anno 565, teste Baronio.

CAPUT XX.

In monte Bardonum. Is est qui alio nomine Apenninus dicitur, qui Italiam secundum longitudinem dividit. Vide Ortellii Thesaurum geographicum.

Quod vocatur Bercetum. Alias *Berterum, Bertecum* et *Berletum.* Sed Bercetum esse veram lectionem, quam habent meliora exemplaria, probatur quoque ex Paulo Diacono, qui meminit hujus monasterii in Bardonis Alpibus a Luitprando constructi.

Quando tres fratres, Lotharius, Ludovicus et Karolus, regnum sibi Francorum post patris obitum divisere. MS omittit dictionem *Francorum,* nec habet Hincmarus, et forte rectius. Sunt autem hi tres filii Ludovici pii imper. Lothario cessit imperium, Ludovico Germania, Carolo Calvo Francia.

Villas episcopi Remensis, quod tenebat Fulco presbyter. Sic omnia exemplaria vetera, et Hincmarus,

ut ad episcopum referantur, quod tenuit, Ebone deposito, ut patet ex ultimo cap. lib. II, et c. 1 lib. III, quando sedes per decem annos vacavit. Quare non recte J *quod* mutavit in *quas,* ut ad villas referatur sicut et C in Gallico retulit.

Villam Juliacum quidam Ricuino dedit. Quomodo hanc donationem postea idem Carolus Calvus revocaverit, et villam istam cum omnibus aliis bonis quæ alienata fuerant Ecclesiæ Remensi restituerit per publicum edictum, videre est lib. III, c. 4.

Moderno tempore colonus quidam. Id contigit ætate Hincmari, nam ipse pro eo dicit, *nostra ætate.*

Pro qua re nuper anno præterito, cum rege Ottone et præfato duce locuti sumus, quando Aquis ad eumdem regem missi fuimus. Sermo est de Ottone primo, de quo infra lib. IV, cap. 33 et sequentibus. Vera lectio est *Aquis,* Gallice *Aix,* quomodo legunt omnia exemplaria : pro quo S substituit *Aquisgranum,* ejusdem civitatis nomen. Sed prius sæpissime apud auctores invenitur.

CAPUT XXI.

Integrumque illud cum brandeo, quo prius repertum fuerat involutum. Hincmarus in Vita S. Remigii, *brandeo rubeo involutum.* Quod Nicolaus Chesneau Gallice vertit ; *drap de samy vermeil,* ut capite præcedenti legitur. Significat autem brandeum pannum sericum sive linteum, quo sanctorum corpora seu reliquiæ involvebantur. Moris enim fuit, ut alicubi in conciliis decretum, ut hujusmodi pretiosis velis sanctorum corpora involverentur. Utitur eadem voce S. Gregorius papa libro tertio, epistola 30, pro serico, aut velo, quod ad eum finem missum, sanctorum corpora contigisset. Sic enim scribit ad Constantiani Augustam : « Cognoscat autem tranquillissima domina, quia Romanis consuetudo non est, quando sanctorum reliquias dant, ut quidquam tangere præsumant de corpore, sed tantummodo in pyxide brandeum mittitur, atque ad sacratissima corpora sanctorum ponitur. Quod levatum in ecclesia quæ est dedicanda, debita cum veneratione reconditur : et tantæ per hoc ibidem virtutes fiunt, ac si illuc specialiter eorum corpora deferantur. Unde contigit ut beatæ recordationis Leonis papæ temporibus, sicut a majoribus traditur, dum quidam Græci de talibus reliquiis dubitarent, prædictus pontifex hoc ipsum brandeum, allatis forficibus, inciderit, et ex ipsa incisione sanguis effluxerit. » Hæc ille. Ejusdem moris antiquissimi ponendi vela vel alia ejusdem supra apostoli Petri sepulcrum, ut benedictione locupletata reciperentur, meminit Gregorius Turonensis libro primo Miraculorum, capite vicesimo octavo.

Tertius et Karolus regni componeret actus. Is est Carolus Calvus. Primus enim est Carolus Martellus, secundus Carolus Magnus.

October primam, etc. Sic exemplaria, sed J, *October,* S mutavit *October,* cum primum illud antiquitatem redoleat, et exprimat vocis originem, eodemque modo legitur in metrico Martyrologio Wandelberti Prumiensis.

Ter centum fuerant, tres et deni quater anni, etc. Id est trecenti et quater tredecim, qui sunt quinquaginta duo, anni elapsi erant a baptismate Clodovei et Francorum, quando hæc translatio corporis S. Remigii facta est, quod fuit anno 952. Ex quo sequitur baptismum Clodovei contigisse anno 500. Non autem sensus est, ut videri posset, trecentis quadraginta tres anni. Tunc enim oporteret eum fuisse baptizatum anno 509, quod est contra communem sententiam, ut supra ad cap. 13 adnotavimus.

Comitantibus undique secus populorum stipatus catervis. Secus, id est *prope*, et sic omnia exemplaria, ne quis legendum putet *secum*.

CAPUT XXII.

Mulier quædam de pago Trecassino membrorum omnium agitatione multata. Similem punitionem ex maledicto matris provenientem, ejusque curationem ad memoriam S. Stephani protomartyris narrat Augustinus lib. xxii de Civit. Dei, c. 8.

Ex villa quæ vocatur Caucella. Sic R, MS J, sed C, Caurella. De relatione S. Remigii ad locum sepulturæ suæ, seu ad monasterium suum, per Herivæum archiepiscopum facta anno 901, de qua in fine hujus capituli paulo latius agit auctor, lib. iv, c. 12.

In eo vero loco ubi hoc salutis accidit donum, posita deinceps exstat columna, cruce præfixa, glorificationis hujus continens monumenta. In circuitu pedis columnæ crucis sitæ in burgo S. Dionysii Remis, ejus rei testis est hæc inscriptio : « Nongento primo anno incarnati Domini, sub quarto Kal. Januarii, secundaque Sabbati, glorioso ab hac urbe delato corpore Domini nostri ac patroni beati Remigii, cum honore dignitatis utriusque ordinis concurrebat plebs devote Herivæo præsuli, Carolo rege subsequente, cum Richardo principe, Christo laudes una mente jubilando consone. Cum fuisset huc perlatum pignus sanctissimum, cœlitus virtute lapsa illico prosiliit (mirum dictu !) quidam claudus directis poplitibus, novo gressu ab hinc suum prosequens remedium, cujus ope adjuvemur hic et in perpetuum.

« Sancte tui Sigloardi miserere monachi,
Qui ductus amore istius patrati miraculi,
Ob istius monimentum hunc erexit titulum. »

CAPUT XXIII.

Quidam Belgicæ secundæ provinciæ. Belgica secunda continet Remos, Catalaunos, Ambianos, etc. Ut enim docte scribit Jacobus Meyerus in suis Flandriæ Annalibus ad annum 453, Romani dividebant Belgicam Galliam in Germaniam primam, seu superiorem, quæ Argentoratum, Magontiacum, Nemetas, Vangiones aliasque Rheno propinquas continebat gentes : et in Germaniam secundam, seu inferiorem, cujus caput erat Colonia Agrippina cum Tungris ac Nerviorum Morinorumque maritimis populis, qui nunc Brabantini et Flandri vocantur. Rursus secabant eamdem Galliam in Belgicam primam, cujus caput Treveris, cum Mediomatricibus, Leucis et Virodunensibus; et in Belgicam secundam, ubi principatum tenebant Remi, habentes sub se Suessiones, Catalaunos, Laudunos, Camaracos, Nervios, Morinos, Atrebates, Ambianos, Bellovacos, Noviomagenses. In qua secunda Belgica Flandria includitur.

CAPUT XXIV.

Est silvula in monte sita tribus a civitate millibus separata. Nomen monti est Hor, ut est in Vita hujus de quo agitur Theodorici apud Surium.

Quin vocetur Theodorico. Sic C et R sed SJ, *Theoderio*, alia, *Theoderico*. Quomodocunque legatur, exprimere voluit nomen diminutivum, quæ apud Gallos desinunt in *o*, ut a *Petrus Pierrot*.

Die Kalendarum Juliarum. Natalem diem S. Theodorici, sive Theoderici hoc die habet Martyrologium Usuardi Romanum cum notis Baronii, item Petri Galesinii, Francisci Maurolyci, qui *Theodorum* vocat, et Arnoldi Wion libro tertio Ligni Vitæ. Ejusdem Vita exstat hoc die apud Surium, consona iis quæ hoc cap. habentur, sed hic aliquanto uberius.

Quadam denique Sabbatorum die, jam vespera Dominici diei accedente, quædam paupercula, etc. Graviter punita fuit hæc mulier, quod vespere diei Dominicæ operaretur, quia tum celebratio Dominicæ incipiebat a tempore vesperarum, quod duravit fere ad nostra usque tempora. Videantur quæ scripsi in notis ad Thomam Cantipratanum, lib. ii, cap. 53, parte ix. Idem vero patet ex hoc auctore supra, cap. 20, ubi Ragenbaldus quidam ob eamdem causam punitus est.

CAPUT XXV.

De S. Theodulfo, de quo hoc cap., agit Molanus in additione ad Usuardum Kalendis Maii. Eodem die Petrus Galesinius, et Arnoldus Wion, Utriusque, videlicet S. Theodorici et Theodulphi, meminit Sigebertus in Chronico ad annum 534 his verbis : « Theodoricus abbas, discipulus sancti Remigii, et Theodulphus abbas, discipulus ipsius Theoderici, in Francia clarent. » Inventionem corporis S. Theodulphi apud Treyiros notat ex Trithemio dictus Arnoldus Wion, die ult. Februarii, quam late describit Thomas Cantipratanus ubi supra, part. ii. Sed anne sit idem Theodulphus ille cum isto multum ambigo. Eumdem facit Trithem. lib. iii de Viris illust. ord. S. Benedicti, cap. 260, ubi sic habet : « Theodulphus abbas in monte Hor, vir sanctæ conversationis et innocentis vitæ, multis virtutibus clarus effulsit. Hujus corpus non ante multos annos repertum integrum, et incorruptum, cum magno honore Treveris apud Prædicatores reconditum est in summo altari. Hæc inventio celebratur pridie Kalendas Martii. » Sic ille. Verius tamen existimo diversos esse.

SCHOLIA IN LIBRUM SECUNDUM.

CAPUT PRIMUM.

Beato Remigio succedisse traditur Romanus. Sub annum videlicet 545. Hic B. Romanus coenobium in vico cui nomen Mentuniacum, duabus ab urbe Trecensi leucis semoto, condidit, et primus in eo abbas fuit, quod a sexcentis annis penitus est dirutum, nec quidquam ejus superest praeter crucem in rei memoriam ibi collocatam. De eo in Vita S. Leonis abbatis ex Breviario Trecensi sic legitur : « Beato Romano Mentuniaci coenobii abbate in episcopum Remensem electo, beatus Leo ejus monasterii factus est abbas. » Ejusdem S. Leonis Vita alia, sed mutila, testatur eumdem S. Romanum a rege Clodoveo seniore confirmationem donationis quorumdam praediorum impetrasse, quae Merobaudus patricius eidem coenobio liberalissime impertiverat. Sequitur.

Romano Flavius. Hic Flavius subscriptus legitur concilio Arvernensi. Vide Scholia in cap. 15 libri praecedentis.

CAPUT II.

Ex iis quae hoc capite ex Fortunato citantur nonnulla posscht in ipso restituit, ut in primis *Egidi* pro *Igidi*, v. 4 *favens* pro *fovens* ; 24, *sonet* pro *sonat*, et alia quaedam.

Quod legatus ex parte Childeberti regis, Sigeberti filii, ad Chilpericum regem patruum ipsius Childeberti, etc. Sigebertus iste rex Austrasiae est qui uxorem habuit pessimam Brunechildem, fratres autem Guntramnum, qui fuit rex Burgundiae, Chariberium et Chilpericum, qui omnes fuerunt filii Clotarii primi. Mortuus est autem Sigebertus anno 578, cui successit filius Childebertus.

Ut ablato Guntramni regis, Chilperici fratris regno. Nomen Guntramni vel Gontramni varie scribitur. Sic enim constanter legit M cum littera *m* in secunda syllaba, J semper *Guntrannus*, quomodo interdum etiam C. Pro priore lectione facit quod Gregorius Turonensis, locis in textu citatis, integre nomen illud scribat *Gunthchramnus*, pro quo in tomis Conciliorum et alibi, *Guntheramnus.*

A Fredegunda regina fuerat missus. Haec erat uxor Chilperici, cujus perfidia ipse Chilpericus tandem interfectus est. De ea Aimoinus lib. III De gestis Francorum, c. 56. « Erat, inquit, Fredegundis forma egregia, consilio callida, dolis (excepta Brunechilde) parem non agnoscens, » etc. Quae vero deinceps hoc capite sequuntur ad verbum pene sumpta sunt ex Gregorio Turonensi, lib. X Historiarum, c. 19. Synodus autem haec Metensis, et Aegidii depositio est anno 594, ut tom. II Concil. adnotavit Severinus Binius.

Multa enim auri argentique in hujus Episcopi re- *A gesto pondera sunt reperta.* Eadem prorsus habet verba Gregorius, MS pro *regesto* vitiose legit *regesta*. Quae vox regestum eodem cap. supra legitur in Gregorio, cum dicit : « Scripta enim ista in regesto Chilperici regis in uno scriniorum pariter sunt reperta. » Nicolaus Chesneau Gallice vertit *épargne*. « Regestum Latine dici potest, quod vulgo regestrum vocamus, inquit Budaeus. Hoc loco videtur thesaurum significare, vel locum ubi thesaurus reponitur. » Qua significatione accipit Gregorius jam dictus, lib. IX Hist., c. 10 et 34.

CAPUT III.

De S. Basolo, Gallice *saint Basle*, agit Molanus in additione ad Usuardum 26 Novembris, quo die hoc cap. obiisse legitur. Item Martyrol. Romanum ex veteribus manuscriptis, ut notat ibidem Baronius, Petrus in Catalogo, lib. IX, c. 69 ; Arnoldus Wion in Martyrologio suo monastico, sive lib. III Ligni Vitae ad eumdem diem, citans Galesinium et alios, ac nominatim Vincentium in Speculo, lib. XXI, cap. 116. De eodem Trithem. De viris illust. ord. S. Benedicti, lib. III, cap. 45, et Sigebertus in Chronico anno Domini 567. De ejusdem translatione per Hincmarum facta agit Molanus die 15 Octobris.

Quem ventus inde incipiens obumbrat Rigetium. Sic C et J, sed MS, Rigentium. In breviario Remensis Ecclesiae *Rietum*, Gallice vertitur, *Forêt de la Route.*

Misit ad nepotem suum nomine Balsemium, qui eum ad se a Lemovicina regione perduceret. Vitiose J *Balsennum*. Gallice *saint Bassange*. Vitae hujus Balsemii martyris exstat fragmentum in Promptuario sacrarum antiquitatum Tricassinae dioecesis, eumque adjecit Usuardo Molanus 16 Augusti, quo die festum ejus celebratur in Tricassina dioecesi.

Ibique metatum suum constituentes, huc undecunque praedatu reverti coeperunt. Sic omnia exemplaria, id est *a praedatu* sive *praedatione*. Quare non recte S mutavit in *praedati*. Prioribus verbis significatur eos ibi fixam sedem seu tentorium habuisse, Gallice *retraite*, unde Latine dicimus castrametari. Vide infra ad cap. 10, lib. IV.

CAPUT IV.

Post Egidium Romulfus. M *Remulfus* legit hoc loco, et cap. seq. ; sed in summario hujus cap. et supra c. 2 et in textu *Romulfus*, quomodo legunt caetera exemplaria, et Gregorius Turon. lib. IX Hist. Francorum, c. 50, ubi nominatur comes palatii Childeberti regis, et lib. X, c. 19.

CAPUT V.

De Sonnatio episcopo. Haec est communis scriptura exemplarium, tam hoc cap. quam praecedenti. M fere scribit *Sompnacius*, et interdum *Somphnacius* ;

C. Bonnacius. Remensis vero synodus sub eo habita, de qua hoc cap. admodum celebris fuit, et plus quam Provincialis, utpote cui multi etiam aliarum provinciarum archiepiscopi interfuerint, quæ utinam exstaret in tomis Conciliorum.

Palladio Antissiodorensi. MS *Altissiodorensi.* perpetuo scribit *Autisiodorensi,* cui favet vox Gallica *Auxerre.*

Ansarico Suessionensi. CJ, *Anserico.*

Claudio Reiensi. Sic omnia exemplaria. Videtur esse *Rieux* in archiepiscopatu Tolosano, a quo alias *Rivensis* et *Rivenensis* episcopus nominatur. Nisi quis legendum putet *Regiensi* sive *Regensi.* Nam Claudius Regiensis episcopus subscriptus legitur concilio II Cabilonensi, celebrato circa hæc tempora, videlicet anno 658, vel, ut alii, 664. In quo etiam subscripti leguntur duo alii, qui huic Remensi interfuerunt, Donatus Visontiensis, et Palladius Antissiodorensis. Verum in tomo Concil. forte legendum *Reiensis,* quod est ignotius, pro *Regiensis.*

Vero Rutenensi. Sic J, cui accedit MS, *Rutenensis;* C, *Tervensi.* Est autem Ruthenensis episcopatus, Gallice *Rodez* (nam Ruthenum alias *Rhodium* dicitur) in archiepiscopatu Bituricensi.

Agricola Gabalensi. Hoc est, ut posterioribus sæculis vocatur, Mimatensi in eodem archiepiscopatu Bituricensi, in quo est Arvernensis et Ruthenensis, qui proxime præcedunt. Nam Gavali, qui et Gabali Prol. et Fortunato, et *Gabales* Cæsari, Plinio et Straboni dicuntur, Gallice *Mende,* hoc est Mimatum in Aquitania regionis Gavalitanæ, quæ *Gévaudan* dicitur, civitas primaria et caput est, ut docet Philippus Ferrarius in nova Topographia Martyrologii Romani. Quod adnotamus, ne forte quis putet esse oppidum Cabilonense, quod est sub archiepiscopatu Lugdunensi, præsertim cum Robertus Canalis sentiat Gabales esse Cabilonenses. Et quidem Agricola Cabilonensis episcopus subscriptus legitur concilio IV et V Aurelianensi, quorum posterius habitum est anno 552, item Parisiensi II et Lugdunensi I, quod habitum est anno 570. Præfuit autem Ecclesiæ suæ annis 48, et vixit anno 83, ut habet Gregor. Turon. lib. V Hist., cap. 45, et ex eo Baron. in notis ad Rom. Martyrol. die 17 Martii. Sed ut sit idem cum eo qui huic Remensi synodo interfuit, obstare etiam videtur distantia temporis.

Auderico Auscensi. Auscii, alio nomine Auxitani, unde Auxitanus archiepiscopatus. Gall. *Auch* in Vasconia.

Ut capitulo canonum Parisiis acta in generali synodo, in Basilica sancti Petri, Lotharii regis studio congregata, omni firmitate custodiantur. Videtur intelligi Concilium III Parisiense, cujus exstant 9 capitula tom. II Conciliorum per Binium editorum. Nec obstat quod ibi dicatur celebratum sub Childeberto, quia intelligitur Childebertus primus filius Clodovei Magni, qui obiit anno 559. Quo eodem tempore regnavit frater ipsius Clotarius primus, qui hic Lotharius nominatur, et obiit anno 565. Et quidem dictus Childebertus solium regni tenuit Parisiis, Clotarius autem Suessione, sed tandem etiam toti Galliæ præfuit. Unde verisimile est post annum 559 celebratam esse hanc synodum Parisiensem, quod diserte docet Binius.

Ad matriculam præterea sanctæ Remensis Ecclesiæ. Ante hæc verba MS et J adjiciunt, *ad Basilicam S. Medardi solidos quindecim.* Quæ omisimus alia exemplaria secuti, quia supra de ecclesia S. Medardi dictum fuit.

CAPUT VI.

Post hanc beatum virum Leudegiselus, Attilæ episcopi frater. Hic Attila, ut ex cap. sequenti patet, fuit episcopus Laudunensis. In Tabulis Democharis sextum locum obtinet, quem vocat Attolam, uti et Hincmarus in opuscul. LV Capit. c. 1. Consecravit S. Autbertum Camaracensem, episcopum anno 642, ut adnotavi ad Chronicon Cameracense, lib. 1, c. 19. Sequitur:

Tempore Dagoberti regis episcopium rexit. Hic est Dagobertus primus, qui post patrem suum Clotarium secundum, regnavit adhuc annos 14, et obiit 645. Successit ei filius natu maximus Sigobertus, de quo in fine capitis, qui obiit 656.

Hunc sequitur Anglebertus. Sic omnia exemplaria præter J, quod toto hoc cap. legit *Angelbertus.*

CAPUT VII.

Petente Bercecario abbate. Sic omnia exemplaria, quod S mutavit ubique in *Bercharium,* sicut et J. Quomodo per contractionem legitur apud Sigebertum in Chronico, et in Promptuario sacrarum antiquitatum Tricassinæ diœcesis Nicolai Camuzæi, in quo continetur integra Vita ejus et passio conscripta per Assonem abbatem Dervensem, et apud Surium tom. V, ubi brevem ejusdem Vitam recenset ex Vincentii Speculo historiali lib. XXIV, die 16 Octobris.

Ecclesiam in Viriziaco. Ita legendum patet ex c. 1 et 3 hujus libri, ubi constanter sic legitur. Gal. *Verzy.* Alioqui tum hoc loco, tum infra c. 10 variant exemplaria: M, *Viriaco;* C, *Viriciaco,* quomodo M legit cap. 10, ubi C legit *Virigiacum.*

Cui Ludovicus quoque rex. Intelligitur Clodoveus II, qui obiit 662.

Hujus etiam tempore tradidit Grimoaldus vir illustris S. Remigio, etc. Hic videtur fuisse majordomus seu magister palatii Francorum, filius beati Pippini de Landis, et frater sanctarum Gertrudis et Begghæ, qui obiit anno 658. Concilium præsulum Galliæ Namnetis habitum jussione Romani pontificis, cujus hic meminit, videtur deesse in tomis Conciliorum. Nisi forte sit illud quod 20 continens capitula, ponitur tom. III post concilium Triburiense habitum anno 895. De quo sic notat ibidem Binius: « Incertum habemus quo tempore hoc concilium actum sit, itaque hoc loco collocavimus. »

Post hæc in ecclesiola S. Mariæ, quam in eodem monasterio construxerat, obiisse fertur. Quam solemnes Nivardo exhibitæ fuerint exsequiæ refertur ubi supra, in Vita et passione S. Bercharii abbatis. Obiit Kalendis Septembris, ad quem diem ad Usuardum adjecit Molanus : « In alto Villari, depositio sancti Nivardi episcopi Remensis. » Quo die ponit eumdem in suo Martyrologio Petrus Galesianus. Meminit ejusdem Sigebertus in Chronico anno 661, his verbis : « Sanctus Nivardus Remensis archiepiscopus, et Reolus successor ejus, Bercharius quoque martyr, qui fuit abbas primus Altivillarensium, sancta etiam Bertha martyr et abbatissa, sanctitate clarent in Gallia. » Hunc vitiose quidam Viviardum vocant.

CAPUT VIII.

Ad prænotatum hujus sancti viri (Nivardi) cœnobium (hoc est ad Altumvillare) beatæ Helenæ reginæ constat corpus ab urbe Roma devectum. Dies translationis, et adventus ad hoc monasterium adnotatur septima Februarii in addit. Molani ad Usuardum. Scripsit translationis hujus Historiam Almannus monachus Altivillarensis, teste Sigeberto De viris illustribus, cap. 99, et, ut ibidem refert, Vitam quoque S. Nivardi et S. Sindulphi, de quo seq. cap. Hæc autem translatio ab urbe Roma in Gallias, teste eodem Sigeberto in Chronico, facta est anno 849, ut refert post eum quoque Baronius tom. X in fine ejusdem anni, addens : « Sed de ejus corpore inter Latinos et Græcos antiqua est controversia, ubi sepultum fuerit. Veneti insuper illud ab Oriente delatum possidere se gloriantur, quod et digno cultu prosequuntur. » Hæc Baronius.

Gemino ditati gaudent esoce. Sic MJ. S reliquit locum vacuum. Significari putatur piscis, qui alio nomine dicitur. Sulpicius Severus lib. III Dialogi de virtutibus B. Martini, cap. 13, « Ad primum actum reti permodico immanem esocem diaconus extraxit. » Ad quem locum Sur. tom. VI notavit ad marg : Exocem, id est, salmonem. Scribit enim ipse per z. Adrianus Junius in suo Nomenclatore, recensens nomina piscium, ita scribit Exos, quod ossibus careat, vel, ut alii legunt, esox Plinio. Anglice a Lax, et distinguit a salmone. Plinius Nat. Hist. lib. IX, c. 15 : « Sunt et in quibusdam amnibus haud minores, silurus in Nilo, esox in Rheno, attilus in Pado. » Qui ibidem cap. 18 agit de salmone.

CAPUT IX.

De S. Sindulfo agit Molanus ad Usuardum die 20 Octobris, Romanum Martyrol. cum Baronio et Petro Galesinio ad eumdem diem, sicut et Wion. Item Trithem. De viris illust. ord. S. Benedicti lib. III, cap. 46, qui scribit eum claruisse anno Domini 600, et socium fuisse beati Basoli abbatis, de quo supra cap. 5. Unde de iisdem conjunctim ait in Chronico Sigebertus ad annum 567 : « Basolus abbas, et Sindulphus presbyter et reclusus in Francia clarent. »

CAPUT X.

De sancto Reolo episcopo. De hoc nihil invenio in Martyrologiis. Hic ante episcopatum neptem S. Nivardi, filiam Childerici regis, uxorem habuit, ut constat ex auctore supra cap. 7. Post ejus mortem præfuit in hoc archiepiscopatu annis 26, ut dicitur in Vita sancti Gumberti, fratris S. Nivardi, quæ est in Vitis Sanctorum Gallice editis per Parisienses die 29 Aprilis. Hunc alii, ut Papirius Massonus in suis Annalibus et Jacobus Sirmondus in Catalogo archiepiscoporum Remensium, vocant Regulum.

Cruciniacum montem, Curbam villam, cum Aciniaco in pago Tardonensi. Hæc ita vertit Gallice Nicolaus Chesneau, le mont de Cruny, Courville, et Acini en Tardenois. Atque ita legunt omnia fere exemplaria, tum hoc loco, tum c. 17 hujus libri, nisi quod MS hoc loco et c. 11 legunt Torbam et Tardouisse.

CAPUT XI.

Gerniacam cortem. Ita hic et sæpius infra omnia exemplaria, Gall. Gernicourt. Pro quo aliquoties S substituit Germanicam, quod supra cap. 5 vertitur Germyni. Ex hoc loco corrigendus Surius, Haræus et Lippello, qui in Vita S. Rigoberti die 4 Januarii legunt Gremaca: Locus est non procul Remis, ut constat ex cap. sequenti. Corrigendum et illud in iisdem auctoribus, quod pugnam Caroli cum Chilperico et Ragemfrido ponant accidisse XII Kalendas Augusti, cum legendum sit Aprilis. Nam accidit in Quadragesima, Dominica die ante Pascha, ut habent Annales Francorum a Pithœo editi, et appendix Gregor. Turonens. cujus auctor Fregedarius Scholasticus, qui res sui temporis describit.

Villam nomine Cartobram. Sic CR et J. Alia Carobram. Gall. Chartreune.

§ Et in villa cui nomen Turba. Ita hic omnia exemplaria. Gall. Tourbe.

De villa Bracaneio super fluvium Rotumnam. RM, Bracaneco, J Bracaneto.

A Dagoberto denique rege. Intelligitur secundus hujus nominis, filius Childeberti, qui obiit anno 715, cui successit filius Theodoricus II.

In Rodonico etiam. Sic J, sed MS, Rodinico; C, Rodolito; aliud, Rodocino.

Hic venerabilis præsul Pippinum majoremdomus regiæ traditur amicissimum habuisse, cui eulogias pro benedictione crebro solebat mittere. Hic est Pippinus Herstallus, filius S. Beggæ, pater Caroli Martelli ex pellice. Eulogiæ erant panes benedicti, communionis mutuæ et amicitiæ symbola, de quibus late Baron. tom III Annalium anno 513. Concilium Namnetense, cap. 6, de quo supra, formam benedictionis exprimit.

In monte Betelini. Sic R et J, cui accedit MS, Berelini; C, Belini.

In pago Castricensi. Sic et, infra c. 18; alias, in vico Castricensi; MS conjunxit hic utrumque, in vico, in pago Castricensi.

CAPUT XII.

Orta denique simultate inter regem Chilpericum et Karolum præfati Pippini filium, majoremque domus Ragemfridum. Hic est Chipericus II, frater Dagoberti II, obiitque anno 719, vel, ut alii, 726. Hæc autem gesta sunt anno 717, ut referunt Annales Francorum a Pithœo editi. Sigebertus et Meyerus tribuunt anno 718. Quæstio erat de obtinendo principatu sive magisterio equitum, ut est in Vita S. Rigoberti. Nam Chilpericus magistrum equitum, sive majorem domus constituerat hunc Ragemfridum.

Quod non illi eam prius aperiret. Sic CR et J. Quo accedit quod in M legebatur *nonnulli*, sed *non transfixum est*, et relictum est *nulli quomodo legit S.*

Rigobertum patronum suum, qui, ut traditur, eum de lavacro sancto susceperat, episcopatu deturbavit. S corrigi vult *patrinum*, verum obstant omnia exemplaria. In Vita ipsius dicitur S. Rigobertus nunc Carolum baptizasse, et de sacro fonte suscepisse. Sed et recte susceptores patroni dicuntur. Ejus depositionem ab episcopatu, sicut et Eucherii Aurelianensis, notant Sigebertus et Massæus anno 723.

De quo patrum scripta relatione traditur, etc. Historia de visione S. Eucherii Aurelianensis episcopi de æterna damnatione Caroli Martelli ob invasas res ecclesiasticas, iisdem fere verbis exstat in capitulis manuscriptis, quæ ab episcopis provinciarum Remensis et Rothomagensis Ludovico regi missa fuerunt; estque adjecta in notis ad novum Corpus Canonicum cura Gregorii XIII recognitum, 16, q. 1, cap. *Quia.* Exstat item in Vita ejusdem S. Eucherii apud Surium mense Februarii, scripta a contemporaneo, et in Vita ipsius S. Rigoberti 4 Januarii; in quibus omnibus asseritur dictum Martellum ex nunc in corpore et anima pœnis sempiternis esse deputatum. Meminit ejusdem Hincmarus in præfatione Vitæ S. Remigii, et inter recentiores Paulus Æmilius lib. ii, De rebus gestis Francorum, et Petrus Despinac archiepiscopus Lugdunensis in oratione habita Blossii coram rege Franciæ Henrico III, anno 1575, ut testis est Arnoldus Wion. lib. iii Ligni Vitæ, die 20 Februarii. Verum his contradicit Petrus Pithœus in Glossario capitulorum, littera R, et Baronius tom. IX Annalium, anno 741; idque ex eo quod Eucherius ut minimum decem annis obierit ante Martellum. Quin etiam addit Baron. de salute ipsius bene sperandum esse, eo quod pœnitentiam egerit. Quid de ea re sit examinent alii. Flodoardus fideliter narrat quæ ex scriptis patrum accepit, quæ temere convellenda non sunt, et præcipue conciliorum acta.

Cujus in monasterio S. Trudonis humatum est corpus. Locus est in Hasbania, quæ Brabantiæ pars est, intra oppidum sancti Trudonis, in quo sepultus est S. Eucherius. Hæc contrario modo Gallice vertit Nicolaus Chesneau dicens : « In monasterio S. Eucherii sepultum esse corpus S. Trudonis. »

Qui regressus petitur a Milone, etc. Id est rogatur, requiritur. Est enim passivum, eodem modo quo supra hoc libro c. 5. *Petitusque secretioris conversationis habitaculum concedere.* Ubi contra omnia exemplaria male correxit S, *petentisque.* Sensus igitur est quod S. Rigobertus fuerit requisitus a Milone.

Habitavit in Gerniaca corte tempore non pauco. Annis 15 aut 17, ut in marg. adnotavit qui supra lib. 1 Guillelmus Le Bègue, idemque adnotat eum quinque aut septem annis exsulasse in Vasconia.

CAPUT XIII.

Hujus beati præsulis Adrianus sedis apostolicæ pontifex meminit in epistola sua Tilpino post episcopo Remensi directa. Exstat hoc fragmentum tom. III Concil. inter scripta Gregorii II, idque factum est ex judicio Baronii tom. IX, anno 717. Qui omnino alter censuisset, si reliquam partem ejusdem epistolæ, quæ habetur infra cap. 16, perlegisset. Nam inde plane convincitur vere esse Adriani, non Gregorii, quia in ea meminit Zachariæ et Stephani antecessorum suorum, qui sunt posteriores Gregorio secundo. Poterit autem compleri hæc epistola additis duabus partibus quæ infra cap. 16 et 17 recitantur, et corrigi adnotatio Severini Binii, qui notat mendose irrepsisse apud Surium die 4 Januarii nomen Adriani pro Gregorio II, sicut et Nicolaus Serrarius, in notis ad epist. 142 S. Bonifacii.

Simul cum alio episcopatu. Videlicet Trevirensi, ut probatur ex epist. 16 Hincmari, cap. 19, inter eas quæ prelo excusæ sunt, et ex præfatione ejusdem Hincmari in Vitam sancti Remigii, in qua ait quod Milo, de quo sermo est, episcopia Remorum ac Trevirorum usurpans insimul, per quadraginta circiter annos pessumdederit.

CAPUT XIV.

Decessit (S. Rigobertus) pridie Nonas Januarii. Additum est in uno exemplari in margine : « Anno incarnationis Dominicæ circiter septingentesimo septuagesimo tertio. » Quæ verba MS, CJ non habent, etsi habeantur in Vita apud Surium, ex qua sumpta sunt pleraque quæ in hac Historia de eo hactenus relata sunt. Additur quoque in Vita, ad majorem temporis certitudinem, indictione octava eum obiisse. Exstat apud Surium die 4 Januarii. Quo die ejus legitur memoria in Romano Martyrologio, tam Petri Galesinii quam Baronii. Eodem quoque die a Molano additus est Usuardo. Scribit ibidem Baronius in notis eum pervenisse usque ad tempora Hadriani papæ, qui, inquit, ipso defuncto, rejecto Milone, in locum ejus subrogavit Turpinum, ut ejus acta testantur. Quod conforme est illis quæ de anno obitus ipsius dicta sunt. Nam Adrianus sedere cœpit anno 772. Meminit ejusdem Sigebertus in Chronico anno 723, quo eum dicit ab episcopatu depositum seu ejectum. Quæ si vera sunt, oportet eum annis 50 exsulasse. Verum Franciscus Haræus in Vitis Sanctorum a se editis ponit eum obiisse circa annum 735, hac apposita adnotatione post Vitam ipsius : « Ponebatur obiisse anno Christi 773, sed omnino error videtur esse in numeris. Nempe Martellus princeps, quem ille episcopus puerum baptismate abluit, obiit quinquagenarius anno salutis 741 ; sicque debuisset sanctus Rigobertus episcopatum gessisse integris octoginta annis. Sigebertus quoque Historicus refert eum anno 23 illius sæculi a Martello episcopatu pulsum. Adde quod solum memoretur vixisse sub his tribus regibus, Childeberto, Dagoberto, et Chilperico, quorum postremus certe in vivis esse desiit anno 727. Itaque suspicor, pridem pro xxxiii substitutum lxxiii, ut anno 53 illius sæculi, non 73, sanctus Rigobertus mortem obierit. Hæc Haræus satis probabiliter.

CAPUT XV.

In pagum Veromandensem, ad villam Nemincum.
J *Memnicum.* In hoc tractu Veromandensi insignis est civitas S. Quintini, non procul a Cameraco.

Hæc pretiosa illuc delata membra. MS, J, *munera,* quomodo et C. vertit in Gallico ; sed alia lectio melior est, quam paulo post habent omnia exemplaria.

Nec longum post hæc, etc. Hæc est quarta translatio S. Rigoberti, facta ab Heriveo archiepiscopo, de qua infra lib. iv, c. 13.

CAPUT XVI.

Quamvis eum quidam chorepiscopum tantum fuisse tradunt. Alias, *coepiscopum.* Sed vera lectio est *chorepiscopum.* Dicti sunt chorepiscopi a χώρα, quæ vox Græcis *regionem, vel agrum* significat, quasi certarum regiuncularum in qualibet diœcesi speculatores. Quod officium in eos qui archidiaconi, archipresbyteri, et decani rurales, et decani Christianitatis hodie vocantur maxime competere videtur. Hincmarus infra lib. iii, cap. 22, *vicarium episcopum a vico idem nomen* interpretatur. Unde et Gallice Nicolaus Chesneau interpretatur hoc loco et infra, *doyen rural.* In M scriptum fuit, *corepiscopum,* sed littera r recenti manu ab aliquo imperito deleta est, ad faciendum *coepiscopum.* Quod autem Abel vere fuerit Remensis archiepiscopus sufficienter probat hoc cap. Flodoardus. Eodem facit et illud apud Surium in Vita sancti Rigoberti, ubi dicitur quod Hincmarus fuerit quintus a sancto Rigoberto Remorum archiepiscopus. Si enim non connumeretur hic Abel, nonnisi quartus erit. Cur autem a quibusdam prætermittatur in catalogo Remensium archiepiscoporum, rationem habemus ex iis quæ citantur ex epistola Adriani hoc cap., quia etsi ibi constitutus sit episcopus, tamen ibi permanere permissus non fuit, ideoque rediit Lobium, celebre in Belgio monasterium, ubi ad infidelium conversionem laborasse creditur, adeo ut sancte vivendo et prædicando pertigerit ad æternæ vitæ bravium. Nomen ejus sacris Martyrologii tabulis Usuardi adjecit Molanus die 5 Augusti. Quo die agit

A de eo idem Molanus in Natalibus SS. Belgii, ascribens ei titulum Remensis archiepiscopi, et in suis Martyrologiis Petrus Galesinius et Arnoldus Wion. Item Trithemius lib. iii De viris illust. ordinis sancti Benedicti, cap. 298, et lib. iv, cap. 118. Quo loco scribit festum ejus agi nono Kalendas Octobris. Fuit natione Scotus.

Grimonem in civitate quæ dicitur Rodomus. M et J aliud exemplar *Rodomis,* pro quo S et J substituerunt *Rothomagus,* ejusdem civitatis nomen, quæ etiam *Rodoma* dicitur. Vide adnotat. Nicolai Serrarii ad epistolam 145 sancti Bonifacii. Sed non probo ut pro veteribus nova nomina, quamvis notiora, reponantur, quia hac ratione perit notitia antiquitatis. Sic et infra lib. iv, cap. 51, omnia exemplaria legunt *Rodomi,* nisi quod ibi C vitiose legit *Rodonii,* et utrobique Gallice vertitur *Rouen.* Utitur ea appellatione Sigebertus anno 751 : « Remigius, inquit, Pippini regis frater, Rodomensis archiepiscopus in Gallia claret. » Est autem hic Grimo vicesimus septimus Rothomagensis archiepiscopus an tabulis Deniochæris, Roberto subrogatus anno 733.

Tertium denique Hartbertum in civitate quæ dicitur Senonis. Sic C et J. At MS, *Haribertum.* In tomis Conciliorum *Artberius,* in tabulis Denioch. *Otberius* sive *Ochibertus* cardinalis anno 762, estque numero tricesimus sextus. Porro ex his quæ hic citantur ex duabus Zachariæ epistolis non pauca poterunt restitui in tomis epist. decretalium, et tom. III Concil.

CAPUT XVII.

De Tilpino episcopo. Ita constanter omnia exemplaria. Alii auctores vocant absolute *Turpinum* aut *Joannem Turpinum.* Exstat ejus nomine historia de Vita Caroli Magni et Rolandi, tametsi Papirius Massonus lib. ii Annalium Francorum existimet non esse ipsius, sed hominis otiosi, qui fabulas illas post Caroli Calvi imperium descripsit in gratiam juventutis. Idem recte docet Antonius Possevinus in Apparatu sacro, in TILPINO.

De ordinatione episcopi nomine Lul, sanctæ Moguntinæ Ecclesiæ. Sic omnia vetera exemplaria, pro quo S et J *Lulli* substituerunt. Sed in tomis Conciliorum sæpe *Lul* appellatur, ac nominatim epistola 12 Zachariæ papæ, sicuti et in epistolis sancti Bonifacii. Fuit hic beatus Lullus S. Bonifacii martyris successor, et secundus archiepiscopus Moguntinus.

Noviliacum, in pago Urtinse. C *Ursince,* J *Urcinse.*

CAPUT XVIII.

Missus dominicus ad recta judicia determinanda fuerat ante episcopatum constitutus. Missus, id est legatus. Frequens est missorum mentio in Capitulis Caroli Magni et Ludovici Pii, quorum officium hoc capite describitur. Misso autem dominico fere addebatur comes, ut patet ex lib. ii Capitulorum, c. 25. Quod nomen officii erat, non dignitatis aut sublimitatis ut hodie. De missis dominicis lib. i, capitulo 122 ; lib. ii, cap. 11, 16, 17, 19, 25, 26, 27, 28 ; lib. iii, cap. 17, 18, 33, etc. De comitibus lib. ii, cap. 6, 9, 10, 12, 18, 23, 24, 25, 26, 28, 32, etc. De his et Petrus Pithœus in Glossario capitulorum, verbo *Missi dominici*, Florentinus Van der Haer in Castellanis Insulensibus, et Petrus Louvet in Histor. Belloyacensi, lib. III, c. 9.

In his quoque pagis, Dolomense scilicet, Vongense, etc. Sic omnia hæc nomina per e legunt MS. quomodo olim frequenter loquebatur, quod servari placuit. CJ, *Dolomensi, Vongensi,* etc., per i.

Ut bonos et idoneos vicedomnos et advocatos haberent. Sic M. Cætera, *Vicedominos.* De his vicedomnis et advocatis est capitulum 11, lib. III Capitulorum, ubi similiter legitur *vicedomnis.* Nam si tunc pro *dominus* *domnus* dicebatur, conformiter vicedomnum dicebant et scribebant.

Hic synodum invenitur habuisse anno ab incarnatione Domini nostri Jesu Christi 814 in ecclesia Noviomensi. Hæc synodus deest in tomis Conciliorum. Sed tom. III habetur concilium Remense primum sub eodem Vulfario et Carolo Magno celebratum anno præcedenti 813, mense Maio, quod habet capitula seu canones 44. Cujus auctor noster mox infra meminit, dicens in eo constituta fuisse capitula XLIII; sed facile fieri potuit ut unum in duo divideretur.

Congregatis secum coepiscopis suis Hildoardo, Ermenone, Jesse, Ragumberto, Grimboldo, Rothardo, Wendilmaro, Ostroaldo. J scribit *Hildoaldo.* Erat hic episcopus Cameracensis, Ermeno Silvanectensis, qui in tabulis Democharis vocatur Herminius. Jesse Ambianensis; Ragumbertus, vel, ut CJ, *Ragimbertus,* Belloyacensis, cui successit S. Hildemannus, de quo infra cap. 20; qui obiit anno 848, die 8 Decembris. Grimboldus Morinensis; qui alias *Grimbaldus* et *Erembaldus* Rothardus Suessionensis, qui infra cap. 20 et lib. III semper *Rothadus* nominatur in omnibus fere exemplaribus, quæ hic variant. In tomis Concil. et tom. III Bibliothecæ Patrum secundæ editionis *Rothaldus* legitur. Wendilmarus erat episcopus Noviomensis, Ostroaldus Laudunensis.

Adalbardo. CJ, *Adalardo.*

Fulrado, Ericho. Sic C et J. Alia, *Folrado, Eriono.* Paulo post, pro *Otnero,* CJ, legit *Othero.*

Id est, Varinæ, Urbs campus, Trapiacus, Jerusalem, Harbaudianisva, sive *ecclesia S. Leodegarii.* Sic exemplaria, nisi quod in MS sit *Varinæ,* et postremum in duo dividat, legens: *Haer, Haudianisna.* Quæ Nicolaus Chesneau Gallice vertit: *Varesnes, Urcamp, Trapi, Hierusalem, Herbaudia vispa.*

De minona modii MDCCCLXXV. Sic J, sed MS prætermittit vocem *modii,* ut *dubium* sit an illud MD non sit *modii,* ut paulo post in MS scribitur md. j. lijo. vini, hoc est modii mille quinquaginta duo vini.

CAPUT XIX

Hujus præsulis hortatu Alitgarius Camaracensis episcopus sex libellos de Remediis peccatorum, et ordine vel judiciis pœnitentiæ conscripsit. Exstant hi libelli tom. V antiquæ lectionis, editi per Henricum Canisium, præfixis quoque his duabus, quæ hic referuntur, epistolis. Ex hoc autem loco auctoris probatur, sextum quoque librum, quem seorsim ponit Canisius, ipsius esse Halitgarii, seu, ut legit Chronicon Cameracense, lib. I, cap. 38, *Halitcharii.* Iii libri merito recenseri debent inter primos casuistas. Fuisse tamen et alios qui ante ætatem Halitgarii de eodem argumento scripserunt, ex ipsa hac Ebonis constat epistola: ut est Pœnitentiale Romanum, et Theodori archiepiscopi Cantuariensis, de quo Beda in Chronicis sub Dagoberto. Item liber ipsius Bedæ de Remediis peccatorum. Præterea Ottiberti et Hattonis episcopi Basileensis, deinde Theodulphi Aurelianensis, Rabani, etc., quorum meminit Rhenanus in argumento libri Tertulliani de Pœnitentia, et Jacobus Pamelius adnotatione 1 ad eumdem librum. Patet autem ex hoc Halitgarii opere adhuc tum temporis pœnitentias imponi solere secundum exigentiam canonum.

Ubi cum diu orassent. MS, *Deum orassent.* Sed alia lectio, quæ cæterorum est exemplarium, merito præferenda est, quæ congruit cum Thegano in opere *De gestis Ludowici Pii,* cap. 16, ex quo verisimile est Flodoardum accepisse, cum iisdem etiam verbis utatur. Contigit autem tam bellum contra Sclavos, quam ipsius Ludovici in imperatorem coronatio anno 816, ut patet ex eodem Thegano et Baronio.

Apostolica reperiuntur munia contulisse. Sic omnia exemplaria. Legendum forte quis arbitratur *imperialia* pro *apostolica,* ut in diplomate 2 hujus capitis: « Imperialia sumpsimus insignia. » Sed vera lectio est *apostolica munia,* hoc est quæ a sede apostolica conferri solent. Ejus enim est imperatorem coronare. Quæ lectio probatur ex cap. 10 lib. III, ubi refertur quod hic citatur ex Lotharii imp. epistola.

Et Lotharius adduxit secum patrem ad Compendium palatium, ubi eum afflixit cum episcopis. Exstat Conciliorum tom. III concilium apud Compendium, in quo Ludovicus imp. deponitur anno 833.

Moderanni Redonensis episcopi. Sic recte S et J. et omnia exemplaria cap. 20, lib. I. Gallice vertitur *de Rennes.* Est autem sub archiepiscopatu Turonensi. Cætera exemplaria *Rothomagensis archiepiscopi* hic legebant. Quod ex eo verisimiliter accidit quod pro *Redonensis* aliquis scripserit *Rodomensis,* pro quo alius scripsit *Rothomagensis.* Nam Rothomagus alio nomine Rodonia et Rodomus dicitur, ut supra ad cap. 16 probavimus. Adde quod in catalogo Rothomagensium archiepiscoporum apud Democharem nullus inveniatur Moderannus.

CAPUT XX

Requirente postmodum papa Nicolao ab episcopis Galliæ, maximeque Belgicæ provinciæ, hæc inter alia in responsis accepit. Non exstat, saltem plene, episcoporum Galliæ epistola ad Nicolaum primum, ex quo hæc omnia auctor delibavit. Nam hæc cum ex aliis recitare patet, dum post multa narrata addit: *Item post pauca.* Rursus: *Item post aliquantula.*

Aiulfum videlicet archiepiscopum, et Badaradum episcopum. Aiulfum legunt R, M, et J, ex quo S fecit

Arnulfum, C, Arnulfum. Badaradum legunt C et J lingentesimo tricesimo quinto, anno etiam imperii quomodo et infra legitur hoc eodem capit. satis conformiter ab omnibus, nisi quod MS habeat Baradus. Similiter et synodus Suessionensis, de qua sub finem hujus capitis, legit Badaradum et Aiulfum. MS et R hoc loco Badaradum legebant.

Quos secundum Africæ provinciæ canones elegerat sibi judices. Concilium Africanum, quod aliquoties hoc cap. citatur, illud esse videtur quod exstat tom. I Concil., habitum sub pontificibus Bonifacio et Cœlestino. Sunt autem canones diversorum conciliorum Africanæ provinciæ numero 105. Quod hic citatur habetur cap. 63, quod nominatim citat Hincmarus in concil. Suessionensi, de quo lib. III, cap. 11. Sed quæ infra citantur ex cap. 59 et 74, in illo concilio, prout nunc exstat, non leguntur.

Theodoricum scilicet episcopum. Hic erat episcopus Cameracensis, ut constat ex Chronico Cameracensi, libro primo, cap. 41.

Anno incarnationis Domini nostri Jesu Christi oc-

lingentesimo tricesimo quinto, anno etiam imperii gloriosi Cæsaris Ludovici XXI. Sic C. Sed R, MS et J, XXIII, non recte. Nam cum regnare cœperit initio anni 813, annus 835 est imperii ejus 21, ut consentit Sigebertus in Chronico.

Harigarius episcopus. Sic RC et J. At MS et aliud exemplar, Harogarius.

Rambertus episcopus. M, Hranbertus, S, Hrambertus.

Haiminus episcopus. Sic RJ et C in Gallico. MS, Hamus, C Lat. Hamius.

Cui restitutioni præfata, quæ Suessionis habita est contradixit synodus. R, MS, contradicit. Hujus synodi tacite facta est mentio initio hujus capitis.

A quo in regione Saxoniæ quoddam episcopium promeruit, etc. Factus enim est episcopus Hildesemensis, ordine quartus, in quo duodecim annis permansit, ut scribit Albertus Krantzius lib. 1 Metrop. c. 50. Quocum satis consentit quod a Flodoardo lib. III, c. 2, supervixisse scribatur usque ad annum 851.

SCHOLIA IN LIBRUM TERTIUM.

CAPUT PRIMUM.

Anno denique. Dominicæ incarnationis 845 Karolus synodum episcoporum regni sui apud Bellovagum. Sic omnia vetera exemplaria, quomodo etiam ter quaterve legitur in Atrebatensi Breviario die 45 Julii. Id S et J mutaverunt in nomen hoc sæculo usitatius Bellovacum. Baronius tom. X, ad dictum hunc annum ex nostro hoc Flodoardo Gallice edito, totum hoc caput primum inseruit suis Annalibus in Latinum conversum, et ex eo Binius tom. III Conciliorum.

Archiepiscopo Sennensis Ecclesiæ Wenilone. Sic omnia antiqua exemplaria, quod rursus S et J mutaverunt ubique in Senonensis, quomodo etiam hic correxit aliquis in M, cum prius legeretur Sennensis, quomodo et constanter legitur infra c. 20 et 21. Idemque factum est infra cap. II. Nam et ibi in M legebatur cum Wenilone Sennensi. Eodem modo legit Chronicon Cameracense lib. I, cap. 43, cum Venelone Sennensi. Infra cap. 20 omnia exemplaria Egilonem vocant; c. 22, Wanilonem. In Hist. Tilpino inscripta Ganelo vocatur. Sic et manuscript. exemplar Historiæ scholasticæ Petri Trecensis, quod est in bibliotheca cathedralis ecclesiæ S. Audomari, legit Wilhelmo Sennensi, ubi in excusis est Senonensi. Accedit et vox Gallica Sens. Et in manuscripto Catalogo episcoporum totius orbis, quem penes me habeo, lego archiepiscopatum Siennensem. Denique Zacharias papa in epist. ad S. Bonifacium, quæ est inter epist. Bonifacii 143, de hac loquens ait : « Tertium denique Hardthbertum in civitate quæ

dicitur Sennis. » Quo loco intelligi urbem Senonensem recte suspicatur Serrarius, et patet ex nostro Flodoardo supra lib. II, cap. 16. Denique Sennensis perpetuo legitur in epist. Nicolai primi ad Carolum regem, et ad Egilonem, quas edidit una cum Hincmari epist. Joan. Cordesius.

CAPUT II.

Quæ toto hoc cap. habentur de synodo Parisiensi in causa Ebonis habita, ea similiter ex Gallico conversa in Latinum habet Baronius anno 847, et ex eo Binius tom. III Concil.

CAPUT III.

Et impetrent pro nobis offerri sacras oblationes. Sic C et J. Alias, imperent. M, intrent pro nobis offerre; pro quo S, instent pro nobis offerre. Sed prima lectio videtur melior. Hinc autem docemur vivorum suffragia prodesse defunctis.

CAPUT IV.

Atque pusillis pumilio. Incertum est an propria sint nomina, an appellativa, quod verius videtur. Unde Gallice vertitur, le petit nain, id est parvus nanus.

Sciat secundum dignæ memoriæ avi, et piæ recordationis genitoris nostri capitula se emendaturum. Loca Capitulorum Caroli Magni et Ludovici Pii in textu notavimus. De eodem argumento Pithœus in Glossario verbo Nonæ et decimæ citat canonem 42 syn. Mogunt., 46 Turonensis, et 62 Meldensis.

Possunt præbere consultum. Sic C et J. Quomodo omnia legunt supra lib. II, cap. 19, in litteris Ludovici imperatoris. Alias, consilium, ut MS hoc loco,

Utitur eadem voce Nicolaus papa I, epist. 32 : « Audivimus, inquit, Lotharium a sede apostolica petitum non exspectasse consultum. » Sic et in Rothaldi appellatione ad sedem apostolicam : « Absque meo consensu seu consultu. » Et Chronicon Cameracense lib. III, cap. 26 : « Ut eum a consulatu pontificis longe faceret. » Quibus locis consultus significat consultationem vel consilium. Utitur eadem voce Fulbertus episc. Carnotensis epist. 39.

CAPUT V.

Hujusmodi regiæ benignitatis functus auctoritatibus. Sic omnia exemplaria, pro quo S substituit *fretus.* Sensus est : Cum haberet hujusmodi auctoritates, hoc est edicta seu diplomata.

Librum quoque Sacramentorum, sed et Lectionarium, quos scribi fecit, ebore argentoque decoravit. Liber Sacramentorum veteribus, ac nominatim B. Gregorio, est quem nos librum Missalem, vel in neutro genere, Missale dicimus. Lectionarius, qui lectiones cujusque diei continebat. Similia leguntur infra cap. 9 data ab eodem Hincmaro ecclesiæ S. Remigii.

CAPUT VI.

Præparansque candelarum munuscula. Hæc vera est lectio. Sed M, *candelabrum munuscula*, ex quo fecit S et J *Candelabrum et munuscula.* Ex hoc autem discimus fuisse etiam illo tempore usitatam fidelium devotionem, quam etiamnum cernimus ut sanctis luminaria accenderent.

CAPUT VII.

Velum vero quoddam oppansum ibidem videbatur. Sic M et R. Sed CJ, *appensum.* S, *oppensum.*

CAPUT VIII.

Scamnis tapetia reddit. Hoc est reponit. Sic omnia exemplaria, præter MS, quod habet, *sancta tapetia reddidit.* Ex iis autem quæ hic referuntur discimus ornamenta ecclesiæ non esse applicanda ad usus profanos.

CAPUT IX.

Versibus etiam auro inclytis prætitulavit. Sic MS. At J, *inlitis.* C., *inditis.*

CAPUT X.

Quem quotidianum pallii usum nulli unquam archiepiscopo se concessisse. De auctoritate et usu pallii est titulus 8 lib. 1 Decretalium. Baronius tom. X duobus locis, videlicet 849 et 852, scribit Nicolaum papam negare fuisse concessum Hincmaro pallium ad usum quotidianum a Leone papa, « ut, inquit, suo loco dicetur. » Verum in gestis Nicolai papæ id nusquam ostendit falsum fuisse, etsi de aliis Hincmarum redarguat.

Commendasse reperitur episcopis atque legatis. Sic MS. At CJ, *epistolis.* Prior lectio magis placet, quia de epistolis mox infra sequitur.

CAPUT XI.

De synodo comprovinciali apud Suessonicam urbem habita. Exstat tom. III Conciliorum, parte prima, celebrata anno 853, tempore Leonis IV, sed ut ibi notatur, et infra fatetur auctor noster hoc eodem cap., reprobata a Nicolao papa I. Ex istius synodi actis ea quæ hic scribit auctor desumpsit, plerumque etiam verba ipsa mutuatus. Quod a Nicolao papa retractata sit et reprehensa, quoad depositionem illorum clericorum qui ab Ebone ordinati fuerant (quamvis subreptitie ejusdem synodi approbationem a Benedicto papa, et ab ipso Nicolao jam ante Hincmarus obtinuerit, ut ostendit epistola Nicolai 52 et 5, inter eas quæ sunt in appendice epistolarum ejus, quod fatetur etiam ipse Baronius tom. X anno 863, ubi eamdem intexit epistolam) : quod, inquam, a Nicolao papa reprobata sit, patet ex epistola 46 et 47 ejusdem, et in appendice epistola 13 et 15, qui aliam jussit congregari synodum in eadem civitate Suessionensi super eadem difficultate, quæ dictos clericos restituendos esse decrevit. Hæc habita est anno 866.

Amalrico Turonensi. Ita CJ, tom. Concilior. et Chron. Cameracense. MS, *Almarico* et infra *Almaricum*, et similiter bis cap. 21. Plena dictio est *Amalaricus*, regis Wisegothorum nomen. Item M, *Turonense, Catalaunense, Noviomagense*, et ita de cæteris omnibus per *e*, nisi quod legat *Sennensi*, pro quo mutatum est, *Senonensi* et *Cameracensi.* Verum hoc loco retinuimus usitatiorem declinationem, secuti alia exemplaria, et prout legitur in tomis Conciliorum, ut pronuntietur ablativus per *i.*

Huberto Meldensi. Ita CJ, sicut et tabulæ Democharis. At reliqua, *Hucberto* ut in tom. Concil., quomodo etiam nomen Leodicensis episcopi in manuscriptis codicibus Sigeberti perpetuo legitur.

Jona Augustudunensi. M, *Augustidunense*, pro quo SJ *Augustodunensi*, quod nunc usitatius.

Godelsado Cavilonensi. Sic omnia antiqua exemplaria ; S et J substituerunt nomen recentius *Cabillonensi.*

Hildebranno Sagiensi. M, *Sagense*, J, *Sagensi*, quomodo et in tomis Concil. hic legitur. At in subscriptione concilii Tullensis et II Suessionensis, *Hildebrandus Sagiensis.* Similiter in tabulis Democharis inter episcopos Sagienses nono loco ponitur S. Hildebrandus. Oppidum Sagium appellatur et Saium, Gal. *Seez* in Nordmandia.

Rigboldo Remorum chorepiscopo. Sic C et tomi Concil., ubi vocatur *Rigbaldus*, pro quo non recte *coepiscopo* legunt MS et J.

Lupo abbate monasterii quod dicitur Ferrarium. Sic omnia exemplaria. In tom. Concil. « Lupo abbat. monasterii Bethlehem, quod Ferrarias dicitur. » Utroque enim vocabatur nomine. Hujus Lupi abbatis exstat liber epistolarum.

Heriaco. M et aliud exemplar, *Heirico.* SJ, *Herico.* tomi Concil. *Erico.*

Hairohaldus. Sic MS. Al., *Hairoldus*, ut CJ, in tom. Concil. *Harowaldus.*

Nomine Halduino. Ita RC, et tom. Concil. Sed MS *Balduino*, tametsi M infra *Halduinum* legit, pro quo male correctum *Balduinum.* J, *Harduino* utrobique.

Præmissi denique concilii præsules, apostolicæ sedis obediènes præceptis, etc., *hujusmodi præferentes epistolam.* Hæc epistola, cujus summaria capita tantummodo hic inscruntur, est synodica epistola concilii Trecensis, de quo infra cap. 17, quod celebratum est ab iisdem episcopis anno sequenti, videlicet 867, a quibus celebratum erat Suessionense anno 866, ut ipse titulus indicat, destinata quidem ad Nicolaum, sed reddita ejus successori Adriano II. Exstat tom. III Concil. in fine primæ partis ubi præcedit et alia epistola eorumdem episcoporum ex concilio Suessionensi scripta anno superiori, cujus paulo superius auctor noster meminit. Hac autem epistola 2, plene satisfaciunt iis quæ Nicolaus papa epistola 46 ipsis injunxerat. Inscriptio paulo plenior est in tomis Conciliorum, et in opusculis Hincmari nuper editis per Joannem Lemovicensis Ecclesiæ canonicum : « Reverendissimo et sanctissimo domino Patri, ac universali papæ Nicolao, episcopi, qui præterito anno per gratiam Dei et decretum vestrum apud Suessonicam urbem cum aliis qui tunc nequierunt adesse, VIII Kalend. Novembris, prima indictione apud Trecas convenimus. » Præter litteras synodales ex concil. II Suessionensi dedit et privatam epist. Hincmarus ad Nicolaum papam ; qua se excusat quod non statim clericos illos restituerit. Exstat apud Baronium dicto anno 866, post epistolam synodalem. Utraque missa est per Egilonem archiepiscopum Senonensem. Ut autem epistola synodica Trecensis tota huic cap. non inseritur, sic ex iis quæ habet Flodoardus potuerunt aliquot locis supplleri ea quæ desunt in tom. Conciliorum et apud Cordesium.

In suis ordinibus restituere maturassemus. Sic quidem S et J, sed errore hic positum, cum vera lectio sit, quam habent M et C, *maturaremus.* Ita enim est in tom. Concil., ita in eadem epistola edita per Cordesium, et in epistola Hincmari ad Nicolaum papam, quæ est secunda inter eas quas Cordesius edidit, et in epistola secundi concil. Suess. ad eumdem Nicolaum.

Scripta quoque, quæ hinc a vestra auctoritate directa. Sic CJ. Consentit lectio quæ est in tem. Concil. nisi quod pro *hinc* legat *huc.* At *hinc* accipi potest, non ut adverbium loci, sed *quæ hinc*, id est *de hac re.* MS, *quæ hinc a nostra auctoritate.* Sed priorem lectionem requirunt ea quæ præcedunt et sequuntur.

CAPUT XII.

Canonicam in jam dictum Balduinum, et Judith, secundum edicta beati Gregorii, ab episcopis depromi sententiam fecit. Id est curavit eos excommunicari. Respicitur autem, ut apparet, ad decretum 10 et 11 Gregorii II in synodo Romana, cap. *Si quis virginem* 36, q. 2, quo cap. raptores virginum et viduarum excommunicari jubentur.

Et honores Balduino pro vestra solummodo petitione donavit. Hic Balduinus, cognomento Ferreus, primus dicitur creatus comes Flandriæ seu comes a regni a Carorum Calvo, patre ipsius Judith. Videatur Jacobus Meyerus in Annalibus Fland. anno 863. Inter epist. Nicolai hæ sunt de causa Balduini 20, 21, 30, 32 et 52, quæ omnes fere sunt ad ipsum Carolum regem, ut Balduino parcat. Vicesima una est ad Hermentrudem reginam. *Eæ quæ sunt ad Hincmarum, quarum meminit hoc capite, non exstant.*

CAPUT XIII.

De causa Rothadi Suessonici episcopi depositi. Depositus fuit hic Rothadus, sive, ut est plerumque in tom. Conciliorum et Bibliotheca Patrum, Rothaldus, auctore Hincmaro congregatis aliquot episcopis in synodo Silvanectensi anno 863, mense Junio. Qui, illo in monasterium detruso, alium substituerunt, non obstante appellatione ad sedem apostolicam, a qua postea sedi suæ est restitutus, cum nulli contra eum accusatores Romæ comparerent, nec ipse Odo Bellovacensis episcopus, qui ab hac synodo Romam missus fuerat, eum accusaret. De quibus omnibus late videre est epistolam 28 Nicolai papæ primi, et sequentes usque ad 44. Quæ sexdecim epistolæ exstant quoque tom. III Bibliothecæ Patrum secundæ editionis. Et certe Hincmarus in sua epistola apologetica, quæ toto hoc capite continetur, scribit se mittere vicarios suos, « non accusatores ad confligendum, sed ut a Rothado atque a vicinis accusatus, ad intimandum, quod non in contemptum sedis apostolicæ, appellantem Rothadum secundum Sardicenses canones sedem apostolicam, sed eum qui ad electorum judicium de certis capitulis provocavit juxta Carthaginenses et Africanos canones, ac decreta beati Gregorii, regulariter judicavimus. » Sic ille. Verum id negat Rothadus in sua appellatione, quæ exstat post epist. 37 Nicolai papæ, atque in eo videtur præcipua controversia hujus causæ consistere. Exstat totum hoc caput apud Baron. tom. X, anno 864, sed ex unico exemplari, eoque, ut fatetur Baronius, non sine mendis.

Quidam episcoporum regni Lotharii, zelo amaro, contra nos ducti, quia illorum consiliis de Waldrada non acquievimus. Lotharius rex, filius Lotharii imp., repudiata legitima uxore Theutberga, hanc Waldradam concubinam sibi in matrimonium asciveral ; qua de re multæ quoque exstant Nicolai papæ epistolæ, et Hincmari prolixum opusculum de divortio Lotharii regis et Theutbergæ reginæ.

Et ideo ut se concrederet, locarium ei promittere. Sic C et J. Dicitur autem *locarium* a *loco*, ubi *locare*, id est collocare, te possis. Significat, teste Varrone, pretium quod datur in stabulo et taberna. Unde Gallice vertitur *moyens de vivre.* MS et aliud exemplar legunt *jocarium*, quod idem significare potest quod *jocale*, Gall. *joyaux* ; sed huic loco non congruit : prior autem lectio et significatio probatur ex iis quæ non multo ante præcedunt.

Et itineris longitudine atque insoliditate obstrictus. Iter insolidum vocat, non tutum, Gallice *mal sûr.* Quædam exemplaria duo verba faciunt *in soliditate*, sed non recte.

Nisi quandiu ejecto sine ullo crimine ab ea suo pontifice. Scilicet Rigoberto, de quo supra lib. II, cap. 12. Quæ dictio alia manu super lineas in M posita est, eamque S et J in textum retulerunt.

Quod furatus sit res et thesaurum ecclesiæ. Sic C, quæ vera videtur lectio. Reliqua, fraudatus.

CAPUT XIV.

Ad conciliabulum nuper Metis habitum, quod vocari synodum vetuistis. Exstat tom. III Concil. in fine primæ partis, habitum anno 863, mense Junio, in causa repudii Theubergæ reginæ a Lothario rege facti. Damnavit illud Nicolaus I in concilio III Romano sub ipso habito eodem anno.

Tandem in Moguntina civitate habita synodo, Rabano archiepiscopo libellum sui erroris porrigens, damnatus ab omnibus Germaniæ episcopis, etc. Hæc est synodus II Moguntina sub Rabano, anno Domini 848, tempore Leonis papæ IV, de quo eodem anno Baronius, sed ex his Flodoardi scriptis ex Gallica lingua solum translatis.

Postea autem a Belgicæ, Remorum ac Galliarum provinciarum episcopis auditus. Videlicet in synodo Valentina anno 855, ab episcopis trium provinciarum, quæ exstat tom. III Concil. parte I, et in synodo Tullensi in suburbio illius urbis, villa Saponarias dicta, ab episcopis duodecim provinciarum anno Domini 859, quæ ibidem non integre exstat. Videatur Baronius hoc anno in Annalibus. Utriusque infra meminit auctor cap. 16.

Quæ contra catholicam fidem ex veteri hæresi Prædestinatiana, etc. *dicere videatur.* Recte dicit *videatur,* quia quædam ex his bene intellecta fidei non adversantur : ut quod secundo loco asseritur, distinguendo de voluntate Dei beneplaciti et signi. Item tertio loco, quod Christus pro omnibus sit mortuus et crucifixus sufficienter, quia pretium fuit sufficiens quod dedit; sed non pro omnibus efficienter, quia non omnibus applicatur. In quem sensum respondit olim S. Prosper ad Capitula Gallorum et objectiones Vincentianas. Quod primo loco affert Hincmarus his verbis : « Dicit (nimirum Gothescalcus) quod et veteres Prædestinatiani dixerunt, quoniam sicut Deus quosdam ad vitam æternam, ita quosdam prædestinavit ad mortem æternam. » Hoc impie ab iis et a Gothescalco dictum, quia dicebant fatali necessitate ex prædestinatione Dei eos ad peccata, deinde in mortem compelli, ut constat ex objectione prima in Capitulis Gallorum, et can. ult. concil. Arausicani II, et cap. 5, concil. Valentini; in quo, citato eodem concil. Arausicano, sic dicitur : « Verum aliquos ad malum prædestinatos esse divina potestate, videlicet ut quasi aliud esse non possent, non solum non credimus, sed etiam si sint qui tantum mali credere velint, cum omni detestatione, sicut Arausica synodus, illis anathema dicimus. » Legant autem, et apud se perpendant caput sextum ejusdem concilii Valentini, qui hujusmodi quæstiones hoc sæculo suscitarunt. Cæterum de hæresi Prædestinatiana apud veteres rara est mentio sub illo nomine,

A et recentiores scribentes de hæresibus solum illud asserunt, quod Sigebertus in Chronico anno 415, his verbis : « Prædestinatorum hæresis hoc tempore cœpit serpere : qui ideo Prædestinati vocantur, quia de prædestinatione et divina gratia disputantes, asserebant quod nec pie viventibus prosit bonorum operum labor, si a Deo ad mortem prædestinati fuerint; nec impiis obsit quod improbe vivant, si a Deo prædestinati fuerint ad vitam. Quæ assertio et bonos a bonis avocabat, et malos ad mala provocabat. » Hæc ille.

Quod Prædestinatiani veteres non dixerint, iste ut audacius, ita et perniciosius dicit, deitatem sanctæ Trinitatis trinam esse. Id quidem minus recte et improprie dicitur, cum trium personarum in sancta B Trinitate non sit nisi una numero deitas. Sed eo sensu dici potest trina deitas, quia est in tribus personis. Unde in Ecclesia Romana a trecentis et quinquaginta circiter annis decantatus est ille S. Thomæ hymnus de V. sacramento, in quo dicitur :

Te trina Deitas unaquo poscimus.

Cumque de eo mutando ageretur in postrema correctione Romani Breviarii sub Clemente VIII, ut a viris dictis accepi, propter auctoritatem tamen tanti doctoris nihil est mutatum. Sic apud Chrysost. tom. III, homil. de S. Joanne Baptista (quæ quidem ipsius non est, sed incerti auctoris) legitur, « quod in Patre, Filio, et Spiritu sancto est triplex et una divinitas. » Ubi *triplex* pro *trina* ponitur, sicut, et in hymno Prudentii de cereo paschali, cum ait de C Deo :

Regnum continuat numine triplici.

Nam Deus non recte triplex dicitur, sed trinus, ut docent scholastici doctores in librum I Sententiarum, dist. 19.

Et non solum doctorum suorum doctor videri appetit, etc. Sic omnia exemplaria, esique hæc vera lectio, ideoque in M male correctum, *dictorum;* quod secutus est S. Est autem sensus *doctorum suorum,* id est eorum qui eum docent et instruunt, doctor videri appetit, quos convincere nititur de eo quod contra seipsos et propriam doctrinam doceant.

CAPUT XV.

Cæterum capitula synodalia venerabilium consacerdotum nostrorum, trium scilicet provinciarum, sicut D *ibidem continetur,* etc. Loquitur de concilio Valentino, ut patet ex sequentibus, cui interfuerunt in universum tredecim aut quatuordecim episcopi, et inter eos tres metropolitani, Remigius Lugdunensis, Egilmatus Viennensis, et Rodlandus Arelatensis, quorum tantum nomina initio exprimuntur, cum nomine Elbonis Gratianopolitani episcopi. In quo concilio, capite 4, illa habentur quæ contra se dicta esse hac epistola Hincmarus agnoscit, tam de quatuor quam de novemdecim capitulis a se collectis.

In Africana et Arausica synodo. Hæc est synodus II Arausicana, quæ etiam hodie exstat. In Africa tria de hac re concilia celebrata sunt, duo Carthagini, unum Milevi in Numidia, ut patet ex epistola

47 S. Augustini, ubi unum vocat plenarium totius Africæ concilium, quod dolendum est non exstare, sed ejus quædam fragmenta citat Prosper in respons. ad Capitula Gallorum, cap. 8, et lib. contra Collatorem, cap. 10.

Veluti epistola Capitulorum exstitit quam venerabilis Ibas episcopus suam esse in synodo denegavit. Hic est Ibas Edessenæ Ecclesiæ episcopus, de quo in conciliis seu potius judiciis ecclesiasticis Tyrio et Berithensi, et in concil. Chalcedonensi, actione 10. Item Baronius anno 448, qui epistolam quidem ipsius esse ait, sed negavit Ibas se dixisse hæc aut similia verba : « Non invideo Christo facto Deo, si voluero et ipse fieri possum. » Et de eo crimine, audita testificatione clericorum Edessenæ Ecclesiæ, fuit absolutus.

Tempore divæ memoriæ Karoli imperatoris, quando synodus pro cognita infidelitate Felicis est habita. S. infelicitate. Loquitur de Carolo Magno et Felice Utgelitano episcopo. Agunt de eodem Felice ejusque errore Annales Francorum a Pithœo editi anno 792; Sigebertus in Chron. 793; Aimoinus lib. IV, c. 85 et 85; Jonas Aurelianensis lib. I De cultu imaginum, et Paulus Aquileiensis, qui contra errorem ejus librum scripsit, qui exstat tom. IV Bibliothecæ Patrum secundæ editionis. Damnata est ejus hæresis in synodo Francofordiensi, quæ exstat tom. III Concil. ad annum 794.

Et sic tandem subjiciemus illa decem et novem capitula. Sic omnia exemplaria nostra, et concil. Valentinum. Quare J vitiose legit *decem et sex.*

CAPUT XVI.

An quia vobis a cana patrum fide. Sic C, id est antiqua, ut Gallice vertit Chesneau, et eo accedit MS, quod pro *a cana*, legit, *arcana.* J substituit *sana.* Ita Sidonius Apollinaris carmine 2 : *Ætas cana patrum;* id est prisca ætas, et Isidorus in glossis manuscriptis : *Cana fides, antiqua senectus.* Et ante hos Virg. 1. Æneid.

Cana fides, et Vesta, Remo cum fratre, Quirinus
Jura dabunt.

In conventu episcoporum habito in territorio Tullensi, in villa quæ dicitur Saponarias. De hoc concilio adnotavi supra ad cap. 14.

Et in suburbio Lingonicæ urbis. Hæc synodus non exstat.

Quia non ex ipsis, ut non dicamus per ipsos, synodo capitula ipsa fuere prolata. Sensus est non fuisse prolata, quasi ab ipsis profecta.

Timeo ne connivere sit, hoc tacere. Sic restitui ex orig. ipsius Cœlestini epist. 4 ; pro *cohibere*, J substituit *committere.*

In villa Rothomagensis episcopii quæ Melpsa dicitur. Alias, *Melpha*, vel *Anelpha*, sive *Avelnha*, ut in MS. J *Nelpha.*

CAPUT XVII.

De synodo sex provinciarum Galliæ apud recas habita. Hæc synodus exstat tom. III Concil. parte II; parte autem II exstat epistola Adriani II, responsoria ad hanc synodum, quæ inter ipsius epistolas est 9. Supra vero cap. 11 hujus libri posita est bona pars synodalis epistolæ ejusdem concilii Trecensis.

Per Actardum venerabilem Nannetensem episcopum. Sic et in tomis Concil. MS hoc loco et infra aliquoties *Acardum*, interdum *Accardum*, *Arctardum* et *Artardum.* Sed prima lectio communior est.

Nicolaus vero papa gratanter suscipiens quæ Hincmarus ei scripserat, de omnibus sibi satisfactum esse rescripsit. Hæc epistola apologetica Hincmari bene prolixa exstat apud Baronium anno 867, sed responsio Nicolai non exstat.

Dicentes ipsi Græci quod chrisma ex aqua fluminis Latini conficiamus. Hoc sic intelligo quod nos Latini chrisma ex aqua fluminis conficiamus. Unde in editione Romana epist. decretalium legitur : « Quod tamen chrisma nos ex aqua fluminis conficere fallaciter arbitrantur. » Miror Nicolaum Chesneau sic transtulisse quasi *Latini* esset genitivus cohærens cum dictione *fluminis* addita in margine hac adnotatione : « Flumen Latinum Tibris. » Nam et in refutatione decem calumniarum a Græcis objectarum, quam post eam, quæ hic citatur, Nicolai epistolam apponit Baronius, illud solum dicitur : « Quod utatur Ecclesia Occidentalis aqua pro chrismate, omnium testificatione est manifesta calumnia. » Certe non videntur voluisse Græci dicere totam Ecclesiam Occidentalem uti aqua Tibris pro chrismate, sed fluminis cujuscunque.

CAPUT XVIII.

In visione Bernoldi redivivi. Huic visioni Bernoldi de loco tenebroso et altero lucido similia sunt quæ scribit V. Beda lib. V Historiæ gentis Anglorum, cap. 13, et Lupoldus Babenburgius de zelo veterum principum Germaniæ, cap. 14, ubi ex Vincentii Speculo et ex Historia Francorum agit de Ludovico Pio imp. in pœnis detento, petente auxilium a Ludovico Germanico filio suo. De quo et Sigebertus in Chron. an. 875.

Quia si inde certamen habuerint, cito de ista pœna ero liberatus. Id est si certatim hoc egerint, sicut in præcedentibus dicitur, ut ibi quod rex mandaret, de pace stabilire possent agereque certarent.

Item de passione S. Dionysii a Methodio, etc. Hæc epistola exstat apud Surium de Vitis Sanctorum, die 9 Octobr.

CAPUT XIX.

De conjecto Normannis dando. Conjectum genus erat tributi a conjacendo dictum, ut patet ex lib. IV Capitulorum, cap. 69, et ex edicto Karoli in Carisiaco anno 861. Vide Glossarium Pithœi, verbo *Conjectum.* Papirius Massonus lib. II Annal. Franc., in Ludovico Balbo hæc verba Floodardi re.it ns, notat in margine : « Conjectus significat annonam. »

Ad filios quoque ipsius defuncti regis, Ludovicum et Karolomanum. Hi sunt filii Ludovici Balbi ex Ansgarde priori conjuge; ex posteriori, cui nomen Adeleidis, genuit Carolum posthumum, cognomento Simplicem. De illis et infra meminit cap. 24, recensens litteras ad Hugonem abbatem de eodem negotio. Sigebertus in Chron. an. 880 filios ex concubina nominat. Verum eos natos esse ex legitimo matrimonio docet Papir. loco jam citato.

Post obitum Ragenelini episcopi. Sic et infra constanter cap. 23 et 24 legunt MS hoc loco *Ragelini*, J ubique fere *Ragenelmi*, quomodo et Papirius Mass. lib. II Annal. Francor. bis legit; sed cap. 23 in Bernone omnia nostra *Rainelini*, J *Rainelmi*. Is est qui in catalogo Tornacensium et Noviomensium episcoporum tricesimus septimus vocatur. Rancelinus aut Raymelinus, et in subscriptione concilii Suessionensis, habiti anno 866, Remelinus, cui successit Hedilo.

CAPUT XX.

Arduico Vesontionensi. Ita C et J, et infra sequentibus capitibus omnia exemplaria, vel cum aspiratione, *Harduico*; MS hoc loco habent *Radvico*, quomodo C legit super lineas, et in Gallico.

Pro villa Deduciaco. Sic MS etiam infra, sed ibi facit duas dictiones, J hoc loco *Dudiciaco*, infra, *Dudeciaco*. In testamento S. Remigii constanter ab omnibus exemplaribus legitur integrum nomen *Duodeciacus*, quomodo et infra hoc libro III, cap. seq., *villam Duodeciacam*, etsi omissa una littera in MS, legatur solummodo *Dudeciaca*. Sic et cap. 26 in MS bis legitur *Dudeciaco*, ubi J priore loco habet integre *Dudeciaco*, quomodo rursus omnia legunt lib. IV, cap. 2.

Sed et de villa Noviliaca, etc. De hac supra lib. II, cap. 17, et latius in fragmento Hincmari quod post finem hujus operis adjecit Jacobus Sirmondus, quod videtur partem aliquam hujus epistolæ continere.

Karolo quoque Ludovici Transrhenensis filio. Hic est Carolus Crassus, filius regis Germaniæ, fratris Caroli Calvi.

CAPUT XXI.

Ad Lotharium Italiæ regem, qui se, relicta uxore propria, cuidam feminæ copulaverat. Hic est Lotharius de quo supra ad cap. 13, et rursum cap. 20, videlicet Lotharii imperatoris filius. Verum Baronius ad annum 855, quo obiit Lotharius imp., dicit eum, diviso regno, Ludovico Italiam dedisse, qui et successit ei in imperio, Lothario autem regnum quod in Francia possidebat, præterquam Provinciam, quam Carolo tradidit, et passim anno 868 hunc Lotharium adulterum vocat regem Galliæ et Francorum, et Sigebertus in Chron. dicto anno 855 dicit eum Lotharingiam tenuisse, et anno 862, quo Waldradam pellicem superduxit, vocat regem Lotharingiæ. Similiter Papirius Massonus lib. II Annal. Franc. in Carolo Calvo : « Decessit, inquit, Lotharius imp. relictis liberis Ludovico, Lothario et Carolo. Hic Provinciam habuit, secundus Leucorum et Mediomatricum terras, quæ priscum nomen in Lotharingiam mutarunt. Ludovicus rex Italiæ fuit. » Itaque pro *Italiæ* substituendum videtur *Lotharingiæ*.

Scripsi etiam quædam ad Adrianum papam. Inter Hincmari epistolas a Cordesio editas, unica est ad Adrianum II, Ejusdem Adriani ad Hincmarum quæ exstant tom. III Concil. 13 et 28.

Formoso sedis ejusdem (scilicet Romanæ) *religioso episcopo.* Intellige suffraganeo, ut exponit Baronius, eadem verba citando anno 891, quo idem Formosus, longe post obitum Hincmari, creatus est summus pontifex, cum ante esset episcopus Portuensis. Sic infra lib. IV, cap. 6, tempore Stephani VII scribit Fulco Joanni cuidam Romano præsuli, quem Baronius anno 897 dicit unum fuisse ex suffraganeis sanctæ Romanæ Ecclesiæ. Idem intellige de Gauderico et Joanne, de quibus mox sequitur.

Evangelium quoque Nazarenorum sibi ad transcribendum mitti petens. Hujus aliquoties meminit S. Hieronymus, qui se illud ex Hebræo in Græcum Latinumque sermonem transtulisse scribit in libro De viris illustribus in Jacobo. De quo vide Sixtum Senensem lib. II Bibliothecæ sanctæ, verbo *Hebræorum Evangelium.* Sic enim alio nomine appellatur.

Vulfado Biturigensi archiepiscopo. Is est qui ab Ebone fuerat presbyter ordinatus, de quo toties in superioribus, ut patet ex epistola Karoli regis ad Nicolaum papam, quæ exstat inter Hincmari epistolas a Cordesio editas.

Immoni Noviomagensi episcopo. Hic alias vocatur *Himmo*, et subscriptus legitur in concil. Tullensi anno 859. Vocatur et *Emmo* et *Emino*, quem occisum a Nordmannis in urbis suæ direptione anno jam dicto scribit Meyerus.

Prudentio Trecassino. Hic in catalogo Trecensium episcoporum est tricesimus septimus. Obiit circa annum 864, ut est in Promptuario sacrarum antiquitatum Tricassinæ diœcesis, auctore seu collectore Nicolao Camuzat. Festum peragitur 9 lectionibus 6 Aprilis. Exstat in eodem Promptuario sermo ejusdem hoc titulo : *Sermo B. Prudentii epi copi Trecensis de vita et morte gloriosæ virginis Mauræ.* Scripsit quoque librum quo erudite confutat libellum Origenianis et Pelagianis erroribus refertum, quem Joannes Scotus concinnaverat ex Gothescalci Orbacensis monachi scriptis. Ei successit Fulchricus, deinde Atulfus, sive Octulfus, de quibus infra c. 23.

Ænea Parisiorum, pro Rothado Suessonico. Dedit et alias litteras ad hunc Æneam pro Bernone clerico, quæ exstant apud Baronium anno 912, et responsio Æneæ ad Hincmarum.

CAPUT XXII.

In synodo episcoporum decem provinciarum. Hæc est synodus Duziacensis in provincia Remensi. Fragmentum epistolæ hujus synodi ad Adrianum papam II edidit Joannes Cordesius inter Hincmari epistolas. Meminit ejusdem Aimoinus lib. v, c. 24, in fine : habita est anno 817. Exstat tom. III Concil. parte II. Et præcedit ibidem concilium apud Veneriam palatium habitum viginti episcoporum, et in villa et palatio Attiniaco, anno 870, quod ex Baronio ibidem illegitimum et latrocinale fuisse dicitur, et in eo ipsum Hincmarum Laudunensem injuste depositum. Fuit forte Hincmarus Remensis (quem patet fuisse vehementem in omnibus suis actionibus, et maximum veteris disciplinæ assertorem) aliquanto severior in suum nepotem Hincmarum Laudunensem, defensorem, ut ait Baronius, jurium Romanæ Ecclesiæ; sed et iniquum fuisse in eum docet in Annalibus ad annum 870 et 874. Unde pro Hincmaro Laudunensi est epistola 27 Adriani II et tres sequentes. Ejusdem reclamatio sive appellatio ad sedem apostolicam, exstat eo in tom. Concil. post epistolam 5 Joannis VIII, et tandem in Trecensi concilio, sub eodem Joanne VIII, anno 878, suo pristino gradui dicit Baronius fuisse restitutum, et probat ex Adone in fine sui Chronici. Verum Aimoinus dicto libro, c. 37, potius contrarium significat, dum ait : Joannem papam dixisse, ut Hedenulfus sua auctoritate ordinatus episcopus, sedem suam teneret, et episcopale ministerium ageret, et Hincmarus, si vellet, missam cantaret, et partem de rebus episcopii Laudunensi haberet. Certe Nicolaus papa primus, etsi in litteris ad Hincmarum Remensem datis, quæ exstant tomo III Concil., eum in quibusdam reprehendat, in ea tamen epistola cujus fragmentum citat Ivo in suo Decreto, part. xiv, cap. 46, et Grat. ii, q. 3, cap. 102, *Excellentissimus*, præclarum ei præbet testimonium, dicens : « Quapropter nunc beatitudini tuæ injungimus ut super hoc nostra auctoritate fretus, curam de his sumere studeas : quia DOCTA DIVINITUS sanctitas tua valde novit aliud esse ex necessitate, aliud ex ignorantia, atque aliud quod ex studio delinquitur, » etc. Eumdem fuisse virum pium et admodum litteratum testatur Meyerus in Annalibus Flandriæ, 885. Facit quoque pro Hincmaro Remensi epistola ejusdem Joannis VIII, quam, quia deest in tomis Conciliorum, hic ascribere placuit a R. P. Jacobo Sirmondo ex Bibliotheca S. Remigii prius exscriptam. « Joannes episcopus servus servorum Dei Hincmaro archiepiscopo Remensi. Quamvis de sanctitatis tuæ judicio nihil dubitassemus, quia tamen charissimus filius noster Carolus invictissimus imperator, a nobis diligentissime percunctatus, circumstantiam judicii a beatitudine tua coepiscoporumque suorum in Hincmarum dudum Laudunensem episcopum prolati apostolatui nostro retulit, agnovimus justum fuisse omnino judicium. Neque enim tantus princeps nisi veritate fultum quidquam poterat affirmare. Unde nefas esse duximus ejus relationi non præbere fidei incunctanter auditum. Noli ergo jam nunc Ecclesiam Laudunensem viduatam et sine regimine pastorali dimittere, sed indifferenter electum, et de Laudunensis Ecclesiæ clero virum idoneum, et in quo omnium vota consentiant, eidem Ecclesiæ præfice prorsus episcopum. Cui electioni volumus etiam missum præfati piissimi imperatoris interesse, ut sine sæcularium strepitu omni latere talis eligatur, qui aptus sacris canonibus esse modis omnibus approbetur. Optamus sanctitatem tuam in Christo bene valere. Data est Romæ Theodorico jussu papæ Joannis, et domni

Caroli novi imper. per manus Anastasii Bibliothecarii in secretario ecclesiæ S. Petri. Anno incarnationis Dominicæ 877, Non. Januarii, indictione ix, et delata est ab eodem Theodorico in civitate Remis Hincmaro Remorum archiepiscopo eodem anno et eadem indictione v Idus Martii. »

Et a Normanno in synodo accusatus. De hoc videatur epistola Adriani 28 et 29.

Municipium Lauduni, etc., *ab exordio sui*, postquam a Marcobrio prætore, ut produnt historiæ, conditum fuit. De eadem re idem Hincmarus in opus LV Capitulorum, cap. 46, sic ait : « Quod (nempe castellum Laudunense) sicut Eutropius antiquus historiographus dicit, auctore Marcobrio prætore conditum, ab exordio sui in paganismo inter civitates vel provinciales sedes nomen et locum non habuit. »

Olim ab horno habita. Sic MS et originale ; *orno*, quomodo legit M lib. i, cap. 20. Horno autem idem est quod hoc anno. Dicitur et *hornus*, *a*, *um*, ut fructus horni ; poma horna, id est hujus anni.

Licet ad tomum caput inclinet, qui eis non obedit, sed potius porro obvias manus inferens. Sic orig. et J. Phrasis est satis obscura. MS, *thomum*. Exemplar quo usus est Baronius legit *Thomam*, et putat restituendum *Romam*. Pro porro legit *Petro*. In MS. *obvians* legitur. Est autem tomus proprie fragmentum libri abscissum, et pro ipso libro seu volumine imperfecto accipitur.

CAPUT XXIII.

Synodum apud Pistas agendam. Intelligitur concilium Pistense in loco qui Pistis dicitur ad Sequanam fluvium, celebratum anno 863, sub Nicolao primo, quod exstat tom. III Conciliorum in fine prioris partis. Unde supra cap. 21 legitur in omnibus exemplaribus, *ad Pistas in Sequana*, hoc loco MS. *Pestas* legit, sed male. Alio nomine Pisciacum et Pistæ dicitur quasi Pisciatæ, quia solet esse piscina totius Franciæ, ut scribit Sebastianus Rouliard in sua Parthenia sive Historia Ecclesiæ Carnotensis cap. 12, num. 9. Gallice *Poissy*.

Waloni Metensium præsuli. Sic MS, sed J, *Walæ* quomodo vocat eum Aimoinus lib. v, cap. 41.

CAPUT XXIV.

A Parisiacensem parochiam. Sic C in Gallica translatione, pro quo facit quod scribat ad abbatem S. Dionysii *juxta Parisios.* C. in Latino et J, *Pariacensem* ; MS, *Parnacensem.*

CAPUT XXV.

Magenardo præposito. MS, *Agenardo.*

CAPUT XXVI.

Viro illustrissimo Eberado. M, *Ebarardo* ; J *Eborardo* per syncopen.

Rorico Normanno ad fidem Christi converso. Hic Roricus diversus est a Rollone Nordmannorum ductore, de quo Chronicon Cameracense lib. ii, c. 29, qui ad fidem est conversus et baptizatus an. 912, ut ibidem adnotavi.

CAPUT XXVII.

Irmintrudi reginæ. Hæc est Caroli Calvi prima uxor, quæ ab aliis scriptoribus Hermentrudis appellatur, qua defuncta Richildim duxit.

Ut timentes convenientiam, qua dicimus : Dimitte nobis debita nostra sicut, etc. Convenientiam intelligit pactum seu concordatum, aut juridicam conventionem. Respicit enim ad pactum orationis Dominicæ et ad cap. 13 Regulæ S. Benedicti, in quo dicitur : « Ut conventi per ipsius orationis sponsionem, quâ dicunt, *Dimitte nobis,* » etc.

Quantum periculosum malum, tam ipsa regina, quam emptrix illa subierint. M. *Periculum ;* I, *quantum periculi malum, tam ipso quam imperatrix illa subierint.*

CAPUT XXVIII.

Cujusdam fratris Raganfredi. Sic M hoc loco et paulo infra; S. *Ragemfredi ;* I, *Raganfredi.*

Si vero ipse comes hoc fieri negavit. Sic MS. At J : *Sic vero comes ipse hoc fieri non rogavit.* Sensus esse videtur : *Si comes neget se fecisse.*

Aut timore alicujus, vel hortamento de ipso presbytero. Sic J. *Verum* MS, *aut timore alicujus impulsu præsumant inde damnari, vel juramento de ipso,* etc.

Malos autem præscivit tantum, non prædestinavit, nec ut perirent sua præscientia compulit. Sic J. At MS addit duas voculas *(ad regnum)* hoc modo : *Non prædestinavit ad regnum, nec ut perirent,* etc. — Quæ A sane lectio vitiosa est, et pro ea dicendum fuisset, *ad interitum.*

CAPUT XXIX.

De libro edito a se. Qualiter Domini vel sanctorum sint imagines venerandæ. Quod si liber iste exstaret, tum clare constaret, quid de hac re senserit Hincmarus. Certe catholice sensisse patet ex ipsius opusc. LV Capitulorum contra Ilinemarum Laudunensem, cap. 25. Quod vero Matthias Illyricus ex ejusdem operis cap. 20 locum allegat, quo Hincmarus septimam synodum de imaginibus, quæ est Nicæna II, damnare videtur, sciendum textum Hincmari corrupte allegare, pro *Constantinopoli* substituendo *Nicææ.* Verba quæ allegat habentur in dialogo quarto Alani c. 18. Item apud Baronium tom. B IX, anno 794. At videatur integrum opus ipsius Hincmari quod demum anno præcedenti 1615 Parisiis editum est, ubi sine ulla lectionis varietate *Constantinopoli* legitur. Videatur item Alanus loco jam dicto, et cap. seq. et latissime de his disserens Severinus Binius in notis ad concilium Francofordiense, tom. III.

CAPUT XXX.

Anno *Dominicæ incarnationis* 882. Sic omnia exemplaria, et in hac re magis credendum auctori quam Sigeberto et Meyero, qui obiisse scribunt Hincmarum anno 883.

SCHOLIA IN LIBRUM QUARTUM.

CAPUT PRIMUM.

Fulco vir valde nobilis. Alias *Folco,* quomodo ubique fere scribit M.

Marino papæ delegans. Hæc est vera lectio, quomodo et infra concorditer legitur, etsi in M recenti manu superaddita sit littera *l* ut legatur *Martino,* et hunc faciunt Martinum II. Sed legendum *Marinus* Baronius et Binius attestantur, asserentes perperam nominari Martinum secundum.

Pro defensione Frotharii Bituricensis archiepiscopi. Hic fuerat Burdegalensis archiepiscopus, ut patet supra lib. III, c. 21, et infra hoc eodem cap.

Ad quæ illæ respondens. Recensentur hoc capite decem et amplius epistolæ Stephani VI papæ, quarum nulla exstat in epistolis decretalibus, vel in omis Conciliorum. Sicuti nec ulla exstat Fulconis, D uæ hoc capite enumerantur octo vel novem, et plures cap. sequentibus.

Quo, divina vocatione, hominem excedente. Id est mortuo. Sic infra c. 5 : « Tunc illis feliciter humana excedentibus. » Sic Chronicon Cameracense lib. III, c. 19 : « Baldricus episcopus hominem exivit, » id est mortuus est. Videantur quæ ibidem adnotavi.

C *Sed Odonis regis sui consultu.* Hic Odo, filius Roberti ducis, fuit tutor regis Caroli Simplicis, posthumi Ludovici Balbi. Vide Scholia infra cap. 5.

Synodum convocare apud Wangionem civitatem. MS, *Vangionem.* Hæc alio nomine Wormatia dicitur a Sigeberto et aliis. Unde Luitprandus in libello de Vitis pontificum in Vita Stephani sexti, dicit eum jussisse synodum convocari Wormatiam, et titulo Wormatiensis concilii ponitur tom. III Conciliorum, parte II, anno 890. Verba ejus sic habent : « Hic Herimannum Coloniensem archiepiscopum, et Adalgarium Hamburgensem archiepiscopum, de Bremensi Ecclesia contendentes, Wormatiam ad synodum venire jussit, ubi Fulconi Remensi Episcopo vice sua commissa, causam eorum examinari mandavit. »

Qui eorum vicaricatione perfuncti disceptanti et deliberandi libertatem possideant. Sic C. At M *vicricatione,* quod S mutavit in *jurisvocatione ;* J, *vicariatione ;* apud Baronium *vicatione,* in marg. *pro vice.* Eodem sensu in epistola S. Radegundis legitur apud Gregor. Turon. lib. IX Hist. Franc. c. 42, *epistolæ vicarietate.* Sensus est, Qui ipsorum vicarias operas subeat, sive ut hodie loquimur, qui sint eorum procuratores cum plena potestate rem absolute componendi. Sequitur enim ;

Ut nullo ulterius tempore, præcepta finitiva sententia, de hac re necessarium sit vertere quæstionem. Sic legunt C et I; sed J, *infinitima*. In MS *perfecta* pro *percepta*, et M *nectere* pro *vertere*, quomodo etiam utrumque apud Baronium legitur.

CAPUT II.

Rodeniam videlicet. Sic J; S, *Rodennam*; M, *Todennam*.

Imperatorem quoque Widonem coronatum eodem anno significans indictione decima. Videlicet anno 892, quamvis statim a morte Caroli Crassi, id est ab anno (juxta Reginonem et Baronium) 888, imperium occupaverit, cum esset dux Spoletanorum, et de eo tota vita sua cum Arnulfo et Berengario duce Forojuliensi certaverit. Utrumque, scilicet Widonem et Arnulfum, obiisse scribit Baron. anno 899; Sigebertus Widonem anno 901; Arnulfum 902, et Lambertum Widonis filium 903. Verum certius hæc omnia Baronius, qui Lamberti imp. obitum assignat anno 910.

CAPUT III.

Quod si auderet, apostolicæ sedis sententiam reformidaret. Sic C et J. At MS : *Quod si non audiret, apostolicæ,* etc. Verum in M recenti manu adjecta est negatio *non*. Quare non est dubium priorem lectionem veram esse.

Item scribit eidem archiepiscopo (id est Formosus papa Fulconi,) *pro Berthario quodam presbytero.* Ita MS, C et J; alias *Vertario*; C. in Gallico, hic et infra, *Berchario*.

CAPUT IV.

Quæ tunc a Zendeboldo Arnulfi regis filio. J, *Zeudeboldo*, quomodo et C. Sigebertus *Zuendebaldum* nominat. Erat autem filius Arnulfi ex concubina, ut habet idem Sigebertus in Chron. 896, ubi scribit eum a patre factum regem Lothariensium, et ab iis peremptum anno 903, vel, ut Regino, 900.

CAPUT V.

Arnulfo regi Transrhenensi litteras mittens, pro causa regis Karoli quem parvulum adhuc unxerat in regem. Hic Arnulfus erat filius Carlomanni, qui Carlomannus fuit filius Ludovici Germanici. Hic enim Ludovicus filius Ludovici Pii imperatoris dictus Germanicus et Transrhenensis, frater Caroli Calvi, habuit tres filios, Carolomannum, Ludovicum et Carolum Crassum, qui fuit imperator, cui patruo suo in regno potius quam imperio successit Arnulfus. Unde tam a Flodoardo quam ab aliis scriptoribus sæpius rex appellatur quam imperator. Videatur Baron. tom. X, anno 888. Hæc autem quæ sequuntur usque ad illa verba : *Item ad eumdem regem significans ei de fidelitate,* etc., ponit Severinus Binius pro gestis concilii Rhemensis, celebrati anno 892, in quo Carolus Simplex, filius posthumus Ludovici Balbi ex Adelaide, Francorum regni legitimus successor, a Fulcone Rhemensi archiepiscopo unctus, rejecto Odone comite Parisieno, tutore ejusdem Caroli, qui titulum regni Francorum ab obitu Caroli Crassi imperatoris (qui teste Reginone, quem sequitur Baron. anno Domini 888 ex hac vita migravit) tyrannice usurpavit. Sigebertus in Chron. anno 890 scribit Carolum Crassum ab optimatibus repudiatum, et in locum ejus sublimatum prædictum Arnulfum, et Carolum obiisse anno sequenti ; addens, eodem anno 890 Francos, neglecto Carolo Ludovici Balbi puero vix decenni, regem sibi præfecisse Odonem filium Roberti ducis. Item in eadem synodo de Balduino comite Flandriæ tractatum est, ut patet ex cap. 6 et 7 sequenti. Sigebertus prædicta refert ad annum 894, quo anno sic ait : « Odone rege per consilium Francorum in Aquitania demorante, Franci puerum Carolum duodennem, Ludovici Balbi filium, in regnum paternum revocant, et Remis a Fulcone archiepiscopo in regem benedici faciunt. » Et anno 899 : « Odo rex Francorum moritur, obtestans primates ut Carolum in regno reciperent. » Quod pluribus declarat ad eumdem annum 899 Meyerus.

Quod Aschericus ipse. Sic CR et J; sed M, *Adderieus*, pro quo S *clericus*, quomodo in Baronio legitur tom. X, anno 892, et in Papir. Massono.

Filiorum Godfridi. MS Papir. *Goffridi.* J, *Gosfridi.*

Quatenus tam de me quam etiam de sede Remensi, mercedem dignetur habere. Ita R, MS; exemplar Baronii et J, quod legit *de sede*, cum alia omittant *de*, ut sit dictum phrasi Gallica *merci*, id est veniam et indulgentiam dare, alias legitur *memoriam*, quomodo vertitur in Gallico.

CAPUT VI.

Frothero archiepiscopo. Sic R et J. At MS, *Flothero*. Verum illam lectionem præferimus, quia intelligi videtur Frotharius Bituricensis archiepiscopus, de quo supra cap. 1, et lib. III, c. 21, quique in tabulis Democharis etiam Froterius vocatur, et subscripsit synodo Suessionensi habitæ anno 866 et Trecassinæ anno 867, ubi modo Frotarius, modo, addita aspiratione, *Frotharius* nominatur.

Rostagno Arelatensium præsuli. Hic sine dubio is est qui supra lib. III, cap. 21, Rothstanus appellatur.

Pleonico archiepiscopo Transmarino. Hic est qui numero nonus decimus in catalogo archiepisc. Cantuariensium vocatur Pleimundus.

Ad tractandum de pervasione Balduini. Invaserat hic Balduinus Flandriæ comes monasterium Bertinense ex donatione Caroli Simplicis, de qua re, ex Folchardo et Joanne Iperio, Molanus in Nat. SS. Belgii die 9 Septembr. et 17 Junii.

Abbatiam quamdam in hujus Hetilonis parochia sitam. Intelligit Cisonium in diœcesi Tornacensi, de qua supra cap. 4, quæ sita dicitur in parochia Hetilonis episcopi Noviomensis, quia, ut ad cap. 5 libri I adnotavimus, Tornacensis et Noviomensis Ecclesia sexcentis annis unitæ fuerunt.

Quod impetratum a Romana detulerat urbe. S. Everardus marchio, ut est supra cap. 1 hujus libri, corpus S. Calixti papæ et martyris a Romana sede impetravit, sed fieri potuit ut demum filius ipsius Rodulfus, de quo hic est sermo, inde detulerit. Scribunt tamen Jacobus Meyerus in Annal. Flandriæ, et Joannes Molanus in Natal. SS. Belgii die 14 Octobris, beati Calixti reliquias Gisonium allatas per Everardum loci fundatorem anno 854. Addit Molanus eas Remis esse, quo delatas fuisse scribitur infra cap. 8; in epitaphio autem feretri Cisonium delatas legitur anno 855. Quare falli videtur Sigebertus, vel quisquis hoc Sigeberto adjecit anno 884: « Hoc tempore Rodulfus quidam corpus sancti Calixti papæ et martyris a Romana urbe in Franciam transfert. »

Præmissi Otfridi. Sic nominatur infra c. 11 in omnibus exemplaribus, et in tabulis Democharis, atque in Chronico Cameracensi lib. 1, c. 64. Supra tamen hoc cap. MS legit *Et fredus*; J, *Otfredus.*

Auxilium sibi veniæ flagitantes ab ipsa. J omittit *veniæ*; forte legendum *venire.*

CAPUT VII.

Ex synodo Remis habita Dominicæ incarnationis anno 892 arguit eum. Hæc est synodus Remensis in qua Carolus Simplex filius Ludovici Balbi in regem Francorum unctus est, de quo supra notavi ad cap. 4.

CAPUT VIII.

Ab ecclesia tituli S. Agricolæ. Hæc hodie est S. Nicasii.

CAPUT IX.

Hi scilicet, Gibrianus, Helanus, etc. Sic MS. Verum *Helanus* in M alia manu additus est, cum esset omissus. At C in Latino et Gallico, et J pro eo legunt *Tesanus.* Utriusque meminit Joannes Molanus in additione ad Usuardum. Illius 8 Maii his verbis: « Remis depositio sancti Gibriani confessoris, in ecclesia sancti Remigii quiescentis. » Hujus, 7 Octobris: « In pago Remensi, vico qui vocatur Buxiolus, depositio sancti Helani presbyteri et confessoris. » Eumdem S. Helanum habet hoc die Petrus Galesinius in suo Martyrologio, ex tabulis sanctorum Ecclesiæ Remensis, et utrobique sine ulla varietate Helanus appellatus, sicut et in Natal. SS. Belgii Molani die 3 Decembris, ubi distincte recenset Helanum, Tresanum Germanum, et Veranum. De ætate horum sanctorum hæc scribit Sigebertus in Chron. anno 509: « Gibrianus Scotus cum fratribus et sororibus in « Galliam peregrinatus, urbem Remensem vita et morte sua illustrat. »

Francia. Sic CR; sed MS, *Franda*, J, *Frauda.*

CAPUT X.

De historia interemptionis seu martyrii Fulconis videatur Molanus in Natalibus SS. Belgii 17 Junii, ex chronicis Bertinensium. Fuit occisus anno 900, ut ibidem dicitur, et consentiunt Sigebertus, Jacobus Guisius, Meyerus, Baronius in Annalibus, et alii, idque ex eo probatur quia, ut patuit supra in fine libri tertii, Hincmarus obiit anno 882, et Fulco sedit annis 17, tribus mensibus, et decem diebus, ut habet hoc loco epitaphium. Quare fallitur Nicolaus Chesneau dum in Gallica sua editione notat in margine eum obiisse anno 903. Idem probatur ex c. 17 infra. Nam cum successor ejus Herivæus, ut est i. Chronico auctoris, obierit anno 922, die 2 Julii, et sederit, ut ibidem dicitur, annis 22, demptis diebus 4, portet eum ordinatum fuisse die 6 Julii anno 900.

Explorantesque quomodo a metatu suo ad regis colloquium, etc. Sic omnia exemplaria. Sensus est, quomodo a loco in quo metari solet, vel ex hospitio suo, proficisci soleret. Unde dicitur infra: *Cæteri qui superfuere his qui ad hospitalia remanserant,* etc. Utitur eadem voce *metatus* infra c. 15, ubi significari hospitium ex eo patet, quia quod ibi dicit: *Ad metatum suum deduxit,* in Chronico suo dicit: *Duxit eum ad hospitia sua.* Item eadem voce usus est supra lib. 1, c. 20, et lib. 11, c. 5, ubi vide scholion. Quare non recte, reclamantibus omnibus exemplaribus, S. vult corrigi : *Quot in comitatu suo.* Voce *metatus* utitur frequenter Gregor. Turon. in Hist. Francorum, ut lib. 111, cap. 8, *ad metatum regressis*; c. 15, *in metatu ejus*; lib. v, c. 15. *Recedente vero rege ad metatum suum*; item ibidem cap. 59; lib. vii, cap. 29, bis; lib. viii, cap. 2, *ad metatum nostrum advenit.* Quod postea dicit, *in mansione mea,* id est domicilio, etc.

CAPUT XII.

Et sancti Remigii benedictione recepit. Hoc enim tributum est meritis S. Remigii, quod is qui corporis ejus translationem honoraverat, non amitteret quod ei furto fuerat ablatum.

CAPUT XIV.

Conventus denique synodales sæpe cum coepiscopis suæ diœceseos habuit. Nominatim duos, unum anno 909, sub Sergio III papa in pago Suessionico apud Trosleium, de quo infra c. 16, ubi MS legunt *Trosleium,* et omnia exemplar. c. 19 et 21. Utroque enim nomine locus appellatus invenitur, ut illa appellatio sit integra, hæc per abbreviationem, sicut Herivæus. Hujus acta summatim ex Baronio habentur tom. III Conciliorum, parte 11. Alterum anno 921, de quo auctor noster in suo Chronico, et Severinus Binius post synodum ibidem celebratam sub Seulfo, de qua infra c. 19.

Post bellum quod Robertus comes contra eos Carnotenus gessit. Sic omnia exemplaria, quod Gallice recte vertit *vers Chartres,* id est, versus Carnotum. Unde S. *Carnotenus* mutavit in *Carnototenus.* Quomodo autem Rollo dux Normannorum Carnotum obsidens, miraculose ab urbe repulsus fuerit, sub annum Domini 908 per camisiam seu interulam B. Mariæ virginis late describit idiomate Gallico Sebastianus Roulliard in sua Historia Ecclesiæ Carnotensis cap. 7, num. 5.

Fidem Christi suscipere receperunt. Ita C et J.

Sed MS. Baron., Papir. et auctor ipse in Chron. ceverunt.

Insuper etiam Romanum pontificem super ejuscemodi negotio consulere studuit. Ad cujus consulta, etc. Rescriptum Joannis IX papæ ad Herivœum archiepiscopum, de iis quæ circa Nordmannorum conversionem facienda forent exstat apud Baron. tom. X, anno 905, et tom. III Concil., parte II.

CAPUT XV.

Sequenti vero anno, etc. Deinceps annorum numerus, quem adjeci, sumptus est ex Chronico nostri Flodoardi, quod Pithœus edidit inter duodecim auctores coetaneos.

Propter Haganonem consiliarium suum. Ita J et C in Latino et Gallico. M vero, *Hagonem*, ex quo S fecit *Hugonem*. Sed eam quam retinuimus lectionem veram esse constat ex auctore in dicto Chronico, ubi constanter ita legit multis locis. Aliam causam derelicti Caroli regis indicat Sigebertus in Chron. anno 920, his verbis: Robertus dux frater Odonis regis, appetens regnum Francorum contra Carolum, inquietabat Franciam, ejusque instinctu omnes pene primores Franciæ adversabantur Carolo.

CAPUT XVI.

De Erlebaldi comitis excommunicatione. Ita perpetuo legit J. Alioqui varia est lectio etiam in eodem exemplari. MS in titulo legit *Heriboldi*, mox in texto M *Herlebaldum*, et postea *Erbebaldus*; S, *Heribaldus*. Legitur et *Erebaldus*, *Ereboldus*, et *Erleboldus*. Ex fine autem capitis nota eum absolutum fuisse ab excommunicatione post mortem.

CAPUT XVII.

Tertia die scilicet postquam Robertus rex factus fuerat. Factus erat rex die ultima Junii 922. Hic Robertus, frater Odonis regis, eodem anno, ut scribit Odorannus, et Sigebertus, auxilio Lothariensium, apud Suessionem interfectus est. Sed magis auctori nostro res sui temporis scribenti credendum, qui anno seq. 925 interfectum scribit in suo Chronico.

CAPUT XIX.

Vitam finisse. Obiit Seulfus anno 925, expletis in episcopatu annis tribus et diebus quinque. Ita auctor in Chronico. Cui conforme est quod de eo legitur infra cap. 55.

CAPUT XX.

Rodulfus igitur rex. De hoc Rodulfo scribit Meyerus anno 890. Eodem anno Burgundiones, Rodulpho, Ricardi ducis sui filio, diadema imposuerunt, regemque sibi consalutaverunt. Hic igitur Rodulfus, filius Richardi marchionis præfecti Burgundiæ, erat rex Burgundiæ, quem Franci, occiso in prælio Roberto rege, socero ipsius, anno 923, nolentes redire ad Carolum Simplicem, sibi regem elegerunt, rexitque regnum Franciæ per duos annos, ut scribit Sigebertus, dicto Carolo in custodia apud Peronam detento. Verum ex cap. sequentibus constat eum regnasse in Francia usque ad annum 936, quo obiit,

A ut est infra c. 26. Obiit autem XVIII Kal. Junii, atque ita regnavit annos 12. Quod conforme est Roberto Gaguino, Paulo Æmilio et aliis multis. De hoc ita scribit lib. II Annalium Papirius in Carolo Simplice: « Rodulphus Richardi filius in matrimonio habebat Emmam Roberti filiam, et Heribertus aliam ejus filiam duxerat, socer generique et Hugo filius, auctoritate et gratia atque opibus multum poterant.»

CAPUT XXI.

Heribertus Karolum de custodia, in qua eum detinebat, ejecit. Dolo enim Heriberti captus fuerat anno 923, post occisum Robertum, et liberatus e carcere anno 927, sed anno sequenti iterum in custodiam redactus, in qua obiit anno 929. Hæc ex B auctore in Chronico. Habet his conformia Sigebertus, sed fallitur in tempore; dum scribit anno 924 eum in custodiam Peronæ a comite Heriberto detrusum ob necem Roberti ducis ab eo peremptii. Et anno 926 : «Carolus rex Francorum sub custodia Heriberti exsul et martyr moritur.» Similiter in tempore fallitur, dum scribit anno 928 Ludovicum filium Caroli in Franciam esse reversum, cum id demum factum sit anno 936, post obitum Rodulfi regis Burgundiæ.

CAPUT XXIII.

Nec non et Arnaldo. Sic J, alia, *Arnoldo*. Similiter in sequentibus nunc *Artoldus*, quomodo sæpius C et J, nunc *Artaldus*, quomodo frequentius MS legunt. Item *Sigeboldus* et *Sigebaldus*, etc. ; et infra c. 33, *Deroldus* et *Deraldus*.

CAPUT XXIV.

De ordinatione domni Artoldi episcopi. Hæc facta est anno 931, et obiit anno 961, pridie Kal. Octobris, ut habet auctor in Chronico, atque ita constat 31 annis Ecclesiam gubernasse.

CAPUT XXV.

Synodus septem episcoporum apud S. Macram. M. *Magram*; S, *Machram*. In tom. III Concil. ponitur anno 935, sub nomine concilii Remensis, cum sit pagus quidam ejusdem diœcesis, alio nomine *Fismes* dictus, ut adnotavit Nicolaus Chesneau. De passione autem S. Macræ virginis habes infra c. 51.

CAPUT XXVI.

Ludovico Karoli filio, quem rex Alstannus avunculus ipsius nutriebat. R, *Alstanus*; J, *Astranus*. In D catalogo regum Angliæ apud Joannem Carionem *Adelstanus* nominatur; Meyerus *Atelstanum* vocat. Est autem hic Ludovicus Caroli Simplicis filius, dictus Transmarinus, quia trans mare apud regem Angliæ fuerat enutritus, eo quod matrem haberet filiam regis Anglorum.

Quod pater ejus (scilicet Carolus Simplex) *S. Remigio tradiderat.* Id est monasterio S. Remigii, et patet ex verbis sequentibus. Sic et infra cap. seq. et alibi accipitur.

CAPUT XXVIII.

Hugo princeps, filius Rotberti. Hic infra c. 55 et alibi vocatur Hugo comes, qui dictus est Hugo Magnus, comes Parisiensis, et dux Aquitaniæ, filius Roberti Andegavensis et Parisiensis comitis, qui in regem fuerat electus, de quo supra cap. 17. Vocatur idem Hugo dux Francorum, qui Ludovico regi Francorum, filio Caroli Simplicis, rebellavit, obiit autem anno 956. Hic ex uxore Aurea, quæ filia erat Henrici I Aucupis, et soror Othonis primi imperatoris, quam alii Havidem nominant, genuit Hugonem Capetum, postmodum Franciæ regem, qui exstincta stirpe Caroli Magni, regnum Francorum obtinuit. Historia describitur apud Aimoinum lib. v De gestis Francorum, c. 44 et 45. Erat autem dictus Robertus frater Odonis regis, uxorem habens sororem Heriberti potentissimi, comitis Aquitaniæ et Veromandiæ, de quo hic est frequens mentio. Unde Sigebertus in Chronico anno 949, Hugonem Heriberti filium vocat nepotem Hugonis Magni, sicuti et auctor noster in Chronico 943.

Mihi quoque ecclesiam Colmisiaci vici abstulit. In Chronico suo, anno 940, ait : *Ecclesiam quam regebam in Culmisciaco.* Unde constat eum aliquando rectorem seu pastorem fuisse loci illius, cujus frequenter meminit in hac Historia. Varie autem hoc nomen scribitur, ut adnotavimus ad lib. I, c. 12.

CAPUT XXX.

Altimontem castrum occupant. Sic integre scribitur : at R et J plerumque *Almontem* legunt, tam supra quam infra.

Postea cæteri quoque filii Heriberti comitis recipiuntur a rege. Papirius Massonus lib. II Annal. Francor. de isto Heriberto comite sic scribit : « Liberos reliquit Heribertum , Hugonem illegitimum Remorum pontificem, Odonem, Adelbertum, et filiam unicam Arnulphi Flandri uxorem. »

Amblicum castrum cepit. Ita J ; C, *Amblecum* ; MS, *Amblidum* ; Gallice, *Ambli.*

CAPUT XXXI.

Ut filium ipsum, et filium fratris sui suscipiens idem præsul. Ita C, in Gallico et Latino et J ; sed aliud exemplar, et MS, et auctor in Chronico, *ut filium hominis ipsius,* etc.

CAPUT XXXII.

Monasterii S. Benedicti abbatem. Sic omnia exemplaria. Quare non recte S scripsit S. *Remigii* pro *Benedicti.* Ut autem adnotavit Nicolaus Chesneau, intelligi abbatem S. Benedicti ad Ligerim in diœcesi Aurelianensi.

Regina Gerberga nuper ad Othonem regem fratrem suum legationem direxerat. Hæc Gerberga soror Othonis primi imperatoris sive regis (sic enim sæpe ab historicis nominatur, quod benedictionem imperialem non acceperat, sicuti nec Henricus Auceps pater ipsius), hæc, inquam, Gerberga fuerat uxor Gisseberti ducis Lotharingiæ, quo interfecto, eam duxit uxorem Ludovicus rex Francorum, ut scribit Sigebertus in Chronico, anno 943.

CAPUT XXXIII.

Remensem cum Hugone præsule, quasi mox capturus, aggreditur urbem. MS post dictionem *præ-*

sule addunt, *et Theobaldus quidam,* quod abest a cæteris et a Chronico, nec videtur illud admittere orationis constructio.

Defuncto Deraldo Ambianensium præsule Tetbaldus quidam. Sic C et R ; sed MS vitiose, *Derordo.* J et C in Gal. *Deroldo,* quomodo et infra bis c. 35, conformiter in omnibus exemplaribus. Pro *Tetbaldo* M habet *Theobalus,* ex quo S fecit *Theobaldus,* quomodo MS legit c. 37. In tabulis Democharis legitur *Deraldus,* quem sequitur Raimboldus, postea *Theobudus.* Auctor in Chronico *Deroldum* et *Tetbaldum* legit.

CAPUT XXXIV.

Præsente quoque Brunone abbate, regis Othonis fratre. Ita etiam auctor in Chronico. C legit *Brimone,* et Gallice vertit *Brimon,* quomodo etiam legi potest in M ; sed infra c. 35 apertissime legitur *Brunone,* quamvis et ibi in Gallico vertatur *Brimon;* Verum placet alia lectio, quia de eo omnino loqui videtur, qui paulo post hæc tempora factus est archiepiscopus Coloniensis , succedens Wicfredo, anno 953, ut habet auctor in Chronico, et Sigebertus: qui ab omnibus Bruno appellatur, fuitque frater Othonis primi imp., Henrici Aucupis imp. filius.

Missis quoque duobus ad eum deducendum episcopis. Videlicet Adalberone et Gossino, ut cap. sequenti dicitur in libello Artoldi, et exprimit auctor in Chronico.

Ex diœcesi Trevirensi atque Remensi. Sensus est, fuisse in illa synodo Mosomensi utriusque diœcesis episcopos, quod C in Gallico non est assecutus. Nam auctor ipse in Chronico ita scribit : « Anno 948, synodus prædicta celebratur in ecclesia S. Petri ante prospectum castri Mosomi a domno Rotberto cæterisque Treverensis diœceseos episcopis, et aliquibus Remensis. »

Capitulum 19 Carthaginensis concilii de accusatore. Videtur intelligi capitulum 9 et 10 concilii tertii Carthaginensis. Pro quo facit quod infra c. 35 legatur *nonum decimum,* ubi facile omitti potuit conjunctio *et.*

CAPUT XXXV.

De synodo apud Engulenheim congregata. Habita est VII Idus Junii 948, in ecclesia B. Remigii honore dicata, ut est in Chronico auctoris, ubi etiam recenset nomina eorum qui interfuerunt num. 31. Regino lib. II Chronicorum scribit interfuisse episcopos 34. Tom. III Concil., parte II, subscripti leguntur 31.

Denique postquam domina nostra regina Laudunum, propter absolutionem domni regis reliquerat. Sensus patet ex iis quæ dixit auctor supra c. 52. Hugo enim princeps, dictus Magnus, ipsum regem Ludovicum tenebat sub custodia, ipsaque regina Gerberga eidem Hugoni Laudunum reddiderat, ut reciperet Ludovicum regem. Neque enim aliter absolutio, id est liberatio ejus, potuit obtineri, ut ait in Chronico 948.

Post quarum litterarum recitationem, etc. Sequentia omnia usque ad finem capituli, et duo capitula sequentia, etiam quodad verba, eadem sunt in Chronico, anno jam dicto.

Lectis capitulis de hujuscemodi calumniatoribus. Intelligere videtur capitula concilii Carthaginensis vel Capitula Caroli Magni et Ludovici Pii, in quibus tamen hoc non reperio.

Artaldo vero præsuli, qui omnibus se synodis præsentem exhibuerat. Multæ enim synodi pro hac causa congregatæ fuerunt, ut patet partim ex superioribus, partim ex Chronico auctoris, et tom. III Concil., parte II, videlicet Virdunensis, anno 947; Mosomensis, 948, Idibus Januarii; Engelenheimensis, 848, septimo Idus Junii, de qua hoc cap., quæ cæteris fuit celebrior; postremo Romana, 949, in qua Agapitus papa II damnationem Hugonis episcopi apud Engelenheim factam confirmavit.

Cæteris quoque diebus synodi tractata sunt quædam necessaria de incestis conjugiis, etc. Hæc videre est in actis et canonibus decem hujus concilii, quæ, edita ab Henrico Canisio, adjecta sunt ad finem partis II tom. III Concil. per Severinum Binium. Deest tamen ibidem canon de incestis conjugiis.

CAPUT XXXVI.

Fere quadringentos homines interfecerint. Ita C in Gallico et Latino, et J. Verum MS quadraginta quomodo legit auctor in Chronico ad annum 948 quo hæc gesta sunt.

Winefredo Morinensi. Ita MS hoc loco, sed infra Huicfredus. C in Gallico utrobique Winefrede, sed in Latino Wifredus, sicut et J. In Chronico auctoris duplex quoque lectio est, Vincfredus et Wicfredus. In Chronico ms. Moriensi Wycfridus appellatur. Integra dictio videtur esse Winefredus, ex qua per contractionem factum est Vincfredus et Wicfredus. Quo posteriore nomine vivebat eodem tempore Coloniensis archiepiscopus, qui et Wicfridus nominatur infra cap. 42, ubi M legit Hincfridum, quod S mutavit in Huicfridum.

CAPUT XXXVII.

Insistente præcipue Luidulfo capellano regis Othonis. Hæc vera et integra lectio omnium exemplarium, sed infra variant. Nam C, Lindulfus; M, Ludulfus. In Chronico Luidulfus et Laudulfus. Est autem sermo de Othone I ejus nominis imperatore, qui et Otto Magnus dictus est, propter celebres bellorum ejus victorias, ut ait Lupoldus Bebenbergius lib. De zelo veterum principum Germaniæ, cap. 2. C infra Odonis legit. Nam interdum promiscuo pro eodem usurpantur Ottho, Otho, Odo, Ado, et Udo.

Nomine Adelonus. Ita C et J, sed MS, Adelonius. In Chronico Adelomus, Gallice vertitur Adeloin. Acta synodi Inghelheimensis, de qua supra c. 35, et Trevirensis, de qua hoc cap. et præcedenti, approbavit Agapitus papa II, habito Romæ concilio ad S. Petrum, confirmans damnationem Hugonis episcopi et excommunicationem Hugonis principis donec Ludovico regi satisfaciat, ut testatur auctor in Chronico anno 949. Quod Chronicon ulterius extenditur quam hæc historia. Pertingit enim usque ad annum 966. Porro Artaldus obiit anno 961, pridie Kalendas Octobris, ut est in eodem Chronico, et sequenti anno successit ei Odalricus.

CAPUT XXXVIII.

In honore Mariæ vel S. Petri construxisse traditur. S recte notat in margine vel poni pro et. Quod et aliis quibusdam locis contingit, præsertim in summariis capitum.

CAPUT XXXIX.

De sancto Balderico abbate. De hoc Joannes Molanus in additionibus ad Usuardum, die 16 Octobris : « In monte Falconis, beatissimi Baldrici confessoris, cujus vita crebris miraculis declaratur. » De codem Arnoldus Wion lib. III Ligni Vitæ in Martyrologio suo monastico, ad eumdem diem, et Joannes Trithemius De viris illustribus ordinis S. Benedicti, lib. III, c. 152.

CAPUT XLI.

De villa Waslicia. Sic R, M et J, quæ videtur vera lectio, pro quo S Vassicia; C autem, Wasticia. In Gallico autem hoc loco utrumque ponitur, Walstice ou Valliche; sed infra semper Walstice.

De sede scilicet urbis Virdunensis S. Vitonus et S. Agericus. Uterque fuit episcopus illius sedis, illo octavus, hic decimus in tabulis Democharis. De illis enim sic habet : « 8 S. Videnus, seu Vitonus, eligitur 502 in concilio Aurelianensi primo, tempore Clodovei; 10 S. Agericus eligitur 554. » Videndus de his Richardus de Wassebourg archidiaconus Virdunensis, lib. II Antiquitatum Galliæ Belgicæ, quod opus Gallice conscripsit, qua lingua nominantur Saint-Venne, et Saint-Agry.

Et sancius Roduicus de Wassoio C, Rodincus de Vassoio.

Pro villa Gerlanimonte, super Mosellam conjacente. Sic R, C et J; sed MS, Gelani, quomodo et cap. sequenti, tum in titulo tum in textu, legitur etiam in C; sed M ibi Gelani; C et S Gellani.

Ad quam villam dum sanciendi sibi causa. Sic C et J, at MS faciendi. Gallice vertitur, causa accipiendi possessionem, quod Gallice dicimus, saisir et saisine, id est possessio. Quod recte Latine dixerit sancire, id est confirmare, quia possessio confirmat rem acquisitam.

CAPUT XLIV.

Sanctarum Bovæ ac Dodæ. Agit de his Joannes Molanus in additionibus ad Usuardum die 24 Aprilis his verbis : « Remis civitate, sanctorum Bovæ et Dodæ. » Ex quo, ut apparet, Baronius transcripsit in Romanum Martyrologium ad eumdem diem. De iisdem Petrus Galesinius, Felix et Arnoldus Wion in suis Martyrologiis, omnes in eo corrigendi, quod legant Bona pro Bova. Nam hanc esse veram lectionem omnia nostra probant exemplaria, tam supra cap. 58 quam hoc cap. Sic et superius c. 20 leginius Bovonem Catalaunicensem episcopum, quod non recte S mutavit in *Bavonem*, et C in *Bononem*. Adde quod hæc eadem sancta lib. II, c. 10, *Boba* nominatur in omnibus exemplaribus. Solet autem *b* in *v* mutari, aut contra, ut Bibiana, Viviana, Jobita, Jovita.

CAPP. XLVI et XLVII.

De domno Gunthero et ipsius uxore Berta. Varie scribitur hoc nomen in exemplaribus, sed hæc frequentior est, vel per *o Gontbertus*. Integra pronuntiatio est *Gondebertus*, quomodo legitur supra lib. I, cap. 4, in fine, vel *Gundebertus* ut lib. II, c. 10. Hic vero fere *Guntbertus* vel *Gontbertus*, sed MS in titulo cap. 47, *Gombertus*, quo nomine exstat Vitæ ipsius historia in Vitis Sanctorum Gallice editis per Parisienses die 29 Aprilis, ubi narratur fuisse frater Nivardi Remensis episcopi, quod jam dicto cap. 10 testatur etiam Flodoardus. Idem autem videtur esse de quo Molanus in additionibus ad Usuardum 25 Novembris : « In territorio Remensi, sancti Goberti confessoris. » Sed obstat quod S. Gontbertus martyr obierit, sicut et S. Berta. De qua Sigebertus in Chron. anno 661. « Bertha martyr et abbatissa sanctitate claret in Gallia. » Exstat ejus Vita in Vitis SS. Gallice editis a doctoribus, Paris. ad diem 1 Maii.

CAPUT XLVIII.

De duabus ecclesiis sancti Hilarii Remis. Hæc est communis et frequentior lectio; sed M hoc loco *Hillari*, et in indice capitulorum *Hilari*. Quomodo Baronius Romanum pontificem S. Leonis Magni successorem, Hilarum vocat, qui frequentius Hilarius nominatur.

Quod vocaretur Meroltlanus. S. Merolilanus Scotus nunc Rhemis in ecclesia S. Symphoriani quiescit.

CAPUT XLIX.

Ejus labuntur humo intranea. Id est intestina, quomodo legit MS Gallice, *entrailles*, C; *humi*, sed altera lectio verior, ut dictum sit *humo*, pro in humo. Hæc autem pœna adulteræ constituta est a Deo Num. v.

CAPUT L.

Compositionem fisco debitam, quam illi fredum vocant, a se fuisse reis indultam. Restitui *fredum* pro *fretum*, etsi hoc etiam modo legatur in excuso Gregorio Turonensi; cujus allegatur locus, sed et in multis aliis corrigendus, ut patebit, si quis ea quæ hic refert Flodoardus, conferat cum loco ejusdem Gregorii. Certe Pithœus in Glossario Capitulorum, verbo *Freda*, et Jacobus du Breul in adnotat. ad cap. 17 lib. v Aimoini, citantes eumdem Gregorii locum, *fredum* legunt. Similiter semper numero plurali legitur *freda* in variis diplomatibus quæ exstant in Chronico Cameracensi lib. I, c. 57, 62, 76 et 107, et in litteris fundationis prioratus S. Martini a Campis apud Parisios, datis anno 1060, ab Henrico I Francorum rege, *in fredis*. Exstant in Martinianis. In epitome tamen constitutionum Caroli Magni *freta* pro *freda* legitur, in eo capitulo quod in libris Capitulorum a Pithœo editis est tricesimus libri III, ubi dicitur « excepta freta quæ in lege Salica conscripta est. » Ad quem locum Vitus Amerpachius : « Freta est, quam alioqui *fredam* et *fredum* vocant illa sæcula, » etc. Sed cum exemplar ex quo impressæ sunt istæ constitutiones valde fuerit incorrectum, vix dubium quin sit error librarii. Quid autem sit fredum hic indicatur, esique dictio Teutonicæ originis pacem significans, quam Germani dicunt, *fred* et *frid*, et nos Teutones *vrede*. Fredas legitur tum alibi, tum in privilegio Caroli Calvi, quod exstat in Promptuario Tricassino, fol. 84.

CAPUT LI.

Beata Macra virgo sub Rictiovaro præfecto. Sic legitur in C et J hoc loco et in MS, cap. seq., ut sit una dictio. At MS hoc loco *Rictio Varo* separatis dictionibus, quod magis probat Baronius in notis ad Rom. Martyrologium 6 Januarii. Quo die agit de hac virgine etiam Usuardus. Porro Rictiovarus sævissimus fuit Galliarum præfectus seu præses sub Diocletiano et Maximiano, sub annum Domini 300. Martyres sub eo passos complures recenset Baron. tom. II Annal., anno 303, ubi miserandum ejus quoque refert interitum.

CAPUT LII.

De sanctis Rufino et Valerio martyribus. De his Baronius, Usuardus et alii in Martyrologiis, die 14 Junii.

CAPUT LIII.

Subito cernuatus cecidit. Hæc est vera lectio, quam habent C et J. Sed quia non intellecta, idcirco in aliis exemplaribus est mutata. Unum enim legit *cernatlis*. In M legebatur *conternatiis*, at recenti manu correctum *consternatus*, quomodo scripsit S. Est autem *cernuus*, id est, in partem anteriorem inclinatus, vel in caput ruens. Hinc ad illud Virgilii Æneid. x :

    Erectoque incumbit cernuus arvo.

Ait Servius : « Cernuus equus dicitur, qui cadit in faciem, quasi in eam partem quam cernimus. » Hinc et illud in hymno Ecclesiæ :

    Tantum ergo sacramentum
    Veneremur cernui.

VOCUM OBSCURARUM AUT BARBARARUM

EXPLICATIO ORDINE ALPHABETICO,

Quæ in his quatuor libris Flodoardi continentur, sive sint ipsius, sive aliorum, quorum testimonia vel epistolæ interseruntur. Quæ non sunt auctoris, iis præponitur asteriscus.

A

Abinde, pro inde, id est ab eo tempore, vel ab eo loco. Utraque enim significatione utitur.

* *Acetabulum*, lib. I, cap. 18, in testamento S. Remigii. Accipi videtur ut *Num.* VII, in Hebræo est *scutella*. Nomenclator Adriani Junii recenset inter mensuras liquorum, et capere dicit cyathum unum et dimidium.

Æquivocus, ejusdem nominis. Vide indicem nostrum vocum obscurarum in Chronico Cameracensi.

Alodis, idem quod alodium. Vide jam dictum indicem, et Glossarium Petri Pithœi in Capitularia, verbo *Alode*.

* *Amphibalum*. Vide scholia in cap. 18 lib. I.

Atrium, cœmeterium. Gall. *l'âtre*.

B

* *Beneficiare*, in beneficium dare.

Blattea, purpurea. Vide scholia ad cap. 15 lib, I.

Brandeum, lib. I, cap. 20 et 21, pannus sericus, seu linteum, quo sanctorum corpora seu reliquiæ involvuntur; vel etiam quod aliunde allatum eorum reliquias contigisset, ut hodie fieri solet. Vide scholia ad cap. 21 lib. I.

* *Breviculus*, lib. III, c. 22, scheda seu schedula, a brevi, forma diminutiva, deductum. Sic est in Operibus S. Augustini tom. VII *Breviculus Collationum cum Donatistis*, id est (ut Augustinus alio nomine vocat ibidem, et epist. 158) Breviarium et breviatio, seu compendium. Sic juxta Alciatum et alios lib. VII Codicis, titulus 44 est *de Sententiis ex breviculo* (pro quo vulgo legitur *periculo*) *recitandis*. Ad quem locum Christophorus Hegendorphinus in exegesi titulorum Codicis ita scribit : « Hic titulus corrupte legitur. Nam pro *periculo breviculo* legi debet : siquidem hic tractatur quomodo sententiæ ex scripto recitati debeant. *Breviculus* vero est vox diminutiva a brevi, hoc est ab schedula, scriptura dictaceoque. »

C

* *Cabuta*, seu Cambuta. Vide scholia ad cap. 18 lib. I. Quibus addo pedum pastorale S. Burchardi, primi Herbipolensis episcopi, fuisse virgam sambuceam, ut est in Vita ipsius lib. II, c. 1, tom. V Surii.

Caraxatum, lib. I, c. 9, scriptum. Item caraxare, caraxatura, et caraxatores, seu potius per aspirationem charaxatum, etc. Vide scholia ibidem ad c. 18.

Cellerarius, lib. I, c. 12, vel ut I, C *cellarius*, idem qui cellerarius, quomodo mutavit S; quomodo etiam nunc in Hincmaro legitur, minister cellæ, seu promus, aut pronius condus. Vide indicem vocum obscurarum ad Thomam Cantipratanum.

Cernuatus, cernuus. Vide scholia ad capit. lib. IV.

Comes, nomen officii lib. II, c. 18, et alibi. Hi enim comites cum missis dominicis judicia exercebant per singulas provincias, ut patet ex eodem cap. et ex capitulis Caroli Magni. Vide scholia ad idem cap.

* *Conjectus*, vel *um*, genus tributi. Vide scholia ad c. 19 lib. III.

Consuerant, pro consueverant lib. I, c. 12.

* *Consultus, us*, consultatio, consilium. Vide scholia ad cap. 4 lib. III.

Cors, cortis, pro aula regia, Gal. *Cour*, lib. III, cap. 13, bis in litteris Hincmari : aliquando pro curte, ut lib. I, c. 17, et lib. II, c. 6.

Curs, curtis, id est villa. Capitula Caroli Magni lib. III, c. 19 : « Curtes nostræ remanent desertæ. » Vide indicem vocum obs. ad Chron. Cameracense.

D

Decania, decanatus, lib. III, cap. 25, sicut canonia pro canonicatu.

Decubavit, pro decubuit, lib. I, cap. 8.

Depactum, pro pactum sive conventum.

* *Diaconiæ*. Vide scholia ad cap. 18 lib. I.

Domnus, pro domino. Vide notas ad Chron. Cameracens. lib. I, cap. 27.

E

Emovere, pro movere, aut dimovere lib. IV, cap. 40, Gallice *émouvoir*.

Episcopium, episcopatus. Vide indicem vocum obsc. ad Chron. Cam.

Esox, esocis, genus piscis, lib. II, cap. 8; ubi vide scholia.

Eulogiæ. Vide scholia ad cap. 11 lib. II.

Exinde, pro inde, id est ab eo loco, vel tempore. Utitur Fortunatus in Vita S. Medardi.

F

Fiscalini, a fisco dicti, lib. I, cap. 20, qui villas regii fisci tenebant : Fiscalini servi leguntur in Aimoino lib. III; De gestis Francor., cap. 42 et 55, lib. III Capitulorum c. 16, Fiscalini regii leguntur, et in epitome Constitut. Caroli Magni, lege 2 Ripuarense : « Homo regius, id est fiscalinus. » Vide Pithœi Glossarium.

Flasco, lib. I, cap. 15, genus vasis, Gall. *un flacon*. Utitur voce flasconis B. Gregorius lib. II Dialog., c. 18.

Francisca, lib. I, cap. 13, bipennis, quomodo Hincmarus habet in Vita S. Remigii, et ipse Flodoardus etiam jam dicto cap. Sic et Gregorius Turon. lib. II Hist. Francorum, cap. 27, eamdem describens historiam, bipennem et securim nominat. Aimoinus lib. I De gestis Franc., cap. 42 : « Et extensa manu franciscam ejus terræ dejecit, quæ spata dicitur. »

* *Fredum*, Vide scholia ad caput 50 lib. IV, et notas ad cap. 57 lib. I Chron. Cameracensis.

Frigoritici, lib. II, c. 14 et lib. IV, c. 44, febricitantes, frigido morbo laborantes. Utitur eadem voce Fortunatus lib. I Vitæ S. Radegundis, capite 10, quæ exstat apud Surium tom. IV, die 13 Augusti, ubi legitur *frigoreticus*, et in margine notavit Surius : *Frigoreticus*, pro *febricitante*. Gregorius Turonensis lib. V Historiarum Francorum c. 10. « Frigoriticis pustulis laborantibus. » Idem De gloria confessorum, capite 64 : « Frigoritici cæterique infirmi sanantur. » Plura vide in indic. vocum obscur. in Chron. Camerac.

EXPLICATIO VOCUM OBSCURARUM.

G

Glaucoma, æ, lib. cap. 24. Utitur Plautus in Milite. Usitatius dicitur *glaucoma, atis*, item *glaucomatum, ti*, et significat vitium oculi.

H

Hichinaculum, vel *hiclinaculum* lib. 1, cap. 18, in testamento S. Remigii.
Homo hujus aut illius, ut homo Arnulfi, id est vasallus.
Horno, id est hoc anno, libro primo, capite vicesimo, et lib. 111, c. 22, ubi vide scholion.

I

Imaginatum, imaginibus et figuris sculptum et decoratum. Vide scholia ad cap. 18 lib. 1. Ejusdem vocis fit mentio lib. 111, cap. 5.
In ante, lib. 11, cap. 17, id est deinceps, quod alii frequentius dicunt, *in antea*. Vide indicem vocum obscur. in Chron. Camer. Præter loca ibi notata utitur Gregorius Turonensis lib. viii Historiar. Francorum capite 28, et Eutychianus papa 55, quæst. 6, cap. *Episcopus*. Item Fulbertus Carnotensis episcopus epist. 89 : ‹ Ex tunc in antea excommunicatus sit. ›
Incardinari, institui, vel constitui in episcopatu vel alia dignitate libro iii, capite 21. Utitur Adrianus papa II, epist. 11. Item verbum incardinare et incardinari frequenter usurpat Joannes Diaconus, lib. iii Vitæ S. Gregorii papæ, cap. 15 et sequentibus pro constituere, et ipse Gregorius papa in epistola. Vide Onuphrium Panvinum in libello De interpretatione vocum ecclesiasticarum in dictione *Cardinalis*.
Incardinatus, institutus, lib. iii, cap. 29. Ivo Carnotensis, epistola 131, ubi vide observationes Francisci Jureti, qui multa citat loca Gregorii papæ de eadem voce.
Insigne, pro insigniter, lib. i, c. 10.
Intentio, pro lite seu contentione lib. ii, c. 10.
Intranea, intestina, lib. iv, c. 49. Vide scholia.
Isdem, pro idem, lib. i, c. 25, lib. iii, c. 13, 17 et 19, quo posteriore loco exemplar C legit *idem*.

L

Lacerna. Vide scholia in c. 18 lib. 1.
Legatarius, legatus, lib. i, c. 25.
Libitudo, libitus, libido, lib. iv, c. 7. Vide scholia.
Licito, pro licite, lib. iv, c. ult.
Locarium. Vide scholia lib. iii, c. 13.

M

Majordomus, lib. ii, c. 12, præfectus palatii.
Mallus, lib. ii, c. 18; lib. iii, c. 26. Vide notas nostras ad c. 72 lib. 1 Chron. Cam. et notas Joannis Busæi ad epist. 4 Hincmari.
Mandare, significare; *remandare*, renuntiare, utrumque phrasi Gallica.
Maniacus, insanus, a *mania* Græca voce insaniam significante. Eadem significatione Gerson et Joannes Nider in Formicario utuntur voce *maniacus*.
Mansionile, lib. iii, c. 26. Videtur idem esse quod mansio seu habitaculum, villicorum.
Mansus et *mansum*. Vide indicem vocum obscur. ad Chron. Camer. Nicolaus Chesneau mansos vel mansa vertit Gallice *arpents* vel *arpents de terre*.
Matricula et *matricularii*. Vide indicem jam dictum. Legitur lib. i, c. 18, in testamento S. Remigii, et alibi frequenter. Item in Hincmaro ep. 7, c. 55, inter eas quas Busæus edidit.
Matutinorum solemnia, lib. i, c. 25. Sic olim loquebantur, subaudientes hymnorum, nunc *matutinarum* dicimus, videlicet precum. Vide eumdem indicem.
Metatus, us, locus in quo quis metari, tentorium figere aut hospitari solet. Vide scholia ad caput 3 lib. ii, et ad caput decimum libri quarti.

A

Mirum, miraculum.
Missaticum, legatio a misso, id est legato, vel nuntium, Gall. *message*. Legitur apud Hincmarum in opusculo lv Cap., post c. 55.
Missaticus, idem quod missus, legatus seu nuntius, ut clare patet ex cap. 28 lib. iii.
Missorium argenteum, in testamento S. Remigii, et lib. ii, cap. 5, ‹ missorium argenteum deauratum. › Utroque loco Gallice vertitur *vase d'argent*. Gregorius Turonensis lib. vi Histor. Francorum, capit. 2 : ‹ nobis rex missorium magnum, quod ex auro gemmisque fabricaverat in 50 librarum pondere ostendit. › Et lib. vii, c. 4, legitur *missorium aureum*.
Missus, nuntius, legatus, commissarius. Vide schol. ad c. 18, 2, et indicem vocum obsc. in Chron. Camer.
Molendinus, pro *molendinum, mola*, lib. i, c. 14. Sic in appendice 2 ad Hist. Greg. Turon. in descriptione dedicationis ecclesiæ Majoris Monasterii legitur, *molendinos nostros*. Vide notas ad Chron. Cam. lib. i, c. 52.

N

Nec estuosi, lib. iii, c. 26, pauperes, quibus res necessariæ desunt, *nécessiteux*. Utitur Hincmarus, epist. 7, c. ult.
Nomenclator, lib. iii, c. 21. Vide Onuphrium ubi supra.
Nonna, sanctimonialis, lib. iii, cap. 27. Hieronymus in epist. ad Eustochium, De custodia virginitatis : ‹ Et quia maritorum expertæ dominatum, viduitatis præferunt libertatem, castæ vocantur et nonnæ. › Ad quem locum Erasmus suspicatur esse vocabulum linguæ Ægyptiacæ. S. Benedictus in Regula, c. 63 : ‹ Juniores priores suos nonnos vocant, quod intelligitur paterna reverentia. › S. Bonifacius arch. Mogunt. ep. 19, et Capitularia lib. v, c. 2 et 3, eamdem vocem usurpant. De eadem plura R. P. Heribertus Rosweydus in suo Onomastico rerum et verborum difficiliorum ad Vitas Patrum.

O

Octimber, pro *October*. Vide sch. ad c. 21 lib. i. Quibus adde ex Beda De ratione temporum , ubi mensis Octob. is nomina recensens apud varios : ‹ Theseri, inquit, in Hebræo, Paophi apud Ægyptios, Hyperboreteos apud Macedones, Octimbrios in Græco (quod procul dubio ex Latino Octimber factum est) October in Latino. ›
Omnimodis, omnino, omnibus modis. Vide indicem vocum obsc. ad Chron. Cam.

P

Pagus, regio, tractus, territorium. Gall. *pays*, ut pagus Laudunensis. Sic teste Petro Divæo in Antiquitatibus Galliæ Belgicæ cap. 14 frequenter accipitur a Julio Cæsare. ‹ Multos, inquit, pagos habebant (loquens de Morinis) teste Cæsare ; non quidem vicos, ut tunc pagi nomen accipiunt, sed regiones ; in qua significatione Cæsari vocabulum hoc familiare est. › Hæc Divæus.
Pallium, archiepiscopatus insigne, est fascia ex candida lana contexta, habens desuper circulum humeros constringentem, et duas lineas ab utraque parte dependentes, quatuor purpureas cruces, ante, retro, a dextris et a sinistris. Vide Onuphrium ubi supra, et Pithœi Glossarium in Capitularia.
Parisius, indeclinabiliter lib. i, c. 15 ; lib. ii, c. 2, et alibi, pro *Parisii*, *orum*. Indeclinabiliter utitur Ivo epist. 16, ad quam vide observationes Francisci Jureti.
Parochia, seu *parrochia*, ut M. plerumque scribit. Pro diœcesi frequens in scriptoribus mediæ ætatis et in canonibus. Interdum tamen sic distinguuntur, ut diœcesis sit totius provinciæ alicujus archiepiscopatus, parochia episcopatus tantum. Unde Hincmarus in opuscul. lv Capitul., cap. 16 :

« B. Remigius sedem Laudunensem in subsellio Remensis metropolis consedere fecit, quam a sua parochia, non autem a diœcesis provincia scidit. » Idem Hincmarus in epist. 2, ad Nicolaum papam, inter eas quas edidit Joannes Cordesius : « Sed quia non solum diœcesis, verum et parochia mea inter duo regna, sub duobus regibus habetur divisa. » Ita in epistola ad Adrianum papam : « In cujus (nempe Lotharii) parte regni non solum pars diœcesis, verum et pars parochiæ meæ conjacuit. » Et infra : « In cujus regno parochia et provincia mea consistit. » Idem denique in epistola ad clerum et plebem Belvacensis Ecclesiæ : « Sic etiam de alterius diœcesi archiepiscopi, vel parochia episcopi. » etc.

Pedatura vitium, id est pedamentum, statumen. Unde *vitis pedata et statuminata* apud Plin. h. e. palis perticisque firmata. Vide sch. ad c. 1 lib. I. Derivatum est a verbo *pedare*, quod est viti vel alteri arbusculæ sustentaculum adhibere.

Prædonare, pro condonare, Gall. *pardonner*. Legitur in Capitularibus, ut lib. IV. c. 37, et alibi, et in Goffrido abbate Vindocinensi, lib. V, epist. 19.

Pitatium et pitatiolum, vel ut J fere per c *pitaciolum*, lib. III, c. 22. Fuit titulus opusculi Hincmari Laudunensis episcopi, nepotis Hincmari Remensis, cui carmen præfixerat ita incipiens :

Iste pitaticlus plane depromit et apte,
Sedem appellandam libere apostolicam.

Quod opusculum late refellit Hincmarus Remensis prolixo opere LV Capitulorum, præfixo etiam carmine in hunc modum :

Hoc tibi de titulo, juvenis Hincmare sarcerdos,
Respondere mihi convenit arte pari, etc.
Namque pitatiolum neutro dixere priores,
Et caput hoc languens cætera fluxa docet, etc.

Alioqui pitacium schedulam significat, seu epistolium. Adrianus Junius in suo Nomenclatore : « *Pyctatium*, vel potius *pyciacium* Cassiodoro et Lampridio, exigua tabella, πιττάκιον Moschopulo. Belgice *een cleine cedulle*. Pitacium Celso idem quod emplastrum. Glossarium B. Isidori : *Pictacium, epistola brevis et modica. Pictatiuncula, membrana.* » De pittacio plura Heribertus Rosweydus, ubi supra.

Placitum, conventus publicus, seu conventus procerum regni, comitia, Gall. *plaids*. Vide indicem vocum obsc. ad Chron. Cam. et notas Burxei ad epist. 3 et 4 Hincmari, et notas Jacobi Sirmondi ad ep. 36 lib. III Goffredi Vindocinensis abbatis.

Præceptum, rescriptum principis, vel constitutio regis, privilegium, litteræ immunitatis. Vide notas nostras ad c. 85 lib. I Chron. Cam.

Præstaria et precaria, eadem sunt, ut patet ex l. IV, c. 11 ubi Nicolaus Chesneau Gallice interpretatur *usufruict*. Quid autem sit precaria, vide dictum indicem. Præter loca ibi notata precariarum meminit Ivo epist. 274.

Præsentaliter, pro præsentialiter.

Prævidere, pro providere, l. IV, c. 4. Sic et aliquoties Baldericus in Chron. Cam. Vide nostrum indicem vocum obs.

Precatoria, lib. II, c. 5, idem quod precaria.

Presbyter, pastor seu parochus. Vide schol. ad cap. 8 lib. I.

Ptochium, lib. I, cap. 18. Græce πτωχεῖον, domus mendicorum, seu locus ad recipiendos mendicos. Bassianus episcopus in litteris ad Valentinianum et Martianum imperatores, quæ habentur in concilio Chalcedonensi act. 11 : « Sed ego a juvenili ætate mea vixi cum pauperibus, et ptochium feci, et in eo posui septuaginta lectos, et omnes languentes et ulceratos hospitio suscipiebam. » Item in eodem concilio, can. 8 : « Clerici qui præficiuntur ptochodochiis, qui ordinantur in monasteriis, et basilicis

A martyrum sub episcoporum, etc., potestate permaneant. » Ubi secunda editio sive versio in tomis Conciliorum habet in *ptochiis*. Tertia, quæ est Gentiani Herveti : *Clerici ptochotrophiorum*. Apud Gratianum 18, quæst. 2, cap. 10 : *Quidam monachorum*, ex correctione Gregorii XIII legitur ut habet editio 2 : In ptochiis, pro quo vitiose vulgata exemplaria legebant, parochiis, ibique adnotatum est ptochiis esse vocem canonis Græci. De eodem vocabulo Rosweydus, ubi supra.

Q

Quæque, pro quocunque.
Quique vel *quisque*, pro quicunque, lib. III, frequenter.
Quibusque, pro quibuscunque.
Quisque, pro quisquis. Franciscus Juretus in suis observationibus ad epistolam 8 Ivonis : « Vetustiores dixerunt *quisque* pro *quisquis*, quod plerique non observantes sæpe mutarunt et corruperunt in auctoribus contra fidem priscarum membranarum. » Sic ille. Et probat ibidem citatis exemplis ex Tertulliano, Hilario et aliis.

R

Refutare, renuere, recusare, Gall. *refuser*, lib. II, c. 19. Utitur in eadem significatione Ivo epist. 131, 175, 178, 186, et alibi sæpe.
Regestum, lib. II, c. 2, ubi vide scholia.
Renunciare, renuntiare.
Repedare, redire. Lucillus : « Redisse ac repedasse, ut Romam vitet. »
Revadiare, lib. III, c. 4, dicitur a *vas, vadis*, et Gall. ibidem vertitur *debitorem se agnoscere*. Legitur eodem libro, cap. 28. Vide indicem vocum obs. ad Chron. Cam.
Revestitus, lib. III, c. 18, indutis paramentis ecclesiasticis, Gal. *revêtu*. Aliquando *revestire*, est in possessionem inducere post privationem, ut eodem lib. c. 26, et lib. IV, c. 4. Unde vestitura, de qua voce Pithœus in Glossario.
Rotula et rotulus, lib. III, c. 11 et alibi, scheda, volumen, scriptum convolutum. Ibidem cap. 22, *rotulam prolixissimam*, inquit Hincmarus. Utitur idem in opusc. LV Capit., cap. 43. Eamdem vocem *rotulus* pro scheda aliquoties usurpat Stephanus episcopus Parisiensis in epist. præfixa condemnationi aliquot articulorum in fine Petri Lombardi Magistri sententiarum. Est autem rotula diminutivum a rota.

S

Salarium argenteum, salinum lib. III, c. 5, ubi MS male legit *solarium*. Lib. II, c. 23, leguntur : « duo vasa salaria a rege S. Stephano missa. » Ubi aliud forte intelligit.
Sancire, possessionem accipere, Gal. *saisir*. Vide schol. ad cap. 41 lib. IV. Verbo *saisivit et resaisivit* utitur Ivo Carn. epist. 101.
Senior, dominus, Gal. *seigneur*. Utitur Hincmarus epist. 1, inter eas quas edidit Busæus, et passim scriptores mediæ ætatis. Vide indicem vocum obsc. ad Chron. Cam. et Petrum Greg. lib. VI Syntag. juris universi c. 11.
Signa ecclesiæ, campanæ. Hinc in Pontificali parr. II, titulus est : *De benedictione signi seu campanæ*. Vide Glossar. Pithœi verbo *Signa*.
Succensere eum, vel *eos*, cum accusativo, id est, contra eos irasci.
Suerum, consuetum.
Sumptorium, lib. III, cap. 5, cochlear, ut Gallice vertitur, quo nimirum utimur in calice sacro.

T

Tantitas, exiguitas, parvitas, in prologo auctoris.
Thudestica lingua, lib. IV, cap. 35 ubi MS, *Teutonica*. J Theolisca, id est Germanica.
Thuytsche. Inter epistolas Hincmari a Cordesio editas, exstat epistola Otfridi monachi ad Luidbertum archiepiscopum Moguntiacensem et præfatio in

librum antiquum lingua Saxonica conscriptum, quæ ibidem vocatur Teudisca, et legitur adverbium *Theoisce*. Item Theudiscæ linguæ exemplum exstat lib. III Hist. Nithardi.

Titulare, inscribere, insignire.

Turriculum, Vide schol. ad c. 18 l. I.

U

Unguen, unguentum, lib. I, c. 11, ex Hincmaro in Vita S. Remigii. Utitur Persius.

Utillimus, utilissimus.

V

Vadatus, lib. IV, c. 19, a verbo *vador, ari*, commune, id est fidejubere pro alio. Vide indicem voc. obsc. ad Chron. Cam.

Vadius, l. III, c. 28 : « Hoc illi emendare per vadium faciat. » Videtur significare idem quod *vas vadis*, id est fidejussor. Et teste Jacobo Spiegelio in Lexico juris primum dictum est *vadis*, deinde per syncopen *vas*. Vadimonium sponsio est standi in judicio. Alii scribunt per duplex *w*, wadius, ut lib. II Capit., cap. 38 : « Ab his qui decimas non dant wadios accipiant. » Et lib. III, cap. 29, tit. est : *De libero homine qui se loco wadii tradidit.* In epitome Constitut. Caroli Magni de lege Ripuarense c. 3 : « Homo ingenuus qui multam quamlibet solvere non potuerit, et fidejussores non habuerit, licet ei semetipsum in wadium et cui debitor est mittere, usque dum multam quam debuit persolvet. » Ad quem locum notat Vitus Amerpachius : « *In wadium dare*, hoc est pignori dare, aut addicere. » Vide Rub. s., l. II Leg. Longobard. Plura loca profert Pithœus in Gloss, verbo *Wadii*, et verbum *wadiare* frequens est in legibus Longobardorum.

Vasalli, aut *vassalli*, clientes. Vide idem Glossar. in dictione *Vassi*.

Vel sæpe ponitur pro *et*, præsertim in summariis capit. Quomodo etiam vertit interpres Gallicus, ut lib. IV, c. 19, 36 et 38.

Vicaricatio, vices. Vide scholia ad c. 1, l. IV.

Vicedominus, lib. I, cap. 17. Vide scholia. Utitur et aliis locis.

Villa pro pago aut civitate sæpe accipitur, phrasi Gallica, ut l. I, c. 14 : « Sparnacum villam suam, id est civitatem. » Gallice *ville*. Nam alias eumdem locum oppidum vocat.

Villaris, masculino genere, lib. II, c. 2 et 3, villa.

AD HISTORIAM REMENSIS ECCLESIÆ

APPENDIX.

STATUTA SYNODALIA ECCLESIÆ REMENSIS.

Hæc statuta accepta ex Majori Monasterio (Gallice *Marmoustier*) a sancto Martino ædificato in suburbiis civitatis Turonensis, cum serius ad manus nostras pervenissent, visum est appendicis loco adjicere. Etsi enim sint in his quædam quæ non videntur redolere antiquitatem, ut quod titulum pastoris tribuat parochis, qui ætate Sonnacii et multo post presbyteri tantum aut sacerdotes solent appellari; quod item festum Nativitatis beatæ Mariæ inter festa celebranda reponat; quod in his partibus non videtur tam antiquum fuisse, quandoquidem Fulbertus Carnotensis, qui vixit anno 1017, id primum in Gallia celebrasse dicatur, si Demochari credimus. Verum facile potuit fieri ut loco *presbyteri* a recentiori aliquo positum sit nomen *pastoris*, et festum illud ab aliquo forte adjectum. Scribit tamen sanctus Hildephonsus, qui eadem ætate vixit cum Sonnacio in libro De virginitate et parturitione B. Mariæ, nativitatem ejus ex auctoritate totius Ecclesiæ celebrari et venerari. Sunt his statutis similia quæ scribit Jesse Ambianensis episcopus in epistola ad sacerdotes suæ diœcesis, et constitutio Riculfi Suessionum episcopi, quæ cum Hincmari opusculis edidit Joannes Cordesius.

Quæ sequuntur editioni suæ adjecit R. P. Jacobus Sirmondus, quæ nec in nostra deesse voluimus, sed ordine temporis disposita.

CAP. I. Sine fide, teste Apostolo (*Hebr.* XI) impossibile est Deo placere, ideoque mandamus omnibus, ut exacte doctrinam fidei juxta verbum Dei, et sanctæ Ecclesiæ Romanæ traditionem teneant, sequanturque. Et quicunque pastores sunt, quæ ad instruendum populum, et gregem pertinent, discant et sciant, et suos ad officia virtutum excitent.

CAP. II. Fidelibus pie sacramenta ministrent, semperque afferant quod ad explicandam utilitatem Sacramenti, et institutionem pertinet.

CAP. III. Mercedem non accipiant, sed in Deo confidant, qui dat escam pullis corvorum invocantibus eum (*Ps.* CXLVI).

CAP. IV. Baptizaturus sit sobrius, idque honeste expleat, verba attente proferat, et debite de parentibus informet.

CAP. V. Confirmationis sacramentum habet donum roborantis Spiritus sancti, et uberiorem gratiam profert, ideoque non negligatur.

CAP. VI. Remissio peccatorum, et expiatio Sanguini Domini nostri Jesu Christi nititur præcipue, et ab eo pendet.

CAP. VII. Curet pastor ovem suam, et non negligat : et injungat interesse missæ sacrificio diebus solemnibus et Dominicis, agnoscat ejus faciem (*Prov.* XXVII); et si bis absit in anno, prohibeatur eidem Ecclesiæ ingressus, et careat pastorali sepultura et consolatione.

Cap. VIII. Nemo tempore Quadragesimæ pœnitentium confessiones audiat, præter pastorem. Hujus enim interest ovem recognoscere, pro qua suam animam fœnerat Domino.

Cap. IX. Sacrosanctam eucharistiam sacerdos celebraturus se præparet, et probet, et ut minimum bis in mense id faciat.

Cap. X. Feratur ægrotis vase honesto, et lumine antecedente, et præeunte; et quicunque peregrinari volunt, illud ad viaticum suscipiant.

Cap. XI. Et cur ad mortem condemnatis renuitur, cum iis maxime conducat ad spem et securamen certi decessus, et præsentis agonis.

Cap. XII. Qui ad ordines promoveri volunt, habeant beneficium ad alimoniam sufficiens, idque ad examinationem virorum proborum et juratorum.

Cap. XIII. Nulli tonsura detur, nisi idoneo, et ad sacros ordines postea probabiliter ascensuro. Quid opus enim mittere panem filiorum canibus (*Matth.* xxv), et spiritualia mundi amatoribus?

Cap. XIV. In matrimonio imago exstat sacrosancti conjugii inter Christum et Ecclesiam enati (*Ephes.* v); ideoque vinculum est divinitus firmatum, quod multum confert ad felicitatem rei familiaris, ad pacem inter partes, et ad proles suscipiendas.

Cap. XV. Extrema unctio deferatur laboranti et petenti, eumque pastor in propria sæpius inviset, et pie visitet, eum ad futuram gloriam animando, et debite præparando.

Cap. XVI. De clericis. Luceant sicut stellæ et perpetuæ claritates in firmamento Ecclesiæ (*Dan.* 1). Non sint ebrii, nugaces, et sæcularibus immixti.

Cap. XVII. Nec mulieres alloquantur, aut domi retineant; vivant in communi, et ædes pauperi patentes inhabitent.

Cap. XVIII. Suffragia defunctorum omnino servari præcipimus, et ne missarum solemnia, præter fundatorum mentem, alio modo convertantur.

Cap. XIX. Sint episcopi fideles et assidui verbi Dei dispensatores. In hoc etiam eorum charitas dignoscitur, si gregem pascant exemplo et verbo.

Cap. XX. Festa absque omni opere forensi excolenda, et cum debita veneratione celebranda hæc sunt: Nativitas Domini, Circumcisio, Epiphania, Annuntiatio B. Mariæ, Resurrectio Domini cum die sequenti, Ascensio Domini, dies Pentecostes, Nativitas beati Joannis Baptistæ, apostolorum Petri et Pauli, Assumptio beatæ Mariæ, ejusdem Nativitas, Andreæ apostoli, et dies omnes Dominicales.

Cap. XXI. Ecclesiæ debite dotentur ad alimoniam pastoris et cleri, ut securius invigilent super gregem, et de ejus salute sint anxii et solliciti.

DE MINISTRIS REMENSIUM ECCLESIÆ

Quos inordinate Ebo episcopus invenit, et per deprecationem eorum, inspirante sancto Spiritu, hæc dictavit.

Præpositum decet cura interior ac exterior. Exterior in rebus et familia salvandis, atque secundum Deum gubernandis, summa cum intentione, et pietate, et benevolentia. Ibi etiam consistit omnis nutriendi industria, cuncta proficua ingenia laborandi in agris, in vineis, in silvis, in hortis, in diversis emptionum generibus provide procurandis. Insuper et de qualitate necessaria ædificiorum, sive quantitate. Interior vero sollicitudo ejus esse debere manifestum est dispensatio fratrum publica, honeste disposita in victu et potu, sive omni subsidio corporali, quod administrat divina pietas, sive per studium laboris ejus, sive de eleemosynis fidelium, necnon et de dono propriæ procurationis publicæ. Cui non minor patet etiam alia dispensatio necessaria in infirmis et senibus, pro diversitate uniuscujusque necessitatis. Sequitur autem hinc studium omnem ornatum corporalem ac spiritalem continens fratrum : corporalem primum in clausura, inde in refectorio, et in dormitorio, in cellario, in coquina, sive in cunctis habitatoribus necessariis, necnon in vasculis omnibus. Spiritalem vero zelum talis minister veræ religionis habere debet sanctæ conversationis nocte ac die canonicis partitis in horis. Correctionem morum, pro gravitatem levitatis motum deprehendens; vaniloquium secretis in locis et horis suo rigore omnino depellens: omnes negligentias omnium publice deprehensas in capitulo omnium fratrum judicio puniens his modis, id est, aut carcere, aut separatione mensæ, sive in omnium verborum diversitate. Cujus etiam prudentissima circumspectio decanis sibi suppositis invigilare debet, ne unus quidem, a maximo usque ad minimum, absque ejus conscientia et licentia unius diei spatio nequaquam ab officii sui loco desit.

Archidiaconi officium est, gradus ecclesiasticos summa cum providentia ætatum et meritorum ordinare : de tempore in tempore nominibus certis uniuscujusque officium de omni regione præfigere, subtiliterve merito probare, et gratiam sancti Spiritus unicuique investigando ministrare; in omnibus divinis officiis sanctæ Dei Ecclesiæ fideles ministros erudiendo et excolendo efficere: festivitatum omnium ac feriarum, necnon totius anni officia in canticis et lectionibus, non solum litteraturam corrigere, sed spiritalem intelligentiam omni clero in capitulo tradere, libertates liberorum cum testibus probare, alienorum servorum ad gradus venire volentium exigere, potestatem etiam habens libertatem ecclesiastica propria de familia facere, et alienis exigere,

Pro neglecta lectione aut officio gradus sui a diacono usque ad infimum excommunicare: etiam et juvenculos talibus pro excessibus verberibus arcere: verbum etiam faciendi ad populum in diebus festis providere et facere: et sic omnia per ordinem digne usque ad consecrationem presbyteri studiosissima intentione veræ religionis perducere. Vinctorum etiam publicæ civitatis ex carcere curam in festivitatibus solemnibus Domini gerere, id est, in Natale Domini, in Epiphania, in initio Quadragesimæ, media Quadragesima, in Palmis, in Sabbato sancto, et in die sancto Paschæ, similiter in Ascensione Domini, et in Pentecoste summa cum diligentia eos excipere, et eis obsequia benignitatis corporalis spiritaliaque, ex divinis et humanis beneficiis refectionem benedictionis parare.

Chorepiscopi vero ministerium est, omnem sacerdotalem totius regionis sibi commissæ conversationem corrigere atque dirigere, id est, in conficiendis divinis sacramentis et baptisterio omnium intellectum aperiens excitare, populum regionis prædicare, confessiones exigere, pœnitentiam cum discretione caute imponere, hospitalitatem sectari, infirmos visitando obsequia benignitatis et benedictionis, et sanctæ unctionis inferre. Communioni sanctæ dignos fieri populos assidua commonitione exercere, mortuos cum commendationibus animæ, et orationibus dignis obsequiis sepulturæ venerabiliter tradere, pro vivis etiam ac defunctis totius Ecclesiæ filiis rationabili assiduitate exorare. Insuper vero omnia quæcunque intra ecclesiam et extra ecclesiam in claustro, et in omnibus habitationibus a maximo usque ad minimum quemcunque viderit negligere, secundum ecclesiasticum correptionis modum semper corripiat, et omnem veram religionem, prior ipse faciendo, omnes facere doceat. Et hunc modum nequaquam, nisi præcipiente episcopo, de causis subsequentibus excedat de omni jure consecrationis.

Episcopum vero civitatis propriæ disponere oportet de consecratione, de confirmatione, de reconciliatione, et de publico indicendo jejunio, aut aliud aliquid publici juris pro tempore digno Deo debito. Cujus officii summa speculationis hæc est, ut et subtilissime providendo insistat qualiter omnium officia studiosissime gubernando ad portum perfectionis dirigat: quibus in causis, nisi jussus, chorepiscopus nullatenus excedat (1).

(1) Quon præcessit opusculum Ebonis, ex sancti Remigii bibliotheca Remis exscripsimus, cum Joannis VIII epistola et decreto electionis Laudunensis, quæ infra sequentur. Proximam vero Notitiam de villa Novilliaco, cujus auctor Hincmarus ipse videtur, nobis communicavit humanissimus Nicolaus Faber ex bibliotheca, ut aiebat V. C. Claudii Puteani senatoris Parisiensis.

SEQUUNTUR GESTA

Quomodo D. Hincmarus villam Novilliacum apud D. Carolum imperatorem filium Ludovici imperatoris impetravit.

Defuncto Pippino rege VIII Kalend. Octobris (765) in monasterio sancti Dionysii, filii ejus Carolomannus et Carolus secundum dispositionem patris sui et consilium regni primorum diviserunt inter se regnum paternum, et elevati sunt in reges VII Id. Octobris, Carlomannus in Suessionis, et Carolus in Noviomo, sicut in Annali regum scriptum habemus.

Anno IV regni sui infirmatus est Carlomannus infirmitate qua et mortuus est in Salmuntiaco, et ante obitum suum per præceptum regiæ suæ auctoritatis, quod habemus, tempore Tilpini archiepiscopi, tradidit villam Novilliacum cum omnibus ad se pertinentibus, pro animæ suæ remedio, et loco sepulturæ, ad ecclesiam Remensem S. Mariæ, et basilicam sancti Remigii, in qua et sepultus est. Post cujus obitum Carolus frater ejus præcepto, quod habemus, suæ auctoritatis ipsam traditionem confirmavit.

Defuncto Tilpino archiepiscopo anno XXIII postquam Carlomannus Remensi ecclesiæ villam Novilliacum tradidit, tenuit D. rex Carolus Remense episcopium in suo dominatu, et dedit villam Novilliacum in beneficio Anschero Saxoni, qui nonas et decimas ad partem Remensis Ecclesiæ de ipsa villa usque ad mortem suam persolvit: et defuncto domino Carolo, sed et ipso Anschero, postquam Carlomannus præfatam villam cum omni integritate Remensi Ecclesiæ tradidit, semper ipsa Ecclesia inde vestituram, sicut prædictum est, per annos XXXVII habuit. Post obitum domni Caroli, et defuncto ipso Anschero, dominus Ludovicus imperator donavit ipsam villam Novilliacum Donato in beneficio. Qui Donatus, interveniente Bigone, per subreptionem, quasi de fisco regis quasdam colonias de ipsa villa obtinuit in proprietatem per præceptum domni Ludovici imperatoris. Et quando Lotharius filius domni Ludovici imperatoris Cavillonem veniens, eam expugnavit, Donatus a villa supra Matronam, quæ Pomarius vocatur, ab imperatore defecit, et illi mentitus ad Lotharium confugit, et veniente hostiliter imperatore Ludovico ad villam quæ Caleiacus dicitur, Lotharius ad eum cum suis constrictus venit, et sacramentum ipse, et sui ab imperatore quæsitum illi juraverunt. Inter quos et Donatus de infidelitate ejus comprobatus, ipsi imporatori quæsitum sacramentum juravit, et comitatum Miridunensem, et villam Novilliacum cum suis appendiciis imperator ab eo abstulit, et Athoni, qui fuerat ostiarius Caroli imperatoris in beneficium dedit. Donatus autem in vita imperatoris Ludovici nec comitatum recepit, nec de proprietate sua ullam firmitatem promeruit. Post obitum domni Ludovici imperatoris, diviso regno inter fratres, et pace facta inter eos, et mortuo Atthone, dedit Carolus (Calvus) Donato in beneficium Novilliacum. Processu denique temporis commendavit. Donatus filium suum Gozelum Carolo regi, cui in beneficium dedit Carolus villam Novilliacum cum appendiciis suis. Deinde Landrada uxor Donati, sed et filii eorum, pergente Carolo rege ad obsidendos Normannos, qui in insula quæ Oscelsus dicitur, residebant, cum aliis defecerunt. Quorum honores et proprietates a Francis auferri, et fiscum redigi judicatæ sunt. Unde Landrada, et filii ejus eatenus auctoritatem Caroli regis non obtinuerunt. De quibus rebus anno xx regni sui Carolus villam fiscalem præcepto suo, quod habemus Orbacensi monasterio dedit.

Anno xxxii regni sui venit D. Carolus rex gloriosus in basilicam sancti Remigii, ubi ostendi ei locum sepulcri Carlomanni regis, et præcepta ipsius Carlomanni et Caroli avi de villa Novilliaco, et auctores sacrorum canonum, qualiter damnent Spiritus sancti judicio eos qui eleemosynas defunctorum retinent, et ecclesiis tradere demorantur, qui ut infideles ab Ecclesia abjiciendi, et quasi egentum necatores, nec credentes judicium Dei, habendi judicantur. Et reddidit præceptum suæ auctoritatis, quod habemus, Remensi Ecclesiæ ipsam villam cum omnibus, ad se pertinentibus, quam tunc Bernaus post fratrem suum Rothanum in beneficio habebat.

Postea pervenit ad ejus notitiam quod quidam homines de ipsa villa Novilliaco per subreptionem, tam apud patrem suum, quam et apud eum res et mancipia in proprietatem obtenta tenerent, Landrada scilicet uxor quondam Donati Cuntharinis, Hugo et Waltrudis, et Elampodus filius ejus, Rotbertus, et Boso, misit suos missos ad hoc inquirendum, et in quæstione facta, et veritate, sicut ei dictum fuerat, inventa, quoniam prædicti ad rationem non venerunt, sic ut banniti fuerunt, jussit ut præcepta Carlomanni et Caroli, sed et suum præceptum coram suis fidelibus in generali placito suo apud Duziacum in causis palatinis legerentur. Unde fideles ejus, tam comites quam vassi dominici quorum nomina scripta habemus, sed et cæteri omnes, qui adfuerunt, relictis eisdem præceptis judicaverunt: ut quicunque de rebus et mancipiis ipsius villæ Novilliaci, per cujuscunque præceptum, vel quocunque modo, post donationem Carlomanni, qua cum omnibus appendiciis suis, vel cum omni integritate, ipsam villam Novilliacum, sicut tunc in fisco erat, ad Ecclesiam Remensem tradidit, et post confirmationem fratris ejus Caroli in proprietatem obtinuit, si commutationem ostendere non posset, qualiter res, et mancipia de ipsa casa Dei juste et rationabiliter commutata fuissent, quia non de fisco regis, sed de ecclesiasticis rebus, et mancipiis per donationem obtinuit, ut ipsæ res et mancipia, quæ de villa Novilliaco obtenta fuerant, ad ipsam casam Dei restituerentur, sicut in præcepto restitutionis ipsius D. Caroli, quod habemus, plenius continetur.

Sed quando D. Carolus Romam perrexit, et D. Ludovicus frater ejus ad Attiniacum venit, per quosdam ex nostris apud domnam Richildem reginam, et apud D. Ludovicum filium D. Caroli regis obtinuerunt Donati et Landradæ filii, ut villa Novilliacum cum suis appendiciis eis consignaretur, non attendentes quia sicut in capitulis Augustorum scriptum habetur, tales de regis proprietate, ut infideles judicandi sunt, et secundum leges ecclesiasticas de rebus ecclesiasticis sacrilegii judicantur.

Reversus autem D. Carolus imperator Remos veniens, cum tale factum audivit, satis graviter tulit, et misit suos missos: qui scilicet dictam villam Remensi Ecclesiæ et advocato nostro restituerunt, sicut plenius scriptum habemus.

Hic sequebatur epistola hoc titulo : Joannis VIII papæ jussio de ordinando episcopo in Ecclesia Laudunensi vacante. *Quam quia scholiis nostris ad caput vicesimum secundum, libro tertio, inseruimus, hoc loco prætermittimus.*

DECRETUM CLERI LAUDUNENSIS

De Hedenulfo electo episcopo.

Domino reverendissimo et sanctissimo HINCMARO archiepiscopo, cæterisque nostræ diœceseos sanctis Patribus et episcopis, clerus Laudunensis cum totius parœciæ plebibus et sibi conjunctis præsulibus, æternam in Domino Jesu Christo salutem, et pacem.

Canonicis regulis et apostolicis institutionibus statutum esse recolimus, ut quotiens quælibet civitas ministerio pontificalis dignitatis caruerit, proprioque pastore vacaverit, cum decreto electionis, singulorum petentium manibus roborato, metropolitanum adire pontificem debeant; ac de substituendo in loco ejus qui decessit pastore petitione supplici commonere: quatenus et civitas sollicitudine pastorali destituta proprio recuperetur pontifice, et qui ordinandus est gratiosius possit accedere. Quia cui debet ab omnibus obediri, utique debet et ab omnibus eligi : ne civitas non optatum episcopum, aut contemnat, aut oderit, et fiat minus religiosa quam convenit, cui non licuit habere quem voluit. Hi vero qui ordinaturi sunt, in quem viderint omnium vota propensius concordare, protinus liberiusque illi manus imponere possint.

Quapropter cum decreto nostræ electionis manibus singulorum nostro corroborato ad paternitatem vestram accedentes, Hedenulfum Ecclesiæ nostræ filium, et in Ecclesia nostra suffragantibus stipendiorum meritis ad onus usque sacerdotale promotum, vita et moribus, ac sancta conversatione idoneum approbatum, quem per licentiam vestram, favente Christianissimo imperatore Carolo, pari consensu ac concordi devotione, atque unanima voluntate eligimus, per manus vestras, ac cæterorum vestræ diœceseos sanctorum episcoporum consecrari, nobisque et ecclesiæ nostræ doctorem atque pontificem institui imploramus, precamur, ac petimus. Eligimus autem eum nobis fore pastorem, quem apostolicæ formæ, qua episcopum ornatum B. Paulus esse debere demonstrat, congruere, et sacris non obviare canonibus, Christi gratia cooperante confidimus. Oramus sanctam paternitatem vestram nunc et semper in Christo bene valere.

Actum v Kalend. Aprilis, in basilica sanctæ Mariæ, genitricis Dei et Domini nostri Jesu Christi, anno incarnationis Domini nostri Jesu Christi 877, regni domini Caroli imperatoris xxxvii, ac imperii i, indictione ix.

INCERTI, SED ANTIQUI SCRIPTORIS

Ejusdem Ecclesiæ Remensis canonici, qui Flodoardum breviaverat

APPENDICULA HISTORIÆ FLODOARDI.

Hactenus de Remensibus archiepiscopis secundum traditionem Flodoardi, quomodo unus post alium surrexit, narrationem digessimus. Nunc vero de cæteris qui post Flodoardi decessum exstiterunt, secundum quod a majoribus audivimus, seu quod in antiquis chartis reperimus, opitulante Deo, prælibato operi adnectemus. Præfatus Artoldus, de cujus decessu in libro Flodoardi nihil habetur, abbatiam sancti Timothei, quæ usque ad illud tempus Remensium episcoporum exstiterat, sancto Remigio, de cujus cœnobio assumptus fuerat, contulit. Hic autem cum per triginta annos in multa adversitate, et aliquando in tranquillitate, Remensem diœcesim gubernasset, universæ carnis viam fine bono ingressus est. Quo defuncto, domnus Odalricus, vir nobilis et honestus, pontificale onus suscepit; de cujus operibus pauca apud nos monumenta habentur. Liquet tamen quia ipse Ecclesiæ Remensi villam Vindenissam dedit. Pro cujus largitione beneficii in conventu Remensi memoria ejus annuatim recolitur. Ipso etiam die, pro animæ ejus remedio, viginti quatuor pauperibus singuli panes, totidemque vini metretæ, singuli etiam denarii distribuuntur. Prædicta vero villa in terra comitis Registesiensis sita est, quammodo comes Guiterus nomine, sub trecensu triginta solidorum tenet. Porro antecessorum suorum tempore, pro comutatione ejusdem villæ, plurima bona Ecclesiæ Remensi collata fuerunt : quod in subsequentibus plenius exponemus. At vero præfatus antistes Odalricus pro utilitate commissæ sibi Ecclesiæ fideliter laboravit, maximeque pro restitutione vallis Rodigionis, quam Hugo filius Rogeri comitis Ecclesiæ Remensi donaverat, sed quidam malefactores de stirpe ejus illam pervaserant, et hæreditatis jure illam sibi vindicare volebant. Quorum nisui venerabilis archipræsul Odalricus, ut vir nobilis et potens, viriliter restitit, et prædictam vallem ad jus Ecclesiæ Remensis liberam revocavit. Quod ut posterorum notitiæ manifestius fiat, prædictæ vallis donationem, et rei gestæ scriptum memoriale huic paginæ assignemus.

« Universis pene totius Franciæ primatibus liquet, Hugonem nobili prosapia genitum, in primo flore juventutis, cum sciret sibi supervenisse ab hoc sæculo diem egressionis, licet suæ conditionis plurimos invenire posset hæredipetas, Deum toto mentis conamine, ejusque sanctos ex patrimonio fecisse hæredes. Qui in primo suæ dispositionis exordio beatæ Dei genitricis, semperque virginis Mariæ, Dominæ ac dominatricis nostræ præsidium invocans, tradidit ad mensam fratrum, Deo ejusque intemeratæ Matri in Ecclesiæ Remensi devote famulantium, potestatem quamdam vallis Rodigionis a rivulo per medium decurrente vulgo nuncupatam, ut in eadem Ecclesia ipsius bonæ indolis viri haberetur memoria. Unde et post ejus exitum grandis altercatio habita est inter ipsam ecclesiam et quosdam præfati illustris viri parentum. Quibus vehementer resistente domino ac venerabili Odalrico antistite, eorum controversia ad nihilum redacta in nullo potuit proficere. Quapropter non immerito fieri debet censeri, si illius cujusquam propaginis petitionibus accommodatur auris. Idcirco notum sit omnibus præsentibus, scilicet ac futuris sanctæ Remensis Ecclesiæ canonicis, monachis, laicis; vel nobilibus, quia ipsius venerandi episcopi neptis, nomine Emma, adiens præsentiam prædictorum fratrum, petiit sibi dari eamdem potestatem sub censu decem solidorum denariorum in Assumptione S. Mariæ persolvendorum, duobus necne filiis Arnulfo et Odalrico, ut quisquis eorum affectu dilectionis illi amicabilius obtemperaverit diebus vitæ suæ, in hæreditate succedere debeat, his ad indominatum prædictorum fratrum retentis, mansionile

Sevivaldi curtis nuncupato, cum silva et dimidio brolio ad ipsum aspiciente : ita duntaxat, ut porci in eodem mansionile degentium, et illi qui cum porcis canonicorum Remensium, qui sunt tamen familiarium eorum, illuc ducti fuerint, fructus sylvæ depascant, hominibus quoque extra potestatem degentibus : de reliquo vero licenter salva potestate faceret veluti de proprio. Cujus voluntas cum in nullo rationabiliter refragari posset, quod postulabat obtinuit, factum vero litteris memoriæ tradidit. Actum Remis anno XIV Lothario rege, episcopatus domni Odalrici archiepiscopi sexto. Sancti Odalrici archiepiscopi, cujus licentia atque consensu hoc scriptum factum est, quod et ipse manu propria firmavit, manibusque nobilium virorum corroborari fecit. »

Præfato Odalrico post septem suscepti regiminis annos ad patres suos apposito, domnus Adelbero, Henrici comitis frater de terra Lothariensium, ad pontificalem cathedram, favore et providentia Lotharii regis, assumptus est. Qui siquidem vir nobilis, honestate morum conspicuus, et ecclesiasticis disciplinis institutus, religionem Remensis Ecclesiæ nimis tepefactam in bonum reparavit statum, et utilitatibus ibi Deo servientium instantem operam dedit et impensam. Hic etiam Mosomense cœnobium a priori dignitate prolapsum in monasticum ordinem reformavit, ejusdemque reformationis tenorem, ne per succedentia tempora immutaretur, hujusmodi auctoritatis suæ privilegio confirmavit.

Adalbero divina propitiante clementia sanctæ Remensis Ecclesiæ archiepiscopus. Notum fiat, etc. *Reliqua vide in Adalberone.* EDIT. PATROL.

Hujus etiam Adalberonis tempore de villa Vindenissa inter Manassen comitem et canonicos Remenses conventio talis facta fuit.

« In nomine Patris, et Filii, et Spiritus sancti. Notum fiat omnibus tam præsentibus, quam etiam futuris fidelibus, quod Manasses miles potestatem illam, quæ dicitur Vindenissa, a canonicis Remensis Ecclesiæ, favente quoque domno Adalberone archipontifice, totam sibi, suæque conjugi Oidelæ, exceptis etiam ecclesiis canonicorum usibus jure dominii reservatis, salva rerum commutatione, per precariam efficaciter obtinuerit. Dedit itaque contra idem Manasses competenti modo canonicorum parti quicquid possidebat in villa Tencauda, hoc est mansos IX et molendinum, et in Verniaco mansos VIII et dimidium, et in villa Columnis alias duas in comitatu Remensi. Aliam autem villam nomine Loeium, in qua continentur mansi VII et dimidius, et quarta una, excepto indominicato manso, et quarta pars Ecclesiæ, pratum, molendinus, et silva cum mancipiis utriusque sexus numero LXXI in comitatu Castricensi super fluvium Bair. Sed et in villa quæ dicitur E cleis, duas partes de ecclesia, et quidquid juris habetur in ea, mansi scilicet V pratum unum, cum terris et mancipiis utriusque sexus in comitatu Porcensi: ea videlicet ratione altrinsecus stabilita hujusmodi precaria, ut iidem canonici pro respectu, et vestitura Tencaudam et Verniacum manu sua teneant, cætera vero tam ipse, quam sua conjux prædicta, cum eadem potestate Vindenissa, in sua tantummodo vita libera facultate sibi teneant atque possideant. Ubi vero rebus humanis excesserint, totum illud ex integro prædium, precario datis scilicet rebus, inviolabili jure sorti canonicorum jugiter adhærentibus, in manus eorum pro debito legibus ad possidendum redeat. Si quis vero, quod fore non creditur, precariæ isti in posterum ullatenus adversari tentaverit, illi temeritas stulta prorsus existat inanis et irrita, et sic hæc eadem precaria, majorum auctoritate constituta legaliter, maneat stabilis et firma, tali videlicet conditione, si ille Manasses omnes res illas e contra redditas jure quieto stabiliter canonicis solidaverit : alioquin aut his similia reddat, aut Remensis Ecclesia quod suum est juste recipiat. Actum Remis in sede VIII Idus Novembris, anno XX regnante domno Lothario rege Francorum, n., episcopatus autem domni Adalberonis IV. Domnus Adalbero archipræsul subscripsit, et firmavit. »

Alia quoque conventio de villa Virtutis inter Heribertum comitem et canonicos Remenses tempore præfati Adalberonis stabilita fuit, cujus rei memoria, ne senio temporum obliteraretur, tali scripto roborata fuit.

« In nomine sanctæ et individuæ Trinitatis, ego Leudo S. Remorum Ecclesiæ præpositus, omnisque ejusdem loci canonicorum congregatio. Nolumus latere omnium tam præsentium quam futurorum industriam, quoniam Heribertus comes nostræ humilitatis adiens conspectum, petiit dari a nobis sibi nostri juris eam quæ dicitur villa Virtutis, quam ipse sibi ex pervasione vindicabat : ea videlicet ratione, ut pro vestitu nobis ad præsens ex ea retineremus mansos duos ingenuiles et vestitos, et pro respectu annuatim persolvere libram unam denariorum Remensis monetæ festivitate sancti Remigii Kalend. Octobris in diebus tantum vitæ suæ, seclusis uxore sua, et infantibus, cunctisque hæredibus suis. Cujus petitioni faventes, cum omni consilio et voto, concessimus illi præfatam villam, secundum præscriptam ab eoque determinatam rationem. Quod si de censu negligens exstiterit, et emendare renuerit, usumfructum amittat. Et ut securius in diebus vitæ suæ præfatas res possidere valeat, post discessum vero ejus prænominatam villam cum omni integritate nostris usibus recipere valeamus, sancitum est non solum a nobis, verum etiam ab illo, ut super hoc negotio faceremus cum chirographo mentionis decretum, addentes insuper, ut si quælibet persona post vitæ suæ terminum aliquam nobis inferre conatus fuerit inquietudinem vel injustitiam, sub maledictionis, et anathematis excommunicatione insolubiliter adstrictus damnetur, fiat, fiat, fiat. S. signum Domini Adalberonis archiepiscopi confirmantis et consentientis. »

Cum igitur præmemoratus Adalbero Remensem diœcesim per decem et novem annos viriliter gubernasset, et honestæ conversationis ejus bona opinio circumquaque diffunderetur, ad ultimum confectus senio fine bono diem ultimum clausit, corpusque ejus in ecclesia majori, sub altari quod in honore sanctæ crucis consecratum est, sepulturæ traditum fuit ; cujus epitaphium in tabula ærea litteris aureis descriptum, tale adhuc permanet.

Contulerat natura parens, quæ summa putavit.
Ad meriti cumulum tibi, præsul Adalbero, cum te
Præstantem cunctis mortalibus absiulit orbi.
Quinta dies fundentis aquas cum pondere rerum.

Nec prætereundum reor quod omni anno dies defunctionis ejus venerabiliter recolitur, et eleemosyna panis, et vini copiosa pauperibus distribuitur, quæ eleemosyna *Mandatum Adalberonis* nuncupatur. Sciendum quoque est quomodo istius eleemosynæ sumptus præparetur: videlicet de domo quæ vocatur Hospitale pauperum annonæ sextarii iv, de ca- A mera frumenti iv, de horreo indominicato annonæ modius unus, et vinum quod sufficiat.

Plura non erant in codice Igniacensi, unde hæc excerpta sunt.

FLODOARDI ANNALES.

Pertz, *Monum. Germ. Hist.*)

DE LIBRO SUBSEQUENTI ADMONITIO AD LECTOREM.

Remensis Ecclesia quemadmodum sæculo nono Hincmarum archiepiscopum, ita decimo Flodoardum (1) presbyterum et Richerum monachum insignes historiarum scriptores edidit. Quorum ille anno 893 vel 894 (2) Sparnaco (3) villa diœceseos Remensis natus, et in schola Remensi a Fulcone restituta litteris imbutus, ab Herivæo archiepiscopo clero Ecclesiæ Remensis ascriptus, bonisque ditatus est (4). Circa quintum et vicesimum ætatis annum rebus publicis animum advertere cœpit (5), ut ex Annalium initio, quos inde ab anno 919 usque ad an. 966 produxit, conjicere licet. Certe ab eo inde tempore archiepiscopis Remensibus Herivæo, Seulfo et Artoldo valde acceptus fuit et rebus eorum gerendis adhibitus est. Anno 924 Seulfum comitatus, colloquio Rodulfi regis et Hugonis Provinciæ comitis cum Wilhelmo Aquitanorum principe in territorio Augustodunensi habito interfuit (6). Anno sequenti Seulfo vita defuncto, Heribertus Veromanduorum comes Hugonem filiolum successorem ei imposuit, omnesque qui conatibus suis tantum non suffragarentur, beneficiis possessionum ecclesiasticarum privavit (7). Quos inter et Flodoardus injuria affectus, adversas deinde partes secutus est, atque Artoldo archiepiscopo a Rodulfo rege in locum Seulfi subrogato adhæsit. Proximis annis carmine heroico Jesu Christi sanctorumque et Italiæ martyrum triumphos celebravit (8), additis pontificum Romanorum usque ad sua tempora gestis, eoque famam sibi apud exteros etiam comparavit, ita ut B Ratherius Veronensis episcopus librum quem De exsilio suo scripserat, ei quoque judicandum transmitteret (9). Anno 936 vel proxime sequentibus (10), dubium an pro negotiis suis Ecclesiæve Remensis, Romam adiit, ubi a Leone VII papa benigne exceptus votique sui compos factus atque in presbyterum promotus est (11). In patriam redux operi heroico finem imposuit (12). Anno 940 mense Octobri orationis gratia sepulcrum sancti Martini visere disposuit, sed apud Heribertum comitem clam accusatus, quod contra eum vel filium ejus esset profecturus, cum Hugonis in partes transire renueret (13), ablatis rebus quas de episcopatu Remensi tenebat et ecclesia sua in Culmisciaco, custodiæ traditus est. Nec nisi post quinque menses die 25 Martii an. 941, C libertatem recuperavit. Tum in synodo Suessionensi ab Hugone principe Hugoni archiepiscopo commissus, ecclesiam aliam scilicet sanctæ Mariæ in Colrido, atque terram injuste ereptam recepit (14). Sed postea etiam Artoldo in sedem suam restituto fidus, eum in negotiis ecclesiæ agendis tam domi quam in conventibus principum et synodis adjuvit; cui rei eo magis idoneus videbatur, quod archivo ecclesiæ præpositus erat (15). Anno 948 synodo Ingelheimensi interfuit, ubi illustribus viris compluribus innotuit, eaque peracta, ex decreto regum cum Artoldo apud Rotbertum Trevirensem archiepiscopum per quatuor hebdomadas mansit, cum anno proxime præterito ab Artoldo missus (16), cum Octone rege D et Conrado duce Aquis pro rebus Ecclesiæ Remensis

(1) Flodoardus, haud Frodoardus, scribendus est ex epitaphio, nec ex codicibus nonnullis Historiæ Remensis, qui Floardum abbreviant, codice optimo Annalium ad an. 965, Richero, et Kalendario vetere S. Mariæ Remensis; ipse avunculi matris suæ nomen lib. II, c. 5, Flavardum scribit. Cæterum Frodoardus plane idem, et utrumque ex Chlodouvaldus corruptum est.
(2) Ex Annal. an. 962.
(3) Epitaph. Gallicum.
(4) Hist. Remens. IV, 13.
(5) Ita fuisse conjicio, cum, si non scribendis Annalibus, at certe enotandis rebus gestis circa annum 919 manum admovisse videatur.
(6) Ann. an. 924.

(7) Ann. an. 925.
(8) Codicem operis unum Roberto Trevirensi archiepiscopo tradidit, alterum ipse fortasse ecclesiæ S. Juliani Turonensis intulerat, in Actis SS. Mai VII, p. 69, apud Arvernos exstare dicitur.
(9) Folcuini Gesta abb. Laubiensium, c. 20.
(10) Leo inde a mense Januarii an. 936 usque ad Julium anni 939 sedit.
(11) Vide infra.
(12) Apud Mabillon. Acta SS. O. S. B. S. III, p. II, p. 596.
(13) Hist. Rem. IV, 28. Cf. Annales an. 940.
(14) Ib. IV, 28.
(15) Hist. R. II, 19.
(16) Hist. Rem. I, 20. « Easdem res domnus

in Vosago, a Regembaldo quodam pervasis, locutus fuisset. Media inter negotia historiam Ecclesiæ Remensis scribere aggressus, subsidiis undique congestis, præcipue vero chartis in archivo librisque in bibliotheca ecclesiæ asservatis, opus quatuor libris inde ab origine Remorum usque ad exitum anni 948 perduxit, atque flagitante Roberto Treverensi archiepiscopo recognitum hac ipsi dicavit epistola:

« Domino venerabili, » etc. (*Hanc epistolam habes supra Historiæ Ecclesiæ Remensis præfixam.*)

Libro primo historiam Ecclesiæ usque ad obitum et translationem sancti Remigii, secundo successores sancti Remigii usque ad Hincmarum, tertio res gestas et scripta Hincmari archiepiscopi recenset, quarto Fulconem, Herivæum, Seulfum et Artoldum usque ad synodum Ingelheimensem peractam scribit. Opus magno historiæ Galliæ, non solum ecclesiasticæ sed et civilis et litterariæ, commodo editum, cum fontibus quibus auctor usus est deperditis, plurimas magni momenti notitias ibi tantum reperias; præcipuam tamen ea ratione laudem sibi in historia Hincmari et Fulconis (17) vindicat, quorum rebus et scriptis recensendis præcipuam operam impendit; reliqua magnam partem et Annalibus suis repetita legimus. Quibus quidem inde ab eo tempore haud intermissam operam curamque adhibuit (18); mediasque inter res et in magna rerum per Gallias commotione oculatus testis, regnum, principum virorumque aut doctrina aut potestate per Galliam et Germaniam (19) illustrium commercio haud alienus, quæ veram sui ævi imaginem posteris redderent diligentissime enotavit, ea scilicet fide, qua virum pium, candidum et a violento partium studio alienum decet, qualem fuisse Artaldus episcopus dudum Conrado duci commiserat; quas ille Ragenbaldo cuidam suorum delegaverat. Qui Ragenbaldus earumdem rerum colonos valde affligebat. Ipsi vero pro afflictione sua sæpe ad sanctum Remigium clamabant, Remis venientes, et ipsius patroni sui patrocinia requirentes. Pro qua re nuper anno præterito, cum rege Ottone et præfato duce locuti sumus, quando Aquis ad eumdem regem missi fuimus. Sed ut idem Ragenbaldus ab ipsarum rerum direptione desisteret, impetrare nequivimus. Unde contigit horno [*cod. ap. Colv.* hoc anno], ut dum quodam sabbato eosdem colonos ad opus quoddam peragendum congregatos haberet, præciperetque presbytero, ne signa vespertinalia usque prope noctem pulsaret, operique implendo insisteret, percuteretur percussore inviso. Qui dum requireret quis eum percussisset, omnesque se vidisse negarent, furiis exagitatus, sensum amisit, graviterque vexatus, spiritum exhalavit. Quo comperto, dux Conradus nimium territus ad sanctum Remigium venit, eique res ipsas reddidit, quas præmissus præsul Artaldus Hincmaro abbati ac cæteris monachis ad supplementum victus attribuit. »

(17) In litteris Fulconis ad Arnulfum imp. pro Carolo Simplice rege hæc etiam scripta refert IV, c. 5 : « Adnectit etiam, quod in omnibus pene gentibus notum fuerit, gentem Francorum reges ex successione habere consuevisse, proferens super hoc testimonium beati Gregorii papæ. Subjicit etiam ex libris Teutonicis de rege quodam, Hermenrico nomine, qui omnem progeniem suam morti destinaverit impiis consiliis cujusquam consiliarii sui,

A et stylus purus, simplex, gravis, ornatus fastidio comptus, arguit.

Perfecit tamen Annales in monasterio, quo se beneficio deposito monachus (20) moxque abbas (21) futurus detulerat. Ubi ejusmodi occupationibus studiisque deditum cum anno 952 aut 953 (22) clerus et populus Noviomensis et Tornacensis episcopum sibi elegissent, regius tamen favor minime secutus, frustra renitente Flodoardo (23), alium cathedræ pecunia venali imposuit; qua de re ab Adaldago archiepiscopo Hammaburgensi litteris ad cum datis visitatus est. Ætatem igitur Ecclesiæ Remensis presbyter et prælatus penes Artoldum exegit, quo defuncto, et Ungone qui superstes erat excommunicato, anno 962 ipse cum cæteris ecclesiæ canonicis, rege Lothario cum regina matre et Brunone archiepiscopo Coloniensi faventibus, Odelricum, Hugonis cujusdam comitis filium, archiepiscopum elegit (24). Anno sequenti senio occupatum se sentiens (25), septuagenarius coram eodem prælaturæ ministerium abdicavit, et Flodoardum nepotem successorem in ea accepit. Quadriennio quo supervixit, ætate fractus et infirmitate attritus ut erat, vel annalibus suis paucas tantum lineas adjecit, et anno demum 966 « vir vitæ venerabilis, sanctitatis honore venerandus, castitatis splendore angelicus, fulgore sapientiæ cælicus, cæterarumque virtutum insignibus abundanter oppletus, dictator egregius, v Kalendas Aprilis terrenæ peregrinationis relinquens exsilia, civica ut credimus adeptus est jura. » Epitaphium ad finem codicis carminum, ab ipso fortasse compositum, ita habet :

Hic jacet indignus Flodoardus honore sacerdos,
Arbiter exspectans cœlicus ut redeat,

supplicatque ne sceleratis hic rex adquiescat consiliis, sed misereatur gentis hujus, et regio generi subveniat decidenti, satagens, ut in diebus suis dignitas successionis suæ roboretur, et hi qui ex alieno genere reges exstabant, vel existere cupiebant, non prævalerent contra eos, quibus ex genere honor regius debebatur. »

(18) Præcipue usque ad annum 954.

(19) Exempli gratia Rodulfo Treverensi, Adaldago Hammaburgensi archiepiscopo, Annone abbate Magdeburgense, postea episcopo Worinaciensi. De quo Hist. Rem. 1, 4, hæc refert : « Beati denique Timothei ossa, rex Otto, concedente Artaldo archiepiscopo, transferri fecit in Saxoniam, et monasterium monachorum in ejus instituit honore. In qua translatione multa mira feruntur ostensa. Nam ut Anno tunc abbas, nunc episcopus, mihi retulit, a quo eadem sacra pignera translata sunt, præter alia plura remedia, duodecim inter claudos et cæcos fuere curati. Beatus quoque Apollinaris ossibus suis in Orbacense monasterium translatis, nonnullis inibi florere spectatur gratiarum insignibus. »

(20) Adaldagi litteræ apud Colvenerium in Hist. Remensi.

(21) Abbas fuisse videtur, an. 962 de prælatura deposita scribens.

(22) Vide Gall. Christ. edit. 2 episc. Noviomensis.

(23) Ex Adeldagi litteris.

(24) Ann. an. 962.

(25) Ib. an. 965.

Hoc sibi confisus veniam miserante ferendam
Sit li et admissis obsitus innumeris.
Quisque legis titulum, sortis memor ipse futuræ,
Expete sic Dominum propter humi positum.
Christe, tuo servo Flodoardo parce benigne,
Et pro judicio da veniam famulo. Amen.

Aliud ejus epitaphium lingua Gallica conscriptum (26), cujus auctor ex Annalibus an. 962, et appendice an. 966 hausit, Flodoardum etiam monachum et abbatem dicit, atque ab Agapito papa albatum, id est alba tunica indutum, vel presbyterum consecratum; quod cum certe ante annum 940 locum habuisse constet, pro Agapito Leo VII intelligendus erit.

Ex scriptis ejus Annales principem sibi inter Monumenta Germaniæ locum vindicant, ejsque Historiæ Remensis locos, quibus eædem res aliis verbis efferuntur, illustrationis causa subjiciendos duximus, qua in re Colvenerii editione a Cl. Waitzio cum codice bibliothecæ Montispessulanæ n. 186 membr. sæc. XIII collata uti placuit; nam codex Paris. n. 5209 in capite 4 libri III subsistit.

Annales primum a Petro Pithœo inter SS. XII, Parisiis an. 1588 p. 147 sqq. (iterum Francofurti an. 1594 impressos, p. 109 sqq.) ope codicum trium vulgati sunt. Unum eorum Divionensem, alterum antiquiorem vocat, quorum alteruter in codice unde Annales Fuldenses edidit, jam in Vaticano in bibl. Christinæ reginæ n. 994 asservato, exstabat, jam vero, Cl. Papencordt referente, excisus est. Pithœi editionem Chesnius in SS. Franc. II, 590 sqq., adhibito codice Thuaneo, Chesnianam, Pithœana inconsulta, Bouquet tom. VIII, 176 sqq., ex eodem, cui jam bibliothecæ regiæ Parisiensi sub n. 5354 illatus erat, et codice S. Victoris Parisiensis emendaverunt. Editio nostra his subsidiis nititur (27).

1) C. bibl. olim collegii Trecensis, jam in bibl. universitatis Montispessulanæ sub n. 151 asservatus, membr. in folio minori, sæculi XI, quem eumdem ac Divionensem Pithœi esse, lectiones, appendix et visiones Flothildæ operi præfixæ demonstrant. Eum in usum nostrum anno 1837 diligentissime contulit cum editis V. Cl. Georgius Waitz. Locum ei primum inter subsidia nostra adjudicandum censui. Habet enim textum, qualem Flodoardus usque ad obitum suum dederat, absque appendice; ideoque ex authentico derivatus esse videtur, quod lectionibus præterea in universum et textu continuo comprobatur,

(26) A Colvenerio in codice historiæ Remensis repertum:

Sy ty xeu de Rein savoir les eveques,
Lye ly temperair de Flodon le sage.
Yl es mort du tam d'Odalry eveque,
Et fut d'Espernay ué parantage,
Vequit caste clercq, bon moine, milleu abbé.
Et d'Agapit ly Romain fut aubé.
Par sen hystore maintes nouvelles saura,
Et en tde toute antiquité beura.

(27) Codex jam exustus bibl. Cott. Otho B. III Chron. Frodoardi S. Albani a. Chr. n.—966 et Ragenaldi Andegav. — 1277 (Smith Cat. bibl. Cott.

A cum reliqui codices omnes hinc inde lacunis iisdem dehiscant et appendicem annorum 966, 976, 977, 978 exhibeant. Liber septem quaternionibus VI, VII, VIII, IX, X, XI, XII, signatis et octavo non signato constans, codici jam majori impactus est, cujus pro paginis 27 et sequentibus numeratur. Exhibet primo p. 27 visiones Flothildæ a Pithœo p. 278 editas, p. 31 absque Rubrica Annales nostros; quorum annus quisque littera Græca, numerum quo ab anno 893 initio regni Caroli Simplicis, diste, significante exempli gratia in fine anni 925. $\overline{\text{AΓ}}$, 926. $\overline{\text{ΛΔ}}$ et rel. insignitur.

2) C. regius Parisiensis n. 5354 membr. sæc. XI in fol., Incipit cronica Flodoardi presbyteri de gestis Normannorum inscriptus (28), quem eximia diligentia in usum nostrum V. doctissimus Otto Jahn. Ph. Dr. Kiloniensis vertit. Librum eumdem ac Chesnii Thuaneum esse judicaveris, nisi quod Thuani in eo nomen desideratur. Annalibus notitiam de obitu Caroli Calvi præmittit, ex libro quodam abbatiæ S. Faræ Meldensis descriptam, quæ tamen causa fuit, quod docti viri plures abinde Flodoardum scribendi initium fecisse et annos operis ejus 878-918 desiderari statuerent. Quod quam veritati contrarium sit, tum ex ipsis codicibus tum ex Richero patet, qui Flodoardum ab an. 919 exscripsit (29). Notitiam istam hic inserimus:

« Anno 877 et indictione X, II Nonas [Pithœus, Ind. XII, Nonas] Octobris, præcellentissimus imperator Karolus, sanctæ recordationis insignisque memoriæ, temporalem finiens cursum, feliciter, ut credimus, ad gaudia migravit æterna. Hic siquidem fuit serenissimi augusti Hludovici filius, ac nepos gloriosissimi cæsaris ejusdem nominis Karoli. Cujus celsitudinis atque dulcedinis nobilissima propinqua ejus, Bertrada abbatissa, cum omni congregatione sibi commissa supplicationibus devotissimis assidue memor, hanc memoriam litteris compendio comprehensam fecit describi, quæ in ejus anniversario annuatim recitaretur, ejusque memoria semper haberetur. »

Ex codice isto fluxit

2a) C. bibliothecæ Albigensis chart. in fol. sæc. XVII. Inscribitur Fredoardi presbyteri Annales; 58 paginas explet; lectiones ejus momenti alicujus Waitzio flagitante enotatas urbis bibliothecarius transmisit. Exhibet annales annorum 919-966, adjecta appendice anni 966, qualem in codice 2 legimus.

3) Tertio loco laudanda venit editio Pithœi, una cum

p. 69) recentius opus ex Flodoardo haustum continuisse videtur.

(28) Scheda antiqua teste in hoc codice continentur: Passio sancti emani et sociorum ejus. Vita et transitus sancti marcialis episcopi et confessoris. Cronica frodoardi presbyteri de gestis normannorum. Passio sanctorum pontificum saviniani potenciani sociorumque ejus. Altini s. eodaldi victorini s. erotiani. Vita et conversacio karoli regis magni. Vita ludovici imperatoris. Vita sancte marie egipciace. Expositio heimonis in apocalipsin. — Flodoardus fol. 21-41 habetur.

(29) Annum 917 perperam scribit Chron. Andegavense, apud Labbe I, p. 285.

3a) lectionibus codicis cujusdam in margine editionis Pithœanæ sigla M. notati, et

3b) codice sancti Victoris Parisiensis, cujus lectiones apud Bouquetum propositæ hunc ei locum adsignant.

Usi sumus præterea scriptoribus, qui Flodoardum sæculo eodem et proxime sequentibus libris suis exceperunt, Richero et Hugone Flaviniacensi (30), qui cum codice nostro 1 consentiunt, tum Balderico et Hugone Floriacensi, eorumque lectiones additionesve hinc inde adducendas duximus.

Anno incarnationis domini nostri Jhesu Christi
DCCCCXIX
cecidit Remis grando mirabilis, ovum gallinæ superans magnitudine, quæ vero distendebatur in latitudine, occupabat medium palmæ. Sed et grandior per alia quædam loca visa est cecidisse. Hoc anno nihil vini in pago Remense [1] nisi parum admodum fuit. Nortmanni [2] omnem Britanniam [3] in Cornu-Galliæ (31), in ora scilicet maritima, sitam depopulantur, proterunt atque delent, abductis, venditis, ceterisque cunctis ejectis Brittonibus. Hungari [4] Italiam partemque [5] Franciæ, regnum scilicet Lotharii [6] (32), deprædantur. Anno Dominicæ incarnationis
DCCCCXX
pene [7] omnes Franciæ comites regem suum Karolum apud urbem Suessonicam [7], quia Haganonem consiliarium suum, quem de mediocribus potentem fecerat, dimittere nolebat, reliquerunt [8]. Heriveus autem, Remorum archiepiscopus, accipiens regem cum omnes eum deseruissent, duxit eum ad hospitia sua in villam [9] quæ dicitur Carcarisia [10], in crastinum vero venerunt in Crusniacum [11], Remensis episcopii villam, ibique manserunt, donec Remis venirent. Sicque deduxit eum per septem fere menses, usque quo illi suos principes, eumque suo restitueret regno. Postea profectus est archiepiscopus Heriveus super Mosam, propter quoddam castellum in terra sui episcopii situm, quod nominant Macerias [12] (33), recipiendum, quod tenebat Erlebaldus, comes pagi Castricensis (34), contra illum, quem tunc etiam habebat excommunicatum, propter illa quæ ipsius episcopatus familiæ frequentia ingerebat mala, propterque Altmontem (35), ecclesiæ Remensis, quod furtim irruperat, castrum. Archiepiscopus autem postquam præfatum castellum, id est Macerias, cum suis fidelibus per quattuor fere ebdomadas obsedisset, descrente tandem illud Erlebaldo, recepit, et dispositis inibi custodiis, reversus est Remis. Qui Erlebaldus profectus ad regem, qui tunc morabatur in pago Warmacensi sedens contra Heinricum [13] principem Transrhenensem [14] ibi ab hostibus regis sibi [15] supervenientibus interfectus est.

* Hist. Rem. iv, 15. Cum pene cuncti Francorum optimates apud urbem Suessonicam a rege suo Karolo [Karlo c.] descisceretes, propter Haganonem consiliarium suum, quem de mediocribus electum super omnes principes audiebat et honorabat, eum penitus reliquissent, hic pontifex fidelis et pius atque robustus in periculis semper existens, regem intrepidus ab eodem loco suscipiens, ad metatum suum deduxit; indeque secum ad urbem Remensem perduxit, et per septem fere menses eum prosecutus atque comitatus [comitatus c.] est, donec illi comites suos, eundemque regno restituit.]

** H. Rem. iv, 16. Excommunicavit hic præsul Erlebaldum comitem Castricensis pagi, propter Remensis episcopii terram, quam pervaserat, ibique munitionem quandam super Mosam construxerat, indeque frequentia ecclesiasticæ familiæ mala ingerebat. Insuper et castrum Altimontem furtim irruperat. Sed cum nec ita cessaret a malis quæ cœperat, pergit archiepiscopus cum suis ad capiendam munitionem, quam ille construxerat Maceriasque nominabat. Quam per quatuor pene ebdomadas obsidens, deserente tandem illam Erlebaldo, cepit, et depositis inibi custodiis Remis rediit. At Erlebaldus profectus ad regem, qui tunc morabatur in pago Warmacensi contra Heinricum principem Trausrhenensem, ibidem ab hostibus regis sibi supervenientibus interemptus est. Quem tamen postmodum in synodo, quam apud Trosleium idem domnus archiepiscopus cum diocesanis suis habuit, intercedente rege et obnixe flagitante, a vinculo excommunicationis absolvit.

Hoc anno, sequenti quoque, agitatur inter Hilduinum episcopum et Richarium abbatem de episcopatu Tungrensi contentio. Siquidem rex illud episcopium [16] Richario, quia Hilduinus a se descivit, cui prius ipsum concesserat, dedit. Herimannus vero archiepiscopus Hilduinum ibi episcopum, eligente clero, ac populo favente, necnon Gisleberto, quem plurimi Lotharienses principem, relicto Karolo rege, delegerant [17] ordinavit. Karolus vero reversis ad se Lothariensibus et ipso Gisleberto, Richario abbati, non Hilduino episcopo, ipsum episcopatum consentiebat. Remis in monasterio sancti Petri (36) ad portam basilicarem cereus, quem ibi posuerant hi cives qui Romam ad visitanda apostolorum limina profecti fuerant, accensus est [18] etiam ter igne [19] cœlesti. Ad

VARIÆ LECTIONES.

[1] remensi 2. 3. [2] ita 1. scribere solet, sed et nordmanni; 2. 3. utrumque. Richerus Nortmanni plerumque. [3] britanniam 2. sæpius. [4] hungarii 3. [5] partem 3. [6] lodharii 3. [7] suessonicam 1. sæpius; suessionem 3. [8] relinquerunt 2. [9] villa 2. 3. [10] carcasiria 2. 3; Carisia Hugo Fl. [11] crusin acum 3. [12] macherias 2. 3a. et ita infra. [13] henricum 3. [14] transrenensem 2. 3. [15] sibi regis 3. [16] episcopum 2. [17] delegerent corr. delegerant 2. [18] deest 1. [19] ighi 2. 5.

NOTÆ

(30) Lectiones ejus Hugo V. Floriacensis, Hugo Fl. notamus.
(31) Cornouaille in Britannia minori.
(32) Cf. Mabillon. Ann. Bened. lib. XLII, n. 30.
(33) Maisières.
(34) In quo Mézières et Donchéry.
(35) Omont.
(36) Inferiori, ex Mabill. Ann. lib. XLII, n. 41.

idem quoque monasterium quædam puella advenerat nomine Osanna, de pago [20] Voozinse [21] (37), carnem non comedens, neque panem ab annis jam duobus edere valens, cui multæ visiones ostendebantur. Hæc in ipsis diebus ebdomada plena jacuit immota, et sanguinem cum omnium ammiratione [22] sudavit, ita ut frons ejus tota et facies usque ad collum operiretur sanguine; in qua vita vel tantum calor remanserat, halitu etiam tenuissime spirante. Tunc quoque multa se vidisse perhibuit, ex quibus aliqua dixit, plurima vero [23] quæ viderat, se dicere non audere professa est. Tunc etiam circa Remensem urbem mel in spicis inventum [24], et flores quibusdam in arboribus, maturis vel collectis jam fructibus. Anno

DCCCCXXI

incarnati Verbi Rodulfus episcopus montis Lauduni moritur; cui succedit Adelelmus, ejusdem loci thesaurarius [25], Remis a domno Heriveo episcopo ordinatus. Anglorum Romam proficiscentium plurimi inter angustias Alpium lapidibus a Sarracenis sunt obruti [26]. Synodus [27] apud Trosleium (38) habita, cui præsedit Heriveus archiepiscopus, præsente quoque Karolo rege; cujus obtentu Erlebaldus [28] ibi Castricensis absolvitur. Richardus [29] marchio de Burgundia obiit. Karolus rex in regnum Lotharii abiit [30], receptisque per vim quibusdam Ricuini infidelis sui præsidiis, et facta pactione usque ad missam sancti Martini cum Heinrico principe Transrhenensi [31] reversus est [32] in montem Lauduni. Tempestates hoc anno diversis in locis plurimæ, homines quoque fulmine exanimati, et domus incensæ. Æstus in æstate magnus, et fœni plurimum. Siccitas ingens tribus fere continua mensibus, Julio, Augusto atque Septembri. Rotbertus comes Nortmannos, qui Ligerim fluvium occupaverant, per quinque menses obsedit, acceptisque [33] ab eis obsidibus, Brittanniam ipsis, quam vastaverant, cum Namnetico [34] pago concessit; quique fidem Christi cœperunt suscipere. Erluinus, Belvacensis episcopus, obiit. Karolus iterum pacem cum Heinrico firmat. Anno

DCCCCXXII

Karolus regnum Lothariense [35] ob persecutionem Gisleberti et Ottonis rapinis, sacrilegiis atque incendiis, etiam in tempore quadragesimæ, sicut et tota hieme vastat. Richarius, qui Romam profectus fuerat propter episcopium Tungrense, reversus est, ordinatus a Johanne papa episcopus, Hilduino ab ipso papa excommunicato, qui etiam illo abierat episcopus. Drogo [36] episcopus de Tullo moritur; cui succedit [37] Gauzlinus [38]. Berengario Langobardorum [39] rege [40] regno ab optimatibus suis ob insolentiam ejus [41] deturbato, Rodulfus Cisalpinæ Galliæ rex ab ipsis in regnum admittitur; et Hungari, actione prædicti Berengarii, multis captis oppidis, Italiam depopulantur. Karolo denique Laudunum regresso, Hugo filius Rotberti post pascha supra [42] Vidulam [43] (39) venit, ubi apud villam Finimas [44] (40) Herivei archiepiscopi fideles cum quibusdam Franciæ comitibus obvios habuit. Quo cum eidem super Axonam in pagum Laudunensem profecto, propter prædictum Haganonem, cui rex abbatiam Rothildis, amitæ [45] suæ, socrus autem Hugonis, dederat, nomine Golam [46] (41), Karolus cum Heriberto et Haganone clam Laudunum egressus, ob Haganonis amorem hujus causa timoris trans Mosam profectus est. Quem insecutus Hugo cum ceteris pugnatorum duobus milibus usque Mosam, Gislebertum Lothariensem obvium [47] habuit; cum quo a paire, qui eum prosequutus fuerat et super Axonam in pago Laudunensi sedebat, ad colloquium revocatus, revertitur. Quo comperto, Karolo Mosa retransmissa, cum nonnullis qui ad se venerant Lothariensibus, villas Remensis ecclesiæ deprædari necnon incendere cœpit. Altmontem quoque castrum bellando, non sine suorum clade [48], cepit atque diripuit. Rotbertus [49] igitur super Maternam fluvium Rodulfo filio Richardi, genero suo, procedit obviam; quem sequens [50] Karolus cum Lothariensibus, Maternam transiit, et castrum Sparnaci [51] (42) direptum est ab Haganonis complicibus. Rotbertus etiam, præfato Rodulfo cum Burgundionibus veniente, fluvium transiens subter Sparnacum, non longius tribus leugis ab exercitu Karoli castra metatus est; ubi una magis ebdomada consederunt utrique [52], ad colloquium ceteri [53] præter Haganonem [54] et Karolum venientes.

Hugo interea filius Richardi ad Rotbertum veniens, ducentos circiter ex his qui cum Haganone [55] erant obvios habuit, in villas episcopii Remensis abeuntes prædari; quibus captis, tribus tantum occisis, equos [56] cum armis abstulit et ad suos ignominia oneratos [57] remisit ceteros. Hinc Rotbertus apud Calmiciacum (43) et Karolus circa Remis [58] castra metati

VARIÆ LECTIONES.

[20] pago corr. paco 1. [21] voxinse 2. [22] omni adm. 2. 3. [23] deest 2. 3. [24] i. est 2. 3. [25] tesaurarius 2. [26] o. sunt 3. [27] sinodus 2. 3. [28] herlebaldus 2. 3. [29] ricardus 3. [30] habiit 2. [31] transrenensis 3. sæpius. [32] deest 2. [33] acceptumque 2. [34] namnetico 3. [35] lothariense 3. sæpius. [36] Rogo 3a. [37] successit 3. [38] goslinus 2. 3. gaucliuus successit, qui etiam ordinatus est 16. Kal. Aprilis. Hugo V. [39] lamgobardorum 2. [40] imperatore 2. 3. [41] ob i. e. desunt 2. 3. [42] super 2. 3. [43] vidolam. 2. [44] finmas 3. [45] amicæ 2. 3a. [46] colam 2. 3. [47] obviam corr. obvium 2. [48] c. s. 3. [49] robertus 3. sæpius. [50] sequi alia linea quens 1, subsequens 3. [51] sparnau 2. [52] ita in loco raso 1. utrimque 2. 3. [53] deest 1. [54] agauonem 1. [55] haganonem 2. [56] æquos 2. [57] honeratos 2. remim 2.

NOTÆ.

(37) Circa *Vouzy* in Campania.
(38) *Troli* ad Axonam, in pago Suessonico. Bouq.
(39) *La Vêle*, Axonam influit.
(40) *Fimes*.
(41) Videtur esse *Chelles*, haud procul Parisiis.
(42) *Epernay*.
(43) *Chermizy* aut *Chaumuzy*, prope Remos.

sunt; ubi cum tribus continuis consedisset diebus, una scilicet a civitate leuga, et nonnulli ex equis illorum caperentur a civibus Remorum, una tantum die, dominica videlicet pentecostes, contra urbem pugnarunt [59]. Ubi nonnullis occisis [60] ex Lothariensibus, vulnerafisque plurimis, nox prælium diremit. Audito denique, quod hi qui cum Rotberto erant Laudunum captum haberent, et thesauros Haganonis [61], qui inibi erant, dispertiti essent, et unum de fratribus ejus ibi comprehendissent [62], Karolus cum Haganone Laudunum contendit. Lotharienses quidam regrediuntur ad sua; quidam cum Karolo pergunt. Rotbertus super Axonam tentoria fixit. Karolus, abnegato sibi introitu Lauduni, resedit super fluvium Saram [63] (44), et Rotbertus castra metatus est super Aleam (45). Et cum cotidie copiis Rotberti crescentibus, decrescerent Karoli, clam tandem secedens cum Haganone trans Mosam proficiscitur. Franci Rotbertum seniorem eligunt ipsique sese committunt. Rotbertus itaque rex Remis apud sanctum Remigium ab episcopis et primatibus regni constituitur. Heriveus [64] Remorum archiepiscopus obiit tertia die post consecrationem [65] Rotberti regis, scilicet 6 Nonas Julii, quarto die antequam vicesimum secundum sui episcopatus expleret annum. Cui successit in episcopatum Seulfus, qui tunc urbis [66] ejusdem ministerio fungebatur archidiaconatus.

[*Hist. Rem.* iv, 17. Excrescente denique discordia inter regem Karolum et Rotbertum, cum pene cuncti regni proceres ad constituendum regem Rotbertum apud sanctum Remigium congregati essent, idem archiepiscopus, languore depressus, vita decessit, tertia die scilicet postquam Rotbertus rex factus fuerat, quarto vero die antequam vicesimum secundum sui episcopatus expleret annum. Contigit autem (*deest. c.*), ut ipsa die sui decessus plures qui advenerant episcopi Remensem ingrederentur urbem, quique funus ipsius dignis exsequiis celebrantes, cum maximo suorum sed et (*deest. c.*) exterorum luctu, decenti tradidere sepulturæ.]

Apud Cameracum [67] visi sunt [68] quasi tres soles apparere, vel sol tres orbes a se invicem distantes habere, item duo in cœlo spicula contra se utrimque propinquantia, donec nube [69] sunt cooperta, item duo stipites sibimet in cœlo propinquantes, quousque similiter operti sunt nube. Rotbertus filium suum Hugonem in regnum Lotharii mittit cum aliquo Francorum [70] agmine propter Capræmontem [71], Gisleberti castrum, obsidione liberandum, quod Karolus premebat obsessum. Quo comperto, Karolus obsidionem reliquid [72] et Hugo, acceptis obsidibus a quibusdam Lothariensibus, ad patrem remeavit. Terræ motus in pago Cameracensi factus, ex quo domus inibi nonnullæ subversæ sunt. In pago quoque Parisiaco, in villa quæ dicitur Jesedis [73], multa miracula in æcclesia sancti Petri a quarto superiore anno, ex quo scilicet reliquiæ de barba ipsius apostoli illuc sunt relatæ, facta memorantur, ita ut inter cæcos et claudos [74] vel contractos amplius quam centum septuaginta sanitate [75] donati referantur. Dæmoniaci vero, quotquot illo aliæ rerunt, sano sensu, pulsis dæmonibus, redierunt, præter alia innumerabilia quæ ibidem sunt acta. Anno

DCCCCXXIII

Rotbertus in regnum Lothariense proficiscitur, locuturus cum Heinrico, qui ei obviam venit in pagum Ribuarium [76] super fluvium Ruram; ubi se invicem paverunt, et pacta amicitia, datisque ab alterutro muneribus, discesserunt. Ubi etiam quidam Lotharienses dederunt obsides, et inducias a Rotberto acceperunt usque in [77] Kalendas Octobris. Nortmanni [78] Aquitaniam Arverniamque deprædabantur [79]; contra quos Willelmus [80] dux Aquitaniorum [81] et Ragemundus pugnaverunt, et cæsa sunt ibi ex Nortmannis duodecim milia. Boso filius Richardi Ricuinum in lecto languentem occidit. Karolus cum suis Lothariensibus, inducias quas nuper a Rotberto acceperant [82] infringentibus, Mosam transiens, ad Atiniacum venit, et antequam Rotbertus suos fideles adunare potuisset, super Axonam insperate [83], ubi Rotbertus sub urbe Suessonica sedere compererat, adiit. Et in crastinum, die dominica, hora jam sexta præterita, Francis dehinc illa die prælium non sperantibus, plurimis quoque prandentibus, Karolus Axonam [84] transiit, et super Rotbertum cum armatis Lothariensibus venit. Rotbertus [85] vero armatis his qui secum [86] erant, contra processit; commissoque prælio, multis ex utraque parte cadentibus, Rotbertus quoque rex lanceis perfossus cecidit. Hi tamen, qui erant ex parte Rotberti, Hugo scilicet ipsius [87] filius, et Heribertus [88] cum ceteris, victoria potiti, Karolum cum Lothariensibus [89] in fugam verterunt; sed ob mortem regis sui Rotberti eos persequi destiterunt, campum vero obtinuerunt [90] spoliaque ab eis, maxime autem a [91] rusticanis et ex Suessonicæ urbis suburbio confluentibus, direpta sunt. Lotharienses denique, perditis multis angariis, quas Rothgarius [92] comes accipiens in Laudunum castrum

VARIÆ LECTIONES.

[59] pugnaverunt 3. [60] *deest* 1. [61] aganonis 1. [62] conp. 2. [63] isaram 2. [64] heinricus 2. [65] consecratione. 1. [66] e. urbis. 3. [67] camaracum 3. *et infra.* [68] visi sunt *desunt* 3. [69] deest. 1. [70] frangorum 1. [71] capræ mortem 1. [72] relinquid 2. relinquit 5. [73] gesedis 2. gesedis 3. [74] claudus *corr.* claudos 1. [75] sanitatem 2. [76] ribuariarium 3. 5 b. [77] *deest* 2. [78] normanni 1. [79] deprædantur 2. [80] willemus 1. *sæpius.* [81] aquitanorum 2. [82] acceperat 2. [83] insperante 1. [84] axonem 3. [85] Rotbertus — processit *desunt* 3. [86] cum eo 2. [87] f. i. 2. 3. [88] H. comes Vermandensis Hugo V. *et* Fl. [89] suis Lodh. 3. [90] opt. 2. [91] *deest* 2. 3. [92] rotgarius 2. 3.

NOTÆ.

(44, 45) *La Sère et l'Ala,* in pago Laudunensi, Isaram apud *la Fère* influentes.

abduxit, relictoque infra [93] regnum Franciæ Karolo, revertuntur ad sua. Karolus dehinc [94] Heribertum comitem [95], Seulfum archiepiscopum, ceterosque regni primates, multis legationibus ut ad se revertantur exorat; quod illi renuentes, pro Rodulfo [96] in Burgundiam transmiserunt, qui otius [97] cum multa suorum manu illis occurrit. Auditoque Franci, quod Karolus Nortmannos [98] ad se venire mandasset, ne illi conjungerentur, inter Karolum atque Nortmannos super Isaram fluvium cum Rodulfo medii [99] resederunt. Tumque [100] Karolo trans Mosam refugiente, Rodulfum cuncti regem [101] eligunt. Rodulfus filius Richardi rex apud urbem Suessonicam [102] constituitur (46). Et Heribertus comes Bernardum, consobrinum suum, cum aliis legatis, consilium quod per illos agebatur, ut fertur, ignorantibus, ad Karolum dirigit. Qui ab eisdem sacramentis persuasus, ad Heribertum cum paucis proficiscitur, quique eum in castello suo super Somnam apud Sanctum Quintinum (47) suscepit, indeque his qui cum eo venerant remissis, Karolum in quandam munitionem suam, quæ vocatur Castellum Theoderici (48), super Maternam fluvium deduci fecit, ibique illum, subministratis victui necessariis, sub custodia detinuit; et sic ipse Rodulfum regem in Burgundiam prosecutus est.

Interea Ragenoldus, princeps Nortmannorum, qui in fluvio Ligeri versabantur, Karoli frequentibus missis, jampridem excitus, Franciam trans Isaram, conjunctis sibi plurimis ex Rodomo, deprædatur [103]. Cujus castris supervenientes fideles Heriberti qui per castella remanserant, adjunctis sibi Rodulfo privigno Rotgeri et Ingobranno [104] comitibus, prædam ingentem eripuerunt [105], et captivi mille ibidem liberati sunt. Quo cognito, Ragenoldus exagitatus furore, in pagum Atrabatensem prædatum progreditur; cui obvius factus comes Adelelmus, sexcentos ex eis stravit, ceteris fuga prolapsis. Cum quibus Ragenoldus ad munitionum suorum properat refugia, indeque quantas potest exercere non desinit prædas et latrocinia. Quibus urgentibus causis, rex [106] Rodulfus ab [107] Hugone filio Rotberti accitus, de Burgundia venit ad Compendium [108] super Isaram; et audito quod Nortmanni [109] pagum Belvacensem deprædabantur, illo transiit cum Seulfo archiepiscopo et Heriberto comite aliisque quibusdam et electis viris

fortibus. Itta [110] (49), fluvio transito, ingressus est terram, quæ dudum Nortmannis ad fidem Christi venientibus, ut hanc fidem colerent et pacem haberent, fuerat data. Partem quoque ipsius terræ rex cum Francis, quia ipsi [111] Nortmanni pacem quam pepigerant, propter promissiones Karoli, qui eis latitudinem terræ pollicitus fuerat, infregere [112], cædibus et igne devastat. His vero rebus [113] cum intentum legati adeunt Lothariensium, se suaque ipsi subdere spondentium. Quorum legatione revocatus ab hac devastatione, cum primatum qui secum aderant consilio Lothariensibus obviam pergit, Hugone et Heriberto comitibus ad præsidium patriæ trans Isaram relictis. Lotharienses illi obviam juxta Mosomum veniunt, et uxor ipsius nomine Emma, regis Rotberti filia, Remis interim ab Seulfo archipræsule consecratur regina. Rodulfus a plurimis Lothariensium susceptus in regno, petitur a Wigerico, Metensium [114] episcopo, receptum ire quoddam castrum in pagum Elisatium nomine Zabrenam (50). Ubi toto pene demoratus autumno [115], castellanis [116], quia Transrhenenses erant, auxilium ab Heinrico frustra expectantibus, tandem obsidibus ab eis acceptis, Laudunum ad uxorem suam revertitur. Interea Nortmannis quosdam pagos nostros trans Isaram, et nostratibus eorum terram deprædantibus, crebris alternatim directis legationibus, pacem Heriberto comiti et Seulfo archiepiscopo pollicentur, ceterisque Francis qui cum ipsis contra Nortmannos sedebant, si tamen eis terra daretur, quam spaciosam petebant ultra Sequanam. Rodulfo interea rege, ut dictum est, Laudunum reverso, obsides illi mittunt, et inducias ab eo usque ad medium Maium accipiunt.

Dum hæc geruntur, Heinricus, invitantibus se Gisleberto comite et Rotgario Trevirorum præsule, qui necdum se Rodulfo subdiderant, Rhenum [117] transmisisse regnumque Lotharii deprædari nuntiatur [118]. Depopulatus est autem quod inter Rhenum et Mosellam interjacet, gregum armentorumque abductione [119] ac ceterarum opum exhausto, cum plurimorum quoque juventutis captivitate. Quique, audito quod Rodulfus exercitum [120] non modo e Francia, quin ex omni congerat [121] Burgundia, in suo se regno recepit, datis induciis Lothariensibus usque Kalendas Octobris anni sequentis [122]. Otto [123] tantum ex

VARIÆ LECTIONES.

[93] in 2. [94] dehin 1. [95] comitem 1. [96] R. Richardi Justitiarii filio. Hugo V. Ricardi R. magni principis filio. Hugo Fl. [97] ocius 2. 3. [98] ad se v, normannos 2 ad s. v. n: 3. [99] medii medii 1. [100] Tumcque 2. 3. [101] deest. 2. 5. [102] S. in monasterio sancti Medardi c. Pithœus asteriscis notata. Nec apud Richerum neque apud Hugonem V habentur. [103] prædatur 2. 3. [104] ingrobanno 2. [105] eripierunt 1. [106] R. r. 2. [107] a 1. [108] compendia 1. [109] normandni 2. [110] Ita 2. 3 a. [111] ipsius 1. [112] infringere 2. [113] e. r. 2. [114] metensium 2. [115] auttumno corr. autumno 1. autumno 2. [116] catellanis qui 3 a. [117] renum 3. semper. [118] nuntiantur (corr. nuntiatur 1.) 2. nunciantur 3. [119] adductione 2. [120] exercitus 3. [121] cogeret 2. 3. [122] s. a. 2. 3. [123] Otho 3.

NOTÆ.

(46) Hugo Flav. ita pergit: Et Boso frater ejus rex Galliæ superioris, quæ comata dicitur, constitutus est, id est Burgundiæ superioris, et Hugo Capeto dux Burgundiæ inferioris.

(47) Saint-Quentin.

(48) Château-Thierry.

(49) Epte, medio spatio inter Parisios et Rodomum Sequanam illabens.

(50) Zabern.

his qui se Rodulfo commiserant., ad Heinricum defecit. Wigericus [124] episcopus Zabrenam ut recepit, evertit. Camaracus male proviso conflagravit incendio. Alter Rodulfus Cisalpinæ Galliæ rex, quem Italici abjecto [125] rege suo Berengario in [126] regnum receperant, cum ipso Berengario conflixit, eumque devicit; ubi mille quingenti viri cecidisse dicuntur. Seulfo archiepiscopo archiepiscopalis infula, quæ pallium nominatur, ab Johanne [127] papa transmittitur. Multitudo Anglorum limina sancti Petri orationis gratia petentium inter Alpes a Sarracenis [128] trucidatur [129]. Dado Virdunensium episcopus obiit (51), et episcopatus ejus Hugoni ab Rodulfo rege conceditur, quique presbiter Remis ab [130] Seulfo archiepiscopo [131] consecratur. Anno

DCCCCXXIV

Incipiente, fit exactio per Frantiam [132] pecuniæ collatitiæ, quæ Normannis pacto pacis daretur; et Rodulfus rex profectionem parabat in Aquitaniam, quia Willelmus [133], ejusdem regionis princeps, subdi sibi differebat. Qui, comperto quod Rodulfus in Aquitaniam cum hostili manu properaret, ei obviam super Ligerim venit, et intercurrentibus alternatim legatis, tandem ad colloquium super ipsum flumen Ligerim infra pagum Augustidunensem [134] convenere. Ubi tota die immorati [135], Rodulfus ex hac, Willelmus ex illa fluminis ora, nuntiis utrimque progredientibus, sicque die consumpta, flumen tandem Willelmus transiens, ad Rodulfum jam noctu pervenit, et equo desiliens, ad regem equo [136] insidentem pedibus accessit; quem postquam rex osculatus est, utrimque discessum. In crastino ad regem regreditur Willelmus, et octo dierum acceptis inducis, post finitam ebdomadam sese regi committit. Et rex illi Biturigensem [137] pagum restituit, quem illi nuper, auxilio fretus Rotherti needum tamen regis, vi dempserat [138] cum civitate Biturigis. Heriberto denique Peronam [139], et Hugoni filio Rotherti Cinomannis dedit. Seulfus quoque archiepiscopus [140] terram sancti Remigii conjacentem in Lugdunensi [141] provintia, de qua Herivens episcopus nihil habuerat, ab Hugone de Vienna (52), qui eidem [142] colloquio intererat, reimpetravit [143]. Inde

reversi circa quoddam castellum venimus, quod dicitur Mons sancti Johannis. Hoc Raginardus [144] invaserat, et [145] retinebat. Hortatu tamen nepotum suorum, Walonis et Gisleberti, ceterorumque quos rex ad id expugnandum miserat, obsidem regi filium suum transmisit. Quem rex, exoratus a propinquis Ragenardi [146] et Hugone fratre suo, recipi jussit, et Ragenardo inducias dedit, ceterosque omnes qui cum Ragenardo erant, obstrictos [147] sacramento reliquid. Interea Gislebertum [148] Berengarius, qui sororem ipsius uxorem [149] habebat, comprehendit [150], quemque oblatis obsidibus [151] sibi pro eo filiis Ragenarii, fratris ipsius [152] Gisleberti, dimisit. Idem vero Gislebertus dimissus, terram Berengarii Ragenariique fratris sui et Isaac comitis deprædationibus plurimis vastat. Post hæc regi Rodulfo [153] legatos, ut ab eo reciperetur, dirigit. Quod rex fidelium suorum consilio, ipsius abominatus [154] perjuria et instabilitatem, facere contempsit.

Hungari ductu regis Berengarii, quem Langobardi [155] reppulerant [156], Italiam depopulantur; Papiam quoque, urbem populosissimam [157] atque opulentissimam, igne succendunt; ubi opes per ere innumerabiles; ecclesiæ 44 [158] succensæ, urbis ipsius episcopus cum episcopo Vercellensi, qui secum erat, igne fumoque necatur; atque ex illa pene innumerabili multitudine ducenti tantum superfuisse memorantur, qui ex reliquiis urbis incensæ, quas inter cineres legerant, argenti modios [159] octo dederunt Hungaris, vitam murosque civitatis vacuæ redimentes. His expletis, Hungari per abrupta [160] transeuntes Alpinum juga, veniunt in Galliam. Rodulfus [161], Cilsalpinæ rex [162] Galliæ, et Hugo Viennensis Hungaros [163] inter angustias collium Alpinorum [164] claudunt; unde inopinato loco per devia montis ascentes, Gothiam [165] impetunt; quos insequentes prædicti duces, sternunt ex eis quos reperire [166] poterant. Interea Berengarius, Italiæ rex, a suis interimitur [167].

Rodulfus rex Frantiæ placitum tenuit [168] apud Atiniacum. Tunc inde profectionem [169] parans in regnum Lotharii, gravissimo languore [170] corripitur; cujus vi recidiva, dum jam convalescere putabatur,

VARIÆ LECTIONES.

[124] unigerius 1. uuitgericus 2. wilgericus 3. [125] accepto 3a. [126] j. r. r. c. i. B. *desunt* 2. [127] iohbanne 1. [128] saracenis 1. 3. [129] trucidantur 2. [130] a 1. [131] episcopo 1. [132] franciam 2. 3. *sæpius*. [133] uuillemus 1. *sæpius*. [134] augustidinensem 1. [135] inmorati 2. [136] æquo 2. [137] bituricensem 2. [138] denserat 1. [139] perronam 2. parronam 3. paronam 3. *Hugo Fl*. [140] episcopus 3. [141] ludunensi 2. [142] eodem 2. [143] reimperavit 1. [144] raienardus 2. *constanter*. ragenardus 3. [145] ac 2. 3. [146] raginardi 3. [147] obstricto 2. [148] gislebertus *corr*. — um 1. [149] *deest* 3. [150] coinp. 2. [151] obs. obl. 2. [152] fratri sui 2. [153] radulfo 5. [154] abhom 2. [155] lamgobardi 2. [156] pepulerant 2. 3. [157] *voci* populosissimam *superscribitur de* 2. [158] XLIII. 3. [159] md. 1 [160] abruta 1. [161] G. quos R. 2. 3. [162] c. G. r. 2. [163] *deest* 2. 3. [164] alpinarum 1. 5. [165] Tolosanam provintiam petere compulerunt. Illi autem ibidem Dei omnipotentia prepediti, dissenteria et varia clade postmodum periere. *Hugo Flor*.; cf. *finem hujus anni*. [166] rapperire 2. [167] interemitur *corr*. interimitur 1. *Codex* 2 *hoc loco sententias infra scriptas* Normanni cum Francis pacem *usque* pacto pacis eis concessæ *et* Hungari qui Gothiam *usque* esse consumpti *inserit; quæ uncis inclusa hoc loco servat* 3. [168] *deest* 2. habuit 3. [169] profectione 1. [170] langore 2.

NOTÆ.

(51) Hugo pergit : « Exactis in episcopatu 37 annis, et inter sepulcra prædecessorum suorum episcoporum in ecclesia sancti Vitoni condignam sepulturam meruit. »

(52) Postea Italiæ rege.

opprimitur, et pene desperatus a pluribus, Remis ad sanctum Remigium se deferre petiit [171]. Ubi nonnulla [172] dona largitus, ceterum, præter uxoris partem, quicquid [173] sibi thesaurorum supererat, per monasteria Franciæ Burgundiæque direxit; et quattuor ebdomadibus apud sanctum Remigium demoratus, tandem redintegrata sanitate, Suessonicam peciit urbem [174], indeque regreditur in [175] Burgundiam. Heinricus æque in ipsis Sarmatarum [176] finibus valitudine corporis tota detinetur æstate. Interim contentio [177] inter Gislebertum et Ragenerum [178], fratrem ejus, nec minor inter Bosonem et Othonem [179], cædibus, incendiis ac deprædationibus utrobique patratur. Nortmanni cum Francis pacem ineunt sacramentis per Hugonem [180] et Heribertum comites, Seulfum quoque archiepiscopum; absente [181] rege Rodulfo, ejus tamen consensu, terra illis aucta, Cinemannis et Bajocæ pacto pacis eis concessæ. Isaac quoque comes quoddam castellum Stephani Camaracensis episcopi dolosa infestatione comprehendens, incendit. Præsidii etiam Heriberti turris super Maternam fluvium, ubi Karolus custodiebatur, subitaneo conflagravit incendio. Raginoldus [182] cum suis Nortmannis, quia nondum possessionem intra Gallias acceperat, terram Hugonis inter Ligerim et Sequanam depopulatur. Synodus episcoporum Remensis dioceseos apud Trosleium Octobri mense habita, Seulfo archiepiscopo præsidente, in qua Isaac comes ad emendationem et satisfactionem venit, pro his quæ prave adversus æcclesiam Camaracensem perpetraverat, et vadatus argenti libris [183] centum, pacatur cum Stephano præfatæ urbis episcopo, præsente [satagente, *Hist. Rem.*] Heriberto et pluribus Frantiæ comitibus.

Rodulfus rex castellum montis sancti Johannis, a Ragenardo invito licet deserente, recepit, sicque Frantiam repetiit [184]. Willelmus et Hugo Rotberti [185] filius cum Ragenoldo de sua terra securitatem [186] paciscuntur, et Ragenoldus cum suis Nortmannis in Burgundiam proficiscitur. Illuminationes candelarum hoc anno multæ per diversa Frantiæ loca, orto repente lumine, factæ, et visiones sanctorum cuidam presbytero nomine Ebrulfo in villari Mosomo proximo conmanenti [187] ostensæ [188]. Remis in æcclesia sanctæ Mariæ sollempnitate omnium sanctorum quidam diu contractus, cujus coxæ cruribus inhæserant [189] junctæ poplitum [190] nervis ita retractis, virtute divina solutus et erectus [191] est. Hungari qui Gothiam vastabant, pestem quandam perpessi, capitum inflatione ac dissinteria pene cuncti, paucis evadentibus, nuntiantur esse consumpti. Anno

DCCCCXXV

redintegrante, Raginoldus [192] cum suis Nortmannis Burgundiam depopulabatur [193]. Cum quo Warnerius et Manasses comites, Ansegisus et Gotselinus [194] præsules, congressi apud montem Calaum [195]; Nortmannorum plusquam octingentos sternunt. Warnerius comes ibi, equo [196] cui sedebat occiso, captus et interemptus est, et Ansegisus Trecasinæ [197] urbis episcopus vulneratus [198]. Quo Rodulfus rex comperto, in Burgundiam cum quibusdam ex Francia, militibus scilicet Remensis æcclesiæ et Abbone [199] Suessonensi episcopo, paucis etiam aliis secum comitantibus, proficiscitur, Heriberto quoque comite se prosequente. Collectaque ex Burgundia militum manu non pauca, venit usque ad castra Nortmannorum super Sequanam; ibique ab his [200] qui ex Francia perrexerant pedestri pugna certatum ad castra. Videntes vero, quod illi qui erant cum rege, pars scilicet exercitus maxima, neque castra invadere neque [201] equis desilire temptarent, compulsis in castra Nortmannis qui fuerant [202] ad repugnandum [203] egressi, quibusdam [204] quoque prostratis, a castrorum pervasione discedunt, castraque duobus vel tribus milibus a Nortmannorum castris metantur in girum, Hugone Rotberti filio econtra supra [205] Sequanam hac ex parte castra metato. Ubi propinquiorem castrorum obsidionem procrastinantibus Francis et de die in diem differentibus [206], naves a Parisio venturas expectando, eruptione clam facta, quorumdam nostrorum veluti fertur assensu, Nortmanni [207] sua castra linquentes, et saltum quendam iter suum tutandi gratia petentes, evadunt; nostrorum vero quique regrediuntur ad sua. Jejuniis itaque cœptis quadragesimalibus, Heribertus, cum Gisleberto indeque cum Hugone locutus, regem accersiit [208] ex Burgundia; qui festinanter adveniens, Camaracum Lothariensibus atque Gisleberto proficiscitur obviam. Quique hoc placitum omittentes, super Mosam ad eum veniunt, suique Gislebertus et Otto [209] efficiuntur.

Nortmanni de Rodomo fœdus quod olim pepigerant irrumpentes, pagum Belvacensem atque Ambianensem depopulantur. Ambianis civitas male proviso confugientium igne succensa est; sic et Atrabatis, subito exorto conflagravit incendio. Nortmanni usque ad Noviomagum prædatum veniunt, et suburbana succendunt. Castelliani [210] cum suburbanis egredientes, Nortmannos repellunt, sternunt quos poterant, partem suburbii liberant. Bajocenses interim terram Nortmannorum ultra Sequanam deprædantur. Quo comperto Parisiaci [211], et ipsi quoque [212] cum qui-

VARIÆ LECTIONES.

[171] fecit 2. 3. [172] non multa 3a. [173] quicquid 2. 3. [174] civitatem 2. [175] *lineæ superscriptum* 1. [176] parmatarum 2. [177] contemptio 2. [178] ragenarium 2. 3. [179] ottonem 3. [180] hugone 1. [181] absente 1. [182] rainoldus 1. raienoldus 2. ragenoldus 3. [183] libras 3a. [184] repetiit 3. [185] f. R. 2. 3. [186] *deest* 2. 3. [187] conmanti 1. [188] hostensæ 2. [189] ineserant 1. inhæserant 3. [190] popliter *corr.* poplitum 1. [191] ereptus 3. [192] ragenoldus 3. [193] depopulatur 2. [194] getselinus 1. gotselinus 2. gozcelinus 3. [195] calaun 3. [196] æquo 2. [197] trecassinæ 3. [198] v. est 2. [199] ebbone *corr.* abbone 1. [200] iis 2. 3. aliis 3a. [201] nec 1. [202] fugerant 3. [203] pugnandum 2, 3. [204] qui *erasum* 1. [205] super 2, 3. [206] proferentibus 3. [207] nortmannorum 1. [208] accersivit 2, 3. [209] otho, *suprascripto* t. 2. [210] castellani 2. [211] ita 1, *distinguit.* [212] *deest* 1.

busdam fidelibus Hugonis filii Rotberti, et quorundam castellorum oppidanis, partem quandam [213] pagi Rotomagensis [214], qui possidebatur a Nortmannis cis Sequanam, depopulati sunt, villis succensis, pecoribus abductis, nonnullis etiam Nortmannorum interfectis. Heribertus comes interea cum paucis Francorum, quia parum adhuc herbæ inveniebatur equis [215], transitum Nortmannis prohibendi gratia, super Isaram residebat. Nortmanni terræ suæ cognita vastatione, in sua festinant [216] redire. Heinricus denique Rhenum transiens, oppidum quoddam nomine Tulpiacum (53), quod Gisleberti fideles tutabantur, vi cœpit, nec diu demoratus infra regnum Lotharii, ad sua trans Rhenum regreditur, obsidibus a Gisleberto acceptis. Hilgaudus comes et ceteri maritimi Franci loca sibi vicina nuper a Nortmannis possessa pervadentes, devastant.

Rodulfus interea de Burgundia revertitur in Franciam, et ut se ad bellum contra Nortmannos præparent [217] Francis banno denuntiat. Heribertus igitur expeditione cœpta contra Nortmannos cum militibus Remensis ecclesiæ, Arnulfus quoque comes [218] et ceteri maritimi Franci præsidium quoddam Nortmannorum aggrediuntur, quo etiam Rollo princeps eorum mille Nortmannos præter ipsius inhabitatores oppidi ex Rodomo transmiserat. Idem vero castrum secus mare situm vocabatur Auga (54); quod circumdantes Franci, vallum, quo pro antemurali cingebatur, irrumpunt, murumque infringentes conscendunt; et oppido pugnando potiti, mares cunctos interimunt, munitionem succendunt. Nonnulli tamen evadentes, finitimam quandam occupant insulam, quam adgredientes [219] Franci, majore licet mora quam oppidum cœperant, capiunt. Quod videntes Nortmanni, qui armis vitam pro posse tutabantur, postquam spem vitæ amisissent, quidam, ut enatarunt, jugulati sunt. Et alii quidem Francorum necabantur gladiis, alii propriis se oppetebant [220] telis. Sicque omnibus prostratis, et præda non modica direpta, Franci revertuntur ad sua. Rodulfus autem rex cum Hugone et Burgundionibus in pago Belvacensi sedebat.

Per idem tempus Seulfus Remorum archiepiscopus * obiit, expletis in episcopatu annis tribus et [221]
[* Hist. Rem. iv, 19, 20. Fertur autem veneno potatus a domesticis vel familiaribus Heriberti comitis vitam finisse. Nec mora, post obitum ipsius Heribertus comes Remis venit, advocans Abbonem episcopum Suessonicum, et Bovonem Catalaunicum. Quibus sibi junctis, tractans super electione rectoris hujus Remensis ecclesiæ, tam clericos quam laicos ad voluntatem suam intendere fecit. Sequentes igitur ejus consilium, ne forte per extraneas personas episcopatus divideretur, eligunt filium ipsius, nomine Hugonem, admodum parvulum, qui nec adhuc quinquennii tempus explesset. Qua re patrata ad regem properant, ejus auctoritatis impetrandæ gratia. Rodulfus igitur rex, hac electione comperta, præfatorum episcoporum consilio Remensem episcopatum committit Heriberto, æquitatis censura disponendum atque regendum ab ipso. Qui etiam legatos ecclesiæ cum Abbone præsule Romani mittere satagit, hujus electionis decretum secum ferentes, et assensum papæ super ea petentes. Johannes itaque papa, interveniente Abbone præsule, petitioni eorum consensum præbens, episcopium Remense Abboni episcopo delegat, quæ sunt episcopalis ministerii ab ipso in eodem episcopio tractanda ac (et c) finienda decernens. Heribertus itaque comes potestate potitus Remensis episcopii, injuste privavit tam me, qui non interfueram præmissæ electioni suæ, quam nonnullos alios, et clericos et laicos, beneficiis possessionum ecclesiasticarum, quibus a præcedentibus episcopis muneraii videbamur obsecundationis gratia. Quæ pro libitu suæ voluntatis, quibus sibi placuit, et impertivit. Nec longum postea, tumultu infra claustrum canonicorum inter clericos exorto, supervenientibus quibusdam militibus cum armis, duo interempti sunt ibidem clerici, quorum alter diaconus, alter habebatur subdiaconus.]

diebus quinque. Heribertus comes Remis venit, et vassallos ipsius æcclesiæ sed et clericos de electione rectoris ad suum consilium intendere fecit. Hugo filius Rotberti pactum securitatis accipit [222] a Nortmannis, terra filiorum Balduini, Rodulfi quoque de Gaugeio atque Hilgaudi [223] extra securitatem relicta. Episcopatus Remensis Heriberto [224] comiti commissus est sub [225] obtentu filii sui Hugonis, admodum parvuli, necdum, ceu ferebatur, quinquennis. Abbo episcopus Romam petit cum legatis Heriberti comitis. Heinrico cuncti se Lotharienses committunt; et ipse Bernuino, Dadonis [226] episcopi nepoti, episcopium Virdunense concedit, qui et expulso Hugone presbitero, cui Rodulfus illud dederat, ibidem ordinatur episcopus (55). Annus

DCCCCXXVI

incipiebat, et Rodulfus rex cum Heriberto comite et quibusdam maritimis Francis Nortmannos in pago Atrabatensi quodam saltu coartatos obsidebat, cum repente post aliquot dies noctu eruptione cœpta, Nortmanni castra regis aggrediuntur; ibique regi, ne a Nortmannis comprehenderetur, succursum ab Heriberto, succensisque casis [227] quibusdam, pugnatum ad castra. Nortmanni tandem a castrorum pervasione repulsi, recedunt; rex ibi vulneratus et Hilgaudus comes interemptus est; Nortmanni mille et centum dicuntur ibidem occisi. Sicque Rodulfus Laudunum revertitur, et Nortmanni usque in pagum Porcensem (56) silvestria [228] loca deprædantur. Hungari quoque Rheno [229] transmeato usque in pagum

VARIÆ LECTIONES.

[213] quendam 2. [214] rothomag. 3. [215] æquis 2. [216] festinanter 2, festinanter rediere 3. [217] præparant corr. præparent 2, præpararent 3. [218] deest 1. [219] aggr. 2. [220] oppetebat 2. [221] deest 1. [222] accepit 2. [223] hilgaldi 3. [224] herberto 1. [225] sed corr. sub 1. [226] dadanis 2. [227] deest 2. [228] silvestra 2. [229] deest 2.

NOTÆ.

(53) Zülpich.
(54) Eu, inter Dieppe et Abbeville.
(55) Hugo addit: Abhinc Virdunum et aliæ civitates a regno Francorum defecerunt.
(56) In Campania, in quo, exempli gratia, Chateau-Porcien in præfectura Ardennensi.

Vonzinsem [230] prædis incendiisque desæviunt. Luna quarta decima sabbato sancto paschæ [231], die Kalendarum Aprilium, passa [232] defectum et in pallorem conversa est, quadam luminis relicta particula, velut [233] esset secunda; sicque aurora jam incipiente, in sanguinem tota mutata [234] est colorem [235]. Corpus sancti Remigii et aliorum quorumdam sanctorum pignera Hungarorum metu Remis a suis monasteriis sunt delata; inter quæ sanctæ quoque Walburgis [236] reliquiæ, ad quas nonnulla exercebantur [237] miracula. Exactio pecuniæ collaticiæ, Nortmannis pacto pacis dandæ, publice fit per Franciam atque Burgundiam. Data igitur pecunia, pax utrimque est [238] cum juramento [239] firmata. Hinc exercitus ex Francia Burgundiaque cum Rodulfo rege et Heriberto comite proficiscitur super Ligerim, et acceptis obsidibus ab urbe Nivernensi, quam frater Willelmi contra regem tutabatur, in Aquitaniam ad persequendum Willelmum, qui a rege forte desciverat, transeunt insecunturque fugitantem [240], donec rumor infestationis Hungarorum, quod iterum jam Rhenum transissent, exercitum in Franciam repedare coegit.

Hugo, filius Bertæ, rex Romæ super Italiam constituitur, expulso Rodulfo Cisalpinæ Galliæ rege, qui regnum illud pervaserat, et alteri feminæ vivente uxore sua se copulaverat; occiso quoque a filiis Bertæ Burcardo [241] Alamannorum principe, ipsius Rodulfi socero, qui Alpes cum ipso transmearat, Italiæ [242] regni gratia recuperandi genero. Hugo presbiter expulsus Virduno, defungitur. Ebrardus quidam [243] Transrhenensis in regnum Lotharii mittitur ab Heinrico, justitiam faciendi causa, et Lotharienses inter se pace consociat. Rodulfus comes, filius Heiluidis [244], obiit. Non multo post etiam Rotgarius [245] vitricus [246] ejus, comes Laudunensis pagi, decessit. Hugo filius Rotberti filiam Eadwardi [247] regis Anglorum, sororem conjugis Karoli, duxit uxorem. Anno

DCCCCXXVII

inter Rodulfum regem et Heribertum comitem pro Laudunensi comitatu, quem Heribertus Odoni filio suo dari petebat, concedente illum rege cuidam filiorum Rotgarii nomine Rotgario [248], simultas exorta est [249]. Acies igneæ Remis in cœlo mense Martio mane quadam die dominica visæ; cui signo pestis e vestigio successit, quasi febris et tussis, quæ mixta quoque [250] mortalitate in cunctas Germaniæ Galliæque gentes irrepsit. Widricus Mettensis [251] antistes defungitur. Heribertus comes legatos suos trans Rhenum dirigit ad Heinricum, quibus reversis, evocatur ad colloquium Heinrici per eosdem [252], ad quod [253] properans, cum Hugone Rotberti filio pace firmata, muneribus Heinricum honorat et honoratur ab illo. Ibi etiam Heinricus episcopium [254] Mettensium, contempta electione ipsorum, cuidam, ut ferebatur, Dei servo dedit, cognomento Bennoni.

Hugo filius Rotberti et Heribertus comes contra Nortmannos pergunt, qui super fluvium Ligerim morabantur. Tempestas maxima pagum Laudunensem concussit et Suessonicum, qua domus eversæ arboresque multæ fuerunt evulsæ, homines exanimati per loca diversa quamplures [255]. Willelmus Aquitanorum princeps obiit. Nortmanni de Ligeri postquam obsessi sunt ebdomatibus quinque ab Heriberto et [256] Hugone, datis acceptisque obsidibus et concesso sibi pago Namnetico, pacem pepigere Francis. Synodus sex episcoporum apud Trosleium habita, contradicente rege Rodulfo, per missos Heriberti comitis, et mandante illi ut synodum differret, sibique obviam ad Compendium [257] veniret. Quod ille agere renuit [258]; synodo vero interfuit. Ubi Herluinus comes ad pœnitentiam venit pro uxore, quam duxerat alia vivente. Post absolutionem synodi Heribertus comes Laudunum ingredi voluit; prævenit autem eum Rodulfus rex, missis illo militibus ad custodiam loci; ipse denuo [259] subsecutus, idem castellum ingressus est. At Heribertus Karolum de custodia ejecit, secumque in pagum Veromandinsem [260], scilicet ad Sanctum Quintinum deduxit [261]. Rodulfus vero in Burgundiam revertitur, Rotgarii [262] filiis cum uxore sua ad custodiam Launduni relictis; qui egredientes, loca quæque devastant [263] circa Codiciacum (57), episcopii Remensis castrum. Karolus igitur cum Heriberto colloquium petit Nortmannorum ad [264] castellum quod Auga [265] vocatur, ibique se filius Rollonis Karolo committit [266], et amiciciam firmat cum Heriberto. Metus interea falsi rumoris Hungarorum et fugæ per regnum Lotharience agitantur et Franciam. Anno

DCCCCXXVIII

inchoante, in ipsis solemniis [267] ortus [268] Christi, Rodulfus de Burgundia cum hostili Burgundionum manu venit in Franciam prædando, et etiam loca quædam incendendo. Cui Hugo filius Rotberti obviam properat; venientesque super Isaram, inter

VARIÆ LECTIONES.

[230] uotinsem 2, vozinsem 3. [231] deest 1, 3. [232] in cod. 1 est *superscriptum*. [233] veluti 3. [234] inmutata 2. [235] deest 2. [236] walleburgis 2, 3, galburgis. *Hugo Fl.* [237] sæpe fiunt. *Hugo Fl.* [238] deest 1. [239] c. j. desunt 2. [240] fugientem 2, 3. [241] buchardo 3. [242] italia 2. italiam 3. [243] quoque 2, 3. [244] heiloidis 2. heloidis 3. 3 b. [245] rotgardus 1. [246] victricus 2. [247] eaduardi 2. [248] rotgerio 1. rotgarii 2. [249] exoritur 2. 3. [250] deest 1. [251] metensis 3. *et infra*. [252] pro eodem 3. [253] quos 1. [254] episcop : um 2. [255] plures 1. [256] deest 2. [257] conpendium 2. [258] rennuit 2. [259] denique 2. 5. [260] ueromandissem 2. [261] deducit 2. 3. [262] rotgerii 1. [263] devastent 2. [264] ad c. q. A. v. *in margine* 2. [265] Alga. *Hugo Fl.* [266] committit 2. [267] solemniis 1. [268] ortum 1.

NOTÆ.

(57) *Coucy.*

Rodulfum et Heribertum comitem sequester et medius fuit, et ab Heriberto obsides accepit, donec iterum ad denominatum placitum convenirent. Quo facto, Rodulfus in Burgundiam revertitur, non valens suadere conjugi suæ Lauduno discedere. At Heribertus comes Remis cum Karolo venit, indeque litteras mittit Romam Johanni papæ, significans ei [269] de restitutione et honore Karoli, ut ille sibi etiam sub excommunicationis interminatione mandaverat se pro viribus decertare. Rodulfus rex et Heribertus comes iterum ad placitum jam infra quadragesimam veniunt. Regina uxor Rodulfi Laudunum relinquit [270], et in Burgundiam redit. Heribertus comes Lauduno potitur, et exinde placitum cum Nortmannis habuit, ipseque [271] et Hugo [272] amiciciam [273] cum eis pepigerunt. Filius tamen Heriberti Odo, quem Rollo habebat obsidem, non redditur illi, donec se committit Karolo pater cum aliis quibusdam Franciæ comitibus et episcopis. Tempestates variæ diversis locis effusæ [274]. Otgarius Ambianensium præsul, vir sanctus et plenus dierum, obiit; cujus vita usque ad annos centum et amplius protelata [275] refertur. Heribertus comes quandam munitionem filiorum Rotgarii [276], quam dicunt Moritaniam [277] (58), super Scaldum fluvium [278] vi cepit et diruit. Interea missus Heriberti comitis Roma revertitur, nuntians Johannem papam a Widone, fratre Hugonis [279] regis, propter simultatem quandam inter illos exortam retrusum [280] in carcerem.

Odalricus [281] Aquensis (59) quidam episcopus *

[* *Hist. Rem.* iv, 22. Episcopus, qui ob persecutionem Sarracenorum a sede sua recesserat.]

in æcclesia Remensi [282] recipitur ab Heriberto comite ad celebrandum episcopale dumtaxat ministerium vice Hugonis, ipsius comitis filii adhuc parvuli, concediturque ipsi Odalrico abbatia tantum sancti Timothei cum præbenda canonica. Heinricus, Germaniæ [283] princeps, cum multitudine Germanorum Rhenum transiit, et supra Mosam veniens, obsidet quoddam castrum Bosonis comitis nomine Durofostum (60), pro eo quod Boso ad legem venire nolebat de quibusdam abbatiis et terra [284] episcopatuum [285], quam potestatis auctoritate ceperat, et pertinaciter Heinrici præcepta spernens detinebat; mittensque ad Bosonem, pacem spondet, si ad se veniat. Qui acceptis obsidibus pacto securitatis ab Heinrico, venit ad eum, eique fidelitatem et pacem regno juramento promittit, terram quam vi ceperat

A reddit, data sibi alia recompensationis [286] gratia; pacaturque tam ipse quam Ragenarius cum Gisleberto et ceteris Lothariensibus. Hugo et Heribertus ad Heinricum [287] colloquii causa proficiscuntur, indeque revertentes, obviam pergunt regi Rodulfo. Rursusque Heribertus se illi committit, iterum redacto sub custodia Karolo; deinde cum Rodulfo proficiscitur in Burgundiam obviam Hugoni Italiæ regi. Vindemiæ pene peraguntur infra mensem Augustum. Hugo rex habens colloquium cum Rodulfo, dedit Heriberto comiti provinciam Viennensem [288] vice filii sui Odonis. Benno Mettensis [289] episcopus, insidiis appetitus, eviratus luminibusque privatus est. Rodulfus rex Remis veniens, pacem fecit cum Karolo *, reddens illi [290] Atiniacum, muneribusque B honorans illum. Anno

[* *Ibid.* Karolo, humilians se ante ipsius præsentiam et reddens, etc.]

DCCCCXXIX

Heribertus et Hugo comites contra Bosonem, Rodulfi regis fratrem, proficiscuntur, propter quosdam Rothildis alodes nuper defunctæ, quos a Bosone pervasos repetebat Hugo, gener ipsius Rothildis. At Heribertus comes Victoriacum (61), Bosonis castellum, cepit, et posthac [291] inducias dant Bosoni usque ad finem Maii mensis. Boso ad Heinricum profectus, pacem publice [292] jurare compellitur. Deroldus medicus episcopatum Ambianensem [293] adipiscitur, Albero Mettensem; Bennoni quadam abbatia concessa sustentationis tenore [294]. Heribertus et Hugo Monasteriolum (62), castellum Erluini [295], filii C Hilgaudi comitis, obsident, tandemque acceptis obsidibus revertuntur. Johannes papa, dum a quadam potenti femina cognomine Marocia principatu privatus sub custodia detineretur, ut quidam vi, ut plures astruunt, actus angore, defungitur. Karolus quoque rex [296] apud Perronam [297] obiit. Simultas inter Hugonem et Heribertum comites exoritur, recepto Herluino ab Hugone, cum terra sua, et Hilduino *,

[* *H. R.* iv, 23, Necnon et Arnaldo.]

qui erat Hugonis, ab Heriberto. Viæ Alpium a Sarracenis obsessæ, a quibus multi Romam proficisci volentes, impediti revertuntur. Anno

DCCCCXXX

Rodulfus rex Nortmanos de Ligeri, qui Aquitaniam deprædationibus [298] infestabant, in pago Lemo-
D vicino [299] * uno prœlio pene delevit, et Aquitanos

[* *H. R.* iv, 23. C. sancti Remegii municipium.]

sibi subditos fecit. Heribertus Arnoldum [300], qui

VARIÆ LECTIONES.

[269] deest 1. [270] reliquit 3. *corr.* relinquit 2. [271] ipse 2. [272] H. filius Rotberti 3. [273] amicitiamque 2. [274] effulseræ 2. [275] prolata 2. 3. [276] litgarii 2. lotharii 3. *errore typorum.* [277] moritamam 1. [278] deest 2. [279] lihugonis 2. [280] reclusum 3. [281] Odolricus *corr.* odalricus 1. [282] remensis 2. [283] germanicus 3. [284] deest 1. [285] episcopii 3. [286] recomp. 2. [287] heinrico 2. [288] viensem 2. 3 a. [289] metensis 3. *sæpius.* [290] ei 3. [291] post hæc 2. 3. [292] deest 1. [293] ambianensis 1. [294] s. t. c. 3. [295] herluini 2. 3. [296] deest 3. [297] parronam 1. parronam. Hugo V. [298] deprædationis 2. [299] lemocino 2. *idem superscripto* ui 1. [300] harnoldum 2. arnulfum 3 b.

NOTÆ.

(58) *Mortaigne.*
(59) In Wasconia. Bouquet.
(60) Reginoni *Durfos;* an *Desfi?*

(61) *Vitry en Pertois.*
(62) *Montreuil,* a meridie Bononiæ ad Mare.

erat Hugonis, recepit. Diversi motus agitantur bellorum per Franciam inter Hugonem et Heribertum. Rodulfus rex in Franciam veniens, pacem inter eos atque [301] Bosonem multo labore per diversa placita componit; et Heribertus Victoriacum [302] Bosoni reddit. Adelelmo Laudunensium præsule defuncto, Gozpertus [303] nepos ejus episcopium [304] adipiscitur. Heribertus Anscllum Bosonis vasallum, qui Victoriacum [305] tenebat, cum ipso castello recipit, et Codiciacum illi cum alia terra concedit. Rodulfo rege in Burgundiam regresso, Lotharienses in Franciam cum Gisleberto obviam Hugoni [306] veniunt, et oppidum quoddam nomine Duagium (63), quod Arnoldus tenebat, adactum obsidione capiunt. Interea homines Bosonis Victoriacum proditione recipiunt, et Mosomum fraude pervadunt. Boso, relictis quibusdam fidelibus suis ad custodiam Mosomi, proficiscitur ad obsidionem castri præmemorati. At Heribertus, a quibusdam Mosomensibus [307] evocatus, supervenit insperatus, transmissaque Mosa vadis inopinatis, et intrans oppidum, porta latenter a castellanis [H. R., civibus] aperta, vassallos Bosonis, qui ibi [308] relicti ad munimen loci fuerant, omnes capit. Remis* infra et circa æcclesiam sanctæ Mariæ lumen

[*Ibid. Eodem tempore ante natalem Domini Remis, etc.—apparens ad australem partem pertransisse visum est.]

magnum ab aquilonari et orientali parte paulo ante initium diei apparuit. Anno

DCCCCXXXI

Rodulfus rex [309] Viennam profectus, Karlo [310] Constantino, Luedowici [311] Orbi [312] filio, qui eam tenebat, subjectionem pollicitante, revertitur, et Turonum ad sanctum Martinum orationis gratia proficiscitur. Lotharienses interea Duvagium [313] capiunt, et Hugo illud Rotgario filio Rotgarii concedit. Heribertus vero castrum sancti Quintini Arnoldo pro eo reddit [314] Græci Sarracenos [315] per mare insequentes usque [316] in Fraxinidum saltum, ubi erat refugium ipsorum, et unde egredientes Italiam sedulis prædabantur incursionibus, Alpibus eciam occupatis, celeri Deo propitio internetione [317] proterunt, quietam [318] reddentes Alpibus Italiam. Die purificationis beatæ Dei genitricis Mariæ [319], Remis in æcclesia ipsius quidam canonicorum famulus, custos æcclesiæ sancti Dyonisii et sancti Tedulfi, subito perculsus, contractus obriguit nervis [320] tam manuum quam basium, ruentique sibi pavimenti os visum est adhæsisse lapidi; quo paulo post resoluto, tam manibus quam cruribus rigore constrictis, defertur immobilis [321]; atque post quinta die dominica [322] manus ei resolvuntur ad missam, et crura similiter ad missam quintadecima. Cui res similis die circumcisionis Domini ante quinque annos in eadem acciderat æcclesia, et resolutus ibidem post triginta dies [323] in ipsa purificationis fuerat sollemnitate.

Rotbertus, archiepiscopus [324] Turonensis æcclesiæ, Roma remeans, sub Alpibus noctu infra tentoria cum comitantibus secum interimitur a latronibus. Gislebertus, filius Manasse, a rege Rodulfo desciscit [325] propter Avalonum [326] (64) castrum, quod ab eo Emma regina abstulerat, simulque recedit Ricardus [327], filius Warnarii [328] ob eandem rationem. Item inter Gislebertum Lothariensem et Bosonem simultas exoritur, pacato Bosone cum Heriberto; castrumque Bosonis Durofostum a Gisleberto capitur, itemque sub ipsis diebus Moritania [329], munitio filiorum Rotgarii, ab Arnulfo, filio Balduini. Et Heribertus amiciciam Gisleberti Lothariensis accipit. Boso, relicto Heinrico, ad Rodulfum regem vadit; indeque rediens, Catalonicum [330] castrum vi cepit, exussit atque subvertit, ob inimicicias Bovonis episcopi, cujus homines quosdam Bosonis membris [331] truncaverant.

Rodulfus rex in Franciam revertitur, et Heriberto comite ab illo deficiente, rex, juncto sibi Hugone, quoddam castrum [332] Heriberti, Dominicum [333] (65) nomine, capit ac diruit; deinde Atrabatem obsidet. Heribertus comes, adjunctis sibi per [334] Gislebertum ducem Lotharingibus, contra regem vadit; pactisque induciis usque Kalendas Octobris, utrimque disceditur. Interim quidam fidelium Heriberti, Remensi [325] ex urbe profecti, quoddam Hugonis castrum super Vidulam situm [336], nomine Brainam (66), et [337] quod ipse Hugo ab episcopo Rotomagensi tulerat, capiunt atque subvertunt. Rodulfus rex litteras Remis mittit ad clerum et populum pro agenda electione præsulis; ad quæ illi respondent, se id agere non posse, salvo suo electo, et electione manente quam fecerant. Heribertus comes ad Heinricum proficiscitur, eique sese committit; et [338] exercitus regis atque Hugonis Laudunensem et Remensem pagum deprædantur. Rodulfus rex pergens ad Atinia-

VARIÆ LECTIONES.

[301] a. inter b. 2. [302] uicturiacum 2. [303] gozbertus 2. 3. [304] c. n. ems a. 2 [305] uicturiacum 2. constanter; [306] v. h. 2. 3. [307] mosomansibus 2. [308] q. i desunt 2. [309] deest 3. ibidem viennem. [310] karolo 2. 3. [311] ita 1. 2. lugdovici 3. [312] orbis 2. 3. [313] duagium 3. [314] reddidit 2. 3. [315] saracenos 3. [316] deest 3. [317] internitione 2. interniciome 3. [318] qui eam 2. quidam cum A. r. I. 3. [319] deest 2. [320] perculsus, contractis obriguit nervis 2. [321] immobili 1. [322] m. ei d. r. 2. [323] deest 2. [324] episcopus 2. 3. [325] desciuit 2. 3. [326] avalonem 3. [327] richardus 2. 3. [328] uuarnerii 2. 3. [329] moritama 1. [330] catalaucum 1. [331] membra 2. [332] castellum 2. 3. Hugo Fl. [333] ita 1. et Hugo Fl. doninicum 2 doninem 3. [334] p. G. d. desunt, alia pagina incipiente 1. [335] remensis 2. [336] deest 3. [337] deest 2. 3. [338] deest 2.

NOTÆ.

(63) Douay.
(64) Avallon.
(65) Doulens.
(66) Braine-sur-Vesle.

cum [339] Hugonem ad Heinricum mittit; a quo Heinricus acceptis obsidibus [340], et pacta securitate, trans Rhenum recedit. Interea Brittones, qui remanserant Nortmannis in Cornu, [341] Galliæ subditi, consurgentes adversus eos qui se obtinuerant, in ipsis solemniis [342] sancti Michahelis omnes interemisse dicuntur qui inter eos morabantur Nortmannos, cæso primum duce illorum nomine Felecan [343].

Rodulfus rex cum Hugone et Bosone ceterisque suis Remorum obsident [344] urbem; quam tertia tandem ebdomada post obsidionem ingressus, [345] aperientibus sibi eis qui erant in civitate*, ordinari facit [*H. R. iv, 24. Sibi militibus ecclesiæ. Conjunctis igitur sibi nonnullis episcopis ex Francia vel Burgundia facit ordinari in hac sede præsulem, etc.]

ibi præsulem Artoldum [346] monachum ex cœnobio sancti Remigii, qui jam pridem, ipso tamen anno, reliquerat Heribertum et transierat ad Hugonem. Bovonem quoque Catalaunensem episcopum, qui a se desciverat cum Heriberto, rex capiens, tradidit [347] custodiendum Hugoni, et episcopatum ipsius [348] Miloni clerico tribuit [349]; sicque pergens Laudunum, obsidet inibi Heribertum, qui ibidem sese concluserat cum suis. Nec diu persistens, locum petit egrediendi; datoque sibi spatio, recedit, dimissa uxore sua in arce, quam infra Laudunum ipse construxerat. Ad quam postea capiendam majoris laboris et moræ [350] opus regi fuit; qua vix tandem potitus [351], in Burgundiam revertitur, Aquitanis discordantibus obviam proficiscens. Incon Nortmannus, qui morabatur in Ligeri, cum suis Brittanniam pervadit, victisque [et pervasis [352]] et cæsis [vel ejectis [353]] Brittonibus, regione potitur. Anno

DCCCCXXXII.

rex Rodulfus in Burgundiam reversus, quædam castella Gisleberti et Richardi, qui a se desciverant [354], receptat. Airardus Noviomensis [355] episcopus defungitur, et quidam clericus ejus urbis, qui fieri cupiebat episcopus, Adelelmum comitem noctu in civitate [356], latenter muro conscenso, recipit; a quo mane loci milites urbe propulsi, collecta secum nonnulla suburbanorum manu, civitatem aggrediuntur, annitentibusque qui infra muros remanserant civibus, quidam exusta porta, quidam per æcclesiæ fenestram ingrediuntur. Adelelmus in æcclesiam confugiens, secus altare cum quibusdam qui secum introierant interemptus est, et cives urbem recipiunt. Heribertus comes, Hammo [357] (67) castro recepto,

Ebrardum [358] fratem Erluini [359], qui illud tenebat, capit. Rodulfus rex cum Hugone locutus, Bovonem episcopum in gratiam recipit, eique suum, Catalaunense scilicet, episcopium reddit. Walbertus [360], Corbeiensis abbas, Noviomensibus ordinatur episcopus. Rodulfus rex, Gisleberto recepto, a Burgundia revertitur in Franciam, ibique abbatia [361] sancti Medardi, quam Heribertus tenebat, potitus, regreditur in Burgundiam.

Hugo Ambianensem cum quibusdam episcopis Franciæ obsidens civitatem, quam tenebant fideles Heriberti, crebroque quatiens bello, sumptis tandem relinquit [362] obsidibus, et obsidione castrum circumdat sancti Quintini. Milo, qui Catalaunense deprædabatur episcopium, excommunicatur ab Artoldo [363] archi-piscopo ceterisque Remensis dioceseos episcopis. Hugo castellum sancti Quintini postquam duobus mensibus obsederat, oppidanorum tandem deditione capit. In crastinum postquam illud ingressus est, unus [364] contractus in æcclesia ipsa erigitur. Ragemundus et Ermingaudus [365], principes [366] Gothiæ, regi se Rodulfo committunt; Lupus quoque Acinarius [367] Vasco, qui equum ferebatur habere annorum plus quam centum, adhuc tamen validissimum. Gislebertus cum Lothariensibus, invitante se Hugone, Perronam [368] obsidet; ubi congressione frequenti plures occiduntur Lothariensas; reliqui munitionem capere non valentes recedunt, locuto prius Gisleberto duce cum Rodulfo [369] rege, mediante Hugone. Rodulfus rex cum Hugone Hammum [370] castellum Heriberti obsidet, acceptisque obsidibus ita relinquit. Gozperto [371] Laudunensium præsule defuncto, Ingramnus [372] decanus monasterii sancti Medardi, episcopus Lauduni ordinatur. Boso frater regis [373], et Bernuinus episcopus Virdunensis, incendiis inter se deprædationibusque bachantur [374]. Heribertus trans Rhenum ad Heinricum proficiscitur. Anno

DCCCCXXXIII.

missi Remensis æcclesiæ, Giso et Amalricus [375], Roma redeuntes, palleum [376] Artoldo præsuli deferunt, nuntiantque, Johannem papam, filium Mariæ, quæ et Marocia [377] dicitur, sub custodia detineri a fratre suo nomine Alhrico, qui matrem quoque suam Marociam clausam servabat, et Romam contra Hugonem regem tenebat. Hungari se in tres partes dividunt; quorum pars una Italiam petit, alia terram [378] Heinrici trans Rhenum invadit. Contra quos pro-

VARIÆ LECTIONES.

[339] atimacum 1. [340] opsidibus 2. [341] corna 1. [342] sollempniis 2. *constanter.* [343] f. n. 2. [344] obsidet 2. [345] o. a. s. e. q. e. i. c; ingressus o. 2. 3. [346] artaldum 2. [347] tradit 2. 3. [348] i. e. 2. 3. [349] tradidit 2. 3. [350] morte 2. [351] potius 2. [352] et pervasis *desunt* 1 [353] (ejectis 3.) v. c. *desunt* 1. [354] desciuerat 1. 3. [355] inoviomensis 2. [356] ciuitatem 2. [357] hamme 2. 5. [358] hebrardum 2. 5. [359] herluini 2. 3. [360] uualbertus 2. 3. [361] abacia 2. [362] reliquid 2. [363] artaldo 2. *sæpius,* 5. *semper fere.* [364] c. u. 2. [365] Raimundus et Herminigaldus. *Hugo Fl.* [366] princeps 3 a. r. R. 2. 3. [367] lacinarius 1. [368] parronam 1. peronain 3. [369] R. 2. 3. [370] hamum 5. [371] gozberto 2. 3. [372] ingrannus 2. 3. [373] r. rex Galliæ quæ comata dicitur. *Hugo Vird.* [374] bacchantur 2. 3. b. quam ob rem urbs ipsa multum fuit afflicta. *Hugo Vird.* [375] amalricus 2. almaricus 3. [376] pallium 2. 3. [377] matrocia 2. [378] terra 2.

NOTÆ.

(67) *Ham en Picardie.*

fectus Heinricus cum Bajoariis et Saxonibus ceterisque quibusdam sibi subjectis gentibus [379], omnes usque ad internecionem [380] sternit; quorum triginta sex milia [381] cæsa referuntur, præter eos quos absorbuit fluvius et qui vivi capti sunt. Richarius [382], episcopus Tungrensis, quoddam castellum Bernardi comitis, quod ipse Bernardus apud Harceias [383] (68) in pago Porciense construxerat, evertit, eo quod in [384] suæ ecclesiæ terra situm esset. Vienna Rodulfo regi, tradentibus eam his qui eam tenebant, deditur. Willelmus, princeps Nortmannorum, eidem regi se committit; qui etiam rex dat terram Brittonum in ora maritima sitam. Rodulfus rex munitionem Heriberti, quæ dicitur Castellum-Theoderici [385] obsidet ebdomadas sex. Postea Walo [386] qui custodiebat illud, reginæ Emmæ se committit, ejusdemque fidei vel provisioni castrum dimittitur. Waldricus episcopus Autisiodorensis [387], obiit, et Wido, ejusdem [388] loci archidiaconus, episcopium adipiscitur. Synodus inter obsidendum prædictum præsidium celebratur, congregatis nonnullis Franciæ vel Burgundiæ præsulibus, cui præsederunt domnus Artoldus antistes Remorum, et domnus Teutolus [389] Turonensis episcopus. Tunc quoque domnus Artoldus Hildegarium ordinat [390] episcopum urbis Belvacensis.

Odo filius Heriberti Hammum præsidium tenens, pagum Suessonicum atque Noviomensem prædis incendiisque proterit. Heribertus, pater ejus, ad sanctum Quintinum clam veniens, tertia die postquam venit, castrum pugnando cepit, oppidanis non repugnantibus, solis tantum custodibus Hugonis obnitentibus; quos capiens Heribertus, accepto [391] ab eis sacramento, dimisit ibi, relictis etiam ex suis ad oppidi tutelam complicibus. Quod audiens Hugo, mox adveniens castrum recipit, et quendam nobilem clericum nomine Treduinum [392] ac Heriberto ibi [393] dimissum apprehendens, suspendit [394] cum quibusdam aliis; nonnullis vero aliis membra diversa dedit. Indeque proficiscens cum domno Artoldo episcopo, munitionem nomine Raugam (69), tradentibus eam Heriberti custodibus, sine difficultate capit. Hugo rex Italiæ Romam obsidet. Et Sarraceni meatus Alpium occupant, et [395] vicina quæque loca deprædantur. Artoldus archiepiscopus Fulbertum urbi Camaracensi præsulem ordinat. Heribertus Castrum Theoderici [396] super Maternam fluvium positum, tradentibus illud sibi quibusdam quos ibi ad custodiam Walo reliquerat, recipit, dispositisque recedit custodibus. Quod audiens Hugo, idem castrum quantotius [397] obsidere procurat. Anno

DCCCCXXXIV

obsidentibus [398] prænotatam munitionem rege Rodulfo et Hugone comite, quarto tandem mense, ascendente noctu muros, custodibus dormientibus, Walone cum suis, pars oppidi capitur, arx tamen tutior ab Heriberti fidelibus retinetur. At regiis [399] militibus insistentibus, non multo post obsides dedunt, et ab obsidione disceditur. Remis in æcclesia beatæ Dei [400] genitricis Mariæ solemnitate annuntiationis [401] Domini, dum sacra [402] missarum ab Artoldo præsule inibi celebrarentur, quidam juvenis, contractis poplitum nervis, repere solitus, repente resolutis extendentibusque se genuum crurumque compagibus, assurgit, retemptatoque gressu jam diu oblita repetit [403] vestigia. Item in æcclesia sancti Hilari ante portam Martis cæcus quidam nomine Paulus illuminatur, ammonitus prius in somnis, ut ad ipsum locum veniret [404], ibique lumen recipere deberet.

Rex iterum cum Hugone, neglectis ab Heriberto quos sui dederant [405] obsidibus, omissam repetit obsidionem [406]. Heinricus Gislebertum et Ebrardum [407] cum episcopis regni Lothariensis ad Rodulfum regem pro Heriberto dirigit; redditoque regi Castello-Theoderici, Hammus atque Perrona [408] Heriberto conceduntur usque Kalendas Octobris. Arnulfus de Flandris filiam Heriberti, olim sibi juramentis alterutro datis depactam, sumit uxorem. Heribertus per Veromandinsem [409] pagum messes eorum qui se reliquerant vel quibus Hugo ipsam terram dederat colligens, Perronam [410] deduci facit. Igneæ Remis in cœlo acies visæ sunt [411] discurrere, et quasi serpens igneus, et quædam jacula ferri pridie Idus Octobris mane ante lucis exortum. Mox subsecuta est pestis, diversis afficiens humana corpora morbis. Diaconus quidam Virdunensis [412] nomine Adelmarus langore depressus, spiritum visus est amisisse; sed antequam feretro imponeretur, reversus, ita surrexit validus ut sibi nihil videretur ægritudinis fuisse perpessus [413]. Qui se diversa suppliciorum vel refrigerii loca vidisse testatur, seque ipsum loco [414] pœnali deputatum, Dei vero genitricis precibus, beato quoque Martino intercedente, ad agendam pœnitentiam præsenti vitæ redditum (70). Gislebertus cum Lotha-

VARIÆ LECTIONES.

[379] omnibus 2. 3. [380] internicionem 2. 5. [381] deest 1. 2; sed XXXVI legendum esse, haud dubium erit. [382] richirius 1. ricarius 5. [383] archeias 2. 3. [384] s. in 2. 3. [385] teoderici 1. 3. [386] wallo 3. [387] autisioderensis 2. [388] deest 2. widolus a. 3. [389] teutolo 2. 5b. teudolus 3. teutilo. Hist. Rem. [390] ordinavit 5. [391] accepit corr. accepto 1. [392] teduinum 2. [393] deest 1. [394] suspendio necat 2. [395] atque 2. 3. [396] teoderici 1. sæpius. [397] quantociens 2. [398] obsiden mantibus 2. [399] regis 3. [400] deest 3. [401] adnunciationis 3. [402] sacrarum 2. 3. [403] recipit 2. recepit 3. [404] v. 1. 2. [405] q. viderant 2. [406] munitionem 2. 3a. [407] eubrardum 3. [408] parrona 1. sæpius. [409] veromandensem 2. 3. [410] parronam 1. barronam 3. [411] deest 2. [412] viridunensis 2. 3. [413] perpessum 1. se f. perpessum. Hugo. V. [414] loca 2.

NOTÆ

(68) Arches
(69) Roge.

(70) Hugo Vird. pergit : « Quamobrem hujus exemplo provocati quidam canonicorum beatæ Ma-

riensibus in Franciam Heriberti [415] venit auxi- lio [416], velut oppidum sancti Quintini obsessurus. Sed antequam ad illud perveniret, missi Hugonis ei venientes obviam, pacem inter Hugonem et Heribertum, dato utrimque jurejurando, usque ad Maium mensem pepigerunt; et Lotharienses regrediuntur ad [417] sua. Religio regulæ monachorum in quibusdam monasteriis per regnum Lothariense reparatur. Et Emma regina defungitur. Anno

DCCCCXXXV

Rodulfus rex quoddam castrum Gosfridi [418] vocabulo Viriliacum, quod contra eum quidam Aquitanorum tenebant, obsidens cepit, et Gosfrido reddidit; indeque in Franciam remeavit, et Gosfridum trans Rhenum ad Heinricum direxit. Hoc rege Lauduni degente, tumultus ipso die sancto paschæ inter regios et episcopi milites exoritur; ubi nonnulli non modo laici, sed etiam clerici quidam vulnerati vel interempti sunt. Unde rex placitum Suessionis cum regni primatibus habuit; deinde locutus cum missis Heinrici, ad ejus properat colloquium, ubi etiam Rodulfus rex Jurensis interfuit; pactaque inter ipsos amicicia, etiam Heribertum cum Hugone pacarunt, redditis quibusdam suis eidem Heriberto possessionibus. Sed et Heinricus, Bosone recepto, terram quam prius habuerat ei ex magna parte restituit. Hungari per Burgundiam diffunduntur prædisque incendiis ac cædibus, non tamen diu, debachati, comperto Rodulfi regis adventu, in Italiam transmeant (71). Artoldus archiepiscopus Wifredum [419] quendam monachum Tarwanensi [420] ordinat ecclesiæ præsulem.

Rodulfus rex Divionum castrum, quem Boso comes ceperat ejusque complices retinebant, obsidet. Lotharienses, cum quibusdam comitibus ex [421] Saxonia, Heriberti scilicet amicis, quasi ad colloquium Hugonis cum multo exercitu conveniunt [422]. Sed quia Hugo castellum sancti Quintini Heriberto renuit reddere, ipsam munitionem obsident, belloque pressam tutantium tandem redditione recipiunt atque subvertunt; parantesque Laudunum [423] obsidere, mandato [424] Rodulfi regis in propria revertuntur. Interea Boso

A frater regis [425] Rodulfi in expeditione obsidionis castri [426] sancti Quintini moritur; et delatus ad sanctum Remigium sepelitur. Rodulfus rex gravi per totum autumnum decubat ægritudine. Nortmanni qui pagum Biturigensem [427] deprædabantur, a Biturigensibus et Turonensibus bello aggressi perimuntur. Synodus septem episcoporum apud sanctam Macram (72), domno Artoldo archiepiscopo [428] præsidente, celebratur, in qua prædones et ecclesiasticarum rerum pervasores ad correctionem [429] venire vocantur. Anno

DCCCCXXXVI

Ingramnus [430] Laudunensis æcclesiæ [431] episcopus obiit. Sub isdem [432] fere diebus rex Rodulfus defungitur, sepeliturque Senonis apud [433] sanctam Columbam, cujus æcclesia factione quorumdam paulo ante fuerat incensa. Brittones a transmarinis regionibus Alstani regis præsidio revertentes [434], terram suam repetunt. Hugo comes trans mare mittit pro accersiendo ad apicem regni suscipiendum Ludovico [435] Karoli filio, quem rex Alstanus, avunculus ipsius accepto prius jurejurando a Francorum legatis, it Franciam cum quibusdam episcopis et aliis fidelibus suis dirigit. Cui Hugo et ceteri Francorum procere obviam profecti, mox navim egresso [436] in ipsis littoreis harenis apud Bononiam sese committunt, u erat utrimque depactum. Indeque ab ipsis Laudunum deductus, ac regali benedictione ditatus, ungitur [437] atque coronatur a domno Artoldo archiepiscopo, præsentibus regni principibus, cum episcopis viginti et amplius. Episcopatus Laudunensis datu Rodulfo, ejusdem loci presbitero, a civibus concorditer electo, quique a domno Artoldo consecratur [438] episcopus *.

[* H. R. IV, 26. Sed et per alias Remensis dioceseos sedes, excepta Catalaunensi et Ambianensi, diversos ordinavit episcopos.]

Rex et Hugo in Burgundiam pergunt, et urbem Lingonum [439], quam Hugo [440] frater regis Rodulfi ceperat, obsident; fugientibusque his qui eam custodire videbantur, sine bello recipiunt. Acceptisque obsidibus ab episcopis Burgundiæ vel primatibus, Parisius veniunt. Heinrico rege sub isdem [441] diebus

VARIÆ LECTIONES.

[415] heriberto 2. 3. [416] in a. 2. [417] in 2. [418] gosfradi corr. gosfridi 1. [419] umfredum 1. [420] tarvianensem 2. [421] e 3. [422] veniunt 2. 3. [423] laudum 2. [424] mandatum 2. mandato 3. [425] R. r. 2. 3. [426] deest 2. [427] bituricensem 3. [428] deest 1. [429] correptionem 2. 3. [430] ingrannus 2. 3. [431] deest 1. [432] hisdem 2. iisdem 3. [433] ad 2. 3. [434] revertuntur et pagina sequenti revertentes 1. [435] ludauvico 2. luduvico 3. [436] ingresso 3. [437] ungitur 2. 3. [438] e c. 3. [439] linguonum 2. [440] Hugo Capito. Hugo V. [441] ii dem 3.

NOTÆ.

riæ Virdunensis sæculum deseruere, et quia in eadem civitate congregatio monachorum nulla erat — in ecclesia enim sancti Petri et sancti Vitoni clerici deserviebant — Tullum petiere et in monasterio sancti Apri mutato habitu sæculum deserere et Christo domino incorporari ut membra fidelia capiti studuere. Quæ res maximo erat mœrori pontifici, canonicis quoque residuis et proceribus populi, quia optarent eos potius in eo loci militare episcopio quam ad aliud demigrare. Bonis tamen et laudabilibus eorum studiis et exemplis religio regulæ monachorum et fervor ordinis in eodem cœnobio et in quibusdam aliis per regnum Lothariense reparatur...»

(71) Hugo Virol. pergit: « Herveo episcopo decedente, Romundus sub Rodulfo rege substituitur, qui mutato abbatiam destruens, Colticas castrum ædificavit et Curensem, similiter Petræ pertusum extruxit, et filiis et filiabus suis bona ecclesiarum et castra quæ fecerat dedit. Hic post multa mala patrata a sancto Georgio flagellatus interiit. »

(72) Fines.

obeunte, contentio de regno inter filios ipsius agitatur; rerum tandem summa natu majori nomine Othoni [442] obvenit. Luna quartadecima sanguineo colore obducta 2 Nonas Septembris noctem [443] minime videbatur illustrare. Johanne papa fratre Alberici [444] patricii [445] defuncto, Leo quidam Dei servus Romæ papa constituitur. Hugo rex Italiæ [446] Romam nisus capere, afflicto exercitu [447] suo fame et equorum interitu, pacta tandem pace cum Alrico, dans ei filiam suam conjugem, ab obsidione desistit, repertisque quibusdam [fratris sui [448]] Bosonis contra se, ut fertur, insidiis, eundem fratrem suum dolo capit atque in custodia mittit. Sarraceni in Alamanniam prædatum pergunt, et reveulentes multos Romam petentes interimunt. Hugo [449] filius Rotberti cum Hugone filio Richardi, dispertita inter se Burgundia, pacem facit. Adelelmus Silvanectensium præsul obiit. Anno

DCCCCXXXVII

Silvanectensium præsul ordinatur Bernuinus ex cœnobio sancti Crispini. Walberto [450] quoque Noviomagensium præsule defuncto (75), succedit Transmarus [451], monasterii sancti Vedasti præpositus. Ludovicus rex ab Hugonis principis se procuratione separans, matrem suam Lauduni recipit. Hugo cum Heriberto pacatur [452]. Heribertus castellum quod dicitur Theoderici, Walone sibi aperiente, recipiens, ipsum Walonem, cum jam suus esset effectus, in vincula conjicit. Cæli pars ardere visa, et Hungarorum persecutio ab eadem parte per Franciam insecuta est; qua villæ et agri depopulati, domus basilicæque conflagratæ, captivorum abducta multitudo. Nonnullas tamen ecclesias, ignibus applicitis, non valuere succendere; ecclesiam sanctæ Macræ [453] duabus etiam segetum metis, quæ parietibus pene ipsius adhærebant, exustis, accendere nequiverunt. In * ecclesia [454] sancti [455] Basoli cum quidam Hungarorum ascendere super altare nitens aræ manum applicuisset, ipsa manus ejus altaris adhæsit lapidi [456], nec omnino quivit avelli, donec ceteris Hungaris aræ saxum circa ipsam manum incidentibus, partem lapidis; qui manui ejus inhæserat, in admirationem omnium proferre [457] coactus est ethnicus.

[* *Flodoardus in Hist. Remensis. lib.* II, *cap.* 5, *hæc ita narrat* : Quando nuper hæ Galliarum patriæ, peccatis nostris impellentibus, Hungarorum gladiis dilacerandæ sunt traditæ, quidam barbarorum sancti Basoli monasterium ingressi, dum clerici jam cum patroni sui pigneribus ad civitatem confugissent, habitacula cœnobii hominibus pene vacua repererunt, ibique metatum suum constituentes, hue undecunque prædatu reverti cœperunt. Quorum quidam in ecclesia signorum turricula, deaurata conspiciens relucere metalla, cupidus auri pecuniæ, tectum conscendit basilicæ, nisusque dissipare turriculam, subito delapsus ad terram corruit, membrisque confractis interiit. Alius horum super aram ipsius ecclesiæ, in honore beati Martini consecratam, conatus ascendere, dum manum supra cornu altaris apposuisset, ipsa manus ejus ita inhæsit marmori, ut nullo modo ab eo postea potuisset avelli. Et quia hic eum sui noluerunt relinquere, partem lapidis circa manum ipsius bipennibus abscindentes, eum secum particulam marmoris, quæ manui ejus adhæserat, invite ferentem deduxerunt. Qui etiam, ut captivi qui reversi sunt referunt, usque ad terram suam, arente jam brachio, hunc lapidem ferens, et Basoli virtute factum proclamans, reversus est.]

Quidam presbiter de Bovonis curte — sic enim villa vocatur ejus æcclesiæ — nomine Adalgarius, captus est ab eis, et abductus usque in pagum Biturigensem [458]. Qui cum esset in vinculis et compedibus ferreis, noctu visio cuidam concaptivæ [459] apparuit; jussumque est ei [460] ut diceret eidem presbitero, quatinus fugam caperet, ut se resolutum videret; pariterque cum visione catena ipsius reserata est. At ille mortem metuens, quam barbarus ei sæpe minabatur [461], si eum de fuga forte reprehendisset, catena sibi pedes revinciens, et seram quæ exsilierat [462] a compede requirens, iterum munire sibi sera studuit vincula, non ausus evadere fuga. Nocte altera iterum visio præmemoratæ facta est [463] captivæ, quæ presbiterum [464] ad ineundam fugam roboraret [465], iterumque vincula ipsius resoluta sunt. Animatus ad id tunc tandem presbiter fugam petiit, et in palude quadam diebus aliquibus latens, ubi præterisse barbaros comperit, patriam tum demum repetiit. Is nobis retulit, quod viderit in hac captivitate quendam Orbacensis cœnobii monachum nomine Hucbaldum (74), quem frequenter ethnici trucidare voluerunt, nec carnem ejus incidere potuerunt; deum ergo eum esse dicebant [466]. Quidam, ut hic presbiter refert, nudum eum vidit in medio positum, et sagittis undique appetitum, nec summotenus saltem cute præcisa vulneratum. Resiliebant enim ab ejus corpore, ut ab adamante, relisæ sagittæ, nec signum ictus ullum [467] ejus apparebat in cute. Sed et gladio cum omni conatu eum nudum se vidisse percuti dicit, ac nihilominus caro ipsius intemerata permansit.

VARIÆ LECTIONES.

[441] ottoni 3. *semper fere.* [443] nocte 2. [444] albrici 2. 3. [445] deest 3. [446] I. r. 3. [447] s. e. 3. [448] f. s desunt 4. [449] Hugo Magnus cum Hugone Capito R. *l. Hugo V.* [450] walherto 2. waliberto 3. [451] Fransmarus 3. [452] pacatur 2. 3. [453] magræ 2. 3 b. [454] ecclesiam 3. [455] beati 2. 3. [456] lapidibus 3. [457] perferre 3. *Hugo V.* [458] bituricensem 2. [459] captivæ *supra lineam* 1. concaptivo 3. [460] decst 3. [461] s. m. in marg. 1. [462] exsoluerat 1. [463] deest 2. [464] presbitero ad iterandam 1. [465] roborarat 2. [466] dicere cœperunt Brittones, *media desunt* 2. 2 a. 3 a. b., *leguntur apud Hugonem V.* [467] ullus corr. ullum 1.

NOTÆ.

(75) vii Kal. Januarii, ex syllabo Corbeiensium abbatum, quo ex loco Walbertus ad sedem Noviomagensem assumptus fuerat. Bouq.

(74) Eadem Flodoardus Hist. Rem. ii, 10, narrat.

Brittones ad sua loca post diutinam regressi peregrinationem, cum Normannis, qui terram ipsorum contiguam sibi pervaserant, frequentibus dimicant prœliis, superiores pluribus existentes, et loca pervasa recipientes. Rodulfus, Jurensis ac Cisalpinæ Galliæ rex, obiit; cui filius parvus Chonradus [468] in regno succedit. Abbo Suessorum præsul defungitur; et Wido filius Fulconis [469] Andegavensis, sancti Martini Turonensis canonicus, ejus episcopatu potitur. Anno

DCCCCXXXVIII

rex Ludowicus quoddam castrum nomine Montiniacum (75), quod quidam Serlus latrocinia exercens tenebat, vi cepit; ipsum vero [470] Serlum per deprecationem domni Artoldi archiepiscopi vita donavit, et oppidum evertit. Heribertum per deprecationem Hugonis ad pacem recepit. Tusciacum (76) super Mosam, cum villis aliis ad ipsam pertinentibus, quas pater ipsius matri ejus dotis jure dederat, quasque Rotgarius [471] comes tenebat, ipso reddente recepit, cum eas hostili manu repetiit. Inde revertens Corbenacum (77) castellum, quod pater ejus sancto Remigio tradiderat quodque pervaserat Heribertus, rex sibi [472] a monachis commissum [473] per vim recepit, et homines Heriberti, qui erant in eo, comprehensos, rogante domno Artoldo archiepiscopo, abire permisit. Hugo princeps, filius Rotberti, sororem Othonis regis Transrhenensis, filiam Heinrici [474], ducit uxorem. Ludowicus rex maritima loca petens, castrum quoddam portumque [475] supra mare, quem [476] dicunt Guisum (78), restaurare nisus est. Dumque cum Arnulfo moratur, homines Heriberti quoddam castrum Remensis ecclesiæ, quod vocant Causostem (79), super Maternam fluvium, ab Artoldo præsule constructum, prodente Wiperto [477] quodam capiunt, et Rægibertum [478] *, qui eidem castro præerat, secum abducunt [479], villasque circumpositas crebris deprædantur infestationibus.

[* H. R. iv. 26. Ragenbertum Artoldi præsulis consobrinum.]

Interea rex Ludowicus [480] evocatus ab Artoldo archiepiscopo [481] regreditur, ingressusque Laudunum, arcem novam nuper [482] inibi ab Heriberto [483] ædificatam obsidet; multisque machinis suffosso [484] eversoque muro, cum magno tandem capit labore. Inde ad colloquium proficiscitur Hugonis, fratris quondam Rodulfi regis, Odone filio Heriberti, qui se illi nuperrime [485] commiserat, ad Lauduni tutelam relicto.

Præmissus vero Hugo ad regem venit [486], et amicitiam ei sacramento promittit. Gislebertus cum Lothariensibus Hugoni et Heriberto venit in adjutorium; contra regem Ludowicum, castrumque Petræpontem (80) vi capiunt. Arnulfus comes et Heribertus inter regem Ludowicum et Hugonem dilationem accipiunt, pacem sacramento paciscentes usque ad finem Januarii mensis [487]. Nec mora Ludowicus [488] rex consilio [489] Odoini [490] et Gerardi, qui dimiserant Rodulfum episcopum Laudunensem et transierant ad Hugonem, res vel thesauros Lauduni repertos diripit atque dispertit. Anno

DCCCCXXXIX

Ludowicus [491] rex Hugoni filio Richardi, proficiscitur obviam; cum quo de Burgundia revertens, pergit contra Hugonem filium Rotberti, et Willelmum [492] Normannorum principem. Qui quoniam villas nuper Arnulfi comitis quasdam prædis incendiisque [493] vastaverat, excommunicantur ab episcopis qui erant cum rege; simul cum Heriberto [494], qui oppida quædam villasque sancti Remigii pervasas pertinaciter detinebat. Hugo datis obsidibus pacem paciscitur usque Kalendas Junii. Lotharienses Othonem regem suum [495] deserunt, et ad Ludowicum regem veniunt, qui eos recipere distulit ob amicitiam, quæ inter eos, legatis ipsius Othonis et Arnulfo comite mediante, depacta erat. Castellum Erluini [496] maritimum, quod vocatur Monasteriolum, comes Arnulfus, tradente quodam proditore, cepit, et uxorem ipsius Erluini [497] trans mare cum filiis ad Alstanum [498] regem mittit. Nec longum collecta Normannorum non modica manu, Erluinus castrum pugnando recepit; et ex militibus Arnulfi, quos intus invenit, nonnullos interemit; quosdam vero propter uxorem recipiendam reservavit. Lotharienses iterum veniunt ad regem Ludowicum; et proceres ipsius regni, Gislebertus scilicet dux, et Otho, Isaac atque Theodericus [499] comites, eidem [500] se regi committunt; episcopi vero [500]; quoniam rex Otho [500] eorum secum detinebat obsidatum, Ludowico regi se committere differunt. Otho rex, Rheno transmisso, regnum Lothariense perlustrat, et incendiis prædisque plura loca devastat.

Anglorum classis ab Alstano, rege suo, in auxilium Ludowici regis transmissa, mare [501] transito, loca quæque Morinorum mari deprædatur contigua; nulloque negotio propter quod venerant peracto, remenso [502] mari, propria repetunt loca. Otho rex

VARIÆ LECTIONES.

[468] conradus 2. 3. [469] folconis 2. [470] quoque corr. uero 1. [471] rotgerius 1. [472] s. r. 2. [473] commissam 1. [474] henrici 3. [475] castrumque 2. 3. [476] quod 2. 3. [477] wilberto 3. 3 b. [478] ragebertum 2. 3. [479] adducunt 2. [480] L. r. 2. 3. [481] episcopo 2. [482] quam nuper 1. [483] a. h. i. 3. [484] effosso 1. suffosso 2. [485] nuper 3. [486] ueneral 3. [487] deest 2. [488] loduuicus 3. [489] deest 2. [490] hodouuini 2. 3. [491] Ludovicus 3. sæpius. [492] uuiltelmi 2. [493] p. et incendiis quas 2. [494] herito 3 a. [495] s. r. 2. 3. [496] in marg. 1. Bernuinus Virdunensis episcopus obiit Hugo V. desunt 2. [497] herluini 2. sæpius, 3. constanter. [498] alstannum 3. [499] teodericus 1. sæpius. [500] deest 2. [501] mari 2. 3. [502] remo 2.

NOTÆ.

(75) *Montigny* in pago Suessionensi.
(76) *Tulley.*
(77) *Corbeny.*
(78) *Wissant* ab occidente Caleti.
(79) *La Chaussée?*
(80) *Pierrepont* in pago Laudunensi.

colloquium habuit cum Hugone et Heriberto, Arnulfo et Willelmo Normannorum principe; et acceptis ab eis pacti sacramentis, trans Rhenum regreditur.

Rex interea Ludowicus Virdunensem [503] pagum petit, ubi quidam regni Lotharicnsis episcopi sui efficiuntur. Indeque in pagum proficiscitur Elisatium, locutusque cum Hugone Cisalpino, et quibusdam ad se venientibus receptis Lothariensibus, nonnullis quoque Othonis regis fidelibus trans Rhenum fugatis, Laudunum revertitur, et Rodulfum, Laudunensem [504] episcopum, proditione insimulatum castro ejicit; sed et homines ipsius rebus episcopii privat, et easdem res suis hominibus confert. Gislebertus dux Lothariensium, trans Rhenum profectus prædatum, Saxonibus se dum revertitur insequentibus, in Rhenum fertur desiluisse [505] cum equo; ibique vi enecatus undarum, postea repperiri non potuit, ut fertur. Quidam tamen ferunt, quod a piscatoribus sit repertus et humatus, atque propter spoliorum ipsius ornamenta celatus.

Ludowicus rex in regnum Lothariense regressus, relictam Gisleberti Gerbergam duxit [506] uxorem, Othonis scilicet regis sororem (81). Collecta diversorum hominum, quæ Romam petebat, a Sarracenis [507] pervasa et interempta est. Brittones cum Nortmannis confligentes, victoria potiuntur, et quoddam Nortmannorum castellum cepisse feruntur. Quidam homines Arnulfi terram Erluini deprædantes, ab eodem Erluino perempti sunt. Otho rex in [508] regnum Lothariense regrediens, pene cunctos ad se redire cogit [509] Lotharienses. Hugo Albus ad ejus proficiscitur cum Heriberto colloquium, et revertentes, loca quædam fidelium Remensis æcclesiæ deprædantur, incenduntque nonnulla [510]. Anno [511]

DCCCCXL

rex Ludowicus [512] abiit obviam Willelmo principi Nortmannorum; qui venit ad eum in pago Ambianensi, et se illi commisit. At ille dedit ei terram, quam pater ejus Karolus Notmannis concesserat, indeque perrexit contra Hugonem [513]. Quo ad se venire detractante, revertitur Laudunum. Dedit autem rex Artoldo archiepiscopo [514], ac per cum æcclesiæ [515] Remensi, per præceptionis regiæ paginam Remensis urbis monetam jure perpetuo possidendam; sed et omnem comitatum Remensem eidem contulit æcclesiæ. Artoldus archiepiscopus Causostem munitionem obsidet, quam quinto tandem die, Ludowico rege illuc veniente, hi qui erant intus reddentes deserunt; nec longum, subversa funditus, ab his qui recepere dissipatur. Missi Hugonis ad regem veniunt, et de pace cum eis rex inter Artoldum præsulem et Heribertum laborare studet. Deinde ad castrum quoddam, quod Heriveus, nepos Herivei quondam episcopi [516], super fluvium Maternam tenebat, unde et villas episcopii Remensis circumquaque positas deprædabatur, proficiscitur cum Artoldo archiepiscopo. Nec mora, obsidibus acceptis [517] ab ipso Heriveo, revertitur Remis; pergensque in crastinum ad sanctum Remigium, sese ipsius sancti committit intercessionibus, promittens vadibus libram argenti se daturum singulis annis [518], monachis quoque ejusdem loci præceptum de eodem castello dedit immunitatis. Hugo [519] princeps Roiberti, junctis sibi quibusdam episcopis tam Franciæ quam Burgundiæ, cum Heriberto comite et Willelmo Nortmannorum principe Remensem obsidet urbem; sextaque [520] obsidionis die, deserente omni pene militari manu Artoldum archiepiscopum, et ad Heribertum transeunte, idem comes Heriberius urbem [521] ingreditur. Artoldus præsul ad sanctum Remigium evocatione procerum et episcoporum profectus, persuasus est vel conterritus a principibus, episcopii se procuratione vel potestate abdicare, concessaque sibi abbatia sancti Basoli et Avennaco [522] (82) monasterio, ad sanctum Basolum commoraturus [523] abscessit *. Hugo et Heribertus locuti

[* H. R. IV, 28. Post annos octo et menses septem (cod. VI) in episcopatu exactos, etc.]

cum quibusdam Lothariensibus, ad obsidionem Lauduni cum Willelmo proficiscuntur [524], relicto Remis Hugone diacono Heriberti filio, jam pridem ad episcopatum [525] ipsius urbis evocato [526].

[* H. R. IV, 28. Quique tertio postquam regressus est mense presbiter a Widone Suessonico præsule ordinatus est, expletis postquam fuerat electus annis quindecim, quos Autissiodori commorans egerat, litterarum studiis occupatus; apud Widonem ipsius urbis antistitem, a quo et diaconus ordinatus fuerat. Nam ceteros inferiores gradus ab Abbone Suessonico præsule Remis acceperat.]

Ludowicus rex post sex vel septem ebdomadas a Burgundia rediens, assumpto secum Artoldo archiepiscopo, cum propinquis ipsius pariter cum eo comitantibus, quorum beneficia Heriberius comes abstulerat, in Remensem venit Campaniam; trans-

VARIÆ LECTIONES.

[503] virid. 2. 3. [504] ita 2. et Richerus; uirdunensem 1. [505] dissiluisse 2. [506] ducit 2. 3. [507] saracenis 3. sæpius. [508] deest 1. [509] coegit 3. [510] in marg. alia tamen manu 1. habet : autanda, tunc numeros Græcos MZ.(47) mal. [511] hæc solus 1 habet in margine : Berengarius Virdunensis episcopus consecratur ab Artaldo Remensi archiepiscopo. Apud Hugonem Vird. hæc fusius narrantur. [512] lodouicus 3. [513] c. h. p. 3. [514] episcopo 2. ita et infra. [515] deest 2. [516] archiepiscopi 2. 3. [517] a. o. 2. 3. [518] a. s. 2. 3. [519] fontes iniquitatis Hugo Magnus. Hugo V. [520] sexta 2. 3. [521] deest 3. [522] alvennaco 3. [523] commoratus 3. [524] p. c. W. 2. 3. [525] ab episcopatu 2. [526] electo 1.

NOTÆ

(81) Hugo Vird. addit : Ducatum Otho (i. e. Gisleberti filius) accepit.

(82) Saint-Basle et Avenay.

toque fluvio Axona, Laudunum contendit. Quo comperto, Hugo et Heribertus, relicta obsidione Lauduni, noctu ad munitionem Petræpontem deproperant; indeque Othoni regi obviam proficiscuntur. Cui conjuncti ad Atiniacum eum perducunt, ibique cum Rotgario comite ipsi Othoni [527] sese committunt. Ludovicus rex ingressus Laudunum, victus suis [528] providet necessaria [529]; sicque cum Hugone Nigro et Willelmo Pictavensi Burgundiam repetit. Otho (83) rex Heinrico, fratri suo, regnum Lothariense committit. Tumque cum diversarum gentium, quas secum adduxerat [530], multitudine post Ludowicum in Burgundiam proficiscitur, habens secum Conradum, filium Rodulfi regis Jurensis, quem jam dudum dolo captum sibique adductum retinebat; castraque metatus supra [531] Sequanam, obsides ab Hugone Nigro accepit, cum juramento ne esset nocumento Hugoni vel Heriberto, qui se [532] subdiderant eidem Othoni [533]. Quo facto, revertitur ad sua. Hugo filius Heriberti Remis a Widone Suessonico præsule presbiter ordinatur. Ludowicus rex Laudunum redit. Ego denique disponens orationis gratia sepulcrum sancti Martini visere, retentus sum ab Heriberto comite, clam me quibusdam accusantibus apud eum, quod sui causa nocumenti vellem proficisci, vel filii sui [534]. Fecitque me sub custodia detineri, ablatis

[* *H. R.* IV, 28. Et quia renutabam me huic electo nostro committere, nesciens utrum Deo placeret eum præsulem nostrum fore. Sicque, etc.] a me rebus quas de episcopatu tenebam, cum æcclesia quam regebam in Culmisciaco (84), sicque C plenis quinque mensibus fui sub detentus. Rex Ludowicus

[* *H. R.* IV, 28.] Apud fratres nostros, ipso comite jubente, sub custodia partim libera sum detentus. Contigit autem mihi, domina mea beata Dei genitrice intercedente, ut ipsa die conceptionis et passionis Domini nostri Jesu Christi absolverer a custodia, et die tertia scilicet 6 Kal. Aprilis, qua Dominus a mortuis resurrexit, egressus ipse cum præfato electo nostro ad urbem Suessonicam profectus sum. Ubi convenientes episcopi hujus dioceseos cum principibus Hugone ac Heriberto tractarunt quid eis esset agendum super episcopali hujus Hugonis ordinatione; sicque decreverunt, petentibus quibusdam filiis ecclesiæ Remensis, tam clericis, quam laicis, eum ordinandum, asserentibus fautoribus ipsius, quod Artoldus nequaquam electus, sed per violentiam fuerit intromissus, seseque episcopali abdicaverit ditione. Ibi ergo Hugo princeps tunc me per manum accipiens, huic Hugoni nepoti suo ad beneficiendum commisit, quique mihi ecclesiam sanctæ Mariæ dedit in Colrido sitam, terram quoque, quam pater suus mihi abstulerat, reddidit, et aliam in prædicta villa superadjecit.

A Ludowicus Petræpontem munitionem bello aggressus est, et obsides accipiens, recessit ab ea. Deinde in regnum Lothariense cum Artoldo archiepiscopo et aliis fidelibus suis profectus est. Otho quoque rex, Rheno transito, adversus eum venit; sed ab eorum fidelibus inter eos indutiæ determinatæ sunt.

Puella quædam virgo paupercula de villa quæ dicitur Lavenna, nomine Flothildis, visiones sanctorum manifeste vigilansque et in spiritu videre assueverat [535], ac quædam futura prædicebat (85). Quæ post sequentem annum in ipsa natalis Domini nocte decessit. Hoc anno acies diversorum colorum in cælo visæ sunt mense Decembrio [536] nocte dominica. Collecta Transmarinorum, sed et Gallorum, quæ Romam petebat, revertitur, occisis eorum nonnullis B a Sarracenis; nec potuit Alpes transire propter Sarracenos, qui vicum monasterii sancti Mauricii occupaverant. Anno

DCCCCXLI

Gerlandus Senonensis archiepiscopus urbe sua depellitur a Frotmundo, quem Hugo Albus [537] eidem civitati præfecerat, culpato Gerlando quod Waloni faveri, homini Heriberti comitis, qui Frotmundum vel suos a præfata expulerat urbe. Heribertus comes synodum convocavit ad determinandam controversiam inter filium ipsius Hugonem [538] et Artoldum archiepiscopum; sed impediente Hugone, atque satagente ne forte ad fidelitatem et auxilium Ludowici regis congregarentur, omisere conventum. Rex Ludowicus Burgundiam petens, comperit Rotgarium [539] C comitem prope se ferie metatum; quem aggressus, comprehendit cum his qui cum eo erant super fluvium Maternam, secumque in Burgundiam duxit. Hugo et Heribertus comites episcopos convocant Remensis dioceseos. Qui convenientes apud Suessionem in æcclesia sanctorum Crispini et Crispiniani, tractant de statu Remensis episcopii, definientes [540], conquerentibus clericis atque nobilibus laicis diu pastore sedem ipsam vacare, ut [541] quoniam Artoldus episcopus juraverat quod numquam se de ipso episcopatu intromitteret [542], ad ipsius gubernationem reverti non deberet, Hugo vero, filius Heriberti comitis, qui prius ad ipsum episcopatum fuerat evocatus [543], clero populoque petente, ordinaretur episcopus. Ibique [544] me Hugo primum de exilio jussu suo D evocat. Indeque Remos adeuntes episcopi, eundem electum nostrum [545] præsulem consecrant apud sanctum Remigium. Rotgarius comes, datis obsidibus, dimittitur a rege Ludowico, Duagium castellum reddens Arnoldo. Monasterium sancti Theoderici divinis

VARIÆ LECTIONES.

[527] odoni 3. [528] sui 2. [529] necessariis sique 3. [530] abduxerat 2. 3. [531] super 2 3. [532] deest 2. [533] oddoni 2. 3. [534] vel f. s. v. p. 2. 3. [535] asse uenit 2. asseverat 3. [536] decembri 2. 3. [537] abbas 3. [538] deest 1. et H. 3. [539] rotgerium 1. [540] definiuntque 2. 3. [541] deest 1. [542] intermitteret 1. *Hugo V*. [543] electus *corr*. evocatus 1. [544] Ibique — evocat. desunt 2. 2a. 3b. [545] deest 2. 3. p. e. 3.

NOTÆ.

(83) Hugo Floriacensis his præmittit: « Otho Transrhenensis regnum Lothariense a Ludowico suscepit, » etc.

(84) *Cormicy*.
(85) Visiones eæ in codice 1 leguntur.

illustratur miraculis. Crux major ecclesiæ Remensis auro cooperta, gemmisque pretiosis ornata, ab eadem furtim aufertur æcclesia. Canonici Montisfalconis (86) oppressione Virdunensis episcopi prægravati [546], descrentes cœnobium suum, corpus sancti Balderici patroni sui deferunt Remis.

Ludowicus rex Burgundiam petens, Rotgarium comitem cum Hugone nigro ac Gisleberto pacificavit; indeque Laudunum remeans, Arnoldum cum Landrico, fratre ipsius, eodem castro proditionis insimulatos expulit, et Rotgario.[547] Laudunensem comitatum dedit; compertoque quod Hugo Albus ad obsidendum Laudunum properaret, Burgundiæ partes cum Artoldo episcopo et Rotgario comite repetit. Quo circa Vitriacum [548] castrum deversante, Hugo et Heribertus Laudunum obsident. Sumptis autem secum rex quos undecumque colligere potuit, in pagum Porcensem venit. Quo audito, Hugo et Heribertus, scilicet quod rex eis appropinquaret, obsidione relicta properant contra, et insperatum regis invadentes exercitum, nonnullos sternunt, reliquos in fugam vertunt. Rex ipse cum paucis eductus a suis, et eximere se bello coactus, vix evasit, Artoldo episcopo et comite Rotgario comitantibus secum. Artoldus episcopus, perditis rebus quas ibi habuerat, ad Hugonem ac [549] Heribertum accessit [*H. R.* iv, 29, *add.* adductus ab amicis]; et datis sacramentis prout ab eo quæsierunt, redditisque sibi abbatiis sancti Basoli et Avennaco cum villa Vindenissa, et pacta pace cum Hugone præsule, ad sanctum Basolum illic habitaturus devenit. Hugo et Heribertus obsidionem Lauduni relinquunt. Ludowico regi filius nascitur, et præmissi comites cum Willelmo locuti, mox Lauduni repetunt obsidionem, proditionem castri sibi fieri rati; nulloque, quod arbitrati fuerant, patrato negotio, revertuntur in sua. Ludowicus rex a Karlo Constantino in Vienna recipitur; et Aquitani ad eum veniunt, illumque suscipiunt. Hugo et Heribertus, Willelmus et Arnulfus simul locuntur; et Heribertus inde ad Othonem regem [550] trans Rhenum proficiscitur. Anno

DCCCCXLII

Ludowicus rex, firmatis sibi Aquitanis, Laudunum revertitur; nec diu remoratus [551], non obtenta pace, in Burgundiam remeat [552]. Legatus Stephani papæ, nomine Damasus, episcopus Romæ ob hanc legationem peragendam ordinatus, in Franciam venit, afferens litteras apostolicæ sedis ad principes regni cunctosque Franciæ vel Burgundiæ habitatores, ut recipiant regem suum Ludowicum; quod si neglexerint, et eum amplius hostili gladio persecuti fuerint, excommunicationis depromissurum [553] interminationem. Pro qua re colloquentes episcopi Remensis diocesoes cum Heriberto comite, deprecati [554] sunt eum, ut intercederet apud Hugonem principem pro receptione regis. Proditores quidam Remis reperti et interfecti sunt; quidam rebus æcclesiæ privati, ab urbe depelluntur. Legati Remensis æcclesiæ Roma regressi, pallium deferunt Hugoni episcopo ab Stephano papa transmissum. Cum quibus pariter et legatio venit principibus regni, ut Ludowicum [555] regem recipiant, et sic legatos suos Romam dirigant; quod si usque ad nativitatem Domini facere non procuraverint, excommunicandos tunc fore se noverint. Domnus Odo abbas pro pace agenda inter Hugonem regem Italiæ et Albricum Romanum patricium apud eundem regem laborabat. Idem vero rex Hugo Sarracenos de Fraxinido eorum munitione disperdere conabatur. Rotgarius comes apud Willelmum Northmannorum principem functus legatione pro Ludowico rege, ibidem defunctus est. Willelmus regem Ludowicum regaliter in Rodomo [556] suscepit. Item Willelmus Pictavensis et Brittones cum suis principibus ad regem venerunt. Cum his ergo rex super [557] Isaram venit. Hugo vero et Heribertus cum Othone duce Lothariensium, destructis pontibus et ablatis navibus, cum his quoque quos habere poterant, ex altera parte fluminis consederunt; et agitata inter eos per internuntios controversia, dantur tandem [558] induciæ a medio Septembri usque ad medium Novembris, et obsides accipiuntur utrimque, a rege quidem filius Heriberti minor. Qui etiam rex, tam ipse quam Willelmus, sed et Hugo, mittunt obsides Othoni regi per Othonem ducem. Fames magna per totam Franciam et Burgundiam, mortalitas quoque maxima boum grassata est in tantum, ut valde pauca hujusmodi animalia in his remanserint terris.

Ludowicus [559] rex Othoni regi obviam proficiscitur, et amicabiliter se mutuo suscipientes, amicitiam suam [560] firmant conditionibus; multumque de pace inter regem Ludowicum et Hugonem laborans Otho, Hugonem tandem ad eundem regem convertit. Heribertus etiam pariter cum æquivoco filio suo ipsius regis Ludowici efficitur. Revertente rege, Remensis dioceseos episcopi ad eum veniunt; et ipse Rodulfum [561] quoque Laudunensem recepit, ac suum eidem restituit episcopium. Domnus Odo venerabilis abbas, multorum restaurator monasteriorum sanctæque regulæ reparator, Turonis obiit, et sepultus est apud sanctum Julianum [562] (87). Anno

VARIÆ LECTIONES.

[546] ut asserebant p. *Hugo V.* [547] rotgerio 1. [548] uituriacum 2. victuriacum 3. [549] et 2. 3. [550] ad regem 3. [551] moratus 3. [552] revertitur 3. [553] depromens 2. 3. [554] precati 1. [555] loduuicum 3. [556] rodomum 2. [557] deest 2. [558] t. d. 2. 3. [559] Lodhuuicus 3. [560] s. mutuo 3. [561] q. r. 3. [562] ita 2. 3. *Hugo Fl.* martinum 1. *Hugo V.* sed cf. infra a. 945.

NOTÆ.

(86) Montfaucon.
(87) *Hugo Virsd.* addit : « Et successit ei Heimardus vir venerandus. »

DCCCCXLIII.

Arnulfus comes Willelmum, Nortmannorum principem, ad colloquium evocatum, dolo perimi fecit [563]. Rex Ludovicus filio ipsius Willelmi, nato [564] de concubina Brittanna, terram Nortmannorum dedit; et quidam principes ipsius se regi committunt, quidam vero Hugoni duci. Heribertus comes obiit, quem sepelierunt apud sanctum Quintinum filii sui [565]; et audientes Rodulfum, filium Rodulfi de Gaugliaco [566] (88), quasi ad invadendam terram patris eorum advenisse, aggressi eundem interemerunt. Quo audito, rex Ludovicus valde tristis efficitur. Artoldus episcopus, relicto coenobio sancti Basoli, ad regem profectus est. At ille promittit ei se redditurum Remensem episcopatum; quique assumptis secum fratribus suis, et aliis quibusdam qui abjecti fuerant ab episcopatu Remensi, Altmontem castrum occupant [567]. Cum quibus rex Ludovicus [568] etiam Mosomum aggressus [569], repellitur a fidelibus Hugonis episcopi, quibusdam suorum interemptis; suburbanas tamen domos quasdam ipsius castri succendit, in quibus multum congestarum periit frugum.

Hugo [570] dux Francorum crebras agit cum Nortmannis, qui pagani advenerant, vel ad paganismum revertebantur, congressiones; a quibus peditum ipsius christianorum multitudo interimitur. At ipse nonnullis quoque Nortmannorum interfectis, ceterisque actis in fugam, castrum [571] Ebroas [572] (89), faventibus sibi qui tenebant illud [573] Nortmannorum christianis, obtinet. Ludovicus Rodomum repetens; Turmodum [574] Nortmannum, qui ad idololatriam gentilemque ritum reversus, ad haec [575] etiam filium Willelmi aliosque cogebat, regique insidiabatur, simul [576] cum Setrico rege pagano, congressus cum eis interemit [577]; et Erluino Rodomum committens, revertitur ad Compendium, ubi eum expectabat Hugo dux cum nepotibus suis, Heriberti filiis, de quibus recipiendis frequens agitabatur intentio. Quorum rex primum tunc Hugonem episcopum, mediatoribus Othone duce Lothariensium et Adelberone praesule, Hugone quoque duce praecipue insistente, recepit, eo tenore, ut abbatiae, quas dimiserat [578] ad regem profectus, Artoldo [579] episcopo restituerentur; aliud etiam episcopium ipsi provideretur; fratribus quoque et propinquis ejus honores, quos ex episcopatu Remensi habuerant, redderentur. Postea ceteri quoque filii Heriberti comitis recipiuntur a rege. Item rex Ludovicus [580] Rodomum [581] profectus, Ebroas [582] ab Hugone duce recepit, et apud Parisium, depressus infirmitate, pene [583] tota decubuit [584] aegrotus aestate.

Hugo praesul Amblidum (90) castrum cepit [585] atque combussit; quod Rotbertus et Rodulfus fratres Remis expulsi tenebant [586], unde et depraedationes per episcopium Remense faciebant. Erluinus cum Arnulfo congressus, victoriaque potitus, cum quoque, qui Willelmum Nortmannorum principem interemerat, occidit, et amputatis manibus [587] ipsius, Rodomum transmisit. Item praefatus Hugo episcopus Altmontem [588] munitionem obsidet, quam tenebat Dodo frater Artoldi episcopi; tandemque accepto parvulo filio ipsius [589] obside, discedit, rege quoque mandante. Hugo dux filiam regis ex lavacro sancto suscepit, et rex ei ducatum Franciae delegavit, omnemque Burgundiam ipsius ditioni subjecit. Idem vero Hugo Arnulfum cum rege pacificavit, cui rex infensus erat ob necem Willelmi. Oddo [590] rex quosdam fideles Ludovici, qui sibi insidiabantur, comprehensos [591] in custodia misit; unde inter ipsos reges exoritur scandalum. Anno

DCCCCXLIV.

Ludovicus rex in Aquitaniam proficiscitur cum regina [592] Gerberga, et locutus cum Regimundo [593], Gothorum principe, ceterisque proceribus Aquitanorum, revertitur in Franciam. Castrum quoddam vocabulo Montiniacum, in pago Suessonico situm, quod [594] erat ab abbatia sancti Crispini, quam dudum receperat [595], reddentibus eam sibi filiis Heriberti, et Ragenoldo dederat, proditione quorumdam oppidanorum fideles regis ceperunt; occiso Andrea quodam, qui illud tenebat ad fidelitatem filiorum Heriberti, sed et proditore ab Andrea peremto. Ambianensem quoque urbem, quam tenebat Odo [596] filius Heriberti, favente Deroldo episcopo, et tradentibus ipsius episcopi fidelibus, domestici regis recipiunt. Ex quibus rebus ita gestis exoritur iterum discordia inter regem et filios Heriberti. Otho dux Lothariensium vita decessit. Hugo dux Francorum cum Nortmannis pactum firmat [597], datis utrimque et acceptis obsidibus; indeque profectionem parat cum filiis Heriberti, obviam profecturus Oddoni [598] regi in regnum Lotharii. Sed idem rex adventum suum differens, Herimannum quendam ducem cum ingenti dirigit exercitu. Ludovicus rex, pace facta inter Erluinum et Arnulfum, castrum Ambianen-

VARIÆ LECTIONES.

[563] et Richardus primus successit, qui Normaniam dono regis Ludovici obtinuit *Hugo V.* [564] natum 1. 3. [565] ipsius 2. [566] gaugiaco 2. 5. [567] occupat 2. 3. *H. R.* [568] lodhuuicus 5. [569] agressus 5. [570] H. Magnus *Hugo V.* [571] urbem 2. 3. [572] ebroicas 2. 5. [573] deest 2. [574] trumonum 3 b. [575] adhuc 3. [576] simulque 3. [577] interimit 2. 3. [578] reliquerat 2. reliquerat 3. [579] altoldo 4. [580] l. r. 2. 3. [581] rodomo 3. [582] ebroicas 2. 3. [583] poene 2. [584] decumbit 2. [585] c. castrum 2. 3. [586] detinebant 2. 3. *H. R.* [587] amputatas manus 2. 3. [588] almontem 3. [589] i. f. 2. 3. [590] Odo 2. 3. 3 b. [591] comprehendit et in 2. 3. [592] regina — cum desunt 5 b. [593] ragimundo 2. 3. 3 b. [594] deest 2. [595] perceperat 2. praeceperat 3. [596] hodo 2. [597] p. f. :. N. 2. 3. [598] othoni 2. odoni 3.

NOTÆ.

(88) *Gouy* in pago Brabantensi. Bouq.
(89) *Evreux*.

(90) *Ambli* ad flumen Barum, qui Mosam infra Sedan influit.

sium eidem Erluino dedit. Filii Heriberti quamdam munitionem Rodulfi [599] cujusdam fidelis Ludowici regis, nomine Clastris, sitam in pago Veromandinse [600] proditione capiunt. Et eodem Rodulfo [601] clam evadente, thesauros ipsius invadunt atque diripiunt, municipiumque vacuum derelinquunt.

Hugo dux colloquium Herimanni petit, qui missus erat obsidere castella Ragnarii [602] ac Rodulfi fratrum, Ludowici regis fidelium ; qui resistendi Herimanno præsidium non habentes, veniam, datis muneribus multis, ab Oddone rege [603] deposcunt. Is equidem palatium Aquis deveniens, cum Lothariensibus colloquium habuit. Ubi missi regis Ludowici, sed et Hugonis ducis legati ad eum venerunt. Qui legatos regis honorifice suscipiens, legatis aversabatur [604] ducis ; donec Manasses quidam, missus Hugonis, videns legatos Ludowici valde legationi suæ adversos existere, mandata quædam [605] sibi ab hoc rege data nuper ad ipsum Oddonem [606] perferenda, quæ [607] prius aperire noluerat, in medium protulit ; pandens exprobrationes non modicas, quas sibi rex Ludowicus Oddoni regi [608] perferre præceperat, quod scilicet perjurus esset Oddo de juramentis quæ Ludowico juraverat, adiciens et alia indecora nonnulla. Quibus admodum permotus Oddo, missos Ludowici, quia verbis Manasse contradicere non valebant, abiciens, legatos Hugonis honorabiliter habuit, omnesque sibi fideles ab auxilio seu participatione [609] Ludowici sese submovere præcepit.

In Transrhenensibus Germaniæ regionibus quidam homo erat, cui manus abcisa [610] fuerat, et post annos quatuordecim, sicut asserunt qui eum noverunt, subito dum nocte [611] dormiret, ei ex integro restaurata [612] est. In eisdem [613] partibus per quosdam pagos ignei globi ferri [614] videbantur in aere, quique nonnullas [615] illic circumvolantes incenderunt domos ac [616] villas ; a [617] quibusdam vero locis, crucibus [618] oppositis, cum benedictione episcopali et aqua benedicta repellebantur. Regii milites episcopatum Remensem deprædantur, et filii Heriberti abbatiam sancti Crispini, Ragenoldus quoque abbatiam sancti Medardi ; sicque alterutris debachantur rapinis atque deprædationibus. Tempestas nimia facta est in pago Parisiaco, et turbo vehementissimus, quo parietes cujusdam domus antiquissimæ, qui [619] validissimo constructi [620] cemento in monte qui dicitur Martyrum (91) diu perstiterant immoti, funditus sunt eversi. Feruntur autem dæmones tunc ibi sub equitum specie visi, qui æcclesiam quamdam [621], quæ proxima stabat, destruentes, ejus trabes, memoratis parietibus [622] incusserint [623], ac sic eos subruerint, vineas quoque montis ipsius evulserint, et omnia sata vastaverint.

Subsecuta mox Brittonum pernities, qui discordia inter se principum Berengarii et Alani divisi, a Nortmannis, cum quibus pactum inierant, pervasi et magna sunt cæde attriti [624]. Civitas eorum Dolus nomine capta, et episcopus ejusdem confugientium in æcclesiam multitudinum stipatione oppressus et enecatus est. Reparatis denique Brittones viribus certamen ineunt, in quo superiores Nortmannis exstitisse [625] visi sunt. Tertia tandem congressione inita [626], magna ex utraque parte [627] cecidit multitudo ; victoria vero potiti Nortmanni, Brittones usque ad internectionem cædunt et [628] a terra ipsorum disperdunt. Ipsique Nortmanni, qui nuper a transmarinis advenerant [629] regionibus, eorum terras [630] invadunt.

Ludowicus rex in terram Nortmannorum proficiscitur cum Arnulfo et Erluino et quibusdam episcopis Franciæ ac Burgundiæ. Arnulfus itaque præcedens regem, quosdam Nortmannorum, qui custodias observabant apud Arcas (92), fudit, et regi transitum præparavit ; sicque rex Rodomum perveniens, a Nortmannis in urbe suscipitur ; quibusdam mare petentibus qui eum nolebant recipere, ceteris omnibus sibi subjugatis. Hugo dux cum suis et quibusdam Burgundiæ proceribus trans Sequanam faciens iter, Jocas usque pervenit, et civitatem obsedit, quam rex ei dederat, si eum ad subiciendam sibi hanc Nortmannorum gentem adjuvaret. Receptus autem rex a Nortmannis, mandat duci, ut a præfatæ civitatis obsidione discedat. Quo discedente, rex in eam ingreditur ; unde et discordiæ fomes inter regem concitatur et ducem ; sed et pro eo quod rex obsides ab Ebrocensibus, qui Hugoni subditi erant, accepit, quos eidem duci reddere noluit. Anno

DCCCCXLV

adhuc rege Ludowico [631] apud Rodomum degente, Gerberga regina filium Launduni peperit, qui Karolus ad catezizandum [632] vocitatus [633] est. Reversus rex Laudunum, et cum Arnulfo locutus, dispositis quibusdam rebus, Rodomum regreditur. At Bernardus Silvanectensis comes et Tetbaldus Turonensis [634] cum Heriberto castellum regis Montiniacum paschæ diebus aggressi, capiunt, incendunt [635], diruunt. Idem quoque Bernardus venatores et canes regis inva-

VARIÆ LECTIONES.

[599] radulfi 2. 3. [600] veromandinse *corr.* veromandense 1. [601] radulfo 2. [602] ragenarii 3. [603] ad odonem regem 2. 3. [604] adversabatur 2. 3. [605] *deest* 3. [606] odonem *sæpius* 2. 3. [607] qui 2. [608] *deest* 3. [609] particip. *corr.* particip. 1. [610] abscissa 2. 3. [611] noctu 2. 3. [612] restituta 3b. [613] iisdem 3. [614] ferre 2. 3. [615] nonnullos 1. [616] et 2. 3. [617] ex *corr.* a 1. [618] cruribus 2. [619] quæ 2. [620] constructu 2. [621] quemdam 2. [622] p. m. 2. 3. [623] incusserunt — subruerunt — evulserunt — vastaverunt 3. [624] atriti 2. [625] *deest* 1. [626] inito 1. [627] *deest* 2. [628] et eos a 2. 3. [629] venerant 3. [630] terram 2. 3. [631] l. r. 2. 3. [632] cateciz. *corr.* cateciz. 1. [633] vocatus 2. 3. [634] *deest* 2. 3. [635] i. ac d. 2. 3.

NOTÆ.

(91) *Montmartre.* (92) *Arques.*

dens, equos eorum vel quæque sibi visa sunt, aufert; Compendium etiam, regalis sedis oppidum, pervadit cum quibusdam villis eidem sedi subjectis. Rex Ludowicus, collecto secum Nortmannorum exercitu, Veromandinsem [636] pagum deprædatur, assumptoque cum ipsis [637] Erluino cum parte [638] militum Arnulfi, sed et Artoldo episcopo cum his, dudum [639] qui Remis ejecti fuerant, comitibus quoque Bernardo ac Theoderico [640] nepote ipsius, Remorum obsidet urbem. Vastantur circumquaque segetes, villæque diripiuntur et partim exuruntur, necnon æcclesiæ plures effringuntur. Quoties [641] pugnatum ad portas vel circa murum, vulnerati ex utraque parte non pauci, quidam etiam interempti sunt. Hugo denique dux prœliatus cum Nortmannis, qui fines suos ingressi fuerant, eos non modica cæde [642] fudit, et a terminis suis ejecit; post hæc Remis ad regem mittit, dans obsides, ut Ragenoldus ex parte regis ad colloquium sibi occurrat. Quo abeunte, tractat cum eo, uti rex obsides ab Hugone episcopo accipiat, et ab obsidione Remensi discedat; quatinus [643] idem præsul denominato placito ad reddendam rationem de omnibus, quæ rex ab eo quæsierat [644], accedat. Quibus hoc sibi tenore datis, rex ab obsidione recedit post quintam decimam, quo civitas obsessa fuerat, diem. Igitur circa missam sancti Johannis Hugo dux placitum cum rege per sequestres [645] habuit, in quo nihil certi [646] de pace inter ipsos componenda gestum, nisi tantum quod [647] indutias ad invicem sibi dederunt [648] usque ad medium mensem Augustum.

His ita gestis, rex Ludowicus, assumpto Erluino et quibusdam domesticis suis secum, Rodomum petit. Domnus Theotilo [649] venerandus urbis Turonicæ præsul obiit, qui dum de pace inter regem et principes componenda certaret, hisque studiis occupatus a Lauduno rediret, ægritudine corporis in ipso deprimitur itinere. Cumque ultimum jam exhalaret [650] spiritum, apparuit signum quoddam luminis per æra discurrens, cubitum longitudinis habere visum; cujus lumine ad depellendas noctis tenebras sufficienter perfuncti sunt [651], qui funus ejus deducebant; talique potiti solamine per milia fere, ceu fertur, ducenta, Turonicam usque corpus ejus perferunt urbem. Quodque in monasterio sancti Juliani, quod idem vir sanctus summa instituerat religione, juxta sepulcrum domni Odonis reverenter humatur, et exinde ipsum templum divinis illustrari [652] miraculis declaratur.

Dum rex Ludowicus [653] moraretur Rodomi, Hagroldus [654] Nortmannus, qui Bajocis præerat, mandat ei, quod ad eum venturus esset condicto tempore vel loco, si rex ad illum locum accederet. Veniente denique rege cum paucis ad locum denominatum, Hagroldus cum multitudine Nortmannorum armatus advenit [655], invadensque socios regis, pene cunctos interemit [656]. Rex solus fugam iniit, prosequente se quodam Nortmanno [657] sibi fideli. Cum quo [658] Rodomum veniens, comprehensus est [659] ab aliis Nortmannis quos sibi fideles esse putabat, et sub custodia detentus. Hugo quoque, rex Italiæ, regno depulsus a suis, et filius ipsius in regnum receptus [660] est. Hugo præsul Altmontem castrum obsidens, post septem ferme [661] obsidionis ebdomadas recipit, reddente illud Dodone [662] [*H. R.* iv, 31, D. domni Artoldi fratre], tali sub tenore, ut filium ipsius et filium fratris sui suscipiens idem archiepiscopus [663], concederet eis terram patrum suorum. Hugone duce de regis ereptione laborante, Nortmanni filios ipsius regis dari sibi obsides quærunt, nec aliter regem se dimissuros asserunt. Mittitur igitur [664] ad reginam pro pueris; illa minorem mittens, majorem fatetur se non esse missuram. Datur igitur minor, et ut rex dimittatur, Wido [665] Suessorum episcopus sese obsidem tradit. Dimissus itaque rex a Nortmannis, suscipitur ab Hugone principe; quique committens eum Tetbaldo [666-667], cuidam suorum, proficiscitur Othoni regi obviam. Qui rex nolens loqui cum eo, mittit ad eum Conradum ducem Lothariensium. Cum quo locutus Hugo infensus Othoni regi revertitur. Richario Tungrensium præsule defuncto, idem episcopium rex Otho Hugoni, abbati monasterii sancti Maximini, nolenti atque refugienti dedit, eumque ordinari fecit episcopum; et ita remeat trans Rhenum.

In pago Parisiacensi, necnon etiam per diversos [668] circumquaque pagos, hominum diversa membra ignis plaga pervaduntur; quæque [sensim [669]] exusta consumebantur, donec mors tandem finiret supplicia. Quorum quidam, nonnulla sanctorum loca petentes, evasere tormenta; plures tamen Parisius in ecclesia sanctæ Dei genitricis Mariæ sanati sunt, adeo ut quotquot illo pervenire potuerint, asserantur ab hac peste salvati; quos Hugo quoque dux stipendiis aluit cotidianis. Horum dum quidam vellent ad propria redire, extincto refervescunt incendio, regressique ad æcclesiam liberantur [670]. Anno

DCCCCXLVI

quidam motus inter filios Heriberti comitis [671] agitantur pro hereditatum distributione suarum. Qui

VARIÆ LECTIONES.

[635] veromandensem 1. [637] illis 2. 3. [638] patre 2. [639] q. d. 2. 3. *H. R.* [640] teoderico 2. [641] Quotiens 2. [642] clade 3. [643] quatenus 2. 3. [644] quæsierit 2. *H. R.* [645] sequestros 2. [646] certe 1, certum 2. 3. [647] deest 2. [648] deest 2. [649] teotilo 2. [650] exalaret 2. 3. [651] *superscr.* 1. *deest*. 2. [652] inlustrare 2. [653] lodhuuicus 3. [654] haigroldus 2. 3. *et infra*. [655] venit. *corr.* advenit 1. advenerat 2. [656] interimit 3. [657] N. (normanno) 3. q. 2. 3. [658] cumque 2. [659] *deest* 3. [660] susceptus 2. 3. cui successit Lotharius, filius ejus *Hugo V*. [661] formæ *corr.* fermæ 2. [662] odone 2. 3. [663] episcopus 2. 3. [664] *deest* 2. [665] vindo 3. [666-667] Tetbaudo Carnotensium comiti *Hugo V*. [668] diversas *corr.* diverses 1. divisos. 2. 3. [669] *deest*. 1. [670] liberentur *corr.* liberantur 2. [671] *deest.* 2. 3.

tamen, Hugone principe avunculo [672] ipsorum mediante, pacantur, divisis sibi, prout eis competens visum est, rebus. Hugo rex Italiæ a suis in regnum recipitur. Edmundus Anglorum rex legatos ad Hugonem principem pro restitutione Ludowici regis dirigit; et idem princeps proinde conventus publicos cum nepotibus suis aliisque regni primatibus agit. Marinus papa decessit, cui successit Agapitus; et pax inter Albericum patricium et Hugonem regem [Italiæ] depaciscitur. Hugo dux Francorum, ascito secum Hugone [Nigro] filio Richardi, ceterisque regni primatibus, Ludowicum regem, qui fere per annum sub custodia detinebatur apud Tetbaldum comitem, in regnum restituit; recepto Lauduno castro, quod regina Gerberga tenebat, et eidem Tetbaldo commisso. Qui dux Hugo renovans regi Ludowico regium honorem vel nomen, ei [673] sese cum ceteris regni committit primoribus. Edmundus rex transmarinus defungitur; uxor quoque regis Othonis, soror ipsius Edmundi, decessit.

Regina Gerberga nuper ad Othonem regem, fratrem suum, legationem direxerat, auxilium deposcens ab eo. Qui maximum colligens ex omnibus regn's suis exercitum, venit in Franciam, Couradum [674] quoque secum habens, Cisalpinæ Galliæ regem. Quibus rex Ludowicus obviam profectus, satis amicabiliter et honorifice suscipitur ab eis; sicque pariter Laudunum venientes, considerataque castri firmitate, deverterunt ab eo, Remensem aggredientes urbem; quam cingentes obsidione, ingenti vallarunt exercitu. Videns autem præsul [675] Hugo, obsidionem se tolerare non posse, neque tantæ resistere multitudini, locutus est cum quibusdam principibus qui videbantur sibi esse amici, videlicet cum Arnulfo, qui ejus sororem, et Uddone [676], qui amitam [677] ipsius habebat uxorem, sed et cum Hermanno [678]. Uddonis [679] fratre; quæsivit ab eis, quid [680] sibi foret agendum. Qui tale consilium dederunt ei, ut egrederetur [681] cum suis et relinqueret urbem, quia id dispositum a regibus erat, ut omnimodis expelleretur, neque intervenire possent apud reges pro ipso, quin eruerentur ei oculi si urbem vi capi contigisset. Quo consilio percepto ac suis intimato, post tertiam obsidionis [682] diem cum pene cunctis qui secum tunc aderant militibus egressus est. Sicque reges cum episcopis et principibus ingredientes urbem, dominum Artoldum præsulem, qui dudum fuerat ejectus, iterum [683] intronizari fecerunt; quem Rotbertus Treverensis archiepiscopus et Fredericus Magonciacen-

sis [684] accipientes [685] utraque manu eidem sedi restituerunt. Deinde relinquentes Gerbergam reginam Remis, ipsi reges cum exercitibus suis [686] terram Hugonis aggrediuntur; et urbem Silvanectensem obsidentes, ut viderunt munitissimam, nec [687] eam valentes expugnare, cæsis quibusdam suorum, dimiserunt [688]. Sicque trans Sequanam contendentes, loca quæque præter civitates gravibus atterunt deprædationibus [689], terramque Nortmannorum peragrantes, loca plura devastant, indeque remeantes [690], regrediuntur [691] in sua [692]. Deroldus Ambianensium præsul vita decessit [693]. Anno

DCCCCXLVII.

Hugo princeps, moto exercitu, in Arnulfi terram proficiscitur, obsidetque quasdam munitiones ipsius; nulloque patrato prout speravit negotio, revertitur in sua. Rex quoque Ludowicus cum quibusdam Lothariensibus Mosomum [694], quod Hugo præsul ejectus [695] Remis tenebat [696], obsedit; sed nec ipse quippiam pro votis efficiens, recedentibus tandem post mensem Lothariensibus, ipse Remos [697] regreditur. Bovo Catalaunensis episcopus obiit; eligunturque sibi Catalaunenses quendam nobilem adolescentem clericum, nomine Gibuinum. Ludowicus rex Aquis pascha cum Othone rege celebrat, et regiis ab eo honoratur [698] muneribus. Hugo princeps a quibusdam præsumptiose persuasus, Remensem cum Hugone præsule, quasi mox capturus, aggreditur urbem; frustratoque voto, resistentibus fidelibus regis et Artoldi archiepiscopi, octavo postquam advenerant die, illusi recedunt. Hugo præsul, annitente [699] avunculo suo Hugone, ordinat Ambianis episcopum Tetbaldum quendam, æcclesiæ Suessonicæ clericum. Ludowicus rex, expetente Arnulfo comite, Atrabatem proficiscitur cum Artoldo episcopo, indeque cum Arnulfo ad obsidendum Monasteriolum, castrum Rotgarii [700] filii Erluini, progrediuntur; postque laborem inefficacem, pluriumque [701] mortes suorum, spe privati regrediuntur ad propria. Tempestas magna Remis effusa est per unius omne noctis spatium cum coruscationibus [702] continuis et terræ motu; adeo ut putei replerentur et domus nonnullæ subverterentur.

Conventus placiti regum Ludowici et Othonis super Charam (93) fluvium intrante mense Augusto celebratur, Hugone principe circa Mosomum et Duodeciacum (94) castra metato; ubi res litis inter Artoldam et Hugonem Remensis æcclesiæ præsules ab episcopis auditur. Et quia synodus tunc convocata non fuerat, altercatio determinari non potuit. Synodus

VARIÆ LECTIONES.

[672] anunculo 2. [673] et 1. [674] chonradum 2. [675] h. p. 2. 5. H. R. [676] oddone 1. uniddone 2. [677] amicam 2. [678] herimanno 2, 3. [679] uniddonis 2. [680] quid corr. quod 2. [681] egrederentur 2. [682] obsidiones 2. [683] deest 1. [684] maguntiacensis 2. [685] quia sic sedis Romanæ auctoritas promulgaverat Hugo V. [686] deest. 1. [687] n. e. v. e. desunt 2. [688] d. s. t. S. desunt 2. [689] prædationibus 3. [690] revertentes 2. [691] regrediuntur corr. regrediuntur 2. [692] illa 1. [693] decedit 3. [694] mosonum 3. [695] rejectus 1. R. e. 2. 3. H. R. [696] retinebat 2. 3. H. R. [697] remis corr. remos 1. [698] h. ab. eo 2. 3. [699] adnit. 2. 3. [700] rotgerii. 1. [701] plurimumque corr. pluriumque 2. [702] chor. 2.

NOTÆ.

(93) *Cher.*   (94) *Douzy.*

autem circa medium mensis Novembris habenda [703] denuntiatur. Interim vero sedes Remensis Artoldo conceditur, Hugo alter præsul in Mosomo commorari permittitur. Treugæ vel induciæ belli inter regem Ludowicum et Hugonem principem usque ad synodi tempus, Othone rege mediante, disponuntur. Heriveus, nepos Herivei quondam archiepiscopi, habens munitionem quam ædificaverat citra Maternam fluvium, villas circumquaque [704] deprædabatur Remensis episcopii; excommunicatus ab Artoldo præsule pro his quas invaserat ecclesiæ rebus. Contra cujus prædones egressi quadam die Ragenaldus [705] comes et Dodo, frater [et fratres. *H. R.*] ipsius præsulis, cum quibusdam militibus [706] ecclesiæ, ipsos grassatores in fugam agunt. Quo audito, idem Heriveus [707], armatis his quos secum habebat militibus, a munitione sua egressus contra nostros [708] ad pugnam, et congressus cum eis, interemptus est cum suorum quibusdam [709]; ceteri omnes in fugam versi sunt, vulneratis ex utraque parte nonnullis. Corpus ejusdem Remos a victoribus perlatum est. Hugo præsul assumens [secum [710]] Tetbaldum de Lauduno* cum aliis nonnullis malefactoribus, in Culmisciacum [711] (95) ceterasque contiguas villas tempore vindemiæ venit; qui omne pene vinum ex his colligentes, in diversos pagos abducunt.

[*H. R. iv, 33. T. de Monteacuto (*deest tamen in cod. Montispessulani*) sororis suæ maritum.]

Synodus prædicta [712] Virduni habita est, præsidente Rotberto Treverensi præsule, cum Artoldo Remensi [713], Odalrico [714] Aquensi, Adalberone [715] Mettensi, Gosleno [716] Tullensi, Hildebaldo Transrhenensi [717], Israhele Brittone, præsente [718] Brunone abbate (96) fratre regis Othonis, Agenoldo (97) quoque et Odilone [719] (98), cum aliis quibusdam venerandis abbatibus (99). Ad quam Hugo episcopus evocatus, missis etiam duobus ad eum deducendum episcopis, Adalberone et Gosleno, venire noluit. Universa vero synodus domno Artoldo [720] Remense tenendum adjudicavit episcopium. Indicitur iterum synodus Idus Januarii habenda [721] Anno.

DCCCCXLVIII

Synodus prædicta celebratur in ecclesia sancti Petri, ante prospectum castri Mosomi, a domno Rotbero ceterisque Trevirensis [722] dioeceseos episcopis et aliquibus Remensis. Veniens autem illuc Hugo A præsul, et locutus cum Rotberto, synodum noluit ingredi. Litteras vero quasdam ex nomine Agapiti papæ misit ad episcopos per clericum suum, qui eas Roma detulerat, nihil auctoritatis canonicæ continentes; hoc tantum præcipientes, ut Hugoni Remense redderetur episcopium. Quibus lectis, ineuntes episcopi consilium cum abbatibus et ceteris sapientibus qui aderant, responderunt, non esse dignum vel congruum, ut mandatum legationis apostolicæ, quam dudum Rotbertus archiepiscopus, deferente Frederico præsule Mogonciacensi [723], coram regibus et episcopis tam Galliæ quam Germaniæ susceperat, et partem jam præceptionis ipsius exegerat, propter illas litteras intermitteret, quas insidiator Artoldi præsulis exhibebat; imo quod regulariter cœptum fuerat, canonice pertractaretur. Sicque præceptum est, ut recitaretur capitulum 19. Cartaginensis concilii de accusato et accusatore. Quo recitato, judicatum est, secundum diffinitionem [724] ipsius capituli, ut Artoldo præsule retinente communionem et parrœchiam [725] Remensem, Hugo, qui ad duas [726] jam synodos evocatus venire contempserat, a communione et regimine Remensis episcopii abstineret, donec ad universalem [727] synodum, quæ indicebatur Kalendas Augusti, sese purgaturus occurreret. Ipsumque capitulum mox in carta describi fecerunt episcopi coram se, subnectentes hanc etiam definitionem suam, et eidem Hugoni miserunt. Qui post alteram diem eandem cartam Rotberto præsuli remisit, hoc verbis remandans, quod ipsorum judicio nequaquam obœditurus esset. Arnulfus comes castrum Monasteriolum, favente Hugone principe, capit. Interea proclamationis litteræ a domno Artoldo diriguntur ad sedem Romanam. Domnus igitur Agapitus papa vicarium suum Marinum episcopum mittit ad Othonem regem propter evocandam et aggregandam generalem synodum. Litteræ quoque ipsius papæ mittuntur ab urbe Romana speciatim quibusdam episcopis Galliæ Germaniæque, vocantes eos ad eandem [728] synodum. Quæ synodus aggregata [729] est ex præcepto præfati papæ in Engulenhein [730] palatio regali, in ecclesia beati Remigii honore dicata, 7. [731] Id Junii [732], causa videlicet maximarum dissensionum, quæ agitabantur inter regem Ludowi-

VARIÆ LECTIONES.

[703] abenda 2. [704] circumquique 3. *infra* ad artaldo *typorum errore*. [705] ragenoldus 2, 3. [706] a. m. 2. 3. [707] heriveus 3. [708] nos 2. [709] q. s. 2. 3. [710] *deest* 4. [711] colmisciacum 4. [712] S. denunciata circa medium mensis novembris Virduni *Hugo V.* [713] R. Berengario Virdunensi, O. *Hugo V.* [714] odolrico 2. 3. *Hugo Fl.* [715] adhelberone 2. 3. alberone *Hugo Fl.* [716] goslino 2. 3. *ita et infra.* [717] t. Mirnegardo Werdensi 5; *et Hildebaldus vere Mimigardevordensis episcopus erat.* [718] britone præsente. Brunone 1. *Hugo V.* [719] *ed.* lone Cluniacensi *abbate Hugo Fl.* [720] *deest.* 1. [721] *deest* 4. [722] treverensis 2. 3. [723] mogonciacensis 4. magonc. 2. magonc. 5. [724] def. 5. [725] parœch. 4. paroch. 5. [726] duos s. i. 2. [727] anniversalem 4. [728] *deest* 3. [729] congregata 5. [730] eungulenhein 4. eglehem 5. [731] *deest* 4. *legitur etiam apud Hugonem V.* [732] I. a 948. ind. 6. tertio papatus domni Agapeti anno, regni regis Othonis 13, Ludowici quoque 13. *Hugo V.*

NOTÆ.

(95) *Cormicy*.
(96) Lauresbamensi.
(97) Gorziensi.
(98) Stabulensi.
(99) Hugo V. addit: « Synodus autem hæc ob hoc Virduni denuntiata fuit, ut sic saltem interesset conventui episcoporum præfatus Virdunensis Beringarius, cujus tanta esset auctoritas, ut improbari videretur, quod constantissimæ nobilitatis ejus authentica præsentia non roboraretur. »

cum et Hugonem principem; inter Artoldum quoque per annum integrum sub custodia fuerit ab eo deRemorum archiepiscopum [733] et Hugonem illicite tentus, nec aliter ejus absolutio potuerit obtinesubstitutum eidem urbi præsulem; quæ dissensio- ri [767], nisi Laudunum castrum, quod solum tunc renes omne perturbaverant regnum Francorum. Ad gina Gerberga cum fidelibus suis, ex omnibus suis quam synodum celebrandam, adveniente prædicto regiis sedibus retinebat, Hugone illud occupante, Marino sedis apostolicæ vicario, convenerunt [734] dimitteret. De his omnibus malis, quæ post regni etiam Germaniæ præsules cum quibusdam Gallia- susceptionem passus fuerat, si quis obiceret, quod rum episcopis, Rotbertus [735] videlicet Trevirensis [736] sui facinoris causa eidem fuissent illata, inde se [768] archiepiscopus, Artoldus [737] Remensis, Fredericus juxta synodale judicium et regis Othonis præcepMogontiacensis [738], Wicfredus [739] Coloniensis, Adal- tionem purgaret, vel certamine singulari defendachus [740] Hammaburgensis, Hildeboldus [741] Mime- deret.
gardevurdensis [742], Goslenus [743] Tullensis, Adalbe- Deinde surgens Artoldus archiepiscopus, protulit ro [744] Mettensis, Berengarius [745] Virdunensis, Ful- secundum jussionem papæ Romani, quam ei delegabertus Camaracensis, Rodulfus Laudunensis [746], verat, litis initium atque tenorem; quæ versabatur Richoo Warmacencis, Reimboldus [747] Spirensis, inter ipsum et Hugonem, subrogatum sibi ecclePoppo [748] Wirtisburgensis [749], Chounradus [750] Con- siæ Remensis antistitem. Post quarum litterastantiacensis, Odelricus Augustensis, Thethardus [751] rum (100) recitationem, et earum propter reHildinesheimensis [752], Bernardus Alfurtesteden- ges (101) juxta Teutiscam [769] linguam interpretatiosis [753], Dudo [754] Poderbrunnensis [755], Farabertus [756] nem, ingessus synodum quidam Sigiboldus [770] Tungrensis, Lioptacus Ribuensis, Michahel Radis- præmissi Hugonis clericus, attulit litteras quas Roponensis, Doddo Osnebruggensis [757], Everis Minden- ma detulerat, quasque jam in alia synodo Mosomi [771] sis, Baldricus Trajectensis, Heroldus Saltburgen- propalaverat, asserens easdem litteras sibi Romæ ab sis [758], Adalbertus Bazsoensis, Starchandus Eiste- ipso, qui aderat, Marino vicario datas. Qui Marinus tensis [759], Horath Sleoswicensis [760], Wichardus [761] proferens litteras, quas idem Sigiboldus Romam deBasiliensis, Liesdac Ripuensis [762]. Residentibus his tulerat [772], præcepit eas coram synodo recitari. In præsulibus in æcclesia prædicti loci, post præmis- quarum recitatione repertum est, prout ipsæ litteræ sas [763] preces secundum ordinem celebrandi con- fatebantur, quod Wido episcopus Suessonicus, Hilcili, et post lectiones sacræ auctoritatis, ingressis degarius quoque Belvacensis, Rodulfus Laudunengloriosis regibus Othone ac Ludowico, et simul re- sis, ceterique cuncti Remensis diœceseos episcopi sidentibus, post allocutionem præfati Marini sedis easdem litteras ad sedem delegaverint [773] apostoliapostolicæ legati, exurgens Ludowicus rex e latere cam pro restauratione Hugonis in sede Remensi et et consessu [764] domni regis Othonis, proclamationis expulsione Artoldi. Post quarum lectionem exursuæ quærimoniam propalavit coram præmisso Ro- gentes Artoldus præsul et præfatus Rodulfus, qui in manæ sedis vicario ceterisque consedentibus [765] eisdem litteris nominabatur, Fulbertus quoque Caepiscopis, referens qualiter accersitus fuerit a trans- maracensis antistes, easdem litteras refutarunt, marinis regionibus per legatos Hugonis ceterorum- astruentes, quod eas antea numquam viderint vel que Franciæ principum ad suscipiendum suæ pater- audierint, neque in earum delegatione consensum næ hereditatis regnum, cunctorumque votis et præbuerint. Quibus dum [774] idem [775] clericus conacclamationibus [766] procerum militiæque Francorum traire non posset, licet in eos calumniis obstresublimatus et consecratus sit ad apicem regalis mo- pens [776], præcepit domnus Marinus, suggerens unideraminis obtinendum; postea vero ejectus sit a versæ [777] synodo, ut sibi consilium et rectum judipræfato Hugone, et dolis appetitus ac comprehensus, cium proferrent super hujusmodi calumniatore [778] et

VARIÆ LECTIONES.

[733] remensem episc. 2. 3. remensem archiepisc. *Hugo V.* [734] convenerunt 32 episcopi Galliæ et Germaniæ, quos dignos judicavimus subter annotare *Hugo V.* [735] robertus 2ª. [736] trever. 2. 3. *sæpius.* [737] astardus 2ª. [738] magunt 2. 3. [739] wifredus 2ª. [740] adeldacus 2. 3. adelbatus 2ª. [741] hildebaldus 2. 3. hetdebal.us 2a. [742] mimegarnonuredensis 1. mirnegardounrdensis 2. 3. mimagarnorverdensis *Hugo V.* [743] gauslinus 2. goslinus 2ª. [744] adelbero 2. 5. aldebero 2ª. [745] berungarius 2ª. [746] licudunensis 3. [747] reinboldus 2. rainbaldus 3. rambaldus 2ª. [748] popo 2ª. [749] wil ib. 2. wizih. 3. witsib. *Hugo V.* [750] ita 2; 1. corr. in choonradus; conradus 2ª. 3. [751] tethardus 2ª. 3. *Hugo V.* [752] hildinesheimsis 1. hildineslieinsis 2. 3. hillinehensis *Hugo V.* [753] alfurcestensis 2. [754] dodo 2ª. [755] poderbrumensis 2. poderburnensis 3. [756] Liopt. R. Michael R. Farab. T. 2. Michael. R. Far. T. Liop. Rib. 3. [757] dodo osnebungensis 2. 3. [758] saleb. 1. salh. 3. [759] eistenensis 1. eistentiensis 2. eistanciensis 3. [760] leowicensis 3. horacus l. 2ª. [761] wik-rius 5. [762] liesdao 1. *Hugo V.* lidac ribuensis 3. [763] missas 2. [764] consensu 2. [765] consid. 2. 3. clamat 2. 3. [767] optineri 2. [768] deest 2. [769] teusticam 1. teotiscam 2. 3. [770] sygibaldus 2 sigebaldus *H. R.* Bald. [771] mosoni 1. [772] tulerat 2. 3. [773] delegaverant 5. [774] cum 3. [775] isdem 2. [776] calumpniis abstr. 2. [777] universo 2. [778] calumpn. 2. *constanter.*

NOTÆ.

(100) Mon. Germ., Leg. II, 21 (*Patrolog.* tom. CXXXVIII, inter Ottonis Magni Constitutiones ecclesiastIcas, Acta synodi Ingelheim.).

(101) Igitur et Ludovicus linguam Teutiscam calJebat.

calumniarum in episcopos delatore. At illi, postquam delator publice confutatus est falsa detulisse, lectis capitulis de hujuscemodi [779] calumniatoribus, judicant et unanimiter censent, cum quo fruebatur honore privari debere ac secundum capitulorum tenorem in exilium detrudi. Diaconatus igitur quo fungebatur ministerio multatus, a conspectu synodi reprobatus abscessit. Artoldo vero præsuli, qui omnibus se synodis præsentabilem fecerat, non refugiens synodale judicium, episcopium Remense juxta canonum instituta et sanctorum Patrum decreta omnino retinendum atque disponendum, decernunt, laudant atque corroborant.

Secunda consessionis die, post recitatas divinæ auctoritatis lectiones et Marini vicarii allocutionem, suggessit domnus Rotbertus Trevirensis archiepiscopus, ut, quoniam juxta sacræ legis instituta restauratum atque restitutum fuerat Remense Artoldo præsuli episcopium, in ejusdem sedis invasorem synodale perageretur judicium. Præcepit itaque Marinus vicarius, ut canonicam super hac præsumptione synodus proferret sententiam. Jubentur ergo sanctæ legis catholica recitari capitula; quibus recitatis, secundum sacrorum instituta canonum, et sanctorum decreta Patrum, Sixti, Alexandri, Innocentii, Zosimi, Bonefacii, Cælestini, Leonis, Symmachi [780], ceterorumque sanctorum ecclesiæ Dei doctorum, excommunicaverunt et ab ecclesiæ Dei gremio repulerunt prædictum Hugonem Remensis ecclesiæ pervasorem, donec ad pœnitentiam et dignam satisfactionem venire procuret [781]. Ceteris quoque diebus synodi tractata [782] sunt quædam necessaria de incestis conjugiis, et ecclesiis, quæ presbyteris in partibus Germaniæ dabantur, imo vendebantur, indebite et auferebantur a laicis illicite [783]; prohibitumque [784] ac statutum, ne id omnino præsumeretur ab aliquo. Sed et de aliis ecclesiæ Dei utilitatibus tractata sunt et diffinita [785] nonnulla.

Interea rex Ludowicus deprecatur regem Othonem [786], ut subsidium sibi ferat contra Hugonem et ceteros inimicos suos. Qui petita concedens, jubet ut Chonradus dux cum exercitu Lothariensium in ejus [787] pergat auxilium; interim vero dum congregetur exercitus, rex Ludowicus cum ipso duce maneat; et episcopi Artoldus atque Rodulfus, qui erant cum rege, ne quid in via paterentur adversi, degerent cum Lothariensibus episcopis. Mansimus itaque cum Rotberto Trevirensi, Rodulfo Laudunensi cum Adalberone [788] Mettensi, ebdomadas fere quattuor.

Exercitu denique collecto, Lotharienses episcopi Mosomum petunt, ipsumque obsidentes castrum atque oppugnantes, milites qui erant ibi cum Hugone ad deditionem compellunt; et acceptis ab eis [789] obsidibus, pergunt obviam Ludowico regi et Chonrado [790] duci in partes Laudunensis pagi. Obsident igitur ibi dux et exercitus quandam munitionem, quam ædificaverat et tenebat Tetbaldus in loco qui dicitur Mons acutus [791] (102), qui et Laudunum contra regem retinebat. Hoc etiam oppidum expugnantes [792], tandem non sine mora capiunt, indeque Laudunum adeunt. Et in ecclesia sancti Vincentii congregati episcopi, prædictum Tetbaldum excommunicant, Hugonem vero principem vocant litteris ex parte Marini legati apostolicæ sedis et sua, venire ad emendationem pro malis quæ contra regem et episcopos egerat. Wido denique, Suessonicæ urbis episcopus, ad regem Ludowicum veniens, eidem sese committit, pacaturque cum Artoldo archiepiscopo, satisfaciens illi pro ordinatione Hugonis. Chonradus quoque dux filiam Ludowici regis sacro de fonte suscepit. Sicque recepto Mosomo castro et everso, Lotharienses revertuntur in sua.

Igitur Hugo nullam moram faciens, collecta suorum multa Nortmannorumque manu, Suessonicam aggreditur [793] urbem, et obsidens oppugnat [794], cæditque nonnullos; injectis etiam ignibus domum patris ecclesiæ succendit, simulque claustra canonicorum et partem civitatis. Nec tamen ipsam capere valens, urbem reliquit, et ad quandam munitionem, quam Ragenoldus comes Ludowici super Axonam [795] fluvium in loco qui dicitur Rauciacus (103) ædificabat, devenit, ipsamque adhuc inperfectam castris vallavit. Sed nec ipsam cepit; villas tamen Remensis ecclesiæ castris suis contiguas devastavit. Plures quoque colonorum prædones ipsius interemerunt, violantes [796] ecclesias, et in tantum debachantes, ut in Culmisciaco vico tam infra quam circa ecclesiam fere quadraginta [797] homines interfecerunt [798] ipsumque templum omnibus pene rebus [799] expoliaverunt. Multis ergo [800] flagitiis tunc perpetratis, Hugo tandem cum suis regreditur grassatoribus. Itaque milites, qui hactenus cum Hugone fuerant excommunicato, ad Artoldum præsulem revertuntur; qui nonnullos eorum, redditis eis rebus quas habuerant, recepit [801], quosdam vero abjecit. Post hæc Treviros proficiscitur ad synodum cum episcopis Widone [802] Suessonico, Rodulfo Laudunensi, et Wicfredo [803] Morinensi. Quo pervenientes, Marinum sese præstolantem rep-

VARIÆ LECTIONES.

[779] hujusmodi 2. [780] simmachi 2 3. [781] veniret 2. *Hugo V.* v. procuraret 3. *H. R.* [782] tracta 1. [783] inl. 2. [784] que *deest* 2. [785] definita 3. [786] othonem 2. 3. *sæpius*, [787] ejusdem 2. 3. [788] adhelberone 2. 3. [789] ab eis *desunt* 5. [790] conrado 2. 3. *semper*. [791] munitionem quæ dicitur Mons acutus ante Laudunum capit. *Hugo V.* [792] expugnentes 2. [793] adgr. 2. 3 [794] oppugnabat 2. [795] axonem 2. [796] vallantes 1. [797] quadringentos *H. R.* IV. 36. quadringenta *cod. Mantisess.* [798] interficerent 2. 3. interfecerint *H. R.* [799] t. r. penitus e. 2. 3. *H. R.* [800] Multisque f. 2. 3. [801] recipit q. v. reicit 2. 5b. [802] deest 2. 3. [803] vincfredo 3.

NOTÆ.

(102) *Montaigu.*

(103) *Roucy.*

perirunt,[804] cum Rotberto archiepiscopo; ceterorum vero Lothariensium vel Germanorum præsulem illic invenere neminem. Considerantibus igitur illis, sciscitari Marinus vicarius cœpit [805], quid egisset post præmissam synodum Hugo princeps erga ipsos vel regem Ludowicum. At illi referunt supra memorata, quæ ipsis et ecclesiis eorum intulerat, mala. Requirit ergo de vocatione ipsius principis Marinus, utrum perlatæ fuissent ei litteræ vocationis, quas ei perferendas delegaverat. Cui respondetur ab Artaldo archiepiscopo, quod quædam earum perlatæ sint [806], quædam vero perferri nequiverint [807], earum gerulo ab ipsius grassatoribus intercepto; vocatus tamen fuerit [808] tam litteris quam quibusdam internuntiis. Requiritur itaque, si adsit aliquis ex parte ipsius legatus. Ubi cum nullus fuisset inventus, decernitur expectandum, si forte adventurus esset in crastinum. Quod cum minime contigisset, et omnes qui aderant [809], tam clerici quam [illustres [810]] laici, eum excommunicandum esse acclamarent [811], definitur ab episcopis, hanc excommunicationem adhuc differendam usque ad [812] diem synodi tertiam. Tractatur autem de episcopis, qui vocati fuerant et venire distulerant, vel his qui ordinationi Hugonis participes extiterant. Et Wido quidem [813] Suessonicus se culpabilem, prostratus coram Marino vicario et Artoldo archiepiscopo, confitetur. Intercedentibus autem pro eo apud Marinum Rotberto et Artoldo archiepiscopis, absolvi ab hac noxa meretur. Wicfredus Morinensis immunis ab eadem ordinatione repperitur. Adest Transmari [814], Noviomensis episcopi, legatus quidam presbiter, astruens eundem præsulem ita gravi langore [815] detentum, ut ad eandem [816] synodum venire non valuerit; id quoque nostrates, qui aderant, attestantur [817] episcopi.

Tertia tandem die, insistente præcipue Liuddulfo [818] legato et capellano regis Ottonis, quoniam idem rex id omnino fieri præcipiebat, excommunicatur Hugo comes, inimicus Ludowici regis, pro supra memoratis malis ab ipso perpetratis; eo tamen modo, donec resipiscat, et ad satisfactionem coram Marino vicario, vel episcopis quibus injuriam fecit, deveniat; quod si facere contempserit, Romam pro absolutione sui proficiscatur. Excommunicantur et duo pseudoepiscopi, ab Hugone damnato ordinati, Tetbaldus et Ivo [819], prior post expulsionem ipsius in Ambianensi urbe, alter post damnationem ejusdem Hugonis in Silvanectensi, ab ipso [820] constituti. Excommunicatur etiam quidam clericus Laudunensis nomine Adelmus, quem accusavit Rodulfus episcopus [821] suus, eo quod Tetbaldum excommunicatum in ecclesiam introduxerit. Vocatur Hildegarius, Belvacensis episcopus, litteris præfati Marini, ut [822] veniat coram ipso, vel eat Romam, rationem redditurus coram domno papa pro illicita ordinatione prædictorum pseudoepiscoporum, cui interfuerat. Vocatur et Heribertus, Heriberti comitis filius, ad satisfactionem venire pro malis, quæ contra episcopos agebat.

His ita gestis, episcopi revertuntur in sua. Liuddulfus [823] autem capellanus Otthonis Marinum vicarium deducit ad regem suum in Saxoniam, ubi consecraturus erat [824] ecclesiam Vuldensis monasterii. Post cujus consecrationem [idem [825]] Marinus, exacta hieme, Romam revertitur. Hoc anno defunguntur episcopi Geruncus Biturigensis [826] et Rodulfus Laudunensis. Nascitur regi Ludowico filius, quem præsul Artoldus de sacro fonte suscepit, patris ei nomen imponens [827]. Anno

DCCCCXLIX. [828]

Laudunenses, qui fidelitati [829] Ludovici regis attendebant, eligunt sibi præsulem Roriconem diaconem, ipsius regis fratrem, quemque consecrat Artoldus archiepiscopus Remis. Qui tamen non receptus Lauduno, apud Petræpontem munitionem resedit. Ambianenses Tetbaldum, quem eis Hugo constituerat episcopum, exosi, castrum Arnulfo comiti produnt, qui advocans regem Ludowicum, oppidum ipsum cœpit, Tetbaldum expulit, et Ragembaldum illuc Atrabatensem [830] quendam monachum, quem idem [831] Ambianenses prius sibi delegerant [832], introduxit; quique Remos a rege perductus, ordinatur episcopus ab Artoldo archiepiscopo. Altmontem munitionem, quam tenebat Dodo, frater domni Artoldi episcopi, milites Remensis æcclesiæ, qui recepti non fuerant ab ipso præsule, furtiva capiunt proditione; et advocantes Hugonem excommunicatum, in oppido [833] suscipiunt, indeque per villas episcopii circumpositas rapinis desæviunt. Imminente denique paschali sollemnitate, Gerberga regina proficiscitur ad fratrem suum Ottonem regem, et Aquisgrani palatio [834] pascha cum ipso celebrat. Ibi tunc diversarum gentium affuere legationes, Græcorum scilicet, Italicorum, Anglorum, et aliorum quorundam populorum.

Regressa Remos regina cum fraterni [835] auxilii pollicitatione, rex Ludowicus Laudunum improvisus [836] aggreditur, et noctu muro latenter a suis ascenso, disruptisque portarum seris, oppidum ingreditur, capitque custodes, præter eos qui turrim (104) regiæ domus conscenderant; quam ipse ad portam castri fundaverat. Hanc itaque capere non valens, a

VARIÆ LECTIONES.

[804] repererunt 3. [805] c. m. v. 2. 3. H. R. [806] sunt 5. [807] non potuerunt 5. [808] fuerat corr. fuerit 1. [809] aderant corr. aderant 2. [810] deest 1. 3. [811] acclamare 2. acclamarent 5. [812] in 3. [813] quidam 2. 3. [814] transmarini 2. 3. [815] langore 2. [816] eundem corr. eandem 2. [817] adtest 2. 3. [818] liutdulfo 2. 3. [819] liuo 1? [820] eo 2. 3. [821] deest 2. [822] et 2. 3. [823] landulphus 1. liuid 2. luid 3. [824] fuerat 2. 3. [825] deest 1. [826] bituricensis 2. [827] Huc usque Historia Remensis IV. 57. [828] nongentesimo quadragesimo-octivo 2. [829] fidelitate corr. fidelitati 1. [830] attrab. 3. [831] iidem 2. [832] delegaverant 2. [833] oppidum 2. 5. [834] palatii 1. [835] frat e in 1. [836] improvissus 2.

NOTÆ.

(104) Vidi eam adhuc anno 1827 mense Maio præsens; jam vero haud amplius exstat in utilitatem publicam, ut dicunt, demolita.

civitate secludit, ducto intrinsecus muro. Quo comperto, Hugo [837] comes illo cum suis proficiscitur, et rex Chonradi [838] Lothariensium ducis auxilium, missa legatione, petit. Hugo vero appropians turri, ante portam metatur, et introducens in arcem custodes cum sufficiente victu, recedit a monte. Rex igitur obviam pergit Chonrado, et ipse dux cum rege lo utus, indutias belli disponit inter ipsum et Hugonem usque ad mensem Augustum, dum rex idem locuturus pergat ad regem Ottonem. Cum quo postquam locutus est, Remos revertitur; ubi Adalbertus filius Heriberti ad eum veniens, ipsius efficitur. Ragenaldus [839] comes, junctis sibi quibusdam fidelibus Artoldi præsulis, munitionem quandam construit in fluvio Materna, scilicet apud Maroilum [840] (105). Codicizcum castrum domno Artoldo præsuli redditur ab his qui custodiebant illud ex parte Hugonis comitis vel Tetbaldi, quique se committunt eidem archiepiscopo. Altmontem præsidium, quod ingressus cum suis tenebat Hugo quondam episcopus, obsident Dodo, frater domni Artoldi, cum fidelibus ipsius et Theodericus comes, et ante portam ipsius castri castra sibi constituunt atque præmuniunt.

Hugo comes collecta suorum multa Nortmannorumque manu, Laudunum adit, et suos qui arcis [841] domum tenebant educit, aliosque cum sufficiente victu custodes introducit. Et profectus hinc in pagum Porticensem, supra Caldionem [842] castra metatur, indeque ad regem Ludowicum Remis degentem quasi pacis petendæ gratia mittit; insperatusque interim Laudunum [843] aggressus capere nisus est, frustratoque [844] consilio revertitur in sua. Rex vero, evocato Arnulfo atque [845] quibusdam Lothariensium, post eum proficiscitur usque in pagum Silvanectensem. Arnulfus itaque suburbium civitatis ipsius igne succendit, et sic ad propria regrediuntur. Hugo igitur, non modico [846] tam suorum quam Nortmannorum collecto exercitu, in pagum Suessonicum venit, et missis ad regem episcopis, Widone [847] Autisioderensi [848], et Anségiso Trecassino [849], Ragenaldum [850] comitem sibi accersiit; et ita, dato alterutrum [851] jurejurando, treugæ sunt acceptæ usque octavas [852] paschæ. Nec longum post, rex cum Arnulfo locutus est. Ragenaldus comes castrum quondam Herivei, videlicet Castellionem, conscenso [853] noctu muro capit; et Dodo, frater domni Artoldi, tertia dein [854] die Altmontem simili pene modo recepit [855].

Agapitus papa synodum habuit apud sanctum Petrum, in qua damnationem Hugonis episcopi apud Ingulenheim factam confirmavit, excommunicans etiam Hugonem principem, donec Ludowico regi satisfaciat [856]. Bernardus quidam partium Hugonis, habens castellum super Isaram fluvium nomine Colnacum [857] (106), se cum ipso castello committit Adalberto comiti [858]. Quædam æcclesia in honore sanctæ Mariæ dicata super Arnam rivum, claris illustratur miraculis, et sanitatum præsidiis. Item altera æcclesia in ipsius honore super Pidum rivulum [859] sita, pene simili resplendet nitela. Anno

DCCCCL

rex Ludowicus ad Ottonem regem proficiscitur trans Mosellam, consilium quærens et auxilium ab eo de pace fienda inter se et Hugonem. Qui promittit se missurum ei ducem Chonradum cum Lothariensibus ad id exsequendum. Qui dux veniens cum episcopis quibusdam et comitibus, locutus est cum Hugone de paciscenda pace ; quodque apud ipsum invenit, Ludowico regi renuntiavit. Sicque ad Ottonem redit [860], dimissis apud Ludowicum quibusdam comitibus, qui voluntatem regis Hugoni significent. Itaque rex Ludowicus et Hugo princeps super Maternam fluvium pacem facturi cum suis deveniunt. Et residentes isti ex hac parte fluvii, illi ex altera, legatos invicem sibi [861] mittunt; et mediantibus atque [862] sequestris Chonrado duce, Hugone Nigro, Adalberone [863] quoque ac Fulberto episcopis, Hugo ad regem venit et suus efficitur, pacaturque cum Arnulfo comite et Ragenoldo atque [864] Artoldo archiepiscopo, reddens regi [865] turrim Lauduni.

Post hæc iterum Hugo [866] colloquium cum rege apud Compendium habuit, ubi datur episcopatus Noviomensis Rodulfo, archidiaconatus ejusdem æcclesiæ ministerio fungenti, quem ipsi Noviomenses [867] sibi delegerant [868] dari præsulem. Nec longum post tempore [869] Hugo cum exercitu Ambianensem petit urbem, ibique in turri, quam Ragembaldus [870] episcopus tenebat, recipitur [871]; alteram vero turrim, quam Arnulfi comitis homines custodiebant, obsidet, rege Lauduni ægritudine decubante. Otto rex, qui quondam Wenedorum [872] magnam obsederat urbem, nomine Proadem [873] (107), regem ipsorum in subjectionem recipit; sed et Hungaros sibi subditos facit. Homines Ragenoldi comitis quandam munitionem Rodomensis æcclesiæ su-

VARIÆ LECTIONES.

[837] II. 1. [828] contra 2, 3ª. [839] ragenoldus 2, 3. [840] marcilum 1, maroillum 3. [841] archis 2, 3. [842] caudionem 2. [843] laudum 2. [844] frustroque corr. frustratoque 1. [845] et 2, 3. [846] n. m. desunt 2. [847] vindone 3. [848] antisioderensi 2, autisioderensi 3. [849] trecasino 2, 3. [850] ragenoldum 2, 3, ita et infra. [851] alterutrum 3. [852] octabas 2. [853] consensu 2. [854] deinde 2, 3. [855] recipit. 2. 3. [856] satisfaciant 3. [857] calnacum 2, 3. [858] A. c. desunt 1. [859] rinolum 2. 3. [860] redit 2, 3. [861] s. i. 2, 3. [862] ipsis 2. [863] adelb. 2, 3. [864] deest 2. [865] ita 1, 2, 3. [866] c. h. 2, 3. [867] nouiomensis 2. [868] deligerant 3. [869] deest 2, 3. [870] ragenb. 3. [871] recipit 1. [872] wined. corr. wenel. 1. [873] praidam 2 2ª, praidem 3 3ᵇ.

NOTÆ.

(105) Mareuil.
(106) Chauny.

(107) Pragam.

per fluvium Vidulam [874] sitam, quam vocant Brainam [875], furtivo capiunt ingressu. Unde iratus Hugo princeps, ad regem mittit; et rex illo profectus, eosdem invasores expellit inde, et [876] ipsum castrum prioribus reddit custodiis. Deinde colloquium petit Hugonis: quod dum haberet [877], custodes castri Codiciaci, qui descieverant a domno Artoldo praesule, Tetbaldum comitem in ipso recipiunt oppiJo. Quare iratus rex, rogat Hugonem, ut reddat ipsam sibi munitionem, sed quoniam id [878] optinere non potuit [879], Tethaldo comite omnimodis [880] obsistente, infensus Laudunum, Hugone inconsulto, recessit [881]. Tethaldus a Codiciaco [882] plures eorum, quos intus invenerat, expulit. Domnus Artoldus praefatum Rodulfum, Noviomensium electum, Remis ordinat episcopum. Berengarius quidam princeps Italiae, veneno, ut ferunt, necato Lothario rege, Hugonis filio, rex efficitur Italiae. Anno

DCCCCLI

Ludowicus rex Aquitaniam cum exercitu petiit [883], sed antequam eandem ingrederetur proviutiam, Karlus Constantinus, Viennae princeps, et Stephanus Arvernorum praesul ad eum venientes, sui efficiuntur; idem vero episcopus opimis eum honorat muneribus. Willelmus quoque Pictavensis obviam [884] ei fuit. Dumque moratur Aquitaniam rex intrare, gravi corripitur infirmitate; quem suscipiens Letaldus [885], quidam Burgundiae comes, qui tunc etiam suus noviter effectus erat, utiliter cum in ipsa aegritudine observavit. Reparatis igitur sibi viribus, rex in Franciam regreditur. Interea Fredericus [886] Adalberonis episcopi frater, qui filiam Hugonis principis sibi desponderat, in hoc regnum veniens, munitionem in loco qui dicitur Fanis [887] (108), inconsulto rege vel regina construere coepit, et loca ei circumposita crebris depraedationibus diripit. Pro qua re valde molestus rex Ludowicus, legationem suam dirigit ad Ottonem. Hugo princeps ad eundem regem Ottonem, invitatus ad ipsum [888], vadens, duos illi praemisit leones; et ipse mox subsecutus [889], honorifice ab eodem in diebus paschae susceptus est; decenterque habitus ab eo, per ipsos paschalis sollemnitatis dies exultanter Aquis cum ipso [890] mansit; multisque donis optime ab eo muneratus revertitur, deducente se duce Chonrado usque ad fluvium Maternam. Qui dux Chonradus quibusdam infensus [891] Lothariensibus, turres quorundam deicit, et quosdam Virdunensium honoribus privat; Raginerii [892] vero comitis quoddam [893] castellum capit, cetera ipsius obsidere [894] facit. Legati regis Ludowici ab Ottone regressi, nuntiant, nolle immo prohibere Ottonem regem, ne Fredericus vel aliquis suorum ullam [895] munitionem in hoc regno habeat, nisi consensum regis Ludowici super hoc sibi obtinere queat.

Hungari ab Italia transcensis [896] Alpibus egressi, Aquitaniam ingressi sunt; ibique tota pene demorati aestate, multis hanc regionem rapinis et internetionibus [897] attriverunt; sicque per Italiam reversi sunt in terram suam. Ludowicus rex munitionem quandam nomine Brenam, quam quidam praedones, Gotbertus scilicet ac frater ejus Angilbertus, munierant [898], obsidet, penuriaque famis oppressam, capit tandem [899] ac diruit; inde reversus, ad colloquium Arnulfi et Hugonis proficiscitur. At Hugo, quoniam infensus erat Arnulfo propter castrum Monasteriolum et terram quondam Erluini, quam idem Arnulfus occupaverat, ad ipsum colloquium venire noluit; sed ipsam terram ingressus cum Rotgario, Erluini filio, quoddam castrum obsedit. Rex autem, petente [900] Arnulfo, ad eum misit, ipsamque obsidionem resolvi fecit, induciasque vel treugas [inter ipsos [901]] usque ad Kalendas Decembris accepit.

Ottogeba [902] regina, mater Ludowici regis, egressa Lauduno, conducentibus se quibusdam tam Heriberti quam Adalberti fratris ipsius hominibus, ad Heribertum proficiscitur; qui suscipiens eam, ducit in conjugem. Unde rex Ludowicus iratus, ablatam sanctae Mariae, quam ipsa Lauduni tenebat, recepit, et Gerbergae uxori suae dedit; fiscum [903] quoque Atoniacam suo dominio subdidit. Otto rex Italiam adiit; ad cujus adventum Berengario Longobardorum [904] rege ab urbe Papia fugiente, ipse Otto eandem ingreditur urbem, uxorem quoque Lotharii regis defuncti, filii Hugonis, sororem Chonradi regis Jarensis, sibi conjugem duxit [905]. Sarraceni meatum Alpium obsidentes, a viatoribus Romam petentibus tributum accipiunt, et sic eos transire permittunt. Anno

DCCCCLII

Otto [906] rex legationem pro susceptione sui Romam dirigit, qua non obtenta, cum uxore in sua regreditur, dimissis ad custodiam Papiae quibusdam ex suis. Ludowicus cum Gerberga regina Laudunum repetit [907]. Berengarius rex ad Chonradum ducem, qui Papiae remanserat, venit; a quo in fide ipsius susceptus, ad Ottonem perducitur. Quem ille

---

VARIAE LECTIONES.

[874] uldullam 2. indellam 3. [875] bramam 1. [876] deest 2, 5. [877] haberetur 2, 3. [878] deest 3. [879] n. p. obt. 2, 5. [880] modis omnibus 5. [881] recessit T. a C., et p. 1. [882] codiaco 1, 2? [883] peciit 2, petit 3. [884] obvius 2, 3. [885] letoldus 2, letodus 3. [886] Federicus Adelb. 5. [887] Banis 3. [888] i. ab eo 2, 5. [889] secutus 2, 3. [890] eo 2, 3. [891] infensus 2. [892] ragenari 2, 3. [893] quondam 2. [894] obsideri 2, 3. [895] villum 3. [896] trascensis 3. [897] interminationibus 2, 3. [898] munerant 2. [899] i. c. 2, 3. [900] potente 2. [901] desunt 1. [902] ita 1. Æthgiva Richer. gerberga 2, [902a] 5. [903] f. q. A. s. d. s. desunt 2, 3[b]. [904] languob. 2. [905] ducit 2, 3. [906] ottho 5. sæpius. [907] recepit 5.

NOTAE.

(108) Fains prope Barrum.

benigne suscipiens, concessis eidem rebus, prout sibi visum fuit, quibusdam in Italia ⁹⁰⁸ pacifice redire permisit; ipse quoque Otto (109) post celebrationem paschæ Papiam regreditur. Hugo comes cum suis super Maternam fluvium venit; cui occurrit dux Chonradus cum quibusdam Lothariensibus; obsidentque pariter munitionem apud Maroilum ⁹⁰⁹, quam Ragenaldus ⁹¹⁰ comes cum hominibus domni Artoldi præsulis intra ipsum fluvium nuper construxerat; instructisque multis undique machinis, fortiter opprimunt; tandemque non sine suorum damno capiunt atque succendunt, his ⁹¹¹ qui intus erant ad fidem Chonradi egressis. Nepotes Hugonis, Heribertus et Rotbertus ⁹¹², interim in loco qui dicitur Mons-Felicis sibi munitionem instruunt; sicque tam Hugo quam Chonradus revertuntur in sua. Nec mora, rex Ludowicus et Artoldus archiepiscopus cum ⁹¹³ Ragenaldo comite profecti super Maternam fluvium, munitionem, quam præfati principes succenderant, restruunt, custodesque ibi plures instituunt. Inde rex cum Ragenaldo proficiscitur in partes Victuriaci ⁹¹⁴ castri, quod tenebat Walterius quidam, qui nuper a rege defecerat, et cum ipso castro se Heriberto subdiderat. Cujus villas deprædationibus incendiisque devastant, necnon Pontigonem fiscum, quem Heribertus invaserat; aliamque munitionem rex contra Victuriacum instruit, et quosdam sibi fideles ex paribus ⁹¹⁵ Walterii ad custodiam inibi ⁹¹⁶ dimittit; ipsamque munitionem Odalrico abbati cuidam ex Burgundia committit; et sic Laudunum repetit. Nec mora, Remos cum regina revertitur. Artoldus archiepiscopus in monasterio sancti Basoli monachos mittit, expulsis clericis qui serviebant ibi ⁹¹⁷, committens illud Hincmaro et Rotmaro abbatibus. Anno

DCCCCLIII

incipiente, Hugo princeps legatos mittit ad regem Ludowicum pro pace ac ⁹¹⁸ concordia inter ipsos firmanda, petens ut regina Gerberga suum petat colloquium ⁹¹⁹; quod et fecit, muneribusque ab eodem ⁹²⁰ honorata Remos rediit; obtinuitque Hugo a rege, ut munitio, quæ contra Victuriacum castrum constructa fuerat, solveretur. Placitum ergo concordiæ ac pacis rex et Hugo mediante quadragesima iniere Suessionis. Exoritur interea inter Ottonem regem et Liudulfum filium ejus, Chonradum quoque ducem et quosdam regni ipsius primates, discordia. Nato siquidem regi filio ex moderna conjuge, ferebatur eidem puero rex regnum suum promittere, quod olim, priusquam Italiam peteret, Liudulfo delegaverat, et magnates suos eidem promittere fidelitatem jurejurando fecerat. Rex igitur Chonradum ⁹²¹ a ducatu Lothariensium removet, et Chonradus quærebat ut regem caperet. Quo comperto, rex ⁹²² caute se agere cœpit, de interitu vero Chonradi quærere; Chonradus autem oppida sua munire. At Ragenarius ⁹²³, ei jam dudum inimicus, quoddam ipsius munitissimum obsidet ⁹²⁴ castrum. Collecta ⁹²⁵ ergo ⁹²⁶ Chonradus quanta potuit militum manu, ad resolvendam properat obsidionem. Quibus mutuo congressis et pluribus utrimque peremptis ⁹²⁷, Chonradus in fugam vertitur ⁹²⁸, et urbem ⁹²⁹ Mogontiam ⁹³⁰ ingreditur.

Interea Gerberga regina Laudoni geminos est enixa, quorum unus Karolus, alter vocatus est Heinricus; sed Heinricus mox ⁹³¹ post baptismum defunctus est. Synodus quinque episcoporum apud sanctum Theodericum in territorio Remensi celebratur, Artoldo archiepiscopo præsidente. Ad quam vocatus Ragenaldus comes ob res æcclesiasticas ab eo pervasas, venire noluit, sed deprecatus est regem, ne excommunicaretur, ut ad synodum mitteret; cujus excommunicatio, rege petente, tunc intermissa est. Otto rex urbem Mogontiam, ubi Chonradus s receperat, obsidet; tandemque post duos fere menses cum egresso ad se Chonrado locutus, et obsidibus ab eo acceptis, trans Rhenum regreditur. Nec mora, Chonradus, dimissa Mogontiæ militum suorum præsidio, Mettensem appetit urbem, quam mox furtiva pervadit irreptione ⁹³². Otto rex vocatus a fratre Heinrico, Bajoariam ⁹³³ petit, quam filius ejus Liudulfus, captis quibusdam urbibus, devastabat. Chonradus Mettensem ⁹³⁴ quoque urbem, post non modicam ipsius deprædationem, horiatu ⁹³⁵, ceu fertur, Agenoldi abbatis reliquit. Wicfredus Coloniensis antistes defungitur, et Bruno, frater regis Ottonis, inibi pontifex ordinatur; cui etiam rex Otto regnum Lothariense committit. Anno

DCCCCLIV ⁹³⁶

præmemoratus Chonradus, pacto cum Hungaris inito, eos per regnum Lothariense deducit, usque in terram Ragenarii ⁹³⁷ scilicet, æmuli sui, atque Brunonis episcopi; nimiaque ⁹³⁸ peracta deprædatione, cum præda magna captivorumque multitudine regnum ingrediuntur Ludowici. Sicque per pagos ⁹³⁹ Veromandensem, Laudunensem atque Remensem, Catalaunensem quoque transeuntes, Burgundiam intrant. Quorum non parva manus tam

---

VARIÆ LECTIONES.

⁹⁰⁸ quibusdam, in Italiam p. 2. ⁹⁰⁹ maroillum 3. ⁹¹⁰ ragenoldus 2, 3. sæpius. ⁹¹¹ iis 2, 5. ⁹¹² robertus 2. ⁹¹³ p. c. c. r. 2, 3. ⁹¹⁴ Wicturiaci 2. ⁹¹⁵ ita 1, 2, 3. partibus du Chesne. Bouq. ⁹¹⁶ ibi 3. ⁹¹⁷ illi 1. ⁹¹⁸ et 3. ⁹¹⁹ alloquium 1. ⁹²⁰ eo 2, 3. ⁹²¹ c. si a 2. ⁹²² deest 3. ⁹²³ regen. corr. ragen. 2. ⁹²⁵ o. m. 2, 3. ⁹²⁵ Collecto 2. ⁹²⁶ igitur 2, 3. ⁹²⁷ interemptis 2, 5. ⁹²⁸ versus est 2, 5. ⁹²⁹ in urbem 3. ⁹³⁰ maguntiam 2, 3. constanter. ⁹³¹ deest 2 ⁹³² inrept. 2, 3. ⁹³³ baioriam 2. ⁹³⁴ metensim 3. ⁹³⁵ ortatu 2. ⁹³⁶ Anno LIIII post nongentesimum 1. ⁹³⁷ ragnari 1. ⁹³⁸ niminiaque 5. typorum errore. ⁹³⁹ pagum 2.

NOTÆ.

(109) De Berengario Flodoardus cogitasse videtur; Otto hoc anno minime in Italiam venit.

præliis, quam morbis interiit ; ceteri per Italiam revertuntur in sua. Ludowicus, filius regis, Lauduni defungitur. Ludowicus rex egressus Lauduno, Remensem, velut [940] ibi moraturus, repetit [941] urbem. Antequam vero ad Axonam [942] fluvium perveniret, apparuit ei quasi lupus præcedens; quem admisso insecutus equo, prolabitur, graviterque attritus Remos defertur, et protracto langore [943] decubans, elefantiasi [944] peste perfunditur. Quo morbo confectus, diem clausit extremum, sepultusque est apud sanctum Remigium. Gerberga regina mittit ad Hugonem, ejus consilium et auxilium petens. Quam ille ad colloquium asciscit, et venientem honorifice suscipit atque consolatur; et [945] de provectione filii ejus in regnum pollicetur. Liudulfus, expulso Heinrico patruo [946] suo, tocius Bajoariæ nanciscitur principatum. Lotharienses tam Chonradi ducis infestationibus, quam mutuis inter se prædationibus lacerantur. Fulcharius [947], decanus monasterii sancti Medardi, Noviomensium Remis ordinatur [948] episcopus. Fredericus, frater Adalberonis [949] episcopi, Hugonis principis filiam ducit uxorem. Rauciacum, munitionem Ragenaldi, Heribertus comes per quosdam satellites suos furtiva pervadit [950] irruptione [951].

Lotharius puer, filius Ludowici, apud sanctum Remigium rex consecratur ab Artoldo archiepiscopo, favente Hugone principe, ac Brunone archiepiscopo, ceterisque præsulibus ac proceribus Franciæ, Burgundiæ [952] atque Aquitaniæ. Burgundia quoque et Aquitania Hugoni dantur ab ipso. Castrum Rauciacum Ragenaldo redditur, datis quibusdam villis Heriberto ex parte Ragenaldi. Et regina Gerberga cum filio rege [953] Laudunum revertitur. Nec longum post milites Ragenaldi quandam munitionem Heriberti, quæ dicitur Mons-Felicis, trans Maternam fluvium clandestina [954] irruptione [955] capiunt. Heribertus igitur et Robertus frater ejus eandem munitionem obsident, et Heribertus legatos Remis ad Ragenaldum mittit, pro reddendo sibi oppido. Abnuit Ragenaldus, nisi ab obsidione discedatur, et ad examinis rationem conveniant pro subreptis [956] mutuo sibi castris. Quo facto, villas recipit ab Heriberto, quas pro prædicto [957] castro dederat, et oppidum Montis-Felicis Heriberto reddit. Albrico, patricio Romanorum defuncto, filius ejus Octavianus, cum esset clericus, principatum [958] adeptus est; quique postea, defuncto Agapito, suggerentibus sibi Romanis, papa Urbis efficitur. Anno

DCCCCLV

rex Otto Hungaris de locis suis prædatum progredientibus obviam profectus, pugnavit cum eis, et vicit, nec eos ingredi regna sua permisit. Hugo princeps Gerbergam reginam cum filio suo rege Lothario Parisius honorifice ad pascha suscipiens, decenter secum per plures detinuit dies; inde cum ipso rege in Aquitaniam [959] profectus, urbem Pictavim petiit. Willelmum vero ibi non inveniunt, ipsam tamen urbem obsident, diuque in eadem obsidione residentes nihil proficiunt; castrum tamen sanctæ Radegundis urbi contiguum Ragenaldus comes clandestina [960] irruptione [961] cepit, atque [962] succensum est; tandem post duos menses, exercitu victus indigentia fatigato, ab obsidione disceditur. Willelmus collecto exercitu suo, exercitum regis insequitur. Quo audito, rex et Hugo contra redeunt. Quorum multitudine comminus visa, Willelmus in fugam vertitur. Quem regiæ acies insecutæ, multos Aquitanorum interimunt, nonnullos nobilium vivos capiunt. Willelmus cum paucis vix evasit [963].

Hungari cum immensis copiis et ingenti multitudine Bajoariam ingrediuntur, volentes venire in [964] Franciam. Contra quos Otto rex cum Burislao, Sarmatarum (110) principe, et Chonrado jam sibi pacificato pugnavit (111); et eosdem Hungaros interimens, cunctos pene delevit. Chonradus autem, qui valde fortiter ea die pugnaverat, et regem præcipue de victoria confortaverat, ibidem peremptus est. Post hoc bellum pugnavit rex Otto cum duobus Sarmatarum regibus; et suffragante sibi Burislao rege, quem dudum sibi subdiderat, victoria potitus est. Fulchario episcopo defuncto, tandem post quinque menses Hadulfus quidam, Laudunensis clericus, a Noviomensibus electus, ab Artoldo, Roricone ac [965] Gibuino Remis ordinatur episcopus. Anno

DCCCCLVI

rex Otto placitum habuit apud Engulenheim [966] cum Lothariensibus, a quibus et obsides accepit de cunctis pene ipsorum oppidis. Item aliud placitum ab [967] eo post pascha Coloniæ habitum est; ubi non paucos a Lothariensibus thesauros accepit. Morque pestilentia super Germaniam omnemque Galliam effusa, interiere nonnulli, plures gravi sunt langore confecti. Rotbertus Trevirensis episcopus [968], et Baldericus [969] (112), et [970] duo alii episcopi ex ea peste sine mora defuncti sunt. Lotharius rex munitionem quandam super Charum [971] fluvium, quam Ragenarius [972] comes Ursioni cuidam Remensis æc-

VARIÆ LECTIONES.

[940] velud 2. veluti m. 3. [941] repetiit 2, 3. [942] axonem 2, 3. [943] languore 2. [944] ita 2 et Richer. e efantiæ 1. elephantiasis 3. [945] ac 2, 3. [946] patrio 1. [947] fulcarius 2, 3. fulcanus 3a. [948] ordinatus 3. [949] adelb. 2, 3. [950] invadit 3. [951] inr. 2, 3. [952] deest 2. adest et apud Richerum. [953] deest 1. [954] clandestina 2. [955] irreptione 2, 3. [956] subrectis 1. [957] pedicto 2. [958] patriciatum Hugo Fl. [959] aquinaniam 2. [960] clam destinat 2. [961] irrept. 2, 3. [962] et 3. [963] evadit 2. 3. [964] deest 2. [965] et 3. [966] engulehem 2. enguhecin 3. [967] hab 2. [968] e. Ragnarius et 3. sed vox deest in 1. 2. [969] baldricus 2 3. [970] ac 2. [971] carum 2. 3. [972] ragnarius sæpius 1. ingenarius 3.

NOTÆ.

(110) Bohemorum.
(111) Diem quarto Idus Augusti etiam Hugo V. notavit.
(112) Leodiensis

clesiæ militi abstulerat, pugnando recepit; et infantes Ragenarii ac milites quosdam ibidem inventos secum abduxit; ipsumque castrum direptum incendit. Hugo princeps obiit. Gerberga regina colloquium habuit cum Brunone fratre suo, ubi prædicto Ragenario sui milites et infantes redduntur; reginæ vero possessiones, quas illi quondam Gislebertus dux dotis nomine dederat, restituuntur. Episcopatus Trevirensis cuidam Haynrico [973], regis Ottonis propinquo, datur. Fulbertus Camaracensis episcopus defungitur; et ipsum episcopium cuidam Berengario Transrhenensi clerico tribuitur, nepoti Bovonis, Catalaunensis [974] quondam episcopi, quique Remis ordinatur ab Artoldo archiepiscopo [975]. Anno

DCCCCLVII

quadam nocte in mense Januario illustrata est æcclesia Remensis sanctæ Dei genitricis repente paulo post mediam noctem [976] magno splendore, præsente domno Artoldo archiepiscopo, admirante [977] quoque pariter Withardo custode. Lotharius rex in superiorem profectus est Burgundiam. Bellorum tumultus agitantur inter Brunonem, ex præsule ducem, et Ragenarium comitem ceterosque Lotharienses; item in Francia inter Balduinum filium Arnulfi et Rotgarium quondam Erluini ob castrum Ambianense [978]. Rotbertus filius Heriberti se Lothario regi commitit. Lotharius rex cum matre [979] et amita [980] sua, relicta Hugonis [981], obviam pergit in pagum Camaracensem avunculo suo Brunoni. Videns vero Ragenarius, non posse se venienti resistere multitudini, ad Brunonem venit [982]. At quia quæsitos dare noluit obsides, cum [983] Bruno comprehendens, sub custodia secum deduxit; nec multo post trans Rhenum in exilium misit. Liudulfus Ottonis filius, qui pene totam obtinuerat Italiam, obiit, sepeliturque Mogontiæ apud sanctum Albanum. Anno

DCCCCLVIII

castrum Codiciacum quidam fideles Artoldi præsulis clandestina capiunt irruptione [984]. Harduinus subjectus Tetbaldi, cui Tetbaldus idem commiserat castrum, videns oppidum captum, confugit [985] cum suis in arcem. Erat autem turris illa firmissima, A quam expugnandam veniens rex Lotharius cum domno Artoldo et nonnullis aliis episcopis atque comitibus, per duas fere hanc obsidet ebdomadas; tandem nepotibus Harduini [986] acceptis obsidibus, ab obsidione disceditur. Tum Tetbaldus adveniens, oppido non recipitur, reversusque per pagum Laudunensem et Suessonicum, rapinis desæviens, in sua regreditur. Homines Tetbaldi munitionem [quandam [987]], quæ vocatur Fara, tradentibus eam sibi quibusdam proditoribus, capiunt. Ad quam obsidendam Rorico præsul Laudunensis, cum militibus

A æcclesiæ Remensis et aliis, quoscumque ascisci potuit, amicis advenit. Rege tandem Lothario adventante, mediantibus Heriberto ac Rotberto fratribus, castrum jussione Tetbaldi redditur. Otto rex bellum [988] adversus Sarmatas habuit [989]. Bruno Coloniensis archiepiscopus cum exercitu Lothariensium per Franciam proficiscetur in Burgundiam, locuturus cum sororibus ac nepotibus suis. Anno

DCCCCLIX

Bruno iterum [990] in Franciam venit, et apud Compendium cum regina sorore ac nepotibus suis discordantibus pro quibusdam castris, quæ rex Lotharius ex Burgundia receperat, colloquium habuit; obsidibusque datis, pacem inter ipsos usque ad [991] futurum placitum [992] pepigit. Lotharius rex cum B matre regina Coloniam proficiscitur [993] in diebus paschæ, moraturus hac festivitate cum avunculo suo Brunone. Dataque illi securitate de regno Lothariense, et quibusdam acceptis ab avunculo donis, Laudunum revertitur. Lotharienses a duce Brunone [994] desciscunt, suadente quodam Immone, qui ejus pridem consiliarius exstiterat et ab eo nuper recesserat, propter oppida quædam ipsorum novitia, quæ idem dux everti præcipiebat, aliaque onera ipsis [995] insueta, quæ illis imponere velle ferebatur. Quibus postmodum evocatis [996], Fredericum quendam comitem eis vice sua præfecit. Arnulfus comes Remis venit, et æcclesiam sanctæ Mariæ non modico argenti pondere muneravit; unde arcæ, quibus sancti Calisti [997] sanctique Nicasii ac sanctæ Eutropiæ membra ceterorumque sanctorum quorumdam C pignora continentur, ornatæ vel coopertæ [998] sunt. Sed et quendam evangeliorum hujus æcclesiæ librum auro argentoque decoravit; monasterio quoque [999] sancti Remigii dona contulit. Castrum Divionem [1000] Rotbertus comes invadit, regis expulsis fidelibus. Quapropter accitus [1001] Bruno regis ac reginæ petitione, in Burgundiam venit cum [1002] Lothariensibus aliisque sibi subditis populis; idemque castrum, sed et Trecas civitatem quam præfatus potiebatur Rotbertus, obsidione vallat. Anno

DCCCCLX

apud Altmontem castrum proditores quidam deprehensi sunt a Manasse, nepote domni Artoldi præsulis, ac damnati suspendio; inter quos etiam presbi-
D ter quidam. Munitio quam vocant Macerias [1003], sita [1004] supra Mosam infra terram Remensis æcclesiæ; Artoldo archiepiscopo redditur [coram [1005] Frederico Lothariensium duce] a Lamberto, qui eam tenere prohibebatur. Richardus filius Willelmi, Nortmannorum principis [1006], filiam Hugonis, Transsequani [1007] quondam principis, ducit [1008] uxorem. Divionem quandam munitionem, quam regis Lo-

VARIÆ LECTIONES.

[973] hayrico 1. cf. Hugo V., hainrico 2. heinrico 3. [974] catalaunensi 2. [975] episcopo 2. 3. [976] media nocte 2. [977] adm. 2. 3. [978] ambianensem 1. [979] m. sua 2. 3. [980] amica 3. [981] hugoni 1. 3. [982] v. a 1 B. 2. [983] deest 2. [984] irreptione 2. irruptione 3. [985] c. s. conf. 2. 3. [986] arduini 2. 3. [987] deest 1. [988] deest 2. 3. [989] habuit 2. [990] etiam 2. 3. [991] in 3. [992] f. tempus placiti 2. 3. [993] p—r, i. d. paschæ m. 1. [994] B. d. 2. 3. [995] illis 2. [996] revocatis. 2. 3. [997] calixti 3. [998] comptæ 1. [999] monasterioque 2. [1000] divionum 2. 3. [1001] accinctus 3. [1002] deest 2. [1003] materias 2. [1004] sitam 3. [1005] c. F. L. d. desunt 1. [1006] princeps 2. 5. [1007] trans Sequanam 2. 3. [1008] duxit 3.

tharn fideles tenebant, Rotbertus frater Heriberti, fidelem regis se fallens, dolo ingressus invadit, regiis expulsis custodibus. Ad quam recipiendam rex cum matre regina profectus, ipsum obsidet [1009] castrum. Bruno [1010] præsul cum Lothariensibus et aliis sibi subditis illuc adveniens, obsides a Rotberto accepit, quos regi tradidit. Quorum unus, Odelrici [1011] comitis filius, proditor comprobatus et judicatus atque decollatus est, alter vivus retentus. Otto et Hugo, filii Hugonis, mediante avunculo ipsorum Brunone, ad regem veniunt ac sui efficiuntur. Quorum Hugonem rex ducem constituit, addito illi pago Pictavensi ad terram quam pater ipsius tenuerat; concessa Ottoni Burgundia. Audiens autem Bruno, quosdam adversum se Lothariensium insurgere, illo cum festinatione regreditur, rege ad obsidionem cum suis consobrinis dimisso. Quidam Brunonis hostium, Rotbertus nomine, Namuurum [1012] (113) castrum muniebat; alter Immo munitionem quam dicunt Capræmontem. Ad cujus obsidionem properans [1013] Bruno, loca circumquaque rebus exhausta [1014] repperit; sicque alimentis [1015] abundantem obsidet hostem. Datis ergo treugis, Coloniam ingreditur. Rex quoque Lotharius, Divionis [1016] munitione recepta, intromissisque custodibus suis, Laudunum reversus est. Anno

DCCCCLXI [1017]

Wido præsul Autisiodorensis [1018] obiit. Otto filius Hugonis quondam principis, ad regem Lotharium in ipsis festi paschalis diebus Laudunum venit, sed et nonnulli tam Franciæ quam Burgundiæ proceres [1019]. Placitum regale diversorumque [1020] conventus principum Suessionis habetur; ad quod impediendum, si fieri posset, Richardus, filius Willelmi Nortmanni, accedens, a fidelibus regis quibusdam pervasus, et interemptis suorum nonnullis, in fugam conversus [1021] est. Hugo, filius Rotgarii quondam comitis, adolescens [1022] defungitur, et apud sanctum Remigium sepelitur. Artoldus Remensis archiepiscopus decessit [1023] pridie Kalend. Octobris. Lotharius rex cum matre [Gerberga [1023*]] regina et quibusdam Franciæ proceribus Burgundiam petiit; quo quidam ex Aquitania [1024] præsules ac primates ad eum venerunt. Anno

DCCCCLXII

Gerberga regina fratris Brunonis colloquium petiit [1025], eique hic frater ejus, ne Hugoni Remense redderet [1026] episcopium, prout fratres ipsius [1027] petebant (114), suggessit. Otto rex Romam pacifice adiit, et amabiliter exceptus, atque honore illic imperiali sublimatus est. Quod Berengarius Italiæ rex indigne ferens, regiones, quas regere debebat, incendere atque vastare cœpit. Rex Lotharius locutus cum Hugone consobrino suo, petitus est ab eo, ut præfato Hugoni Remensem restituat episcopatum; indeque induciæ paciscuntur usque ad medium mensis Aprilis. Synodus tredecim episcoporum in pago Meldensi super Maternam fluvium, ex Remensi videlicet ac Senonensi diocesi, celebratur, præsidente Senonensi præsule, satagentibus quibusdam episcopis, ut Hugoni sæpedicto Remense rediberetur [1028] episcopium. Renitentibus autem præcipue Roricone Laudunensi et Gibuino Catalaunensi præsulibus, et asserentibus, quod a tot episcopis excommunicatus a minore numero absolvi non poterat [1029], ita relinquitur usque ad interrogationem papæ Romani. Die [1030] nativitatis dominæ nostræ Dei genitricis dæmoniacus quidam, servus Gerbergæ reginæ, nudus accurrens per mediam ecclesiam usque ad altare, ibidem prostratus jacuit ut mortuus, tandem [1031] a nequam spiritu surgens purgatus est. Ipsa die quidam cæcus nomine Harbertus [1032] ibidem est illuminatus [1033].

Rex [1034] Lotharius cum Arnulfo principe locutus, pacem fecit inter ipsum et nepotem ipsius omonimum [1035] ejus; quem infensum [hic comes [1036]] habebat ob necem fratris ejusdem, quem de infidelitate [1037] sua [1038] deprehensum idem comes interimi fecerat. Tunc ipse princeps omnem terram suam in manu regis dedit, ita tamen ut ipse [1039] in vita sua inde honoratus existeret. Tetbaldus quidam [1040] cum Nortmannis confligens, victus est ab eis, et fuga dilapsus evasit. Qui seniorem suum Hugonem proinde infensum [1041] habens, ad regem venit; a quo, sed et a regina Gerberga [1042], benigne susceptus, et miti consolatione refocilatus, abscessit. Vulfaldus [1043], abbas monasterii sancti Benedicti, præsul efficitur urbis [1044] Carnotensis. Legatio veniens a [1045] Johanne papa, intimat præfatum Hugonem quondam episcopum tam ab ipso papa quam ab omni Romana synodo excommunicatum, sed et [1046] ab alia synodo apud Papiam cele-

VARIÆ LECTIONES.

[1009] deest 1. [1010] castrum bruno 1. [1011] odalrici 2. 3. [1012] ita 1. manuvium 2. 3. manurium 2ª. [1013] approperans 2. 3. [1014] exausta 1. [1015] ab. al. 2. 3. [1016] divione 2. [1017] post nongentesimum sexagesimo primo 1. 2. 3. [1018] antisiodor. 2. antisiodor. 3. [1019] deest 1. [1020] diversarum corr. diversorum 1. [1021] versus 2. 3. [1022] deest 3. [1023] recessit 2. [1023*] deest 1. [1024] aquitaniam 3. [1025] peciit 2. et infra. [1026] redderetur 2. 3. [1027] frater ejus petebat 2. 3. [1028] redderetur R. 2. 3. [1029] potuerat 2. [1030] Die — illuminatus in fine anni habentur 2. 2ª. 3. [1031] t. sp. s. purg. est inmundo 2. 3b. [1032] herbertus 2. heribertus 3. [1033] in l. 2. 3. [1034] deest 2. [1035] ononmum 1. [1036] desunt 1. [1037] infirmitate 2. 3. [1038] deest 2. 3. [1039] d. ut l. ipse 2. [1040] quidem 2. 3. [1041] offensum 2. 3. [1042] g. r. 2. 3. [1043] vulfoldus 2. 3. [1044] deest 2. 3. [1045] ab 2. 3. [1046] deest 2.

NOTÆ.

(113) Namur.

(114) Scilicet Hugonis, Heriberti filii.

brata. Cujus legationis redditi certiores per Brunonem archiepiscopum, elegimus ad episcopatum [1047] Remensem Odelricum [1048] illustrem clericum, Hugonis cujusdam comitis filium, favente Lothario rege cum regina matre præfatoque Brunone. Quique Remis ordinatur ab episcopis Widone Suessonico, Roricone Laudunensi, Gibuino Catalaunensi, Hadulfo Noviomensi, Wicfredo Virdunensi. Anno

DCCCCLXIII

Odelricus [1049] Remensis archiepiscopus proceres Franciæ, qui possessiones quasdam Remensis occupaverant æcclesiæ, vocari fecit. Ego vero, fractus ætate et attritus infirmitate, ministerium [1050] abdicavi prælaturæ coram eodem præsule. Quique me hoc absolvens jugo, imposuit illud per electionem fratrum nostrorum [1051] nepoti meo Flodoardo [1052], septuagesimo ætatis meæ anno. Catalaunensem urbem, præsule Gibuino egresso, Heribertus et Rotbertus fratres obsident; explicitisque tandem [1053] nundinis, igne succendunt; milites vero in [1054] turre quadam [1055] loci conscensa liberantur. Anno

DCCCCLXIV

hiemps [1056] magna et aspera valde fuit [1057] usque Kalendas Februarii [1057*] mensis. Domnus præsul Odelricus Tetbaldum quendam procerem excommunicat [1058] propter castrum Codiciacum et quædam prædia sancti Remigii, quæ improbe obtinuerat et pertinaciter retinebat. Heribertus comes villam Sparnacum ei reddit, et amiciciam præfati præsulis impetravit; ceteras quoque villas [1059] Remensis æcclesiæ, quas occupaverat, eidem pontifici repetenti [1060] non ambigit reddere. Anno

DCCCCLXV

Otto filius Hugonis, qui Burgundiæ præerat, obiit, et rectores ejusdem [terræ [1061]] ad [1062] Hugonem et Oddonem [1063] clericum, fratres ipsius, sese convertunt. Arnulfo quoque principe decedente, terram illius rex Lotharius ingreditur, et proceres ipsius provintiæ, mediante Roricone præsule Laudunensi, eidem subiciuntur regi. Quo Laudunum repetente [1064], mater ipsius Gerberga regina cum filio Karolo puero ibidem remansit. Odelricus archiepiscopus Sparnacum ab [1065] Heriberto recepit, et Codiciacum a Tetbaldo; quemque [1066] a vinculo [1067] excommunicationis absolvit; et filio ipsius, qui eidem se commiserat, ipsum concessit castrum.

Otto imperator ab urbe Roma regrediens, Coloniam venit, ibique Gerbergam reginam, sororem suam, cum [1068] filiis Lothario rege Karoloque puero ad se venientem, excepit; et cum eis aliisque multis proceribus placitum magnum habuit. Qui Romæ, Octaviano papa, a quo fuerat susceptus et ad imperii regenda gubernacula benedictus, ab Urbe digresso, et sæpe illum revocante imperatore, a quo, quia de irreligiositate sua corripiebatur reverti nolente, congregata synodo, Johannem (115) illustrem quendam ejusdem æcclesiæ clericum per electionem Romanorum papam ordinari fecit. Sed eo Papiam regrediente [1069], Octavianus a Romanis recipitur; nec multo post vita decessit. Johanne vero cum imperatore demorante Papiæ, Romani quendam Benedictum ipsius æcclesiæ scriniarium eligunt atque pontificem sibi ordinari faciunt, qui in Johannis electione consenserat [1070] et eidem subditus extiterat. Imperator Otto Romam reversus, convocata magna synodo, et [1071] Johanne in sede sua restituto, Benedictum [1072], episcoporum [1072] totius synodi judicio depositum, abduxit [1074] secum et in Saxoniam direxit. Anno

DCCCCLXVI

Lotharius rex uxorem accepit Emmam, filiam..... (116) regis quondam Italici [1075]. Odelricus archiepiscopus Ragenaldum comitem excommunicat pro villis æcclesiæ Remensis, quas pertinaciter retinebat [1076]. Et ipse comes loca quædam ejusdem episcopii cum suis pervadens, rapinis incendiisque devastat.

Addit codex 1.

Eodem tempore directæ sunt litteræ a quodam comite duci Aquitanorum, hæc continentes. *Duci Aquitanorum G. Raynaldus comes Portinensis, quicquid quilibet bonus æstimat primum. De collocutione nostra et de profectione, de qua me monuisti, contradico omnino. Nam ætas et alia impedimenta officiunt itineri nostro. Sed de genealogia, seu de parentela, quia me præsente narrare volebas, quod inde novi,*

Addit codex 2.

Ipso anno vir vitæ venerabilis, et Remensis æcclesiæ presbiter, nomine Frodoardus, sanctitatis honore [1077] venerandus, castitatis splendore angelicus, fulgore sapientiæ cœlicus [1078] cæterarumque virtutum insignibus abundanter [1079] oppletus, præcedentis libelli aliorumque librorum dictator egregius, quinto [1080] Kalendas Aprilis [1081] terrenæ peregrinationis relinquens exilia, civica, ut credi-

VARIÆ LECTIONES.

[1047] episcopum 2. 3. — [1048] odelricum *corr.* odelrico 1. odalricum 2. 3. — [1049] odalricus 2. 3. — [1050] ministerio me 2. 3. — [1051] meorum 3. — [1052] frodoardo 2. 3. — [1053] deest 2. — [1054] v. i. *desunt* 2. 3. — [1055] l. q. 2. 3. — [1056] hyemps 2. — [1057] deest 2. — [1057*] februarii 2. 3. — [1058] excommunicavit 2. — [1059] deest 1. — [1060] reposcenti 3b. — [1061] deest 1. — [1062] et 2. — [1063] odonem 2. 3. — [1064] repedante, *corr.* repetente 2. — [1065] deest 2. — [1066] quoque 1. — [1067] avunculo *corr.* a vinculo 1. — [1068] et 1. — [1069] ingr. 2. 3. — [1070] conséns 2. — [1071] deest 3. — [1072] B. quia patris cubile ascenderat *Hugo V.* — [1073] episcopum 2. 3. — [1074] s. adduxit 2. s. abduxit 3. — [1075] Italiæ 3b. — [1076] detinebat 2. 3. — [1077] h. s. 3. — [1078] cœlitus 3. — [1079] habund. 3. — [1080] quinta 3. — [1081] apriles 3.

NOTÆ.

(115) Leonem VIII. Hugo V. *magis errat*, Joannem XII tunc constitutum esse asserens.

(116) Lotharii, Hugonis filii.

litteris tibi mea cura mandat. Mathilde et Alberada filiæ fuerunt Gerbergæ. De Mathilde processit Rodulfus rex, et Mathildis soror ejus. De Alberada Ermentrudis. De Mathilde filia Mathildæ Berta. De Ermentrude Agnes. De Berta Geraldus Genevensis. De Agnete Wido [1082-4].

mus, adeptus est jura. Mira et inaudita inundatio pluviæ et fragor tonitrui ac coruscatio fulgoris decima Kalendas Augusti accidit [1085] 967. 968. 969. 970. 971. 972. 973. 974. 975.

A tate redditas gratias, vita decessit, videlicet vigilia sancti Thomæ apostoli post laudes Dei matutinales. Ipso anno circa mensem Augustum septem denariis emebatur vini modius.

Anno 977 Adalbero [1091] juvenis, qui erat ex Lotharii natus regno, Roriconi episcopo successit tali modo. Septima decima [1092] Kalendas Februarii, in natale sancti Marcelli papæ, donum episcopii Laudunensis æcclesiæ in ipsa accepit æcclesia Lotharii regis largitione. Deinde nonas [1093] Kalendas Aprilis, vigilia videlicet annuntiationis dominicæ, presbiter est [1094] ordinatus in præscripta sanctæ Mariæ æcclesia ab archiepiscopo Adelberone Remis. Denique [1095] postea Kalendas Aprilis episcopus est ordinatus in sancto palmarum die. Exin Laudunum rediens, sacrum chrisma sacravit æcclesiastico more, die vero paschæ primum [1096] in propria resedit sede. Hadulfus Noviomensis episcopus, qui erat tempore prolixo paralisi pessime percussus, nativitate sancti Johannis Baptistæ, quæ tum temporis dominica accidit die, spiritum exhalavit [1097]. Ipso anno tempore vindemiæ magna fuit copia vini, in tantum ut non amplius pro uno vini [1098] modio venditores nisi aut quinque aut quattuor seu tres [1099] denarios ab emptoribus accipiebant.

Anno 976 destruxit Adelbero, nomine non merito archiepiscopus, arcuatum opus, quod erat secus valvas æcclesiæ sanctæ Mariæ Remensis; supra quod altare sancti Salvatoris habebatur, et fontes miro opere erant positi. Et in ipso tempore quadragesimæ [1086], majoris ebdomadæ feria quarta, tertia decima Kalendas Maii indictio [1087] quarta, circa mediam diem, bellum agitur inter Karolum, regis filium fratrem (143), et Godefridum atque Arnulfum, Lotharienses comites. In quo bello ceciderunt ex parte Karoli de proceribus Emino de Longia, qui erat miles Hugonis ducis, et Heido [1088] fidelis Karoli et alii; ex parte vero Godefridi multo plures; et ipse Godefridus lancea perfossus ad terram cecidit; tandem a suis post solis occasum utcumque sublatus deportatusque est. Qui postea per spatia temporum vixit, sed numquam pristinæ sanitati plenissime restitutus fuit. Arnulfus quippe, ut ferunt nonnulli, fugam tamdiu remeans tenuit, quousque in propria veniens, quiescere quivit. Ipso in anno tertia decima Kalendas Januarii præsul Rorico sanctæ Laudunensis æcclesiæ, qui erat langore [1089] paralisi [1090] correptus, post multas ac debitas Deo pro ipsa infirmi-

Anno 978 vir Domini Malcallanus [1100], natione Hibernicus, in vigilia sancti Vincentii levitæ et martiris vitam transitoriam, quam habebat exosam [1101], deseruit, et cum Deo vivo, cui [1102] indesinenter dum adhuc viveret servivit [1103], vivere feliciter inchoavit. Qui præfatus abbas in [1104] corpore humatus, quiescit in æcclesia beati Michaelis archangeli; cujus abbatiam, dum corporaliter in hoc seculo vivens mansit [1105], pio moderamine rexit.

Explicit.

VARIÆ LECTIONES.

[1082-4] *Hinc dimidiæ paginæ spatium vacat* 1. [1085] *Hic deficit codd.* 2 a. [1086] quadragesimo 3. [1087] indictione 3. [1088] d. Ahetdo 3. [1089] languore 2. [1090] paralisis 3. [1091] adalberto 2. adelbero 3. [1092] septimo decimo 3 b. [1093] nona 3. nono 3 b. [1094] deest 3. [1095] Remis denique 3. [1096] prima 2? 3 b. [1097] exalavit 3. [1098] vini uno 3. [1099] q. severos d. 3. [1100] Malcallinus 3. malcalnus 3 b. [1101] exossam 2. [1102] cum Domino cujus 3. [1103] serviverat 3. [1104] deest 2. [1105] s. maneret 3.

NOTÆ.

(143) Filium Ludovici, fratrem Lotharii, regum.

FLODOARDI
CANONICI REMENSIS
OPUSCULA METRICA
NUNC PRIMUM IN LUCEM EDITA.

(1° Codex Mazarinus signatus L. n. 2004, chartaceus in-4°, sæculi xvi ineuntis, olim cœnobii Carmelitarum discalceatorum Paris. 2° Cod. biblioth. S. Genovefæ Paris., membran., in-4°, sæculi x, notatus 4 Y, charactere scriptus grandi et nitido. Initio et in fine mancus est; incipit : *Primitiis nostris*, vers. 8 cap. 1 lib. 1 De triumphis Christi sanctorumque Palæstinæ; desinit *ad ista hæc*, vers. 184 cap. 1 lib. v De triumphis Christi apud, Italiam. Initio hæc leguntur recentius assuta : *Anno MDCCXLVI mem*ranaceum hunc codicem, primæ Christianæ pietatis fragrantem odore, egregio prisci characteris apice spectatissimum, ab atavis, ut nobilitate generis sic virtute et doctrina insignibus, hæreditario jure sibi transmissum D. Franciscus de Martigny, Laudunæus, vir moribus antiquis (quod rarum) et singulari annorum 86 (utinam plurium!) numero venerandus, sponte largitur canonicis regularibus protoregalis basilicæ S. Genovefæ Parisiensis in perenne grati animi erga regni patronam monumentum. Is, S. Leodegarii Suessionensis sub eorumdem canonicorum regimine parochianus, altare parochiali ministerio destinatum ex ligneo marmoreum et quatuor statuis elegantibus ornatum, sex altaris candelabra mediamque Crucifixi effigiem ex æreis argentea ipsaque affabre elaborata, vestes sacras in solemnioribus sanctuarii et chori officiis adhibendas, ex vulgaribus magnificas, fieri propriis curavit impensis.*

INVOCATIO.

Lux immensa Deus, mundum fulgore serenans,
Ætheraque æternæ collustrans lucis amœno,
Sidereo astriferum pingis qui lumine cœlum :
Qui mare, qui terras diva ratione coerces,
Aera plumigeris exponis, nautibus æquor;
Graminibus silvisque virentia rura venustans,
Diversi generis formæque animantibus imples :
Queis hominis cunctoque orbi præponis honorem,
Quem signare tui statuisti lumine vultus,
Inspirans animam cœlestis imagine comptam
Splendoris, superæque infundens stemmata lucis,
Secernis sensu reliquis animalibus alto.
Quem desciscentem tenebris a lumine summo,
Tartareis addictum umbris et ad ima volutum,
Per veram, testem (144) radiantem lumine lucem,
Perque pios comites cœli candore nitentes,
Ad verum revocas lumen vitamque perennem
Præcipui divina raptum ditione triumphi.
Sensibus inde meis, vero de lumine lumen,
Illustrans animos, tua dicere carmine nitor
Celsa tropæa, quibus servos super astra decoras,
Flamine corda replens, almo tu dirige sensu,

A Da votis celebrare tuos modulisque triumphos
Queis cœlo terraque tui comuntur alumni,
Virtutum pennis astrorum celsa petentes,
Luceque cœlesti rimantur cæca profundi :
Flores qui rutilos fructusque dedere beatos,
Sordida dum gregibus removes animalia mundis,
Quos validæ pietas fidei super omnia mundi
Regna levat, cœlique altis in sedibus aptat,
Nectare quæ divo gaudent ac lumine summo,
Sæculaque irradiant verbis palmisque coruscis.
Non ego cuncta meo conor concludere cantu
Quæ maris exsuperant undas et sidera cœli ;
Læta sed ingrediens aliquos decerpere flores
Tendo vireta quibus nexum volo pingere sertum ;
Ut dum bella cano celebresque retexo coronas
Quorum digna tropæa humili describere voto
Nitor, eis valeam sævum auxiliantibus hostem
Vincere serpentisque dolos evadere vafri,
Livida sic possim lacrymis commissa piare,
B Fletibus ut Stygias merear restingere flammas :
Vellereque indutus, vacuatis sordibus, albo
Purgantis mundum dextris admittier Agni.

DE TRIUMPHIS CHRISTI SANCTORUMQUE PALÆSTINÆ LIBRI TRES.

INCIPIT LIBER PRIMUS.

CAPUT PRIMUM.
De locis corporali Christi præsentia insignitis (145).

Bethlem regiparens, Davidis origine clara,
Regum regis ovans rutilo sed clarior ortu,

Quæ Christi cunas meruisti visere primas,
Prima Deum cernens humano corpore tectum,

(144) Litteræ vocis hujus in ms. intricatissimæ. Superscriptum *testem*, sed sine sensu.

(145) Greg. Turon., lib. II De gloria martyrum, cap. 1.

Angelico doctis monitu pastoribus. In te
Cœlicus ostensus panis quo vivere gaudent.
Agmina celsa poli, gaudet quo vivere mundus,
(146) Primitiis nostris, in te salvatio nostra
Visa, docente astro, donataque munere digno.
Hisque fides toto ut maneat devotior ævo,
Virginis ex haustu sacrati hæc ipsa Mariæ
Stella nitens putei signatur fonte tueri,
Omnibus haud passim, mundis modo corde, retecta.
Quæ tenebrosa diu, quæ perfida corda gerebas,
Cœli lumen humi latitans Ægypte reservas.
Nazara, magnifico felix splendescis alumno
Qui terrena fovens, cœlestia luce serenat,
Humanasque animas supero fulgore decorans,
De propria virtute sui bona cuncta ministrat.
Quæ pridem tenebris errans, Galilæa, latebas,
Suspice progressum lumen de lumine verum.
Tu quoque, digna Cana, grato lætare decore
Quo validum vini concepit lympha saporem.
Fimbria contactos medicantis Gennesareos
Morborum ægrotos, pulso dat turbine lætos.
Villa Capharnaum, virtutum munere pinguis,
Ditescens harum late respergis odorem,
Quo variis properant gentes regionibus uti
Et flamen vitæ sensu captare fideli
Sidonis Tyriique viri, Syriæque coloni,
Plebes Judææque Samaritumque catervæ.
Bethaniæ tellus, gemina virtute refulges :
Aret qua sterilis, surgit de morte fidelis.
O Solymæ nomen, quonam te carmine pangam !

A O Jerusalem, pacis quæ visio dicta
Pacificum regem spernis! Quid munia pacis
Amittis, proprii contraria nominis, audens,
Auctorem pacis, qui conciliare supernis
Res petit humanas, pessumdare. Perdita quærens
Terribili spectas morientem pessima vultu,
Quod pavefacta metu fugiunt elementa videre!
Terra tremit, radios condit sol luce fugata,
Saxa crepant, monumenta patent, sunt carbasa
                              [scissa;
Durior et saxis nescis fera scindere corda!
Funditus eversam, quo te prodente reatu
Novimus, et dignas solvisse piamine pœnas.
At nunc in melius reparata nitens, pretiosæ
Ligna crucis servas, et celsa tropæa resignans;
B Dum jam Christiferum placamus honore sepulcrum,
Unde inferna petens portas confregit Averni
Agnus, et exsurgens tumulo spolia ampla reduxit.
Inclyta qua niveo tellus radiata decore,
Corporis ac summi tactus oppleta vigore,
Hausta replet variæ mundum splendore nitelæ :
Morbida membra levans, atque atra venena repel-
                              [lens.
Quare nunc magis es toto venerabilis orbe
Quam quondam unius curans solemnia gentis,
Mons uber, mons exsultans, mons pinguis olivæ,
Immarcescibili retinens vestigia feno
Felix, quæ Domini, Patris solium subeuntis,
Impressere pedes, cœli convexa petentes.

CAPUT II.
De ecclesia beatæ Mariæ (147).

Felix o vallis Josaphat, quæ membra beatæ
Virginis atque Dei genitricis habere locata
Digna reperta quidem, sed non abscondere mundi
Digna diu stellam, divini luminis aulam,
Luce coruscantem, quam splendida lilia vallant,
Humano generi, rutilans quæ janua lucis
Effulsit, cœlique palatia celsa reclusit.
Constantino aulam cujus fabricante parandam,
Traditur huic vastas illum applicuisse columnas
Aptandas operi, tum nisibus ordine plures,
Artifices trivisse dies, nulla arte juvante.
Cassato tandem ingenii conamine cuncto,
Virgo benigna docet qua sint virtute locandæ :
Admonet ædicolam, post irrita cœpta soporum,

C Arti quid jungat, divinis terrea cedant :
A ferulis pueros tres evocet, hacque juvetur
Innocua annitente manu; superetque laborem.
Mature surgens monitus ille edere certat
Pusiolosque schola tres acciet, utque probetur
Simplicitate Deum gaudere, patratur in hora
His quod multa virum manus arte moraque nequi-
                              [vit.
Alma quidem puero quæ præbuit ubera Christo,
Sola Dei genitrix, et virgo puerpera sola,
Quæ cœli fovit regis puerilia membra,
Parvorum rectrix et simplicitatis amatrix
Enitet, exemplisque probat se noscere parvos.

D

CAPUT III.
De puero ab igne liberato (147*).

Sic puerum truciore rogo Babylonis adactum,
Quem pater, aspidibusque ferisque ferocior ira,
Ignibus injectum, superaddens robora flammis,
Pane poli pastum clausit, flagrante camino.
Contutum patriis vetuit fornacibus uri :
Qui dum, matre gemente, omni concurritur urbe,

Mollibus ut plumis, roseis discumbere pruinis
Cernitur, et raptus populi stipante corona,
Quæritur ut superet tam vasta incendia salvus ?
Illa, infit, mulier cathedra quæ sedet in aula
Qua sumpsi panem, puerum sinuamine gestans,
Palliolo me contexit ne tangeret ignis.

(146) Hic incipit codex ms. bibliothecæ S. Genovefæ Parisiensis.

(147) Greg. Turon. ubi supra, cap. 9.
(147*) Greg. Turon. ubi supra, cap. 10.

CAPUT IV.
De beneficiis quibusdam præstitis per beatam Mariam (148).

Colligit hæc parvos hac simplicitate nitentes,
Quos ubicunque tegens, mundo solatur in omni.
E quibus in Solyma plures tutatur; egentes
Confovet ac vitæ suffragia præstat alumnis:

A Et stipis indiguis victus solamina confert :
Horrea vel subitæ replens cumulamine frugis,
Sacra vel aureolis onerans altaria massis.

CAPUT V.
De quodam pignora Dei Genitricis ferente (149).

Ipsius hinc quidam sumens pia pignora, morbo
Lepræ exutus aquis Christi baptismate sacri
(Sæpe quibus tali plures a labe levantur),
Dum repetit patriam, deserti interna latrones
Perscrutans patitur, gerulus nudatur amictu,
Munera capsa tegens rapitur, fulvumque putata
Occultare dolum, spem fracta intercipit auri ;
Moxque pyra accensa flammis inventa retrudunt,

Prosubiguntque flagris captum, plexumque relin-
[quunt,
Vix ille exsurgens, cinerum ut recidiva recepta
Respicit, incensis astrata immunia prunis,
Nescia fervoris, pretiosa jacere talenta,
Ipsaque despecto renitentia tegmina fumo ;
Non sensisse ignes, omnem sprevisse vaporem.
Immemor hinc pœnæ gaudens data præmia tollit,
B Lætus iter carpit, cœpto in sua tramite ducit.

CAPUT VI.
De fluentis Jordanicis (150).

Vulnera prædictis qua plura lavantur in undis
Corporis atque animæ, mulier quas mœnibus olim
Hiericunteis nimiis addicta piaclis,
Solemni de more petens, permista piorum
Agminibus, fluctus dum nititur amnis inire,
Aversi fugiunt, liquido renuente fluento,
Tam diri infando sceleris contamine tangi.
Improba cedentes sequitur per limpida lymphas.

Marmora, sacratas contingere nec valet undas,
Ulteriora petens amnis, linquensque meatum.
Mirari præstat populos, edisserat actus
Conscia flagitii rogitant, serit illa patrata
Expositæ narrans partus edente reatu
Admissa octonæ sibi parricidia prolis.
Cujus dum plebes scelera expurgarier orat,
Affusa hæc precibus, facinus ne duplicet efflat.

CAPUT VII.
De sancto Joanne Baptist

Vates quo nemo in muliebria pignora major,
Hic undis primus docuit peccata lavari ;
Ablutorem orbis dignus quoque tingere lymphis,
Insuper assertis gaudens se impendere veri,
Relliquias qui almi spargit dum corporis orbi,
Panditur egregiis mundum lustrare tropæis.
Urbs ab Alexandro ducens clarissima nomen,

C Et caput Ægypti, spectabilis æquore magno,
Clarior ejus adest membris, ubi prædita fulget :
Ossa Palæstinæ cujus collecta Sebastæ,
Ignibus crepta, et Solymis perlata Philippo,
Patris Athanasii sunt hoc legata fidei.
At caput herois positum Phœnicide messe
Festivi cultus claro celebratur honore.

CAPUT VIII.
De apostolis Petro et Pau.o.

Roma, caput præstans orbis, præclara triumphis,
Jam mage celsa fide Christi præclarior esse
Cœpisti, fidei patronis fulta beatæ,
Cœli clavigero pastorum principe Petro
Doctrinæque typo, doctorum præduce Paulo.
Hebræis quorum præceptor deditur alter,
Absolvens verboque ligans se judice mentes,
Arbiter Ecclesiæ, dictat ceu Spiritus illi
Discretis pœnas meritis, vel præmia reddens,
Muneris hinc proprii fur labitur, uxor et hærens,
Simon fraude perit, Thabitas de funere surgit,
Surgit et Æneas, et non numeranda caterva.
Alter arat verboque replet gentilia corda

Quem vertens cœlo alloquitur divina potestas,
Proripiensque poli cupidum ad fastigia tollit :
Et docet in cœlis, terrenas unde doceret,
Pasceret ac mentes, sacri qui semina verbi
D Orbe serit toto, sanat quoque corpore multos,
Et juvenem de morte levat, sed plurima corda.
Hi te sublimis cœli soli super astra ferentes,
Instrumenta ferunt de te per climata mundi
Militibus pacis, per quæ victoria surgit.
Quorum, Petre, crucem, gladium, pie Paule, Nero-
[nis
Passi, præcelsas meruistis in æthere sedes.

(148) Greg. Turon. ubi supra, cap. 11.
(149) Greg. Turon. ubi supra, cap. 17.

(150) Greg. Turon. ubi supra, cap. 88.

CAPUT IX.
De Jacobo fratre Domini.

Ælia nunc, Jerusalem, quæ versa vocaris
Jam renovata, crucisque gerens miranda tropæa
Christi, servorumque ejus venerare sepulcra,
Quorum post Dominum Jacobus tibi regmina pri-
[mus
Continuat fidei, legitur qui frater Iesu
Sacratui (sic) servans, Justus cognomine dictus.

A Editus a sociis te primus episcopus ornans,
Arentis plebis qui pectora sicca rigando,
Luminis e radiis terebrans nigrantia corda,
Dum docet excelsa super astra sedere magistrum,
Parjetibus templi dejectus et hostia factus,
Excipitur cœlo, populo quoque teste beatus.

CAPUT X.
De sancto Joanne apostolo.

Sic Ephesum Christo dilecti membra Joannis
Extollunt, cujus superat facundia mundum.
Qui casto zelo præclari velleris Agnum,
Zebedeo patre dimisso, cum fratre secutus,
Ipsi præ reliquis speciali jungitur unus
Affectu, capiens æterno dogmata vitæ

Fonte, supra pectus dignus recubare Magistri.
In cruce confixus matri, quem mandat adesse
Virgo sacer sacræ custos ut virginis exstet;
Quique fide fortis violentos passus agones.
Exsilio trusus didicit mysteria cœli,
B Ore tonans, animam regnis, dat membra cruieti.

CAPUT XI.
De Jacobo fratre sancti Joannis.

At fratris Jacobi, Gallæcia, corpore fulges,
Quä capit extremum locuples Hispania finem.
Præcipui pastoris erat qui fidus alumnus,
Nam vidit Dominum qualem per sæcla videbit:
Excellens adeo meritis, ut tertius esse
Ipse mereretur testis, cum gloria Christi

Clarificum propriæ lucis monstrare nitorem
Discipulis vellet, quibus hæc spectare dedisset,
Pollicitus mortem non his prius esse videndam,
Quam daret his lumen venturi cernere regni.
Hunc gladio Solymis, Herodes sæve, necasti,
Sed metas orbis, te damnato, ille decorat.

CAPUT XII.
De sancto Andrea

Andreas, pollens opere et sermone virilis,
Splendoremque calens divinæ visere lucis,
Inter discipulos renitebat mente Joannis.
Audiit at Christum ut peccamina tollere mundi
Hunc mox est pedibus modo non, quin corde secu-
[tus,
Repperit et veram lucem, flammante lucerna,

C Ad quam germanum deducit amore colendam.
Hic Scythiæ populis ubi dulcia verba salutis
Tradidit, exemplum sequitur quoque morte Magi-
[stri,
Dum crucis amplexus votis est cordis adeptus.
Ossa beata Patris retinebat Achaica cujus,
Constantinopolis quæ nunc veneranter honorat.

CAPUT XIII.
De sancto Matthæo.

Justitia donate Dei, Matthæe, refulges,
Quem de publicola sanctum, de divite largum;
De exactore pium Dominus dedit esse datorem,
Et de jure fori juri tulit ætheris alti.
Christi Evangelium primus sermone paterno
Scribis, ut excelsus serviles induit artus.
Quocirca facies cœlestis gloria currus

Te monstrans hominis, celsum super æthera trans-
[fert.
Qui postquam, lucem tenebris inferre parando,
Æthiopum gentem, peccato et corpore nigram,
Candorem nitidum docuisti sumere Christi.
D Martyrii palmam, cœlique mereris honorem.

CAPUT XIV.
De sancto Philippo.

Excellens tumulo Hierapolis aucta Philippi,
Qui Verbi Patrem, vero de lumine quærens,
Discere promeruit Genitum Genitoris habere
Fulgorem, parili lucem de luce micando,
Virtutemque Patris Nati virtute nitere,
Atque Patrem in Nato, Natumque in Patre manere,
Et viso Nato, Patrem quoque rite videri.

Hancque fidem Scythiæ populis spargens pius im-
[plet.
Barbaricas largo doctrinæ semine terras.
Hinc post ecclesias structas, quas ordine sacro
Disponit, vastis Asiæ pia dogmata vitæ
Prodigus ore serit, cœlique in sede locatur.

CAPUT XV.
De sancto Thoma.

Thomas, qui Didymus, latus inscrutatur apertum
In cruce confixi mucrone satellitis Agni :
Quo dubitante, fides nobis firmatur herilis,
Lege necis Christum vitæ remeasse soluta ;
Dumque cicatrices digiti moderamine tractat,
Maxima sanantur dubitantis vulnera cordis,

A Omnis et in nostra curatur mente cicatrix,
Dum patuit Christum vera cum carne rediisse.
Hunc ubi jam Parthis ac Medis semina verbi
Respergit, pro rege suo videt India passum,
Unde probæ studio translatum plebis Edessem,
Fertur corpus humo, cœlo mens inditur alto.

CAPUT XVI.
De sancto Bartholomæo.

Suspendentis aquas natum quem gratia fecit,
Bartholomæe sacer, veræ tu vitis haberis
Fructificus palmes, huic indiscissus adhærens.
Fecundosque ferens apte pro tempore botros,
Unde merum fidei longe lateque propinans,
Hoc sobriis large tribuis ; quod et India sumpsit,

In qua glorificum pro Christi nomine cursum
Consummans gladio, cœli secreta petisti.
Insula, quam Liparim dictam Siculi maris undæ
Dant, tua suscepit terra Gangetide membra,
Insignes valida referentia morte triumphos,
Quæ Beneventanam tutantur tegmine plebem.

CAPUT XVII.
De sanctis Simone et Juda.

Simon Zelotes, Chananæus idemque vocate,
Scilicet hoc vico ducens cognomen, aquarum
In quo materies, in vini versa vigorem,
Ostendit Christum rerum Dominum esse potentem.
Ægyptus, veterum sacris maculata deorum,
Tetra dente capit vim Verbi jure perennis.
At Juda Jacobi, Tadeus quoque qui vocitaris,
(Longe ab eo distans Dominum qui prodidit orbis),
Lebbæum sed enim memorante corde vocatum,
Corculus in nostra latum quod voce sonabit,
Luminis aspersisti inter duo flumina semen
De medio patriæ fluviorum nomen habenti.

B A pastore bono vereque potente magistro
Ambo doctrinæ capientes munera sacræ,
Sal terræ facti, stolidas condire parati
Mentes, lux dicti, tenebras depellere docti.
Quas ubi diversis regionibus ore fugastis,
Persidis ingressi penetralia regna minacis,
Sicut oves prompti in medio properare luporum,
Astu serpentis cum simplicitate columbæ
Callentes, qui plura Deo dum lucra parastis,
Innumero Christi populo pia sub juga ducto,
Martyrii demum digno certamine cursum
Explentes, animas cœlo datis, ossa sepulcris.

CAPUT XVIII.
De sancto Matthia.

Matthia numero splendes e.ecte replendo,
Anteferens justo, Domini quem gratia sanxit,
Sorte ministerii dignum, quo gaudia pacis
Proferres mundo, duodenæ sedis adeptus
In cœlis apicem, cecidit qua proditor atrox
Auctoris, propriæ quoque perditionis amator.

C Spiritus irradiat sanctus te pignore donans
Muneris excelsi et supero charismate firmans,
Ut testis Domini factus de morte triumpho,
Visa feras oculis passim miracula Christi,
Utque voces cœlis Judææ gentis alumnos,
Cœlestis solii provectus honore quiescis.

CAPUT XIX.
De cæteris Christi testibus.

Culmen apostolici transegimus ordinis altum,
Eximios modica titulos recinente Camena,
Nomina signantes duodeno singula versu.
At nunc militiam cœli fideique tropæa,
Multiplices palmas infinibilesque coronas,
Arte quidem nostra multo majora canamus,
Et quæ Mæonium valeant evincere vatem

Materia, quin et nostrum superare Maronem.
Bella tamen quæ quis gessit detexere nostri
Non est propositi, cum nec numerare queamus
Vel loca præ stricto sat erit meminisse relatu
Quædam athletarum Domini celeberrima bustis ;
Inter quæ reliquis venerabilis Ælia præstat
Mirifico Regis monumento cuncta regentis.

CAPUT XX.
De David, Simeone et Anna.

Ilic citharista catus mitis, pius atque fidelis,
Rex David, cujus voluit de semine Christus,
Jure pudicitiæ sacrans sibi Virginis alvum,
Sumere mortales humani corporis artus.
In mausoleo legitur locuplete locatus ;

D Sed Domino Phlegetontæas referente rapinas
Raptus, et ætherea donatus creditur aula.
Hic etiam plures, quos sæcula prisca tulerunt,
Illustres positi reges sanctique prophetæ.
Ilic Symeon justus, celso qui Flamine clarus,

Responsum capit, haud unquam se morte obiturum
Auctorem donec meruisset cernere vitæ :
Quo viso petit absolvi sibi vincula carnis,
Non metuens mortem, dignus quia visere vitam;
Non mortis horrens umbram, quia noscere lucem,
Paceque conspecta, cupiunt requiescere membra.
Hic Phanuel proles, viduis quoque forma salutis
Anna prophetissa, tribui quæ nascitur Aser ;

A Sedula quæ templo degens, jejunia ducens
Crebra, Deumque rogans, servit cui nocte dieque.
Dona prophetiæ cœli charismata sumpsit ;
Emmanuel natum non solum digna tueri
Vaticinans, in eo meruit quin famina ferre,
Hunc multis positum prædicens esse ruinæ,
Continuans quod et adveniens surrectio multis.

CAPUT XXI.
De sancto Stephano.

Isthic præcipuis quoque consummantur agones
Militibus, quorum Stephanus certamine primo
Post Christum lethi liventia tela triumphans,
Nominis hinc proprii scitur cepisse coronam.
Tempore quo Dominus dirum cruce vicerat hostem,
Nam dum levitas sacris assistere mensis
Cœtus apostolicus, septem quos Spiritus almus
Exornat, statuit, divino numine lectus
His lucis locuples præponitur archidiacon.
Mox imbrem sermonis agens, virtute coruscat,
Prodigiisque novis populo nova fulgura monstrat.
Quem contra Synagoga crepans Satanæ blateratu,
Bellabat rabido, libertinique remissi,
Atque nothi Cyrenenses fervore perusti ,
Turba et Alexandrinorum Cilicesque procaces,
Aut Asiæ reliqui. Sed non superare sophiam
Flaminis aut sancti potuerunt sistere rivos.
Captum concilio statuunt et magna queruntur,
Mutandas legis Moysi quod traditiones
Dixerit ab Jesu, templi accelerante ruinam.
 In quorum medio velut angelus ore coruscus
Voce tonans patria, sic lumine fulgidus infit :
« Patres atque viri fratres, mea sumite verba.
Majestate Deus radians apparuit olim
Abrahæ nostro, placito sibi carne parenti,
Præcipiens olli : Terra discede paterna
Approperans aliis, tibi quæ monstravero, regnis.
Chaldæa egrediens habitavit denuo Charran ;
Post obitumque patris hæc hunc deduxit in arva,
Nec dedit hinc ipsi quantum pedis abdere passus
Quit ; tamen hæc ejus soboli tradenda spopondit,
Cum senior fessus carnali prole careret.
Sed tua progenies alienis accola (dixit)
Ruribus existet, graviter tractata per annos
Ferme quadringentos, famulatu pessime pressa,
Exiet atque loco mihi postmodo serviet isto,
Judicio gentem cui servierit quoque subdam.
Post testamentorum circumcisio sumpta,
Procreat inde senex Isaac, quo natus Iacob
Bis sex progenerat præclaro sanguine patres,
Invidiæ Joseph quos vendere livor adegit.
Hic Pharon ingreditur , Domino comitante superno,
Omnibus eripuit salvans qui pestibus illum ;
Per quem mox sapiens Pharaoni et gratus habetur;
Hunc qui præficiens regno præponit et aulæ.
Ægyptum inde onerosa fames Canaanique premebat;
Excitat hæc primum patres angustia nostros;

Vendi ibi comperto frumenta videre Canopum.
Hanc quoque dum repetunt, Joseph patet agnitus
[illis.
Quæ postquam Phario regi perlata feruntur,
Patrem cum generis turba sibi poscit Ioseph
Ad quem cum decies septenis quinque jugatis
Descendit propriæ stirpis animabus Iacob.
Qui postquam vita defungitur ipse, patresque
Bis seni Sichem lati positique sepulcro
Abraham pretio quod sumpserat Emor in empto.
Tempore promissi properante quod ipse professu
Abrahæ fuerat Dominus, plebs crevit et ingens
Efficitur populus, donec rex nescius horum
Eminet Ægypto, circumveniensque colonos
B Addicit, diro proprios exponere lethio
Compellens genitos. Moyses tunc natus et æde
Mensibus est patria latitans tribus abditus hosti.
Gratus at Altithrono fluvii dum traditur ulvæ,
Regigena raptus, fotus, vice prolis amatus,
Artibus excellet Phariis, virtutis et actu
Lustra gerens octo, meditatur visere fratres;
Pelleumque virum Hebræo vim tendere cernens
Percutit, atque suos retur sensisse propinquos ,
His per eum Dominus vellet quia ferre salutem.
Quos imprudentes odio rixaque furentes
Corripiens, audit, Princeps, aut arbiter ut sis
Quis dedit, et nostras valeas finire querelas ?
Mene ut heri Pharium jugulo plectere colonum?
Territus his Moyses disponitur advena terræ,
C Aufugiens Madian, bino est qua pignore mactus.
Quadraginta annis illi hac tellure peractis,
Angelus hic flagrante rubi monstratur in igne,
Quo mirante facem scrutari remque parante
Vox facta est : « Ego sum patrum Deus ipse tuorum.»
Attonitus Moyses non audet cernere contra.
Cui Dominus : « Pedibus tibi calceamenta resolve,
Nam locus in quo stas constat quia terra sacrata est.
Verbera dura mei populi, Pelusia regna
Quem retinent, vidi, gemitum quin auribus hausi
Descendique tegendo illos quo missus abibis.»
Hic Moyses, sibi prælatum quem ferre negarunt,
Principis atque Redemptoris vice mittitur illis,
Cœlicola simul ostenso, comitante per ignem,
His signis educit eos per rura Syenes,
D Inque mari Rubro rutilans et in invia sicca
Lustris octo prophetavit quoque, quo Deus (aiens)
Tempus erit, vestris de fratribus excitet unum,

Tanquam me vatem, vos observabitis ipsum.
Nempe erat Ecclesiæ princeps deserta tenentis,
Angelico super alta Sina solamine fultus.
Sumpsit enim vitæ nobis dare verba, sed ejus
Nolebant jussis nostri se subdere patres,
Cordibus aversi duris, Aaronque jubentes :
« Fac nobis quos nos volumus præcedere divos,
Dux noster Moyses ubi sit nescire fatemur. »
Tum bove conflato sacra libant more profano,
In factis manuum lætati corde suarum;
Militiasque dedit Deus hos servire polorum,
Ut Scriptura prophetarum sic patribus infit :
Dum deseria ferebatis loca, victima nunquid
A vobis oblata mihi ? Domus arsit Iacob
Sumpsistisque Moloch tentoria, sidera Rempha,
Quas vos constat adorandas sculpsisse figuras.
Quocirca ejiciam vos mœnia trans Babylonis.
Aulæum fuerat patribus per devia nostris
Quod Deus ostenso docuit paradigmate Moysem.
Hoc quoque cum Jesum nostri induxere parentes
In terram, gentes, quam possedere, superno
Expulsæ nutu, mansitque in tempora David,
Qui gratus Domino petiit reperiret ut ædem
Ipse Deo Jacob, Salomon struxit cui templum,
Sed non excelsum manibus lita delubra claudunt
Os vatis velut ipse sui testatur adimplens :
Sedes est cœlum, basis est mihi terra pedalis
Quamque domum mihi condetis, loca quæve ma-
    [nendi ?
Non mea celsa manus plasmans hæc omnia fecit ?
Spiritui quoque vos almo contraire studetis
Auribus incircumcisis, cervice procaci,
Ut vestri ante patres jugulando sæpe prophetas,
Infesti cunctis, prænuntia verba locutis
Adventus justi quem proditione necastis;
Angelico legem quos percepisse relatu
Constat, eam vere nec custodisse probatur.

   Martyris his verbis ingratis auribus haustis
Viscera dissiliunt, rumpuntur corda furore,
Stridula pressorum resonant crepitacula dentum.
At martyr sanctus, præcelso Flamine plenus,
Suspiciens cœlos, divinum cernit honorem
Et stantem a dextris æterni Patris Iesum,
Sicque ait : « En video cœli mihi culmen apertum
Atque hominis Natum Virtutis dextra tenentem. »
   Auribus obstructis illi aera vocibus implent,
Unanimesque petunt Stephanum simul impete torvo
Urbeque propellunt lapidantque rei venerandum,
Dira manus mitem, trux blandum, sæva benignum.
Saxoso martyr venerabilis imbre petitus
Invocat : « Hanc animam, Jesu Domine, accipe, »
    [clamans.
Et positis genibus magna cum voce precatur :
« Ne statuas illis, Deus, hoc sibi crimen inuri. »
Quo dicto somnum pacis petit in nece fortem
Invictumque tenens animum, quo concio victa est,
Hoc vincens lapides, quoque pro lapidantibus orans.
Nec potuere preces casso cecidisse profatu
Martyris, ad solium sed conscendisse sciuntur

A Omnipotentis heri, dum Saulum mente furentem
In nece tam sancta qui consentaneus esse
Non timuit, versum videamus nomine, corde :
De Saulo Paulum, patientem de cruce factum.
Exsequias Stephani properant celebrare fideles,
Atque timorati, lacrymasque dedere profusas;
Gamalielque suo princeps qui rure locavit
Ossa pii testis, cujus servantur agello,
Donec Christicolas fervens tribulatio pressat.
   Postmodo septeno regnabat Honorius anno
Et baptisterii Lucianus in æde cubabat;
Mentis in excessu facto cui cernitur ecce
Procerus placidusque senex, vultuque decorus,
Barba promissa, candenti tectus amictu,
Cujus in extremo radiabant margine pulchræ
B Contextæque cruces, auro pro limite limbi,
Quique pedes caligis decoris munitus honesti
Atque caduceo præsignis ductilis auri,
Leniter attingens hunc, quo se Gamalielem
Prodidit, egregius fuerat cui Paulus alumnus;
Addens, post aliquas cœpit quas ferre loquelas :
« Cautela tumulos summa tu periode nostros,
Et patefac humili squalentia rure sepulcra. »
Hoc quærente simul quorum tumulata jacerent
Corpora : « Domnus, ait, Stephanus hic primus ha-
    [betur
Pro Christo Solymi lapidum quem cæde necarunt,
Quique sacerdotum jussu dimissus edendus
Est canibus dirisque feris qua Cedar abitur.
Quod vetuit cui morte fidem servasse patebat
C Ast ego sanctorum cœtum turbamque fidelem
Asciscens, suasi nostro ferretur agello,
Quoque patrum sueto positus sepelitur honore.
Quem simul attiguum invenies retinere locellum
Nicodemus meus ille nepos est, Christus Iesus
Flamine quem sancto docuit, lymphaque renasci,
Quodque sibi Petro, mox atque Joanne peractum,
Unde sacerdotum proceres, indigna frementes,
Irati hunc removent primatu, tradere morti
Connisi; texit sed eum reverentia nostri.
Urbe tamen pulsi rapitur convulsa supellex,
Quem quoque semianimem linquunt cruciatibus
    [actum.
Hunc ego suscipiens adhiberi mando medelam :
Qui tunc curatus paulo inde superstes habetur
D Defunctumque pedes ad primi martyris addo.
Tertius ille mihi retinens commune sepulcrum
Filius est Abibas meus, almo fonte renatus.
Mecum vicenum vitæ dum provehit annum,
Prædictis Christi famulis sacra dantibus illi,
Doctus hic assidue cum Paulo sacra vacabat
In templo meditans, ac lumine legis abundans,
Liber eo solitum vitio cui subdere sese
Est genus humanum, tectus virtute superna,
Cœlibis et vitæ locuples in pace quievit.
Cum primogenito conjux mea credere Christo,
Vitantes, alio positi tumulantur in arvo.
Sarcophagos horum quare spectabis inanes
Nobiscum meriti quia non requiescere visi. »

Hoc rogitante loci nomen quo quæreret illos,
Infit : « Agro in nostro quem nunc sermone Syrorum
More beatorum fertur possessio trito. »
Visio cui similis iterumque iterumque videtur
Presbytero, tandem Solymorum pergit ad urbem,
Pontifici monitus referens hæc cuncta Joanni,
Qui fusis Dominum lacrymis benedicit ovanter,
Advocat et patres vicinis urbibus almos,
Quis dum monstrato foderetur in aggere coram,
Terra tremore crepat, spiransque fragrantia surgit
Cui similem qui forte aderant sensisse negarent,
Se paradysiaco gaudentes nectare pasci.
Cujus odoris opem variis sumpsisse levati
E morbis decies septeni tresque resultant.
Huic habiti testes operi, cum Patre notato,
Præsul Eleutherius Hierico, Eustominusque Sebaste,

A Condigna socia cleri comitante caterva.
Qui pia muneribus pretiosis ossa prementes,
Obstructo loculo, propriis rediere cathedris.
    Ossa beata Sion Stephani non tempore multo
Post revocata nitet, primus qua ad sacra minister.
Arida tum squallebat humus, sitientibus arvis,
Vi, sine temperie lymphæ, durata caloris;
Ecce repente poli facies latet, aere nubes
Densescunt, subitusque polo demittitur imber
Ac rigat eximii meritis et honore parato
Martyris arentes largo solamine campos.
Hujus per varias clarescunt pignora terras,
Prodita quæ signis passim decorantur opimis,
Quorum multa quidem, sancte Augustine, fateris,
Plurima quæ fiunt vel facta fuere tacentur.

B

CAPUT XXII.
De sancto Simeone et reliquis Æliæ præsulibus.

Post Jacobum Simeon Solymorum ad sacra levatur,
Auditor Domini dictus quoque, carne propinquus,
Filius ut Cleophæ, sancti qui frater Ioseph,
Virginis æternæ sponsi et sine compare matris.
Hic Symeon fessus senio, quo tempore princeps
Trajanus gladio Christi vexabat ovile,
Verberibus multis Christi sub nomine tritus,
Centum et viginti postquam transegerat annos,
Martyrio rutilat moriens, crucis hostia factus
Judice cum reliquis animum mirante vigore
Tam valido firmum, senior grandævus ut hujus
Supplicii prompto cruciatum pectore ferret.
Pontifices Solymis clarent hi denique prisci :
Mox post hunc Justus, Zachæus hinc, inde Tobias,
Benjamin sextus, tum septimus esse Joannes
Fertur, Matthias post hunc, sequiturque Philippus.
Succedit Seneca Justus, post denuo Levi :
Hinc Ephrem, Joseph, finis horum quoque Judas,

Judæa memorantur ibi, qui plebe probati
Præponi Christique fidem tenuisse benigni :
Quorum Matthias, stabili certamine pugnans,
Multaque pro Christi passus pietate quievit,
Cujus plena fide narrantur plurima gesta.
At, Jerusalem, postquam renovata renides
Judæis patria pulsis, sibi et urbe negata,
Ut jam non illis licitum tua visere rura,
Telluremque procul vel prospectare paternam
Gentibus admissis, pacem servantibus in te,
Ælia, Romulei cognomine dicta tyranni,
Pacificis Christi famulis habitatio facta.
Post prælibatos te Marcus episcopus ornat
Gentibus e nostris primus te præsul adeptus,
C Martyrii palma claro qui dignus agone.
Succedit Marco Casianus, Publius olli :
Maximus hinc sequitur, Julianus, Gaius, et alter
Julianus, Capitoque, Valens et Dolicianus.

CAPUT XXIII.
De sanctis Narcisso et Alexandro.

Post quos Narcissus, redolens flos atque decorus,
Ecclesiæ lætum Solymæ respersit odorem,
Cujus mira satis et plurima gesta renident :
Naturam laticis pingui qui vertit olivo.
Namque olei quondam dum deficiente liquore,
Lampadis exhaustus cum lumine linqueret ignis :
Ecclesiæ famulis fomenta nec ipsa subessent,
Lætitiæque dies jamjam paschalis adesset,
Maximus hinc populo mœror, turbatio clero
Incutitur; fidei Narcissus at integer altæ,
Imperat e puteis laticem sibi ferre ministris,
Quam sumens orat, benedicit datque lucernis.
Pro mira subito stupidus virtute videres
Pabula, ne sibimet fugerent contraria flammæ,
Materiem lymphæ læto densescere pingui
Pallorem et latices viridi mutasse colore,
Præstantemque sibi superum sumpsisse vigorem,

    (150') Sic codices.

Adversosque facis flammarum alimenta dedisse
Quis solet exstingui; lichno gaudente foveri.
Luminis hic splendor solito tum clarior arsit,
Largius educto Christi bonitate nitore ;
Obque fidem fratres decernunt muneris hujus
Pignora firmandam tanti servare liquoris.
    F. (150').
    Denique Narcissi dum mens immobilis instat,
Ac justi rectique tenax et tuta resistit,
Quidam falsiloqui vitiatæ mentis homulli,
Judice justifico dignas perferre timentes
Criminibus pœnas, præsumunt fingere fœdum
Concinnantque viro sævi scelus addere sancto.
Hinc auditores adeunt testesque subornant,
D Fraudis participes et juramenta pacisci
Non metuunt : unus sic se non ignis adurat,
Conficiatque sequens morbus ne regius ipsum,

Luminibus jurat, fiat ne tertius absens.
His adversus eum se vera tulisse ligantes,
Crederet assertis quamvis tunc nemo fidelis,
Quod vitam atque pudicitiam quam duxerat annis
Narcissus primis constaret noscere, pluris
Ipse tamen non ferre valens tam dicta probrosa
Tamque profana vacare, legens deserta petivit,
Et secreta colens latuit compluribus annis,
Semotam sophicamque gerens sine turbine vitam.
At non ille oculus complectens omnia visu
Adversus pœnas in tempora longa moratur :
Imo per hæc quæ sancierant mox digna rependit,
Qui sanctum flagrante doli pepulere veneno,
Arbitrio dum quis proprio sibi lecta capessit,
Primus enim, tacitæ scintilla tempore noctis
Succendente domum, ustos simul arsit in ignes;
Ast alium morbus pedibus pervadit ab imis
Ad summum, scanditque caput decretus eodem.
His ita consumptis, cernens at tertius alumni
Haud latuisse dolos Dominum, se vulgus aperte
Projicit in medium, retegens ex ordine probrum,
Sic facinus nitens lacrymis immane piare,
Fletibus afflictam fusis ulciscitur artem,
Dum ducta luctu residet caligine cæcus.

 Narcisso interea latebræ secreta fovente
Allegitur sacris præsul cognomine Dius,
Quem raptum sequitur Germano, Gordius illum.
Hinc velut horrida post gelidæ spiramina brumæ
Affectus, zephiro terris afflante solutis,
Purpureus viridi surgens flos gramine vernat,
Haud aliter subiens, divo ut redivivus honore
Redditur Ecclesiæ Narcissus, itemque rogatur
Præsideat populo divinaque munia tractet.
Ast ægro fessus senio, dum commoda plebis
Omnia ferre nequit, cœlesti numine ducto

A Sedis Alexandro secum sacra culmina confert,
Cappadocum gentis moderans qui jura sacerdos,
Spectandi loca sancta avidus, hanc ut petit urbem,
Esse revelatur plebique senique tenendus.
Excita sicque die plebs quo cognoverat illum
Adfore venturum, properans se mœnibus offert
Obvia danda viro; vox intonat ecce repente
Cœlitus attacta, cunctis capientibus aure :
« Sumite pontificem vestris quem destinat aris
Omnipotens. » Ubi summa patet manifesta voluntas
Contiguis patribus sancto et seniore, repente
Communi voto populi concorditer actum
Suscipiunt, cogunt, retinent, venerantur, honorant.
Denique Narcissus, cursum certaminis explens,
Post centum bis et octonos quos vixerat annos,
B Urbis Alexandro tutandæ jure relicto
Ad Dominum pergens, meritorum munere gaudet.
Naviter advigilans successor munia tractat,
Condecorans data, dum Decius fervente procella
Sævit, ovile Dei disperdere turbine tentans.
Nempe ut canitie splendens renitebat amœna,
Cæsaream ductus crudelis lege tyranni,
Nomine pro Domini lætatur carcere trudi;
Afflictusque diu sacros consummat agones
Martyriique capit, Christo tribuente, coronam.
Eusebius, fultum, cujus se bibliotheca (151)
Materiam sumpsisse docet præclara notandi
Ecclesiæ Christi titulis quæ gesta feruntur.
Presbyter hujus Alexandri venerandus ab ipso
Clemens Ecclesiæ transmittitur Antiochenæ.
C Quem quoque præceptor virtutum laudibus ornans,
Esse sacerdotem allegat probitate beatum,
Commendans radiante senem pietate probatum ;
Cujus apud Solymos præsentia munere Christi
Delegata Dei populum firmaverat auctum.

CAPUT XXIV.

De Macario, Maximo et Cyrico, episcopis.

Pontifices post hos Solymæ virtute nitentes,
Dogmate præclari, statuuntur in ordine plures.
Quorum Macarius, pretiosi notio ligni
Dum crucis inventæ, populo dubitante, vacillat,
Quærere comproperat spiramine membra relicta,
Apponitque cruces pariter, quas forte repertas
Constabat : spretis sed eis immota manebant;
Tacta vigor cruce vivifica mox intimus intrat,
Inque repentinos reparata resuscitat actus.
Maximus illorum consors ac miles herilis
Pro pietate fideque Dei, qui poplite lævo
Succiso instabat, dextro quoque lumine dempto,
Hoc magnæ fidei gaudens insigne gerebat.
Martyr Cyriacus, quique et cognomine Judas,
Hic pœnas quondam varias multasque triumphans,
Post manuum segmenta, ignes et pocula plumbi,
Postque triumphatum, canoentiaque æra, grabatum,
Virgarum plagas, adipisque salisque calores

Exstinctos precibus, colubros oleique vapores,
Pectore defixus, cantoque interna petitus,
Victricem palmam rutilat constanter adeptus,
Alter Macarius Hermonem in sacra secutus
Nomine fertur, ut hoc dignus virtutibus altus;
Dogmatis egregius nitet hic splendore Cyrillus,
Pro fidei sceptris certamina plurima passus,
Sæpe quidem pulsus, sed sede insignius auctus;
Quem mira sequitur fultus probitate Joannes.
Præterea plures, quorum qui nomina novit
Vel numerum, scit cuncta Deus, hac urbe trium-
                                          [phant
Vel patria sancti. Cunctos quis dicere possit
Quos hic discipuli Christi tinxere lavacro,
D Inque fide recta meruere, ac culmine vitæ,
Dum legitur sanctus quædam post tria millia Petrus
Consecrasse die, quædam post millia quinque,
Millia tum quorum nobis neque cognita summa.

---

(151) Vide Eusebii Historiam ecclesiasticam, libri VI cap. 11.

CAPUT XXV.
De Hesychio et Philagrio.

Presbyter Hesychius, veteris qui mystica legis
Sacrorumque umbras ad fulgida lumina raptans,
In vinum transfundit aquas, ubi dignius usquam
Ni qua præcipuæ viguere remota notaret.
Hic inter populos sophiæ splendore nitebat
Philagrius, manuum quærens alimenta labore;
Atque libenter inops et paupertatis amicus,
Qui quondam invento solidorum dite crumino
Restat et exspectat passus dum damna recurrat.
Aurum restituit flenti, partemque precanti
Sumeret obnisus, nummum de mille nec unum

Attrectat, laudisque simul præconia fasso
Aufugit, ac strictis cœlestia competit alis.
Justinus nitido radians splendore sophiæ
Editur, hac oritur Joseph regione parente
Qui sancta valide pro relligione laborans,
Augustis libros, pietatis honore politos,
Haud crucis erubuit tradens, spectante senatu,
Opprobrium, divina ferens, humana refellens:
Judæos, gentesque, hæresesque, et falsa triumphans
Spectatusque palam Jesum decorare magistrum
Exsultat celebrem Christo fudisse cruorem.

CAPUT XXVI.
De Maria Magdalena, Lazaro et Joseph Justo.

Pluribus hæc tellus hinc priscæ legis alumnis,
Inde novæ rutilat, Christi quos gratia salvat.
Hac quoque Magdalene regione Maria renidet,
Dæmonibus pulsis, Jesus qua Flaminis almi
Ut ferventer amet patet esse capacem.
Cujus ita Christo placuit dilectio pura,
Ut Stygiis illum redeuntem prima videret;
Et claustris Erebi, violenta lege soluta,
Hic prope Bethaniam tibi, Lazare sancte, sepul-
[crum,
Unde quater deno postquam te sole retentat,
Mors superis, Domino parens, tremefacta remisit.

Hic domus ecclesia est tua sanctarumque sororum,
Joseph, qui Justus, patria hac consummat agonem,
Quem Christi comites Judæ vice sorte legendum
Dignus apostolico censent quia jure nitebat.
Interno tamen arbitrio sors legerit etsi
Matthiam, officium Joseph nihilominus implet
Doctrinæ sanctæ, supero succensus amore.
Unde furens Judæorum vesana caterva
Multis hunc agitat probris; ferturque fidei
Potatus titulo nil triste tulisse veneno;
Hicque Deo demum supplet vincente triumphum.

INCIPIT LIBER SECUNDUS.

CAPUT PRIMUM.
De vindicta Christi sub Vespasiano.

Plurima præterea Solymæ celebrata tropæa
Diversis nituere modis. Hinc gentibus olim
Depulsis vario sub tempore, et urbe subacta,
Judæis crebro bellorum turbine tectis,
Justorum meritis prælatis culmine regni
Sacra lege Dei, claris et ab hoste quietis
Contemptu afflictis, captis, et ab hoste necatis
Extrusisque solo, temploque librisque perustis:
Correptis peregrinatu, patriaque receptis
Post etiam varia bellorum strage levatis,
Atque reservatis donec divina propago
Emmanuel surgit de lumine, virgine feta
In quem præcipites lapidem offendere ruinæ;
Surgere nec properant, veniam dum sumere vitant
Per comites Christi, quibus allegata reatus
Cessio, dilatus fere quadraginta per annos
Vindictæ gladius, veniæ superesset ut actus,
At pietate Dei spreta subit ultio digna.
Præcelerant tamen exordium portenta futurum,
Prodigiisque datis terrentur luce minaci.
Stella quidem, frameæ similis, fulsisse per annum
Impendens totum sceleratæ traditur urbi,
Pestiferisque truces flammis arsisse cometæ.
Dumque sui celebrare parant solemnia Paschæ,

Paulo post mediam fanum lux fulgida noctem
Circumdans, in utroque vagans, horrore coruscat.
Quod rebus quidam auspicium replicare secundis:
Ast alii, quorum potuit mens sanior esse,
Infausta memorant turbatam luce quietem.
Pluribus inde motis lethalia signa trahebant
Quis moniti temnunt lacrymis punire patrata,
Et dedignantur scelerum deflere piacla.
His etiam festis vitulam mactare ministris
Applicitis, dum cervici vibrata securis
Defigenda micat, peperit, sacra ponderis hujus
Immutata docens arcanis legibus, agnam
Quem mater renuens balantem agnoscere partum,
Legis dura sacris juga, mitibus æmula monstrat,
Ac trucibus proprio gladiis pellenda sacello.
Interior templi quæ respiciebat Eoum
Janua dote gravis, solido cooperta metallo,
Ponderis eximii, bis denis mota ministris,
Quæ claudebatur vix impellentibus æra,
Conatu summo patefacta, recluditur ultro,
Vectibus atque seris ferri penetrantibus alte
Dum munita foret mediæ sub tempore noctis.
Postque diem festum parvo volvente dierum,
Curriculo, noctu, necdum cedentibus umbris;

Per cœlum currus equitesque volare videntur ;
Nubibus armatæ sese immiscere cohortes,
Agminibus subitis circumdare in aere muros.
Festo etiam dicto de quinquaginta diebus
More sacerdotes solito caligine noctis
Dum templum introeunt, strepitus sensere sonantes ;
Mox etiam subito voces hausere profantes
Terribili crepitu : « Migremus sedibus istis. »
Festo post alio virides habitare tabernas
Cum solitum genus hoc hominum, quidam ecce re-
[pente
Rusticus exclamat turbans in pace quietos :
« Solis ab egressu vox, vox a limite solis,
Vox a quadrifido ventorum turbinis ortu !
Vox supra Solymam, vox supra mœnia templi ;
Vox supra sponsos, sponsasque, superque popellum. »
Ante annum belli quartum qui nocte dieque
Sedulus has omnes peragrat cum voce plateas,
Omnia primates indigne infausta ferentes
Correptum juvenem multa vibice flagellant.
Ille nihil pro se reddens, has edere voces
Non cessat ; quem Romani vi numinis actum
Cernentes, subigunt censori : attritus ab ipso
Verbere crudeli, flagris sulcatur ad ossa ;
Nec lacrymas fudit precibusque serena rogavit ;
Quin voces ipsas per singula verbera promens,
Adjungit : « Væ ! væ Solymæ ! » plangore misello.
Hunc virtute sua mittens curare, furentem
Ilicet insequitur plebes scelerata furendo.
Appliciti sacris capiunt nam famina libris
Ortum gente sua, rex qui imperet orbi ;
Quod dum despiciunt concessum credere Christo,
Seque legunt fieri auctores tam regminis alti,
Unde vocabantur veram comprendere vitam,
Inde ruunt dignæque petunt vestigia mortis.
Ac dominos contra quorum munimine tuti
Esse videbantur furiis coguntur in enses,
Et qui cœlestem Dominum impugnasse probantur
Terrigenas dominos simul expugnare laborant.
Unde modis variis, cœloque soloque petuntur,
Sed signis prius ostensis quis saxea possent
Deposito tandem mollescere corda rigore :
Durior at saxis propere tradenda supremis.
Incorrecta molis dirorum mens fera mansit.
Christi autem famuli Solymæ qui tempus in ipsum
Restiterant moniti, a Domino responsa receptant
Egressi mox urbe rea, Jordanis et undis
Transmissis, castro secedunt Pella vocato.
Eductis sævo mortis discrimine sanctis,
Undique multa premunt sceleratam cladibus urbem
Igne, fame, gladio, latronibus, obsidione :
Omnia jam cujus pariter peritura videntur,
Inclyta cum templo quod et exsecratio fœda
Polluerat, sacris olim prædicta prophetis.
Patres cum genitis, uxores cumque maritis
Dispereunt sine fine, mali discretio nulla,
Parvis ac senibus, pueris miseratio nulla,
Nulla senectuti : numerum superaverat orcus.

(152) Barabbam scilicet.

A Romanis siquidem turmis quassantibus urbem
Non magis exterius quam grassatoribus intus
Interimebantur, quibus urbs addicta labescit ;
Nec manibus magis exterius quam pressa suorum,
Qui victus usquam si quid residere repertum
Actutum, insidiis properant raptare vel armis.
Si quidquam reliqui locupletes forte videntur,
Crimine transfugii conficto, morte premuntur,
Increscitque malum simul ac temeraria turba
Scrutantesque domos, abscondita farra capessunt,
Custodesque necant, quasi reperire negatur.
Juventos tamen excruciant quasi condita servent,
Indiciumque cibi capiunt quia vivere cernunt,
Quos, alimenta nisi tegerent, periisse retractant.
Jam mareore famis quos extabescere visunt,
B Temnunt hos nitido perituros ense ferire.
Multi secretis sese penetralibus abdunt
Omnis cum proprio superantis pignore victus.
Quidam etiam crudas gaudent absumere fruges :
Ignibus abripiunt alii male tosta vorantes.
Nec tamen hæc tuti bello interiore carentes ;
Mutua dum modicæ sibimet retinacula vitæ
Usque adimunt patribus geniti, genitisque parentes ;
Arrosus subito rapitur cibus ore paterno,
Morsibus attritæ gnatorum dentibus escæ.
Sed neque prædones istos edisse latebat.
Indicio sumpto, mox ostia clausa videntes,
Præcipitesque ruunt, revocantque a faucibus escas
Verberibusque senes subigunt, matresque prehensas
Passo crine trahunt, hærentes panis ofellæ :
C Elidunt pueros, nulli miseratio fertur.
Quos vero absumpsisse cibos sentiscere quibant
Hos contra truciore via sævire juvabat :
Namque verecundas obturant obice portas,
Secessusque alvi sudibus terebrantur acutis,
Ut panem miseris promant ciathumque farinæ.
Dispereunt cives, superant prædonibus escæ ;
Esuriensque miser saturo tortore necatus :
Et merito positi summo in discrimine lethi
Latrones tolerant qui delegere latronem (152).
Ereptant aliqui frutices, herbasque legendo
Occurrunt queis hostiles fugisse catenas
Contigerat ; fomenta manu collecta revellunt,
Nil adjurati reddunt pro munere summo :
Id reputant miseros impune ut pergere mittant.
D Inque fuga ne forte locus queat esse salutis,
Inveniunt hostes nummos sub tegmine quosdam
Deportare, aliquot aurum glutisse prehendunt
Obtruncant, igitur progressos mœnibus omnes
Parcitur haud ulli, loculos dum creditur auri.
Ast ubi perfugis restat spes nulla salutis,
Intra septa fames excrescens cuncta tenebat,
Omnem devastans urbem, viventia sternens.
Fusa jacent imis penetralibus abdita claustris
Feminei sexus simul et puerilia membra,
In mediisque fame seniorum absumpta plateis :
At juvenes omnisque virum robustior ætas
Ut simulacra viis pallentes omnibus errant :

Et quocunque loci gressum sibi pestis ademit
Clade ruunt, quorum sepelire cadavera morbus
Ac numerus prohibent. Quidam super antra se-
[pulcri
Emittunt animas, alios sepelire parantes.
Exspirant alii fantis [f., fantes] dum funera ducunt,
Nec tumulis alios dant, nec tumulantur ab ullo.
Nec de morte sonat planctus, nam vindicat omne
Jus sibi pernicies : oculis quoque dempsit humorem.
Subdiderant urbem jam vasta silentia totam,
Atque loci faciem mortis contexerat umbra;
Sola viget gravior poenis manus omnibus istis
Praedonum, post cuncta etiam spoliare sepulcra
Qui licitum ducunt, gladiisque cadavera truncant;
Spirantes perimunt, solosque ferire recusant.
Semineces tensis periniquos poscere dextris,
Optantesque vident supremo fenore ferrum.
Fetorem cum jam nequeunt tolerare nigrorum (153),
Communi mandant terrae dare corpora sumptu
(154) Vincere mox surgit morientum copia sumptum.
Corpora praecipitant muris, valli antra replentur.
Circumiens Titus, cernensque cadavere ductum
Circuitu appleri fossum, tabeque rigari
Humano terram, gemitus cum voce tetendit
Ad coelum palmas, testem vocat astra regentem :
Non opus esse suum, multa non crimine in istis.
Omnia feralis rabies suadebat in escam :
Haec etiam quorum multis animalibus esum
Vescendi removens libitum natura negavit,
Mandere eos, mores superans, fortuna coegit ;
Nec loris tandem, cinglis, vel calceamentis
Abstinuere; fores equidem velamine nudant;
Dentibus hi subigunt feni stramenta vetusti ;
Ore terunt quidam vacui molimine ventris;
Sordida quisquiliis etiam spurgamina vendunt.
Insuper, horrendum dictu ! reprobabile cunctis,
Admissum facinus caedis, colubrisque ferisque,

A Infamis mulier partus ut membra vorarit,
Viscera visceribus propriis et propria condens
His attrita malis tandem capitur scelerata.
Urbs, flammisque datur poenis ultricibus acta.
Quique salutarem Dominum violare cruenta
Praesumpsere manu, Paschae dum festa teruntur,
Carcere ceu quodam ultrici virtute coacti,
Regno omni, pereunt Paschae dum festa coluntur:
Tricies illorum perhibent centena fuisse
Millia, quorum absumpta fame gladioque furente
Undecies centum miserorum millia tradunt.
Hinc grassatores alterna caede necantur.
Electi juvenes currum stipare triumphi
Ducuntur patris et geniti, qui vindice coelo
Temptores Patris et Geniti stravere profanos.
B Nec reperitur ad id tempus decus usque triumphi
Nobile, tum pater et gnatus simul urbe recepti
Sunt unoque triumphantis gestamine currus,
Christi ut vindictae decus hoc ornetur honore.
Judaei, variis tum conditionibus acti,
Subduntur : reliqui multi servire metallis
Addicti, rictus alii saturare ferarum,
Nonnulli gladiatorum mucrone perire :
Venduntur plures, pueri imberbesque, vel omnes
Octavus decimus quos non exceperat annus.
Diversisque relegati regionibus orbis
Omnibus ostendunt populis quam magna piacli
Pondera patrarint pariter meruisset ut omnis
Exstingui populus, gens et tam magna perire;
Reliquiae vendi, mundi per climata spargi.
Angelico denique carens tutamine templum
Polluitur, quatitur, vastatur et igne crematur.
Sermo Dei super hoc dictus completur et omnis
Divino Dominus Jesus quem famine prompsit,
C Dum sceleris merito perituram plangeret urbem :
Ecclesia Christi clare rutilante, tenebrae
Tolluntur templique vetus depellitur umbra.

CAPUT II.
De restauratione templi cassata.

Defuga quod Christi Julianus apostata priscam
Restitui indigenis longo post tempore mandat
In speciem, solito Judaeis more colendum.
Approperant illi cunctis regionibus acti,
Ceu ductarentur divo praecone vocati,
Conveniunt, temploque locum coepere parando.
Sumptus eis vires privatus, publicus ausum,
Accumulat, geritur properandi instantia coepti.
Insultare igitur nostros, ceu tempora regni
Reddita sustulerint; vultu terrere minaci,
Promere saevitiam, tumidum ostentare furorem,
Cunctaque cum fastu in nostros agitare superbo.
Jam fundaminibus patefactis terra subibat,
Sponte replens fossas, et erant tamen omnia praesto,
Saxa, bases, gypsum, calces, caementa, columnae;
Nil deerat, jacerent nova fundamenta, vetustis
Quin deturbatis, opus ut lux nata referret,
Praesule tunc Solymae licet obnitente Cyrillo.

Qui Danielis, homo ut prudens, oracula rimans,
Verborumque memor Domini, non id potis esse
Testatur lapidi ut lapis hic aptetur ab ipsis.
Utque probaretur res, exspectatio facta,
Nox operis spatium captandi sola trahebat,
En subito exoritur motae concussio terrae,
Jactantur procul hinc lapides, fundamina late
Sparguntur rapidoque ruunt sita moenia lapsu ;
Dissiliunt caementa, volantque per aera calces.
Porticibus patulis recubabat multa fabrorum
Turba profanorum, sua condere fana parantum,
Parjetibus lapsis quos attrivere ruinae.
At reliqui mortem qui se effugisse putabant,
Quaesitum properant, orta jam luce, peremptos.
D Interius latitans secreta domuncula quaedam
Instrumenta operi servabat commoda sumpto.
Ex hac progrediens globus igneus, atque plateam
Percurrens, quaesitores absorbet adustos

(153) Id est mortuorum; niger enim a νεκρός.

(154) Cod. Mazarinus hunc versum omittit.

Judæos quos esse palam sors ultima fecit.
Hoc iterum repetens, iterumque hoc, atque fre-
[quenter
Per totam globus ille diem ferventius urget,
Audacis populi temeraria cœpta coercens.
Ingenti demum perhibent, formidine vecti,
Inviti Christum verum, Dominumque, Deumque.
Et ne forte dato tractent hæc edita casu,
Stemma crucis cœlo radians rutilante renidet.

A Exuviis insidorum quoque nocte sequenti
Crux expressa patet, miro inculcata nigello,
Perfidus enisu probet ut non posse repelli.
Tandem horum fultrixque manus sic territa cedit,
Dignius ipsa tuens antiquis ritibus isti
Signa crucis, Christique novum rutilare triumphum
Urbe salutifera, lumen quæ gentibus offert,
Inde nitore jugi mundi per regna coruscans.

CAPUT III.
De abductione et relatione sanctæ crucis.

Quamvis huic quondam, sceleris cogente reatu
Persarum ductor, dum circumquaque jacentes
Proterit ense plagas, crudele induxerit agmen,
Templa solo sternens, loca cædibus alma profanans,
Ornamenta ferens cum quis vexilla beatæ
Prædatus crucis, abducit, rutiloque metalli
Luce throno sociat. Mentitus jura Tonantis
Sceptra indigna parat, modico deus æthere visus.
Strenuus at princeps Romani militis, usus
Vi belli, fultusque Dei tutamine veri,
Agmina semiviri frangit, penetralia rumpit,
Inclusum ære deum mortalem cæde recludit.
Addictos subigit cuneos ac diva reducit

B Signa, dato cujus gaudet virtute tropæo,
Et Solymam revehit. Cœlis divina patrantur,
Prisca novis reparata nitent miracula votis,
Mortuus ad vitam vitæ per ligna recurrit.
Quattuor assiliunt, longo languore soluti,
Purgati numero leprosi corpora pleno.
Munda notant, ter quinque vident magnalia cæci:
Dæmones expulsi numerosa habitacula linquunt
Pluribus et plures morbi fugere relictis,
Romulidum exsultat ductor largasque profundit
Pronus opes, fabricis reparans sacraria dignis,
Exhortansque patres, decernit agenda quotannis
Festa crucis, celebresque dein veneramur honores.

CAPUT IV.
De tabella imaginis Christi.

Gens inimica tamen cæcis garrire susurris
Haudquaquam in devictorem superata quiescit.
Quos delictum oris sternitque superbia cordis,
Quomodo dum nequeunt Christo, sibi spicula figunt,
Ac vetus ostentant odium æternumque furorem:
Quis licet indiciis atri sævire veneni
Æmulus inviso semper novus hostis honore
Flammatur, quærit quanam furere arte sinatur.
Tabescit decore Ecclesiæ liveique nitore,
Sic horum quidam tabulam effigiata gerentem
Ora Redemptoris, digna splendere nitela
Mœnibus aspiciens aulæ, diro uritur igne,
Nigra venena coquens, properansque furore silenti
Clam nocte armatus petit illita schemata telo:

C Pariete deverrens titulum, quem vestis opertum
Tegmine ferre domum præsumit et urere fractal.
Lumine at applicito, madidum se sanguine cernens,
Stigmate diffuso, præ quo terebrata tabella,
Furta pavens abicit, vitat latebrisque recondit;
Territus ostento fugitat, tractare nec audet.
Mane Dei populus subiens penetralia cernit
Ædis abesse decus, vestigiaque acta cruore
Deprendens sequitur, furisque mapalia nactus
Intima sollicite tugurii scrutatur opaci:
Cella monile refert, caute discussa negantis.
Grassatore fero saxorum nube petito,
Redditur ecclesiæ celebris titulatio famæ.

CAPUT V.
De parvulis ab Herode necatis.

Ephrata carpophoros, tellus uberrima, salve,
Salve, fertilitas cujus Deus, inclyta Bethlem,
Laude tua dignare rudem, præconibus impar
Non modo qui magnis, puero quin cernor iniquus.
Sophronio nec adhuc pollenti strage Serapis,
In te rege poli nato, terrestria regna
Terrentur, celebri cœlestia luce coruscant,
Cœlicolæ gaudent, hostilia regna pavescunt.
Cœli pace piis missa, fera corda tremiscunt,
Et pacem turbare parant non pacis amici.
Herodes illum succedere posse veretur,
Qui cunctis prior est populis et regibus orbis,
Omnia perpetuo disponens culmina nutu.
Compertoque tibi magno qui rex siet arto,

D Perdere sceptra timens, cœli ardet perdere regem;
Æquævosque necat, ratus hunc simul arte ne-
[candum,
In te jam nullo cunis infante relicto.
Attamen ante venit nisus sapientia summa,
Hostemque afficiens, alter dum volvitur annus,
Ulcere pestifero, meritis cruciamine digno
Exstinguit, sumptæque patrat mysteria carnis
Ante statum mundi quæ profiniverat olim.
Istorum sed quis numerum censere valebit,
Quorum tunc maduit Bethlemitica terra cruore,
Funere nascentis complent qui munia regis,
Libantes Christo teneræ primordia vitæ,
Ipsius haud verbis facti sed sanguine testes.

Quos amiserunt lugentia pectora matrum
Ac susceperunt lætantia regna polorum

Et qui non norant animas cui morte dicarent,
Hunc modo perpetui cernunt Agnumque sequuntur.

CAPUT VI.
De sancto Georgio monacho.

Asseritur monachus hac urbe Georgius ortus,
Tramite se mire cohibens abstemius arcto,
Corduba quem Solymis egressum ad dogmata
  [sumpsit;

Nobilibusque auctum sociis terrena prementem
Atque diu optatum vidit captare triumphum.

CAPUT VII.
De sancto Hieronymo.

Hac tellure pios constat splendescere plures
Sanctorum, voluit terras quas sanctus adire,
Huc se Hieronymus mansurum contulit almus.
Eusebio patre, Stridonis qui mœnibus ortus,
Dalmaticæque et Pannoniæ qua finis utrique,
Romulea Christi vestem suscepit in urbe :
Grammatibus doctus Græcis hic atque Latinis.
Inde sequens monachi cultum normamque probati
Presbyter effectus, laudatur præsule dignus.
Mox illi insidiæ quo pro livore parantur
Maxime multorum solitus quod pingere culpas
Scribendo, scelerum ac vitiorum pandere furta.
At vitans in se furias incendere, cedit;
Sicque domum linquens, cognatos atque parentes,
Egressus Roma, Solymam dum pergit ad urbem,
Luce carere nequit cultæ sale bibliothecæ,
Rhetorico vigil hanc nimioque ardore volutans,
Tullius hinc placet, assidua quem mente retractat.
Illecebris mensæ captus dum luditur hujus,
Peste salutifera febriumque invaditur æstu;
Concutitur torpente gelu, rabido uritur igne,
Cum subito raptus, perducitur ante tribunal,
Judicis, immenso radians ubi lumine fulgor
Astantumque nitor prostrati dempserat ausum,
Vinique oculis aciem superæ sustollere sedi,
Christicolam memorat, rogitatus conditionem.
Mentiris, quæsitor ait : « Ciceronis alumnus,
Non Christi es, cor ubi tuus et thesaurus habetur. »
Deficit his memorique magis consumitur actu
Quam rigido cædi fuerat quo verbera jussus.
Inter flagra tamen, « Domine, miserere, serebat. »
Hæc ubi vox tristi tantum plangore crepabat,
Tandem assistentes genibus se advolvere summi
Censoris, veniam orantes juvenilibus annis,
Digna pati edentes post si pagana requiret.
Concessum jurat, jurareque summa paratus
Mittitur atque sub hac sibi conditione reversus.
Perfusos lacrymis oculos, mirante tumultu,
Evigilans aperit, somnum si dicere fas est.
Verbere quo tritus duros sensisse dolores
Testatur, passus, scapulis quoque livor inustis.
Hinc tanto divina legit pietatis amore,
Quanto non studio mortalia legerat ante.
His refici fervens, subiit Byzantia tecta
Gregorii Nazanzeni, tunc dogmate clara,
Cui se ceu docilis supplex summittit alumnus :
Scripturæque sacræ dapibus satiatus ab ipso,

Hinc Syriam lætus desertaque rura petivit,
Simplicis evectus pennis ad celsa columbæ.
Mollibus, elongans sequitur loca sole perusta,
Ni summis solum monachis, frustrata colonis.
Quattuor hac annis vasta regione peractis,
Ut prudens animal, Christi ad præsepe cucurrit,
Et se mansurum Domini ad cunabula legit.
Illic orans, meditans, precibus studiisque vacabat,
Jejunansque diem noctis ducebat ad ortum.
Ilicet hac multi fama ductantur ad ipsum
Indolis egregiæ juvenes, sanctique sodales;
Jamque adventantum comitumque frequentia cellam
Hospitibusque locum capiendis edere cogit.
Discipuli casti nam relligionis amore
Hunc adeunt Patrem, jussis servire parati;
Cujus dilectam sibimet sapientia sedem
Struxerat in laribus, ceu Bibliotheca revelat.
Quam summo excoluit studio magnoque labore :
Expediet quis enim quonam molimine linguam
Hebraicam didicit, Chaldæaque verba prehendit ;
Nisibus hæc quantis vel quo sudore pararit ?
Quantaque sustinuit quoties desperat et audet,
Postquam cessarat, reducem renovare palæstram :
Corporis ut domuit motus, incendia fugit;
Ut levis ætatis juveniles vicerit æstus,
Armatusque fide, fidensque juvamine Christi,
Hebrææ canonem Scripturæ vertere nostrum
Nisus in eloquium, quo vina recentia prelo
Mox educta suo, proprium servare saporem
Jam sine labe queant, perpuræ tradita testæ.
Luce prophetali Romana volumina lustrat
Commentatus et hæc dictis, fere cuncta resolvit.
Præterea multis procudit opuscula multa,
Exhortans sanosque pios reprobansque malignos;
Abdita discutiens, sanctorum gesta retexens :
Historiæ Chronicon scriptorum nomina pandens :
Catholicos armans, debellans falsa sequentes.
Sex datus his studiis et quinquaginta per annos,
Consevit rationis humo sacra semina verbi.
Jamque fatigato marcent dum corpore vires,
Spiritus invictæ diffundit robora menti ;
Utque monasterii valeat disponere jura,
Funiculo trabe suspenso diffessa suescit
Sollicitus senior stratis attollere membra.
Tandem accepta Deo linquens retinacula carnis
Septembri octavo, post nonaginta, cupitam
Obtinuit requiem, finem fructumque laboris.

Inde petens cœlos, petiit qua lux mera terras;
Quaque pius Dominus humilis descendit ad ima,

A Inde bonus servus celsus conscendit ad alta.

CAPUT VIII.
De sancta Paula (155).

Hieronymi certus Paulæ Eustochiove tenetur
Scriptorum haudquaquam numerus, nam plurima
[constan
Istius. Hic Paulæ vitam depromit et actus.
Nobilis hæc genere, sed nobilior probitate;
Divite clara penu, sed egens præclarior ultro.
Posthabuit Romam Bethlem, laquearia gemmis
Fulgida dejecti mutavit cespite tecti.
Quam genuere pater sumens Agamemnone magno
Progeniem, stravit longo qui Pergama bello;
Stemmata Scipiadum ducens ab origine mater:
Toxotio conjuncta viro, qui sanguis Iuli,
Fœdere connubii quino quem pignore compsit.
Hunc ita defunctum dolet, ut prope facta sequatur
Libera; sed pacto vinclisque exempta jugalis,
Hic se servitio Christi devinxit, ut ipsa
Funera carnalis reputes optasse mariti.
Dumque expendit opes, adimens patrimonia gnatis,
Quos tamen attollit, locupletans munere divo,
Pauperibus tota succurrere dum studet urbe,
Pontifices celsos meruit spectare ministrans,
Urbis ab Antiochi Paulinum nomine dictæ,
Sanctum et Epiphanium Salaminæ, hoc hospite
[digna,
Jussio quos Romam tunc imperialis adegit.
Quorum accensa piis animum virtutibus ardens,
Visere vult eremum, meditatur linquere Romam.
Jam genitos, famulos possessaque mente revellens,
Cogitat omnimodis mundi se absolvere vinclis.
Frigora post tandem, dum fit mare navibus aptum,
Præsulibus proprias sedes repetentibus, almo
Prosequitur voto, charis cum fratre propinquis
Insuper ad portum gnatis comitantibus ipsam,
Qui pietate piam certantes vincere matrem;
Quos superat pietate Dei famulamque probando
Se Christi, nescit carnalia fenora ventris.
Carbasa complerant venti puppimque ferebat
Impetus alarum, vernicis rectio lintris,
Parvus Toxotius, palmas in littore tendens,
Fletibus et Rufina madens retinere laborant
Viscera tenuentem terrena, superna petentem

B
Culmina, lege Dei naturæ jura negantem.
His sed opes linquens oneris jam libera pergit
Eustochio contenta sua, quæ conscia tanti
Et comes incœpti, votis hærentia cœlo,
Exspoliata solo permulcet pectora matris.
Interea cursu celeri ratis æquora findens
Appulit exsilium Domitilla ubi Flavia passa
Cujus martyrii cellas venerata legebat.
Læta salum segnis properantia cuncta videntur,
Adriacisque undis, inter Scyllam atque Charybdim,
Se credens subit ut per mitia stagna Methonem.
Hic refovens pelago tabentia membra relicto;
Moxque inter Maleam volitans interque Cytheram,
Cycladas et crebris sulcat freta consita terris.
Postque Rhodum et Lyciam Cypri divertit in oras.
Sanctus Epiphanius genibus se forte petentem
Hanc cernens, Christi ut membrum sublime rece-
[ptat;
Lustratisque monasteriis solatia præstans,
Illa brevi spatio spectatur ab urbe Seleuci.
Antiochi scandens et ab hac ita mœnia visit.
Hic quoque Paulini modicum dilectio sancta
Detinet hanc: hyemis, fidei fervore calente,
Sed medio non mittit iter, quin pergit asello,

C
Dura sedens, lenis quam olim lectica vehebat.
Transgreditur Syriæ Cœles, Phœnicis et arva
Tum Beritho, veterique means Sidone relicta,
Eliæ turrim, quæ littore parva Sareptæ
Permanet, ingreditur, Dominum virtutis adorans
Hospitis hic viduæ, per quem de morte levatur
Cœlicolæ vatis precibus dudum unica proles.
Perque Tyri gradiens Pauli doctoris arenas
Defixis sacras genibus, perducitur Acho [Acco],
Nomine mutato quam nunc Ptolemaida dicunt.
Sanguine Josiæ sic permadefacta Mageddo
Rura, Palæstinos gaudens pertransit in agros;
Urbis Dor quondam celebris mirata ruinas,
Quæ post Stratonis renitet cognomine turris.

D
Hanc prior Herodes Augusti Cæsaris auget
Culmine, Cæsaream Romano a principe dictam.

CAPUT IX.
De sancto Cornelio centurione.

In qua sollicite scrutans loca Paula sacrata
Repperit ecclesiam Christi, Cornelius olim
Ædem quam coluit privato jure manendi,
Luce Dei dignus necdum baptismate lotus,
Cœlite teste, preces cujus referuntur ad aures
Ascendisse Dei, miseratio grata subisse
Ante thronum Domini, sublectæ præstita plebi.
At patet acceptor judex non esse supernus
Personarum inter nihil atque salute direptum

Hebraicam nostramve fidem pietate nitentem,
Gentibus et cunctis reserari limina cœli,
Vimque pati donoque Dei violenter adiri.
Nulla dabantur huic miracula, semina vitæ
Nulla serebantur terrenæ aspergine linguæ;
Aspirante tamen Christo, cui corda beare
Jus manet, orat ait dignus habeatur ut astris;
Accersit monitus doctorem, dogmata quærit,
Sacro fonte carens, jam purificatus haberi

(155) Vide S. Hieronymi epistolam 108, ad Eustochium.

Panditur, accipiens superi charismata doni;
Spiritus hunc implens nam dignum munere monstrat.
Cui sumptum ire parum vitæ se munera solum;
At vocat affines, charos invitat amicos
Participesque sui plures studet addere doni,
Officii præbens præsagia clara futuri
Atque vicem, nec adhuc doctus, doctoris adoptans.
Sicque capit Petro sanctum tribuente lavacrum,
Ordine mutato, post pignora Flaminis almi;

A Dumque piis plebem monitis hortansque docensque
Multiplicare parat, de centurione sacerdos
Efficitur, renitetque datus hac præsul in urbe,
Qua perplura sagax animarum augmenta gerendo
Prænituit, mactusque lucris ita fine quievit,
Fenora commissæ referens non parva catervæ;
Unde sui sumens quoque præmia digna laboris
Cœlestem proceres inter sortitur honorem.

CAPUT X.
De sancto Philippo diacono.

Ædiculas isthic perlustrat Paula Philippi
Levitæ, ex septem qui munia clara sacrorum
Cum Stephano cœpere, aris, qua lege minister
Editus, æterni non cessat semina verbi
Spargere per populos, et oves ad ovile vocare :
Plurima signa gerens, virtutum luce coruscans,
Dæmonas expellens, paralytica corpora curans,
Restituens gressum claudis ac lumina cæcis.
Ille Samaritum fidei fundamina firmans
Instruxit, monuit, Simonisque venena fugavit.
Angelico ductu properans, hinc pergit ad austrum,
Æthiopemque tuens eunuchum sacra legentem,
Divino monitu carpento jungitur, atque
Sollicito studio sociatur apertio legis.
Dum veteres sitiuntur aquæ, fons panditur ortus

Esse novus poto quo pectora sicca rigantur;
Mutavitque atram, tinctus baptismate, pellem
Hic niger eunuchus, gentilia corda figurans.
Bethsoros est vicus Solymis qua pergitur Hebron,
B In quo fons cujus sacrantibus elutus undis
Candida præclaræ meruit consortia vitæ.
Spiritus abripiens alias transferre Philippum
Destinat, Azotiis reliquisque, ubi verba salutis
Disserit allegans urbem dum transit ad istam
Ædificans in qua mentes requievit, et ejus
Tres juxta genitæ, cum virginitatis honore
Sortitæ tumulos; Ephesina quarta renidet :
Spiritus ipse prophetiæ quas munere sanctus
Implens, illecebris diri servavit ab anguis
Æthereisque choris cœli super astra jugavit.

CAPUT XI.
De sancto Procopio.

Urbem hanc Procopius legitur decorasse triumpho,
Scythopoli prius ornata verbo atque vigore;
Nocte dieque Dei qui stat dum cultibus almis,
Viscera conficiens raro recreata paratu,
Corda saginabat dapibus replendo supernis.
Insuper internos interna externaque bella

Adverso vibrans hostes superabat abactos.
Huc quoque directus prima ad responsa fidelis,
Fortis, et inventus sapiens, constansque probatus;
Iratoque probis Fabiano judice dictis,
Mucronem excipiens certamina fine venustat.

CAPUT XII.
De Prisco, Malcho et Alexandro.

Præterea celebres hic consummasse triumphos
Athletæ fortes pretiosa morte leguntur.
Quorum tres valida juvenes virtute nitentes,
Priscus, Malchus, Alexander, simul urbe sub ista
Degentes quodam vitæ ruralis agello,
Intenti studiis, dum tempore Valeriani
Isti comperiunt fidei crebrescere pugnas,
Divinæ accensi pariter virtutis amore,
Turpis segnitiæ sese cœpere notare :
Quod cum cœlestes caperentur in Urbe coronæ,
Ipsi non caperent, irent, peterent r.perentque,

Ignavam sed humi gererent torpore quietem :
Regna Deus mandet cum vi rapienda superna.
Arma quibus nacti verbis, gradiuntur in Urbem
Approperant bellis, et adorto judice crudum.
Incusant rigide quod sanguine sæviat almo.
Actutum monitis quam digna profata rependens :
« Subjicitote feris, inquit; quibus haud placet istud
Profluat ut nostro sanguis mucrone piorum; »
Rictibus horrificis mox allegantur edendi
Abrahæque sinu correpti ex ore ferarum
D Perpetuas prompta lucrantur morte corona

CAPUT XIII.
De sancto Marino.

Quidam erat hic opibus pollens et honore, Marinus
Nomine, militiæ splendens insignibus, atque
Promeritis clarus, Solymorum e civibus unus
Militiæ dum luce gradus hunc debitus ordo
Quondam adit, invidiæ stimulus petii ecce sodalem
Esclamatque gradum hunc non posse subire Marinum

Invisa Christi qui religione prematur.
Quæsitus verumne sit a quæstore Marinus
Illico Christicolam viva se voce fatetur,
Christi se vere famulari legibus edens.
Conceduntur ei tres quis deliberet horæ :
Dis libare velit, perimine vocamine Christi.

Protinus egressum Teotignus episcopus armans,
Ducit in ecclesiam, fidei sermonibus auget,
Tandemque attollens, altaris ad intima transfert :
Quo præcinctus erat gladium proponit, et offert
Inde Evangelium, rogitans quid mallet eorum.
Cumque manum prompte divina ad jura tulisset,
Præsul ait : « Quod cœpisti jam perfice, fili :
Vitam contemnens fragilem, sperato manentem;
Pergito confidens, oblatam prende coronam,

A Qua redimire pium Dominus caput exigit altus,
Regrediens sævum repetit præcone tribunal
Invitante, dato sibi tempore, adesse, recurrens,
Nec patitur scitante moras ut præside reddat;
Verba sed expromens certo se robore fixum,
Non rogitatus, ait confirmatum esse paterna
Lege, Dei potius hominis quam jussa timenda.
Sic plecti jugulo tali pro famine jussus,
Majoris super astra gradum mox sumit honoris.

CAPUT XIV.
De sancto Asterio.

Asterius quidam præsens erat, urbis alumnus
Romæ, patricius natu, splendore senator,
Ornatus meritis, opibus feliciter utens,
Nobilitate vigens, regali stemmate pollens,
At super hæc fidei Christi præcelsus amore.
Is prætaxati dum martyris astat agoni,
Excipit et cæsum gladio, attollitque verenter
Subjectis humeris, substrata et veste, cadaver
Testis et exsequiis quem dat, mox captat honorem.
Traditur hic multis aliis quoque fulgidus actis,
E quibus id per eum tradunt memorabile gestum.
Paneadam quam Phœnices antiquitus urbem
Dicunt, Cæsaream nostri dixere Philippi;
Panius hanc prope mons, cujus radicibus ortus
Jordanis gemino asseritur procedere fonte :
Moris erat mactaretur quo victima certo
Solemnique die fatuis a gentibus illic
Dæmonicæ, fuco quæ fraudis adempta dolosæ,
Vanescens, oculis nusquam parere solebat,
Famaque suadebat præsentibus, hostia celsi

Quod mirabiliter peteret penetralia cœli
Contigit Asterium, quondam deceptio talis
B Dum geritur, casu præsentem astare profanis
Præstringique videns stupidas phantasmate mentes,
Erroresque dolens hominum, miseratus et orans
Ingemit, atque oculos cœlis palmasque repandens,
Invocat interno Dominum clamore potentem;
Integraque fide poscit, lacrymisque profusis
Flagitat, antiqui fallaces arguat artes
Serpentis, miseris removens mortalibus hujus
Præstigii nebulas, arcanaque monstra revelans.
Hæc rogitante piis precibus cum fletibus almo,
Ecce superferri subito depromitur anguis,
Victima divinis sublata putata rapinis.
Reddita, cunctorum fluvii conspectibus imo.
Sic fidei prece Christicolæ resoluta fatiscit
Ætatum falsi tantarum machina ludi,
Ut non hisce locis reparari quiverit error
Amplius, hic clari patefacto lumine veri.

CAPUT XV.
De statua Salvatoris

Paneadæ civis mulier deprenditur hujus,
Fimbria quam Domini contacta cruore levavit.
Ædis pro foribus, cujus basis ærea, fixa
Constiterat muliebris habens figmenta figuræ,
Femina, ceu palmas tendens genibusque voluta.
Altera salvificis statuam basis ære gerebat
Compta stola, dextram quasi pergeret (pro porrige-
[ret) auxiliando.
Hanc secus erumpens humi innascier herba

C Crescere ac erasæ consueta lacinia vestis,
Quæ mox frondentis tetigisset vertice coni,
Pellendos robur morbos capiebat ad omnes,
Nil virtutis habens sacra nisi tacta lacerna.
Perfidus hanc cornu taurus qui obsistere ruptis
Irruerat domino loris, petit, impete verlit,
Figmentique furens proprii simulacra reponit,
Cœlitus affulso teritur quod fulmine truncum
Atque notat jugulo divini vindicis ictum.

CAPUT XVI.
De sancto Pamphilo.

Floruit hic clarus venerando Pamphilus actu
Martyr, presbyterum dignum quem laude sacravit
Agapius præsul, hujus largissimus urbis
Erga inopes, et eis devinctus amore paterno;
Inque gubernando Ecclesiam solertia cujus
Pervigil experta est, multoque labore probata.
Hic in episcopii Theotignum jura secutus
Fulsit, id officii quam laudabiliter explens.
Pamphilus excalpsit quæ sacra volumina martyr
Hieronymo Crœsi gazis potiora feruntur.

D Signa manus recolens, vestigia sanguinis edens
Articulis sanctus propriis quæ martyr ararat,
Qui plenus fidei, divini plenus amoris
Regna triumphavit feralia Maximiani.
Eusebius fastos cujus edere libris
Quis quantus fuerit studuit, simul unde oriundus
A puero veram doctrinam, prælia, palmas,
Quantaque pertulerit, quos desudarit agones,
Ut quoque percepit hoc dignus honore coronam

CAPUT XVII.
De Eusebio scriptore.

Martyr hic adjutor sacrorum in luce librorum
Huic nitet Eusebio, Scripturæ quem vocat ipse
Hieronymus clavem, testamentique perennis
Custodem, memorans quamplurima quæque revol-
[vat

Ex infinitis fere, seu præclara feruntur
Historia Ecclesiæ, Canones Evangeliorum,
Omnimodis Chronicon, gestis clarissima, cujus
Doctrina atque fides operum probitate renidet.

CAPUT XVIII.
De Theophilo, Acacio et Gelasio. — Reliqua itineris Paulæ.

Theophilus præsul hic lumine claruit almo,
Dogmate purificans errantes Pascha colendi.
Hac etiam renitens antistes Acacius urbe,
Expositis fidei Salomonis dogmata lustrat :
Præterea multa Ecclesiam quoque luce venustat.
Qui pro Liberio Felicem sede coronat
Gelasius, post Eunzonium sale fertur honesto
Hic viguisse sacer parca sed condere dextra.
   Postquam Cæsareæ lustrasse sacraria gaudet
Paula, per Antipatri dictum de nomine castrum
Semirutum gradiens, Lyddam, Diospolis ore
Quæ fertur Graio, non segnis ire sategit.
Dorcadis Æneæque salus hanc fulgida comit.
Haud procul hinc Arimathiam vicum intrat Ioseph,
Cœlorum Dominum digni condere sepulcro.
Inde sacerdotum Niobem [Nobem] succedit in urbem
Post occisorum tumulum tristi omine dictam (156).
Hinc Joppem portum penetrat fugientis Ionæ;
Unde viam repetens celeris divertit in Emmaus.
Quæ nunc Nicopolis, Dominus qua fragmine panis
Agnitus est illis quorum dilectio vera
Factis emituit, quorum irradiata probantur
Lumina, dum gestis cœlestia jussa decorant
Et noscunt opera quod non agnoscere possunt
Auditu, reteguntque simul non esse beandos
Quoslibet ore modo, si non bona facta sequantur.
Hic quo fonte pedes visus lavisse Redemptor
Apparens cum discipulis, numeroque luuntur
Morborum hoc pestes variorum animalia linquunt,
Inclytus hinc Cleophas, cujus sacrata nitescit
Hospite digna domus Domino, jugulatur in ipsa,
Judæos Christi passus pro laude furentes ;
Quaque etiam cultus celebri pietate sepultus
Quem terris Dominum propria susceperat æde,
Clara poli super astra colit sibi domata dantem.
   Nicopoli egrediens Bethoron conscendit utramque
Paula, urbes regis Salomonis honore locatas,
Sed dudum vario bellorum turbine versas :
A dextris Gabaona tuens, qua figere solem
Cum socia valuit fretus cognomine Jesus.
Substitit in Gabaa, meminitque libidine cæsos
Sexcentosque reservatos in origine Pauli.
Hinc urbem misto trinoque vocamine dictam
Ingreditur Jerusalem, sub parte sinistra
Mausoleum Helenæ dominæ mirata celebre
Adiabenorum, Solymos quo tempore pavit,
Insistente famis frumento, rure Canopi.
Hospitio Paulæ prætoria celsa feruntur,

Parva sed admittit vitantem culmina cella.
Tunc loca cuncta piis Christi signata triumphis
Circumiens, magno fidei veneratur amore.
Prostrata ante crucem Dominum ut tueatur adorat
Pendentem, mundi quoque crimina morte plantem;
Osculaque affigit lapidi, complexa sepulcrum,
Angelus amoto reserat quo gaudia vitæ,
Allambitque locum, lacrymarum flumine fuso,
De Domini membris monumenti jure sacratum
Hinc tandem egrediens Sion ascendit in arcem
Montibus in sanctis, cujus fundamina pollent
Portæ et castra Deo charæ super omnia Jacob.
Non illæ flammis quales uruntur ab hostis,
At quibus intratur regni cœlestis in aulam.
Non siccis spectans oculis aspergine Christi
Sanguinis infectam vincti cæsique columnam,
Quæ certe assiduæ moderamina larga salutis
Fert fidis valida applicitis dans robora vinclis
Pellere diversas medico solamine pestes,
Porticus ecclesiæ qua sustentata levatur ;
Panditur inde locus Paulæ, quo Spiritus almus
Centum bis denosque super descenderat agnos
Hic quoque pauperibus Christi pia dona ministrans
Competit optatam longo spiramine Bethlem ;
Atque specum ingrediens divinum Virginis alvus
Qua posuit partum, præsepe, animalia Christi
Quo Domini agnovere sui, se cernere visu
Testatur fidei stratis puerilia pannis
Membra jacere Dei, stabulo deposta sub arcto :
Sedulus intactæ matri nutritius aptum
Præbet ut obsequium ; venientes tempore noctis
Pastores, stellamque, Magos pia munera dantes :
Lactentes cæsos, Herodem cæde furentem ;
Ut petit Ægyptum Joseph comitante Maria.
Sicque domum panis lacrymis venerata profusis
Fonte pio Regis cunabula sacra salutat,
Haud procul inde petit turrim gregis omine claro
Quæ Jacob paverat oves, sibi vocis honorem
Angelicæ hauserunt pastores, Gloria, summo
Qua cantata Deo mortalibus atque benignis
Pax legata, choro laudes reboante superno.
Quem prope dum pascuntur oves, en velleris agnus
Detegitur puri, cœlesti et rore repleti,
Sanguine qui dignus dissolvere crimina mundi
Et vastatorem propria depellere plebe.
   Inde via veteri Gazam petit impigra Paula,
Persica *thesaurum* quam promere lingua resignat:
In qua Silvanus rabiem Diocletiani

(156) I Reg. xxii.

Hujus cum sociis evicit episcopus urbis,
Quando in Fanensi [Fennensi] capitis cæsura me-
[tallo
Quadraginta simul cœlorum ad gaudia misit.
Mox hinc ad dextram Bethsur transitur, et Eschol,
Unde botrum portant geruli præsagia Christi
Gestantem, ligno appensus qui dulcia fudit
Vina suis, terramque dedit dulcore fluentem.
Hinc Saræ cellam petit et vestigia quercus
Abrahæ, spectare diem per lumina cordis
Qua meruit Christi, Domino lætatus in ipso.
Scandit ab hinc surgens Hebron quæ Chariatarbe
Quattuor a tumulis magnorum dicta virorum :
Abrahæ, atque Isaac, Jacob, primique parentis,
Jungitur his Caleb, quartusque putatus in illis.
Dimittit Chariatsepher, cui littera nomen
Præstitit, admirans superas atque inferiores
Undas, Othoniel ruris quas arida temnens
Accepit, quibus irriguos ditaret agellos (157).
Inde Caphar Baruchæ tertiur *benedictio villæ*,
Sidereo Abraham Domino comes usquequo venit.
Miratur campos Sodomæ Paula atque Gomorrhæ
Cœlesti, meritis agitantibus, igne perustos.
Aspicit Engaddi vineta, opobalsama sudant
Quis virgulta locis, aliis indebita terris.
Contemplansque Segor, Zoaram quam voce Syro-
[rum
Dicunt, speluncæ meminit Lot sicque sodales,
In lacrymas conversa, monet quam vina cavenda
Sint, dominata viro nequeunt quem vincere cives.
Hincque notho a calido rediens ubi sponsa cubantem
Invenit sponsum, Thecuam pertransit, ovantem
Suspiciens montem de quo Salvator ad altum
Conscendit Patris solium quo sæcla gubernat.
Hoc dudum ruffam mos monte flagrare juvencam
Exstiterat, cujus populi cinis atra piabat,
In quem migrantes cherubim, fastigia templi
Linquunt, ecclesiæ fundamina firma locantes,
Qua Jacobi memorant sacrata recondita membra,
Ipse quod ediderat templo veneranda piorum
Zachariæ condens Symeonis et ossa sub ipso.
Hinc quoque Pelagiam quondam contamine mersam,
Pondere deposito carnis, cœli alta petisse
Fama canit, cujus memoratu et laudibus actus
Condigni felix imitatu finis habetur.
Perspicit hospitium Marthæ Paula atque Mariæ
Betphagemque sacerdotum ditione retentam,
Atque locum Domini petulans quo frena recepit
Gentilis pullus, celebri qui comptus honore
Vestis apostolicæ dat mollia terga sedenti.
Tramite sic recto Jericho descendit et ejus
Ex Evangelio meminit, quem sæva latronum
Spicula seminecem dederant, templumque severa
Mente sacerdotum, jumenti terga coaptans,
Ecclesiæ stabulo clemens dat Samaritanus.
Arboris et Zachei, vitæ qui noxia calcans,
Præcelsum celsa Dominum videt arce meantem.
Cæcorum jam Paula tuens loca, lumina quorum

(157) Judic. 1.

A Domino reparata dorent erroris utramque
De tenebris Christi pellendam numine plebem.
Ingreditur Jericho turrimque Achiel speculata,
Quam primogeniti letho fundavit Abiram,
Inque Segub generis portas in limine ponit (158).
Galgala castrorum spectat præputia, liquit
Quæ vetus Israel repetitæ mystica rimans
Carnis casuræ, ac recolens purgamina mentis.
Bis sex hinc lapides translatos fluminis imo
Juris apostolici qui fundamenta locarunt;
Fontem etiam veteris nonnunquam legis amarum
Et sterilem, quem in dulcorem sapientia magni
Convertit vatis, reddens scaturigine ditem.
    Vix nox transierat, redeuntis lampade lucis,
Jordanemque petit, meditans vestigia quondam
Sicca sacerdotum stetcrint cedentis ut amnis
In medio ; post Eliæ virtutis et ejus
Compotis ut siccum jussis iter unda pararit :
Ut baptisma novum sacrans animabus, in ipso
Abluerit vellus macula sine candidus Agnus,
Nostra piacla lavans, polluta et strage fluenta
Humani generis proprio baptismate mundans
Achor *turbarum* vallem videt atque *tumultus*,
Qua furtum est et avaritiæ damnata cupido;
Inde domum Domini Bethel, qua pauper Iacob
In nuda dormivit humo, lapidi capite acto,
Zacharias oculos septem quem cernit habentem,
Angulus utriusque datur quo parjetis unus.
Et videt scalam cœli in fastigia ductam
Desuper innixus rector qua porrigit altus
Ipse manum digno scandentibus astra menti ;
Præcipitans vanos et opaca fraude malignos.
Jesu mox et Eleazar venerata sepulcra
Miratur censor quod legerit aspera montis
Ipse, situ reliquis plana atque uberrima tradens.
Quid referam Silo, qui diruta panditur ara
Sacrorum veterum, qua Benjamitica scitur
Præcessisse tribus raptas sine more Sabinas ?
Transgrediens Sichem, quæ Neapolis nova fertur,
Intrat in ecclesiam Garizim, latus edita montis,
Quæ secus aspectat puteum quem fodit Iacob,
Quem super assidens Dominus fert pocula poscens,
Et lympha fidei satiatur Samaritanæ,
Librorum quæ quinque viros Mosaycorum
Erroremque meat Dosithei linquere sextum,
Messiam verum Salvatoremque recepit.
Hinc digressa Patrum duodena sepulcra tuetur,
Samariamque videt, dicatam sub honore Sebastem
Augusti, tenuere pii qua busta prophetæ
Abdias, Eliseus, magnus Baptista Joannes,
Valdeque contremuit miracula plura videndo :
Audit enim strepere variis nigra agmina pennis
Sanctorum ad tumbas, homines ululare luporum
More, latrare canum, fremituque rugire leonum.
Tauri hinc mugitus reboat, flat sibilus anguis,
Post tergumque rotare caput, hos vertice terram
Percutere ; atque alios prospectat in aere pensos
In faciem versis pedibus, nec vergere vestes.

(158

Pro quibus effundens lacrymas Christumque precata,
Fessa licet, montem pedibus conscendere gaudet,
In cujus geminis centum sub tempore pestis
Abdiam speculus constat pavisse prophetas.
Inde pio petitur Domini nutricula gressu
Nazara, tumque Cana Capharnaumque, capaces
Signorum Christi, stagnum quoque Tiberiadis
Navigio sectum, divo sectuique sacratum.
Vastus ab inde locus, satians ubi millia quinque
Panibus ex quinis, bis sex sacra vascula replens
Relliquiis Dominus superantia dona reponit
Discipulis, vulgus quæ condere ventre nequibat.
  Scandit deinde Thabor, superam quo prodere
                                         [formam
Complacuit Domino cœlesti luce micantem.
Hermon Hermoniimque videns lata et Galilææ
Rura tuens, Sysaræ Barach vincente phalanges
Qua stratæ, rivumque Cison loca plana secantem;
Tum peremensa Naim, viduæ nova gaudia tractans,
Destinat Ægyptum legere, pauloque resistit.
Ad fontem qui maxillæ de dente molari
Profluus Arcadiæ torrentia viscera mulcet;
Morashimque videt Michæ studiosa sepulcrum,
Jam nunc ecclesiam, sic fertur in arva Canopi
Viscere diffusos eremi lateque patentes
Virtutum campos mirorum semine fetos.
Quinque urbes Pharias, Channatide voce loquentes,
Gessen Tapsneosque Dei Nilotica rura
Quæ summi jussis Moyses splendore triumphat,
Percurrit celeris celsas amplexa columnas
Ecclesiæ Christi, pedibusque advolvitur horum
Qui, mundo profugi, superant sublimia mundi.
Obviat Isidorus primas sanctusque sacerdos
In Nitriæ partes, clarus confessor; eidem
Macharii properant, Arsetes, Serapiones.
Hos cernens, Dominum vere se cernere credit,
Quodque impendit eis, gaudet dependere Christo.
Hac quoque legisset regione quietis honorem
Ni desiderii votum loca sancta tenerent;
Ad quæ ceu pennis pernix remeavit avinis.
Inque sacram remeat Bethlem mansura perenne.

Hospitio nimis angusto tres degit in annos
A tollat donec cellisque monasteriisque
Sollicite fabricas diversis usibus aptas,
Diversisque peregrinis habitacula condat
Ampla, viam juxta, veniens qua cœlica Virgo
Hospitium Joseph comitans non repperit olim.
Nam xenodochium statuit studiosa virorum,
Virgineosque choros certat disponere turmis,
Atque monasteriis famulans quos ultima rexit,
Ut servire magis hanc quam præesse videres.
  Cum mare defuncto nullo edit ab inde marito,
Quamvis hoc sancto virtutis in arce probaret:
Nec post balnea linis fracta vapore levatur·
Mollia non habuit lecti, nisi febribus ægra,
Strata cilicio; somnos dabat aspera tellus:
B Noctibusque et requiem, requies si rite vocatur
Qua conjungebat precibus noctesque diesque,
Infundens lacrymis cunas pietate profusis.
Crebra piis ducens pariter jejunia votis
Omnia pauperibus tribuens, fit rebus egena
Terrenis, superi locuples sed culmine doni.
Nam docilis memori Scripturas mente gerebat
Divinas meditans, in eis ænigmata lucis
Instrumenta novi, veteris quoque dogmatis ipso
Hausit. Hieronymo celebri tradente magistro
Hebraicam didicit linguam, sermone canebat
Hebraico psalmos, genuina hos voce resultans:
Eloquium Latio gramen sine more sonabat,
Virtutum rutila variarum luce nitebat,
Eustochium gnatam, solo quo munere ditem
C Liquit et optatam, ad patriam jocunda recessit.
Cumque rogaretur moriens utrumne dolores
Sentiret, retulit nil se sentire molestum:
Cuncta quieta sibi, jam cuncta serena videri;
Sicque crucem labiis digiti moderamine pingit
Emittitque animam, cœli secreta petentem.
Pontificum manibus feretrum translata ferentum,
Ponitur in media speluncæ consita Christi
Ecclesia. Quinus cum Hieronymo ergo beatam
Martyrioque coronatam vere edere longo.

INCIPIT LIBER TERTIUS.

CAPUT PRIMUM.

De sanctis Eusebio, Peleo et Nilo, martyribus.

Præterea multis ista tellure triumphis
Enituisse liquet sanctos formidine victa.
Eusebius quidam, fidei devotus alumnus,
A custode Palæstinæ pro nomine Christi
Tentus, tormento primum cruciatur equino·
Post jugulo plexus, capitis sub fenore dite

D Martyrii sumpsit cœlorum præmia pœna,
Augusti quinto decimo quod sole dicatur
Hac patria torquente pios Diocletiano.
Pontifices Christi Peleusque Nilusque feruntur
Agmine cum cleri cœlum petiisse per ignes
Et Domino se pro populis holocausta dedisse.

CAPUT II.

De Asclepio episcopo, Eusebio quoque, Nectario Zenoneque martyribus.

Gazenus fidei impugnans Asclepius hostes
Pellitur invidia, Romanaque regimina fidens
Justitiæ fulgore, petit; quæ Julius æqua

Lance librans, sedique ministerioque reformat,
Actores culpans, monitisque minisque coercens,
Eusebius hic, Nectarius Zenonque triumphant,

Gazenses, quos verberibus vinclisque fatigant
Impia quod studiis horum sint strata sacella;
Fustibus intersunt, laceros saxisque gravatos
Ac cerebro demptos, membrorum cætera flammis
Dant jumentorumque serunt mista ossibus ossa,
Quæ supero mulier monitu quærensque legensque
Delegat manifestato per visa sobrino.
At Zeno accipiens charorum pignora fratrum
Tecta domi servat, dum præsul in urbe dicatus
Basilica structa sociari his Nestora certat,
Qui belli comes egregius consorsque coronæ
Corporis ad speciem dum spirans ultima missus
Zenone sollicite curam præstante favetur,
Emicat emeritus cœlique capessit honorem.
Antistes Zenon quoque centenarius almis
Officiis indeficiens, sollemnis et astans,
Nec minor aspicitur, requiem nec ritibus affert.
Jure maritali ternotus jungitur eis,
Huic trinæ genitor sobolis, hic laude sophistæ
Excellens, actisque animam virtutibus ornans.

CAPUT III.
De sancto Hilarione (159).

Patre Palæstinam claram Hilarione feramus,
Hieronymumque ducem vitæ in sermone sequamur.
Scribit hic exortus primum ut vico prope Gazam,
Millibus et quinis distanti mœnibus urbis,
Nomine Thavata, partes qui respicit austri.
Evolvens reliquos vitæ ac virtutis agones
Hic velut e spinis redolens rosa surgit acutis,
Sculptilium cultu sævis genitoribus ortus,
Erudiendus Alexandri transmittitur urbi
Grammaticamque catis didicit doctoribus artem :
Omnibus et charus studium moresque calebat,
Egregio ritu Christi se cultibus indens,
Affectuque pio meditans in relligionis amore.
Antonii nomen celebri rumore capessit
Visere quem fervens, eremum petit, utque positus
Effectu, solita mutatur veste duobus
Mensibus, hic juxta recubans atque ardua signans
Castorum seriem morum normæque tenorem,
Quam foret orando assiduus, summissus alumnos
Excipiens, acerque monens, alacerque cohortans ;
Asperitas qualis huic propositique cibique.
Ad patriam post hæc monachis collega quibusdam
Defunctis rediens patre jamque et matre, decenti
Dispensat dimissa sibi patrimonia jure,
Fratribus et partem, partem largitur egenis,
Nil sibimet servans. Ter quinos nudus et annos
Dum regit, arma gerens Christi, deserta subivit,
Hirto ruralis coopertus tegmine sagi
Vestem pelliceamque ferens, Antonius illi
Quam dedit instructo juga ferre suavia Christi.
Carica jam noctu fessum ter quina cibabat.
Quattuor huic annis æstus pluviasque removet.
Angulus angusti tugurii casulæque pusillæ,
Quas molli junco cum carice texit acuta.
Cellula post struitur, pedibus quæ quattuor ampla
Culmine quinque pedum scandens, summissior ejus
Statura, veniens humilis caperetur ut hospes
Corpore dum recubat, paulo quæ longior esset
Quam non esse domum, tumulum sed forte putares.
Paschali ille die modo tondebatur in anno,
Non mutans tunicam nisi cum penitus prior esset
In pannis resoluta pioque absumpta labore.
Stratus humum nudam sternebat junceus illi
Usque diem mortis, nec ei pretiosior unquam
Quo semel indutus fuerat, non saccus in undis
Post lotus, lacrymis cordis nisi fonte profusis.
Scripturas sanctas mentis retinebat in arca,
Postque preces psalmos Domino ut præsente canebat.
(160) Cui natus ubi præteriit vicesimus annus
Nil epulum præter lentis tribus edit in annis,
Frigida quam paulo domitans madefecerat unda;
Hinc tribus est aliis sale, pane refectus et unda;
Quattuor est post hanc herbis agrestibus usus
Quorumdam junctis fruticum radicibus esu ;
Quinque dehinc panem mediæ dant hordea libræ
Atque olus absque oleo modicum coctumque jugatur.
Lumina deinde videns sibi caligare labore
Pumiceque cutem retrahi scabiedine quadam,
Præfato fomenta cibo conjungit olivi ;
Hocque tenore cibi dum sexagesimus illi
Tertius et vitæ completur pascitur annus,
Præterea victus sibi nil cujuslibet augens.
Sic indefessus, cum jam sibi adesse palæstræ
Colligeret metam, panis contemnit ofellam,
Contemnensque dies octogenarius implet;
Immenso fervore calens, quasi tiro duelluni
Inciperet, soliti quo tempore ponere multi.
Namque farina, herbis quoque sorbitiuncula tritis
Editur huncque cibans potat vix uncia quina.
Sicque implens seriem vitæ, nullatenus ante
Quam sol occiduus radios immergeret undis
Nec festis graviterve cubans jejunia solvit.
Multa parvum acies, certamina multa lacessunt;
Extra externa crepant, intus civilia mussant :
Flamine sed doctus supero pius intima pressat,
Componensque animi sudo moderamine turbas
Conficit edomitans lascivum pondere asellum,
Frangit et extenuat bellorumque usibus aptat.
Suetus in internis; ad barbara fortior exit.
Bella trahens hostis variis hunc provocat armis,
Mille petit furtis, impugnat mille duellis
Pusio quod vagit, vel quod muliercula plangit,
Quod mugit bos, balat ovis, quod bellua gannit,
Admonet, atque pavendorum portenta sonorum,
Et strepitus exercituum. Quem voce movere
Dum nequit, horrificis tentat consternere visis :

(159) Vide sancti Hilarionis Vitam inter Opera S. Hieronymi, tomo II init., Patrologiæ tom. XXII.
(160) Hieron. In Vita Malchionis : « A vicesimo primo anno usque ad vicesimum septimum, tribus annis dimidium lentis sextarium madefactum aqua frigida comedit; et aliis tribus, » etc.

Instruit aurigas, redigit sub frena jugales
Molitur rhedas, instaurat fraude veredos,
Cassis at hunc Christi tegit ac lorica fidei
Ferventesque feras sese pervadere cernens,
Dum Jesum inclamat, terræ sorbetur hiatu
Pompa nocens : claros Christi canit ille triumphos,
Fert laudes, gaudet celeri superasse tropæo.
Plurima bella dein conamina fraudis adorta
Multa virum, pandit muliebria membra cubanti
Serpens nuda vafer, dat ditia fercula victus
Indiguo, invictoque feras ferus applicat ipse :
Se ingerit oranti, exprobrat, vel cæde fatigat.
Omnibus his victis miles persistit agoni.
Insidias hostis cumulans atque arma reformans,
Vel potiora parans, latrones mittit egeno
Qui circum tota cursantes nocte, cubile
Haud reperire queunt : coram tuteque cubantem
Securum orta luce vident, rogitantque quod ipse
Pervasus noctu faceret. « Latronibus, inquit,
Non timet invadi nudus. — Quit cædier, illi. —
Quit, puer; haud ideo vereor, sum occumbere prom-
                                        [ptus. »
Robore quo stupidi, fassique voluminа noctis
Tegminaque umbrarum, spondent moderamina mo-
Tabescit coluber : quot belli suffit agones,   [rum.
Tot bellatori cernens reniteri triumphos.

Crebra tropæa dein et plurima signa geruntur.
Prima diu sterilis perrumpere claustra cubilis
Ansa petit mulier, votisque levata recedit,
Postque annum grates sumpto pro pignore pendit.
Adjecit Dominus miris attollere servum.
Alterius ternam matris discrimine lethi
Dum sobolem, pariter vitæ supréma trahentem,
Momento incolumem reddit, rapit emithritæo.

Gazensis currus agitare auriga paratus,
Artis dum studio insistit stupefacta fatiscit,
Membra recunctatus, nervi riguere per artus :
Non manus aptatur flagris, non stringit habenas,
Jam cervix immota manet, rectore quadrigæ
Agmine frustratæ licito, nulla arte feruntur.
Præceptor tandem temone relapsus inepto
Tollitur ac supplex capit adjumenta grabati.
Sicque humilem prono medicum molimine adortus,
Accipit haud aliter sumpta gaudere medela
Ni subdat medicatori data pectora vero :
Devotus maneat sontique renuntiet arti.
Corda vovet, recipit monitus, sanatur utrinque,
Carne, anima duplici exsultans moderamine fotus.

Post Hyerosolymita potens virtute superba
Corporis atque asinos vectanda in pondera vincens,
Perflatus diro truculenti dæmonis astu,
Ducitur innexus multisque oneratus ahenis :
Sæpe quidem chalybis solitus perfringere nodos,
Expugnare seras, crurum rescindere vincla ;
Mordiens his aures, nasum deciderat illis :
Horum crura pedesque, gulam detriverat horum,
Terrentur fratres visu tam turbinis atri.
At Pater immotus velli vinciminа mandat.

A Exutus laqueis tremit aspectumque retorquet,
Vertice dejectus, metuens vel cernere contra,
Depositoque furore pedes allambere Patris
Sede nec amoti gestit, tandemque coactus
Juratusque ferus ductor possessa remittit.

Qui memorabo virum dira legione tumentem ?
Fascibus excellens hic, opum fulcimine pollens,
Præminet ut multis, multo pervaditur hoste.
Ductus et ad medicum ferro omnia membra gra-
                                        [vatus,
Excutitur vinctis, numeroso et milite fretus,
Simplicis athletæ præsumit inire palæstram,
Impavidumque rapit, sustollit in aera tutum
Ridentemque virum, sociis ad facta relisis.
Roborat ille suos, humeris capitique reflectens-
B Securus virtute manum, prensisque capillis
Ante pedes subigit, stringitque manusque pedesque,
Calcat utrinque pedes : Torquere, nigella caterva,
Ingeminans. Miser ejulalat plangore furoris
Diverso jam mille micant uno ore tumultus,
Pectore ab unius populorum bella resultant.
Nec patitur pius hisce diu miserum retineri
Captivum victor, Jesum sed ut invocat, omnes
Turbarum pellit strepitus, torvaque phalange
D pulsa, sensus revocata mente reformat.
Plurima curatus curæ quasi dona reportat ;
Curator solers quæ cuncta omnino refutans,
Sed neque pauperibus suasus tribuenda, retractat :
Excussat servare manus dum munere præstat.

Haud procul a cella saxis quidam effodiendis
C Dum sudore madet, morbo dissolvitur artus :
Intentus scopulis, similis fit corpore saxis.
Nullus jam motus membris, jam saxeus omnis ;
Corde oculisque vigens, ac cætera mortuus, almi
Visibus offertur, per quem virtute resumpta
Membra resentiscit, venas vigor intrat abactus ;
Frigore concretæ regelantur in ossa medullæ :
Sicque recompositus, priscis mox redditur actis,
Incoeptoque valens operi gaudensque recurrit.

Pluribus hinc crebro aggreditur multisque me-
                                        [detur
Quid referam aurigam sæculi sub rebus agentem
Chrismate quem lotum gentilis fraude premebat
Æmulus ? Iste nihil contra magis utile ducens,
D Auxilium Christi precibus petit Hilarionis.
Abnuit ille preces vanis expendere nugis.
Fratribus impulsus tandem ne vulgus ineptum
Rideat Ecclesiam, tantillo hunc munere donat
Fictilis atque scyphi, quo quondam haurire suetus
Præstat opem lympha plenum dum suscipit ille.
Certus abit palmæ stabulum aspergitque jugales,
Carceris antra fovet claustrique repagula tingit ;
Spargit et aurigas hostis ridere paratum
Divulgare sacrum, sed corda fidelia fidunt
Exsultantque futurorum spe laudis honorum,
Ut data signa, volant hi, præpediuntur at illi;
Istorum axe rotæ fervent, vix terga meantum
Eminus hi cernunt. Attollitur æthera clamor

Sed neque pars aversa silet, virtus quia Marnas (161)
Subjaceat Christo; fideique occasio multis
Hoc jam tam propero præfulsit parta triumpho.
Anguis hic antiqui vires vacuabat et artem,
Nec coram posito figmenti monstra valebant.
Sacratæ juvenis flagrabat virginis igne,
Ludicra prætulerat, sed frangere vota nequibat.
Haud grave ducit iter Memphitem tendere in urbem,
Armaturque dolis Christi ut superare monile
Prævaleat. Totum vanis ita deterit annum;
Inde vafri rediens instructus fraude colubri,
Præsumptumque gerens animi grassamine crimen,
Æs, limen subter, quædam ad portenta notatum
Defodit, adjiciens magici feramurmura vincli.
Ilicet insanire, caput, velamine vulso,
Virgo rotans, diffusa comas et stridula dente
Ardore incendi, puerum clamore vocare.
Traditur acta seni, retegit cui larva piaclum
Ejululans et furta fatens, Memphyte vocatum,
Vi ductum, tormenta pati, crucis ignibus uri.
Cogis, ait, me exire tenet quem limen adactum.
Magna (senex) virtus quem lamina licia nectunt!
Cur non hunc potius qui te immittebat inisti?
Utquid, ait, collega meus, quem dæmon amoris
Illaquearat, ego impeterem? Sed virgo sigillum
Ne tereret rapui. Fecisti invitus, at exi
Perdere, non servare solens, pellitque ferocem
Nec juvenem exspectat, fraudis vestigia vitans;
Increpat ereptam non se cavisse puellam.

Non modo vicinas urbes pia fama replerat,
Quin longinqui etiam gentes excierat orbis.
Ut nostris procul e terris Orientis in axem,
Quærere salvificum delegerit ille medentem
Francorum illustris quem jussibus induperator
Prosequitur chartis, comitatu et honoribus auctum.
Qui furvo a puero possessus dæmone, noctu
Dentibus infremere, et gemere, atque ululare suetus,
Diraque flagra ferens, requiem in tormenta trahebat.
Cujus in obsequium plures ob patris amorem
Procedunt, videt ut turbam benedicit, abire
Præcipiens senior, juvenemque suosque manere,
Nam causam adventus ex ipso intelligit ore.
Mox rogitatus homo, rapitur vix tangere terram
Ut pedibus valeat, loquitur sermone Syrorum.
Tunc primum audito, servans idiomata linguæ,
Nec minus et Græco citatus [scitatus] famine pollet.
Præteriens varias quibus hic sit præditus artes,
Nomine et imperio Christi curatus, ut atra
Peste viget liber, librarum pondera profert,
Simplicitate putans auri debere talenta;
Hordea ab hoc sed pane capit, simul insuper audit:
Aurum quod cœnum reputent qui talia sumant.

Non homines modo reddebat, quin bruta saluti.
Ut Bactra quondam ductum regione camelum,
Quem terdena virum sibi pectora funibus actum
Præsentem dederant : rabidum qui linquere jussi,
Diffugiunt omnes, sociisque manere nec ausis
Obvius ille meat : Non mole, diabole, vasta

(1) Holi Gazen ium.

A Me terres, idem in magno, qui in vulpe, camelo,
Proclamans, pergensque [pro porrigens] manum, cui
[turbida dire
Atque immane fremens dum proxima bellua fertur,
Labitur, atque caput premit exæquabile terris.
Mirantur cuncti, tanto terrore furentem
Tam subito, tali factam lenimine mitem.
Nec potis est numero claudi pedibusque ligari
Omni facta die per eum miracula vitæ.
Haud minus ore potens turbas explebat euntes
Irradians, ad celsa vocans, et in ardua ductans :
Visere semotos non spernens, semina Verbi
Lætus agens Domini et segetem supero imbre ve-
[nustans;
Amplificansque pio proscissa novalia rastro,
B Auget culta Dei, veteri nova semina glebæ
Inculcans. Agarenorum ceu pandit Elusa,
Quam inveniens olim Cythereia festa litantem,
Non prius absistit lacrymis et famine divo,
Ecclesiæ quam condendæ fundamina metans,
Pontificem sacris ut erat vittatus Adonis
(Dæmone nam pulso plures curaverat horum,
Adnotet insigni redimitum stemmate Christi.
Alapiona fero vacuans afflamine menti
Dum redhibet, Christo lucrans, affinibus auctis
Nominis æterni Bethlehem attollitur auctor;
Sicque monasteriis vicus repletur et aulis.
Sollicitusque ut erat, fratrum prænosse solebat
Multa, futura cavens, vitare nocentia callens.
Ceu quondam sociis vetuli discrimen avari
C Præmonuit, turbamque feram turpemque repulsam
Quæ passi ; hospitium patrem lustrare tenaces
Dum cogunt, cujus multa vertigine fundæ
Vinea prævallata minus solito edidit, atque
Id quoque in horrendum mensis descivit acetum.
Dapsilis at fratres hilari qui dote refovit
Vinea, quæ centum fuerat factura lagenas
Millibus ut tribus est plebis depasta, trecentas
Reddidit in spatium viginti lecta dierum,
Nam Pater Hilarion læto hanc benedixerat ore.
Cum propriis sineret gregibus servire fovendis,
Celsa prius doctis alimenta requirere mentis,
Hæcce quidem quærenda juge, hæc sectanda mo-
[nebat,
D Non ea quæ assidue mundo labente fatiscunt :
Quorum quem curam monachum retinere sciebat,
Hujus avaritiæ haud norat tolerare furorem.
Quare a conspectu venerandi amoverat oris
Sollicitum quemdam, custodem pauperis horti,
Atque animo nummos solitum servare pusillo :
Qui tentans lenire senem, cum fasce virentis
Advenit ciceris, coramque nec ausus adire,
Clam dedit Hesychio ponendum ad fercula; sero,
Fetorem appliciti senior haurire recusans,
Clamat avaritiam ciceris putere virore.
Horrida si minus hæc, inquit, spiramina sentis,
Saltem adhibe bobus, fugere hæc et bruta videbis.
Factum, disruptis fugiunt animalia vinclis.

Pollebat siquidem præstans hac culminis arce
Corporis attigui sensæve aflamine vestis,
Tangeret aut quam quisque, regi quo nosset odore
Cui larvæ, addictus vitio vel oleret adustus.

Flebat at obsessus numerosis undique turbis
Et grege stipatus fratrum curaque fovendi
Affectus pacis, desiderio atque quietis
Arctari obsequiis venientum et honore dolebat :
Carceris hæc tabens evadere septa calebat,
Oblatasque animo pompas ac stemmata calcans,
Solum exoptabat eremum; quam pronus inire
Dum jamjam parto properans conatur asello,
Multa subinde ruunt lacrymosi millia vulgi,
Excidium patriæ velut intentetur et ignis,
Claudere moliti precibusque astringere nisi.
At manet invictus iractans hæc famina secum :
Fallacem haud facio Dominum, nec quibo videre
Proruere ecclesias, fusum squalere cruorem;
Unde probare datum patriæ præscita pericla.
Vadere sed prohibent, testatur at ipse ciborum
Sumere nil potusve, nisi mittatur abire.
Sic septem postquam jejunia tracta diebus,
Producit, missus, socio multo agmine pergit.
Quorum quamplures, ubi per sua rura, remittit,
Quadraginta legens secum, jejunia fortes
Qui tolerare queant, Pelusia tendit in arva,
Ac Domini patrio servos invisit amore.
Inde petens eremum, coluit quam Antonius alter
(Nempe revelatum sibi quod cœli alta subisset),
Solari fratres, lustrare habitacula certat.
Delectis sibi subparibus vicina duobus,
Vasta eremi penetrat, tantumque abstemius illic
Tamque silens agit, ut primum cœpisse professus
Tunc fuerit servire Deo vitæ ordine Christo,
Cui tot devoto sacrarat tempora cursu.
Arentes nimio squalebant pulvere glebæ,
Effervensque sitis moribunda obduxerat arva,
Et vacuarat aquis clausum sola torrida cœlum.
Jam tribus ut liquit terras Antonius annis,
Decessum cujus lugere elementa ferebant:
Adfore fama volans ubi prodidit Hilarionem,
Hunc certatim adeunt, ducti passim omnibus agris,
Lurida tabe famis sternentes ora : colonis
Compatitur pressis senior pietate redundans,
Utque polo passas gemino cum lumine palmas
Exerit, os reserans, largos mox exhibet imbres.
Ast ubi concessis satiatur glarea nimbis,
En subito exortis replentur rura chelydris.
Non arva agricolis, pecori non pascua tuta ;
Nusquam agris requies, et certa pericula quaquam.
Quid medicinali exhibeant ad funera fotu
Incertum, nisi patronum ad suffragia notum
Certa petant, quo mœsta levent, quo noxia pellant.
Ergo Dei famuli contra hæc munimina poscunt,
A quo sumentes medicamina fida salutis,
Mox benedicto oleo maledicta venena repellunt.
Afficitur cultu senior, pertæsus honore,

(162) Juliani scilicet Apostatæ.

A Et pompam fugiens venerantum ruricolonum,
Accelerat mutare locum, non nota requirens
Climata profugii. In Bruchio tanto hospite lætis
Fratribus exceptus, jamjamque instantibus umbris,
Decretam parat ire viam; turbantur amici
Ac retinere parant; nihilominus ille perurget.
Cœpitum iter, attestans ne sit mora forte molesta
Se properante fuga ; Post, inquit, causa patebit
Me subito a vobis celerique migrasse recessu.
Nec mora post noctem lictores hospita pulsant
Limina, portantes perversi edicta tyranni (162),
Hunc qui, destructo, quo rexerat agmina, claustro,
Funebribus jussis mandarat ubique requiri.
Frustrati votis, Magus est, ut dicitur, illi;
Vera feruntur enim magicis callere futura.

B Ille eremi secreta legens, semotus in annum
Ferme manet, donec, fama vulgante, nitescit ;
Jamque carens latebra, terris bene notus Eois,
Appetit æquoreis tandem se claudere arenis.
Discipulus tunc adveniens Adrianus ab oris
Forte Palæstinis, pandit periisse nefandum
Regni sceptrigerum, Christi regnare clientem (163),
Hortaturque monasterii recidiva reposci.
Abnuit iste decus fugiens, non bella renutans ;
Nec reverebatur pavidus, qui regna perosus
Deviaque ingressus, conducto interna camelo,
Per loca vasta Parethonium perducitur urbem.
Ast Adrianus honore calens et culminis aura
Perflatus, vellit furiis et fraude magistrum,
C Et male protritis quæ illi leganda dicarat
Larga manus, spreto infelix senis ore recessit ;
Regius haud longum morti quem morbus adegit.
Zonano senior juncto subit edita classis
Siciliam tendentis, ea scissa Adria puppi
Dum legitur, subito nauclerifilius atro
Flamine correptus, clamansque ita prodere fervet ;
Hilarion cur, serve Dei, nec in æquoris undis
Esse licet tutus, spatium da tangere terras
Hic imas ne præcipiter depulsus abyssos.
Ille dolens relegi : Remane, Deus in meus, inquit,
Si sinit, hic socius; prohibet, sin ille morari
Invidia quod agis peccatorem atque vacantem ?
Sed patre dante fidem reliquis non credere terris,
Expurgat vitio puerum, ingressusque Pachimum (Pa-
[chynum)
D Quod solum superest, rebus quod restat egeno,
Fert pro naulo, Evangelium quod scripserat olim
Ipse manu propria, nituit dum prima juventa.
Navigii renuit dominus, nisi codice, veste.
Re cernens inopes, Lætatus egere beatus ;
At ne promatur meditullia transit in arva,
Lignaque decidens humeros onerabat alumni ;
Quo redeunte die pretio pro pondere sumpto
Panis opem tali sibimet sudore parabant.
Interea Petri quidam intra limina Romæ
Dæmonico clamat scutarius impete raptus,

(163) Jovinianum.

Siciliam ante dies paucos esse Hilarionem
Ingrossum ; quem nemo sapit, putat ipse latere
Secretus ; sed abibo et eum per compita prodam.
Moxque petens portum appellit sinuosa Pachimi
         [Pachyni],
Ac duce possessore (164) casam senis ante recumbit.
Nec mora, liber abit, medicique notamina pangit.
Quem plures extemplo adeunt, morbisque levantur
Corporis ac mentis. Tum de primoribus unus,
Cui gravidam lymphata cutem distenderat unda,
Quo venit sub sole, redit mox pondere liber.
Qui medicatori præstantia præmia promens,
Hæc responsa capit : Gratis data dedite gratis.
 Inter quæ Hesychius, quærens toto orbe magistrum,
Littora perlustrat, penetrat deserta, levamen
Corde fovens istud, tantum non posse latere
Hunc ubicunque diu. Quam spem tres ducit in annos.
Inde a Judæo vendenti scruta Metonæ
Audit Siciliæ miræ virtutis in oris.
Christicolis vatem populis nituisse novellum,
Tot signis clarum, tantis virtutibus altum,
Sanctorum ut veterum quidam esse propheta putetur.
Adriaco mox hic pelago Trinacria fertur
In sola, remigio justum ducente secundo
Scitatus, famam senis uno ut ab ore capessit,
Consona cunctorum rutili præconia lichni :
Qua niteat, quid agat, quam signa stupenda celebret ,
Omnibus hinc adeo mentem mirantibus almi,
Quod nec opem a quoquam capiat post talia panis.
Discipulus tandem lacrymis per gaudia fusis
Irrigat inventi hoc plantas sudore magistri ;
Vixque erectus eo, et biduo triduove resotus
Famine mellifluo, velle hunc evadere terras
Audit in externas, ignotus nomine et ore
Qua residere queat, Dominoque vacare quietus.
 Ducitur ergo Epidauræos proreptus in agros,
Qua neque celatus longo sub tempore degit
Rure latens modico. Siquidem draco magnus Achivi
Quos, trito sermone, boas vocitare sueti,
Late actus vacuabat agros, armenta gregesque
Pastoresque vorans, lethali flamine tractans (pro
         [trahens.)
Cui vastam jubet ille pyram funusque parari,
Excitumque data seriem (165) prece scandere mandat.
Obsequitur supera serpens virtute coactus.
Supposito ille cremans immanem fomite pestem
Admiranda dedit pavido spectacula vulgo.
Tempestate sub hac, motæ concussio terræ
Æquora limitibus metisque effudit abactis,
Diluvium ut rursum instaret mortalibus ; omnes
Antiquum timuere chaos de montibus actas
Excelsis pendere rates, fluctusque frementes
Gurgitum inundantium ferri per littora montes
Cernentes Epidauræi, dum stragibus urbis
Præteritis trepidant, Patris suffragia quærunt,
Quem spe præsumpta rapientes littore sistunt,
Mox tria signa crucis sabulo dum pingit arato,

A Intenditque manus contra, mirabile dictu !
Creverit ut surgens steteritque in molibus æquor,
Indignansque fremensque diu, velut obice versum,
In semet sensim lapsisque refluxerit undis.
Ut rupes senis ante pedes rigidi in mare montes
Parte fluunt alia, hinc ceu marmorei, inde liquores,
Spargitur id tota regione, per arva, per urbes.
Mirantur cuncti eximii magnalia signi,
Ille dolens prodi, lembo clam nocte recedens
Effugit, et classe ascensa, Malta [Malea] atque Cythera
Occurrunt. Dumque alta legit piratica grassans
Fertur adesse manus, trepidant socii armaque poscunt,
Exercent cunctos (166), creberrima nuntia currunt
Id recitare seni. Ridens procul ille carinas
Ut videt hostiles : « Quid, ait, trepidatis, alumni ?
B O modicæ fidei ! Pharaonis an agmina plura
Cernitis agminibus, divis quæ mersa triumphis ? »
Sævorum interea spumantia rostra propinquant ;
Emissus quantum spatii lapis occupat absunt,
Ille manu contra erecta, venientibus ora
De navi loquitur : « Satis est huc usque measse. »
Mira fides ! resilire rates, puppimque petita
Agmine nitentum contra post terga redire
Invitos, stupidos citiore ad littora cursu
Quam ventum fuerat, casso molimine ferri.
 Sic grassantium athleta Dei sine sanguine victor,
Læta tropæa ferens, legit æquora Cycladas inter,
Littoribus variis crebrisque furentia terris,
Tutus uti sulcet placidi vada mitia stagni.
Urbibus ac vicis passim concurrere vulgus
C Dæmone possessum ac voces incedere in aures.
Sicque Paphum appulsus, requiescit ab urbe remotus.
Non tamen id longum : viginti forte dierum
Vix volvens spatium, cunctis namque insula clamat
Urbibus ore agitatorum famam Hilarionis,
Advenisse Dei servum, hunc sibi rite petendum.
Occurrunt Lapithæ, Salamina, aliæque resultant ;
Approperant cunctis certatim ex urbibus acti,
Atque uno coeunt vexati mente ducenti,
Sexu discreti. Dolet auferri ille quietem,
Præsidiumque petens notum, precis igne fatigat
Colluctatores, alios mox decutit, atque
Post biduum triduumve alios, nullusque resistit,
Hebdomada explicita, qui non lætatus abire.
 Exactis geminis postquam devenerat annis,
D Cogitat Ægypti profugus loca barbara adire ;
Suadet at Hesychius Cypri penetrare recessus,
Abducitque mari, montes procul inter opacos,
Reptando genibus manibusque abrupta subiri
Quæ vix prævaleant : pomaria consita amœnum
Reddebant, ductique locum de vertice rivi.
Nec detractus honos ab eo per tempora quinque
Annorum arboribus quibus hic mansisse probatur ;
Nullo horum sumpsisse cibum de germine fertur.
Antiqui juxta fani collapsa patebant
Mœnia, qua sueti innumeri sub nocte dieque
Dæmonici resonare globi, velut agmina belli.

 (164) Id est dæmone.
 (165) Id est *struem*.

 (166) Forte leg. *contos*.

Gaudet in his senior habeat quod acumina pugnæ,
Quodque ad eum auderet nullus vel scandere rarus.
Sicque fovens charam, Domino inspectante, quietem,
Quadam forte die paralytica membra jacere
Respicit ante fores; quis sit rogat, ut quid adactus?
Procuratorem, Hesychio narrante, locelli
Accipit, ac villæ cui subditur hortulus ipso.
Ilicet illacrymans, inopemque salutis adortus
Sic dextra jubet intensa recubantis in ora :
Surge tibi dico, Christique in nomine perge.
Mira medela ! rotabantur dicentis in ore
Verba, nec ediderat perfecte hæc omnia, jamque
Membra salus propera ad standum solidata levabat.
Hæc ubi sparguntur, multis iter invium inire,
Difficilem superare aditum, spes certa suadet.
Id per circuitum villis servantibus unum,
Secreto fugiens ne lapsu ignota capessat.
Non equidem velut instabilis levitate modernos (*pro*
    novos)
Quærebat loculos; quin defuga semper honoris,
Ignotus [*f.* ignotusque] humilem gestibat ducere vi-
    [tam.

Tempore dum senii sentit se ad præmia ferri,
Hesychio, qui semper cum pietate colebat,
In testamenti vice fertur epistola parva
Ejus scripta manu ditis qua cuncta supellex
Divitiæque inopis memori traduntur honore.

Hæcque Evangelium, tunicæ cum tegmine, sacci,
Palliolique decus, simul ac veneranda cuculla.
Jam modico igne tepens in pectore flamma caloris
Restiterat, jam nil hominis, sensus nisi, vivi
Magno corde viget, visuque profatur aperto :
Egredere unde times ? anima egredere unde vacil-
    [las ?
Jam decies septem Christo famularis in annos,
Et lethum ægra times ! Hæc; et petit halitus æthram
Robore pervalidus, pia per miracula clarus,
Utque virum meritis vix tunc æquabilis ulli.
Terra solo adjicitur mox, ceu præceperat æger,
Post obitum parvam ne detineatur in horam
Audit ut Hesychius, Cypri petit illico littus :
Hic se versandum pingens discrimine multo,
Pignus sublegit decimo post funera mense,
Majus namque Palæstinæ comitantibus affert
Lætisonis populi turbis monachumque catervis,
Quæ, Constantino civilia jura ferente,
Ob densas fidei segetes Constantia dicta,
Inque monasterio prisci moderaminis abdit.
Illæsa tunica, cum palliolo atque cuculla.
Torpore erat toto, quasi viveret, integer; artus
Et multo ut fotus refovebat aromate vulgus,
Quemque pia late mundo virtute refudit,
Carnalem in sensum quoque respergebat odorem.

CAPUT IV.
De Maria Ægyptiaca et Zozima.

Incoluere Palæstinam virtutibus alti
Egregiique viri, qui tramitis arta secuti
Eximii, petiere poli sublimia celsi.
Quorum alii placuere Deo deserta secuti;
Ast alii pariter fraterna pace gregati,
Inque monasteriis cœlesti jure morati.
Quorum olim quoddam Jordanis ripa tenebat,
Quo legem viguisse ferunt, pro tempore, utraque
Nam socialis agon fere certabatur in anno,
Ante diem, donec solito jejunia Paschæ
Incipiunt ex more geri tum singula vitæ.
Quique eremi dum vasta petunt, certamina sumunt;
At cum jam redeunt paschalia festa, recurrunt,
Ut pacis Dominum valeant benedicere in unum.
    Hoc Zozimas supero ingreditur moderamine du-
    [ctus,
Militia sese reliquos superasse fideli
Dum reputat, Christo cum quis certarat agonem.
Huc igitur veniens, tandem certaminis hujus,
Discipulus factus, meditatur sumere normam.
Qui deserta loci peragrat dum tempore dicto
Interius penetrare studens inculta locorum,
Rimatur si forte vivum reperire daretur
Hac quoque sub validæ studio virtutis agentem,
Hujus militiæ sibi qui dependerit usum.
Deditus his, usti medio fervore diei
Quondam, dum perferre preces contendit in altum,
Appropriare nigram solis exspectat ab ortu
Humanam veluti formam, loca prona petentem,

Capite ut lanam crines collotenus albam.
Territus aspectu, crucis ora levamine munit.
Obvius at fieri venienti ut cœpit, eamdem,
Maturante fuga, videt ad secreta migrantem;
Quam sequitur rapido nitens contingere cursu.
Dumque propinquius ei fieri jam cœpit, in istas
Erumpens voces, lacrymis ita clamat obortis :
Heus ! quid, serve Dei, fugiens contemnis inertem
Decrepitumque senem ? Exspecta, quicunque videris,
Exspecta per eum cujus sub nomine solus
Incolis has terras; exspecta, attende victo,
Siste gradum, per spem tanti mercede laboris
Propositam, benedicque senem, sta, respice, verte
Te nobis per eum qui nunquam rejicit ullum.
Talia dum currens replicat, lacrymansque rogans-
    [que,
Devenere locum quemdam quo fluminis alvus
Restiterat, sicco torrente, abeunte meatu.
Hunc quoque transgrediens, corpus quod fugerat
    [isthic
Substitit, hæcque refert lacrymanti, et multa quæ-
    [renti ;
Abba, ignosce, rogo, Zozima, quia pandere memet
Non possum conversa tibi, sum femina, et ipsa
Corporeo, velut ecce vides, pro tegmine nuda.
Sed jacias vestem, si vis oratio detur,
Huic peccatrici, qua jam circumdata vertar.
Audito Zozimas proprio cognomine, mente
Concutitur, nimioque metu pervaditur hærens;

Advertensque illi supero se dogmate notum,
Palliolum tandem jacit, osque in terga reflectit,
Illa quod accipiens, carnis pudibunda coërcet,
Vertitur, implorat tantus quid venerit abba
Sternuntur terræ pariter, benedicier orant :
Illa sacerdotis Zozimæ prætendit honorem,
Donorum ille Dei matri sublimia præfert.
Quæ precibus multis tandem sic victa profatur :
Sis benedicte Deus columen curans animarum.
Surrexere igitur, rogitatque benigna viantem.
Ut status Ecclesiæ, sacer ut disponitur ordo.
Ille refert ejus tribui fulcimine pacem,
Et petit obnixe pro cuncto flagitet orbe;
Nec prius absistit mater quam vota profundit,
Quæ labiis motis, tacita sed voce precari,
Erectisque oculis manibusque ad culmina cœli,
Dum cœpit, tota penitus tellure levatur,
Et cubiti spatio terra sublata videtur.
Jamque tremor membris Zozimæ, titubatio menti.
Gignitur, atque timet vano ne flamine forsan
Ludatur, pronusque jacet, dum conscia vertit
Se mulier, monachumque levat pellitque timorem ;
Arguit errorem, humanam probat ore favillam;
Insuper ostendens sancto baptismate lotam,
Fronte crucis labiis et pectore stigmata figit,
Ac Dominum, hostis ab insidiis se liberet orat.
Ille iterum se prosternens amplectitur hujus
Cum plangore pedes, lacrymarum flumina fundens;
Atque petens, superoque Dei sub numine jurans,
Per Christum Dominum dignatum Virgine nasci,
Ne celet, quæ sit, quando, cur venerit, unde,
Et tam vasta eremi peragrandi occasio qualis?
At testans et ob id missum se credere ad ipsam,
Ut manifesta Dei fierent quæ gesserat acta,
Cujus judiciis obsistere staret iniquum ;
Cui nisi complacitum foret ejus p omere vitam,
Non illam sibimet visendam forte tulisset,
Nec tribuisset ei tantum tolerare laborem
Et tantam properasse viam, qui debilis atque
Longævo fractus senio, ceu cerneret, astet,
Ilis aliisque inflexa piis sermonibus, illum
E tellure levat mulier, sic farier orsa :
Abba, ignosce, pudet vitiorum texere gesta,
Atque operum sordes tibi dinumerare meorum.
Sed quia vidisti memet sine tegmine nudam,
Turpia quæ gessi quoque denudabo piacla;
Luxuriæ fuerim poteris pernoscere quantæ,
Quam magni sceleris squalens et sordida nævo.
Non equidem, ipse velut reris, mihi gloria mente
Quam tibi dedigner fastu memorare nitescat ;
Quæve mihi tam pollutæ jactatio restet,
Quæ delecta fui zabulo vas perditionis ?
At vereor ne forte tibi cum cœpero probra
Flagitii nudare mei, fugias velut anguem,
Aure nec admittens quæ corpore turpiter egi.
Sed narrabo tamen, scelerum nec facta silebo.
Unde prius supplex imis expostulo votis
Ut ne deficias veniam mihi poscere tandem
Judicii prodesse die miseramine Christi.

A Stat madidus lacrymis senior pietate profusis,
Illa suæ seriem vitæ sic inchoat ore :
Ægyptum fateor patriam Phariosque parentes,
Quorum despiciens affectum jam duodennis,
Urbis Alexandri properans in mœnia veni ;
At pudet expediam sordes, tractemque reatum
Quo me virginitas stupro petulante reliquit
Ut sordens jacui substrata libidinis armis.
Ejus namque mihi quondam insatiabilis ardor,
Hisque decem et septem duxi, vel eo amplius, annos
Debacchans furiis, et publica facta populo.
Nec quæ nonnullis, tulerant mihi dona pudorem,
Nam pretio non quærebam damnare petulcos,
Ut laqueans gratis possem mihi prodere plures.
Id neque præcipiebat opum me copia ferre ;
B Mendicans etenim, stuppas vel fila trahendo
Vivebam, summumque bonum illecebrosa putabam.
Ergo modo tali vitam maculante probrosis
Actibus, aspiciens quosdam, quasi tempore messis,
Ægypti Libyæque viros maris alta petentes,
Audio adoratum crucis hos properare tropæa
Cujus erant Hierosolymæ mox festa colenda :
Abjectoque colo manibus fusoque, cucurri ;
Quos video validos placitisque mihi usibus aptos
Aggrediens juvenes, in littore forte natantes,
Inque verecundo mediam me schemate dedens,
Accipite, aio, viri, vobiscum memet amicam,
Nam faciam possim quo non ingrata videri.
His aliisque illi verbis ridere joeali :
Navicula me suscipiunt, qua scanditur altum
C Navigio cœpto, quæ sint jam turpiter acta
Quomodo vel meminisse queam ? Nam dicere lingua,
Quæ valeat, captare sonum quæ perferat auris
Gestorum tam nigrorum, quibus ipsa magistra
Exstiteram, quæ navigioque viaque patravi,
Nolentes cogens stimulosque volentibus addens !
Abba, ignosce stupens quia me non sorbuit æquor,
Ipsaque miror hians quod me non terra vorarit,
In laqueum mortis tantos quæ pessima jeci.
Sed puto, qui nullum Dominus vult perdere, cunctos
Esse volens salvos, quod me quoque vertere quærens,
Nec damnare parans, patienti mente ferebat.
Perveniens tandem Solymam, quibus ante diebus
Festum ibi sustinui, nequissima quæque peregi.
Nec satis esse via juvenes mihi deputo junctos,
D Adjiciens civesque loci atque aliunde coactos.
Venit ubi ergo dies sancti exaltatio ligni
Quâ colitur, ludens juvenum præcedo tumultus,
Luxibus illiciens animas, venioque beati
Ante fores templi, tentans intrare sacratæ
Tecta domus, acta ætherea virtute repellor.
Misceor hinc iterum turmis, iterumque repellor.
Terque quaterque aliis nitens penetrantibus asto,
Sola foris nam vi superi prohibebar honoris.
Vixque aliquando probans dignam me ferre repulsam,
Incipio mecum tacitis tractare querelis.
Id dira scelerum fieri gravitate meorum.
Dum mœrens igitur doleo, dumque atria lustro
Pectus contundens, imis suspiria duco ;

Mœsta aspectû fores, circumfero lumina tectis;
Arte manus video Christi genitricis imago,
Qua signabatur, picturam parjete ductam;
Visere quam propius speciem festina propinquo,
Indeclinanterque tuens hæc murmure pango :
Cerno, Dei genitrix, indignam me venerari
Esse tuo, tanti pollutam criminis actu,
Quæ veneranda nites animaque et corpore munda,
Quæ mundi Dominum genuisti carne pudica :
Nosco quidem digne quia squalida abominer a te,
Audio sed Christum nostra ob purganda piacla
Assumpsisse tuo sanctum de corpore corpus;
Unde, precor, fer opem nusquam solamen habenti
Jam ni in te Natoque : tibi peto, præcipe pandi
Limina sacra mihi, sine regia visere sanctæ
Signa crucis, cœli domina, qua corpore passus:
Inque tua me sume fide, jam sorde carere
Luxuriæ, postquam Christi sacra videro s epira
Luxibus en sæcli positis pompisque relictis,
Egrediar properans quo me, benedicta, vocaris.
His dictis foribus pernix ceu jussa propinquo,
Cordetenus valido fidei succensa calore,
Virginis ac veluti jussorum ducta tenore,
Ingredior veniens intrantibus addita turbis,
Ac nullo prohibente, velut mihi tramite parto,
Suscipior templo, tueor pretiosa beatæ
Ligna crucis, tremebunda sacris cœlestibus asto,
Sensi ut vult aperire sinum quem pœnitet, omni
Crimina nostra pius censor dimittere promptus;
Meque pavimentis sternens, his oscula figo,
Egrediensque ab eo, qua Virginis edita forma,
Stoque genu flexo, veros me cernere vultus
Confidens, supplexque hæc verba precaminis addo :
Monstrasti, domina, ecce mihi miseratio quanta
Sit tua, suscipiens indignæ famina servæ.
Gloria visa mihi quæ nobis digna videri
Non fuerat gravido vitiorum pondere pressis,
Gloria summa Deo, per te qui suscipit omnes
Ad vitæ quos vera viam conversio ducit.
Sed quid plura loquar? dum jam promissa pa-
      [trandi
Tempus adest tibi, quo placeat me dirige ductrix
Demonstraque viam, præcede magistra salutis.
Haurio cum dicto vocem hæc consulta ferentem :
Transmisso invenies requiem Jordane beatam.
Quam vocem supero reputans mihi numine latam,
Atque petens dominam ne deserat, atria linquo.
Flentem me cernens quidam, tria contulit æra;
Ilicet his panes totidem mercata recedo.
Pacta simul Jordanis iter, tum templa Joannis
Baptistæ subeo, communico verpere sacris;
Pasta cibo panis, Jordanis lambo fluenta
Lucescente die, quem transeo, vasta sequendo
Deserti, dominum exspectans qui salvat egenos.
Hic Zozima vitæ seriem scitante quot essent
Illuc quo mundum linquens devenerat anni,
Quid victus sumpsit, tulerit quos dura labores,
Quadraginta hiemes septemque recogitat ex quo
De eruit Solymam, postquam deserta colebat.

A Panum commemorat victum sibi parva diurnum,
Quos egressa tulia secum, fragmenta dedisse.
Cætera quid quæris? Vereor nam cætera, dixit,
Ne patiar quæ passa diu, si promere coner.
Tempore crede tamen tanto graviora tulisse
Quanto luxuriæ jacui submersa cloacæ,
Namque decem et septem gravius certamen in an-
      [nos
Cum desideriis mundi, quæ vana voluptas,
Non ignota mihi dudum, conferre solebat;
Namque animum pisces Pharii carnesque su-
      [ibant;
Vinum concupiens, nec aquam reperire valebam;
Carmina nonnunquam mihi luxuriosa redibant
In mentem, lepide quæ decantare sueram:
B Mox lacrymans pectusque manu validissime tun-
      [dens,
Verba reducebam cordi quæ Virginis olim
Ad vultus dederam, statuens me mente sub ipsis;
Corque mihi munditiæ fieri importuna rogabam,
Dum veniens superis lumen circumdaret, atque
Me stabilem, mitem et validam renovaret agoni.
At quali elogio narrabo libidinis æstus?
Ignis enim validus carnem incendebat ab intus
Et totam rapiebat amor nimiumque trahebat,
Ad sparci turpes impellens criminis usus.
Quod patiens, terramque petens, lacrymisque ri-
      [gando
Infundens, astare mihi jam Virginis ora
Mente videns fidei, meditabar strata tenorem
C Hanc compellantem memet, vultuque minaci
Terrentem, aspiciens, pœnasque furoris agentem
Vindictæ, et gladio monstrantem judicis ira
Ante nec a terra surgebam ni prius illa
Lux infusa mihi superi solaminis omnes
Turbato victrix furias e corde fugaret,
Semper enim dominæ poscebam virginis acturo,
Ipsa ferebat opem, mecum certabat et ipsa;
Ipsaque me cunctis et nunc moderatur in actis.
Istius inde cibum Zozima vestemque rogante,
Majoris luctæ memoratos dixit in annos
Se geminis ac dimidio quos detulit ipsam
Panibus et post hinc herbis vixisse repertis;
Vestibus assumptis, rapuit quas temporis ætas
Vi solis nimium, nimium vi frigoris actam;
D Sed virtute Dei se mente et corpore tectam
Nutriri atque tegi Domini munimine verbi,
Cum non vivat homo solum solamine panis,
Quin omni verbo Domini quod prodit ab ore,
Nudati et vitiis donentur tegmine petræ.
Auditis sacræ titulis, interrogat heros
Scripturæ mulier sapiens an grammata nosset.
Illa negat, vivumque Dei penetralia cordis
Illustrare docet verbum sensusque replere.
Tum pro se Zozimam supplex orare precatur,
Et petit obtestans ne se, dum vincula carnis
Deserat, ipse palam faciat; sed vadat, itemque
Tempore se simili venturo visitet anno;
Sacraque, dum redeunt solito jejunia more,

Jordanis repetens eremum ne transeat annum,
Prædicens quod nec quoquam si teniet abire,
Sit potis, at maneat cœnam benedictio Christi
Quam facit exspectans venerandam, vespere sur-
[gat
Corporis atque sibi Domini mysteria portet ;
Ad ripam Jordanis eam cum munere Christi
Sustineat, quo mox veniens communicet almis.
Inde monasterii Patrem sub nomine signans
Præcipit hortari, vigilet, sibi credita servet,
Attendatque gregi, resecet quæ prava videbit.
Ille monasterium post hæc petit, illa recessus.
Abba igitur toto tacuit quæ viderat anno ;
At cum jam properant jejunia sacra residit,
Febribus invasus, reliquis abeuntibus extra,
Dixerat ut sibi vaticinans anus ore beato.
At redeunt sanctæ fratres ubi vespere cœnæ,
Dulcibus ille parans monitis impendere curam,
Sacramenta vehit divini corporis atque
Sanguinis in calicem secum Jordanis ad oram,
Adventum sanctæ opperiens in margine ripæ :
Exspectata diu, quæ jam sub tempore noctis
Adveniens cruce transgreditur sibi ponte parato
Et solidum liquidas corpus superambulat undas.
Aspiciens stupet ista senex, sub lumine lunæ,
Perfectique videt quam sit certaminis impar.
Inde petit mater fidei dicatur ut ordo,
Jungaturque dein locuples oratio Christi.
Postquam perpetuæ sumpsit mysteria vitæ,
Mox in pace Dei sese dimittier orat.
Ast compulsa viri precibus, tria contulit ori
A sene lenticulæ delatæ grana canistro.
Hinc petit ut senior venturo rursus in anno
Torrentem repetat quo sunt simul ante locuti,
Se Deus ut jubeat memorans hic esse videndam.
Sic sibi poscentes abeunt solamina ferri
Mutua, devotasque preces utrinque profundi.
Tum super amnis anu fluctus repedante beata,

A Septa monasterii repetit lætissimus abba.
Exacto rediens anno loca jussa revisit,
Adveniensque videt jam membra relicta calore,
Compositis manibus, versumque jacere cadaver
Solis ad egressum ; lacrymis perfunditur heros,
Dumque preces dicens et psalmos usibus aptos
Exsequias celebrat ; sed nominis inscius hæret ;
Terram despiciens, apices in pulvere ductos
Cernit, decessusque diem nomenque ferentem.
Conjicit ergo ipsam migrasse in nocte Mariam,
Præterito sanctis qua participaverat anno,
Adque locum trinæ spatio rediisse sub horæ,
Ad quem bis denis vix venerat ille diebus.
Angitur ergo senex desunt quia rastra labori
Atque sepulturæ per quæ deserviat arma ;
B Exiguumque videns lignum sibi forte jacere
Corripit, enitensque fodit durissima terræ,
Terga terens, nec proficiens, imparque laboris.
At sudore operis madefactus, lassus, anhelus
Respiciens videt ingentem prope stare leonem
Pigneris atque pedes miti prolambere lingua.
Territus ille pavore, crucis se muniit armis,
Motibus et blandum cernens tandem, ista volutat
Forte sibi socium patranda ad munia missum.
Imperat hic fidens vertat quo bellua glebas
Expediatque piis membris festina sepulcrum.
Paret at ipsa senis, sumpto lenimine, jussis ;
Et didicit tandem feritas oblita furoris,
Nescia servitii, sancto servire labori :
C Libera corda gerens, serviles explicat actus
Funeris officio diverso more peracto,
Diversi remeant comites, diversa petentes.
Hic deserta sequens petit abdita lustra ferarum ;
Iste monasterium rediens adit agmina fratrum,
Cernere quæ meruit narrat magnalia Christi.
Instituunt fratres festum celebrare beatæ,
Grandævusque senex Zozimas in pace quiescit.

CAPUT V
De sancto Fabio martyre.

Multa Palæstinam constat decorasse tropæa,
Ex quo progressi mundum ornavere triumphis
Signiferi insignes Christi, pietate viriles ;
Qui mundum et mundi proceres sub sceptra premen-
[tes,
Hanc palmis vacuam non abjecere negatis.
In qua victores veterique novaque coruscant
Lege Patres, quorum paucos coluisse relatu
Me fateor stricto, lepida nec luce polito,
Nam licet antiquis pictoribus atque poetis
Quælibet audendi fuerat quondam æqua potestas,
Pauca magis cupiam strictim, sed vera profatus,
Sirmate quam longo reperiri falsa secutus.
Unde nec admisi ut canerem certamina quorum
Non titulos ulla inveni in regione notatos
Incerta quorumve leguntur ab urbe triumphi.
Propterea Fabium rutilant solemnia, cujus
Extrema cum solis humum face Julius urit
Cæsareæ expositæ non assignavimus urbi,

Cæsareæ quoniam plures a Cæsare dictæ,
Et quam sacrarit jugulo non legimus harum.
Traditur at Christi certamine fortiter usus.
Præsidis ipse quidem quia sumere signa recusat,
Truditur in tetro fortis sed carcere miles ;
Post aliquotque dies hinc sistitur ante tribunal,
Scitatur semel atque iterum, duratque fidelis.
Mox jugulo plecti furibundo a judice jussus
Percutitur gladio, capitali lege subactus.
Tum ne detur humo servant custode cadaver,
Reticuloque situm salsis maris inditur undis.
Post triduum mersum corpusque caputque deorsum
Reticulo, sed sub Domini virtute revulso
D Sacrato capiti redhibentur membra beati
Et scapulis cervix servatis jungitur ictus
Indiciis, totumque simul revocatur arenæ
Littoreæ, blandis oneri famulantibus undis,
Integroque pii cultus sepelitur honore.

CAPUT VI.
De sancta Theodosia.

Huic data non urbi a nobis Theodosia virgo
Constat, Cappadocum legitur quod sidera nacta
Cæsareæ ; tradunt tamen hanc quia plurima gesta
Cæsareæ esse Palæstinæ, memorasse videbor
Hanc vel fine libri. Quæ confessoribus ultro
Se socians Christi, sub cæde Diocletiani
Octo decemque gerens cælebs feliciter annos,
Tenta et ab Urbano præfecto, verbere cæsa,
Equuleo suspensa, truci cruciata rigore,
Carcere in obscuro, ferro vincitur onusta ;

A Omnia quæ virtute Dei disrupta facessunt
Vincula, sed vinclis semet sine compede servat.
Mergitur hinc alto, magna sibi rupe ligata ;
Quam mox incolumem siccis mare reddit arenis.
Subrigiturque feris, illæsa sed exit ab ipsis,
Quod mare quotique feræ vitant explore, satelles
Funesto properat gladio, quem læta recepit :
Ultroneumque hilaris victrix implevit agonem.
Ante thronum Sponsi referens festina tropæa.

DE TRIUMPHIS CHRISTI ANTIOCHIÆ GESTIS

LIBRI DUO

PRÆFATIO SEQUENTIS OPUSCULI.

Temporis priscá proceres Damascum
Dixerant culmen Syriæ, caputque
Patris Abrahæ Chananī vocatam
    Prole Damascum.
Cessit at postquam patris a Seleuco
Civitas est Antiochi decore
Structa, quam cunctæ Syriæ eminere
    Maluit auctor.
Nuper huc Christi famuli feruntur
Territi prima tribulatione
Qua pium constat Stephanum cruento
    Grandine pressum.
Hinc via facta geruli fideles
Huic ferunt urbi radios beati
Luminis, fecunda Dei serentes
    Semina verbi.
Cœpit hic jam lux, tenebris fugatis,
Splendide fulgens adeo micare,
Nomini ut primordia Christiano
    Urbs daret ista.

B Tum ferax accrescere præminentis
Tritici surgit seges, ac referre
Centuplum cœlis patienter aucto
    Mergite fructum.
Spiritus sancti radiata luce,
Intuens toto orbe famem futuram,
Fertiles certat Solimam patronis
    Ferre manipulos.
Nam prophetiæ quoque dona sumpsit
Muneris charismate, quo, tributo
Gentibus, Judæa caret, salutis
    Fonte negato.
Urbe qua certamina sunt labore
Plura decertata pio, fideles
C Clara quis Christi referunt alumni
    Præmia regni.
E quibus multis, quia Christiani
Nominis fons hic et origo cœpit,
Post Palæstinos breviter triumphos
    Paucula tangam.

INCIPIT LIBER PRIMUS.

CAPUT PRIMUM.

Urbs nacta Antiochi nomen de nomine regis,
Sortis apostolicæ magnis instructa magistris ;
Ierarcha Petro, hic prima residente cathedra,
Præsulis et digni officium solerter agente,
Atque scholæ Paulo docili cœlestis alumno,
Egregios celebrat, Christo donante, triumphos ;
Martyribus factis, isto sed nomine nec dum
Dictis, martyrii quoque dat reverenter honorem,

D Et Machabæorum recolit solemnia fratrum :
A quibus antiquæ dum testificatio legis
Fortiter asseritur, matre exhortante beata,
Pro legislatore Deo stant ultima passi.
Et quia pro casta mandati lege necantur,
Christi sunt testes, veteris qui legis habetur,
Finis principiumque novæ, probat auctor utrique,
Qui sacra dum certant non abjurare paterna,

Interimi nec seduci vincive valebant;
Terrorem regis puerorum pectora frangunt,
Munia nec legis, tormenti machina fregit.
Quem vincunt pueri barbatos viceral hostes;

A Victorem regum superat patientia fratrum.
Haud dubium pro lege Dei quod cæde perempti
A Domino legis capient pia præmia morti,
Sumentes roseas, Christo tribuente, coronas.

CAPUT II.
De Agabo propheta.

Hic Agabi pollent sancti monumenta prophetæ,
Inque rudi testamento, cui gratia vatum,
Enituit veterum, claro ventura canenti.
Ille famem multis prædixerat ante diebus
Quæ pressit totum, regnat dum Claudius, orbem.
Namque prophetali pulsus cum munere, dona
Huc a Judæa manifestans cœlica venit,

Judæis ablata, piæ sed tradita genti :
Lumen ab Hebræis extrusum gentibus ortum.
Hic sancto cecinit Paulo sua vincla manere;
Cujus corripiens zonam, palmasque pedesque,
Devinxit sibi, vaticinans sic esse ligandum
In Solima fratrem, cujus vincimea id esset.

CAPUT III.
De Manahen, Procoro et Joanna.

Hic etiam Manahen, qui collactaneus ipsi
Scribitur Herodi, doctor simul atque propheta,
In Christo clara tumulatus sorte quiescit.
Conjugis hic Chuzæ, qui olim curator alebat
Herodem, pariter recoluntur festa Joannæ.

B Quam meminit Lucas Domini vestigia Christi
Sectatam, sociisque ipsique fuisse ministram.
Hanc quoque Procorus habitare diaconus urbem
Delegit, fidei merito, virtutibus atque
Pluribus insignis, hic et complevit agonem.

CAPUT IV.
De Evadio episcopo.

Huic primus præsul, post Petrum, Evodius urbi
Jura sacerdotis, Petro tradente, subivit.
Dignus quem Petrus tali donaret honore,
Atque vices tanti caperet pastoris ab ipso,
Pro grege commisso forti qui robore fretus
Martyrii meruit certans hac urbe coronam.
Quam dignus meritis successor laudibus effert,
Ecclesiæ scribens Ignatius Antiochenæ,

Ipse feris abiens tradendus corpore Romam.
Discipuli estis, ait, Petri Paulique vocati
Depositum vobis ab eis servate relictum,
Et memores estote pii pastoris, ab ipsis
Qui datus est vobis, nec confundamur alumni
Sicut adulterio corrupti seminis orti.
Tam dulcem sanctumque Patrem sed moribus almis
Efficiamur eo tam castifico Patre digni.

CAPUT V.
De sancto Ignatio.

Hac etenim residens Ignatius urbe nitebat,
Huic post hunc præsul fidei pia dogmata dedens,
Morte triumphata, quem se vidisse fatetur,
Sumpsit apostolico socius quæ strenuus ore.
Audito cujus celebri rumore senatus,
Principe Trajano fervorem stragis agente
In nostros, statuit qua pasceret ora ferarum
Insanæque daret Romæ spectacula plebi.
Abripitur, vinctusque datur custodibus ultro,
Militibusque decem ducendus traditur Urbi.
Qui loca præteriens Asiæ, dum cærula vadit
Navigio, veneranda piis dat semina terris,
Ecclesiæque docet populos persistere toto
In sancta cum corde fide, vitare profanas
Quæ tunc extulerant hereses caput ore chelydri,
Exhortans ut apostolicis nexamine forti
Hærerent monitis, horum præcepta secuti.
Adveniens Smyrnam, Polycarpi fultus amore,
Dirigit hinc Ephesum scriptis solamina verbi.
Hinc simul instruitur Magnesia, necne Meander;
Ecclesiæ Trallis dantur quoque semina vitæ.
Romanis etiam scribens pia grammata mittit.
Poscens ne pro se doleant, ne spem sibi tollant

C Martyrii; jam carnis eis affectio desit
Erga se, pœnas hilari qui corde receptet
« Ecce salutares, inquit, mihi nosco ferarum
Exacui dentes, veniant, his carnibus uti,
Quæso, meis liceat diras, quas opto parari,
Ac peto ne nostrum metuant contingere corpus,
Quorumdam veluti crebro timuisse patescit :
Quin et si dubitent, ego me, veniam date, subdam.
Nosco quid expediat mihi discipulus fore [pro esse]
[Christi
Nunc cœpi, non invideat quem quisquam adipisci.
Fornaces ignesque, crucesque, feræque parentur,
Membra revellantur, pateantque medullitus ossa;
In me supplicii conflentur robora cuncti,
Ut modo pervaleam Christum comprendere Jesum. »

D Inde datis scriptis, Polycarpo tradit alendam
Ecclesiam, cœptum repetens iter, Antiochenam;
Et veniens Romam Trajani sedibus astat.
Hic oblatus ei pariter residente senatu
Præponensque Dei cultum terroribus horum,
Plumbatas scapulis primo accipit ictibus actas;
Hinc ejus lanians latus ungula sulcat utrumque,
Quodque subinde fricant scalpri rigidique lapilli,

Deinde volæ manuum vivo carbone replentur,
Infusoque olei fotu flagrante papyro
Costarum cratis laterumque arvina cremantur.
Inde pavimento prunarum aspergitur ignis,
Et super hunc sanctæ tolerant consistere plantæ.
Tum requies justo lectus conceditur ardens,
Vellitus unde iterum trahitur discindere dorsum
Ungula dilacerans carnes et ad ossa penetrans;
Quæritur inde dolor, patiens dum talia suffert,
Ac sale cum valido plagæ infunduntur aceto,
Hæc passus, fortisque manens, horrore fatigat
Tortores crucians, subigit frangitque flagella.
Victi suppliciis lanii vincire beata
Ferro membra parant, imo quoque carcere trudunt,
Constringuntque pedes magni sub pondere ligni.
Cumque tribus, nullo victus solamine pastus,
Sed neque potatus, mansisset athleta diebus,
His indefessus Trajani sede superbi
Amphitheatrali deducitur ante tribunal,
Quo, Romanorum cuncta properante caterva,
Objicitur geminis sub vincla leonibus actus.
Jamque datus, caveæ rabidos audire ferarum

Ut cœpit fremitus, flagramine talia fatur,
Martyrii et magno successus amore triumphi :
« Sumite, Romani, nostram quicunque palæstram
Spectatis, cunctique viri, mea sumite verba :
Non abs re patior, nec propter vana laboro.
Me pietas, non impietas perducit ad ista,
Nec propter facinus, sed pro pietate trucidor.
Frumentum Christi, fateor, me dentibus harum,
Mundus ut inveniar panis, molar ipse ferarum. »
Permissi veniunt, illo hæc dicente, leones,
Præfocantque pium, jussi componere luctam,
Cætera non audent, nec enim contingere carnes
Præsumunt, tantumve cibo violare cadaver.
Mortua membra feras, homo quæ laceraverat, ar-
      [cent.
Quæ ratione vigens ratione vigentia torsit,
Hæc ratione carens ratione carentia servat,
Christicolisque suæ linquuntur et integra sedi.
Hæc ad quam revehunt comites invicta ferentes
Ossa triumphati, proceres vincentia mundi,
Daphniticamque locant extra pia pignora portam
Mortuus ut tegeret vivens quam rexerat urbem.

CAPUT VI.
De Herone et successoribus ejus.

Angelicis quondam conspexerat iste choreis
Sidereos trinum cives efferre decorem;
Cœlicus antiphonis modulans recinebat ut hymnos
Ordo, notansque modos proprios, docet organa tur-
      [mas.
Spargitur hinc celebris mundi per climata ritus.
Huic manifestatum pergenti ad prælia fertur
Ejus pontificem post se fore sedis Heronem,
Utilis ipsius qui tunc levita nitebat,
Quique gradum digne subiens hujusce decoris,
Hujus et exemplum sectans imitator habetur,
Proque gregis Christi cura procumbit alendi.

Instruit hanc post quem præsul Cornelius uroem.
Tum quoque post Petrum quintus hic præfuit Heras,
Theophilus sextus, sapiens sanctusque sacerdos,
Cujus catholicæ doctrinæ scripta feruntur,
Contra diversas docte bellantia sectas,
Hermogenem et reliquos qui confutavit ineptos.
Congressusque palam superavit falsa sequentes.
Qui procul exturbans docti celeberrimus oris
Ut vigilans pastor rictus clamore ferarum
Atque lupi Christi gregis insidiantis ovili,
Præsentes vegetat, venturis arma ministrat,
Ecclesiamque Dei vita verboque venustat.

CAPUT VII.
De Maximino et Serapione.

Hinc Maximinus rite post apostolos
Qui rexit urbem fertur istam septimus.
Serapion post hunc, fide clarissimus
Ac eruditus regulis authenticis,
Quibus refutat improborum nœnias ;
Qui se prophetas jactitabant publice,
Sanctis agentes vatibus contraria
Et spurca mundis inserebant semina.
Dum tritico conspergerent zizania
Illic Maximillæ detegens mendacia,
Honore vatis quam colebant inscii,
Ostendit ejus exsecranda semina.

Hujusce subscripsere sancti epistolis
Viri probati, præsules ac martyres,
Qui pluribus fervore sancto scriptitans,
Docet fideles, infideles arguit,
Rectos tuetur, deviantes corrigit,
Nunc apta firmans, nunc inepta respuens ;
Qui Martiani reprehendens dogmata
Monstrat sibi ipsis quod sient contraria,
Notans sequaces quos dotcetas nominant,
Servatque agellos a maligno semine,
In quis benigna nutriebat gramina.

CAPUT VIII.
De Asclepiade, Phileto, Zabenno et Gemino.

Hic ad supernam dum recessit patriam,
Asclepiades præsulatu fungitur
Istius urbis, inter almos milites
Confessione clarus et fortissimus.

Congratulatur huic Alexander, datum
Solymæ a Deo quem præsulem signavimus.
Solans alumnos urbis hujus litteris,
« Levavit, inquit, nostra Christus vincula

Et arcta dilatavit hujus carceris,
Asclepiaden, sanctitate præditum,
Hujus honore culminis dignissimum,
Sumpsisse vestra comperi quod regmina.

Post quem Philetus, hinc Zabennus jungitur,
Geminus senatu splendet hujus presbyter
Lepore clarus, emicans scientia,
Monimenta libris prædicant ut indita.

CAPUT IX.
De sancto Babyla et Theodoro.

Abhinc Babillas urbis hujus pontifex
Confessionis dignitate præminet:
Qui dum frequenter passionibus suis,
Christi triumphans extulisset gloriam,
Et innovatis invicem carptoribus,
Flagella fortis pertulisset maxima,
Intra cavernæ carceralis vincula
Vitæ capessit gloriosæ terminum.
Cum quo feruntur tres necati parvuli
Philidanus, Epolanus, Urbanus simul
Hujus secuti Patris altum tramitem.
Cujus beati martyris mausoleum
Daphnis renidet, urbis in suburbio.
Qui Julianus, pestilens apostata,
Dum, fana Castaliæ colens scaturiginis
Misero litaret impudens Apollini,
Responsa nec stipulatus ulla sumeret,
Hujusque causas quæreret silentii,
Juxta Babillæ busta haberi martyris,
Tandem remissi detulere dæmones
Responsa se non posse quare reddere.
At ille mox venire Galileos jubet
(Nam Christianos sic vocare sueverat)
Et hinc sepulcrum martyris propellere.
Tunc Christiani rege Christo præditi,
Arcam levantes hymnizando martyris
Laudes in exsultatione concrepant,
Aures profani principis per millia
Sex impetentes hæc canendo carmina:
O Christe, confundantur omnes ethnici,
Qui vana adorant supplicantes sculptilia,
Et gloriantur qui suis in idolis.
Cœlum resultat arduis clamoribus,
Tyrannus atris infremit doloribus.
Tum Christianos ille mandat abripi
Et carceris trusos in imis affici.

Præfectus ejus implet hoc Salustius,
Arctansque quemvis Christianum primitus
Sibi obviantem (nomen huic Theodorus),
A luce prima torquet usque vesperam
Crudelitate tam truci, tortoribus
Ad flagra mutatis, ut unquam diceret
Se nemo tam vidisse factum atrociter.
Pendens equuleo sed nihil præter pium,
Actus flagris hinc inde sævientibus,
Dicebat hymnum quem canebat pridie.
Considerans egisse nil Salustius,
Immanitate tam feræ sententiæ,
Juvenem recepit obstupens ergastulo,
Ac imperatori quid actum sit refert.
Quem commonet ne tale quid de cætero
Præsumat, ipse sibi parans infamiam,
Et Christianis qui resistunt gloriam.
Minatur ergo Julianus Persicam
In Christianos arma post victoriam,
Totasque vires se daturum prælii.
Divina sed resistit his sublimitas,
Miserum relegans quem minacem sustinet.
Nempe hoste cæsus abdito subvertitur
Finemque vitæ sumit atque fascium,
Christo potentis architecti filio
Diro locellum fabricante funeri.
Ast intimasse traditur Theodorus
Sævis adactum se parum doloribus,
Sed allevatum spiritali lumine,
Juvenem sibi astitisse, candidissimo
Sudoribus se terserit qui carbaso,
Aquam frequenter frigidam qui infuderit
Eumque sub labore roboraverit:
Dolet unde fessis hostibus parci sibi,
Se gloriatus luce Christi perfrui.

CAPUT X.
De ultione in perfidos et retributione fidelium.

Ipsumque fanum fulmine ardet cœlico,
Deus favilla delitescit Pythius:
Flagris subacti id clamitant Neochori,
Id rusticorum tota fert vicinia.
Præfectus alter sancta mictu attaminans,
Christique templum inane censens numine,
Præsumptionis digna pendit præmia,
Dum, putrefactis abditorum ductibus,
Blasphemiarum stercus effert organo,
Sævaque multæ peste gnarus interit.
Prælatus ipse probra gazæ regiæ
Addens cavillo, dum cachinnat, æmulo,
Manum supremi cognitoris non fugit,
Oris meatu fulcra fundens corporis,

(167) Locus corruptus.

Vacuus repente qui facessit sanguine.
Laquei parantur innocentes fallere
Fontesque dapnis sordidat contamine,
Cibi forenses hic madent aspergine.
Quidam gementes munda mundis judicant,
Quidam exsecrantes respuunt spurcamina,
Damnant profana, laude lucis oppetunt;
Palmas adepti dignitate funeris.
Rerum rapinam quidam ovantes efferunt:
Ut dux Valentinianus, indignans sacra
Stilla inquinari, non renutat carcerem
(167) Læto ministro, aut incolatum perpeti
Centena adeptus, unde regni purpuram
Pro milliari mox capessit baltheo.

Cives abactis urbis hujus mercibus
Vesanientis opprobrant socordiæ
Taurina mundum quod erat quassatio.

Querulis crepantes insonant conviciis,
Barbæ imo stamen torqueatur funibus.

CAPUT XI.
De constantia Publiæ.

Matrona castis culta nec non moribus
(Tellure pulcher procreatus pullulat
Qua flos Joannes laude digna presbyter
Fugiens, petitus sæpe, summa ad regmina),

Choro notatum ridet hostem Publia,
Tacere jussa despicit lyphaticum,
Nec cæsa parcit carminare erroneum.

CAPUT XII.
De Fabiano episcopo et successoribus ejus.

Post vitæ excessum sancti magnique Babillæ
Ecclesiæ regimen capit hac Fabianus in urbe,
Concilii decreta sui Cornelius urbis
Romanæ præsul cui confirmanda dicavit,
Quæ feriunt heresim natam turgore Novati
Scribit Alexandrinus el Dionysius unde
Multa, notans istud quam sit damnabile dogma.
Successit cathedræ Fabiani Demetrianus,
Cui Paulus Samosatenus, qui, regmine sumpto,
Erroris lepra Christi maculavit ovile,
De Domino malesana ferens, dum simplicis illum
Naturæ tantum docet humanæque fuisse,
Divinum nitens in eo vacuare decorem.
Conveniunt igitur proceres pietate viriles
Pastoresque boni, caulis belvam insidiantem
Discutiunt, multoque premunt clamore latentem,
In quibus insignes aderant famaque celebres:
Cappadocum gentis præsul tunc Firmilianus,
Gregorius Ponti, fraterque Athenodorus, atque
Iconii Nichomas, Helenus Sardensis, et horum
Præcipuus Solimæ præsul Hymeneus, et ejus
Urbi vicinus Theotignus Cæsariensis;
Maximus et synodo Bostrensis idoneus horum;
Cum quibus et multi variis e partibus orbis
Pontifices sacri, levitæ presbyterique,
Hac urbem causa conciti apud Antiochenam
Obloquii contra fugitantem spicula mittunt.
Serpentem multis dum lusibus effugit actus,
Conveniunt iterumque, iterumque relabitur anguis.
Concurrunt quoque multoties, dum numine fulti
Divino, tumidum tandem oppressere draconem.
Ad figenda tamen sinuosa volumina monstri
Hujus, præcipue valuit quidam Antiochenæ

Presbyter ecclesiæ prudens, cui Malchio nomen:
Vir bonus, ornatus meritis fandique peritus,
Doctrina factoque potens, virtutibus altus,
Cum Samosateno cui disceptatio Paulo
Concilio soli concessum fertur ab omni,
Scriptorum excipiente manu, quam naviter acta,
Servatur cuncto veluti mirabilis ævo.
Solus enim propriis potuit vincire profatis
Ac monstrare palam Paulum se dissimulantem;
Solus ab internis anguem exturbare cavernis.
Deprensus clara damnatur voce chelydrus,
Monstraturque palam toto damnabilis orbe.
Deposito hoc Domnus præsul latrone levatur.
Post quem pontificis suscepit jura Timæus.
Hoc quoque defuncto successit honore Cyrillus,
Quem sequitur Dorotheus, divino dogmate clarus
Et satis intentus, quare didicisse loquelam
Traditur Hebraicam, Græco sermone disertus.
Fertur hic eunuchus matris de ventre fuisse,
Unde et apud reges terrenum sumpsit honorem,
A Domino partem quoque pignoribus meliorem.
Erigitur præsul quo decedente Tyrannus,
Ecclesiæ fervens sub quo tribulatio crevit
Quam rabidus furor accendit Diocletiani,
Omnigenos sanctos pœnis qua vellere legit;
Diversisque modis diversas dum quatit urbes,
Craticulis hac urbe pii torrentur adusti,
Comprensi hicque duo juvenes, virtute gemelli
Non natu, libare diis ducuntur ad aras
Injectisque foco manibus, « Libasse putate
Nos, aiunt, si forte manus subducimus igni. »
Dicta probavit opus, palmæ nec ab igne remotæ
Donec tota cadens manuum caro fluxit in ignes.

CAPUT XIII.
De sanctis Juliano et Basilissa.

Hac urbe sanctæ Julianus indolis
Nitebat almus, eminens virtutibus,
Quibus pia florebat ex infantia,
Quibusque crescens bis novem peregerat
Adultus annos, legis in scientia
Dei laborans sedulus nocte ac die.
At dum renidet unicus parentibus,
Uxoris hunc vincire contubernio.
Nituntur, atque respuentem componunt
Pauli beati paginis apostoli,

Septem dierum qui petens inducias,
Oratione fultus et jejunio,
Summi voluntatem requirit Arbitri,
Tandemque sumit ejus hoc oraculum,
Uti parentum vota tædis impleat,
Nec conjugalem copulam perhorreat,
Qua non pudorem conjugatus perderet
Integritatis complicem quin sumeret.
Hoc roboratus vir pudens oraculo,
Audire jussa se editorum rettulit.

Gaudent parentes, ac requirunt nobilem,
Mox nobili quæ necteretur, virginem.
Favente Christo repperitur commoda
Quæ casta casto jungeretur congrue,
Basilissa, claris prodiens natalibus.
Die statuta nuptiarum largiter
Dapes parantur, convocatis plurimis;
Thalamus locatur, virgo ducit virginem :
Intrant cubile, sentiunt fragrantiam
Velut rosarum ac liliorum copia.
Sponsus revelat hunc odorem cœlitus
Missum rosarum, cum nec essent tempora,
Nec id cubile spargeretur floribus :
Hæc castitatis esse signa prævia,
Servare Christus quam juberet, gloriam
Ut angelorum comprehendant cælibes :
Imbuta sacro sponsa cœli nectare,
Gaudet pudoris dedicari stemmate,
Et cælibatum læta præfert copulæ.
Firmantur ergo vota contubernio
Ut conjugali intaminata castitas,
Enutriatur, vana vitans gaudia ;
Et quæ putantur carnis esse fœdera
Fiant beatæ casta vitæ fenora
Post hæc, brevi meante cursu temporis,
Utrumque defunctis sibi parentibus,
Pio capescunt jure patrimonia,
Et sancta dignis vota promunt actibus ;
Possessiones namque terræ conferunt
Hæreditates unde cœli comparant.
Cellas benigne construunt monasticas,
Animasque Christum diligentes colligunt.
Hic vir virorum congregans exercitus
Contra phalanges præliantes dæmonum
Hæc virgo virginum legens consortia
Contra draconis machinas luctantia.
Crescebat ex his multitudo maxima,
Hujus relinquens sæculi contagia.
   Videns malignus lucra cœli crescere,
Livore tetro concitatus angitur,
Instigat et Diocletianum principem,
Ut ad piorum punienda examina
Transmittat isthuc Martianum præsidem.
Qui Christianos dum perurget idolis,
Fidem beati Juliani comperit,
Mori paratos quod foveret plurimos ;
Mittensque mandat Juliano principum
Decreta faxit, ac suis libet diis,
Hortetur et litare secum cæteros.
Contemnit hæc mandata sanctus præsidis,
Monetque Christi roborando milites
Pugnare contra dæmonum satellites.
Firmantur ergo clara Regis agmina,
Parere nec se Martiano perhibent.
Responsa nuntiantur ista præsidi,
Qui mox parari maximam pyram jubet
Sanctosque flammis congregatos conjici,
Sibique solum Julianum dirigi.
Eunt ministri, jussa complent principis,

A Tradunt ministros et sacerdotes rogo,
Omnemque clerum, qui petens solatia
Tunc ad beatum Julianum venerat.
Examinantur igne Christi milites ;
Conflatur aurum hoc camino splendidum,
Et ante sedem regis alti martyres
Fulgentiores luce pergunt aurea ;
Ad busta quorum sanitates plurimæ
Patrantur, hymni concrepant cœlestium.
Beatus ergo Julianus carceri
Tum mancipatur, exhibendus præsidi.
Nam sancta jam Basilissa commigraverat
Ad angelorum clara contubernia,
Vallata turmis candidatis virginum
Niveisque compta liliorum floribus.
B Athleta fortis Julianus præsidi
Oblatus, anguis flagitatur sibilo
Terrestrium patrare jussa principum,
Et imperatorum favorem consequi.
Refutat ille Martiani nænias,
Dominoque vero serviendum prædicat,
Qui regna solus universa continet ·
Qui vero adorant impudenter sculptile,
Errore cæcos dicit atque morbidos.
Hæc ut locutus inclytus vir, traditur
Duris acerbe laniandus fustibus.
Dum membra sævo proteruntur verbere,
Grassans ocellum verber aufert militis.
Deos precatur Martianus fusiles
Poscitque lumen reddi abactum militi.
C Ruunt repente dum litatur omnia
Et comminuta dissipantur idola.
Beatus autem Julianus palpebras
Dum tangit orans vulnerati militis,
Christum recepto laudat ille lumine.
Hunc præses ad confessionem nominis
Hujus trucidat, quem cruoris flumine
Lotum Redemptor consecravit martyrem.
Posthac beatus Julianus ducitur
Dum per plateas urbis ob spectaculum,
Videt coronam Martiani filius
Ferri superne Juliano ab angelis ;
Fultumque cernens hunc honore cœlitum,
Abjecit omnes quas legebat paginas,
Vestemque patris ; Juliani tegmina
D Petens requirit, osculatur vulnera,
Patremque solum hunc confitetur, et Deum.
Hæc præses audit, audit omnis civitas,
Jubet tyrannus separari filium
A Patris almi Juliani amplexibus.
Tentant ministri, contrahuntur brachia,
Implere jussa nec sinuntur præsidis.
Ducuntur una dum dirempti (sic) non valent.
Stupent parentes, et magorum perhibent
Hoc arte factum, Julianum sed petunt
Artem resolvens ut remittat unicum,
Eatque liber pace sumpta principum.
Contemnit hæc vir eminens suffragia ;
Puer parentes abnegat : Dominum patrem

Habere gaudens, spernit omne sæculum.
Privata temnunt, servet ut custodia,
Eosque pascat torva liberalitas.
Traduntur ergo carceris teterrimi
Imo, tenebris sordibusque pessimi.
Aufert nidorem Christus inde fetidum
Præstans odorem cœlitus suavissimum,
Lumenque sanctis exhibens clarissimum.
Vident ministri, qui pios deduxerant,
Tantam beati claritatem luminis,
Christo refecti suavitatem nectaris
Præbent honorem qui suos sic allevat;
Spernunt redire ad noctem ab isto lumine,
Ad mortis auctorem pia vita agnita.
Audit tyrannus, et simul claudi jubet
Hos, dum trucidet ultione fervida.
Orant salutem ferre confessoribus
Christum beati confitendo martyres.
Fratres in urbe septem erant, et filii
Primatis urbis, Christianus qui pius
Dilectus atque regibus decesserat;
Ejusque gnatos hac procella principes
Jussere tutos lege cœpta vivere.
Antonius cum quis manebat presbyter.
Hi cœlico jubentur acti numine,
Simul sacerdos, visitare carcerem;
Quem mox petentes ecce cernunt prævium
Sibi supernæ dignitatis angelum,
Qui, dissipatis januis ergastuli,
Cœlum meantes introducit puberes;
Visoque fratres tam beato lumine,
Hærere gaudent sponte confessoribus.
Implentur ergo sacra vota martyrum,
Tinguntur atque milites baptismate;
Domino dat almus Julianus gratias
Sævoque nuntiantur ista præsidi.
Septem ille fratres exhiberi præcipit
Verbisque curat admonere lenibus.
Temnunt athletæ viperinos sibilos,
Fraudisque voces aure surda transigunt
Et separatos ad palæstram prædicant.
Torquetur anguis, et venena colligens
Remittit ipsos curioso carceri,
Horum salute quo tenentur anxii.
Tunc cædis hujus id refert auctoribus
Et Julianum accusat artis robore,
Nitore culta fregerit quod idola,
Tropæa prosecutus ejus cætera,
Decreta poscens inde quid deliberent.
Mandant parentur singulis ut dolia
Adipis, liquore cum picis ferventia,
Ab igne sani forte si recesserint
Pœna affici qua censet, hos exerceat.
Mox exhiberi præses a custodia
Jubet beatos sub catenis milites,
Datam sibi proponit his licentiam:
Eique sancti quæ ligabunt impios
Pœnas revelant, et manent interriti.
Hæc dum teruntur, corpus ecce mortuum

A Dandum suetis bajulatur ignibus;
Quod Martianus ut videt, poni jubet,
Et Juliano mandat id resuscitet,
Fecisse Christus ut magister proditur.
« Cæcum quid, inquit Julianus, adjuvat
Sol, quando lustret cæterorum lumina?
Sed vestra quamvis non meretur cæcitas,
Jam tempus est Christi ut patescat claritas:
Fidelis ejus nam manet promissio,
Ne nostra vane decidat petitio. »
Hæc dixit, utque fudit ad Dominum precem,
Refunditur mox vita membris reddita,
Astatque vivus, raptus imo Tartaro,
Christumque laudat quem prius nescivérat,
Teterrimis et impiis gigantibus,
B Pœnisque se fatetur atris erutum,
Vitæque propter Julianum redditum.
Tactus dolore carnifex ergastulo
Jubet retrudi hunc, aggregans certantibus:
Quem Julianus ablui baptismate
Facit, piorum copulans consortio.
 Mandata pœna præparatur interim:
Triginta et unum destinantur dolia,
Ignis repleta prænotato pabulo;
Ducuntur ad parata sancti incendia;
Vocantur omnes illud ad spectaculum.
Rogat remitti Martianus filium,
Sanctosque reddi pollicetur liberos.
Oblata spernunt hæc beati martyres,
Puerque patris respuit clementiam,
C Patremque poscit ista postquam vicerit
Tormenta, matrem commorari det sibi
Tribus diebus; dans pater redit domum,
Ad hæc agenda providens vicarium,
Gnati videre non ferens incendium.
Ponuntur almi in præparata dolia,
Et vastus ignis alte circumfunditur;
Flammæ feruntur arduæ per aera;
Psallunt beati voce clara carmina,
Fideque celsa supprimunt incendia,
Auroque ab igne clariores exeunt,
Deoque laudes corde læto concinunt,
Magnum ferentes civibus miraculum:
Sed circulator hoc magorum deputat
D Virtute gestum, dans tenebras in diem
Dextris sinistra, amara miscens dulcibus.
Ut expetivit, matre sumpta filius
Lætus beatis jungitur consortibus,
Privata claustra quos receptant carceris
Odore quæ replentur almi nectaris.
Captans choreas concinentes, femina,
Expleta suavitate tam gratissima,
Christum dolore confitetur obruto:
Quam luce verbi Julianus erudit,
Firmatque blanda charitate filius;
Gnatus parenti fit pater baptismate,
Matremque proles edit almo germine:
Gaudent athletæ cum supernis civibus
Ovem lupinis se expulsisse faucibus,

Audit jugalem Martianus complicem.
Factam piorum filiique supparem;
Domum reduci, quam jubet secretius,
Quid huic sit actum sciscitans a filio.
Pro liberatione matris arduas
Christo beatas celsus effert gratias.
Domi tyrannus detineri conjugem
Jubet; ministri molientes obsequi
Cæcantur; accipit pios ergastulum.
Die sequenti Martianus milites
Obtruncat almos bis decem, qui, lumine
Ducti superno, vanitatem liquerant,
Septemque fratres igne pugnam finiunt,
Aurum refulgens ceu camino redditur,
Facti per ignem luce clara splendidi.
 Posthac tyranno suggeruntur cæteri ;
Tentat profanus avocare martyres
A jure Christi et subjugare sculptili.
Ornare templum quo resedit pulchrius
Secretiusque mandat auro fulgidum,
Ducique sanctos ac litare perditis,
Placare vana læserant quæ numina.
Cœtus populi pergit istud visere;
Adsunt beati, et signa Christi frontibus
Figunt, sacrata muniendo corpora ;
Intrant sacellum roborati munere
Christi, precantur ejus atque gloriam
Pandi, ruant ut illa templi mœnia,
Et cuncta sani conterantur idola.
Audit supernus vota servorum Deus :
Ruit sacellum, defatiscunt coctiles ;
Ruina templi apparitores opprimit,
Ignisque cuncta absumit, hæc demoliens.
Insultat almus Julianus præsidi ;
Furoris ille perforatur spiculis,
Sanctosque in atri claudit ima carceris.
Hic nocte laudes dum Deo persolverent,
Adsunt beati qui triumphum impleverant,
Horum pia confessione compares,
Omnes amicti vestibus præcandidis,
Et alleluia concinentes dulciter.
Chorum beata ducit illic virginum
Basilissa, sancto quæ jugali gratulans,
Aperta cœli regna sanctis nuntiat,
Hos et die promittit ipsa suscipi
Qua Christus orbi clara lux apparuit,
Ut hac polorum appareant cum civibus
Et in supernis perseverent sedibus.
Post hæc tribunal in foro præses jubet
Sibi parari et exhiberi martyres,
Crudelitatis hic furorem exercitans.
Digitis piorum per manus lychni et pedes
Oleo madentes alligentur præcipit ;
Quod ut peractum, mox papyrum accenditur.
Ardentque fila : annexi lædi non valent,
Intacta et ustis membra lychnis permanent,
Dein beato Juliano verticis
Pueroque sancto detrahit ferus cutem
Oculos sacerdoti eruens Antonio,

Et, quem beatus Julianus mortuum
Orans resuscitavit, Anastasio.
Pueri ergo matrem Martianillam Deus
Non posse cernens ferre dura tormina,
Cæcabat omnes huic manus qui injecerant ;
Curavit autem sauciatos martyres,
Illuminavit integrosque reddidit,
Cruciatur hostis corde, sævis tigribus
Dirisque factus crudior serpentibus.
Sanctos in amphitheatrum agit, quos bestiis
Exponit, ipse suis ferocior feris.
Venire belvas et piorum lingere
Pedes videres, mitiores catulis.
Furiis repletus et gehennæ incendiis
Jubet requiri Martianus noxios.
Acti trahuntur criminosi ergastulis
Piisque permiscentur athletis rei,
Missoque in amphitheatrum ad hoc satellite,
Necantur admisti innocentes noxiis ;
Exempla Christi consequentes, hic quoque
Qui in passione junctus est latronibus.
Tellure mota corruunt mox idola,
Aer minaci personat tonitruo,
Miserosque magna terruere fulgura.
Hinc semivivus Martianus effugit ;
Efflavit autem devoratus vermibus
Paucis diebus evolutis postmodum.
At Christiani nocte qui remanseran,
 ostquam beati regna scandunt martyres,
Eunt piorum sancta lectum corpora :
Quæ cum laborant segregare sontium,
Oratione supplici Christum petunt
Eis piorum quo revelet pignera,
Et ecce visæ ceu decoræ virgines
Thecas sedere singulæ super suas.
Hoc lecta viso membra signo fulgida
Cruorque juxta congelatus splenduit,
Altaris et sepulta sub fundamine,
Procedit unde fons abunde profluens
Locum superni qui replet baptismatis.
Hic multa Christus exhibens beneficia
Pendit vietis sæpius solamina.
Die beati Juliani martyris
Vecti leprosi quo decem tabo horridi,
Exulcerata carne pene putridi,
Tincti ut lavacri sunt aquis, pulcherrimum
Sumunt decorem, sanitatem et integram.
Ferturque vox delapsa cœlo hujusmodi :
Hæc Juliani nunc, mei charissimi,
Meruit fides, majora quæ merebitur.
Et hic et in quo fabricata sunt loco
Orationem sub honore domata
Basilissæ et almi Juliani martyris,
Præbentur ampla sanitatum munera,
Et vota complentur piorum commoda.
Quorum beata postulent flamina
Nobis resolvi criminum nodamina
Et dent superna possidere gaudia.

CAPUT XIV.
De sancto Romano.

Romani luctam aureolo Prudentius ore
Intonuit; quare satis est libare tropæa.
Denique præfectus huc mittitur Asclepiades,
Ecclesiamque dolo meditans irrumpere furvo,
Mansuetum Christi disperdere ovile volutat.
Panditur id sancto superi charismate Regis
Romano, monachi qui relligione decenter
Præpollens, valido reliquos fulcimine munit
Ut stent exhortans contra licantque tyranno :
Unde sibi sisti jubet hunc præfectus ut audit.
Sistitur, arguitur, reperitur fortis, agone
Intrepidus, constans; Domini subnixus amore :
Concutitur flagris, tormento appensus equino ;
Lætior efficitur, tortus tormenta triumphans.
Exprobrat excrucians tortorem, verbera nescit ;
Tristibus athletis Christi præponit amorem,
Atque Dei servos meliores regibus effert.
Depositus quatitur librati verbere plumbi ;
Hinc lectus spondetur honos, ille omnia temnit,
Et sæcli decus omne Dei postponit honori.
Cæditur hinc lignis, tensus lictore quaterno ;
Tum quoque maxillas subacuta novacula rasit,
Facundi vocem dolor ut compesceret oris :
Confessor nulla substernitur arte repressus ;
Promptius alloquitur, puerumque admittier orat
Quemlibet, ac vera de relligione rogari
Unum sive Deum plures dicatve colendos.
Raptatur puer, ostendi martyr petit alti
Virtutem Christi, puerum sic vera reposcens,
De cultu summo absque dolo jubet apta fateri.
Ilicet effatur solum puer esse colendum
Ætheris atque soli Dominum, non sculptile vanum ;
Angitur hoc hærens stupidus sermone tyrannus ;
Versus in infantem quis ad hæc instruxerit illum
Scitatur. Matrem se pusio fatur habere
Christicolam, doctumque ab ea se credere Christo.
Mittitur accitum matrem ; perducitur illa :
Præcipitur geniti genitrix tormenta lueri.
Confessus se Christicolam suspenditur ille,
Torqueturque, pio mater quem robore firmat
Æterni et fontis sitienti pocula suffit.

A Cum puero Barula flagris Romanus adactus,
Miles cum tirone, novus cum milite tiro ;
Clauduntúrque simul torti imo carceris antro.
Interea coluber diras excogitat artes,
Lignorumque pyram jubet extra mœnia poni.
Fulgebat posthac tenebris lux altera pulsis
Præfectusque ibat populo comitatus opimo :
Ibant et sancti gaudentes igne probari
Ingentemque rogum Romanus fervere cernens
Invocat excelsum lymphæque ignisque potentem.
Ecce repente nitens obscurant nubila cœlum,
Nubibus et densis tranquillus cogitur aer
Demissusque polo veniens largissimus imber
Imbuit exstinxitque pyram, fervoris ademit
Vim totam ; nihil hic flammæ, nihil ignis agebat.
B Glorificant Christum populi, ferus uritur hostis,
Deficit atque iterum sanctos in carcere trudit.
Hinc iterum spargit cum jam lux crastina terras,
Pelluntur, deducuntur trucis ante tribunal
Judicis. Ille dolens non se vicisse per ignes,
Succensusque jubet Stygia face et igne Cocyti,
Mox puero tenera caput a cervice recidi,
Romanoque Deum laudans plectrum ore revelli.
Tum gnati genitrix exsultans membra receptat.
Ducitur hinc medicus Romani abscindere verba,
Accipit et regimen radicitus amputat oris.
Ille gemens cœlumque tuens benedicere certat
Clara voce Deum, sibi qui vocem sine lingua,
Sermonem sine voce dedit, sine verbere verba.
Præfectus medico tormenta inferre minatur
C Quod decus invicti parcens non dempserit oris.
Ille palam monstrat toto abscidisse palato
Plectrum oris, testans aliud non vivere posse
Sic abscissum animal. Jubet ille adducere porcum,
Cui parili ut secuit chirurgus acumine linguam,
Labitur et pariter cum lingua commoritur sus.
Evadit medicus. Præfectus Maximiano
Nuntiat hæc. Ille occulte sub carcere clausum
Romanum jubet occidi ; fit jussio sævi
Principis, et martyr celebrem consummat agonem,
Æternamque capit cœlorum a rege coronam.

CAPUT XV.
De sancto Hesycho.

Hesychius regum tunc forte nitebat in aula.
Præcipiunt igitur proceres dis sacrificare
Omne palatinum vel cingula ponere vulgus.
Ille ubi jussa capit, gaudens discingitur ultro,
Abjectoque palatino discedit honore.
Indignatur ad hæc princeps trux Maximianus,
Mandat ut indutus tunica gynæcia servet
Turpiter, et condemnatus muliebria tractet.
Hic positum multi visebant, ejus ab ore
Verba salutiferæ gaudentes sumere linguæ,
Præbentesque Dei famulo solamen amoris.
Audit, et hunc sisti mandat sibi Maximianus,
Sistitur ; hinc rogitat melius sibi quod fore credat,

Sive palatino renitens decoretur honore,
Sive colat turpi gynæcia laxa pudore ?
Ille refert melius gynæcia nomine Christi
Servet, dæmonibus famulans quam serviat aulæ.
D His verbis ejusque aliorum pondere pressus,
Quis sibi præferri Christi indignatur amorem,
Insanus princeps, furiis agitatus Averni,
Præcipit annexum demergi in flumine saxo
Hesychium. Exuvias ejus sed repperientes
Collegere viri cum relligione benigni,
Sanctorumque secus glebas posuere decenter.
Hæc pressit multos isthic et ubique procella
Christicolas, celebri Dominum virtute sequentes,

Tempestate sub hac validos Cyprianus agones
Sudavit, meritis Justinæ virginis arte
De magica ad sanctum Christi conversus amorem.
Hæc nam virgo decens, hac urbe parentibus orta
Præclaris, Christum, tradente diacone quodam,
Cognovit, traxitque simul lucrata parentes
Instructos sacris, quos tinxit episcopus undis
Optatus, docuitque viam servare salutis.
Ecclesiam dum virgo Dei Justina frequentat,
Aglaidas [ms. 2, Acladius] cæco juvenis succenditur
                                                      [igne,
Allegansque viros plures, matresque puellæ,
Connubii petit hanc sibi certo fœdere necti.
Quæ paranymphorum simul omnia dicta refutans,
Depactam Christo regi se nuntiat alto,
Seque fidem sponso firmat servare superno.
Vim procus attentat renuenti inferre puellæ,
Sed superi cedit Domini virtute repulsus.
Quo minus assequitur juvenis, magis ardet amore
Desertumque videns hominum se viribus, audet
Dæmonicos tentare dolos, artemque nigrantem.
Experiens magico Cyprianum carmine doctum,
Alloquitur, cujus frangi petit arte pudorem,
Auri se spondens illi conferre talenta
Igneolo si fors queat hanc accendere telo,
Atque Cupidinea cor ei terebrare sagitta.
At Cyprianus, ut assuetas vafer exerit artes,
Dæmonii figmenta videt se sistere coram;
Cui mandata ferens, Justinam peste furoris
Præcipit urgeri diro ut crucietur amore.
Paret larva petens robustæ tecta puellæ :
Virgo thoro excutitur, sentit conamina fraudis,
Et cruce se munit, Christi tutamina poscens.
Signa crucis cernens pulsus distabuit anguis;
Quem victum aspiciens, alium perquirit aruspex :
Evocat, insinuat quid eum sua carmina poscant.
Evolat aereasque celer prolabitur auras,
Virginis atque petit media sub nocte cubile,
Virgo peti se sentiscens turgore colubri,
Christi præsidium quærit jam tegmine notum,
Vexilloque crucis vallans sibi membra, precatur
Illæsum quo Christus ei servare pudorem
Dignetur, lampas ne ardens superata nigrescat,
Ille crucis reverenda videns rutilare tropæa
Deficit abscedens supero liquefactus honore.

Hinc artis majora magus molimina tentans
Majorem invitat Zoroastris fraude draconem.
Ille superba fremens, nimios inferre labores
Se jactat, victamque proco vincire puellam :
Virgineumque dolis ducens ex aere corpus,
Virginis in specie castis se visibus offert;
Fingit amare Deum, missam mentitur ab ipso
Se castæ comitem Justinæ, pectora tentat
Argutis penetrare dolis, et præmia quærit
Illi pro tanto quæ sint tribuenda labore.
Hæc modicum memorat (sed præmia magna) la-
                                                      [borem.
Illa refert contra cur noluit Omnicreator
Adam cultorem paradisi degere solum,

A Atque dedit sociam divina lege maritam,
Mandans augeri, benedicens multiplicansque;
Legitima quorum mundus compage repletur;
Divina an rigido temnuntur jura pudore?
Aspidis hoc Justina trucis flammata veneno,
Turbatur, surgit, pergit, stupet, angitur, hæret,
Respicit elisam Dominus, divina negantem
Qui quondam Petrum fidei, nec mœnia turris
Sustinet hoste latente rapi; nam dæmonis hosce
Denotat esse dolos, quæque ad munimina nota
Corde means, orat, crucis arma celerrime sumit,
Effigies conficta, crucis perterrita signo,
Liquitur, et vacuis sese promiscuit auris.
   Virgineum pectus cœlesti robore fultum
Multis inde modis parat inipugnare chelydrus;
B Bella movens variis tenebrosæ fraudibus artis,
Incutiens morbos, strepitus, phantasma, dolores,
Blanditias et opes, terrores, damna parentum,
Furta, dolos, escæ lenimina, seditiones,
Argumenta, quibus forti munimine tuta
Mœnia proruerent; Christi vallata sed armis
Mens invicta manet; nullo superanda duello,
Lenia fortunæ spernens, simul aspera vincens.
Virgine bella videns frangi Cyprianus eorum
Quis magis innisus fidit, vocat arte magistrum.
Turbidus ille venit; petit ac magus ut sibi pangat
Quanam abeant teneræ victi virtute puellæ.
Ille timens linqui : « Jura ne deseras, inquit,
Fraude tua; » jurat vires Cyprianus in atras.
C « Signum, ait, aspiciens Crucifixi solvor, eodem
Deficiens, liquorque fluit ceu cera per ignem.
— Tene, ait, est major Crucifixus? — Major at ille
Omnibus est, pœnas meritis quique inferet ultor.
Pergendum est, inquit, quærendaque gratia Fixi
Ne pœnas tolerem quibus est furiturus in hostes. »
Abjurans igitur virtutes fraude vigentes,
Contemnensque potestatem superabilis anguis,
Præsulis Ecclesiæ pedibus provolvitur, orans
Notitiam signumque dari sibi nobile Christi.
Præsule formidante dolos, dum pellitur æger,
Narrat uti victas Satanæ cognoverit artes.
Grates ille Deo referens, catechizat alendo
Lacte piæ fidei, Christum monet atque petendum
Ejus in ecclesia, cleroque frequenter agendum.
D Iste domum rediens mox funditus omnia frangit
Figmina quis ritu celebri servire solebat;
Vanaque projiciens lacrymis admissa luebat,
Ecclesiam repetens, poscit sibi signa salutis
Ostendi. Ingrediens audit : Salvum Deus in te
Sperantem facito servum; sic cætera quæque
Ut vigili tradit aure, capit documenta salubris
Eloquii, fixusque manet catechumenus intra
Dum reliqui properare foras mandantur; at ipsum
Exire ut levita monet, ac talia reddit :
« Servus sum Christi factus, me extraque repellis?
— Nondum perfectus Christi dignoscere servus, »
Sollicitus sacris respondit ad ista minister :
« Vivit at ille mihi Christus qui dæmonis actus
Confudit, nostri factus pietate miseritus;

Non hinc egrediar Christi nisi vernula factus
Integer exstitero. Denuntiat ista diacon
Pontifici; vocat ille novum gnatum, instruit almo
Dogmate, perfectum faciens baptismate sacrat;
Tempore nec multo levitam hunc destinat aris.
Gratia praeterea contra data daemonis artes
Magna refulsit huic plures largita medelas,
Nec dici potis est quantas operata salutes.
Denique presbyteri virtutum culmine scandens,
Doctrinaque nitens, fidei percepit honorem;
Praesule defuncto, sumpsit quo sacra lavacri,
Praesulis officium meritis sortitus honestis,
Justinamque Dei famulam facit esse ministram
Altaris, dat virgineis praefertque choreis.
 Cordibus hinc hominum Christi dum semina
           [spargit,
Fit memor ipse sui, Satanae quas vicerat artes
Notificans, quis squalluerit constrictus ahenis;
Accusator ut est solitus fieri sibi justus;
Accusat sese haud fuerit quod nequior ullus,
Enarrans ut eum Phoebo addixere parentes,
Utque ministrarit Dianae in monte draconi.
Non celans ut Olympiacas servivit ad aras,
Illic sacrilego promotus honore sacerdos;
Daemonicas discens vires, phantasmata divum,
Aeriasque potestates, insanaque verba,
Bella, sonos, strepitus, herbas, mendacia, fraudes;
Qui varias varii properant seducere gentes;
Ut post Aegyptum Chaldaea petiverit arva
Atque mathematicam nocturna per astra notavit;
Daemonicas illos constat quas sumere formas,
Actus, errores magicis depingere libris;
Ut studuit, tetris imbutus fraudibus horum;
Angelus ut Satanae lucis se comit honore;
Qualiter aerius princeps se prompserit illi,
Colloquio reputans dignum proprio, atque salutans,
Astutumque vocans puerum, placitumque mini-
          [strum,
Inter primores ejus qui dignus haberi
Promeruit primas, et filius inde vocari,
Ut sibi promissum compleri quaeque petisset,
Ac desiderium sibi quod libuisset agendum;
Inque ministerio cuneis stipatus adeptis
Umbrarum, gaudet proceres servire paratos,
Mirantur qui talis huic quod dedita virtus,
Argutum quod apud regem fiducia tanta.
Prosequitur quales rex hic sibi fingat honores,
Et quae vana creat, fraudes quo praeparat astu;
Quos quantosque dolos Justinae intorserit olim;
Utque illi sibi parentum transmiserit agmen,
Hinc ipsum tetri regem cum milite belli
Tempore certamen quanto patraverit istud;
Ut regem victum tandem sibi demere amorem
Oravit, queio non validum conferre medelam
Opprobriis petiit multis vanumque probavit;
Versus ut in speciem Justinae apparuit illi,
Hujus ut accipiens nomen defluxit ut umbra;
Ut Zoroastraea diversas arte figuras.
Induerit mulier vel avis factus, et ejus

A Limen ut ostioli tetigit resolutus ab arte,
ipse videbatur nolens Cyprianus, et horrens
Qualiter Acladius, passer malefactus ab ipso,
Tecta supervolitans superaverit alta puellae,
Sed residens plumas positis amiserit alis,
Invius juvenis propriosque resumpserit artus
Depositis pinnas talis qui ascenderat alis;
Spicula quae dederit replicans, mala quanta pararit
Fraudibus, ut posset fortem captare puellam,
Quomodo cuncta videns Christi vacuata vigore,
Tela sui, contra quae virginis acta pudorem,
Justinae coepit crebris extollere nomen
Eloquiis; ideoque fugientibus inde ministris
Spiritibus sibi concessis, quia ferre nequirent
Egregiae nomen saltem resonare puellae;
B Impotis ut regis magis hinc contemnere vana
Coeperit, exprobrans et frivola sceptra refutans,
Abjurans leges et principis arma nefandi,
Vires magnificans Christi, nomenque decusque;
Ut se flagitiis dum poenitet esse subactum
Tantis, exacuens serpens molimina dira
Aggressus nimia vi suffocare paravit
Semineceemque dedit, Christi sed nomine dicto,
Signa crucis faciens, evaserit ora draconis
Igniferi, rabidis exemptus faucibus anguis,
Ut quoque multa minans se desperare salutem
Compulerit, nec eum tamen hinc sibi subdere
          [quivit.
Qui super istum Christicolas rogitavit amicos
An se tam miserum clemens miseratio Christi
C Tantorum caperet scelerum vincimine nexum.
Tunc artes, fraudes, mortes, stupra, liba revolvit,
Multa venena vomens lacrymis quoque crimina pur-
          [gans.
Offusum lacrymis dulces solantur amici
Et pia de bonitate Dei paradigmata promunt,
Attolluntque animos magno sub fasce labantes.
Praecipue quodam nitido sermone diserto
Eusebio dignis illum exhortante profatis,
Ad spem promotus Domini ut pietate levatur
Solamen capiens, facunde hoc notificante,
Scripturae et sacrae diversa probamina dante;
Dextera celsa Dei quales mutaverit actus;
Verterit ut pravos, erexerit ocius almos.
D Ductus in ecclesiam percepit ab inde salutem,
Combussitque libros artis figmenta profanae.
Idque ubi cognovit factum, Justina dicavit
Se Christo, vendens pretiosa monilia cultus
Feminei, quorum pretium largitur egenis.
Post doctor factus Cyprianus, et omnia callens,
Tela veneniferae pestis vitanda docebat,
Anguigenas fraudes; anfractus furta notando.
 At draco virosus, moerens sua crimina pandi,
Atque suae de se praedae spectare triumphum
Multa dolens, Stygias animos instigat in iras,
Principis Eoi, quaerat quo dogmatis hujus
Christiloqui magno Cyprianum jure magistrum,
Qui multas, juncta quadam sibi virgine, firmat
In Christi perstare fide nec cedere flagris.

Comperiens Satanæ famulis Eutholimus istud,
Mittit, et accersit secum cum virgine Patrem.
Quos sibi dum statuit custodia publica vinclos :
« Tune es, ait, doctor magica Cyprianus in arte
Qui multos errare facis sub nomine Christi?
— Doctus (ait ille) fui magicis in fraudibus olim,
Luxuriæ servus et perditionis alumnus,
Multos illaqueans, et perditus impia tradens;
Sed me salvavit Christus per virginis hujus
Prælia Justinæ, signo quæ dæmonas omnes
Devicit Christi, mandans quos improbe misi
Ut caperent, sociamque mihi cum fraude pararent.
Illa sed hæc spernens simul omnia vicit, et ipsum
Me eripuit, Dominumque dedit cognoscere Chri-
[stum. »
Tunc comes appensum radi jubet unguibus illum,
Justinamque alapis et crudis cædere nervis.
Dum flagrat illa Deo laudes sub verbera reddit.
Pontificem sanctum post hæc ergastula captant,
Justinamque Terentinæ cepere fovendam
Servandamque lares, cujus de lumine Christi
Illustrata domus meritis est virginis hujus.
Hinc iterum ducti, parvo post tempore trito,
Belligeri fortes stant judicis ante tribunal,
Nomine pro Christi sed et ultima ferre parati.
Ferrea mox illis fervens sartago repletur
Fomento picis atque adipis ceræque coacto.
At Cyprianus ut ingreditur corroborat agnam
Christi Justinam, valido quæ robore sumpto
Intrat, et illæsi medios lætantur in ignes,
Glorificantque Deum per quem tormenta trium-
[phant.
Sculptilium spectans Athanasius ista sacerdos,
Indignatus, ait : « Jubeat tua gloria, princeps,
Vincere me vires horum virtute deorum. »

A Cum dicto divum properat monstrare vigorem,
Quemque propinquantem exsiliens rapit et vora-
[ignis.
Non Jovis hunc, Phœbus neque, nec fortissimus
[Hercles
Omne Deum vulgus nec protexere lupercum,
Ast comes ut trepidus stupuit ; magnalia Christi
Nuntiat imperatori, quid ad hæc sibi malit
Edicat, referens tormenta ut victa quierunt.
At princeps, quem tunc Nicomedia forte fovebat,
Ut sibi legetur senior cum virgine mandat.
Ducuntur variis acti cruciatibus. Ille
Turpe putans iterum si per tormenta fatiget
Hos eadem, vibrante jubet mucrone feriri.
Quos Theoctistus cernens ad funera duci,
B Oscula victori valido fert. Conspicit istud
Cognatus quidam regis ; jubet atque necari
Hunc pariter, gladioque simul sumpsere coronam,
Ducentes celebrem, victo tortore, triumphum.
Corpora jacta feris jacuerunt nuda sepulcris
Sena luce, Dei servans quæ dextera texit.
Tumque Theoctisti cives, noctu venientes,
Custodes dum dormitant, veneranda capessunt
Navigioque ferunt sanctorum corpora Romam.
Quæ matrona fide fervens Rufina receptat,
Prædioloque suo cultu deponit honesto,
Horum ubi præstantur multæ sub honore salutes.
Præterea plures, quorum non legimus actus,
Tempestate sub hac urbem penes Antiochenam
Certarunt, mundumque suis vicere triumphis.
C Quadraginta simul tunc consummantur agones,
Virginibus varias passis pro culmine regni
Ætherei pœnas, cujus meruere decorem.
Junguntur multi quorum nec nomina legi,
Cœlestis supero quæ littera scripsit in albo.

INCIPIT LIBER SECUNDUS.

CAPUT PRIMUM.

De sancto Theoderito.

Ecclesiis post hanc fulsit lux clara procellam,
Quam livore nigro pietatis defuga tentans
Obscurare, jubet sanctos libare profanis,
Diris aut subigi pœnis ; transmittitur unde
Huc præfectus atrox Julianus avunculus hujus :
Qui veniens spoliat Christi truculentus ovile,
Ac dispergit oves, valido sed presbyter almus
Theoderitus opem supero munimine sumens,
Restitit intrepidus pia servans mœnia surmus (sic).
Præfectus quod comperiens, ad flagra teneri
Hunc jubet, hinc variis agitat terrotibus atque
Suspensum multis sævus cruciatibus urget :
Lampadibus siquidem latera inflammantur adactis ;
Siderea quibus evictis virtute, repente
Angelico stupidi visu cecidere ministri,
Credentesque ministerium feritatis abhorrent,
Devotique Deum vero Christum ore fatentur.
Quos dum præfectus mergi demandat in altum,

« Ad Dominum, fratres, me nunc præcedite, » san-
[ctus
Martyr ait ; « superans inimicum mox sequar au-
[ctos. »
Sic quoque persistens Christi robustus amore,
Vaticinans etiam plenus de Flamine sancto
Retrogradi interitum Persarum in gente gerendum,
Martyrii, tandem gladio complevit agonem,
Atque polo dignus meritum percepit honorem.
Mulctatur lanius, divino examine plexus,
Quoque sacras violarat opes turgore sedile
Perculsus, putri fluit ingurna tabe liquatus :
Spirans verme editur, saniem non unguina sistunt ;
Nequicquam medici frustra cataplasmata sudant.
D Nec solum teritur mulcta temerator aperta :
Quin detractores, vigiles gerulique sacrorum
Morte gehennales misera truduntur in ignes.

CAPUT II.
De Licerio et Hippolyto.

Hoc plures etiam vario quoque tempore cladis
Hic Christi athletæ multis vicere tropæis;
Isthic Licerius hostem levita beatus
Fortiter elidit, certans pro nomine Christi.
Septies hic tortus, longumque ergastula passus,
Tandem martyrium capitis mercede paravit.
Hic etiam Hippolytus certavit regna polorum
Ut caperet, dumosa, novo qui schismate captus,
Erravit quondam per devia; quique triumphans
In semet sese prius, hinc ad cætera surgit

A Bella fide. Fortis miles seu fraude subactus,
Sæva manus qui in vincla dedit, quis denuo liber
Exemptus, laqueos magno molimine vitat
Et cavet insidiis instructus ab omnibus hostis,
Viribus egregiis nitens male cauta piare :
Haud minus Hippolytus, Christo eripiente, solutus,
Catholicæque pium fidei regressus amorem,
Sollicitus cavet ipse dolos, docet atque cavendos ;
Proque fide pugnans valido cautoque duello
Martyrium factis renitens illustre decorat

CAPUT III.
De sancto Phoca, Petro et cæteris.

Nobilis hic Phocæ veneratur agone triumphus.
Qui post multiplices pro Salvatore palæstras,
Qualiter antiquo nunc de serpente triumphet,
Utque triumpharit populis en panditur isthic :
Dum serpens si forte loci perstrinxerit ullum,
Dente venenifero virus lethale profundens,

Mox ut basilicæ comprenderit ostia læsus
Martyris, eruitur vacuata lege veneni.
Petrus levites hic Hermogenesque coluntur,
Demetrius præsul nec non levita Anianus;
Eustosius pariter, viginti cum venerandis
B Resplendent sociis, lucis simul æthera nactis.

CAPUT IV.
De sanctis Cyrico et Julitta.

Hic puer insignis Cyricus cum matre Julitta
Mirandis fertur quondam vicisse tropæis;
Impia robustus superat qui verbera postquam,
Calcem mordenti junctam capit ore sinapi,
Horrendique simul mixturam vicit aceti.
Sic clavis fixi, vulsis in carcere trusi

Sunt oculis, decalvati, sed et excoriati.
Hinc lecto appliciti prunis assantur in æris;
Attriti demum serris linguisque recisis
Martyrii cursum capitis splendore dicarunt.
Annumerantur eis socii, sub nomine Christi
Quattuor et quadringenti certamina passi.

CAPUT V.
De Donato et sociis ejus sanctaque Margarita.

Donatus et Valerianus hic simul
Cum Restituta, Fructuosa et cæteris,
Bis sex renident, præcluent sodalibus
Triumphum adepti glorioso prælio.
Hic Margarita virgo fertur plurima

C Tormenta passa veritatis pro fide,
Sertata fulget unde serto gloriæ.
Vicere plures hic draconem martyres
Dignis adepti celsa bellis præmia.

CAPUT VI.
De sanctis Antiochia progressis.

Hac exeuntes civitate plurimas
Multi et remotas luminarunt patrias.
Cœlestis unde lumen ortum dogmatis
Lucas fidei fert medelam gentibus ;
Appollinaris hinc sequens apostolum,
Primus Ravennæ verba vitæ detulit.
Lucianus inde egressus almus presbyter,
Mundi salutem voce et actu prædicans,
Tropœa nactus est apud Nicomediam.
Romana Timotheus ex his mœnia
Petens beati Melchiadis tempore,
Dum prædicando gesta Christi publice
Pandit, coronam promeretur gloriæ.

Progressus ex hac urbe Januarius,
Fertur sacerdos Gordiano martyri
Commilitonis et patroni qui vicem,
Fortis probatus ex agone, præbuit,
Hinc et Joannes editus Byzantio,
Præsul diserto comit orbem dogmate.
Duxisse fertur hinc genus Seraphia,
Sub Adriano passa Romæ funera.
Pluresque, cœli ut astra lucidissima,
D Isthinc per orbis splenduere climata,
Isthinc Erasmus exiens, Campaniam
Splendore vitæ luminat, magnalibus
Miris coruscans, cuncta vincit tormina.

CAPUT VII.
De Eustachio episcopo et Euphronio.

Multi præterea renitent hac urbe patroni,
Qui dum sæpe suis hostem stravere triumphis,

Perfecti tandem meritis in pace quierunt.
Quia Pater Eustachius Beroeis raptus ab aris,

Eloquii fluvios fidei, mirante senatu,
Catholicis animæ populis alimenta ministrans,
Blasphemas acies pietatis sternit agone.
Hostibus hospitio larga sed pace receptis
Pellitur arguto falsi bacchante cavillo,
Pellacique dolo injunctæ detruditur arci

Ac successores propero discrimine plexi ;
Versilis et pellex fraudes perculsa resignat.
Post sævos tandem rixarum ac turbinis ignes,
Dividui Eusebio renitente cacumina fastus
Improprii, atque datæ contento culmine sortis,
Euphronius Reblathæ post otia longa dicatur.

CAPUT VIII.
De sancto Simeone monacho.

Hic urbem sanctus Simeon penes Antiochenam
Actibus effulgens digno celebratur honore.
Tertius et decimus cui dum provolvitur annus,
Mundi se curis adimens secreta petivit
Septa monasterii ; fortis patiensque probatus
Excipitur servisque Dei se moribus aptat :
Vique viam summæ scandens abstemius arctam,
Pauperibus clemens, collata alimenta ferebat ;
Indiguis largus, sibi tantum austerus, arctus.
Psalterium plene modico sub tempore captans
Pervigil edidicit, memorique recondidit arce.
Fortis et enitens motus frenare superbos
Palmitio stringit lumbos sibi fune coercens.
Sulcato undantes refluunt dum corpore vermes,
Sentiscunt fratres, Patri indaganda ferentes.
Ille rogat dicat ; tegit hic factumque repressat
Corripiture visu, patefactum vulnus aditur;
Restieulæ modo summa patent, magnoque dolore
Conficitur, teriturque magis conferre medelam
Dum socii certant ; putrido cum viscere tandem
Eripiunt restem, et multo vix tempore curant,
Hinc alti fugiens putei se claudit in imo,
Quo dum se mactat jejunia longa trahendo,
Sidereo quatitur monitu visuque minaci
Timotheus abbas Simeonem quærat ut almum,
Restituatque loco, constet quia sanctior ipso.
Hoc semel atque iterum visu perterritus ille
Quæsitum jubet ire suos, redeuntibus atque
Frustratis, properans meat ipse, lacusque repertum
Explicat invitum baratro, cellæque reducit.

Ille monasterium post anni tempora linquens,
Deserti petit arva, optans habitare seorsum.
Hic se surrecta concludit amore columna
Theoricæ fervens speculæ quia celsior exit.
Trinam post hiemem, fama crescente beati,
Tricenos usque ad cubitos procedit in altum,
In qua stans spargit multas in plebe salutes ;
Languentes medicans, obsessos dæmone purgans ;
Auditum tribuens surdis et lumina cæcis,
Mancis restituens palmas, mutisque loquelas.
Leprosos mundans, mirorum millia patrans,
Quæ qui cuncta feret, cœli quoque sidera dicet.
Hinc populi multi Christo servire parati
Allophili, Armeni, Persæ, sparsique Agareni.
Ulcere percutitur late patientia nectar
Ut spargat flagrante fide cruciaminis igne ;
Unde scatiscentes cernens emergere vermes
Delapsos repetit matrique reponit alendos,
Mandere præcipiens Dominus quæ præstet edenda.
Sic uno innixus pede plenum prostat in annum

Et manet invictus, femoris dum deficit ulcus,
Corporis exsuperans morbos vincensque labores.
Saracenorum Basilicus rex petit almum
Visere belligerum, benedicique orat ab ipso ;
Delabique videns exeso a corpore vermem,
Suscipit atque oculos tangi putredine gaudet :
Cum subito tabes pia margarita refulsit
Sumpsit et insignem sanies mutata decorem.
Ascribit Domini cultor, rumoris et osor,
Non propriis actum meritis, at regis amori.
Exsultans sacro benedictus et ore tyrannus,
Qui dives venit, ditissimus inde recessit.
Hac sanctus Domini postquam se clausit in arce
Cernere vel cerni muliebri lumine cavit,
Nimirum metuens culmen dum tendit in altum
A summo Domino ne corde recederet imo ;
Verum nec matri post tempora longa petenti,
Amplectens pro matre Deum, se visere cedit,
Culmine virtutum celso magis alta petente.
Ædificatur huic jam quadraginta columna
Excelleus cubitis, in qua per cætera mansit
Fixus amore Dei reliquæ stans tempora vitæ,
Serpentum reprimit rabiem, truciumque ferarum.
Almifico cui naturæ miseratio fulsit
Lumina testantur supplicis medicata draconis ;
Venit et huc mulier sævo saturata chelydro,
Quæ noctu sitiens biberat pro fomite pestem ;
Invalidamque manum medicorum experta, requirit
Certi solamen medici ; fert vir pius aptum
Antidotum præbens benedictæ pocula lymphæ
Huic quæ sorbuerat maledictæ viscera belvæ.
Nec valet hanc ultra funestum lædere poclum,
Sumit ut imbutum vitali munere potum.

Accidit ariditas, pestis regionis adustæ,
Pulvere telluris nimio squalentibus arvis.
Accola tum densus summo de monte fluentem
Replentemque pios fluvium pietatis adivit,
Æterno effusum pietatis fonte supernæ,
Fundentem lætos Simeonem cordibus haustus,
Præsidium petit hic solitum, suffragia poscens
Celsa Dei, subitoque illo poscente dehiscit
Terra patetque chaos ; lymphisque humane repletur ;
Tunc jubet ille fodi septem fierique meatus
Per quos inde latex agros fecundat inundans.
O celebranda viri virtus, oratio cœlum
Cujus ab ore petens imum patefecit abyssum !

Arborea gemini residebant forte sub umbra
Hac, urente polum Phœbo, regione viantes ;
Prægnantemque procul cervam transire videntes,
Adjurant Simeonis agi virtute potenti

Stet prendique sinat : stat tanto nomine sumpto,
Obsequiturque pedem referens devotior ipsis.
Virtus mira viri, cujus dum voce citatur
Nomen, et infidis parens fera servit agrestis.
Transiit hic feritas pecudem translata relinquens
Invadensque homines ; sævi, pietate remota,
Nec venerantur eas reveritur quas fera voces ;
Invadunt igitur prædam, virtute prehensam
Alterius, perimuntque superno numine fixam.
Comedunt, torrent, nec ad id data viscera mandunt,
Digna sed audaces mox perculit ultio mentes,
Et ratione carent ratione carente feroces
Qui exstiterant, prædæ pietatis honore subactæ
Sumentes ægros pecorisque silentia flatus.
Tramite sic cœpto properant cum pelle revulsa
Festinique petunt veneranda cacumina justi :
Nec latuit vatem præsumptio facta ferorum,
Quis superam pius orat opem ferrique salutem ;
Seductis [f. sed votis] gesta improbitas obsistit opi-
                                          [mis
Dantur ei meliora tamen quam postulet, atque
Promeritam tolerant decreto tempore pœnam,
Ne posthac æterna reos tormenta volutent.
Dum patiuntur et hi multis præsumptio talis
Aufertur, digno plures moderante flagello
Post geminum magnis precibus sed præditus annum
Hospitibus tandem miseratus medicatur anhelis.

   Sævus ea quondam pardus regione furebat
Proturbans homines, pecudes jumenta voransque ;
Agricolæ contra sancti tutamina Patris
Exposcunt, rabido quo defendantur ab hoste.
Perversis ast ille sciens apponere sancta
Sanctificans benedicit aquam, mittitque ferendam
Per loca qua pernix pardus transire solebat.
Distinctus maculis, et crudelissimus hostis
Ignotam multis pedicam venantibus edens,
Torva salutiferis respersa liquoribus arva
Accelerans præcepsque ruens ubi bellua tangens
Concidit, et vitam tenues emisit in auras;
Non funesta valens ad eorum vivere mortem
Quorum vir Domini certat defendere vitam.
Suspendunt igitur vicino tergora calli,
Securo Dominum Simeonis corde viator
Ut benedicat, iter, posita formidine, carpens.

   Omnimodis tamen ille sibi prohibebat honorem
Deferri, fugiens ventosæ munera linguæ.
« Perge domum, » dicens, præbebat cuique mede-
                                          [lam,
« Glorificansque Deum qui te sanavit, honora ;
Nec te curatum Simeonis viribus ausis
Prodere, ne pœna versa tibi sorte feratur ;
Nec jurare Dei præsumas nomine summi ;
Peccatum esse sciens ; in me quin paupere jura
Constricto vitiis fragili sub carnis amictu. »
O dignum Christi famulum ! dum vertere curat
Lapsantes animas, potiora pericula demit,
Lubrica linguarum bonus in se spicula torquens
Ne in Dominum commissa reos peccata tenerent,
Quos proprio redimens salvavit sanguine Factor.

A Explevere duo socia mercede laborem
Ut quod perciperent posthac libra finderet æqua ;
Comproperantque dehinc sancti benedicier ore,
Quos ille aspiciens, cordisque occulta penetrans
(Alter enim comitem pellace fefellerat astu),
Cur veniant rogitat qui sunt, iteratque opus illi
Non tamen omne ferunt : « Frausne sit facta videte. »
Utque negant, vafro « Caligam pede tolle » beatus
Dixit, et hanc ubi das comiti, non estis iniqui. »
Quo facto crepidam tollenti, « Dissue, » manilat,
« Quinquaginta tuo solidos tibi jure capessens,
Totque sciens socii parili perone latere. »
Sic moderata æqui collegæ lance recedunt,
Magnificantque Deum perversa fraude carentes,
Qui tantum vati concessit inesse vigoris
B Ut dum totius nisu virtutis adhæret,
Junctus mente Deo, sit munere spiritus unus
Cæca tenebrosi rimans penetralia cordis.
Sic cujus combusta domus civi Antiochensi
Quantum perdiderit ; quare narravit avaro
Promens quot latebris solidorum abstrusa talenta
Celarit, serusque boni nihil inde patrarit;
Mersa ideo cæcum baratri testatus in imum,
Ostendens non ignaro quod fecerit istud
Se, Domino famulo sua charo examina pandens
Arbitrium suspectanti seu judicis æqui.
Olli prætereà pietas immensa vigebat
Affectu et cunctis avido prodesse benigno.
Unde etiam lethi quondam de fauce latronem
Eripiens, cœlo celeri solamine misit.
C Qui post lethiferis mala plurima gesta rapinis,
Dum mortis meritæ pateretur ad ultima pœnæ,
Aggreditur propero venerandam calle columnam,
Quærentum quem nemo valet contingere visum,
Sed nec ad hunc ausus capiendum extendere
                                          [tram;
Moxque ubi deflevit septem sua facta diebus
Perfidus Honoratas dudum tandem esse fidelis
Addiscens, gratique canens sibi tempora finis,
Conscendit lacrymis paradisi gaudia lotus
Et vectus meritis Simeonis ad alta beati ;
Atque decus Christi confessum in morte latronem
Consectans, raptum Dominus quem faucibus orci
Ad paradisiaci perduxit amœna decoris.

D Inclytus hic Domini famulus quæcunque petivit,
Hæc salutari dono captavit herili.
Nam regina potens, tamen infecunda marito,
Legatis rogat attribui sibi gaudia matris.
Expromptam pietate fidem venerabilis ille
Mente tuens, promittit opem, promissæque supplens
Fert sterili partum, non inferior Eliseo :
Clarior utque viri virtus hoc clara patratu
Splenderet, puerum peperit regina, repertum
Tempora post mutum gressus neque ferre valentem.
Approperansque Dei famuli prope culminis oras,
Cum misero legat mœrentem infante maritum
Patrono ; tantisper eos jubet ille manere
Dum Domini petat auxilium : petit, accipit, ori
Sermo datur pueri ; discunt incedere plantæ.

Fitque pius senior pueri director et actor,
Officium dum præbet ei linguæque pedumque,
Cujus, cum quando obtinuit, pater exstitit olim,
    Clausa vir egregius scrutans arcana videbat;
Nulla domum cujus mulier penetrare solebat.
Forte fuit quædam cupiens invisere vatem,
Militiæque viros ejus habitacla petentes
Cernit, et arripiens habitum mutata virilem
Militibus comitata subit secus ostia sancti.
Limina non audens vetitæ pede tangere cellæ
Conservanda petit comitum jumenta; sinuntur,
Introeunt socii, benedicunturque beati
Ore viri; posthac ait ille : « Remansit
Quilibet ante fores, ex me cui talia ferte ;
Noli vexari, intro pedem neque dirige Christi
Contra dispositum, servi fidei [cod. 2 fieri] ipse mi-
    [sertus,
Namque tui cernendo fidem Dominus probat altus. »
Egressi comitem pandat quo vera precantur;
Prodit se sociam, socius quibus ante putatus,
Talia mente viri quare præsumpserit addens.
Auribus hæc illi stupidis animoque trahentes
Magnificant Domini, venerantes munera, servum,
Funera post cujus quædam temerare protervo
Claustra petens ausu, vetita ut pede limina tangit,
Retro plexa ruit, lethoque coercita cessit.
Sæpe quidem veniens benedici multa petebat
Turba hominum; sed ea longas dum tempore
    [quodam
Exspectante moras precibus trahit ille, minister
Innitens gradibus conscendit ad alta columnæ,
Nec responsa capit populum solarier orans :
Vocibus assiduis tandem insistente caterva,
« Ne, fratres chari, sitis mihi, quæso, molesti, »
Sanctus ait, « morulas quod vobis affero tardans ;
Magna quidem navis me dum vocitabat in alto,
Cujus ad exitium tumida surgente procella,
Ferme trecentorum titubabat vita virorum :
Mente simul sensi Dominum me poscere posci,
Omnipotentem adii votis, qui protinus illis
Tranquillam miseratus opem direxit in undas. »
Dixerat, et precibus ditans in pace remittens.
O mens alta viri, qui, domate septus in arcto,
Mente maris dum lustrat aquas, præsentibus astat,
Turgida concilians absentibus æquora præsens;
Spiritus exsuperans carnem præsentia differt,
Transvaditque solum tribulatis promptus adesse.
Carne licet gravidus liber jam fertur in orbem.
Ergo negans non spernendo præsentibus aures,
Aures quo præsens non cernebatur habebat;
Nimirum Domino junctus transcenderat ima.
    Hic regionem istam pius ut patronus alebat,
Pestiferos removens morbos cladesque repellens;
Nam telluris agros motus quatiebat et ædes
Hic quondam pariter sternens hominesque domosque,
Cives agricolæque simul qua peste coacti
Præsidium quærunt Patris sublime beati.
Ille Dei liquido venientibus undique turbis
Esse aperit dignam meritis facientibus iram,

Cum tanto in populo faciens bona vix foret unus,
Suggerit et secum precibus procumbere plebem.
Una, non parili merito, voce æthera pulsant,
Et Christum pariter summissa mente precantur;
Sed quis eum digno, puro quis corde rogaret,
Arcano Dominus famulo sermone revelat,
Pandit et is populo quod de tot millibus unum
Audierit Dominus secum, nomenque fatetur
Agricolæ, accersitque virum, vitamque precatur.
Edicat, reliqui ut factum meritumque sequantur.
Se sed hic indignum peccatoremque referre
Perstat; ut exemplum tribuat virtutis amicus,
Ne tectum celetur opus bonum et utile multis,
Cultorem compulsus agri se detegit ille,
Resque tripertito sejungere, pauperibusque
Parte data, fisco partem, sibi cætera subdat,
Enitens rebus propriis contentus haberi,
Reddere quæ Domini Domino, quæ Cæsaris ipsi :
Tendere nunquam ulli insidias, nullique nocere ;
Fratrem quemque suum in Christo ceu semet
    [amare.
Audito hoc cives humilem venerantur, honorant
Ruriculam, meritumque pii Simeonis adorant,
Per geminos istos instanti a morte revulsi,
Quod non spondentur Sodomis conferre noveni.
    Hunc charum Dominus famulum protexit ab omni
Hoste, notans quod si quis ei mala ferre pararet,
In Dominum peccaret, dum tangendo nitentem
Conspectus Domini pupillam tangeret alti.
Quidam nempe ferox, sævo instigante dracone,
Almificum diris præsumit carpere dictis,
Hunc seductorem memorans et fallere turbas,
Militiæque petens sibimet mandare magistrum
Vadat et hunc vexans deponat ab arce columnæ.
Permissus properat sociosque asciscit et altas
Appellunt scalas; gradibus conscendere nisus
Infelix, quem conscensum mala vota negabant:
Tresque gradus scandens superaverat, ecce remotæ
Vi supera scalæ subito liquere columnam;
Et miser appensus cœlo, terraque perosus,
Quattuor ut cubitis elatus rure pependit.
Ecce furens animos cæcato corde feroces
Extollit, pharetraque rapit pendente sagittam,
Lunatoque arcu nisam pia membra forare;
Ira superna manum ferit : haud mora plectitur
    [arens;
Hincque ferus chiragram patitur rapiturque podagra,
Officio manuum monstrans peccasse pedumque.
Nam Christi conatus ubi prosternere servum
Sternitur ipse miser, dextra damnante superna.
Dudum etenim turris cœli qui celsa petentis
Structores labio in multis secrevit ab uno,
Ascensuque poli indignos summovit inepto;
Ipse trucem removens præsumptis perculit hostem
Gressibus excelsum Domini vexare parantem,
Indignus, famulum cœli secreta colentem,
    At sanctus Domini postquam perpluribus annis
Fixus amore Dei celsa stetit altus in arce,
Nunquam intermissis precibus, demum pia felix

Inter verba precum cœli secreta petivit,
Intentam cœlis animam ad cœlestia mittens
Cernere scandentem per tempora longa cupitum,
Et locat ætherea, satiat quam gratia Regis,
Et locat ætherea superis cum cœtibus aula (167').
Illustrata dies posthac dum tertia fulget
Quam Christi celebri colitur surrectio cultu,
Exspectante diu benedici plebe gregata,
Patris sollicitus cura conscendit in arcem,
Antoninus, et innixum votis ratus, astat
Attentus, tandemque vocans, multa et prece poscens,
Dum jam nulla rependuntur responsa petenti,
Aure nec assumit spiramina nota minister,
Sese cernuus inclinans ori applicat aurem,
Flamine pro vitæ nihil hic nisi aromata sentit,
Nectare fragrantes et nare capessit odores
Funere spirantes ejusque flamine Christi
Late respergens odor inclytus exstitit æthrœ.
Discipulus cernens hominem quod liquerit imum
Mistis longa trahit lacrymis suspiria corde,
Multa querens gemituque animam confectus anhelo.
Dum luctum ingeminat raptus mulcente sopore,
Sopitus subito jura manu (*sic*), virtute superna,
En Patris orsa capit monitis sibi talia dantis :
« Ne metuas, gratam neque enim dimitto columnam,
Culmina nec montis linquam qua lumina vitæ
Certans obtinui ; descende, satisfaciensque
Plebi exspectanti de me, sic perfer in urbem
Nuntia, clam mœsti flat ne turba tumultus ;
Namque ego quod Domino placuit jam fine quievi. »
O plenam virtute animam neque funere victam !
Affectum planctu famulum fessumque levando
Visitat inconsolatum ne linquat alumnum,
Et quonam ipse docet ritu sua funera curet.
Experrectus homo Christum pavefactus adorat,
Pigneraque attentans e corpore carpere sacro,
Ecce repente videt gelidum tremuisse cadaver;
Ac sese penitus hoc abstererier ausu,
Quo misso celeri descendit ab arce regressu;
Pontifici fratrem tum dirigit Antiocheno,
Quem probat egregium, qui cœlitus irradiatus,
Cernere erat solitus secretis multa loquentem
Cum Simeone horis, præclaræ vestis amictu
Splendentem niveo rutilum ceu fulgor amicum.
Crastina lux roseo lustrabat lumine terras,
Præsulibusque sibi junctis tribus Antiochenus
Approperat, tensis circa deponitur alta
Aulæis auro pretiosius arce monile;
Ast ubi contiguæ corpus devertitur aræ,
Cuncta in circuitu nebula replentur opaca,
Ut se præsentem Dominus monstraret adesse
Quem tectum nebula petit e caligine Moyses,
Et Salomoniacam nebula qui impleverat aulam
Pontifices arcam cherubim dum sedibus aptant.
Utque probaretur potius præsentia summi
Certa Dei, cœles cultu radiante renidens,
Cum visus septem senioribus abdita ferre,
Papa sacræ setas cupiens decerpere barbæ,

(167') Sic codex uterque.

A Nazareumque pilis Domino nudare sacratis,
Ut dextram ad metuenda tulit, hæc arida cessit,
Nec valet hic votis servire gelata ferentis :
Hærens antistes stupet, atque manum sibi notam
Miratur non esse suam, Dominumque rogare,
Quod sibi jam visum restaret inutile membrum ;
Utque vovet jurans se talia deinde cavere,
Adjutusque precum populi fulcimine multo,
Organa nervorum recipit revocata suorum,
Perditaque officium recalescens palma recep
Lætantes igitur lactu reverenda vehebant
Membra suam validum populi tutamen ad urbem
Dumque pio proficiscentes cum funere vicum
Introeunt quemdam, famulum quo clarificaro
Legerat Omnipotens, subito en immobile pignus
B Efficitur, ponunt geruli intolerabile pondus,
Nec sufferre valent vim quæ descenderat æthra.
Hic vir erat dudum fere quadraginta per annos
Sermonem non aure trahens, non ore ministrans,
Numine qui ductus supero ruit ante feretrum,
Sensu cordis opem poscens, quam voce nequibat ;
Ecce repente sibi divini sentit adesse
Culminis auxilium stupidus, sensimque catervæ
Non solitus haurire sonos, et verba capessens,
Concipiensque animo insuetas parit ore loquelas,
Exclamansque diu tacito sic ore profatur :
« Serve Dei, bene venisti, tuus introitus me
Salvavit, tibi nam vita famulabor in omni,
Spiritus hosce meos vegetans dum rexerit artus ; »
C Cum voto surgens loculum simul atque prehendit
Alleviatur onus, subito portabile factum,
Laudantesque Deum gestant sine pondere pondus.
Nec dubium quod ad id Dominus servaverit istum,
Dum multos aliis et jam regionibus actos
Per sancti Simeonis opem curaverat ægros,
Mortuus ut vitæ viventi dum daret usus
Ipse probaretur feliciter in regione
Vivere vivorum vitæque hærere datori.
Jamque propinquabant urbi, plebs mœnibus ecce
Progrediens, psalmosque boans hymnisque canora,
Lampadibus lichnisque micans, ramisque decora
Palmarum, sacris properat fieri obvia membris,
Atque triumphantis mundum gestamen honestum
Urbi inferre suæ, populi munimen et arcis,
Majori ecclesiæ extemplo pia munera dantes.
D Pandit abhinc Dominus quonam sibi chara recondi
Ossa velit potius, jussamque vehuntur in aulam ;
Utque palam faciat cunctis id numine divo
Prorsus agi, clara superis demittit ab astris
Nobilitate virum, virga qui fulgidus auri,
Splendidus aspectu, candenti tectus amictu,
Sedulus insistens operi, dum claustra sepulcri
Communita silent, mansit, mox inde recedens,
Amplius hic visus nec post, nec paruit ante;
Unde datur notum cœli venisse colonum.
Vatis abhinc tumulo tam mira patrata feruntur,
Quo non plura prius vivens fecisse putetur,
Arduus excelsæ dum perstitit arce columnæ,

Ut Domino junctus noscatur in æthere summo
V'vere nobiliter tantis qui vivere signis
Cernitur in terris; vitam nec morte peremptam,
In melius sed ei cœlesti sede relatam.

CAPUT IX.
De sanctis Vitale ac Meletio episcopis.

Vitalis tritam reparat versamque tyrannis
Erigit Ecclesiam, decessorumque benignum
Supplet opus, proprio cumulans fervore decorem
Licinique pium pandit sub tempora zelum.
Intonat hic puris divina Meletius orsis,
Armenas postquam sacrato dogmate gentes
Imbuit, obstructo cohiberi nec valet ore.
Eminus irradians digitis quin cœlica pangit;
Gaudet et expulsus veri servare libramen;
Et remeans secum socios conjungit et armat,
Insuper acquirit; spolio quoque mœret Apollo
Prole sacerdotis, mulier devota quod offert
Patri salvifico, raptum a genitore profano.
Unde manus atque ære pedes et dorsa subustum,
Post patris attritos celebri certamine divos,
Rex pius educit, claustrisque serisque reclusis,
Et sancto redhibet revocatum matre parenti
Curatrice animæ celatus honore puellæ.
Inde Palæstinam rapidus, comitante Cyrillo,
Quique pio post hæc genitorem germine gignit,
Præsul apostolicus synodum diversa secutam
Veri luce gregat, concordi pace serenat,
Insinuatque Dei quam sit substantia simplex,
Dans purum fidei Joviano dogma probari;
Dividuas fugiens lites, pacem omnibus offert,
Raptoremque lupum sacra in consortia poscit;
Errorem abjiciat, feralia crimina ponat,

A Desinat esse lupus mitisque appareat agnus,
Atque greges parili secum tutamine pascat:
Sedem sermo Dei teneat; jungantur utraque
Parte duces, uno jaceat grex omnis ovili:
Solus qui superet generalia regmina tractet.
Fœdera sed pacis crudelis bellua nescit;
Pastori ergo pio caularum jura feruntur;
Crescit honor miti, pro votis regna reguntur
Pacificis, sceptra imperii virtute probantur.
Pontifices digno præcelsis fascibus addi
Barbaricis Theodosio superante catervis,
Devotis seseque manu cernente beati
Cultibus ornari, regnique subire decorem,
Visorum confirmat opus, documenta secutum.
Quo splendore nitens ubi primitus ora patroni
B Ore legit princeps, e pluribus excipit unum,
Agnoscens nullo prodente, petitque, probatque,
Utque patrem soboles, amplectitur, ambit, honorat,
Oscula dat labiis, oculis; pectusque caputque,
Insuper et dextram, qua se sumpsisse coronam
Fit memor, ore colit retegens, conspecta retexit;
Cumque ipso fidei normam Patribusque retractat,
Hunceque Patres celebrant, dignoque nitore vene-
                                          [stant.
Nec longum post emeritus petit æthera præsul
Nobiliumque nitet præconum laude sepultus.
Martyris et thecæ conjunctus honore Babylæ.

CAPUT X.
De sancto Flaviano et amicis ac successoribus ejus.

Eois Patribus, cunctoque favente senatu,
Erigitur meritæ Flavianus honore cathedræ
Atque Petri primam sortitur regmine sedem,
Cujus jam pridem moderatur navita cymbam
Inter et adversas mundo fervente procellas,
Consiliis, rabido prohibens hanc æquore mergi,
Comebat, placidis servabat turbine remis,
Dispositisque docens Regem laudare choreis
Davitica dedit Ecclesiam reboare camena
Æternisque choris divina poemata pangi.
Excubiis instans Agni secum agmina cogit
Concordi Dominum lætaque canentia laude;
Horrorem incutiens pravis, dat gaudia justis:
Nec terrore, nec insidiis pia dogmata linquens,
Culmine nec captus tentusve ad dira coactus;
Expugnat nocuos, asciscit agone sodales:
Diodorum, Cilices quo post rectore coluntur;
Acacium post hinc Beriæ virtute nitentem;
Aphratem, diva seniorem luce cluentem;
Qui veri radiis ferit improba sceptra gerentem
Thermali rigidum plectens fervore ministrum,
Insuper accitur Julianus culmine magnus,
Virtutum fideique micans fulgore decorus,
Absentem quem torva manus sibi plaudere jactans

C Præsentem dolet excelsa se luce prementem
Oris et ad columen magnalia mira ferentem.
His vir præcipuis factis et origine celsus,
Necdum sede fruens, Flavianus fultus amicis
Bella lupis obicit, pastoris robore digna
Exerit, ostensis defendit ovilia belvis.
Tela acuit, pharetras et propugnacula condit,
Hostibus obsistit, gregibus munimina suffit;
Bellantes recreat, bellis consulta ministrat;
Arcus emunit, radiantia spicula mittit;
Insidias frangit, captantia retia rumpit,
Fallentesque feras agnina pelle recludit,
Depromitque lupos, discussa fraude, latentes,
Tutaturque greges, et dentibus eximit atris,
Solertique vafri dirimit tabentia morbi
D Consilio, retegitque dolos et melle venenum
Elicit, occulte cogens vomere abdita pestis,
Dum sene mulctato educit pudibunda veterni;
Deprensam excutiens saniem, studet arte medendi
Corruptum reparare pecus, polluta piare,
Fracta ligare, viæ seducta reducere rectæ;
Cogere dispersos Christique remittere caulis,
Colligere errantes, unique rependere ovili.
Si quid fors patitur, cura accelerante levatur,

Paceque pastoris tegitur pecus omne quiete.
Flatibus hinc iterum pulsus patienter honestus
Persistit præsul, dira omnia ferre paratus;
Sceptra vocatus adit, censores non fugit hostes,
Non adversantes reprobat, torvisve resultat,
Cedere pollicitans, apicem se ponere spondet,
Nec successorem renuit, nec plura pavescit [probatur
Principe in irato [ms. 2 mirato] : dignus hinc sede
Cujus et Augustus causam, crimen quoque sumere
Dissicit errores et stulta cavilla resolvit; [poscens,
Pacem restituit, turbata cacumina nectit,.
Junguntur populi, coeunt in fœdera gentes :
Illyrici, Ægypti simul, Asia, Thracia, Pontus,
Hesperiæque sacerdotes pia pacta capessunt.
Præsul et emeritus cœli fastigia scandit.

A Porphyrio sedis Flaviani sorte potito,
Almus Alexander digno succedit honore,
Laude frequentatus, probitatis munere mactus,
Ore quidem clarus, vitæ sed clarior actu.
Abiuntum pridem pecus in ovile reducens,
Dum lotas recipit fluvio exhilarante bidentes,
Hostes ingemere, at cives applaudere præstat
Impete lætificans revocati fluminis urbem.
Huncque Theodorus probitatis acumine sectans
Castificæ speculum vitæ, pietate renidet.
Quæ restant etiam septis pecuaria reddit.
Post quem magnanimus sumit sacra jura Joannes.
Ponitur hic, poniteque pari fervore Cyrillum,
Cui Marci redhibens, Cephæ quoque sede recepta,
Dum lites removent, Christi aulam pace venustant.

CAPUT XI.
De sancto Macedonio eremita, et Evagrio (167*).

Pugnavere viri circa hanc virtutibus urbem,
Vincentes pariter mundum rabidumque tyrannum,
Tutantes cives et mitia castra tegentes,
Nunc precibus, monitis nunc, agmina sancta re-
                                        [gentes,
Nunc intercessu, modo subventu, apta ferentes.
Quorum jussa Macedonius crudelia cæsis (cod. 2 cen-
Detorquere parans jugulis, e montibus altis [sis?)
Civibus advectus trepidis, funesta gerentes
Aggreditur; pannis fasces haud obsitus horret,
Imo aditu terrens sunt quæ mandata minaci
Sceptrigero leganda serit, monet esse caducum
Et similes sortes dominari in regmina fratrum,
Nec solum imperium, parilem quin cernere partum;
Puniat haud homines Domini sub imagine factos,
Irritans Dominum cujus punitur imago :
Si versam uxoris statuam grave ducat ahenam,
Quam mage Cuncticreans moveatur imagine rapta :
Et quantum videat sensata carentibus absint;
Nosque simul plures unius honore valere :
Ipsum nec modicum functo reparare capillum.
Hoc infrendentem cohibens terrore leonem
Crimine primatem, solvit discrimine plebem,
Inque resolvendum fertur mens delubra regis.
Hic sacer nigenii rutilans Evagrius acris
Luce pia nituit, tractans divina decenter.
Hac tellure Dei cultu terrena relinquens,
Jure pudicitiæ fugiens res atque parentes,
Prætulit illecebris monachi certamina mundi
Malchus, regem actu retegens, quem nomine præ-
                                        [fert (168).
Callidus hunc hostis virtutum culmine cernens
Gliscere, tendiculas cordi circumjacit atras ;
Rem patriam reparet, viduæ solamina matri
Conferat, et sacris patrimonia ritibus aptet;
Nec linquit, licet admonitum duce, ni trahat hamis,
Fluctibus exturbet, vitæ projectet arenis.
Nec desunt nudo rabidarum furta ferarum.

Panditur actutum grassatum præda rapinis,
Ismaelitarum rapiturque examine, turbæ
Dispersæ comitum variis et cladibus actæ;
Sicque camelorum gibbis sublimis inhærens,
Per vastam fertur eremum, caro cruda resolvit
Esuriem, misero potatur lacte cameli,
Barbaricæ curvatus heræ datur absque pudendis
Nudus abire, ovibus discit dependere curam.
Servitium respecta levat memoratio patrum;
Exigit hic monachum, precibus psalmisque sueto
Instat, delectant famulatus jura subactum.
Invidet his hostis, laqueosque per abdita tendens,
Hortatur dominum donet solamine servum
Quem videt egregium caulas implere patronum,
C Vinclorum sociam famulo nexare maritam
Decernit, gladio renuentem cedere cogit,
Detestatus init thalamos virtute perosos,
Plangere pro cantu, pro saltatu edere luctum,
Flere pudicitiam, proprium consciscere lethum,
Quærere decessum, vitæ præferre pudorem :
Evibrat in sese ferrum, comes ausibus obstat :
Morte fera abstineat, jurat vel se prius Orco
Demittat feritas, tali nexamine jungat
Certantes animas lucem postponere castis;
At pudor ipse placet, capiat pietatis amicam,
Munditiæ sociam, mentis quam copula carnis
Collibeat, domini thalamos Deus ipse nitorem
Approbet, alterutra ostendat dilectio nexos.
D Attonitus senior virtute vigere virili.
Miratur facilem lasciva ad lubrica sexum,
Diligit ut junctam volupe plus imo jugalem :
Cernere nuda tamen refugit vel tangere carnis,
Perdere pace pavens studuit quod quærere bello.
Acceptos dominis plus talia vincula reddunt.
Nulla fugæ formido; eremi dum vasta pererrant
Liberiore gregis ductu : memoratio mentem
Prisca subit fratrum, blandi respectio patris.
Interea formica terens prudente vacantem

(167*) Principem in hoc capitulo obtinet locum Vita Malchi monachi; in titulo tamen nulla de eo mentio.

(168) Hieron. in Vita Malchi : « Malchus, quem nos Latine *regem* possumus dicere. »

Sollicitat cura, stupidam diversa trahentem
Mœstitiam mentis vultu comes unica raptat,
Pectoris arcanum rogitat, secreta patescunt,
Exhortata fugam, quæsita silentia firmat,
Spemque metumque jugi volvunt per operta susurro,
Carnibus hircinis prævisa viatica curæ.
Sero subitur iter, carnes et tergora tollunt,
Utribus innixi rapidis se fluctibus addunt,
Flumine transmisso dubii per devia currunt;
Post tergum assidui revocata fronte tuentes :
Noctibus insidias veriti loca sicca terebant.
Tertia jam transacta dies et adhuc tamen idem
Retro referre monet visum fluitantibus error :
Ecce camelino geminos accedere cursu
Mens præsaga mali dominum lethumque retractat
Approperare simul, nigrantem cernere solem.
En trepidis longe penetrans depromitur antrum,
Nec minus horror ibi mortis scrobiumque venena
introrsum properare vetant, aditusque sinistre
Ingressos restare jubent. Famulo comitante,
Persequitur dominus speluncæque applicat ora ;
Jamque necis pœna gravior formido videtur :
Presserat ora pavor, jam lingua ligata tremore,
Cum servo dominus miseros educere mandat.
Ipse renudatum cæsurus ut evibrat ensem,
Præterit ingressus jussos post terga relinquens,
Cernentes se nec cernens rigido increpat ore,
Furciferos vocitans, plexosque eripere clamans.
At memor Omnipotens famulorum, ad bella lœænam
Excitat interius, fetus alimenta ferentem;

A Quæque trucem invadens rapit hostem gutture
 [fractum;
Indignatus at ipse moras differre nec iram
Alterius tolerans dominus, petit intima fervens,
Et rabido servum increpitans clamore socordem
Dum sævit, sævos incurrit in abdita rictus.
Defensos furor ultricis quatiebat et horror,
Ac similis metus interitus torquebat anhelos.
Inter tanta sitos discrimina gloria ductæ
Sola pudicitiæ attollit solata latentes.
Immotos pavor ipse tenet seu limite vitæ
Suspensos, dum cauta rapit foveamque relinquit
Evectans catulum fera mordicus ore prehensum,
Tutelamque suam cedit metuentibus antrum.
Nec mox crumpunt, propensaque dona tremiscunt,
B Vindicis occursum tremulo sibi pectore fingunt,
Transactaque die, jam sole cadente, sequuntur
Egressi latebram partos sibi stare veredos
Auxilio Domini, hostilique sub impete ductos.
Quis ita conscensis recreati vasta peragrant
Gaudentes eremi ; decimo Romana tenentur
Castra die, pandunt ex ordine gesta tribuno,
Oblatique duci pretio jumenta relinquunt :
Atque monasterii monachum repetita caterva
Sic recipit, castisque comes conjuncta choreis
Fulcitur dilecta soror, nec credita fratre
Sic gladios interque feras desertaque nunquam
Captivam esse pudicitiam patet, atque jugatum
Posse mori Christo famulum, non posse reflecti.

CAPUT XII.

De sancta Pelagia.

Hujus Pelagiam percepimus urbis alumnam,
Quam vitæ meritis veneranda cacumina juxta
Montis Oliveti signavimus astra petisse.
Cujus de tenebris ad lucem, a morte gehennæ
Ad clarum vitæ celebri pietate triumphum;
A maculis ad sacra poli mutatio talis.
Pontifices quondam jubet urbis episcopus hujus
Approperare sibi quosdam regione propinquos.
Hos simul inter adest sanctus cognomine Nonnus,
Vir justi rectique tenax, mirabilis actu,
Et probitate pius ; mores qui propter honestos
Cælibis ac vitæ cunctis venerabile culmen,
Almo et monacho præsul resplenduit almus.
Casta die quadam sancti dum semina verbi
Pro foribus templi, sociis poscentibus ipsis,
Spargeret hic, cunctis mirantibus, ore beati
Verba senis, tam magna seri, tam digna profari:
En ardens rutilis transibat minula gemmis
Ornato residens pompa meretricis asello,
Quam fulvis nitidum radiis contexerat aurum
Undique, vel claris onerata monilia baccis.
Hanc comitatur ovans puerorum compta caterva,
Grexque puellarum luce ornatissimus auri,
Vestibus insignes, decoratæ torquibus omnes;
Quæ quo migrabat, spargebat aromate ventos,
Sollicitis vacuum nidoribus aera replens,

C Hujus in aspectu satias fugiebat amantes.
Pontifices stupidi tanta ambitione meantem,
Non in honore Dei procerum descendere asello,
Nudato nitidos prodentem vertice crines,
Intuitu vultum ceu magna a labe reducunt.
Nonnus at egregius, speculans attentius, atque
Longius asservans visu dum transiit, hæret,
Corde sub attonito reliquis incognita volvens;
Inde recline caput genibus superaddit, et omne
Mox lacrymis manuale, sinumque replevit obortis,
Exin magna trahens imo suspiria corde
« Num delectatos, socii, vos jure probatis,
Hæc quo se mulier cultu decoravit amœno? »
His nihil hæc contra reddentibus, ille reflectens
Applicitam genibus faciem, suspiria jungit,
D Pectus percutiens lacrymisque cilicia complet,
Quæ carnem valido cœli fervore domabant.
Hinc rogitat, species sociis placuitne venusta?
Non minus ast illi concepta silentia rumpunt.
Ille rosam callens hirtis decerpere dumis,
Semper ad exemplum pietatis et alia vocare,
Cordibus a comitum mundi removere piacla,
Et quasi vaticinans tandem sic incipit ore:
« Vere confiteor delectatum ore puellæ
Me, placuitque mihi species et forma decoris;
At veram fateor nobis hanc præferet altus

Arbiter, ante thronum statuens censore tremendum,
Judicet ut nostrum officium nos atque triumphet;
Et quantas morulas horarum egisse putatis
Hanc intra proprium semet decorando cubile,
Dum lavat, et pingens se unguenti nectare tingit,
Insuper ad speculum studiosis cultibus ornans,
Ut mundo placeat, cunctis optabilis esse
Possit amatorum, nulli deformis haberi
Cernentum, plerumque dies quos crastina captat?
At nos in cœlis æterna in sæcla manentem
Qui colimus Patrem, Sponso qui morte carente
Gaudemus sibi divitias sine fine nitentes
Attribuente apte famulantibus, æstimat ullus
Quas non hic animus carnis non strinxit ocellus,
Non aures hausere hominis, neque corde librantur,
Quæ fidis Dominus dignisque paravit alumnis :
Certi præterea pacti promissa tenentes,
Cœlestis faciem Sponsi per sæcla videndi,
Cui cherubim penitus trepidant intendere visus,
Nec nos ornamus, sordes neque pellimus atras,
Atque immunditias lapsis animabus inustas,
Imo protriti pronique jacemus inertes,
Quos vel in exemplo reliquorum tramite in alto
Virtutum semper meritis perstare deceret. »
Dixit, et hospitii se mox penetralibus abdens,
In faciemque ruens vultu percussa rigabat
Terga soli lacrymis, mœstis ita vocibus orans :
« O præcelse Deus, nostris, rogo, parce piaclis;
Peccatori ignosce mihi, nam pellicis hujus
Unius solito cultus de more diei
Ornamenta meæ vicerunt omnia vitæ.
Quo te conspiciam vultu? Excusabor ab ore?
Ante oculos nec enim abscondar secreta tuentis.
Væ peccatori mihi! quique altaribus astans
Indignus sacris decus haud illustre peregi
Ullum ad velle tuum, clemens qui cuncta creasti
De nihilo, Domine, inter quæ me condere dignans,
Servitiumque tibi statuens impendere dignum,
Ne me cœlesti miserum rejeceris aula,
Nec, reverende, tuam confundas ante tremendam
Me majestatem, cultu meretricis in hujus,
Quæ pro terrenis studuit se ornare superbe,
Summa pro rebus cura decorare caducis.
Ast qui proposui sacro tibi jure placere,
Invicto Domino decora implere quievi,
Quare me in terris tuebor, cœloque relictum
Cultu inopem, servare tibi qui vota refugi?
Hæc quæ promisit mortalibus ultro rependit :
Nulla meis igitur mihi jam spes actibus hæret.
Ad suspensa tuæ pietatis in ardua mens est,
Immense Pater alme, mihi tua fidere multa
Dat bonitas, animam facias quam munere salvam. »
Talia qui tristi donec mœrore volutat
Præcipitans nigris terras nox contegit alis,
Ductus fessa sopor recreabat membra labore;
En mœsti Dominus famuli memor, omnia pandit
Læta futurorum signis præsaga bonorum,
Nam videt in somnis aræ se assistere præsul,
Plenam et spurcitiis circumvolitare columbam,

A Tetro horrore nigram, cujus neque ferre valeret
Horrens pedorem lutulentis sordibus ægram.
Durabatque volans circa, dum miserit ordo
Extra auditores necdum baptismate lotos,
His simul egressis septis secesserat ales;
Ut sacra complentur redit, et petit egredientem.
Hanc ille accipiens stanti se mergere cernit
Ante fores templi labro, quo, sorde piata,
Et nix alba velut, cœlum conscendit in altum,
Tam celse penetrans hujus dum visibus absit.
Quo stupidus horrore senex, dum clara serenas
Lux rutilæ terras illustrat honore nitelæ,
Qua celebranda die renitet surrectio Christi ;
Pergit in ecclesiam, missarum sacra coluntur.
Post sacra dicta simul, Nonnus sermone rogatur

B Solari sancto populum : incipit ille superna
Nec terrena sonans, nec rhetoris arte polita
Declamans, cœli quin luce nitentia promens ;
Non ventosa boans, sancto sed Flamine plenus,
Errantes revocans, iter ad cœlestia pandens,
Indicium memorando benignum, speque benigna
Labentes solidans animas fervore superno,
Cujus his monitis pulsantibus intima mentis,
Corda capessentum sic sunt compuncta virorum,
Terga pavimenti ut lacrymæ pietate rigarent.
Æstabat meretrix nutu præfata Tonantis
Ducta sacris, etsi catechumina, juxta nec unquam
Huc sueta appropiare gravi sub mole sepulta,
Duxerat hanc equidem clemens miseratio Christi,
Ad præsepe suum mundis animalibus, in quo

C Cœlica per fidum præbebat pabula servum.
Corda timor Christi jam concutit atra puellæ ;
Terrorem Domini famuli dum percipit ore,
Miro larga modo fluerent ut flumina cordis
Attriti de fonte, metu manantia Regis,
Cujus ab ore senis tam sceptra pavenda resultant;
Sicque Dei vivo rediens sermone cibata,
Præcipit ut maneant gemini videantque clientes
Hospitium tam præcellens ubi pastor haberet.
Siant, sectantur eum servi, cernuntque, feruntque
Id dominæ, scribit ceratis illa tabellis :
« Hæc sancto Nonno, Christi qui dignus alumnus,
Pellex Pelagia, zabuli quæ turpis alumna :
Auditu didici Dominum, quem tu colis, olim
Inclinasse polos, humilem terrena petisse,
D Haud meritis justorum, at peccatoribus almæ
Qui sanarentur daret ut medicamina vitæ,
Se sancius famulis sociavit flagitiosis ;
Quem trepidant cherubim seraphimque attendere
[vultu,
Degere dignatus cum peccatoribus, ut tu,
Sancte Pater, dignis etiam sermonibus effers ;
Hujus si vere cognosceris esse magistri
Discipulus, ne despicias, sed suscipe servam
Perpetuæ munus cupidam reperire salutis. »
Sanctus ad ista senex rescribens talia mittit :
« Quæcunque es, Domino nostro manifesta probaris.
Hoc tantum admoneo ne pectora mitia tentes
Squalentis peccata hominis horrore patrati;

Sin autem veram cupis impetrare salutem,
Meque videre potis, sociis speculabere fultum,
Nam nunquam solum capies me sola videre. »
Quæ mox visa legit, properans festina cucurrit,
Præmittens famulum. Comites Pater advocat almos,
Sollicitamque sacris juvenem, sub testibus ipsis,
Tandem intrare jubet; penetrans prosternitur, imo
Prona solo, planctuque domum replebat amaro.
Insolitum capiti velamen pulveris addens,
Pontificisque pedes lacrymarum flumine tingens
Atque lavans fletu, tergebat crine soluto,
Actibus his imitans humili pietate Mariam,
Cui quia dilexit multum data multa probantur.
Hæc quia non poterat Domini vestigia, digni
Complectens famuli, obsequio veneratur herili,
Clamans et dicens : « Senior, miserere piaclis
Ac Domini sectare tui pia dogmata Christi,
Me supereffundens pietatis viscera sanctæ,
Participem memet faciens mox nominis alti.
Nempe ego Pelagia pelagus sum pestis iniquæ
Fluctibus obscenis, scelerum petulanter inundans;
Sumque animæ laqueus, sum perditionis abyssus;
Luxuriæ faculis lethique voragine multos
Decepi, decepta prius; nimis horreo gesta;
Exsecror infectam memet tam sordibus atris,
Deprecor unde pio baptismi fonte lavacri [*f.* lavari],
Ut peccatorum pereant ibi facta meorum,
Atque meæ sordes animæ purgentur abactæ.
Credoque baptismo quod sanctificante renata
De manibus fugiam qui me seduxit iniqui. »
Pontifices clerique omnes stupuere videntes
Tot lacrymas tantamque fidem; meretricis et ejus
Quod jam cernatur subito mutatio talis;
Mirantes reflui tam larga volumina fletus,
In quoquam nullus quam se vidisse ferebat.
Vixque solo suadet lætus hanc surgere præsul.
Tum cautus canonem super his mandare retractat;
Non debere meretricem baptismate mergi,
Ni vadibus latis fidei munimina firmet
Actibus involvi nunquam se denuo pravis.
Auribus invitis responsa morantia captans
Illa, iterumque ruens corpus jaculatur humumque
Percutit hæc luctu misto gemituque profundo.
« Tu pro me Domino rationem reddere summo
Cogaris, mala nostra tibi reputentur ab ipso,
Si me distuleris baptismate tingere fonte;
Nam vereor ne forte, moras dum segniter affers,
Hostis me diris repetat laqueare catenis,
Maturante fuga quas ipsa evadere curro.
Nosco quidem laqueos vafræ fraudesque rapinæ,
Dum me muscipulam constat per probra fuisse
Incautis; sic invenias super æthera partem
Cum sanctis, nostram nolis differre salutem,
Ne crudelis aper sævo me dente revellat,
Ac spatio fretus, foveis devolvat in atris,
Unde precor, sacris hodie me dilue lymphis
Atque Deo pro me templis pia dona rependе. »
His cuncti auditis referunt præconia Christo
Mirati scortum tanta flagrare salute.

A At Nonnus Jacobum Levitam mittit ad urbis
Pontificem, reserat quo cuncta ex ordine gesta.
Ille Deo grates reddens, congaudet ovilis
Crescere lucra sui Nonnique attollit honorem,
Moxque sacram matrem Romanam pergere mandat
Mater ut esse novæ properet baptismate prolis.
Adveniens ita Pelagiam Romana jacentem
Invenit ante pedes lacrymarum in flumine Nonni.
Surgit vultu humens et crimina jussa fateri,
Hæc numero superare maris deplorat arenas,
Pondere continuans ipsis graviora se dere;
Fidere se tamen hæc Domini pietate remitti,
Cunctorumque dari veniam sibi flagitiorum,
Pontifici nomen purgandæ rite roganti
Pelagiam proprium, Margaritamque vocari.
B Urbano se more notat, redimicula propter
Eximii cultus, animas quis vincta trahebat.
Tunc exorcizans senior de more puellam,
Nomine signato tingit baptismate sacro,
Participem faciens divinæ muneris aræ,
Quam Romana levans sacro de gurgite sumit.
Hic præsul : « Lætemur, ait, cum civibus aulæ
Cœlestis, vinoque hilares oleoque fruamur
Hujus propter ovis celebranda tropæa salutis. »
Jam Patre cum cœtu sociorum epulante beato,
Cernitur esse palam nuda sub imagine dæmon,
Utpote depromens spolium sibi nexile raptum,
Et manibus capiti innexis clamore protervo
Infremit exululans sic : « O violentia facti!
C O quid perpetior! quantum sene torqueor isto!
Decrepito ter dena tibi non sufficiebant
Sarracenorum violenter millia capta,
Quos mihi subripiens dederas baptismate Christo;
Non tibi Heliopolis mea, non satis egerat olim,
Cujus me celebri venerantes culmine cives
Sacrasti Domino; non tot raptæ tibi gentes
Sufficiunt, Christi per te quæ sceptra verentur :
Tot tibi tam magnæ non suffecere rapinæ,
Insuper aufertur spes maxima fenoris ampli.
O violenta ruens raptrix, o prava senectus!
Argumenta doli jam non ultra fero sævi.
Heu maledicta dies, mihi qua contrarius ortus!
Namque impulsa, labans lacrymis ut flumine nostra
Subruit evulso male firma domuncula fundo. »
D Lividus hæc ita prosequitur plangore frementi.
Pontifices reliqui vocem captare nefandi
Et cum Pelagia mater veneranda stupescit.
Versus et ad raptam Christi virtute puellam :
« O quid Pelagiam mea quod mihi chara parasti!
Et tu nempe meum Judam sectata videris;
Ille coronatus magno et redimitus honore
Culmen apostolicum duodenæ sortis adeptus
Prodidit altorem, cujus renitebat alumnus;
Haud aliter mea cum fueris, mihi fraude falescis. »
Tunc mater Romana : « Crucis te, filia, muni
Præsidio, pompas renegans, et dæmonis atri. »
Quæ signum ut crucis expressit Christumque vo-
                                          [cavit,
Ille sub aerias fugiens evanuit auras.

Hinc iterum pellax, notus conversus ad artes,
Blanditias rigidis lenes terroribus addit;
Hancque adiens somno positam quatit horridus
[astu,
Excitat, et blandas curat miscere loquelas :
« Domna mali memorans, mea Margarita, quid
[unquam
Ingessi tibi? Non baccis carisque capillis
Ornavi? Non argento te auroque replevi?
Dic in quo leviter vel conristata putaris,
Jamque satisfaciam ; nunc me ne deseras tantum,
Ne me Christicolæ tantum per probra fatigent. »
Ast ancilla Dei signo defendere Christi
Se studet, exsufflansque vafri phantasmata monstri,
Insequitur : « Tibi, sæve, tuisque renuntio pompis ;
Obsistat Dominus Jesus tibi, pessime dæmon,
Qui pietate tuis me faucibus eruit alta,
Inque suum thalamum cœlique induxit in aulam. »
Romanam inde ciens : « Mater venerabilis, inquit,
Exora pro me Dominum ; nam ceu leo frendens
Expetit insidias Satanas, mulcensque minansque. »
Tunc ea : « Ne timeas victum jam, filia, monstrum ;
Amodo namque tuam fugiet quoque territus um-
[bram. »
Tertia lux repetebat humum post dona lavacri,
Quo cum peste truci certabat clamque palamque,
Corde cavens veteri mulier jam facta virilis,
Vincere quæ properans avidi laqueamina mundi,
Perfectoque sequi ductorem tramite Christum,
Præpositum domui servum vocat, et jubet omnis
Vectetur penitus sibi quo descripta supellex. :
Argentum, vestes, aurum, redimicula, gemmæ.
Accelerat servus, metuens mandata morari,
Ornamentorum dominæ simul omnia perfert;
Quæ mox per matrem hæc Patris tractatibus offert,
Ipsas esse fatens mercedes criminis atri,
Quo versutus eam per eas deceperat hostis ;
Arbitrio poscens sancto expensetur ut ejus,
Sufficere affirmans superi sibi munera Sponsi.
Protinus et famulos omnes famulasque remittit,
Atque manumittens dono solatur alumnos,
Exhortans studeant sceleris sibi solvere vincla,
Et veram libertatem pietate tueri.
Institor at Nonnus prudens latorque fidelis
OEconomum vocat ecclesiæ, coramque puella
Omnia contradit pretiosi insignia cultus,
Adjurans per eum cujus sub honore vacabant,
Defraudetur opum ne pars vel quælibet harum,
Intromittatur domui nil præsulis inde,
Nil vel in ecclesiæ, vel tractatoris earum ;
Omnia sed viduis, pupillis pauperibusque
Dispensentur, uti servæ congesta beatæ
Largirentur, opes scelerum solamen egentum
Ut fierent. Fit continuo, nil restat inactum.
Nempe ancilla Dei nova postquam fonte lavacri
Canduit, ex propriis proprios nil rebus in usus
Contigit, egregiæ sumens pia pabula matris,
Ac vitiis quæsita nigris vel tangere vitans.
Lucescente die mos est qua ponere vestes

Neophytis albas, necdum rutilante diei
Surgit luce, stolas ponit baptismatis albas,
Induitur byrro, tunicaque, et, nemine teste,
Aspera ciniphii velamina corripit hirci,
Assumptisque alis petiit præcelsa columbæ;
His et visa locis posthac non amplius usquam.
Hoc quia nescierat mater Romana veretur
Ad mala contempti ne forte rediisset amoris,
Plangens ceu laqueis iterum siet indita missis.
Quam Pater egregius sub Flamine conscius almo
Pelagiæ voti, solatur : « Filia, noli
Flere piam, dicens gnatam cum cœlite cœtu,
Quin lætare hilaris quod et hæc sicut illa Maria
Peccatrix partem melioris repperit oti,
Quæ non auferri poterit jam funditus illi. »
Urbs Domino grates referens hæc tota resciscit,
Atque sacerdotum qui aderant sua quisque petivit.
    Tertius interea rapidis successibus annus
Exierat, votumque vovet levita superne
Jam dictus, Solimam ut pergens loca visitet alma.
Intimat hoc Patri sancto, dimittier orans.
Vadere permittit præsul, sequiturque profando :
« Cum præstante Deo, frater, perveneris illuc,
Et digne veneratus eris sacrata locorum,
Sollicite cura monachum perquirere sanctum
Nomine Pelagium, solus ex tempore belli
Qui clausus latet in cella ; quem visere cura,
Nam vero Domino servit, monachusque probatur
Perfectus, » sanctam sexus sub honore puellam
Commendans, sexum quæ vicerat, omnia mundi
Vana triumphando proculcans corde virili.
Nec tamen hanc pandit manifestius, ordine servans
Id fieri placito et divino numine jusso.
Denique commonefactus adit loca sancta diacon,
Ligna beata crucis pretiosa stratus adorat,
Tum loca de membris Regis sacrata sepulti,
Morte triumphata rediit qua gloria Christi,
Victrix perpetuæ solidato robore vitæ;
Altera dumque dies noctis depelleret umbram,
Quærere Pelagium properat levita notatum.
Tunc in Oliviferi scandens fastigia montis,
Quo Genitus pia vota Patris mittebat ad aures;
Unde et præcipuum ducens super astra triumphum,
Jus repetens proprium, cœlorum ascendit in alta.
Hic habitare virum studio quem quæreret audit ;
Præparvamque videns cellam, simul undique clausam,
Perscrutans oculis aditus qua parte pateret,
Nil videt hic omni modicam nisi parte fenestram.
Quæ pulsata patet, levita agnoscitur ipse;
Se cognoscentem non callens noscere matrem
Dum faciem videt aridulam rugisque solutam,
Orbibus inque cavis oculos marcore gravatos,
Ossaque clitellis passim numeranda solutis,
Cuique arefacta cutis vix texerat ossa superne :
Et benedici ab ea poscens, benedicitur, atque
Levitam se audit papæ servire beato,
Atque vicem petitur pro se redhibere precanti.
Miratur super his vatis secreta fatentis;
Præterea nec plura capit, nec plura rependit;

Et laudes tantum aure trahens sollemniter illa
Quas Domino reddit dum linea tertia surgit;
Sicque poli Dominum benedicens pergit ovanter,
Eximioque means accensus amore locorum,
Celsisque almorum precibus benedicier optans,
Pelagii sibi qua pertransit opinio pollet,
Cujus item aggrediens cellam, nihil audit ab intus;
Permanet exspectans spatium transire diurnum,
Et nox dum nigras terris jam spargeret alas,
Regreditur, mittitque diem migrare, reditque;
Tertia dum cæcas lux pellit ab orbe latebras
Scandit, et obstructam cernens, aperire fenestram
Præsumit; tum strata videns pia membra quiete,
Descendit propere, Solimorum nuntiat urbi
Pelagium abbatem cœli secreta petisse.
Alterutraque sibi monachorum lege catervæ
Id pandunt, totaque simul regione feruntur,
Jordanis, Hericontei, Solimique sodales.
Jamque aderant Patres sancto fervore gregati.
Tum funus cella eximitur scamnoque locatur.
Accedit Solimus solito felicia ritu

Exsequiisque piis componere membra sacerdos.
Ecce repente probant muliebria mente virili
Quem credunt monachum, monacham secreta tulisse.
Glorificant igitur magna cum voce benignum
Mirificumque Deum multos qui regmine sanctos
Dirigit occultos, sibi nota monilia servans.
Fama volat, cœlum petiit quia mascula mater,
Cujus ad exsequias curant concurrere plures,
Sacraque virginei volitant examina lætus;
Dumque pium digno tractant sub honore cadaver,
Et celebri mandant cum relligione sepulcro,
Luminibus radians multis pia turba coruscat
Laudibus inque Dei plebis vox cuncta resultat.
Postmodo missus ad id Christi a pietate minister
Regreditur Jacebus, Patrique ea nuntia portat.
Hinc properat matri narrare hæc Antiochensi
Omnibus ac justis ibi gaudia magna ministrat,
Fletibus illacrymant populi per gaudia fusis,
Laudantes Dominum divo qui munere præstat,
Ut dignetur ab his tales sibi sumere fructus,
Splendida quos cœli gaudenter in horrea condat.

DE CHRISTI TRIUMPHIS APUD ITALIAM

LIBRI QUATUORDECIM.

INCIPIT PROŒMIUM SEQUENTIS OPERIS.

Orbis Roma caput, celsa potentibus
Sceptris, consulibus, Cæsaribus cluens
Augustis, patribus clara Quiritibus,
Armis, pacificis et ditionibus;
At nunc Altithroni lumine clarior
Regis principibus nobilis ætheris,
Christi præcipuis celsa sodalibus,
Fulges martyribus, præsulibus, choris
Splendes virgineis, astra super poli
Qui te prodigiis, dogmate, præliis
Palmis constituunt æthere perpetem;
Vincentes veteres culmine principes,
Bellis qui validi regna parantibus,
Orbis jura licet subdiderint tibi,
Nigrarunt vitiis te tamen horridis,
Armis polluerant atque domesticis,
Sanctorum maculant sæpe cruoribus,
Replentes scelerum sordibus omnium,
Reges et satrapas subdiderint licet,

Submisere fero colla tamen jugo,
Pestes invalidi pellere pectoris
Acti criminibus terga prementibus,
Fallor ni propriis vatibus hæc sonent
Tabes Pegaseo fonte rigantibus.
At Christi proceres viribus arduis
Edocti tumidos subdere principes,
Magnatum dominos pellere dæmones,
Mortis sceptra terunt bis dominantia,
Frangentes trucium spicula virium;
Quos reges miseris vultibus inclyti
Orabant, trepidos hi pedibus premunt,
Sternentes veteris numina sæculi.
Non nostro aggredior carmine prodere
Res quarum Maro sit themate territus,
Horrens nigra togæ stamina texere,
Sed quæ sic caneret vinceret Orphæa,
Formosumque Linum, patrem et Apollinem,
Cantu Pana suo vinceret Arcadem.

INCIPIUNT CAPITULA LIBRI PRIMI.

I. — *De certamine sancti Petri apostoli cum Simone Mago.*
II. — *De sancto Torpete.*
III. — *De passione apostolorum Petri et Pauli.*
IV. — *De sanctis Processo et Martiniano atque Lucina.*
V. — *De sanctis Nazario et Gelso.*
VI. — *De vindicta Neronianæ persecutionis.*
VII. — *De imperio Vespasiani et Titi.*
VIII. — *De sanctis Lino et Cleto.*
IX. — *De cæteris discipulis apostolorum et sancto Apollinare.*

INCIPIT LIBER PRIMUS.

CAPUT PRIMUM.

De certamine sancti Petri apostoli cum Simone Mago.

Alma tropæa piosque crucis per bella triumphos,
Pro regnis certata poli feliciter auctos,
Sanctorum nisi meritis evolvere versu,
Romanas tandem ductore venimus in arces
Egregio Christi populorum præduce Petro;
Qui verbi jaculis palmas post Antiochenas
Pestiferum insectans divini luminis hostem
Se tulit huc, longe fugitantem in culmine mundi
Sterneret ut Simonem, cunctoque patesceret orbi
De mundi capite æthereos rutilare triumphos,
Substratum Ecclesiæ quis se gemit improbus anguis,
Terrarumque serens per plurima regna profuse,
Spargit ab inde Petrus ditissima semina verbi.
Quid repetam belli veteres ab origine fraudes,
Ut Christi primum insidiis aggressus ovile
Proturbare Simon, socium se finxit, et hostem
Invitus docuit, supero qui jure sodales,
Dum videt arte sua multo potiora valere;
Prodigiisque Philippeis stupefactus et ore,
Corpore salvifici sumpsit fomenta lavacri,
Attracio sperans molimine discere monstra,
Plurima quam norat Stygio insimulatus ab œstro.
A cujus tam mente fides aversa nitebat,
Irradians orbis pretioso lumine regna
Rhiphææ quam sol tenebras regionis abhorrens
Volvit iter peragrans stabilito tramite mundum.
Res patuit ; nam nulla videns fervere beatæ
Artibus Ecclesiæ fraudis vestigia notæ,
Protinus attoniti cæco sub pectore motus,
Gentilisque animo furit ægraque lætis
Invidia, atque odium mœret pollenter haberi
Ipse quod infaustæ toto nequit artis apisci ;
Dilectosque dolos nigro sub corde volutans,
Tetra venena coquit, meditans urgere latenter,
Quam fraudis superare gradu non prævalet arcem,
Fundamenta prius fabricæ subducere nitens,
Ut valeat totam structuræ evertere molem :
Armaque corripiens patri jam cognita pridem
Terrigenas quo subruerat conamine primos,
Auri advectat opes, donum Spiraminis alti
Mercari se posse ratus. Sed Petrus ab ipso
Instructus Domino laqueos transvadere tetros,
Inspiciens hoc sacra peti, ut molimine monstri
Aut emat, aut adimat, robusti cuspide verbi
Perfodit, atque lupum miti proturbat ovili.

A Tum veluti fera pastorum clamoribus acta,
Quæ medio raptam subito de cespite prædam
Dum sequitur clamorque virum, celeresque molossi,
Haud perferre valens, solatia non sua mittit,
Atque vacans voto majores colligit iras,
Carpendique famem potius quam volvit edendi ;
Destinat insidias caulis, clam furta frequentat,
Et via si qua patet, penetrat, laceratque bidentes,
Jam non esse modo cupida, imo nocere parata :
Haud minus iste lupus, crudelis bellua mentis,
Prævalida Cephæ pastoris voce repulsus,
Quæ retur proprio præsumptam jure rapinam,
Directo non ferre valens pia pondera cursu,
Ponit, et accensas vacuus raptatur in iras,
Sumptaque multiplicans studiosius arma nocendi,
B Quæque valet Christi furtivus ovilia tentat,
Corda parans gregis insidiis incessere blandi,
Nil commune ferens, contraria cuncta propagans,
Cæsareæque ut oves Petro pastore gregatus
Comperit, hostili cursus huc fraude tetendit,
Et quoscunque valet, ferali dente cruentat.
Quem contra rabidi crudum moliminis hostem
Bellator validus divino munere Cephas
Progrediens, armisque vigens capit ore duellum ;
Pellitur umbra, pio clarescit lumine fulgor.
Discipuli fraudis, quorum mens cernere verum
Promptior, obscuri penetrant dum furta magistri,
Exhorrent facinus ; dextras juvat addere vero,
Junguntur sanctis lumen captare parati.
C Desertus sociis dira latro carpitur ira,
Clamque fugam aggrediens, urbem petit Antioche-
  [nam.
Audierat siquidem fidei crevisse vigorem
Hic adeo ut Christi cæperint de nomine nomen.
Quod ferus, invidiæ facibus ferventer adustus,
Insidiis cæcisque dolis explodere nitens,
Ætheris adversus Dominum certare laborat,
Frustratusque miser sævo corroditur igne ;
Pulsus et a Petri sociis, cautisque ministris,
Præsidio petit ire fugæ, cernensque negata
Cuncta Asiæ sibi regna, legit trans æquora ferri :
Falsaque comperiens quæcunque capessere Romam,
D Utpote cunctorum violatam errore deorum
Ac tetro obsessam dominatu dæmoniorum ;
Fisus eis, et ab his actus, huc perfuga venit ;

Innitensque ope dæmonica sub vincula multos
Conjicit erroris cives, crescitque per artes
Usque adeo magicas, deus ut decretus ab ipsis
Polleret, simulacri etiam donatus honore,
Quod geminos inter pontes Tiberina fluenta
Alluerant titulo insignem; sed fraude petita
Haud longum deitas mansit, veroque tenellæ
Rumpuntur tenebræ, validus dum protinus illo
Militiæ Christi veluti dux atque magister
Dirigitur princeps primorum Petrus, iniquum
Humani generis contra generaliter hostem
Qui primus vexilla crucis huic ingerit urbi,
Postquam Cappadoces, Galatas, Pontum atque Bi-
[thynos
Armis induerat fidei, proba munia tradens,
Divinos certare sciens robustus agones,
Virtutum scelerum contra ductare cohortes,
Et falsi tenebras expellere lumine veri.
Hic primus verbi patefecit clavibus aulam
Cœlestis regni dominantis civibus urbis;
Pelluntur radiis Christi rutilantibus umbræ;
Jam mentes hominum placido illustrabat amœno
Sermo Evangelii, satias jam nulla tenebat
Verbi auditores, miracula plura videntes.
Nec ducunt audire satis quin supplice voto
Discipulum poscunt sacris mandare lituris.
Audiit ille preces, chartisque receptat habendum
Petri Evangelium, senior quoque, Flamine plenus
Sidereo, postquam factum, furtumque fidele
Accipit, attollit, delectatusque rapina
Marci picta manu quæ dogmata pagina signat,
Firmat, et Ecclesiæ tradit per sæcla legenda.

Senserat actutum respublica, limite in ipso
Introitus Cephæ, suffragia clara salutis;
Quartus ab Augusto fasces nam Claudius orbis
Nactus, consulibus multam patribusque parabat;
Exstingui siquidem per eos de sanguine cunctos
Decretum exierat proceres qui Cæsaris orti.
Caius ut exstinctus, scelerum crudelis amicus,
Pelli regna jugo, perfringi sceptra revulso,
Restitui leges, ad pristina jura reverti.
Claudius at regnum postquam solidat, fera tendit
Judicibus sævæ crudis molimina pœnæ.
Sed Petri in auxilium, divino numine tactus,
Ne nigra tempestas surgentia gramina lædat,
Dum conduntur adhuc scissæ nova semina terræ,
Incipit interius advertere pectoris antris
Quas, si cœpta foret, strages daret ultio dura;
Quam claros magnosque viros actura sub umbras,
Quam desolatam patribus constringeret urbem:
Cogitat hæc, animique truces ad grata residunt
Rarum tam torvarum medicamina curæ.
Æquora ventorum veluti post bella quiescunt,
Immoriturque hærens velis tandem aura superstes,
Indulgere sedet diris conatibus ultro,
Non horum memori quidquam retinere furore,
Quin veniam dictis, factis quoque sancit in ævum,
Tradere nefastis apicum ne luce recurrant;
Sic famosa nitens sub Cepha amnestia Romam

A Sedat, Athenæis censoribus edita quondam;
Quam, suadente quidem dudum Cicerone, senatus
Tentarat populis inducere Cæsare cæso;
Sed vetat infaustis utens Antonius armis,
Cæsar et Augustus furtivi funeris ultor.
Claudius hanc adhibens Barjona principe Romæ,
Etsi causa petat trucior quo ferveat ultor,
Sponte tamen facinus nullo poscente remittit.
  Contigit hic aliud permirum temporis hujus
Regna regens præcelsa Dei quod gratia gessit.
Dalmatiæ Furius legatus honore Camillus,
Molitus civile nefas, ad sacra vocarat
Militiæ mutanda manus fortesque ferasque;
Signataque die qua rex statuatur ab omni
Militia, nulla possunt ratione moveri
B Signa, velut firma terræ radice ligentur;
Non aptari aquilæ, Christi virtute subactæ.
Miles ut hæc non visa prius miracula cernit,
Pœnitet incepti ac rigido ferit ense tyrannum,
Militiæque fidem censet servare priori.
Et quid deterius, quid perniciosius urbi,
Historicus sequitur quam bella domestica Romæ,
Rite neget pressum teneros divinitus istud
Agnes ut legeret, fundamina firma locaret
Christus, fixa tuens, si talia gesta prioris
De compescendis unquam civilibus armis,
Quilibet exempli poterit ratione docere,
Quattuor hic annis tunc prælia cuncta remota,
Interuis Domini jussu externisque repressis;
C Tum demum princeps, torpedinis otia questus,
Quærit ubique manus, bellum dolet esse negatum,
Signa sine hoste movet; niveas transmittit ut Alpes,
Gallica rura quieta videns, pertransit ad æquor,
Trans mare comperiens quosdam mussare tumultus:
Permeat, atque lenes reprimit sine sanguine motus;
Nilque egisse putans, rimatur in æquore si quas
Obviet intactas Romano principe terras:
Quasque subire valet, celeri ditione coercet.
At propero remeans cursu, sextoque regressus
Mense pedem postquam belli quæsitor apertis
Extulerat portis, reduces sine clade Quirites
Admittit caulis, quas Jordaneius heros
Ablutis ovibus vitæ pia pabula præbet.
Gaudent pace pii, gaudent solamine verbi,
D Egregiusque rudes pater erudit ore clientes,
Et pius ut custos crudo defendit ab hoste;
Monstrat et expugnat, propellit ab urbe latronem,
Atque fidem Christi, dum Claudius imperat orbi,
Ore serens sacro, signis comitantibus auget.
  At postquam turpi cesserunt jura Neroni,
Audito probrosa Simon curare tyrannum,
Huic se, dignus eo tutore, ultroneus offert,
Moribus egregiis doctrinam jungere quærens:
Nexus amicitia sociatur lividus atro,
Pessimus infando, scelerum sceleratus amico.
Crescit enorme malum, diras instigat in artes
Perversus pravum, probri nil restat inactum,
Omnia flagitiis prudens rex tentat apertis,
Sic tanto crescente malo, solatia Ceph

Providet Omnipotens comitem fortemque probumque,
Ejus in auxilium tribuens accedere Paulum,
Qui licet intentus totum decorare beata
Doctrina mundum, fines extendere ad usque
Terrarum, postquam a Solimis usque intima ruris
Illyrici vicos, urbes, castella peragrans,
Omnia sanctifici replerat dogmate verbi,
Visere commodius dominam deducitur orbis :
Nempe cui mundi populo ignorare liceret
Rerum suscipiens rectrix quod Roma probasset ?
Concaptivus Aristarchus comitatur euntem
Ac medicus carnis, mentis magis Antiochensis.
Ilis vehitur socius per summa pericula Paulus,
Custodum ac custos, ductorum ductor habetur.
Ingreditur tandem præcelsi culminis urbem,
Vinclorum purgat maculas, et ab ore leonis
Eripitur, Christique iterum pia dona propagat.
    At Nero, doctrina saturatus Samaritani,
Majorum sensim scelerum incrementa subibat :
Qui post infanda in miseram molimina matrem,
Incestumque sui reticendum ac stupra sororis,
Post Urbem incensam, spectacula læta tyranni,
Relliquiarum ignis diram fœdamque rapinam,
Postque senatorum jugulum, spolia ampla senatus,
Fenora post direpta fori, post funus equestris
Ordinis, affinis multam sociique cruoris
Fratris, germanæ, uxoris miseræque parentis,
Hanc scelerum molem cumulans augere sategit,
Ac majora petens, cœlestem theomachiam
Aggreditur primus Romæ exercere cruentis
Primus suppliciis inibi patriasque per omnes
Excrucians sanctos Christi pietate nitentes,
Cognomenque pium Domini de nomine sumptum
Exstirpare parans penitus, cognominis hujus
Præcipuos Mamertini sub carcere patres
Trudit, et in totum crudus grassatur ovile.
Lumina sed cœli licet abdita corpore sidant,
- Non valet æthereus compesci carcere fulgor;
Quin pharus undivagis littus dat ut igne Liburnis
Splendificos mittunt radios, ductumque ministrant
Scandere per rabidas portum tendentibus undas.
Undique qua cernunt placidum rutilare coruscum,
Approperant, tenebrosa viri penetralia linquunt;

A Naufragium mentis fugiunt, portumque prehendunt.
Irradiant sancti plebes; fervore calentes
Flaminis almifici valeant ut linquere monstrant
Vasta tenebrarum, verumque agnoscere lumen,
Atque animæ sordes divinis ponere in undis.
Exsultant populi cœlesti fonte rigari,
Purgarique petunt animæ contagia læsæ :
Mundandis latices sævo custode negantur.
Solliciti proceres animarum crescere lucra,
Regem adeunt, cœloque preces appellere curant.
At Dominus lymphæ legisque utriusque tributor
Christus, ut ostendat se prisci juris alumnum,
Qui præcepta dedit Moysi, præcepta dedisse
Ecclesiæ Patribus, qui nuper in arida ruris
Libandi turbæ solamine fontis egenti,
B De petra produxit aquas quæstusque removit,
Arenti hic populo cœlique fluenta petenti,
Hæc quoque posse Deum non diffidentibus almis,
Largos Tarpeia latices e rupe profundit,
Irriguis dura scatebris incaute repertis.
Mirifici gnatis Patres pia dona ministrant,
Dumque lavant undis divino munere latis
Corpora, sanctifico mentes purgamine mundant,
Flaminis ac divi fecundo pignore ditant.
Abluitur tunc Processus cum Martiniano,
Qui præceptores animælli (sic) principis undis
Castra petunt contemplantes miracula, magnos
Hic quæ per proceres Dominus præstabat Iesus,
Infirmos curans, et dæmonis arma triumphans.
At ferus obstructis, qui fontibus ampla putabat
C Clausa fluenta Dei, fluvios procedere largos
Comperiens, et oves lympha gaudere salubri,
Invidia cunctæ fervens bonitatis et omnis
Justitiæ, vitiis quæ severat improba diris
Nasci sancta videns, proba surgere, fausta vigere,
Atque calens atro faculis Acheronte perustis,
Insontes mactare greges et ubique catervas
Siernere bacchatur, cædit sine crimine justos.
Tunc septem quater et denos expertus ab hoste
Ablutos scelerum, virtutum præduce Petro,
Hos pariter jubet excindi; confessio vera
Quos junxit fidei, junxerunt dona lavacri,
Martyrii sociavit honos et gloria palmæ.

CAPUT II.
De sancto Torpete.

Clarus in officio renitebat honore tyranni
Torpes, quem docuit divina Antonius heros,
Fonte sacrans divo, qui dogmate presbyter oris
Doctus apostolici, Christum memorabat aperte.
At Nero, percipiens Torpetem sacra subisse,
Addicit lanio cogendum ad fana profano;
Cumque fide fixus cogi ad scelerata nequiret,
Præcipit hunc, alapa crepitante satellitis ictum,
Morte furens vinciri altæ vastæque columnæ,
Verberisque agitat crebris; dum corpore guttis
Elicitur sanguis, terram pluvia horrida tingit;
Expavit crudele nefas, subitoque columna
Censorem sævos pariter delapsa sodales

Quadraginta premit; patris post filius ultor
Victori insigni tormenta rotantia ponit,
Moliturque necem, belvisque ferocibus offert :
Mitescit sine more furor, servatur honore
D Divino, trepidantque feræ contingere dente
Quem lacerarat homo crudelior ore ferino.
Hujus virtutem inspiciens Evellius unus
Consiliis dura fautorum lege Neronis,
Corde fidem Christi capit, ac baptismate lotus,
Lucis honore coronatur non tempore longo,
Post Romæ cœlum pretio cervicis adeptus.
At sanctum Domini Torpetem Silvius urbem
Extra Pisanam duci, patris impius hæres,

Delegat, diroque jubet mucrone feriri :
Exsultat martyr jugulo sumpsisse coronam.
Sanctum lictor atrox corpus scelerisque ministri
Naviculæ injiciunt, carie atque teredine tritæ,
Cum cane parricidali cumque alite dantes
Mergendum rapidi vitreas sub fluminis undas.
Matronæ fidei venerandæ mittitur aulæ

A Incola mox superæ, Celeninæ præcipit atque
Martyris inquirat pia membra, levetque locetque.
Quod celeri accelerare studet Celerina sequela,
Sarcofago dedens corpus venerabile mundo,
Basilicamque super cultu componit amœno.
Felix Nuceriæ simul ac Constantia passi
Tunc, nec non variis quam multi partibus orbis.

CAPUT III.
De passione apostolorum Petri et Pauli.

Pluribus admissis cœlorum ad gaudia sanctis,
Agminibusque sequi jam regia signa paratis,
Castris dispositis, et vincere bella suetis ;
Prælia post valido passim certata labore;
Post pia victricis dignæque insignia palmæ;
Post populos, urbes, gentes et regna subacta,
Post juga nobilium cervicibus addita Regis
Ætherei, Rex ipse duces ad sceptra vocabat,
Debitaque audacem pressabat pœna tyrannum.
Mandantur Patres ergastula linquere tandem,
Jussuque immerito funesta ad mœnia duci,
Titanis novies dum jam repleverat orbem
Limina Paulino postquam servante manebant.
Custodes igitur, visis qui pectora miris
Sanctæ subdiderant fidei, cunctique sodales,
Magnifico vitæ suggestant funera Petro,
Seque suis servet cautus, liberque recedat.
Adjungunt precibus lacrymas, labique queruntur
Morte patris gnatos, illi pastore perempto
Dispergique greges, et ovile facessere fundo.
Fletibus his victus clemens inflectitur altor;
Cedit, et effugium tentat pietate coactus ;
Jamque pedem noctu foribus digressus apertis
Extulerat, Christumque tuens occurrere contra
Intremit, atque animum revocans ita fatur adorans :
« Quo, Domine, intendis? — Crucifigi, inquit, peto
[Romam.
— Rursus, ait, patiere crucis tormenta, Redem-
[ptor.
— Rursus, » at ille, poli repetens super æthera se-
[dem.
Sic oculis senior mundi in caligine fixis
Pellegit aereas animis sectantibus auras,
Atque alacer versus : « Sequar, inquit, te, bone
[pastor. »
Regreditur, narrat gaudens ex ordine cuncta ;
Solatur socios; cunctis plangentibus, unus
Exsultat, comites recreans solamine verbi,
Inque fide Christi valido munimine firmat.
Dumque piis pius et pastor pia pabula præbet,
E medio rapitur comitum lugente caterva,
Et nimio gemitu cordis testante dolorem,
Viginti cum quinque regi qui regmine tanti
Gavisi fuerant Patris feliciter annis,
Cogitur, arguitur; manet insuperabilis ille,
Et crucis extollit præstans immotus honorem
Omnibus impulsus flabris ut perstat Olympus,
Supplicium crucis invictus tolerare jubetur
Princeps, tantopere cujas commendat honorem

Ducitur ad regnum, postquam Phlegetontis in ima
Devictum penitus terris furtisque minantem
Aera, tentando cœlum, corda illicientem,
Tritis allisum membris dejecerat hostem,
Quæ precibus sternens genibusque in marmore fixis,
Æthere dejecit, lapidi signatur adactæ.
Nunc etiam patulæ Petro incubante cavernæ.
Quæ pluvia oppletæ pestes medicamine pellunt,
Jucundoque ægris dant munera roboris haustu.
Christum morte secuturus dum ducitur heros,
Exsiliens animo indignum testatur eodem
Se sublimari Dominus quo passus honore,
Qui cœlo adveniens cuncta ad cœlestia traxit,
Seque solo genitum terrenum finxit alumnum;
B Crux sua quapropter caput ad terrestria vergat,
Et se terrestrem doceat, cœlumque petendum
Haud aliter ni subjecta cervice, revelet.
Nec mora gyratur crucis a lictore triumphus,
Figunturque pedes supra, cœleste petentes
Lucis iter, palmæque imum, terræque propinqua
Complexæ terrena legunt super astra ferenda.
Alloquitur de supplicio circum agmina fusa,
Fletibus et cunctis hilaris solatur anhelos,
Tranquillusque vocat divina ad gaudia tristes,
Eximiasque refert Christo pro munere plebis
Grates, cui commendat oves sibi vota ferentes;
Exorans ipsis super æthera pascua donet,
Tunc inter monitus interque affamina vitæ,
C Inter vota precesque, interque piissima verba,
Intentam cœlis animam ad cœlestia mittit.
Discipuli civesque pii, sanctique ministri,
Præcipue Marcellus, ei qui fidus alumnus,
De cruce deposito pietatis munia suffit,
Ordinat exsequias, et honorat aromate multo.
Regna Triumphantis mundi simul omnia Patris
Membra triumphalem juxta sanctissima callem
In Vaticano celebri tumulantur honore.
At Benjamites doctor, dux atque magister,
Postquam sermonem fidei resperserat oris
Largus in Occiduis, doctrina Oriente repleto,
Puniri infando cæsa cervice jubetur
A lanio; præbensque caput pro numine regis,
Militiæque viris secum tribus ultima passis,
D Orbis in arce pio pro lumine cæditur orbis.
Fertur ei jugulo lac emanasse reciso,
Nimirum fidei qui lacte nutriverat agnos.
Emeriti summo proceres de culmine mundi
Sidereæ pariter tolluntur in ardua sedis,
Et Regem spolia ante suum pretiosa reportant,

A quo perpetui fastus insignia captant.
Traditur Eoa quosdam regione petisse
Ausoniam comites, clarissima membra referre,
Et curam propriis adhibere tribulibus aptam.
Munera captantes fere per duo millia raptant,
Quorum ausus Catacumbarum sub calle relidens,
Arguit immensi præcelsa potentia Christi,
Summam præcipuis urbem decorare patronis
Instituens, ferrent cuncto hinc solamen ut orbi,
Orbis et in capite toto peterentur ab orbe.
A Terrentur tonitrus subito vi, fulguris igne :
Sparguntur, tanti linquunt conamina cœpti.
Romulei cives, qui digni forte probati,
Sectari tantum qui promeruere decorem,
Attollunt, complectuntur, sibi rapta receptant
Pignora, præ cunctis opibus ditissima mundi.
Hinc loca quis servarentur pro velle capessunt,
In quibus et toto veneranter ab orbe petuntur;
Qui juncti Domino cœli super astra sedentes
Inclyta subjectum disponunt jura per orbem.

CAPUT IV.
De sanctis Processo et Martiniano atque Luciana.

Submotis Patribus, toto vibrat arma tyrannus
In grege gnatorum, fundoque auferre laborat
Hoc genus, a celsa cœli quod origine ductum,
Seque suosque videt fasces pervadere. Longum
Truserat in vinclis Processum et Martinianum
Paulinus, vana de nobilitate superbus ;
Auditisque Dei nomen cum robore fari,
Constantis fidei, saxis contundier ora
Jusserat ; ast illi laudes super æthera tollunt.
Affertur tripodem supra Jovis aureus; illi
Exscretis spargunt tripodemque Jovemque salivis.
Suspensi nervisque attracti fustibus aucti,
Cæduntur, lateri flammæ accenduntur edaces.
Præclara hic aderat mulier Lucina, piosque
Athletas bello validos durare monebat.
Quos posthac iterum appensos divellit, acutis
Viscera perfodiens armatus scorpio telis.
Carcere contrusis iterum Lucina ministrat.
Post triduum Paulinus hebes et dæmone raptus,
Tortus, et exstinctus Letheis mergitur undis.
Hosti virtutum præfectus id indicat Urbis ;
Ille jubet cleri sanctos pugione feriri ;
Suscipit hos via percussos Aurelia ferro.
Cunctipotens animas cœli splendore venustat,
Corpora rure suo curans, et aromata miscens,
Atque pio venerans cultu, Lucina recepit.
Gloria quæ maneat testantur mira sepultis :
Peste levati ægri, perjuri dæmone rapti,
B Hoste fero vincti, sanctorum luce soluti;
Præsentes rebus sese quærentibus ipsis
Pandunt, carne sitis non nunquam visibus adsunt.
Dicta probat matrona pias invisere tumbas
Sueta ; peregrino monachos assistere cultu
Quæ cernens, dum ferre parat, capit ipsa levamen ;
Promisso certa auxilio, fit dignior actu,
Scire datum cui venturam quam credere vitam,
Hausit apostolicas sitibundo hæc femina corde
Doctrinas, instructa pioque sacrata lavacro,
Justorum fieri consors ardebat in usus
Ipsorum indiguos, præbens fomenta labori,
Vinclis carceribusque datis tormenta levabat ;
More sepulturas celebri devota gerebat :
Unde coronari meritis sociata piorum
C Promeruit, sanctos pretiosa morte secuta,
Introitum regni cui dat confessio Christi
Atque opus egregium fidei quod junxit herili.
Crypta, beatorum membris constructa locandis,
Devoto per eam studio, funus capit ejus
Ornans pignoribusque jugans sacra pignora sacris.

CAPUT V.
De sanctis Nazario et Celso.

Traditur hæc rabies sanctos quoque Mediolanos,
Nazarium, Christo, claris genitoribus ortum,
Ac puerum Celsum, digne quem nutriit ipse,
De feritate necis cœlorum ad regna tulisse.
Nazarii matrem Petrus almo gurgite tinxit
Perpetuam, sancto Clemens hunc fonte piavit
Quem torquens Anolinus atrox, et carceris atri
Cum sancto afficiens longo squalore cliente,
Crudeli tandem emeritum mucrone trucidat.
Membra dicata pii furto rapuere fideli,
Romuleamque extra portam de nomine dictam
In propriis tumulant, ipsis hortantibus, hortis :
Illustratur enim visis Acetarius altis
Dignus ad id visus, cui Fortunata jugalis ;
Huic mox insinuant cæsi sua corpora testes,
Præcipiuntque levet crudo occultanda furori ;
Sic latuisse placet donec volventibus annis,
Arcadio regnante, pius pia munera præsul
Ambrosius, Domino hæc sibimet prodente, levavit.
Tunc quoque Nazarii post longa volumina solis,
D Ut tandem patet egesta tellure sepulcrum,
Sic tener atque recens recubat cum corpore sanguis,
Hac jugulum reserante die diffusus ut ense ;
Vermibus illæsum caput intactumque repertum ;
Pexa levatis barba lotisque capillis,
Tempore compositum veluti reniteret eodem,
Nectarius fragrabat honos ut vinceret omnem
Messis aromaticæ cumulatam germine massam ;
Pandent hunc Christi spiramina digna tulisse.
Inveniunt etiam comitem puerilia membra
Lecticaque ferunt, ponunt reverenter in æde
Juris apostolici festo sub honore dicata.

CAPUT VI.
De vindicta Neronianæ persecutionis.

Injuste innocuo sanctorum sanguine fuso,
Judicio divina reos ferit ultio digno;
Nec dilata sedet tardans in tempora longa,
Ne lupus ille ferus teneros exulceret agnos,
Et vastator atrox necdum molimine firmo
Radicum solidata satis plantaria vellat.
Sanctis luce coronatis damnantur iniqui.
Undique oborta lues, Urbem vindicta fatigat,
Arma superna ferens: liquidus corrumpitur aer,
Exoritur pestis nullis æquanda chelydris,
Corpora conficiens lento liquefacta veneno;
Pestifera aura ruit, campique et celsa Cyclopum
Tecta superjecto nebularum uruntur amictu.
Labuntur sceleratæ animæ, mors millia vincit
Fungentum ter dena; sibi Libitina dicavit
Oppida: Romanas nonnulla colentia leges
Cladibus ac nimio cædis horrore teruntur;
Magnas Armeniæ patrias respublica perdit;
Parthica Romanæ legiones sub juga missæ,
Urbes quasdam Asiæ sternit concussio terræ;
Nec nimium claudo insequitur pede pœna tyrannum:
Hinc Hispanis Galbam qui comperit oris
Militiæ sumpsisse viris diademata regni,
Sprevit, atroque animo totusque ad Tartara vergit,
Damque incredibilem rebus patribusque revolvit
Exsilii cladem, patriæ convincitur hostis:
Prædicat id vulgus, gaudet sanxisse senatum.
Territus ille metu, lapsusque ex Urbe probrose,
Cumque ignominia fugiens deformiter alta,
Dum timet arctari meritasque expendere pœnas,
Quod superest scelerum consummans, transfodit ipse
Se proprio lectas properans mucrone sub umbras,
Cæsareæque labente labat quo gentis origo.
 Mox Galba adveniens, comperta morte nefandi,
Lætili avaritia ac turpi torpore Quirites.
Post demum imperii senos ab Othone peremptus
Cum Caro menses periit, Pisone recepto
In regni gnatique throno. Luit impia cædes

A Servorum Christi procerum nece Roma suorum:
Et quæ primates superi sævissima cultus
Punierat, regum punitur cæde novorum:
Quæque sub adventu Petri divinitus arma
Torpuerantcivile nefas minitantia pressa,
Sanctis supplicio afflictis, patribusque necatis,
Permissis patulo frenis lymphantur in orbe,
Diversis ut mota plagis flabra aera pulsant.
Ediderat siquidem confestim Hispania Galbam;
Quo presso consurgit Otho, Romamque cruentat;
Germanos inter Gallosque Vitellius exit:
Vespasianus apud Syriam mox sceptra capessit,
Hi simul imperiis omnes bacchantur et armis.
Romano luitur sanctorum sanguine sanguis,
Et cruor almifluus grassante cruore piatur.
B Monstravit quondam Ægypto pereunte profusus,
Id sanguis laticum, teritur dum verbere primo
In populum furibunda Dei præsumptio prima.
Providet at Dominus famulis tunc turbine tactis
Excidii tot bella premens solamina tanti;
Hæc neque per terras, per aquas diuturna vagare
Dimittit, facili moderans quin pace retundi:
 Tertius imperii finem dat mensis Othoni:
Dum vinci spernens, proprium sibi transfigit ensem,
Restitit hic victor, subiitque Vitellius Urbem;
Qui, dum vitam hominum ingluvie proprisque(sic) fa-
Comperit ut fasces attollere Vespasianum,   [ligat,
Ponere præsumpti moderaminis optat habenas.
Hinc animatus ad hoc urit, perimitque Sabinum
Fratrem cum sociis in sanguine Vespasiani,
C Quos Capitolino cogit flagrare camino.
Postmodo militia desertus speque relictus,
Claustris eximitur cellæ, trahiturque molestæ,
Inque forum nudus cum stercoris impete raptus,
Octavo regnum vitiis cum mense gravaret,
Ictibus interiit crebris excarnificatus,
Atque unco tractus Tiberinis mergitur undis.

CAPUT VII.
De imperio Vespasiani et Titi.

Tempestate tyrannorum ceu nube procellæ
Discussa, miti sub principe Vespasiano
Turbine pacato, mundi rediere serena.
Sedatur regnum, mulcta plectuntur et hujus
Hostes. Dispulerat superi qui numinis hostes,
Qnique Dei Prolis per prolem bella ministrat,
Per Domini Gnatum cum gnato regna triumphat;
Et licet ignoret per quem sibi talia dentur;
Sed videt haud sine vi supera sibi tanta patrari,
Astipulante suo non hæc sua prælia Tito;
Quæ per eum in reprobos mundi Regnator agebat.
Sicque triumphando subeunt decus auspice nullo
Retro celebrari per sæcula cuncta triumphi (169).
Ut pater et genitus curru veherentur eodem,

Atque triumphantes pariter colerentur ab orbe;
Insuper adduntur dominis adduntur honores (169');
Janus enim geminus bellis cohibetur abactis,
Atque ita pax toto mox promulgatur in orbe.
Ut Christo servetur honos idem, hostibus ulto,
Qui delatus ei dudum de Virgine nato,
Gliscit in immensum belli sine turbine regnum.
Cum Syria Rhodus atque Samos et Achaia tota,
Thracia, Commagene, Byzantia rura subacta
D Romanos ultro dominos legesque capessunt.
Pacificus, pius et mitis post Vespasianum,
Filius ejusdem Titus sine sanguine regnat,
Pacatusque nitet Christi virtutibus orbis.

(169) Post expugnatam Hierosolymam triumphum egerunt Vespasianus et Titus, quod antea inau- pitum.

(169') Sic codex uterque.

CAPUT VIII.
De Lino et Cleto.

Magnum post Petrum Linus Ecclesiæ moderamen
Disponit Romæ, quem Petrus apostolus ipse
Pontificem pariter cum Cleto hoc jure sacrarat,
Tractarent populis sacri ut mysteria doni ;
Ipse vacans precibus licite verboque salutis
Totus in augenda vigilaret plebe piorum.
Hic Linus Ecclesiam illustrans exempla secutus
Egregii Patris præceptorisque beati,

A Martyrioque coronatus super astra recessit.
At pia membra pii membris sunt juncta magistri.
Cletus ab inde sequens Christi disponit ovile
Bissenis post hunc residens sollemniter annis,
Dum crescens scelerum molimine Domitianus,
In Domini movet arma gregem pars sæva Neronis ;
Martyrio functus sub quo concessit in æthram.
Ossa beata Petri tumulo sociata locantur.

CAPUT IX.
De discipulis apostolorum et de sancto Apollinare.

Isthinc beati et gloriosi principes
Plures leguntur ordinasse præsules,
Ad prædicanda clara Christi insignia
Diversa mundi destinandos per loca.
Quorum profecti competunt hi Gallias :
Trophimus, Sabinianus, ejus et comes
Potentianus, Fronto cum Georgio,
Paulusque, Martialis, et Valerius,
Sixtusque noster, Memmius, Sinicius,
Simulque diriguntur ad Hispanias
Torquatus et Tesiphon, secundus Esichius,
Indalicius, Catiliusque, Eufrasius.
Apollinaris, Antiochia qui Petrum
Venit secutus, sic Ravennam mittitur ;
Profectus ex Troade moratur mœnia
Hospes foventis Cyrenei militis :
Cujus carentem honore lucis filium
Visu reformans per crucis signaculum
Divo parentes fonte sacrat elutos.
Matrona quædam post tribuni militum,
Cui Thecla nomen, jam sub annis pluribus
Addicta morbo decubans ægerrime,
Jesu medentis invocato nomine,
Manu levata sospitati redditur ;
Mox et tribunus, uxor atque liberi,
Domusque tota pacis unda tingitur :
Divina cujus in domo baptismata
Bis sex per annos cum piis sodalibus,
Appollinare dante lotis mystica,
Missarum et alma percoluntur munia.
Tunc nobiles hic dedicantur suppares,
Calocerus atque Aderitus, aucti qui sacris
Uterque divæ factus aulæ presbyter.
At Martianum carne nobilissimum,
Leucadiumque disciplinis præditum,
Cœlestis aræ collocat diacones,
Aliosque digne præsul aptat clericos,
Cum queis diebus concinens et noctibus,
Hymnis supernam personabat gloriam.
  Hæc optimati fama promit invida,
Qui comprehendens hunc, acervat flammes,
Piusque sævis immolandus traditur ;
Mactatus atris semivivus linquitur,
Cibus marinis ac feris exponitur ;
Scholæ beatæ quem legunt domestici,

B Nec ferre curam differunt didascalo.
Sex mensium post evoluto cardine
Viri eminentis nobilis Bonifacii,
Cujus leporem pestis ægra dempserat,
Dum rediturus verba competit domum,
Pulso puellæ dat salutem dæmone,
Orisque solvens dura muto vincula,
Quingenta summo corda Christo præparat.
Post tempus arctum tentus hinc ab ethnicis
Diu severis maceratur fustibus,
Stetitque nudus igne plantis subdito ;
At dum nec igne nec flagellis vincitur,
Pœnas triumphans victor urbe pellitur.
Hujusce nec murorum ab ambitu procul
Christi tugurium possidebant pauperes ;
C Divina tractat hic sacer mysteria,
Sacrans lavacro vasta sancto cærula
Pio Domini timore formidantium,
Isthic benigno pascitur solatio.
Postquam moratur hic per annos quotlibet,
Illuminare pergit Emeliam, gerens
Virtute Christi signa nixus plurima.
Rufi reversus inde compos filiam
A morte functi suscitavit corporis ;
Prolem dein orbatis refert parentibus.
Perfectum alumnum Veritatis se docens,
A morte plures excitavit spiritus,
Deique fecit consecrando filios :
Nam tunc trecentos quatuor promiscui
D Sexus parenti procreavit cœlico,
Rufum, patricia dignitate præditum,
Christi dicavit corde prono servulum,
Quo Capua dives ditior fit martyre.
Matrem puellæ fonte sacro diluit,
Ipsamque raptam immanis Orci faucibus
Christo beatam dedicavit virginem,
Ac roboravit permanere immobilem.
Annuntiantur gesta Rufi Cæsari ;
At ipse successorem ei mox destinans,
Scribit jubendo litteris vicario
Dissuadeat aut Apollinarem, aut exsulem
Longe releget a Ravennæ finibus.
Quem præstitutum interrogat vicarius,
Minisque tundens, nec moveri comprobans,
Exitum amictu cæde virgarum quatit ;

Gemensque temni sæva mente verbera,
Perfundit unda bulliente vulnera.
Hinc torquet appensum ora tondens marmore,
Gravissimoque ferri onustum pondere,
In ima claudit carceris teterrimi,
Lignoque tensum lege dura conficit.
Hominum relictus hic quidem solatio,
Sed angelorum pascitur cibario ;
Et ne putetur vilis astrorum Arbitro,
Pastu potitur angelorum in publico :
Productus atro sole quarto carcere
Vinctus catenis exsulatum mittitur ;
Tres sponte navi se invehentes clerici
Opem benigni subministrant ferculi.
Turbantur indignata rebus æquora
Viri moleste injuriam ferentia,
Iniquitatem vindicare parantia :
Ferus profundum sidera petens vertice,
Imaque gurges panditur voragine ;
Nunc puppis alta scindit undis nubila,
Nunc lapsa pulsat ima præceps marmora :
Compage navis dissoluta suscipit
Hostem severum, salsa sorbens cærula ;
Rimas per omnes mors penetrat fervida,
Sævos sequestrans a piorum gloria ;
Quos ultione subruit dignissime,
Ut dum beatum arcere Patrem patriæ
Tendunt, soli arceantur omni patria.
Merguntur illi devorati fluctibus ;
Servantur arvis at pii clementibus :
Scit liberare justus æquos arbiter,
Justaque scit censura iniquos perdere ;
Ut liberat vernulos Ægyptio
Quondam jugo, per alta præbens æquora
Profugis salutem, persequentes obruens.
Apollinaris cum ministris commodis
Desiderata salvus intrat littora ;
Duos saluti dans simul satellites,
Quos vellit undis funus inferentibus
Lavitque lymphis regna vitæ dantibus.
Progressus inde rura lustrat Isthmia :
Tum post Corinthum transiens in Mœsiam,
Cutem leprosi turpe nævos squallidi
Decore comens, sanitatem reddidit ;
Majorem et addens huic opem, quem corpore
Salvavit, etiam mente salvat eruta
Ab ethnicarum fœditate sordium,
Animam lavando ablutione corporis.
Ripamque ad Istri demigrans multos sibi
Connectit alma roboratos in fide ;
Necare quem dum gestiunt increduli,
Partes capessit prædicando Thraciæ :
Terrentur hic eo morante dæmones,
Serapis ejus obticet præsentia
Responsa ferre nec valet rogantibus ;
Tandem vocatus hoc renugit spiritus :
« Advenit hæc in arva discipulus Petri
Christi catenis me ligans apostoli ;
Hunc ni procul studetis hinc depellere,

A Responsa vobis non valemus reddere. »
Ad flagra sanctus perferenda quæritur ;
Repertus aspris verberatur fustibus.
Ut censet autem Christus urbi reddere
Hunc destinatæ ab arbitrio provinciæ,
Navi super petenti Italiam ponitur,
Sociis gregatis insuper sibi omnibus.
Divina passim sic propagans semina
Anno revisit tum Ravennam tertio.
Paucis diebus hic tumultu postea
Orto, profanis impetu ruentibus
Vinclis adactus in forum perducitur,
Hic cæsus et cruenta passus vulnera,
Sinit superbi flamines Capitolii
Sacris cum quo suggerant Apollinis ;
B Huc ductus actutum preces ut erigit,
Simulacra Phœbi dissoluta diruit,
Vanumque numen comminutis exprimit ;
Et ne feratur id parum, fani omnia
Fundo fatiscunt dissipata mœnia.
Isthæc tuentes obstrepunt fanatici
Senem frementes stragis hujus impium,
Quem morte sæva puniendum postulant,
Tradunt que Tauro (nomen istud judici).
Huic cæcus olim matris alvo filius,
Cui Christi Apollinaris alto nomine
Lumen refundit invocato, plurimis
Stupore mentis rem novam volventibus,
Ac veritati corda submittentibus ;
Mansitque Tauri præsidis vir prædio
C Beatus annis sacra tradens quattuor,
Sexto remotus Urbe milliario.
Hinc Christiani commeantes pocula
Vitæ serena hauriebant dogmata ;
Virtusque tantis trita passionibus,
Aromatum de more vel medicaminum,
Excrevit hujus facta sic ditissima,
Infirmitate quo subactum qualibet
Ductum sibi mox sanitati redderet.
Cucurrit autem fraudulenta relatio
Orsis inimicorum ad ipsum Cæsarem,
Contra beatum falsa portans præsulem,
Edicit ille vel deis temerario
Quis ore portat exprobrando injuriam,
D Faciat satis, vel urbe pellatur data.
Perfertur hæc Demostheni præceptio,
Honore dictus est Pater qui civium
Crudelitate persecutor mitium :
Apollinarem hic exhiberi præcipit,
Validoque fixum amore Christo sentiens,
Dum cogitat quo perdat actum tormine,
Viri fidelis mancipat custodiæ ;
Nec Christianum suspicatus hunc fore,
Quem noctis intempestæ is in silentio
Ad edocendum gesta Christi insignia,
Permittit, imo cogit, ire liberum.
At dum retractans bella miles cætera
Requirat, an tropæa, jam nunc expleat,
Cunctatur horas implicando transagens,

Fugisse deses ne putetur prælia,
Tenent morantem consequentes ethnici,
Prensumque cædunt macerantes verbere.
Dum rentur inter flagra dura mortuum,
Linquunt, latenter quem ministri colligunt,
Tolluntque quodam subvehentes prædio;
Septemque qui superstes advivit dies,
Jugiter fideles ne fide discederent
Monens, profatis instruit cœlestibus;
Sic gloriosus laude Christi præditus,

A Ventura bella vel triumphos præmonens,
Apollinaris fine claro fungitur.
Capessit almum terra corpus, saxea
Clausum sub arca, extra Ravennæ mœnia,
Quam rexit urbem missus huc a principe
Apostolorum ab urbe Roma pontifex.
Bis quatuor decem per annos præsidens
Vespasiano rege passus, ultima
Pro veritatis laude scandit æthera.

INCIPIUNT CAPITULA LIBRI SECUNDI.

Cap. I. — *De sancto Clemente.*
II. — *De sancto Joanne apostolo.*
III. — *De confessione propinquorum Christi coram Domitiano.*
IV. — *De ultione secundæ persecutionis.*
V. — *De reditu sancti Joannis evangelistæ.*
VI. — *De exsilio sanctorum Nerei et Achillei.*
VII. — *Relatio sancti Marcelli de miraculis sancti Petri.*
VIII. — *De sancta Petronilla.*
IX. — *De sancta Felicula.*
X. — *De sancto Nicomede.*
XI. — *De martyrio sanctorum Nerei et Achillei.*
XII. — *De sanctis Eutice, Victurnio et Severino.*
XIII. — *De sancta Domitilla, Marcello quoque, et Apuleio, Sulpitio et Serviliano.*
XIV. — *De doctrina, miraculis et passione sancti Clementis.*

INCIPIT LIBER SECUNDUS.

CAPUT PRIMUM.
De sancto Clemente.

Janitor æthereus, divo moderamine fretus,
Firma locans aulæ cautus fundamina celsæ (170),
Ut sibi persentit conterminа tempora metæ,
Sidereæque instare viæ, cœlumque patere,
In medio situs Ecclesiæ, stipante caterva,
Clementisque manu prensa sic inchoat orsa:
« Conservi fratresque mei, mea sumite verba:
Præmonitus quoniam propriæ jam tempus adesse
Mercedis video, Christo monstrante magistro,
Pontificem vobis Clementem hunc ordine summum,
Huic coram positus doctrinæ trado cathedram,
Qui mihi principio comes omnibus exstitit actis,
Quique boni docilis mea dogmata cepit ad unguem;
Omnis participem mihi quem tentatio sensit,
Quem stabilem inveni, fidumque, Deumque co-
[lentem,
Præ reliquis fratres studio pietatis amantem,
Discere ferventem, castumque, piumque, modestum,
Justitia rectum, patienter ferre scientem
Garrula stultorum fatuæ blateramina linguæ,
Cordaque discentum digno componere jure:
Huic committo potestatem, quam prompsit ab ipso
Collatam Domino solvendi sive ligandi.
Judicium stabile ipsius super astra residat;
Innodabit enim quod oporteat esse ligatum,
Et simul absolvet quod congruet esse solutum,
Ecclesiæ veluti liquido cui regula nota.
Audite ergo ipsum Christo peccare timentes;
Doctori vero fuerit quicunque molestus,
Inde caret vita Patrem quia pacis acerbat.
At præceptorem medici vice degere præstat,

B Non in subjectos belvæ feritate moveri. »
Tam præcelsa pavens ejus vestigia Clemens
Appetit, excusans tanti se pondere honoris;
Cui senior : « Ne me super his oraveris, inquit,
Quæ decreta ita sunt, potiusque videbere dignus
Quo vitare cupis; nec enim ista cathedra requirit
Ultro, petit sequi abdentem, quin moribus æquum.
Quod si præsto mihi melior te præforet alter,
Si quis et adjutor tam sedulus atque minister;
Si quis tam celsi subiisset dogmatis arcem,
Ecclesiæ specimen serie disponere noscens
Tam recta, te non agerem hoc sumpsisse coacto;
Quærere namque alium curæ reputatur inani,
Cum te primitias hujus et gentis et urbis
Obtulerim Domino; quin perspice, frena subire
C Qui fugis Ecclesiæ, velut alta pericula puppis,
Certus majoris tibi stare pericula lethi,
Qui populo Domini posito quasi fluctibus aliis
Cum possis prodesse, fugis, tua commoda tantum
Sollicitus quærens, renuens commune juvamen;
Si certus plebis tibi magna manere pericla,
Nec dubites memet pro te certare precando;
Ocius ac quanto mihi connivere parabis,
Tanta me citius cura ac angore levabis.
Novi te tædere quidem perferre superba
Obloquia indoctæ plebis, rudis ora popelli,
Quæ te ferre tamen constanter et optime novi;
Cernentem tibi quæ patientia munera servet.
At volo te justa mecum ratione librare
Quando labore tuo mage Christus egere videtur,
Nunc ejus sponsam bello dum provocat hostis,

(170) Versus sequentes usque ad *Novi te tædere*, etc., omittit codex S. Genovefæ.

Aut ubi victricem soliis admiserit altis,
Quando triumphanti cedet labor omnis et hostis,
Quis modici saltem sensus modo nesciat esse
Tempus, quo Dominus certamina sancta requirit?
Mente igitur tota surgentia concipe bella,
Atque opera summa præsentia seria tracta,
Auxilium satagens certantibus addere promptum,
Præmia magna recepturus post bella triumphans;
Officium ergo libens nunc suscipe pontificatus
Pro me, præcipue doctus, decus ordinis hujus,
Ut nullo terrore salus plebeia vacillet,
Per te firmatis quos lucrifecimus agnis. »
Prosequitur seriem qua dispensatio cunctæ
Clareat Ecclesiæ præsul, quam cauta sequatur;
Rebus ut externis penitus se subtrahat, omni
Se dedens studio mentis verboque salutis :
Presbyteri quid agant, vigilent ut amore paterno,
Ac studeant salvam cœlis inducere plebem ;
Quid clerus servet reliquus, sanctique ministri,
Cœtus quod laicus, vel quod generaliter omnes.
    His ita dispositis, tanto moderamine dignum
Pontificem impositis manibus statuitque dicatque,
Omnibus atque palam cathedræ rubidum ora pudore
Indit apostolicæ, cogitque sedere sacratum,
Testibus hinc populis papæ mandatque, rogatque,
Hæc Jacobo Solimam mittens descripta revelet,
Debita se postquam vitæ jactura resolvet,
Insinuans breviter vitam ut perceperit ejus
Ore, comes sibi qui fuerit, quæ dogmata ab ipso
Hauserit, et qui se finis deprenderit illic;
Affirmans fore ei solamina maxima mentis
Noverit ut doctum, sancti nec juris egenum,
Doctoris subiisse locum Petrique cathedram,
Cui parens implensque boni præcepta magistri,
Delegat Domini fratri quæ jussa benigna
Magnifici altisono Petri susceperat ore;
Consectansque Patris normam docti atque modesti,
Qui sibi consortem scribit cœlisque notatum,
Omnibus omnis fit, salvos ut præbeat omnes.
Gentiles siquidem liquida ratione docebat,
Ut populi fallax divorum irrepserit error,
Unde genus hominum quonam defecerit astu,
Vipercæ fraudis persuasum hærescere vanis,
Attestans ipsos venia vitaque levandos,
Idola linquentes Christo si corda pararint.
Judæis patriarcharum pro laude placebat,
Attollens legem sacram patresque beatos,
Ipsos sanctorum genus, arce sedilia cœli
Prima docens acceptatos, modo sacra piorum
Dicta prophetarum in Christo completa tenerent.
Dilectus mage Christicolis, et amabilis actu
Omnibus exstiterat, conscriptaque nomina egentum
Servabat, vitæ tribuens pro posse levamen,
Quæsitum nec abire sinens per publica victum
Compita Judaico aut gentili munere pasti.

A His sordere inhibet divino fonte piatos,
Omnes assidue properare ad sancta monebat,
Absentes scriptis, præsentes famine formans.
Doctrina ergo nitens tali, populoque Deoque
Gratus erat; sed non humiles hærere superbis
Sacrilegisve placere pii dulcedine possunt.
Stat mentis tamen intrepidus vigor, atque beati
Terrores trucium miti pietate refutans.
Hinc mundi culmen Domini postponit honori
Clemens, qui celso Domitillam sanguine claram
Sacravit Christo, sponso tulit Aureliano.
Virginis eunuchi siquidem Nereus et Achilleus,
Discipuli Petri Christique per omnia servi,
Clementem super his adeunt, cui talia fantur :
« Gloria tota tuæ Domino quod prædita mentis
B Discimus, nec te de nobilitate parentum,
Quin de cœlestis gaudere propagine Patris.
Patruus ipse tuus Clemens, licet ordine consul,
Atque tui fuerit germanus origine patris.
Hujus nos mercata soror subeuntibus annis
Ætatis parvos teneræ Plautilla coemit.
Quandoque percipiens vitam tribuentia verba
Credidit ore Petri, sacroque est tincta lavacro;
Nos simul atque ejus soboles Domitilla sacramur :
Hoc anno et dominus Petrus subit æthera martyr,
Et Plautilla pio pacto terrena reliquit
At Domitilla, viri clari sponsa Aureliani,
Ore satam Cephæ nostro audiit ore salutem,
Virgo Dei quod amore manens mereatur apisci
Cœlestem sponsum dominantem in sæcula Christum,
C Cum quo deliciis divoque fruatur honore,
His aliisque animata Dei de munere dictis,
Per te, virgo, cupit velamina sumere voti. »
Reddit ad hæc Clemens : « En debita tempora cerno
« Martyrii palmam quoniam vocatio tendat ;
« Hac, prensare via, Domitilla, nitere corona.
« Sed quia mandato contemnere mortificantes
« Præcipimur Domini, temnamus morte feroces,
« Mortis et in simili nostræ ditione jacentes,
« Perpetuæ vitæ Regi servire parati. »
Hoc igitur Clemens animo robustus et actu
Primatis sponsam Regi despondet habendam,
Consecrat atque pio tactam caput ornat amictu.
Sponsus, amore gravis, thalamum sibi virginis orat :
Despicit illa preces, animo rigidissima durat :
D Tendit hic insidiis castam vexare puellam;
Nobilitas viri ferre vetat, tum principis aures
Interpellat, in hoc nec principe vincitur illa.
Virginis exsilium decernit Domitianus.
Spretus ab hac, sacra præcipue quod temnat abhor-
                                              [rens
Sancto a proposito revocari creditur exsul;
Exsilio cujus data Pontia nobilitatur
Eunuchi insignes dominam comitantur euntem.

CAPUT II.
De sancto Joanne evangelista.

Plures quin etiam diversa per abdita trusit
Egregios clarosque viros, gladioque peremit,

Turgidus hic princeps discussos judice nullo.
Insuper aggreditur scelerati incœpta Neronis

Infanda sceleris successor theomachiam,
Bella poli Domino indicens, sanctosque trucidans,
Disquirensque piæ patronos plebis, ut audit
Post reliquos regimen fidei mansisse Joanni,
Hunc velut Ecclesiæ columen petit improbus unum,
Principis ut multa socium disperderet agmen.
Ducitur ergo Epheso Romam, et spectante Senatu
Induitur pleno ferventis dolio olivi ;
Integer at testis, prodit, jam liber ab igne,
Quam nituit cælebs omnisque libidinis expers.
Igne triumphato, terris propellitur exsul,

A Expositumque salo Pathmos capit insula sablo.
Hic profugum mundo mundi nec deserit auctor,
Visitat extorrem, cœlique arcana recludit ;
Oromate illustri pulsum solatur amicum,
Ecclesiæ signans tecto sub ænigmate pugnas.
Atque triumphorum secreto schemate palmas.
Post, ad apostolicum fidei constantis honorem,
Hic ubi candentis vicit pinguedinis ignes,
Basilicam struxere pii portam ante Latinam,
Quam clarum redimivit opus generatio Sancti ;
Hinc quoque festa dies digno instauratur honore.

CAPUT III.
De confessione propinquorum Christi coram Domitiano.

Erectum ultra hominem meditans fera bellua man-
[dat
Ut Dominumque Deumque coli se Domitianus,
Invidia furit in Christum, sanctisque prophetis
Credulus ut, metuitque etiamnum stirpe creandum
Davitica, qui sceptra regat ; vestigat acerbe
Davidis genus, et tormenta per impia quæri
Interimique jubet ; fit quæstio cruda tyranni.
Restiterant quidam Judæ tunc forte nepotes,
Hi quoque delati, Christo quasi carne propinqui,
Ducuntur regi ; rogitat sint sanguine creti
Davitico? Promunt ; rogat his quam magna facul-
[tas ?

B Audit re tenues : Christi quam ditia regna ?
Ipse, quis inquirit, vel quando, vel unde futurus ?
Hi referunt hujus Christo non culmina regni
Terreni rapienda suo, cœlestia summo
Sceptra manere Deo ; angelicos parere ministros,
Cui constet regnumque parare, in limine sæcli,
Dum veniet judex divino fultus honore,
Judicet ut vivos, mortis quoque lege subactos,
Pro meritis et cuique suis ut digna rependat.
Despuit inflatus personas tegmine viles ;
Nec dignans punire, suos dimittit abire :
Missi magnanimes præconia celsa fatentur,
Ecclesiæque duces pacis post tempore vivunt.

CAPUT IV.
De ultione secundæ persecutionis.

Domitianus qui plures exemerat arvis
Christicolas propriis, in fautores fera vertit
Judicii decreta trucis ; pelluntur ab ipsis
Militibus ; quis consuerant cœli agmina pelli :
Irreptant penetrantque domos, dominosque lacessunt,
Exturbantque suis similes penetralibus olim
Ægypti ranis populum quæ strage secunda

C Elatum proprias perscrutabantur in ædes,
Pellentes misera vindictæ lege protervos :
Omnibus infensus fera pessima Domitianus,
A propriis famulis fidisque peremptus alumnis
Omnia crudelis crudeliter exanimatur ;
Sandapila evectus quoque vespillonibus, antro
Turpiter ingestus, populari mergitur urna.

CAPUT V.
De reditu sancti Joannis apostoli.

Post quem Nerva senex Trajanum lectus adoptat,
Participemque facit fastus ; cassantur et actus
Prædecessoris, profugi revocantur, eaque

Liber ab exsilio (171) magnus pietate Joannes
Regreditur doctrinæ Ephesum repetendo cathedram.

CAPUT VI.
De exsilio sanctorum Nerei et Achillei.

Athletæ Christi, Domitillæ ad bella magistri,
Pontia dat quibus hospitium, dum noscere curant
Qualis humus, cujus fidei qualesve coloni,
Bella viris tractanda piis terra hospita portat.
Nempe scholæ Simonis quidam inveniuntur alumni,
Artibus indigenas fere subvertisse profanis,
Falsa per atracias (sic) monstrantes signa figuras,
Fallentesque Deo genitum genitore magistrum,
Proque Dei Gnato Simonem suasere colendum.
Hos dum prævalida sancti virtute refutant,
Cœtibus effultos, populum scitantur in ista :
« Marcellum Marco nunquid cognoscitis Urbis

D Præfecto genitum ? — Quis hunc hic nesciat ! » Illi :
« Attribuitis eine fidem Petri Simonisve
Laude super ? — Nimium rigidus qui credere temnat
Personæ, referunt, tantæ, tam sanguine claræ.
Et sancti : « Tantum id propriæ præstate saluti,
A nobis apices donec capiatque feratque ,
His super istorum doctrina avertite mentes,
Atque prius nostri recitetur epistola vobis,
Quolibet hinc illa vestrum gestante feratur.
Ipsius ac vestras consulta legantur in aures. »
Omnibus id placitum ; scribunt mox talia sancti.
« Nos servi Christi Jesu Nereus et Achilleus

(171) Cod. prima manu gentilium ; corr. ab exsilio.

Marcello condiscipulo per sæcla salutem.
Pontica propulsos cum nos ergastula pressent,
Nomine pro Domini gaudemus talia passi.
Discipuli Simonis sed gaudia nostra fatigant,
Furius et Priscus profugi pro fraude magistri;
Assertant etenim innocuum vixisse Simonem,
Huncque odiis insectatus sit Petrus iniquis;
Cumque repugnaremus eis ne crederet ullus,
Dignum hinc te certis astruximus esse relatis,
Informare tuis possis qui fatibus illos,
Ejus cum vitam discussius ipse probaris,
Discipulus fueris, cunctos agnoveris actus;
Ne pigeat, petimus, his scribere, promere verum
Insontes solvi ut valeant erroribus horum. »

CAPUT VII.
Relatio Marcelli de miraculis sancti Petri.

Hæc quoque rescribit solers Marcellus ad ista :
« Almifici Domini Jesu pia gratia tecum.
Marcellus prono Christi molimine servus
Nereo et Achilleo præconibus almis
Grammatibus vestris pia gaudeo gaudia lectis,
Constantes siquidem vos corpore sentio et ore,
Solliciteque proba pro vero insistere pugna :
Objectum sed enim innocuum quia forte Simonem
Promitis, hinc aliqua quædam pro parte fatebor,
E paucis pensare cati quo plurima norint.
Ipsius asseclam fore me nam contigit olim :
Quem dum fictorem atque magum, perque omnia
                                    [nequam,
Infantumque necatorem, dirumque probassem,
Deserui, Petroque viam complexus adhæsi.
Hunc Zoroastreum memorat dum Samaritanus,
Inque odium populi mentes accenderet ejus,
Ecce repente ubi sincerum carpebat iniquus,
Turba ampla stipante virum, transibat amaris
Lamentans lacrymis orbata ut femina, cujus
Unicus occiderat gnatus, nomenque parentis
Abstulerat viduæ, gemino quæ squallida busto.
Hic Cephas Simoni assuetos affatur amicos :
« Ite, viri, præsens feretro nudate cadaver,
« Sicque probate fidem : cui mors, audire parata,
« Reddiderit prædam, invitisque remiserit antris. »
Quo dicto Magus erigitur, nimiumque superbe :
« Istum ego si functum vinclis absolvero lethi,
« Hunc Petrum nostrumne necabitis? ilicet hostem
« Vivum (turba fremit) flammis torrebimus atris? »
Invocat illusos callentes fraude ministros,
Atracioque ministerio motus quatit artus;
Quo viso populi laudem jactare Simonis,
Perniciem Petri stolido sævire tumultu.
At senior constans, turba vix pacificata :
« Si reduci fervore calet, vivitque, loquatur, »
Inquit « et incedat, comedat, sua tecta revisat;
« Si vero ista nequit, falli vos arte probate : »
Acclamat vulgus connivens mente recepta,
Sin secus hunc Simonem Petri tormenta fatigent.
Iram fur simulans petit argumenta latendi,
Secedensque fuga, capitur, fœdeque tenetur,
Servaturque pavens, donec Petrus ista perorat,
Expansis cœlo manibus : « Dominator Iesu,
« Nobis discipulis propriis qui hæc jussa dedisti :
« Nomine abite meo, Satanæ depellite fraudes,
« Curate infirmos, revocate cadavera vitæ,
« Hunc nobis redhibe puerum, cognoscat ut omnis
« Hic populus solum temet Dominumque Deumque;
« Qui cum Patre tuo vivens, et Flamine sancto,
« Vitæ regna tenes, et in omnia sæcula regnas. »
Hæc ad vota niger Stygiis adducitur umbris
Exsurgensque Petri vestigia pronus adorat :
« Vidi, aiens, Dominum Jesum mandare ministris
« De me cœlicolis, ac talia jussa ferentem :
« Pro votis Petri, nostri constantis amici,
« Reddatur matri viduæ puer unicus iste. »
It cœlo sonitus clamantum, ac voce virorum :
« Hic Deus est solus Petri quem prædicat actus. »
Angitur illector caput indutusque molossi
Appetit effugium, sequitur clamore caterva,
Arctatum tenet, ultorem quoque præparat ignem.
Approperat Cephas acrem sedare tumultum
Hæc inhibens et tali animos affamine mulcens :
« Noster nos docuit patientes vivere doctor
« Nec mala ferre malis, quin blanda rependere sævis. »
Hoc sale respersi dirum misere caninum,
Qui bonitate Petri liber, sed dæmone vinctus,
Me petit, ignorare putans quæ gesta patebant,
Immanemque canem vix ferrea vincla sequentem
Vincit in ingressu : « Videamus si Petrus, aiens,
« Huc te sollicitare solens intrare valebit. »
At Petrus adveniens, longum neque deinde moratus,
Ferrea nexa feræ crucis ad signacula solvit,
Injungitque cani mandata ferenda canino,
Ut sensu captum valeat quibus increpet orsis.
Vade lubens, Simoni furiato talia perfer :
« Desine dæmonica populum seducere fraude,
« Vivifici pro quo Christi data sanguinis unda. »
Conspiciens ego tanta Dei miracula, curro,
Asternorque Petri pedibus, genibusque volutor.
Excipiensque domo probrosum elimino monstrum.
At canis effectus cunctis mitissimus, unum
Insequitur Simonem, pedibusque suboppримit actum.
Accurrensque pio proclamat apostolus ore :
« Nomine præcipio Christi ne viscera morsu
« Contigeris, lanians neu fixeris artubus arma. »
Qui præcepta sequens, vitansque irrumpere membra,
Dilacerat vestem, nulla permittit operiam
Parte manere cutem, carpit retegitque latronem.
Hunc populus nostræque domus per compita vernæ,
Cum cane procurrunt Satanæ portenta fugantes,
Atque lupum mentis pellentes mœnibus urbis.
Opprobrii non ferre valens tam pondera magni,
Abditus hic toto nusquam comparuit anno.
Reppetit inde tamen, qui se insinuando Neroni
Suggereret, nequam pravo, sævus scelerato
Nectit amicitiam; fit copula dira nefandis.

Posthæc a Domino munitur apostolus istis
Per visum dictis. « Nero labe Simonque repleti
« Te contra fraudes agitant, tibi sed timor absit,
« Nempe ego sum tecum validæ munimine parmæ,
« Atque mei servi tibi do solatia Pauli;   [retis
« Cras Romam ingreditur, cernes, bellumque ge-
« Perversi contra Simonis ludibria nigra,   [mis,
« Quem Stygiis postquam dabitis sub tartara flam-

« Victores ad me pariter scandetis in astra : »
Nec mora, dicta patent; Paulum lux crastina præbet,
Ut sibi conspecti, post cum latrone palæstram
Quam tulerint, Phœbes septem discursibus actis,
Omnia præsentes cum vos vidisse patescat,
Futile perspexi vos hæc tam nota docere,
Cum Linus Eoæ Ecclesiæ sermone Pelasgo
Horum conspicuos bellorum evolverit actus.

CAPUT VIII.
De sancta Petronilla.

« De domini Petri Petronilla prole beata,
Ejus quo fuerit certamine meta labori
Paucis expediam jussus, quæ clinica facta est,
Ut nostis, pro velle Patris, interque fuisse
Vos memini plures, apud hunc cum discipulorum
Prandia consuete gemina caperemus ab esca,
Dum prandendum inter seniorem ita Titus adorsus :
« Cum per te cuncti morbis vegetentur anheli,
« Cur paralytica negligitur Petronilla jacere ?
— « Expedit, inquit, ei Petrus, sed ne videamur
« Excusare impossibilem sermone medelam,
« Surge, rape officium celeris, Petronilla, ministræ. »
Surgit at hæc virgo incolumis gaudensque ministrat;
Obsequio explicito proprium de more grabatum
Præcipitur repetens solito languore gravescat.
Quæ postquam esse Dei cœpit perfecta timore
Optime sana viget, morbos quin pluribus arcet.
Hæc quoniam facie nimium speciosa nitebat,
Flaccus eam comes uxorem vi ducere tentat;
Quem cum militibus venientem ita ludit et armis

Virgo Dei, patrio lucis præcauta favore :
« Armato facilis cuneo petis antra puellæ ?
« Si me legitimis tibi vis conjungere tædis,
« Matronas, clara quoque virginitate puellas,
« Post tres mitte dies, cum queis tua mœnia visam. »
Obtento virgo hoc spatio, virtutis honore
Sese præmunit, castisque monilibus ornat,
Continuas orans jejunia ducit in horas.
Jungitur huic Domini Felicula clara timore
Hujus grata comes ceu collactanea virgo.
Tertia lux rutilo spargebat lumine terras,
Et Nicomedis adest Petronillæ presbyter, atque
Sacra pio celebrat ritu mysteria Christi.
Virgo ubi cœlestis divino munere pasta,
Aversata torum, astrigeros conscendit in axes.
Contigit ast, Domini divo moderamine gestum,
Ut chorus innuptus matronarumque caterva
A Flacco ad tædas, a Christo ad funera ducta,
Virginis illustri exsequias celebraret honore.

CAPUT IX.
De sancta Felicula.

« At comes, avertens animum, solatia saltem
Virginis usurpare petit, « Felicula, dicens,
« Rebus de geminis tibi delige quamlibet unam;
« Aut mea sis conjux, aut dis libamina funde ». »
Illa : « Nec uxor ero tua, sum quia sacra Tonanti,
« Nec libabo deis, quia sum vernacula Christi. »
Carnifici Flaccus torquendam tradit atroci,
Mandat et includi tenebrosi in claustra cubilis.
Linquitur hic septem absque cibo perstare diebus,
In quam custodum perflant hujusce maritæ :
« Heu ! cur morte mala properas decedere vita ?
« Sume virum celebrem juvenemque et rebus opimum,
« Formosum, comitemque potentem et regis ami-
                                                [cum. »
Illa nihil contra nisi tantum hæc edere curat :
« Virgo quidem Christi sum, nullum præter eumdem
« Omnino accipio. » Vestæ post ducta fovenda
Virginibus, gaudens alia durare sine esca

Hebdomada, impuris minime suadetur eorum
Servitiis libare cibum; suspenditur ergo
Tormentis, clamatque : « Meum modo cernere cœpi
« Sobrium amatorem Christum, meus est amor in
                                                [quo
« Fixus; at hostiles frendent blaterantque ministri:
« Christicolam te te esse nega, pergesque soluta. »]
Clamat : « Amatorem, felix, nunquam ipsa negabo
« Capta meum, me sit propter cum felle cibatus,
« Atque coronatus spinis, potatus aceto,
« Affixusque cruci. » Post hæc sanctissima verba,
Sordibus injicitur spurcæ vastæque cloacæ,
Hacque capit meta cœli Felicula regna.
In speculis positus Nicomedis ut aspicit isthæc,
Nocte venit tacita, rapiensque suæ ossa casellæ,
Curriculo ducit, conditque via Ardeatina,
Urbe procul septem fere millibus. Ejus ibidem
Fructificant ad vota preces post tempore cuncto.

CAPUT X.
De sancto Nicomede.

« Audiit hæc Flaccus sancto a Nicomede patrata :
Huncque ad sacra capi' faciens, jubet immolet aris.
Sanctus ad hæc : « Ego sacrifico Domino omnipo-
                                                [tenti

« Qui imperat in cœlis, saxis non ergo litabo,
« Quæ templis quasi carceribus clauduntur et an-
                                                [tris. »
Hæc et plura ferens, plumbo diutissime cæsus,

Evolat ad Dominum; Tiberi pia membra feruntur.
Clericus ipsius factis et nomine Justus
Undis eripiens corpus producit ad hortum
In biroto proprium, et tumulo prope mœnia condit,
A Inque via Nomentana locat ossa beata;
Hicque Deum orantes poscunt quæ digna merentur
Martyris obtentu passi pro nomine Christi,
Cum Patre qui semper sancto et Spiramine regnat.»

CAPUT XI.
De martyrio sanctorum Nerei et Achillei.

His ita decursis, hæc rescribuntur ad ista :
Eutyces Victorinus Marco ad omnia servi.
Qui Domini Jesu Marcello grammata missa
Sic tua venerunt sanctis; triginta dies jam
Transierant postquam ad meritam venere coronam.
Flavia præclara et Christo vinctissima virgo,
Docta per eunuchos Nerea et Achillea claros
Virgo manere, Deo supremo credere Christo;
Objecto Jesu titulo sibi nominis, isthuc
Truditur ab sponso, quem temperat, Aureliano;
Quique sequens eunuchorum tentare piorum
Aggreditur mentem, per eos sibi virginis optans
Conciliare animum : spernentes munera sancti
In Christo firmare fidem studuere puellæ;
Unde attrectati per sponsum verbere diro
Depositi Terracinam, Rufoque necandi

Suppliciis dantur; quos Rufus   igne (172)
Appensos crucians molitur cogere sacris;
Dumque fatentur apostolico baptismate lotos
Nulla unquam se sculptilibus ratione litare,
Puniti mulcta capitis super astra recedunt.
Auspicius quorum rapuit sacra corpora noctu,
Discipulus felix, quo Flavia crevit alumno,
Naviculaque vehens Domitillæ in prædia duxit,
Ac sanctæ juxta Petronillæ busta locavit,
B Mille et quingentis distantia passibus Urbe,
Quæ nos, Auspicio narrante, accepimus acta.
Floreat ergo tuæ nobis dilectio curæ,
Mittereque acceleres qui nobis vestra revelet,
Nostra tibi, fraterna salus illustret utrosque,
Lætior affectus tripotenti luce coruscet.

CAPUT XII.
De sanctis Eutycke, Victorino et Severino.

Indiculo hoc sumpto, Marcum Marcellus ad ipsos
Germanum mittit qui, confessoribus anno
Cum sanctis habito, rediens, hos prodidit actus.
Dum post martyrium Nerei fratrisque peractum
Aurelianus agit Domitillæ assensa subire ;
Audiit hanc eadem diciis consortia sanctis
Jungere, sacrarat quæ præceptoribus olim,
Donarique petit sibi quos a principe Nerva,
Sacris si fugerent simulacris sacrificare.
Hos, dum persistunt animo durare virili,
Carnificisque minas voto calcare fideli,
Per sua depositos alto ferus arva sequestrat;
Eutychem sex atque decem via millibus Urbe
Nomentana procul, Victorinumque salina
Sexaginta capit dirimens, hæc ipsa Maronem
Mœnibus in centum trigintaque millibus aufert.
Per totum ergo diem rastris insistere mandat
Sanctos censor atrox, et catabra (sic) vespere præ-
                                            [bet.
Sed bonus hic Dominus proprios non linquit alum-
                                            [nos,
Ruribus inque peregrinis data gratia justis.
Eutyches prolem nam conductoris agelli,
Dæmone depulso, patrique sibique reponit.
At Victorinus domini vice rura regentem,
Tresque annos lecto paralytica membra foventem,
Incolumen dedit orando, rapuitque grabato.
Curatorem urbis morbo Maro solvit hydropis,
Annis quo septem undarat lymphante liquore.
Denique formantes populos affamine casto,
Instruxere fide multos regnantis Iesu,
Presbyterique dati plebem augmentando creabant.

Invidus ergo boni mentem replet Aureliani;
Erigit ira animos, tortores mittere suadet,
Legantur lanii varias infligere pœnas;
Cæditur Eutyches tota spectante platea.
C Dum petit æthereum mens sedem flagra triumphans,
Devotus digno temnentia membra lanistam
Eripiens populus properat cumulare decore,
Sacratumque super Christo parat edere templum.
Mittitur oppressum sævo turgore Maronem
Turgius inflatus, saxo qui sternere nitens
Quem terrore nequit; prægrandi pondere rupem
Trochleis librare homines quam septuaginta
Vix quibant, jubet advolvi, sanctumque onerari;
Quique leves paleas ceu per duo millia lætus
Gestat, eoque loco solitus quo fundere vota
Sarcophagum locat, illæsus quoque pondere perstat.
Totaque repletur miro provincia facto;
Accelerant purgari animæ, sanctumque lavacrum
Affectans populus, larvarum exterminat aras.
D Acta pii judex annuntiat Aureliano;
Concessamque fero prædam mactare propinquat.
Credentes lapidem populi, pia pondera, justi
Hoc ipso gerula ossa locant tumulantque cavato,
Desuper excelsi condentes muneris aulam
In qua dona Dei meritis præstantur alumni.

Est locus lances mittens spiramine tetros
Sulphureo, latices veteres dixere cotillas :
Hic Victorinum, resupino vertice pensum,
Horrifico perimi mandat pædore tyrannus.
Hæc tribus ut passus martyr furibunda diebus
Nectare divino cœlique fovetur amœno.
Aurelianus, adhuc defuncto in martyre crudus,

(172) Cod. 1 *Rufus.*   *igne*, relicto spatio unius vocis vacuo. Cod. 2, *Rufus m   mius igne.*

Corpus humo prohibet, terram vetat abdere terræ;
Ast ubi membra jacent incondita, sole meante,
Accedunt Amiternenses, rapiuntque beati
Præsulis ossa sui, referunt, conduntque decenter.
Exstiterant equidem bino solamine fratres,
Iste Severino Victorinus magis auctus,
Munia post obitum dantes alterna parentum,
Præbentesque sibi geminæ suffragia curæ;
Alterno submittentes se discipulatu,
Alternoque magisterio sibi jura ferentes;
Æmula servitii dedentes munera digni;
Vera probabilibus dilectio creverat actis,
Obtulerantque Deo semet viva hostia facti;
Perfectumque petens virtus germana subire
Tendit in id sua quod dantes sint rebus egeni.
Ubertate poli dites, quibus omnia Christus;
Libertas eadem, imperium, gratus famulatus,
Nil deerat, cum nil mundi pompalis haberent.
At Victorinus spe scandere celsius ardens,
Ac reputans imperfectum parere vicissim,
Nec satis esse tenens utri deserviat alter,
Si quid in alterutro liceat præstanter utrique,
Aggrediens eremum, celsæ petit ardua rupis,
Spelæoque sedet sub quo præterfluus amnis
Abruptum bifidi lateris signarat utrinque
Vix uni hospitium queat ut dormire sedendo :
Si socium capiat, vigilans orabit et astans;
Edidit ostiolum lento dans vimine claustrum,
Assiduus lectu, precibusque vacabat anhelus.
Non tulit hæc cernens pietatis lividus hostis,
Affingensque dolum, teneræ induit ora puellæ,
Ante foresque viri ingeminans ululantia verba :
« Heu me! infit, miseram, silvis, errore, tenebris
Solivagam, ignaramque loci callisque negati,
Quisquis es istius venerabilis incola saltus,
Virtutum famam polus undique, et undique silvæ,
Eximiumque loquuntur opus, frendentibus apris
Eripe me, trucibusque lupis et hiantibus ursis;
Quod victura, tuum, moriar si denique, id ipsum;
Satque tegi mihi sufficiet vel limine tecti;
Non diuturna peto consortia, noctis haberi.
Hospes et unius. » Pandit miseratus, et hostem
Compatiens dirum capit, admittitque latronem.
Unius spatium vix intercesserat horæ,
Dum crebri membrorum inter molimina gestus,
Illicis effigies monstri pede contigit almum,
Moxque Cupidinea transfigit corda sagitta;
Blanda dolum cumulant, ignes affamina sufflant,
Urit pectus amor, facinus loca sola suadent;

A At velut antiquo præcellens robore quercus,
Atque solum firmis penetrans radicibus altam,
Montivagi succensa foco pecudum ducis, apta
Ignibus est inventa quidem si forte caverna,
Interno flammis consumpto robore victa,
Labitur, atque diu tectis cœlum applicat arvis.
Alta columna ruit, cæcus scelus efficit ardor :
Exclamat victor jam voce inimicus aperta :
« Heus! quid agis, quid agis, vir perfectissime? Fra-
[ter
Cui gravis exstiterat, peregrino jungeris? Ecce,
Germani odisti qui contubernia ferre...
En quid agis qui dogma novum silvis scopulisque
Constituens, rupes moderamina casta docebas?... »
Hæc insultanti jactando diabolus ore,
B Decepti ex oculis abiit ceu fumus in auras.
At qui corruerat, tacuit quasi Gorgone visa
Artubus exsanguis, sibi qui quandoque reversus,
Egreditur silvis, repetens solatia fratris;
Huicque, pudore diu suppressa voce, silenter
Assistens, causam stupido tandem ordine pandit;
Ipse sibi pœnam statuens, namque arbore scissa,
Ingerit insertatque manus, cuneisque cicatrix
Stringitur, arboreæ coeunt plagæ undique. Summo
Pontifici frater fratris patrata revelat;
Qui veniens primo conatur solvere nexum:
Utque reluctantem cernit, benedicit, et orans
Compatitur, refovet; munit, solatur abitque.
At vir pervalidus, tanto vincimine fixus,
Panis duntaxat modicum lymphæque liquorem
C Hebdomade prima capiebat, fratre coactus,
Qui victu simili jejunia longa levabat,
Pro fratris lapsu parili cruce semet adurgens.
Volventes hiemes hujus tres pondera multæ
Hinc Victorini dum jam patientia cunctos
Inflectit, rediens præsul vix cogere vincit
Carnibus absumptis sinat ut tormenta resolvi
Quis se judicii dederat memor ipse tremendi.
Is quam post sanctus nituit, quam mira potenter
Egerit, humanæ non est expletio linguæ;
Quique Amiterninæ cuncto delectus ab urbis
Erigitur præsul populo, quo martyre florent.
Frater et ipse Severinus, commilito fratris
Sectatorque sagax, post plurima mira datarum
D Virtutum, sancta locuples pietate quievit
Confessor, functusque loco legatur eodem
Quo vitam mire degens abstemius egit
Luce prius præsul quam præligeretur honesta;
Quem ritu recolit Campana Neapolis almo.

CAPUT XIII.
De sancta Domitilla, Marcello quoque et Apuleio, Sulpitio et Serviliano.

Aurelianus, ubi solamine virginis omnes
Dimovit sanctos, Domitillam solvit ab alti
Exsilio Ponti, Terracinamque relegat;
Sulpiciumque rogat claro cum Serviliano
Conciliatum illam sponsæ mittantur eorum,
Quo suadere queant animum ad connubia flecti,
Virginis ut comites et eodem lacte refectæ.

Pontiacis sanctæ redeunti occurritur arvis,
Conspicuas celebris gaudet vidisse sodales,
Conspicuæ celebrem gaudent venisse sodalem.
Gaudia concelebrant, nec eodem jure fruuntur :
Hæc animæ dapibus refovetur, corporis illæ;
Hæ recubant epulis, jejunia Flavia ducit,
Cui sociæ : « Quia prandemus sponsisque jugamur,

Non quimus servire Deo, quo talia tractas? »
Illa : « Viris claris desponsæ rite nitetis ;
Obscuræ si vos aliquæ divellere malint
Ac vincire sibi personæ, assensa negatis? »
— « Avertat Deus a nostris hoc mentibus, » illæ.
Flavia sic : « Et mente mea quæ gaudeo sponso
Rege Dei Genito, cœlo qui venit ab alto,
Atque spopondit ei servantes pectora casta
Sponsas esse sibi, vita donare perenni ;
Scilicet ut post hunc cursus præsentis agonem
Inducat thalamis æterna luce venustis,
Angelico semper tribuens gaudere decore,
Ac paradisiaco florum vernare nitore,
Finis ut absque metu illustres epulentur in ævum :
Filius ista Dei spondens dum credere vidit
Vix ullum, firmare fidem non distulit actis,
Dans cæcis lumen, leprosos famine mundans,
Functaque restaurans amissæ corpora vitæ,
Queis Dominum factis docuit se et vera fateri. »
Theodora : « Herodes, ait, est Romæ mihi frater,
Munere præterito captus qui luminis anno :
Illud restaurato tui sub nomine Christi,
Ex ipso nobis si dogmata vera tulisti. »
Euphrosyna sub hæc : « Fratrem liquisse lateris
Te Romæ cæcum, sed filia muta nutricis
Ecce meæ mecum, » quam præcipit illico sisti.
At Domitilla preces, longum flens, strata, profundit,
Exsurgensque, manus pandens ad sidera fatur :
« Christe Deus, qui pollicitus te semper adesse
Finetenus nobis, quæ testor vera probato. »
Cum dicto, mutæ signum crucis addidit ori,
« In summo Domini loquere, aiens, nomine Christi ; »
Muta statim vocem clamans prorupit in istam :
« Est verus, Domitilla, Deus tuus ; omnia vera
Sunt verbis prolata tuis. » Tunc se ipsius ambæ
Asternunt pedibus, credunt, sacrisque dicantur.
Theodoræ cæco perductus tramite frater,
Donatur, precibus Domitillæ, lumine utroque
Corporis atque animæ renitens splendore superne.
Tunc qui gentiles aderant ex Urbe, novantur,
Credentes Christo, liquida baptismatis unda ;
Hæc eademque domus Ecclesia sancta renidet.
Sanctos Marcellum postquam ferus Aurelianus
Ejus Apuleiumque schola sub utraque sodalem ;
Hos etiam præter, Domino pro cœlite plures
Claræ jure necis regna ad cœlestia misit,
Organa læta capit, Melico assultante beato,
Ac venit ut niteant unius luce diei

A Virginibus tædæ tribus ; at pia Servilianus
Sulpiciusque, Dei miracula facta videntes,
Credentesque, piæ fidei sua pectora subdunt :
Aurelianus eis sponsas dum ducere suadet,
Hi Domino ferri super his hortantur honorem,
Queis manifesta Dei virtus radiaverat actis.
Ille nec admittens animum, nec famina curans,
Septa jubet capiant Domitillam arcana cubilis,
Speque actu majora petit, sic gaudia ducens
Victa pudicitiæ veluti jam regna domarit,
Captivoque datum foret insultare pudori ;
Dumque inter thalamis applaudentes salit amens,
Corporis et gestus habitu convolvit iniquo ;
Nescius, infelix, hæc inconcessa petendo,
Insita concessæ solvi sibi fœdera vitæ,
B Sanguineis anima est dum jam repetenda latebris,
Exspirat subito, vitamque et ludicra mittit.
His comites visis Christo se dedere certant ;
Luxurius tanti frater post facta tyranni,
Trajanum repetens, dominatum poscit in istos ;
Quos simul obtentos diversa cæde trucidat.
Sulpicium illustrem claro cum Serviliano
Præfecto tradens Aniano, accusat iniquus
Christianæ famulos fidei, defertque necandos.
Virginibus posthac, trino charismate nexis,
Opposito rideri ab eis gentilia sacra,
Res adimens avidus terrenis usibus aptas,
Ignibus injectis, penetral secreta beatis
Quod dabat agnabus, flammis incendit adactis :
Prostratæ in facies illæ, Dominumque rogantes,
C Inter vota precesque animas super æthera tollunt.
Altera sopitis pandebat clara favillis
Sanctarum rutilum surgens aurora triumphum ;
Cæsariusque adiens levita tepentia tecta,
Invenit intactas tanto fervore beatas :
Nil in eas flamma vestesve audente rogali.
Tum sacra membra novo tumulans reverenter et
                            [aptans
Sarcophago, pariter claudit terraque recondit.
Sulpicium præfectus agit cum Serviliano
Dis libent ; celebri nuper qui flumine mundos
Se perhibent, fœdis iterum nec sordibus addi ;
Dumque via nequeunt adigi atris ritibus ulla,
Sumere submissa gladium cervice jubentur.
D Agro membra suo ipsorum posuere fideles,
Moto mille via bis passibus Urbe Latina,
Martyriique loco per tempora cuncta deinde
Horum largifluæ virtus exuberat ipso.

CAPUT XIV.
De doctrina, miraculis et passione sancti Clementis.

Interea Clemens æterni semina verbi
Insistente serens fidei fervore supernæ,
Evolvit plures, veneranda volumina, libros,
Instituens varias divino lumine gentes,
Ad vitæ callem gentilia corda ciendo ;
Inque fide constante pios perstare monendo ;
Unde et catholicum monita accepere vocamen.

Relligione per hunc informat Roma Corinthum,
Decernit scribas regionibus ordine gesta
Qui bellatorum satagant expromere Christi ;
Ordinat et clerum, diversi culmine fastus ;
Pontifices et quinque sacrat qui partibus orbis
Mittuntur conferre datis moderamina legis.
Hic jubet insignis Dionysius effera Gallos

Corda petat; Christo Remensia mœnia Sixtus
Præparet; acquirat Catalaunem Memmius urbem;
Eutropius sancto Sanctonas sanciat ore.
Doctrinis igitur Clemens cœlestibus instat,
Egregiam monstrare viam nec lumine cessat:
Romuleæ institui properant examina plebis.
Inde viri clari, illustris hinc femineus grex;
Ex quo Theodoram zelo insectante maritus
Insequitur, sanctamque petit Sisinnius aulam;
Cœlica dum Domini præsul mysteria tractat,
Intentusque sacris animo paganus inerti,
Auditu ac visu plexus vacuatur utroque,
Seque rogans tolli cæcum surdumque fatetur;
Tollentes famuli gyro falluntur inani,
Circumagunt errante reum vertigine, cæca
Nec reperire queunt aditum caligine tecti;
Deque viri ductu pendens stupet anxia conjux,
Quæ misso discens puero qua lite laborent,
Sternitur, egressumque viri poscendo recludit;
Expletisque sacris, vestigia protinus ima
Præsulis amplectens, veniam sensusque marito
Flagitat, evolvens actum eventumque jugalis.
Flectitur antistes lacrymis precibusque petentis,
Proque viri populum monet exorare salute,
Atque lares, missa prece cœlitus, expetit ægri,
Inveniensque oculis captum auditumque vacantem,
Effusis Domino precibus, restaurat utrique.
Pulsa nocte, dies patulas intrare fenestras;
Vox simul obliquas capitis penetrare latebras
Incipit; ille, videns Clementem astare maritæ,
Loris astringi famulis hunc præcipit amens,
Conjugis illicito perhibens ardore petendæ,
Thessalicæ illusum se fuco fraudis ab illo;
Incessit ludens properos aorasia servos,
Injiciuntque citi positis vincimina saxis,
Clementem clerumque simul innodare putantes.
Exprobrat antistes ceu saxea corda gerenti,
Dum qui saxa deos coleret, devolvere dignus
Saxa probaretur; vanis terroribus ille
Appetit hunc, temnit præsul, ridetque furentem;
Hinc prece Theodoram fusa benedicit, abitque,
Assiduam precibus mandans insistere, donec
Corda viri virtus dignetur visere Christi.
Theodoræ oranti vir canitie venerandus
Visus adesse palam, jam jam properantibus astris;
Quam mœrore levans: « Per te Sisinnius, inquit,
Salvus erit, fratris pateant ut famina Pauli,
Fida virum infidum faciet quod femina sanctum. »
Unde liquet visus quod Petrus apostolus ipsi;
Cujus in adventu malesanus, mente recepta
Tactus corde Deo, humanum sapit, atque jugalem
Accitam Dominum pro se exorare precatur;
Erroremque fatens, tolerataque nubila tractans,
Postulat acciri Clementem ac tradere vera.
Accersit sanctum mulier, narratque relata,
Adveniens præsul digno celebratur honore,
Imbuit atque virum rationis lacte rigatum.
Perceptis fidei dapibus Sisinnius almæ,

Doctorem amplectens, genibus devolvitur hujus,
Pro sibi collatis grates dans Omnipotenti,
Qui se cæcarat verum quo cernere posset,
Auditum tulerat quo vera audire valeret:
Accusans tenebras, lumen benedicit apertum;
Idola confutat, Christi præconia jactat;
Plurima persequitur, sancta gaudente caterva,
Nomineque exsultant sanctorum fascibus aucto.
Contiguo Phase sacranti fonte piatur;
Annumerantur ei simul, unda almoque renati
Flamine, centeni quater ac vicesima supra
Pars indiscreti sexus, atque imparis ævi;
Illustresque per hunc multi sacra dona receptant.
Lucra videre piget Christi virtutibus hostem;
Damna pati captivorum tam crebra suorum
Angitur, insidiasque petens certaminis atras,
Instimulat mentes, crudas attollit in iras;
Bella calere ciet, tetrum fervere tumultum.
Deligit his comitem veteri fervore superbum,
Tarquinii prisco referentem agnomine fastum,
Dæmonico vulgi stimulo instigare furorem,
Præsulis in nomen diro qui munere sævit;
Dispescunt super his populi diversa ferentes,
Defendunt alii innocuum sanctumque, profantes
Quæ bona præstiterit, charismata quæque salutis
Sparserit, auxilii solamina lata sequentes;
Contra alii torvis furiata mente querelis,
Artibus ista fremunt fieri subtiliter atris,
Culturam Æneadum queat ut versare deorum;
Eximie ille Jovi divinos demit honores,
Herculis immundo simulacrum dæmone plenum
Commemorat, Veneris meretricia turpia culpat,
Mercurium, Martem, Saturnum, cumque Minerva
Dianam incusat simul, insuper omnia turpat.
Præfectus, populi tendens sedare tumultum,
Clementem vocitat, lepidoque affamine mulcens,
Nobilibus prætendit avis et sanguine cretum,
Hortaturque deos, queat ut fulgere, colendos.
Iste, nec adversis nec noscens cedere blandis,
Præfecti monitis animum illustrare beatis
Ac patula formare virum ratione laborat,
Seditio unde caput teneat, quo plebe tumultus
Prosiliat, rationis amans, ut vitet inepta,
Effugiat tenebras, lucem sectetur amicam;
Multa serens fidei rationis et ubere plena.
Præfectus regi turbam facionsque revelat;
Clementem assentire sacris Trajanus inurit,
Seu Ponti profugum Chersonæ et rura subire;
Arentem tolerare eremum glebamque vacantem.
Intimat hæc sancto præfectus; at ille beatæ
Doctrinæ fulgore viri componere mentem
Nititur, haud metuens mulctam Augustumve mi-
[nantem
Respiciens; flectitque virum, lacrymisque resolvit:
Prospera qui exoptans, accommoda quæque ministrat,
Delegansque ratem, largitur congrua navi,
E populo multi, clerique ex ordine multi
Egregium amplexi Patrem comitantur euntem.

Ad loca pervectus sibi delegata beatus,
Offendit profugos, paria almæ millia plebis,
Mulctatos inibi saxis ad jussa secandis;
Qui lacrymis omnes, viso Clemente, repleti,
Pontificem tantum tam dura subisse gemebant,
Quos mœrore levans, socium se numine missum
Omnipotentis eis præblando famine tractat,
Gloria consortem quem passio jungit, ut aptet,
Sic medico cœptum mulcens sermone dolorem,
Millibus edicit senis deferrier undam,
Sanctorum perlatam humeris arentibus arvis;
Tunc Clemens : « Dominum cuncti poscamus Iesum,
Marmore de sicco qui flumina preflua duxit
In deserta Sina, nunc confessoribus isthic
Lætifico promat salientes flumine venas; »
Dumque, datis precibus, circumspicit undique præsul
Ecce Dei montem super agnum assistere cernit,
Qui pede porrecto innuitur loca pandere dextro;
Haud dubitans Christum sanctus quin cerneret, unus
Pergit, et : « Huc Domini sub nomine vertite rastra, »
Dicit; at hi circa effodiunt, neque tangere norunt
Pontifici ostensam supero moderamine glebam.
Papa levi, ferrum rapiens, loca percutit ictu,
Educitque novum cœlesti munere fontem,
Robore qui sumpto fluvium vomit impete lætum.
Exsultant populi, Clemens hoc carmine gaudet :
« Impetus exhilarat divinam fluminis urbem. »
Fonte novo celeri terras verrente meatu,
Fluminis exsiliens haud segnius agmine fama
Agros pervolitat, patriam virtutibus implet;
Accelerant populi magnalia visere Christi,
Haustu potantur bifluente, novoque novantur
Flumine, quingentæque die super amplius una
Salvatæ remeant animæ properantque dicandæ;
Septuaginta magis toto fabricantur in anno
Ecclesiæ, post fana deis eversa solutis.
Tres hic imbre pio populorum corda rigando
Duxerat æstates, lucis dum lividus hostis,
Atra venena coquens, mentes instigat inanes,
Luminis ætherei quæstus agitare profanos,
Augustique super Clemente exposcere leges,
Innumeras superum plebes quod abegerit aris.
Mittitur huc a Trajano trux Aufidianus
Christicolas punire, deum vel subdere sacris,
Qui lupus ut rabidus, caulasque irrumpere pronus,
Aut turbare greges late per pascua fusos,
Præcipitat sævire, novas laniare bidentes,
Nec mora, ferventes jugulique ad fenora largos
Accipit hos nudaque ensem cervice petentes;
Cunctorum invidet ille neci, negat atque ferire;
Clementemque modo divina in prælia poscit;
Hunc vafro variis tentans conamine telis,
Egregiique probans ut ineluctabile robur
Sentit agonistæ quem vincere terrea cernit;
Æquoreis adigi cum pondere præcipit undis;
Hisque salire putans, superari cærula posse,
Mergentis mandat nectatur ut anchora membris.
Fertur at ille poli regna intraturus ab undis,

(173-74) Cod. enecti.

A Sidereus dudum factus qui civis in undis.
Æthercam petit a summo mens gurgite sedem;
Undis læta volans, non præfocata per undas.
Exsequiæ desunt humano funeris actu,
Obsequium, sed adest divino munere latum;
Officium præstent homines qui funeris absunt;
Cœlicolæ curent qui munia funeris adsunt.
Ad pœnam nexa, obsequium fert anchora ductus,
Inque aulam structi deducit membra sepulcri,
Angelica positam fabrica, divoque parata,
Sidereis sancti manibus quo membra locantur.
Littoreis populi flentes speculantur arenis
Qualibet adyectum detur si cernere funus;
Discipulis nanciscendi fiducia sancti
Corporis in precibus firma radice tenetur.
B Cum Phœbo populum hortatur Cornelius una
Unanimes Christum exorent, dignetur ut illis
Exuvias reserare polum raptæ æquore mentis;
Dumque vacant jugibus pulsantes sidera votis,
Spiritus e cœlo, Rubri qui marmora ponti
Olim arere dedit, retro mare cedere cogit,
Ac longum laxare sinum, per millia pandens
Ingressum populis siccum tria, cernere præbens
Angelica cæso fabrica data marmore templa,
Cœlitis inque aula fabri moderamine ducta,
Æthereum monstratur opus mirumque sepulcrum,
Martyris arca tegens venerabile saxea pignus,
Martyriique secus celebris manet anchora testis,
Discipulis avidis sanctum transferre cadaver
Oroma secretis divinæ panditur aulæ,
C Ne vacuare velint sacris data mœnia membris,
Festaque dum redeunt, redeunt maris ima terentes,
Altaque signantes sicco penetralia gressu,
Dicta patent, subdunt positorum examina circum
Se populorum uni summo veroque Tonanti,
Præbet iter solemne maris Clementis, et illo
Insueti pandente salo tria millia callis,
Ærumnis vecti variis curantur anheli,
Contigit huc quondam parva cum prole profecta
Mater ut ingrediens tandem, solemnibus actis,
Sese impertiret dapibus sobolemque sopori.
Interea sonitu repetentis littora ponti
Concussis mulier sociis turbata recedit,
Præcipitesque sequens, animum est oblita parentis;
Immemor amissi sub vasta cubilia nati,
Anticipat rapido metuenda volumina cursu;
Quæ mentem, tuta demum statione, resumens,
Pignoris expositi gremio reminiscitur alti,
Atque edens gemitus, portum plangore replebat,
Luctumque ingeminans, summas percursat arenas,
Evecti si quis (173-74) geniti vidisse cadaver
Depromat, nulloque omnes scitata viritim,
Indicio sumpto, mœstasque reducta sub ædes,
Continuis longum producit fletibus annum.
Phœbeo in semet solito redeunte meatu,
Exspectata diu remeant dum festa colonis,
Illa redit, primosque inter mox prima recurrit,
Si reperire queat saltem eluta pignoris ossa ;

Æquore nam retegente viam, prima impetit algas,
Præcelerat, cunctisque prior pervadit arenas;
Insequitur fluctus, fugientibus imminet undis :
Prima petit templum, ingreditur, prosternitur aræ,
Explicitis surgit precibus, divertitur, ægri
Imbre rigata genas cordis, madida ora reflectens,
Aspicit en genitum canis qua parte relictus,
Nondum continui rupisse silentia somni;

A Defunctumque putans, properat lectura cadaver :
Somnum efflare probans, celeris rapit, excitat ulnis,
Incolumem levat, et populo spectante reportat.
Matre rogante ubinam fuerit tot ductibus anni,
Is nescire refert ducti rota fluxerit orbis,
Una hausisse tamen blandum ceu nocte soporem
Exponit, stupidoque ferens spectacula vulgo,
Cunctorum matris duplicat pia gaudia votis.

CAPITULA LIBRI TERTII.

CAP. I. — *De sanctis Anacleto et Evaristo.*
II. — *De sancto Alexandro papa et sociis ejus.*
III. — *De relatione Plinii, et ultione tertiæ persecutionis.*
IV. — *De sancto Sixto papa.*
V. — *De sanctis Getulio, Amantio et sociis eorum.*
VI. — *De sanctis Seraphia et Sabina.*
VII. — *De sancto Eustachio.*
VIII. — *De sanctis Eleutherio et Ancia.*
IX. — *De apologia Quadrati et Aristidis, et remissione persecutionis.*
X. — *De Telesphoro papa et Hygino.*
XI. — *De Novato et Pudente.*
XII. — *De sanctis Praxede et Potentiana.*
XIII. — *De sancto Alexandro episcopo et martyre.*
XIV. — *De sancta Felicitate ac filiis ejus.*
XV. — *De sancto Concordio.*
XVI. — *De sancto Potentiano.*
XVII. — *De ultione quartæ persecutionis.*
XVIII. — *De pluvia et victoria militibus per invocationem Christi concessa.*

INCIPIT LIBER TERTIUS.

CAPUT PRIMUM.

De Anacleto et Evaristo.

Ecclesiæ Clemens Anacleto regmina Romæ
Liquerat, a Petro qui consecratus honore [crum,
Presbyter, ornat apostolicum fabricæ arte sepul-
Pontificum membris dans mausolæa locandis;
Hicque secus magnum sortitur busta magistrum.
Quem post Ecclesiæ cathedram Evaristus adeptus,

B Ortu clara Dei præbent quem mœnia Romæ,
Presbyteris titulos magna divisit in urbe,
Pontificem statuit septem asservare ministros,
Dum rationali verbi dat semina terræ;
Martyrioque coronatus petit astra beatus,
Cujus apostolicæ sociantur pignora tumbæ.

CAPUT II.

De sancto Alexandro papa et sociis ejus.

Sedis Alexander post hos moderamina primæ
Ævi immaturus, maturus mente, capessit.
Pro servis Domini sacra qui mysteria passi
Corde colens humili jubet hæc solemnibus indi,
Haud impar Elisei, spargi sale præcipit undas,
Queis aspergantur benedictis tecta piorum.
Contulit affectu populi cui gratia Christi
Atque senatorum Ecclesiæ nexare catervam,
Hermen præfectum ad Regem convertere verum;
Fonte sacrat simul uxorem, genitosque, sororem,
Mille jugans famulos, et quinquaginta ducentos,
Conjugibus gnatisque una baptismate lotis;
Quos gaudere prius cum libertatis honore,
Maneribus præstans Paschæ dat luce sacrari.
Ales fama operis, pernicibus excita pennis,
Axe sub Eoo Trajano annuntiat acta;
Ille odisse Deum quem noverat Aurelianum
Hæc legat rapido Romam plexum ire volatu;
Quique solum pontumque legens, secat omnia lapsu

Præcipiti properus, Romamque repente perintrat.
Augusti velut Augustus comes Urbe receptus;
Pontificum insano petitur plangore furentum,
Millia Romuleæ a sacris descisse phalangis;
C Quis Hermes et Alexander foret ausibus auctor;
Attritos sedisse deos, delubra relicta.
Devincitur Alexander, contruditur Hermes,
Quem custos suasorque Quirinus honore tribunus
Convenit : utquid se tanto patiatur honore
Privari, tam vincla pati tolerabile ducat?
Is mutasse decus, non se amisisse fatetur,
Terrenum tolli culmen mutabile posse,
Perpetuo prohibens fastigia diva manere.
Stultitiam reputat suggestor credere vitam
Post cineres, sibi sic visum olim reddidit Hermes,
Ast ab Alexandro se doctum vera probasse;
Dumque alterna serunt avidæ commercia linguæ,
Ventum quo statua præfecto assensa tribunus,
Fœdere sub tali clauso jungatur ut ipsi

Limine Alexander, vincimina plura triumphans.
Hermes firmat; abit, prodit, triplicansque Quirinus
Pontifici nexus, aucto custode, tuetur.
Orat papa fides pacto claretur ut isto.
Æthera vota petunt, cœli demittitur astris;
Nam, stellis convexa poli pingentibus, ecce
Parvus adest puer, et rutilans illuminat atram
Tædæ luce domum, atque sequi se præcipit almum.
Ille, dolum metuens, puerum faculamque videndo :
« Non simul ibo, genu mecum nisi flexeris, inquit,
Commemorando precem Christo dictante profu-
[sam. »
Implet jussa puer, dextramque antistitis ipse
Corripiens, per claustra rapit velut ostia pandens,
Præfectoque jugat clausi intra septa cubilis.
Insequitur reseratque irrumpens claustra Quirinus,
Inveniensque simul Domino sua vota ferentes,
Quos trusos antris statione removerat ancia;
Astupet ardenti facula, rebusque tremendis,
Propositoque tenore fidem servare petitus,
Artibus hæc Zoroastræis cunctando rependit
Præfectus contra : « Nunquid nos legimus ista?
Optio gesta tua est, jam credere cede paratus;
Nostri nam Domini permaxima dona tenentur,
Qui dedit auditum surdis et lumina cæcis,
Leprosos mundans, paralytica membra reformans,
Dæmones expellens, animabus corpora reddens;
Qui tulit et functum mihi vitæ ad munia gnatum,
Quem languore scholis disciplinisque vacantem
Correptum præcelsa deum Capitolia duxi;
Dumque fatigo gravi surdos libamine divos
Pontificesque precor, vanisque refercio donis,
Orbor, et inceptis animam unicus efflat ab annis.
Questibus ejusdem me tunc his urere nutrix :
« Credulus hunc sancti Petri si ad limina ferres,
Prosperitate tuæ gauderes prolis adepta.
— Cum privata (ego) sit visu, neque reddita luci,
Incolumem narras fore quomodo ob id mihi gna-
[tum ? »
Illa : « Vides en me cæcam, sed credere Christo
Si mallem, exacto fruerer jam lumine lustro;
— I credens, et Alexander tibi reddere lumen
Si quibit, credam sobolem mihi posse reponi. »
Hora calore diem flammabat tertia; pergit
Seque refert sexta, gaudensque vidensque regressa,
Imponensque humeris frigentem currit alumnum,
Præcelerans, vix ut pueri juvenesque sequantur,
Pontificemque videns ad me nox pulsa recurrat.
« Ille Erebi Christus puerum sic lege resolvet,
Infit, ut a lethi tenebris puer iste resurgat
Ut semel indultum maneat tibi lumen apertum. »
Sic fusis animam precibus remeare medullis
Obtinuit, sanoque ad me cum pignore venit;
Ejus, quo viso, pedibus prosternor, et oro
Christi mox fieri servus; hinc hæreo Christo,
Tutorem genito statui, patrimonia cessi
Matris, et ex proprio nonnulla libenter adauxi;
Cætera tum famulis, mecum quos unda novavit,

Distribui, cunctos quoque libertate levavi;
Si qua superfuerunt ea post largitus egenis.
At nunc exertum nec confiscatio terret,
Nec superest hominis morituri offensa pavori;
Participem me illis credens qui munia fassi
Christi, martyrii meruere capescere palmam.
Famine suspensus respondet ad ista tribunus :
« Per vos me Christus hac conditione lucretur :
Nubilis est mihi nata, viro quam tradere penso,
Egregiæ decorat hanc indulgentia formæ,
Infamis collum torques sed struma fatigat :
Hanc redimite salute, et ei mea cuncta relinquens,
Ingenua Christum vobiscum mente fatebor. »
Præsul : « Vade celer et claustra ad carceris illam
Duc, tollensque meo Boiam componere collo
Matura genitæ, salvamque resumito mane. »
Ille : « Domus habeat cum te mea, qui mihi carcer
Temet restituet? propera, inquit, papa reduci
Illuc me siquidem faciet qui detulit isthuc.
Quem pergentem et eis patefacta cubilia dantem
Intrepidi proceres solito concludere cogunt;
Dumque valedicit precibus, sibi tædifer astat
Ecce puer, panditque aditum, revocatque sub uno
Pontificem puncto, mox vincla reponit, abitque.
Post horæ libramen, adest cum prole Quirinus,
Custodesque videns quos liquerat advigilantes,
Claustra petit, munita probat, signata retentat;
Cernit Alexandrum reserans vestigia pronus,
Astringit, veniamque petit, cui talia præsul :
« Non Dominus noster pessumdare quemlibet optat,
Converti quin peccantes; etenim in cruce fixus
Se crucifigentum petiit peccata remitti.
Tunc præsentanti genitam, quot carcere clausi
Hinc jubet inquirat, Christi pro nomine si qui.
Bis deni referuntur, eosque Eventius inter
Theodulusque amicit quos gloria presbyteratus;
Hos sibi deduci digno præcepit honore,
Intereaque suam soboli transumere Boiam :
Omnia continuo dissolvens vincla tribunus,
Allainbensque pedes, torquem genitæ rogat addi.
Additur, urgetur, properet, vir jussa facessat;
Quo celerante, puer tædæ fulgore coruscus
Ilicet effulgens salvam jubet esse puellam,
Addens : « Dege tua semper cum virginitate,
Efficiamque tuum in cœlis te viscere Sponsum
Quem stat amore tuo proprium fudisse cruorem. »
Æthera cœlicola post hæc repente, Quirinus
Presbyteris comitatus adest, sanaque reperta
Prole, replens clamore locum : « Prodi hinc, ait, alme
Doctor Alexander, ne, te tam indigna ferente,
Cœlitus expressum me fulmen adurat iniquum; »
Quæ sibi sint præstanda magis papa ingerit, omnes
Sacrato poscens personas carcere clausas.
Conqueritur sanctum custos quid prosit iniquis.
Contra, Dei retegit præsul, pro flagitiosis,
E cœlis venisse Deum, qui Virgine natus
Ad veniam cunctos laxandaque probra vocaret,
Convenit ergo omnes, monitus hac voce, Quirinus,

Accelerent, Christi cupiunt qui sacra subire,
Et baptizati pergant pro velle soluti.
Approperant igitur fidei se subdere cuncti;
Quos affatus Alexander mysteria promit
Cœlestis Domini, cœlum terramque regentis,
Omnia servantem terris ut mittere Gnatum
Virgine progenitum legit, genus omne vocavit
Quique hominum cœlis, firmans affamina signis,
Ut dederit vitam, tulerit post omnia mortem;
Quam post calcatam surgens penetraverit æthram,
Subjectisque potestatem dans mira patrandi,
Venturum se prodiderit sub limite sæcli,
Ut bona det justis, injustis digna rependat. »
Subjiciunt omnes hæc ad documenta salutis
Auditæ mentes fidei, manibusque beatæ
Presbyteri impositis vitæ his primordia legant,
Cum genita pariter Balbina, omnique Quirinus
Fonte domu sancto, junctisque sacratur adauctis
Omnibus ecclesiam vicus (sic) dat carcere abactis.
Compertis quibus, iratus jubet Aurelianus
Adduci, sisti, ductum affaturque Quirinum;
Dilectus sibi cum fuerit, quod riserit ipsum.
Ille sub hæc : « Me Christicolam pernoscito factum;
Vis occidere, vis duris substernere lignis,
Urere seu flammis, aliud jam non ero quod sum;
Exhibui Christo devinctos carcere cunctos,
Dimisique exire suos, sed pergere nusquam
Conati, poscunt pugnam pugnæque coronam,
Criminibusque fuit dum forte perire patratis,
Quam melius reputant animas effundere Christo;
Hic Hermes et Alexander, clarique piique,
Esuriens dapibus veluti gaudere paratis
Martyrio cœlique manent splendere nitore. »
His ille acceptis, flammante incensior ira
Tam patulo coram fari sermone quod ausu
Non timuit, plectrum jubet abscindatur ut oris,
Et pensus lanios spectatoresque fatiget.
Qui quoque continuans probris agitare tyraunum,
Abscidi mucrone manusque pedesque jubentur;
Tum jugulo expleri, canibusque vorandus omitti;
Cui via præputo a justis dedit Appia tumbam.
Virginitate nitens hujus dum filia sacra
Saniferæ crebro præfigeret oscula Boiæ,
Sanctus doctor Alexander : Sine vincula nostra
Lambere, quæ repetis [ms. 2, quære Petri] Domini,
             [ac vincimina come.
Sic opera sumpta studioque sequente benigno
Invenit hæc sancti, traditque reperta sorori
Theodoræ Hermetis probitatis honore colendæ,
Quæ decollati studuit dare membra sepulcro
Germani, procul hac nec ab urbe Salaria sumpsit;
Ipsa ubi promeruit post martyrizata sub ipso
Judice corpoream fratri sociata quietem,
Quem postquam jugulavit atrox comes Aurelianus
Flagitiis reliquos cæcis in carcere lotos
Antiquæ impositos puppi, saxisque gravatos
Colla, vehi cunctosque altum jubet in mare mergi.
Deduci posthæc papam sistique beatum

(175-77) Locus corruptus, ut alii bene multi.

A Mandat Alexandrum, lateat quæ causa requirit
Quod magis occidi tendat quam absistere cœptis.
« Non licet, inquit Alexander, canibus dare sanctum. »
Fervet ad hæc, seseque canem furit ille vocatum.
Indiciis præsul probat-ut cane nequior exstet;
Fixo divinis minatur flagra tyrannus;
Despicit iste minas jactantem, spernit honores
Punitorum ab eo fastus et culmina præfert.
Exsecrat intrepidus rabidum temnitque furentem;
Qui ferus appensum torqueri præcipit alnum,
Unguibus et radi, face lampadibusque cremari.
Ista diu passum nulla resonare severus
Voce stupet sanctum, rogitatque silentia mira;
Ille Deo fari se deposcendo fatetur,
Increpat et stolidum tormentis sacra rogantem :

B Annorum monet ille fere triginta juventæ,
Cogitet invictum mentis, hunc iste salute (175-77).
Hocque cruore palæstrita dum sudatur agone,
Dira se perhibens viduandam morte mariti (178),
Pilato ut visis olim perterrita conjux,
Mittit et absolvi suadet fortem uxor athletam;
Verba ferox spernens socios certamen inire
Mandat Alexandri; relegunt vestigia læti,
Jamque Patris palmas stadio contingere certi.
Ignibus infelix Stygiis feraliter ardens
Ut prodit invictos urget fervere caminum;
Tunc ut, Alexander, jubet, atque Eventius, annos
Octoginta gerens, aversi dorsa ligentur,
Candentique dati flammis fornace crementur;
Astans Theodulus pœnarum horrore prematur,

C At fornacis Alexander furibunda triumphans :
« Theodule, accelera nobiscum, frater, et alge »;
Ille etenim tres qui pueros apparuit inter
Hebræos quartus, nobiscum exsultet et istine; »
Theodulus flamma irrumpens intersecat ignes,
Cum sociisque Deo grates laudesque rependens,
Concinit : « Ecce tuos examinis igne probasti
Nos, Pater, istius, nobis nec adhæret iniquum,
Igne furens victo flammatur mente tyrannus;
Effert, hortatur, dubioque in crimine pendens,
Presbyteris tandem cervices demetit ense.
Nec tamen hoc patitur papæ finire palæstram,
Visceribusque animam rimatur in omnibus altam,
Multifora terebrans fortissima cuspide membra,
Sic decorat triti tanto molimine floris

D Egregius rutilum meritam petit æthera sedem,
Dumque insultat ut implicitis grassator amarus,
En visus juvenis gerulus gestaminis igne
Accensi chalybis virgæ quasi quam jacit ante
Hæc addendo pedes : « Meritum, Aureliane, capesse,
Tartareæ nigra namque patent tibi guttura portæ,
Ast quibus infrendes paradisi aptantur amœnis. »
Attremuit dictis, febrisque accenditur igne;
Mens fugit, ac rabie rapitur, quatiturque phrenesi,
Lingua editur, vita tetricas raptatur in umbras,
Atque Severinæ præsaga profata marita
Vera quidem, sed sero probat; quæ saucia, gestis,
Membra beata rapit hæcque in sua prædia ducit,

(178) Deest aliquid.

Inque via Nomentana procul Urbe recondit
Millibus ut septem, cum papa Eventius illic,
Sarcophago ut juncti flammis tumulentur in uno.
Theodulum recipit modo corpore tumba seorsum;
Spiritus a sociis at non discernitur æthra.
Membrorum lumma triumphantum devota sepultrix

A Tegmine ciniphii corpus tenerum asperat hirci,
Atque beatorum tumulis astrata recumbit;
Obtinet a sancto precibus dum præsule Sixto
Hæc in rura loco sacretur episcopus illo
Martyribus dignum post exhibiturus honorem;
Pontificem sic inde locus consuetus habere.

CAPUT III.
De relatione Plinii et ultione tertiæ persecutionis.

Denique et hic plures variis et partibus orbis
Tempestate sub hac terrestria regna triumphant;
Funeribus quorum permotus Plinius unus
Ecclesiæ vastatorum fert sceptra regenti
Trajano monitus : « Hominum mitissima sævo
Omni pene die ruerent ut millia ferro
Nil contra leges Romanaque jura gerentum,
Nec sceleris nece plectendi cujusque reorum,
Ni Christi pro laude Dei, et conventibus æquis. »
Rescribit Trajanus ad hæc : « Ne quisque requirat
Christicolas judex, at puniat interceptos; »
Semisoporatus per quod ferventior ignis
Visus, amicorum insidiis haud dempta facultas,
Imo dolis furum vexantur castra piorum.
At non ille oculus vigil Israelis amator,
Pupilla obducta legi favet altor iniquæ,
Imo pari rutilis compensans omnia lance
Præpollens auctoris opus hujusce nefandi
Evertit sceleris, domus aurea tacta Neronis

B

Dum cœli flammis, cineres consedit in imos.
Mox Romani orbis loca telluris tria quædam
Funditus absiliunt Asiæ concussa tremore;
Quattuor exæquans tellos sibi subruit urbes.
Græcia quo geminas motu, quo Gallia perdit,
Antiochique Syræ pars maxima concidit urbis.
Nec solum hæc homines, quin perculit ultio divos,
Dum quasi cunctorum quædam simul aula deorum
Pantheon Romæ divino incenditur igne,
Tunc veluti quondam ciniphes Pelusia rura
Emersæ subito, quateret dum tertia plaga,
Orta situ et squallore locis animantia fœdis,
Omne genus hominum sueta ac pecus urere morsu,
Densatim sævos in vibravere colonos :
Judæi variis effusi ita partibus orbis,
Ægyptum, Libyam, Cyprumque, aliasque calore
Emoti terras subito infestando quietos
Turbant, ac vacuos fere dant cultoribus agros.

CAPUT IV.
De sancto Sixto papa.

Sixtus Alexandrum sequitur, qui culmina sedis
Nactus apostolicæ, regimen disponit honeste,
Dans tractanda Dei solis sacra vasa ministris,

C Subjectisque hujus moderans insignia sedis,
Qui martyr penetrans, Adriano principe, cœlum,
Busta secus Petri tumuli sortitur honorem.

CAPUT V.
De sanctis Gætulio, Amantio et sociis eorum.

Plerique cœli regna dicto principe
Mercede fusi consequuntur sanguinis,
Bacchante nube retro cœpti turbinis.
Paravit astra carne tunc Gætulius,
Ad quem tenendum quod fide firmissimus
Et disciplinis degeret doctissimus,
Sermone multos actibusque roborans
In lege Christi, Cerealis mittitur,
Collega cujus militarat Amantius,
Qui carne frater ac fide Gætulii :
Uterque gratus Adriano principi,
Doceus repertus plurimos Gætulius
Fratrem tribunum propalavit Amantium
Metu Adriani qui latebat abditus;
Quem Cerealis haud opine contuens
Plenus sodalis fit salute gaudio,
Vitamque sumit hoc reperto spiritus;
Nam diligenter veritatis lumine
Christique cultu ab his docetur Patribus.
Romam inde pergunt, atque Sixto præsuli
Mox baptizandum Cerealem suggerunt :
Factumque Saulo sicut olim contigit,

Ut qui tenere Christianos venerat
Sit ipse tentus; qui salutem tollere
Properabat almis, salvus idem fulserit.
Hunc præses arcæ Christianum ærariæ
Quidam Adriano deprehendens nuntiat;
Qui consularem dirigit Licinium,
Quo Cerealem vinciat vicarium ;
Cum quo beatus stringitur Gætulius,
Ac Primitivus cumque eis Amantius,
D Tum Cereali consularis infremit :
« Vitæ tibi sic facta desperatio
Præcepta temnas ut procax dominantium
In universis rebus orbis principum? »
Cui Cerealis : « Insuper contradidi
Visitationis integræ molimine
Census fugaces, et redegi in publicum,
Semperque me servire Christo spondeo;
Vita perenni perfrui credo et peto. »
Tum consularis : « Dic mori an vis vivere ?
Qui : « Luce vitæ ni frui contenderem,
Christi supernam non faterer gloriam. »
Relisus ille firmitate martyris,

Umbone rupis ut minacis alveus,
Petit columnam præcluem Gætulium,
Libare Marti, seu Jovi jubens eum.
Ridet beatus dissipati insaniam,
Pharos furentis ut procellam Doridos.
At corda qui nequivit alta lædere
Ad læsionem vertat arma corporis;
Carnis amictus impudice diripit,
Quatitque mentis septa inexpugnabilis;
Firmumque robur ut renoscit martyrum.
Victus coercet gloriantes carcere,
Quo per dies et mansere septem et bis decem,
Postque Adriano nuntiantur vividi,
Christoque fidi a quo jubentur ignibus
Tradi. Beatus ad rogum Gætulius
Vivens triumphat, fustibusque mox caput
Læsus divellit, corripit victoriam.
Tredecim fidelis meta agonis millibus
Ab urbe ponit, hinceque penetrat æthera;
Tiberisque ab undis Symphorosa colligens,
Uxor beati condecens Gætulii,
Suo relatos collocavit prædio;
Quæ nec diu post conjugis certamina,
Sodalitate filiorum prædita,
Martyrisata scandit æthræ culmina.
Quæ, cæsa palmis et librata crinibus,
Elata terris fit polo contermina,

A Cœlique discit ambulare semitas.
Invicta terris ut probatur aere,
Devincta saxo mergitur sub flumine,
Ex quo triumphans sumitur mens æthere.
Germanus ejus principalis Tiburis
Lectum cadaver auferens Eugenius,
Terræque mandans membra condit terrea.
Aurora Phœbum ducit alto ut Indico,
Septem imperator mandat indi stipites
Humo hisque nexos Symphorosæ filios
Tot onerari se jugis cruciatibus;
Tensi trochleis, tela Crescens gutture
Exhaurit, alto Julianus pectore,
Nemesio sub corde ferrum conditur,
Per umbilicum Primitivo figitur;
B Justinus omnes tractus artus scinditur
Cunctisque carnis vita frenis pellitur;
Silva inde Stacteus fusus alte ferrea
Ab spiculorum turbine intrat æthera.
A pectore alvum fissus hic Eugenius
Exutus imis astra membris ducitur.
Mœstis eunte in crastinum jugalibus
Titane, demerguntur alta ab hostibus
Fovea sacrata lancinata corpora;
Septem vocarunt ad Biothanatos locum,
Claris piorum lucidi victoriis.

CAPUT VI.
De sanctis Seraphia et Sabina.

Tempore virgo sub hoc Seraphia passa renidet,
Sanguine quam generis signavimus Antiochenam.
Illam, dum laribus fovet hospes clara Sabina,
Juncta Valentino, quondam cui fama decori
Principe nata metallorum præsignis Herode
Præsidis audita rapiunt laude officiales;
Facta viro præsens, dis sacrificare jubetur.
Illa: « Deum timeo, Dominum colo cuncti potentem,
Qui cœli terræque sator; nam numina vana
Queis libare jubes, non dii, sed dæmones exstant;
Nec licet hos orare mihi, quæ servio Christo. »
Dumque fidem celsam dictis attollit apertis,
Lascivis stupro geminis mandatur ephebis,
A quibus obscuri in penetralia cæca cubilis
Clauditur; utque petunt inceste attingere castam,
Intima concusso tellus eliditur antro,
Exanimesque ruunt omni virtute relicti.
Ast ubi jam rediens terris aurora virisque
Purpureo vehit ore diem, cognoscere factum
Præsidis ingressi sanctam invenere ministri
Instantem precibus, stratos ut morte petulcos;
Dumque opus æthereum mirantes undique multi
Visere concurrunt, præses jubet ante tribunal
Victricem subigi, ferrique stupore jacentes;
Quos votis tetigit mandans ita virgo profusis:
« Surgite, et in Christi consistite nomine recti. »
Actutum, velut excusso pulsoque sopore,
Incolumes surgunt pedibusque insistere gaudent.
Cognitor, ut mulier, rogitat, mutaverit illos,

Amentes dederit, virtute resolverit acta,
Illi: « Sol velut ingressus resplenduit alte,
Præcellens juvenis mirus visuque decorus,
Nos inter qui se objiciens istamque puellam,
C Defectu fulgore suo nos atque tremore
Concussit. » Judex furiatus subdere divis
Præcipit hanc animum, quod agat nisi, fata minatur
Patris. At illa: « Tui Satanæ nunquam impleo jussa,
Christi præcipuo quæ nomine fulta resulto. »
Lampades invictæ jubet apponantur utrinque
Ardentes lateri; maturantesque ministri
Pone cadunt, forti rabiem vincente puella.
Attollensque iterum caput, hæc exsibilat anguis:
« Pare clam, biothanata, et maga, legibus æquis
Effugere ut valeas pœnas consultior atras. »
Illa: « Biothanatos (reddit) vos esse probatur,
Præstigiisque nigros, vivum verumque negatis
Qui Dominum, larvasque colendo peribitis ipsi
Hærentes; ego supremo Dominoque Deoque
D Offero sacrificans, me me dignetur ut ipse
Sumere, peccatrix licet, at sum vernula Christi. »
Cæditur hinc duris robusta virgo bacillis,
Ponderibusque flagellatis humus intremit imis,
Et pavefacta piam collidere virga puellam
Frangitur, ac valido lumen petit impete diri
Præsidis, atque attrita gravi pupilla dolore,
Cæcum corde notat restincto lumine luscum.
Ille furens cruda demptæ facis acriter ira,
Lege velut posita capitalis ut ultio tollat,

Temnentem dictat proceres et publica jura,
Dans magicis patrata Dei virtute signris.
Hanc rursus metam mox clara Sabina petentem
Prosequitur Christi fidei devincta per ipsam,
Cui præses : « Quid dedecoras, vilemque fateris
Hoc temet quo Christicolis connectere cultu,
Conjugii monimenta decusque oblita parentum,
Aspernansque deos quorum te incurrere motus
Horreo? Quin remea propriasque revertere ad ædes,
Atque relinque magam quæ multos artibus atris
A cultu removens fecit secedere divum. »
Alma Sabina : « Hujus, pravam quam fare, puellæ
Artibus o suasus, veluti sum suasa, valeres,
Impia spurcorum simulacra probare deorum,
Et verum cognosse Deum qui, præmia justis
Æternæ tribuens lucis, dat Tartara pravis. »
Hæc ad verba verens præses sinit ire Sabinam.
Virginis illa piæ finem palmamque triumphi
Exsequiis celebrans dignis claroque nitore,

A Relliquias capiens pretioso munere claustrum
Condecorat mausolei sibi rite parati ;
Huncque interpositis aliquot comprensa diebus,
Sistitur Elpidio, censor qui his hanc rogat orsis :
« Tunc Valentini quondam præclara Sabina
Uxor, et illustris proles Herodis haberis? »
Illa : « Ego sum, grates Christo laudesque rependo,
Qui peccatricem me sordibus eruit atris,
Serva nitens ejus dum me Seraphia vinclis
Absolvit lemurum, Dominum dans noscere verum. »
Queis bile incensa sententia judice dicta,
Prætentis procerum probris templuque deorum,
Et cædi gladio fortis decreta Sabina,
Egregiæ dotes titulis fiscalibus addi,
Cujus ab illustris meriti sublata locantur
B Membra viris ipso quo condiderat venerandæ
Ossa suæ tumulo fidei pugnæque magistræ,
Arcus Faustini, Jovis area Vindiciani.

CAPUT VII.
De sancta Sophia et filiabus ejus.

Virgineus decor hic trino splendore coruscus
Martyrii meruit nexa radice coronam,

Tunc Charitas, Spes, atque Fides, cum matre Sophia.

CAPUT VIII.
De sancto Eustachio.

Fertur eo Eustachius, Placidus cognomine dictus,
Turbine cum genitis simul Agapio, Theopisto,
Juncta uxore, triumphalem meruisse nitorem,
Quorum actus mira stupidi ratione leguntur.
Militiæ princeps captus dum figere cervum
Appetit, ut fuerit Domino venante sequacem,
Ut data perdiderit terreni munera census,
Insuper uxorem, natosque, et pauper in agris
Ruricolæ ediderit vitam mercede laborum;

C Quomodo quæsitus, qua post indagine visus
Militiæ antiquo sit restauratus honori ;
Repperit ut natos sociamque abiturus in hostem,
Quique triumphatis reduci redit hostibus ense,
Contemnensque deos, fana aspernatus abire,
Traditus ut belvis abiit veneratus ab ipsis,
Clausus cum genitis nuptaque Phalaridis igne
Ut simul astra petit tormento illæsus aheno.

CAPUT IX.
De sancto Eleutherio et Antia.

Tunc Eleutherius virtute et sanguine clarus,
Messana celebri præsul pietate regebat,
Qui fervore Dei castoque decore venustus
Captantes ubi se captans dat sub juga Christi,
Ignitum Chalybis lectum, pro laude Tonantis,

Ferventis pice, pinu, oleo sartaginis ignes,
Craticulæ prunas robusto pectore vincit,
Expositusque feris superat pietate leones.
Sic gladium jugulo rapiens cum matre recedit,
Antia quæ felix felici pignore gaudet.

CAPUT X.
De apologia Quadrati et Aristidis, et remissione persecutionis.

Dum bacchans passim per rura, per oppida talis
In sanctos vice grassatur violentia legis,
Fontis apostolici restabant dogmate clari,
Insignesque viri, quorum Quadratus herilis,
Effultus fidei doctrina et flamine vates
Sidereo, scriptisque viam propugnat et ore;
Quique apologetica pro relligione volumen
Christigena serie expediens illustre, vigore
Id veri vallans Adriano offerre sategit.
Tunc opus et quoddam egregium ratione nec impar,
Præmissi ætherea redolens Aristidis aura,
Suscipit hic princeps nostræ sub laude fidei,

D Præsidis et graii [cod. 2 granu] capiens consulta Sereni,
Re super hac mites, non impellente reatu,
Christicolas sceleris puniri cernit iniquum ;
Damnari illicitum censens sine crimine nostros,
Mox face flagitii furiatos cæde repressat
Summa Judæos, ultus quos excruciabant
Sanctos quod socii sibi non traherentur in arma
Romanos contra ; Solymaque hos arcet, eamque
Restituens muris cedit cultoribus almis,
Et patet his patriæ meritis sine more vocatus
Priscorum, conjux Augusta, favente senatu :
Sed victor bellis rem legibus ordinat æquis.

CAPUT XI.
De Telesphoro et Hygino PP.

Post Sixtum Romæ solium Telesphorus ornat,
Juris apostolici delectus ut anachoreta
Angelica populos quam vasta per egerat arva
Instrueret vita, sobrii qui tradere belli
Instrumenta viris fervens, præcedere sanctum
Quæ tenet Ecclesia statuit jejunia, Pascha;
Natalis peragi Christi mysteria nocte,
Tertia nec præter nisi candeat hora diei
Qua crucis æthereus subiit miracula fulgor,
Hymnus et angelicus monet inter sacra resultet.
Hinc martyr renitens claroque in fine triumphans
Conditur ad sancti sanctus sacra pignora Petri.

A Successor clerum disponit et ornat Hyginus;
Hac quo perfuncto per quattuor inditur annos
Sede, Pius vita celebri cognomen honorans,
Pastoris frater pietate ornatus uterque.
Istius sub episcopio librum edidit Hermes,
Quem primæ Pauli schedæ mandata salutant,
Angelici sibimet monitus data jussa revelans;
Paschă die trahit a Domino qui nomen agendum
Schemate pastoris, hoc cœlicola imperitante,
Quique legi Graiis solitus per publica templa,
Credi Hieronymo dignus testante libellus.

CAPUT XII.
De Novato et Pudente.

Hoc munere viri egregii sub præsule plures;
Namque superstes adhuc florebat honore beatus
Lucis apostolicæ radians splendore Novatus,
Timothei frater, Domini usque suprema minister;
Ille Pudens etiam cognomine et arce pudoris,

B Discipulus Pauli, titulum qui nomine sancti
Pastoris claræ fabricæ construxit, honore et
Dogmate apostolico sumptum baptismate cultum
Insontis tunicæ ad finem servavit honestum.

CAPUT XIII.
De sanctis Praxede et Potentiana.

Hujus Pudentis sanctitate præclues
Praxedis ac Potentiana filiæ,
Quas luce Verbi et castitatis educans
Servire Christo destinavit virgines;
Quæ post parentis excubantes transitum
Oratione, laudibus, jejuniis,
Vitam benignis excolebant actibus,
Suum erogantes omne Christi pauperum
In sublevatione patrimonium.
Fontem lavacri fabricata in regia
A patre Pastoris beati nomine
Struxere carum quo niterent vernulæ;
Quorum hic pius rutilante Paschæ lumine
Novies decem sacravit, et sex gurgite
Splendore libertatis omnes præditos,

Sequique Christi in bella signa promptulos,
Istis sorores inclytæ virtutibus,
Post patris æra pauperum per viscera
Christi refusa, post agones plurimos
Cœlum petunt pro castitate exercitos,
Pii laboris munerandæ præmiis,
Cœmeterio decoræ Priscillæ edito
Secus Pudentis ossa patris conditæ,
Postquam piorum multa bustis comere
Studuere membra glorioso funere.
Hæc inter almum martyrem Symmetrium
Cum bis decem duobus et sodalibus
Præxedis aptis texerat mausoleis,
Quos Cæsar Antoninus ensis impii
C Pro laude Christi cæde fecit obrui.

CAPUT XIV.
De sancto Alexandro episcopo et martyre.

Princeps hic atrox post Neronem Ecclesiam
Jam persecutione quarta fervidæ
Crudelitatis jussa spargens atterit,
Sub qua piorum honore sancti nominis
Cruor profusus plura mundi in climata.
Miraculorum gloria clarissimum
Hæc martyrem dat sanctum Alexandrum polo.
Virtutum huic rumore latum cognito,
Quodam cadaver algidum sub tempore
Functi hic parentes admovere, crederent
Illi rependunt, præbituros se fidem
Christo rigentem si resolvat funere;
Vitæ beatus vota Regi destinat,
Dein gelato præcipit cadaveri :
« In Patris, aiens, unicique Filii
Sanctique surge Spiritus vocamine. »

Hic excitatus voce celsa hæc promere :
« Audite, cœpit, vos parentes, et simul
Plebs universa : ductus a teterrimis
Duobus ora turbidis Ægyptiis,
Puteique missus sum loco obscurissimi ;
Veniente ephebo sed repente splendido,
Locus tremore totus ipse tunditur,
Clamatque juvenis ille fulgidissimus :
« Puerum sine ulla mox mora remittite,
Famulus Dei quod hunc Alexander vocat. »
Et en reductus, cernitis, sum corpori.
Nunc, domine, lympha tinge Alexander pia
Me, ne videri detur, huic quod hac die.
Nomen resuscitati erat Luceius,
D Cum quo sacrati fonte fulgent cœlico
Centum et quaterna neophyti proportio.

At fama sanctum ubique dum respargeret,
Hac motus Antoninus electum Dei
Corneliano dat tenendum præsidi.
Ille hunc celebrantem et docentem mystica
Ad jussa prendit incitati principis,
Agitque Romam denotandum Cæsari,
Manus revinctum cui beatum suggerit.
Alto rogatus ut perorat syrmate,
Christi supernæ veritatis in fide;
Duro jubetur macerari robore;
Dein nigranti surrigi custodiæ :
Quo deditis meante cum custodibus,
« Cæsar reclamat quattuor dies tibi
Induciarum dantur his cultus tui;
Explode vanitatem, et ultro nos adi. »
— Jam præterisse (martyr) æstima dies
Hodieque comple quæ retractas tormina. »
Crescentianus hunc secutus presbyter
Valentiano junctus et Bonifacio.
Cæci beato clauso horrore carceris,
Quadam sedebat ejulans sub arbore,
Luctum seculo qui sopore marcidus
Curas ferentem contuetur angelum
Hæcque intimantem : « Roboravi præsulem
Vestrum, resolvens visitando vincula;
Et nunc cavete jam sedere sub arbore
Ne vos tyranno forte prodat nuntius. »
Eductus hinc antistes e custodia
Crudo exhibetur lancinandus principi.
Pensus catasta dissecatur unguibus
Laterumque flagrant ustione lampades;
Ista et triumphans ductus atque Apollini
Ut orsa voti celsa agit trans sidera.
Pars cum deo perculsa fani labitur.
Cæsar, dolosis imputans hæc artibus,
Sanctum ferinis dat vorari dentibus;
Quem belluarum nulla dum contingeret,
Calore summo ardere fornacem jubet;
Indutus ille fervidis candoribus,
Medio precem securus fudit ut rogo;

A Nullum calori restitit vestigium,
Fornace læto mitigata martyri.
Caput recidi mox tyrannus præcipit.
Unus ministrorum, ore corda proferens,
Exclamat, Herculianus huic vocabulum :
« Crudelis Antonine, capte sensibus
Tyranne, cur sic cæcus et surdus riges?
Christi ecce servus post acutas virgulas,
Victas catastas, ac flagrantes lampades,
Post ungularum fossionem, et idoli
Templique casum, post leonum turbida
Ursorum et ora clausa, fornacis rogum
Post enecatum, læus enses expetit :
Verum Deum quis esse gurdus (*sic*) ambigat
Qui tam suos vigore celso roborat? »
B Quem Cæsar, ira plenus, ut cruciatibus
Variis fatigat, ense tandem percutit.
At immolandus præsul obviam sibi
Viduam precatur commodare orarium;
Sumptoque, sanctæ se crucis signo tegens,
Tunica retectus, stansque sola in linea,
Oculos amictu mutuato contegit,
Genibusque flexis haurit impetum necis
Viginti ab Urbe segregatus millibus.
Mox facta terræ convibratæ motio
Thermas et omnis tecta vici subruit;
Orariumque feminæ quod proditum
Iniquitatis milites astruxerant;
Quodam ferente pusione redditur,
(Quem cœlicum fuisse constat incolam;
C Quem mox resumens cum stupore linteo,
Confessa Christum fert honorem martyri.
Crescentianus et sodales præsulis,
Pandente eodem, consecuti pignora,
Loco locarunt quo camini fervidos
Pressit vapores, dantque marmor contineas
Nomen beati, dignitatem, limitem.
Cui papa cryptam construens post Damasus,
Illo decenter ossa sancta transtulit.

CAPUT XV.
De sancta Felicitate ac filiis ejus.

Vexatione vicit hac Felicitas
Dilecta Christo consecrando pignora,
Uberrimam post læta dans poma arborem.
Præfectus hanc conatus arte vertere,
Mulcet serenis, ac minatur aspera.
Serena, sæva, blanda ducens tristia,
Huic reddit illa : « Nec resolvi mitibus,
Nec quibo frangi sævientis asperis,
Nec me supernus occupari Spiritus
Sinet aucupantis proditoris retibus;
Secura quare sum superstes vincere,
Etsi trucider, te triumphabo integre. »
Præfectus, inde bella matri comparans,
Die resedit Martis in foro altera,
Hanceque exhiberi prole septena jubet
Stipatam, et indulgere natis admonet.

D Ad quem beata his utitur Felicitas :
« Crudelitas tua, lenis exhortatio,
Pietatis hujus impia est miseratio. »
Hinc versa charos convenit sic filios;
« Videte, nati, cœlum, et intuemini,
Hic Christus almo sustinet vos cum choro;
Pugnate vestri pro salute mentium;
Ejus fideles vos amori pandite. »
Alapis ad ista hanc concuti dat Publius,
Et convocans litare suadet liberis.
« Hortaris, infit, stulta Januarius;
Conservat autem summa me sapientia,
Dabitque cuncta vestra vinci tormina. »
Vibice plexum hunc censor abdit carcere.
Felix secutus : « Unus est quem novimus,
Cui vota puræ servitutis solvimus;

Ne crede nostri charitate dividi
Nos posse Christi; sæviant si verbera,
Nec nostra vinci nec potest verti fides. »
Philippus inde: « Quos vocatis vos deos
Nec sunt potentes, nec habentur numina;
Simulacra vana, spurca, sensu inania
Sunt; his subactos stat perire in sæcula. »
Silvanus inquit: « Ista si probaveris
Tormenta nos timere transitoria,
Æterna victos auferent cruciamina:
Nam scimus æquis splendeant quæ præmia,
Quæ sint iniquis constituta debita;
Idcirco leges terreas contemnimus,
Obtemperare cœlicis contendimus. »
« Sum servus inde Christi Alexander Dei;
Hunc ore fassus corde firmo credulus;
Indesinenter oro, supplex percolo
Infirma quam fueris ætas corpore
Canæ nitela permicat prudentiæ. »
Vitalis exin: « Ille vivit qui Deum
Verum precatur, haud rogat qui dæmonas. »

Tum Martialis: « Qui Deum verum abdicant
Urentur ignis flamma ineluctabilis. »
Hæc prosecuti moribus pro strenuis,
Regis supremi judicisque sæculi
Amore fratres ac timore fervidi,
Censor lituris dicta legat principi;
Quos ille pœnis interire dissoni
Per differentes dat direptos judices.
Post sæva quorum flagra Januarius,
Post carceralia vincla plumbo cæditur;
Felix peremptus cum Philippo fustibus;
Silvanus alto vergitur fastigio;
At Martialis atque Alexander pia,
Vitale juncto, colla secti demigrant
Vitæ perennis subituri gloriam.
Post passiones tot quot edit pignora
Parens beata plectitur novissima,
Et prole cœlis obviante prædita,
Regis superni permeat palatia
Sumptura certa præmiorum gaudia.

CAPUT XVI.
De sancto Concordio.

Hac cæde Spoletana sanctum civitas
Cœlis sacravit martyrem Concordium.
Hic patre Romæ Gordiano gignitur,
Qui constitutus fulsit olim præsulis,
Pii ordinatione subdiaconus,
Tituloque post Pastoris auctus presbyter
Vixit superna servitute nobilis
Precibus benigne fultus ac jejuniis:
His luce degens, his tenebris excubans,
Cum prole fulcris pauperum instans sedulus;
Hunc qui beato commaneret Eutychi
Suo moranti in prædio Salaria
Mittit volentem celsa scandere filium.
Quidam manens in urbe Spoleto comes,
Torquatus, horum lividus præconiis,
Beatum ab agro devocat Concordium
Quæritque scitans quo vocetur nomine.
Respondit ille Christianum se fore [pro esse.]
Comes: « Requiro nomen, haud Christum tuum. »
« Sum Christianus, iste, Christum prædico. »
Urgetur ad profana fortis in fide;
Durat severis dorsa cæsus fustibus.
Posthac beatus Eutyches cum præsule
Veniunt rogantes judicem pro martyre,
Aliquotque poscunt hunc sibi diebus dari
Comitis favore [cod. 2, favorus] forte præsul Antimus

Petita sumit, ordinatur presbyter.
A quo diebus præstitis Concordius,
Et consecratus restituitur judici.
Circa salutem quod volutum poscitur.
« Salus at ille Christus, inquit, est mea,
Cui laudis ipse sacra semper offero. »
Comes, furore plenus, appensum diu
Torquet; dat inde ferro onustum carceri,
Solatione quo levatur cœlitum.
Tribus peractis in catenis noctibus
Superare mentem corpus aut fervens comes
Legat litantem cæde mentis qui necent,
Vel respuentem cæde carnis immolent.
Missi irruentes libet ut satellites
Jovis ferentes imperant statunculum;
Stricto vel ense colla sectus appetat:
« Tibi rependo, Christe Jesu, gratias,
Animoque celsus in Jovis vultum spuit.
Confessione fretus alti nominis
Caput recisus ense, mentis integer
Emittit astris gloriantem spiritum.
Glebam relicti colligentes pignoris
Gemina benigni charitate clerici
Juxta recondunt lota cæde mœnia,
Locoque eodem fonte vitæ profluit
Undæ liquoris excitantur plurimæ.

CAPUT XVII.
De sancto Pontiano.

Hic Pontianus Fabianum turbine
Sub hoc triumphans sæculi cum lumine
Christi supernæ particeps fit gloriæ.
Interrogatus quod sibi vocabulum:
« Mihi Pontianus (infit) a parentibus,
At majus illo Christianum nomen est. »

Iratus orsis, Fabianus exui
Virgisque cædi Pontianum præcipit.
Cæsus, cruoris dum fluore humus madet,
Nudis jubetur fervidas vestigiis
Pressare prunas. Martyr inquit: « Ambulo
Christi mei virtute fervorem hunc super. »

1 Calida manum tu tingue Jovis in nomine.
Dictis relisus ille suspensum jubet
Uncis athletam lancinari ferreis,
Atrocitate dum fatiscit carnifex ;
Deinde trusus cæcitate carceris
Corroboratur a Deo datis viris.
Item, reductus ad duellum, exponitur
Spectante binis oppido leonibus,
Qui, mansueti martyris facti fide,
Vitant beati membra testis tangere.
Cœtus tuens hæc : « Christianorum Deus,
Exclamat, altis magnus est clamoribus. »
Iterum beatus carcere remittitur ;
Bis sex diebus hunc tenebris obsitum
Homines vetantur allevare affatibus.
Nequit sed alia cœlicorum charitas

A Claustris repelli, vel coerceri seris ;
Quin cui dapis negatur esca terreæ
Supero ministrat forculum solamine,
Cœlique pascens roborat saturamine.
Isto dierum devoluto tempore,
Dum jam putantes hunc lanistæ mortuum,
Auferre corpus se latebris ingerunt,
Laudes canentem perstupentes audiunt,
Eductus actus est grabato ferreo,
Plumboque dorsa sparsus igne fervido ;
Dum parvipendens ista ridet arduus
Bellator, alta mente calcans tormina,
Confusus edit censor atrox prælii
Mucrone metam : sic, minutus vertice,
Martyr supernæ regna scandit gloriæ ;
B Gaudent recepto consodales pignore.

CAPUT XVIII.
De ultione quartæ persecutionis.

Turbo volans hic dividuus sola Gallica quassat
Atque Asiæ, multosque fero tortore coronat
Sanctorum validis vincentum terrea bellis.
Pestis at insequitur regionibus acta per orbem
Romanis, tabo inficiens data corpora morbo,
Vermibus atque adigens, olim ceu regna Canopi
Improba corrupit verme atque putredine muscæ.
Missa lues ipsam mox, quæ caput impietatis
Exstitit, Ausoniam vasta sic clade trucidat :

Qua sine ruricola passim rura, oppida, villæ,
Desertum, silvas, magnas et versa ruinas,
Occiderint acies late cunctæque phalanges
Romuleæ, longinqua procul hiberna colentes,
Vindicis absumptæ tanto fervore feruntur ;
Utque exorta crepant mox Marcomannica bella,
Nonnisi delectu fuerint tractata recenti,
Quem struxisse datur Marcus tres jugiter annos.

CAPUT XIX.
De pluvia et victoria militibus per invocationem Christi concessa.

Hæc Christi virtus Domini moderata probatur,
Non nostris tantum, externis quin religione,
Castrorum ut retegens ductoris epistola signet :
Qualiter exusto cuneis sitientibus arvo,
Undique dum circumfuso premerentur ab hoste,
Clausis barbarie mortem cœloque minante,
Christicolæ athletæ quidam, pietate vigentes,
Poplitibus flexis in publica vota profusi,
Imbribus obtentis sedarint nubibus æstus ;

Cœlo deductis satiarint agmina nimbis,
C Fulminibus hostes ac cœlitus igne fugarint
Crebrius expresso, legionem et ab inde vocatam
Fulmineam, per quam victoria milite pauco
Parta quidem, at multa Christi bonitate tributa,
Priscis Romulidum nullis æquanda tropæis,
Juris inexperta bellorum gesta cohorte,
Culminis at Christi solito patrata vigore.

CAPITULA LIBRI QUARTI.

Cap. I. — *De sancto Apollonio.*
II. — *De sanctis Pontiano, Eusebio et sociis eorum.*
III. — *De vindicta præfatæ crudelitatis.*
IV. — *De sancto Aniceto papa et Egesippo doctore.*
V. — *De sancto Polycarpo.*
VI. — *De sanctis Sotere, Eleutherio et Victore PP.*
VII. — *De vindicta quintæ persecutionis.*
VIII. — *De Zephirino papa et sancto Calixto.*
IX. — *De sancta Martina.*
X. — *De sancto Urbano papa et Cæcilia.*
XI. — *De sanctis Pontiano papa et Hippolyto presbytero.*
XII. — *De Antero papa et ultione sextæ persecutionis.*
XIII. — *De duobus Philippis imperatoribus et Pontio martyre atque Fabiano.*
XIV. — *De sanctis Cornelio papa et Cypriano martyre sociisque ipsorum.*
XV. — *De sanctis Abdon et Sennen.*
XVI. — *De sanctis Parthenio et Calocerio.*
XVII. — *De sanctis Anatolia et Victoria.*
XVIII. — *De sanctis Pergentino et Laurentino.*

INCIPIT LIBER QUARTUS.
CAPUT PRIMUM.
De sancto Apollonio.

Flamma duelliferi paulum sopita vaporis
In nostros tentat recalescere Commodus orbi

Dum imperitat, magnis jam complectentibus almæ
Jura viris fidei, Christique nitentibus armis,

Lucis Apollonius quorum virtute cluebat;
Christi cum cultu sophicæ, Romæque senator.
Crimen huic vehitur Christo pollere magistro.
Ille palam verum non abnuit edere, tractans
Cœlite verba fide super, auscultante senatu,
Inque volumen agit nitido sermone rogatus,
Utque putes meruit Geticis orasse catervis,
Nam data ei caput abscidi sententia mandat,

A Hoc apud hos veteri jam dudum lege tenente,
Christicolas semel oblatos, ni vera refutent,
Haud impunitos ulla ratione remitti;
Lex quam grata! mori justos pro crimine veri,
Vivere falsidicos, verumque nitere negantes;
Quodque probes verum damnare, admittere falsum,
Perdere virtutem, sine fronte attollere crimen,
Virtutem, vitium; crimen defendere verum!

CAPUT II.

De sanctis Pontiano, Eusebio et sociis eorum.

Tunc Pontianus, Eusebius et compares,
Vincentius, Peregrinus, alta martyres
Macti lucratu subiere sidera;
Qui censa cœlis intulere terrea,
Primo expediti sumerent ut cœlica,
Et lucra cœlis ut queant impendere,
Centuplicanda student talenta expendere.
Queis mox senator additis acquiritur,
Regi superno Julius domesticis,
Rufinus unda quos sacravit presbyter,
Doctus magistris integris fit integer,
Miles senator Regis alti, et particeps
Regni caducis quod paravit copiis
Onerosa celsi tramitis docentium,
Tradens egenis per manus obstacula,
Dans terrulenta, et comparans cœlestia,
Fugitiva spargens, sempiterna colligens.
Quod imperator aure sumens Commodus
Jubet hunc teneri iratus, et Vitellii,
Peditum magistri, tradit audientiæ,
Opes requirat eumque flectat delubris;
Tribus dat ille quem diebus carceri,
Posthac catenis mandat actum assistere.
A quo orsa capiens alta, dura, vivida,
Cædi severis tandiu egit fustibus,
Dum liberum transmittit astra spiritum
Senior supernæ dedicatum curiæ.
Pii magistri corpus almum colligunt,
Interque busta collocant Calepodii.
Hinc comprehensi cognitore Vitellio,
Dum pensiles librantur equuleo eminus,
Nervisque distenduntur artus fortibus,
Crudeliterque macerantur fustibus,
Flammisque latera conflagrant atrocibus.
Tuetur ista sub palæstra carnifex,
Stantem mederi Antonius cum spongia
Juvenem piorumque allevantem vulnera:

Clamatque: « Deus est Christus quem prædicant; »
Clamat, deinde clanculam petit fugam,
Quem confitentem fonte Rufinus sacro
Lavit. Reversus ad tyrannum libere
B Dum Christianum se fatetur, plectitur,
Jugulique ad astra mittitur sententia,
Viaque terræ lata membra Aurelia.
In laude Christi immota stat sodalitas
Robusta, seu suspensa, seu remissior,
Nec fracta duris, nec subacta mollibus.
Furiatus ergo censor abscindi ferus
Plectrum beatæ vocis Eusebio jubet;
Sed jura Christi internecare non valet,
Datorque linguæ sufflt oris munia,
Et absque lingua verba linguæ procreat,
Clamatque sectus voce testis integra:
« Tibi sempiterna, Jesu Christe, gloria. »
Septis retrusi post agonem carceris
Laudes datori personant victoriæ.
C Sic dum diebus ac resultant noctibus
Quidam sacerdos Lappulus Capitolii,
Obsessus annis cæcitate quattuor,
Venit tenebris et recedit lumine,
Illuminatus corde, cernens corpore.
Ergastuli patrata Simplicius videns
Servator, aris dæmonum renuntiat,
Passusque Christum mente lotus candidat.
Quæ gesta judex nuntiat dum Commodo
Ut puniantur mandat ille concito.
Post ad coronas evocati martyres,
Scelerata fertur petra qua metam petunt
Illicque plumbo vota cæsi corpora,
Molesta linquunt, læta scandunt domata.
Quorum resumens membra Rufinus sacer
D Sexto recondit ab Urbe milliario.
Mucrone Mediolanus hoc sub tempore
Faustinus actus transit astra sanguine.

CAPUT III.

De vindicta præfatæ crudelitatis.

Iniquitatem regis Urbis ustio
Secuta, divo convibratur fulmine,
Insigne tactum quo flagrat Capitolium
Incensa bibliotheca majorum nitor,
Ædesque juxta concremata consitæ;
Potius subinde consecutum incendium

Vasta æde Vestæ nobilique palatio,
Stravisse partem fertur Urbis plurimam.
Incommodus hic Urbi et orbi Commodus,
Hominumque judicatus hostis publicus,
Furore plebis strangulatus sternitur.

CAPUT IV.
De sancto Aniceto papa et Egesippo doctore.

Pontifices post præmissos in culmina sedis
Lectus Anicetus Romanæ, sacra venustat
Jura, coma clerum prohibens sub dogmate Pauli;
Martyrioque coronatus subit astra beatus.
Cujus temporibus Romam Egesippus opimus
Ingreditur doctor, jussis sectisque Platonis
Qui prius imbutus, sæclique sophismata callens,

A Dum præstare videt Christi super omnia cultum
Sectarum censor melius legit assequiturque,
Doctrinaque nitet veri, gestisque fidelis
Excipitur testis, qui tempora puriter orti
Explanans, Evangelii sine fraude patrata
Prosequitur, Christumque libris et prædicat actis.

CAPUT V.
De sancto Polycarpo.

Tunc Polycarpus, apostolico radiatus ab ore
Luce Dei, auditor consecratorque Joannis,
Lumine Romuleas divino illuminat arces,

Legitimo fidei revocans certamine plures,
Lusoremque tuens Satana patre denotat hostem.

CAPUT VI.
De sancto Sotere, Eleutherio atque Victore PP

Soter Anicetum sequitur, qui dimovet aris
Femineum quamvis pollentem robore sexum.
Quo patribus juncto, succedit Eleutherus. Hujus
Lucius indiculis rogitat rex jussa Britannus,
Fonte pio ut Christi fieri mereatur alumnus.
Hic censet ne Christicolis quæquam esca putetur
Non fore munda, hominum mundam quam judicat
[usus.
Ecclesiæ post hunc disponit regmina Victor,
Et cum præsulibus sanctum confirmat Eois

B Pascha die fieri, sacram Surrectio Christi
Quam facit, atque jubet, fuerit si forte necesse,
Gentilem Christi fidei mysteria fassum
Sacrari quocunque loco, fluctuve solove [*ms.* 2, salove.]
Edita membranis hinc linquit opuscula casta,
Martyr et egreditur Christum insectante Severo,
Qui late quintus post dirum jussa Neronem
Dispersit sanctos truculenta cæde necari,
Qua variis multi regionibus astra pararunt.

CAPUT VII.
De vindicta quintæ persecutionis.

Nec sedit vindicta diu, civilia nam mox
Bella crepant, quæ terna ruunt, trinoque fragore
Romani quatiunt vires munniminis amplas
Adjumenta rei sternentia, non minus olim
Ac sternit jumenta lues quæ quinta Syenes

Regna terit Christo sacram turbantia plebem.
His licet intercisa malis haud pressa procella
Turbinis, hæc penitus quin tensa et incita dum orbi
C R gnat Alexander multosque polo erigit ense.

CAPUT VIII.
De Zephyrino papa et sancto Calixto.

Victoris Romæ Zephyrinus jura capessit,
Ordo sacerdotum et sacræ mysteria mensæ
Quo decorante nitent, proprioque reconditus antro
Traditur hoc coram Proculus Cataphryga vicius
Christi lege, viro Gaio tractante diserto.
Erigitur Petri post hunc in sede Calixtus,
Sanguine Romanus, patria regione Ravennas
Quattuor hic statuit jejunia sacra quotannis
Temporibus recoli, vitari murmura plebis
Doctorem contra, probrisque cavere minores
Majorum, neque damnatis consortia jungi,
Atque statuta Patrum non permutanda piorum,
Contentumque suis externa incessere nullum
Munia : mutari sedes quo jure sinuntur;
Quæ super incestis reliquisve sequenda probrosis :
Qui rite accusare queant testeque probentur;
Utque sacerdotes lapsi de crimine surgant.
Basilicam populo Tiberis trans edidit amnem,
Atque sepulturam qua multis Appia carnis

Martyribus sacris dat præsulibusque quietem :
Laudibus inque Dei addebat noctesque diesque.
Instante hoc precibus Domini pro plebe levanda,
Deque lacu mortis populo tetrisque tenebris
Vellendo, retegit devoti audisse Redemptor
Servi vota Deum, pandens vertenda sacella,
Humanumque genus læva quod lege premebant
Sævis raptandum manibus ditionis iniquæ.
Pertulit ergo Jovis summum inter cætera fanum
Cujus magna ruens verum manifestat ab austro
Admitti solem tenebris pars luce recepta,
Figmenti liquefacta manus vanescere pravi
Dæmonis imperium promit, fluere omne profanum
A facie Domini contraria regna terentis.
D Diales aris rogitant libamina ferri,
Placarique deos fit jussio cæca furentum,
Mactantur pecudes, replent altaria liba;
Dumque umbras mulcere sacro spurcamine certan.,
Fulmina dat cœlum sine more allapsa serenum,

Sacrificique ruunt ante ipsas fulminis aras
Cœlestis subita vi quattuor exanimati,
Atque poli flammis ipsum Jovis uritur altar,
Ut pateat non esse Jovis cœlestia tela,
Caligare dies, obducere nubila cœlum,
Præsentemque reis mortalibus omnia mortem
Intentare, Urbs ipsa, polo pugnante, putata
In subitas orbis victrix abitura favillas.
Suadet inire fugam trepidis timor Urbe relicta,
Dumque metu vada trans abeunt Tiberina monente,
Securum rerum Domino sua vota Calixtum
Laudibus inveniunt dantem, lætisque vacantem
Carminibus. Consul propere Palmatius istud
Pandit Alexandro, qui mox delegat eidem
Cogere Christicolas aris, vel subdere pœnis.
Ille decem de militia, parere paratos,
Devincire viros, clerumque Patremque Calixtum
Mittit; at ut subeunt qua concio lucis agebat,
Pectoris obscurum vultus caligine produnt,
Indignoque videre queant ne lumine sacra,
Frustrati immerito conspectu, lumina ponunt.
Territus his consul regi patrata revelat
Præsentaique viros, cauto quos ille renoscens
Intuitu, atraciis hæc deputat acta venenis.
Consul ad hæc : « Magicis si fraudibus ista gerantur,
Virtutes ubi sunt nostrorum et numina divum ?
Quin jubeat tua dis pietas libamina ferri,
Publica res pessum ne horum per carmina detur. »
Mercurium monet Augustus per sacra rogandum,
Propositaque die cuncti præsto esse Quirites
Prodenti secreta deûm præcone jubentur.
Pollutis pecudum sanguis dum funditur aris,
Indomiti inde cadunt vituli; porci inde necantur,
Inde sacerdotes Bacchi per delubra misti
Lymphantur, rapitur torto virguncula divo,
Exclamatque palam : « Vivus verusque Calixti
Est Deus; indignans harum contamine rerum
Imperium teret hic vestrum, quod vana petatis. »
His stupidus captis Palmatius ilicet almum
Pontificem Petri accedens, vestigia pronus
Astringit : « Cognovi, aiens, Dominumque Deumque,
Digno jure coli Christum, quem dæmones acti
Fassi sunt hodie; quare, conjuro per ipsum,
Eripe me cultu larvarum, almique lavacri,
Quo renitere doces justos, me dilue lymphis. »
Præsul ubi hæc puro probat hunc depromere corde,
Indicens catechizat ei jejunia more;
Lotus ut almificis mundusque resurgit ab undis,
Exclamat : « Vere manifestum lumen Iesum
Conspexi, supero qui me illustravit honore. »
Gignuntur geniti Ecclesiæ, conjungitur uxor,
Abluiturque domus famulorum grata caterva
Quinquaginta duo discreti limite sexus.
Inde facultates sanctis expendere egenis
Quæsitis certat, victum tegimenque ministrat.
Post triginta dies hunc Cæsar quærit, et audit
Christicolam factum, mandat sibi sistier actum.

(179-80) Id est jacens lecto.

A Tentus Torquato quodam insidiante tribuno,
Truditur in Mamertini caligine claustri.
Tres post inde dies vinclis adducitur ante
Cinctus Alexandrum, solvi quem præcipit ille;
Solvitur, haud exarmatur, tunc induperator :
« Siccine, Palmati demens, heu ! factus haberi,
Ut linquens divos hominem sectere sepultum. »
Cui diversa inter consul data talia reddit :
« Nescius infelixque olim per vana vagabar,
Nunc verum noscens Dominum Christum expeto
               [supplex
Parcat ut errori tenebris hebetudinis acto. »
Ille dolo ridens tradit claro arce senatus
Simplicio, revocet divûm per mollia fanis
Præcipiens, blandisque adigat, dum turbida vitet.
B Quo de lenifico celebrique exceptus honore
Excubiis precibusque piis jejunia comit,
Summum orans lacrymis Patrem Genitumque pro-
               [fusis,
Priscarumque petens veniam ex errore viarum.
Accedit quidam interea qui conjuge poscit
Hunc super ægrota, quæ, clinica (179-80) quattuor
               [annis,
Semineci longum tractabat corpore lethum :
Sternitur ille solo, famulis et conjuge coram
Simplicii, madidusque oculorum fonte precatur :
« Omnipotens, servum qui luminis irradiasti
Luce pii, æternum præbens mihi lumen Iesum
Quæso, tuam salvans famulam, lecto erige blandam,
Cunctarum ut rerum solus noscare creator. »
C Illico blanda suis gaudens accurrere plantis,
Simplicii petit ipsa domum, clamatque rogatque :
« In Domini Jesu me nomine tinge lavacro,
A quo sum comprensa manu, sublata grabato. »
Felix acta videns hæc Simpliciusque senator
Purificarentur cœpere urgere beatum.
Actutum ille Patrem studet accersire Calixtum ;
Qui veniens Christi sacrat baptismate cunctos
Simpliciique domum, uxorem, genitos et alumnos,
Sexaginta animas ipsis super amplius octo.
Exsultant sancti veneranda tropæa colentes,
D Dant laudes Domino, per quem victoria, summo.
Comperiens quod Alexander baptismate multos
Delubris demptos, cui eorum dirigit arma
Armatos contra fidei munimine, membra,
Quæ nec propugnare parant, leve, terrea captat,
Atque omnes capitis jacturam sumere censet;
Urbis et eximiæ capita in fastigia tollens,
Depromit necis exemplum fideique triumphum,
Presbyterum Calepodium, jam sanguine fessum,
Flamine robustum, rigido ferus ense trucidat,
Romuleamque trahi faciens senis ossa per urbem,
Abscondit Tiberi ; bonus at Pater ipsa Calixtus
Undarum scrutatores perquirere poscit;
Illi inventa levant sinuosis flumine textis
Et papam exhilarant lætis per nuntia dictis.
Dulcibus ille hymnis Domino pia carmina reddens,

Suscipit, ac multo sanctum implet aromate funus,
Carbaseoque tegens pretiosa monilia cultu,
Ipse quod ediderat senior studiosus honore
Christi athletarum recipit pollente sepulcro.

Ramorum densa lanius propagine cæsa,
Ipsum persequitur fetum almo germine robur,
Pontificemque tenens lymphante furore Calixtum
Molitur superare fame; quintoque voluto
Sole magis confortari dum tristibus audit
Marcida robustis jejunia fustibus auget,
Roboreaque dies impugnans mactat in omnes
Cæde virum, prohibens ne quis solatia saltem
Visendi sub nocte ferat; qui forte repertus
Crimen morte luat. Multis hic antra diebus
Dum fovet impastus, solamina præbet ei æthra,
Legatur Calepodius hæc dulcia portans:
« Esto, Pater, firmus, tua nam perfecta corona est.
Mercedem ut capias æterni muneris amplam. »
Nec vacat abstrusus medicamina pendere tutor.
Miles erat quidam, Privatus nomine, plenus
Ulceribus, dolor assiduus cruciabat anhelum;
Is pedibus se prosternens cum famine papæ
Devote precis exposcit languore levari.
Suadet habere fidem Pater, hortaturque lavacro

A Mundari, spondens animæ carnisque nitelam.
Credere qui fassus, donumque indemptus utrumque,
Corporis indicio mentis depromit honorem,
Atque Deum verum jocundis laudibus effert.
Facti rumor Alexandri dum perculit aures,
Exagitat furor; invalidum qui pondere pressus,
Irarum plumbi Privatum pondere mactat,
Pontificemque jubens propellier æde, fenestra
Præcipitem celsa dat saxo colla gravatum
Demergi in puteum, cumulatur sorde barathrum.
Postque decem septemque dies curante levantur
Asterio noctu juncto sacra pignora clero,
Quæ Calepodii bustis Aurelia sumpsit.
Ast longum posthac, divino numine, Remis
Delegata, Dei templum Genitricis adornant,

B Isthic consortem juxta palmæque gradusque
Consita Nicasium, qui urbis duo lumina nostræ
Condecorant clypeoque precum data mœnia servant.
Presbyter Asterius, patrii curator honoris,
Tentus Alexandro, decus hoc zelante sepulcri,
Ut quem præstiterat, post ipse careret honore,
Præcipitatur aquas alto de ponte sub imas;
Excipit attollens hujus tamen Ostia membra.

CAPUT IX.
De sancta Martina.

Præterea multos variis cruciatibus actos
Impius hic Cæsar capitali lege trucidat.
Sub quo virgo nitens natu, virtutibus alta,
Ornavit percelsa crucis Martina tropæa.
Quæ claris pollens opibus, patre consule nata,
Christicolis large victum præbebat egenis.
Prensa ab Alexandro, Phœbo dare thura jubetur,
Illa preces ut fundit, humum concussio vibrans
Percellit, tremit Urbs, fani pars versa residens
Sacrificos premit, effigies resoluta fatiscit.
His furiatus Alexander jubet ora puellæ
Tundi alapis, cilia horrificis irrumpier hamis.
Carnifices sanctæ pœnis insistere jussi,
Defectu stupidi, subito clamore fatentur
Cernere se rutilo radiantes quattuor ore
Stare viros, ipsam læto qui famine firment;
At sibi segnificam persistent infligere pœnam
Fragmine testarum posthac dum scinditur alma,
Perduratque potens lictores ista patrantes
Octo quibus jussum sceleratas edere pœnas,
Divina bonitate pio stant lumine tandem
Induti atque ministerium crudele negantes
Christo proclamant Domino se credere vero.
Quos contra Cæsar furibundam accensus in iram,
Præcipit appensis lacerari viscera ferro:
Qui mundum et lanium secta cervice relinquunt
Martyres, et cœli felicia regna capessunt.

Supplicis pulsatur item Martina retecta
Vestibus, ac plagis omnes incisa per artus,
Quattuor hinc palis distenta, et robore cæsa,
Cuncta animo forti suscepta pericula ridet.
Inde recepta nigro tenebrosi carceris antro,

Discissum pingui perfunditur unguine corpus.
Rursus Alexandro coram decernitur acta
Delubro subici, Christo sed dirigit illa
Ut de more precem, demittitur ignis ab æthra,

C Percutit ac redigit simulacrum in strage favillæ,
Exuritque sacerdotes sternitque popellum.
Territus his princeps victusque, ea bella rem itens,
Præfecto cuidam Justino urgenda relegat;
Qui conto hanc jubet extendi spatisque secari,
Unguibus effossa tractari carne mamillas;
Horrida dum scrobibus centum octo decemque pa- [tescit,
Carcere sic victrix, tenebrisque retruditur atris.
Amphitheatrali belvis post præbita ludo
Immani secura manet congressa leoni,

B Quique pedes currens ad virginis ora coercet,
Nativa et leritate vacans velut agnus habetur;
Ast ubi placanti furias dimotus ad antra
Impastus caveæ revocatur, omissa resumit

D Ore venena famis, rictusque in corpora tendit
Obvia, cognatumque petit crudo agmine regis,
Vindictaque piæ subigit perimitque puellæ.
Nec regem aggreditur charo ne virgo careret
Martyrio, aut sævum pateretur inulta tyrannum.
Cæsaris hanc iterum jussis ergastula claudunt,
Inde duos post acta dies offertur eunti
Libatum regi; Domino dum fixa probatur
Tormentis iterum pensa est, iterum ungue cavata,
Omnia dum superat, magica consetur ab arte
Victrix, impexis ferturque latere capillis.

Tunc raso exspoliant sanctam quasi crine premen-
[tem,
Allophyli fortem quondam ut Samsona ligarunt;
At Christi virtute sui stans fortior illa,
Nec cedit sævis, nec frangitur obsita fœdis.
Clauditur hinc Triviæ armipotens invicta sacello;

A Noctibus hic inclusa tribus totidemque diebus
Torva pharetratæ in cineres agit ora Dianæ.
Sic sacra, sic proceres superans, censetur agonis
Extremam rigidi gladio concludere metam,
Hocque triumphali partum petit æthera saltu.

CAPUT X.
De sancto Urbano papa et sancta Cæcilia.

Urbanus validi robustus jura Calixti
Excipit, ac Domini vigilanter prælia tractat;
Deligit athletas divina in castra fideles,
Roborat, exercet, disponit, munit, adornat,
Imbuit, armat, agit, cœlestia bella perurget.
Nec supplenda viros modo Christi ad mœnia cogit,
Quin bellatrices admittit in arma puellas.
Quarum Cæciliæ præfulgida facta feruntur,
Sanguine quæ generosa pio, generosior actu,
Nobilitate poli terræ ornat nobilitatem.
Nocte die hæc casta volvens sacra famina mente,
Assidue precibus Dominique in lege vacabat;
Vestibus auratis quam dum decorare parentes
Ausonidum veteri sponsarum more solerent
Velleris hircini hæc velamine membra domabat.
Illustri desponsa viro quæ Valeriano
Urgetur thalamis legi parere jugali;
Accelerat tædas superatus amore petitor
Invitans lætas epulis gaudere choreas
Organici psallente melos achromate festi.
Illa Deo mentis cithara sua festa canebat,
Cor mundum casto tribui sibi corpore poscens.
Interea crebris cœlum pingentibus astris
Sponsus cum sponsa secreta cubilia sumit;
Magnanimis sed virgo prior penetralia cordis
Cui pandat fidei fidum scrutatur amicum;
Ille fidem firmans nullo se promere pacto
Abdita testatur, hæc corde tegenda fideli.
Tum casta virgo poli civem depromit amantem.
Custodemque sui multo se ardore tuentem,
Cujus in impuro procedat ut ultio tactu
Fert quæratur amor tutamine virginitatis.
His stupidus juvenis, divino ac numine fixus,
Pandere cœlicolam petit hanc quem jactat amicum.
Illa favens spondet modo se sinat ante piari;
Ille rogans quis ad id sese mundare valeret,
Accipit Urbanum venerandæ heroa senectæ
Hoc aptum sanctoque Dei purgamine doctum;
Sic notat monitrix per quos, ubi quærere monstrat;
Invenit accelerans cursor mandata beatum
Pontificem, fassus qui jam divina secundo
Principibus coram, sacra inter busta latebat.
Virgine cui gnara dum famina missa feruntur,
Gaudia magna trahens animo, genua in sola figit
Dans lacrymas gaudendo, manusque ad sidera tol- D
[lens
Altithrono regi gratesque precesque profundit
Ac verbis aperiri ejus hinc corda precatur;
Votaque dum promptis supplex hæc destinat astris,
Æthereus supero visus moderamine vultus

Sidereis auroque notis signata tabella,
Ac diva irradiata fide perlata citatur:
« Unus adest Deus, una fides, baptismatis unum. »
Attremit his sponsus, credit, prostratus adorat,
Erigitur faturque fidem, fluctuque sacratur
Sincere doctus, sponsæque remittitur almus,
Dum veniens illam paranympho cœlite fultam
Repperit orantem, qui candida lilia sertis
Anteferensque rosas properantia præmia pandit.
Huic germanus erat rebus Tiburtius unus
Præ cunctis charus, cui postulat ille salutem,
Pollicitusque poli se civis in astra recептat.
Interea monitis struitur dum tiro colendus
Pro votis dilectus adest Tiburtius, intrat,

B Admiratur odoriferam se nare rosarum
Percepisse auram, viduo quoque floribus anno,
Et jam se dulci memorat novitate refectum
Prosequitur frater fidei, donique salutem
Alterno reserare studens affamine lucem,
Supplet virgo juvans, grato nec egere jugalem
Permittit spolio, vitam vitæque tenorem
Atque viam pandens apprime informat alumnum,
Uberibusque fovet geminos, et lacte Sophiæ.
Vix una tantum quæ credita nocte marita,
Nubere namque putata, suum parit ipsa maritum;
Hoc quoque ne parvum credatur pignore feta
Augetur genitus pro telluris ecce supernus:
Gignitur ergo fide matris Tiburtius hujus,
Perque ministerium papæ producitur undis,

C Filius Ecclesiæ, rationis et ubere gliscit.
Jam post lac majore cibo nutriuntur alumni;
Excrescunt juvenes culmen splendenter in altum;
Robore perfectæ jamjam virtutis anhelant:
Attollunt inopes, fessos solamine portant;
Excisis solum superest quod dedere munus
Exequiale parant celebri pietate viriles.
Turbidus Almachius Romæ præfectus amicos
Omnipotentis heri pœnis cruciabat acerbis;
Huic livore niger, sanctæ dulcedinis hostis,
Peste per armigeros fellis lita tela ferentes,
Denotat almorum blandi solaminis actus.
Tenti lethiferis, hoste instimulante, ministris,
Tirones justi censori adiguntur iniquo;
Qui, titulum objiciens famosæ nobilitatis,

D Arguit hos vanæ quod more superstitionis
Personas sua dilapident patrimonia alendo
Indecores, lethoque datis pro crimine honesta
Busta parent, quo se doceant his fœdere noxos.
Illi se famulos quorum accusantur amici
Exoptant, interque calentis spicula luctæ

Victores lepido dantur certamine fratres.
Cognitor at rubidus mistoque furore diremptus,
Luce triumphali præstantem Valerianum
Dedecore affligi censens dat robore cœli;
Gaudet at ille, monetque suo ne vulnere cives
Frangantur, veri at maneant virtute viriles.
Verbere deficiens lanius jubet ense feriri,
Ni libent Jovis ut statuæ mactetur uterque.
Maximus intererat, qui cornicularius actu;
Hic flens prosequitur lætos ad funera fratres,
Flens, quia gauderent præsentem amittere vitam
Illi proponunt aliam semperque manentem;
Hanc hujus perhibent reprobatu percipiendam,
Ut vitæ renovatur avis discrimine phœnix;
Surgere ad hæc, modo vera probet, jam Maximus
         [optat.
Promittunt huic in Domino ostentacula fixi
Corpore qua Dominus dabit hos spoliarier hora,
Vita sequens quo sumatur spectare decore,
Testetur se vanificum deponere cultum.
Juranti mandant spatium impetrare diei,
Ad cujus perducti, ipsis rogitantibus, ædes
Divinis formant monitis ipsumque domumque.
Aurea nocturnam pingunt dum sidera pallam
Cæciliam ecce sacerdotes comitantur ad istos.
Perveniunt præbentque novæ baptismata proli,
Aurora retegente solum fugientibus umbris,
Siderei ductrix affatur castra duelli,
Abjiciant hortans tenebrarum obscura beatos
Tirones, rutili et capiant pia luminis arma.
Maturant bellatores, gladioque recisi
Libantur, fragiles carnis ponuntur amictus,
Divaque perpetuæ capiuntur præmia vitæ.
 Complentur promissa, videt donum exsequiale
Maximus æthereos cœlo properasse ministros,
Corporeque egressas gremio sumpsisso puellas,
Virgineumque decus superas vexisse per auras;
Quæ lacrymis enarranti per gaudia fusis,
Credentes multi supero se subdere regi
Gaudent, Almachio sublimia facta feruntur,
Maximus atque sui quia Christi signa sequantur.
Ille indigna fremens, et pondera dira furoris
Ostentans, plumbi facit hunc per verbera tundi;
Dum levis et gaudens exit jam pondere liber;
Quem quoque virgo decens hujusque magistra pa-
         [læstræ
Juxta ubi condiderat fratres locat ipsa sodalem,
Nec sinit auspicii fideique latere probamen

A Sarcophago quin pingit avem qua credita vita;
Post mortem cujus patuit paradigmate lumen.
Ductatrix post belligeros ad præmia missos
Poscitur ad bellum, optatumque vocatur agonem.
Dum cupidus censor fratrum patrimonia quærens,
Cæciliam hoc jubet arctari moliminis astu;
Hæc ubi pauperibus divisa renoscit, eamdem
Thurificaturam veluti lictoribus aras
Præcipit ad rabidas rabido certamine duci;
Illa sed invertens avidos ad lucra ministros,
Lucrantesque lucrans, et ditia fenora condens
Ductores sceleris pietatis in edita ducit,
Participesque Deo Urbano sacrante coaptat.
Qui intra septa domus divino fonte beatæ
Virginis emundans animas, prolem edit opimam
B Ecclesiæque sacris penetralia casta venustat.
Hic festis celebrans mysteria sancta diebus,
Detrimenta hosti, Domino pia lucra parabat.
Nuntius Almachii gestorum ubi perculit aures,
Præsentem jubet illæ dari terrore puellam
Censuræ; rogitans sit celsior illa; rependens
Verba probat stolidum, vanam dat culminis auram,
Arguit ignarum, sontem, probitatis et hostem
Pandit confusum, docet omnia falsa secutum,
Insuper ostentat cæcum risuque petendum.
His immane dolens abduci visibus illam
Inque domo propria thermali ardore cremari
Præcipit invictam lucis virtute puellam.
Inclusæ multo suffitur robore fervor;
At nulla arte dato petitur pia virgo calore,
C Quin alacris tota persistens nocte dieque
Flamminis congestæ assiduis interrita silvæ,
Ceu frigente loco nullo sudore notatur;
Utque triumphum atrox clarum capit aure tyrannus
Conatur tegere ac sævo restinguere ferro;
Hanc inibi crudo mandans mucrone litari.
Jussa feri dirus tendit complere satelles;
Virginis at teneræ jugulo vis ferrea cedit,
Ter librata neci, ter mitia colla fatigans,
Nec caput a tenui cervice revellere noscens.
Carne tribus post virgo manens ad vota diebus,
Pastori commendat oves, quas mater alebat,
Urbano, meritis functæ qui funera curans
Exsequiis, inter collegas hanc locat almos,
Castaque præsulibus conjungit pignora castis,
D Qui sacer argento postquam edit cuncta sacrati
Vasa ministerii, multosque ad sidera mittit
Martyrio claros, capit inclyta præmia consors.

CAPUT XI.

De sancto Pontiano papa et Hippolyto presbytero.

Hinc Pontianus jura supplet regminis,
Digneque summi bella tractans principis,
Ob hæc dolosa fraude Sardiniæ datur;
Quio destituta patre plebs prædonibus
Animæ pateret, perdito grex ut duce
Lupis patescit abditisque furibus,
At ne relictus pergeret solatio,
Hic papa, longe segregatus civibus,
Ignota ruris, competenti presbytero

Hippolytus illi mente diva jungitur;
Cives adoptat dives exsul fœnoris
Multiplicandi barbarorum per fora;
His æger hostis institorem fustibus
Mactans opimum celsa mittit mœnia.
Cujus beata Fabianus pignora
Præsul relata dat Calisti inter pia
Decore busta consito mausoleo.

CAPUT XII.
De Anthero papa et ultione sextæ persecutionis.

Antheros hujus exsulantis culmina
Capessit alta prosequens vestigia.
Hic digna diligenter acta martyrum
Causa beati mortis almæ Maximi,
Qui carne martyr ac sacerdos solvitur,
Notat requirens ac recondit in sacra;
Quorum meretur, Maximino principe
Nostros agente post Neronem turbinis
Sexti retecta lege, contubernia,
Quæ lata decessoris odio Cæsaris,
Cujus pio nitebat aula nomine
Mamma mater quam fovebat strenue,

A Grassatur almos dira contra præsules
Clerumque sacræ celsa plebis regmina,
Tribusque in annis fine regis clauditur.
Vindicta cujus turgidos in principes
Illata juste, ceu lues Ægyptios
Turgore sexti lancinavit verberis.
Nempe hoc perempto Puppjeni cuspide,
Cum fratre regnans cæsor ipse cæditur
Nostri quot annis enecati præsules,
Datis tot orbis ad necem primatibus :
Hinc Gordianus bella spectat prospera.

CAPUT XIII.
De duobus Philippis imperatoribus et Pontio martyre et sancto Faviano.

Egregia post hos splendescens pace Philippus,
Præcelso superæ decoratus nomine legis,
Participem fastus genitum facit esse Philippum ;
Pontius hos martyr divina ad munia Christi
Instituens monitis, prudenti dogmate vexit,
Fulget at his mactus palma sub Valeriano;
Æneadum primus regum, prolemque, patremque
Concordi venerans cultu cum prole Philippus,
Inclyta sceptra regit consorti fulgida cultu
Fascibus hic altus, Christi ad mysteria curvus;
Dum Paschæ excubiis ferri sibi sacra rogaret,
Luctisonos inter stare et sua crimina flentes
Præcipitur, farique et propria flere piacla.
Ille sacerdotis voto mandata capessens,
Pectore stat prono, dispellit culmina mente,
Maxima supremi recolit dum culmina regni.
Lugubris at tandem patrataque crimina fassus
Implorat supplex summi rex numina regis,
Divinumque munere pio sibi corde timorem
Depromens, quæsita humili sacra pectore sumit
At Dominus pronum solito sustollere curat,
Fascibus amplificat; soli pia jura trementi
Unicus hic confertur honos supero ordine regi,
Urbis ut eductæ præsignia gaudia plebis
Augusto hoc moderante micet millesimus annus,
Eximii cultus summo celebratus honore,
Quod decus hoc urbi summæ inter sceptra feratur,
Urbs et apostolico jam dudum dogmate clara,
Numinis atque pii sancto insignita decore,
Principe Christicola celso hoc polleret honore.
Septies at postquam vestitur gramine tellus,
Septenoque replet ridentia mœnia fructu,
Munere divino terris regnante Philippo
Gentibus et populisque nitentia jura dicante,
Æstuat antiquus viresque recolligit anguis,
Attritus totiens per tanta tropæa relisus;
Insidiisque parat Christi vexare phalanges,
Latronemque dolis Decium sibi præparat aptum :

B Instruit anguina liventis fraude veneni,
Exacuit stimulis agitatque ad furta furentem.
Ille dolos volvens inopino crimine justum
Aggreditur, furvoque necat molimine regem.
Principe subducto pervadens sceptra tyrannus,
Quæ sua sunt diro curat producere nisu,
Prosternit genitum, totum movet arma per agmen;
Hinc majora petens, Domini subvertere castra
Nititur; haud mora ductorem moderaminis hujus
Impetit, atque data Fabianum lege trucidat.
Crudelis Scythæ velli agmina sancta jubentis
Sumpserat hic celebri præsul moderamina nutu ;
Fertur enim digressus agro, comitatus amicis,
Ecclesiæ penetrasse domum, qua concio plebis
In diversa studens certabat, et optio patris;
C Astitit ille nihil subeundæ conscius arcis,
At summam tantæ visurus ad extima curæ.
Hic discors diversa crepat dum famina cœtus.
Dissociata parans digne sociare columba,
Pacis amica, venit livorem fellis abesse
Præcipiens fibris; sentire dat omnibus unum;
Unum de multis censens præponere cunctis,
Unius una petens caput eligit omnibus unum,
Concordesque omnes patrem connectit ad unum,
Conclamant cuncti cœlesti culmine dignum,
Pontificemque legunt divino numine notum,
Atque Petri cathedræ Fabiano regmina cedunt,
Quique triumphorum servet ut gesta piorum,
Colligit hocque studere operi decernit alumnos;
Ecclesiam fulgere docet quoque legibus almis ;
D Ipse triumphali mox ut conjunctus honori est,
Disperguntur oves, lacerantur, carceribusque
Truduntur, quorum Moyses ergastula longum
Post tolerata nigris petit ætheris edita septis.
Diversis diversa gerit prædonibus hostis;
Exterius patulis, intus latitantibus armis,
Latronemque novum furtiva ad bella novatum
Deligit, impugnans bifidis pia castra catervis.

CAPUT XIV.
De sancto Cornelio papa et Cypriano martyre sociisque ipsorum.

Providet inde pio Dominus charismate patrem,
Desertæ egregium plebi; Cornelius urbi

Dum præsul datur eximiæ Petrique cathedræ,
Ad quem dulcia ceu patris fomenta benigni

Dispersi properant gnati lapsuve recisi,
Maximus et reliqui, confessoresque fideles;
Inclyta bella poli tractant rectore fideli.
Fertur hoc instructus doctore ad bella gerenda
Cœlica Pancratius, patruo ductante beato;
Impius exhorrens dolet agmina sancta coire,
Densatasque parans Christi turbare cohortes,
Ductorem rapit e medio, pellitque relegans
Extorrem Centumque locans juncto ordine Cellis.
Militiæ procerum, nequit ad se jungere amorem;
Principis agminibus properant invisere multi
Atque levare pio pulsum lenimine papam.
Tunc Africæ lux, ore fide Cyprianus opima,
Huic jungit radios jubari signando beatis
Grammatibus validæ Celerini gesta palestræ:
Comperiens multos papæ solamina ferro
Grassator, revocat falsoque sophismate justum
Insimulat, contra quod publica jura libellos
Sumpserit ac schedas peregrino a littore latas.
« Grammata suscepi Domini super (ille) corona,
Non rem Romanam vel publica commoda contra. »
At veris furor auditis effervet, et ora
Tam prompte plumbo tam pura fatentia tundit,
Oppressare hebeti nisus discrimine verum.
Ducitur hinc præsul Mavortia sacra litatum,
Sin temnens renuat, crudas mactetur ad aras.
Dum sacra facturus properat magis ipse sacrandus,
Hac ex militia quidam Cerialis adacta
Quinque per æstates cunis pro conjuge poscit,
Hujus ut in visu valeat gaudere salute.
Ejus ut ille domum subiens hanc erigit (aiens):
« Surge, tuisque insta pedibus sub nomine Jesu. »
Illico læta subit percepto robore, verum
Esse Dei genitum clamans Sallustia Christum,
Et currens vas implet aqua, conjurat et orat
Ipsa lavacra ferens sacris se sparger undis;

A Cunctorumque preces hujus mox vota sequuntur;
Qui punire dati pedibusque advolvitur ultor
Concessi, poscitque datum sibi munia ferre;
Subditur addicto consternaturque subacto.
Ille sui tractatores verso ordine tractat,
Captoresque capit, devinctoresque revincit;
Emaculatque undis sese fœdare parantes;
Quique laborabant hunc associare profanis
Participes Christi pia dat per mysteria sacris,
Addit et Ecclesiæ nitentes se addere larvæ,
Annectit nexis tendentes scindere nexos.
Sævus id aure trahens Decius mittitque tenetque
Candidulos, ducique sacris cum præsule mandat,
Mox puniri aris si ponere thura retractent.
Tirones divina rudes ad bella magistro.
B Præcedente abeunt, ne fors a principe turma
Desciscens hosti præcepta tropæa remittat.
Incedit præsul tutus cœlestibus armis,
Quem gaudet nova turma sequi, sputoque sacello
Sumere conspersi maturant sanguine palmam;
Papa coronatus quos æthera ducit in altum.
At Lucina pio mulier venerabilis actu,
Fulta Dei clero, famulum stipante caterva,
Sanctorum sacra membra legit cryptaque Calixti
Inque suo cultu pollente recondidit arvo.
Hujus Lucinæ Cornelius iste rogatu
Sanctorum procerum catacumbis ossa levarat,
Legaratque Petri sub monte Neronis in aulam,
Aureus in Vaticano qui dicius, et in quo
Arcitenens nactus habitarat delubra Phœbus.
C Ipse locum juxta cruce quo conscendit in astra
Sidereum Cephas Dominum per celsa secuius,
Pignora tunc Pauli studio via sumpsit eodem
Hostensis, capitis qua corpore cæde solutus
Quæsitum Christo subiit convinctus honorem.

CAPUT XV.
De sanctis Abdon et Sennen.

Haud tantum in proceres totum quin sævit in agmen
Militiæ furor hic rabidus, lateque petendos
Decernit justos, patrias lymphatus in omnes,
Qua dominatur heræ probrosa potentia Romæ,
Insequiturque pios magnus qua tenditur orbis:
Discutit Occasum, ditem rimatur Eoum
Sepositosque procul quatit hæc injuria Persas.
Huc Decii rabies furiis advecta pererrans,
Primates gentis Sennem sibi mandat et Abdon
Præsentes fieri, cultum quibus opprobrat almum,
Utque Deos contemnentes sint jure subacti
Romanis merito, victores imo fatentur
Se Christo tribuente Deo, quo regna triumphant,
Perfidiæ, cujus laudant in sæcula culmen.
Dumque catenatos custodia suscipit arta
Glorificant Christum, decus id quod semper ama-
[rant
Ejus magnifica gratanter laude ferentes.
Hinc alii tenti supera pro lege necantur.
Bis binos plena post fronte resumpserat orbes
Cynthia, Romulæis Cæsar dum mœnibus istos

Invehit atque parat de invictis clara tropæa,
Fert se victorem velut ense subegerit hostes;
Qui quo victores perstant studuere duello,
Acciet Æneades, magnates excolit auro,
D Exhibet ornatos baccis cinctosque catenis,
Monstrat honorificos sese superasse toparchas.
Laudes in proprias studet, excitet ora popelli,
Prætenditque feros hostes pietatis amicos;
Jactat devictos cor libertate tuentes,
In manibusque datos calcantes sceptra fatetur.
Miratur procerum stupidus reverenda senatus
Ora beatorum Christi; constanter at illi
Dum coram intrepidi præconia cœlica fantur,
Devicto Decio traduntur Valeriano,
Qui ni thurificent belvis hos pabula leget.
Ille viros ferus aggrediens segmenta revellit,
Lathoidæque litaturos velut admovet aris :
Cujus ut exspuerant faciem, exsecranda probantes
Ora Dei plumbo sub tecti terga petuntur.
Fortiter ista piis tolerantibus, ecce ferarum
Poscitur hos contra auxilium, geminique leones

Quatuor atque dati metuendi rictibus ursi,
Sanctorum usque pedes fremitus horrore feruntur,
Hicque agni veluti pacto jacuere stupendo,
Lene feras ut in obsequium venisse probares
Belligeratorum Christi quos pace tuantur,
Belluarum feritas humana in pectora transit,
Belluinoque legunt homines fervore petendos
Pacifice a belvis humana lege petitos;

A Mittunturque homines furiata mente frementes,
Atque feræ mites quos servavere, trucidant.
Perfecto sic emeriti certamine functi
Athletæ subeunt victo polum ab amphitheatro,
Indeptus quorum noctu sacra membra Cyrinus
Eripit atque vehit, plumbique recondit in arca,
Quæ, Christo retegente, patent post lumine pacis.

CAPUT XVI.
De sanctis Parthenio et Calocerio.

Parthenius Calloceriusque vigore nitentes,
Cæsareum fidei positi servare cubile,
Egregios casto decorabant corpore mores,
Et Christo et regi sua munia ferre probati,
Quæ regis regi, quæ Christi reddere Christo.
Quis opibus pollens Anatolia virgo relicta,
Consule patre pio decedente Æmiliano,

Quamque docent mores et opes conjungere Christo;
Tum vanas quia detrectant orare figuras,
Ignibus injecti superant incendia tuti,
Torribus et tunsi scandunt cœlestia læti.
Terris virgineo rapiuntur corpora furto,
B Sidereo cœlis capiuntur flamina regno.

CAPUT XVII.
De sanctis Anatolia et Victoria.

Impugnare viros lanio nec sufficit atro :
Quin ferro teneras pellit super astra puellas,
Quarum Anatolia jus mundi et Victoria vincunt;
Dein mundi proceres cœli convexa petendo,
Harum regna bonam melior provexit in alta,
Moribus et sanctis castam castissima compsit,
Ac vernans nitidis ornatam cultibus auxit.
Nam desponsa viro-ductrix Anatolia sævo,
Dum refugit tædas et jura subire profani,
Mittitur huic licitos suasum Victoria nexus,
Pagano depacta viro jamjamque juganda
Eugenio, quæ deproperans suadere docetur,
Et captare parans capitur, venansque prehensa est.
Erigitur versare abiens opus omnipotentis,
Complanare petens, fit opus venerabile Christi :
« Audi me, soror, incipiens Anatolia (181), et ipsa
Christi sum famula, ac novi legalia vincla
Non damnare Deum, sanctos hæc vincla prophetas,
Hæc iniisse patres quorum benedicta propago ;
Audi me, et sociare viro qui celet amice
Secretum sociæ Christi nec prodat alumnam,
Quin faveat nostris blandæ dulcore maritæ. »
Hæc illa texente, refert Anatolia : « Vince,
O Victoria, ad hoc Zabulon Victoria vere
Esse queas; vacuo Omnipotens mortalibus olim
Crescite mandavit mundo, multoque replete
Fenore tellurem, qua jam modo germine plena
Humano, Christus postquam descendit ab æthra ;
Multiplicate fidem, crescat dilectio, clamat ;
Approperat regnum, cœlos replete, supernum. »
Talia post infert : « Ego quæ per viscera Christi
Ornamentorum explicui sata lucra meorum,
Cerno die juvenem in somnis diadematis auro
Cultum, purpurea gemmata et veste nitentem,
Meque tuens hilaris grato sic ore profatur :
« O pia virginitas quam mors evincere nescit,

« Perpetua quin morte rapis tua jura sequentes !
« O bona virginitas tenebrarum facta refutans,
« Sidereo semper degis quæ lumine compta ! »
Auditis quibus evigilo fletuque rigata,
Inque pavimento Dominum prostrata fatigo ;
Hæc mihi, qui tulerat, referat dulcissima rursus ;
Sic stratæ mihi prosequitur gratissimus isdem.
« Virginitas nitide regalis purpura vernans
C Est qua qui induitur reliquis præstantior exit ;
Virginitas divi gemma est pretiosa monilis
Virginitas regis inopinum munus habetur;
Thesauro insidias latitant huic tendere fures,
Quem tu sollicito advigilans tutamine serva ;
Divitias quo te potius has noscis habere :
Hoc tutare magis furva ne fraude fatiscant. »
Ilis aliisque piis animata hortaminis orsis,
Distrahit omne decus varii Victoria cultus,
Quæsitumque Deo pretium largitur egenis.
Accipiunt sponsi pactarum insignia gesta,
Et quoniam Christi nequeunt laqueare columbas,
Pellere præcipitant, Decioque sinente per arva
Propria legantes arcti modo fragmina panis
Vix vel sero ferunt; sed non jejunia frangunt
D Quas Christi confortat amor ; molimina nulla
Proficiunt tædis has inclinare vel aris ;
Durant invictæ post plura stupenda patrata ;
Martyrium celebri cum virginitate jugantes.
Lilia mista rosis a Christo serta capessunt ;
Virgineos equidem præclara monilia flores
Junxit, ubi gladium Victoria corde recepit.
Percussor cujus, Tal'archus, vindice lepræ
Percussus, languore brevi, sex scilicet intra
Solis amare orbes exesus vermibus efflat.
Virginis at pignus curatum munere digno,
Virgo decens effulta piis Anatolia factis,
Piceni postquam multos curarat anhelos.

(181) Videtur legendum *Victoria*.

Dæmoneque invasos, lunæque recursa paventes;
Vexatur varia Tyriam perducta palæstra :
Cum serpente quoque illæsam nox integra clausit;
Mox ipsum monstro anguillegum parente vorandum
Mane rapit Christique Dei pietate venustat;
Quique palam Dominum fassus se credere Christum,
Carceris hac clara sub laude retruditur antris;
Virgo pia extensis manibus dum vota profundit,
Transfigitur ferro latus, ut per utrumque reclusæ

A Admissus dextro penetraret mucro sinistrum.
Spiritus Altithroni thalamum conscendit amatik;
Suscipiunt thecam Tyrienses cuspide fossam.
Audax ad Christum anguifero conversus ab astu,
A claustris rabidos rapitur jam mitis ad enses :
Mox caput abscissus, mortemque triumphat et
[angues,
Et quoniam hinc patria mactus transfertur Ecum.

CAPUT XVIII.
De sanctis Pergentino et Laurentino.

Tunc Pergentinus Laurentinusque beati,
Flagra apud Aretium pueri pietate gemelli,
Dura triumpharunt miracula magna ferentes;
Tum ferro laceri simul aurea regna capessunt;
Mœnia corporibus florent animabus et æthra,
Hæcque nitet gemina gaudens urbs luce piorum.
Et multis Decius sanctis ubi gaudia vitæ
Præparat æthereæ, quos de cruciatibus astra
Dirigit, indicens generalia septimus arma
In Christi populum rabidi post bella Neronis,
Barbaricos inter cuneos luit acta cruore;
Et qui regnantem patris genitique trucidans
Fraudibus implicuit famulum cum prole Philippum,
Mercedem meritis, Christo cum Patre ferente,
Rex regno procul evectus cum prole receptat.
Idque parum cruor ulcisci per quæque rigavit

Arva, petit se sanctorum in laniosque ferosque
Censores, delatores nutuque faventes;
Exeritur passim Romani in climata regni
Ultio peste vagans, corruptoque aere crudos
B Infundit pecudumque hominumque venena per ar
[tus :
Nulla vacat regio, non urbs aspersa cruore
Justorum, cunctasque domos perstringit et ipsis
Exantlat meritis nece spectatoribus actis ;
Ac ceu pestifero trivit quondam aere rura
Grando ruens Pharii divino verbere regis,
Cultores, segetes, jumenta et pascua sternens,
Æthereo veniens æquo libramine regni
Æneadæ pestis digna sub clade tyranni
Urbes, ruricolas, pecudes et pabula vastat

CAPITULA LIBRI QUINTI.

Cap. I. — De sanctis Lucio papa et Stephano.
    II. — De sancta Eugenia.
    III. — De sanctis Rufina et Secunda.
    IV. — De sancto Sixto papa et sancto Laurentio.
    V. — De sancto Hippolyto.
    VI. — De sanctis Herennio et Abundio.
    VII. — De ultione hujus persecutionis in Valerianum et regno Romanorum.
    VIII. — De persecutione Claudii et sanctis Lucio, Marco, Petro et Theodorio.
    IX. — De ducentis et sexaginta simul martyribus.
    X. — De sancto Cæsario martyre.

CAPITULA LIBRI SEXTI.

Cap. I. — De sancto Felice papa.
    II. — De sanctis Basilicæ, Modali et sociis.
    III. — De sancto Agapeto.
    IV. — De repressa persecutione Claudii.
    V. — De sanctis Chrysanto et Daria.
    VI. — De sancto Gaio papa.
    VII. — De sanctis Marcelliano et Marco atque Sebastiano.

CAPITULA LIBRI SEPTIMI.

Cap. I. — De sancto Gabinio et Susanna.
    II. — De sanctis Primo et Feliciano.
    III. — De sancto Pancratio.
    IV. — De sanctis Claudio Nicostrato et sociis.
    V. — De sanctis Severo et Severiano.
    VI. — De sancto Genesio.
    VII. — De sancta Lucia.
    VIII. — De sanctis Marcellino et Petro.
    IX. — De sanctis duobus Felicibus.
    X. — De sancto Chrysogono et Anastasia.

INCIPIT LIBER QUINTUS.
CAPUT PRIMUM.
De sancto Lucio papa et Stephano.

Lucius expositos sequitur splendore sacrati
Pontifices juris cujus, moderamine fulgens

Mœnibus exuitur patriaque abducitur exsul.
Servatur profugus salvusque reducitur urbi :

Munia disponit, jussas moderatur habenas.
Pontifici censet lectos astare ministros,
Et testes vitæ præsenti semper adesse,
Ipsi pontifices pacis quæ vincula servent,
Sacrilegis super arcendis quæ jura sequantur;
Dumque Dei populum pro regmine dirigit æquo,
Pastoris fulgore cluens sub Valeriano,
Truncatus cervice petit cœlestia martyr.
Quoque potestatem properans contradit alumno
Præcipuo Ecclesiæ Stephano summoque ministro,
Papa datus non inferior virtute vel ore
Patre nitet Stephanus, leges promulgat, et ornat
Ecclesiam, sacris tantum ad sacra vestibus uti
Decernit; hic ovile Dei dum Valerianus
Cum socio octava velli dat theomachia,
Ductat oves fortis dux, inter bella leonum,
Colligit, hortatur, solidat præstare duello.
Externosque vocat divina in prælia multos
Pollentesque viros, quos inter honore tribunus
Nemesius cum plebe domus ac prole Lucilla
Deproperat, quæ cæca diu reparatur utroque
Lumine corporis ac mentis revocata tenebris.
Hac se præclara Christi irradiante lucerna,
Fascibus excellens accedit Olympius æquis,
Conjuge cum genito famulisque fidelibus auctis,
Qui flammis aurum velut argentumque probati
Symphronio cœli subeunt juncto ardua clari.
Nemesius Christi levita sacratur ut aris,
Hunc sine judicio proceres quacunque repertum
Præcipiunt plecti. Supera is virtute repletus,
Non cessat lustrare domos atque antra piorum :
Quærit et abstrusos, censu solatur egenos,
Adveniensque viam quæ priscis Appia dicta
Comperit hic Marti sacra pendere Valerianum :
Et, genibus flexis, cœlum terramque Regentem
Exorat, fanum secus ut sub nomine Christi
Quem terris misit dignetur ferre salutem,
Consilium fraudis hoc quo solvatur iniquum,
A laqueis Satanæ miseri ut resipiscere possint.
Maximus intus erat consul qui, dæmone captus,
« Nemesius, mox exclamat, me incendit et hujus
Christicolæ dure crucians me oratio torquet.»
Delubro egressi quidam tenuere beatum,
Quem probris dum conficiunt, en Maximus efflat.
Illi Nemesium perducunt Valeriano ;
Quique dolo mulcens insignia prisca recenset,
Ejus consiliis fuerat quæ expertus et actis;
Hortaturque coli divos quibus hæserat ante.
Tum madidus lacrymis respondet ad ista diacon :
« Semper ego infelix verum stultusque refugi,
Effudique reus sanctum innocuumque cruorem ;
His quoque flagitiis vergentia colla gravatus,
Sero licet, plastem propriæ cognosco figuræ ;
Propitiatoris Christi utile pignus adeptus,
Hunc timeo, veneror, famulatum impendere certo,
Omnia facta manu abjurans simulacra refuto. »
His Cæsar furiatus atrox hunc mancipat antro.
Tertia dum revehit posthac aurora labores,
Cæsaribus præsens agitur, comitante Lucilla,

A Quam patris ante oculos plecti dant, hac subigen-
[dum
Flamine robustum divino cæde putantes :
Lætior at sobolis sub strage ardentior atque
Efficitur jam præco Dei; nec posse probatus
A Christi valido flecti fervore fidei,
Duci præcipitur Martis sic ante sacellum ;
Jam virtute triumphatum mucrone palæstram
Terminat, abscissusque caput petit æthera mactus.
Membra addit Stephanus cognatæ terrea terræ,
Quæ Sixtus relegens post accuratius abdit.
Symphronius hujus post funera fidus alumnus
Sistitur arctatus fidei pro luce tyranno,
Mandaturque dari cuidam ad tormenta tribuno,
Utque facultates perquirat Olympius acti
B Nemesii; qui suscipiens præcepta revolvit.
Symphronius : « Domini census si quærere jussus,
Jam retuli Christo regi famularier apto ;
At si sacrificare jubes, sacra libo libenter,
Sed Jesu Domino votorum ac laudis honorem,
Cui Dominus se Nemesius meus obtulit altor. »
Hæc ad dicta truci repletus Olympius ira
Imperat extensum fustes tolerare catasta.
Aureus allatus tripoda post verbera Mavors
Cera ut ab igne fluens ad verba resolvitur hujus.
Cognitor his stupidus secedit et acta jugali
Commemorat divi confessor ut ora liquarit
Bellivagi, atque reo veniam placet esse petendam ;
Consilium menti quod ut amborum utile sedit,
Fortior ut suso fuerit qui Marte petatur,
C Nocte simul veniunt, gnato comitante, sub ipsa,
Theodoto genitus qui solus utrique parenti,
Sicque sui pedibus vincti se sternere gaudent,
Salvari orantes ac pœnituisse probantes,
Accitus præsul monitis cœlestibus illos
Imbuit, æthereaque nitescere perficit unda
Gratia quos Christi pluvia penetravit opima.
Auditu procerum quo fervida pectora sanctos
Hos sibi præsentes fieri torvo impete mandant,
Candentesque agni belvis raptantur acerbis :
Symphronius ferro pressus strictusque capistris,
Nudus et exertus grato assignatur agoni.
Augusti memorant pœnas differre tribuno,
Sint velut indubii divos hunc linquere nolle
Semper adoratos, prius ad quorum sacra multos
D Suppliciis egit, nec iners fudisse cruorem.
Impius hæc ille : « Ut non sicut Olympius egi ;
Pœnitet at sceleris, lacrymasque effundo Tonanti,
Cui famulor, Patri et Genito cum Flamine sancto,
Parcere dignetur probris quæ immania gessi
In sanctos, quorum per me arva cruore rigantur. »
Consumi pariter flammis sententia mandat.
Ducti mox ante ora Jovis holocausta parantur;
Ignibus appliciti, Christo pia carmina dantes,
Intacti flammis, præeunt ad celsa vapores ;
Atque ita dimissas recipit manus impigra thecas,
Cum clero Stephanus sociis et relligiosis,
Laudibus affusis hymnisque ex more solutis ;
Pignora quæ Sexto posthac translata gerente

Martyribus curam celebrem fecere Decembrem.
  Hos crucis insequitur per munia Tertulianus
Quem divi Stephanus fontis splendore novarat,
Nec mora presbyterum larga bonitate sacrarat.
Cui castos inter monitus et verba salutis
Cæsorum Christi perquirere corpora jussit.
Per biduum sacris vix debita solverat aris,
Tentus et a Marco stat ductus Valeriano :
Huc ille extensum mactari robore tradit.
Cæditur acclamans : « Grates tibi pendo, benigne
Jesu Christe Deus, cuia me non dividis almis;
Ut mihi jam Dominus jungatur Olympius, acto
Qui me martyrio præcessit ad alta sequendus. »
Hæc dum proclamat, lateri mandantur utrique
Apponi flammæ, constansque ea lætus et inter :
« Matura quod agis, miser, ut pernicius, inquit,
Me hoc fervore leves holocaustum et aromata Christo,
Peccatis gravidum licet, hoc tamen auspice fultum. »
Invidet his lanius, differt, rapit ignibus atque
Tradit Sapricio trucior qui creditus ipso ;
Rebus id ille probat, saxis nam proterit ora,
Sicque diu torquet pensum amburitque catasta.
Ignibus in mediis divino tutus honore,
Prædicat esse Deum cœlis super omnia Christum.
Invictus pœnis, ubi fertur Valeriano,
Mox caput abscidi celeri mucrone jubetur.
Tormine depositus jugulum petit æthera sectus.
Hymnidicis præsul Stephanus locat ossa Latina
Stipatus cuneis scissaque recondit arena,
Presbyter hacque bonos (182) Faustus Maurusque
                                      [recepti.
Tunc, aliis septem junctis qui tempore in ipso
Cœlica martyrii subeunt penetralia lauro.
His cinctum studiis, missas ad busta piorum
In specubus celebrare, sacros huc cogere cœtus,
Lymphati proceres Stephanum ad tormenta requi-
                                       [runt,
Militiæque manu raptum tenuere, jugatis
Pluribus e clero senibus fidisque ministris ;
Præsule Cæsareum jusso penetrare tribunal,
Sed solo : « Tu ne es Stephanus, huic Valerianus,
Publica conaris regni qui vertere jura,
Suasibus et pravis populum monitisque malignis
A patrio divum cogis discedere cultu ?
— Non equidem, antistes, nitor rem vertere regni,
At moneo quo, desertis qui in fana coluntur
Dæmonibus, Dominum vivum verumque renoscant,
Qui cœli terræque Sator, qui cum Patre Christus
Flaminis et sancti virtute in sæcula regnat,
Ne pereant simul æterna cum dæmone mulcta. »
Valerianus ad hæc Martis præcepit ad ædem
Hunc minui capite, effigiem ni numinis oret.
Aspiciens ductus Mavortia fana beatus
Dirigit ad cœlum visus et corda, Tonantem
His poscens : « Domine omnipotens, Pater unice
                                       [Christi,
Qui destruxisti variis Babylonica turrim
Fatibus, ora terens, hoc tu quoque destrue fanum,
Qua populorum animæ cultu perduntur iniquo. »
Annuit Omnipotens votis, tonitrusque fragore
Respondet precibus summa de nube coruscans,
Fulmina dissiliunt, et Marte potentior ædem
Martis humo sternit. Mavors imbellis ad ista (183): « Hæc
Panditur et Christi, Jovis hæc non fulmina nutu. »
Diffugiunt lanii, non hos fiducia Martis
Continet ; haud fidos, haud se tutatur, alumnos.
At liber pia sacra Deo libare sacerdos
Christisona exsultans abit, adgaudente caterva,
Quam factis dictisque regens, ac robore multo
Solatus solidans, mysteria mœnibus almæ
Dum lætus celebrat Lucinæ, turbidus ille
Valerianus agit cuneos et ovile luporum
Agmine vallatur, nescit, licet undique septus,
Pastor magnanimus rabie trepidare furentum ;
Fixus et intentus sacris, Domino auspice, fortis
Impavidusque litans sua se quoque munera perstat,
Nec sentit rabidos strepitus, nec vota remittit,
Intrepidusque libensque aries mactatur ad aram,
Cœpta sequens. Hunc sacra manus cum sede beati
Sanguine respersa patris arce recondit in ipsa.

CAPUT II.
De sancta Eugenia.

Carbasa nunc zephiris inflantibus, arva Syenes
Visere Pellæumque juvat contingere littus,
Mox rapido Ausoniæ repetamus ut edita cursu :
Accipimus siquidem hoc æstu præsigne tulisse
Martyrii decus Eugeniani, quam patre Philippo
Urbis Alexandri præfecto arvique Canopi
Æneadum ex apice procerum dat Claudia mater.
Quis splendore nitens hæc moribus altior esse
Deligit excellens casto pietatis honore,
Quæ pagana licet vi casti numinis, alta
Consule, vincla Proci geniti virtute perhorret,
Dum sophicis ardens curis percurrere quæque
Certat honore animi conscendere in edita Pauli,
Quæ tanto fervore capit jam mente beata,
Ut summo regis flammescat amore superni ;
At Christi quia reppulerat pater urbe clientes,
Cum castis sociis castisque sodalibus, altum
Alta sequens rimatur iter, Proto atque Hyacintho,
Ardua quo valeat montis tam scandere celsi,
  Mente polo illapsa patrem petit arva videre,
Prædia collustrare sinat, jocundior isto
Intuitu ut redeat menso regionis amœno.
Cedit ad hæc genitor, comitesque hærere fideles
Injungit, dominam salvo ductare pudore,
Quæ, Pauli instrumenta legens dum fertur in agros,
Christicolas melicis modulantes vocibus audit
Psalmigraphi laudes : « Omnes di dæmones Ethnon.
At Dominus cœlos septemplicis edidit orbis. »

(182) Sic cod. uterque. An pro *Bonosius?*
(183) Hic desinit ms. bibliothecæ Sanctæ Genovefæ Paris.

Curriculum illa jubet consistere, clamque sodales
Conveniens : « Sophico constat vos dogmate claros,
Sudatisque hominum mecum permulta studendo.
Digna, indigna dolis astuque reperta catorum,
Scrupea Aristotelis docti versuta sophistæ,
Sectam Epicuræam, miri figmenta Platonis ;
Socraticos monitus et Stoica quid legat ora,
Quod sparsere sophi, quod cantavere poetæ,
Pellitur hac odo Christi qua concio gaudet.
Accipimus nihil esse deos, simul omnia vana
Numina, responsis sanctorum addiscimus aptis :
Divinis igitur credendum et vera tenenda,
Ni magis oblectat mentes per falsa perire.
At sapiens sapienter agat decet, impia sanctis
Segreget, utilibus properet secernere inepta
Justitiæ summam subeat quo tramite quærat. »
Dum serit hæc sociis rationis in arva, parantur
Corda trium celsam ire viam, parit innuba casti
Consilium voti : pariter petere alma beati
Tecta Heleni cujus præstantia facta nitebant,
Restituit visum cæcis et dæmone captis.
Sobria corda, adhibens medicamina plura gravatis.
Hunc quia sacra Dei meditantem invisere nulli,
Sancti aut septa senis licitum penetrare puellæ,
Robustos animos habitu insignire virili
Virgo legit, vacua ignaris lectica vehatur,
Ut reliquis dominam fide comitentur alumni.
At reparatur honos, arguta incepta geruntur :
Tres caute socii mundana pericula tranant ;
Præsul adest laudes cinctus reboante caterva ;
Fit via recta piis, sanctorum iter omne paratur ;
Suscipiunt juvenes divina oracula læti,
Auspiciumque viæ rogitant de præsule plebem,
Accipiuntque tropæa viri qui parvulus olim
Immuni vectare sinu consueverit ignem
Cereamque magum flammis exeruerit algens.
Tres se virgo notat fratres ad sacra venire
Christi, postulat hæc fieri quoque nota beato
Præmonito in somnis patri, signantur adesse.
Ille genus nomenque rogans capit urbe Quirites.
Germanosque domo, dat nomina virgo duorum,
Se Eugenium memorans secretius esse prehensos
Agnoscunt se, præpositoque manere jubentur
Sacranturque, monasterioque almisque jugantur ;
Solamen capiunt, certamina quæque gerenda
Prædocti a sancto, cui cuncta recluserat auctor.
At temone levi vacuoque abeunte veredo
Fit gemitus populo tantos lugere parentes
Amissam sobolem tam caro pignore captos.
Discutitur regio, vici, nemora, oppida, montes ;
Delphica scitantur, vanus rogitatur aruspex ;
Dis rapta asseritur cœlique recepta remotis ;
Creditur obscure quod post credatur aperte.
Dat pater effigiem divam sibi collocat auro,
Contentus genitam caro pensasse metallo.
At mater fratresque dolent, nec credita credunt.
Virgo decens animoque habituque virilis et actu
Certat opus Domini, meditatur dogmata Christi,
Lege vigil supera, memori dum mente recondit

A Bina Dei bino sibi testamenta sub anno.
Nec modo nescitur mulier, sectanda virorum
Quis agit egregiis, quam virginitate, pudore
In præcelsa ferens humilis dilectio ductat,
Laudibus in Domini, precibus, pietate, vacantem.
At prisci comites dignissima gesta sequentes
In cunctis dominæ satagunt parere beatæ.
Hæc in vota datis jam tertia volvitur æstas
Emeritusque loci pater alta ad præmia transit,
Quodque in se melius sibimet præponere cunctis
Complacet, Eugeniumque legunt, licet ima sequen-
   [tem,
Nisibus et totis fugientem sumere fastus.
Tandem evangelicis parens instructa profatis
Culmen prona subit monitis servire subacta ;
B Subdita præficitur quasi servula tramite Christi.
Non dominetur ; at ut cunctis inserviat una,
Infima præcellens renitet subjecta ministris,
Ultima subjectis servit servire paratis ;
Interna externaque studet succurrere cura ;
Laudibus in Domini semper jussisque supernis
Degere cum sociis omni virtute laborat ;
Crescit et in miris animo mirabilis olim
Dæmonas imperio perturbat sedibus actos ;
Lumina pupillis cæcorum infundit apertis,
Plura gerens quorum late respergit odorem.
Accedunt multi vario languore levari :
Febribus acta diu quædam Melantia venit,
Quæ mox incolumis depulsa peste recessit ;
Munera at illa parat medicinæ pendere dono :
C Mittit gurda scyphos solidis auroque repletos.
Respuit hæc Domini præsago flamine plena,
Ac jubet indiguis tribuat, marcentibus addat.
At contra dirus medicamina prospera serpens
Tetra venena coquit, salvatam corpore mente
Perdere præcipitans, opus obscurare benignum,
In bona non reputans Christum mala vertere suetum,
Nam sanata salutiferam dum sedula visit,
Assultans alio rapitur languore furoris,
Egregiamque tuens formam aptum spirat ephebum
Pellicibus, cæcoque miserrima carpitur igne
Quo pressi plures. Pretiosi ponderis offert
Dona levem spirans animum hac vincire catena,
Omnia cui supero cernens sordere vigore,
Uritur hinc gravius furiisque agitata recludit
D Quem male concipiens animo confoverat æstum ;
Nec sufferre valens tantos secretius ignes,
Pandit operta sinu vastare incendia vestes ;
Produntur flammæ ; juvenis censetur inani
Frugalis cultu macie tabescere vana,
Accepti decoris juvenilem perdere florem,
Ceu tristes Deus accipiat, modo gaudia charos
Temnentes habeat, delectamenta perosos
Colligat, aut hominum cruciatibus altior alatur,
Ingratisque tributori vilere tributa ;
Quin videat credatque sibi solaminis esse
Concessam meritis, requiem finemque laborum,
Lætitiæ sociam, rebusque accedat opimis ;
Largiri Dominus quam et opes et sanguis, adornet ;

Nec Christo injustum juvenem sumpsisse maritam.
Hic pia virgo, premens anguinæ sibila vocis,
Fida tegit decoris speciosum culmen honesti,
Et laqueis animam tentans evellere mortis,
Ostendit miseri vana oblectamina mundi;
Ut fugiant, subito dum credita posse teneri,
Dulcia prætendant, ad amara pericula ducant,
Cultibus invitent maculis, fœdare suescant,
Gaudia promittant, et mœsta perennia tradant.
His aliisque parat letho servare subactam,
Illa repleta malis, caligine mortis operta,
Cui furor aspidis obstructas oppresserat aures,
Saxea marmoreis transibat durior antris.
    Ruminat ægra dolos, externum subdola morbum
Nequius interna mentitur perdita peste;
Flagitat hujus opem meditans auferre salutem;
Invitat medicum cupiens abolere medelam,
Ingressam petit obscenis lupa nisibus agnam,
Effugit amplexu accipitris velut ungue columba.
Addit et increpitans : « Digne Melantia nomen
Nigra tibi, quæ perfidiæ ferrugine livens
Struxisti tetri larvis habitacula cordis,
Discede, impostrix, canis illecebrosa, recede,
A Christi pellax agnis discede colubra;
Non hac militia Jesu sancta agmina certant,
Nomine quin Domini virus superabimus istud,
Atque triumphantes clementia proteget alta. »
Vulnere at illa gravi præfert perculsa pudorem,
Diro corde nefas cumulans, ducitque petendum
Improba præfectum querulo clamore Philippum,
Ni falsis petat, ipsa peti verisque notari
Vafra pavens, juvenem passam se questa scelestum,
Hunc nisi succursum prope captivasse pudorem
Christicolam memorat, cultuque operire pudorem.
Ille his accensus juvenem sociosque teneri
Mandat et innecti, ferroque ergastula pressi
Ut foveant, dum sæva fame paret ora leonum.
Queis subigat discerpendos tradatque tremendis
Rictibus, impuri paveant audita pudici.
Paretur jussis, gravibus nodantur ahenis,
Censentur meriti perferre asperrima lethi.
    Exspectata dies exit tempusque palestræ,
Exponendi ursis Libycisque leonibus agni
Ducuntur nexi; fit quæstio certa vicissim;
Diversum Eugeniæ bellum, victoria præsto
Quam prohibet pietas, aliena pericula tardant,
nsontemque jubent discrimina sontis adire.
Æquius e cornu sed dexteriore duellum :
Candida signa movet justos pessumdare iniquum,
Prodere justitiam, castis scelerata jugare,
Sidereum super hæc Christi fuscare nitorem.
Accedunt famuli tristes; dominæque sequuntur
Ac scelus accumulant; cornix candore notatur :
Inficitur fuco præclara columba nigello,
Quæ, licet exoptet celsi penetralia nidi,
Martyrio concussa poli captare quietem,
Indignum sed patre pati pereunte retractat,
Quem servare queat, fratres matremque lucrari.
Hostis sed miscret, poscitque admissa remitti.

A Consiliumque diu tectum, quod mente superna
Sumpserat, hic tandem rupto manifestat amictu
Femineo robur se corpore ferre virile,
Femineamque maris carnem virtute nitere.
Pandit se Eugeniam, patrem matremque fatetur;
Commemorat fratres, quis Sergius et quis Avitus,
Eunuchos retegit, factum factique tenorem,
Expediens paucis. Sobolem pater ipse renoscens
Adstupet, amplexu fratres lacrymisque sorori
Adgaudent; famuli dominam gratanter adorant,
Deproperant; certant primi qui gaudia matri
Hæc inopina ferant : rapido vix credula cursu
Maturat stupido nova carpere gaudia visu
Promuntur vestes auro gemmisque coruscæ.
Curritur, invitam licet, exornare puellam,
B Fulvo percolitur habitu exoneratam catenis,
Tollitur inque altum, rapitur patris ante tribunal :
Unum cuncta Deum clamat Christum esse co-
 [rona.
Laudibus accincti si qui ad spectacula mœsti
Christicolæ astiterant, irrumpunt agmina læti
Glorificantque palam divæ magnalia dextræ.
    Addit et Omnipotens hunc magnificare triumphum :
Flamma Dei jussu celsa demittitur æthra,
Absumitque domum pellacis et omnia vastat
Pellicis infaustæ, linquit modo signa favillæ.
Nascuntur populis nova gaudia mista timori ;
Sacrandis patet aula Dei, dispersus in unum
Cogitur Ecclesiæ reparato cœtus honore;
Præfectus sacris genitique uxoreque novantur;
C Jura piis reddit procerum, dat pace nitere
Fascibus in præfecturæ cea præsul haberi,
Cernitur Ecclesiæ pensans miti omnia jure;
Christi passim ædes in celsa cacumina surgunt,
Florent pace pii, livore teruntur iniqui,
Torquentur requie sanctorum, uruntur honore;
Armantur sævo rabidi fervore veneni;
Contendunt Romam sanctum insimulare Philippum,
Tam longoque pati ducunt leve calle laborem,
Ioniique minas et sæva pericula temnunt :
Sollicitant querulis proceres plangoribus esse
Christicolam præfectum, ipsum suadere colendum
Urbibus Ægyptum Christum, omnia vana videri
Jam populis figmenta Deum, fanisque relictis
Cœlicolum, venerari hominem cruce funere pas-
 [sum;
Augustos proceres antiqua et publica jura
Æneadum temni, Romanaque sacra revelli.
Moti his sceptriferi legant decreta Philippo :
« Aut divis solita deffundat per delubra liba,
Aut rebus cedat dejectus honore secundus. »
Ille sagax possessa poli transponit in arcem
Rideat ut fures, minitantia culmina spernat;
Augendas committit opes et munera Christo,
Spe cassus crudam rapitur successor in iram,
Huncque neci dare disponens inhibetur amore
D Devincti per blanda viro modulamina vulgi.
Anxius ille dolos ægra sub mente volutat,
Affingitque nefas; armat militique reperta

Fraude, viros : simulant socios, comuntur ovina
Pelle lupi, celerique dato conamine fructu,
Qui veniant pandunt, precibus votisque vacantem
Percutiunt Patrem vestigia diva sequentem.
At populus monitis structus, virtutibus auctus,
Qui per eum cæcis visum larvisque repulsam
Viderat inferri, stringit traditque latrones.
Latroni : gerit ille suos sinuamine mores,
Utque reos capit, ut gratos dimittit amicos.
Martyris ossa monasterium quod virgo pararat
Filia virginibus recipit, quo Claudia mater
Pauperibus fessisque via pia domata condit,
Prædia delegat, dignis res usibus aptat.
His ita dispositis, Romam natalia regna
Cum gnatis repetit robusta et virgine gnata.
Præfecti genitos capit applaudente senatus
Lætitia, claris et honoribus afficit auctos ;
Candidulis ornare Dei hic quoque floribus aulam
Undique collectis non cessat virgo virilis,
Dumque serit nitidis candentia lilia sertis,
Sanguine regali accedit Bassilla renidens,
Quæ fructus respersa pie fragrantis odore
Tam dulcis visu decoris flagrare beato
Cœpit ; at obsistit diversa professio Christi ;
Sed rogat institui cultu tam suave reflantis
Nectaris, allectis intercurrentibus, orsos
Mascula virgo hilaris votorum munere notos,
Affatur comites, accingi ad jura duelli
Mandat honoriferi, condicta ad munia tradit
Præclaræ hæc Domino dandæ per dona puellæ.
Suscipit illa velut famulos, veneratur ut alti
Legatos Domini cum queis ad sacra supremi
Nocte dieque vacans cultus ornatur herilis
Culminibus decoris, sanctoque ad sancta vocato
Perficitur papa divaque renascitur unda ;
Lilia secreto jam sæpius alba jugantur :
Iungitur Eugeniæ pulchro Bassilla decore,
Æterno potius splendor radiare nitore,
Virgineique chori celsæ approperare magistræ
Fit clari cœtus decoris, fragrantia late
Spargitur, atque poli præcelsa palatia replet,
Unde micans lucis rutilo fulgore coruscat.
Emicat alma ducum penetrans interna duorum,
Atque æternus honos æterno lumine gliscit ;
Alterutri comitis fit proxima nota corona.
Interea Eugeniæ lactis dum rore rigantur
Illustres genitæ, mellis Bassilla cibatur
Nectare depacto. Producunt gesta sodali
Pompeio, qui, sollicita dum mente requirit
Virginis alloquium, fit onustior ore negato
Pondere fervoris, cæcoque incenditur igne :
Fatibus eximias gregat allegatque puellas,
Quæ simul ambitæ debellent pectora pactæ ;
Illa, velut turris constanti robore tuta,
Spicula missa terit nullis cessura pharetris ;
Quin capit hostiles, placatque, adigitque catervas,
Quæ, simul aspersæ divi dulcedine roris,
Desciscunt armis atque improba bella remittunt,
Barbaricoque duci servire ad frivola temnunt.

A Tollitur in diros juvenis rancore furores,
Nec piget Augustis miseras plorare querelas ;
Cernitur aut sponsum tandem Bassilla resumat,
Aut jugulum spernens legum dependat honori ;
Eugeniam vel numinibus sacra pandere jussis,
Vel subigi pœnis et atroci morte perire.
Diversa assurgunt ventorum flamina turri
Robusto innixæ lapidi ; Bassilla relictis
Suasibus appetitur, diversæ conditiones,
Ætates, sexus, varia instrumenta laborum,
Machina nulla valet ; Christo hæc effulta resistit
Immoto cunctis animo, sponsumque nec aure
Ni Christum admittit, cui pectora fida reservat.
Ast ubi tot nimbis jaculorum invicta probatur,
Furtivo appetitur dum lux natalis apertum
B Decutiat ferrum, inque domestica septa triumphum
Ense capit, terræque polo permittat honorem.
Mox sancti comites dignæ pia dona magistræ
Captantur, dominæ velluntur pignere mactæ,
Et despecta ad fana Jovisque trahuntur ad aras.
Hinc regi supero dum vota patentia legant
Labitur ante pedes actus virtute superna
Qui deus orari cultu mandatur iniquo,
Solvitur in cineres pulvisque probatur inanis.
Corde sub obscuro Nicetius artibus istud
Deputat athraclis, victoresque ense recisos
Regna triumphantes ab agone ad cœlica mittit.
  Tum petit Eugeniam religatque, efflagitat artes
Christicolæ quibus innisi magicamque revelet ;
Illa Dei summi præconia mystica libans,
C Prædicat hæc Zoroastrœis potiora figuris.
Queis stupidus mentemque nigra caligine tectus,
Hanc præfectus agi dat Venatricis ad aram
Truncarique, deæ vel sacrificare Dianæ.
Illa preces cœlo dum dirigit ante sacellum
Delubri tremit ima vibrans fundamina tellus,
Nec gentile sacrum venerandæ ad verba puellæ
Stare valens, splendore velut dissolvitur umbra,
Cyclopeæque ruunt fabricæ quasi sole favillæ.
Acclamat populus sanctam ; pars nequior atram
Infremit esse magam : saxo sic colla jubetur
Pressa dari fluvio. Sed non immergier undis
Terrestrique valet cœlestis pondere subdi :
Solvitur at supera saxumque avellitur alta
Vi Salvatoris ; regitur secretius atque
D Navigio victrix agitur super æquora divo ;
Quæque manus Petrum quondam per cærula rexit,
Eugeniam rapido lateat ne gurgite vexit.
Clauditur ignitis virgo invictissima thermis ;
Sed fugiunt flammæ, cunctus defungitur ardor ;
Admissæque magis fornaces virgine frigent
Quam nivibus lapso arctois si flumine pressæ.
Ignibus absumptis debellatisque caminis,
Accipit immunis tenebrosa ergastula victrix,
Lumine discluso multis escæque diebus ;
At pactam interno cœlique nitore micantem
Haud sinit externis sponsus latitare tenebris,
Luminis emisso refovens cœlestis amœno ;
Hincque diem præter lux altera mittitur orbis,

Visitat et fidam Christus solatur amicam,
Æthereoque cibat dilectam pane clientem,
Quoque sibi societ thalamo super astra revelat
Instituitque diem qua terris editus olim
Virgine virginea venit gaudere marita.
Fatibus immotis stat pollicitatio regis;
Decretaque die jusso mucrone satelles
Horridus approperat, ferroque ad regna puellæ
Pandit iter; cœlum illa petit gaudentibus aulæ
Spiritibus superæ, qua missa die mera terræ.
Lux ortus splendore sui psallentibus æthræ
Agminibus summæ divoque aspersit honore.
Virginis egregii thecam rapuere propinqui,
Nec procul urbe via proprie posuere Latina
Cespite sanctorum multis quo busta pararat.
Cujus ad exequias luget dum Claudia mater,
Gnata piis comitata choris solamina defert;
Vestibus et rutilo auratis quæ compta nitore
Lætitiam matri mansuraque gaudia portat;

A Imperitans gaudere simul proditque receptam
Lucis se thalamis, sanctorum patre senatus
Sedibus applicito superis apicique perenni;
Designansque diem qua sit potitura polorum.
Pace pia, mandat decus asservare supernum
Admoneat fratres quos possit habere sodales.
Lux monitus comitata micat splendore caducos
Exsuperans nimioque hebetans vibramine visus.
Cœlicolæ cum luce Deo modulamina ferre
Vocibus auditi melicis, nec ab ore ferendis
Mortali, Christus tantumque et Spiritus almus
Accipitur. Regressa domum dat Claudia gnatis
Sollicitæ fratrum cœlestia jussa sororis,
Atque die ostensa cœlo fruitura recedit.
Quam genitæ geniti associant, legata fideles
B Jussa colunt dignique polorum munere vivunt;
Lucraque curantes acquirere ditia Christo,
Damna parant Erebo, densissima fenora cœlo

CAPUT III.
De sanctis Ruffina et Secunda.

Ruffinam hoc bello capimus pariterque Secundam
Regna hominum vicisse pii fulgore triumphi,
Desponsos quarum cuneis desciscere Christi
Pessima sub dubiis monitrix formido coegit.
Hinc infensæ animis pactorum fœdera temnunt
Degenerum, turpesque legunt vitare sodales.
Prædiolum aggressæ voti solatia, magnum
Nobilius multo decernunt linquere Romam,
Sublimesque prius penetralibus appetit orsis
Aurato mersæ quam culmine in urbe manere.
Explorant reteguntque fugam comiti Archisilao
Eversi et causam socii, qui more columbas
Accipitris sequitur, volucrumque advectus equorum
Præcipiti prendit fugientes agmine nidum;
Quas revocans Urbis præfecto ac legibus offert
Donato, clausas gemino qui separat antro,
Corde cohærentes uno quod dissociare
Arte valet nulla. Post hæc dum tertia reddit
Lux elementa operum, præsto sibi mandat haberi,
Excipiensque prius penetralibus appetit orsis
Ruffinam : « Illecebris, natu cum nobilis, inquit,
Eniteas, cur serviles sectare labores,
Nexibus ut malis gravibus captiva sedere
Libera quam grato florens gaudere marito ? »
Reddit virgo : « Duo prorsus hortaris inepta;
Omnimodis dubium incertus promittis et unum;
Sacra litare jubes pœna queis perpete plectar.
Perdere amore viri das virginitatis honorem,
Tamque adversa sequi durantia gaudia nectis,
De tete ignorans an crastina tempora cernas. »
His super hanc præses cædi admittique Secundam
Præcipit. Illa videns flagris recubare sororem :
« Quod facis, exclamat, divini numinis osor,
Quod facis, o trucium scelerate, quid est quod ho-
                                    [norans
Invide germanam, me indignam hoc culmine ducis ?»

Quæsitor : « Pares insanior esse sorore. »
Illa : « Nec insana est soror, haud insanior ipsa;
Christi sed cultu Domini connectimur ambæ;
Congruit et pariter cædi quas culpa ligat par
Quo simul ornemur Christi ut simul alma fatemur.»
Sicque fidem prompta superam dum laude retexunt,
Tradit eas tenebris, fumumque fimumque ministrat
Improbus exactor : sed aromata stercore surgunt
Nectareique locus flatu repletur odoris.
C Vincitur obscurum rutilæ vibramine lucis.
Tum jussæ inde rapi thermisque ardentibus indi
Dum simul enectæ hoc missi fervore putantur
Corpora qui tollant, sed pressa incendia cernunt
Igne Dei blandoque alacres algore sorores.
Adstupet his judex victricesque amne tegendas
Decernit Tyberi, saxo quæ colla gravantur.
Fluctibus abduntur; vix transegere sub undis
Horæ dimidium et referunt sua pondera lætæ;
Quæque ierant nudæ tegumento vestis in u..das
Vestibus ornatæ emergunt immunibus amne,
Christum laudantes clarumque celeuma canentes.
Cognitor his pavidus comiti pietate fatetur
Harum se victum magica seu fraude subactum.
Reddit et addictas ipso vel judice mulctam
D Accipiant censore suæ vel vadere possint.
Archesilaus eas nil emollitus ad acta,
Abduci nemorum, mandatque in lustra peremptæ
Pabula silvicolis mitti alitibusque ferisque.
Gratia sed Domini cæsas nec in abdita linquit
Plautillam accipimus, cujus hæc rure patrata,
Matronam visæ cui sunt residere parato
Gemmatæ in thalamo, et sibi talia jussa ferentes :
« Desine flagitiis, cessa, Plautilla, scelestis;
Cultibus idolii jamque impia vivere linque :
Et credens Christo propriam rem visere perge,
Corporaque inveniens loculis ibi condito nostra. »

Exsurgens mulier monitus explere propinquat;
Et data repperiens sibi munera, credit, adorat,
Inque Dei laudes veneranda sepulcra perornat.
Hoc plures æstu passim cœlestia scandunt;

A Hoc superant Basileus pariterque Jovinus in astra
Aurea regna via cæsi petiere Latina;
Lavicana parit dum quinquaginta triumphum.

CAPUT IV.

De sancto Sixto papa et Laurentio.

Regmen apostolici mundo venerabile juris
Post Stephanum Sixtus dignus moderatur habenis,
Qui Romam sophicis clarus legatur Athenis.
Dumque furore nigro tentus detruditur umbris,
Et penetrare simul Laurentius expetit antra
Colluctaturus, positis huic rebus, agonem
Ecclesiæ jam lætus adit panditque ministro
Proxima bella; dein ductus libare sacellum,
Ut partim sternit, libat caput Omnipotenti.
Juncti levitæ cui, felicissimus atque
Agapitus, comitesque alii sibi quatuor aucti,
Traditur; et quartus veneranda tropæa secutus.
Interea expensas capitur Laurentius almas
Depromens dotes simul ac se occumbere promptum;
Nempe datas largitus opes in viscera Christi,
Circumiens cryptas, perlustrans antra piorum,
Indiguos refovens gemina curaverat esca;
Et viduam capitis Quiriacam absolverat æstu,
Evacuans tristes longum quos passa dolores;
Hauserat amissum Christi Crescentia signo
Lumen, clarificæ referens hæc lucra fidei.
Cernere certantem cœli qua optavit athletam,
Explicitis opibus properam qui sanguine palmam
Quærens differtur. Potiorem ferre palæstram
Censetur: patris retrusa talenta jubetur
Pandere servandus, dum quæstio sæva feretur.
Traditur Hippolyto cujus devinctus ahenis
Lumina fert cæcis; Lucillum instaurat utroque
Interno externoque levans qua luce refusa
Plura simul surgunt cœlestis amœna corusci.
Hippolytus cum plebe domus divina capessit
Numina, et æterno rutilus fulgore nitescit.
Exhibet irradiatorem post talia jussus,
Tectarum rogitatus opum qui aperire crumenas,
Dulcia dat sapiens æris tractator honesti,
Atque interstitium poscens opulenta ferendi
Xenia, tres capit ampla dies promissa daturus;
Magnum mox inopum vulgus ditemque catervam
Fenoris addensat, Christi altos condit acervos,
Et decus Ecclesiæ numerosa examina cogit,
Aggestisque opibus promit fecunda tyranno
Munera, mendici præbens densa agmina cœtus.
Quæsitor furibundus atroxque atrocior exit
Riderique fremit rabidus spem ponere avaram:
Arma acuit, truciore parans sævire furore
In vinctum virgis subigens quem sulcat aculis;
Lamina dum, fervens lectus, plumbumque parantur,
Dum tormentorum ac mortis genus omne revolvens
Expedit, asperius vitam quo crimine pellat,
Exhibet apta truci necis instrumenta lanistæ.
Infrendetque minas: Epulas hæc martyr amatas

Deputat, ac valido cæsores robore lassat,
Tempta fide ardenti cum lamina vincitur ardens
Plumbea præstanti superantur pondera mente:
Omnia ridet, ovans cœli polamine fortis;
Dumque triumphata frangit tormenta catastæ;
Lumina divini torquentum corda capessunt
Præsidii: miles Romanus ad orsa beati
Belligeri mentem cœlesti lumine tactus,
Cernere se clamat radiantia cœlitis ora
B Oraque certantis divo fulgore corusca,
Auxiliumque petit ne in tam scelerata residat.
Annuit Omnipotens tortorem angore fatigans.
Æstuat ergo animo, nescit quo se regat astu;
Utque recrudescens hostem ferventior ira
Conficiat, jubet exsolvi tempusque remitti
Invicto, ceu tractandi victumque levari
Se quærens monstrat, quis dimicet arma retractat,
Apta sibi ferri Romanus tempora cernens,
Approperansque polo lymphas queis splendeat af-
[fert;
Victorisque pedes precibus subnixus adorat,
Salvari poscens sacrante et fonte piari
Nec differt levita rudem lustrare sodalem;
Abluit, armaque candidulo victricia tradit.
C Tyro novis novus addiscit pugnare sub armis:
Assuescit rigidis quoque vincere fustibus actus;
Eximioque probans sese munimine tutum,
Victor et expertus ferro cervice recisa,
Aspernatus humum præcedit in astra magistrum.
Suppliciis pulsatus item Laurentius, alta
Mente hilaris vultuque manet, contusus et ora
Saxis perstat ovans; Christique in laude triumphans,
Constrictus nimio torquetur tormine. Tortor,
Cuncta dolens vacuo consumi tela furore,
Invidet hunc ictu celeri super æthera tolli,
Invictumque Dei tota virtute lacessit,
Bellificum lento tandem consumier igne
Præcipiens, flammas volucer ne transeat acres;
Assarique jubet tepidis sub vate favillis.
D Igne ministrato prunisque ardentibus auctis,
Applicitus chalybei nudato corpore lecti
Cœlicus ore nitet martyr nec gaudia tosto
Diffugiunt, fractusve lepos ad vota tyranni.
Arma cadunt lanio, surgunt insignia passo;
Offert se lætus holocaustum nobile Christo
Solanti grates Domino laudesque rependit,
Gratificasque inter superi charismatis odas
Emicat e prunis, cœli fulgore coruscus;
Regnorumque petit Christi alta palatia victor,
Judice confuso. Pignus venerabile lictum
Hippolytus pariterque sacer Justinus honestis

Curant exsequiis, Quiriacæ et conditur agro,
Jungitur ac sanctis Crsecentia cæde triumphis.
Traduntur passi tunc Claudius atque Severus;
Virtutum eximii decoratur honore sepulcrum
Levitæ, innumeræque nitens splendore medelæ
Mirificis radiat reverendum crebrius actis,
Et quaquaversum decori loca martyris almi
Eduntur, veneranda micant monimenta salutis.
Sic ejus templi dum fabrica lapsa Brionis
Restruitur cæsæque trabes et tigna parantur,
Trabs inventa brevis meritis producitur hujus,
Atque favet votis visa est quæ futilis arbos;
Robore tensa opere variæque repensa medelæ.
Proficit hæc; fabricæ fidei quoque proficit auctæ;
Proficit indiguis tribuens pia dona vigoris.

A Sed nec Mediolanensem minor extulit urbem
Levitæ egregii virtus, ubi nobile templum
Nomine sacrati superato martyris igne
Cristalli calicem specioso stemmate servans
Sanguine divino claro de vase clientes
Potabat cœli specie cœlestia præbens;
Quod manibus lapsum sacram tollentis ad aram
Frustatim nimio dispersum fragmine cessit.
Pallidus, exanimis, pavor inficit ora ministri,
Qui sata frusta legens altari martyris infert;
Et fidens virtute Dei fidei arma capessit :
Excubiis precibus lacrymis dans tempora noctis
Aram mane petit, vas damni immune resumit;
Idque fide solida solidatum pectore fulcit,
Et cumulo fidei cumulat solemnia voti.

CAPUT V.
De sancto Hippolyto.

Martyris exuviis celebri decoramine functis,
Hippolytus rapitur tosti quod membra magistri
Legerit, arguitur; Christi mox verna repertus
Verberibus quatitur; fidus fortisque probatus.
Antiqui Hippolyti mulctam perferre jubetur.
Christiloquæ famuli sectæ rumore notati
Ducuntur, Domino ad mortem servire parati;
Confessoris eos inter concordia nutrix,
Promptior ut reliquis fidei fervore videtur,
Culmina prima subit plumbatis incita cœli;
Cætera mox fortis famulorum inventa caterva

B Jactura cervicis heri super æthera bigas
Præcedunt, metaturi Domino ardua regni.
Ille decem atque novem famulis ad sidera missis
Subsequitur, completque sui integritate secundam
Perfectus seriem, cœlos per scrupea vectus.
Quem sævi rapiunt passis ad cœlica plantis
Cornipedes, monstrantque polum callem ire per ar-
                                           [ctum,
Et tribulis tritum mittunt super æthera mactum.
Justinus laceros variis appulsibus artus
Colligit, emeritoque pium dependit honorem.

CAPUT VI.
De sanctis Herennio et Abundio.

Tuncque intercepti subeunt Herennius atque
Officii consors felicis Abundius æthram.
Enectos idemque sacer, sordente cloaca
Hippolyti quia nutricis hinc membra levarant,
Proripit, illustratque sacris sacra pignora thecis.

C Nec longum sepelitur ab hoc Tryphonia quondam
Funesti conjux Decii, quæ, fonte piata
Divo, cum genita superis terrestria regnis
Nec mora permutat, veroque nitescit honore,
Inter vota precum celeri capta agmine cœlum.

CAPUT VII.
De ultione in Valerianum et regno Romanorum.

Multa per Æneadum sanctorum millia regnum
Hæc postquam succensa feri fervore draconis
Suppliciis ad regna lues cœlestia misit,
Letho ac suppliciis gravius fert dedecus auctor,
Et qui servili multos sub lege rotarat,
Vertitur officio servili ac turpe capessit
Servitium, captus Babylonica regna regentem
Romulidum princeps plantis ut dorsa gravatus
Incurvus sustollat equo pensamine digno.
Luminibus miser effossis quo Valerianus
Consenuit plexus prius ut fixisse probaret
Se cæcum tenebras et furva pericla secutum,
At non sufficiens tot funere millibus actis,
Sanctorum probris unum caput hisce subactum,
Dum variis cruor effusus regionibus orbis,
Non modico in sævos ulcisci sanguine poscit.
Undique enim laxis surgunt nova prælia frenis :

Ac, veluti quondam Pelusia rura locustæ,
Barbaricæ Romana tegunt ita culmina gentes.
Germani Italiam post Rhetica rura pererrant,
D Hæcque Alamannorum terebrata et Gallia trita
Turbinibus, Pontus, Macedonia pressa Getarum
Fluctibus, Inque Asiam hac populatur Græcia plaga;
Ablata penitus Dacia quantum abserat Ister
Sarmata Pannoniam incursu profligat eodem;
Euphratis Mediam fluviorum ac Tigris alumnam
Diripiunt Parthi Syriamque abradere missi;
Germanisque peregrinis Hispania cedit.
Et ne tuta quies intus per viscera regni
Securos alat, immunesque fovere putetur
Fors aliquos, bella interius civilia totis
Fervescunt latebris largumque effusus ubique
Plurimus Æneadum cruor, insistentibus ipsis
Barbaricoque, in se sanguis quos sparserat almus,

Sed data pax justis pacem confoderat orbis
Bellorumque trucis sopitis ignibus æstus
Pace nitent populi, decorantur munia Christi,

A Oppressis passim trucibus per probra tyrannis,
Lugubris ante quidem, floret pia concio tandem
Laudibus inque Dei gaudent nullo impete tunsi.

CAPUT VIII.
De persecutione Claudii et sanctis Lucio et Marco, Petro et Theodosio.

Claudius exstinctæ rediviva incendia flammæ
Donec et obtectos reflando resuscitat ignes:
Qui Decii prolem, divo Jordane piatam,
Temnentemque minas, monitus et jussa profani
Felicem crudo peragit mucrone Cyrillam
Militiæ plures, quos fonte novaverat almo
Successor Sixti Dionysius, arctat et atra
Ridentes rabidi perimit præcepta furoris.

Quattuor hos inter validæ fervore fidei
Lucius et Marcus, Petrus, Theodosius alte
Flagrando mox ensiferos properare tuentur;
Poscunt præproperi primis cœlum ictibus ire:
Quos et Justinus tumulis sanctamque Cyrillam
Præterea multos cinctus pietate receptat,
Confessorque sequens consors adhibetur honoris.

CAPUT IX.
De ducentis et sexaginta simul martyribus.

Fertur ducentos eruendis glareis
Simulque sexaginta ductos martyres,
Hic rex gravi labore tunc exercitos
Turmis petitos et sagittis saucios
Ad regna cœli a servitute terrea
Vinctos coronis extulisse tempora.
Horum tulere membra servi cœlici
Marius pia jugale Martha præditus
Junctisque votis Audifax et Abbacuc,
Quorum notantur apta cœlis nomina,
Orationis gratia qui ex Persida
Apostolorum venerant ad limina
Joanne fulti nobilissimi advenæ,
Honore dignus qui nitebat presbyter,
Cultuque honesto colligentes linteis
Emptis sacra ossa condidere Salaria.
Tunc et Quirinum amore Christi qui vigens
Proscriptionem, flagra, vincla, funera,
Spreto triumphum passus hoste sumpserat;
Quem dum tenetur foverant ergastulo
Tiberi revectum Pontiani interserunt
Bustis, decore quo decebat martyrem.
Post hunc prehensi cum Valentino in domo
Ultro manentes, qua beatus hic sacer
Confessionis clausus almæ gloria
Animas sacrabat, clara dans miracula,
Queis cæcitatis erutum caligine

B Gaudere pulchra præstat Asterium face
Sudo puellæ restituto lumine,
Plures tenebris luce agens hac liberos,
Ipsam patremque, conjugem ac domesticos,
Tum verberatus nec subactus fustibus
Truci capessit sectus ense cœlicam
Mercede capitis quam paravit regiam.
Hinc exhibentur advenæ illustrissimi
Actique flagris, terga cæsi robore,
Regi superno vota reddunt gloriæ.
Mox igne tosti et ungue fossi ferrea
Pensi catasta, gratias Deo litant
Christique clara in laude læti concrepant.
Manibus recisis inclytumque in dedecus
Ad colla nexis, territis spectaculum
C Ducti per Urbem triste dant Quiritibus.
Sic colla secti regna scandunt cœlica
Caput cruore Martha gaudet tingere,
Quæ mersa lympha cœlum ab undis expetit;
Nec tanta adactos cæde mites sufficit
Quin ne sepulcris muneraret charitas
Rogis litata conflagrarunt corpora.
Semiusta fertur ossa sed Felicitas
Rapuisse diris occulenda ab ignibus
Bustisque proprio condidisse prædio
Pure levatam conjugans viraginem.

CAPUT X.
De sancto Cæsario martyre.

Tempestate sub hac, divino numine ductus,
Cæsarius Terracinam devenerat urbem,
Saxicolasque videns dum mente redarguit alta,
Principe Firmino, divos tutante, prehensus,
Carcereque inclusus, probris affligitur actus.
Suscipit addictum, post ista Leontius atque
Invictum sermone probans feritate lacescit:
Nam præ curriculo pergens agit ad sacra Phœbi
Vestibus intectum post terga manusque revinctum;
Que dum perveniens Domino pia vota refundit,

D Latoidæ non jussa ferens, fundo ruit ædes
Pontificem pariter Firminum amplexa ruinis.
Sacra triumphantem populus ne laude coronet,
Mox nigris victor divum retruditur antris,
Qua Domino junctus toto mansisse sub anno
Fertur, et hinc plenum supplet dum Cynthia cursum
Redditus inde foro precibus dum transilit astra
Luminis ambitur subito fulgore superni;
Externis lux lata oculis interna perintrat
Corda virum: supero splendore Leontius auctus

Credere se prodit chlamidisque obnubit amictu
Præbentem nudo spectacula corpore vulgo.
Nec mora, diluitur divaque renascitur unda,
Vitæ et sacra piæ, Juliano dante, capessens
Fusis mox precibus celeri petit æthera saltu.
Presbyterum sanctum Julianum almumque mini-
                                            [strum
Cæsarium princeps ejus sacco insuit urbis
Luxurius, parricidalem quasi sumere mulctam
Promeritos, gremio sumpti qui in cærula ponti
Ne maris ebiberent fluctus lymphantis amaros
Vorticibus scandunt Thetidis cœlestia summis.
Littoreis thecas reddentes illico arenis,
Eusebius quas inde pius monachi bonus actu
Dans terræ terram dictam prope condidit urbem
Quorum ad busta preces Domino ac jejunia libans,

A Dum multos cultum a vanis convertit ad almum
Presbyter æthereo felix quos fonte novabat,
Efferus æquivoci pietate Leontius ambos
Rapti inconcussam stringit genitoris ad arcem,
Inde foro inducti nulloque rigore subacti
Tum tenebris trusi, dum ferre litamina temnunt,
Excipiunt enses migrantque ad sidera læti;
Corpora fluminei lymphis exposta lavacri
Ad mare concedunt, custodem quippe fidelem
Cui sese dedant quærentia munera dignum :
Quartus ad id Capua perductus ab urbe sacerdos
Littoribus legata levat commissaque perfert
Curriculo sublata casam, capita atque requirens
Invenit, hæcque sibi se ultro pandentia sumit,
Junctaque corporibus qua pignora sancta locarunt,
B Ductorum tumulis scollata recondit honestis.

INCIPIT LIBER SEXTUS

CAPUT PRIMUM.
De sancto Felice papa.

Felix in cathedræ appliciis moderamine Petri
Succedens, bene gestat onus, bene tractat honorem,
Mystica decernens victorum ad busta litari
Atque coronatus fusoque cruore triumphans,
Quem jubet impendi, impensum caput ipse decorem.
Euticianus eum officioque fideque secutus,
Nequaquam inferiore studet pietatis amore
Gliscere in emeritos, nam per diversa trecentos

Quadraginta duosque ferunt polyandra locasse
Cæde coronatos, manibus quos ipse recondens,
Martyribus digno cultuque affecit honesto.
Nec mora, conjunctus victores evibrat inter,
Testibus et testis convertitur auctus honore.
Ipse quibus loculos habitu contexit amœno
Occurrunt læti socio aurea regna petenti
C Luceque conspicuam ducunt gratanter in aulam.

CAPUT II.
De sanctis Basilide, Mandali et sociis.

Tunc imperator incitatus manibus
Aurelianus castra regis cœlici,
Edicta cudens nonus indignissima,
Vexabat, evitanda certans prælia.

Basilidis isto Mandalisque traditur
Tripodis simulque bis decem sodalium
Romæ triumphum nacta virtus impetu;
Via receptos quos ferunt Aurelia.

CAPUT III.
De sancto Agapito.

Agapitus Prænestinum fervore sub ipso
Illustrat virtute solum; qui luce beati
Functus Porphorii, celebris pietate magistri
Ut fontis liquidam sitiens desiderat undam
Martyrii summum fibris ardebat honorem.
Vix natus post quinque decem compleverat annos
Sceptriferi jussis et tentus ob inclyta Christi
Quæ non cessabat præconia spargere dictis;
Crudis subrigitur nervis flagrisque severis;
Invictus tandem lasso cæsore probatus
Censori Antiocho datur appellendus ad aras,
Spurcis qui latebris antroque nigrante receptum
Quatriduo tenet impastum sumptuque carentem;
Exhibitus posthac ardentes vertice prunas,
Suscipit exsultans testis gratesque rependens
Omnia servanti seque hæc in bella levanti.
Cæditur inde flagris nudus, suspenditur acto
Ad terram capite, ac fumo perfunditur acri

Ille inter : « Frustra sapientia vana laborat
In fumo, præses tua. » Turbidus ille profatis
Vexat item crudis, lanio alternante, flagellis,
D Inque vicem sibimet succedere quattuor addit.
Hinc ventrem profudit ei ferventior unda,
Frangunt maxillas, laudem perfringere Christi
Sed nulla arte valent Satanæ superante ministri
Cognitor athletam Christi dans effera tutus,
Hæc inter subito caligine cingitur atra,
Deque tribunali recidens virtute subactum
Martyris addiscit delatus robore inanis,
Lectoque applicitus, tristi sic funere functus,
Plenam felle animam vacuas emittit in auras.
Acta hæc Cæsareas stupidant dum protinus aures
Ipse leoninis dicat haustibus esse vorandum
Victorem humani per tanta tropæa furoris.
Mitent corda feræ, naturam ponere gaudent,

Mansuetæque ruunt, vincti et vestigia lambunt.
Securum ergo feras inter magis esse dolentes
Flagitii fabricatores scelerisque clientes,
Belluina quam inter homines feritate furentes,
De medio testem multa virtute probatum
Abripiunt, procul abducunt, colla ultro litantem
Celsithrono feriunt ferroque ad sidera tollunt.
Deproperant noctuque legunt sacrata fideles
Membra sibique suæque vehunt tutamina plebi

Ac nova tum loculo, divina mente parato,
Illicet invento pretiosa monilia condunt.
Hoc inter tormenta Deum læto ore fatente
Quo regitur Christum, quidam ex astantibus illic
Clamat Anastasius : « Vere magnus Deus ipse
Præter eum nullus. » Dictis stupefactus et amens
Nuntiat Augusto seductum martyris arte
Præses Anastasium, quem mox jubet ille perire;
Sicque pium cœlos pia fert confessio testem.

CAPUT IV.
De repressa persecutione Claudii.

Nec longum turbare datur Christi agmina sævo,
Qui mox inter acerbisoni primordia belli
Dum dictat leges, fera dum decreta recenset,
Turbinibus nigris actum per nubila fulmen
Proruit ante pedes feralia scita serentis,
Omnibus horrifici trepidis formidine visus;
Haud secus Ægypto dudum caligine pressa
Horrendæ noctis stupuisse feruntur alumni
Servantes Pharii crudelia jussa tyranni.

Nec mora Cæsar iter carpens periit impete turoso,
Non hominis pro velle probans sævire flagella
In famulos Christi, supero mage numine ferri.
Pacis item suda Christi sponsa unica gaudet
Hinc nullo terrore palam conterrita lethi,
Legibus ense dato, donec Diocletianus
Accensus furiis, Bellona armatus Averni,
Producit flammas Acherontaque vergit in orbem.

CAPUT V.
De sanctis Chrysantho et Daria.

In quosdam furuisse licet rex Numerianus
Tradator, multo palmarum culmine mactum (184)
Cum sociis sanctum qui mittit in astra Chrysanthum.
Terrenus generis proavorum stemmate clari
Auctor Alexandrinus erat Polemius isti,
Qui genitum studiis dans liberioribus uti,
Imbuit et sophicos callere per abdita fucos.
Is dum sollicitus multorum inventa revolvit
Tandem evangelici scandit solidamina portus,
Doctoremque catum legis sectæque requirens,
Carpophorum reperit, casto qui jure sacerdos,
Civica jura cavens, nemorum spelæa fovebat.
Quo duce siderei modico sub tempore callis
Nactus iter, graditur clivosa per ardua liber,
Intrepideque palam Christum sermone fatetur.
Fertur id ad patrem, procerum qui jura tremiscens,
Claudit in obscuro fœdi spurcaminis antro
Afficiensque arcto gnatum; jejunia solvit
Grata cibo; gaudet juvenis quæsita subisse,
Gratatur, favet, assultat, complectitur, ambit,
Sicque diu se exerceri promptissimus optat :
Suggeritur genitori ardor genitique voluptas,
De cruce pendere et jejunia lætus inire,
Christicolarum animos tali sub more suetos,
Gloria queis et honor hoc crescere jure putatur,
Quin studium vertat, tales non hacce premendos
Lege viros, contempta ferat, vitata reponat,
Deliciis subigat, connubia clara procuret;
Nexibus his nodet, trahat hac in vota catena.
Audit at ipse libens monitus et jussa facessit,
Instruit et thalamos, amicit triclinia cunis,
Protinus et genitum squallenti carcere raptum

Munere præcultis pretioso vestibus ornat :
Invehitur cellæ nitido splendore venustæ,
Applicitæ lepidis animum mollire puellæ
Lusibus electæ vultuque habituque decoræ :
Infarcire dapes, opulentas ponere mensas;
Carcere quæ graviora ferens immobilis obstat
Vir valido fixus lapidi Christoque cohærens
Cœnum delicias, angues reputansque puellas,
Oscula et amplexus, clypei velut ære sagittas,
Discutiens armis validæ objectuque fidei,
Sternit sopitas cantu sapiente colubras :
Victis nobilior primis rationis acutæ
Fatibus, exquisita venit, speciosior ore,
Conjugio Daria velut socianda sodali ;
Capto dum reddet patrique deisque Chrysantum,
Crescit, ea subeunte, datum varia arte duellum :
Nobilitas, species, lepidæ facundia linguæ,
Impugnant valido temnentem cuncta renisu.
Gratia quem, fideique decus, sapientia vera
Cinxerat, alterutrum, adversis confligitur armis
Illa duos præfert divino jure colendos,
Iste docet miseros divoque nitore vacantes,
Idque probat veris patulisque edisserit actis.
Virgo probe cedens rationis acumine tandem
Christi victa jugo accedit submittere colla :
Virginitas servanda placet, fictumque subire
Conjugii multo decorandi pignore nomen.
Abluitur sacro conjux baptismate virgo,
Sicque pares casto Christi vincimine juncti
Gignere cœlesti non cessant fenore gnatos
Multiplices, cogitque virum pia castra Chrysanthus,
Femineas Daria densat sub signa catervas.

(184) In margine codicis 1 eadem manu scriptum : « Mactum veteres Romani vocant auctum, » etc. Scaliger, lib. I, epist. 20.

Agmina plura videns hostis tota Urbe coire
In Christi sacra jura ducis, claramque repulsam
Indici penitus priscis arisque jugisque
Livida tela vibrans diro excitat impete turbas,
Inque pios movet atroces ardore tumultus
Urbis tunc præfecturam Celerinus agebat,
Qui hos cuidam legat tentos ad flagra tribuno;
Claudius huic nomen qui septuaginta Chrysantho
Tortores adhibens crudis astringere nervis
Hunc satagit, sed stat subito virtute solutus
Siderea nulloque jugo sibi vincla cohæreat:
Stringitur hinc validi nodoso robore cippi,
Tertius hic morsus crus ut divaricet actum,
Ligna sed in tenuem cippi resoluta favillam
Nec vim, nec pondus valuere indicere sancto;
Patente inde lavant artem depellere mictu
Sudantes, in nectareum sed versus odorem
Belligerum læto fragrans spiramine mulcet;
Inde recens rapto vituli sub tergore sutus
Stringitur urgendusque faci datur Hyperionis,
Jura sed ignorat Phœbus poilque vigorem,
In testis tantum validi tepefactus amictus,
Nec sentit fervere cutis mitissima solem:
Artubus ut detracta manens ex corpore robur
Forte trahens sancto cessit cui Cynthius ardor;
Inde manusque pedesque subactum et colla catenis
Carceris injiciunt barathro cæcisque latebris:
Nec mora, solvuntur cuncti nodamina ferri,
Lux micat innumeris radians ut consita lychnis.
Supplicii artifices referunt hæc cuncta tribuno
Ille sibi exhibitum nemoroso verbere cædi
Mandat, at applicitæ rigidissima brachia silvæ
Lædere membra pavent, lento ac flaccescere lapsu
Incipiunt, omnem inque manus posuere rigorem.
Claudius ista tuens sanctum tellure levari
Præcipit atque tegi, genibusque advolvitur orans
Seque suosque pia sanctorum lege sacrari.
Mox catechizatus divinas excipit undas,
Pluribus applicitis paribus sociusque jugali,
Hilaris junctis genitis, qui Maurus, Iason,
Militibus pariter quoque septuaginta jugatis.
His sibi subjectis multisque hærentibus auctis
Numerianus ut acta capit, vitreo æquore subdi
Ingenti implicitum saxo fervore tribunum
Deputat insano, tum septuaginta jugatos
Jasonis et Mauri pariter capita ense recidi.
Antiqua latitans erat arte cuniculus illic
Qua cæsi testes, quem noctu sorde levantes
Christicolæ multis decorando monilibus ornant.
Colligit Hilaris genitorum membra tribuni
Exsequiis perfuncta piis, ubi vota profundens
Continuansque preces arctatur ad acta profanis.
Dum trahitur poscit se implere precamina mittant;
Sicque gradum signis Christi dum mystica sumit
Atque genuflectens palmas ad sidera pandit,
Æthera cum precibus scandit cœlum accipit orans.
Tam subito stupidi raptores fine rapinæ
Quæ comitabantur famulas ad funera linquunt;
Hæ dominam extremo famulantur munere, condunt

A Basilicamque super, pro posse in culmina tollunt.
  Interea Augustus truciore furebat in altos
Signiferos ira; trudit squalore Chrysanthum
Carceris honorifici, qua stercora fluxa cloacas
Extenuant: Dariam meretricia septa receptant.
Suggeritur clauso sed lux divina Chrysantho,
Balsama respirans pariter fragrantia fertur.
Evadens caveam Dariæ leo mittitur audax
Servator decoris cellamque ingressus honorat
Orantem, astratus placidoque rigore tuetur,
Dumque ferunt Christo plures reverenter honorem
Mirificis trepidi visis, præfectus in ipso
Fornicis ignem aditu multa trabe præcipit edi:
Bellua raucisono flammis pavefacta rugitu
Perturbare locum, cui virgo animosior: « Exi
B Secure, emigrans nullo lædere tenore,
Liberat ille quidem te in me quem mitis honoras.
Exhibitus posthac præfecto aptatur equino
Sub trabe tormento porrecta immane Chrysanthus,
Machina sed refugit, rapiturque in flabra minutis
Dissiliens frustis, sparguntur vincula passim,
Lampades applicitæ, depulso ardore, gelantur.
At Celerinus, eo concussus corda stupore,
Gesta refert domino, magicis qui fraudibus acta
Dependens, castos pretioso fine jugales
Grandiæ saxigero submergi mandat arenis;
Tramite quo cœli Stephanum super alta secuti
Lacteolo roseoque innexas flore gemellas
Stemmate perpetuo rutili meruere coronas;
Largoque per populos dum spargunt dona salutis
C. Crypta supra tumulos claro fabricatur honore:
Quo dum sæpe coit votiva frequentia plebis,
Æneadum dux sæva fremens, celebrante caterva
Mystica, voti aditus claudi jubet ora levato
Pariete; conclusumque premi vasto aggere templum,
Sicque manet dum cruda pios tribulatio tundit.
Sculptilium pulsa donec Urbs sorde pietur
Et Christo sacra busta, Deo retegente, notantur.
Restitit at quædam sacris intecta fenestra
Qua sanctorum inspectari monumenta licebat:
Visitor argentum hac intus quod vina litare
Plebs olim intulerat, clausaque resederat aula.
Hac quidam, jussus specie, penetralia, prædæ
Spe, irrepit, rapiturque rapax rapiente rapina;
Sic raptus rapiens extra proreperé nisus,
D Haud valet egressum introitus reperire reperti,
Circumiens tota gyroque vagante laborans
Nocte nec inveniens aditum quo claustra relinquat;
Dum lucis spatio cœlum nigresceret acto
Exitus hinc rursum petitur rursumque negatur,
Nocte notata die tota cataracta recedit;
Sic tribus elusum jam noctibus ægra fatigat
Cura laborque vacans; reddit lux tertia cuncto
Jura foro, pueros ferulis vulgusque plateis,
Diversoque reum certamine carcer adurit:
Hinc pudor, inde fames rapiunt incerta trahentem;
Quid cui præponat libratur vita pudore:
At cruciante fame panso decus interit ore,

Egrediens tandem, populo spectante, fatetur
Flagitium, pressante probro, non ære gravatus.

A Damasus ut factum longo post tempore sumit,
Obtegit os ædis, sacra limina versibus ornat.

CAPUT VI.
De sancto Gaio papa.

Sedis apostolicæ Gaius post Eutychianum
Culmina sortitus, moderamine tractat honesto;
Nam statuit gradibus scansuros celsa subire,
Saltibus a nullo Ecclesiæ superarier arcem,
Militiæ Christi primatum ut nemo capessat
Ni tirocinio per singula munia surgat.
His aliisque nitens sanctorum ductibus altum
Sacra columba petit, supera in fastigia fertur,
Augetur, colitur, vernat, munitur, amatur,
Regnina dilatat, decoratur, magnificatur.
Lividus antiquum nigranti felle venenum
Anguis inexhaustæ mentis torvo agmine volvens,
Suggerit arma dolis animosque accendit ab atris
Cociti facibus, suadetque domestica bella,
Fratri frater ut invideat carpensque lacessat,
Mordeat, incuset, civilis ferveat ardor,
Sic magis inspiciens externa pericula posse

Sumere proventum postquam intima viscera turbat,
Languidulum in vulgus robustum suscitat hostem
Tartareis armans flammis Diocletianum,
In Christi famulos totum qui concitat orbem:
Et quia nonnullos constabat fascibus altos
Militia claros, primo hos depellere, flagris
Vel censet subigi, totum mox sævit in agmen :
Scita dicat, decreta notat, præcepta resignat,
Ecclesiarum aulæ lapidem evertantur ad imum,
Scripturæ superæ diro exurantur in igne;
Quilibet insigni nostrum suffultus honore
Culmine sublato nomen prætendat inane:
Servorum si quis Christo famularier optet
Sic maneat penitus spe libertatis adempta.
Primo hæc leguntur, post hinc truciora seruntur:
Ecclesiæ proceres redigi sub vincla monentur
Omnimodisque adigi pœnis ad sacra jubentur.

CAPUT VII.
De sanctis Marcelliano, et Marco, atque Sebastiano.

His incitatos orbe toto fomites
Comitatur atrox flamma Christi per sata,
Solum vacasse cæde nullam creditur,
Quanto minus Romana belli incendia
Haustum cruoris nesciere mœnia.
Hic comprehensi destinantur vinculis
Gemini parentum clara fratres lumina,
Marcellianus atque Marcus, nobili
Sat stirpe celsa provehentes stemmata.
Eis simulque traditis clientibus
Sebastianus, vir Deo plenissimus,
Sub militari veste quamvis abditus,
Honore clarus, regibus gratissimus,
Juge exhibebat in dies solatium
Consulta firmans vividorum pectorum,
Quo blanda calcent, dura temnant sæculi,
Fluxu labantis quæ fatiscunt pulveris.
His dum calorem mentis armis roborant
Minasque stabili et flagra corde transeunt,
Capitis subacti læti eunt sententiæ,
Pariter genitrix, conjuges ac liberi,
Eos amore prosequuntur nexili,
Quo fit dierum ut impetrent inducias
Præfecto ab Urbis tredecim Chromatio;
Reddantur aris ut jungantur legibus.
Pulsantur ergo plurimarum flatibus
Aurarum : eos amica turba concutit,
Quid saxci, quid perseverent ferrei;
Patrem abdicent, tormenta matri præparent,
Demant sibi ipsis respuendo gaudia,
Spernantque vitam deserantque gloriam
Necemque templis appetant affectibus?
At se parentes filiorum dulcium

Meminisse pandant, vel citati pulsibus(?).
Mox mater intrat se misellam clamitans
Soluta canos exhibendo lacteos,
Pectus retecta, fert papillas pendulas:
Lacrymis retexens ejulando crepundia,
Pressam nec ullis conferenda se malis
Tribulatione, sponte lethum liberos
Sequi petentes, quos tulissent barbari
Sequeretur audax per catervas hosticas,
Novo applicari pugionem funere,
Gladium neganti vim neci diram inici
Senes parentes liberorum ultroneam
Spectare mortem, filiis superstites.
Hæc dum seruntur, tum senex et debilis
Pater ab sequela servulorum adducitur
Qui pulvere caput sordidando cygneum,
Hujusmodi ægras implet auras vocibus :
« Vale daturus ultro lethum adeuntibus
Accedo gnatis, quæ meo paraveram
In liberorum præbiturus funera.
Et quæ repente nata, gnati, insania
Amare mortem, proh dolor! vos addocet,
Quos imbuebat eminens peritia
Et singularis mentis ornabat vigor?
Vobis quid appetita solum in prosperis
Adversa nulla quam timeri non jubent?
Venite, patres, inhibere talia,
Contingat unquam ne pati vos talia.
Juvenes, adeste, flete sponte perditos;
Lacrymis rigata præferant caliginem
Seni perosa destituto lumina,
Ferro feriri ne duces considerem
Ægræ senectæ, flere quos non pertuli

torulisque quondam vapulantes horrui.
Natos ferentes prosequuntur conjuges
Obtutibusque grata pignora ingerunt,
Quorum relinquant se quærentes fastibus
Jugalem amorem queis putentur perdere,
Dominos domorum ac filiorum quos prohent
Sic lancinatori ultro tradi gaudeant,
Spernant parentes atque amicos nesciant,
Pellant maritas abdicentque liberos.
Has inter auras conjugumque lacrymas
Ac nesciorum pignorum suspiria
Animi resolvi militantum cœperant;
Læso dolorem contrahentes pectore,
Horum beatus altor huic spectaculo
Sebastianus militari schemate
Latens adesse non inane duxerat;
Vidensque belli fasce frangi milites,
Perrumpit agmen concionis lividæ,
Medium tumultus se ingerens victoriæ,
Lassosque adortus his petens palæstrides:
ı O milites virtute jam fortissimi
O prælii cœlestis instructissimi,
Palmæ vigore mentis altæ proximi,
Sic nunc coronas frivolis ineptiis
Juvat perennes nugularum ponere ;
Sed, quæso, discat fortitudo mitium
Per vos fide potiore cunctis instrui
Armis rigore quæ parantur ferreo;
Victoriæ nolite vestræ insignia
Per blanda perdere feminarum murmura.
Hostis subacti colla ne dimittite,
Calcate bella ne resurgant vivida,
Neu victa vobis se erigant victricia :
Licet hujus experti acre fortis prælium
Repetita scite duriora vulnera,
Quin gloriosa celsa belli culmina
Amore longe terreo sustollite,
Nec parvulorum fletibus deponite;
Nam lugubres angore quos attenditis
Gaudere staret, noscerent quæ noscitis;
Nempe æstimant hoc esse solum vincere
Quod temporali jure mundo vivitur,
Quo desinente vita nulla splendeat :
Scirent enim si mortis ac molestiæ
Securam et in qua regnat immortalitas,
Ac sempiterna commorantur gaudia
Vobiscum ad illam currerent pertingere ;
Hac flocci pensa, concupiscerent eam
In gratulatione quæ jugi manens,
Omnino habere nescit unquam terminum :
Lugat (sic) inde vita qualis ista transeat,
Quam falsa, quam dolosa, quam celerrima
Malesuada, vafra, circulatrix, perfida,
Quæ dira pravos invehat per crimina,
Quo diligentes ducat, et quid præparet
Æterna procreata mors ut ex ea
Huic servientes jure sumit perpeti
Ut exsulare protoplastos egerit

A Vitæ perennis destitutos patria.
Hæc vos, amici, fallit, istos ludere
Vitam petentes quos manentem sistitis;
Hæc vos parentes ad decorem cœlicum
Gnatos euntes detinere suggerit:
Hæc conjuges honore blando martyrum
Lethale mente ferre cogit poculum,
Assensa vobis queis adessent tempora,
Jam separari contigisset perpetim,
Vobis nec illos æterna inter tormina
Unquam deinde cederetur viscere,
Incredulorum ubi flamma carpit pectora,
Edunt dracones labia blasphemantium
Vorant colubræ perfidorum viscera,
Strepit ejulatus, fletus hic et dissonus,
Plangor gementum quem exigunt incendia
Pœnæque nullo finiendæ termino,
Ustus cremandus dum novatur millies.
Hæc ergo et istos transilisse linquite,
Vitare et ipsi mente cauta pendite,
Hosque ad coronas destinatas mittite,
Nec separantur, absit hic vobis timor :
Vadunt parare quin domus in æthera
Manere vobiscum atque læti vivere
Ubi sempiterna gratulentur gloria :
Quod si domus hic diliguntur terreæ
Quam sunt petenda structa domata obryzo.
Præclara gemmis fulgide stellantibus
Qua non decor marcescit unquam floreus,
C Nemus virente se coma nunquam exuit
Rivis decenter irrigata molleis;
Hic nunquam amœnum prata perdunt floscida,
Grato perennem odore vitam flantia
Lumen sine umbra, nec diem nox terminat
Serenitatem nunquam inumbrant nubila,
Securitatem nulla rumpunt improba
Dapes celebres nulla sistunt tristia
Lamenta, luctus, ejulatus, sibilus
Non audiuntur hic, nec unquam perstrepunt :
Horrenda, tetra, sordida aut deformia
Non hic videntur; pulchritudo, amœnitas,
Splendor serenus ac nitens, formositas
Oculos fovent hæc semper intuentium :
Quod corda vexet nihil resultat auribus
D Ubi angelorum læta psallunt organa ;
Hic fulgur, aut coruscus, aut tonitrua
Nunquam nitentem verberarunt æthera;
Amaritudo nulla gustum conficit :
Virgulta gignunt cinnamomum et balsamum
Quorum saporem grata fert fragrantia;
Non ulla stercus esca cogit, nectaris
Digestionem non agit refectio;
Ut cum bono pascuntur aures nuntio,
Nares odore lumen aspectu optimo.
Quod quisque sumere ambit, hic mox percipit;
Frustratur appetitus illic nemini :
Istic rebellis qui illecebris exstitit,
Et quidquid hic dimisit affectu Dei,

Multiplicatum consequetur centies. »
Vitæ creatum, morte juxta consita,
Hominem timere cujus antra debeat,
Vitæ futuræ quale regnum quærere
Cur hic voluptas sit domanda corporis,
Bona respuenda quæ Creator edidit,
Narrando promens clara doctor lumina,
Veras opes et vera pandit gaudia :
Ab his ad illa quo migretur tramite
Horumque amicis quid paretur postea,
Quam tetra sint tormenta, quam crudelia,
Sinant beatos hæc cavere martyres
Patienter ista ob illa ferre qui sciant;
Vertantur in tranquilla gaudia lacrymæ;
Jamjam quiescant desinentes plangere
Regnare quos constabit alto culmine
Christoque junctos sceptra cœli sumere;
Quin ad coronas se petendas excitent,
Hostemque partam inisse foveam noverint.
Hæc dum beatus miles Agni disserit
Qui militem ore proferebat sæculi,
Firmare signis dicta supremo Patri
Placet, corusco fulgurante cœlitus,
Illuminando disputatorem suum
Mox cœlicorum visitatu civium
Gaudens renidet, veste præclarissima
Juvenisque fulgens osculum fert pollicens
Sui perennem gratiam consortii.

Zoe, Nicostrati uxor, in cujus domu
Ista et geruntur ore sex clauso silens
Manebat annis pressa vi ægritudinis;
Quæ mente sana dum capessit edita,
Tuens superni tantum honorem luminis,
Stupore tertis (sic) exprobrans manu innuit
Quod tam patenti corda non dent famini
Et advoluta quis valet rogat notis.
Sebastianus, ut capit silentii
Causas, « Ego, inquit, verus esse si probo.
Servus Tonantis, vera si sunt omnia
A me relata, hæc credidit quæ femina,
Solutor ejus solvat ora Zachariæ. »
Exclamat hac sub voce Zoe gratulans
Gratesque pangens ac medentem prædicans
Vidisse testans ab supernis angelum
Missum volumen attulisse cœlicum
Virumque pansa luminasse pagina,
His adstupens vir ejus indulgentiam
Astratus almi flagitat vestigiis,
Christi clientes quod gravasset nexibus,
Manusque baccis occupatas eximens,
Rogare sanctos liberi recederent
Sese beatum et expiandum prosequens
Horum recessu si mereretur pati.
« Quo fiet, aiunt expediti martyres,
Perfectione vestra tanta si fides
Cœpit, velitis pro necandis ut mori,
Qua fronte tanto roborati tempore
Prodemus haustum passionis propriæ
Nam larga Christi constat affluentia

A Potiora præbens quam rogatur munera
Qui tam supremo vos nitentes culmine
Perfectionis addet eminentia. »
Hæc atque plura dum profantur inclyti
Fratres, parentes atque amici perfidæ
Persuasionis flendo pœnitudinem,
Parti, jugo cœpere Christi promere :
Sibi sancta tradi urgere primiscrinius;
Sebastianus hunc redactos vinculis
Jubet gregare, simul capessant mystica,
Stupere Nicostratus ut reatibus
Pressi subire sacra possint munia,
Capit supernæ dignitatis præsulem
Pro liberandis morte peccatoribus
Mortalium se contulisse obtentibus;
B Id tradidisse credulis mysterium
Funes resolvi quo valerent criminum.
Paret reorum obsessor omnes aggregans,
Quos allocutus miles almus invenit
Promptos supremi servituti principis.
Polycarpus exhinc advocatus presbyter
Gaudet tuendo lucra divini horrei
Hortansque divis imbuit profatibus
Casto sacrandos præstruens jejunio.
Hæc ergo Nicostratus ut fert omnia
Patrata Commentariensi Claudio,
Mox ille gnatos, peste varia languidos,
Quorum fluore venter unum turgidum,
Frequens leprosum fecit ulcus alterum,
Adducit, imo se fidem sub pectore
C Tenere fassus, Christus horum gloria
Quod imminente mortis a periculo
Restituet illos sanitate reddita.
Quos dum beatus fonte Polycarpus sacro
Tingit, resident nulla morbi stigmata.
Felix notantur atque Felicis simul [f. Felicissimus],
Feliciores jam pati parentibus,
Post inde Tranquillinus æger artubus,
Marcelliani fratris atque prosator,
Dum se fatetur corde puro credere
Et post lavacrum, si luet, non desinat,
Litus sacrato sospitatur unguine;
Liber dolore podagrico ac chiragrico,
Ut absolutus stagna saltu irrumperet,
Verum invocans, quem mundus ignorat, Deum.
D Post hunc amici diluuntur pignorum :
Crescentianus, Justus, Urbanus quoque,
Vitalis, Euthycianus, aucto Aristone ;
Deinde Nicostratus et Castorius,
Sequiturque Commentariensis Claudius.
Zoe dehinc et Symphorosa ac Martia,
Vernaculorum et turba primiscrinii,
Cum carcerali de rigore liberis
Omnes quaterni decies atque septies
Pio sacrati fonte Christi in laudibus.
Noctes diebus copulantes ambiunt.
Ferro superæ consecrari curiæ
Dilationis expedito tempore,
Vocante Tranquillinus et Chromatio,

Grates rependens redditis pro liberis,
Quibus astruit se redditum, ipsos et sibi,
Adgaudet his præfectus et ferant jubet
Dis thura, sed Christi audit ut præconia,
Clamat subactum liberorum insaniæ
Errore captum haud eruisse erroribus.
At iste quid sit error opprime explicans,
Quàm dogma nostrum errore sit liberrimum
Ratione lucis orat invictissima.
Ast qui triumphos destinavi percito
Signare curru fervido axe volvere,
Omitto et ista transvolans, et plurima.
Præfectus illum sessione proxima
Ut audiendum dimoveri postulans
Noctuque mittens advocat secretius,
Aurique magna præferendo pondera
Petit revelet quis viget medicamina
Ipse ut salutis his resumat robora.
« Scito, inquit iste, Dei furorem perpeti
Christi putantes nundinalem gratiam,
Fide parari quæ valet, non obryzo;
Credas modo illum sanitatis præsulem,
Vitæ datorem, sospitatis præficem,
Gaudere quibis integra cum gaudio
Salute mentis gratulans et corporis. »
Judex ad ista pandat hunc flagitat
Quo Christianus vi salutis gaudeat.
« Possim, inquit, ipse Christianus degere
Ut sanitatis nuntiarit gaudia. »
Polycarpum at ille dicta et acta digerens
Ante ora secum proripit Chromatii,
Medium bonorum cui salutis munere
Præfectus offert, cœnum ut iste respuit,
Christum colendum sospitatis fenore
Modo hac salutem merce dandam prædicans.
Struit faventem ac imperat jejunium,
Nec segnis implet quod fiendum præmonet,
Sebastiano fultus inclyto duce :
Hoc jure postquam dedicarunt triduum,
Commilitonem visitare eunt novum;
Hunc sustinentem dum salutant actuum
Fidem vigere jam medullis hauriunt :
Poscit, parentem ceu piorum erexerant,
Nodositate se resolvant artuum ;
Illi dolores sempiternos præferunt
Crudelitate terminandis impares,
Eos timendos, præcavendos admonent :
Charis salutem competendam perpetem,
Præfectus, ut mos est sacrandis, unicum
Dat nomen, augens filium Tiburtium.
Sebastianus sancta sancte tradere
Doctus salutis corporalis præmonet
Subire sacra ne petat modo gratia,
Vitæ perennis corde quin spem colligat
Mentemque veram, si salutem diligat,
Ad visionem veritatis excitet ;
Quis sit creator omnium fide probet,
Cultore semper gaudeat qui simplice :
Vulgus deorum vel dearum reprobet

A Frangat figuras quas colebat fictiles ;
Nec posse fonte sanctitatis ablui
Secus nisi omnes idolorum nugulas
Prius abdicarit, strage quorum sanitas
Redintegrari sauciato debeat.
Queis annuente et vernulas Chromatio
Ad hæc jubente, non sinunt doctissimi
Duces inertem hoc prælio manum dari ;
Bello supernis imo tuti principes
Cinguntur armis, vana adorti schemata
Rotare, divum mox ducenta vel amplius
Figmenta larvis fabricata conterunt ;
Queis comminutis gratias Deo ferunt.
Di'ata suadet cura diligentius
Hunc sciscitari, pressius hunc discuti.
B Quid mente gestet, si qua vel resederint
Illæsa monstra turbidorum numinum,
Dubiove corde subnotatum scrupulum
Adulterina pandit ille machinam
Vitrei cubilis arte cultam cœlica,
Portentuoso signa dantem ænigmate ;
A patre plura fabricæ hujus pondera
Auri litata nil domi esse charius
Monstrant docentes id salutis æmulum
Nil esse fidum, aut veritati consonum
Figmenta vafris cæca nugis volvere :
Nil puritatis, nil juvaminis edere,
Probantque clara luce divi muneris
Nil veritatis his latere mœchicis.
Stupet retecta luce vere languidus,
C Deumque solum legis hujus prædicat,
Qui tam serena luce servos evibrat,
Favetque demum confragosi numinis
Subire damna, salutatis arcem duplicis,
Sic appetendam confitens se credere.
Exponit ergo si quid ornandæ domus
Signi residit gemmei seu vitrei ;
Fragilis metalli dum teruntur stemmata,
Chromatii se præferens obtutibus
Juvenis corusco splendet ore flammeis,
Missum asseverans se supernis sedibus
A rege Christo sospitatem vividam
Credentis ægris ut refundat artubus,
Ad hæc vigente sanus omni corpore
Præfectus audax post medentem currere,
D Cœleste corpus inhibetur tangere ;
Sebastiani sed tenens vestigia
Fatetur esse celsa Christi culmina,
Solum hunc colendum prædicat Tiburtius,
Paulo ante sanctos destinans fornacibus,
Sebastianus Christi alendum tegmine
Spoliare mundo deligit Chromatium,
Suadetque successore lætus exeat
Mundi occupatione; poscit gratia
Deo vacandi rebus arbitrum urbicis.
Fidem rogatus, voce pandit libera
Abominatus corde celsus idola ;
Scitatus an peccata cuncta deserat
Causatur hic non proditum sibi antea,

Rerum ante nodos dissipandos asserens,
Iram merenti ut præstet indulgentiam,
Omni relaxet debitori credita :
Grassante si quid abstulit cupidine,
Juste repensum mox reformet integre.
Se concubinis, se resolvit vernulis,
Renuntiare libet ut queat probris.
Juvenis beatus et decens Tiburtius
« Renuntiandis si, pater, negotiis
Queis obligare rite tempus flagitas,
Ego implicandus, his libidinem nego
Susceptionis exsequendorum actuum,
Ut advocatus cœlicorum pragmatum,
Non terreorum, tradar aulæ cœlitum.
Sebastiano hunc vinciente amplexibus,
Polycarpus almis imbuit liquoribus;
Pater morosa nec retricans tempora,
Mundi abdicatis integre negotiis,
Hominem veternæ se exuens ferruginis,
Novum induit candore florens lacteo
Cum quo remissi centum eunt bis septies
Honore divi candidati gurgitis,
Quos servitutis expedivit vinculis.

Sic acta flagris sancta Christi Ecclesia
Crescebat inter persequentum verbera;
Tritura fortis sic replebat horrea.
Furoris ignis acriter proruperat,
Sed læta Christi pullulabant germina.
Jus abnegatum civibus Christi, fori,
Fontesque circa, et nundinas statunculi
Quibus litarent, queis necesse huc egredi
Per rura et urbes id student, per insulas,
Omnis negata jam piis civilitas.
At vix decenter inclytus Chromatius
Fovebat omne ovile Christi creditum,
Necessitudo ut corporalis neminem
Diris piorum cultibus substerneret.
Sed dum tenebris lumen abdi non valet,
Respergit arva ductum ab urbe longius
Nempe ut tenellas Christi oves Chromatius
Servaret ampla per vireta tutius,
Campana late, seu medendi gratia
Possessionis adire censet prædia :
Ad bella prisci præparantur milites,
Campum duelli turpe visum linquere,
Quo per furentis colla se hostis subdere
Adversa norunt tela cuncta frangere.
At doctor almus et Petri vicarius
Pastore cassos ne remittat Gaius,
Ad irriganda parvulorum pectora
Polycarpum abire neophytis cum fetibus
Jubet, coronam partam hiantem sumere,
Legis ferens haud immemor licentiam
Corroborandos ire cum Chromatio,
Cui jungit aptum ceu sodalem filium.
Ast ipse fortis tiro castra linquere
Deforme ducens incitatus Spiritu
Exclamat : «Oro, sancte præsul præsulum,
Ne me velis dare terga bellis obviis :

A Stat nempe gratum valde jam si millies
Cædi daretur, pro Deo vero mori,
Quo finis ignaram inde vitam consequar. »
Congratulans his papa lacrymas litat
Capit (sic) petitque Christi et victoriam.
Fortes residunt ergo castris milites :
Marcellianus, Marcus atque horum parens
Sebastianus ipse cum Tiburtio ,
Fratresque Nicostratus et Castorius,
Zoeque, Victorinus atque Claudius,
Cum liberatis fauce mortis liberis.
His papa sacra dividens moderamina
Moratur ipsis junctus in palatio,
Custos fovebat ædium quos Castulus.
In laude Christi fletibus jejuniis
B Illic diebus et vacabant noctibus,
Orationum grata Jesu munera,
Devotione deferentes sedula.
Ægris medelas exhibebant pestium
Larvas fugando, dando cæcis lumina.
Hæc dum geruntur inclytus Tiburtius
Quodam plateam sole quamdam transiens
Delapsum ab alto repperit juvenculum,
Quassata cujus ossa discrepantibus
Cessere frustis, corpus ac summum caput
Ita comminutis dissipantia artubus
Salum ut sepulcro cerneretur congruus.
Huic appropinquans fundit orans Symbolum
Precesque jungit ore latas cœlico ;
Mox integratis sic resurgit ossibus,
C Salute lætus ac vigens homunculus,
Contusionis ceu nihil subiverit.
Tenent euntem sanitatis prodigum
Pueri parentes offeruntque servulum
Resuscitatum sive poscat amplius;
Quos apprehensos paulo turbis segregat
Summique vires numinis pure indicat,
Cernensque eorum roborari pectora
Timore Christi, præsuli offert Gaio.
Illum ferentem qui levatum gratias
Baptizat auctis gloria parentibus,
Primos novella colligens ex arbore
Fructus fidei, possit ut cognoscere
Lignum decore præbitorum fructuum,
D Furibundus hostis, lucra tanta crescere
Dolens fidei, hanc dum lacessit publice,
Congressione clancula aggreditur quoque,
Legensque notum criminis satellitem,
Delegat almum mentiatur supparem
Junctusque patri chara vertat pignora,
Captetve facis ; aucupatus abditis
Quem dum frequenter arguit Tiburtius,
Tonsoris arte quod repexos digerat
Fronti capillos, queis glabellum percolat,
Quod prandiorum sedulus se luxibus
Det, feminarum pandat ultro aspectibus,
Orationi et subtrahat jejuniis ;
Vitet manere Christi in hymnis pervigil.
His acre tactus, fronte nubem protegit,

Tulisse mente fingit orsa simplici ;
Dolos sed alto corde fraudis ruminans
Instaurat arma perfidis, secum æmulum
Prodens precatu ac mente cœlo deditum.
Ducuntur agnus et lupus nexu pari,
Animo remoti, cogitatu dispares.
Fabianus Urbi præsidebat cognitor
Pium cruorem diis litare militans,
Vinctum reatu qui petens præcognitum,
Professionem ac nomen edicat jubet.
« Torquatus ille et Christianus prædicor.
Præfectus inde jussa texit principum.
Ast hic magistrum dat sibi Tiburtium,
Eum sequendum et ejus acta proferens.
« Audisne judex iste qualia asserat
Confessor æquus jam diu fallaciter ;
Se Christianum jactat, inquit, perfidus
Simulator iste, vis at ipsa nominis.
Rapi gravatur moribus contrariis,
Ferens moleste vel vocari ab improbis,
Virtute nomen fulget istud cœlica
Christus sequaces quo nitore præstitit.
Vere excoluntur qui sophiæ cultibus
Et obterendo militant libidines,
Nec credere Christianum istum fore
Fibras alentem molliter leonibus,
Tonsore lætum gestientem nutibus
Nisuque gressus fluctuantem turgidi,
Viris fugacem nexilemque feminis.
Non hasce pestes Christus unquam colligit
Nam qualis ante vixit, ecce comprobat
Quod acta nostra se secuturum asserit,
Præsente te mentibus approbabitur. »
Censor saluti persuadet consulat
Explere jussa principum nec abnuat.
« Melius saluti, martyr ait, haud consulo
Divum refutans vulgus unum quam colam.
Fatearque Christum sæculorum principem. »
Torquatus ultra conditi silentio
Celare cæco vim veneni non valens,
Prorumpit orsa dirus in nefaria :
« Crudelis, aiens, Christianus non modo
Hic, quin suadet decipitque plurimos,
Magicæque fraudis occupatur sedulus ;
Socios scelestis imbuit cantatibus. »
Confessor inquit : Falsus haud pertransiet.
Impune testis, quem vides, vir eminens,
Nunc Christianos improbantem perfide.
At nil cohæsit Christianis amplius
Ni probra cordis sanctitatis nomine
Tegens, fidelis crederetur perfidus,
Dira ut fideles arte sævus luderet.
Redarguebam sed giganteam gulam,
Vino et sepultam castitatis regulam ;
Antonianus ut suctis helluo,
Edebat, esuribat, absorbens, vomens,
Situ flagrabat et bibebat ebrius ;
Nunc Christianos culpat, urget, arguit,
In nos quietum cognitorem suscitat ;

A Trucem moranti præbet ensem judici
Suadetque larvis colla sancta subjici :
En vota parent, en latebræ pectoris
Produntur, atri torva sanguinis sitis ;
Parare dira carpe jussa, carnifex,
Adhibe catastas, Christianos applica,
Bene nos capessis, ure, damna, percute.
Vis exsulemus sic sophi urbe patria
Tormenta profers, carcerem, his evadimus
Ab ore blandi quo Patris sejunginiur ;
Ignes minaris, sævior cupidinis
Devicta nobis flamma cessit liberis,
Decerne quod vis ; pura conscientia
Triste omne temnit, cuncta vilent aspera. »
Tum censor atra comminatur, suggerens
B Lethique poculum, rore mellis oblitum ;
At miles altus, anguis ora supprimens,
Probrosa divum furta prodit proterens,
Deumque prompta laude Christum prædicat.
Prunæ jubentur igne coram fervidæ
Sterni, super quas thura ponat, aut terat
Plantis easdem, ab involucris liberis.
Mox ille signo se crucis communiens,
Pedes retectus intrat ignem exercitos.
« Depone mentem, judici aiens, perfidam,
Edisce solum hunc imperantem conditis
Quem confitemur esse cunctorum Deum ;
Molles rosarum nam videntur flosculi
Teri vigore gloriosi nominis,
Viden Creanti qui creata serviant. »
C « Magica a magistro præditos quis nesciat ? »
Stupidus videndo clamat ista carnifex,
Beatus : « Obmutesce, non felix, ait,
Meo nec infer hæc nefasta auditui,
Rabido ore probra ne latrantem perferam. »
His censor ira dicat actus fumea (sic)
Cadat resectus ense colla vindice.
Sic urbe Lavicana ductus compita,
Cervice prompta pugionem suscipit,
Unoque ab ictu victor æthram competit
Locoque eodem busta mactus percipit.
Zoe beata, cujus ora solverat
Fides negata, longo morsa tempore,
Sacrata Petro dum frequentat atria,
D Cœli coronam mente, voce postulans,
Arctata pagi traditur naumachiæ ;
Libens patrono thura Marti incendere,
Temnens deorum et sacra ridens principum,
Statim latebris noctis atræ clauditur
Dies, cibusque, potus atque demitur,
Sic sole cœno destituta linquitur.
Pensam capillis arbor inde suscipit
Funique celsam dirus horror impetit.
At illa Christum conditorem confitens
Convexa cœli scandit alto culmine.
Aiunt quid ultra jam ministri funeris
Restat gerendum, celsa victrix exiit,
Superisne sacrent Christiani ut hanc deam
Linquetur ? an profunda inibit æquora ?

Ad hæc ligato membra saxo vitreis
Tradunt fluentis, Tibris alveo ingerunt.
Martyr magistro non ferens hæc occuli
Sebastiano gesta subito serit.
Hæc ille sanctus narrat ut sodalibus,
Vir inquit hujus : « Quid moramur? feminæ
En advocantes nos coronas præeunt;
Fiunt maritæ martyres quod vivimus. »
Accensus ergo apostolorum limina,
Accepit unde optata conjux, visitat
Oransque manifesta Pauli ad limina,
Repetita patrum dum nitent solemnia,
Dolosque passus, imbre saxorum viam
Stephani secutus alta scandit culmina.
Datisque prono flumini almis artubus
Tiberina funus abluere cærula.

Itemque Nicostratus, atque Claudius,
Simulque Victorinus et Castorius,
Symphoriano rebus aucto, corpora
Tibridis per oras dum reposcunt martyrum,
Fieri inter undas promerentur martyres :
Capti exhibentur nam notato judici,
Hortatur illos thura ferve qui deis
Blandisque et aspris per dies agens decem,
Movere nullo prævalet molimine;
Fractoque nisu pandit ista regibus :
Tum lancinari tertio tortoribus
Jussi, atque torti flagra ludum deputant;
Humo subacta, destinantur æquori :
Libet palæstram marmora intra claudere,
Libet fluentis ferri in æthram limpidis
Mundique fonte consecrantur gurgite.
Postquam hi recedunt astra pulsi a perfidis,
Torquatus almi fraude cœtus hospitem
Ducit petendum : comprehensus Castulus
Ter sciscitatus ter catastæ culmine,
Fortis repertus dum Deo fert gloriam,
Foveæ barathro mersus alto glareæ,
Sub fasce tantum clausus imo corpore,
At mente liber, celsa scandit sidera.
Marcellianus, Marcus hincque ab impiis
Tenti, foratis alligantur stipiti
Plantis, secuti Conditorem stigmate.
Tormenta fratres ferre Christi consona
Lætantur hymnis diva dantes organa,
Jam territantes voce suda territant,
Et gratulantes gloriantur optimo
Dilectionis stare fixi robore,
Optantque abire hoc præditi fulcimine.
Vota audiuntur, perseverant laudibus.
Sic nox diei hac in palæstra jungitur,
Crucisque Christi ut expleantur munia
Latus hinc utrique perforatur lancea,
Sic et sequuntur regna Christum in aurea.

Regi talentis his lucrorum redditis
Sebastianus, expeditus insequi,
Fertur regenti sceptra diis contrarius :

(185) An sacerdotes Jovis Viminii?

C Vocatus astat in deorum injuriam,
Latuisse contra principum tutamina
Culpatur; ille principum pro gloria
Vera precatum se fatetur sedulo
Jesum benignum, saxeas non formulas,
Quos postulare mentis esset perditæ.
His sævioris imperator turbinis
Afflatus ira : « Miles, inquit, prorue,
Proceres et alma despuenti numina
Ne dent citatum fervidi ense exitum,
Denso cohortis impetatur agmine,
Crebra suatur spiculorum cuspide,
Cingat corona fronte nexum in stipite
Signumque telis præstet irruentibus. »
It obsecundans turbidi agmen militis,
B Parant patente jussa campo, farciunt
Ferro pharetras, ambitumque digerunt;
Lunantur arcus, exeruntur spicula :
Eunt in unum hinc inde tot arundines,
Certant quis aptiora figat vulnera;
Cute ille summa tela cuncta suscipit,
Vis nulla sedem mentis ingredi valet :
Solus petitus tot pharetrarum agmine
Viris tot astat arx inexpugnabilis,
Christi lorica quem tegebat muniens :
Silvescit hirtus tuta setis ut fera.
Quem judicantes post necis tot ostia
Lanii tenore posse nullo vivere,
Linquunt, nec actum mortis antris ambiunt
C Cui tot videntur funeris vestigia.
Noctu relicta martyris Zetarii,
Curare funus lancinati gestiens,
Vivum reducit quem petebat mortuum.
Ædes in altas ductus hostis robora
Paucos resumit sospitalis in dies,
Fugamque inire suggerentes in fide
Magis triumpho roborata roborat ;
Ipsisque pandens regibus sese intimat,
Surreptiones falsitatis arguens
Hostesque verbis veritatis increpans.
Mirantur illi quem necarant vivere ;
Ad supprimendam reddit iste insaniam
Se restitutum qua beatos atterunt,
Offendit ergo Viminosos (185) admonens.
D Jubetur hinc eousque cædi fustibus
Dum concitatus astra scandit spiritus.
Hanc Christianis invidentes gloriam
Sævi cloacæ membra dedunt sordidæ ;
Squalore mergi sed vetat Divinitas
Tot consecratum corpus olim præliis.
Lucina castis hic vacabat actibus
Matrona, sancti plena luce Spiritus,
Hanc allocutus per soporem cœlitus
Martyr, « Require nostra mandat abdita
Circi cloaca quæ levabis pignora,
Suspensa gompho (186), sordibus nec addit
Hæc tu reperta apostolorum regia

(186) Clavo.

Locabis alma ad principum vestigia. › A Parensque junctis nocte eadem vernulis
Exsurgit illa læta, somnum dissicit, Jusso recondit nacta honore munera.

INCIPIT LIBER SEPTIMUS

CAPUT PRIMUM.

De sancto Gabinio et Susanna.

Frater erat Caii Gabinius, ille Suzannam
Nutribat sobolem, supero quam ornaverat auro,
Fama aures hujusce terens Diocletiani
Nuntiat egregiam forma sensuque puellam ;
Ille parans sagam genito vincire maritam,
Dirigit illustrem quemdam, horum carne propin-
[quum,
Qui catus ista serat tædarumque omnia firmet.
Hinc patrem ille petit ; pater at patruusque Su-
[zannam
Inveniunt firma penitus radice vigere,
Semina quæ dederant nullo agmine flabra timere.
Claudius imperii summos proponit honores,
Eximiam regis prolem, patris alta sequentem,
Et ditione pari sublimia sceptra regentem,
Præcipuum juvenem splendore ac robore celsum :
Illa fidem servans cœlestibus, ima refutat
Fœdera, divino humanum postponit honorem,
Sidereo fastu terrestria culmina sordent,
Perpetuis regnis mortalia regmina vilent.
Diversa alterno dum famine vota seruntur,
Qui capere advenit, capitur, laqueansque tenetur ;
Instruitur patribus, scelerati pœnitet actus,
Fluctibus abluitur divis, supero amne novatur ;
Tingitur atque domus geminæ duo lumina prolis,
Quæcivas et Alexander, Prepedigna jugalis.
Integer esse Dei cultor dum Claudius ambit
Atque sequi Christum ad cœlestia sceptra vocantem,
Cuncta facultatum vendens largitur egenis,
Singula quæque valet vinctorum ergastula lustrans
Sanctorum sese pedibus prosternit, et horum
Tegmine vel victu satagit relevare catenas,
Ipse precum poscens per eos pietate levari.
Pluribus Augustus hunc exspectare diebus
Fert, firmare putans solidissima fœdera jussi.
At neque consumptam reparat dum Cynthia formam,
Ad celsas ædes vel festa theatra reversum,
Quærit utrum longe discesserit, an remeanti
Quidlibet obstiterit ; credit languore moratum.
Hujus erat secum frater comes ordine rerum :
Maximus hunc illi solatum invisere mittit ;
Ægroti qui strata levet, qui fervida sedet,
Turbida componat, fastidia cruda repellat
Insuper inquirat dotes et pacta puellæ,
Quid gestum referat, poscat quæ dona rependat.
Maximus accedens precibus cum plebe vacantem
Reperit Ecclesiæ fratrem, stupidusque remutat
Quid sibi res pangat ; mirantem Claudius almos
Proripit ad Patres, recti qui pervia callis
Dum retegunt, famulant (?) agitantque ad lumina
[mentem.

Credit hic acceptis vivisque infunditur undis,
Culminis eximii contingere nititur arcem,
Addicitque foro census ac libat egenis ;
Utitur hac in re fido Trasone sodali :
Is, velante toga, Christi tecto igne calebat,
Chrismate quem Gaius dudum sacrasse notatur
Noctibus ille adiens vicos, ergastula lustrans,
Indiguis alimenta Dei sub honore ferebat,
Gesta recondebat, titulis monumenta colebat.
Ast ubi sollicito reserantur facta tyranno,
Qui sævis subigat mittit cruciatibus almos
Julius, exsilio fratres qui missus ad ista
Deportat gemino et Prepedignam pignore fultam.
Cœlum vinci impossibiles holocausta per ignem
Hi subeunt pariter, rutilo fulgore nitentes ;
Ostia relliquias quorum capit æquore lectas.
Obsessus cum prole nigris Gabinius antris,
Longum ubi continuas teritur limando catenas,
Emicat e vinclis penetrans cœlestia liber.
Æstuat imperii furor ægrescitque decoros
Ire pios, mandatque suæ perducier aulæ
Dotale invictam sociamque venire jugali,
Quam stolidus famulam ignorans pietate superni
Regis, ea reputat flecti ad sua jussa Suzannam.
Accipit at postquam votis et cantibus illas
Exæquare simul noctes, ita condere soles
Christi laude, jubet soboli revocata paternis
Ædibus, ut presso subigatur virgo pudore.
Adgaudens juvenis spem præripit atque reductam,
Nocte abdente nigræ terras velamine pallæ,
Appetit, ingressusque domum splendore corusco
Hanc radiare videt, superoque nitore micantem.
Obstupet horrifico tremefactus lumine, pallet
Marcidus, exanimis, repetitque palatia cassus.
Anguis id Atracio gestum dans perfidus ore,
Mittit eum Numicis (?) cogat qui subdier aris.
Jussus in ista Macedonius dum flectere tentat,
Robore subnixam divo non cædere parcit,
Fustibus ignavis quatiens pia viscera flagris.
Gloria virgineo regi sonat ore superno,
Continuansque Dei laudes invicta feritur ;
Ense triumphalem subiens attollere palmam
Eque domu patris æthereamque transcendit in aulam,
Intrat et æterni thalamos dignissima regis.
Membra Serena legens tenebris dat, aromate multo
Condit, et involvit nitidis promptissima velis
Atque pium manibus satagens componere funus,
Patris Alexandri secus ossa beata recondit.
Nec patitur sanctum tellure latere cruorem,
Carbaseo rimas scrutans quin sumit honore
Candentique levans tegit inclyta dona metallo.

Quæ secreta colens intraque palatia servans
Occulta Domino sese libabat in ara.
Hujus dum meritis evecta levatur in astra
Sanguine martyrii Gaio cœlestia nacto,
Inque poli regno merita renitente corona,
Marcellinus ei sedis succedit honore
Ac sequitur factis, sub eodem colla tyranno
Desectus, cœlum et pretio cervicis adeptus.

A Cumque Antoninus, tum Claudius atque Cyrinus
Membra ubi nuda jacent triginta et quinque diebus
Post a Marcello cum laude leguntur et hymnis
Sæva per immodicas tribulatio canduit orbis
Hæc partes, uno tantum sub mense dierum,
Ut septem atque decem tunc millia cæsa feruntur,
Tempore nec parvo cœlum actis undique sanctis,
Præsule præcipuo sedes Romana vacavit.

CAPUT II.

De sanctis Primo et Felicia

Tunc Primus et Felicianus, auream
Evecti ad urbem, cæde cœlum competunt.
Qui glorioso dum renident culmine
Christique cultu gratulantur sedulo,
Calumniantur a profanis Romulæ
Cives quod urbis lege Christi viverent.
Quæruntur, exhibentur ambo regibus
Trudique dantur, ferro onusti, in carcere;
Qua sublevati cœljco solatio
Gaudent superni regis uti nuntio :
Item reducti principum conspectibus
Fano applicari deputantur Herculis,
Cui liba ferre forte si contemnerent
Immane tortos flagra dira subderent.
Tormenta victa nuntiant dum milites
Legant furentes hos Promoto principes
Cruda necandos quæstione præsidi.
Item tenebris mancipantur carceris
Itemque cœli roborantur nuntiis.
Plures feruntur ubi dies, præses jubet
Foro ad tribunal exhiberi præsidens;
Responsa forti proferentes pectore
Quos separari fraude censet subdola,
Fraterna credens quos tuentur robora,
Vel segregata supprimant certamina.
Felicianum hinc cædier mandans, foro
Spectante, plumbi proterentis verbere,
Aut, deligat, proponit ut lætos dies
Aut cogitandis macerari machinis.
At ille : « Cui servire legi, serviam :
Iere jam octoginta cursus temporum
Mihi terque deni ut veritatem comperi,
Queis nil retrectans sæculi de nugulis
Servire summo Conditori prætuli. »
Sic gloriantem præses ardens vincere,

Stanti renecti destinavit stipiti
Sudibusque palmas perforavit ac pedes;
B Diuque tortum, nec cibis per tres dies
Potuve fovit: alta Christi sed manus
Alit levando protegentis; qui Dei
Dum laude gaudet permanere immobilis
Item flagellis imperatur affici;
Nec sic subactus, lætus antris truditur,
Sanctusque Primus lancinandus sistitur
Qui valde sævis maceratus fustibus,
Victor catasta sublevatur editus,
Circum flagrantes accipitque lampades;
Invictus alto dum renidet prælio
Humi refusus applicatur lectulo,
Plumbumque in ora bulliens dum funditur
Felicianus dira visere additur.
Angustiatur præses ambos intuens
C In laude Christi gloriari immobiles,
Gemensque victus, amphitheatro jube
Dari furore bestiali, ut expleat
Quod non flagellis, igne, ferro prævalet.
Missi leones ad pedes horum ruunt
Agnique facti torva corda nesciunt,
Aguntur ursi, et hi plorum gloria
Immanitatem mente mutant sobria.
Isthæc corona contuens spectantium
Mirisque tacti corda decertantium
Dextras fidei ad mille quingentos fer
Angore septus præses undique horri
Mucrone cædi gratulantes præcipit;
Regni coronas sic triumphantes pe
Sic regna cœli gloriosi subeunt,
D Pioque Numentanus agger cespite
A Christianis rapta condit pignor.

CAPUT III.

De sancto Pancrati

Pancratius puer hac reges sub strage triumphat
Æternamque parat capitis mercede coronam.
Membra pio rapiens studio Octavilla venustat,
Haud procul Urbe tegens, virtus ubi digna petentes
Damnat inimicos verique adversa ferentes.
Traditur huc si quis veniat perjuria tractans
Edere, vel diro rapitur spiramine captus
Vel delapsus humo vitales deserit auras.

Hinc multi hunc adeunt discrimina certa rogantes,
Quem patruus fovit Dionysius, atque dicari
Fonte dedit vitæ, Christique accendit amore,
Robore firmavit fuso fulgere cruore,
Sicque diem claudens pietatis pace quievit.
Tunc virgo illustris veram est lucrata salutem
Corporis attrita capiens hoc turbine palmam,
Sacra Deo Soteris (?) et mente et corpore felix.

CAPUT IV.
De sanctis Claudio, Nicostrato et sociis.

Claudius atque Nicostratus cum Symphoriano
Castorioque renidebant, excidere docti
Marmora, priscorum facies effingere ad unguem.
Sceptrigero hinc chari formant ad jussa metalla,
Cunctaque pro votis quæcunque incœpta sequuntur
Dum signo munire crucis mollimina curant.
Simplicius quidam, dispar mente, arte sodalis,
Dum comitum nequit ingenio conferre laborem,
Sollicitusque manens quærit vel quis Deus horum
Nomine sub cujus tam compta edantur et apta,
Symphorianus ei hoc studio secreta roganti :
« Credere si valeas, inquit, pandemus ut artem
Invenias, capiasque jugem sine limite vitam. »
Moxque fide ostensa solidant, sanctoque Cyrillo
Sacrandum assignant; diva quem diluit unda
Informatque sacris, et mystica dona revelat.
Nec longum a sophicis delati munia Christi
Decertare, nec indictos excudere divos
Velle, jubentur uti doctæ moderamine linguæ

A Lampadio disquirantur censente tribuno.
Quos ille aggrediens Hyperiona suadet adorent
Consilium delatorum quo vertere possint
Illi constanter . « Manuum nunquam edita, no-
[strum
Oramus Dominum cœli, sed qui imperat orbi
Filius ipse Dei, qui condidit omnia, vivi. »
Pluribus hinc orsis, varia quoque fraude petitos,
Dum perstant validi custodia publica sumit;
Atque fide Christi verti non posse probati,
Tegmine nudantur flagrisque secantur acutis.
Lampadius dum dilaniat torvo impete sanctos
Dæmone correptus, tetro demittitur Orco.
Auditis quibus Augustus furiaque repletus
Mandat uti plumbo loculi ducantur et illic
B Claudantur vivi, fluviique tegantur in undis.
Post mensem bis sexque dies inventa fidelis
Nicodemus quidam levat undis, alma domique
Pignora cum loculis pretiosa talenta recondit.

CAPUT V.
De sancto Severo ac Severiano.

Severus ac Severianus postmodum
Simulque Victorinus, atque horum comes
Carpophorus, acti ad sacra, nullo subjacent
Litare suasu, nec minis, nec fraudibus.
Queunt moveri colla dent ut impiis.
Hæc turbulento dum citantur principi,
Jubet applicentur ante sacra Asclepii,

Quæ ni precentur, cæde plumbea cadent,
Mactata mandans in platea corpora
Canibus relinqui vel feris volucribus.
Quæ sole quinto exposta postquam sic jacent
Levant pii collecta Christi vernulæ,
Præmissa juxta collocantes funera
Ubi et coronis gloriantur quatuor.

CAPUT VI.
De sancto Genesio.

Mimorum princeps lepidæque Genesius artis
Vertitur et quatitur tritura hac, atque probatur,
Inventusque probus dignusque, poli horrea scandit.
Hic torvos nugis animos lenire suetus
Principis, atque feros ludo componere sensus;
Deditus et placitos grassatori edere gestus,
Festivum simulare dolum, in derisa referre
Crudeli infensos captori ludicra ritus.
Ergo die quodam tentans ludenda parare
Perverso spectatori mysteria Christi
Nugator, medio proponit acrama theatro
Ut cubet ægrotus poscatque salute lavacrum.
« Heia, inquit, nostri, gravis en, levis, expeto, red-
[dar,
Collegæ? — Fabrine sumus, te aut runcina nostra
Esse levem faciet? » Populi ridere corona
Vesani; ille subit : « Christi volo cultor obire.
— Quare, aiunt? — Summa, ille, die quo transfuga
[sumar. »
Ecclesiæ accitus venit exorcista, sacerdos,
Qui lecto secus assidunt quasi lusibus ægri.
Ecce repente Deo fraude inspiratur abacta;
Dumque rogant quid eos vocitaverit, omnia ponens
Prisci furta doli, puro jam corde fatetur

C Se charisma Dei totis ambire medullis,
Quo renovatus aquis, pravis rapiatur ab actis.
Utque sacramenti complentes mystica Christi
Vestibus hunc decorant albis, mox milite raptus
Sistitur ut ludo specie sciretur inani.
Ille datus coram subit edita sicque profatus
Inchoat : « Audi, Auguste, jocis exercitus astans
Audiat et populi sapientes urbis opimæ
Advertant : ego Christicolæ vel nomen abhorrens
Christi insultabam famulis ipsosque parentes
Nominis exsecrans titulo tam risibus apta,
Rebar ut in nostrum mysteria vertere ludum
Niterer excito turpare arcana cachinno,
Ast ut aquas tetigi fideique profata rependi,
Cœlitus emissam video mihi verticis alta
D Protexisse manum, cœli me ambisse colonos.
Lumine fulgentes, supero libroque citantes
Quæ gessi a puero mala, delentesque lavacro
Scripturam hanc ipso tinctus quo candidus asto,
Et nive candidiore dein splendore corusco.
Inclyte nunc igitur princeps, populique sequaces,
Omnes qui mecum hæc mysteria gesta probatis,
Esse Deum verum Dominum quoque credite Chri-
[stum.

Hunc lumen radiare pium, veram hanc pietatem
Sumpturos veniam, si pœnitet esse, per ipsum. »
Imperator ad hæc ira repletus amara
Fustibus hunc, dire et vehementi verbere tortum,
Præfecto addicit Plutiano cogere sacris
Tormento, cujus lacerans secat ungula pensum;
Lampadibus tostus fidei in præconia durat,
« Præter eum, dicens, quem vidi, quem colo, non est

A Rex pro quo occidar si millies ipse mancho;
Qui cœpi Christum, rapiet mihi nullus ab ore :
Nunquam a corde meo Christum tormenta repel-
[lent'
Pœnitet at nimium horroris quo cœlica risi,
Serius et Regem quod tiro superbus adivi. »
His perstans claraque Dei sub laude resultans
Martyrii tandem æternam capit ense coronam.

CAPUT VII.
De sancta Lucia.

Nobilis hujus anus stragis Lucia rigore
Cœli celsa petit viduam quam pluribus annis
Dextra Dei sanctam supero servavit honore.
Filius hanc famulis Dominus ceu præcinit olim;
Adversa defert Christi diis vivere lege.
Quam jubet adduci ductam aggrediturque tyrannus
Quòd cruce confixum colat insultetque sacellis;
Vivere si libeat, divis dare thura propinquet,
Quo sibi propitii per sacra litamina parcant.
« Propitii, illa, sibi neque, nec cultoribus ipsis.
Nam mihi propitius Dominus meus esse suevit,
Nec linquet pœnas pro cujus amore parata
Quaslibet intuleris, sum ferre, et vincula et ignes. »
Femineum capiens robur vincique pavescens
Carceris hanc coluber mandat vafer abdier antris.
Hic hominum desolatam fulcimine cuncto
Rex suus haud abicit, cœli dignatur honore
Tollere et æthereo solans relevare nitore.
Volvit atrox furias leo temnentemque rapinam
Carpere bacchatur coramque reducta beata
Femina subigitur rigidis ad verbera lignis;
Dumque diu teritur, subitus tremor incutit ædem.
Delubrumque Jovis lapsu dissolvit opimo,
Parietibus lapidi ut lapis haud hærere valeret,
Sævior at dirum gravius coquit ira lanistam;
Afferrique jubens amplum vasti æris ahenum,
Repleri plumbo, pice mandat, et omnia circum
Robore succindi latera hinc atque inde gregato
Immergique truces victricem Hammonis in igne
Qua dum læta tropæa tribus canit illa diebus,
Visere crudelis tota an subsederit hostis
In cineres legat, recipit quia salva resultet,
Nec feritate vacat perculsus culmine tantæ.
Virtutis lanius, furias neque ponere motus,
Præcipit insanus ferro plumboque per urbis
Ductetur mulier victrix onerata plateas.
Illa ornata means gravibus per compita baccis,
Accedit foribus civis cui Geminianus
Cognomen, pollens opibus qui thure penates

Innumeros suffire solens stolido igne colebat.
Utque domum pertransit ovis mactanda tonantis
En subito cœlis visa est allapsa columba
B Et super effigians ter stigmata Geminiani
Clara crucis caput annisu moderante resedit.
Is quoque suspiciens cœli alta patescere cernit
Proripiensque fugam, celeri petit impete campum
Qua mulier virtute animi tormenta fatigans,
Prævalidum duro tractat luctamine bellum,
Certantisque petens prono vestigia cursu
Cernere quod cessum pangit, sacra munera poscens
Quo duce sydereo Protasius ire sacerdos
Præcipitur divoque avidum purgare lavacro
Jussa gerit, puroque virum sacrat a nive piatum.
Tertia ab inde dies victricia bella reformat
Cum rege Æneadum læta tirone recenti,
Tormentis quos ille novis pœnisque repertis
Impetit, hisque furens cassis addicit atroci
Quem truciore via retur sævire lanistæ,
Suppleat ut si quid torturæ desit in hostes.
Ille quid ingestis valeat superaddere volvens,
C Victorum rigido cervices roboro tundit
Moxque solo incusso procerum terit ædis adacia;
Victores contra capit hinc apofrasius arma;
Quinque sub hoc palmas et septuaginta capessunt
Qui juga subierant Christi virtutibus acti,
Quas Deus in famulis miro patrabat honore.
Funera post quorum, judex abjectus in undas
Præcipitatur, equum duce concutiente sinistre
Alto a ponte petens imam demersus abyssum :
Corpore Tænareo cum mente voratus hiatu;
Nam miseræ exuviæ nullo post littore visæ.
Post contra athletas portenta tropæa nitentes
Insurgat Stygiis Megalesius anguibus actus
Invictosque probans nullo superarier astu
Aggreditur gladio mittens trans sydera ferro.
D Inclyta membra rapit mulier cui Maxima nomen
Utque triumphantes decet abdit honore venusto.

CAPUT VIII.
De sanctis Marcellino et Petro.

Hoc Marcellinus sub agone Petrusque triumphant
Quorum multimodam Petrus exorcista palæstram
Luctatus gravidas clausus limabat ahenas.
Carceris obsessor gnatam obsidione dolebat
Dæmonis astrictam, Dominum quem credere Petrus

Hortatur Christum summi genitum esse tonantis,
Quo sobolis pacta valeat gaudere salute.
« Miror consilium, prudens Artemius inquit,
Te Deus eruere haud potis est tuus, et colis ipsum
Ipsius ut plagas et vincula nomine portes

Qui salvare meam poterit si favero prolem?
Atqui (ait ille) Deus valet hinc meus omnibus atque
Pœnis eripere, at præstat certare duellum
Fortiter, æternum ut valeam captare triumphum.
Credere si me vis, custos, geminabo catenas,
Te quoque in ima tenebrarum sub vincula solum
Detrudens caveæ claustra omnia tuta relinquam,
Omnibus et credam, si te Deus eruet istis. »
Dat Petrus assensum se ejus testatur ad ædes
Venturum, non ad libitum tentaminis (inquit)
Id fiet humani, quin ad deitatis Iesu
Lumina demersis hominum pandenda tenebris.
Ille, caput quatiens; nimiis delirat hic actus
Tormentis (infit); properat, narratque jugali.
En subito noctis, solem claudentibus umbris,
Petrus adest, veneranda crucis signacula gestans;
Illi ejus strati pedibus clamare supernum
Esse unumque Deum, Dominum sine figmine Chri-
      [stum.
Filia mox plenam sumit Paulina salutem,
Et Christum, quos illa domus retinebat, adorant
Dæmone se Domini profitente vigore subactum.
Vulgatur circumpositis, curritque virorum
Tercentus major cuneus, sexusque secundi
Amplior irrumpit numerus, spectacula clara
Visuri dantesque Dei præconia summi.
Tum Petrus Marcellinum cupientibus illis
Sacra subire vocat, cunctos qui, presbyter almus,
Abluit ablutosque pio connectit ovili
Sacratosque reos jungit custode solutos,
Nexibus exemptos, vitiis quos expedit atris.
Comperiens censor mandat sibi sistier ambos,
Presbyterum atque exorcistam, fatusque sacerdos
Vera, ubi prosequitur, dictante furore jubetur
Carnificum sævis tundi per viscera pugnis.
Deficiunt lanii, sacer insuperabilis astat.
Sejunctum inde Petro densata cuspide vitri
Trux nudum jubet insterni cæcisque latebris
Luminis auxilium auferri victumque negari
Ingemit abjungi Petrus sævoque tyranno :
« Cum vocitent subjecti (inquit) te forte serenum
« Nubilus es per cuncta tuis tenebrosus et actis. »
Sic quoque constringi ipse datur, sic nexibus indi
Arctarique pedes ligni pressantis hiatu.
Astrigera desolato cœlestis alumnus
Presbytero summi legatur ab arce tonantis,
Erigit hunc plagis, proprio circumdat amictu,
Proripit in cippo ac ferro qua Petrus agebat;

A Hunc simul expediens ambos perducit in ædes
Quo nuper læti votis et laude vacabant
Consiliis munire novos cœlestibus agnos,
Præcipiens post hac censori accedere duro.
Albescente polo noctis dum tetra recedunt,
Dispositis luctatores repetuntur ab antris.
Queis minime inventis, Artensius ipse jubetur
Arctari, atque deis sacra ferre litamina cogi,
Stans sub honore Dei cum prole ac conjuge fortis
Rudere mandatur junctis affectibus abdi,
Cæditur ipse quidem gladio per limina cryptæ
Filia cum matre abjectæ saxisque notatæ
Mortem evadentes capiunt sine limite vitam.
Ductores sese laniis ante ora ferentes
Terrorem incutiunt, comitali plebe frequenti
B Carnifices ipsi retinentur et intercepti
Stant, sacra dum celebrans consummat rite sacer-
      [dos.
At confessores sibi jam differre coronam
Horrentes partam, populum secedere mandant,
Se vinclis ultro, gladiis se sponte ferentes.
Ergo canes rabidi nulla dulcedine moti
Præmissos ubi dilacerant, acuuntque furorem
Non ponunt proceres, æterna trophæa petentes
Nexibus invadunt, nodisque ad robora jungunt,
Quodque ferant lethum properant rogitare magi-
      [strum.
Is monet abduci in sylvam quæ *Nigra* vocata
Candida facta piis nemora, atque sub abdita cædi.
Obscurum ducti in saltum lucosque sub altos
C Avulsis spatium cædis sibi sentibus aptant,
Inque vicem suplices, pacis sibi ut oscula libant,
Vota genu dantes posito sed corde levato,
Lethiferum prompta gladium cervice receptant.
Virgineæ gemmis animæ visuntur et auro
Præcultæ specie superæ cultoribus aulæ
Celsa subire poli, cœlum penetrare per auras.
Carnifici hæc concessa truci spectare feruntur.
Qui dum visa refert, torvis dum pœnitet actis,
Jam senior vitæ meruit sacra dona per undas.
Digno danda solo retegunt sua membra beati,
Quæ Firminus levat pariterque Lucilla, venustæ
Sanguine matronæ, mentis mage lumine claræ,
Admonitæque, specu positus Tiburtius almis
Qua floret meritis sacrata in septa recondunt.
D Damasus hæc quondam quæ percussore ferente
Compererat stricto licet edita carmine vulgat.

CAPUT IX.

De duobus sanctis Felicibus.

Presbyteri divina duo per sacra nitebant,
Nomine Felices, felices actibus ambo,
Fratres lege Dei, germano sanguine fratres.
Correptus senior procerum dictante furore
Judicis invehitur secreta ad numina Dracchi
Æreus urgebat Pelusia sacra Serapis
Hebræos olim duce qui Tricante subegit,

Cujus, ut insufflat patribus suplicata vetustis
Ora, velut vento folium, vasta æra labascunt.
Hinc alias victor simili deductus ad aras
Insultat Maja genito virtute reliso,
Nec dea venatrix arcuque et arundine terrens
Oris flabra pii restare ad tenuia fortis.
Judicis ad sedem post clara trophæa reductus,

Tormento erigitur, quo carmine tanta rogatur
Tam dira acta dedit, divos qua fraude refregit.
« Non malefacta, inquit, sunt, at bene facta tonantis
Non hæc fraude vigent quin laude Dei omnipotentis. »
Censor item legat vertenda ad fana beatum;
At ne forte solo solito sacra arida cogat,
Quæ viridi viget assistens radice sacello,
Arboris orandas frondes et robora mandat.
Ille prece effusa censet radicitus arbos
Corruat evertens longo sacra tempore tecta,
Amplius hic vanis ne decipiantur inanes,
Ima petens robur paret, præcepta facessit,
Obvia fana terit quatiens vastatque premitque,
Atque minutatim spargens protrita revellit.
Cognitor hæc sumens jubet hunc ultore subiri
Ense, ferisque dari, communia jura negari.
Tramite decreto metam scandebat agonis
Lætus et accelerans parta gaudere corona
At magis ut niteat socium Deus applicat auctum

Qui dum scita capit cædisque edicta litandæ
Obvius addicit promptum se ad regna tenenti
Offert exitio currens apprehendere palmam :
—Atque ego, proclamat, legi summittar eidem
Qua nitet hic senior, Dominumque ipsum colo Chri-
[stum. »
His rapitur dictis et sancta per oscula junctus
Felicis parili meritis sub strage jugatur,
Et simul exsectus cœlorum ad gaudia surgit;
Hujus post nomen quia nescivere minoris
Ob decus infusæ vocitant virtutis Adauctum.
Aggressi tacita justi sub nocte laborem
Qua vastum convulsa sinum patefecerat arbos
Corpora humant conduntque pii tellure triumphi;
Tabescens livore nigro manus improba tentat
Vellere deposita insigni de rure talenta,
Quique ruunt operi furiis raptantur Averni
Tempore qua pacis fabricata educitur aula
Martyrum et illustri præculta tropæa nitela.

CAPUT X.

De sancto Chrysogono et Anastasia.

Chrysogonum in vinclis Anastasia fovebat.
Pluribus hæc etiam solatia plura ferebat;
Nam vir hic asservans annos ergastula binos
Plurima perpetitur, Christi sub nomine, victor,
Insuper et Rufum custodem acquirit et ejus
Quæque reperta clientela est servare penates,
Cum qua vincit ovans Dominus certamine mactus.
Anastasiam conjux, ne invisere possit
Carceribus positos quos Christi ut membra colebat,
Obscuris solam injiciens penetralibus abdit.
Præclara hæc ortu celebri, præclarior actu,
Sævo addicta viro, votis at dedita Christo,
Hæret mente piis, cæcis obsessa latebris.
Chrysogono sed anu gerula pia grammata legans,
Signat uti parvam sacrari præstitit undis
Mater eam, diva quæ relligione nitebat.
Cujus post requiem infidi juga dira mariti
Sumpserit, at nexus morbum mentita refutet,
Nocte die Domini amplexans vestigia Jesu;
Vir cum sacrilegis ejus patrimonia vastans,
Se tenebris mersam penetralibus egerit atris
His quoque corpoream jamjam dimittere vitam
Autumet, ob Christum gaudens quam ponere malit;
Tristetur sed opes, cœlo quas vovit ad assem
Virtuti, invisis scelerum famulentur amicis.
« Quare, serve Dei, supplex te deprecor, inquit,
Ores instanter Dominum vel corda jugalis
Subjuget ipse sibi, vel si videt igne vorandum,
Ferre locum jubeat, satius quod credo negare,
Quam Dominum fontemque manere fatentibus illum.
Testis Christus adest quod, jam si libera degam,
Sanctorum hærebo pedibus curamque piorum
Mente velut cœpi vigili exercere laborem. »
Rescribit precibus fusis confessor ad ista :
« Turbinibus tibi nutanti mundique procellis
Adveniet propere gradiens super æquora Christus;

Et fera belligeri fauce incita flabra draconis
Uno præcepti reprimet sermone relisa.
Ergo, maris velut in medio, patienter adorans
Expecta Dominum cum sancto mente propheta,
Proclamans : quid me turbans anima ægra fatigas?
Fide tuo in Domino, nempe ipsum pressa fatebor :
Ipse mei præclara salus, et gloria vultus.
Muneris ætherei geminum amplexabere donum;
Cum tibi reddentur terrena, superna ferentur;
Namque ideo Dominus longum bona protrahit alta.
Ne sit vile quod impertit, cita neu data migrent;
Nec turbere, piis quod quondam adversa sequantur,
His equidem neque deciperis quin fixa probaris.
Haud tibi per hominem constat defensio tuta :
Nam maledictus homo in hominem spem ponere ni-
[tens,
Et benedictus homo in Domino spem figere gau-
[dens.
Denique cuncta cave vigili peccamina mente.
Christi jussa tenes, ejus solatia quære.
Ille cito aspiciet placito sibi tempore versus,
Post noctis tenebras florentia lumina cernens,
Post hiemis glaciem, Boreæ post frigus abactum,
Aurea verna tibi cedent, spirantibus austris;
Tum pressis sub amore Dei præsentia præbens
Nexorumque levans solamine vincula blando,
Siderea accipies et fine carentia dona. »
Erigit his animum caligine clausa virago,
Lumen ut interius nequeant fuscare tenebræ;
Fortior at pollet pressuris, gaudet agone,
Angitur infelix socius, cumulatque furorem;
Atterit obsessam potuque ciboque negato :
Vix impendit aquam, consumptæ ut morte jugalis
Liberius dominetur opum quas deserat illa.
Quæ recipi se jam sperans hæc ossa relegat
Consolatori : « Finis mihi corporis instat;

Esto memor nostri, tenebris animam egredientem
Ipse ut suscipiat patior pro cujus amore
Hujus anus inici nobis quæ cœperis ore.
Ille sub hæc : « Lucem semper progredier umbris,
Constat et ægroto licitum exspectare salutem;
Vitam post mortem : sic uno fine fatiscunt
Omnia mundani vel læta vel aspera cursus,
Quo sit spes mœstis desitque superbia lætis.
Velificant uno nostræ vectæ æquore cymbæ,
Remige sic uno cunctis corda acta feruntur.
Hic firma nexæ quædam compage carinæ
Turbine pulsatæ superant vada concita ponti;
Nonnullis trabium male capula juncta phaselis.
Tranquillo admissum rimis parit æquore pontum,
Et cito dispereunt tricantes quærere portum.
Ast animis tu, verna Dei crucis inde tropæa,
Aptans te Domino, quo postquam vota subibis
Martyrii scandens palmæ cum culmine ad ipsum, »
Nec mora legatus peregrinis Publius oris
Efflat, et egelidum revocatur corpus in urbem
Conjugis. Hoc viso custodes limina linquunt
Diffugiuntque; probum tuta Anastasia vatem
Expetit enarrans lacrymasque et gaudia miscens.
Quid factum, pia contigerint oracula quorsum,
Libera sic vinclis vinctorum servula Christi
Enitet asservans ergastula, vota ministrans.
Arbiter in sanctos hujus tam pestis acerbæ
Mactabat testes aquilinæ in partibus agni;
Nec satis est lanio præsentum sanguine tingi,
Romanos enses latum quin spargit in orbem;
Carceribus servat quos præfectura per urbem
Diro mandat agi gladio; sibi mittier almum
Chrysogonum; sequitur voto gravis ære ministra,
Largaque devinctis etiam hic solamina præbet.
Denique Chrysogonus grassantis in ora draconis
Perductus, petitur laqueis, quatiturque secundis
Suadetur, vel præfectus, vel consul adoret
Numina Romulidum, neu spernat sacra parentum.
« Unum (ait ille) Deum veneratum mentis adoro,
Corde colo suplici, sinceris prosequor actis.
Vestrorum simulacra deum quæ vana probantur
Utpote dæmonicas contemnens exsecro thecas.
Famine quo pandens animi insuperabile robur,
Terminat egregiam, desectus colla, palæstram.
Membra salutifero populis ne jure niterent,
Livore æquoreis demersa lavantur in undis.
At non aereo præsumpta vorantur hiatu
Non ad portum hostis, vel inhospita littora, læta
Sanctarum ad saltus veniunt legata sororum,
Cyoniæ, Hyrenes, Agapesque, senex ubi justus
Conderet hæc Zoilus casto servanda cubili.
Panditur inde seni qua sit caput æquore vectum,
Inventumque velut sectum mox cæde recenti
Deligitur, propriæque super cervice locatur.
Pace fruens martyr superaque in luce beatus,
Ipse sui curatoris memor esse probatur;
Apparensque seni dictarum bella sororum
Jam patranda, piæque docet solamen alumnæ
Hunc sumptum ire datam sanctorum sede quietem.

A Ille ferens sacris divina sororibus orsa
Ter decimo explicitum testis post sole triumphum
Celsa sibi scandit penetralia martyre parta,
Pignoris eximia lecti mercede recepta.
Hinc in prædictas grassante latrone sorores,
Ut sibi fert jussum, non deserit alma ministra
Carcere detrusas Anastasia sodales,
Impendens geminum pietatis munere victum.
Nec minus indiguos rebusque foroque repulsos,
Nomine sydereo, gremio genitricis adoptat :
Omnia sollicite curans, patrimonia cœlo
Condere deposcens, votis operaque laborans,
Ne qua latere sinat terris quæ voverat astris;
Grassatorem etenim sequitur qui strage piorum
Ardet ubique loci vastas effundere cædes
B Ac velut haudquaquam valeat reperire necandos
Qua pergit; ductare studet sub vincla repertos,
Quos inter Macedum dictas perducit ad urbes
Germanas nullo sudore abitrice dirempta,
Quæ celso superat corde scruposa viarum
Quamque supernus amor per dura, per ardua tollit
Pharsaliæ quærens aptos ad dira ministros;
Trux leo victrices rapit huc ad sæva sorores,
Quas pia solatrix acres non inter agones
Deserit, haud mactas post clara tropæa relinquit ;
Hisque æternorum festiva palatia nactis
Regnorum, meriti thecas cultu ornat honoris.
Hujus per multos superis legata supellex
Dum pollet celsis jam centuplicanda talentis
In terris augere bonum, pietatis amator
C Non renuit gemina hanc præstans retinere lucerna,
Dum pariti jungit Theodotem luce micantem.
Hostibus hæc addicta sagax evadere curat
Mundani, saltu astra petens, laqueamina retis,
Zelantique proco sibi debita prædia linquens,
Nectitur æthereæ studio exercenda magistræ
Quælibet apta foro discens impendere cœlo.
Hæc omnis cura ambabus, hæc sola cupido,
Matres ut genitis, solatia pendere sanctis,
Subsidium ferre indiguis, dare robora tritis,
Præsidium pavidis, suffragia tradere mœstis,
Latis cœlo opibus, raptisque ad sidera justis.
Quæsitos solito lustrans ergastula mater,
Dum probat emeritos Anastasia migrasse,
D Se lacrymis desolatam solatur amicis.
Quæ fletu madida ora rigans secus antra reperta
Intrepido Christum nisu quia fassa rogauti,
Traditur Illyrici stipato jure forensi
Præfecto, scitausque datam nihilominus ille
Accipit egregium tenero sub pectore robur.
Quærentique genus, causamque interrita pandit :
Adventus, Jesum super astra sedere profatur,
Præsentemque solo sanctis solamina ferre;
Nec negat his se sollicitam servisse ministram
Quos impugnarunt : trepidis auxisse vigorem,
Arma dedisse, viam monstrasse, levasse laborem,
His se desertam queriturque repente relictam,
Æmula corda pio post hos fervore ferentem,

Hosque sequi cupidam, hinc et aperto lumine pau-
[sam
Quo post exactum tandem vestigia censum
Ipsa triumphantum ad cœlos, vel sera sequatur ;
Comperiens claram præses gentisque togatæ
Stirpe satam, regi ducit depromere dignum
Se prætextati sobolem servare prehensam
Christicolæ tanto sectæ nodamine captam
Nomine sub Christi, jugulum quæ pendere malit.
Præcipit ille datam studio servarier omni,
Jussa tenens quid censor agat, quæ munera ponat.
Exquirit præfectus opes, patrimonia poscit ;
Accipiens impensa polo, libamina profert.
Probra Deum capiens, insana oracula censet,
Dementem demens vocitat, probat illa socordem,
Invalidumque animo veris secernere falsa.
Quæstor dicta refert regi, furit ille requirens
Milite quo fixam superet, queis dimicet armis,
Sacricolam eximium capiens uxore vacantem,
Tradit huic vel subdendam, fanoque, thoroque,
Vel si restiterit, subigendam tormine letho.
Ille datam gaudens varia in penetralia ducit,
Dissimilis diversa monens discrimina belli :
Hinc gladium, hinc aurum, gemmas hinc, inde cata-
[stas ;
Mollibus hinc cunis argenti strata refulgent ;
Ignibus inde feris ferri usta grabata renident ;
Inde penu dapibus nimia stipe dite refertum ;
Inde specu tenebris testisque horrescit acutis.
Quæ verum lutum fortis testata virago,
Cernere se cumulos opulentos stercora censet,
Ferrea vincla poli pretiosa monilia ducit.
Ille putans spatio a cœlis ad terrea volvi,
Fert triduum invitæ jam jamque superna tenenti,
Allegatque decem sagas pervertere corda,
Indomitam visco laqueisve ligare columbam.
Hanc illæ variis attentant retibus : aurum,
Ardentes gemmæ, Parthique feruntur odores,
Illa polo defixa oculos, elataque palmas,
Stat precibus hærens, nec corda nec ora reflectens,
Non escam somnumve petens, sensuve pigrescens ;
Cornicum ut voces aquila spernente fatiscunt ;
Sic fusi suasus, immota hac stante, labascunt.
Cessum ubi post spatium muliebria tela relisa
Improbus insistens athleta libidinis audit,
Irrumpens sacra jam penetral per vota dicatum,
Nititur amplexus cœlesti inferre puellæ.
Quem subito cingens tenebris aorasia vallat ;
Gyrat inane domus, Christi contingere servam
Invalidus ; surdos vacuo vocat aere divos ;
Queis tandem elusus, pestisque rigore coactus,
Astantes foribus clamans ciet, hisque receptus,
Evehitur, cultasque diu defertur ad aras,
Sacra litat, vitam a mortis ductoribus orat,
Orsa capit se digna pati dementibus ausis,
Tartareasque agitur raptus tysiphone sub umbras.
Libera bellatrix sociæ magalia visit,
Et sibi gesta Deo Theodotæ ex ordine pandit ;
Solibus atque Dei noctes in laudibus addunt.

A Bebricia interea Theodotes urbe petitor
Adveniens, opibus justæ perfunctus inique,
Hanc sibi connecti studio flagrabat inerti
Dumque dies vario insistens terit impete plures,
Invenit hanc pariter quæ roboret ore sodalem,
Quam ferus abripiens censori addicit atroci,
Primatique suæ Theodotem destinat urbis.
Ille piam sceleri nitens substernere tetro
Dum probat intrepidam, natum sub tormina primum
Destinat Evodium, pueri præcelsa profata
Indignans, flagris et matris in ora lacessit,
Robora cui genitrix cumulat sermone virili
Verberibus testans his gaudia sumere Christi.
Arbiter impuri dat scortatoris honestam
Sordibus addici, posthac meretricibus addi.
B Incesto castam nisu temerante petenti
Naribus exundans valido fluit impete sanguis,
Improbus et clamat juvenem fulgore nitentem
Auratæ vestis solamina dedere matri,
Cujus agente datum pugno sibi naribus ictum.
Præcipit hic censor vastum succendier ignem.
Et trina cum prole rogo demergier almam.
Quæ grates Domino referens, benedicit ovanter
Omnipotentis heri nomen, clementia cujus
Pignore se proprio nec sæclo separat isto,
Nec patitur Christi confessio sancta revelli,
Sed nec martyrii sinitur sub agone relinqui.
Cœlica cum natis scandit sic prævia victrix ;
Illyrici præfectus hians opplere crumenas
Munere, proventus matronæ obsederat, abdens
C Romuleam claustris matrem custode frequenti
Obseptam, tentansque animum sub pectore, sexus
Infirmi, validum, suadet præcepta magistri.
Expleat, et facili census sibi dote remittat.
Temnentem temnens imitetur munera Christum,
Illa terens firma calentia spicula parma :
« Vertere me mandata jubes quæ Christus egenis
Præcipit, ipse tibi locuples impendier orans,
Dum neque te mensa dignum decreverit auctor,
Pauperibus poni quam jussit amore benigno.
Munera quin si nostra juvant, quod egere pro-
[baris
Accipito, et largis fidei ditesce talentis.
Dumque alterna serunt, censor rationis opimo
D Deficiens antris victricem claudit opacis
Impugnansque minis panem vix sero ministrat.
At Dominus charam in tenebris non linquit alumnam,
Huic redhibens comitem dudum cœlestia nactam ;
Nec patitur desolari solamine dulci,
Noctibus insigni Theodotem lumine cinctam
Sedibus a superis ad cæca cubilia legans,
Cui socianda polo, ut sancto jubi vinxerat actu,
Hæc dapibus mensam, varioque decore paratam
Apponens, pariterque preces ad sidera tollens
Ætherei solamen ei fundebat amoris,
Sensibus et carnis superum impendebat honorem,
Cœlica regna petens cœlesti ut luce niteret
Divinoque poli gauderet nectare pasci.
Hoc ubi ter denæ decorantur lumine noctes

Defecisse fame, tetrisque horroribus hostis
Hanc ratus inquirit tamen an vel fraude supersit
Fortius illa vigens, meliusque reperta nitescens
Pellitur undique curam vinctæ hostie ferente,
Mutatisque sigillato custodibus antro
Mergitur, et tenebris latet abdita mense secundo.
Nec sueto de more tamen solamina desunt,
Nec charam linquit comitem dilecta sodalis:
At solito refovens cœlestibus educat escis,
Clarior illa nitens, hilarique augustior ore,
Dum dape siderea, divoque nutrimine floret,
Liquitur hostis iners, nisuque fatiscit inermi
Destituique tuens hoc se molimine, tentat
An pelagi invictam terris queat abdere lymphis
Admiscensque reis Thetydis jubet indier undis.
Flatibus acta ratis vastum raptatur in æquor;
Fluctibus atque feris spoliata addicitur armis,
Bis sexagenis sociis onerata tegendis ;
Undivagam lethi fremitu quatiente carinam,
Præsentem expositis intentant omnia mortem.
Ast animas horrore legens educere diro
Cunctipotens, famulæ trepida sub sorte sodalem
Mittit, nutantis relevet quæ corda tumultus.
Approperans æthra Theodote margine cymbæ
Subsidit, firmansque animos de puppe labantes,
Componit celeri sternens tumida æquora nutu,
Et solans comitem vinctos simul advocat astris.
Eutichianus eos inter pietate serena
Pollebat, qui rura et opes amittere gaudens,
Fixus amore Dei contempsit gaudia sæcli.
Qui quotiens quæsita palam promoverat orsa ;

A « Non mihi tollet (ait) Christum et qui vertice de
[met! »
Quem dum magnificant celebri sub honore sorores
Altera fluctisono ponti vallata susurro,
Altera vesano turbarum libera motu,
Christi facta Dei præsentia pectora sumunt,
Inque sali medio læti, statione quieti
Ceu portus, cum nocte diem sine turbine jungunt.
Tertia lux terras palmarum nomine dictas
Fert, quæ nonnullis vario certamine trusis
Gaudentes fulgere, piis augentur et istis.
Præcipiens coluber quibus egerercntur arenis
Spectari, teneant alacres quæ rura, capessit,
Ut valeant, quid agant, Christum quod corde se-
[quantur.
B Ille furens sævos celerat legare ministros
Crescentes reprimant nisu qui quolibet ausus
Maturant rabidi præcepta patrare lanistæ.
Tum mentes mulcere dolis, terrere flagellis,
Invitare humiles, donis ferre ultima duris ;
At non egregios aurum, non vulnera frangunt,
Non mors ipsa, animos properant ad funera
[fortes.
Bis centum hic subiere viri vario æthera ductu,
Quos septingentæ comitantur agone puellæ.
At ductrix robusta manus exercita, fixis
Vincta pedes palis, medios exsultat in ignes,
Exsultansque animam radiantia tollit in astra.
Funus Apollonia matris servante fideli
Curatum, multoque ut condit aromate membra,
C Basilicæ fabrica celebrique decore venustat;
Christus et emeritos insignibus auget honores.

CAPITULA LIBRI OCTAVI.

Cap. I. — De persecutione Maximiani et sancto Marcello papa sociisque ipsius.
II. — De sancta Lucina et sociis ejus.
III. — De sanctis Joanne et Crispo.
IV. — De sancto Erasmo.
V. — De sanctis Sossio et Januario.
VI. — De sancto Domnino.
VII. — De sancta Barbara.
VIII. — De sanctis Secundo et Alexandro.
IX. — De sancto Theodoro.
X. — De sanctis Felice, Victore atque Nabore.
XI. — De sanctis Carpophoro et Abundantio.
XII. — De sancto Gregorio martyre.
XIII. — De sancto Sabino episcopo et sociis ejus.
XIV. — De sanctis Felice et Fortunato.
XV. — De sancta Afra.
XVI. — De sancto Eusebio papa.
XVII. — De sancto Timotheo.
XVIII. — De sanctis Marino et Amalchio.
XIX. — De sancta Agnete.
XX. — De sancta Emerentiana.
XXI. — De visione parentum sanctæ Agnetis.

CAPITULA LIBRI NONI

Cap. I. — De sancto Valentino episcopo.
II. — De sanctis Anthimo et Maximo.
III. — De septem fratribus.
IV. — De sancto Bonifacio.
V. — De sanctis Gorgonio, Dorotheo et Maximo.
VI. — De sanctis Luceia et Acceia.
VII. — De sanctis Archelio, Hyppolito, Vincentio et sociis eorum
VIII. — De sancto Silvestro.
IX. — De synodo quæ facta est sub ipso.
X. — De Gallicano et Constantia.

XI. — *De sanctis martyribus Joanne et Paulo.*
XII. — *De sanctis Januario, Gordiano et sociis.*
XIII. — *De sancto Pigmenio.*
XIV. — *De sanctis Herculio, Hilarino et sociis.*
XV. — *De sanctis Prisco, Priscilliano et cæteris.*

CAPITULA LIBRI DECIMI.

Cap. I. — *De sanctis Marco et Julio episcopis.*
II. — *De sancto Eusebio epis., Greg. et Oresio presbyteris.*
III. — *De sanctis Damaso, Hieronymo et Siricio.*
IV. — *De sanctis Innocentio, Zosimo et Bonifacio episcopis.*
V. — *De sanctis Celestino et Sixto episcopis.*
VI. — *De sanctis Leone, Hilaro et Simplicio episcopis.*
VII. — *De sanctis Felice et Anastasio episcopis.*
VIII. — *De sancto Symmacho papa et Paschasio levita.*
IX. — *De sanctis Hormisda papa, Remigio atque Germano episcopis.*
X. — *De Joanne papa, Symmacho, Patricio atque Boetio.*
XI. — *De sanctis Felice, Bonifacio atque Mercurio episcopis.*
XII. — *De sanctis Agapito et Cassiodoro, Silverio atque Vigilio.*
XIII. — *De duobus Pelagiis Joanne quoque et Benedicto episcopis.*
XIV. — *De sancto Gregorio papa et affinibus ejus.*
XV. — *De miraculis ipsius monasterii.*
XVI. — *De ministro qui ejus imminuit eleemosynam.*
XVII. — *De monachis ipsius monasterii.*
XVIII. — *De purificatione fundi ejusdem.*
XIX. — *De visionibus Tetgaudi episcopi.*
XX. — *De eo qui meretrices monasterio ipsius introduxit.*
XXI. — *De revelatione sancti Andreæ.*
XXII. — *De eo qui fontem ipsius inquinavit.*
XXIII. — *De visione Joannis levitæ.*
XXIV. — *De visione imperatoris Mauritii.*
XXV. — *De humilitate ipsius sancti Gregorii.*
XXVI. — *De successoribus ejusdem.*
XXVII. — *De sanctis Deusdedit, Bonifacio et Honorio episcopis.*
XXVIII. — *De sancto Severino papa et successoribus ejus.*
XXIX. — *De sancto Eugenio.*
XXX. — *De sanctis Vitaliano et Adeodato episcopis.*

INCIPIT LIBER OCTAVUS.

CAPUT PRIMUM.

De persecutione Maximiani et sancto Marcello papa et sociis ejus.

Tractus per varios vestigia diva legentem
Dum sequimur matrem, decretam liquimus urbem,
Ausoniæque procul missis excessimus agris.
At ductrice poli quæsita sedilia adepta,
Propositum repetamus iter, redeamus in urbem :
Quos hic incendat rabidus, quos excitet ignes,
Climata collega furiis Eoa terenti,
Quos inflet strepitus videamus Maximianus;
Quas strages diris, quæ bella perurgeat armis.
Marcellus vacuam longo jam tempore sedem
Nactus apostolicam, vigili tutatur ovile
Commissum studio: quo quis certamine sudet
Discutiens, quæ tela gerat, quos certet agones.
Hac datus in specula Prasonem ope castra levantem
Repperit, humana cuneos pietate foventem,
Supplementa cui Sisinnius, et Cyriacus
Addebant operi, Largus simul, atque Smaragdus,
Instantes, agiles, virtutis amore ministri.
Dux bonus hortatur proceres, sacrantur et aris
Rite ministra manus Sisinnius et Cyriacus.
Dignius ut niteant operi, insistantque labori.
Dumque ministerio explendo nec nocte quiescunt,
Tertia perfidiæ penetrant lictoribus antra,
Antra tenebrarum, rimandæ hinc dantur arenæ :

A Hærentes operi decreto, aliena levare
Pondera decertant, læti laudesque ferentes,
Carminibus divis regique Deoque benigni.
Ut capit hæc Cæsar, mandat Sisinnius or
Assistat, nomen carmenque referre rogatus,
Servorum Christi famulum vernumque fatetur,
Laudibus attollens præconia cunctiereantis,
Herculis anguis (ait) « tribues vel adorea sacris
Vel tua funestis addicam viscera flammis. »
Iste sub hæc jugiter devota mente cupita :
« Hæc mihi contingent, meritus si forte coronam
Quæsiti reperire diu censebor honoris. »
Lauditio posthac præfecto traditur, illum
Qui custode cato septemque decemque diebus,
Obsidet, offerri hinc sibi præcipit Apronianus;
B Præsentem custos ubi dat fulgore superno,
Hunc radians videns, vocem simul haurit ab æthra :
« Approperate, patris benedicti, sumite regna
Jamdudum vobis, mundique ab origine parta. »
Famine quo tremefactus adit vestigia testis,
Adjurans liquido se mox purgamine tingi,
Ut queat æterni contingere dona decoris.
Nec longum dilatus honos ubi vota capessit
Decisus jugulo quæsito stemmate fulget.

Inde senem Saturninum Sisennius antris
Cœpit habere parem, cujus relevatur amore,
Nuper eum duro solans ut fasce levabat.
Sicque dati septis plura obsidione gehennæ
Agmina solvebant quærentum munera lucis,
Dogmate purgantes tenebris, et fonte sacrantes,
Atque ita quinquaginta duos datur abdere soles.
Hinc nudis acti pedibus, vinctique catenis,
Præfecti in vultus sistuntur et ante tribunal ;
Ærea defertur tripos, atque litare jubentur.
Tum Saturninus : « Sceleratos alterat (inquit)
Hic Dominus divos! » tripodem qua voce resolvit,
Impetu ut acta procella lutum, tremit alta satelles
Jura potestatis Christum Dominumque Deumque,
Papias, Maurusque cient; mox ora relisi
Grandine vulnifico, traduntur carceris antro,
Distentique duces nervis, pensique catasta
Velluntur flagris, torrentur in æthere flammis.
Dumque ferunt grates nec cessant edere laudes,
Depositi cœlum cæsa cervice merentur.
Cum Joanne solo claudit pia pignora Traso,
Marcello confessores lugente piatos
Judicio præfectus agit, quos diva fatentes
Munia, sacra refutantes gentilia, sterni
Rure jubet, ignisque terit nihil ore sonantes
Munera ni Christi; lignorum robore trito,
Plumbea plumbens, annectit quo pondere agonis
Pondera ponentur : cœlorum ad culmina surgunt;
Corpora Joannes venerando presbyter actu
Dat Petri ad nymphas ubi cœlica dona ferebat.
Interea sanctum custodia longa ministrum
Cingebat fessis Cyriacum robora dantem,
Oppressis columen, septis caligine lumen.
Principis at sævi soboles Diocletiani,
Flamine vesano fervens Artemia diro
Perculerat patrem furibundi vulnere cordis ;
Ipse fatebatur dæmon nisi voce jubentis
Non se egressurum Cyriaci. Mittitur atque
Nexibus exemptus thalamos penetrare rogatur.
Luctam ingressus init, cum tetro dimicat hoste,
Huncque reclamantem, multamque labore minantem,
Pectoris invasi propulsum eliminat antris;
Nec vacuum patitur vas inde patere latroni,
Gurgite quin sacrum sensu renitere fideli
Præstat, et æthereæ decorandum destinat aulæ.
Solvitur his actis, libertas munere fertur.
Nec mora longa orientalis legatio regis,
Post longos niaris emersos, terræque meatus
Romanam sedem petit, imperiique cacumen;
Non belli terrore pavens, non judiga pacis,
Non pacto, augusta non majestate coacta,
Mitia Chaldaici prodens orata tyranni
Romuleum civem quærentia adesse Sapori,
Non sceptris rutilum, non ostro auroque coruscum,
Pauperis ast habitus Cyriacum vilibus actum;
Contentumque sagis, devotum, humilemque ministrum,
Hostem qui nequeunt reges quem pellere pellat,
Regis et absolvat genitam nexu anguis adactam.

A Augusto monitus panduntur at ipse jugalem
Barbarico pro suggestu dat abire petitum.
Levites haud horret iter, haud abnuit hostem
Promptior in longos oneroso tramite ductus.
Ac petit Eoum, regina adhibente veredos,
Cum Largo comitante solum, socioque Smaragdo.
Externas hostem procul insectatus in oras;
Sed nec equo patitur tolli, rhedisque juvari ;
Quin baculo contentus abit, superatque jugales ;
Ast ubi perventum radiantem regis in aulam,
Auro præcultus rutilante tyrannus egenum
Stemmate contentum vili dejectus adorat,
Invitatque auro penetralia fulva subire,
Quis captiva sedens multo non quiverat auro
Injectis redimi vinclis, exire catenis.
B Ingrediente salutifero secreta ministro
Regia, torquetur tortor, vincitur adactor,
Multa gemens et multa querens, dimittere tandem
Cogitur, invasam torvo molimine prædam.
Sicque fide replens vacuatam dæmone mentem
Membra triumphator cœlesti protegit unda.
Proficuum soli nec ita datur esse puellæ :
Solvitur hæc vinclis, manifesto exempta furore,
At pater interno cæcoque ligamine liber
Redditur, et Christo pectus dicat hoste piatum.
Nec solus rex sacra subit, comitantur amici,
Bis deni et quadringenti baptismate culti.
Munera sceptrigeri pauper contingere temnit,
Præmia magna fidem ducens, pane usus et unda.
C Glorifici Persis Cyriacus honore triumphi
Sublimis remeat, capit inclyta Roma ministrum
Egregium; pudet huic bellum conferre tyranno;
Pace frui annuit, invitus fera continet arma;
Hunc tamen in solum, quod ei sub munere præstat.
At dilata patris genius supplere calescit,
Atque vicem patris exercet, veramque paterna
Se prolem feritate probat; furit impius hæres
In pietatis amatores; punire benignos,
Devotosque flagrans, Cyriacum tegmine nudum
Opprobrium reliquis cultam procedere rhedam
Præcepit obstrictum gravibus, septumque catenis:
Mitior erravit si quid pater, iste piare
Contendit, famulosque Dei sub agone lacessit.
Carpere Carpasio Cyriacum verbere tradit.
D Ille furens vincti pice verticis alta nigrare
Perfundit candens picei caput igne liquoris ;
Iste ferens grates, offert præconia Christi
Congaudens, seseque Deo dant dona sodales.
Crescentianus unus horum tollitur
Altus catasta, crescit atque tormine,
Tensusque nervis fuste crebro cæditur
Ac membra aratus jugulis irraditur
Dum supernam voce clara gloriam
Præfert, adactis incalescit ignibus,
Interque laudes, inter ignes spiritum
Emittit astris luce pura fulgidum.
Hoc ita præmisso, comites custodia claudit.
Quatuor exactis Cyriacus solibus istis
Eximitur claustris, suasusque litare profanis,

Solius Domini sequitur libamina Christi :
Attractus nervis caesusque libramine tensis,
Laudibus et precibus regem persultat Iesum,
Carnificemque viri superat patientia fixi.
Ille pudore gemens properat narrare tyranno,
Et praeceptori devicta renuntiat arma ;
Qui furibunda fremens omnes quos claustra retentant
Cum Cyriaco ensi jugulum dependere mandat;
Atque ita bis deni clarum super astra ministrum
Sectantur testes, roseo fulgore nitentes.
Pignora Joannes senior rapit, abdit humoque
Deponit; Marcellus abhinc, comitante beata
Lucina, celebri comens disponit honore :
Suscipit haec etiam socios Largum atque Smaragdum,
Quos dominae capiunt Juliana et Menica busto :
Fratris tunc etiam affectus Arthemia sensit,
Germani framea capiens coelestia regna.
At Lucina facultates ex asse ministrat
Ecclesiae, traditque domum, qua rite sacrata
Lege licet plexa mysteria papa frequentat,

A Quo comperto, hostis stimulata mente retractat,
Quid poenae statuat, dum publica bella renutat;
Deputat ergo domum stabulum, patremque mini-
 [strum
Jumentis adicit; prono qua corde subactus,
A Domino illati medicatur vulnera laesi,
Temporeque hic longo gemino dum pabula ritu
Suggerit, ac bifido diversa animalia victu
Perfovet, emeritus paradisi in septa levatur.
Finetenus duro tectus membra inclyta sacco
Nocte die precibus divisque vacabat ut hymnis ;
Joannes artus sacer et Lucina recondunt
Aedes Carpasio Cyriaci munere cedit
Saevitiae, ingressus fontem quem papa sacrarat
Obsceni luxu maculat sordente lavacri ;
B Qua dum scenica cum pravis et foeda frequentat,
Tartareum subiti torvo lethi agmine raptus,
Complicibus junctis, descendit ad usque profundum.
Sic pia clausa domus diris, intranda benignis,
Terrorem saevis adhibet, solamina justis.

CAPUT II.

De sancta Lucina et sociis ejus.

Sanctorum plures Lucina beata fovebat,
Cui conjux Pinianus, opes et praedia linquens,
Ut Sisinnius ac pariter Diocletianus,
Grandine saxorum pressi, Florentius atque
Congaudente piis ab eo data busta capessunt,
His quoque susceptus meritorum fulget honore.
Imbuit hanc martyr sublatus ab ore cloacae,
Temperet egressa ut proprias jejunia vires,
Corpore dote nucis gerula cornice referto,
Parva daret vini cui sorbitiuncula curam,
Quam penes eductis jam fratribus alma Beatrix
Simplicio gemina ac Faustino luce nitebat ;
Queis vario sub agone poli penetralia nactis,
Corpora verticibus Tyberinis abdita nutu
Redduntur patefacta Dei quae Crispus honore
Joannesque levant celebri junctaque sorore
Debita militibus dependunt munia mactis.

Ast inhians quidam conterminа rura piorum
Subdere vicinis propriisque annectere fundis,
Ad fera fana Beatricem Lucretius urget.
Quae scelus exhorrens clamat : non libo profanis,
C Altithroni cultrix Domini ; » sic carcere trusa
Dum retinetur ab infesto divellitur hoste :
Praefocata nigris sub nocte latenter in antris.
Quam fratres secus explicitos Lucina receptat.
Ambitor rus ingrediens, indebita gaudet
Pervasisse colens opibus convivia raptis ;
Quo securo epulis laute recubante sinistris,
Parvulus avellens os matris albcolere clamat :
« Audi, Lucreti, post caedem invasa capessis.
Traderis en hosti infelix possessio factus. »
Acceptus sub voce feri laqueamine lethi,
Prandia perturbat patinas et pocula miscens,
Tartaraque irrumpit, flagris agitatus erynnis

CAPUT III.

De sancto Joanne et Crispo.

Joannes Crispusque, ubi plura decore nitenti
Pignora justorum natali tegmine condunt,
Ipsorum macti meritis, capiuntur in astris
Quorum sede pia mandarant corpora glebis.
Iose etiam dives sanctis qui multa ministrans

Servierat Thrason, gibbo cedente cameli,
Limina transit acus, gratumque expertus agonem
Martyribus conjunctus abit palmamque capessens
Cum sociis gemino petit aurea regna triumpho.

CAPUT IV.

De sancto Erasmo.

Multa quidem quaecunque loci celebrata trophaea
Hoc fervore micant. Quanto cumulatius arva
Credimus Ausoniae rutilo radiasse nitore,
Tunc bel is clarum Campania pandit Erasmum,
Pontificem dignum, crebro sub agone probatum.
Grandine quem plumbi quatiens Diocletianus
Invenit ut validum, valido dat verbere rursum

Mactandum. Rigido tritus qui robore sylvae
Invictus victo superat tortore flagella.
Arctatur coluber : Varia exercere palaestra
Athletam meditans, vario parat unguina fotu,
Diversas rapido species simul igne resolvens,
Resina, plumbo, cera, pice, sulphure, olivo
Permixtis ; talique retecta liquamine mem br-

Respergit, disquisitos non passa calores;
Stat pius illæso spectacu'a corpore præbens,
Tutorisque fidem mirantum cordibus addit.
Carcere vallatus magno quoque pondere ferri
Depressus, posthac dira obsidione tenetur.
Missus at æthereus summa delabitur æthra,
Largiturus opem testi pia bella gerenti :
Vincula dissolvit, patefactaque limina reddit,
Educit tenebris raptum, dat abire so'utum.
Sic, dum plura gerens populis miranda lucrandis
Oppida, rura replet factis insignibus, ales
Fama palatinis etiam notat auribus acta.
Jamque triumphator proceris virtute prioris,
Culmen in alterius mandatur inire duellum
Laude lacessitus raptat quem Maximianus

A Suppliciisque agitat variis duraque palæstra
Exercens, æris lorica inducit adusta.
At flagrante nitens tunica stat nescia martyr
Membra gerens ignis, spretoque ardore coruscat
Vi supera; recrudescunt tormenta, redactæ
Præmissæ refluunt species fervoris in olla,
Miles et ignipotens flammatis mergitur undis,
Quas tepido veluti fotus, gaudensque lavacro,
Cuncta simul superans molimina dira triumphat,
Egrediturque alacer, divoque levamine tutus,
Eruitur duce sidereo, campana peragrens
Arva, fidemque piam multorum in pectora plantans,
E tenebris plures ad veri lumina ductat,
Sicque Deo jussus celebres consummat agones.

CAPUT V.
De sanctis Sossio et Januario.

Aulæ ministrum cœlicæ hac tyrannide
Misena clarum præferebat Sosium
Qui sanctitate, dote qui prudentiæ
Juvenile robur protegebat strenue.
Quare beatus sæpe Januarius
Benevento ab urbe qua nitebat pontifex
Hunc visitatu sublevare suéverat.
Unde et petitum clara Christi dogmata
Domini sub aula dum citantem respicit,
Cernit comantem athera flammam vertice.
Solusque tali convibratus lumine,
Mox exiturum prædicavit martyrem.
Haud immorata, haud ducta longum famina,
Pauci rotantur post prophetiam dies,
Et ecce, tentus dum astra levites fovet,
Levare solers vincla vates advenit,

B Atque apprehensus fit palæstræ particeps.
Hærent sodales optimi, diaconus
Honore Festus, lectione et elius
Desiderius. Hi, sæva post ergastula,
Mulctam subire destinantur verticis,
Qui præstitutam dum terunt lethiviam,
Cumulantur aucto dignitatis ordine.
Puteolana nempe ab urbe Proculus
Levita fertur cum duobus obviis
E plebe justis (hique Acutus, Eutices)
Isti rogantes cur necem justi petant :
Ubi probantur plebis almæ nobiles.
Simul jubentur colla secti occumbere;
Pariterque septem cæde plexi compare
Rapiuntur acti gratiæ prædonibus,
C Variique cives busta dant tribulibus.

CAPUT VI.
De sancto Domnino.

Julia Cæsarei procerem primumque cubilis
Domninum fera vitantem consortia regis
Felici hospitio capiens, mox læta triumpho

Persultat : rabies quem consectata cruenti
Carnificis, rapit, æthereis gladio erigit astris.

CAPUT VII.
De sancta Barbara.

Tuscia tunc vidit certans ut Barbara virgo
Clara trophæa tulit, genitor Dioscorus arcta
Quam longum obsidione terens dat præsidis iræ,
Qua nudata flagris crude divellitur atris,
Dumque manet stabilis nervos et taurea ridens
Fricta recrudescunt hircina vulnera palla;
Inde recepta antro cœlesti luce levatur,

Costarum applicita flammatur lampade cratis ;
Malleus incutitur, capitis libratus in arce;
Præscissæ diro teneræ cæsore mamillæ,
Stigmata deinde crucis nudare retecta plateis
D Ducitur, atque diu truculenta cæde resecta,
Culmina sortitur juguli mercede superna.

CAPUT VIII.
De sanctis Secundo et Alexandro.

Castra etiam scrutabantur, quo si quis in armis
Christicola inventus, nomen legemque professus,
Aut nece Cæsareum, aut satiaret thure furorem.
Lapsacidas inter proceres tunc forte Secundus
Nomine deprensus, reliqui virtute priorem
Cœlestis quem fecit agon, post vincla, tenebras,

Perpetuum specimen caput ense recisus adivit.
Hujus Alexandrum legionis in agmine sacra
Sidereæ audierat luctæ sumpsisse tyrannus
Ritibus appositis petit hunc libare profanis.
Is cœli convexa tuens : « Mihi gratia talis
O utinam præstaretur quo vana repellens

Sensibus ista tuis et vertere corda valerem!
At tueor putridum, video insanabile vulnus.
Me quoque qui cunctas vocat ad sua munera gentes.
Consiliis at parce feris, Satanæque suasus
Linque tuos et pange malos quæ gesseris actus,
Viventemque Deum qui condidit omnia nosce. »
Motus ad ista obici Cæsar jubet arma neganti
Invitumque sacris raptumque litamine cogi.
Ille fide fretus, colubri præcepta refutans,
Confundit torvos interno robore vultus,
Mensam calce petens, glebis superaddita miscens.

Mox furor hunc frendens ultore dat ense feriri;
Stat trepidus ferro nutans titubante satelles;
Quem ferus increpitans judex succendit inertem.
« Hujus (at ipse) caput pro me mons magnus habetur,
Unde tremor membris, horror mihi sensibus actus. »
Ille alios adhibet, plures ciet unius ora
Qui resecent; properat martyr, gaudetque resolvi
Procumbensque genu telluris ad ima volutus,
Mucronem petit ac prona cervice capessit
Sed prece præmissa mactusque iit ardua castra

CAPUT IX.
De sancto Theodoro.

Theodorus validis staret cum miles in armis,
Strenuus altithrono pendebat munia Christo.
Crimine quo raptus celsa ad prætoria fertur.
Jura Dei fassus, differtur vertere sensus;
Irrevocanda tenens æterno pectora vero,
Sistitur Æneadum censendus regmine legum;
Agnitus infrenis, colibetur carceris antris.
Ostia signantur, sed non solamina diva
Arcentur claustris relevato; visibus altis

Judiciis restauratus, trabe tollitur altus
Unguibus excisus, ferroque insectus ad ossa,
Costarum cratem lacerata carne renudat.
Inde rogo data victorem sententia prodit,
Qui vexilla crucis rapiens partos petit ignes,
Cleonicumque sequi vestigia fortia mandans,
Glorificansque Deum, mentis litat ignibus ignem.
Funera devote Eusebia satagente coluntur.

CAPUT X.
De sanctis Victore, Felice atque Nabore.

Victor canitie fideique decore nitebat,
Sanguine qui Maurus, primisque fidelis ab annis,
Cæsareas animi decorabat honore phalanges.
Felicis patria civis civisque Naboris,
Africa quos cæsos urbi dat Mediolanæ.

Cæsare compulsus fanis impendere honorem,
Victor perduransque pius fera robora vincit :
Lignorum tritus longum, ignarusque dolorum,
Stansque expers ignis, plumbi perfusus ab undis,
Augusti gladios sic post tormenta triumphat.

CAPUT XI.
De sanctis Carpophoro et Abundantio.

Maturitatis hoc calore copiam,
Carpophorus aucto percipit Abundantio,
Spoletum agone qui venustant gloriæ,
Prior sacerdos ac minister subsequens.
Pro laude Christi nam subacti fustibus
Primum, inde tetro mancipantur carceri,
Potus negato vel cibi solamine.
Ductore at inde proferuntur cœlite,

Semenque verbi in arva spargunt pectorum.
Rursumque tentis ora saxeus rigor
Tundit ; levantur hinc eculei culicine ;
Fortesque diro dum probantur tormine
Iterum tenebris ingeruntur horridis.
Queis macerati, ac præparati laureis
Tandem ense cæsi celsa scandunt sidera.

CAPUT XII.
De sancto Gregorio martyre

Tunc et beatus sic subegit presbyter
Anguis furorem lividi Gregorius.
Cui Flaccus (inquit) : « Tu rebellis principum,
Temptor sacrorum tunc restas numinum ? »
At ille : « Nosse si velis constantiam
Qui me creavit e luto Deum meum
Ab inchoante non relinquo infantia. »
Sic perseverans in fide fortissimus
Dilancinatur, dorsa tritus fustibus,
Nodisque versi venter actus vellitur;
Dein ligatus crate palmas ac pedes,
Arctatur ignis subter aucto pabulo.
At mox soli coacta divellit tremor

Qua parte lapsa civitatis occidunt
Super trecentos sacra dantes delubris.
Ferro hinc onustus atque septus carcere,
Levatur usus cœlico solamine.
Genua inde carduis atteruntur ferreis,
Latusque utrumque flamma torret lampadum,
Dicente sancto teste sævo judici :
« Si perdis omne corpus, haud me deseret
Mediator almus qui benigne perforat,
Sanat, reformat nostra Christus viscera.
Tum tractus amphitheatra spargit sanguine,
Sectusque colla gaudet alto culmine.
Diris vorandum corpus objectum feris,

Intaminatum et dente et ungue permanet.
Reposcit inde pignus almum femina
Pietate fervens martyris Abundantia.

Gratis sed obtinere quod nequiverat
Triginta quinque sumit aureis datis
Honore condens quo decebat martyrem.

CAPUT XIII.
De sancto Sabino episcopo et sociis ejus.

Triumphat hoc Sabinus æstu pontifex,
Qui disciplinis nobilis cœlestibus,
Sensu pius, sermone facundissimus,
Venustiano tentus adstat præsidi,
Junctis sacræ Marcello et Exuperantio,
Aræ ministris, pluribusque clericis.
Cui præses obdit aureum Jovem suum,
Ad supplicandum veste fulva fulgidum.
Hoc ille sumpto vota Christo dirigit,
Deoque trito dorsa terræ percutit,
Et comminutum dissilire projicit :
Venustianus hinc furore fervidus,
Manus recidit proterenti numina,
Comites catastæ lancinandos applicans,
Quos dire acerbis maceratos fustibus
Sævis secando sulcat atrox unguibus;
Post igne tosti confitendo gloriam
Christi beatum in astra legant spiritum,
Danturque lymphis membra mersa gurgiti
Quidam vividarum persecutor gentium,
Juncto sacerdote, alma tollit munera,
Viamque juxta lecta ab undis collocat.
Præsul Sabinus carceri detruditur,
Devota servit cui Serena, lumine
Captum nepotem Priscianum quæ dolens
Perducit ejus sublevandum tegmine.
At trunca, clausos præsul orbes brachia

Super coaptans, flammat exstinctas faces,
Oratione clara fundens lumina.
Virtute visa subditi custodiæ
Pii datoris competunt vestigia,
Mox fonte loti consecrantur undecim :
Quæ nuntiata dum patescunt præsidi,
Languore lippum quem coquebant lumina,
Ut nec cibus, nec somnus huic captabilis,
Mittit jugalem cum duobus liberis
Poscens Sabinum adesse, venire e carcere,
Pedesque visi cum dolore et lacrymis
Petit recisi, dando pœnitudinem;
Lamenta conjux auget, atque filii
Sacro dicari se petentes gurgite,
Intinctus unda pelve ut exit candidus
Præses, dolorem haud sentit ullum luminum.
Annuntiantur hæc patrata Cæsari,
Qui raptus ira dans Sabinum tormini,
Venustianum capite plecti præcipit ;
Quem cum jugali ac liberis fert Lucius
Letho tribunus, nec rogatum judice,
Spoletum in urbem qui Sabinum dirigens,
Cædit beatum dum dat astris spiritum ;
Gleham Serena quæ manus aromate
Condiverat complexa vitri dolio
Domi receptans mœnia secus collocat.

CAPUT XIV.
De sanctis Felice et Fortunato

Hoc fervore triumphantes Aquileia vidit
Felicem ac Fortunatum, caro, gratia fratres
Quos dedit, at Christi ferro præconia necti
Prodiderant ; quique Eufimii sunt præsidis acti
Huc rostris, ubi dant Christi fortissima laudis
Robora. Qua pectus furiati judicis ira
Oppletum, tela in testes crudelia torquet,
Applicat, appenditque feris cruciatibus arctos,
Mente quidem celsi tolluntur honore catastæ;
Lampadibus latus appositis urentibus ardent,
Quæ tamen almorum divino carmine frigent;
Vincunt igne animi flagrantis lampadas ignis;
Viscera perfusi, ardentique liquore madentes,
Flammas interimunt hymnis, oleoque superni

Unguinis exsuperant ignes ferventis olivi;
Perstantes in laude Patris sine limite fortes,
Urbem extra ducti fluvium secus urbis alumnum,
Verticis e multa capiunt cœlestia regna,
Et ferro expliciti subeunt fastigia cœli.
Nocte pii sublata viri sacra membra receptant.
Aulæisque obnupta novis, et aromate condunt.
Pignora chara referre viros Vicentia mittit;
Nisibus at cœptis obstans Aquileia sancti,
Tandem agitata piis sopitur pugna querelis
Pacto jure caput capiens Aquileia sancti,
Felicis, Fortunati simul ossa capessat,
Pectora Felicis caput et Vicentia fratris.

CAPUT XV.
De sancta Afra.

Traditur hac rabie procerum perpessa furorem
Afra Dei cultrix, Zabulique erepta rapinis,
Hospite Narcisso sublata libidinis antro,
Lumine cœlesti squaloribus eruta cœni,
Solis uti radiis sordens uligo (187) fatiscit.

Quam sacer aggressus laqueis eduxit Averni,
Subversaque lupæ cavea Christi edidit aulam,
Nec solam evellit; famulæ comitantur amicæ,
Quamque sequebantur furiis, pietate sequuntur :
Digna vel Eumenia, spretoque Euprepia luxu,

(187) Humor terræ.

Lampade nocturnas diva superante tenebras;
Qua lustrante etiam mater se prole trahente
Hilaria ascitur cultum confessa profanæ
Cypridis, addictam cui fert contamine gnatam.
Unde gemens hostis, prædamque amittere mœrens,
Tristes induitur vultus, ægerrima præfert
Ora, nigrans elephantinæ scaber ulcere pestis,
Vimque pati queritur, proprii dispendia juris
Ingeminans, nec posse dari sua vascula Christo,
Cogitur at nolens Jesum, adstrictusque fateri;
Pro noxis Dominum peccatorum ultima passum,
Accipit æqua sequi servum possessa petentem
Tutoris, propria Dominique reposcere jura,
Qui furem subigat, captiva talenta reportet.
His ille oppressus, bellique tenore subactus,
Ad versuta precis fraudem detorquet agonis,
Posse referre potens animam vel retibus unam:
Attollunt præmissa animum, solantur egenum.
Roboris elatus jam spem consumit inanem,
Furta dolosque sacer calcans ligat ore latronem
Jurantem proprio, prædam mox enecat actam
Ni Christo penetrare imam jubeatur abyssum.
Munera constricto præsul depacta resignans

A Lethiferum lethi tradit sub jura colubrum,
Colluctantem angore teri, fontem rapit angui
Ipsius in charum vertit tela hostis amicum:
Sordibus emaculans captata monilia purgat
Sanctificans animas pia post jejunia lotas
Hilariam genitamque, ancillantesque puellas,
Plures præterea affines charosque sodales,
Ecclesia instruitur, templo sacer ordo dicatur,
Presbyter et Zosymus sacratur avunculus Afræ,
Dispositoque pater clero petiisse Gerundam
Fertur, ubi martyr juncto Felice triumphat.
Afra beata piis pravas largita crumenas
Pauperibus, secura crucis sectatur honorem;
Capta manet fortis; nec desperatio, nec vis
Hanc a spe removere valent, vel laude superna
B Mente petit prona tormenta, amplectitur ignes,
Exsultat, gratesque Itai circumdata flammis,
Hostia viva Deo nitet, hostiaque ignibus exit;
Hostia fit, nec tanta focis purgata probantur
Membra; recepta rogo mater famulæque beatæ
Hæc tumulo dum rapta locant ipsæque merentur
Emeritam splendore sequi, cœlumque per ignes
Ingressæ Domino perfecta holocausta feruntur.

CAPUT XVI.
De sancto Eusebio.

Eusebius, post Marcellum jus excipit almum
Urbis Romuleæ: Christi pia sacra venustans,
Diruit hic pressitque hæreses, et ad æqua relegit
Prava per obliquos errantia corda Meandros;
Sicque nitens meritis consortibus additur almis.
Nec mora Melchiades sequitur, decorique probatur

Esse piis, terrore ferox apparet iniquis;
Perversos relegit; festis jejunia solvit;
Ecclesiam socians sacrato munere ditat,
Nec patitur scindi, Christi sub amore ligari
Enitens mentis quæ post monumenta fidelis
C Emicat emeritus cœlesti sede receptus.

CAPUT XVII.
De sancto Timotheo.

Patre sub hoc Romam veniens urbe Antiochena
Timotheus, Christum per compita, per fora pangit,
Dapsilis hunc juvenis sanctæ pietatis amator
Silvester, cupiens attollere laudibus ardet,
Plurima qui postquam populorum corda sacrando
Continuo hic anno Christum, et quadrante fatetur,
Tentus laude crucis præfecto traditur urbis,
Verberibus sectus, longo squalore catenæ
Tritus, ac invictus mulctam ter judice sumens,
Fortia suppliciis solidans ter pectora sævis,
Morte sequens Dominum sævis in funere mixtum,
Probrosos inter capitali cæde coruscat,
Ut spinas inter rutilans rosa fulgurat hirtas.
Intempestivo Silvester noctis abacta
Membra domum referens, papa cleroque vocato,
Martyrium excubiis, divis quoque dedicat hymnis.
Corpus humo mandat proprio veneranda Theonem,
Asciscens horto secus inclyta pignora Pauli,
Cui pro discipulo socium cognominis addit,
Basilicæque domu venerabile funus honorat.
Deficiens præfectus in hunc, in pectora torquet
Hospitis arma pii, dimissa talenta reposcens.
Pœnis impliciti, vincto graviora minatur
Nec postquam addiscit non adduxisse crumenas

Punctum, sedet ira fremens, invisaque jura
Nominis objectat, terrens sacrare sacella
Ni petat, efflabit tormentis cæde propinqua:
« Suppliciis (Silvester ait) hac nocte labantem
Famina diva ferunt animam de sede revelli
Cordis stulte tui, quo pectora torva resultas,
Protinus æternæ subitore pericula mulctæ,
Ut cæsus gaudere videns sine fine gemiscas,
Et quæ inflixisti sub puncto, interminæ sumas,
Infelix quos punisti tuerere beatos. »
Tarquinius dapibus discedit inane replendus;
Silvester ferro properat sub honore premendus.
Interea poscente pio, prandente severo,
Judicium summa rectum procedit ab æthra,
D Gaudiaque in pœnam, pœnamque in gaudia vertit.
Denique deliciis ventrem infarcire paratis
Gutturis annitens avido præfectus hiatu
Os piscis rapiens incauta fauce volutat,
Interius raptare volens conamine nullo
Proficit egerere, assurgens nisu urget inani,
Methodici, empyrici, logicique dolore jubente
Acciti, nulla gaudent ratione medendi:
Carmina nulla valent, nulla experientia prodest
Tortus et ad medium noctis horroribus actus,

Tetram tartareas animam demittit in umbras,
Ad pœnas pœnis, cruciatibus ad cruciatus
Cogitur, ad tenebras mundi de luce superbus,
Eximitur tenebris, exitque ad lumina justus.
Ducitur ille rogo qua verbera voverat hora,

A Privati Dominum juris plangente tumultu;
Ducitur iste domum, quo tempore sæva putatus
Flagra subire, poli toto plaudente senatu,
Victorem quoque livores reverenter adorant.

CAPUT XVIII.

De sanctis Marino et Almachio.

Innumeros usque hanc urbem compsisse triumphos
Accipimus, postquam præcelsa insignia Christi
Huc Petrus Paulusque ferunt, larvasque fugantes,
Signa superna crucis rutilare in mœnia præstant.
Non intantum apicem prisci vexere parentes
Romam lite truces, fraterna cæde madentes;
Non Numa, non Decii, Marii, Camilli,
Bruti, Scipiades, Cicerones, sive Catones
Non reges, proceres, non annua jura gerentes,
Non orbis Domini mundi fulgore potiti;
Quam quot prætulerant regnis ad summa relatam,
Tot simul addixere jugis ad sæva subactam.
Queis hanc signiferi crucis athletæque potentes
Solvere compedibus certant, cœloque coaptant,
Diversis ducibus multoque ardore nitentes.
Ex quibus Onesimus, Pauli sub vincula gnatus,
Verna Philemonis, famulus sed munere Christi,
Quondam durus hero, post ipsi et pluribus aptus
Propria quem magnus commendat visere Paulus,
Pontificemque sacrans delegat semine verbi.

Pastorem hunc Ephesi memorans Ignatius ipse,
Hunc sibi doctorem præfert charumque magistrum,
Inque ejus præstare greges hortatur amore :
Magnificans Dominum tali qui pro duce caulas
Servandas retinere dedit, quem Roma petitum
Nube premit lapidum, conditque sepultum,
B Nec retinet longum, sedique gregique remissum.
Hic etiam occurrit clarus virtute Marinus
Almus et Almachius, valida qui mente furores
Indocilis vulgi spurcasque redarguit aras
Qua solitum insanire die libamine nugis
Anno plus reliquo; dumque atra recidere tendit
Cordibus atque calet stolidis avellere dira,
Mystica quo festo data circumcisio Christo,
Bacchantum furias in se rotat, atque furentes
Tot turbas prohibens solus, tot millibus unus
Obsistens ratione feros, pietate severos
Aggrediens vesana animis avertere torvis.
Enitens, gladiis grassantibus appetit atque
Sordibus indignatus adit cœlestia dignus.

CAPUT XIX.

De sancta Agnete.

Inclyta nobilitat venerandæ virginis Urbem
Agnes fama, decus tenero quæ nacta sub ævo
Martyrii, tumidos mundi calcavit honores.
Hæc dum lege Dei pueriles consecrat annos,
Summis mente vacans studiis, specie ferit alti
Sanguinis impubem, præfecti patris alumnum,
Qui gemmas, aurum, pretiosa monilia ferre,
Divitias, pompas, famulos, agrosque, domosque
Prodere, dotalem donis, precibusque parentes
Muneribusque petit. Virgo hæc ut stercora ducit
Serpentis velut ora proci capit ; æthera terræ
Præfert ; Æneadum rectori, stemmata Christi
Præponens ; aurum, gemmas, redimicula, vestes
Spernit honore poli, gemmanti lumine cultam
Se memorans, sponsi thalamos melioris, inisse
Nobilitas cui præcellens, potiorque potestas,
Pulchrior aspectus, præ nectare gratia dulcis;
Gazarum se addens inopino pondere pactam,
Continuans et opes, et gaudia nescia mœsti,
Organa, curarum dulcorem mella prementem
Munera, fulgorem, vires, fastigia, numen
Cœlicolas subicit ; hinc solem ac sidera subdit
Quæ bona provideat, præstet quæ præmia texit.
Carpitur igne fero juvenis morboque perustus
Decubat, haud perferre valens tam pondus iniquum.
Insinuant patri sævo decumbere gnatum
Oppressum medici ; puero replicantur ab illo,
In vanum ; a genito frustra, dispersa per auras.

C Illa dati inviolata refert jam vincula pacti
Permansura, fidem æterno durare sub ævo.
Præfectus generis sperni se sanguine quovis
Adstupet, indagansque capit Christi ardua ferri ;
Lætus at ille tumet, jussis ceu parta furori ;
Perstrepit hanc sisti, blandusque minaxque resul-
[tat.
Illa æquo præstans animo tumidumque pinmque
Uno fert vultu, similique rigore perhorret ;
Aspera, nec frangunt stabilem, nec lenia fallunt.
Ille videns vacuo labi molimine fraudes,
Arma serus manifesta rapit truciore paratu,
Cerniensque hanc optare necem, tormenta vocare,
Omnia præ votis hanc temnere dura supernis,
Quæ magis horrescat versuto providet astu,
D Pelliceoque jubet nudam raptarier antro,
Quodque magis doleat, per turpia ludicra velli.
Accedit luctatrici pia gratia Christi,
Tegminaque effusis crescunt per membra capillis,
Densantur raptim crines inoperta tegentes
Corporis, a Christo fusi non unguine creti :
Ast ubi belligerans obscena libidinis antra
Virgo subit, lucis subito fulgore coruscans,
Emicat æthereâ specus irradiata nitela,
Accedit, magis insolitu pulsante palæstra
Sidera, cœlicola, summa nam vectus ab æthra
Congrua belligeræ fert indumenta puellæ,
Suscipit illa stolam cœlesti lumine cultam,

Terræque ignaram, membris at virginis aptam
Cœlesti ductrice pia, quo tegmine compta,
Antrum spurcitiæ templum fit lucis amœnæ.
Ingressi numen superi splendoris adorant ;
Quoque inspurcari soliti ibant fornice mundi.
Improbus at vivens, castæque petitor amatæ,
Irruit, exprobrans lumen venerantibus almum ;
Contemnensque pium divini fomitis ignem,
Irrumpit medias immensi luminis auras.
Nec datur indignis decus attrectare sacratum
Impuro manibus ; sævo quin dæmone plexus
Vertitur, elsaque exspirans fauce necatur ;
Postque moras tandem inventus spiramine captus
Innuitur patri, gemit hic solamina rapti
Ingeminat crud (*sic cod.*) petit at monstrarier actu
Vivifico, non hanc magico sævisse furore.
Illa preces legans cœlo, perducit ab antro
Nigrum tartareo, redivivo munere ; patrem
Attollit stupidum ; clamor diversa frementum
Increscit, varioque ardet fervore tumultus;
Innocuam quidam, plures reboare dolosam
Fraudibus hæc cæcis, lumenque exstinguere divum,
Turbam actor fugiens decreta vicaria suffit,
Exstruitur rogus humano fervore flagrante,
In mediasque agitur papulis grassantibus Agne
Læta pyræ flammas, ignis fugiente calore.
Fervor abit cedens, atrox discinditur ardor,

A Ac petit insanos, horrens pia tangere membra ;
Solaque tot turbas agit ignibus æquore vasto
Virgo loco nec mota Deo quo vota profundit.
Flagrabant flammis fremituque furente phalanges ;
Illa Deum medios nitet venerata vapores,
Supplicat, immunis cuncti trepidi agminis æstus,
Orans se recipi cœlis, gratesque rependit
Muneris impensi, cujus prece cuncta residunt
Culmina flammarum, sed nec vapor ullus anhelat,
Ponere nec noscens rabies ignita furorem :
Vertitur in ferrum igne exarmata subacto,
Sicque exempta solo thalamos petit innuba celsos,
Lilia mista rosis, sectato vertice vibrans,
Gaudia prælecti radians subit ardua sponsi.
Victrici superis laudes, imisque resultant.
B Funera ducentes ignorant flere parentes,
At talem gaudent meruere quod edere prolem
Cujus se meritis fidunt et honore levari.
Plebs pia Romulidum veneranda sepulcra frequen-
                                            [tat ;
Lividus invidia, lethæoque uritur hostis
Igne ; venena coquens, inimicaque pectora flam-
                                            [mans,
Incitat insidias devotæ tendere plebi ;
Incessunt armis sola pietate vigentes,
Impugnantque pias telis sudibusque catervas.

CAPUT XX.
De sancta Emerentiana.

Hic Emerentiana virgo virginis
Mactæ sodalis educante ab ubere,
Dum fortis atris exprobrat tumultibus,
Plebis resistens improbæ furoribus,
Lapidum petita nube, tumbam ad martyris
Martyr beatum in astra legat spiritum.
Quæ sacro necdum fonte Christo, at credula,
Cruore tincta conservatur proprio.
Elementa sævis excitantur actibus :
Tremore tellus comminatur funera.

C Cœli serenum densa raptant nubila,
Crepant superna vi fragoris culmina,
Christusque in hostes tela torquet et ignes;
Sternuntur armis bellicosi cœlitis
Quidam, miserto mentis auctore insciæ,
Servantur assertoris uti dogmate ;
Cessant tumultus hinc quiescunt turbidæ
Rebelliones in sacris conventibus.
Agnes parentes sic sodalem colligunt
Dantes sepulcro in arva collactaneæ.

CAPUT XXI.
De visione parentum sanctæ Agnetis.

Dumque pio sobolis celebrant insomnia ritu
Pro tumulo mediæ lethæa silentia noctis,
Sorte data fessis ducente laboribus orbis
Lumine præfulgens rutilo splendentibus agmen
Virginibus dici aspiciunt quæ vestibus auro
Irradiant textis, quas luce intermicat Agnes,
Eximia renitens auri insignissima cultu.
Virginis ad dextram candet nive clarior Agnus
Attoniti supera mortales luce rigescunt.
Illa gradum comites paulo defigere mandat
Alloquiturque suos : « Cari exsultate parentes,
Gavisi genitam præclara sedilia nactam
Nec lugete nigram, optato quæ juncta supernis
Lætor ovans sponso thalamis, molimine cordis
Quem toto colui terris. » Hæc infit et almis

D Se recipit sociis, visuque volante recedit.
Multorum hæc volitans crebrescit fama per ora,
Tandem Augustigenæ donec post tempora proli
Traditur, ulcerea squalens quæ peste fluebat,
Mente vigens, gentilis adhuc, at credula veri.
Spemque capessendæ properans sortita medelæ,
Testis nocte petit tumulum precibusque moratur
Inque moras dulcis correpta sopore quietis,
Agnem solamen cernit sibi tale ferentem :
« Crede Deum, constanter agens, Constantia, Chri-
                                            [stum,
Per quem membrorum celeri potiere salute. »
Virgo excita subit sospes, stupet ulcere nullo
Ulceris aut signo per libera membra relicto ;
Gaudia fert patri, fert fratribus omina læta ;

Urbs simul exsultat ; soli torquentur iniqui.
Illa patrem fratresque petens dat virginis aulæ
Membra renitendi mausolæumque locari,
Tum sibi mandat ibi ut maneat cum virgine virgo,
Fama propagatur, currunt ad dona salutis
Undique salvandi ; nullum spes fallit inanis,
Lætantur justi quæsitam ferre medelam,
Virginitas aut regigenæ placet hancque venustans
Fine tenus colit, accumulansque insignia lucra

A Plura studet Christo comitum allegare talenta,
Asservatque sacram sub religionis amore
Cum sociis Agnem, præsentis ut ora magistræ,
Cujus in exemplo tractant cœlestia multæ.
Hæc ego naufragiis vulsus licet horreo tetris,
Lintre vagans pelago, Ambrocii sed vela secutus
Virginibus venerans collata monilia legi,
Quarum me precibus fusca peto sorde piari,
Ut capiam veniæ meritis quæ non queo dona.

INCIPIT LIBER NONUS.

CAPUT PRIMUM.
De sancto Valentino.

Luce Valentinus cœli rutilante cluebat
Præsul doctrina, virtute et nobilis alma ;
Huic Craton genitum sophicorum fotibus altum,
Visceræ gravido pestis sed pondere pressum,
Cui nomen Cheremon, relevandum casibus offert,
Fœdere sed pacto, puero quo sospite, Christi
Sub juga colla ferat, Dominumque sequantur alu-
[mni.
Robore corporeo nati mens prædita patris
Eximitur tenebris, implet promissa, sacratur,
Cum stipante domu, nec longum summa capessit
Munera militiæ, martyr dum terrea linquens,
Aurea sidereæ sortitur præmia vitæ.
Flagra Valentinus virgarum, et tormina passus,

B Carcere detrusus, calcat dura omnia lætus,
Invictusque manens sub vasta silentia noctis
Exigitur latebris, cæsusque admittitur astris ;
Pignoris impuberes glebam furantur alumni,
Proculus atque Apollonius sub noctis opaco,
Ecclesiæque ferunt propriæ, et dant ultima caute,
Excubiis qui dum jugibus sacra munera servaut,
Tenti, antrisque dati tum quæsitore petiti;
Nec victi stant, blanditiasque minasque ferentes,
Immoti tandem deduntur vertice plecti,
Nec procul exuviis urnam sunt patris adepti.
Donna, paresque micant gemino hic sub honore
[coronis.

CAPUT II.
De sanctis Antimo et Maximo.

Romuleas quoque clara vias portumque venustant
Festa tropæa polique Erebique flagrantibus armis
Queis mundus mundique subacta potentia Christo
Hinc sale, sancte, tuo condita salaria gaudet

Anthime virtutum laudisque insignia regis,
Qui factis atque ore ferens super astra fluentis
Ingereris tutus Tyberinis eque procellis.

CAPUT III.
De septem fratribus.

Tiburtina tegit cineres septem aggere fratrum
Appia Cæciliæ testes centum octies addit
Hæc quoque Trasitium recipit sub busta Calisti,
Munia qui veneranda gerens, assecla sacrorum,
Tempore dum quodam Christi sacra mystica ferret,
Sacrilego offensus capitur, trahiturque tumultu,
Prodere discutitur quid tectum occultius abdat.

C Indignum ille ferens gemmas exponere porcis,
Lignorum ac lapidum tanto contunditur imbre
Dum mentem cœlis capiendam emitteret astris,
Nec decus hoc incorporeum subit æthera solum
Corporei quin rapta simul mysteria panis
Excutiunt equidem vestes et membra revolvunt
Infandi, nec sacra valent reperire negata.

CAPUT IV.
De sancto Bonifacio.

Pro meritis decorat Bonifacius æde Latinam
Impensis dominæ pietatis honore lucratæ,
Qui dum furta tori proprio sudore lavare
Procurant, superi nutu moderaminis acti
Decernunt pariter Bonifacius alma levatum
Corpora festinet Christi prostrata decore,
Si fors obsequiis sanctorum ad vota pientur
Spectator properans belli, fit belliger ultro,
Jesum magnificans alieni laude duelli,
Magnificetur uti proprii parat impete belli;

Vincula prælambens, vinclis appenditur altus;
Athletas armans, mox capto armatur agone;
D Attollens plagas, plagis laceratur ad ossa ;
Affixos firmans, calamis infigitur ungues,
Prælia ferre movens læte, fert prælia lætus ;
Gratificum fervens nequit os occludere plumbum;
Immersumque olla pix fervida lædere nescit.
Suppliciis lanius denuntiat ultima victus.
At tremit abscisso tellus, mons atque trementes,
Inque fidem cogens, Christi præconia pangit.

Jam cœlorum epulis gaudentem, labe popinæ
Immergi mussant socii, scortoque teneri
Quem rentur, supera inveniunt dulcedine functum,
Mercari sacrata petens, mercede receptus
Allata, sacer ipse emitur, pretioque refertur,
Sparsus aromatibus, merito decoratur honore :
Cœlicola Aglæ res præcursore notatur ;
Occurrit non jam famulo, quin serva fidelis
Obvia fertur hero, capiensque optabile munus,

A Parta sede locat, templumque nitore venustat,
Mundi exempta jugo servorum colla resolvit,
Libertate novans famulos, fit libera vere,
Dum Christi famulam factis se pandit honestis;
Sæcli se exspolians pompis, virtutibus ornat,
Res terræ largita, Deo, ditescit opimo
Culmine virtutum, signisque corusca nitescit,
Consummansque piis cursum feliciter actis,
Martyris ossa domo, cœlo mens inditur alto.

CAPUT V.

De sanctis Gorgonio et Dorotheo.

Hæc inter geminas meruit via pignore lauros
Gorgonii comi, Dorothei et honore sodalis.
Imbuerant comites fidei præstare vigore
Unde quoque in Christi dantem tormenta ty-
[rannum,
Objurgant famulos, seque hac pietate nitere
Pectore et ore notant ; hoc sese fervere cultu,
Omnibus hunc animum sociis, hoc vincere jure.
Luce data hac, totis lacerantur viscera membris,
Pelleque discerpta, sale et infunduntur aceto,
Fortiter hæc passis cratis substrata jubetur
Igne vaporari, lentoque calescere fotu,
Ne ferat optantes raptim succensio mentes;
Reliquiæ sic jam victo tortore flagrorum
Illic superadduntur, vinci si forte coquendo
Ossa queant longo tostis ardore medullis ;
Dumque pudet fidei vulcanum ardore subactum,

B Membra rapi semiusta monens nidore lanista
Erigit arce crucis sustollens luce triumphi,
Eductique astris penetrant cœlestia læti.
Raptus et angelico suetis duce redditus aris
Cessa talenta colit quo munere vertice plexus.
Maximus hunc sequitur, cujus vice corda piorum
Roborat, ac præstans validus cæde æthera captat :
Membra solum servant solitus quo vota litare.
Bassus abinde subit Dionysia sacra refellens,
Atque terit flatu cererem, spiramine divos
Qui sternens tenui, cæsus petit ardua cœli,
Sic Fabius longum vinclis et carcere tritus,
Astra sacer tandem conscendit vertice plexus;
Victor, et emeritus cœli conscendit honorem
Bis centum hanc comunt quoque sexaginta duoque :
C Pignoribus testes quos hæc via celat arenis,
Et cui dat famam ventrosa cucurbita clivus.

CAPUT VI.

De sanctis Luceia et Acceia.

Tum comitante salutarem Luceia caterva
Regis, et Acceiæ victoria barbara comit,
Qua properant explere, poli se rege vocante,

Zenonis insignis manans juge gutta palæstram
Millia quem sectata decem tres atque ducenti.

CAPUT VII.

De sanctis Archelao, Hippolyto, Vincentio et sociis eorum.

Romuleum ditant etiam pia munera portum
Archelaus, simul Hippolytus, Vincentius atque,
Præterea plures Quiriacus, et Herculianus,
Enitet hic martyr fortisque, decensque Hyacinthus,
Ignibus immersus superat qui incendia lætus,
Inde datus rapidis spumosi fluminis undis,
Incolumis siccæ redhibetur in aggere ripæ;
Tum gladio sectum servis comitata, capessens

Julia, rure suo celebri disponit honore.
Titulis triumphis lege Christi fulgidis
Notantur istic advenarum martyrum,
Cum Martiale, Aprilis ac sodalium,
Felicis atque cæterorum plurium
Istosque præter cognitorum uni Deo,
Qui circa et infra laude dignis Romulam
D Urbem coronant efferendo fascibus.

CAPUT VIII.

De sancto Sylvestro.

Sylvester, cathedræ sortitus culmina Petri,
Patrem se plebis magnis minimisque probabat :
Errantes revocans, sectantes cœlica firmans,
Regmine sollicito clerum, populumque gubernans,
Res pius Ecclesiæ perpensa lance librabat
Indiguis, templi et fabricis, dignisque ministris,
Quos quoque disponens cauto sub honore dicabat
Moribus hos sanctis, supero sale, vestibus ornans,

Atque vacare Deo discreto tempore mandans,
Præterea certamen ei cum gentibus ingens,
Falsa refutanti assertis, et vera tuenti,
Quodque ad id usque datum, manus ut contraria
[ponat,
Huic bellum cum Tarpeio grassante dracone,
Carmine qui sacro oratus, rituque profano,
Igne tamen diro rupis vicina terebat,

Incautos populi suprema peste fatigans.
Convocat ille patres cœlestia dona merentes,
Prædicat et ternis jejunia danda diebus,
Queis precibus castis, votisque insistit anhelis,
Parte sub hac Christi ut manifesta potentia gliscat.
Tum pastor visus defert solamina Petrus,
Cum monitis sacri sumantur in ordine cleri
Theodorus senior, ac Felicissimus, atque
Tertius his socius Dionysius, inde ministri,
Romanusque, et Honoratus mysteria libet;
His prius annisus posthac descendat agoni,
Additur et quid reppererit, quid muneris edat,
Hostem quo dirum subigens certamine vincat.
Aggrediens init aversa terrente cohorte;
Instructus latebram, intrepidusque barathra pene-
           [trat;
Appellens tandem rabidi ad spelæa chelydri,
Obtrudensque hostem, valvas sibi ducit ahenas,
Mox chalybis vinclo cyclos, atque ostia munit,
Ferro atque ære luem subdens, et clave coercens;
Hinc voti compos repetit spectacula victor.
Anguicolæ demum portenta subacta probantes,
Livida projiciunt exuti pelle ferina,
Candentisque tegi gratantes vestibus agni.
Nec longum cessat, clauso serpente, cerasta
Proturbare pios, instigat in arma profanos;
Christicolæ divos suplicent edicta propagat;
Queis laceram fervore novo quatientibus urbem.
Qui magis impetitur, sanctus Pater, urbe relicta,
Soractis secreta subit, rurique moratus
Cum cleri cuneis reddit sua vota Tonanti.
At princeps quem suasus agit discriminis error,
Constantinus, uti sanetur mente, fertur
Corpore, quemque elephas dira prurigine turpat;
Nec modo fœdari infandis dolet ora papillis,
Quin properare pavet funesto fata veneno ;
Quærit aruspicibus, quærit suffragia divis,
Omnigeno explorat conamine jura medelæ.
Nulla manus prodest, nullo medicina labore
Proficit, artifices cunctos ars irrita fallit;
Ast inventores scelerum, umbrarumque ministri
Invisum tractant facinus, horrenda lavacra.
Crimen inauditum, medicinæ dona ferentes,
Insontique lui maculas dant sanguine sontes,
Atque salubre viri multorum funera dictant.
Mittitur arva teri, famularum adducitur ordo;
Millia natorum rapiuntur, millia matrum,
Mortis in obsequium matres sua pignora gestant :
Fundendum jamjam nutriunt quæ lacte cruorem.
Ut visum superare nefas, data criminis hora
Ad necis Augustum spectacula sæva trahebat;
Quo strictis gladiis scelerata lavacra petente,
Obvia turba ruit, nudato pectore matrum,
Passo crine, trucem lacrymarum et flumine mœrtem
Prægressæ, fassæque gravi plangore dolorem.
Exhorret scelus Augustus; tremefacta potestas
Expavet, ac fletus regalia lumina reddunt;
Figitur, et procerum cinctus patrumque corona,
Tactus corda pia mentis probitate perorat :

A Seque hominem meminit sub conditione creatum
Servorum simili, atque pari qui surgat ab ortu,
Nec causa par esse sui tot millia perdi.
Servati in tumidos juris reminiscitur hostes,
Subjectisque pudet concessa negare : superbis
Hostibus esse patrem, crudelem civibus hostem :
Victores vitiis populorum cedere victos,
Legibus atque reos propriis grassando teneri;
Sicque juvat virtute feros componere mores,
Vincere sævitia, sola pietate domari ;
Contemnit pietas morum consulta sacrorum,
Atque dari lacrymis mandantur pignora matrum.
Pectora percellit stupor, ac metus intima pulsat,
Credere nec facili suadetur tramite ; læta
Augentur trepidis solamina, præmia callis,
B Adjumenta viæ, lamentis gaudia crescunt ;
Ut quæ lugentes invisa ad mœnia ductæ
Dura resultabant, hilares sua tecta revisant.
Unde egressa poli pietatis semina pulsant,
Secessus superis proceres a sedibus alti,
Dum sapor angorum properat sedare tumultus,
Splendida mittuntur regi duo lumina mundi,
Claviger æthereus Cephas et quis fuit alter,
Excoluit totum verbo qui gentibus orbem,
Seque Deique ferunt monitus, finemque furori
Impositum, domitosque animos, et gesta benigne
Rectori superum placuisse levamina pandunt;
Seque datum missos reducis consulta salutis :
Audiat ac peragat, nec cœlica jussa renutet.
Sylvestrum latebramque notant, et quærere man-
C   [dant
Hunc sibi qui valeat conferre lavacra salutis;
Moxque vicem studeat talem redhibere Tonanti;
Ecclesiæ inflictas curet moderamine plagas
Restituat fabricas, sese spurcamine purget
Dæmonico, solum, Deus est qui verus, adoret;
Ejus velle sequi toto conamine certet.
His simul astrigeram posthac repetentibus aulam,
Imbutus superis affatibus induperator,
Accitum legat divo medicum auspice notum.
Ille tuens rapido Augusti se milite cingi,
Tempus adesse putat capiendæ sanguine palmæ,
Atque monet prompto socios certamen inire
Pectore, gestandæque crucis vexilla petenda,
Sectandum Dominum exemplis ad vera vocantem ;
D Sicque Deo se committens, oransque ferensque
Oscula pacifico subjectos munere firmat.
Discipuli fortes patrem comitantur euntem,
Gaudentes pariter plexi mage tormina ferre,
Quam patre sejuncti dapibus recubare caducis
Ast ubi sollicitas perventum regis in ædes,
Tandem hilaris surgit, stupidumque salutat amicum
Rex resalutatus; sedes perducit in altas,
Incipiensque actus et cœlica visa retexit,
Continuansque rogat, qui dii, quæ numina visa
Sint Petrus et Paulus, sibi talia jussa ferentes.
« Hic pater est unus, colimus quem ritibus alnis :
Omnipotens cœli, terræque, marisque creator ;
Unus et ipse Deus, qui viribus omnia replet.

Ialius Petrus, Paulusque sciuntur alumni,
Qui Christi divina Dei gentilibus istic
Monstrarunt, orbemque pio splendore venustant;
Illinc testes Domini, primique in sede superna
Sanctorum asciti, cœli decorantur in arce,
Summorum summi procerum Omniregentis amici.
Cæsar ad hæc : « horum vobis num livea vultus
Exprimit? » Ostendique sibi argumenta reposcit;
Visorum intutus papa monstrante figuras :
« Verius haud quidquam hos (inquit) mihi jussa de-
                                            [disse,
Te mox ascisci, debere lavacra salutis
Te nobis nostri, quibus ulcera cuncta fatiscant. »
Lætus ad ista, sacer fidei fert ubera regi,
Hortaturque fidem prompta comprendere mente.
Credere se ille refert, ideoque vocasse patronum
Hujus eum legis, ritus quo jure capessat.
Dictantur mox mansueto præcepta tyranno :
Tironique, novo submittere colla parato,
Arida pro dapibus dantur jejunia summis;
Hircinoque flagrans ostrum mutatur amictu;
Amplivagi pro lascivo fulgore palati,
Invia mandantur stricti secreta cubilis;
Pro pompis, pro judiciis crudelibus, alma
Ore triumphantis resonet confessio Christi.
Lamenti gemitus mulctati sanguinis error,
Delubra claudantur; larvarum liba facessant;
Debita pauperibus fisco donentur ab omni ;
Vincula carceribus tota reserentur in urbe;
Exsiliis etiam, et variis cruciatibus acti
Solentur venia ; dentur solamina fessis;
Legentur digni digne hæc ad agenda ministri.
Excipit Augustus, fida quoque mente retractat,
Et Christum verum Dominumque Deumque pro-
                                            [fessus,
Vana probans simulacra, crucis signacula sumit
Pontificisque manu insignis catechumenus exit.
Papa sacris cautus ducit jejunia lætus,
Eclesiamque pio sibi jungit adesse labore,
Ritibus explicitis per vota celebria dignis,
Conscia surgentis Christi instat vespera felix,
Eductura nigris altissima sceptra tenebris,
Fonsque perennis aquæ præcelso munere lymphæ
Fontem implet, pestes exstinguere non modo mentis,
Corporis at valido morborum dira levare.
Summus it antistes summum sacrare Toparcham,
Ille Dei summi virtutem fassus herilem,
Sordibus impuris, sævisque renuntiat aris ;
Tingitur et sacris trino mersamine in undis,
Et subito cœlis ad vota, ad præsulis orsa,
Lux radiat celebris superans rutilamina solis.
Tum crepitus fontis stridentia frixa resultat,
Quo surgens lotus rex mente ac corpore mundus
Egreditur salvus, Christi visa ora professus.
Mente nitet purus, pueri micat ore serenus ;
Mens intus splendet, foris ac caro fulgida candet ;
Gaudet at eximia donatus utrinque medela,
Candida sumit ovans, et legibus alma propagat :
Hunc debere coli lætus qua tenditur orbis

A Qui sibi sæva fugans tribuisset læta salutis :
Hunc qui blasphemet punitio digna sequatur ;
Christicolæ afflictor census sectore prematur ;
Romulidum papam veneretur episcopus omnis ;
Si reus Ecclesiam petat, ut censore tegatur ;
Præsulis annisu modo templa locentur in urbe ;
Cæsareæ fabricas decimæ redigantur in almas.
Albis depositis, ardentia ut ostra resumit,
Mundus et incolumis Petri mausolea visens,
Sternitur in faciem, capiti diademate dempto,
Et lacrymis stratum Tyriosque infundit amictus,
Seque reum memorans sancto de sanguine fuso,
Excibat populi fletus gemitusque sonantes
Mixto pangentis luctu nova gaudia lætis.
Rex servile aggressus opus, chlamydisque nitorem
B Rejiciens, insueta petit, fossorque bidentem
Arripit, et glebas prono conamine vertit,
Atque viam pandit sacri fundamina templi
Qua figantur apostolici, quo curvus honore,
Egesta fundamenti scrobe rite locandi,
Bis sex fert humeris cophinos tellure gravatos.
Curriculo residens aulam hinc cum præsule scandit :
Altera lux terras roseo spargebat amictu.
Sanctus et Ecclesiæ sacrare palatia surgit
Rex Lateranensis fabricæ, passimque revelat
Altithroni juga sub Domini se colla dedisse.
Lege data pauper si quis se subdere Christo
Deligat, ut vestem capiat candore micantem
Munere Cæsareo solidosque decem geminatos.
C Accrescit Domini messis, populique, nitentes
Sacra Dei summi, linquunt scelerata sacella ;
Millia candentum renitent duodena virorum,
Infantum præter matrum quoque debile vulgus,
Quorum stat numerus cœli mensore libratus.
Romulidum Patribus fidei fugientibus alta,
Haud sinit Augustum Pater indignarier almus.
Ille throno residens aulæ plebemque patresque
Lumen in æthereum radiantibus excitat orsis :
Non debere deos testans dicive colive
Qui manibus fiant hominum, tueantur et actu,
Quos conservandos restaurent casibus actos ;
His se conjicere indignos placamine divo
Qui reparare queat tritum et revocare salutem ;
Quodque in se factum liquida stet luce probari,
D Artificem Christum ritu venerarier æquo,
Unde superstitiosa petant jam numina finem,
Solus adoretur qui cuncta quit edere solus;
Qui servat dignus, non qui servatur, honore;
Sit cæcis visus ianime (sic) imperitetur
Auditus ; desistat ab his sapientia nostra ;
Eclesiæ pateant Christi, quæ jura profanis
Flaminibus servata, piis sint cessa ministris.
Cœpimus ergo operam Christi, quo regia templo
Nostra micet, videat passim romana potestas,
Nulla subesse animo dubii vestigia nostro.
Conclamant ad dicta Patres, fortesque Quirites,
Christum attollentes, claudique sacella petentes,
Templa patere Dei Christi, qui verus et unus,

Præstitit Augusto subitam sine more salutem :
Urbe repellantur Christo vincente profani.
At moderator ad hæc pandit qua mente colenda
Jura Dei, quæ corde flagrent, quæ sponte petantur;
Invitus nullus, nullus subigatur adactus
Censeat ultro animus justum, deliberet æquum,
Quod verum inveniet sumat ratione librata.
Hanc omnes vanis etiam laudare subacti
Legem quæ nullum impellat nullumque repellat.
Urbe coronata Phœbi lux lampade multa
Vincitur, Ecclesiam gratantia gaudia replent.
Sanctorum rutilo ornantur splendore sepulcra;
Exsiliis trusi claro sub honore vocantur;
Quique sua læti patria gaudente recepti,
Regis et asciti meritis venerantur amici.
Interea genitrix Augusti, femina veri
Scrutatrix, Helena partes lustrabat Eoi,
Bebrycias peragrans urbes et regna Pelasga,
Quæ dum monstra Deum venerari cauta renutat,
Deligit astrorum regi famularier uni,
Unde favens veteri Judæa litamina sectæ
Censebat sectanda, monetque hortamine natum
Sumere Mosæam priscorum tramite legem,
Haud credi debere Deum cruciatibus actum,
Ast illi divum medicamina læta repulsa.
Gnatus ad hæc, summo sese moderamine vectum
Culmen in eximium tractans, præcedere mentem
Humanam, ut cœlum, terras, divina fatetur,
Nec quem delegit defendere numine cultum,
Ne tam præcelsi ritus sibi conferat ausus;
Doctores at Christicolæ, gentisque vetustæ
Conveniant certaturi libramine veri
Lege sacra, libris cultus, et dogmate divi
Alterna quid præcipuum sit lite revelent,
Cervicem cui summus apex, cui sæcula subdant.
Undique Rabbini, legisque citantur amici
Carnalis, superique gregantur Flaminis hostes,
Culmina sectantum paleas duodena leguntur,
Romuleam Græco Latioque lepore politi
Quique habiles visi scribæ legantur ad urbem.
Huc quoque pontifices Christi pietate nitentes
Sedibus asciti variis in bella vocantur,
Dumque legi alterni litis qui summa capessant
Censentur Christi famuli, Sylvester in uno
Spem fixus Domino bis senis se objicit unum.
Pars adversa suis horrens superarier armis,
Hæc prohibet tangi; Cæsar probat apta triumpho,
Pars inimica suis dum sternitur obruta telis,
Æthereus consurgit agon, capiturque duellum.
« Blasphemant stolidi tres nos orare Tonantes. »
Papa libris pandit priscis tria Numine summo
Complecti, totumque creasse triformiter Unum,
Qui sibi nil dispar majusve minusve receptet.
Uno hoc eliso geminus prosternitur hostis.
Objiciunt Jesum Christum pericla tulisse
Idque peroratum priscorum panditur orsis,
Omnia quæ Christo factis implentur in uno :
Promitur adventus et causa rogata laboris,
Utque Dei gnatus hominis susceperit artus.

A Hæc sacer exponens diva ratione resolvit,
Æmulus et veris tradebat colla tumultus.
Restiterat solus belli conflictibus expers,
At Zoroastræo nisus molimine Zambri,
In quo sacrilegi fiducia summa triumphi.
Exprobrat iste levi ut sociis certamine versis,
Actibus et se, non verbis, conferre palæstram
Poscit, et indomitum quæri sævumque juvencum
Virtutem summi valido quo numinis actu
Prodit, et audito labatur nomine taurus;
Quod nil ferre queat vivens, nec sufferat auris
Vix haud ulla pati valeat, vel habere notatum.
Exhibito juvenum multo sudore juvenco
Cruribus implicito, vinclis et funibus acto,
Fraudibus innitens insultat vera tenenti,
B Morte probet cultum mandans, vel morte probetur.
Cœpta sequi justus patiens dimittit iniquum.
Ille bovis dirum mussans immurmurat auri,
Labitur atque miser mugitu flamina linquens,
Et nece spectantum consternans corda virorum.
Tollitur ingeminans clamor confusa coronæ.
Ut leo Sylvester fidens interritus astat,
Nec turbæ curat strepitus, nec probra pavescit,
Fixus opem cœlis tota quin mente precatur;
Tum rogat Augustum vel sera silentia mandet;
Quæ voces, ubi jussa premunt, excelsa sacerdos
Ascendens, ad vera piis populum erigit orsis :
Se vitæ auctorem, Dominum se ferre salutis
Auribus Ausoniæ, cæcis qui lumina, surdis
Reddidit auditum, mutis affamina linguis,
C Dextras restituit mancis, vestigia claudis ;
Hic verbo lepras, morbos hic depulit omnes,
Rettulit et reduci defuncta cadavera luci :
Ille Deum sese indiciis patefecit apertis.
At qui morte ferit, vitam nisi reddere possit,
Supremus non ille Deus : fraudem nam mortis amici
Dæmonis hic viguisse liquet, ni rapta rependat.
Æstuat Abracius, cultuque et corde recisus
Justa nec aure valet patiens, nec sumere mente,
Postulat et latrans superasse, silentia poni
Colluctatori belli, neque jura relinqui.
Haud Pater [patet] id dignum, priscumque orasse
[prophetam
Papa refert; Dominum vitæque necisque potentem
Ut qui morte premat, flabris qui motus reddat
D Perculiat, sanet, validus moderator utrinque
Unde probum superas post funera conferat auras
Omnia rite sibi quo credula corda parentur.
Instat ad hæc fallens vafer atque silentis poscit
Virtutem repetens pandi solemniter actis,
Spondenti vitam attonitus demensque repugnat ;
Cogitur at Dominum verum summumque fateri
Flamina qui functo referat, denotat, et addit
Seque suosque sequi cultus insignia Christi,
Si data Sylvestri cedat promissa patrari.
Edit papa preces, non murmura surda susurrans,
Clara sed auditu cunctorum vota profundens,
Atque palam Christum auctorem, vitæque datorem
Invocat æthereumque, haustus repetente juvenco

Aurarum positos, Numen monstrarier optat,
Accedensque feræ nomen proclamat Iesu,
Nomine sub cujus revocatum surgere taurum
Imperat, absolvit laqueis, et pergere mandat.
Protinus exsiliens stupidæ miracula plebi,
Lætitiam justis, mœrorem importat iniquis,
Ac sese armentis viduata in pascua reddit.
Vincenti prostrata ruens vestigia turba.
Mox adversa petit poscens victore salutem,
Ipsaque regiparens aulæis publica raptis
Egreditur, veniamque dari sibi prona precatur,
Nec solum bos sentit opem, pugnantiaque arma,
Sylvestro vincente, crepant quin flamina nigra
Linquere se, captos cœli quos gratia salvos
Reddit, et æthereis plures sacer abluit undis.
Crescit et ornatur Christo desponsa columba
Templis, muneribus, cultuque dicatur amœno,
Exuitur fractis elisus viribus hostis,
Ægypti primogenitis sub tartara mersis,
Pellæas acies imo æquora gurgite volvunt,
Victricesque aquilæ Jesu ductore triumphant.
Sensit et internis grassans Maxentius armis,
Qui, terrena terens divinaque jura lacessens,
Par Pharaonis lethum subit improbus undis,
Incurrens foveam pugna sibi fraude paratam,
Dum pius exsultans cœlestibus emicat armis.
Cui cœlis patefacta crucis vexilla coruscant,
Cui promissa favet victoria voce superna.
His genitrix Augusti actis feliciter aucta
Atque animum firmata fide percenset amici
Tramitis ad Solymam spe continuare laborem,
Exsultansque sacrata Dei loca lambere plantis.
Expurgat scelus undecimi livore patratum,
Cæsaris, emundans spurcis sacra rura sacellis,
Religione pia sanctisque altaribus ornans.
Perventum Solymam, quæ lectu cœperat, haurit
Perscrutans oculis, interque insignia rerum
Indagare crucis cordi sedet inclyta ligna,
Queis pretium cuncti vitale pependerat orbis.
Dum via nulla patet, qua tecta talenta petantur,
Accitis varia sub conditione magistris,
Golgotha supplicii discrimina nosse laborat;

A Quæ patefacta, viris diversæ partis utrinque
Consona testatis, regina aggressa capessens
Spem divinam animis, scrobibus rimatur operta;
Nec mora longa operi; connivent vota labori:
Munus et ambitum cupidis se visibus offert;
Tecta diu infidis arcana fidelibus adeunt.
Gaudia sed lucri obnubit titubatio certi :
Dum, tribus inventis, quæ crux erectio vitis
Vivificæ steterit nutat discussio veri.
Arbiter at summus curas componere anhelas
Disponens, animum reginæ numine tangit
Sidereo : functum illa recens exsangue cadaver
Imperat inferri, donum virtute probari.
Produntur gelidis torpentia viscera venis;
Admotæque cruces: pœnalia ligna latronum
B Temnuntur, promit vitalia robora vita;
Vita resurgentis vitæ arbore gaudia complet,
Qui spectatores redivivo munere pascens,
Inter mirantes sese miratur euntem.
Sic divo renitens crux clarificata decore,
Votorum obsequiis, claraque assumitur aula.
Quæ cultis rutilo radiat laquearibus auro.
Fertur et ad regem pretiosi portio ligni :
Crux sibi tota manens late sua robora spargit,
Damna nec admittit largo cum repleat orbem
Munere, perpetuum retinens sine more vigorem.
Queis mundi pretium divina talenta librata
Clavorum ex acie regalis culmina coni
Tutantur compti, freniaque sacrantur habenæ,
Vis cujus præstans effrenas difficit umbras,
C Quod fidei meritis, princeps Justine, probasti.
Nec mare frustratur tantæ virtutis honore,
Cujus sedati fluctus, obstructa vorago.
Lintea quæ texere crucem neque cassa residunt;
Robore quin sumpto morbos, et frigora pellunt,
Dæmonas ejiciunt, cæcis sua lumina reddunt :
Mutis sermo datur, paralytica membra levantur.
In vexilla crucis labarum transvertitur ingens.
Præficitur cuneis, acies illustrat honore
Signiferos sociosque tegit, nec clade laborat
Evector, nec tela queunt temerare vehentem ;
Linquens signa perit, gerulus servatur in hostes.

CAPUT IX.
De synodo quæ facta est sub sancto Sylvestro.

Sylvestri imperio coeunt, et lumina Patres
Catholicæ retegunt fidei, damnantque rebelles;
Lucis et Ecclesiæ tutissima robora condunt;
Pontificalis apex colitur, cleriqus senatus
Legibus instruitur; sacrorum jura feruntur;

D Templa nitent fabricis, sacrantur munera templis;
Pignora apostolici decoris multo ære teguntur.
Emicat oppressis victoria clara tyrannis;
Gentibus effulgent præcelsa tropæa subactis,
Discussisque pios tenebris lux læta venustat.

CAPUT X.
De Gallicano et Constantia.

Tunc Gallicanus rege mactus inclyto
Victoriosis sublevatus infulis,
Dum gratus Augusto atque carus cernitur,
Christo dicatam lege necti perpete,
Sibi jugalem postulat Constantiam.

Rex æstuare mente cœpit anxia,
Sciens necari posse natam, quam teri.
Hoc illa nitens mente vulnus patriæ
Avertere, infit tunc : « Jugandam perhibe
Me Gallicano, dum Scythas evicerit.

Mox consul ut generque fiat regius.
Arrhæ feruntur inter hæc altrinsecus,
Fratres Joannes atque Paulus virginis
Celsæ magistri castitatis præsules,
Ambasque virgo Gallicani filios
Sibi retentat Atticam atque Artemiam
Quas ore votis ipsa Christo dedicat.
Procus subinde clausus urbe Thraciæ
Gentis Scytharum inferre pauca dum pavet
Formidolosus signa multitudini,
Acervat aris sacra Martialibus;
Increscit hostis, invalescunt tristia,
Linquunt Quirites signa, cedunt barbaris,
Princeps volutans exeundi copiam,
Portum salutis satrapis Constantiæ,
Paulo ac Joanne percipit, votum Deo
Summo polorum qui monent enuntiet,
Christo ut dicetur erutus discrimini,
Fietque victor quam fuisset clarior.
Voventis ore quod probatum ut personat,
Juvenis statu videtur ecce præminens
Humero crucis vexilla promptus ingerens:
« Sectare et (inquit) me mucrone præditus! »
Quem mox secutus bellicosos en videt
Viros utrinque præparatos prælio,
Se roborantes atque præbentes opem
Subeat jubentes castra tutus hostica,
Ensem retectum hinc inde securus vibret,
Dum regis ad secreta scandit barbari.
Quibus ille visis pronus ad vestigia
Jam Gallicani, vota fundens, sternitur,
Vitam petendo cum suorum sanguine.
Ilis impetratis, deditur cum liberis;
Posthac tributa se daturos asserunt,
Pactis et hoste liberantur Thraciæ.
Hinc jam tribuni redditique milites
Christi parantur militare muniis.
Princeps sacratur, nuptiis abstemius
Vovens manere, sic triumphator redit.
Nec ante Romam provehendus introit,
Sacrata Petro dirigens ad limina,
Grates datori quam litet victoriæ.
Augustus huic cum prole factus obvius,
Ut rescit acta, cingit hunc amplexibus
Cœlo dicatas nuntiatque filias.
Aulam petenti rege fulto principi
Regina sancta nepte nixa nobili
Occurrit ejus, exhibetque pignora
Lacrymis opima proluuntur gaudia.
Privatus ille gestit ire fascibus,
Celsis vocationis arcem præferens.
Rogatur autem consul aula prodeat;

A Sumens honores, quinque solvit millia
Vernarum, habenis servitutis eximens,
Quos ditat arvis atque cessis ædibus;
Censusque præter filiarum proprio
Foro subactos spargit indigentibus;
Comesque sancto factus Hilarino subit
Virtutis alta, serviens egentibus;
Domos benignus hospitales ampliat,
Socii cohærent qui fuere servuli,
Vulgatur orbe fama toto prodiga:
Ardent videre præminentem consulem
Pedes ministrum diluentem pauperum.
Hostensi in urbe templa Christo construit,
Et excubantes hic ministros destinat.
Levita magnus visus huic Laurentius,
B Hortatur ejus edat ædem cultibus
Qui jussa supplens, nuncupat Laurentiam.
Præstare præsul haud favet rogantibus;
At qui nitescat hoc decore deligit.
Vicem rependit distributor munerum
Tantamque confert claritatis gloriam
Quo spiritali præditi versutia
Mundentur, ejus ut feruntur visibus.
Magna ergo fultus sanitatum gratia
Splendet micanti sanctitatis copia.
Hinc Julianus hostis innocentiæ,
Ut re potitus elevatur publica,
Arctat statutis christianos subdolis
Ne possiderent indigentes quippiam:
Tum Gallicani tecta, queis egentium
C Levat labores, si quis ingredi petit,
Titulos daturus, pensiones aut agens.
Ultore captus lancinatur dæmone;
Exactor actus ut lepræ spurcamine.
Responsa produnt his rogati spiritus
Rerum quod ejus occupatores ea
Vitare possint haud secus pericula,
Ni Gallicanus diis agat litamina.
Sanctum sed audet inde, nemo dum virum
Tentare, dirus præsul aulæ destinat,
Mandata legans ut deis ferat sacra
Latiisve cedat, aut remotus finibus,
Rebus relictis. Ille Alexandri petit
Exertus urbem, seque confessoribus
D Christi per anni jungit ultro circulum;
Deserta deinde jure scandit arduo:
Huc sævus hostis insecutus principi
Jubet beato thura sacret impiis,
Qui suasionis temptor ensem subdita
Cervice sumens lætus astra competit.
Locatur ejus ædis alma nomini,
Qua dona Christi honore fulgent martyris.

CAPUT XI.

De sanctis martyribus Joanne et Paulo.

Hujus magistri ad vota fratres inclyti
Christi Joannes atque Paulus pauperes,
Opibus relictis virginis Constantiæ

Dum christianos recreando pertovent,
Fertur tyranno; lenibus quos convenit
Actare verbis hæreant rogans sibi;

« Iniquitatis (inquiunt) causa tuæ
Communione publicæ rei absumus.
Jam te salutatum ire non exibimus,
Nam Christi alumni veritate degimus.
— Considerandum est, his refert aposrata,
Aula nutritos regi adesse regia
Debere primos, ut colam palatii.
Contemnar autem : quæro ne temni queam. »
Fratres : « Tibi hanc feramus haud injuriam,
Mortalium quem præferamus ut tibi;
Cœli, ac sali, telluris atque præsulem,
Qui fecit usquam quidquid est præponimus.
Hominisque temporalis inde gloriam
Fugimus, superni regis iræ providi
Teneque scire nec salutatu tuo
Cultum nos adire jam palatia.
— Decem (tyrannus) vos diebus edere
Concedo mentem cautionis tramite,
Sodalitate ut sponte nostra utamini,
Aut publicos plectens ut hostes punio. »
Viros beati tum fideles advocant,
Res ordinantes quas reliqui præcavere
Toto vacantes copias egentibus
Induciarum largiendo tempore.
Posthac Terentianus hos sub propria
Adortus æde vota dantes repperit :
A rege fassus aureum mitti Jovem
Cui thura flagrent, his ei litantibus,

A Aut obstinatis colla mucro transeat,
Ne rege digni qui nutriti regia
Vulgarium cædantur acti obtutibus.
« Dominus tuus si Julianus (inquiunt),
Habeto pacem jam tuo cum principe :
Nobis at alius non erit, Pater nisi,
Natusque solus, sanctus atque Spiritus. »
Is quem renuntiare non est territus,
Huic et Dei projectus a conspectibus
Perditionis stat parare complices,
Suasor alto procubans certamine
Aperire terram sævit, et venientibus
Ferus sepulcra providet domestica,
Mox et resectis colla submergit scrobe
Vulgans jubente quod exulares Cæsare.
B Quam post procellam jam sereno reddito
Multæ subacto vindicis strage impio,
Sanctorum agonem confitentes dæmones
Possessa tacto vasa linquunt limine.
Terentiani huc acta proles flamine
Clamat beatis sese aduri fratribus.
Pater periclis incitatus filii,
In ora lapsus, prædicat piacula,
Petit lavacra, luctibus dat lacrymas
Piorum ad urnam solvitur dum filius
Tam passionis gesta quæ peregerat
Confessionis dira purgans lacrymis
Certis arata propalavit paginis.

CAPUT XII.
De sanctis Januario, Gordiano et sociis.

Plures beata tergiversator nece
   Christi sacravit defuga.
Dum crescit atrox ira victi publicis,
   Legat pios custodiis;
Diro prehensum jure Januarium
   Tunc Gordiano deputat :
Pii sacerdos regis almus impiæ
   Datur feræ vicario.
Qui, dum modesto verba corde percipit,
   Fidei repletur Spiritu;
Uxore juncta sic Marina nomine
   Mox fonte divo tingitur;
Famuli potentes sacra denis quinquies
   Dominos sequuntur amplius.
Quæ gesta sævo dum feruntur arbitro,
   Scriptis utrumque perculit,
Et Gordianum subrogato judice

C   Antro retrudit publico;
Castam jugalem dans aquas ad Salvias
   Servire mandat rusticis.
Clementianus Gordianum sedibus
   Vinctum catenis applicat,
Qui, laude Christi fortis atque immobilis,
   Plumbo severe cæditur,
Confessionem nec relinquens cœlicam,
   Cervice cœlos obtinet.
Canibus cadaver judice actum pessimo
   Custos tegit non dormiens,
Quod christiani nocte milliario
   Ab urbe raptum collocant,
Pridem beati martyris quo pignora
   Collecta erant Epimachi,
D Diesque festo læta voto compares
   Attollit una martyres.

CAPUT XIII.
De sancto Pigmento.

Hæc fera crudelis rabiem quoque sanguine tingit
Doctoris, sub lege Dei quo fotus alumno,
Pigmenii, Romæ tituli qui Presbyter almus;
Pastoris quem strata suo pia membra furore
Condere comperiens, secedere mandat ab urbe,
Præmia se redhibere ferens, quia mittitur exsul;

Nam pudet altorem primo mox sternere jussu.
Persarum petit ille solum, quo luce moratus,
Corporis orbatur, mentis sed lumine pollens,
Præcipitur Romam, palmæque requirere causam,
Cui tandem puero gressus moderante reducto,
Obvius expulsor rheda sublimis et auro

Diis grates inflatus agit pompante tumore,
Incensusque Acherontæo flammante furore
Præcipitem vergi Tyberinas mandat in undas.

A Mens pia sic cœlos repetit terra edita terram
Pignora quæque Abdon tumulo Sennenque capessunt.

CAPUT XIV.
De sancto Herculio Hilarino et sociis.

Donatus lector studiorum in agone sodalis
Et condiscipulus sancto hoc sub patre tyranni,
Ense truci genitor genitrixque ubi sidera sumunt,
Fugit, Aricinamque petens apprenderat urbem.
Dumque, pio junctus Hilarino, nocte dieque
Vota Deo legans, jejunia crebra frequentat,
Gentilis Surana oculis ac corde tenebris
Obsita cum genito cellam perrumpit opimam
Quamque fide imbutam Satiri dant præsulis ori,
Nascentis lætus fidei qui lumina cernens
Atque Deo grates referens, jejunia mandat,
Fert cineres stratum, dat dura cilicia amictum,
Instruit atque lavat, cum qua subit unicus undas
Herculius; lumen mox frons tenebrosa resumit
Et Christum verum vitæ lucisque potentem
Exclamat mulier, sobolem radiata renoscens.
Quod certis capiens rumoribus Apronianus,
Donato attonitum diro spiramine gnatum
Defert, qui sociis Hilarino ac præsule junctis,
Insistit precibus; pulso sic flamine votis,
Incolumem puerum, gaudente parente, reformat.
Assidue hinc gradibus virtus et gloria crescit
Accedit quidam Eustasius, fiscalia cujus
Munera ut abdiderat terræ, defungitur uxor.
Ille gravem tolerans torvo exactore furorem,
Donati petit auxilium qui corde fideli
Præsidium tractans, superum subit aggeris antrum
Nomen et inclamans functæ per numina Christi

Adjurat, crucis adjungens in stipite fixi,
Quid factum dicat, qua rapta pecunia fisci.
Jussa refert imo verba Eufrasina sepulcro,
Tecta domus aditu latrat quæ gaza rogatur;
Æs notum egeritur, pergit vir fasce levatus.
Jam dignis Satiro meritis ad regna vocato,
Donatus sacris ejus vice fungitur aris.
Qui dum diva, die quadam, mysteria tractat,
Sanguinis et superi populis dat dona minister,
Impete gentili impulsus ruit, atque sacratum
Comminuit calicem; motus cum plebe sacerdos
Angitur; angorem Christi sed dextra serenat;
Lecta equidem devectantur fragmenta beato,
Ille madens lacrymis sumensque, ubi vota profundit,
In priscam revocat solidato fragmine formam.
B Barbaries perculsa novi spectacula facti
Aspiciens, laudare Deum cum plebe canora
Incipit, atque animæ citra octoginta dicantur.
Multis præterea signis divina potestas
Donatum illustrans testis sustollit honore:
Tentus enim, pariterque Hilarinus, saxa jubetur
Thure rogare dato, jussis cui rite reniso
Os teritur saxis; Hilarinus fustibus actus
Templam linquit humum, quæsitam percipit æthram,
Ostia membra rapit, Donatum claustra receptant
Hic quoque plura Deus per quem magnalia Christus
Dum populo plaudente gerit, diro ense resectum
Educit tenebris, veræ capit æthere lucis.

CAPUT XV.
De sanctis Prisco, Priscilliano et cæteris.

Hac præter istos nube multi cœlicos
Petunt honores abdicando terreos.
Priscus sacerdos ense scandit æthera;
Priscillianus quem secutus clericus
Parilem coronam sorte sumit compari.
Benedicta sectans hos pudica femina
Subit piorum regna per vestigia,
Faustus triumphans sceptra regi jungitur;
Fausti Dafrosa, post jugalis gloriam,
Exsul negata segregatur patria
Poloque ab ense pulsa terris sumitur;
Qui Biviana prole cum Demetria
Florent parentes, clara nacti pignora:
Quarum hoste coram ducta dum Demetria

C Confessionis enitescit gloria,
Mentem superna condit inter sidera.
Funus Joannes gloriosus presbyter,
Ubi sole bino triste dat spectaculum,
Foro rapina colligit laudabili
Piis sepulcro copulans parentibus,
Quibus sororis membra jam jugaverat.
Quem Julianus, dum nec auditu probat
Dignum suo, Phœbæam ad aram præcipit
Cervice plecti : quem legit Concordius
Pari sacerdos sorte fulgens præditus
Sacrumque cultu honoris ornans debit
D Locat beatos martyrem inter martyres.

INCIPIT LIBER DECIMUS.

CAPUT PRIMUM.
De sanctis Marco et Julio episcopis.

Digressi per bella, pedem referamus in urbem,
Visuri qui sede Petri sint sorte secuti
Sylvestrum : officii quorum mysteria Marcus

Diva subit primus, gemino quæ solis in orbe
Tractans, templa parat, donisque et cultibus ornat,
Busta colit, comptoque gradus sublimat honore,

Absentes scriptis, præsentes roborat actis,
Catholicamque fidem diro tutatur ab hoste.
Julius hunc sequitur, bellum cui fure paratur
Hoste potestatis Christi, tribulatio cujus
Virtutem probat, exercet, depromit, honorat;
Gloria quem exsilio revehit : tum construit aulas
Rectori, tum busta parat pietatis amicis,
Decernit leges, statuit fastigia clero,
Componit lites, præbet monimenta fidei,
Protegit innocuos, reprimit sine jure nocentes,

A Permanet immotus, rebus persistit honestis.
Post quem Liberius vario depellitur astu,
Ob sanctam nunc urbe fidem, nunc legis ob urbem
Tramite, divinæ pulso felice cathedræ,
Perstat qui validus firmo quoque robore fixus ;
Arguit et lapsum duplici baptismate regem,
Unde datus gladiis capitur feliciter astris.
Funus at ereptum recipit quam struxerat aula,
Moxque pios cleri tribulatio dura fatigat
Presbyteros, pluresque alios, quæ morte coronat.

CAPUT II.
De sancto Eusebio præsule, Gregorio et Orosio presbyteris.

Eusebius præsul fortis vibrat arma fidei,
Liberiumque dolet manui cessisse profanæ.
Unde furens hostis arcto hunc Constantius antro
Claudit, ubi invictus precibus persistit amicis,
Cornua Titanis replet dum septies orbe.
Emicat hinc claustris, late quoque pace politur;
Pignora presbyteri rapiunt Orosius atque
Gregorius Sixto addentes in busta Calisti,
Atque Dei ponunt homini titulumque decusque.
Accipit ut pietatis opus pia gesta tyrannus,
Gregorium ejusdem vivum sub funeris urna
Trudit; spirantem sed adhuc Orosius effert
Nec mora defuncti jugat ossibus ossa sepulti.
Cappadocum propulsus adit Dionysius urbem.

Hic quoque persistens validus defungitur exsul,
Optatam capiens patriam sedisque decorem.
Pignora, Basilio magno reddente, beatus
B Suscipit Ambrosius, dignoque recondit honore.
Eusebius Scythiæ tum Basilii petit urbem ;
Vercellis rediens demum repetendo cathedram
Martyriique locum, patitur pius arma furentum ;
Psalterium æquivoci postquam decoraverat orsis,
Sedem membra requisitam mens accipit æthram.
Rhetorica Victorinus tunc luce cluebat,
Lustrans subjectam facundo dogmate Romam :
Tandem colla ferens fidei veteranus honori,
Impugnat colubrum sale, comit lumine Paulum.

CAPUT III.
De sanctis Damaso, Hieronymo atque Siricio.

Damasus hinc, post expositos, pater Urbis habetur,
Prælectus cleri populique, favente senatu.
Martyribus sacra templa polit, pia corpora quærit,
Colligit, attollit, numeris colit, et pede prodit,
Probris impetitur, synodoque probante piatur,
Verbis ac scriptis fidei defendit honorem ;
Nocte dieque sonet mandat psalmodia laudes,
Hieronymoque petens normam tradente capessit.
Sedis apostolicæ sublimat lege cacumen,
Dirigit ædificans subjectos dogmate puro,
Flaminis ætherei cœlestia lumina promen ,

Sidereisque armis insectans proterit hostes.
C Emeritusque senex scandit cœli ardua victor.
Siricius contra infandos decreta per orbem
Legat, et exsilio removens perversa sequentes,
Purgat ovile Dei, pandit quam cauta receptu
Regula servetur, quam pravis arcta ferantur,
Æthereamque ornat divina lege columbam.
Surgit Anastasius, suadetque assurgere divis
Cum clero populum, verbis fugat ore profanos,
Informatque pios, templum parat, astra receptat.

CAPUT IV.
De sanctis Innocentio Zozimo et Bonifacio episcopis.

Post hos, nocentes damnat Innocentius,
Et institutis imbuens Ecclesiam,
Dignis adornat castra cœli legibus,
Pellensque iniquos pura reddit sordibus ;
Tum templa sacrat, dedicatque munera,
Dat festa sacris sabbatis jejunia,
Petitque perstans alta fidus sidera.
Zozimus statuta nec fatiscit edere,
Aulam ministris, ac ministros palliis
Ornat, petendæ dignitatis tempora
Præfigit almos, cauta tradens dogmata,

Datasque firmat lege rigida regulas.
Bonifacius, post lite scandens dissona,
Tum mansueto dum recedit spiritu,
Nec insolenter vindicat fastigia,
Pulso receptus roboratur æmulo ;
D Certatque sedes nec hinc petatur ambitu ;
Sacra censet aræ nulla tractet femina
Decreta celsis nec ministris appetat ;
Nullum dicare jure pressum clericum.
Felicitatis hic beatæ pignora
Templo decorat quo residit sarcina.

CAPUT V.
De sanctis Cœlestino et Sixto episcopis.

Cœlestinus abhinc cœlestia regmina tractat
Allegatque piam rectis pravisque salutem ;

Instruit Ecclesiam, ponit psallentia clero,
Religionis opus cumulat, sacra diva venustat;

Summi templa dat donis, et cultibus ornat.
Hunc Sixtus sequitur : majorum scita tuetur
Nec refugit censor sacro censente senatu
Censeri, purgatque notam, justusque patescit.
Humano attritus supero quoque plectitur hostis
Arbitrio, papa pœnam miserante profani

A Cœlicaque infesti servante in funere jussa
Templa levat multoque colens ex munere ditat;
Regia dona ipso clare moderante renitent
Carmine sacra colit, memori dicat ære beatos,
His quoque conjunctus memoranda laude dicatur.

CAPUT VI.
De sanctis Leone, Hilaro et Simplicio episcopis.

Hinc gesta altisoni texuntur in orsa Leonis
Præditus Augusto pia qui Chalcedona jura
Dat censenda, Patres quo munere cogit agendo :
Exprimitur geminæ Christo connexalis uno,
Copula naturæ; damnantur nexa secantes
Vincula personis, vel non miscenda jugantes.
Jussa Patrum crebro rationis dogmate firmat;
Auget jura, monet reges, colit ordine Patres,
Templa novans ornat, bellis attrita reformat,
Internum externumque decus claro expolit actu.
Hilarus hunc sequitur, decretaque præcipit, orbi
Delegat, sectanda monet, contraria damnat,

Cultibus edictisque piam vernare columbam
Præstat ; sanctorum multo notat ære triumphos;
Aurea ligna crucis gemmis et percolit auro,
Attollit fabricas, pretiosa monilia cudit,
Alligit et Patres, libros sacrosque ministros;
Per quem paschali Victorius ordine fulget;
Culmina Simplicius celsæ subit inde cathedræ,
Regis honore sui, cultas qui dedicat aulas,
Officia instituit, læsos medicamine fulcit,
B Roborat ægrotos, stricto ferit ense protervos,
Jura superna serit, bino sacra munere comit.

CAPUT VII.
De sanctis Felice et Anastasio episcopis.

Ecclesiæ posthac Felix moderamina tractat,
Præcipitans hæreses, leges redeuntibus aptans,
Fraudes discutiens, culpas et noxia perdens.
Regmina Gelasius Felicis rite secutus,
Dissicit errores, propellit ab urbe profanos,
Crimina comburit, miseris vincimina solvit,
Dilatat clerum, vulgus tutatur egentum,
Excolit Ecclesiam, salvat discrimine Romam,
Sancit scita sacris, dat opem feritate repulsis,

Difficiles virtute ferit, facilesque reducit,
Et gremium cunctis pandens pietate nitescit,
Templa polit, dicat, attollit, modulamina condit,
Cœlica defendit divinisque emicat armis.
Surgit Anastasius post quem dans robora pacis,
Legatum Christi pacis se munere fastus,
Æquivocum hinc movet Augustum, petit edere pa-
[cem.

C

CAPUT VIII.
De sancto Symmacho papa et Paschasio levita.

Symmachus accedens vario certamine gliscit.
Partibus abjunctis, gemini dum culmina sumunt
Judicium subeunt regis; patet æquior isti
Causa; sedet præsul, censetque deinde cavendos
Dissensus, gladios, vitandos jure favores,
Dignius et tantæ tribuendos sedis honores;
Æmulus, indeptus Nucerinæ regmina plebis,
Alma vigere patri pietatis viscera sentit
Et capit ingratus gratis data munera fastus.
Surgit item bellum ac repetit Laurentius urbem;
Prava ferum manus exagitat livore tumultum;
Impetitur probris et iniquo crimine justus;
Censorem suadetur ei rex mittere Romam ;
Ascitis Patribus, purgat convitia præsul;
Censor et invasor præsumpto jure teruntur,
Instauratur honos, justo addita gloria crescit.
Ut decus obryzo sævis fornacibus usto,
Crescunt bella piis, crescunt insignia bellis;
Cruda ruens cædit temeraria turba quietos,
Queis tamen impertit sublimis laurea cœlos.
Fautores positi divino examine, plexi,
Condignam meritis mulctam subiisse probantur,
Quorum vir clare rutilans Paschasius urbis

Levites passus capiendæ damna coronæ,
Thermarum, fertur datus ut fervore minister.
Attamen egregiis hic fulserat actibus auctus,
Contemptorque sui, vitaque insignis honesta,
Cui comes a puero miseratio crevit egentum,
Dogmataque ediderat veri, sale prædita multo,
Flamine queis divo mysteria digna perorat,
Cujus et extrema raptam de veste salutem
D Accipimus fugisse nigras, spolia alma, catervas;
Isque piis veniam meritus decernitur actis,
Germanique palam visus se obtutibus offert,
Obsequiis terret, pœnam erroremque fatetur,
Poscit et auxilium, precibusque levamina sumit,
Centumcellensis quondam ut possessor agelli
Lympharum ignicolis post fata vaporibus actus,
Presbyterique datus Joannis ad alma ministri,
Obsequiis geminæ nutans sub dote coronæ
Munere qui ereptus gaudet servisse lavacris.
At servare greges et proturbare profanos
Atque fugare lupos pastor non desinit almus :
Exurit simulacra, libros, pellitque nefandos,
Atque domum Christi doctrina et cultibus ornat,
Munera multa serit fabricis, laquearia, gemmis

CAPUT IX.

De sanctis Hormisda papa, Germano atque Remigio episcopis.

Hinc Hormisda colit clerum, psallentia tradit,
Templa levat, lites componere pace laborat,
Graiorum tumidos instat sedare tumultus,
Nec, quia præcelsis arcetur fascibus, alto
Absistit cœpto; monitus iterare benignos
Haud tardat, licet Augusto renuente, sequestros;
Qui, donis tentans, nec vi nec munere præstat.
Insuper indigne pulsis negat hospitis alas,
Atque superba refert, sacrataque jura repellit.
Nec mora contempti persentit numinis iram:
Ictus et æthereo submersus in ultima telo,
Dignum sceptra sacris submitti funere pandit,
Plexo justus ac injusto Justinus adeptus
Imperium, Petri pacis petit omine sedem,
Fœdera digna diu monitis actuque ferentem.
Vota Patri arrident: legantur figere pacem
Sinceri fidique viri virtute probati;
Capua Germanum tanto dat munere dignum.
Legatis Petri sic gratia celsa refulget,
Augustus cum principibus, sanctaque caterva,
Ut procul occurrens regali egressus ab urbe
Excipiat capitis supplex pia membra supremi.
Terrentur reprobi, gaudent pietate benigni,
Ecclesiæ cœli junguntur culmina pace,

A Et parat addictis sibi cœlica regna talentis,
Queis nitet admissus translato culmine mactus.
Damnanturque rei, lucis pacisque rebelles.
Vincitur impietas, lethale abscinditur ulcus,
Et, sanie abscecta, læto stant corpore membra.
Gaudet pace Oriens, reparatum gaudet et Austrum;
Africa læta subit sublata resumere jura;
Solis ad occasum laudant a climate Eoo
Salvati Dominum pueri sacri ore magistri.
Gallia doctrinæ nec culmine cassa residit,
Exsultat quæ Remigio rutilo ætheris astro:
Ac terræ cultore bono, feritatis optimo
Vomere qui fidei satagit dum scindere corda,
Barbara mirificans divino semine rura,
Messis honore novæ charismatis ubere mactæ.
Primitiis Cephæ studet almam ornare cathedram,

B Dum rex in Christo Clodoveus, filius hujus,
Auri ac gemmarum pretiosa luce renidens,
Remigii decus obtenti ductamine regni,
Egregio parens patri devotus alumnus,
Primati eximio Christi pia munera mittit;
Mittit et insignes paci data Græcia cultus;
Augustus, regesque colunt ornatibus urbem;
Clara pii sub honore Petri dum stemmata legant,
Papa etiam cum corda parat, tum templa venustat,
Sicque datur cum mente polo, tum corpore templo.

CAPUT X.

De Joanne papa, Symmacho, Patricio atque Boetio.

Gratia summa dein primæ dat jura Joanni
Sedis, et egregia tribuit disponere cura,
Ausoniam ne mucro voret, quo Græcia aditur.
Quique decet Petri legatum hos excipit altus.
Pergenti sacratur equus, vectorque dicati
Corporis assuetum muliebre deinde recusat,
At gaudet servire sacro, geminare laborem.
Culmina celsorum patri præstantis honoris
Occurrunt graduum: cæcis ut sensibus alma
Lux pateat, lumen cæcatos innovat orbes,
Atque diu clausas intrat lux reddita portas,
Luciducaque manu tactos fugit umbra meatus,
Et, populo mirante, palam nova lumina fulgent.
Subjicitur culmen, fastus flectuntur enormes;
Imperitans mundo Cephæ incurvatur alumno;
Qui petit, oratur, largitur et obtinet idem,
Impetrat et pacem, præcelsum præstat honorem;
Torquetur sævus furor hoc sub honore piorum.
Dat tenebris qui luce nitent, quibus utitur urit,
Ipsum etiam patrem diri custodia cingit;
Emicat ille specu, nec septa tenere beatum
Regia proficiunt, cœli vel demere sortem.
Compserat ecclesias, patrum reparaverat urnas,
Pignora digna datam repetunt revocata cathedram,
Nec longum rapuere trucem tormenta tyrannum

C Debita perpetuas crudeli dantia flammas.
Jam tamen immanes dederat fera bellua clades,
Impugnans bello fraudis pia mœnia pacis.
Symmachus illuster, gener atque Boetius ense
Subierant cujus pretiosæ munera palmæ.
Patricio sed discinctus, plantasque retectus,
Atque manus vinctus papa religante Joanne,
Inditus ignivomo Vulcani immergitur ollæ.
Symmachus hic consul genitam cognomine Gallam
Cultibus enutrit sanctis, pia lumina fudit,
Tradita quæ thalamis anno viduata sub ipso,
Disponit servire Deo, nec tempora curans
Ætatis teneræ, nec opes, vel culmina sæcli,
Sanguinis igneoli nec fœda notata pavescens,
Barbariem, nec ferre pilos muliebria servans

D Nil reputans fœdum Christo nisi fallare tantum,
Militiæque poli toto se pectore dedens,
Castis se subicit castris, immobilis annos
Continuans plures, manibusque et mente benigna,
Prodiga pauperibus votis insistit honestis :
Ad palmam quæ dum cœlique ad regna vocatur,
Corpore concutitur, supera sed pace levatur :
Solamen Petri, vultumque et verba meretur
Orsis digna piis audire et reddere voces;
Accirique polo, peccamina nosse remissa;

Et pariter charæ comitatum orare sororis
Audit quæ comitari habeat benedicta petitum
Post mensem quod iter capiat, plenoque nitescit

A Egrediens voto, solatia jussa sequuntur
Sic et apostolici complentur famina pacti.

CAPUT XI.
De sanctis Felice, Bonifacio atque Mercurio episcopis.

Ecclesiæ Felix feliciter usus honore
Scita dicat, pia tecta levat, collapsa reformat,
Divinum attollit columen, sacra jura venustat,
At censet solis mysteria agenda sacellis.

Pace fruens et pace nitens sub pace quiescit.
Ordine divino Bonifacius inde secutus
Succurrit clero, solvit famis atque periclo
Mercurius post hunc supplet loca sacra piorum.

CAPUT XII.
De sanctis Agapito, Cassiodoro atque Vigilio.

Hinc pius Agapitus congesta ligamina rumpit,
Conciliatque gregem, vinclorum pondus adurit,
Errantesque reducit oves, et pacat ovile,
Pergit et ad Graios, pacem quoque regibus affert;
Exceptus sub honore pio divina frequentat,
Restituens gressus claudo, dat famina muto,
Augustum aggreditur, pietatis munia tractat,
Arguit errorem, temnit terrentia regna,
Dissicit et nebulas, et fraudis operta revelat,
Elicit et sacris colubrum, tenebrisque jacentem
Detegit, et diro mundat delubra veneno;
Plebs purgata nitet, gaudens Augustus honorem
Dejicit eximium, vestigia pronus adorat
Patris, et expulsa almus apex ita sorde sacratur,
Papa petita tenet, rebusque ad vota redactis,
Emeritam pax summa legit componere luctam,
Et Romam referunt victricia membra triumphum.
Præsule quo Cassiodorus splendore senator,
Serviliis Agni se subdens, dogmata clara
Devotis adhibens, Davidis carmina tractat,
Clarificans supero modulata poemata nablo;
Illustransque pias divino lumine turmas,
Attollit gemino mentesque et corpora fotu.
Silverius sine more gradu perfungitur alto
Et, clero obstricto, rapiunt mox fata tyrannum,
Bella terunt patriam, Roma obsidione gravatur,
Surgit dira fames, pestis grassatur, et ensis,
Ut stragis satis exactum, petit ultio papam.
At firmus jam sede Petri robustus agonem
Excipit, Augustique legit stare obvius ori,
Deinde suis pulsum haud redhibendum mœnibus
   [anguem,
Unde dolos laqueosque subit, quem fraude potestas
Afficit, ornatu privat, sine jure fatigat,
Extorremque fugat, confessoremque coronat;
Hujus et ad tumbam morbis vitiisque repulsis
Assumptum cœlis pandit data gloria terris.
Depositi regimen, sortemque Vigilius intrat,
Arridet pax Hesperiæ, capto hoste triumphat
Urbs, Africæque dolus prisci dat regmina juris
Munera tutori spoliorum gloria Petro:
Lata opis indiguis, solatia prona feruntur,
Atque Dei famuli dono pietatis aluntur;
Stemmata apostolici certaminis atque triumphi
Lucis arata stylo, rutilanti compta nitore,

B Huic præsulta favore Patrum delegat arator.
Prædecessori notus furor hunc quoque vellit,
Sceptriferoque agitur jusso revocare chelydrum,
Eximiis vetitum Patribus maculare sacellum,
Præcipitisque oris persolvere pacta rogatur;
Ille negat, stultumque notat se, ac pœnitet oris,
Seque tenere vices meminit, Petrique cathedram,
Majorumque probat leges et roborat actus:
Insurgit furibunda manus, petit ultio durum
In patre patronum, lavicis culpatur et auctor
Lethiferi sceleris, ducique in judicis ora
Præcipitur, solus teneat nisi Petrus alumnum.
Cæciliæ inventus septis dans munera plebi,
Et tentus cymbæ, Tiberisque appellitur undis,
Inde ferens populo benedicta huc usque sequenti,
C Opprobriis maledicta capit, pro pace duellum
Invenit, egreditur vulgo perversa frementi,
Patris amatores comitantur terga secantem
Fluminis, atque sali Catinensem actus in urbem
Tradere subjecto fruitur charismata clero.
Inde religatis divæ custodibus aulæ,
Atque gregi patribus minitanti se ingerit urbi
Plebs devota patrem capit, ac proceres fera mandant;
Quæstio dura subit, trahitur contentio longum,
Et rixa geminus tali consumitur annus,
Impia sceptra notans, sævæ pater improba vultu
Sumit flagra manu, miti convitia mente.
Hinc subeunt majora: piis avellitur aris;
Colla ligat funis passim spectacula dantis;
Solvere consuetum stupet urbs pavefacto ligatum;
D Solvere latronem renuens, ut latro, ligatur;
Mergitur in tenebras, parceque diaria fertur
Panis parvum et aquæ; reputat se digna subisse,
Ac reddi meritis consentit debita factis.
Exsilio clerus teritur, mulctaque reorum
Afflicitur. Mox æqua trucem subit ultio gentem;
Barbaries inimica ruens ferro obsidet urbem;
Peste quatit famis, immites ad dira coercet
Invadit quoque privatam solamine plebem,
Sed Petri mucrone jubet reverentia parci.
Effugiunt Patres, desolatique sororem
Rite petunt matris, quæsitaque fulcra reportant
Mittitur et Romam, salvantur ab hoste Quirites,
Salvatique, patris reddi sibi regmina poscunt
Lætificat gestis Augustum gloria palmæ,

Et flexus revocat papam, precibusque petentum
Reddit collatum, clerique levamine fultum.
Ille Syracusiam sociis comitatus in urbem

Deveniens, languore gravi subit ultima fati.
Pignora depositi repetens urbs Roma receptat.

CAPUT XIII.
De duobus Pelagiis, Joanne quoque et Benedicto episcopis.

Pelagius, modico Patrum moderante senatu
Præmissi mulctæ suspectus crimine papæ,
Provehitur sacris, seque approbat urbe coacta
Innocuum, monet ac censet ne sorte lucelli
Quis petat Ecclesiæ culmen, vel captet honorem.
Ornatus reparans aris, fundamina templis
Instituit, Petrique urnam sub tecta capessit.
Sanctorum sequitur restaurans busta Joannes,
Quæ puro colit affectu, veneratur honore,
Impensis ornat, dicat, et non integra supplet.
Hostibus oppressis, patriæ tranquilla feruntur
Ingratæ, quæ pellere opem ventosa laborat.

Is contra retinere ducem, tutarier urbem
Pacis et usque piæ pro munere ad ultima cordis,
Mox famis et gladii Benedicti tempora quassant,
Ausoniamque terunt geminæ discrimina pœnæ :
At, miserante Deo, Nilus solatia legat.
Pelagius hunc sequitur pelago moris obitur (188);
Insurgunt equidem nimiæ cum cladibus undæ;
Hinc sævis agitur gladiis urbs, inde procellis,
Diluvies, primique putata pericula sæcli,
Comere quo valuit nec destitit alma decore;
Hic pater atque Petri argento circumdat et auro
Relliquias, aliisque parat pia xenia templis.

CAPUT XIV.
De sancto Gregorio et affinibus ejus.

Inclyta Gregorii subeunt hinc culmina, caulis
Excubiisque gregis custos qui pervigil instans,
Actis atque orsis agit ad cœlestia pastos.
A puero justus, renitens, et sanguine clarus :
Approbat hoc atavus Felix, amitæque beatæ
Tarsilla, Emiliana soror, quæ, mente dicatæ,
Augmentis crevere piis in amore Tonantis,
Corpore dum terris degentes, pectora cœlis
Intulerant; titulo quarum Tarsilla priore,
Quæ comebat iter, Felice vocante, superna
Luce domum rutilam prior accipit; arbiter orbis
Visere migrantem quam non contemnit Iesus,
Quem solum hæc capiens astantes cedere mandat,
Hunc super astra sequens, vincimina terrea transit.
Nectareus testatur odor venisse piarum
Latorem dapium paradisi munere plenum,
Qui digni fragrantem operis spargebat odorem;
Acta caro ipsa notat cubitis, genibusque retectis.
Luminis haud longum invitans ad festa sororem,
Terrenas removet curas, consortia spondet,
Lætos inque choros, cœlique in gaudia ducit.
Stemma nepos generis decoravit moribus almis,
Extulit ingeniis, studiis excudit opimis.
Gregorium juvenem materna legumina alebant,
Nec mollita focis, modo sparsa liquentibus undis.
Quemque Charaxantem cœles simulatus egentem
Naufragio pressum, aggreditur, suffragia poscens,
Cui postquam loculis ter sena numismata pendit,
Instanti et precibus sibi multa perisse querenti,
Scutellam matris, gerulamque leguminis addit;
Post, dum pauperibus bis sex obsonia ferri
Præcipit applicitis, cernit superare sedentes,
Mandati numerum nequit aspectare minister,
Qui superest jussis convivam cernere solus
Gregorius valet, hunc variis varia ora sub horis
Mutantem, reliquis quem ducit in abdita missis;

(188) Versus corruptus.

Personam nomenque rogat; negat ille notare
Nominis indicium, prodens id premere mirum
Se eductum fore naufragio cui munera vasis
Contulerit, sibi legarat quod Silvia mater,
Idque habeat certum sedes se regmina Petri
Sumpturum, sic dispositum moderamine summo
Cœlicolam quoque se pandit, perhibetque pavorem
Attoniti, memorans ejus se ad munia missum
Custodem, atque precum gerulum super astra suarum.
Lubrica sic mundi transcendens gaudia summis
Attollit mentem radiis, sola temnere promptus,
Solum ardere Deum, meritis acquirere cœlum,
Utque patet sibi missarum percensio rerum,
Notificat quid mento gerat, quæcumque latebant
Corde aperit; quæ vana tenet pietate remittit,
Cultibus atque sacris subicit, largitur egenis,
Ipseque factus egens Christum sectatur egenum;
Militiæque locans apto cœli ordine turmas,
Disponit, fovet, exercet, moderatur, adornat;
Inter et exertos exertus vibrat agonem,
Tegmine nam trabeæ posito gemmisque coruscis,
Paupere squalentes habitu non horret amictus;
Pauperibus Christi quin pauper et ipse ministrat :
Virtutum locuples, sapientia cui prior auro,
Culmina virtutum lapidum potiora nitore,
Gratia cœlestis census, habitusque decore;
Omnia cui terrena jacent, cœlestia mente
Sola nitent; inter quæ lumine carnea tranans
Versatur, metam affectans, et præmia quærens,
Nil terrenum aptans, nil jam carnale requirens,
Nil vel habens vel habere sinens sua septa colentes;
Unde nec immunis proprii si forte repertus
Quis servator abit, docet id paradigmate Justus,
Injuste custos oneris malecautus avari.
Aurea cui peperit nec magna pecunia mulctam
Torseruntque inter medicamina trusa venena,

Quem pater austero medicum medicamine curans,
Corpora curantis mentem per tormina sanat;
Duraque in morte ferit, plures a morte reducit,
Dum de morte levat munus vitale resignat.
Nec Dominus tantam patitur latuisse medelam,
Germanoque aperit functus solamina vivo.
Sed nec dissimilem cui terna numismata frater
Contulerat sentit mulctam, auxiliique levamen,
Patre monasterii qui proditus ore ligatur
Gregorii raptus, nec adhuc vincimine liber,
Cernitur, abbati promens se carcere clausum,
Dum patris ore data est oratio fusa sepulcro.
His reliqui aptantur, cuncto quoque fasce levantur;
Legitimoque simul bellum pater agmine tractat,
Et multos ad regna poli, superasque coronas
Delegat; quorum quidam ventura prophetant,
Ante obitumque sciunt quo sumant ordine palmas.
Aspicit hæc certoque refert Gerontius ore;
Accipiunt quidam peccamina missa vocati,
Securique migrant; probat hoc Antonius actu,
Hoc Merulus lacrymis, precibusque assuetus uter-
                        [que,
Florea quem cœlis capiti delapsa corona,
Jucundum tutumque agit ad cœlestia regna.
Visibus et testis fragrantia mira sepulcri
Solatur juvenis pressus languore Joannes;
Erigitur, jussusque ad fata propinqua parari
Cœnatur, memor est jussi, geminoque sub anno
Præparat egressum, acciiusque it certus ab urna.
Egregius Pater hortatu votisque laborat,
Lucra sui cumulare gregis, juvat aptio summa
Velle parans, ac posse ferens, cogensque rebelles.
Sensit Theodorus hæc dona, manumque trahentem,
Immitis puer irrisor, captorque piorum;
Accipit et subitam sorbente dracone salutem,
Faucibus exemptis renuens prohibeusque chelydri,
Quem pia vota fugant, mentemque, et pectora mutant
Inque dei cultu statuunt et ad æthera mittunt.
Fructibus his pollens ductor bonus atque citatim
Regmine pennarum visus hoc scandere cœlum;
Fune ministerii trahitur, levita levatur,
Verbis et officio dignum capit aula ministrum,
Ecclesiæ patrisque dati responsa ferentem,
Sectantur fratres quos contubernia grata
Dependit, maris errores quo littore vitet
Turbine mundano tutus cœlestia flagret.
Quorum Maximianus ubi redit alma revisens
Septa sibi legata fide ac virtute probatæ
Mentis, et egregii tutelæ addicta magistri,
Adria terrores sævasque insurgit in iras,
Flaminibusque feras furibundis excitat undas,
Æquoreque elato funus crudele minatur;
Rectori amisso pereunt moderamina clavo,
Agmini flabrifero ruit acta in fluctibus arbos,
Velaque mixta vadis undas opulenta sequuntur,
Puppis et omne latus victa compage solutum
Admittit celerem rimis rapientibus hostem,
Gurgite jam summa tabularum immergive plenum
Fert mare vas, ferturque mari dorso æquoris æquum;

A Proxima mors non corda quatit, quin proripit in-
                                                [stans;
Nil nisi supremum cernunt, summæ oscula pacis
Mutua dant, pia dona viæ solatia sumunt,
Committuntque animas qui corpora morte coarctat
Flectitur omnipotens trepidis clementia rebus,
Pro miro servare modo discrimine censens,
Quorum adiens stupido tremefecit corda pavore,
Sic plena octo natat lympharum hominumque telus
Cymba, Deo peragens proprium modo remige
                                           [cursum;
Incolumes nono, dum Cotronense receptat
Gregorii littus socios, quos Maximianus,
Ut lintrem egressus sequitur, petit illa profundum,
Jam non ferre valens hominum sine pondere fluctus,
B Gregorii meritis homines quæ vexit et undas.
Maximiani hæc ille tamen delegat honori,
Propria dum vitans fratrum præconia pangit.
Queis aliisque pio Christi sub amore rogatus
Enodat, retegitque viri mysteria clausa
Sermonum invicti, per prælia mille probati,
Discutit enucleansque ænigmata diva revelat,
Sacramenta aperit, secreta patentia reddit,
Syrmateque eximio per plura volumina condit.
Tunc quoque surgentem ventura in lumina pestem
Atterit, et veri jaculis fando obruit, atque
Oppressam penitus prima sub origine mergit;
Sicque triumphator repetens feliciter urbem,
Clade laborantem, recreat solaminis orbam,
Pastor et eligitur, pastore per anxia rapto,
C Dum refugit simplex, indignum culmine tanto.
Se censens, apicemque humilis non pondera vitans
Sceptrigerumque petens tentat se fasce resolvi,
Numine percipitur supero, vacuantur inanes,
Irrita vota preces, populi acta feruntur in aulam;
Lætificant regem grati sub honore patroni,
Legatique hilares gratantia jussa reportant.
Principis annisu, clero, populoque petente,
Lectus ad excelsum Christo moderante cacumen,
Commoda quæ plebi, quæ sint sibi congrua tractat,
Dansque laboranti verbi solamina vulgo
Culminis exilium, atque fugam meditatur honoris;
At servat clausas vigilum custodia portas,
Nec latet urbicolas humilis quid defuga volvat;
D Attamen excubiis cunctis vigilantior ille
Per medios fugit ignaros, luditque videntes,
Cratera septus latebramque recedit adeptus,
Et manet abstrusus, donec jejunia plebis
Votaque Romulidum cœlis nova signa merentur,
Nam ductrix quondam populi peropaca columna
Astris irradians, perfundit luce columnam
Ecclesiæ, populique ducem depromit apertis
Illustrans radiis; cives visuntur adire,
Atque redire poli tractus per lumina clari.
Cernitur id soli dignus qui forte repertus
Incola sylvarum, turbæ mundoque remotus,
Quique Dei tectum notat hoc pro tegmine templum,
His tandem profugus signis, ac lumine notus
Æthereo capitur, tractusque ad limina Petri

Ducitur, indutusque pio decoratur amictu,
Evehitur sacris, divæque admittitur aræ,
Sancto insignitur superi charismate doni,
Quoque redundabat perfusus flamine summo,
Præsul apostolicæ præfertur honore cathedræ.
Fascibus et dignus digne sibi credita tractat,
Dumque reprensus ut indigne tam digna refutans
Culpatur deses quasi Ravennate Joanne,
Apta rependit, opus condens pastoribus aptum
Ecclesiæ, panditque decens ut vivere rector,
Atque docere habeat, sese servare, suosque,
Quam caute, quam discrete, quam degat honeste.
Inde nec absistit monitis, scriptisque docere,
Appositos ac sepositos vocat ore manuque,
Exemplo, verboque polorum ad culmina ductans,
Cœlica disponens per subdita lumina corda,
Enodatque latens thecis celantibus aurum,
Virtutes notat indiciis, vitaque priorum
Pandit, et exercens armat decoratque cateryas,
Flamine sumpta pio divo repletus ab ore
Pabula dat gregibus. Testatur scriba minister,
Dictorum exceptor, relegens livore coactus
Obtrectatorum, quæ visa arcana probarit
Scripta Petrus, supero afflatu, ne fusa crementur,
Morte secutura, juvans se pandere visa,
Quique fidem faciens secreta ut detegit, efflat
Post patris hæc obitum, vetitus vivente, revelans
Ut nive candidior capiti residere columba.
Transpuncto monstrata styli terebramine vela
Mystica cœlorum dum colligit organa præco,
Ore trahens superi divina ænigmata rostri,
Oromatum reserat queis Esechielis operta.
Non illum marcor, non febribus insitus ardor,
Viscera vel concisa dolor, seu gressibus hærens,
Sollicitudo urbis, charorum cura clientum
Haud revocat cœptis, et corda et corpora curat,
Fata ino.is horrore famis periisse putati
Fle it, ut exstinctum propria quem cæde necasset:
Undique collectis et quo succurrere possit,
Quinquaginta libris quondam frumenta paravit.
Omni poscenti tribuebat, amore tenebat
Nil detentus opum, probat id heremita nutritor
Muricipis, comite hoc contentus, et omnia munji
Cætera despiciens, sortem prænosse precatus,
Mercedis, cum Gregorio, cui gloria consors
Eligitur, nec magna putans qui prospera sæcli
Tempserat, esse parem mundi splendore cluenti
Accipit hunc gazæ melius tractare talenta
Nec sibi quin aliis tutari commoda vitæ
Quam solatricem sibi se defendere catiam
Qui grates referens promissa implerier orat,
Et cum Gregorio lucis sibi domata ferri.
Nec modo præsentes, procul hic quin nutrit egentes,
Monticolis notum Sinai quod rupe remotis,
Oceano quoque divisis toto orbe Britannis.
Anglorum dum mente capit gens pabula cœli,
Quæ conspecta foro texatur congrua regno,
Avellenda umbris, sacrandaque lumine lucis,
Educenda ira, pietate vocanda superna,

Atque Dei laudes cantu depromere digna,
Tendere quo gressum doctor verbique minister
Approperat fieri, populo retrahente moratus,
Stare loco nolens discit saliente locusta
Ast ubi posse referre pium fert infula votis,
Almificos legat colere hæc inculta colonos,
Expurgare feris, ditanda novalia spinis,
Cordis arare solum perculta vomere linguæ,
Rura replere sati cumulando semine verbi.
Ipse quod emittit, pluresque referre manipplos
Ut valeat, studet hortatu, precibusque labora,
Muneribusque juvat, miracula plura parentur,
Legatis præstat, gentem cum principe salvat,
Unius atque parum regni curasse salutem,
Insuper augentur populi regesque propinqui,
Barbara corda, feras discunt depromere mentes,
Barbaraque ora Dei certant depromere laudes,
Sternitur Oceani pia sub vestigia fastus,
Indomiti ferro, miti sermone domantur,
Bellis intrepidi, metuunt per verba ligari,
Terrea despiciunt, cœlestia mentibus ardent,
Hujus quæ meritis clarescunt præstita Patris,
Qui merito genji sancitur Apostolus illi,
Insuper et pueros ejusdem gentis abactos
Externis pretio redimens regionibus aptat,
Ætherei lotos fidei, superoque decori,
Sardiniæ quoque ruricolis errore vetusto
Dum volet involvi, pigra præsulis increpat ora,
Quod votis cessisse probans pia munera lucis.
Proinde Hebræis rapiens ad cœlica donis
Ornatuque animæ decorans et vestibus ornans
Insuper et pueris heresis quos dira fovebat
Patris sollicitam satagit prætendere curam,
Sentit et Hesperiæ rectoris tegmina tellus,
Ereptasque urbes recipit Romana potestas.
Laudibus hinc laudes cumulans centonis et instar
Carmina comprendens divina volumina cogit
Sacrorum, atque preces cumulans quo sacra ge-
                                        [rantur
Insinuat voto, ridentes mystica vultus
Perculit, atque oculis mysteria sanguine pandit
Rubea, carnalique refert sacra carnea cordi,
Triticeamque docet mutari in carne farinam,
Ac ligno cretum converti in sanguine vinum,
Hæc carnis promens oculis ubi pectora firmat,
In priscam reparat divina litamina formam,
Nec minus egregie pallarum prodita pannis,
Sanguine quos sacro secreto ac robore supplet,
Muneris et summi dono delegat opimo,
Ossea sanctorum poscentis pignora missis,
Quos temere inspectos nimis indigneque retectos
Ac nihili ductos patienti mente retrectat,
Atque preces geminans arcana stupenda revelat,
Dumque secat ferro, miri dat fluxa cruoris.
Legatos stupidat, sternitque ad vota fideles,
Et prius erectos tribuit benedicere pronos
Ac laudare Deum tam diva insignia dantem.
Instruit hoc sacris inter libamina pallas
Aris applicitas Christi qui nomine Justus

Sic tecta sanctum virtute bibisse cruorem;
Hosque aliosque replens fidei splendore videntes,
Certa rependit item signans jam munera certis.
Quæ dum gestantes Domino magnalia fantur,
Gaudia dant, desideriis qui dona verenti
Dona capit, comit, veneratur, adornat amore,
Magnaque ad hæc Christi miracula dantur honore.
His pollens opibus humiles Pater almus alebat
Exemplis, monitis, virtutibus, atque superba
Ore terens Domino substernere corda parabat.
Experti sensere magi quibus urere visum
Magnifici sessoris equum Phlegetonte, subustis
Flagitii stimulis, lumen quos luminis actu
Deserit obstructos, proprioque furore petuntur
Salvo Patris equo, prudens quos censor abacta
Menti pernicie reddit, sed furva manere,
Præcipit æternum, tenebras ne luce potiti
Assuetas repetant, puro quoque fonte piatis
Decernit geminum pietatis munere victum.
Mos equidem fuerat papæ menti insitus almæ
Frangere crudeles, tutari prona sequentes
Dicta probat, probat elatus feritate tyrannus
Ruricolas ac rura terens quæ forte reperta
Primati subjecta Petri, monitusque beati
Legatosque Patris spernens popularier urbem;
Currebat cui pastor oves tutamine servans,
Occurrit terrore premens : affamine sternit ;
Accipit ille pio divum sermone vigorem,

A Menteque mutatus veniam mox subditus orat,
Subjectumque vovet famulum, sentitque benignum
Melliflua bonitate Patrem, spatiumque meretur
Tutoris precibus languore sub ultima versus,
Ad vitam viresque redit, vitaque tuendæ
Consilium suasit meliorque in cætera vivit.
Nec modo præsentes tanta pietate fruuntur;
Tartareas longo tortus quin tempore in umbras
Insolitam Trajanus opem, mirabile dictu !
Gentili capit inflexi probitate patroni,
Quem votis redimit, lacrymarum flumine tingit,
Susceptasque preces discit, non talia deinde
Præsumat visis superis et fatibus audit.
Inclyta apostolicæ concinnans munera thecæ
Attollit, sacris delegat, cultibus ornat,
B Exturbans hereses harum loca crimine purgat,
dque triumphantem gaudet vidisse Suburra.
Cujus nec tacitus templum occultusque relinquit
Spiritus egrediens irrumpente agmina porco,
Increpitant strepitus magno concussa fragore;
Mœnia percurrens invitus deserit hostis.
Victoris sub honore polo velamine nubis
Admisso tegitur vernans divinius altar,
Nectaris Ecclesiam implet odor, vestigia terror
Arcet, et emisso resplendent cœlitus igne.
Lampades insignique iterantur lumina flamma,
Restinctæque faces repetita luce coruscant.

CAPUT XV.
De miraculis ejus monasterii.

Hujus ad effigiem miracula diva patrantur,
Et candela poli nonnunquam accenditur igne.
Ejus cœnobii prælatus honore Joannes
Luxuriæ addictus vinclis dum sæva frequentat,
Tristi percutitur segnis languore podagræ;
Qui medicinalis tormenti ardore subustus,
Dum desperatus crescente gravedine pestis,
Sordibus abscedit, castoque inservit honori,
Redditur aptatæ Domino parcente saluti :
Ille canis velut impurus, vomitumque resorbens,
Contemptum repetit morbi post tempora sævum,
Lubricaque, et luxua, et sordida crimina tractat,
Nec mora Gregorii seniori visio cuidam
Accedens, ipsa monitus dat nocte relapso,
Pœniteat, turpi convectos crimine census
Dispergat, mox luce dies quem tertia tollet.
Tum stupidum, tantique patris mandata paventem
Pœnituit facti, gazas qui spargere certans,
Correptus languore die per visa notato
Uritur ingentis violento torminis igne,
Oreque projiciens linguam suprema trahebat
Flamina; custodes obeunti assistere dantur,
Atque sacerdotes Domino dare vota recedunt;
Regressi post sacra stupent leniora ferente
Nomen et inclamant, oculos mox evibrat ille
Subridendo quærens se vocibus exagitatum,
Judiciis Christi qui prima a luce diei
Astiterit certans cum perpetis hoste salutis.

C Omnibus objectis quoque quiverit orsa referre,
Andreæ cum Gregorii solamine functus,
Mensurasque monasterii potusque cibique
Consuetæ pietatis opem solitasque lucernas
Altithroni ante pedum se cuncta tulisse scabellum.
Oppositorum unum tantum purgare nequisse,
Cesserit unde pudore actus, cruciamine tritus,
Prodere rem jussus vatem legasse patronum
Fatur Gregorium, nulli se pandere probrum
Functorum imo domos, meritumque resignat agentum,
Obtrectatores audisse per omnia fratres,
Judicio obstrictum sed famina reddere nulla
Se potuisse fatens, parcant obeuntibus ultra
Ferre cavilla quibus tam multa feruntur ab hoste
Et tam districti properant ad judicis ora
D Presbytero demum sibi qui suprema notarat
Pandere poscenti summi sibi crimen agonis,
Is caput avertens gemitu proclamat anhelo :
« Andræa, percas isto miserabilis anno,
Qui me consilia in tam sæva pericla dedisti. »
Tum medicum vitæ spondentem lucra repellens,
Psallere deposcit fratres ut cernere possit
Quas prius angelicas conspexerat ipse catervas;
Has contemplari sese, pallensque tremensque
Fratribus ut poterat signans, humana relinquit,
Magno dimittens monachos terrore subactos.
Ruris et Andreas conductor Barhiliani,
Ad vocem mox presbyteri maledicta ferentis,

Decidit in lectum, et longo languore solutus,
Carnibus exuitur; conjux foetore gravata
Tabe viri absumpti, sed non efflare valentis;
Hortatur facinus quo sint jam dira revelet
Voce ingesta sibi prælati fata trahentis.

A Ast ubi confessus quædam monimenta tulisse
Chartarum cum proposito pretioque dedisse
Indignis, retegit mox carcere, corpore texit;
Supplicii cunctis proprii luctamine prodens
Gregorii legum lanii quid ferre merentur.

CAPUT XVI.
De ministro qui ejus imminuit eleemosynam.

Hic etiam qui consuetas minuisse probatur
Dapsilis impensas inopum solamina patris,
Præmisso præcone capit mandata beati
Dura, dies sibi pro dempta pietate resectos:
Dumque fidem minus impendit pro tempore dictis,

Pariete flagrantem solus subito aspicit ignem,
Quem manibus tentans avertere, carpitur ipse :
Ardore interius febrisque calore voratur,
Atque gravi finem vitæ fervore capessit.

CAPUT XVII.
De monachis ipsius monasterii.

Templo Gregorius quo fundere vota solebat
Spiritus infestus teter, virtute fidei
Robusti ejicitur monachi, licet ictibus actus
Insomnis vani per visa minantia teli.
Ducere post lethi qui fauce pericula visus,
Accipit in visu patris mandata beati
Vivere si curet morituris fata revelet;
Pandere promittit fungentum et nomina sumit;
Ore patris recipit digitos, quibus ulcere rupto
Excreat innatam dira putridine pestem.
Moxque secuta salus mortis hunc faucibus arcens
Aggregat hymnidicæ nullo sperante catervæ.
Rem stupidis prodit, dicta astruit ordo migrantum,
Præsul, coenobio prælatus, ut ultimus audit
Se quoque percensum, languore sequente coactus,
Credere disponit propriæ rem territus ædis.

B Tumque monasterium ingrediens mutatur honore
Et monachi sumens habitum mundi abnegat actum
Andræa tandem sese visente beato
Atque obitus horam patrio sermone notante,
Lætus obit, peragi sibi mox funebris poscens,
Luminibus latis dignis et odoribus auctis,
Ut sancti possent Fabiani festa rependi.
Gregorium insano monachus pro fratre precatus,
Conspectus fugiente homimum, loca vasta terens
Aspicit in visu dantem solamina patrem
Quod cerneas lacrymas votum susceperit ejus,
Et sanum sibi germanum cum luce reducet,
Presbyter ut clausus venia resolutus abibit.
Crastina lux promissa probat mandante sacerdos
Laxatur papa fraterque reversus amanti,
C Redditur incolumis servitque manendo fidelis.

CAPUT XVIII.
De purificatione fundi ejusdem.

Spiritus hostilis prædictum Barbilianum
Vastabat fundum, simulatus stemmate tauri,
Noxius agricolis instans, ac fronte fatigans,
Custodesque, bovesque suis præsepibus arcens;
Dispersis aliis unus terrore bubulcus
Actus adit monachos trepidus, rem pandere gestit;
Inter et effandum, rupto sermone, recedit.
Aufugiens, dominisque celer mirantibus exit.
Mane dein rediens pecudis se horrore fugatum

Infestantis ait tota discrimina nocte
Fervida se passum, mergi ut de ponte renutans,
Fugerit, atque aviis inter molimina prensis,
Portarum claustris tuitus sit præsule quodam.
Ipse quoque apparens cuidam per visa suorum
Gregorius, ruri benedictam spargier undam
Præcipit, et facto labes invisa recessu,
Fines visa dein gyrare, intrare nec ausam.

CAPUT XIX.
De visione Tetgaudi episcopi.

Tetgaudus quidam præsul, privatus honore,
Romam adiens, hoc hospitium præbente subivit
Coenobio, papa, cui somnii pauca trahenti,
Visus adesse pater, minitantiaque edere jussa :
Exeat atque cito properans sua septa relinquat.
Excutitur stratis, orat, phantasmata retur,
Atque iterum dormit, rursus pater imminet astans
Pontificali habitu : « Nostris abscedere claustris
Non (inquit) jussi domino quæ dote dicavi
Principis Andræ quæ diversoria nolim ? »

D Ille ferens a pontifice hæc sibi jura manendi
Cessa, capit mulctam Christo plectente sub ipso
Sumpturos tam qui petiit, quam qui dedit anno;
Intremit evigilans, facta prece, reddere somno
Se tentat, sonitumque repente capit subeuntum
Limina, valde pavens fingitque sapore gravatum
Ingrediens ita Gregorius, dextramque tenendo
Andræ, appropians latori luminis (inquit) :
« Corripe prostratum. » Correptus at ille resedit :
« Aspice nos (sanctus trepido), quia bis mea dicta

Temnens, hunc Domini procerem deducere cogis,
Ni mox abscedas hodie, privabere vita
Instante hebdomada sociis simul omnibus auctis.
At si jussa sequens pares, evadere pœnas — horum
Nunc poteris subitas; neque tu neque quis tamen

A Degentium hic tecum, jam rura paterna revisel.
Proripit hinc se mox stratis, ac visa revelat,
Egreditur septis; complentur famina factis,
Hospitii nam jure carens, adjensque Sabinos,
Cum comitatu ipso vita privatur in anno.

CAPUT XX.

De eo qui meretrices monasterio ipsius introduxit.

Sic etiam meruit sentire domesticus ille.
Supponis pœnam, qui claustra recludere scortis
Non timuit, cui suspenso spiramine diro
Gregorius visus : « Mala non tibi cætera (dixit)
Sufficiunt, inimice Dei, quæ plurima nostris
Gessisti septis? Meretrices insuper istuc

Introferre ausus fluxæ seu ludicra scenæ,
Crede mihi idcirco præsenti peribis in anno. »
Qui se promittens sceleratos ponere mores,
Deponi reddique solo mandatur ab alto.
At quia dissimulat pravos componere sensus,
B Perditione sua vatis probat edita vera.

CAPUT XXI.

De visione sancti Anareæ.

Nec minus ejusdem sensit Supponis alumnus
Ille necem quo direpta est domus apta cubandi,
Qui sibi nocte senem visum et se discutientem
Increpitans, fatuumque vocans moderamine virgæ
Leniter attactus, telluri sternitur imæ;
Moxque senem quidam per somnia clericus ipsum
Aspiciens audit, surgat, comitique revelet;
Exeat ut claustris, sese nec provocet iræ
Sanus ut ire queat, famulumque resumere cæsum
Quærenti quis sic sub imagine posse renosci,
Asserit afficie, intuitus quam lumine sumpto

Comperit Anoream sanctum sibi jussa dedisse,
Signatoque loco prostratum ultore superbum
Semianimem inveniens, clamoribus acciet omnes,
Ac sub apostolico dat nomine famina fuso,
Hocque sibi juncto pandit mandata patrono,
Ille vocans monachos culpæ de crimine quærit,
Hujus et hortatu convulsam percipit ædem
Abscedens restaurari jubet amplius illuc.
Hospitio non præsumens divertere sumpto,
Domatis at vulsor letho procumbit amaro.

CAPUT XXII.

De eo qui fontem ipsius inquinavit.

Presbyter ille etiam claustro prælatus eidem
Qui fontem retegens scorto fabricare lacunam
Infelix non erubuit sarvumque paravit,
Ultricem vitare manum non posse probavit;
Terribilem quem prostibulo traxere ministri
Pontificis jussu Romani talia fantes
Se gerere, attonito papam nec adesse quærenti
Pandunt Gregorium quem læsit fonte retecto
Actibus indignis, audiique jubere rubricis
Se centum cædi, quarum cruciatus accrbis
Verberibus, febriumque calens angore citatus

C Æger equo impositus septis redhibetur anhelus;
Indicat admissum, pœna laniatur aperta;
Inter et assiduæ pestis cruciamina sexto
Jam prolata die tandem miserabilis emat;
Multisque expertum documentis tabe subactos
Polluti sceleris non longum his vivere claustris.
Fertur adhuc istic libra, et mensura beati
Servari patris, attentet si quilibet ex hoc
Externum nitens in opus componere panes,
Ad numerum non perveniet servire suetum,
Mensis qui superare solet mirante ministro.

CAPUT XXIII.

De visione Joannis levitæ.

Talia dum serit historiæ levita Joannes
Ecce sacerdotis quemdam sub imagine somnis
Stare cachinnantem cernit, cur scribat eorum
Acta solutorum, quorum non viderit ora?
Iste refert sese fidentius odere vera,
Quod nec blanditiis nec sit livoribus actus,
Ignotum facie lectu describere notum;
Ille fremens et quod valeat hostile minatus
Usibus istius partam servire lucernam,
Pressit, et in tenebris hunc atque pavore coegit.

D Mortis et ancipiti posito nutamine sanctus,
Visus Gregorius, stipatus utrinque beatis,
Dextrorsum, papa Nicolao, almoque ministro
Lævorsum, Petro, radiatus lumine multo,
Increpitans : « Modicæ fidei quare dubitasti? »
Hostem papa notat digito Nicolaus apertum,
Quem face Gregorius lata comitante ministro
Infuscans perhibet non hunc nigrasse, sed atrum
Ostendisse, levansque sibi solamine fidum,
Abscedit magnoque locum dat lumine plenum.

Evigilans visor pueros ciet ante jacentes,
Nec valet erigere stratis licet orsa serentes

A Dum lux æthereas dimissa refluxit in auras.

CAPUT XXIV.
De visione Mauritii imperatoris.

Mauritio induperatori perversa serenti,
Legibus, athletasque suos mutare vetanti
Militiam Christo, cohibens animo obstitit alto.
Indignans divina sibi decreta minanti,
Rex in pontificem tractat versare furorem;
Cum subito monachus quidam venerandus amictu
Nudum deportans gladium gladio periturum
Prodit Mauritium; librato sensibus ille
Prodigio precibus terrores vertit et acta
Prava sibi reddi præsenti poscit in ævo
Tormine, quo careat pœnæ sine fine futuræ.
Talia Gregorio patribusque precamina multis
Allegans, augens lacrymis quoque vota profusis.

Nec mora concutitur visis stupet ære rigenti
Fixæ præ foribus statuæ se assistere Christi,
Vocis ad effigiem (date Mauricium) aure fragorem
Percepisse pavens, raptus propiusque ministris
Exhibitus, capit arbitrio deliberet ipse,
Probra sibi præponat, ubi male gesta rependi
Eligit hic in præsenti terrore futuri.
Mox tradi jussus cum prole et conjuge Phocæ
De grege militiæ, sumitque oracula sancti
Diva viris, concessa sibi pia dona salutis
Naufragio doxæ tamen et discrimine vitæ
Glorificat Dominum, grata sub lege tyrannus

B Et subit illata a divino numine mulctam.

CAPUT XXV.
De humilitate ipsius sancti Gregorii.

Hic pater indignum se visibus asserit altis,
Et se dejiciens superari luce minoris
Commemorat, prosternenti sese sibi, per se
Joanni astratus jacuit, dum surgeret ille,
Dicta sua extenuans ad patris larga profata
Magni Augustini, vocitat purgamina farris,
Ac vetat ipsa legi præsens dum corpore vivit.
Sumpserat hic sancti Joannis præsule quodam
Tradente oblatam summo pro munere vestem,
Paschasii cum dalmatica, quæ illata sub ara
Servatur, pluviam optatam quoque prodita prodit;

Et simul excussæ densant, redduntve serenum;
Lampades accensæ crebro divinitus illic;
Cœlica dona Dei cumulatum et pandit olivum.
Has inter pietatis opes, cœlestia mactus
Flamine regna petit, quæsitaque præmia sumit,
Sidereo mutans humanum culmine culmen,
Romulidas ope qua fovit bonitatis alumnos
Desertorum inopes clamant solamine voces:
Successoris opus, solida obtrectatio papæ,
Livoris rigidi monitu correptio crebro

C Lata, probri finis, querulæ tutela catervæ.

CAPUT XXVI.
De successoribus beati Gregorii.

Gregorianæ qua vigebat gloriæ
Sabiniani testis est decessio,
Ignita quamvis addat aulæ lumina,
Foroque farra dei famis sub tempore.
Secutus istum præminet Bonifacius,
Nec efferenti jura cedens gratiæ,
Arcem retentat ac favorem principis,
Una meretur, et statuta prærogat
Ut præsulatus sacra fiat aptio.
Successor hujus sorte, jure et nominis.
Variis licet gravetur actus cladibus,
Ornare sed legata sudat munia,

Summamque Christi prædicare gloriam,
Hostis profani dissipare insaniam
Fanum unde cuncta quod tenere numina
Stulti putarunt obtinens, eliminat
Portenta divum, sacrat almam regiam
Rectoris æthræ matris atque virginis,
Addens honorem testium Christi omnium;
Hinc festa sancit, et colenda præcipit,
Sectatur orbis, atque ritum suscipit.
Secutus ille colle Gregorius pio,
Propriam catervæ gaudet ædem pauperum
Dicare, Christi dote ditans ubere.

CAPUT XXVII.
De sanctis Deusdedit, Bonifacio et Honorio episcopis.

Jura Deusdedit inde Patrum subit alma priorum,
Sacrorum clerique altor, revocator, amator,
Dispositor, pax Italiæ quo tempore venit.
Quæ, ne securam nimium pigra otia mergant,
Terretur trepido terræ vibrante tremore:
Affli itur vulgus clade impediente vocatos

D Patre obeunte rogæ, clero stipendia dantur
Hinc pius ac mitis Moysis laude notatus,
Eligitur sacris princeps Bonifacius aris,
Tutor testamentorum, vel templa petentum
Pignora sanctorum levat, atque baptisma dicatum
Erigit, obsequiis digno disponit honore,

Busta ornat, cleroque stipem dependit opimam;
Supplicium reprobos sequitur, victoria justos.
Consule qui surgit patre præsul Honorius actis
Pluribus effulget claris, doctorque benignus
Resplendet cleri, reparatque colitque decorem
Sedis apostolicæ, argento sacra domata comit,
Attollitque trabes, templum tegit ære petito,

A Edit præterea plures, stabilitque labantes,
Nomine justorum reparatque ac munerat ædes;
Ditia dona dicat, cumulat, largitur et offert,
Sabbata cuncta sacrat prece, carmine, laudibus
[effert,
Hinc numerosa polis bona centuplicata recepit.

CAPUT XXVIII.
De sancto Severino papa et successoribus ejus.

Inde Severinus Phæbo per signa relato
Ecclesiæ post jacturas internaque bella,
Sede Petri allectus renovat sacra lapsa ruinis,
Mansuetus, clemens, altorque benignus egentum,
Dona pio cumulat clero, conquirit alumnos;
Post captivorum miseranti corde redemptor;
Externas quoque alit patrias bonitate Joannes
Istria quæ novit, Martino abbate, sequestro,
Dalmatiam tutans etiam clementia pacæ,
Hinc grata mercede capit pia pignora Patrum,
Excolit hæc fabricis, præclare et luce metalli
Subjectosque fovet præsensque, migransque mi-
[nistros.
Theodorus pius inde pater, tutorque petentum,
Civiles inter fremitus, privataque bella
Permanet immotus, constans, castus atque fidelis,
Dejectis parcens, complectens recta sequentes;
Debellans damnansque feros et ad atra relapsos,
Errantes revocans, precibusque minisque coercens
Contemptum feriens, et colla procacia mulctans,
Pignora sancta levat, veneransque educit arenis,
Disponit templis, auro argentoque decorat,
Erigit atque dicat, fabricas dat munere claras.
Hinc validus veri testis Martinus honorem
Supplet apostolicum, dignoque agit agmine bella,
Tentatus probris Domini, fastuque superbo,
Atque tumore lacessitus, quo scita paterna,
Vulsa, furor sacras Christo conversus in aras,
Diruit, alma piam veriens altaria pacem;

Coguntur super his patres, divoque senatu
Consulitur, verum excutitur, plectuntur iniqui,
Præsidiisque ignes contra defenditur orbis;
Et clypeis diversa datis per climata mundi;
B Increscunt et jam adversæ contraria partis
Prælia, regnatorque sacri ducis impetit arcem;
Mittitur exarchus socios laqueare fideles,
Atque tenere patrem; vetat hoc concordia fratrum,
Unanimum, plebisque amor; hinc quoque fraude
[potitus,
Tutatur sacræ tectus caligine nubis,
Cum videat reliquos solum spectare satelles
Non valet eximium, quem cogitat ense necandum,
Frustratis necis insidiis, componere pacem
Cogitur instructor fraudis confusus aperta.
Turbine bellorum quo post, mortisque redacto,
Dirigitur trucior manifesto jussa furore
Qui implet, apostolicumque viri proculcat honorem;
Huncque aris adimens, Graias perducit in urbes.
C Segregat urbe data, nequit sed mente beata;
Depellit solio, valet haud depellere voto;
Romæ et Constantinopoli manet arbiter idem,
Clementisque pie vestigia sancta secutus,
Chersones subit exilium; quo sidera nacto,
Quam fidus rigido, quam sit pius usus agone
Confessor, Christoque placens, et ad ultima per-
[stans,
Plurima signorum radiis miracula pandunt.

CAPUT XXIX.
De sancto Eugenio papa.

Eugenius quem prodiderant cunabula sacris,
Tranquillus mitisque nitet, fatuque benignus,
Dapsilis indiguis, sanctus probitate, venustus

D Cleri altor, justi cultor, pietatis amator,
Semper fucorum cum plebe canente refutat.

CAPUT XXX.
De sanctis Vitaliano et Adeodato episcopis.

Vitalianus cultor almæ regulæ
Responsa legans sedis urbi regiæ,
Reparat sacrorum prisca privilegia,
Et dona Petro diriguntur aurea;
Romæ receptum ad sacra ducat Cæsarem,
Vigensque digno sanctitatis munere,
Superna claro scandit auctus culmine.
Succedit almus Adeodatus pater,
Cunctis benignus, mansuetus omnibus,

Fovens egenos, commodus, præstabilis
Hoc bella cœpta reprimuntur præsule,
Surgunt tyranni, diruuntur ocius,
Rebellionum barbaris urbs traditur.
Restaurat iste dedicatque fabricas
Actas ruina, destinatque milites
Castris polorum, providetque commoda,
Decessione cujus orti turbines
Crepitusque cœli tanta totque fulmina

Stupefacta tot non ante visis territa,
Ruens gregatim obiverit mortalitas,
Pecudes, simulque humana lapsa corpora
Precibus profusis, dum quiescit ultio,
Recidiva miro colliguntur ordine,
Sidus refulgens ardet alto vertice,

A Secuta plures pestis auffert funere
Dum domus optionis instat foedere,
Templi meatum qui decorat marmore,
Reformat atque largus ædes, ordinem
Auget sacrorum, spargit atros, congregat
Prudens benignos ac Ravenna colligit.

CAPITULA LIBRI UNDECIMI.

I. — *De sanctis Agathone, Leone et Benedicto episcopis.*
II. — *De quinto Joanne Conone ac cæteris.*
III. — *De sexto Joanne et successoribus ejus.*
IV. — *De Constantino papa.*
V. — *De secundo Gregorio papa et Bonifacio doctore et martyre.*
VI. — *De Zacharia papa.*
VII. — *De secundo Stephano papa.*
VIII. — *De tertio Stephano papa.*
IX. — *De Adriano papa.*
X. — *De tertio Leone papa.*
XI. — *De Paschali papa.*
XII. — *De sancto Eugenio secundo et Sergio papa.*

CAPITULA LIBRI DUODECIMI.

I. — *De quarto Leone papa et Benedicto.*
II. — *De sancto Nicolao papa, et Benedicto papa, Joanne quoque Ravennate.*
III. — *De secundo Adriano papa, et Hincmaro præsule nostro rege quoque Carolo.*
IV. — *De tertio Adriano papa, et Fulcone nostro præsule Carolo quoque Augusto.*
V. — *De Stephano papa, et Formoso translatione quoque sancti Calisti ad nostram urbem.*
VI. — *De Bonifacio papa et sexto Stephano, Theodoro quoque papa.*
VII. — *De nono Joanne, sanctis quoque Sergio, Benedicto atque Christophoro.*

CAPITULA LIBRI DECIMI TERTII.

I. — *De sanctis Theodoro, Acontio, Servulo et Januario.*
II. — *De sanctis Deusdedit, Victoriano, Anastasio, Redempta, Galla, Romula et Mosa.*
III. — *De sanctis diversorum locorum Italiæ, Honorato, Libertino et cæteris.*
IV. — *De sanctis Equitio, Constantio, Marcellino Nonnoso et Bonifacio.*
V. — *De sancto Fortunato episcopo.*
VI. — *De sanctis Martyrio et Severo.*
VII. — *De sacerdote qui defunctus furem vinxit sepulcro.*
VIII. — *De sancto Benedicto et miraculis ejus.*
IX. — *De sancto Paulino.*
X. — *De sancto Dacio episcopo.*
XI. — *De sancto Frigdiano.*
XII. — *De sancto Populonio.*
XIII. — *De sancto Herculano.*
XIV. — *De sancto Isaac monacho.*
XV. — *De sanctis Florentio et Eutichio.*
XVI. — *De sancto Martino.*
XVII. — *De monacho nomine Quadragesimo.*
XVIII. — *De Benedicto monacho et Mena.*
XIX. — *De quadraginta rusticis et eis qui caput capræ noluerunt adorare.*
XX. — *De sanctis Aconcio et Florido.*
XXI. — *De Sanctulo.*
XXII. — *De sanctis Specioso et Gregorio fratribus, sanctoque Spe.*
XXIII. — *De quodam presbytero Nursiæ et Probo episcopo, Stephano quoque abbate.*
XXIV. — *De duobus monachis Valentianis abbatis, et sancto Surano atque diacono quodam.*
XXV. — *De sanctis Mellito, Theophanio et Petro.*
XXVI. — *De sanctis Severo et Egistio, cæterisque Ravennæ martyribus.*
XXVII. — *De sancto Germano Antisiodorensi episcopo.*
XXVIII. — *De sanctis Theodosio, Donato, Secundiano et Romulo.*
XXIX. — *De sanctis Hermagora et Fortunato.*
XXX. — *De sanctis Cantio, Cantiano, Cantianilla et Probo.*

CAPITULA LIBRI DECIMI QUARTI.

I. — *De sancto Michaele archangelo.*
II. — *De sanctis Aristone, Justo, et sociis eorum.*
III. — *De sanctis Prisco, Antonino, Aristeo atque Paulino.*
IV. — *De sancta Juliana.*
V. — *De Spoletana sancti Pauli ecclesia.*
VI. — *De Eleutheria martyre.*
VII. — *De sancto Joanne confessore.*
VIII. — *De sancto Cassiano martyre.*
IX. — *De sanctis Syro Hiventio martyribus.*
X. — *De sanctis Martino et Augustino episcopis.*
XI. — *De ecclesia sancti Zenonis Veronensi.*

XII. — *De sancta Christina.*
XIII. — *De sancto Ambrosio.*
XIV. — *De sanctis Gervasio et Prothasio.*
XV. — *De virtutibus sancti Ambrosii.*
XVI. — *De sanctis Nazario et Celso, Vitali et Agricola.*
XVII. — *De transitu S. Ambrosii.*
XVIII. — *De sancto Columbano.*
XIX. — *De sancto Attala.*
XX. — *De sanctis Bertulfo et Eustasio.*
XXI. — *De sanctis Blidulpho et Meroveo monacho.*
XXII. — *De Baudagario et cœteris quibusdam sanctis monachis.*

INCIPIT LIBER UNDECIMUS.

CAPUT PRIMUM.

De sanctis Agathone, Leone et Benedicto episcopis.

Hinc læti surgunt Agathonis tempora patris,
Mœsta quidem Phœbes pallore obituque Quiritum,
Læta sed Ecclesiæ pace abjectuque ferorum.
Dum reges patresque Petri consortia sedis
Exposcunt, hilarans legatis Roma sororem
Imbuit, et consanguineos sibi nectit alumnos,
Seductorem abjicit, primam pietate cathedram,
Illustrat Petri, telisque expurgat apertam,
Imbre venenifero turgens quæ nevit Arachne,
Abradit reprobos, apto colit ordine dignos.
Junior inde Leo Graio Latioque lepore
Cultus, et organicis assuetus voce choreis,
Plebem ad celsa vocat, concessa ad lucra talenta
Spargit, largus inops, inopumque piissimus altor.

A Sextæ scita probat synodi, damnatque rebelles,
Subjectos refovet, sedis pia jura recepiat,
Paulo templa dicat, donis et cultibus ornat,
Deliquium lunæ sequitur decessio papæ.
Instructus sacris Benedictus sacra secundus
Jura capit, divo sophiæ qui fonte redundans,
Ore manuque dati munus cognominis implet,
Regminis et dignus larga bonitate ranidet :
Mansuetus, patiens, pronæ virtutis amator.
Templorum reparat lapsus, dependit amictus,
Multiplicat cultus, attollit munere census,
Cæsareo florent pariter pater urbsque favore;
Signa polo rutilant Bebiique incendia flagrant;
Mactus honore sacer regni fastigia captat.

CAPUT II.

De quinto Joanne, Cononé ac cæteris.

Stirpe Syra veniens, quintus Romana Joannes
Culmina sortitur, generalis fœdere voti
Strenuus et doctus, moderata et mente serenus.
Quique vices sedis, Græcis, libaverat hujus,
Concilio patrum pietate jugaverat urbes,
Pace nitet patriæ : priscis dum Punica regna
Redduntur Domino, gentes sub pace residunt,
Firmantur sacrata patrum consulta priorum;
Sanctorum turmæ solantur munere dite;
Scinditur exemplo hoc cœtus, diversa petentum.
Nec parti pars obsequitur, nec bella facessunt,
Donec angelicum cleri decreta Cononem
Attollunt, optantque virum per cuncta probatum,
Relligionis opus perfecto corde secutum.
Ilicet in laudem istius cum plebe Quirites
Dum coeunt digne, scandit sublimia dignus,
Regia dona pius caput Augustique favorem,
Et licet ægrotus cœlestia munia tractat.
Nec longum emerito requies collata labori,
Plebs iterum in duo dividitur, nec jungere dextras
Diversis potis est, donec, miserante superno
Numine, præligitur sedatis Sergius armis,
Litigiis divisa tamen cui vota relictis,
Solus qui rigida, ac versuta mente renitens
Insidiis nocuit, furtim dispendia finxit,
Se miser evertit, quavis se fraude subegit

B Clancula quem post auguria, et cantamina tollunt.
Præsul ab incepta studiis qui creverat altis
Cleri militia, gradibusque ad summa vocatus
Subierat, votisque piorum ad singula fusis
Pignora floruerat, virtute et culmine floret;
Nec cedit sceptris, nec jussa profana veretur.
Immotus persignat, abduci sede jubetur;
At Petri auxilio pollens, et amore Quiritum,
Servatur cathedræ, servatque satellitis hostis
Propitius vitam, probris qui pellitur urbe,
Rex etiam regno, pia plebs ita pace potitur.
Munera diva crucis secretis abdita thecis
Huic Domino retegente patent, venerantur honore,
Deinde pio sacrisque coluntur tempore fixo.
Hic pater insignes renovat conditque decoris
C Egregii fabricas, sacrorum percolit ædes,
Cultus instituit, pretiosa monilia cudit;
Ossa patris monitus levat, attollitque Leonis,
Apparat ornatus dignos, agit ordine ritus;
Multiplicatque preces, cumulatque et destinat hymnos.
Erratus Aquileiensis discrimina plebis
Corrigit; absolvit, sanat, disponit, adunat,
Pacificatque greges, unique reducit ovili,
Supremo feri pastori pastorque renidet
Conspicuus, doctisque urbes pastoribus ornat.

CAPUT III.

De sexto Joanne et successoribus ejus.

Sextus ab hinc Græca sequitur de gente Joannes
Liberat exarchum, mediumque furentibus infert
Se turmis, prohibetque ferum sedatque tumultum;
Barbariem posthac abigit latisque receptat.
Muneribus captos, pacisque serena reformat,
Templa pius veneranda colit, clerum ordine comit.
Nominis ipsius Graia quoque stirpe sacerdos
Succedens doctus, salsoque lepore disertus,

A Parietibus decus instaurat, pia busta venustat,
Nobilitat formis, vasis sacra ditat et auro,
Jacturam Ecclesiæ reparat, vi rapta receptat,
Pœnitet erroris regem recipitque decorem;
Quo patre præcepto erigitur Sisinnius aris,
Mente ac carne gravis, studiosus mœnibus urbis,
Nec mora languoris fastus quoque pondera ponit.

CAPUT IV.

De Constantino papa.

Mitia corda gerens hinc Constantinus honorem
Indeptus, nunc mœsta subit, nunc læta resumit:
Sævitiamque famis felicia tempora purgant;
Temptores patris multa plectuntur amara,
Quod notat ambusta livescens cautio carta.
Parens imperiis pater Attica mœnia regis
Sanctorum comitante petit per cærula cœtu;
Trinacriam ingresso dum vir clarissimus ægris
Occurrit vix subsistens ad munia membris,
Robora læta capit, gaudetque repente medella,
Theodorus, viso sacrorum principe, sumpta.
Hinc jam prima es impendia digna Pelasgi
Papæ dependunt, aulæ obvia culmina currunt,
Attollunt, capiunt, gaudent, venerantur, honorant;

B Cæsar et ipse caput, regno redimitus, adorat;
Inter et amplexus celebres festa agmina plaudunt;
Ferturchonos cœlo, dantur pia munera Christo,
Jura reformantur, delicti culpa piatur,
Lætus et angoris supero solamine liber,
Præcipuæ sedis repetit fastigia præsul;
Inde nec infandos apices, nec sceptra cruenta,
Seu monitus captat, nec regna minacia curat;
Errantes revocat, redeuntes pace serenat;
Transmittit Domino gentilia regmina summo;
Subjectos vegetat, civilia prælia sedat,
Vasa dicata novat, reparata audire meretur
Culmina, pacificis gaudet cessisse Tonanti,
Impe.ii regimen, rectos subiisse decorem.

(Quæ sequuntur, abhinc usque ad initium libri tertii decimi, col. 835 edidit Mabillonius in Actis SS. ord. S. Bened. III, 569).

CAPUT V.

De secundo Gregorio papa et Bonifacio doctore ac martyre.

Gregorius post hæc sumit sacra jura secundus,
Vir cælebs, doctus, sensu facundus et ore :
Jam pridem imperio notus, jam dogmate clarus;
Corde pio prudens, virtutis robore constans,
Hostis aberrantum, defensor recta sequentum;
Interiora studens, sed non externa relinquens.
Mœnia qui aggrediens urbis reparare, coquendis
Calcibus insistit; trabibusque labore petitis [139].
Basilicam Pauli renovat, restaurat et aram,
Et colit ornatu, relevat prohibetque ruinas
Templorum plures, lapsumque reducit honorem.
Sanctorum turmas [140] revocat, cœli agmina cogit.
   Germanas vocat [e] tenebris ad lumina gentes;
Quis præsul verbique sator Bonifacius almi
Dirigitur, mortisque novo sole effugat umbram.
Gallorum Ecclesias pietatis luce venustat,
Rhemensem, et dignas [141] quas censet fascibus ornat.
Martyrioque auctus, virtutis agone coruscat.
   Primitiæ gentis Germana ab origine princeps [142]
Culmen apostolicum petit, et sacra limina Petri.

C Pontificis monitis summi exhortante tyrannum [143]
Præstita firmantur primæ patrimonia sedi.
Giviles strepitus urgentiaque extera bella,
Cynthia terrifico præmonstrat tincta cruore.
Scinditur imperium [144], rectus præfertur iniquo;
Belligeræque manus fuso agmine sanior exit
Pars victrix; pacis veneranda insignia [145] surgunt,
Priscorumque fides celebri decoratur honore.
   Tibridis horrificis ripis superantibus undis,
Frugiferas circum glebas ferus occupat imber,
Pervaditque vias, hortos, munimina, villas;
Evertitque casas, terretque abigitque colonos;
Arbusta ac segetes; rapit altæ mœnia Romæ.
Inde subit vallum, et muros transcendit, et ipsas
Lymphans lympha tenet fluctu bacchante plateas.
D Non illis agros licitum exercere diebus,
Agricolis, infausta terunt mœsta agmina festa [146]
Papa gravi motus querularum murmure vocum
Insistit precibus, legatque ad sidera vota,
Nec cœptis animum removet certamine victum.

GLOSSÆ MARGINALES MABILLONII.

[139] E. Calabria. [140] Religiosorum congregationes. [141] Treverensem et Rotomagensem. [142] Teuto dux Bojoariorum. [143] Regem Langobardorum [144] per Anastasium et Theodorum. [145] imagines. [146] otia.

Typothetarum oscitantia glossa marginalis quæ ordine primum locum tenere deberet, centesimum tricesimum nonum præsefert numerum.

Dum cogit propriis Tiberim se reddere metis.
　Increpitat Bardos, fera pectora munere et ore
Demulcens, mites consullibus et prece servans
imbuit, ædificat; hujusque opera apta [147] receptant.
Surreptorum aufert opus [148]; fraus fraude labascit.
　Externos etiam benedictio lata [149] triumphos
Concelebrat papæ, victores spongia [150] Francos
Dum reddens Agarenorum tutatur ab armis,
Participes ferri neque læsos vulnere tantum,
Prostratis tali vacuis pro tegmine paucis.
　Constantinopolim longa obsidione gravatam
Hæc fera barbaries belloque fameque repressa,
Incœptis obstante Deo confusa, reliquit.
　Concilium crudele calet, dolus in nece Patris [151]
Cuditur; imperii mox hostibus oppida cedunt.
Proditur impietas, plectuntur numine summo
Participes, laqueisque suis foveaque parata
Captantur, feritasque in vertice versa furorum est.
Ecclesiam spoliari opibus protectio papæ
Impedit; unde iterum primatum fraude petitus
Eripitur, Christique immunem dextra tuetur.
　Nec toties fraus victa silet; sumuntur in ipsum
Arma Deum, decorisque jubetur Iconia prisci
Vastari, quacunque [152] notat pictura triumphos.
Augusto faveat præsul, vel gratus amore
Decidat, aut gradibus celsoque recedat honore.
Rejicit, expugnat, temnitque profana sacerdos,
Intrepidusque manet ferventibus undique telis.
Hæret pastori grex impia jussa refutans,
Fortiter et vita pro præsulis atque salute
Decertans; error damnatur : ponere regem
Papa vetat, bonitate ratus scelera improba verti.
Sternuntur seductores, abiguntur iniqui.
Consilium ferale, Dei moderamine cassum
Destruitur, sed fraude ferum [153] clementia Patris
Protegit, atque sacerdoti suffragia crescunt;
Barbaricamque [154] manum jungit sibi Roma sodalem,
Auxilioque Patris vitæ discrimina prodit.
　Præsul at egregius potiora levamina quærens,
Prodiga pauperibus largitur dona patronis,
Incumbens precibus, votis et sedulus instans,
Nec durus populo, grates dependit amori,
Hortaturque piis fidos persistere cœptis.
Sic sibi, sic Domino servabat corda suorum.
　Tum Sutrinæ doli captum per retia castrum
Assiduis papæ monitis scriptisque benignis
Redditur, atque Petri Paulique offertur honori,
　Primatum diram feritatis fœdere fraudem
Luciferum [155] capimus flammis signasse cometam
Consultum crudele subit, Romamque ducesque
Barbaricæ subici manui; tradatur iniquis
Justus, in insontem sontes grassentur honorem.

A Consilii pars impletur, capiendaque restat
Roma, sacer dum se solum pro civibus offert,
Præsidioque hærens supero, regem petit hostem,
Quærentisque neci dare se conspectibus infert,
Quem Christo moderante piis affatibus urgens,
Emollit fera corda, vigens pietate benigna
Sternit, et exsultat vestigia sacra tyrannum
Austeræ posito mentis pellisse tumore [156];
Promisisse gregi, nil se latum ire sinistri,
Regalesque Petri cultus cessisse decori;
Dimisso suplicasse humilem diademate regem.
Obtinet inde petens recipi rex præsulis hostem.
Accipit exarchum Pater, infensumque tuetur;
Eripit adversis, fuleris solatur amicis,
Servat consiliis, regit exornatque triumphis.

B Cæsaris ingrati fraudes sub funere papæ
In patulum veniunt, qui stemmata [157] ducta figuris
Palmarum [158] Christi fuscare, vel ignibus atris
Obruere insistens, punit defendere nisos;
Pontificemque pium Germanum assensa jugare [159]
Vitantem, sacris abicit, sociumque furoris
Aris adsciscit. Quem scriptis arguit urgens
Præsul apostolicus, nec deterrere procacem
Absistit [160] : sit, ni redeat, pellendus honore.
Nec silet Augusto, facinusque remittere suadet,
　Inclyta præterea Patris hujus tradita gesta
Templa Dei circa, cultumque operamque sacrorum.
Ille monasteriis cœtus legesque relictas
Restituit, ponens proprio nova castra [161] paratu.

C Maternamque domum divinis ritibus aptat,
Et facit hæredes cœli in patrimonia cives.
Ornatus adhibet, gemmis sacra vasa decorat :
Pauperibus largitur opes. Subit æthera dives :
Tristitiam terris migrans, dat gaudia cœlis.
　　De Gregorio papa tertio.
Culminis hunc sequitur virtutum et nominis hæres :
Mansuetus, sapiens, divina lege renidens;
Laudibus expertus, sensusque nitore politus;
Hortator cultorque boni, tutorque fidei;
Prodigus indiguis, et paupertatis amicus;
Captivorum emptor, pupillorum bonus altor;
Religionis, amore vigens, pia pectora solans.
Insistens Patris exsequiis de funere raptus
Eximitur, lectiisque ad regmina summa vocatur.

D Admonet increpitans reges in signa [162] salutis
Crudeles, pavidum monitusque efferre verentem
Legatum censens, opus integrat, improba damnat
Imperia, Ecclesiæque monilia rite tuetur,
Quæ scriptis monitisque jubet veneranda reponi.
Arguit hinc proceres iterum crebroque monendo.
Nec legatorum pedicis quit mens sacra Patris
Averti, penetrant dum scripta palatia, reges

GLOSSÆ MARGINALES MABILLONII.

[147] castellum a Langobardis pervasum Romani recipiunt. [148] *id est* dolosorum frustratur fructum. [149] collata. [150] Spongia qua mensa pontificis tegebatur, missa duci Francorum pro benedictione, distributa exercitui, qui victor factus est. [151] papæ. [152] ubicunque signat victorias Christi martyrumque. [153] Eutychium patricium. [154] Langobardorum. [155] quia lucifer versus est in cometam; non est proprium alicui stellæ esse cometam, sed diversæ stellæ solent in cometas converti. *sic. ms.* [156] ad pedes corruisse. [157] imagines. [158] victoriarum. [159] jungere. [160] cessit. [161] monasterium Sanctæ Agathæ. [162] imagines.

Juraque captantem [163] fervore monentia sontem.
Imperat Augustis, dat Christi insignia signis.
  Erigit ecclesiæ specimen, cultumque decoris
Augens, admittit justorum pignora [164] toto
Orbe petita soli, meritos decernit honores,
Continuasque preces grata et præconia fundi.
Aggregat implentum cœlestia munia turmas :
Instaurans rutilis ditat sacraria donis,
Ornat cultura, quamplurima lapsa reformat.
Dilatans fabricas, largo locupletat honore.

A Civibus auxilium Domini ac suffragia regis
Providet humani, Francorumque advocat auram
Mœnia restaurat, tutamina præparat urbi,
Bella premit sedans animos; prece, munere mulcet
Ecclesiæ compage ligat titubantia membra.
  Sic bene dispositis directo tramite rebus,
Internis atque externis moderamine comptis,
Instructisque poli castris [165] ac lumine cultis,
Emeritus petit æternam post bella quietem.

CAPUT VI.
De Zacharia papa.

Zacharias sanctus sanctum, mitisque benignum,
Clementem sequitur clemens, et parcere promptus;
Irasci tardus, sævis pia reddere suetus.
Ut genitos pater amplectens vulgusque, sacrosque,
Ponere non trepidans animam sese hostibus offert.
Mirificat turbas, premit enses, rapta receptat;
Victos eripiens, inimicos [166] pace serenat.
A quibus obsequium sumens, victorque regressus
Lætificat plebem, Christoque rependit honorem.
Motibus hinc iterum crudis diroque furore,
Barbaricis animis in tristia bella relapsis,
Præsul item petitur, servandis currere gnatos [167]
Nec remoratur iners; legatis munere pacem
Procurat, non obtenta Christo urbe relicta
Pacis abit; patriæ fidens orator et altor
Præmittit socios, propero quos calle secutus
Excipitur pompis regali culmine latis.
Turgida divino charismate pectora sedans,
Quæsitis gaudet, religiones luce venustat,
Perceptæque refert Christo præconia palmæ.
Delatum decus excelsi sub honore triumphi
Attollens Dominus, versutum subtrahit hostem [168]
Admovet hæredem, cumulat per longa quietem.
  Tempora pace Pater florens, sacra domata sarcit;
Atria dilatans, opibus sacraria replet.
Instaurat fabricas, venerandis templa figuris
Ornat, lapsabunda novat, priscum auget honorem.
Aulæis dat apostolicas vernare columnas;
Codicibus divis armaria sancta refercit,
Ditat sacra, colit partis penetralia lychnis.
Veste Petri gemmis auroque gravi induit aram,
Auratis operit velis, varioque decore.
Argento ditem appendit rutilante coronam.
  Regalem solito legatis visitat urbem [169],
Illustrans fidei [170] titulis, dans vincula [171] pacis,
Adventu quorum turbatio cedit, abacta
Fraus; scelus, insidiæ, fallacia victa facessunt;
Redditur et Domino palmis urbs subdita prisco.
Discussisque dolis directi [172] pacis honore
Comuntur merito, referuntque petita patrono.

B
Francorum regis regali stemmate templo,
Addicit genitus [173] sese et sua munera Petro,
Atque jugum Christi prona cervice capessit,
Ut vacet assiduus cœli sub munia servus;
E domino famulus, supplex de rege minister,
Sectari ut summi valeat vestigia Regis.
  Hic Pater ablegandorum sub regna profana [174]
Nexorum, motus mentem pietate paterna,
Impensa recipit cunctos mercede redemptos;
Et rapiens manicis, dat libertate potiri,
Atque frui votis, soli servire Tonanti.
  Barbaricos [175] iterum motus et temperat iras,
Emollitque animos, auroque et munere linguæ
Urbes et redimit patriam, removetque furorem.
Immutat regem, parit e prædone datorem,
De rapido mitem, de partu tigridis agnum,
Captantemque capit, suplicemque ad limina Petri
Perducit; fastus fugienti ac regna, superna
C Christi addit juga cervici, mundique furentis
Eruit insano junctis affectibus [176] æstu,
Informatque Deo cultu servire quieto.
  Repperit hic magnum pretio fulgente talentum [177]
Claustris [178] sacrorum; testis caput inclytus olim,
Quo cœli posito Georgius alta paravit
Regna, et perpetua splendentem luce coronam.
Aurea thesaurum sustollunt vela repertum,
Et populo partæ gaudente reconditur aulæ :
Qua pius innumeras Rector [179] præstare salutes
Dignatur meritis pretiosi martyris altis.
Allegata sacris locupletia prædia cedunt,
Quæ Pater amplificans donis et fœdere mercis
Instruit, exornans fabricis, cultuque decoris;
D Sanctorum subicit templis, et dedicat aris;
Innectit vinclis [180], firmatque perennia scitis.
  Immemor haud inopum, divas dum percolit aulas,
Dirigit accumulatque rogas [181], ac perfovet ægros,
Instituens census cœli mercede ferendos
Justorum loca sancta novat, priscamque reformat
In speciem, tegit excultis altaria cœlis.
Presbyteros clerumque fovens, tutatur alumnos,

GLOSSÆ MARGINALES MABILLONII.

[163] usurpantem. [164] reliquias. [165] monasteriis. [166] Langobardos. [167] l. gnarus. [168] Hilprandum nepotem Liudprandi regis. [169] Constantinopolim. [170] synodicis epistolis. [171] conditiones. [172] legati. [173] Carlomannus. [174] pagana. [175] Langobardos. [176] uxore ac filiis. [177] thesaurum. [178] in monasterio. [179] Deus. [180] excommunicationibus. [181] stipendia, erogationes.

CAPUT VII.

De secundo Stefano papa

Dura subit Stefanus Petro sacrata secundus,
Praelecto taciti subita vi funeris acto [183]
Almos a puero suetus tolerare parentes.
Creverat iste, datus gradibus per singula cleri
Munia. Levitico dum claret jure minister,
Ecclesiae vigilans curis, sancita tuetur.
Subventor tutorque inopum, defensor ovilis,
Constans praeco Dei, veteris reparator et auctor
Tutelae indignis latae; quorum struit aedes,
Innovat eversas, et xenia destinat, aptat;
Divinoque ministerium sibi numine partum,
Interno externoque [184] colens disponit honore.

Consiliis gentes [185] pravis in bella feruntur;
Germanum [186] quibus arcendis ad foedera pacis
Legat, danda simul sociis et munera [187] jungens.
Pacta velut plures statuunt servanda per annos,
Astu revera properi frangenda reatus.
Quae mox exacto Phoebes [188] quater orbe tyrannus [189]
Irrumpens, Patri atque gregi furiosa minatur.
Mittuntur mites [190] rabido spe foederis urso.
Pacificosque agnos Christi fera bellua temnens,
Dimittit vacuos. Domino sed vota resignans
Dirigit antistes, lacrymas super aethera legans.
Caesareus mox missus adest, mandata furenti
Deportans regi, resipiscere, rapta referre.
Admonitus blandis grassator inania reddit;
Vafra refert, nisuque truci direpta retentat.
Dumque humana tepent, suffragia quaerere dignum
Diva Pater ducit, sociorumque agmina jungens
Aggregat Ecclesiam; monet exorare supernum
Clementemque Patrem; votis ac fletibus instat.
Ipse simul; cineres addit, vestigia nudat;
Celsa petunt, importuna prece sidera pulsant.
Utque preces coelum digne impetrare penetrent,
Actibus in sanctis comites persistere mandat;
Cedere cuncta piis decernit sabbata votis.

Deditus ipse sacris altaria cultibus ornat,
Muneribus ditat, fabricis atque aedibus auget,
Culmina restaurat; sed nec suplicamine cessat.

Concilium capit interea, depromere causam
Francorum regi; Christoque Petroque fideli.
Accipit hanc miserando pius Pippinus, opemque
Ferre paratus, promptus legatos dirigit Urbi,
Dignari tantum poscens se visere Patrem.
Pastor amore gregis fervens, egressus ovile
Quaerit pacem ovium per turbida lustra ferarum.
Gratia coelestis [194], chari solatia cleri,
Caesarei mandata apicis, proceresque quiritum,

A Francorumque duces papam comitantur euntem.
Aethereus coelo praefulgurat hostibus ignis
Climate Francorum, strageinque minatur iniquis,
Praevia praetendens ductamina luminis almo.
Callidus absterrere lupus [192] conamina justa
Nititur; invictus persistit pro grege ductor.
Munera fert hosti atque preces; obduruit ille
Corde Pharaonis, nec oves dimittere captas
Consentit monitus, queruli nec vota patroni
Admittit. Praesul nequaquam ferrea cernens
Pectora molliri, saevae se abjungit hyaenae;
Qua vocat egregii pietas mitissima regis
Intendens iter, almifico stipante senatu;
Praeteriensque dolos, ductori munera Christo

B Laudibus ingeminat; glaciales transmigrat Alpes.
Francigenae properant primates, obvia papae
Millia festinant, genitis rex atque jugali
Accelerat junctis, terraeque astratus adorat
Angelicum Patrem, coelestia jura ferentem.
Fungitur officiis pronus, pedes ipse beatum
Ductat equo vectum, laudesque et carmina dantem
Rectori regum regali suscipit aula.
Assidet, observat, devota precamina sumit,
Atque libens votis favet, ac parere paratum
Se perhibens, gaudet Petri servire clienti.

Dumque hiemis prohibente gelu repedare [193]
Sancte tui, martyr Dionysi, limina servat.
Vexatus languore gravi, pereunte medella
Auxilii artificis, trahere extima fata putatur.

C Is meliora sequens medicinae robora certae,
Supremum poscit medicum, sacrata frequentat
Templa, requirit opem Patrum sibi adesse piorum,
Deditus et precibus praemissi martyris aede,
Visitur a propriis Petro Pauloque patronis.
Cum quibus et praesens testis Dionysius astans,
Suadetur [194] Patribus languenti ferre levamen.
Ille piis parens monitis, comitantibus aegro
Accedit sociis, pacem denuntiat, aufert
Corde metum, spondet reditum in sua moenia laetum,
Praecipit incolumis surgat, Domino dicet altar
Nomine apostolico, referat praeconia Christo.
Luce salutifera, divo quoque nectare fotus,
Exsilit ereptus, praeceptaque munia nitens
Faxere, non sana censetur hebescere mente:

D Donec visa refert, sicque edita martyris implet.
Inque apicem regni patremque et pignora [195] sa-
[crans,
Unguine munifico ditat, stirpemque futuram

GLOSSAE MARGINALES MABILLONII.

[182] libros Dialogorum a se Graece versos. [183] eo, qui ante cum fuerat electus, exacto, mortuo. [184] spiritali ac saeculari. [185] Langobardi. [186] Paulum diaconum suum. [187] eidem Paulo. [188] lunae. [189] Aistulfus. [190] abbates. [191] magna coeli serenitas. [192] Aistulfus. [193] supple negatur. — *Hoc miraculum ab Anastasio omissum commemorat Stephanus ipse in epistola.* tom. II Concil. Galliae. [194] a Patribus. [195] Pippinum et filios.

Culmine sublimat, regali jure decorat.
Ornat honore locum, locupletat cultibus aram.
 Tum rex cum regni satrapis claroque senatu
Rebus consultans trepidis succurrere papæ,
Unanimes Christi Petrique ad munia reddit.
Haud ullis valet averti serpentis iniqui
Fraudibus, haud fratris vafro molimine missi
Consiliis; quin germano discrimina præfert
Ecclesiæ, fixoque studens certamine niti,
Præsulis in votis legat mandata tyranno,
Fœdere sub pacis Cephæ subjecta rependat:
Terque eadem repetit. Neque cor mollire gelatum
Muneribus suasisque valet, nec proficit ullo
Ad pacem rigidum moderamine flectere pectus.
Unde gregans turmas Francorum agit agmina
                                            [causam
Ipse acturus apostolicam, mediamque terebat
Recto calle viam cum papa; procacia nitens
Pectora mitificare, petit fera corda moveri
Regis item missis, cum quis mandata precesque
Dirigit, obtestans fundendo a sanguine parcat.
Ille minas contra Patri regique relegat.
 Ast hi spem Domino totam committere certi,
Se Christo tutore tegi, cui bella geruntur.
Cujus opem princeps poscens, promissa proterve
Munera fert tribuenda humili Patrique gregique.
Sicque duci sese allegans fidoque patrono,
Cœptum carpit iter, mittens præcedere quosdam,
Ac servare aditus, arctoque astare meatu.
Comperiens hostis regem præcurrere, paucos
Junctis hos cuneis subito insperatus adorsus
Stratum se ire putat, stragis sed damna reportat.
Victus et a paucis, cum pluribus ipse peremptis
It, solaque fugæ positis spe nititur armis,
Atque tremens urbis sese vallamine claudit.
 At justi perversorum munimine verso
Diripiunt prædas. Post cædem vindicis ensis
Rex Patre prosequitur; sultus celantibus hostem
Incumbit muris, pacem dum papa precando
Fœdera pellacis [196] compellit inire fidelem [197],
Reddere jurantis quæ rapta retentat inique.
 Sic sua rex repetens Francorum regna, beato
Dat socios Patri Romana ad mœnia fidos.
Jamque revertenti populorum examina currunt
Obvia pastori, grates laudesque ferentes
Eximias Christo. Cleri populique catervæ
Excipiunt Patrem præclara tropæa vehentem.
Ille studens recreare gregem, neglecta referre
Munia, nocturnis reparat psallentia sacris,
Carmina digna choris auget, solatia præbet
Commoda, devotis certent ut degere psalmis.
 Hostis at assuetas volvens sub pectore fraudes,
Ingeminat facinus, perjuria nota frequentat.

A Crescere temnit onus [198], nihili feralia pendit;
Invadensque relicta, nefas cumulare laborat,
 Atque trahit regni [199] secum sub tartara vires
Arma rapit, cuneos cogit, misera agmina,
Ecclesiæ contra columen, fert prælia Petro,
Et sacra sacrilego circumdat mœnia ferro.
 Præsul amatori Christi notat improba regi
Pippino, acta trucis contra pia castra [200] draconis.
Expedit ille manus, ultriciaque exerit arma,
Jure calens in perjuros certaminis æqui.
Cæsareisque et legatis et jussibus obstans,
Nec precibus ceditve minis, aut munere victus;
Terribilem sese pravis acri impete præbens.
Insistit trepidis, dum [201] clauso extorquet ab hoste
Jura reformari, recipit redditque beato
B Oppida rapta Petro, reprimitque tumentia colla.
Hesperiæ moderans regiones pace serenat,
Gaudentes sub apostolicis se dedere frenis.
 Papa Deo grates referens, turrim erigit aulæ [202],
Argentique colens radiis investit et auri,
Ære tubas [203] fuso attollit, quibus agmina plebis
Admoneat laudes et vota referre Tonanti.
Prospera Cunctipotens auget, removetur et hostis;
Præsulis ad nutum reges et regna reguntur;
Bella soporantur, surgunt sacro ordine fastus
Publica res crescit, dilatat pastor ovile,
Fallaces cavet insidias, ablata receptat,
Educensque novas Cephæ splendore columnas,
Fabricat ecclesias, Petro, fratri, genitæque [204]
Quas fabricis ornat, donisque nitentibus auget,
C Atque Petronillæ, regis monita, ossa venustat,
Actibus his clarus, palmarum et luminc mactus,
Præmia celsa petit Petro ductore beatus.
       De Paulo papa (189).
 Germanus Stephano succedit in ordine Paulus,
Cum quo devotus pietate et luce sophiæ
Claruerat rutilans, individuusque sodalis
Hæserat in finem, cui mox moderamina cedunt,
Dispersa renuente manu, ceu sole tenebris.
 Hic pius ac mitis tribulatis ferre levamen
Certabat, languore graves inopumque grabatta
Visere consuetus, tacitæ sub tegmine noctis;
Carceribus nexos adimens, redimensque subactos
Fenoribus, pupillorum pater ac viduarum,
Catholicæ tutor fidei; quo tramite reges
D Admonet, hortatur, petit, insistitque reponi
Schemata [205] sanctorum Dominique polita nitore.
Mausolea colens justorum provehit urnis,
Atque urbi reddens, cineres sublimat in aulis.
 Is proprios sacrare lares sub culmine Christi
Pignoribus studuit, comens et nomine Patrum
Silvestri ac Stephani, multorum luce [206] piorum
Insuper illustrans, opulento et munere supplens,

GLOSSÆ MARGINALES MABILLONII.

[196] dolosi Aistulfi. [197] Pippinum. [198] peccata. [199] sui ad mortem. [200] Romanos. [201] donec. [202] Sancti Petri. [203] campanas. [204] Andreæ et Petronillæ. [205] imagines. [206] honore sanctorum.

NOTÆ.

(189) Deest titulus in ms. cod. In margine tamen legitur: *Paulus.*

Hymnidicisque dicans laudis sine fine choreis.
Basilicam primis hic Patribus [207] edidit urbis,
Qua [208] genibus saxo applicitis signata tropæa,
Martyrii jam libandi dum vota profundunt.

A Struxit et orandi catus ac sua membra locandi
Servandique locum, variis templi ora metallis
Ornans, atque Dei Genitricis imagine ditans.
Qua tandem emeritus tumulum post funera sumit.

CAPUT VIII.

De tertio Stephano papa.

Tertius hinc Stephanus, sacris feritate remota
Culminis invasi, Pauli sortitur honorem :
Strenuus et doctus, decessorum almus alumnus.
Qui presso latrone, Deique examine plexis
Furibus, et tanti sceleris ductoribus actis,
Concordi voto parilique favore senatus,
Primatum cleri bellique urbisque aurorum [209]
Deligitur, digno præsulque sacratur amore.
Errorum nebulas quo discutiente, cientur
Undique pontifices, ipsoque vocante gregatur
Concilium Romæ, Patrum sacra jura tuentum.
Opprimitur scitis error, multatur et auctor.
Pœnitet illicite junctos in sacra ministros.
Perverso censetur onus [210] resecator iniquum,
Criminis exemplum, divinaque jura dicantur.

Depulso Roma, Ravennam proximus horror
Invadit, premiturque pio fervente rigore
Præsulis, a justo nulla improbitate reflexi.
Usus ab obsequiis Teucrorum [211] numine summo
Ravennate lupum missorum exturbat ovili,
Pastorique pii moderaminis ostia pandit.
Hancque sibique datam cauta bonitate regendam
Instruit Ecclesiam, clerique reformat honorem,
Præsulibusque Petri missas disponit in ara
Rite die [212] fieri lucis, Dominoque quotannis
Gloria cœlorum angelico pangatur ab hymno.
Ornat apostolicas argenti cultibus aulas,
Utque valet servans proprios tutatur alumnos,
Deceptos patria defendere mente laborat,
Sævorumque dolos studiis sedare benignis.

CAPUT IX.

De Adriano papa.

Præclari generis præstanti sanguine cretus
Hunc sequitur constans Adrianus pectore firmo.
Defensor fidei, patriæ protector et urbis ;
Solator tutorque inopum, canonumque librator.
Qui prius a puero, frenans se corpore casto,
Cyniphioque [213] terens sacra tegmine membra de-
[marat.
Laude vacans Domini jejunia crebra jugabat,
Sedulus et curam pro posse gerebat egentum.
  Actibus his radians ascitis præsule, clero
Jungitur, ac pollens animis, gradibusque levatus,
Ordineque imbutus sacris levita sacratur.
Sic magis atque magis gliscente decore coruscans,
Luce operum, verbi populis alimenta ministrat.
Civibus unde pio nimium dilectus amore,
Præsule mox functo legitur succedere dignus.
  Nec mora depulsos urbi laribusque reducit,
Carceribus trusos tenebris vinclisque resolvit,
Et cunctis pariter gaudentibus ad sacra surgit
Culmina, præcipuum meritis indeptus honorem.
  Continuo vafri suspensus fraude colubri,
Caute vera refert falsis moderatus et orsa.
Pacem non renuit, refugit dum crimina pacis.
Nec trepido lapsu verborum mergitur undis [214];
Immo fidem missis censet rebusque probandam.
Sustinet haud Bardus venerandi oracula papæ.
At fuit anteferens capiendo prælia pacto,
Invaditque urbes, famulos, loca, prædia Petri.

Mox querulæ patri voces lacrymæque feruntur,
Pastorum crudas agitante dracone rapinas.
Legatos crudo dat scripta sequentia furi,
Desinat insidiis, perverse invasa remittat.
Ille petita negat fieri, nisi præsule viso
Fœdera dante sibi, nitens hunc cogere, litis,
Francigenæ esse caput genti, regnoque fugaces
Ungeret ut pueros [215], patruus cum sceptra teneret
Urbis patricius, Patrisque et plebis amicus.
Iste cavens laqueos, nullo seducitur astu.
Semina ferre odiis, captatoremque capessi
Mandat, ne rapiat mites quos voverat agnos.
Quique [216] homicida reusque probatur sanguinis at-
[que,
C Dum scelus ulcisci antistes medicamine leni
Attentat, Patribus populoque petente piamen
Papa inhibente perit, pœnisque levare volente
Perpetuis animam, cœloque referre novatam.
  Pestifer interea non parcit, sanguine, præda,
Ignibus, insidiis, Petri lacerare clientes.
Sæpe quibus super admonitus hortamine blando,
Legatis etiam sacris celebrique senatu,
Nil tacitis dignum precibus tantoque patrono
Reddit ; quin vacuos Christi depellit alumnos,
Præsentemque [217] sibi Patrem jubet ire beatum.
Ille profecturum se fert, latro rapta rependat.
Qua libitum mandet, remorato missa revellat [218].
Ni faciat, sibi pontificis non ora videnda.

GLOSSÆ MARGINALES MABILLONII.

[207] Petro et Paulo. [208] ubi oraverunt, jam martyrizandi, pro dejectione Simonis. [209] l. favore. [210] adjudicatur onus pœnitentiæ. [211] Francorum. [212] die Dominico. [213] hircino cilicio. [214] superfluitate. [215] Carolomanni filios. [216] Legatus. [217] ad suam præsentiam. [218] dimissa repetat.

Hæc regis, hæc sacricolæ legatio papæ.
Nec semel aut tantum his sæpe monere tyran-
[num;
Quin satagit Patribus sacrato ex ordine missis.
Ille minas contra, terrores, bella, rapinas
Fert, Petrique greges furibundo turbine quassat.
Insuper et propriis fugitivo milite turmis
Adjuncto properat Patri vim ferre benigno :
Oppositis donec portis ac mœnibus auctis,
Robore directo reverens anathemate pulsus,
Confususque domum versa improbitate recedit
  Miserat antistes regi mandata Sicambro,
Pressuræ auxilium quærens hunc ferre labori.
Legatis Carolus studiosius omnia discens,
Pacificis monet infestum prece, suasibus hostem,
Muneribus quoque discussa feritate ferendis.
Sed neque sic mulcere datur cor durius ære.
Unde manum validam cuneorum robore cogens,
Durus abit censor, dum spernitur ipse rogator.
Accedit septis [219], iterum quoque munera præfert,
Pastoresque petit pacis bellique sequestros.
At nec sic tumidi ferventia pectora sedat ;
Firmis qui fabricis præcludens limina regni.
Arcebat Francos aditu, claustrisque repulsi
In sua præcipitem meditantur regna regressum.
Una moram reditus tantum nox forte ferebat ;
Cum subito terror superi rectoris adactus,
Judicio crudi percellit corda rebellis,
Tabificans comitum trepidatio pectora vertit,
Mox tacite spretis propere sub nocte tabernis,
Fulcra fugæ, rebus contempta in castra relictis,
Agmina cuncta simul nullo sectante capessunt.
  Cernentes Antenoridæ [220] sine agone triumphum,
Quos divina fugat manus, insectantur iniquos,
Et prædatorum capiunt læto impete prædas.
Clauditur illusor septis tutacula quærens,
Sparguntur trepidi comites diversa petentes :
Cordibus ac tacti quidam meliora sequuntur,
Et sub apostolica posito ditione capillo [221],
Dant se, servitiisque ejus sine fine fideles
Sese mansuros, votis testantur anhelis.
At Petro duce rex victor vestigia pressans,
Palantum campis procerum regisque fugacis
Attonitam turmis cingit ferroque Papiam,
Terribilisque Padum subit, et Ducomimunam
Obsidione quatit, plures capit eminus urbes.
Devotos recipit refugas, et limina Cephæ
Visere maturans, Romam Pascha expetit esse.
  Cujus in occursum populi Pater obvia mittit
Agmina, gratantesque choros puerosque canoros
Frondibus ac palmis comtos viridantis olivæ.
Præfert signa, cruces, quas ut pius aspicit, alto,
Quo vectatur, equo, pernix rex desilit, atque
Cum satrapis quæsita pedes ad limina pergit :
Exceptusque sacro digne exspectante patrono,

A Scandendis supplex gradibus fert oscula sinclis [222],
Amplexusque Patrem sanctum, dextraque prehensa
Almifica, celebrem Petri conscendit in aulam.
Laudes dant celsas clerus sociique quirites,
Qui venit, edentes, benedictus nomine Christi.
Sicque pii proceres astrati ad pignera Petri,
Supremo læti Domino sua vota profundunt.
Ingrediens urbem princeps, suffragia quærit
Poscere sanctorum, venerandaque viscere templa,
Paschaque conspicuis magno celebratur honore
Principibus [223] ritu solito stationibus aptis.
Pacta Petro præsul renovari fœdera mandat,
Cessaque [224] jamdudum reparantur culmina juri
Sedis apostolicæ, scriptisque manenda feruntur [225].
  His fretus rex obsessum vincire latronem
B Deproperat, prompto quatiens data mœnia bello.
Major at interius strages fervente furore
Fit pestis, quam bellantis manus inferat hostis.
Tandem æquus capit injustum, subduntur iniqui.
Fascibus et stulti : sapiens sceptrisque potitus
Abducit Bardum Francorum in regna tyrannum.
  Ast Pater Ecclesiæ, Christique nitoris amator,
Luce fruens pacis, cultu, Salomonius hæres,
Ornamenta domus Domini procurat honesto.
Aurea gemmarum varians hic stemmate vela,
Eximit [226] angelico vinclis ductamine Petrum,
Terga pavimenti sternens argentea reddit :
Aulæisque domum, multo quoque lumine comit.
Porticibus gradibusque coleus et marmore secto,
Applicitisque novans trabibus, clarisque figuris
C Templa nutritoris decorans rutiloque metallo
Irrigat ipse Petri, multo sudore novatis
Ductibus undarum, repetitis atria lymphis.
Auro interna tegens opulentis vasibus explet,
Ditiaque eximiis ducuntur stemmata [227] signis.
Erigit ære datas [228] præstanti culmine portas,
Basilicamque solo proprio cui condit et actu
Pigneribus multis rutiloque nitore venustans,
Splendorem titulis aris adytisque reformat,
Andreæ reparans argento illuminat aulam.
Urnamque exornat Pauli, numerosaque pendit
Vela, et marmoreis fulgoribus atria pingit.
Auroque argentoque datis polit intima formis,
Culmina restituit, fabricisque peribola cingit,
Inclytaque altari vasorum munera cudit.
D Reginæ cœli gemmis intexit et auro
Egressum [229], superi petiit quo limina regni,
Multiplicat cultus, strophiorum nectit amictus.
Templa colens purgat, renovat, spatiosaque for-
[mat;
Nobilitans lustrat, donis locupletibus ornat.
Basilicæ Salvatoris segmenta coaptat,
Lapsuram revocat, fontes vestibulaque auget.
Aurea vasa parat, sacræque monilia mensæ.
Tecta novans Stephani, cumulat decoramina velis.

GLOSSÆ MARGINALES MABILLONII.

[219] Alpibus. [220] Franci. [221] deposita superbia. [222] i. singlis pro singulis. [223] a papa et rege. [224] concessa. [225] inseruntur. [226] exemplum depingit. [227] Imagines. [228] ex ære editas. [229] Apsumtionem.

Clementis reparat jam proxima tigna ruinæ.
Culmina cum pallis Laurentius excipit aulis.
Huicque reformantur nova templa piæque catervæ.
Levitæ effigies auro ac sacra vasa renident.

Porticus Ecclesiæ porta fabricatur ab urbis.
Marci tecta pari vernant felicis et actu,
Silvestrique domum simili restaurat honore.
Arcus argenti, calices Marco struit auri.
Amplicat Ædisti [230] locupletans dotibus ædem.
Restruit ecclesiam Cyriaci, aulamque Susannæ.
Veste Valentinus, Pancratius atque coluntur :
Huicque redintegratur opus venerabile templi.
Victoris domus æquali pietate resurgit.
Floret apostolici templo via lata decoris.
Restructo, vario ac multo velamine compta,
Restaurata Petri Marcellinique sepulcra.
Argenti radiant Adriani templa nitore.
Quæque novata micant, vasorum et munere pollent.

Tecta reducuntur Sixti sublata ruinis.
Agapiti, Eusebii, Rufinæ, unaque Secundæ,
Euplique, et Hierusalem vatisque Joannis
Felicisque levata nitent : titulumque Pudentis,
Theoderique refert, catacumbas, domata Leuci,
Eugeniæ, Sophiæ, Praxedis, Felicitatis.
Epimachus, Zenon, Abdon, Bonifacius, Hermes,
Marcellusque, Saturninus, Jordanicaque [231] ossa
Hoc nitant cultu, septemque litaminis Agnæ.
Hocque Secundinus, Pammachius atque refulget,
Cum nutrice Agnes, Nicomedes Hippolytusque,
Quattuor atque Coronati, templumque Sabinæ,
Sergius ac socius revocato culmine gliscunt.

A Ducit Anastasii meliorem ex ignibus aulam.
Vasa ministeriis, vestes cultusque reformans,
Martinæ argento Serumque [232] renidet amictu,
Restruitur Priscæ titulus, pallaque refulget.
Cum reliquis Cosmæ et Damiani pluribus aræ
Cultibus ornantur, prisco redduntur honori.
Ditantur sacris obrizi vasibus auri.
Insuper et muris [233] fert aurea dona levandis,
Mœnia restituens impensis ditibus auri.
Disponens reparat, statuitque monastica jura
Pauperibus fundos, oleas, vineta, casasque.
Delegans Christi æternum servire fovendis.
Excolit iste domum fabricis Patrumque [234] suamque,
Multiplicat renovans diversa lavacra labore,

B Virgineæque rigat rivis populi agmine formæ.
Atque ministeriis inopum solamine curat,
Diversis monachumque choris psallentia pones
Restaurat, dilatque greges, ducibusque decorat.
Virgineis etiam reparat pia castra chorois,
Dotibus accumulans, et munia digna rependens.
Sic interna colens, externis addere curam
Ne cesset, monitis Augusta [235] palatia visit,
Legatisque regit, sacra signa [236] tenenda retexit.
Concilioque loco Patrum coeunte priorum,
Dogma pium centum ter quinquagintaque firmant,
Mœsta madens spumis Tiberini Roma furoris
Tutoris petit auxilium, Patrisque juvamen.
Qui precibus pugnans, ubi fervida cærula sedat,
Rebus compositis, cœlo terrestria mutat,

C Et meritis cultam subit excellentibus aulam.

CAPUT X.

De tertio Leone papa.

Tertius huic fastu Leo mox succedit et actu,
Scripturis pollens, animi probitate renidens,
Viribus invictis, lepido sermone diserus ;
Mentis honore catus, pietatis munere largus,
Ægrotos refovens, solaminaque apta ministrans.
Iis renitens opibus, charus populoque Deoque,
Erigitur propere scandens ad summa cathedræ.
Hic humilis quoque mansuetis, durusque superbis
Prodigus abjectis miserendi, justus iniquis.
Ampliat augmentans cleri ecclesiæque decorem.
Aurea dona Petro gemmas, pallasque, coronas
Multiplicans, aulæ pariter tegumenta reformat,
Luminibus lustrans nudis, rutilisque figuris.
Hoc Pauli irradiat, hoc plurima templa nitore,
Ponderibus fabricisque opus exæquare patroni [237]
Vel superare studens, numerosa dote laborat.

Non fert invidiam rabidus celare chelydrus [238].
Apparat insidias, laqueos atque arma ministrans,
Instruit occultas fucato figmine fraudes,

Applicat obsequiis præstructos felle draconis.
Officium præstant, et melle venena colorant.
Inter vota precum laudisque insignia, diros
Expromunt gladios, sævisque furentibus ursis
In gregis auctorem, plebes sparguntur ovinæ
Insiliuntque feræ doctoris in arietis ora.
Unguibus insonti pollutis sanguine fervent
Dilaniare sacras truculento pollice malas,
Irrupta geminas exstinguere fronte lucernas.
Faucibus edictum sacrorum vellere plectrum.
Nec satis est ori semel injecisse mucronem,
Cruda manus loca muneribus [239] vacuata retentat,
Plagisque affectum variis multoque cruore

D Respersum rapiunt, tractumque sub antra retrudunt.
Custodes adhibent laceram defendere prædam.
Verbere tentatum sed non miseratio summa.
Deseruit famulum, Petrus nec sprevit alumnum.
Redditur huic cœlo lumenque refunditur actum.

GLOSSÆ MARGINALES MABILLONII.

[230] nomen sancti martyris. [231] Jordanorum cœmeterium. [232] Serum, populi Asiæ nomen, serico opere clari, sic ms. [233] civitatis. [234] antecessorum suorum. [235] imperatoris. [236] imagines. [237] prædecessoris. [238] dæmon. [239] membra officiis linguæ orbata.

Reflagransque pares lux intrat mira fenestras,
Elinguis loquitur, redeunt linguæ organa secto.
Insuper accumulat Rector suffragia passo,
Admittitque viros Patrem revocare fideles.
Arcibus atque Petri cernente, loquente relato,
Excelsus benedictus, agens miracula solus,
Acclamat populus, laudans promissa ferentem ;
In se fidenti cui sit lumenque, salusque,
Os et lingua Deus, tutans et numine firmans,
Confortansque virum, felicia gaudia dando
Devotis, tremebunda feris discrimina belvis.

Nec sævire tamen scelus aut supplere quiescunt.
Irrepunt domibus, prædis bacchantur et armis.
Providet at Dominus rapto solamina servo :
Spoletique ducem cuneorum robore septum
Dirigit obsequiis, mirantem munera cœli.
Quæ passum respersa ruunt invisere cives,
Diversique gradus, ætates, vulgus, honores
Urbibus Hesperiæ pro mira tropæa serentes.

Hæc quoque trans Alpes in Gallica rura resi-
[gnant,
Stipantes Patrem supero splendore micantem.
Clarifieant divina pio magnalia regi.[240]
Qui proceres genitumque suos præcedere gressus
Legans, ipse celer sequitur fieri obvius altæ
Virtutis sacro clarissima dona ferenti.
Undique laus roboat, tonat undique gloria Christo,
Hymnisonis mistus grates laudesque frequentat
Rex turmis ; refluunt lacrymæ per gaudia fusæ.
Magnificatur opus populis mirabile Christi,
Fertur apostolicum palmæ super æthera culmen,
Et Petri famulus digno celebratur honore.

At furor immitis vacuos tutore per agros
Sacrilego luxu grassatur et ignibus atris :
Augmentansque malum furtis furit insidiarum,
Fraudibus insequitur pulsum lacerantibus [241] ho-
[stem.
Nec longum sedet almus apex absente [242] duello.
Hoste quasi cæco maculari crimine furvo
Haud patitur ; bellum repetit, campumque reposcit;
Exsertusque urbem positumque retentat agonem.
Comperto ducis adventu, grex obvius ire
Pastori fervens properat; simul agmine facto
Egregii Patres, clerus, claræque catervæ
Dividui sexus, variæ regionis et oris,
Laudibus attollunt celebrantque acromate [243] Patrem,
Culmineque exceptum suprema sede reponunt.

Fascibus ille licet pollens, objecta piare
Haud renuit, dat se inquiri, dat et hostibus ausum
Dicendi. Nihil adversus dum tramite veri.
Ferre [244] queunt, Francis tandem censoribus acti
Mittuntur regi : Karolus quoque cognitor urbem

A   Aggreditur, primosque vocat sacri ordinis, atque
Stemmatis Æneadum Teucrorum et lumina regni.
Nec tamen ulla Petri censent [245] fastigia sedem.
Immunis hæc cunctorum se crimine cunctis
Expiat applicitis. Proceres præconia Christo
Læta ferunt, regique poli natale frequentant.

Laudibus eximiis summique nitoris honore
Sumit apostolica augustam rex sede coronam.
Conclamatur honos Romanis Patribus auctus,
Imperiique nitent Francorum sceptra decore,
Regis et ad regnum genitus sacro unguine surgit.
Rex mensas argento offert rutilante coruscas,
Aurea vasa super gemmis stellantibus addens,
Altar cum basibus radians, et tegmine culto
Crux claris Evangeliumque micant hyacinthis.

B   His Christus donis, Genitrix, proceresque coluntur.
Sacrilegi dantur lanii, censente senatu
Exsortes agris, alterna piacula fassi.
Pace fruens præsul, fabricis ac cultibus instat,
Impensiusque piis non cessat comere templa,
Muneribus, velis, aris, vasisque, lavacris.
Pauli tecta soli subito collapsa tremore
In melius revocat, cultuque reformat honesto.

Hæc et multa subhinc numerosis dotibus augens,
Jura precum cumulat, servandaque Gallica [246] tradit
Ascendens iter Domini præeuntia vota.

Sic decus Ecclesiæ postquam fervente propagat
Assiduus nisu, pietatis munere ; compta
Emeritus superi splendoris sumitur aula.

De Stephano quarto (191).

C   Extulerat gradibus Stephanum, conscendere cer-
Moribus ac probitate virum cui cura tenere [nens
Actibus et vita, verbi quæ luce serebat
Utilis unde sacris aptusque Petrique probatus,
Ferre vicem dignus divæ præponitur arci.
Servandæque studens paci, firmandaque jura
Ecclesiæ curans, Francorum illustria promptus
Regna petit, cui celsa piis mox regia servit
Obsequiis culto, donisque potentibus uso.

Effert hinc nostram cœli, qua Francica lumen
Gens subiit fidei Ecclesiam, Remense venustans
Officiis templum (192) : Lodowico stemmata regni
Cæsareosque addens augustæ lucis honores,
Remigiique apicis fastu sublimat alumnos.

D   Cæsare quæ poscit meritis [247] gaudente capessit :
Insuper accedunt donorum insignia macto [248-249].
Quin etiam sedes et jura domestica confert
Imperii consors Romani et culminis hæres,
Hæredem faciens in Francica prædia Petrum.
Papa Redemptoris sectans vestigia servis
Crimina laxantis, sublataque regna [250] rependens,
Extorres patria revehit pietate paterna.

GLOSSÆ MARGINALES MABILLONII.

[240] Carolo. [241] infamantibus papam. [242] absque bello. [243] cantu. [244] proferre. [245] judicant. [246] rogationes a Gallis ante Ascensionem celebrari solitas. [247] pro meritis. [248-249] papæ. [250] regi Langobardorum.

NOTÆ.

(191) Deest titulus in codice. Ad oram textus legitur : *Stephanus*.
(192) Vide Flodoardum lib. II. c. 20.

Et quantum datur, Ecclesiam splendoribus ornat,
Vasa crucesque colens, sacra peripetasmata [251] con-
[dens.
A Nec longum terris exsul cœlestia flagrans
Linquitur; at raptus tenebris, adjungitur astris.

CAPUT XI
De Paschali papa.

Susceptum propero Paschalis honore secutus
Resplendet, studiis castus, pius, inclytus, insons;
Magnanimis, largus, hilaris, devotus, honestus,
Mansuetusque; preces vigil ac jejunia tractans;
Susceptor peregrinorum, solator egentum.
Unde datus meritis monachorum effulserat abbas,
Excrescensque operum fulgore, suprema vocatur
In jura Ecclesiæ centesimus auspice summo,
Romanoque simul votis coeunte senatu.
 Hic positus præcepta Patrum vel legis habenas
Robustus solersque tenet, celebrisque promulgat
Scita gubernator, blandus probitatis amicus,
Sacrarum restaurator cultorque domorum,
Conditor almorum passi quæ pignora nactus.
Ampliat iste stipem clero, fert munera cœlo,
Nexibus educit per regna remota subactos,
Ponderibusque auri vinclorum pondera solvit.
Africa transvectos, redditque Hispania captos :
Gaudet quæque suos respectans patria natos.
 Martyris hic papæ Sixti solemniter ornans,
Membra Petri meritis florente recondit in aula.
Is quoque sanctorum Processi et Martiniani
Deponens [252] cineres, digno pertractat honore,
Muneribusque colens patroni illuminat ædem,
Argentique libras auri dat pondera signis [253].
Vascula, vela parans, claves quoque fabricat auro.
 Contigit ignivomi furibunda fraude draconis
Flammarum peregrina globos per culmina ferri.
Iis simul absumptis Romana in mœnia spirans,
Porticibus Petri fervens irrepserat æstus.
Pressa obliviferum proflabant pectora poclum [254],
Nuntia dum papæ hæc secreta silentia rumpunt.
Ille fide fidens, rapido petit atra volatu,
Bella triumphantis perstringens arma furoris.
Stat magnus velut oppositus mons, igne relisu
Obsistens flammis, precibusque incendia sternit,
Exstinguitque feros Cephæ tutore vapores.
Orando pugnans, campum neque linquit agonis,
Noctis dum tenebras votis evincit et ignes.
 Detrimenta dolens inopum, vastata reponit,
Restituens passis culpæ quæ flamma voraret :
Aurea dona ferens, vestes victusque reformans.
Silvarum superadjicitur data copia tectis
Ut prius ædendis. Et ne de fraude patrata
Vel damno Ecclesiæ truculentus gaudeat hostis;
Rapta focis Petri reparatur porticus aucta,

In melius surgens, potiore educta nitore.
Præsul apostolicos aulæis inserit actus,
Et mirabilium templi colit ora decore.
Culmina Praxedis renovans, variaque venustam
Luce, triumphalem fulgoribus erigit arcum.
Plurimaque excipiens cariosis pignora bustis,
Eruta justorum revocatæ [255] destinat aulæ,
Servorumque Dei cœtum simul aggregat almum,
Instituens Graio pangi modulamine laudes,
B Ruraque dat sacris servitorum usibus apta.
Zenonis iste locans cineres, oracula [256] condit,
Accumulans decus argento auroque refulgens
Historiisque colens gemmarum et lumine palmas [257].
Luciferæ dominatricis restaurat et addit
Mœnia, muneribus velisque et cultibus ornat:
Cæciliæ cernens incumbere casibus ædem,
In meliora levat restructis culmina septis.
Defessum precibus quem cœlica visere virgo,
Affarique probat dignam tamen increpat, ut quid
Liquerit incœptum quærendi membra laborem,
Quæ sublata putat popularis credulus auræ.
Ut se res habeat referens, nomenque roganti
Annotat, hortaturque piis persistere cœpis,
C Gaudeat invento dum munere. Nam placet, inquit,
Æterno Domino, cujus splendoris amore
Me passam constat, noviter quo me ipse repertam
At te constructi templi munimine condas.
Iis dictis, celeri repetit cœlestia saltu.
Papa revelato lætus tam lucis aperte
Indicio, indagans thesauri cessa [258] talenta;
Repperit eximiis pretiosa monilia gemmis.
 (195) Hic Nordmannorum nostrum delegat Ebonem
Barbaricæ genti, lucis vitæque ministrum.
Aurea virgineum celabant tegmina pignus :
Carbasa martyrii rutilabant sanguine clari.
Quæ Pater almificis manibus pia munera tractans,
Colligit inducens urbi instrumenta salutis :
Atque locans thalamo [259] candentia membra decoro.
D Infertur simul inventus virtutis amator
Sponsus [260], lucrato pacti cum fratre pudicis [261].
Maximus, Urbanus, consors quoque Lucius aræ
Depositi: Turmæ [262] capiunt pietate nitentes,
Hymnidicosque choros digno solamine fultos,
Vinetis, agris, domibus, famulisque levatos
Cultibus argentum invehit plus mille librarum
Aucta paludamentorum [263] dos multa decentum.

GLOSSÆ MARGINALES MABILLONII.

[251] vela. [252] transferens reliquias. [253] imaginibus. [254] somnum. [255] renovatæ. [256] templa. [257] victorias. [258] concessa sibi. [259] mausoleo. [260] f. Valerianus. [261] pudici. [262] congregationes [263] ornamentorum.

NOTÆ.

(195) Frod. lib. ii, c. 19.

Virgineasque novans præsul splendore catervas
Restituit prisco, res addens usibus aptas;
Diversisque aulis diversos auget honores.
Aurea dona ferens vasis, inconibus aris,
A Argentoque colens artus, altaria, conchas;
Marmoreum cumulat decus, ornamentaque Serum.
Hæc polo terris sata centuplicata receptat.

CAPUT XII.

De S. Eugenio secundo, Valentino, Gregorio IV, et Sergio papa.

Sorte ministerii Eugenius perfungitur alter,
Corde pius, sensu doctus, sermone disertus;
Jocundus, largus, meditator sedulus almi [264],
Æquus, avaritiæ contemptor, litis et osor.
Sub quo pace nitens atque ubertate redundans
Tripudiat mundus, regimen quantum datur ornans.
Hic Pater ecclesiam rituli splendore Sabinæ
Cessi [265] olim decorat, donis locupletibus auget.
Expulsos dudum cives pietate paterna
Excipiens reduces, cumulato munere ditat.
Pontifici nostro [266], pridem data jussa relegat,
Barbara corda colat monitis, corroboret actis.
  Hæcque inter celeri super astra vocamine rapto,
Iluncque Valentino cursu breviore secuto,
Gregorii quarto lustratur nomine Roma.
Qui licet obsistens, cunctis tamen ordine visus
Abripitur dignus, summaque in sede locatur.
Sparserat ille quidem passim virtutis odorem
Jampridem, celebris, solers, probitate refertus;
Sensibus ornatus, salsoque lepore modestus;
Dogmate catholicus, moderato regimine justus;
Ætheriæ cultor legis, speculator ovilis;
Pauperibus viduisque pater, miserator et altor.
Terrea despiciens, meritis cœlestia quærens;
Sanguine præclarus, sancto præclarior actu.
Sollicitus, sacra jura, preces, jejunia tractans.
Hunc quæ virtutum rapiunt ad culmina pennæ.
  Has quoque sublimi non cessat comere fastu;
Dum decus amplificans templis, cultumque, nitores,
Restaurans decorat sacras ornatibus ædes.
Transfert Gregorium clarosque in lumina [267] testes
Profert, muneribusque aris vernisque venustat.
Marci basilicam renovans multo auget honore,
Quam prius excoluit votis, nunc dotibus ornans.
Hanc pluresque alias opulento fenore ditans,
Ductibus undarum reparat fomenta parari,
Atque domum Petri prisco de more rigari.
  Ecclesiam divæ virtutum luce Parentis
Effulgere videns, devoto attollit honore.
Laudibus instructas adhibet statuitque catervas,
Præmunitque domum, donis locupletibus explens.
Disponensque altar, sanctorum busta coarctat.
Diversas revocat fabricas, cellasque, gradusque,
Atria, picturas, exedras, claustra, lavacra.
Præterea curas arcendis corde volutans
Hostibus, instaurare novis stat [268] mœnibus urbem.
Fundatamque locans firmis educere [269] muris
Persistit, proprioque vocat de nomine [270], quondam
Hostia quæ priscis gliscens sit dicta colonis.
  Instruit inde sibi Romæ sociisque futuris
Ædes hospitii, ditansque ornansque dicatas
Cœlicolis aulas, cœli sustollitur aula.
  Sergius hinc vacua discussa nube tumultus
Sortitur cathedram, celebri censente senatu,
Culminis hunc fastu præcelso et regmine dignum:
Ut pius a puero castis qui fotibus [271] altus,
Artibus instructus, claris Patribusque nitebat.
B Præmissis aptus, pollens et charus alumnus,
Germine præfulgens, purus probitate fidei,
A Christo missus, populis virtute supremus:
Ore cor exprimens alacri mentemque benignam,
Strenuus Ecclesiæ rector, defensor, et altor
Indigni cœtus, commissi tutor ovilis.
Dispersos pietate gregans, servansque gregatos:
Labilium [272] temptor, Sophiæ robustus amator.
Tranquillus, patiens, culpas ignoscere largus,
Culminis infensum vindictæ surripit hostem.
Sicque simul cunctis gaudentibus ardua scandit.
  Francicus Induperator ubi fastigia nactum
Hunc audit, genitum Romana ad mœnia mittit,
Hesperiæ quasdam sociis populantibus urbes.
Nimbosis subito vernans obducitur æther
C Nubibus, ignea tela micant, juvenumque ferorum
Corda metu sternunt, nonnullos funere pressant.
Augusti sobolem præstanti præsul honore
Suscipit. Interea stipantum dæmone quemdam
Prospiciens raptum, tactus spiramine summo
Valvas papa jubet templique repagula claudi,
Versus et ad procerem, monitis ita fertur adortus:
Sincera si mente venis, si corde benigno,
Ecclesiæ si pro regnique urbisque salute;
Hæc nostro tandem penetra sacra limina jussu.
Sin secus, haud nostra has pandet tibi cessio portas.
Testato se nulla dolis molimina princeps
Volvere, mandatis referantur pessula Patris:
Ingressique aulam laudes ac vota Tonanti
D Dant Antenoridæ [273] Æneadæque, superna canentes.
Papa tuens urbem immunem, regemque coronans,
Disponit sceptra, Augusti dat regmina proli.
Pontifices comitesque repugnantes sibi, celso
Præterit eloquio, rutili ferit impete veri,
Mitificans tumidas pietatis robore mentes.
Nec Petri proprios puero servire clientes [274]
Cæsarei patitur juris; quin culmina servans,
Damnatis veniam, censoribus edit honorem,
Oraturque [275] alta procerum cervice subacta,

GLOSSÆ MARGINALES MABILLONII.

[264] almitatis. [265] concessi sibi priusquam papa fieret. [266] Eboni. [267] in decentiora loca. [268] instat. [269] erigere. [270] Gregoriana urbs. [271] fomentis. [272] rerum labentium. [273] Franci et Romani. [274] Romanos. [275] adoratur.

Pacis et instructor populo veneratur ab omni.
Ille Deo hæc reputans, aras et templa venustis
Exornat fabricis, cultis dat tegmina veris,
Muneribus ditat, sanctorum pignera condit,
Dedicat erectam locupletans dotibus aulam.
Adsciscit stabilitque greges æterna petentes,
Restituitque scholam divina laude canoram :
Et bene dispositis cathedræ subit æthera rebus.

Hostis at antiquus tabens livore quietis,
Lucis [275] et Ecclesiæ, crudelia convibrat arma,
Instimulatque Agarenorum de gente latrones,
Qui mare transgressi Ausoniæ penetralia lustrant,

A Ac Romam usque pererrantes (dirum scelus!) au
[dent
Templa patronorum Petri Paulique sacrorum
Sacrilego nisu cæco temerare furore,
Et manibus spoliare feris, vacuare nitore
Donorum, exitusque sui gaudere vigore.
Dumque improviso properant sua gaudia fato,
Æquora trans exsultantes in Punica ferre
Regna ; triumphandi verso ordine gurgite mersi
Absorptique undis ultrice vorantur abysso,
Atque maris Rubri prisco præcelsa triumpho,
Sedis apostolicæ pollentia culmina florent.

INCIPIT LIBER DUODECIMUS.

CAPUT PRIMUM.

De quarto Leone papa et actibus ejus, sanctoque Benedicto papa.

Multiplicat Dominus mœstæ solamina plebi,
Aspirans animis venerandi jura Leonis
Poscere præponi, quarto hoc se nomine comi.
Qui vir apostolicis clarus fulgebat in actis
Mansuetus, patiens, largus, pius, atque benignus;
Insons, justitiæ cultor, plebis moderator,
Scrutator legis, vigil, oratuque suetus ;
Serpentis servans oculum, mentemque columbæ ;
Relligione nitens et amans, pietate renitens,
Indiguos refovens, sese et lucra terrea temnens.
Sponte datus studiis puerilibus ibat ab annis
Perfectum usque virum ; monachos interque proba-
[tos
Integer elucens monachus, probitate supremus,
Degit ut extremus, quibus ad sublimia vectus
Virtutum gradibus, ritulo splendebat honore.
Hisque micans meritis, Patribus raptatur ad alta.
Præmissis [277] claraque manet virtute cohærens,
Dum subit eximium Ecclesia cogente tribunal.
Hinc quoque præ signis radians, velut alta lucerna
Enitet, illustrans animas sedemque nitela.
Aulas muneribus, culmen virtutibus ornans ;
Pendula restaurans, et consistentia tutans :
Usibus instituens, fabricis et honore venustans :
Vespertina jubet Petro præconia pangi ;
Laude palam decorans abeuntis festa diei.

Terret humus vibrata hominum trepidantia corda.
At Pater almificis insistens pectore votis,
Si qua videt removenda, movet ; disponit honores,
Sacratosque gradus misti aggregat agmine vulgi.

(194) Pontifici nostro Hincmaro bis pallia legans,
Dat primum festis, ad sedula vota secundum :
Ulli quod nunquam testatur cedere Patrum.

Quæ rabidis ausus manibus divellere prædo
Barbarus, is digno satagit reparare nitore,
In fabricis vasis, velis, crucibusque, coronis :

B Interea retro cæcis horrore cavernis
Lethifer exoritur serpens, gelidique veneni
Rex basiliscus atrox lethi pernicis inustor
Grassatur latebris, mortem propiantibus afflans,
Sternere funesto validus quoque lumine visos,
Territus immani populus lue, nuntiat hostem
Haud accessibilem Patri. Suffragia nota
Ille petens, jugibus votis jejunia nectit.
Tandem clara dies reginæ assumptio cœlis.
Regiparentis adest, via dira per antra ferebat
Virginis ad templum : comitatus papa canoro
Agmine procedens, horrendi obscura cubilis
Aggreditur, cunctis paventibus, unus adortus
Accedit, sævæque specus fera limina calcat.
Inque polos mentem, palmas et lumina ducens,

C Effusis Christum lacrymis precibusque vocavit.
Et plebem prece contutans, ad sacra profectus
Debita persolvit, mortemque piamine [278] vincens,
Oratu pestem penitus vanescere cogit :
Perniciem perdens, ubi sancta precamina fundit.
His exturbatus foveis, ferus ignea volvit
Corde venena draco, flammisque retentat [279] abactis
Ereptum sibi jamdudum Petro auspice vicum,
Paschalisque reformatum quod dote cluebat,
Gregorii meritis habitatum gente [280] lucrata.
Vires ingeminans in mœnia pervolat ignis,
Proxima quæque vorans. Populorum examina con-
[tra
Frangere bacchantes conantur nisibus æstus.
Flatibus at sævis incendia celsius acta

D Ædibus absumptis audent petere atria Cephæ.
Auditu præsul perculsus corda sinistro,
Concitus occurrens, flammarum in prælia fertur,
Obvius atque glebis certamina dividit obstans :
Et crucis invictæ digitis signacula prodens,
Altius efflantis spiramina proterit ignis

GLOSSÆ MARGINALES MABILLONII.

[276] honoris. [277] antecessoribus. [278] oblato sacrificio. [279] repetit. [280] Anglorum

NOTÆ.

(194) Frod. lib. III, c. 10.

Cum prece, tum cruce ferales superante vapores.
Signiferi nec ferre valens insignia fervor,
In se collisus, cineres considit in imos.
Restituens eversa Pater, vacua atque refercit
Culmina, muneribus cœtus restaurat, honores
Amplificat donis, sancit rata, roborat acta.

Octavam stabilit festi celebrarier almæ
Reginæ superi Regis sine more Parentis.
Devotum larga populum datione decorat,
Templaque provisis pietate nitoribus ornat.
Exsuperant numerum sacras oblata per ædes.

Antiquo muros reparans munimine firmos
Restruit et portis, regit, obicibusque serisque :
Turresque educens, fabricis sublimibus aptat.
Insuper et portum miro munire paratu
Aggreditur, peragitque opus eximiumque decensque, B
Ut le subjectis præsentibus atque futuris.
Præstruit hic callem, ne invadere fervidus urbem
Hinc queat hostis, agitque procul navalia furta.

Pignora multorum passim neglecta piorum
Repperiens, levat, affectu conditque benigno.
Horum plura locans templo quod rexerat olim,
Basilicæque Coronatis priscum addit honorem.
Quatuor, amplificatque decus, cumulatque patronos:
Multiplicat cultus aris, et ditia dona.

Huic aliisque ferens complurima pluribus aulis,
Gens inimica fretum, prædasque retentat [81] iniquas,
Qua tulerat lethum, cupiens Petri arce tropæum.
Solamen rebus diræque cupidinis haustus
Ferre calens, Italos pervadere nititur agros.
Insperata suis Deus ut suffragia servis
Providet, ac gentes pelagi secreta colentes
Advehit, hostiles contra pugnare phalanges.
Quos Pater auxilii annisu venisse probatos
Excipit, et sacris refovet, benedicit et armat :
Prosequitur lacrymis, precibus tutatur et auget.
Qui strati ut decorant humili suplicamine papam,
Hostibus intrepidi occurrunt. Potiora triumphi
Æthérei monstrare studens æterna potestas,
Evocat adversis contraria flabra carinis.
Applicitas quæ littoribus propellere cumbas
Insurgunt, tolluntque polo furesque ratesque.
Fluctibus hinc raptæ, mersis verguntur arenis :
Absorptique vadis, cœlo pugnante marique,
Divinam sensere manum prohibere petitis
Sese oris; lapsi gladioque fameque necantur.

Serviliis quidam Æneadum pietate jubente
Servantur, gaudentque piis servire ferini.

Præveniens cæcos inimici militis actus
Papa sagax, inter decorandum cultibus aulas
Mœnibus aggreditur Petri munire sepulcrum,
Æquivoci decessoris conamina Patris.
Quod nutu Domini Francique juvamine regis
Nisu perficiens agili, sancta agmina cogit.
Et cinere aspersos, pedibus per mœnia nudis
Circumducit ovans cœtus plebisque magistros :

A Expletumque precum munit munimine castrum,
Illæsum perstare petens et ab hoste quietum,
Sive triumphorum benedici munere poscens.
Sicque, Deo grates referens, Petrique cathedram
Laudibus almisonis ornans, donisque venustans,
Magnificis Patres, cunctæ dat gaudia plebi.

Præsidium ipse novans, aliud, peregrina receptat
Corsica, quos mittit populorum examina Cephæ.

Hinc rebus bene dispositis, portu, urbe, soloque
Ausoniæ tuto, digna mercede potitur.

Orphana plebs Patris abscessu solamine captam,
Se deflens, Patribus claris cum milite junctis,
Jesum corde petit prono, se Præsule digno
Solari ; nec abest Dominus haurire moratus
Servorum gemitus, dum spirat mentibus uno
Ore simul cunctos Benedictum poscere Patrem,
Ætherio qui rore ferax, puerili visus ab ævo
Gliscere fecundi studiorum munere fructus.
Lucis aquas portare [282] capax, retinere fidelis,
Promulgare sagax, pacis sectator honestus,
Compatiens jussis, humilis parere benignis,
Carnea proculcans, tenebrarum vicerat astus.

His radians meritis in sancto clara senatu
Jura capit, Patribus veneranda luce sophiæ
Conjunctus, blandi refugit captacula mundi.
Indiguis dare opes doctus, jejunia, laudes,
Votaque ferventi Christi meditatur amore.
Ardua quis nactus summa ad fastigia lectus
Poscitur. Ille preces contra lacrymasque ferebat,
C Pondere ne tanti suplicans premeretur honoris.
At pia plebs accensa Deo, persistere cœpto,
Vimque inferre viro, sumptisque educere raptum.
Certatim properans, hymnos et cantica diva
Voce ferens, hilari celsa in sacraria tollit :
Omnis et exsultans urbs gaudia clara frequentat.
Sicque simul cunctis vernantibus apta seruntur
Scita libris, celebrique Patrum signata notatu
Legantur, procerum [283] rite insinuanda favori.

Callidus insurgit coluber, laqueatque ferentes,
Damnatoque ligat legatos culmina [284] ferro.
Atque dolis nexos ad regmina Francica mittens,
Fascibus a summis Romanas suadet ad arces
Primates properare viros, ac fraude calentes.
His etiam quosdam nectens adsciscit ab urbe.
D Jus legatorum diris quoque gentibus almum
Electi violant, missis custode retentis.
Insuper et plebem vafra caligine jussa
Mœnibus eliciunt, Petrique micantibus urbem
Introeunt telis, subeunt pravo agmine templum.
Cœlica signa [285] terunt, sævis hæc ignibus urunt,
Vastant ætherias populo plangente figuras.
Haud ea sufficiunt invasori; urbe subacta
Conscendit Lateranensem torvo impete sedem.
Depositus propriis, aliena cacumina captat,
Dejicit allectum solito, residetque repulsus.
Nec contrectanda tam cruda sorte cathedra,

GLOSSÆ MARGINALES MABILLONII.

[281] repetit. [282] f. potare. [283] Augustorum. [284] Pontificatus. [285] Imagines.

Tegmine nudatus mentis, tetro angue ligatus,
Cultibus exspoliat virtutum luce cluentem,
Plagisque afficiens, subigit custodibus atris,
Damnatis damnatus agens damnata ministris.
    Urbs gemitu fletuque fremens, ululatibus omnis
Insonat, ordo pius planctu sacraria replet,
Alta sacerdotes suspiria corde trahentes
Infundunt lacrymis pullas squaloribus aras,
Astrati tanta redimi improbitate rogantes.
    Venerat alma dies sacrando culmine digna.
At decus indignis indigno quæritur actis.
Legati siquidem procerum turgore frementes
Concilio insiliunt Patrum, punire minantes.
Ensibus obstantes, baculisque elidere rectos.
Sed mens pontificum, ceu mons, immota resistit
Flamine fixa Dei, non consentire profano,
Cedere nec pœnis, terrorem temnere mortis.
Cernentes animos divino robore nixos,
Consiliis hostes variis incœpta volutant.
Nunc blandis laqueare viros, nunc frangere duris
Enisi, nunc morte pios superare minati,
Illi tradere se potius per singula quæque
Membra trucidandos, quam diro anathemate sterni
Dantes [286]: increpitant rabidos, oracula pandunt
Diva super rebus, quis non obsistere fas sit.
    Interea residere tumor, minui furor actus
Cordibus inspicitur, furiosa superbia frangi:
Solvitur improbitas, solvuntur limine cœtus,
Tertia lux rediens templis Romana reducit
Agmina, cuncta petunt Benedictum accedere Pa-
                                              [trem;
Hunc solum aptari reboanti voce resultant.
    Mirantur magis infensæ concordia partes
Pectora, clamque sibi populi capita alma cientes
Conflictus agitant, certamina cæca retractant,
Invictosque probant histos [287] tum lumine veri

A Lustrati cedunt, animo conamina tetra
Linquere, depositumque reum capta arce repelli.
Rejicitur raptor turpi per probra repulsa,
Gratificisque choris modulans plebs læta triumphat,
Electumque decussatim [288] splendore venusto
Affectum repetunt, et equo sessore dicato
Attollunt prisco, divum ad præsepe vehentes
Luce coronatum populi candore nitentis
Lætitiæ, precibusque instant, jejunia clara
Concelebrant, manant lacrymæ per gaudia ductæ.
His hostes superi radiati lumine solis
Accedunt, tremulo compuncti corda pavore,
Ore ducis lecti vestigia digna petentes:
Fassi errasse, capique Patris bonitate rogantes.
Matris at ille sinu recipit, puraque benignus
B Oscula mente ferens; blandis amplectitur ulnis.
Solaturque metum, gaudere coisse resectum
Christi præcipiens unitum numine templum.
    Cæsarei properant legati, præsulibusque
Conjuncti, cleroque simul populoque gregato
Vocibus hymnisonis septum gaudentis ovilis
Restituunt sedi virtutis honore petitæ.
    Sic redeunte die divo fulgore decora,
Oblatus Petri solio sacrisque dicatus;
Juris apostolici summoque cacumine mactus,
Ætheria ut radiat lux tempestate subacta,
Dat dignis Christi rutilare nitoribus aulam.
Luce micans supera, doctrina præditus alta:
Interiora colens, at non externa refutans.
    Templorum facies pretiosis munere signis
C Illustrat, variis ditans fulgoribus ornat,
Vestibus, historiis, vasis, librisque coronis
Replet, lapsa novat, dudumque amissa reformat.
Tamque suis aras quam regum dotibus auctas
Dimittens, renitere poli festinat honore.

CAPUT II.

De S. Nicolao papa, Benedicto papa, et Joanne Ravennate.

Sublato pastore Patres Romanaque pubes
Mœstis incumbunt lacrymis, gemitusque resumunt,
Atque precum fervore vacant, jejunia tractant.
Excubiis instant, qui sit succedere dignus,
Virtutum pietate rogant, ostendier almum
Præponique Patrem, superoque nitore vibrati [289],
Unanimes censent Nicolaum jure petendum,
Ut qui primæva radiaverat indole sanctus:
Ludicra despiciens, animis inhonesta repellens,
Sobria suspirans, patienter seria volvens.
Sincerus, humilis, studiorum castus alumnus,
Moribus effulgens, animi dulcedine pollens,
Quis rutilans studiis præsagia clara ferebat,
Se gradibus quondam subiturum culmina celsis,
Hortatuque Patrum cleri consortia nactus,
Profecit cultu virtutum et honore sophiæ.
Hinc Patribus suppar, prædecessoribus aptus

Enitet, annexusque pio famulatur honore.
Charior atque magis renitet, quo clarior exstat,
D Consiliisque datus Benedicti præminet unus:
Asseclis de mille jugem quem præsul habere
Legerat, hoc sanctis socio perfunctus in actis,
Optati extremum calicis [290] dum percipit haustum.
Hujus et evectus humeris tumuloque locatus,
Dimissa comitem gaudet florere cathedra.
    Ædibus abstractus Cephæ pavidisque latebris
Qui solio erigitur renuens, humilique reclamans
Se voce immeritum tanto vernare decore.
Impote sed nisu. Nam mox grege, plebe, senatu
Cinctus et abductus, sacratur Cæsare coram,
Augustoque astante sacros sortitur honores.
Et sacer alma gerens urbem candore coronat,
Lætificat regem, convescitur, abdita cordis
Lumina declarat, regis sibi nectit amorem.

GLOSSÆ MARGINALES MABILLONII.

[286] *f. fantes.* [287] *an istos.* [288] *decenter.* [289] *illustrati.* [290] *mortis.*

Prosequitur dulci mentis bonitate modestæ
Alterutrum, proceres sese amplis cultibus ornant,
Donis afficitur præsul, famulatibus uti
Cogitur Augusti, regem divalibus orsis.
Imbuit, et proprias repetentes mutua sedes
Oscula dant pacis ; discedunt corde jugati.

  Moribus almificis degens et dogmate clarus
Papa lepore catus, votis atque actibus altus;
Indiguis largus, viduis miserisque benignus;
Tutator populi, cunctæ fit amabilis urbi.
Ecclesias varia satagit ditare nitela,
Vasa ferens claris auri argentique talentis.
Historiis comit vestes, gemmisque venustat.
Secretoque novat formam urbem fonte rigantem,
Pontificum fundans ædes reparansque decorat.
Grajugenum regis legata ac dona receptat.
Scitatus veneranda urbi responsa serenies.
Dirigit, Æolidum corruptos munere cæco.
Discutit, indagat : verum rea crimina cassat,
Judicii prave dejectum sede reformat,
Deponitque ausos leges temerare sacratas,
Et pia directo disponit jura vigore.

  Mitificaque Ravennatem ratione Joannem,
Civibus exhortans posita mansuescere lite.
Cedere turbidulis, sudis insistere curis.
Dum nequit oratu crudam deflectere mentem,
Concilio quoque temnentem se ferre [291] vocanti
Dat sacris sacro exsortem censente senatu.
Ille proterva sequens, mundi fastigia contra
Sollicitat, legatorumque inflatus honore
Sceptrigeri Romam comitatus milite tendit.
Mitibus admissis, vacua sed sorte recedit.

  Hinc Pater expetitur plebem recreare Ravennæ
Divulsam vice chirurgi ratione medentis.
Pastorem metuens aulam lacerator ovilis,
Cæsaream repetit; sed abhorretur grege cauto,
Cæsare devoto, fastumque remittere jussus,
Præceptisque Patris subdi ; ruit alta relisus
Corda importunis patronos poscere votis.
Dantur item duro actores ; his perditus urbem
Aggrediens, papam solito libramine Sixtum
Sentit, et immota moderamen lance ferentem,
Legibus instructum, sapienter scita serentem,
Patribus adscitis invicta ut robora cernit,
Cervicem reprimens, seque in lamenta coarctans,
Legatos lacrymis miseri suspiria cordis
Lugubris ad Patrem gemitu legabat anhelo.
Compatiens censor, Dominique imbutus amore,
Ad vitam revocantis ovem per devia lapsam
Quærit aberrantem, recipit discrimina flentem,
Luctibus orantem, leges servare fatentem,
Crimina purgantem, famulatus jura voventem.
Absolvit laqueis [292], priscoque reformat honore.
Dicta scita, probat papæ decreta senatus.

A Turbine sedato dat limina cultibus alma,
Muneribusque micare piis, vernare figuris.
Invidia abjectum restaurat rite ministrum
Agni, sollicitus sponsæ renitere decorem.
Inclytus Ecclesiæ paranymphus ; quam sine ruga
Et macula sponso intactam perferre flagrabat.
Insistit studiis commissæ regmina castis
Ducere, si qua putri squalerent labe, plane.

  Regem discutiens gentis quo jure Sicambræ
Punit adulterii, fautores ense recidens
Morbiseco, pestique precum pietate medetur.
Legatos abolere nefas, pacemque referre
Dirigit elisæ per Gallica rura columbæ.

  Luce procul visa, divo rutilare nitore
Certatim populi radiis lustrarier orant.
B Æthereis Romam inde petit legatio crebra,
Crebrior et solito, cœlique cibaria poscit.
Suscipiens dapibus satiat quos papa cupitis,
Irrigat ac paradisiacis sitibunda fluentis.
Pectora, Bulgaricæ fundit quoque flumina genti
Australi tribuens Boream vernare decore.
Sicque nothum [293] inveniens aquilone rigescere,
                         [flaminis

Ardoris superi missis accendere curat
Igniferis Patribus, comitatis luce valenti
Irradiare pios, exurere luminis hostes.
Mirifici Patris, cui fert elemosyna nomen,
Indivisa comes vitæ patrata Joannis,
Auribus archivo ex Graio resonare Latinis
C Præstat, Anastasio jussis parente ministro.

  Præsulibus restauratis Placentia pulso
Pervasore nitet ; pastore Suessio floret.
Plectitur induperator atrox, Petri æmulus aulæ.
Plectitur et papa damnatus judice mœchus [294].
Patre recepta suo Græcorum urbs regia gaudet.

  Priscorum Pater hic reparans insignia Patrum,
Templorum renoval fabricas, triclinia, cellas,
Bustaque sanctorum relevans splendoribus ornat,
Adsciscens fovet almificas stipe duplice turmas [295],
Afflictisque patrem dulci se pectore præbens,
Ærumnas refovet, parat opportuna medendis.
Ductibus atque reformatis rigat atria Cephæ,
Gregorio partum restaurans robore castrum.
Prævalido fulcit, murisque ac milite munit,
D Ut Domini populum ductans in castra polorum,
Regmine solerti justoque libramine vexit.
Indicium schedæ mundi per climata latæ :
Hærebant cui mente pia cœlestia cura ;
Excubiæ assiduisque preces, jejunia votis.
Arridens quem fertilitas et copia rerum
Extulit, ostendit largum, docuitque benignum :
Hujus ut egressum flevisse elementa ferantur.
Quo tamen is gaudet, gaudent socia agmina cœli.

GLOSSÆ MARGINALES MABILLONII.

[291] offerre.   [292] excommunicatione.   [293] australem patrem.   [294] Lotharius.   [295] congregationes monachorum.

CAPUT III.

De secundo Adriano papa, et Hincmaro præsule nostro, Carolo quoque rege.

Hinc sacra succedunt Adriani jura secundi,
Qui pius ac placidus laudatur, et ordine clarus,
Pauperibus largus, locupletibus atque benignus;
Omnibus et medius, nulli nisi charus habendus.
Compatiens passis, patientes improba servans,
Passorumque ferens causa, longinqua pererrat
Scriptis regna, monens rigidos, reparans quoque
    [fractos,
Justitiæque viam justo moderamine pandens,
Utque Patres superi [296] Regis fastusque coercet.
Ac maculis purgare nigris regale [297] laborat
Nunc monitu blando, nunc asperitate cubile.
  (195) Pontificem is nostrum sumit regemque so-
    [dales,
Hincmarum et Carolum; sociosque laboris adoptat.
Sceptraque sic pariter tutari a crimine certat.
In multis etiam divina lege regendis
Hunc nostrum Patrem sibi fratrem adsciscit agonis,

De Joanne papa VIII et Marino ejus successore (196).

Hoc rapto capit octavus segmenta Joannes
Culminis eximii, quique effulsisse beatis
Moribus adstruitur, doctrina ornatus et actis.
Judicii custos, recti pietatis amator.
De Christi segete crebro zizania pellens,

A Et rationales per agros pia semina spargens;
Utpote doctiloquus, prudens, sensuque peritus,
Sollicitum qui se gregibus præbebat alendis.
Quo Patribus juncto solers subit alta Marinus
Regmina, qui placitus Domino et decus orbis ha-
    [betur,
Augustis charus, populorum dignus amator :
Doctrinis renitens, sacris et semina diva
Cordibus infundens hominum per climata mundi.
Nam Graios superans, pulsis erroribus, unam
Reddidit Ecclesiam, scissumque coegit ovile.
  (13) Pontificem nostrum Folconem hic fascibus
    [ornans,
Instruit ore, manu pastoris comere jura,
Justitiæque ejus congaudet promptus amori.
Inque refutandis præstans suffragia pravis,
Fert se adjutorem, multam minitando superbis
B Hunc fratrem velut amplectens, incommoda re-
    [velet [298],
Utque fidem monet exhibeat, scriptoque revelet.
Hujus et ad nutum Patribus mandata resignans,
Contemptore super jubet exercere vigorem :
Et parti istius precibus se dedere curans,
Francorum regem affectum retinere paternum
Hortatur, solans votisque juvamina præbens.

CAPUT IV.

De tertio Adriano papa, et Fulcone nostro præsule Carlo quoque Augusto, et de Stephano V.

(14) Tertius emissos Adrianus honore secutus,
Præsule jam dicto Folcone studente paratur
Remensi Pater Ecclesiæ, tutator et altor.
Jura sibi decoris firmans ut roboret apti,
Et contra adversos solatia debita præstet,
Nostrumque affectu regem genitoris adoptet.
Præsulibus patrem pandens se rite benignum.
  Quo cito prærepto, Stephanus de nomine quintus
Fascibus evehitur summis, qui præmemoratum
Pontificem nostrum scriptis solando paternis,
Hunc dignum fratris, hunc nomine censet amici
Se promptum firmare ab eo quæ rite petantur.
Ille tamen servum potius se destinat imum,
Attollitque Patrem, Dominique impendit honorem.
Exoransque rogatores pro culminis ejus
Reddit luce alios, ac flagrat adire videndum ;
Barbaricæ impediant acies nisi vota parati.
Ipsius ergo precum poscit munimine regnum
Tam crudo redimi sævæ discrimine pestis.
Se quoque conari tota virtute reniti
Ejus apostolico tendentibus atra nitori.
Quæ consanguineo magnati impendier audit
Widoni; sibi ceu fuerint impensa, capessit.

Remensi Ecclesiæ Romana præstita sede
Intemerata jugi serventur honore, precatur ;
C Utpote juris apostolici per cuncta fideli,
Quam certare sibi contra omnia livida norit;
Tradita pauperibus, sacrisque addicta ministris,
Sed perversa feris direpta furentibus ursis,
Adjuvet allisis evellere faucibus atris.
Adgaudet summus redditque levamina præsul,
Seque probat fratris devotum in jure manere ;
Hunc etiam et natum sub patris amore fovere,
Noxia quæ patitur ceu propria flagra dolere,
Assiduisque ejus precibus pro pace rogare,
Atque petita modo vel tempore cedere digno,
Præsulibus pervasa jubet quo reddere cogant
Raptorem; sacris, referat nisi rapta, repellant.
  Augusto scribens Carolo, præconia Christo
Induperatoris pro sancto reddit amore.
D Quo flagrans sublata diu patrimonia nostræ
Reddiderat sanctæ summo sub nomine sedi,
Ac monet ut peragat quod adhuc hinc restat agen-
    [dum,
Sumere perfecte queat ut mercedis honorem.
Folconi quoque gratificans, solamina confert

GLOSSÆ MARGINALES MABILLONII.

[296] antecessores.   [297] Lotharii.   [298] *f.* vellat.

NOTÆ.

(195) Flod. lib. III, c. 20.
(196) Deest titulus in codice.

(13) Flod. lib. IV, c. 1.
(14) Idem ibid.

Affectuque monet cœptis insistere votis.
Erga Romanam summi moderaminis arcem,
Conquestos se indigna pati, suffragia legat :
Istius ad Patris mandatque juvamina ferri.
Sic peregrinantes sub amore et nomine Petri
Suscipiat petit, ac foveat, tueatur, honoret.
Pace laboranti totius et ordine regni
Grates inde referl, crescatque hortatur ut instans,
 Urbis Lingonicæ questus delegat eidem,
Contra vota premi pastorum culmine plebem,
Nec digno impetrare Patrem molimine lectum :
Pontifici Lugdunensi mandata dedisse
Significans, æquo optatum sacraret honore.
Quo renuente diuque instante labore vacantis
Ecclesiæ, se prælectum sacrasse petenti:
Quocirca properans, quæ desunt impleat urbi,
Regmina præficiat rectoris rite dicati,
Præsulibusque aliis papæ decreta revelet.
Ille paratus ad hæc, Patribus præcepta retexit.
Regi jussa notat, quo se prohibente moratur
Rex, donec Romam mittat, certamque resumat
Notitiam; post se nulla ratione premendum
Fert jussis ab apostolicis, neque tormine mortis,
 Præterea patriis poscit se jure doceri
Dogmatibus, papæ digne ut sacra culmina servet.

A Præsul apostolicus hujus quoque regmina firmans
Roborat Ecclesiæ quæ sunt data munera nostræ,
Jura antiquorum procerum concessa nitore.
Nemo horum quidquam minuens usurpet inique,
Nec præsul detur, canonum nisi lege petatur.
Hæc si quis violet, nisus temerare statuta,
Sede Petri digne multa dictante prematur :
Edita conservans, benedici promereatur.
 (198) Pontifici huic nostro synodum delegat ha-
  [bendam
Cum nonnullarum regionum Patribus, atque
Inter Agrippinæ trans Rhenensesque patronos
Audire æquandas justo moderamine causas.
Postmodo si valeat, præsens accedat, et ista
Cum multis aliis pariter pertractet agendis.
B Hunc reliquos quoque Gallorum vestigia Patrum
Urbe Biturgensi super admonet improba ferri
Jura querente sibi, cui condoleant miserantes :
Increpitans, cur non reserent præsumpta silentes,
Qui se pro muro infestis opponere debent.
Justitiæ zelo quocirca armentur, agonem
Aggressi Domini ad propriamque redire cathedram,
Compellant præsumptorem, miseratio papæ
Quam cedit duntaxat ei : si tempserit, omni
Sacrorum exsortem penitus se norit honore.

CAPUT V.

De Stephano et Formoso; translatione quoque sancti Calisti ad nostram urbem.

 (197) Formosus Stephanum sequitur ; cui gram-
  [mata noster
Dirigit expositus supra quam sæpe sacerdos,
Congaudens subiisse vices hunc regmine Petri:
Has sermone simul supplere decenter et actu
Qui valeat, solans vehat ad potiora cathedram.
Propitiumque Deum Ecclesiæ testatur in hujus
Culmine monstrari, quod tam tractatur honeste.
Huic se subjiciens, famulatus omnis honorem
Spondet, et excusat quod eum non visere currat :
Atque refert grates, quod in solaminis orsa
Miserit, insinuans illum se optare videndum,
Et se ipsius in occursum quod signet iturum,
Proficuique offert decoris crementa daturum,
Ejus et ad nutum Stephani sese edere ²⁹⁹ jussum.
Respersæ Ecclesiæ quæsitas robore poscit
Muniri, ejusdem vulsæ ne quando rapinis
Demantur sacris, avidis prædonibus actæ.
 Magni pontificis Christi testisque Calisti
Membra sibi signis collata abbate Rodulpho
Cum rebus sancto applicitis ³⁰⁰, avellere quidam
Quas nitebatur. Super his consulta requiri,
Auxiliumque petit, pravi quo jure premantur.
Et quia compererat, quodam molimine summam
Turbari sedem ; capiti ceu condolet artus,

C Subjectis quoque præsulibus qui indebita poscant,
Ne indigne faveat, suadet, sub tramite pacis:
Ille rependit ad hæc, studeant moderamina summi
Rectoris pariter verbis attollere et actis,
Juxta quod collata sibi fert gratia cuique :
Ne vacui sub ea servi culpentur haberi.
Quin aptos per eam fructus afferre laborent.
Illicita inhibeant, infandaque germina vellant,
Et cunctis Christi famulis suffragia præstent.
Cujus opis causa cupit hujus noscere curam,
Deplorans miseras clades hominumque labores,
Hostis et antiqui captantia retia fraudis,
Quis genus humanum crudeli pellicit astu.
Hinc hæreses, hinc bella movens, et crimine gau-
  [dens,
D Sanguine fervescens, odiorum litibus ardens,
Atque Orientales hæreseum schismate rumpens.
Unde sacerdotes suadendo commonet, arma
Corripiant, arcanique leveni discrimine sævo.
Conveniant igitur medium sibi poscere Christum,
Qui consulta ferat, det opem, faciatque salutem.
Ad quod pontificem rogitat contendere nostrum
Accingi, properare, moras disrumpere cunctas,
Auxiliumque malis mundo conferre ruenti,
Christus sit via, dux Christus, victoria Christus.

GLOSSÆ MARGINALES MABILLONII.

²⁹⁹ exsequi. ³⁰⁰ concessis:

NOTÆ.

(197) Flod. lib. IV, c. 1. (198) Ibid.

Nec satis est monuisse semel, monitusque paternos
Haud iterare piget, Matris succurrere cladi,
Disponi synodum generali jure gerendam,
Ad quam festinet nullo impediente retentus
Pondere desidiæ, uberius simul omnia tractent,
Quæ tractanda sient : oracula clarius edant.
Barbaricæ gentis quis Francica regna procellis
Turbantur, nimium dolet; atque ut dextera summa
Has reprimat, procerum Christi suffragia poscit.

    Privatæ legis munimine jura petita
Remensi fert Ecclesiæ retinenda docendo,
Ac prohibendo nefas, ne quis præsumat inique
Attrectare sacris possessa aut demere cassa [201].
Nullaque pontificum, regum, comitumve potestas
Illicite usu pans, proprios inflectat in usus
Quæ sunt Ecclesiæ, quam præsule forte vacantem
Nullus ut invadat, violentum aspiret in ausum :
Nec nisi condigno præsul statuatur honore,
Pontifices, reges, clerus, subjectaque plebes
Provideant, operante Deo ut bene tradita servent,
Amplificent, decorent, supera mercede propagent.
Dispositum digne præmisso præsule quisquam
Non mutilare decus, non immutare subintret :
Usibus at maneant servorum dedita Christi
Integra pontifici, dignis tractanda ministris.
Hæc contra quisquis præsumpserit acta venire,
His se mulctatum scitis anathemate norit :
Servator vitam mereatur habere perennem.

    Rebus Avennaci, super almi et jure Calisti,
Tum decreta pari provexit robore fulta.

    Præterea quod compererat per devia quosdam
Pontificum ferri, populisque exempla ruinæ
Dedere, et increpitos non digna rependere suasis ;
Quin et deteriora sequi, nec dira cavere :
Non sine se mœrore gravi tolerare fatetur.
Ad pacem invitans exstinguere scandala quærit,
Pontificum fastu Christus quia temnitur atro.
Noster et antistes dolet, arguit, increpat, angit,
Unde monens mandat junctos hunc cogere Patres,
Atque alios accire probos, decretaque legis
Pandere divinæ, synodum celebrare vigore
Cesso [202] juris apostolici munimine fultam,
Noxia vellendo gregibus, profutura serendo.
At si quid fuerit perversæ litis obortum ;
Præsulis eximii serventur cognitioni,
Dante Deo dignum valeant ut sumere finem.
Cui se concilio tentet subducere nemo,
Quisquis apostolici consors cupit esse favoris.

    Bellorum motus per Francica regna coercens,
Primates monet Ecclesiæ certare labore,
Totius curæ madeant ne regna cruore,
Christicolæ reges bellisve armentur iniquis.
Attrectare nefas aliena, invadere cessent.
Bella soporentur, commotio sæva prematur.
Dum Roma Folco redeat, pax sceptra gubernet.

    Hæc eadem exhortans ad pacem scribit Odoni,
Ne Carolum contra bellum moveatur iniquum,

A Nec vetitos ineat fines, invadere nitens
Externi quæ sunt juris, cupidusque rapinis
Abstineat, vitans rectos transcendere calles
Quæ Domino placeant solerti mente retractet,
Ante oculos statuens ejus sub amore timorem.

    Pace laborantis congaudens præsulis actis
Admonet his capito Folconem insistere nisu,
Pax odiis ne inconsulte quæsita facessat,
Regia neu celsi generis scintilla teratur.
Crimina sceptrigeri prudenti arcenda medella,
Regmine pro regni ne pessima scandala surgant.

    Hortatu Carolum solans gratanter honorat,
Gaudens hunc patriæ provectum culmine sedis,
Atque petens Christo placitum per tempora longa
Crescere justitia, pietate, et luce sophiæ.

B Ac monet ut Dominum cordis præ lumine ponat,
Jussibus ipsius, totis conatibus hærens.
Diligat et servet quæ justa ac recta probari
Admoveat justis aurem, divertat iniquis.
Sit virtute animi, carnis præstantior usu,
Corporis ac mentis hostes ut sternere possit.
Se quoque quæ valeat spondens augmenta daturum,
Panem pro grato benedictum munere legat,
Quæsierat geminæ quem rex sub dote salutis.
Solertes cum quis tractentur commoda mandat,
Immo sacerdotem Folconem ad talia mittat;
Cujus consiliis utillima quæque decori
Edantur, regis cumulandi et culminis apta.

    Quorumdam querulo nimium clamore petitus,
C Urbem indigna pati queritur, metuique clientes :
Sedandis quibus exhibeat se Folco reposcit.
Comperto tandem is veri moderamine præsul,
Quam sit apostolicis fidus, quam jussibus ardens ;
Parere æthereis gaudet, gratesque rependit,
Spondens se in quibus expediat præbere benignum :
Hujus et ad votum regum pressisse duellum.
Præsulibus regique ideo mandata dedisse,
Tutius ipse Petri valeat quo visere sedem.

    Hunc quoque fratris honore colens, specialia legat
Munia charorum, tutandum posci honorem,
Scandala proterere, et pacis connectere vincla :
Frenare implacidos, et ad almam cogere pacem,
Idque Petri latum fidat sibi munere donum.
Lambertum Augustum, Falconis carne propinquum,
D Ut proprium se tutari solamine natum
Significans, nostri gratissima præsulis effert
Vota, quibus Petri veneratur honore cathedram.

    Sacrilegos quosdam sacrati culminis atros
Carptores, summi capitis clarissima membra,
Attemerare ausos, anathematis ense recisos
Notificans, monet hunc nodos dignæ addere multæ,
Sceptrigeri quoque cognati pro culmine certet.
Sicque Parisiaco legans mandata patrono [203]
Hos Ancherico notat esse omnino cavendos,
Ac vitanda nigri consortia dira furoris.

    Ecclesiam solans Senonum pastore gementem
Addicto latebris, damnando [204] criminis ausu :

GLOSSÆ MARGINALES MABILLONII.

[201] concessa.   [202] concesso.   [203] episcopo.   [204] damnabili.

In Domino sperare monet : patienter acerba
Spe decoris ferre ætherei virtute Tonantis.
Fidere se proprio solandam præsule viso :
Se damnasse feros Patribusque notasse terendos
F amine divino, ne quis dein talia tentet.
Missurum se legatos, ubi tempora digna
Se tulerint, quis sedentur hujusce procellæ.

Lingonici sævo raptori præsulis orsa
Dirigit, ut tamdem ges i : resipiscat amaris,
Pontificem reddat, damnet quæ dira patrarit.
Sin secus, æternæ plectetur tormine mulctæ.

Sacrilegis super his patrios delegat Odoni
Sceptrigero monitus, ut sciat hos anathemate plexos :
Quos nec suscipiat, nec eis affamina jungat,
Ipsorum sese maculari crimine vitet.
Quin immo Ecclesiæ præstans solamine tritæ,
Protegat, auxilium impendens, ubi viderit aptum
Hæc eadem Carolo mandata tenenda relegat.

Waltarium Senonum, temerantem oracula legum,
Corripit increpitans; Trecasinæ intulit urbi
Regimina non lecti cur præsulis, atque recepti
Ex alia Ecclesia contra decreta paterna.
Quem remetiens, lectum [305] statuit, moderamina tra-
[dit,
Sacratoque sacrum Ricveo impertit honorem :
Nullus ut obsistat scit's, comitatur euntem.

Huic Patri Carolus Formoso grammata legans,
Seque suique apicis committit jura tuenda :
Eximias referens grates sub honore favoris,
Se genus atque suum dignum quia laude putarit,
Provectumque ejus gratum sibi duxit habendum.
Noverit ergo sibi regem pro scire fidelem,
Devotum et famulum jussis servire paratum.
Ejus præsidio licitum sit fidere; tantum
Hostis apostolicam nequeat divertere mentem.
Augustum sibi conciliet, Christumque precetur
Pro se, proque sibi commissi regmine regni.
Cujus ut in partes accedere censeat, orat :

A Ipsius aspectu solari ac famine possit.
Interea panem benedictum munere mittat,
Tutelæ nullique favens assentiat hosti.
Quin adversa premat sacro molimine, jure
Crescat ut ipsius sumptum munimine regnum.

Folco etiam præsul grates a sede vocatum
Se referens Petri, poscit suffragia regi.
Gratificans regis quod res suscepta benigne,
Tractetur, patrio foveantur sceptra nitore,
Sollicitus [306] pro regali quod germine papa.
Suggerit ergo petens, faveat ne partibus hostis,
Roboret id magis, exaltans, et viribus augens ;
Accumulet precibus, votisque ad sidera missis.
Pulsari adjiciens hoc ab hostibus undique fusis.
Quos rogat arceri, pervasoresque repelli,
B Prædones repri mi moderamine reguinis almi ;
Ne inter Christicolas bellum civile geratur,
Naufragio Ecclesiæ ne gaudeat æmulus atrox,
Illicitos ibi subjectis nitentibus ausus.

Quid medicamenti impendat, consulta reposcit,
Lamberto induperatori sibi carne propinquo
Multimodam agnoscens curam depemere papam ;
Gaudet, ac exposcit maneat dilectio talis.
Quem licet affinem nullo sibi jure colendum
Prodit, amicitia Patris nisi noverit auctum.

At Carolo regi petit hunc sub fœdere necti,
Huicque ambos regum solatia pendere proli.
Damnatis queat et si quid medicaminis addi,
Quoque modo vel qua hos valeat curare medella;
C Exprimi sibi deposcit servire parato.

Præsul hic egregius Formosus laudibus altis
Evehitur, castus, parcus sibi, largus egenis ;
Bulgaricæ genti fidei qui semina sparsit,
Delubra destruxit, populum cœlestibus armis
Instruxit, tolerans discrimina plurima, promptus.
Exemplum tribuens, ut sint adversa ferenda
Et bene viventi metuenda incommoda nulla.

CAPUT VI.

De Bonifacio papa, et sexto Stephano, Theodoro quoque papa

Hinc subit ad modicum vates Bonifacius almus.
Ter quinos hic in arce dies explevit honoris :
Culmina mox mutans, superat fastigia celsa,
Inque brevi spatio quæsita cacumina scandens,
Inter apostolici proceres ascribitur albi.

Tum sextus Stephanus sacra regmina culmine.
Durus qui nostris, propriis at durior instat. [carpit,
Sæva quidem legat vivis, truciora sepultis.
Folconemque minis, Formosum concutit actis.
Concilium gregat infaustum, cui præsidet atrox :
Prædecessorem abjiciens ponensque patronum.
Visus abhinc meritis dignam incurrisse ruinam,
Carptus et ipse sacraque abjectus sede, tenebris
Carceris injicitur, vinclisque innectitur atris,

D Et suffocatum crudo premit ultio letho.
Post hunc luce brevi Romani regmina surgunt.
Quattuor haud plenos tractans is culmina menses,
Æthere suscipitur, meritos sortitus honores.

Quo rapto breviore subit fastigia sorte
Dilectus clero Theodorus, pacis amicus.
Bissenos [207] Romana dies qui jura gubernans
Sobrius et castus, patria bonitate refertus,
Vixit pauperibus diffusus amator et altor.
Hic populum docuit connectere vincula pacis.
Atque sacerdotes concordi ubi junxit honore,
Dum propriis revocat dissectos sedibus, ipse
Complacitus rapitur decreta sede locandus.

GLOSSÆ MARGINALES MABILLONII.

[305] electum. [306] sit. [207] *an bis denos.*

CAPUT VII.

De sanctis Joanne, Sergio, Benedicto, Leone atque Christophoro.

Joannes subit hinc, qui fulsit in ordine nonus,
Pellitur electus patria quo Sergius urbe,
Romulidumque gregum quidam traduntur abacti.
Conciliis tamen is ternis docuisse refertur
Dogma salutiferum, novitasque aboleta malorum,
Et firmata fides doctrinis tradita Patrum.
 Tum sacra consurgunt Benedicti regmina quarti,
Pontificis magni, merito qui nomine tali
Enituit, cunctis ut dapsilis atque benignus.
Huic generis nec non pietatis splendor opimus
Ornat opus cunctum, meditatur jussa Tonantis.
Prætulit hic generale bonum lucro speciali.
Despectas viduas, inopes, vacuosque patronis,
Assidua ut natos proprios bonitate fovebat :
Mercatusque polum, indiguis sua cuncta refudit.
 Post quem celsa subit Leo jura, notamine quintus.
Emigrat ante suum quam luna bis impleat orbem.
Christophorus mox sortitus moderamina sedis,
Dimidio ulteriusque parum dispensat in anno.
 De Sergio et cæteris ad Leonem septimum (199).
Sergius inde redit, dudum qui lectus ad arcem
Culminis, exsilio tulerat rapiente repulsam :
Quo profugus latuit septem volventibus annis.
Hinc populi remeans precibus, sacratur honore
Pridem assignato, quo nomine tertius exit
Antistes : Petri eximia quo sede recepto
Præsule gaudet ovans annis septem amplius orbis.
Ipse favens cleri censura in culmine rapto
Falce ferit pervasores. Quo rebus adempto
Humanis in Anastasium sacra concinit aula,
Tertius hoc præsul renitet qui, nomine Romæ,
Sedis apostolicæ blando moderamine rector,
Sentiat ut Christum veniæ sibi munere blandum.
Quando dein summam Petri subit ordine sedem,
Mensibus hanc coluit sex ut denisque diebus
Emeritus Patrum sequitur quoque fata priorum.
 Surgit abhinc decimus scandens sacra jura
  [Joannes.
Rexerat ille Ravennatem moderamine plebem.
Inde petitus ad hanc, Romanam percolit arcem
Bis septem qua prænituit paulo amplius annis.
 Pontifici hic nostro legat segmenta Seulfo.
Munificisque sacram decorans ornatibus aulam,

A Pace nitet dum patricia deceptus iniqua,
Carcere conjicitur, claustrisque arctatur opacis.
Spiritus at sævis retineri non valet antris :
Emicat immo æthra decreta sedilia scandens.
 Pro quo celsa Petri sextus Leo regmina sumens,
Mensibus hæc septem servat, quinisque diebus :
Prædecessorumque petit consortia vatum.
 Septimus hinc Stephanus binos præfulget in an-
  [nos.
Aucto mense super, bisseno ac sole jugato,
Disposita post quod spatium sibi sede locatur.
 Nato patriciæ hinc cedunt pia jura Joanni :
Undecimus Petri hoc qui nomine sede levatur.
Vi vacuus, splendore carens, modo sacra ministrans,
Fratre a Patricio [308] juris moderamine rapto,
B Qui matrem incestam rerum [309] fastigia mœcho [310]
Tradere conantem decimum sub claustra Joannem.
Quæ dederat, claustri vigili et custode subegit.
Artoldus noster sub quo sacra pallia sumit,
Papaque obit, nomen geminum fere nactus in an-
  [num.
 Septimus exsurgit Leo, nec tamen ista volutans,
Nec curans, apicis mundi, nec celsa requirens :
Sola Dei quæ sunt alacri sub pectore volvens,
Culminaque evitans, oblata subire renutans.
Raptus at erigitur, dignusque nitore probatur.
Regminis eximii, Petrique in sede locatur.
Sed minime assuetam linquit decoramine curam.
Deditus assiduis precibus, speculamine celsus.
C Affatu lætus, sapiens, atque ore serenus.
Qui me visentem ætherei pia limina Petri
Jocunde excipiens, animo quæsita benigno
Admisit, favitque pie, studuitque modeste :
Famina grata serens, epulis recreavit utrisque,
Corporis atque animæ; benedixit, et oscula libans.
Ac geminans dono cumulatum muneris almi,
Pergere lætantem amplexu dimisit honore.
Quem Pater omnipotens alacrem cultuque venustum
Attollat, servetque diu, digno excolat actu.
Et cum præsulibus sanctis, consortia quorum
Promeruit, sedis præstet super æthera sedem :
Cum quibus æternum maneat præclarus in ævum (200).

D *(Huc usque Mabillonius.)*

GLOSSÆ MARGINALES MABILLONII.

[308] Alberico. [309] imperii. [310] Hugoni regi Langob.

NOTÆ.

(199) Deest titulus in codice.
(200) 1. Baronius et alii Sergio tertio tribuunt tres annos duntaxat cum mensibus quatuor : Frodoardus annos septem. — 2. Anastasio Baronius annos duos, menses viginti : Frodoardus menses sex cum denis diebus. — 3. Frodoardus prætermittit Landonem, quem alii Bandonem vocant. — 4. Joanni decimo ascribit non integros annos quindecim. — 5. Leoni vero nominis sexto menses septem et quinos dies, cum recentiores ei tribuant solum menses sex, dies quindecim.

INCIPIT LIBER DECIMUS TERTIUS.

CAPUT PRIMUM

De sanctis Theodoro, Acontio, Servulo et Januario.

Quis numerare queat quibus illustrata triumphis
Roma nitet Christi, dum nec magnalia Petri
Gesta domo se complecti valuisse resignet
Gregorius, vel proposito discedere cuncto,
Quis supplere putet se posse quod illi negavit?
Nunquid Theodorus famulorum cernere solus
Visentis vultum Domini vocemque loquentis
Aure sequi dignus, cujus se Petrus adesse
Servitiis patula præsentem luce probaret
Solus an obsequiis devotus Acontius ejus
Vixerat Ecclesiæ quem dignum pandere signis
Duceret ac per eum paralytica membra levare?
Visa vel hæc tantum quæ digna salute puella
Mœnibus aut in apostolicis tolerare laborem

A Languoris novit patienter? Servulus unus
Rerum opibus pauper, meritorum munere dives,
Largus et indiguus, sola pietate virilis,
Et studiis fortis, Dominum laudare dolore
Obsitus invigilans, cujus patientia cœlos
Exsultare facit, queis dedita dum petit astra,
Mens pia cœlestis spargit fragrantia tecta,
Hanc paradysiaco depromens nectare functam?
Solusve martyr templa Januarius
Vetat inquinari criminoso funere,
Mutare vellera suetus ut coloribus
Ardere se clamante dire spiritu
Propelleretur e sacris miserrime?

CAPUT II.

De sanctis Deusdedit, Victorino, Anastasio, Redempta, Galla, Romula et Mosa.

Relligionis opus solusne probabile Romæ
Patrarat vates jamjam quem visere iturum
Ezechiel Daniélque legunt notique patescunt,
Ille Deusdedit, aut sutor cui sabbata solum
Ædificare domum, fabricamque extendere visu,
Ornatus operis dignis æquantia factis?
Aut Victorinus lavit bene crimina solus
Fletibus, ut commissa pio solamine functus
Gauderet laxata sibi, fulgore vibratus
Quo monstraretur meritis caruisse tenebris?
Militis an tantum unius Romana probatur
Intra castra labor, placidas ut visere sedes
Sit meritus, solus visumque referre nitorem
Gallave patricio renitens genitore venusta,
Præduce sed Petro, sponsoque venustior alto?
Vel puer armentis studiosus simplicitatis,
Quem vis prona dedit cœlis, terrisque remissum,

B Cœli discipulum linguarum dona probarunt,
Prædictique obitus mox funera verba secuta.
Numquid Anastasius, blandi res ponere mundi
Strenuus inventus Romanis arcibus unus,
Scrinia dimittens, qui castra monastica legit,
Emeritusque polis accitur rupe vocatus,
Moxque secuturi recitantur in ordine fratres,
Obtentus precibus nec voce notatus amicus?
Aut cum discipulis vitam præcone beato
Dignam Gregorio Romæ egit sola Redempta,
Mentis honore nitens, et hirundine digna magistra?
Romula cœlicorum solamine sola levari
Lumine lustrari, cœlesti nectare pasci,
Æthereis fungi exequiis, et luce superna
Mosa Probi soror aut superis sola apta choreis
C Ascisci, genitrice Dei visente vocari
Institui monitis, ipsaque petente resolvi?

CAPUT III.

De sanctis diversorum locorum Italiæ, Honorato scilicet, Libertino et cæteris.

At dum Gregorii venerando syrmate prompta
Claudere carminibus modulis diffusa ligare
Conor adortus iter tam celsum, tam juga tentans,
Ardua convexi vereor contingere clivi,
Prata beata datosque per inclyta gramina flores
Squalidus impuris trepidans irrumpere rivis.
Sed si flante Dei currant spiramine lapsi,
Æthere dulcifluo purgari spurca valebunt,
Ipsæque aureolis stillæ comentur arenis.
Quo tamen hæc aditum tam læta vireta petenti
Ausoniæne means per rura, per oppida quæram
Ignotos nutante sinus attingere flexu,
An sincera patris lustrans vestigia tanti
Summatim recolam tangendo relata profuse,
Nota magis menti revocans quam tecta resignans?
Fluminis immensi quis derivare meatus
Tam valeat vastos? Ac ne per plura negasse

Proposito culpet, strictim libentur opima.
Divino vel Honoratum spiramine doctum
Linquemus; cœlestis amor cui cœlica suasit,
Æquoreæ samnite dapes cui rupe parantur :
Multorum pater almorum qui vertice ruptam
Saxoso latere lubrici per prona ruentem
Fixit, et in Christi suspendit nomine molem,
Eripiens cellam, fratres necis impete servans.
Num Libertinum taceam qui assecla Honorati
Doctoris meritis effulsit et ipse beatus,
Prodigiisque micans dejectus equo flagra quondam
Dum pius imperiit, facilem vi præstruit amnem,
Siderea, tunsis lymphanti cæde caballis,
Prædonum, ponensque suum, dat ponere cunctos?
D Dum recipi recipi, mulctata sedilia præstat,
Pauperis et votum ligat, absolvitque phalanges :
Sic etiam Frances prædæ fervore furentes

Involvens tenebris præsentem visibus abdit?
Quid puerum luci subtractum, matre querente,
Vimque ferente, reformatum vitæque reductum,
Attactu caligæ doctoris stemmate latæ?
Cujus Honorati Libertinive feremus
Hoc, meritis fidei annisus sed matris uterque.
Hujus celsa viri signis patientia magnis
Effertur, correptorisque magistra magistri,
A Discipulos celebres miranda in facta relinquens,
Quorum multa latent operum veneranda piorum,
Quæ ducis eximii pressere silentia nobis;
At non furta vacant olerum, memorique renident
Laude retecta, Dei sub honore celebriter acta,
Gramine Servato, prenso angue, tuente latrone,
Suppliciis digno cruciatibus hoste soluto,
Spebus solato blandis, et munere foto.

CAPUT IV.
De sanctis Equitio, Constantio, Marcellino, Nonnoso et Bonifacio.

Quid referam Equitium cœlesti operante spadonem
Chirurgo, castisque viris ipsisque puellis
Doctorem, sanctæque viæ sine more magistrum,
Vergentem se imis, mentes ad celsa levantem,
Qui certans dum vectat oves ad ovile supernum,
Suscipiens plures, etiam quem dæmone plenum
Corde videt Satanam vocitans assumere paret;
Utque probetur opus, capit intra septa latronem,
Dum vexatur ovis tentante lupi impete mentem:
Quo simul ejecto laqueis evellitur agna,
Nec longum fidei zelo fur carpitur igne,
Qui magicis cellam se suspendisse frequenter
Rettulit Equitii, valuisse ac lædere nullum.
Nec minus absorptam lactucæ dapsilis hamo
Fruit [f. Eximit] æthneis absorpti faucibus anguis.
Increpanti [f. Poscenti] causasque aditus, horrore fe-
Qui superi ferro medici plectro oris adacto   [rentis
Verbo Dei capiens jussus properare rigatum
Imbre salutari sitientis pectora plebis
Dum satagit galeis animas pietatis onustus
Lucrari Domino, vicos et castra peragrans,
Corporis abjectus specie sed mente venustus,
Subripitur papæ præconem lege premendum
Censuræ subigat, tantisque coerceat ausis;
Mittitur ascitum; mutantur corda petentum:
Pectora tantorum inculti præsentia terret;
Arguitur præsul visusque horrore vibratur
Quid Domini vexet famulum, rapidoque volatu
Sceda meat prohibens iter, implens famina vatis
Invitum atque latiscentem properare monentis.
Vixerit hic qualis testantur mira sepulcri.
Ruricolæ arca supersidens vi turbinis acta
Atque repulsa procul; querula sic dum terit hostes
Voce lacessitus, tegit hostili agmine vernas,
Præsidiumque ferens servat tutamine multos.
Narcissi pariter constanti luce renidet,
Illustrans olei vice templa flagrantibus undis.

Temptor et ipse tui temptorum et gratus amicus
Magnus mirificis at mansuetudine major,
Quæ tibi Marcelline, feram præconia, præsul,
B Virtutem languore sedens operæ virilem,
Dum, fractus podagra, flammarum robora frangis?
Queis etiam expediam tranquille dura ferentem
Nonnosum titulis æquantem facta priorum,
Magnorum ille patrum gestis, dum præparat hortum
Acta mole procul rupis, sectatur Achivum
Gregorium sanctum; solidata lampade vitri,
Donatum; repplens olei parvo unguine vasa
Cuncta monasterii signo heliseo rependit:
Sed neque dissimili renitet Bonifacius actu
Ille Ferentinas qui paupertate feracem
Attollens animum pressuras inter et acta,
Dum Domino grates dispendia reddere novit
Exiguis stillis apothecam et dolia replet
Ipsaque vix infusa mero sola munere spargunt,
C Quæ custos animi prohibens, se in corpore, pandi.
Barbaricis quoque vina viris in vase pusillo
Crescere dum præstat, nasci dat in usibus haustum
Cymbala concutiens laudesque ex ore beati
Præveniens Christi plectendus judice summo,
Præcinitur, quæsita planus solatia nactus.
Aurea perpesso arguitur dum damna nepote;
Aurea lucra refert, canit ardua damna nepoti:
Culminis auro affectatu removetur honore.
Quin parere sibi ratione carentia cogens,
Erucis tectum juratis liberat hortum.
Nec miranda adeo quæ dignus honore sacerdos
Gesserit, acta quidem puero si mente librentur,
Ornante indiguos, sese nudante frequenter,
Horrea fruge data sanctis, exhausta rapinis;
D Matris compassus lacrymis prece replet opima,
Quo raptu quoque gallinas atque eripit hoste,
Plectitur et rapta raptrix vulpecula præda,
Non spernente Deo in minimis audire clientem.

CAPUT V.
De sancto Fortunato episcopo.

Nec Fortunati Tuderlinæ acta silenda
Præsulis insigni virtutum luce cluentis,
Qui prece subnixus hostilia sæpe fugabat
Agmina spirituum, cuneos horrore subactis
Sedibus exturbans; sensit suffragia nupta
Carnea quam superans una dum nocte voluptas,

Degere secretam prohibet thalamisque remotam:
Audentem Domino sacrandum irrumpere templum
Martyris adventu vindicta severa coercet;
Quam nisus tegere abripitur tutator ab angue,
Thessalicis addicta malis legione Chelydri
Impetitur, nimioque fremens incenditur æstu;

Confessi tandem genitores crimina culpæ,
Pontifici sistunt, rabidoque labore levatam
Nec longum post incolumem mundamque reducunt.
Hospitio ejectus privat dum prole parentem
Non bene tractantem bona perfidus hospes aperte
Haud admittendum notat hoc censore fugatum.
Lumina damnatis redhibens hic papa fenestris,
Eripuit quoque depulso jumenta furore,
Et quidquid petiit comitata est actio compos;
Approbat orsa Gothi, contempto patre, ruina

Post coxæ attritum rigidi contritio cordis;
Corporis et plexu duræ mollitio mentis ;
Jussa patrocinii, velox solidatio membri,
Moxque secuta salus, actoque dolore medela ;
Expertus quoque Marcellus de morte reductus
Ejus in adventu decreta sedilia linquens,
Voce levi rediens : hujus quid vota valerent !
At Fortunatus fuerat ceu corpore degens,
Ægrotos solitus curare, absolvere nexos,
Pellere perniciem, nec adhuc post funera cessat.

CAPUT VI.
De sanctis Martyrio et Severo.

Extulit et sanctum veneranda Valeria patrem
Martyrium, prunis panem tectum, atque favilla
Qui signo fidei non tactu insignit adacto.
Hacque sacerdotem accipimus regione Severum
Enituisse probis miræ pietatis et actis,
Ægrum fine operis vetitus qui visere tardans

Repperit ut functum, plangit necis utque reatum
Sicque datum lacrymis recipit tetrisque redemptum
Suppliciis, quem dum modica tristarier hora
Haud patitur Christus : redivivo ad vota patroni
Flere dat excessum, sic terrea linquere lætum,
Fletibus et propriis lotum et plangore Severi.

CAPUT VII.
De sacerdote qui defunctus furem vinxit sepulcro.

Quam viguit dignus, quam claris actibus altus
Laudibus hac Domini pollens regione sacerdos
Qui functus furem vinxit tumulatus euntem
Mirari gaudent socii splendore magistri,
Vivens qui alma cavet, defunctus furta coercet.
Fur vivis metuens cerni tabente ligatur
Ponere nec potis est prædam, nec ferre retentam
Vivis dum stupidis adhibetur funere nexus,
Afferat, an rapiat dubitator, pondere onustus;
Dum crimen fassus precibus datur ire solutus,

Et qui rapta vehens vincitur jure latenti,
Fasce palam posito, præstatur pergere liber.
Sic etiam Prænestinis in montibus ille
Ut vixit pater egregius dat cernere functus.
Mirantur gnati cujus data pacta sepulti,
Qui quod flabra trahens spondet, tumulatus adimplet,
Depositus deponendo loca cedit amico,
Admittens charum parta olim cede sodalem,
Ad vocem queruli, dum se aptant membra soluti.

CAPUT VIII.
De sancto Benedicto et multis ejus miraculis.

Laude poli dignum meritis super æthera notum,
Syrmate Gregorii lepidoque volumine cultum,
Qua celebrem stolidi Benedictum laude feremus?
Climata per mundi cuncto venerabilis orbi
Qui radians Christi cuneos [211] ad sidera mittit.
Qui puer alta legens, vicit probra corde senili;
Dum mundi flores ut pulveris arida calcans,
Splendorem generis tumidi cum luce leporis
Spernit, et incultus sapienter culta relinquens,
Rebus cum studiis coeli petit ardua missis.
(201) Quoque animo, quam mente pia [212] probat actio
[gesta,
Ipsaque mox actus etiam præeuntia signa,
Et solidata capisterii fractura soluti,
Ventosi fuga rumoris, nutrixque relicta,
Secessus eremi, soloque habitata per annos
Tres specus, impensus Romani panis habena [213];
Presbyter admonitus paschalia prandia ferre,

Pastoresque in oves mutati corda ferina,
Nec tamen hac tentator abest, refugamque la-
[cessit
Flagitii, facibusque libidinis vere membra
Mortificata parat, viscum laqueosque columbæ
Culmina transgressæ mundanaque arce relapsæ
Ales avem nigra candente [214] petit improba mitem,
Tetra venena animæ nigrantibus incutit alis :
Sed crucis ad signum vacuas discedit in auras.
Pectus inexpertum flammarum jacta fatigant
Spicula, et obsessam vallat vis ignea mentem,
Irrepensque adytis, patitur vix pectore claudi,
Increscensque altum, consumpserat intima gazæ [215]
Ni servator opum [216] cœli secreta petentum
Indens consilium, dextram sub agone tulisset.
Dum veprium stimulis cohibentur tela furoris,
Igne urticarum Veneris depellitur ignis,
Et cedit fugiens mutata dolore voluptas.

GLOSSÆ MARGINALES MABILLONII.

[211] agmina monachorum. [212] scil. petit ardua. [213] fune. [214] f. cauda. [215] divitias gratiæ. [216] virtutum.

NOTÆ.

(201) Vide S. Gregorium, Dialog. lib. II, cap. 1 seqq.

Hoste triumphato, fraterni ductor agonis,
Expulsis rector vitiis tutorque dicatis
Egreditur vasis [317], altor doctorque salutis.
Fama volans nomen celebrando per ora ferebat
Extollens opus et claram virtute palæstram.
Agmina densa pium lætantur adire magistrum,
Linquere naufragium mundi, statione potiri
Portus salvifici, tutis se tradere castris.
Quæ dux egregius castis moderatur habenis
Illicitos resecans actus, et tramite ductans
Directo cuneos dextra lævaque libratos.
Militiæ fortes coeunt perstantque cohortes,
Recto calle sequi præcepta salutis amantes,
Lubrica sectari luxus flexosque meandros
Exhorrent, æqui regimen trutinæque libramen
Certatim subeunt. Quidam atra venena coquentes
Insontis patris occasum meditantur operta
Fraude, sibi potius lætum opprobriumque parantes :
Quod [318] proprio subeunt vitio, amittuntque patro-
[num
Rupto vase crucis signo fusoque veneno.
  Dimissis pater infidis subit ardua nota,
Qua fructus gliscens virtutibus edit opimos,
Dans duodena polo duodenis castra [319] mereri
Singula militibus, præter [320] quos lacte rigabat,
Omnibus arcta viæ cœlestis limina pandens,
Illustres pariterque inopes ad culmina ductans,
Disponens, ornansque, regensque pii agminis belli,
Irradians promptos, cogens ad strenua tardos.
Certantes supero vallans munimine fulcit,
Insidias abigit, deterret lumine fures.
  Æthiopis pueri ductamina cæca secutus
Assentit monachus; patris pia verbera passus,
Verbereque ereptus, cæso latrone receptus.
  Athletis dux addit opes, dat commoda castris
Alto monte situs, celsa de rupe profundit
Largifluas prece militibus sitientibus undas,
Principis atque probi manant ad nota fluenta,
Perpetuoque rigant apicis declivia lapsu.
Nec meritis impar Eliseo, dum docet actis
Tironem [321] exercens, multetque levamine tristem,
Dat refluas ferri superari pondere lymphas.
  Conscius et puerilis aqua rapiente pericli,
Dum jubet ereptum cursim properare ministro, [322]
Tramite non solito, cambisque liquantibus illum
Sectari magni tribuit vestigia Petri,
Crudeli revocans absorptum fauce clientem [323]
Contuitum [324] patris auxilium famulante sodali.
  Sic etiam hostiles Christo vincente furores
Assiduis superans renitebat sæpe triumphis,
Livorem tolerare sciens, vitare dolorem,
Solum inimicorum poscens mœrere ruina.
Serpentis cellans a stupiditate [325] columbæ,
Obsequiis corvi nutantis felle veneni
Dimoto, bellatorum victricia victa

A Tela puellarum, mitis discessio patris,
Interitus hostis, monitus gaudentis alumni
Invictæ mentis tutissima pectora pandunt.
  Robora belligeri celebres ex hoste triumphi
Insinuant, quis fana ruunt, quis victus Apollo
Conqueritur patulo, raptis ad cœlica servis
Sese abigi, se expugnari, sibi jura revelli.
  Inde lapis pressus Benedicti ad vota levatus,
Tellure egestum simulacrum in tecta culinæ,
Militibus fallens jussis incendia fingit,
Quæ ducis ad nutum vacuata fraude fatiscunt.
Quoque magis pugnat pellax illudere sanctum,
Vincendi devictus eo mage thema ministrat.
  Nam quondam properans operantes visere fratres,
Dum subvertit opus lapidum, pueri ossa ruina
B Comminuens tristesque adigit de morte dolore
Præmonitos; datur ipse pia mœrere medela
Atque reformatum vitæ gaudentibus almis [326]
Moxque operi restauratum gemit improbus hostis.
  Lumine cœlesti replentur pectora patris,
Sollicitusque datis divino munere gnatis,
Absentum præsens actus et munia cernit.
Arguit errores, præsumpta cibaria pandit,
Pocula dinumerans, et diversoria monstrans.
Corrigit attonitos, parcensque emendat alumnos.
Sic solito sese jejuno viscere amico
Exprobrans votum comitis hortamine fractum,
Dum stupidat rubidum liquat in lamenta solutum.
  Tentantis Totilæ cœlestia dona minister
C Sic confusus abit, regalem ponere cultum.
Jussus. At ipse patrem pronus rex barbarus orans,
Audit ut acta et agenda sibi vel fata : recedit
Mitior; et presso fit post minus improbus æstu.
Tum pavidum solans Romam testantur amicum [327]
Gentibus haud verti marcescere, quin sibi tandem
Turbinibus motuque soli crebrisque coruscis.
  Clericus anguinis ereptus faucibus, almosque
Inhibitus tentare gradus [328]; dum jussa reservat,
Incolumis restat; monitus ubi deserit, hosti
Redditus insanit, prædictaque tormina sumit,
Quæ vir clausa Dei rimans penetralia dixit.
  Diripienda monasterii prædone feroci
Indice comperiens Domino, cuncta usibus apta :
Tutatur lacrymis animas multa prece sumptas,
Ut mœrore madens fido est confessus amico.
D   Infidum vini gerulum furta abdita pandens
Dum regit [329] angue necis, dat prava tremescere
[fraudis.
Sic quoque dona sinu prave contusa clientem
Increpitans captasse, probat se absentibus esse
Præsentem famulis, actusque libare suorum.
  Atque etiam Domino jam spiritus unus inhærens,
Verba capit cordis, meditata arcana tuetur,
Elatique premi mandans cruce corda ministri
Dum monet, officio puerum mensaque remotum

GLOSSÆ MARGINALES MABILLONII.

[317] hominibus. [318] opprobrium. [319] monasteria. [320] præter eos quos secum educabat. [321] Zallam. [322] Mauro. [323] Placidum. [324] qui viderat Benedicti melotem. [325] simplicitate. [326] alumnis. [327] Sabinum Canusinum episc. [328] ordines. [329] protegit ab.

Instituens unum, reliquorum pectora servat.
  Ore pusillanimes firmans, relevansque paventes,
Panis et indiguos, dum pollicitatur opima;
Promissam parat occulto solamine frugem;
Prædictumque refert numerosa fasce levamen.
  Condendis etiam quodam quasi carcere liber
Spiritus adyolitans castris ³³⁰, promissa rependit
Fratribus admonitis visu loca commoda metans,
Depactæque viæ sine corpore munia complens.
  Quinetiam facili sontes sermone ligare,
Solvere vel meritis animas acceperat altis.
Virginibus notat id querulis illata minarum
Pœna, sacris quoque libandis ostensa repulsa;
Reddita defunctis pia participatio Patris,
Dote sacramentis harum pro pace litata.
  Haud secus et puerum castæ probitatis alumnum
Visere carnales sancti absque favore parentes
Ausum, moxque neci addictum terræque locatum ;
Post noctem super inventum, rursusque repostum
Rursus et ejectum, dum sacramenta petitus
Allegat tumulo, positum consistere præstat.
  Invito quoque dimissus migrare patrono,
Compellente dracone redit duce callis iniqui.
Et quem ductorem tenebris sectatur opertum.
Exierat Patris obtentu, dum cernit apertum
Insidiatorem, petit hoste urgente salutem.
  Labe elephantina puerum sanieque fluentem
Advectum, celeri pulsa dat tabe saluti.
Fenore devincti reddendoque ære carentis
Pauperis angori solatia ferre petitus,
Dum misereretur opem, patria dare mente paratus
Pondera, nec præsto; suffragia nota frequentans
Obtinet assueto quæsita precamine dona.
Insuper atque moram compensat larga datoris
Dextera, pauperiem relevans, et debita pendens ³³¹.
  Attactu fugiunt morbi, depulsa recedit
Pestis, et ipse color maculis vacuatur ademptis,
Miratus celerem stupuit sumpsisse medelam,
Inque suam rediisse cutem. Cui pota venena,
Pellere dum nequeunt animam, candore pudenti
Atque lepræ facie fœdarant lurida membra,
Quæ decus amissum sancto tractante resumunt.
  Prompta manus largita penu consumpserat omne :
Vix olei parvum vitreo sub vase relictum
Usibus attribui mandans instantis amici,
Nil retinere parat, dum cœlis crescere curat.
Compertoque pusillanimum mandata ministrum
Prodiga trangressum, præcelsa exire fenestra
Præcipit ampullam in præceps tentore retentam.
  Tuta sed illa ruens in saxa jacentia, sidit ³³²,
Nec lapidum sentit fragilis natura rigorem,
Nec patitur vergens commissi damna liquoris.
Quæ simul effertur nullæsa ³³³ levata petenti,

A Arguiturque tenax, reliquos solamina placant.
  Fenora sumuntur supera virtute profusa,
Oratu vacuum Patris et pietate repletur
Dolium, et exundans cœlestia munera fundit.
  Nec tantum precibus solitis tam mira patrare,
Quin solo visus nonnunquam promere nutu.
Id capitur monacho simulati fraude subacto
Mul medici (205) plausuque manus alapaque recepto.
  Rusticus ille etiam loris tortoris adactus
Indicat, intuitus sola virtute solutus.
Et Geta ³³⁴ mansuescens, animosque adstratus omit
                                        [tens.
  Exstant et supplici præclara precamine gesta,
Ruricola ut nati quondam miserabile funus
Advectans ulnis, effundere vota coegit
B Improbus, ingeminans et raptum morte reposcens :
Dum genibus flexis animam obtinet ille precatu,
Ignea restaurans gelidis alimenta medullis.
  Vincitur at quondam nutu pietatis amicæ,
Excelluntque piæ renuenti vota sororis ³³⁵
Tendere nocte moras fratri sitientis ab ore
Mellifluo superæ satiari nectare vitæ.
Quæ precibus cœlum obnubens, liquat aera nimbis,
Murmure virgo tonat tacito, lacrymisque coacta
Nubila condensans, diffudit fletibus imbres.
Tempestate fugam sistit famulante, moratur
Et tenet invitum cœlo Scholastica fratrem,
Atque triumphat ovans magnam sibi cedere prædam.
  Solatuque animæ vigilatæ nocte polita
C Læta redit, gaudensque polo terrestria mutat,
Cœlos celsa petens : quam fixus in æthere frater
Siderei cernit dum culminis alta petentem,
Atque columbino superantem sidera nisu,
Congaudens apici ³³⁶, grates dependere dignis
Decertat modulis, Christo præconia pangens
Dirigit, et revocans recipit socialia membra,
Quæque sepulcrali parto sibi condit honore :
Jungeret ut tumulus, cœli quos junxerat æstus ³³⁷.
  Nec mirandum adeo subeuntem regna superna
Germanam vidisse animam, cui fabrica mundi
Cuncta oculis subjecta patet, radiante corusco
Æthereæ lucis, totus qua cernitur orbis,
Ignea Germanum comitatu cœlite fultum
Sphæra renitenti, qua visa inferre decori ³³⁸.
D Currit ad intuitum accitus, partemque diacon
Servandus radii rapit ad miracula testis.
  Cætera gesta Patris sectanda silentia nobis
Suppressere ducis ³³⁹, reliquorum bella ³⁴⁰ peten-
                                         [tis.
Dogmate quo viguit; monachorum regula pangit.
Cui præscita dies obitus, hoc munere dignus.
Prodita discipulis ipso retegente patescit
Strata decore via, splendoris honore coruscat,

GLOSSÆ MARGINALES MABILLONII.

³³⁰ monasterio Terracinensi. ³³¹ solvens. ³³² resedit ³³³ nullatenus læsa ³³⁴ Gothus. ³³⁵ Scholasticæ. ³³⁶ honori sororis. ³³⁷ amor. ³³⁸ gloriæ. ³³⁹ Gregorii. ³⁴⁰ agones

NOTÆ.

(205) Hinc liquido confirmatur lectio, quam in Vitæ sancti Benedicti, capite 30, asseruimus, nempe *mulo-medici* vocem compositam esse, non in duas dictiones distinguendam.

Scandere monstratur qua cœlica culmina justus
Emicat elatis manibus, sacrisque cibatus,
Tradens extremum per verba precantia flatum,
Inclytus æde precum tendens ad templa polorum.
   Pignera delubro data quo depulsus Apollo,
Egregium celebri promunt victore triumphum.
Quæ monitus transfert Aigulfi Mummolus actu,
Hac de re missi, superæ qui lucis honorem
Dum servare calet, per opaca silentia noctis
Munera consequitur longo quæsita labore.
Eripit, attollit, germanaque [341] pignera junctis
Complicibus confert, simul hæc ad munia divo
Legati jussu properant, et ad extima tendunt
Ausoniæ sola, dum papæ revocare suasi
Sectantur cunei Christo duce rapta talenta.

A Quique legit famulos, obcæcat amara frementes,
Ne coram positos valeant spectare petitos [342].
Raptim ferre jubet gazas sese auspice sumptas,
Datque videre hostem, nec posse viderier hoste.
Numine sic tuti, tollunt data præmia keli,
Prædictis quæ rapta Deo censente ruinis
Prodita resplendent Francis, simul ossa sororis,
Gallorum crebris urbes decorantia signis.
   At loca culta Pater haud-deseruisse videtur,
Immo rogatus adest, ultro quoque præmia confert.
Quæ lymphata [343]... saltusque et devia lustrans
Experta est mulier, spelæi ingressa cubile
Prima viro tirocinii quo exercita lucta :
Dum sopit egrediens, animi et data robora servans,
Pristina nec læsæ retegit discrimina mentis.

CAPUT IX.
(De sancto Paulino (204).

Immensæ pietatis opus qua laude feremus
Paulini per prona Dei vestigia Christi,
Tramite vix trito, at mira virtute secuti,
Dogmate fulgentis, contra hostica tela vigentis?
Princeps Ecclesiæ viduæ se addicit egenæ :
Servus sponte datus, ponat quo vincula servus;
Colla jugo pressat, servi quo colla resolvat ;
Captivum legat se, ut captum prædo remittat;
Servitiis instat regum, sed regmina librat ;
Subjicitur Domino, sed præstat honore tyranno ;
Culmina disponit, famulatur, et imperat idem ;
Hortorum cultor, regum datur ordine rector,
Nutritorque olerum censet moderamina regum;
Imperitans populis flecti se altore tuetur

B Graminis injuncti, sævumque amittere verber
Judicio servi dominorum sceptra regentis.
Erigitur rastris, cultis abducitur hortis,
Regibus excolitur, famulus dare vota rogatur.
Ille animas auro præponens, pro grege capto
Poscit, adunantur dispersi, munereque aucti
Mittuntur patri, navesque dapesque feruntur;
Stipatusque ovium lætus redit agmine pastor.
Et qui pro famulo sese subjecerat uno,
Pluribus ereptis, liber cum plebe remigrat;
Servitio multos redimens quod legerat unus.
Cujus mirificam divino lumine vitam
Mors pretiosa probat, trepidæque vibratio collæ,
Mella recessuri labiis admota Joannis.

CAPUT X.
De sancto Datio episcopo.

Mediolanensis Datius quo robore fultus
Enituit fidei sensit gavisa Corinthus,
Flaminis expulsu queruli, laribusque recepitis
Dæmonis immani dudum feritate retentis
Hospitis ad nutum dira improbitate repulsa.
Lumine quo mentis viguit, qua luce refulsit
Canitie Canusinæ jam lacteus urbi,
Fronte quidem cæcus, rutilus sed corde Sabinus,
Barbarico claret Totila tentante ministro.
Dum necis gerulum letho cogensque inhibensque
Prodita lethiferi damnans aconita decor
Pressa crucis potat, stratoque datore triumphat.
Quam rutilet Narnis venerando Cassius ore,
Præmissus videt experiens rex crudus, omisso
Armigero, meritoque viri præstante recepto :
Sacrorum arcanis solitus quot adesse diebus,
Seque inter lacrymis secreta litare profusis,

C Hostia viva Deo sacram mactatur ad aram;
Nec cassus labor almicolæ seniore probatur
Attrito moniti requiem differre gerendis,
Dum sibi apostolico reddi sua præmia festo
Accipiens septem palmia dilatus in annos,
Sacrificus tandem celsis datus emicat astris.
Andræas vitæ Fundanus episcopus almæ
Lubrica correctis correctorem atra secutum,
Tetrisque instructum monitoribus eripit atris
Amotum dominis, laqueosque cavere monentem
Evellit laqueis ; paradisique inclyta cedrus
Tartareis conculsa dolis, dum mutat, et hæret ;
Æterni nemoris frondosa cacumina firmat.
Quæ vates moriens Constantius orsus Aquina
Inclamat toleranda; notant post multo fullo,
D Regminis atque sacri viduæque vacatio sedis.

GLOSSÆ MARGINALES MABILLONII.

[341] sororis. [342] appetitos. [343] *f.* diu.

NOTÆ.

(204) De hoc et aliis in capp. 10 25 a Flodoardo celebratis cf. S. Greg. Magn. Dialog. lib. III, cap. et sequ.

CAPUT XI.
De sancto Frigdiano.

Cujus vigoris Frigdiani sanctitas
Lucana vernans fulserit sub regmina
Flumen, meatus derelicto tramite,
Rastrum jubentis prosecutum prædicat,
Sueta parcens dissipare prædia.

Sed nec minore comitur Placentia
Nitore, comprimente turgidas Pado
Lymphas, Sabini mitigato litteris
Parente jusso præsulari flumine.

CAPUT XII.
De sancto Populonio (205).

Quam vixit celebris quondam Populonius hospes,
Quam præstans meritis præsul Cerbonius altis
Rex Gothus attentans, urso monstrante, tuetur,
Concelebratque virum tali doctore beatum,
Quem trux censuerat beluina fauce vorandum.
Flamine quem sancto funus viguisse resignat
Ante fugam partæ jussum revocarier urnæ :
Imbribus accinctum sicco sed tegmine latum,
Hostibus advectis, gerulis ad jussa revectis.
Nec minus effulsit Fulgentius Utriculensis,
Prodigio simili, sed adhuc mortalia gestans.

Insignis trepido instantis discrimine lethi,
Inque cicli spatio clausus, fervente calore
Sidereo, tectus sed nube repente corusca
Terribilique feris mitemque tuente clientem
Fulminibus, quæ vincla fugat pellitque coronam;
Depulsisque lupis aries stat vellere sicco,
Turbinibus dum cuncta madent, dum sæva fatiscit
Æthere victa acies, pastor quo regimine tutus
Hostes prosubigit, victorum robora vincit,
Culmina prosternit, frangit subicitque tyrannum
Mitificans acrem cœlo minitante leonem.

CAPUT XIII.
De sancto Herculano.

Cujus rugitus Herculanum murmure
Perusina cæsum contremiscit præsulem,
Mirata functi colla secta martyris
Solidata rursus ac coacta corpori,
Loris resecta refloruisse viscera,

Cutisque abacta reclivitæ grata tergora;
Simul soluto conditi cadavere
Pueri scatente vermium putredine;
Senis micare membra post quater dies
Decem reductos ceu die prima exitus.

CAPUT XIV.
De sancto Isaac monacho.

Spoletum e Syria qualis perducitur hospes
Almipotens Isaac reperit Gregoria virgo
Tutore hoc thalamis fugiens defensa petulcis,
Terrigena templo regi quæ jungitur æthræ.
Sentit et ædituus votis infensus opimis,
Improba mox palmæ cui flagra coercuit ultor
Hostis, agonistæ virtutis proditor altæ,
Illico pellendum, experto se milite, promens.
Certatim dum fertur honos, dum munera rura
Cuncta oblata fugit, vir paupertatis amicus,
Deserit urbicolas, legit abdita lustra ferarum.
Ilic quoque discipulis callem sectantibus arctum
Sumere depensos ad victum suasus agellos,
Vitat pauperiem : metuens ne perderet almam;
Cœlestem non esse fatens qui terrea quærit.

Quoque caduca magis renuit, mansura capessit.
Mira patrat divoque vigens spiramine claret.
Hæc olerum fures quondam fervore probantes,
Mutato rastris instant, qui furta petebant :
Parto se subigunt operi in contraria versi,
Vota sui obliti secretaque jussa secuti,
Crimina temnentes, pietatis munia dantes,
Quodque probro petiere proba mercede reportant,
Gaudentes operis inopino munere functi.
Sic etiam simulatis inopes aliena petentes
Propria contecti segmenta pudore capessunt.
Portitor infidus sic ora rubore salubri
Eripitur plexus, horrore a funere tutus.
Quas virtutis opes nonnunquam invicta tegebant
Gaudia, pugnacem stimulis servantia mentem

CAPUT XV.
De sanctis Florentio et Eutychio.

Queis viguit meritis frater Florentius ursi
Obsequium probat indomitæ et solatia belvæ,
Pastor inexpertus gregibus servire bidentum,
Parere addiscens monitis, jejunia ferre,
Præsentem servare cibum, cœnæ addere leges,
Livida luce manus signi servique peremptrix

Innocui, Domini vindicta secuta dolorem,
Vindictæ et gemitus, mulctæ data flumina fle..
Cernit et invisor levita servatus amator
Agmine viroso inveniens habitacula cingi
Hospitis impavidi cujus sub voce polorum
Culmina conclamant, roboans cui militat æther

(205) Sic cod., sed legendum de *Cerbonio Populonii episcopo et Fulgentio Utriculensi*.

Atque veneniferam, sternit perimitque coronam.
Cætera quærenti suffragia certa parantur
Plumigeræ subito series perlata cohortis
Funera dira levans et tristibus atria purgans
Eutychius, consors in calle superna petente.
Hujus, turmarum dux instructorque piarum,
Qua probitate regens animas ad celsa vocavit

A Panditur expleto claris certamine signis.
Ipsa etiam vestis divino munere testis
Accedit, meritis avertere vindicis iram
Sueta, calore hyperionio flagrantibus arvis,
Dum, prolata replens sitientia rura madore,
Nursica fecundis locupletat prædia nimbis.

CAPUT XVI.
De sancto Martino.

Marsica Martini juga promeruere triumphos
Sæpe videre geri, subici atri colla draconis
Pellere præstanti nitentis sede columnam
Cœlestis rutilo vitæ splendore nitentem.
Securi siquidem penetrans per crebro latebram,
Jungit se strato precibus, tendensque tremorem
Incutere oranti vinceda thema ministret (205*);
Nec valet intectam temnentis stringere carnem;
Titanisque ubi ter metas consumit inane,
Accensus Phlegetontæi fervore furoris
Evomit horrificas devexa per invia flammas,
Dans sese in præceps sparsis nemora ignibus urens:

Sic victi furiis victoris gloria claret.
Cui de rupe ferens prisco undam munere Christus
Quam charo famulum docet amplectatur amore
Idque repentina muliebria fata ruina.
Notificant læsisse Deum quæ læsit alumnum:
Nec minus et pueri proh mira relatio lapsi
B Per scabros tute scopulos, per prona ruentis
Rupis et avulsæ saltus super obvia tecta,
Speluncam patris impulsu ne læderet actæ;
Ipsa catena pedem, Benedicti ad jussa resolvens,
Sæpe fatiscenti tribuit quæ robora recti
Funiculoque dedit ferri traxisse vigorem.

CAPUT XVII.
De monacho nomine Quadragesimo.

Quis quanti meriti cui Quadragesimus hospes
Extiterit monachus, fugiens venerandus honores,

Pulvere vivifico surgens probat ora fricatus
Vix letho precibus raptus lucique reductus.

CAPUT XVIII.
De Benedicto monacho et Mena.

Campanus quoque quam nituit Benedictus ab igne
Criminis immunis, hostili panditur igne
Cætera vastantes flamma superante vapores;
Judicium accedit potius fervente furore
Invictæ probitatis opus fornace probante,
Quoque magis petitur furiarum ardente calore,
Hoc magis effulgens auri resplendet honore,
Non audente rogo vel summa fervere veste.
Quam coluit sancte Samnitia culmina Menas,

Defensæ profitentur apes, pressæque rapinæ,
Spretis supplicio verbis invasor adactus,
C Mansueto fera prona manus, trux subditus hostis,
Subjecti ferulæ fremebundi cædibus ursi
Cæsoris lenibus fugientes mella flagellis.
Incestis trepidus latitanti munere cædis,
Deprensus sceleris censuræ luce stuprator
Hocque redarguto servati crimine plures.

CAPUT XIX.
De quadraginta rusticis et eis qui caput capræ noluerunt adorare.

Ausonidum quo constiterint pia corda virorum
Robore ruricolæ testantur viscere tempto
Fortes, sacrilego quos quadraginta prehensos
Barbara nec manus ense minax nec funeris horror

Aut necis asperitas valuit divellere Christo.
Hic quoque qui cæsæ ridentes sacra capellæ
Dum capitis horrent orare insana caprini
D Splendorem regni capitum mercede pararunt.

CAPUT XX.
De sanctis Amantio et Floride.

Quam validæ senior virtutis Amantius actu
Simplicitate nitens effulserit ægra levando
Tactu membra manus et apostolico altus honore,
Quam, crucis ad signum, virosa extinguere fortis

Floridus, enarrat dapium decoramine pastus
Multiplici præsul crebro et saturamine plenus,
Gregoriusque pater, verique nitoris amator
Apposito probat insano salvoque recepto.

CAPUT XXI.
De Sanctulo.

Qua probitate vigens pietatis lumine clarus
Sanctulus enituit narrat vicinia testis

Ipse vel exactus votis extrema fatetur.
Namqui petens olei prælo renuente liquorem

(205*) Verba corrupta.

Atque importunus Bardis cingentibus instans
Quod rogat impertit, confert quod quærere visus,
Mitigat infensos placidus, lætusque furentes
Exhilarat lymphamque serens legit unguina læta;
Duraque qui paucis per se olim millia pavit
Multos pane cibans per servum recreat uno
Divina bonitate dato fessisque reperto
Ædicolis usti testis reparantibus aulam,
Quique die paucis posset satis esse vel una
In bis quinque esus numerosis sufficit unus,
Accrescens mensis cumulato fragmine panis.
Iste, Dei præstans celso sublimis amore,
Non dubitat propriam fratri dependere vitam
Subjectumque fugæ suffragia sumere cogens,

A Ipse occidendi properat vice tendere colla,
Subjectusque ensi ferientis continet ulnam,
Elatamque gelans emollit corda furentum,
Atque genu flexo dirorum pectora flectit,
Mitificat crudos, atroces subjugat hostes
Absolvensque reum, temerare hinc sancta vacantem,
Dimitti jubet innocuos, dat abire solutos;
Dumque neci unius se pro cervicibus offert
Jactura multos liber necis ipse resolvit.
Hoc lethale malum rapidi in sacra vasa furoris
Sanguinis hanc justi foveam sævamque charybdim
Martyr Pontifici fert Eutychus ante Redempto
Addiscitque Ferentinas ita fine propinquo
Humanam ferri sacrator ad ultima carnem.

CAPUT XXII.

De sanctis Specioso et Gregorio fratribus sanctoque Spe.

Quam sancte atque pie Benedicti dogmate patris
Lustrati fratres Speciosus menteque nexus
Gregorius gazas cœli in secreta tulere
Illius egressus, hujus speculatio monstrat.
Ut patiens Christi sub verbere longanimis Spes
Constiterit, cæcus facie sed corde renidens,
Exteriore carens haud interiore nitela,
Redditus expromit post longa volumina visus.
Annorum denis tandem quater orbibus actis.

B Notificatur huic, Domino relegente, laboris
Terminus, et claustris mandatur, lumine sumpto
Corporis, attiguis lumen respergere cordis,
Obsequio expleto remeans statione revisa,
Sacra petit mediusque accitis fratribus astans,
Cantica diva sonat cantusque exordia pangens,
Intentus precibus cum votis sidera scandit,
Atque columbino visus petere astra volatu
Proditur hac meta quam simplex acta palæstra.

CAPUT XXIII.

De quodam presbytero Nursiæ et Probo episcopo atque Stephano abbate.

Nursicus ille senex sociam qui limine pellit
Morte quoque adstrictus paleam velut igne pavescens
Accendi membris prohibet propiare solutis,
Quam bene, quam caste injunctum servavit ovile
Adventus Petri Paulique et gratia clamat
Lætitia repetita senis suprema trahentis,
Flamina, decessusque nigra formidine liber.
Sed neque pontificis florentis culmine vitæ,
Urbe Reatina Probi, etsi pondere pressum,
Languoris supero frustratur lumine funus,
Dum Juvenalis Eleutheriique nitore tremiscens
Non valet assessor visentum ferre decorem,
Queis comitatus adit gaudens cœlestia præsul,

Hanc secus internis rutilans virtutibus urbem
Contemptor Stephanus mundi quam robore firmo
Excellens animi patientis cœlica rexit
C Castra cluens finis clari depromit agonis,
Cernitur et gestis dictisque et amore nocentum
Messis ut incensæ tranquilla mente levamen
Amittens dolet, authori, sua damna refutans
Flagitiumque gemens cujus decoratur honore,
Exitus angelico quæ non præsentia visus
Mortalis perferre valet, nec cœlica suffert,
Dum pater emeritus comprendere scandit (206)
Præmia perpetuæ cœlorum in regna coronæ.

CAPUT XXIV.

De duobus monachis Valentionis abbatis et sancto Suranno atque diacono quodam.

Barbaricæ feritate manus de robore pensi
Quos alma imbuerat probitate Valentio fratres,
Dum functi alterno reboantes carmina psallunt,
Attonitis clara laniis quoque voce fatentur
Quam vere Domini vivant post funera servi.
Jons etiam absecto Surani vertice tonsus

D Pectoraque excipiens tremulo vibramine motus
Hoc loquitur sceleris horrens discrimina sævi,
Ac sufferre tremens pietatis pondera tantæ.
Ipse quoque id cæsor Marsi sub sacra ministri
Eventu pandit: merito cæoque cliente
Abscisso, Domini crudeli addicitur hosti.

CAPUT XXV.

De sanctis Mellito, Theophanio et Petro.

Quam simplex purusque piis Mellitus in actis
Splenduerit, visus atque aurea grammata signant;
Queis insignitum quo se solamine fretum

Humanis memorat jamjam se cedere lætum
Moxque secuturos venerando famine pangit.
Sicque Theophanius Centumcellensis habenas

(206) Claudicat versus.

Strenuus ut rexit, clemens et idoneus urbis,
Fine patet, cum discussa pia fata secutum
Tempestate liquet præmissa luce serenum;
Membrorum columen morbo sanieque fluentum
Tabentisque probat redolens fragrantia carnis.
Petrus morte capit monachus, ne morte secunda

A Perditus intereat, cui flammea visa gehenna
Igneque mergendus, cœli revocante colono,
Regreditur monitusque probis se ita supprimit actis
Tartara conspexisse nitens ut vita loquatur;
Quo tendat, quàm certa petat, quam nota tremiscat
Lingua simul testans et candida facta probantur.

CAPUT XXVI.
De sanctis Severo et Egistio cæterisque Ravennæ martyribus.

Christi Ravennam dedicatam legibus
Cephæ cliente jussa dante diximus.
Quo digna cœlis ferre certat pignora
Severus horum martyr atque pontifex.
Cruore lustrat hanc comesque Egistius
Victor solutor ac Valentinus simul,
Hic Ursicinum, dum palestræ pondere
Jamjam labante bella post acerrima
Palmæ sub umbra horrore lethi pendulum
Vitalis, almæ prolis almus editor,
Gervasium cum fratre qui genuit polo
Suasis beatæ roborat constantiæ
Medicum medela recreando perpete
Quem colla regni ferre firmat munere
Honore funus ac decorat extimo,
Ipse et salutis nactus haurit poculum,
Jesu patenter invocato nomine,

B

Tentusque equino lancinatur tormine,
Ducis resultans ferre contubernia
Fovea supinus hinc profunda mergitur
Saxisque pressus terra opertus abditur
Aulaque lucis Ursicino jungitur.
Conjunx relicta martyris Valeria
Regressa Mediolana dum solatia
Repetit, litantes rustico incurrit Deo
Silvano agentes stulta stultius sacra;
Demissa fixo queis veredo poscitur
Coinquinatis accubare ferculis;
Refutat illa, infanda vitans prandia,
Et Christianam voce fatur publica;
Correpta quare cæde multa tunditur,
Spiransque destinata vecta ad mœnia
Vix semiviva sedibus reducitur
Biduoque restans parta scandit culmina.

CAPUT XXVII.
De sancto Germano Antissiodorensi episcopo.

Germanus ipse præsul urbis gallicæ,
Doctor sophiæ fulgurans vibramine,
Post multa clari roboris magnalia,
Animæque raptos bis Britannos funere
Huc pacis actus obtinendæ gratia,
Exceptus aula gloriose fungitur,
Hicque, inter alta sanctitatis lumina

C

Deprompta letho, suscitat juvenculum
Volusiani nobilis clientulum,
Dominoque se visente, linquens terrea,
Superna scandit luce mactus culmina;
Queis clara splendet celsus inter sidera
Plebi fideli comitate regia.

CAPUT XXVIII.
De sanctis Theodosio, Donato, Secundiano et Romulo.

Sic illa quonoam marmoris rubri via
Rectoris alta præparatur gloria
Ductu viantis per pavenda cœlici
Pastoris ore fluctuantibus dati,
Arente dum tellure Theodosii
Pedibus paludem milites siccis terunt,
Nunquam datura quæ putata est semitam

D

Presso tyranno calle inæstimabili,
Ductor fidelis læta fert celeumata
Palmæ datori digna dans præconia,
Mittensque festa sæcularis gloriæ,
Grates jugi ferendo persistit die.
Donatus et Secundianus Romulus
Sociique agone luminant concordiam.

CAPUT XXIX.
De sanctis Hermagoro et Fortunato.

Marci discipulo radiata Aquileia nitescit,
Hermagoro tradente, bibens de flumine Petri,
Clara salutiferæ qui post miracula lucis,
Dogmatis instantem studio fervente laborem,

Eductam fidei populorum fomite messem,
Plurima pœnarum constanter tormina victa,
Cum Fortunato primo ad pia sacra ministro
Jacturam capitis cœli compensat honore.

CAPUT XXX.
De sanctis Cantio, Cantiano, Cantianilla et Probo.

Hanc carne fratres nobilesque sanguine
Aniciorum luce clari cœlite

Urbem venustant Cantianus, Cantius,
Sorore juncta Cantianilla ordine,

Istuc ab Urbe amore ducti gloriæ
Cum pædagogo quo nitebant præduce,
Doctore Probo [Proto] quo vigebant in fide,

A Gladio recisi colla scandunt sidera
Roseo decore luculenti et lacteo.

INCIPIT LIBER DECIMUS QUARTUS.

CAPUT PRIMUM.
De sancto Michaele archangelo.

Limite Garganum attollit Campania collem
Lumine quem supero crebroque nitore venustans
Et templi fabrica Michael archangelus ornat:
Incolere hoc se depromens splendore frequenti
Virtutum humani generis pro luce datarum;
Quod probat ille sequens taurum nemora alta co-
                                  [lentem
Armentis refugam, telo in contraria verso
Quod dederat fixus vi saucius agminis alti:
Idque probant cives facerent jejunia mandans
Auspiciisque docens divinum his quærere nutum,
Cui summus se notificans fert nuncius orsa:
Velle suo pandens rem gestam qui juga servet,
Qui colat electum reliquis præ montibus unum.
Assuescunt igitur votis accire ministrum
Luminis ætherei, templum penetrare nec ausi
Præ foribus devota gerunt ac laudibus instant;
Hostibus inde lacessiti suffragia poscunt
Præsidii angelici, Domino jejunia libant;
Nox interveniens dirimebat sola duellum.
Pontifici assistens dubiis archangelus ægro
Dum rebus retegit susceptam precamina cœlo,
Tempora præfigit bello seque affore spondens,
Lætificat papam promissæ munere palmæ.
Ilis freti jamjamque sinu quasi vota gerentes
Signis obvia signa ferunt, certamine fervent.
Cernere erat clivum magno vibrare tremore
Fulgura crebra volare, apicem caligine cingi
Et superos ignis flamma rutilare ministros.
Terrentur gentes, cœlestiaque arma paventes.
Diffugiunt passim telisque petuntur ab alto,
Neapolim lapsi subeunt trepidantiaque intrant
Mœnia, rem replicant, expertaque fulmina tractant,
Prostratos recitant, Christi præconia pangunt,
Numen magnificant, cervices subdere gaudent.
Hinc Sipontini grates et vota daturi,
Culmina celsa petunt inventaque mœnia templi
Lustrantes impressa vident vestigia saxis
Clarificant cœli procerem præsentia cujus
Hoc patet indicio, decorant testudine marmor

Nobilitant ara atque dato cognomine comunt,
Sacras adjiciunt ædes, penetralia diva
Attentare timent pede, limen inire verentur.
Scitari unde sacer summumque requirere papam
Deligit an sacris egeat locus ipse dicari.
Scita pater reddit mandataque digna rependit.
Sic sananda homini tam sacri mœnia templi
Tam celsi provisoris rogitanda voluntas,
Quaque die data præcipue victoria fulsit,
Hac instante preces humili pietate ferantur,
Jejuniis utrinque Deo perducere certum
Ad finem accepto ferat ut sua munera Christus.
Nox umbram terris revocarat sidera cœlis,
Cum veniens, summis dubios moniturus ab astris,
Militiæ princeps superæ quæsita revelat
Orsa sacerdoti jamdudum jussa petenti:
« Non opus est vestrum nostra, inquit, templa di-
                                  [care;
Editor ipse quidem dignoscar et ipse dicator.
Vos, tantum ingressi, populis astantibus, apta
Sacris vota frequentate et depromite laudes,
Muneribusque datis populus communicet aris,
Pandeturque locum memet sacrasse paratum.
Responsis alacres properant nova gaudia cives
Edere, basilicam subeunt, divina frequentant
Munia, miranturque domum virtute micantem
Angelica, rubroque altar velamine comptum
Non opus humanum textumve manumve notante,
Corda replent plebis pia gaudia, deditur almus
Ordo ministrorum laudes et carmina diva
Continuare die, noctu nam nemo nec ausus
Invigilare nec intro adytis vestigia ferre.
Stilla fluit saxo quo tegmine protegit ædem,
Lucida quæ vitreæ guttatim illabitur urnæ,
Dulcis et ad morbos potu medicabilis hausta,
Quam, post sacra Dei, soliti gustare fideles,
Depellitque febres ægrisque medetur anhelis;
Præstanturque piis hic plurima dona salutis
Angelicis data subsidiis bonitate Tonantis.

CAPUT II.
De sancto Aristone, Justo et sociis eorum.

Multis venuste martyres Campaniam
Comunt triumphis fulgurantes inclytis
Ex queis Ariston Justus atque complices
Crescentianus cumque Felicissimo
Urbanus ac Vitalis et Felix simul

Cum Martiana ac Symphorosa prænitent
Cruore tincta, vernat hac Antonius
In frusta fractus hisque flumen consecrans
Quo diluuntur, quod sepulchri dat vicem

CAPUT III.

De sanctis Prisco, Antonino, Aristeo atque Paulino.

Attollit Capuam tradens nova dogmata Priscus
Antiquæ rutilans Christi pietatis alumnus,
Cum quo Antonino, puerilia membra sacrante.
Martyrii palma colit hanc antistes Aristeus.
Felicis calamo decorat Paulinus agones,
Quos raptim tetigisse juvat Nolensis hic almus.
Presbyter astrictus Dravique obtutibus actus
Fictorum nihil esse docet portenta deorum ;
Impulsus quoque sacrilegis libare figuris :
« Hostes estis, ait, vestrorum hoc munere divum
Queis me producto eveniet quod contigit illis
Felicem fratrem quibus exhibuisse doletis ;
At Domini indagare mei si numina cordi est,
Juppiter o [ut] princeps ruat, ad Capitolia ducar, »
Auribus oppressis judex hunc robore mandat
Obtundi, celsumque dari aptarique catastæ ;
Truditur hinc cœcis barathri siccisque tenebris
Nexibus astrictus, sternuntur acumina tergo
Aspera testarum recubantis vellere somnum,
Ac fractæ lectum cocleæ mucronibus armant.
Visitur his superis divoque nitore levatur,
Nocteque sub media scissa trabe dissilit orbis
Crura duplex tensi qui presserat axe soluto,
Adque sacerdotem ruptis mandatur ahenis,
Pontificemque suum egrediens perquirere liber,
Inventumque urbi laribusque educere caute
Et tectum refovere, domi dum turbo residat.
Qui senior nec ferre valens tormenta, ferarum
Lustra fovebat, agens vitam suprema trahentem,
Frigore confectum, famis et discrimina passum.
Inveniens Felix post crebra volumina saltus
Jam rigidum immotum gelidumque jacere cadaver,
Æstuat unde patrem relevet, flantem ultima curet,
Et, proh mira fides ! pendere in sentibus uvam
Ecce videt stupidus quæ grana jacentis in ore
Pressa senis recreant animum attolluntque refotum
Insolito dulcem fert aspera sylva saporem
Lætitiamque meri tribuerunt cuspide dumi.
Aggreditur Felix ulnis humerisque reportat
Iure parem tugurii et vidualis culmine condit,
Occultumque fovet, cautusque alimenta ministrat.
Captus item martyr Circeio deditur exul
Saxa secare apici ; damnatis vivere consors.

A Mulctatus mulctata piat, puisusque reducit
Ad portum maris insani dispendia passos
Naufragioque rapit Probum prolem atque maritam
Dæmonica sobolem lymphanti peste jugalem,
Et simul ereptos Christo cum pluribus offert.
Regressus laribus dum tractat digna decenter,
Anguis item petitur rabido livore furentis.
Obscuratur atrox, prædo cæcatur iniquus
Scrutator rogitat, caligine pressus, apertum,
Quærit et alloquitur, videt ac sibi prodier orat,
Præsentemque tuens absenti mente requirit,
Palpat ut in tenebris puro fervore diei.
Demente eluso, latebræ petit intima Felix
Nec mora regreditur, vultus sub corde volutans
Captator stolidus ; sed jussa obturat arachne

B Introitum talis perniciter acre ductis,
Tutaturque pium, ludit velamine sævum,
Prædonemque levi ac dirimit discrimine prædam.
Frustrato cedente lupo, petit agnus ovile,
Fomentis altricis ovis sine more potitus :
Cujus subsidiis alitur minime ora tuetur ;
Lac puerile capit servatque virile libramen,
Sic ternos agitans cursus lunæque labores,
Pontificem post larvicolam dat credere Christum,
Eruit et templum divino numine versum,
Qui responsa dabat, fugiens ubi cedit Apollo.
Actibus his clarus, virtutis honore decorus,
Dum petitur cuncta præsul fervente caterva,
Pontificali alium renuens legit arce levandum.

C Pacifice inde meat duodena volumina Phœbi
Hinc hominem magnis locuples virtutibus, exit,
Se velut oratu sternens altaribus almis,
Post celebrata die Christi mysteria sacro
Pace data cunctis subiens cœlestia Felix,
Post crucis exactos multo sub agone triumphos
Felicis palmæ titulis feliciter usus.
Presbytero datur Helpidio curante sepulchro
Pincensique solo renitet virtutis opimo.
Hoc quoque pontificem felicem luce potitum
Mirorum a puero culmenque decenter adeptum,
Martyrii sociis ter deno stemmate nexis,
Presbyter Helpidius Nolensi collocat aula.

D

CAPUT IV.

De sancta Juliana.

Irradiat Cumas fortis Juliana virago,
Quæ, post obtritum bellis caput hostis iniqui,
Membra beata tulit variis exercita pugnis,
Quam pater auspicio luctæ cruciatibus egit,
Verberibus tritam zelo laceravit amaro.
Præfecti sponsique dein tormenta fatigans,
Sulcatur virgis, quatitur suspensa capillis,
Vertice de summo plumbo perfusa liquato ;
Carceris huic antro cæcoque recepta barathro.

Invenit hic cunctis truciorem horroribus hostem,
Interna oppositis externaque bella moventem,
Internisque sciens invictam prodit aperte
Terrificos vultus miserique notamina cultus.
Stat tamen intrepide, manet imperterrita virgo,
Nec concussa tremit, nec desolata pavescit,
Confligensque palam palmæ splendore nitescit.
Certantem quam bella stupens Nicomedia vidit,
Regna triumphantem gaudens Campania sumpsit,

CAPUT V.

De Spoletana sancti Pauli ecclesia.

Spoletum rutilo Patrum splendore decoram
Prætulimus claramque piis celsamque palæstris,
Hanc etiam Pauli pollens Ecclesia lustrat
Et palma fidei, caligine luminat hostis,
Clausa lupi furiis, agni sed aperta triumphis,

A Obcæcata minis ast illustrata trophæis.
Frangere clausam adiens prohibetur inire patentem,
Quam dum lumen adit, tumidum caligo subegit,
Fureque cæcato, fidei fulgore flagrante
Ecclesia invasu reprimuntur luminis hostes.

CAPUT VI.

De sancto Eleutherio martyre.

Patris Eleutherii probitas hic clara coruscat,
Ad vitam lacrymas cujus revocasse cadaver
Testibus asseclis Gregorius asserit almus;
Nec silet obtenti per eum sibi dona vigoris,
Firmati columen stomachi jejunia rite
Ferre datum, positi vel vincere ponderis æquum.
At dum magna patrat premitur tamen ipse libratu,
Divinæ moderante manus qui, sede receptum
Applicitumque, nigro puerum spurcamine purgat,
Quem trucibus solvunt pia contubernia vinclis,
Insuetoque ferunt noctes ductare quietas,
Tripudians donis pater atque improvida jactans
Gaudia supprimitur, puero ad juga prisca relapso;
Quem lacrymæ demum et redimunt jejunia fratrum
Perfecteque manet degens in cætera liber.
Germanum hic fratrem clarum probitate Joannem
Extulerat præscita piæ cui gloria metæ;

Qui signansque diem gaudensque ad præmia fertur
Mystica poscit ovans carmen prolibat et hymnos,
Ferre monens fratres, ciet ad regna alta sodalem :
« Urse, veni clamans ! » socii nec mente capessunt
Dicta, nec advertunt quod fassus quem vocitarit,
Dum post scire datur semotum tramite longo
Decessisse patrem rebus cognominis hujus,
Momento hoc fultum venerandis actibus ipso
B Suprema stat Eleutherii quo voce citatum,
Virgineam pater hic mentem dum dotibus ornat,
Christo defunctam, mundumque, patremque ne-
[gantem
Aurea dona lutum sponsi splendore putantem,
Quam sic digna capit, regi quam grata super
Ruricola accepto increpituque latrone fugato,
Haud aliquid juris res in candoris habente
Vel temerare valente datum nisi virgine portum.

CAPUT VII.

De sancto Joanne confessore.

Joannes Syriam virtutis culmine linquens
Ausoniamque petens, Penarensem illuminat urbem.
Perquirensque locum tutæ et stationis agellum,
Psalterio lato sed mox ad vota relato,
Deligit hic sumpto collata habitacula signo;
Certior angelico quin famine protinus audit.
Hunc sibi rite locum Domino præstante parandum,
Degendi portum cursusque viæque levamen.
Canebat glacialis hyems, nemus omne rigebat
Duratum nudumque coma scriptumque pruina,
Illeque sub vidui residebat tegmine ligni;
Venatu fessi post longa volumina saltus,
Erroris dum nota petunt solamina longi,

Roboreos sine more vident frondere lacertos,
Vestirique dato non in sua tempora cultu.
C Scitatus quis et unde domum quo jure moretur
Se Christi modo servitio venisse fatetur,
Hoc se jure locis, hoc sidere ruribus illis.
Visa ferunt populis, turmatim densa feruntur
Agmina, stipantes coeunt hæc visere turmæ;
Castra locantur humo solo gaudentia cœlo,
Præficitur certaturis certaminis auspex;
Aggregat atque regit Domino moderante catervas;
Sic quater undenos pollens virtutibus annos
Hinc sumptus requie renitet splendoris honore.

CAPUT VIII.

De sancto Cassiano martyre.

Syllæ forum qua Cassianus gloria
Illustrat, edit, concrepante carmine
Clemens palæstram disserens Aurelius,
Pictoris arte se docente et hospite.
Altor scolari hic præstitutus agmini,
Spernensque sacris supplicare formulis,
Inpube vulgus erudire ut panditur,
Ludum jubetur morte ephebis præbeat
Quos supprimendo seriis offenderat,

D Datusque sævis dissipandus parvulis,
Sumit severa mille vinctus vulnera.
Crescente pœna dum fatiscit carnifex,
Pueris magistri per cutem ludentibus,
Quas ipse durus doctor ediderat notis,
Tandem moras luctantis olim spiri us
Miserans latebris mandat absolvi Deus
A tam cruento lancinatorum grege
Ad angelorum blanda tollens culmina.

CAPUT IX.
De sanctis Siro et Hiventio martyribus.

Martyris aula Siri Genuensi splendet in urbe
Sordida rejiciens, veneranda et casta receptans,
Spurcari fœdis renuens, quod funere tetro
Mediolanensis claret duraque repulsa
Defensoris ab Ecclesia diro agmine tracti
Spirituum hunc pedibus nexis pellente nigrorum
Horrifico violenta probri clamore querentem ;
Ædicolæ quo permoti trucibusque refracti
Vultibus utrem scrutantur post facta pavenda,

A Ejectum inveniunt tumulo temploque cadaver,
Pontifices Ticinum Sirus atque Hiventius ornant,
Ermagoro legante, dati dare dogmata Christi
Partibus his evangelico Marcique ministro;
Hanc quoque primi urbem diva pietate sacrantes
Signis irradiant virtutum, munere ditant ;
Lumina sparguntur late, Veronaque, Brixa
Laudaque lustrantur sacroque nitore coluntur.

CAPUT X.
De sanctis Martino et Augustino episcopis

Nutrit hæc (208*) Gallis Martinum lucis alumnum,
Æthereæ, decus Ecclesiæ Christique coronæ,
Inclyta qui fulget cœlesti gemma nitore.
Huc Augustini eximii doctoris et almi
Catholicæ fidei quadrato luminis orbi,
Eloquio Christi purgantis fluminis urbem,
Sumpta Leutbrandi studio pia membra feruntur,
Queis clausus tumidos vanosque triumphat honores.
Erutus Ambrosio tenebris dare munera lucis
Nec silet ore manuque piis res spemque relinquens :
Mundanas cœli sequitur per culmina regem,
Nudus nuda crucis sectans et terrea temnens,

B Actibus egregiis instans, sacra jura volutans,
Nocte dieque Dei præcepta et famina pangens,
Præsentes sermone monens, calamoque remotos;
Presbyter eductus legit sibi celsa petentes,
Pauperibus Christi conjunctus amicis;
Præcessore sacris prælectus episcopus aris,
Mente pia semen docto serit ore supernum
Fortis et incolumis fere quadraginta per annos,
Inprætermisse cœlestia jura perorans
Suprema dum regna petit, quæsita senecta
Astra alacris scandens, sectantibus astra relin-
[quens.

CAPUT XI.
De ecclesia sancti Zenonis Veronensi.

Martyris Ecclesiam Verona Zenonis urbe
Gregorio, diva irradiant miracula, teste,
Undarum turgore furens quam lustrat Athesis,
Vallatam, cumulati inita nec lege fluoris
Insolito se more tenens, et aperta renutans,

C Obice lymphanti claudens, nec fluctibus intrans,
Ostia declinans fluxuque patentia vitans,
Hauriri sese præbens penetrare nec audens,
Stat prodesse, fugit, fluctu parcente, nocere.

CAPUT XII.
De sancta Christina.

Italicam Christina Tyrum Vulsinaque comens
Littora multiplici decoravit agone triumphum
Quæ tenera gliscens ætate virilia tractat,
Aggrediensque deos robusta puella paternos
Vertit, comminuit, spargit, largitur egenis,
Confortata Deo divoque virilis amore.
Quam pater affligens alapis dat verbere carpi,
Disceptamque flagris dat ferro in carcere necti.
Affectus patrios rabiemque experta parentis,
Dum sævo longoque fluunt laceramine carnes,
Has illa in patris ora serens sata viscera reddit
Carnifici, mentem supero librat alta satori.
Annexa inde rotæ tormenta flagrantia volvunt
Ignibus applicitam pinguique liquore madentem;
At Christo fugiens attingere membra dicata
Erumpensque globis oleo furit excita turbis
Flamma, truces spectatores sævasque catervas
Involvens, fervore necans, plexuque perurens.
Carceris hinc thalamo duroque recepta cubili

Cœlestis fruitur pastus splendore, medela
Sanatur, medicante Deo, divo utitur actu.
Incolumis Christique reperta extollere laudes,
Pressa gravi vastis onerosi pondere saxi,
Gurgitibus sinibusque lacus immergitur imis
Angelico sed præsidio superoque vigore
Eruta crudelis vincit molimina patris.
Post alius fortem subit expugnare puellam,
Tartarei ductor belli diræque palæstræ,
Suppliciisque petens decus insuperabile multis,
Phœbum orare jubet, cujus simulacra favillam
Illa repente facit precibus dum sidera transit.
Quæ mirata trophæa Deum mox millia Christum
Subdita collaudant figmentaque vana relinquunt.
D Successore patris prostrato, bella tyrannus
Tertius aggreditur flammasque extinguere flammis
Nititur accedens Vulcani horrore caminos :
Clauditur invicta ardenti fornace virago,
Sicque cinis penitus fieri data quinque diebus,

(208*) Papia.

Ignibus immunis scelerum necat atra vaporum
Edomitisque focis perstat Christi hostia victrix.
Quod nequeunt clibani dantur supplere chelydri;
Marcescunt tamen aetherei virtute triumphi,
A Verborum gladius plectrumque abscinditur oris,
Interior sed plena serit praeconia lingua;
Impetitur saevis totiens decorata sagittis,
Bellatrix pulsa et jaculis mens emicat astris.

CAPUT XIII.
De sancto Ambrosio.

Comitur Ambrosii meritis urbs Mediolana,
Quam gestis atque ore colit virtutibus ornat,
Quae monitis Augustini, Pauline, resignas.
Hunc pater infantem coelesti examine cunis
Invasum miratur apum mox astra petentum
Praesagitque virum coelestia mella daturum.
At puer, ostentans sacro se more colendum,
Porgebat ludo venerari virgine dextram
Vaticinansque datum memorabat se ordine vatum.
Eductus ferulis rutilansque nitore sophiae
Auribus accitur procerum consulta notatum.
Ipse quoque ascitus princeps legumque magister,
Tutatur patriam, populos regit, ordinat urbes.
Hac ope Mediolana patens fastigia partes
Nititur exsectae Christi core (sic) vestis
Quo templum studio ingreditur scissasque phalanges
Pacificare parat, dum vota in plura feruntur;
Infantis vox Ambrosium dat honore sacrandum
Conversi qua dividui in diversaque rapti
Conveniunt in pacta viri, mens omnibus una
Inditur, Ambrosium sacro sibi jure dicandum
Conclamant utrinque simul concorditer omnes.
Ille fugam meditans saevum instaurare tribunal
Praecipit, applicitisque reis tormenta volutat;
Nec removere valet coeptisve abducere plebem
Clamantem ; « Super addantur tua crimina no-
                                        [bis ! »
Pondus inire legens sophiae revocatur, inepta
Sacrando sibi scorta adhibet nec vota reflectit
Cernentum ferrique sibi haec peccata rogantum.
Nisibus his cassis fugiendi tempora captat
Egressusque urbem sub vasta silentia noctis,
Et Ticinum se ferre putans recto agmine gressum,
Mane repertus adest portae urbis Mediolanae ;
Acta stupens aries Domini attollendus ovili
Inventus capitur, tentus servatur, adactus
Alligitur, gaudet raptari ad sacra Toparcham
Caesar et in comitem praedicta implerier orsa
Queis praesul veluti jussus dare jura mearat.
Effugit hinc iterum secreta habitacula quaerens,
Alta subire pavens, agnus censore minaci
Proditur exactus, purisque ablutus in undis,
Sincerae fidei candentia vellera subdit,
Singula militiae tractans quoque munia divae,
Omnibus ad summum laetantibus exit honorem,
Antistesque datus sancte sacrosancta ministrat,
Actibus effulgens Domini splendore coruscis.
Approbat id tacta gaudens paralytica veste
Et proprio rediens alieno vincta ducatu;
Atque indigna petit claram connixa lucernam
Vellere candelabro, lethum sibi stulta virago
Tracta veste rapit, temerariaque arma retundit;
Repperit hic etiam Eliae spiramine fervens
Hiezabel rabidos nigro livore furores
Qua fraudes hostí coluber molitur aperto
Exquirens odia, exilium parat, incitat auro
B Culminibusque animos pactis in tela furoris.
Nec Jesus tamen athletam sua castra regentem
Deserit, adjutor validus sibi corda ferentum
Pellit ab insidiis hostem servatque clientem.
Latro quod expertus laqueique parator operti
Vicinum qui se Ecclesiae fert tollere raptum
Ut queat ejusdem facilis crimine culmen (207).
Cujus in adversum tentamina ducta tenorem
Quo putat abripere abripitur gestamine vectus,
Quoque die patrem ratus extorrem esse ferendum,
Exul abit, versa in proprio sibi vertice fraude.
Scit Domini monitis tamen hostem praesul amare
Proscriptumque levans opibus solatia confert,
Et licet ipse aequo plexum se judice clamet.
Non tamen atra manus pavet addere fraudibus arma
C Pugnaces dum saeva viros dat femina valvas
Obstruere Ecclesiae sacramque repellere plebem.
At Dominus praestare solens ex hoste tropaea
Effera belligerum demutat corda virorum
Servare inventos, admittere limine fidos.
Idque parum, nisi cum populo vota omni profundant
Atque Deum simul attollat cum plebe satelles,
Pascantur pariter leo, bos, lupus, agnus et haedus.
Nec silet antistes tantos ingratus honores,
Comere gratificis insignia laudibus edens,
Et Christum modulis resonare celeumata tradens
Hymnidicis reboare choris ex quo alma suetus
D Occiduus pangit sine limite carmina limes.

CAPUT XIV.
De sanctis Gervasio atque Protasio.

Addit clarificare Deus se clarificantem
Cui celata diu pretiosa talenta revelat,
Dum se illi testes Domini Gervasius atque
Huic individue frater Protasius haerens,
Adversorum ad probra, notant, ad vatis honorem,
Luce coruscantes supera signisque micantes.
Christi laude datis famulorum lumine promptis
Pontifici precibus, posito somnoque gravato
Visi adstare palam juvenes candore nitentes
Atque polo manibus pansis ut vota ferentes.

(207) Verba *facilis crimine culmen* alia manus scripsit, sed sine sensu.

Sollicitus sacer ac nutans ubi visa recedunt
Vera petit repeti, si vana, facessere ventis.
Augetur parco devotio, visa recurrunt,
Jam quoque marcentis vocem dum tertia galli
Nox redhibet, redeunt visi ac produntur ephœbi
Insomni ac stupido vacuoque ut corpore fesso
Tertius hos ductat Paulum quem schema figurat
Quique notans socios pandit sua jussa secutos
Sæcli adversatos pompis, vestigiaque alti
Sectatos Domini, culmen sprevisse caducum,
Binaque conclusos quondam sic lustra dicasse
Servitioque Dei divæque vacasse sophiæ
Martyrio digno donec vernare probati,
Corpora quo fundit vota invenienda locello
Arcam exultandam templumque celebre parandum ;
Nomina scitatus capit inventum ire libellum
Nomina quo meritumque legat sumptasque coronas.
Ille ciens fratres telluris, in ordine primus,
Terga aperit fodiendo; diu secreta patescunt
Munera nec corrupta situ nec tabo soluta
Utque diu posita hac fragranti nectare sparsa;
Expectata patet pandens promissa libellus :
Abdidit ut nato comitante hæc rapta Philippus,
Edidit ut geminos Vitale Valeria patre,

A Nomina mox actusque notat, patrimonia cuncta.
Pensa foro, indiguis famulisque ferenda solutis,
Sicque decem precibus lectuque vacare sub annis,
Ut datur ad palmam quonam certamine scandant,
Sacricolis ut delati, responsa negarint,
Digna deis tenti ut fanis sacra ferre monentur :
Vana prior figmenta docens, per flabra jubetur
Plumbi exire hominem ; suadetur ac alter ad atra,
Is quoque suadentem miserum trepidumque resi-
                                  [gnans,
Fustibus atteritur, majorque ad bella levatur,
Compatiens hosti doctus paradigmate Christi,
Sicque datus gladiis cum fratre asciscitur astris.
Quorum ubi de trita tolluntur pignora tumba
Condita lecticis insignia plura salutis
B Præstita defessis, titulo panduntur honoris
Martyribus lati, pietate et præsulis almi
Martyrum (sic) attrectat fidei velamina nisu,
Luce reformatur cæcus radiante Severus ;
Curantur nigro obsessi spiramine plures,
Gratanter que revertentes vi luminis augent,
Ecclesiæ minuunt pravi fomenta furoris,
Incipiuntque feræ sensim rarescere turbæ,
Inque sacerdotem Christi excita tela relidi.

CAPUT XV.
De virtutibus sancti Ambrosii.

Sævam intra quamvis aulam nigra murmura mus-
                                  [sent,
Confusi recidunt tamen insultare parantes.
Recticolis Zabulo dum quidam arreptus eorum
Invitus dat vera licet, laude erigit hostem,
Conturbat socios, pietatem nescius effert,
Di a truces adstunt comites, perimuntque sodalem,
Invisum veris cumulant sibi probra decorem,
Digno pontifici Christo decus omne ferenti,
Hæc sibi qui præstat cœlestia munera servo,
Qui supero adstantem munit dum famine plebem,
Cominus æthereus visus consistere civis,
Auri qui inferret populo quæ jura serenda.
Æmulus hæc cernit fervens infestus et acer
Invictusque suis pellaci creditus ore,
Omnia qui tetræ spernens molimina fraudis,
Quod ferus umbrabat cœpit depromere lumen.
Contigit hoc vigili servanti oracula mente:
Ast alias timide pactas prohibentibus aures
Regalis thalami tutoribus oria vere (207*)
Quæsita assensis fugientibus ore parato
Pontificis mox sed lapsis capuloque relatis,
Præsule tractante, haud audire valentibus illis,
Organa qui fidei fastu tempsere superbo.
Ipse sacerdotis Christus protector et ultor,
Ipse tuens famulum cuncto servabat ab astu.
Nec silet hæc hostis vilent cui verbera carnis
Incenso igne stygis vindictæ tormine vatis,
Angelico sese tutore terente beati,

C Quid Zoroastreo succensus corda furoris
Sit suasus justo insidias fervore ferocis
Tendere sceptrigeræ doctori, avertere castra
Ecclesiæ, quo sacrificus fastigia nisus
Scanderat obscura tacitæ caligine noctis
Culminibusque litans lites excire pararat,
Versis ac votis, odio pro cæde petito,
Sanctus amor Patri natorum in corde flagravit.
Prodidit atque truces se delegasse ministros
Almifici invisam pravis extinguere vitam,
Nec saltem valuisse domus accedere septis,
Undique munitæ invicti fervoribus ignis,
Defenso justo, sævum inflammantibus hostem ;
His stratas cessisse nigras congressibus artes.
D Insurgunt manifesta caduntque relisa duella.
Nam quodam datus insontem jugulare satelles,
Castificum stricto penetrans mucrone cubile,
Dum sacrum librat in jugulum defigere ferrum,
Attonitis arens nervis junctura rigescit
Nec valet elatam moderari motibus ulnam,
Dum tandem fassus crimen dominæque furorem,
Quem dare adit morti redhibetur patre saluti.
Nec pavidus reges trepidusve orator adire
Hic pater extimuit, cæso quod rege tyrannus
Infremit admonitus sacrisque remotus ab aris,
Innocuum dum pœniteat fudisse cruorem.
At quia contemnit consulta salubria vatis,
Non modo sidereos, imos quin ponit honores,
Et qui pontificem præcepta benigna ferentem.

(207*) Cf. Vitam Sancti Ambrosii a Paulino ejus notario, § 18. Intelligitur sermo, exceptis hisce verbis corruptis; *oria vere*, quæ, si omnino necessaria, sic forte restituenda sunt : *obvia veri*.

Spernit, femineo fractus terrore fatiscit.
Ast aliter Theodosius correptus et orsis
Increpitus duris audiri præsule dictis
Ac Domino indignus jussusque audire monentem
Decretum revocare datasque revellere leges,
Dum daret in Christi sævis pia castra triumphos,
Accipiens placide monitus austeraque jussa
Non nisi sub fidei titulo parere suasis
Obtinet annutans sacris accedere vatem.
Sic quondam super admissis errore piaclis,
Injuste innocuo multorum sanguine fuso,
Amotus templis divisque repulsus ab aris,
Præsule cœlestem solum spectante decorem,
Haud horret suplici vilem pietate repelsam
Nec gaudet venia luctus nisi jure soluto,
Lege etiam scripta sacro latore probata
Quæ valeat subitum scitis placare furorem
Subdenti monitis sceptra imperialia sacris.
Altera substrato victoria ducitur hoste :
Præ reliquis rex Ambrosium colit omnibus unum,
Præ cunctis in jura probat quem diva severum,
Utque pium digne perculsum verbere mulctæ
Conciliat Domino, sic sacrilego hostis habetur.
Nec metuit vitans pravo ferre ora tyranno,
Arguit ac facinus austeræ syrmate schedæ,
Omnia cernentem proponens crimina damnat,
Immunemque trucis reddit se proditionis,
Munera rejiciens, etiam in prece pace negata
Impugnatori pacis hostique quietis.
Exciti his proceres infidi sæva frementes
Jumentis requiem Ecclesiam stratum ire minantur
Post sibi promissam stygio contamine palmam.
At Dominus justus sortes discriminat æqua
Lance datas, sceleris patitur nec sceptra valere
Sorte super justa ne dextra feratur iniquis,
Justitiæ dignoque piis dat honore triumphos.
Rex ita devotus pedibus provolvitur almi
Tutoris famulique fidelis ad omnia Christi,
Calcandum sibi sceptrilegum qui straverat hostem,
Hujus se meritis protectans et prece tutum ;
Moxque rei veniam facili datione capessunt :
Quæ regi una pium ductabat gratia patrem.
Qui quanta bonitate vigens quam corde benigno
Astiterit miseris testantur sæpe soluta
Vincula nexorum : studiis legatio fervens,
Callis et ipse labor longi, proceresque petiti,
Excitæ mœrore feræ patris improba flentis
Gaudia lætantum rapti discrimine sontis,
Ultio prosiliens, Stiliconis cessio supplex,
Redditus exilio supremæ obnoxius iræ,
Quo per eum plures missi quoque judice gaudent.
Felle cor impliciti hæc etiam prætoria duri
Judicis obstructo portarum limine fantur.
Lata in eum quoque mœrentis oracula vatis,
Spe cassata hominum quam fastibus ille locarat,
Dum nequit Ecclesiam fugiens penetrare patentem.
Hic pater eximius pietatis culmine celsus
Quam fuerit virtute potens mira acta fatentur,
Spirituumque frequens depulsio clara nigrorum

A Pansophius puer ipse legit post rupta cruenti
Retia prædonis lethi de fauce revulsus.
Hujus ab hoste pia ut potuit præsentia ferri
Monstratur Probi puero diro hospite capto,
Pontifici misso, nilque ejus in urbe gravato,
Mœniaque egresso truce possessore recepto,
Juratus dum se Ambrosium timuisse revelat
Raptor et hinc urbem secus expectasse veredum.
Quid patet iste queat Nicentius ordine clarus
Salvifico sentit capiens angore medelam,
Calcatusque pedem salvatum se fore gaudens
Attactu calcis donoque sequente salutis.
Quam celer oris honor, quam famina plena vigore!
Miratum famulo Stiliconis flamine rapto
Crudeli arbitrii necdum sermone peracto.
B Hujus falsiloquis plures discrimina schedis
Constiterit passos nec vinclis digna secutos;
Nec non ille monens facili qui splene cachinnum
Alterius lapsu proprium observare monetur
Et lapsus non vana sua probat orsa ruina.
Successor decedentis quoque Simplicianus
Vim verbi tenui persentit voce relatus,
Idque procul positos stupor occupat ore serentes;
Barbara virtutem quoque præsulis ora loquuntur,
Francorumque ducis sumptus fuso hoste triumphus
Hujus amicitiis partum quem fama fatetur,
Currentem imperio valeat qui figere solent.
Quam viguit doctus, quam celso flamine plenus
Semina densa notant terras animantia cœlo,
C Regna replens rumor, compertaque fama,
Persarumque duces sophico fulgore cluentes
Multo calle fatigati fervore videndi
Eoo notum splendoribus urbe disertum,
Quorum quæsitis divina luce vibrandis
Cardine cum noctis lux est absumpta diei.
Symmachus ille etiam cujus labor omnis in ore,
Qui reges superasse putans splendore leporis,
Sacrilegos ritus repetebat et impia liba
Accipit ut cultum pietatis honore volumen,
Lumine cœlesti divoque sapore refertum,
Haud dictis posthac qui reddere præsulis audet.
Marcomannorum probat hoc regina relictis
Errorum tenebris tantum rumore beati,
Percepto quærens supero quæ lumine spargi
D Legatis sale se petit hoc condirier almo,
Accipiensque cati catechismum luce libelli
Stat pacem suadere curans persuasa jugandam
Romulidisque ferum subigit cum gente tyrannum.
Quo splendore Dei radians quo flamine polleus
Hæc serat, annixus tabulis, Pauline beate,
Felici stupidus meruisti cernere visu,
Atque coronari justum rutilante benignæ
Obnubique voluntatis, pro tegmine scuti,
Introgredique vides proba divum habitacula flamen,
Jura Dei rimans vates dum cœlica tractat.
Qui quanto fervore Deo, quam fixus adhæsit
Pastoralis amor vigilans et cura resignat,
Pastio tuta gregum, rabies exacta luporum,
Paupertasque libens, Christoque impensa facultas,

Amplaque pauperibus patrimonia lata beatis,
Prædia quæ juri Ecclesiæ possessa dicantur,
Strenuitasque interventus, opis arduus actos,
Cunctæ sollicitudo Dei stans sedula plebis,
Frugalis pietas, jejunia ferme per omnes
Continuata dies, precibus vigilantia castis
Et sanctum testatur opus, manuum labor aptus,
Dictati scriptique libri, verbi æquor arati,
Indiguis captisque manus data munera largæ
Et sine fine manens fraterni cultus amoris :
Servitium in sacris solerti jure solutum

A Vix quino satagente dein pastore gerendum.
Pensus et exactus prodit pia pectora luctus
Ac flentis bonitas aliena piacla jacentum
Editaque aspecto suspiria tristia probro
Urbibus orbatis lacrymæ quam sæpe litatæ
Atque Deum semper sitientis corde profusæ !
Non se morte quati cujus bonitate fatetur
Servum se ardentem, quanto Deus ambiat igne,
Lumine quo lustret mirorum culmine claret,
Id quoque sanctorum multo celata sub ævo
Pignora huic digno digne patefacta resignant.

CAPUT XVI.
De sanctis Nazario et Celso Vitali et Agricola.

Quorum Nazarium Celsumque nitore levatos
Præ tulimus divo mentem irradiante beati;
Quos vice thesauri jussi servare coloni
Commisso minime audebant discedere ab horto,
Dum gazas sacer ignotas custodibus aufferi
Utque loco bis apto merito splendore locatis
Gratificos coetus divino lumine repplet,
Civibus Ecclesiæ superæ applaudentibus urbis,
Ingemit hostis atrox torqueri se patre questus
Ambrosio, vocem strepitus qui ponere jussus.
Ponit et inflari Ambrosium nescire capessit :
Haud illum ipse, fides quin torqueat alta sacrorum
Ignis et invidiæ doleat quod scandere coelum

B Terrigenas unde ipse ruens volvatur in ima.
Vitali sed et Agricolæ dat templa beatus
Florentinæ urbi, quos larga Bononia mittit :
Qui fortes post plura trucis cruciamina flagri,
Eximium fixi cruce nanciscuntur honorem.
Pignora judaicas inter permixta latebras
Nonnullos ignota jacent mortalibus annos;
Donec pontifici diva se luce notantes,
Hoc patre lætantur digno retinere decore
Secernique nigris auri ceu fulgor arenis.
Lætitia populi cruciatibus agminis atri
Hos simul ara capit sanctorum lumina pandens
Divinæ circa famulum bonitatis amorem.

CAPUT XVII.
De transitu sancti Ambrosii.

Qua spem fundarat fungi ne morte paveret
Testatur felix obitus finisque beatus
Militiæ palma dignæ claræque palæstræ,
Numine præscitus supero sociisque relatus.
Ille etiam risus divo radiatus ab ore
Arridere sibi Dominum quo cernit Iesum,
Laudensi cum præsule ei dum vota profundit,
Auditasque preces jam gratia blanda revelat.
Queis animum semper fixus nec morte recedit,
Dum crucis in speciem distentus brachia coelis
Felicem votis animam comitantibus infert.
Vercellensis adest præsul coeleste vocamen
Excitus capiens somnis, ubi mox abiturum
Atque recessurum monitis prodentibus audit,
Lucis honoratus divæ mysteria tradens;
Quæ ut capit Ambrosius summam libaminis alti,
Lætus init vitaque cibatus in æthera surgit.
Transitus hic celebri Paschæ splendore nitescit,
Israel tenebras exit qua nocte Canopi,
Coelicolæ civem paradisi regna colonum
Festive excipiunt, agnis in flumine lotis
Fontis aquæ vivæ, patet almi gloria vatis,
Aspiciuntque subire thronum digitoque loquuntur
Illustri residere patrem fulgore nitentem.
Stella micans aliis funus lustrare patescit.
Ambrosiana quod ut terræ capit aula serendum,
Nigra caterva gemens causam cruciaminis edit.

C Splendorem Ambrosii coeunt servire benigni,
Millia natorum superna ad munia currunt,
Fervida stipantur diversi examina juris
Tangere gestamen, saltem appropiare laborant.
Nec charos latet absentes, nec linquit amantes,
Eois transmissa viris quod scheda profatur;
Visus ut assistens quæ fert orantibus almis,
Imponensque manus pariterque precamina fundens;
Zenobio Florentinisque levamina portans,
Sæpe rogatus adest, urbem discrimine solvit,
Defessos recreans, spe deinde salute reformans.
Mascezeli desperanti feritate pericli
Impetrat precibus, signansque ænigmate palmam,
Ter notat appulso tempusque locumque bacillo.
Gazarumque loco quærenti lumina cæco

D Claro albatorum comitatus honore virorum,
Apparens, sociis occurrere Mediolanam
Præcipit, ut valeat luce exsultare petita;
Paret ovans palpo quæ non inviserat ante
Moenia calle petit recto, dictaque salutans,
Obvius ipse die patronos urbem ineuntes
Hanc Sisinnium, Alexandrum quoque, Martyrium-
                                        [que,
Mox promissa capit loculo sibi munera facto.
Urbe Trientina quos præsul Anaunia rura
Lumine, sancte, jubes verbi lustrare virili ;
Quæ sacro dum rore rigant, indigna resultans,

Hostica turba furit flammans livore duelluni,
Quæstibus atra ciet, nigra numina luctibus ornat,
Comprensosque pios spurcis maculare laborat,
Atque reluctantes flagris fere ad extima cædit.
Nox superest tantum, terras caligine pressas
Qua retegente color rebus dum sole refertur,
Oblatas claro lucrantur agone coronas.
Cappadocum de gente senex Sisinnius horum
Primus lionore nitente, tuba caput ictus ahena
Confossus hominem quoque membra securibus exit,
Limine ab Ecclesiæ cœlorum culmina scandens.
Martyrius grates, tentus nec mobilis, effert
Salvifico Domino, sudibusque foratus acutis,
Verticis e plagis perstat saturare bipennes,
Dumque cruore madens ag tur libare profanis,
Calle volans alio subit astra actore solutus.
Insultant cæsis bacchantes, pendula collo
Martyris ora ligant tinnitu et voce crepantes
Prostratos ultor Christus quo vindicet, addunt;
Inter Alexander functos advertitur halans
Aspera quæque subit tractus dum dira calentis
Ventum ad busta rogi condunt quo corpora crudi,
Spirantem ergo jubent libare vel igne flagrare.
Ille minas calcans rapit alto fine coronam,
Excita nec se abdit vindicta, nec incita dignam
Mox adhibet mulctam; cœlum tamen abripit umbra
Proxima terrenis, terras velamine cæcans,
Cæcatosque umbrans populos, micat ignibus aer :
Fulmina crebra volant, lethum mortalibus æthra
Intentat trepidis; mendaces vera profari
Coguntur, fleri hæc sanctorum luce fatentes,
Ili socii Ambrosii, capiunt his lumina cæci,
Cæcantur sævi, rutilant splendore benigni,

A Ambrosii meritis applaudunt agmina cœli,
Congaudent justi, livore teruntur iniqui;
Ore venenato famam qui carpere vatis
Tentarant, subito carpuntur vindice rapti
Inque oculis quorum nexas avellere mentes
Patris amore petunt, mulcta velluntur abacti.
Ast ille et meritis meritorum et lumine cretus
Effloret genitis, quorum Paulinus, honore,
Culminis egregii sapidique nitore leporis,
Ausoniam decorat trans et mare lumina portat.
Ecclesiæ decus illustre, Augustinus, et orbis
Totius instructor fraudisque hostilis abactor,
Lumine qui cunctum replet almo - et semine mun-
            [dum ;
Martinus specimen Gallorum ductor et alter
B Candentum pius agnorum, columenque sacrorum
Gemmaque pontificum, pollens tutela piorum,
Cujus ad exsequias divina potentia patrem
Transfert Ambrosium sed nec statione remotum.
Hesperiis astat Gallis, et funera curat;
Mediolani aris præsit Turonique sepulcris,
Urnæ munus agit nec diva litamina linquit,
Corpore adest populo, spiramine servit amico.
Et quis cuncta patris narrare insignia tanti
Prævaleat, quorum qui scit, sapit omnia, summam ?
Nam licet addantur dictis quamplura, residet
Maxima gestorum sed pars intacta sacrorum.
Utpote qui studio, doctrina et culmine vitæ
Italiam eripiens tenebris ad dogmata vertit,
Catholicæ fidei cuncto dans lumina mundo;
C Nos quoque perpetui rapiens a turbine lethi
Perferat auxiliis æterna ad gaudia lucis!

Quæ sequuntur capp. 19 et 20 edidit Mabillonius, Act. SS. ord. S. Bened., tom. II, pag. 20 et seqq.

CAPUT XVIII.

De sancto Columbano.

Diversæ Hesperia patriæ radiante nitescunt,
Diversis simul hostibus illustratur et ipsa;
  Ambrosio insignem vates petit inclytus urbem [343]
Gente Columbanus Scotorum et sanguine cretus.
Qui plus a puero vixit mirabilis ævo,
Christi castra [344] locans, multoque hæc milite re-
                [plens;
Propositi metas hujus virtutis odorem
Nare sequens avida, paulo excessisse videbor.
Finis at hunc Italis quoniam impertivit agonis [345],
Ausoniis tandem placuit junxisse tropæis.
  Quem genitrix dum utero gestat procedere solem
Aspiciens gremiis, lumen prænoscere prolis
Illustrata datur sparsuræ lumine terras.
Artibus imbutus claris, documenta palæstræ

Aggreditur superæ, virtutibus optime fultus
Gallica rura petit, divina his semina portans,
Ore manuque vocans cœlorum ad culmina cunctos.
Celsa petens gradibus, eremi secreta requirit,
Atque columbinis scandens subit ardua pennis.
Nec divæ [346] frustratur opis solamine servus,
Crastina præceptis innixus commoda temnens,
Quærentis Deus ægroto solatia fratri
Allevat angorem, legans optata vehentem
Defessis alimenta virum, nec missus inanis
D Aut mercede carens iteris (208) solator abire.
Ægri subventor medicamina conjugis orat,
Subsidiumque refert, quæsitaque dona reportat
Et patris ad votum reperit viguisse jugalem.
Inde Carantocus secretis visibus abbas

GLOSSÆ MARGINALES MABILLONII.

[343] *Id est* Mediolanum. [344] monasteria. [345] vitæ [346] divinæ.

NOTÆ.

(208) *Iter, iteris*, sicut *itiner, itineris*, non raro habent veteres. Lege adnotata ad Vitam S. Cuthberti metrice a Beda descriptam ad ann. 687.

Admonitus sancto suffragia ferre laboris,
Accito famulo, cœlestia jussa retexit,
Expleat imperitans. Properat Marculfus, onustis
Lata ³⁴⁵ᵃ ministrat equis, sed quo se tramite ducat
Inscius ignoransque petendus ubi incola degat.
Atque ita nutanti quid agat dum corde volutat,
Consilium menti ingeritur, jumenta viandi
Destinet officio, præeant quo quæ acta sequatur.
Vis recto divina regens animalia calle,
Ducit in optati Patris ora sequente magistro.
Sicque Dei famulum ductantibus ille veredis
Inveniens præsentat opus : gratesque Tonanti
Laudis utrinque datæ : ditat benedictio vatis,
Ac revocat ³⁴⁶ gerulum præconia digna serentem.
Invisunt refugam mundi jam deinde frequentes,
Atque colunt plebes, pietatis honore petentes
Ditari, verbo refici, precibusque levari.
Ille favet votis; morbisque medetur anhelis;
Mirificat pellitque feras, procul effugat hostes
Septus, et intactus perstat feritate lupina,
Miti pace truces ausus rabiemque serenans.
Ursum quo pepulit, scopuli legit atra minacis,
Incolit hæc solus, puero visente ministro.
Agreste hunc sustentat olus, fert pocula lympha,
Quam procul inde petens, longum puer ipse laborem
Ut queritur, saxi scrutari terga jubetur.
Dum Patris precibus cœli secreta petuntur,
Factum, et cum votis latices funduntur opimi,
Fons rupe exoritur montis hinc perpete lapsu,
Jam devexa rigans, et commoda munera præbens.
Castra replere Dei properantibus undique turmis,
Agmina metator cogens, loca providet apta,
Distribuit cœtus, certans præmonstrat agonem,
Munia disponens, leges dat, juraque tractat,
Quæ descripta docent qualis radiaverit auctor.
Ipse eremum peragrans gemino comitatus alumno,
Indiguusque cibi, socios jubet ire petitum,
Signatoque loco victum deferre repertum.
Deproperant, loca dicta ineunt, fluviala cernunt
Munera, non proprio terris adstrata elemento.
Sumunt tres de quinque esoces ³⁴⁶ᵃ, ad prandia tollunt.
Increpantur ut ingrati, qui prona refutent
Dona Patris, missi redeunt, contempta reportant.
Mandat item quondam capturæ instare sodalem ³⁴⁷
Atque locum signat, laxata ubi retia pandat.
Illi visum alias, nec cærula ³⁴⁸ jussa lacessit,
Nec prædæ concessa petens, miratur adactos
Instantesque haud posse capi sinuamine ³⁴⁹ pisces.
Impactos spectat maculis, nullum eximit undis ;
Consumptaque die casso sudore laboris
Regreditur fructu vacuus contemptor alumnus.
Arguitur spretis vano conamine jussis,
Et vada jam tandem decreta subire jubetur.
Paret abinde cliens et lina capacia solvens

A Vix revocare valet capturæ pondere farta ³⁵⁰
Sicque hilaris Patrem reperit; data dona rependit.
Ursi spelæo quondam ipse remotior hærens,
Languorum secreta teri per famina fratres
Addiscit stimulis, solum superesse ministros
Ægrotis servire datos. Horum ipse misertus
Peste repellenda petit hac Lussovia castra.
Attritis jubet exsurgant, famulatibus instent,
Inmineant ³⁵¹ messi fervente labore terendæ.
Surgunt præcepto soliti gaudere paterno,
Accedunt monitis, trituræ insistere certant:
Virtuti suplici fugiens vis morbiba cedit,
Roboreque implentur pulso marcore medullæ.
Adgaudens Pater obsequiis, recreare laborem
Mirantum jam posse suum decernit, ovanter.
B Instaurat mensas, dapibusque venustat opimis,
Gaudia concelebrat nullo residente dolore,
Ni solum infidis sectari jussa moratis,
Quorum desidia arguitur, pigredo notatur,
Atque animæ languor carnis languore piatur :
Ac pestis mora præcinitur ³⁵², longumque rotata
Volvitur anxietas, annus dum limina claudit.
Siccatis quondam stipulis sub tempore messis
Insurgant, inhibentque legi ³⁵³ dona annua nimbi,
Insistunt pluviæ, spes ipsa ablata metendi
Mentibus attonitis, iterum ne germina culmis
Insurgunt setis famis in discrimina granis.
Ille sub hæc Domino committere vota benigno,
Spemque librans Christo, sociis jubet arma ³⁵⁴ ca-
[pessant,
C Messem ineant, curvis invadant falcibus arva.
Mirari comites, nemo audet promere contra,
Quin faveant jussis, ruraliaque arma ferentes
Appellunt segeti : custodes ille per oras
Distribuit ruri, quos vita excelsior ornat
Quattuor excipiens Coniminum, Eunocum, Econa-
[mum
Sanguine Scottorum, Gurganum gente Britannum.
His ita dispositis operi cum fratribus abbas
Insistit : pro mira fides ! toto æthere rores
Funduntur circa, sicco cadit hæc seges agro,
Tostaque ³⁵⁵ mirando sic cuncta reconditur æstu.
Primates steriles virtutem pauperis hujus
Sentiscunt, adeunt, quæsitaque gaudia prolis
D Accipiunt, celebri lætantur honore parentum.
Wandalenus ovans Donato nomine et actu
Pignore florescit, sacer at Pater expiat undis,
Enutritque datum cœlesti lacte clientem
Quem post pontificis Vesontio culmine tollit,
Quique Monasterium normaque et honore patro-
[ni ³⁵⁶
Constituens Christo, certantia castra coaptat.
Fenora natorum genitor pro pignore lato ³⁵⁷
Tutoris recipit meritis, ipsique parentes

GLOSSÆ MARGINALES MABILLONII.

³⁴⁵ᵃ allata. ³⁴⁶ reducit ad sua. ³⁴⁶ᵃ Salmones. ³⁴⁷ Gallum. ³⁴⁸ id est, amnem. ³⁴⁹ retium sinibus.
³⁵⁰ referta. ³⁵¹ insistant. ³⁵² prædicitur. ³⁵³ colligi. ³⁵⁴ falces. ³⁵⁵ sicca. ³⁵⁶ Columbani. ³⁵⁷ collato.

Se obstringunt Domino : mater turmam aggregat
  [almam
Castarum gaudens comitum se his esse sodalem.
Sufficitur Patri Cramelenus, et ipse beati
Abbatis splendore datus devotus amori,
Instituit cœtum Patris hujus regmine cultum.

Inclytus iste Pater probitatis munere pollens
Quam locuples operum vixit, quam lucis abundans,
Afflictis impensa docent solamina crebra.
Theudegisolus hoc digito sibi falce reciso
Comperit [358], excipiens subitam medicante salutem
Ore Patris, fusa plagæ per aperta saliva :
Fortior et cœptum repetens sine labe laborem,
Membro crediderat quod se amisisse recepto.
Nec minus egregiæ perfunctus honore medelæ
Pernicem conquirit opem cladisque levamen
Otia sectatus senior Winocus agreste,
Dum miratur opus Patrum Terrena gerentum,
Militiæque viros superæ sudare labore
Adstupet agricolæ; cuneo saliente petitus,
Frontis aperta gemit, fusoque cruore madescit.
At miserans Pater angorem, celeransque juvamen,
Inque cubans votis, properat purgare salivis,
Oreque conspersum reddit post sputa piatum.
Dumque fovens facili sævum linit unguine vulnus,
Curat, vixque cicatricum vestigia servat,
Salvificum digno hic sectatus tramite Patrem.

Frumenti dolet ærumna fraccescere [359] fratres,
Sollicitum fidis comitem Pater erigit orsis :
Non linqui justum, subolem nec quærere panem.
Dictis vota fidem faciunt, vacua horrea solo
Largitore Deo facili virtute replentur.
Nox subiit totum, vector nisi nemo repertus
Conditor immensus, large dans omnibus unus,
Sic quondam glebas rastro sarientibus adstans,
Sexaginta jubet geminorum ni mera panum
Cum potus quod parvum aderat solamine ferri.
Mirantur crevisse dapes vescentibus illis
Ruricolæ, duplumque stupet legisse [360] minister
Convivis saturis, escarum et fenora potus.

Nec solum proprios clemens ita servat alumnos :
Quin succurrit et externis, et vincula solvit
Ætheria, tactu famuli contrita fatiscunt.
Ad jussum æra Patris, velluntur [361] crimina fantes
Se purgaturos lacrymis jam sponte litandis.
Nexibus eductis [362] lavat, ac vestigia tergit,
Et lotis agit ecclesiam, sed limine clauso
Non patet introitus trepidis, jamjamque propinquo
Agmine custodum repetentum ad tormina raptos [363].
Vincula qui jussis, precibus quoque limina pandit,
Claustraque cum votis reserat nutantibus ægris,
Ac simul ingressis solitis struit ostia septis.
Clavier [364] hæc hostesque suo munita vigore
Cernentes, metuunt divino numine tutos
Appetere, humanis aut subdere legibus actos.

Adversis etiam ille bonus, sævisque benignus
Excipitur, percussoris tormenta revincti
Nexibus internis ferro torpente relapso
Dejecti dextra, ante pedes miseratus, ademptum
Dæmonico redhibet virtuti animusque furori.
Obvia bis sævi quondam atro flamine pleni
Ora tulere viri, prece mox quos ille redemit.
Vexati rabida veniunt ita quinque phrenesi,
Ilico quis præbet pulsa quoque peste salutem
Sic Patri juvenem viginti millibus actum
Currere pernici volucris virtute chelydri [365]
Restituit precibus fixum votisque receptum.
Mater item eum prole ruit hac labe referta,
Nec mora, purgatas pariter Pater iste remittit.
Sicque Parisiacæ bacchans in limine portæ,
Hucque venire querens, mœstis sibi vocibus ho-
  [stem [366].
Atque Dei famulum vulgato nomine prodens:
Fortibus imperiis diris dum viribus obstat,
Ore manum capit innocuo, linguaque repressa
Almifici digitis, jussus fœtore sequente
Sulphuris Ætnæi affectum lacerumque relinquit.
Tempore jam multo Phœbei muneris expers
Hospite clarifico rutilantia dona resumit.
Frustratusque diu revocato lumine gaudet,
Ipse peregrinus peregrinum ut lumine captat.

Hic vir præpollens Christique Columba renidens,
Lumine quam clarus superoque nitore coruscus
Fulserit, innumeris radiantia culmina donis
Virtutum retegunt, volucresque feræque loquuntur
Saltibus [367] accitæ, nisuque adulante receptæ.
An non hæc [368] furto corvus clamasse relato,
Imperiique tremens visus terrere potentis,
Pergere ni jussus post reddita damna, nec ausus?
Ursus an insolito reboat non ista pavore
Jam prælibata verbo depulsus ab esca,
Tergora cervinæ servans illæsa rapinæ,
Et famulans sanctis sanctorum ad commoda jussis?
Nec solus notat hæc testis [369], diversa feruntur
Huc attracta olidis [370] animantia, nare sagaci
Nutibus atque repulsa Patris; dum pelle revulsa
Pabula nudatum sinitur præstare cadaver.
Sed nec dissimili regitur moderamine, pomis
Qui per discipulum cessis insistere parens
Parcere scit vetitis, cessatque inhiare rapinis.
Vivere decretis [371], escisque absistere partis [372].

Quam virtute patens verbi quam culmine præstans
Hic Pater enituit, et jussa et facta resignant.
Id quoque castorum retegit famulatus alumnum
Et quondam liquor emissus famulante cliente,
Nec tamen effusus pervadens claustra coronæ
Spargit humum, quin insueto petit agmine [373] cœlum.
Tollitur in vacuum duplicatque cacumine trul-
  [lum [374],
Jussa Patris decorans, famulique patrata venustans.

GLOSSÆ MARGINALES MABILLONII.

[358] expertus est. [359] animo frangi. [360] collegisse. [361] eripiuntur. [362] f. eductos. [363] ereptos. [364] f. Clavigeri. [365] serpentis seu dæmonis. [366] Columbanum. [367] e saltibus seu silvis. [368] miracula. [369] Ursus. [370] id est, olentibus carnibus. [371] permissis. [372] præsentibus. [373] impetu. [374] vas vinarium.

Sic farris modius superest quique usibus unus,
Dum simul indiguo fertur mandante Patrono;
Divite rebus Aera (209) monitis parente supernis,
Tertia jejunis redit exspectantibus ut lux;
Quadringentenos potusque cibique rependit.
Spem præterque fidem vacuis fulcimine cuncto :
Gratiaque augetur cumulat dum Doda trecentos.
   Quondam inopi victus cœlis alimenta feruntur :
Destinat æthra cibos orantibus alite multo;
Plumigeram seriem non diffugiente volucre
Absque labore ferunt, epulis dant fervere mensas
Ditibus, atque palatinas dulcedine visis
Exsuperare dapes, triduoque hoc dapsile terris
Manna manet, frugum accedit dum copia quarto
Lata die, supero spiramine, Præsule (210) jusso
Vicinas habitante plagas dare fercula sancto.
Sic et amicorum sociis solamine cassis
Ipse animo fidens fidum perquirit amicum.[375]
Ecclesiamque petens aperiri munere dextram
Exposcit Domini : nec amicus vota moratus,
Pontificem mittit repletum ardore ferendi.
Quæ libeant vati, gratis data sumere poscit.
Ille bono grates Domino fert pectore prono,
Accitisque suis devote oblata capessit.
   Inde fluenta legens Rheni, loca barbara visit,
Sarmatica Sævos[376] adiens regione suetos.
Progrediens quoque sacrificos offendit, inanes,
Luminis æterni lyphantia[377] liba parentes.
Dolium erat magnum sacris gremiique capacis,
Turbida cervisiæ retinens libamina tetræ :
Quod Domini miles leni sufflamine solvens
Dissipat, erumpit pariterque fragorque liquorque :
Ut videas Sanctum fugere horrida flamina[378] flatum.
Barbaries pavefacta stupet, falsisque recedens
Pars non parva Dei recipit juga suavia veri,
Inque fide infirmi firmantur robore facti.
   Cogitat interea Sclavorum visere fines,
Luce pia lustrare animas ab origine cœcas.
Angelus at visis astans, depingit in orbis
Schemate desertum tenui sub imagine mundum,
Ut dextram lævamve petat, fructusque labore
Quæsitos ineat. Sancto hæc spiramine plenus
Viridimens,[379] nec adesse videns quo vincula gentis
Solvantur Domino tempus laqueata, quiescit.
   Cœlicolis equidem qualis quantusque probetur,
Æquivoci[380] casso pandit conamine custos.
Militiæ optanti metam palmamque laboris,
Quæsitam oranti fulva se luce revelans ;
Corpore non, inquit; modo te producere possum,
Patre Columbano poscente, et flente repulsus.

A Ocius ille jubet mœrens properare ministrum,
Flagitet accitum raptim decurrere Patrem
Visere marcentem. Sacra flens æde repertus
Poscitur, accedit, causamque et vota requirit.
Ingrate[381] precibus queritur sese ille teneri,
Ductori obstari lacrymis, retinacula solvat.
Jamque aditum cœli sitienti regna recludat.
Ille metu attonitus, fratres ciet ære petitos,
Atque recedenti quæsita viatica præbet,
Gæsula fert, funus cognati[382] complet amici.
   Ipsi jam reges hujus sua subdere colla
Non renuunt monitis, hinc lividus hostis adactus
Invidiæ stimulis molimina nota revisit,
Pectora sceptriferæ[383] supplens regumque parentis
Et quia vir Domini regis[384] benedicere cretam
B Crimine contemnit sobolem, regalia sceptra
Haud susceptura memorans ; regina furore
Hunc agitat diro, prohibens pia munera ferri,
Hospitiove capi socios, vel dote juvari
Arguere infessos monitor, vel frangere motus
Regis it irati, nec linquit dura magistri,
Nec probat hospitium, recipit nec munera regum,
Improba dona abicit, nutu data vascula rumpit
Intuitus virtute, dapes et pocula fundit.
Auditis stupidus tremebundo horrore tyrannus
Supplex adproperat, veniam sibi criminis orat,
Emendare admissa vovet, compescere spondet
Sollicitus labem, placatque hoc fœdere Patrem.
Ast ubi castra[385] Pater repetit, mox pacta soluta
C Flagitium cumulant, consueta piacla retractat.
Almisator contra verborum verbera legat,
Grammata[386] plena minis, acrique notamine mittit,
Quis mulier veteris repleta furore veneni
Ad furibunda palatinos ipsumque nepotem
Instimulat regem, pellat quo castra colentem,
Publica compellens ad jura vacare calentem.
Impulsus stimulis leges temerare toparchia
Attentat : contra invictus pius incola perstat.
Vaticinans omni procerem cum stirpe libandum[387]
Territus hoc celer egreditur rex famine sacris
Quæ violatum ierat, non se, sectante[388] coronam
Martyrii testans hujus contingere votis.
Quin eat, offendit quæ ritu examina linquat,
Ad natale solum, venit quo calle, recedat.
D Ille negat Christi sua ponte relinquere castra.
   Rex abiens sævum quem novit ad ista ministrum
Deputat, hocque Patrem pulsum Vesontio captat,
Hæc quoque mira gerens verbo vincimina[389] solvit,
Ecclesiæ reserat valvas prece, munit apertas;
Liberat exemptos, vertitque regitque redemptos.

GLOSSÆ MARGINALES MABILLONII.

[375] Christum. [376] l. Suevos. [377] f. lymphatica. [378] dæmones. [379] discutiens. [380] Columbani alterius. [381] invito. [382] popularis. [383] Brunechildis. [384] Theoderici. [385] monasterium. [386] litteras. [387] rescindum. [388] persequente. [389] reorum.

NOTÆ.

(209) In ms. codice legitur Aëra. Nomen est proprium, uti et Doda infra, quæ nomina in Jona desiderantur.

(210) Episcopo scilicet Maguntino, nomine Leonisio. Hoc factum ac sequens per anticipationem referuntur.

Vim superam cives ipsi renitere tuentes,
Ejus ab aporia [390] sese compescere censent.
Ille videns se nullo angi custode, reverti
Ad data castra petit, mediique in sole diei
Regreditur, mediam populo spectante per urbem.
  Nec mora concutiunt proceres hæc nuntia diros,
Instigantque initum passim cumulare furorem.
Legatur furiata cohors comitante tribuno
Vellere ductorem, exsiliique reducere mulctam.
Accedens truculenta manus cæcatur in uno [391],
Cætera conspiciens, præsentem quærit et ambit.
Impingunt in eum pedibus, velamine vestem
Contingunt, se cernentem neque cernere possunt.
Sidit [392] ovans inter trepidi anxia flabra tumultus
Sed datur hoc spectare duci, qui forte renutans
Venerat ac nolens, solus tesidere legentem
In medio videt errantum, sed tegmine [393] lætum.
Quos revocans repedare jubet, regique referre
Frustra agitare virum divo tutamine tectum.
Infremit hæc capiens, auctoque furore tyrannus
Accumulat facinus..., ad pessima legans
Crudelis famulos peragenda negotia jussos.
Psallentem cœtu inveniunt stipante canoro,
Exeat insinuant, venit quo tramite pergat.
Renuit ille greges carosque relinquere natos.
Lictores utrimque timor conturbat et horror,
Hinc regis furor, hinc tanti reverentia Patris.
Compatiens pius indultor discrimine septis,
Egreditur, lamentantes comitantur alumni,
Avulsi quidam luctu potiore tenentur,
Hos solatori Domino tamen ille tuendos
Allegans, laudare monet sine fine Tonantem,
Altorem huncque patrem valeant ut habere foven-
                                           [tem.
Ducitur exsilio, ferroque petitus inani
Vi tegitur supera, captum tortoribus [394] hostem
Eripit, hinc priscæ redhibens pluresque saluti.
Affatus quoque ductorem, quem spernat haberet
Ocius ut dominatorem, tempusque resignat,
Lothario careat dominis sub principe curis.
  Tandem actus Ligeris fluctus jam lintre subire
Oceanique petiturus pervertere campos,
Dum lento [395] scapham subeunt molimine fratres,
Egregium sancti comitem cognomine Luam
Custodum remo quidam audacissimus haurit [396].
Increpat atrocem ductor [397] pro crimine dignam,
Præcinit et Christo luiturum vindice multam.
Famina tala sequens certi probat ultio vatis :
Moxque revisentem portum vorat unda protervum.
Ac pius arradens fluvialia terga carina,
Sicubi metatur, pronis fert lumina cæcis,

A Horrida spirituum depellit monstra nigrorum.
  Puppe secans undas, Turoni delabitur oris,
Visere sacra volens Martini avertitur aula,
Cum mœrore gemens votis portum obtinet imis :
Remis acta avidis moderans se scapha resistit,
Arma gubernantum spreto rectore triumphans,
Littora sponte petens fert invito arva magistro.
Ductori supero grates pius advena pangens
Templa optata subit, sanctis noctem excubat aris,
Seque suosque Deo Martini munere legans,
Papa (211) Leupario convivia inire rogatus.
Obsequitur sociis curans relevare dolorem,
Prandendumque inter replicans oracula firmat;
Pulsorem fuerat quæ jam jaculatus in hostem
Ante triennales memorans Hyperionis [398] orbes
B Cum natis pariter ruiturum Theodericum.
Hinc navem repetens fratres angore teneri
Invenit, addiscens furtum caligine [399] passos.
Nec mora, Martini jacturam quæstus ad urnam
Regreditur, non se hic vigilasse fatetur
Ille suos sineret tolerare ut damna sodales.
Concutitur mox latro gravi quatiente flagello,
Exclamatque palam qua tecta nomismata celet.
Cernentes socii currunt, sublata rependunt,
Flagitio parci poscunt, horrore tremiscunt.
Remque Patris vere ut sacram tractare pavescunt.
Omnia pauperibus largito ac ferre parato
Indiguoque dapis, cœlestia dona feruntur,
Gratificusque capit, pestesque et livida [400] pellit.
  Æquoreas tandem Ligeri delatus in oras,
C Ad patriam revehi, Oceanumque subire jubetur,
Scottica navis adest quæ res comitesque capessit
Licta Patris refugæ nativa revisere rura,
Remigiis igitur zephyrisque faventibus acta
Findit terga maris, fluctusque admittitur altos
Cum subito mare nolle viri sentiscit, et imo
Exsiliens pelago sævis conatibus obstat,
Fluctibus atque ratim propellens reddit arenis.
Cœrula subducens retegit, siccatque carinam,
Collectumque sibi finibus requiescit adactis.
Sistere sic triduo cogens sine gurgite cumbam
Nauclero cernente Dei quo numina casu
Res Patris exhausta, sociosque a puppe remittit.
Æquora mox adsunt, properantique resumere lin-
                                           [trem,
D
Optatisque vehunt per plana liquentia flabris,
Laudantes placitum cuncti præferre Tonantis,
Mirari factum, vatem quo vellet abire
Mittere sponte suum, famulatu opibusque levare.
  Missus Lotharii devotam competit aulam,
Quem rex munus ovans ac si cœleste receptat.

GLOSSÆ MARGINALES MABILLONII.

[390] injuria. [391] Columbano. [392] residet. [393] vultu. [394] a dæmonibus. [395] utcote inviti. [396] percutit. [397] Columbanus. [398] solis. [399] nocte. [400] dæmones.

NOTÆ.

(211) Ergo adhuc sæculo x episcopi dicebantur papæ : item summi pontifices saltem ii qui metropolitæ erant, uti ex Odone Glannifosiensi abbate in Hist. Transs. S. Mauri abb. constat.

Flagitat ut maneant degendi habitacula præstat.
Regibus ille cavens lites augere, recusat,
Increpat errorem, regit apte regmine regem.
 Interea bellum gemino meditante tyranno
Poscitur alterutro, neutro parere jubetur
Rex patris imperio,[401] sceptra utriusque canuntur [402]
Hujus regminibus terna intra tempora subdi.
Obsequitur princeps monitis, fidoque fidelis
Exspectat promissa animo, spes figitur æthræ,
Et patiens servat donec data culmina sumat.
 Applicitis vatis sociis, solatia cœpti
Fert itineris [403] gelidas superare volentibus Alpes.
Quaque venit Pater egregius, virtute coruscat,
Horrida deturbat, sacrata mitia firmat.
Meldensi comitem se Chagnericus ab urbe
Ultro offert, ejusque dicat benedictio natam
Cum laribus Burgundo-Faram Christo indole jun-
  [ctam.
Quam pater infido tentans abscindere nisu,
Lumine percussam febribusque extrema trahentem
Ingemit, Eustasioque petit Patris hujus alumno
Hospite suscepto sanari peste remota.
Ite rogans iterat [404] votum, fert inde medelam,
Quo pergente, necem legit [405] hæc quam frangere
  [pactum.
Dum promissa ferat, sacra dum velamina captet,
Candida castra [406] locat sponso quis militet Agno,
Agmina siderei coeant quo florida regni.
 Matronam ipse means excepit [407] honore Co-
  [lumba,
Autharii colitur devoti munere amici.
Cujus et hic subolem gemino splendore micantem
Matre ferente sacrans, fidei benedicit honore.
Regibus accepti, regali munere clari
Hinc adspirantes superis Christoque flagrantes,
Vitantèsque voluptatum discrimina, cœlum
Mente petunt, cœlestiaque agmina cogunt.
Castra beata locant, juranis saltibus arunt [408],
Alter Resbacis Briegensis margine rivi.
 Sic quoscumque Patris locuples benedictio munit,
Obtinus [409] attollit cœlorum in culmina finis.
Consiliis quicumque hujus parere faventes
Non renuere regi, gaudent sibi prospera ferri.
At consulta animi qui posthabuere paterni,
Expertes voti vacuo flevere dolore :
Ut rex ille repulsoris frater [410] Patris almi,
Servitiis subici Christi qui sponte salubri
Dum vitat parendo Patri, substernitur hosti.
 Nec dilata diu res, bella cientur utrimque,
Diversæ alterutrum coeunt in prælia gentes.
Vir Domini solus vastam comitante ministro
Inierat tum forte eremum, residensque legensque
Appetitur subito, Domino moderante, sopore,
Atque videt reges inter quæ bella calescant.
Excitus adstanti famulo arma flagrantia pandit,

A Effundi nimium suspirat utrimque cruorem.
Pulsorem [411] contra monet exorare minister :
Consilium Pater insulsum notat improba fassum,
Dum magis hostilem decernat amare salutem,
Atque rogare Deum, cujus hæc bella librantur,
Numine qui justa disponit lance duellum.
 Jam qui consultis renuit servire benignis
Terga parat fratri, captusque aviaque subactus
Ponit gemmiferos muliebri forfice crines :
Et quæ non voluit Christi substratus amori
Sumere, ludibrio præmonstrat signa coronæ.
Nec mora, mactatus rabie laceratur hyænæ [412] :
Ætherio frater [413] tactus consumitur igne.
Atque ita Lotharius cernens sibi sceptra parari
Sancto dicta Columbano subit, arma prehendit,
B Debita cum turmis properans sibi regna capessit.
Regis adulterio genitam facili agmine prolem
Cum scelerum incentrice capit, necat, excipit aulæ
Criminis altricem expostam, vectamque camelo
Indomitis innectit equis, terit impete raptis.
Sic sic veridici complentur famina Vatis.
 Ergo Columbanus pennis animisque columbæ
Regna superna petens, Gallorum transvolat Alpes,
Ausoniam ingrediens, Agilulfo rege decenter
Excipitur, subiens pia mœnia, Mediolanum
Incolit, expurgatque hereses, atque arma ministrans
Ecclesiæ, recti meditatur dogmata callis.
Accipiensque [414] a se rupti juga montis aceto [415]
Mirifici splendore Petri comique colique :
C Ocius hæc superans, avido petit alta volatu :
Semirutamque aulam neglectu monticolarum
Offendens, prisco accelerat reparare decore,
Succisasque trabes scopulis per devia collis
Pondera quadragenorum per plana virorum,
Cum tribus aut geminis sine fuste vehebat alumnis.
Nec pondus veluti veherent, quin pondere vecti.
Sicque pio fratrum mentes hortamine firmans,
Incepto lætis operi persistere votis,
Ut qui velle Dei patulo fulcimine captent.
Culmina restaurat propere, sarcitque ruinas,
Atque monasterii diversa habitacula condit.
 Lotharius vatis completa oracula cernens,
Eustasium monitis Lussovia castra regentem
Dirigit, almifici vestigia sacra magistri
D Cum prece sectari lata suplicamine regis,
Quo redeat, votis degat, quæsitaque sumat
Gaudet hic adventu geniti, suadetque morari
Quantisper secum claræ pietatis alumnum.
Ad requiem comitum, doctrinæ ad regimina fra-
  [trum :
Se repedare negans, retroque redire recusans.
Regi gratifico monitum post pergere legat,
Corrigat ut propriam morum moderamine vitam,
Sustentet socios Lussovia castra colentes,
Præsidiis foveat, regali munere comat.

GLOSSÆ MARGINALES MABILLONII.

[401] *supple* ac. [402] *prædicuntur*. [403] *itineris*. [404] *iterari facit*. [405] *eligit*. [406] *monasterium Evo*-
riacas. [407] *f. exceptus*. [408] *f. alter*. [409] *f. Optimus*. [410] *Theodebertus*. [411] *Theodericum*. [412] *Brunes*-
childis. [413] *Theodoricus*. [414] *Audiens*. [415] *f. acuta*.

Fœdera grata hilaris rex captans honore venustat, A
Castra superna fovet, delegata agmina fulcit,
Subsidiis explet, dominandi finibus auget.
  At Pater ipse Columbanus dum clauditur annus,
Mandatis ⁴¹⁶ nova septa colit cellæ Eboliensis.

Nexibus hinc animam carnis tenebrisque solutam
Almifico cœlis infert splendore decoram.
Pignora restructi per eum templi æde locantur.
  Quam celsæ meritum vitæ, data signa loquuntur :
Strenuitatem animi præstans doctrina profatur.

CAPUT XIX.

De sancto Attala

  Magnifico Patri ⁴¹⁷ magnus succedit alumnus
Attala, cui celsam peperit Burgundia stirpem.
Pontifici datur hic genitore ferente colendus ⁴¹⁸,
Artior augustum fervescit scandere callem.
Sic clani progrediens, monachorum castra peragrat, B
Et potiora calens ⁴¹⁹, dicto fert colla patrono,
Atque Columbano tradit se luce regendum.
Ille sibi nectens, quæsito lumine flammat,
Dum ⁴²⁰ petitur virtute vicem supplere magistri,
Dignus ubi egregie pro castris prælia sanctis
Exerceens, anguiva ⁴²¹ doli fert bella furentis.
  Carpitur austerus tepidis durusque remissis,
Avellit teneros ⁴²² lateri fera lingua sodales,
Diripit, atque eremi per devia raptat operta.
Incentor doctorque mali sævo uritur igne ⁴²³,
Supplici clamans meritam se pendere pœnam.
Nec facilem quit adire Patrem captando piamen,
Quin rapitur, mutusque animam dimittit in auras.
His pavidi comites repetunt Patris atria plures,
Atque ut oves trita capiuntur fauce lupina.
Ast qui tutorem fastu tempsere superbo,
Convulsi variis consumunt cladibus ausis.
Hi ferro plexi, rapidis hi fluctibus hausti,
Inveniuntque piam quotquot rediere medelam.
  Prævalidis Patris istius modo vota patrantur,
Imperiis clarent, precibus modo digna profusis.
Hæc Bobius quondam violentis imbribus auctus
Molibus effusus, lymphaque tumente rotatus
Approbat, indictus ⁴²⁴ sacris removere furorem,
Vellere farriteri fabricam vexare molini
Inhibitus, posito leges statuente bacillo,
Et crucis ad signum monitis parente fluento,
Arduaque aggresso facilem fugiendo meatum.
Visa tropæa redit Sinoaldus prodere Patri.
  Virtutem quoque magnifici probat ille magistri,
Ruricolæ insistens operi, stifæque ⁴²⁵ medendæ,
Cui lævæ pollex dextra resecatur iniqua.
Jamque datus glebis, Patri dum promitur actum,
Educi tumulo ac passus per mille jubetur
Deferri, imbutusque sacris moderante salivis
Fracturæ medico vitamque ferente sepultis,
Jungitur unifico viduatæ glutine palmæ,
Præcipiturque datam tacite tractare salutem.
  Sic quondam puerum spirare suprema putatum

Visere, solatiis votisque juvare rogatus,
Adventu incolumem precibusque dat ire vigentem
  Inter plura dein virtutum gesta piarum
Hunc Deus ærumnis censens absolvere anhelis,
Lumine lustrari pacis, fotuque quietis,
Tempora certa iteris ⁴²⁶ signat jamjamque petendi.
Et licet ipse dies post quinquaginta meandum
Quo sit, non adeo monitis dicatur apertis ;
Præparat apta remansuris tamen, atque migranti
Septa monasterii densans tegmenta reformat,
Ac studet invalidum nihil ut lapsumve residat.
  Emunit reparatque libros, nexatque solutos.
Excubiis precibusque vacans jejunia ductal,
Corpus contribulans animam cœlestibus aptat.
  Discipulo ⁴²⁷ post nona novæ reparamina messis
Visere flagrantes sese spectare parentes
Præcipit, atque mora nulla impediente reverti.
In geminisque viam sectans custodibus auctus ;
Complecti genitrice datur sub luce diurna,
C Nox equidem repedare monet, febrisque perurgens
Compellit clamare Patris se ardere querelis,
Exitioque rapi, mora si teneat redeundi.
Moxque die callem repetens remeante cupitum,
Salvatur remeans, febrium vis linquit euntem,
Sanatus Patrem reperit suprema trahentem.
Adventu tamen exhilarat, funusque paternum
Tormentum ⁴²⁸ videt esse suum celeremque re-
                                [gressum.
  At Pater extremos monitus pangensque notansque
Se cruce communit, crucis edita ⁴²⁹ pronus adorat,
Attollensque crucem lacrymis et laudibus ornat.
Tum secreta potens veterum delicta proborum
Abstergi rogitat, fletuque rigante repurgat.
Sic inter gemitus triti et suspiria cordis
D Attollens oculos, cœlum sibi cernit apertum.
Glorificansque Deum grates dependit et odas.
Substiterat se clam testis qui visa referret,
Panderet acceptæ qui diva levamina vocis.
  Altera lux terris jam cœlica dona ferebat,
Ille vocans summumque vale dans fratribus addit
Exhortans, cœptis maneant, potiora capessant.
Sic verbo genitos solans absolvitur imis
Et pia sidereæ mentis fert flamina cœlis.

GLOSSÆ MARGINALES MABILLONII.

⁴¹⁶ regulis. ⁴¹⁷ Columbano. ⁴¹⁸ erudiendus. ⁴¹⁹ desiderans. ⁴²⁰ Donec. ⁴²¹ diabolica. ⁴²² imperfectos.
⁴²³ febris. ⁴²⁴ jussus. ⁴²⁵ stivæ. ⁴²⁶ itineris. ⁴²⁷ Jonæ. ⁴²⁸ id est causa tormenti, etc. ⁴²⁹ alta.

CAPUT XX.
De sanctis Bertulfo et Eustasio.

Hunc ⁴³⁰ sequitur fervens sub relligionis amore,
Francica progenies altum quem sanguinis edit,
Arnulfo celebri Bertulfus stirpe cohærens
Pontifici, quem celsa videns fastigia mente
Spernere cœlesti, sectatur, et ardua sæcli.
Culmina contemnens, crucis arripit alta tropæa,
Eustasiumque petens Lussovia lege colentem
Castra Columbani, monitis attollitur almis,
Omnibus et gratus virtuti degit et aptus
Attala, sed Gallos ⁴³¹ Lussovium et ut petit agmen,
Utriusque Patris ⁴³² socia pietate favente,
Huic quoque se dedens Italos sortitur agones,
Permanet ac fidus. Postquam at Pater ⁴³³ emigrat
    [astris
Communi allegitur Fratrum fervore ⁴³⁴ magister,
Perfovet atque regit divo moderamine sumptos.
  Atra venena coquens impellit ad improba serpens
Corda propinquorum, vicino subdere suadens.
Hunc ⁴³⁵ sibi pontifici, sata nec sibi quærere
    [cessa, ⁴³⁶
Hinc proceres adit, hinc regem, nec vota facessit,
Nec cœptis resilit. Qua vi cogente beatus
Romulidam Pater aggreditur composcere papam.
Quæsitus normam recitat, præcepta resignat.
Antistes monitis adgaudet Honorius aptis,
Amplexusque virum, refovet, veneratur, honorat,
Juraque concedit, leges et regmina munit,
Invitusque redire sinit. Thuscana terebat

A Marcenti arva gradu : languor Patrem, angor
    [alumnos
Presserat hærentes, nec spem redeuntis habentes.
Roboris excubias nox fert columis.
Juris apostolici cultum Pater ordinat æger,
Ac solito disponit agi sollemnia ritu.
Qui sibi qui sociis statuens insomnia servent.
Nox curas subigit, cunctos sopor obruit altus
Custodes etiam lethæa oblivia sternit.
Asseculis lictus ⁴³⁷ Christo custode levatur,
Solaturque Petro ⁴³⁸ dum principe visitur abbas,
Surgere præcipitur, sospesque redire jubetur,
Accipit ⁴³⁹ et Petrum sese petiisse patronum.
Attonitus rogat excitum dare visa ministrum :
Ille negans illustratum se luce petita,
B Hanc retegi poscit, precibusque extorquet anhelis,
Atque reperta notat, testisque accedit adacter.
  It Pater ipse valens, aliosque dat ire valentes,
Dæmonicas pellit pestes, purgat prece mentes.
Victorinus id expertus, datus obvius almo,
Nec mora curatus, grates studet edere sanus.
Sic puer oppressus sævoque latrone voratus,
Abbatis nutu redit atra fauce receptus.
Tabem etiam lepræ supero depellit honore,
Et medicis desperatum, sacro unguine salvum
Post pia vota facit, postquam jejunia ducit.
Atque ita labe cutem, sanie sic viscera mundat,
Ut morbi post nulla docus ⁴⁴⁰ vestigia linquat.

CAPUT XXI.
De sanctis Blidulpho et Meroveo monacho.

Signa salutiferi nemoris hæc inclyta lætis
Fructibus effulgent vitæque fragrantia nectar
Aspirant devota Deo dum pignora gignunt.
Quorum persistens solido Blidulphus honore
Numinis insecti assertor coramque tyranno
Indivisibilem laudansque docensque decorem,
Culminis æthereiq furias accendit iniqui;
In sua fata ducis secretius arma parantur,
Fraus tecta instruitur, bellum ferale movetur,
Veri præco dolis petitur plagisque subactus
Fustibus obteritur crebris, dum sensa doloris
Mactatum liquisse patet; sic hospite fido
Quæsitus sensu atque flagris reperitur inanis,
Excitus ut somno miti dormisse sopore
Mitius atque unquam perhibens stat vulnere liber,
Inscius angoris, tenui vibice notentur
Membra licet, nescit diri meminisse duelli,
Nec temeratorem tamen ultio tempore multo
Visere dissimulat Bardum, quin dæmone raptum
Compellit clamare pati se digna piacli,
Tanta fatens ausum ferre hæc incendia justum,

C Sacrilegis et qui faveat simili igne liquescat.
At dux ipse mali metuens sibi qualia cernit
Infligi meritis miserum cum munere castris
Destinat almificis; pater inclytus Attala dona
Respuit infidi, torto succurrere currit
Flagitat et fratres redimant diro igne flagrantem,
Incumbant precibus, votis tueantur anhelum ;
Nexibus exemptus præstatur pergere sanus.
Nec longo tamen indignus perfungitur usu
Temporis ad veniam cessi quod perdere nugis
Quam servare legit lacrymis, jactansque cachinnis
Se gessisse probrum votis, mox febribus actus
Igne callet lethi clamansque furensque gehennæ
Abripitur pœnis sulimotus et aggere bustis
Ostentat tumulo quam dira patraverit ausu.
D Nec minus excessisse notant, mulctaque resignant
Se offendisse Deum, Meroveum fonte prementes,
Qui, patre prælato Dertonam missus, opacum
Sternere dum certat luco densante sacellum,
Cæsus fameolis rivi demergitur undis,
Nec subigi permissus aquis oneratur iniquis :

GLOSSÆ MARGINALES MABILLONII.

⁴³⁰ Attalam. ⁴³¹ Galliam. ⁴³² Eustasii et Attalæ. ⁴³³ Attala. ⁴³⁴ desiderio. ⁴³⁵ Bertulfum. ⁴³⁶ concessa. ⁴³⁷ a discipulis relictus. ⁴³⁸ a Petro. ⁴³⁹ audit. ⁴⁴⁰ scil. sanitatis.

Sylvæ ponderibus missus visusque sepultus,
Incolumis fluvio surgit fratresque revisit.
Sacrilegos cita pœna ferit plagisque subactos
Afficiens variis: oculorum hos lumine privat,
Ignibus hos urit, nervorum hos nexibus angit;
Quorum post patribus quidam Bobiensibus acti,
Tormenta effugiunt lacrymis, alii probra pœnis
Exsolvunt meritis inhibentque piacula flagris.

A Ilic socius quondam Leupardo frater adhærens
Dum patris imperio vineæ munimina densant,
Quam multi juncto nequeunt attolere nisu,
Arboris armati pietate tulere columnam.
Hujus Leupardi vetitos vulpecula jussis
Attentans sorbere botros atque ore petitos
Morte sequente tenens promit discrimine crimen.

CAPUT XXII

De Baudacario et cœteris quibusdam sanctis monachis.

Bertulfo Baudacarius moderante statutus
Vincti tutor capiens solamine missos
Dum panis parvum quod adest anatemque ministrat,
Ter denos modico magna sed mente paratu
Exhilarans fratres dapibus quoque ditibus explet.
His rutili radiis patrum, pietate corusci
Athletæ subeunt alacres dicto agmine cœlum
Quorum mente nitens hilari Tedoaldus et imo
Dum recubat strato cœlestia mente peragrans
Advocat atque vale faciens læto ore sodales
Alloquitur lenis, suprema viatica poscit
Seque notans pulchro extremum ornat carmine finem,
Incipiensque melos, scandens virtute beati
Culmina virtutum, divumque videbitur altor:
Jam Deus in Sion claris animam inserit astris.
Sicagibodus ubi promptis sub patribus altum
Consectatus iter purus mansuetus et artus
Mania parendi votis pertractat amicis.
Dum jacet extremo ductans spiramina nisu,
Conspicit æthereo solem fulgore micantem
Ac nostri radios Phœbi splendore nigrantem,
Cœlicolas astare viros, miransque doceri

Protinus hunc sese subiturum ineundo nitorem
Cœtibus æquandum meruitque ediscere celsis
Et super hanc lucem sociis renitere coruscis;
B At redeat summumque vale præsentibus edat,
Nec mora regrediens turmis societur amœnis,
Fratribus attonitis rediens monita extima supplet,
Visa rogata refert, accepta levamina promit,
Mystica sacra capit, nexis fert oscula charis
Funere curari petit ac cœlestia scandit,
Felicique obitu vestigia clara relinquit,
Ostendens similem sectatos lumine callem
Perpetuæ simili lucis splendore beari.
Omnes, hi patres cœlesti pace cluentes
Quorum magnificos licet ima laude triumphos
Prosequimur vel qui pariter lætantur in æthra
Obtineant nostri laxamina certa reatus,
Divinum vitæ regimen, morumque piamen,
Crimina vitare ac lacrymis admissa levare,
C Fructiferos luctus gemitu quatiente litare,
Sordibus ut mundi reddamur lumine clari,
Cœtibus aptandi superis sine fine beati
Cernere salvificum digni per sæcula vultu.

Explicit.

Sequitur in codice epitaphium Flodoardi, quod in Prœmiis jam dedimus.

ANNO DOMINI DCCCCLXVIII.

SANCTA MAHTHILDIS REGINA

VITA SANCTÆ MATHILDIS

(Apud Pertz, *Monumenta Germaniæ historica*, Script. tom. IV, pag. 282.)

OBSERVATIONES PRÆVIÆ.

Egregiis feminis, quibus Ludolfina familia sæculo nono claruerat, sæculo decimo Mathildis, Heinrici regis conjux, atque Ottonis I, Heinrici ducis, Brunonis archiepiscopi, Gerbergæ reginæ, Hathwi-

(1) III, 74.

dis ducissæ mater, accessit, Cujus virtutum fama ipsa superstite late percrebuit, in obitu ejus a Widukindo celebrata est (1), et post inter filios et nepotes, in cœnobiis ab ipsa fundatis Quedlinburgensi (2), Northusensi, Poledensi et Angerinensi, in scriptis et memoria hominum viguit, donec tandem quadragesimo circiter post obitum ejus anno (3), jussu Henrici II regis, pronepotis ejus, Vita quam hic proponimus conscripta est. Auctor clericus aut monachus ex numero eorum qui ingenio et sapientia regi commendati, ejus familiaritate fruebantur, qui tamen nomen suum latere voluit (4), scriptis antiquioribus (5) et narrationibus familiarium reginæ, fortasse Richburgæ abbatissæ Nordhusensis, inniti videtur; certe rerum quas narrat bene gnarus fuit, licet nonnulla minus recta de duello (6) Widukindi cum Carolo M., de baptismo Widukindi per Bonifacium archiepiscopum (7), de incerto modo successionis Henrici I, narraverit (8), imo, in iis quæ extrema Mathildis tempora attingunt, Berengarium regem Heinrico duci Mahthildæ filio captivum commissum (9), et Ottonem II, una cum patre in Italiam profectum esse (10), scribat. Quæ tamen non obstant quin auctori in universum fidem habeamus, et plurima alias ignota de vita et actibus optimæ reginæ, filiorum et nepotum ejus, nos doceri gratulemur. Liber in usum Heinrici II scriptus, proaviæ ejus virtutes, quibus sanctos æquaverit, celebrat, sed errorem matris filium Heinricum Ottoni præferentis non reticet. — Auctor, quisquis sit, poetas Latinorum, præcipue Virgilium legit, et poeticam venam oratione, cujus membra rhythmo et sono sibi respondent, ostendit (11). Hoc et aliis compluribus hujus ævi scriptoribus usitatum, apud nostrum tamen ita prævalet, ut pene totum ejus opus in sententias versibus similes dissolvi possit, quod a Cl. Fœrstemann in commentatione de Vita Mahthildis a. 1858, edita exemplo demonstratum; a quovis lectore in quavis libri parte ita esse facile intelligetur. Quod ut a more Romanorum alienum, ita et singularis usus vocis *nihilominus,* quæ apud nostrum *nihil minus quam* significat, a bona Latinitate abhorret.

Liber statim ut prodiit Thietmaro (12) notus et A ab eo in rem suam versus, sæculo XII ineunte ab Ekkehardo abbate Uraugiensi in compendium redactus (13), et paulo post ab Annalista Saxone exscriptus (14), sæculo vero XV ineunte Coloniæ in monasteria S. Pantaleonis integer transcriptus est. Quo sæculi XV codice omnes quæ prodierunt editiones Bollandianorum (15), Leibnitii (16), Erathi (17) et nostra, nituntur. Servatur hodie

1) Bruxellis in bibl. regia Burgundica numeris 329—341 insignis, binis columnis pulchre scriptus et hic illic in margine picturis ornatus. Librum a Bethmanno in usum nostrum versum integrum expressimus, correcta tantum sæculi XV orthographia et emendatis locis aliquot. Qua in re subsidio fuerunt

2) Ekkehardi Uraugiensis compendium Vitæ Mah- B thildis reginæ, iisdem sæpe verbis ex nostra contractum, sed sententiis sæpe loco suo motis, quare loca nonnulla quæ in Bruxellensi excidisse videbantur haud tuto ex Ekkehardo restitui posse judicavi. Usus sum tamen codicibus Vaticano-Guelferbytano (18) sæc. XII, cujus lectiones, quantum in particula operis Guelferbytana habentur, jam Leibnitius t. III, 655 sqq., protulerat, Wirceburgensi (19) sæc. XII, et Claustroneoburgensi a D. Goldhann transscripto (20). Alios ejusdem compendii codices Monacenses sæc. XII et XV, Sanctæ Crucis in Austria sæc. XII, et Humburgensem chartaceum in Annalibus nostris recensui (21).

3) Codex regius Parisiensis inter libros S. Ger- C mani N. 440, nbr., sæc. XII, Annalistam Saxonem exhibens, cujus textus, quantum ex Vita Mahthildis derivatus est, cum nostro ad verbum fere convenit.

4) Ultimo loco codicis regii Bruxellensis N. 5202 signati mentionem facimus, qui, Bethmanno monente, ex codice Carthusiæ Coloniensis descriptus, uno sæculi XVII folio initium tantum Vitæ Mahthildis continet, ex nostra ad verbum exceptum, hoc exordio: *Sancta Mathildis regina ex progenie,* etc.

D *iterum Northusunensem civitatem adiit, quam nimium dilexit, ut videret Richburgam, quam nuper constituerat abbatissam. Statim autem ut venit, hanc ad se vocari præcepit.*

(2) Cf. Annales Quedlinburgenses, a. 936.
(3) Scripsit enim auctor Heinrico rege, igitur post annum 1002, et ante annum 1012, quo Thietmarus Vita nostra jam usus est.
(4) Ruotgeri Vitam Brunonis novisse videtur; v. c. 30.
(5) Godehardum, abbatem tunc Altahensem, fuisse, cujus interventu Heinricus a. 1017 monasterio Nordhusano villam Gamin confirmavit, V. Cl. E. G. Fœrstemann gymnasii Nordhusani corrector in commentatione de Vita Mahthildis a. D. IX kal. Aug. 1858 edita indigitavit; sed quominus viro illi, litteris habitu et consuetudine cum rege ei rei aptissimo, librum adjudicem, obstat quod et Vita Godehardi ea de re tacet, et complures alios ejusdem conditionis viros tunc exstitisse constat.
(6) C. 1.
(7) Ibid.
(8) C. 4.
(9) C. 15.
(10) C. 22.
(11) E. g. capite 23:
Cum autem peragrasset civitates Saxoniæ regionis, et quæque necessaria singulis impendisset monasteriis,

(12) I, 11 ex capp. 6, 10, 17; II, 12, ex cap. 25.
(13) Fecit hoc eadem ratione qua et historias Alexandri, Gothorum, Francorum, Langobardorum, Saxonum ex Vita Alexandri, Jordani, Gestis regum Francorum, Paulo Diacono et Widukindo contraxit, insertis scilicet Vitæ etiam iis quæ apud Widukindum de Mahthilda regina legerat. V. Archiv. t. VII, 486—493.
(14) Ad a. 914, 921, 936, 946, 968.
(15) Acta SS. Mart. II, p. 358.
(16) SS. Brunswic. I, 192.
(17) Cod. dipl. Quedlinburg. p. 925 sqq.
(18) De quo retuli in Annalibus nostris t. V, 158—161.
(19) Ibid. VII, 489.
(20) Ibid.
(21) T. VII, 487, 488 et VI, 184, 239.

INCIPIT PRÆFATIO IN VITAM GLORIOSÆ REGINÆ MAHTHILDIS¹.

Heinrico regi summæ venerationis dignissimo, explanator hujus operis vobis exoptat incrementa spiritualium carismatum, augmenta virtutum, et prosperitatem temporalium rerum. Cum multis sit notum vos scientia disciplinaque artium diversarum præditum, plurima perlegisse volumina sanctorum Vitam Patrum in se continentia, quorum exemplis vestra venerabilis conversatio bene potest informari et ad altiora transvehi, non minimæ est virtutis vos pia vestrorum inquirere facta precedentium propinquorum, et maxime vestræ proavæ Mahthildis illustris reginæ, cujus vita lucida merito est imitanda, et cujus virtus tanto est laudabilior, quanto sexus fragilior. Gratias agimus vestræ almitati, vobis placuisse, hoc opus a nobis recitari, nostræ imperitiæ magnum et nimis formidandum, cum vestro dominatui subjecti sint perplures ingenio et sapientia nobis excellentiores, qui radio linguæ profunda possunt penetrare. Vobis imperante hoc opus inchoari, difficillimum videbatur nostræ parvitati; sed præsumptionis esset maximæ vestro imperio nos resistere. Implevimus quidem vestrum præceptum ultra modum nostrarum virium; non autem dubitamus, invidorum studia affore, qui quod fecimus cupiunt reprehendere. Igitur obsecramus, rex gloriose, et, si fas est dicere, dulcissime, non temeritatis audacia, sed necessitatis causa: librum A manualem ne feratis in publicum sapientibus deridendum, priusquam vestra peritia persenserit quid vestræ pietati in eo displicuerit, et hæc clementer corrigantur quæ vestræ sapientiæ non recta videantur. Dignum est enim ut qui hujus dictatus est præceptor, sit etiam emendator et defensor; ne a nobis² insipienter edita, invidorum perfodiantur lingua. Habetis quidem in hoc volumine perpauca vestrorum facta patrum, ex quibus potestis discere quid agere quidve vobis expediat vitare. Rector totius mundi, qui illorum corda visitando justa concessit agnoscere et operibus implere, ipse vobis concedat quæ recta sunt agere et alios ad hæc admonere, et virili fortitudine vos injusta refugere et aliis prohibere; tribuat vobis invictissima arma, B quibus vestrorum inimicorum superetur sævitia. Ipsius etiam gratia vobis sit fautrix firma et comes assidua, et faciat vos exemplum et formam justitiæ, ad gubernandam fideliterque regendam Ecclesiam; ut speculator idoneus effectus, sitis magni consilii, industriæ et disciplinæ. Dominus vias vestras omnes ita disponat, ut in omnibus ejus mandatis sine reprehensione vivatis, et ad bravium supernæ vocationis perveniatis, ibique coronam justitiæ atque cœlestium thesaurorum donativa percipiatis. Si cuiquam in hoc opusculo quid placuerit, laus præceptoris erit.

EXPLICIT PRÆFATIO IN VITAM ³ MAHTHILDIS REGINÆ.

INCIPIT LAUDABILIS VITA GLORIOSÆ REGINÆ MAHTHILDIS.

1. (An. 912.) Temporibus Conradi, regis Francorum gloriosi, extitit in partibus Germaniæ dux quidam Otto nomine, honestate morum perspicuus et in decernendis rebus providus, clarus nobilitate generis et famosus bellorum triumphis. Cui Hathuwic, matrona venerabilis, conjugali copulabatur vinculo. Quibus duo gignebantur filii, herili forma decorati; et ipsos summa nutriebant diligentia, uti exigebat nobilitatis honorificentia. Major natu vocabatur Thancmarus, et alter Heinricus. Is quamvis esset junior, probitate morum tamen elucebat altior, et ab annis puerilibus intendebat bonis operibus, sequens humilitatis vestigia, quibus certissime pervenitur ad virtutum culmina ⁴. Omnes cum quibus erat haud minus quam se ipsum diligebat; nulli se prætulit, nec per vim aliquem oppressit. Puer vero miræ claritatis ac amandæ indolis cum attigisset florentes annos juventutis, cœperunt inter se C tractare parentes, ut illi desponsarent virginem, genere sibi non inferiorem, et cujus mos liberalis præclaro juveni esset persimilis. Interim illorum pervenit ad aures, in cœnobio Heriyordinense egregiam hospitare puellam, nomine Mahthildam, genere nobilem, specie exoptabilem, et moribus illustrem, ut cum ava sua abbatissa disceret psalmodialem librum et industrias operum. Hæc etiam virgo traxit egregium genus a venerabili viro Witikino, qui in occidentali regione dux fuerat gloriosus, opibus pollens et dignitatis honore multos præcellens. Proh ⁵ dolor! sed errore captus adorabat idola manu artificum facta, Christumque colentibus varios ingerebat cruciatus, quia deerant prædicatores qui Christum prædicarent, incredulos ad fidem D converterent. Rex vero Karolus, vir Christianissimus et erga Dei cultores benivolus, tunc temporis tenebat arcem principatus. Cum autem præfati ducis com-

---

VARIÆ LECTIONES.

¹ mathildis 1. sed in excerptis Ekkehardi Uraugiensis sæculo XII ineunte scriptis semper antiquior et genuina forma mahthildis usitatur. ² ita Erath.: vobis L. 1? ³ in v. desunt 1. ⁴ c. v. 1. ⁵ proch 1.

perisset incredulitatem, nimium doluit, et congregans omnem suum exercitum, iniit bellum contra eundem Witikinum, causa defendendae fidei et errantem ad salutis viam convertendi. Cumque convenissent et diu inter se certarent amborum milites, et ex utraque parte jam deficerent pugnandi vires, placuit principibus, ut rex cum Witikino conferret manus, et cui Christus victoriam concederet, ipse cum toto exercitu suo regnaret. Qui congressi, diu multumque instabant bello robore colluctanti. Tandem Dominus, lacrimis Christianorum pulsatus, suo bellatori de hoste triumphum concessit, fides ut meruit.

2. *De conversione Witikini ducis.* Tunc, Deo donante, Witikinus projecit arma perfidiae, ac arripuit scutum fidei Christianae; novo fervens studio, sacri fontis in mysterio veterem hominem deponere et novum in Christo induere. Quem rex Christianissimus benigne suscipiens, a venerabili episcopo Bonifacio cum baptizari praecepit, ipseque illum de sacro fonte levavit; et per consanguinitatem fidei postea fuerunt concordes amici. Witikinus vero baptizatus, mox mirum in modum totus in Dei opere est conversus. Dehinc omnis exercitus sibi subjectus hanc eandem fidei credulitatem est confessus, et suum principem devote imitando, sacro baptismatis intingebatur fonte. His ita peractis et composito inter se foedere pacis, rex Karolus cum victoria revertebatur laetus. Dux autem Witikinus in propriam remeavit patriam, sancti Spiritus gratia illustratus; et sicut prius persequebatur Christum invocantes, sic postmodum ad fidem Christi traxit quosque errantes, et ut antea bonorum extitit persecutor, ita vigilantissimus tum apparuit sacrae fidei propugnator. Jam tum desiderabat ecclesias reaedificare, quas prius destruxerat in infidelitate, et ubi constituerat idola, hic jam sanctorum collocavit oratoria. A posteris ergo ejusdem Witikini, egregii ducis, processit stirps beatissimae Mahthildis. Cujus pater, nomine Thietricus, in occidentali regione comes fuerat gloriosus (22), et venerabilem Reinhildam, Danorum Fresonumque germine (23) procreatam, moribus probabilem, sibimet adjunxerat conjugem. Qui meruit dono Dei gignere infantem hominibus amabilem. O felix partus hujus infantis, cui gratia Christi postmodum contigit dignitas regalis! Nam extitit gloria parentum, laetitia propinquorum, spes hereditatis, et decus totius futurae sobolis, amabilis dum nascitur, et amabilior dum nutritur. Quid plura? Tunc temporis raro videbatur infans talis. Cum ergo illustris parvula esset ablactata, desideravit abbatissa Mahthild, mater Thietrici comitis, quae in Herivordinense sedem possedit abbatiae, praefatam puellam nutriendam suscipere. Parentes autem illius consentientes petitioni abbatissae, sibimet ad procurandum commendabant, ut illam doceret sacras lectiones et manuum operationes.

3. *De desponsatione Mahthildis.* Puella igitur insignis mirum in modum proficiebat in cunctis, aetate tenera, probitate grandaeva, capax in studio disciplinae litteralis et operum industriis. Cum autem ubique divulgaretur virtus illius laudabilis, etiam pervenit ad aures praeclari ducis Ottonis, qui statim misit suum comitem Thietmarum haec ad explorandum (*an.* 909). Ille vero, praecepto ducis obediens, ad supra memoratum coenobium iter acceleravit ardens, et statim adiens cubiculum matronarum eidem puellae jussu abbatissae servientium, ac adminiculo earum clam se inferens monasterio, diligenter perspexit formam virginis herilem et mire laudabilem. Igitur tacite investigatis et caute consideratis omnibus quae desiderabat, domino suo reportavit hilaris cuncta quae viderat. Die vero sequenti dux Otto disposuit ire suum filium Heinricum ad praefatum coenobium una cum comite Thietmaro, suo magistro, ut cauta consideratione perspicerent, si forma moresque puellae sibimet convenirent. Elegit itaque non paucos juvenes, genere et specie elegantes, qui comitarentur juvenem Heinricum, quo se jactantius ferret ad praedestinatum locum. Appropinquantes autem monasterio, castra metati sunt in campo; pauci vero illorum quasi causa orationis ingressi oratorium, viderunt virginem intus sedentem et psalterium manu tenentem, honestissimam habitu et admodum reverendo cultu. Heinricus autem, eximiae virginis amore succensus, interdixit sociis ne cuiquam indicarent qua causa huc venissent; statimque ad castrum revertebatur, ubi cetera pars juvenum commorabatur. Et induens se herili ornatu, templum denuo intravit multo comitatu, postulans sibi copiam dari abbatissam alloquendi. Quae etiam procedens, ipsum cunctosque suos satellites suscepit gaudens. Postquam autem invicem dedissent verba salutationis, secum duxit juvenem Heinricum una cum comite Thietmaro in suum cubiculum, et familiare cum eis in longum produxit colloquium. Egregius vero juvenis interim sumens fiduciam animi, paulatim incepit sermonem de virgine, interrogans quantum provecta esset aetate aut qualis staturae; postremo etiam desideravit sibi licentiam dari ipsam conspiciendi. Qua [6] evocata praecepto abbatissae, apparuit in ea virginalis incessus et verae pudicitiae habitus, frons serenus [7] et speciosus ad intuendum vultus in candore liliis extitit persimilis, in vivido autem colore assimulabatur rosarum foliis. Hanc tanti decoris ut vidit egregius juvenis, minime va-

VARIAE LECTIONES

[6] Que 1. [7] *ita* 1. *respondens sequenti* vultus.

NOTAE.

(22) habitabat in villa Enger proxime Herford; vide infra cap. 11.
(23) i. c. patre Dano, matre Fresone.

lens diutius celare amorem cordis, postulavit prece instanti, ipsam virginem sibi desponderi. Contra hæc abbatissa oculos dejecit, et nutanti animo in responsione diu hæsitavit. Cum autem magis ac magis perseveraret adolescens in incepto petitionis, tandem domina talibus respondebat verbis: « Non est nostrum, eam nuptam dare alicui absque consilio et consensu parentum; dignum est enim ut a nobis integra fide illis restituatur, ex quibus nostræ procurationi commendata est. Quin etiam nobis versatur in dubio, si alterius viri eam decreverunt thalamo; nam illam desiderabant perplures genere et forma illustres. Quamquam autem nobis sit incognitum, quem de his [8] velint eligere generum, adimplebimus tamen vestrum votum; et si Dei aderit voluntas, nostra de parte non tardamus nuptias, quia excellentia vestri generis crebro insonuit auribus nostris, et hoc non est minima pars fœderis, quod ipse [9] ad nos iter direxistis. » Haut mora, ornamentis honeste paratis, quæ congrua erant desponsationi virginis, sequenti die Heinricus secum duxit venerabilem virginem in partes Saxoniæ. Tunc circumducebatur per civitates [10] egregii ducis Ottonis a comite Thietmaro et militibus ceteris, donec in Walohusun (24) præparabatur convivium nuptiale magno honore, uti decuit illos, qui postea imperabant gentibus plurimis; ibi perfruebantur connubiis et licito fœdere amoris. Heinricus autem tradidit (25) venerabili nuptæ in dotem omne quod attinet ad eandem civitatem, patre suo consentiente, et ipse venerabilis dux Otto enutrivit eam in vice filiæ usque ad obitum suæ vitæ. Tribus autem annis post hæc transactis, vir venerandus mortem subiit temporalem (an. 912), et Dei ordinatione Heinricus ducatus percepit honorem. Ascendens autem gradum dignitatis, tantam humilitatem exhibebat subditis, ut etiam, si posset evenire, exoptarent ipsum regale solium jam possidere.

4. *De obitu Conradi regis.* Interim dum hæc agerentur, invasit regem Conradum crudelis languor, et mors sequebatur crudelior (an. 918). Tunc disponente Deo successit Heinricus regali solio (an. 919, Apr.); bello seu pace fieret, est incertum, sed absque dispositione Dei non [11] accidisse non est dubitandum. His ita dispositis, Christo adjuvante, multa exercuit bona opera vigilanti diligentia, gratias agens Deo largitori de dignitate seculi. Inopum et viduarum apparuit promptissimus consolator. Cum autem mirum in modum proficeret princeps laudabilis, Christus illi plus auxit honorem dignitatis, perplurimas nationes suo subjugans dominatui, Danos, Sclavos, Boemones, Bajowarios, ceteraque quam plurima regna, quæ suis antecessoribus non fuerant subdita.

5. *De religione Mahthildis.* Hic plurima prætermittuntur de laudibus regis Heinrici, quia properandum est ad vitam moresque illustris reginæ Mahthildis, de die in diem Christi gratia in omni bono opere proficientis, ut nepotes ejus et posteri totiens habeant gaudium animi, quotiens tam sanctæ matris meritum invenerint legendum; cujus probitati computatur et meritis, quidquid futuræ soboli evenerit honoris ac dignitatis. Cum igitur regalis solii ascendisset gradum venerabilis regina, illustris maritali potentia et illustrior religione divina, in conjugii fœdere manebat pudica, et tamen nihilominus [12] (26) carebat palma virginati proxima [13], humilitate sic tendens ad gloriam, ut dono Dei postmodum mereretur fieri allecta in cœlesti patria. Nam quanto sibi [14] accessit potestas sublimior, tanto se humiliavit devotior; et, quod perraro evenit, dignitatem seculi sine superbia possedit. In publico processit ornata gemmis et serico, sed interius gerebat pretiosius ornamentum, cor acceptabile Deo; tantamque sibi subditis exhibebat humilitatem et in vice matris caritatem, ut omnibus esset amori pariter et honori. Noctis quoque tempore sese a latere regis furtive subtraxit, quasi ipso ignorante relinquens regalem thalamum [15], orationi intendebat animum, ut sibi reconciliaret Deum, quem diligebat casto amore et cui serviebat integra fide. Quis etiam dubitet, ut rege nesciente electa Christi famula talia posset agere? Ipse etenim bene intelligebat, sed quasi se nescire simulabat, quia veraciter noverat cuncta ejus opera bona existere et utrisque prodesse. Igitur faciles illi consensus præbuit ad omnia quæ desideravit; nam sua voluntas a Deo incipiebat, et in Deo cœpta finiebat. Quicquid mundus delectabile habuit, pene totum pro amore Christi contempsit. Divitias non concupivit, paupertatem non timuit; ejus manus semper larga fuit pauperibus, et ab elemosina eroganda raro inveniebatur vacua. Numquam quis ad illam accessit dolens, qui non abiret gaudens, et quis illam egens adiit, impetravit quod voluit. Sin autem quempiam intellexit aliqua vi opprimi, aut pro scelere criminis carcere includi, seu populari examine deputari morti, nihil habuit hilaritatis, antequam reconciliavit exacerbationem regis. Si quando abscessit non exaudita, id provocante vulgari [16] sententia, rex se

VARIÆ LECTIONES.

[8] *hiis* 1. *constanter.* [9] *ita* 1. *et* 3. *in quo tamen vox postea erasa et ipsi scriptum est.* [10] *ita* 3. *ciuitas* (*absque* per)-1. [11] *vocem inserui.* [12] *nichilominus* 1. [13] *ita distinguo, ed. post palma.* [14] jam *addit* 2. [15] *et ingressa ecclesiam palatio proximam Ekkehardus hic legisse videtur, ita scribens:* quasi ipso inscio surrexit, et ecclesiam palatio proximam ingressa. [16] *id dictante populari* 2.

NOTÆ.

(24) Walhausen in Thuringia ad Helmam prope Rosla et Sangershausen.
(25) cf. chartam Heinrici I regis d. 16 Sept. a. 919.
(26) i. e. minime.

cum tacitus ingemuit, quod petentis votum non implendo perturbavit, et sæpe egressus [17] a judicio, quasi ipsam mulcendo, arbitris reliquit discutienda quæque fuerant legaliter punienda; et ecclesiam ingressus seu aliquo bono opere detentus, illud evangelicum solicita mente adimplevit, quod Christi famula suis auribus sedulo infudit : « Nolite judicare, ut non judicemini; in quo enim judicio judicaveritis, judicabimini, et in qua mensura mensi fueritis, remetietur vobis (*Matth.* VII, 1, 2). »

6. *De procreatione liberorum suorum.* Deus autem omnipotens, sibi servientes numquam derelinquens, clementer inspexit bona opera regis Heinrici et beatissimæ Mahthildis, atque illis multiplicavit excellentiam nobilissimæ prolis. Beatus etiam partus, qui in utroque sexu enituit pulcherrimus, nec particulatim comprehenditur, nec penitus reticetur. Otto præclarus, ante regalem dignitatem procreatus, natu fuerat maximus, forma insignis et moribus illustris. Heinricus autem, in regali solio natus, junior fuit annis, sed haud inferior excellentia probitatis. Huic nimirum tanta inerat pulchritudo, ut tunc temporis vix posset alicui comparari viro. Industria [18], armis, vultu [19] patri fuerat consimilis; in omni autem tolerantia adversitatis caute observabat vestigia inclitæ genitricis, et propter hæc specialiter dilectus sanctæ Dei; quasi esset unicus illius, confovens eum omnibus deliciis, ceteris in amore præposuit filiis, atque desideravit ipsum regno potiri post obitum incliti regis Heinrici, si permissu Dei voluntas illius posset adimpleri. Hinc etiam venit puero prima labes mali, et ob hoc Otto egregius contra fratrem parumper est commotus, talique modo inter ipsos crescebat invidia et lis assidua. Bruno vero, ætate minimus, sed honestate morum haud infimus, in annis puerilibus scolasticæ deditus censuræ, divino famulatui insudabat die tenus. Sed enim insignis gloria parentum de filiis jam prohibet prolixitatem sermonium, quia remeandum est ad vitam Heinrici regis et beatissimæ reginæ Mahthildis. Quorum probitas enumerari non potest, sicut dignum est. Ambo fuerant fortunati, et merito laude sunt digni; nam illorum promeruerat virtus quidquid boni nunc resplendet in nepotibus. O beati, qui non solum fuerant in carne coadunati, sed in animo uno et spiritu ad omne opus bonum prompti! Inerat illis unus amor in Christo, æqua coadunatio in bono, Deo placens voluntas, et recta peragendi facultas, par dilectio in proximos, æqualis compassio in subjectos. O beatum virum in cultu divini famulaminis studiosum, et egregiam mulierem, quæ totis visceribus diligebat Christum regem! Non ergo est dubitandum quin Dei gratia nunc perceperint præmium virginitati proximum, quia in ipsis regnavit castitas conjugalis, nec tamen defuit continentia laudabilis. In cunctis eorum actibus resplenduit modestiæ virtus; merito fuerunt rectores regni talibus a Deo virtutibus munerati. Beati existunt, et æternæ beatitudinis requiem possidebunt; pro quibus ipsæ elemosinæ exorant, quas larga manu indigentibus tribuebant, quamdiu in mortali vita manebant. Quid plura? Quanto sublimiorem ascenderant dignitatis gradum, tanto devotiorem Christo impendebant famulatum.

7. *De intentione monasteria construendi.* Cum autem persisterent magna prosperitate pacis, omnipotentis Dei inspiratione desiderabant monasteria construere, et adminiculum præbere illic commorantibus de regiis facultatibus, quatenus sui suorumque patrum vel nepotum memoria ibidem perpetim haberetur firmissima. Igitur tractantibus tanti operis fundamentum quonam ponerent loco, principibus populi in unum convocatis (*an.* 935), postulabant sibi consilium dari, in qua parte regionis hæc decenter possent adimpleri. Ad hæc principes responderunt, dicentes : intra Winithehusum [20] existere sanctimoniales regulari disciplina carentes, quæ non possent illic diutius demorari, ni sustentarentur adjuvamine regali; et consilium dabant in Quitilingoburc transferri. Ergo ambobus hoc placuit consilium, et se conspirabant implendum. Posthæc rex Heinricus adiit Batfelthun, quo sæpissime exercuit venatum. Ibi paucis diebus interpositis languore correptus, vi febrium nimirum laboravit, sed parumper sedato infirmitatis dolore, inde ad Erpesvort [21] iter direxit, ibique cunctos principes regni convenire præcepit, ut se invicem coadunarent, quem suorum filiorum regale solium possidere eligerent (*an.* 936). Venit et Diemoth [22] abbatissa Winethehusinensis [23], evocata præcepto regis. Et prioris haud immemor desiderii postulabat, ut sibi subditas sanctimoniales in Quitilingoburc consentiret transponi; quæ petitionem regis gratanter accipiens, libenter id annuit.

8. *De obitu Heinrici regis.* His ita dispositis, rex Heinricus perrexit ad Imilebun [24], secum comitantibus paucis. Illic iterata est ejus infirmitas, et non multo post sequebatur mortis asperitas (*Jul.* 2). Cum autem sentiret sui corporis dissolutionem imminere, reginam ad se vocans, multa cum ipsa disputavit secreta, et postremo sermonem talibus conclusit verbis : « O nobis semper fidissima et merito dilectissima, Christo gratias agimus quod te superstitem relinquimus. Nam nullus sibi adjunxit [25] mulierem fide firmiorem, in omni bono probabiliorem. Itaque gratiam habeas quod nos sedulo mitigasti iratum, et in omni re utile nobis dedisti consilium, nos sæ-

---

VARIÆ LECTIONES.

[17] egressus 2. 3. regressus 1. [18] *ita corrigo.* In fiducia 1. *et ed.* [19] *vocem recepi ex Ekkehardo qui hæc habet:* industria, fortitudine, vultu patrem similabat. [20] winethusum 3. [21] erpesford 3. [22] *ita* 2. dietmoet 1. dicmut *Cl.* demot 3. [23] winethesusinensis 1. [24] unilebun 1. imilebun 2. imilebi 3. [25] coniunxit 2.

pius revocasti ab iniquitate ad justitiam, et sedulo monuisti, vi oppresso facere misericordiam. Nunc te et nostros filios omnipotenti Deo commendamus et electorum Dei precibus, simul cum anima, quæ de corpore jam est recessura! » Hæc cum dixisset, et regina haud minus illi [26] gratias egisset, moerore plena ecclesiam est ingressa, se suaque omnia commendans Deo, sicut semper solebat. Interim discessit anima regis de ergastulo carnis. Sentiens autem sancta Dei plebis lamentatione, inclitum virum rebus humanis excessisse, prostravit se in orationem, et ipsius animam commendavit in Christi fidem. Postea surgens interrogavit, si adhuc aliquis jejunaret, qui animæ sui domini missam decantaret? Audiens hoc Adeldach [27] presbiter, respondit festinus : « Domina, nondum quidquam gustavimus. » Venerabilis regina olim induerat duas armillas mira arte celatas, quæ tanta firmitate brachiis fuerant circumdatæ, ut sine auxilio fabri nullatenus possent divelli. Has tunc minimo tangens digito, citius dicto excussit, ita ad presbiterum dicens : « Accipe tibi hoc aurum, et canta missam animarum. » Quamdiu enim venerabilis domina postmodum vixit, eidem presbitero magnam exhibuit gratiam, numquam tradens oblivioni quod primam missam decantaverat animæ regis Heinrici; et ob memorem causam hujus facti ipsi impetravit episcopalem dignitatem [28] (27) apud filium suum Ottonem. Cum autem finita esset missa animarum, regina flens intravit cubiculum, ubi jacebat corpus mortuum, et intus invenit regales filios multum lacrimantes, simulque cum eis omnes militum principes. Hæc ut vidit inclita regina, decoras genas lacrimis est perfusa, et exanimi corporis pedibus provoluta amarissime flebat, sicut venerandus rex erga se promeruerat. Sed tantam illi Deus contulerat gratiam et tam laudabilem temperantiam, ut nec per impatientiam illum offenderet, et tamen digne regis obitum plangeret. Tunc filiis ad se vocatis, talibus eos verbis admonuit, dicens : « O filii karissimi, hæc sedulo inducite vestræ menti [29]. Deum timete [30], et ipsum in omnibus semper honorate [31], qui talia potens est facere. Hic merito vocatur rex et dominus, qui tantam potestatem exhibet pauperibus et divitibus. Desistite jam contendere pro transitoria dignitate; talem finem capit omnis mundana gloria. Beatus est ille, qui sibi præparat æterna semper permanentia. Nec inde vester animus contristetur, quis vestrum alteri præponatur. Memoriter

A retinete, quod in Evangelio dicitur veritatis ore : « Omnis qui se exaltat, humiliabitur, et qui se humiliat, exaltabitur (*Luc.* xiv, 11). » Post hæc rite paratis omnibus quæ necessaria erant ad funus, maximo cum honore corpus in Quitilingoburc transportabant, ubi ipse requiescere decreverat; ibique honorifice tradiderunt sepulturæ. Tunc regina venerabilis supra memoratam abbatissam monasterii [32] Winithehusinensis ad se iterum vocavit, et congregationem sibi subditam illuc transferri admonuit. Quod abbatissa primo rennuit, sed postmodum imperante ejus filio Ottone consensit.

9. *De electione Ottonis regis.* Post excessum incliti regis Heinrici, ductores primi conveniebant et de statu regni consilium habebant. Perplures dijudicabant, Heinricum regno potiri, quia natus esset in aula regali ; alii vero desiderabant Ottonem possidere principatus honorem, quia ætate esset major et consilio providentior. Quid plura ? Disponente providentia Dei, sceptrum regiminis cessit Ottoni (*Aug.* 8). Inde magis ac magis inter fratres convalescebat discordia, quæ inter ipsos versabatur ab infantia. Assidue litigantes, nil pacificum mutuo loquebantur. Tunc regius juvenis Heinricus multa sustinuit adversa, quæ inclita mater econtra salutaribus disciplinis lenivit, et sedulo ammonuit Scripturæ dicentis : « Quem enim diligit Dominus, corripit, et quasi pater in filio complacet sibi (*Prov.* III, 12). » Hic multa de angustiis ejus prætermittuntur, quia si per singula volverentur, narrantibus simul et legentibus prolixa viderentur. Tandem mediator Christus Jesus nolens fratres inter se diutius discordare, per sanctæ matris meritum, illos concordavit in unum (*an.* 939-941). Post hæc rex Otto præfecit fratrem suum Heinricum ducem super Baoariorum gentem (*an.* 946). Sanctus vero Bruno, ætate minimus, adhuc degebat sub censura litteralis disciplinæ, et læta indole de die in diem proficiebat in Christi servitute. Cum autem profecisset ætate et sapientia, rex adjunxit eum sibi per amorem fraternitatis in ministerium archicapellani. Interim obiit Wigfridus vir venerandus, qui archiepiscopalem Coloniæ sedem possedit ; et munere superni dispositoris Brunoni cessit episcopalis honor dignitatis (*an.* 955). Ascenso [33] (28) autem tanto culmine potestatis, nequaquam sibi inde crescebat tumor elationis ; sed sancta mens episcopi, se potius inclinavit humilitati, illud in memoria recondens,

VARIÆ LECTIONES.

[26] illi pro omnibus bonis sibi ab eo benigne impensis gratias 2. [27] *ita* 2. adeldac 1. [28] in Bremis *addit.* 2. [29] menti, quemadmodum sapiens quidam nos hortatur dicens : Omni tempore memorare novissima tua, et in æternum non peccabis. Verum qui rex est et dominus semper timete et honorate, qui nos de terra plasmavit et in terram redire facit, qui dominatur in regno hominum et cuicumque voluerit dabit illud, et humillimum hominem constituet super eo. Nolite contendere, etc. 2. *Igitur hic quædam omissa sunt.* [30] timere 1. [31] honorare 1. [32] *deest* 1. [33] accenso 1.

NOTÆ.

(27) A. 936. exeunte.
(28) Cf. Ruotgeri Vitam Brunonis, c. 30 ; caput 5 Vitæ alterius ex nostro transcriptum est.

quod Scriptura ammonet dicens : « Quanto magnus es, humilia te in omnibus (*Eccli.* III, 20). » Pervigil fuit sapientia, placabilis lenitate nimia, serpentis astutiam cum lege custodivit, et columbæ simplicis animum non amisit. Gregem sibi commissum dilexit, et per baculum disciplinæ multos ab errore eripuit, quosdam collationibus assiduæ disputationis ad meliora ducens, quosdam placidæ maturitate doctrinæ desiderio sanctæ conversationis implens. In sermone fuerat mitis, in doctrina humilis, malorum acerrimus destructor, et veritatis studiosus assertor ; humillibus blandus, superbis severus. Quosdam intra septa gregis suscipiens, ex lupis oves fecit, alios extra septa enutrivit. Et quidquid aliis docuit, ipse primum implevit. Necnon in eadem civitate extruxit quam plurima monasteria. In omnibus etiam exstitit fortis athleta Dei et propugnator Christianæ fidei. Quid mirum, filios in bono proficere quorum mater nunquam cessabat Deo servire ?

10. *Qualiter post obitum mariti vixit.* Quis scripto valet comprehendere vel cujus lingua poterit explicare, quam gloriosus amor Christi flagrare cœpit in mente illustris reginæ Mahthildis post obitum Heinrici regis ? Stabilis permansit in fide, humilis in Dei timore ; cujusque disciplinæ memor extitit, et justitiam cum religione retinuit ; ad omnem tolerantiam fortis, et ad sustinendam injuriam mitis, facilis [34] ad faciendam misericordiam, gerens pacem fraternam. In omnibus ejus actibus et confabulationibus laudabilis apparuit gravitas et admiranda dignitas, tamque se honestam exhibuit in pudore, ut perplures [35] arbitrarentur illam esse virginem, ni vidissent [36] egregiam prolis fœcunditatem. O quanta reverentia Dei timoris ! Semper intendebat studio orationis et quam [37] forti animo se præparavit ad resistendum diabolo, fiducialiter gerens scutum fortitudinis ad expugnandum secularis pelagus temptationis. Transitoriis enim rebus non implicata, Christum solummodo secuta est. Noctis (29) quoque tempore, quando omnibus mos est requiescere, collocavit se in lecto quasi causa dormiendi, ut sic celaret intentionem operis boni, et parumper est dedita somno, ut potius confortaretur ad serviendum Deo. Postquam autem persensit dormire omnes in cubiculo secum pernoctantes, spreto fulgenti stratu clam surrexit, atque cubicularem puellam tacita excitavit ; exin gressu [38] suspenso exiens cubiculo, ecclesiam intravit sancta celebritate ymnorum, non stipata turbarum obsequiis, sed incedebat sine humano favore, gratia Christi secum comitante ; pernox in oratione non cessabat. Deo servire. Quotienscumque ecclesiam intravit, nunquam vacua manu ad altare accessit, nec rege vivente nec in viduitate. O quam feliciter consummavit longitudinem noctis in omni studio boni operis, et quam familiari voce ad Deum clamavit et veniam peccatorum postulavit, et qualem cum sanctis animabus meruit habere amicitiam, quibus a Christo imploravit requiem sempiternam ! Ante galli cantum totum finiverat psalterium, nisi brevitate noctis impediretur. Sentiens autem tempus appropinquare quo conveniebat [39] nocturnales laudes celebrari, recessit ad cubiculum cum silentio, et nesciente aliquo collocavit se in lecto, quasi totam noctem illic dormiendo egisset et nusquam inde pedem movisset. Dato autem signo ad nocturna, haud segnis surrexit, et properando iterum intravit ecclesiam, divinas laudes auscultans, et intento corde orationum instantia desudans. Post nocturnam vero omnibus egressis, intus mansit januis clausis, oculis ac manibus intendens in cœlum, invictum ab oratione non relaxavit spiritum, usque dum aurora lucis umbram depulit noctis. Postea ingressa cubiculum, reclinavit se pauilsper ad requiescendum, ut lassa membra reficeret, ne in famulatu Christi deficeret [40]. Interim confluxit multitudo pauperum, de ejus manu acceptura victum et vestitum. Quorum clamorem mox ut persensit, impigre de somno [41] surrexit ; esurientes misericorditer pascens, et nudos vestimentis induens, non dubitavit se Christi membra tegere sub inopum veste. Quibus etiam refectis, et quæ necessaria erant habundanter impensis, vestimenta viduitati congrua induit, et ecclesiam cum reverentia intravit. Nullus prævalet dicere quanta religione consueverat missam audire : nullum interim protulit verbum, sed actu pariter et habitu intendebat in Deum. Quid plura ? A matutina hora usque ad vesperam nemo illam conspexerat a bonis operibus otiosam. Non est etiam reticendum beatissimæ reginæ temperamentum, quod in omnibus suis laudabiliter servavit ; nam nec cibo aut somno amplius indulgebat, nisi quantum naturæ necessitas deposcit. O beata, quæ dolo caruit, et in qua pietas apparuit ! Mitis et pacifica et omnibus misereri promptissima, neminem judicans, neminem damnans, nulli malum pro malo reddens, nihil arbitrio suo agebat, sed per omnia ad nutum et voluntatem Dei tendebat. Omnes male agentes illam oderunt,

---

VARIÆ LECTIONES.

[34] mitis et affabilis fuit. Raro videbatur irata, vel commota, nemo vidit eam ultra modum merentem aut ridentem, neminem damnavit, nulli malum pro malo reddidit 2. [35] videntes 2. [36] nisi viderent 2. [37] ita 1. perquam *L*. [38] ita *corr.* ex ingressu *cod.* et ingressu *L*. [39] conveniebant 1. [40] Deinde surgens infirmos ubicumque audivit in vicino visitavit, necessaria præbuit 2. [41] somno sæpius 1.

NOTÆ.

(29) Widukind. III, 74.

et recte viventes dilexerunt. Magnam [42] adversus omnes injurias patientiam assumsit, et quæ excellens fuit regina, propter Deum multa sustinuit adversa. Raro videbatur irata vel etiam commota; nemo illam vidit ultra modum mœrentem aut ridentem. Miro caritatis splendore effulsit, modestiæ mirabilis amatrix et humilitatis placida sectatrix ; in se plerumque severior, in ceteris autem clementior, omnibus fuit totius bonitatis exemplum, largiendo, miserando, errantes convertendo. Quotiens sibi tributa solvebantur a vectigalibus, decimas inde dedit pauperibus et Christo famulantibus ; et quo ire pede non poterat, misso munere circuibat. Neque enim sunt tam parva quæ gessit, ut omnia litteris comprehendi possint, quia si quis universa numerare voluisset, immensum legentibus volumen edidisset.

11. *De tribulatione quam a filiis sustinuit regina Mahthildis.* Tunc diabolicæ fraudis astutia, semper invidens operanti bona, studuit Deo dilectam reginam a servitio Christi impedire sua callidissima temptatione, et contra venerandam Christi famulam quosdam excitavit perversos, ejus vitæ et virtutibus invidos, qui ad aures filiorum pervulgabant quod innumerabiles pecunias congregasset, et regalis [43] census [44] opulentiam penitus consumpsisset. Cum autem hæc et alia istiusmodi pervulgarentur regi Ottoni, graviter commotus, totum imperialiter [45] reposcebat, quod sancta Dei pauperibus distribuebat; ubique mittens exploratores, qui ejus nuntios, indigentibus munera portantes, expoliarent et contumelia affectos remitterent. Hæc et his similia cum immerito sustineret Christi famula, quod illi videbatur molestius, haut minus gravem injuriam sibi intulit Heinricus, quem miro affectu amoris cunctis præposuerat filiis. Ad extremum cogebant eam, dotales regiones relinquere et sacro velamine se consignare. O beatam dominam, quæ in multis temptata, nec tamen temptationi succubuit evicta! Quid creditur illi inesse mœroris, dum undique angebatur tanta vi tribulationis? Minus moleste ferret, si, Heinricus, quem egregie amavit, fratri non concordasset. Impia ergo discordia, quæ liber ipsos versabatur ab infantia, illos tunc consociavit ad iniquitatem, quos prius prohibuerat fraternam gerere [46] pacem. Contra hæc omnia venerabilis regina mirain in cunctis exhibuit patientiam et fortem in adversis constantiam ; custos oris sui, ne quid proferret incongrui, studiosa ad continuæ orationis usum, ut vinceret insidias adversantium, immo illata sibi injuria constantior,

et psalmistæ versiculi non immemor : « Dominus mihi adjutor est, non timebo quid faciat mihi homo (*Psal.* cxvii, 6); » leve existimans quid ferret, tantum ne Christo vilesceret. Nulli maledixit, sed propriis deputavit meritis quicquid angustiæ pertulit ab adversantibus filiis; semper retinens in memoria quod in sacra didicerat Scriptura : « Quia per multas tribulationes et angustias oportet nos introire regnum Dei (*Act.* xiv, 21). » Si quis autem calumpniam, quam patiebatur, ingemuit ipsa præsente, quasi cupiens mœrorem ipsius lenire, talibus verbis econtra fertur respondisse : « Rex Otto calumpniatur nobis, id nostris exigentibus meritis ; Deus autem sciat illum, qui contra nos excitaverit [47] nostrum amabilem filium Heinricum, cujus solamine sperabamus enatare quicquid nobis accidisset triste; nunc iste adversatur nobis, qui debuit esse consolator. Nequaquam tamen pati possumus, ut quid de eo inclementius dici audiamus; quia nunc a nobis præcordialiter diligitur, quamvis inimicus putetur. Illud autem nos graviter compungit recolentes, illum nobis dulcissimum erga nos esse tam amarum. Sed nil ageret, si regis juvamen sibi deesset ; Deus autem illi parcat, ne ab ipso ultionem recipiat. Utinam donante Deo sine amborum fieri posset periculo, ut propter nos tanta inter eos firmaretur pacis unitas, ne ulterius inirent inimicitias! » Cum autem sancta Dei vidisset, molestias filiorum sibi non minui, sed de die in diem plus augeri, relinquens quidquid rex Heinricus sibi dederat in dotem, in occidentali regione adiit Angerinensem [48] (30), cupiens adversantibus parcere filiis, ne incurrerent iram divinæ ultionis. Illic, Deo cooperante, haud minus quam consueverat quodque bonum exercebat. Post hæc divina dispositione regi innumerabilia supervenere flagella (31), retroversis victoriæ triumphis (*an.* 944), aliisque rerum nihilominus (32) secundis. Heinricum autem invasit morbi gravedo, quæ et illum purgavit a delicto. Et tamen superna miseratio illi pepercit feriendo, quasi Christus satisfaceret voto matris, quæ sedula prece ei exoravit veniam remissionis.

12. *Qualiter reducta sit.* Videns autem rex Otto quia nihil proficeret in prosperis ut prius, timuit usque ad mortem contristatus. Tunc sacerdotes et ceteri principes, quorum corda Deus illustraverat, ingressi ad venerabilem reginam Edith, cohortantur illam, ut admoneret regem, quatinus cum honore suam in regnum revocaret matrem. Quæ statim ingressa ad regem, sic ait : « Ne contristetur noster dominus, divinis flagellis correptus, revocetur

VARIÆ LECTIONES.

[42] magnas 1. [43] regales 1. [44] quasi publici questus pessumdaret omnia 2. [45] imperialiter 1. [46] gerens 1. [47] excitauerunt 1: excitauit 3. [48] ita 1. 3. in occidentales secessit partes 2.

NOTÆ.

(30) Enger igitur paterna ejus domus erat; cf. supra cap. 5.
(31) Auctor Liudgardis filiæ Ottonis morbum innuere videtur, ob quem rex Quedlinburgensi cœnobio Kinlingam villam contulit; d. 50 Sept. a. 944, Thornburgi.
(32) *I. e.* nihil minus quam.

vestra mater sanctissima, regnumque, ut convenit, prima possideat; et ut speramus, vestra omnia prosperabuntur et in pristinum restituentur [49] gradum. » Rex autem pœnitentia compunctus et commissi haut immemor reatus, Deo inspirante, in sancta matre se deliquisse cognovit. Haut mora, missis episcopis, ducibus ac comitibus et omnibus sapientissimis militum, matrem cum honore revocandam, præcepit Christi famulæ hujusmodi scripta deferri : « O venerabilis domina, Dei iracundiam jam satis nimiumque exacerbavimus in nos persecutione vestra. Fatemur quod peccavimus, et injuste contra vos egimus ; propter Deum nobis dimittite, et a Christo veniam remissionis implorate. Quodlibet supplicium libenter patimur, tantum ut vestra gratia fruamur. Ad hæc ut ad nos iter dirigatis, petimus ; nos et omnia nostra ditioni vestræ subdimus, insuper et restituemus quidquid vobis injuste abstraximus. Nil nobis jocundum erit, antequam vos videre contigerit. » Beatissima vero regina petitionem filii hilari mente percipiens, quidquid pertulerat adversi penitus tradidit oblivioni, nec diutius distulit, sed iter accelerans in Gruona [50] venit.

13. *De reconciliatione Ottonis et matris* (Oct.). Cum autem adventus venerabilis reginæ Mahthildis pervulgaretur ad aures regis Ottonis, multo comitatu obviam tendit, secum comitante regina Edith. Ut vero primum vidit Deo dilectam appropinquare, ab equo desiliit, et propius accedens, genu flexo in terram, veniam postulavit, dicens : « O omne decus nostri decoris, et solatium cujusque laboris, cujus meritis deputabimus, regnum quod possidemus. Sumite de nobis quodcunque supplicium vultis, ut nobis tantum liceat redire in gratiam reconciliationis. Jam satis luimus quidquid contra vos deliquimus ; nam ex illo tempore quo abscessistis a vestra dotali regione, retroversa est omnis prosperitas belli, necnon fractæ sunt nostræ vires, et crebro contra nos prævaluerunt hostes. » Contra hæc mater venerabilis, decoros oculos perfusa lacrimis, filio statim præbuit osculum pacis, quasi ab eo nihil pertulisset adversitatis, et animum supplicantis talibus consolabatur verbis : « Fili mi, nolite contristari ; speramus enim, vos veniam a Domino consequi ; nam si nostrorum non exigissent peccaminum merita, vestra ex parte nulla nobis obviassent adversa. Deus autem vobis tribuat indulgentiam per ineffabilem suam misericordiam, qui paratus est misereri cuique pœnitenti, si commissa perfecte defleverit et postmodum non admiserit. »

14. *De reconciliatione Heinrici*. Comperiens autem Heinricus, juvenis decorus et egregiæ matris nimium dilectus, regem Ottonem suum fratrem tanta satisfactione inclitam sibi matrem reconciliasse, haut minus pœnitentia compunctus, iter tendit, et ubi sanctam Dei invenit, talibus verbis eam est aggressus : « O venerabilis domina et, si fas est dicere, mater karissima, nos graviter contra maternam vestri dulcedinem deliquisse confitemur ; sed nunc veniam postulamus, quam non meremur. Attamen obsecramus vos per animam et nomen nostri patris, ut in pristinum vestræ gratiæ gradum nos redire concedatis. Non dubitamus quin a Christo consequamur veniam remissionis, si vos ex toto corde ignoscitis ; quia, ex quo vestram pietatem in iram provocavimus, morbi gravedine nimium periclitati sumus. » Quem venerabilis domina ut vidit lacrimantem et pro indulgentia humiliter supplicantem diutius pati non potuit, sed in hanc vocem celeriter prorupit : « Fili mi Heinrice, noli flere ; desiste, fili, desiste ! Mater enim tua ex te audire non prævalet hæc precantia verba. Propius accede, et matri tuæ osculum præbe. Deus fidelis sit tibi placabilis ; nos te diligimus, sicut prius ; nam non ignoramus quod te adversum nos excitavit persuasio inimicorum. » Haut mora, satisfactione tali percepta [51] rex Otto et dux Heinricus sanctam Dei introduxerunt in [52] dotales regiones, et sicut dignum erat primam constituebant. Post hæc mira inter matrem et filios erat pacis tranquillitas, et ad omne bonum unita voluntas ; in consolatione pauperum fuerunt unanimes, in constructionibus ecclesiarum et monasteriorum concordes. In matre erga filios mira fuit caritas, in filiis obedivit sancta humilitas ; et ut breviter concludatur, perseverabant pacis stabilitate usque ad obitum vitæ, diabolum conculcantes per caritatem, qui nuper inter ipsos seminaverat litis fomitem.

15. *De obitu Edith reginæ*. Interim contigit piam Edith reginam, perpetuo victuram, præsentem amittere vitam (*an 946, Jan. 26*). Rex autem Otto, jam provectæ ætatis (33) simul cum matre, ecclesias et monasteria construxit ; portans pacem et recte judicans, paternam in cunctis imitatus est pietatem. Post obitum Edith illustris reginæ tres (34) annos egit in viduitate, cunctis bonis operibus diligenter instabat, et sacras lectiones studiose legebat. Jamdum multis comprobarat casitate viduitatis et assiduitate orationum, sibi animum esse, a conjugali consortio se velle postmodum abstinere. Tunc construxit beatissima regina Mahthild monasterium in Palidi (35), illic congregans turmu-

VARIÆ LECTIONES.

[49] restituuntur 1. [50] grona 1. ad gruonam hilaris accelerauit 5. [51] perceptione 1. [52] deest 1. sed udest 5.

NOTÆ.

(33) Rex annorum tantum 34 erat, igitur hæc verba ad Mathildem potius referenda aut errori auctoris tribuenda sunt.

(34) Auctor Edithæ obitum anno 947 ascripsisse videtur.

(35) Pöldc prope Herzberg, ad radices silvæ Hercyniæ.

Iam [23] clericorum, quibus larga manu impendebat quæque necessaria (36). Interim vero obiit Lotharius (an. 950), Latinorum princeps egregius, cui regina Adelheit in matrimonium copulata fuerat, excellens morum probitate et generis nobilitate. Hanc quidam perversus, nomine Berengarius [24], multis infestabat injuriis, ut ea potita conjuge, dominium pariter sibi usurparet in regno Latinorum. Quod cum pervenisset ad aures incliti regis Ottonis, fratrem suum Heinricum et omnes principes militum convocavit, et ad bellum arma præparari jussit, dicens sibi esse animum regionem visitare Romanorum, superbienti Berengario ut resisteret et viduæ oppressæ subveniret. Quid plura? Rite paratis rebus, prospero cursu in Italiam pervenerunt (an. 951), et gratia Dei sors victoriæ contigit regi Ottoni in expugnatione Berengarii regis, et in ereptione Adelheidis. His itaque peractis, rex cum exercitu suo Christo offerebat sacrificium laudis, qui in omnibus suum adimpleverat votum, et contra inimicos confortaverat manum. Postea rex commendavit Berengarium fratri suo duci Heinrico custodiendum (57), præcipiens, illum in regionem Bajowariorum mitti et illic sub arta custodia constringi; ubi etiam præsentem vitam finivit (an. 964). Præfatam vero dominam Adelheidam gaudens secum duxit per civitates Latinorum. Videns autem, quod juxta esset prudentiæ et probabilis vitæ, suum animum illius amori indulsit, et in conjugium sibi copulavit. Postea aliquantum temporis in Italia commorabantur, et non multo post in regionem Saxonum proficiscebantur (an. 951-952). Illi autem per longum tempus regni solium possidentes, gratia Dei foecundabantur sobole regali. Primo procreabant puellam, inclitæ Mahthildis reginæ vocabulo dictam, quam rex Otto conjunxit in Quitilingoburc contubernio sanctimonialium juxta matris votum. Exinde gignebant puerulum, patris nomine vocatum; huic post obitum patris Dei ordinatione provenit dignitas regalis (an. 955). Quotienscumque beatissima domina Mahthild suæ sobolis partum comperit, Christo gratias retulit, cujus misericordiæ deputavit, quicquid sibi boni et hilaritatis contigit.

16. *De infirmitate et obitu Heinrici ducis, filii Mahthildis.* Igitur venerabilis regina multum hilaris effecta, quia filii de finibus Italiæ venerant incolumes, et in utroque sexu clara suæ sobolis multiplicabatur progenies; sed insperate dolor ingens accidit, qui hoc gaudium in mœrore penitus consumsit, et quem oblivioni non tradidit, quamdiu mortalis vitæ spiritum traxit. Heinricus, dux Bajowariorum præclarus, nimia infirmitate correptus est. Qui cum sentiret, morbi gravedinem non minui, sed magis magisque augeri, iter festinavit in Palidi, piam matrem videndi. Illic et sanctam Dei postremo vidit, atque in propriam regionem proficiscendi licentiam postulavit. Regina vero ægrotantem filium secum paucos dies retinuit, ejusque infirmitati omnem curam et medicinam adhibuit. Appropinquante autem die quo abire decreverat, sancta mater illi plurima prædixit, ac postremo his salutaribus verbis admonuit « Fili mi karissime matris tuæ [25] verba diligenter attende, et pœnitentiam tuorum age peccatorum, ut a Deo consequaris veniam. Nam versatur in dubio, quorsum hæc spectet ægritudo; ut enim timemus, tuam desiderabilem faciem ultra non videbimus. » Præter hæc per spiritum prophetiæ multa illi prædixit, quæ eventus rei postmodum comprobavit. Postea sese invicem amplectentes, oscula dederunt, multum lacrimantes. Quid plura? Heinricus in regionem Bajowariorum perrexit, et ibi quam plurimos dies ægrotando laboravit; usque dum Deo jubente anima de corpore exivit, et ut speratur, paradisi januam introivit (an. 955, Nov. 1). His ita peractis, in urbe Ratispona sepelierunt corpus incliti ducis. Tunc venerabilis domina Judit, illustri viro legali vinculo conjuncta, misit nuntios, grave nuntium piæ matri indicaturos. Qui cum recto cursu in Quitilingoburc venissent, et tristem ducis obitum principibus indicassent, per totum diem omnes in dubio versabantur, a quo sanctæ Dei hæc placide nuntiarentur. Altera vero die postquam missam audierat, cum dialogum accepisset in manum et studiose intendisset legendum, Richburch sua fidelis pedissequa intravit, et nuntios de regione Bajowariorum venisse indicavit. Quæ statim mœrore concussa, quasi mali quod acciderat præscia : « Jube illos, inquit, accersiri, ut comperiamus quomodo se habeat infirmitas filii nostri. » Qui cum fuissent ingressi et coram data esset copia fandi (VIRG. Æn. 1, 520), reginam salutaverunt, et adhuc nil triste dixerunt. Illa autem multa interrogavit super filio corde sollicito, si se lenius haberet infirmitas, vel quomodo apud ipsum ageretur rerum prosperitas. Legati vero de his pauca respondentes, epistolas præsentabant pertristes, quæ causam continebant, quam ipsi indicaturi venerant. Ut ergo cognovit gloriosa regina ex litteris, dilectum filium suum ex hac vita migrasse, pallor in facie apparuit, et gelidus tremor per omnia membra cucurrit, et liber, quem in manibus tenebat, cadentem vultum suscepit. Cum autem paululum refrigesceret mœroris asperitas, statim prorupit in lacrimas, et totum diem flendo peregit, nec præ doloris amaritudine quicquam cibi eo die gustavit. Convocans autem sanctimoniales ad ecclesiam, illas exhortabatur pro

VARIÆ LECTIONES.

[23] *ita codex;* tria millia *Aci. SS. et Leibn.* [24] berengarius 1. [25] Ultima m. 1. v. fili c. 2.

NOTÆ.

(36) Cf. diploma spurium apud Maderum Antiqq. Brunsv. p. 107.
(57) Berengarius prima expeditione victus quidem, sed in regno relictus est, et cum deinde caperetur, jam obierat Heinricus. LEIBN.

defuncto misericordiam Domini implorare; et ipsa primum flectens genua, hanc orationem effudit pro cari filii anima : « O domine Deus omnipotens, miserere animæ famuli tui, quam de hoc seculo migrare jussisti : memento, quæsumus, quod perraro jocunde vixit, et omne tempus mortalis vitæ pene in angustia peregit. » Post hæc ab oratione surrexit, et ad sepulchrum regis Heinrici gressum mediocriter tendit ; super quod caput inclinans, sic illacrimans ait : « O noster domine, quam felicior nobis extitisti, qui hanc amaritudinem doloris non expectasti in stadio vitæ mortalis! Nunc, ut speramus, gaudes in requie, nec quicquam curas de nostra perturbatione. Quotiens acerbum diem tuæ mortis menti induximus, hac sola consolatione respiravimus, quod [56] dilectissimi filii nostri vita superstes erat, qui ore [57], nomine et habitu te maxime referebat [58]. » In hac etiam die herilia deposuit vestimenta, quæ in viduitate pro ornamento habuit. Post obitum enim memorandi regis Heinrici assidue induit coccinum (58) unius coloris, non in publico, sed sub lineo vestimento, et pro decore ornamenti ante se gessit parum auri. Hoc totum tunc deposuit, et postmodum lugubri veste induta processit. Posthac neminem voluit audire carmina secularia cantantem, nec quemquam videre ludum exercentem, sed tantum audivit sancta carmina [59] de evangeliis vel aliis scripturis sacris sumpta, necnon in hoc sedulo delectabatur, ut de vita vel passione sanctorum sibi cantaretur. Cetera mundi delectamenta [60] respuit, et tota [61] intentione divino famulatui tantum intendit; Deum [62] in omnibus et super omnia diligens, et nihil [63] ejus amori præponens [64]. Resplenduit in ea aurum justitiæ, gemma misericordiæ, gravitas amabilis, honestas admirabilis, sermo modestus et in suo tempore congrue preferendus. Numquam reticuit quicquam loqui idoneum fuit. Peregrinis, viduis et pupillis præerat, sicut mater filiis. In omnibus quæ fecit, temperantia justitiæ sibi non defuit.

17. *Quanta cura elemosinam impendebat egenis.* Difficile est enumerari quantum intendebat venerabilis regina elemosinarum largitati. Bis in die omnigenis ciborum deliciis inopes recreavit; insuper cum accederet [65] mensæ regali, præcepit peregrinos et indigentes convocari, illis devote distribuens alimenta, quæ sibi apponebantur lautissima, credens se pascere Christum sub specie pauperum. Si aderat monasterium, tria [66] superposita mensæ misit Christo famulantibus et in ægritudine decumbentibus, sin autem abfuit monasterium, ceteris indigentibus hæc eadem porrexit. Quid autem mirum, quod hominibus larga fuit et benivola, quæ gallo cotidie ministravit, qui lucem diei nuntiat et quosque fideles ad Christi servitium excitat. Nec etiam oblita est volucrum æstivo tempore in arboribus resonantium, præcipiens ministris, sub arbores projicere micas panis, ut si quis de volucribus supra sedisset, in nomine Creatoris illic alimoniam inveniret. Porro ubicumque iter egit, juxta currum candelas portari jussit, quas singulis divideret oratoriis, et simul cibos, quibus in itinere obviantes reficeret egenos. Sin autem intenderet lectioni vel psalmorum decantationi, ut ipsa prætereuntes videre non posset, aut si caput somno inclinaverat, quia in bonis actibus noctem pervigilem ducere solebat, Richburgam sibi ministrantem sanctimonialem præcepit diligenter observare, ut nullus præteriret pauperum insalutatus vel de suis largitionibus non [67] recreatus. Si vero illa negligente aliquis pertransiit egentium non percipiens alimentum, statim caput elevans de somno, quasi spiritu prophetiæ plena, præcipit currum stare et egenum qui transierat revocare, præbens illi victum seu aliud necessarium. Post hæc paullisper commota, sanctimonialem salutaribus verbis admonuit, ut deinceps diligentius observaret, quidquid suæ fidei commendasset. Vox egeni numquam apud illam inaniter sonuit, nec ipsa surda præteriit [68]. Non minor erat misericordiæ usus, quam de plebe concursus; nec deerant qui peterent, nec deficiebat quod donaret. In quacumque civitate [69] commorabatur hieme, per totam noctem ignis ardebat in singulis tectis quæ ibi fuerant, et insuper sub aere nudo [70], ut quisquis indigeret, illic sese calefaceret, aut quisquis in caligine noctis erraret, viso lumine non offenderet. Præter cotidianam largitatem elemosinarum singulari honore celebravit sabbatum, a prima quippe hora, immo ab ipsa aurora lucis, numquam vacavit ab operibus bonis. Mane balneum præparari jussit, et pauperes peregrinosque lavari jussit. Aliquando vero cum se a populi frequentia abripere potuit, ipsa occulte ingrediens, manibus propriis sordes diluebat singulis, et quæ multis imperabat regina, pauperibus serviebat quasi ancilla. Si vero ipsa impedita est ingredi, circumfusa multitudine populi, suas intromisit pedissequas, quas in fide apud se noverat probatissimas, ut necessaria egenis ministrarent, et in vice ejus ipsis humili er deservirent. Egredientibus autem illis de balneo,

VARIÆ LECTIONES.

[56] quid 1. [57] voce 2. [58] Ipso subtracto, jam quæ nobis spes et consolatio nisi in Deo *addit* 2. [59] secularia cantantem *addit* 1. [60] oblectamenta 2. [61] *ita corrigo*; tuta 1. [62] D. vero ab ipsis cunabulis in 2. [63] nil 1. [64] p. quod ex prudentibus ejus virtutum præconiis conici poterit. Nam ut beatus Gregorius ait : Numquam est amor Dei otiosus; operatur enim magna si est; si vero operari renuit, amor non est 2. [65] accideret *Erath*. [66] rex 1. ter L. tres superpositiones 2. [67] deest 1. [68] sed ei quæque necessaria tribuit *addit* 2. [69] In quocumque loco 2. [70] sub divo 2.

NOTÆ.

(58) *Vestem coccineam* Ekkehardus scribit, et ita coccinum intelligendum esse, ex Widukindo III, 74, prodit, ubi dicit, Mathildam nihil de honore regio minuisse.

omnes cubiculum introduxit, esurientibus dans alimenta et nudis vestimenta ; quia non dubitavit, membra Christi tegi sub largita veste inopi. Laborantibus autem in infirmitate, qui ad se non poterant venire, misit poma et quæ inter regales cibos videbantur optima; et sæpe accidit gratia Dei, ut qui infra decem dies nil gustaverat cibi, per ejus merita perciperet refectionem pariter et salutem. Nec hoc silendum esse censeo, quare tali reverentia custodiret sabbatum. Primo quidem propter vigiliam dominicæ resurrectionis, quæ in hac die celebratur per circulum orbis; dehinc quia venerandi regis Heinrici anima in eadem die de corpore soluta est, et, ut speratur, paradisi januam est ingressa. Quamdiu ergo sancta Dei vixit, studiose observavit incliti regis octavum, tricesimum et diem anniversarium. Nullus etiam dubitet, quin ejus bona opera placuissent Deo, quæ tanta devotione operabatur in sabbato; nam ipsa quoque eadem die de hoc seculo migravit, et de labore ad requiem pervenit.

18. *Quia nunquam ocio indulserit ; et de pane pauperi de monte projecto.* Festis diebus, quibus non licitum est insistere manuum operibus, ipsa legit [71] vel legentibus aurem accommodavit, et quidquid sacra Scriptura præcepit, memoriter tenuit. Cotidianis vere diebus psalmodiæ et divinæ lectioni inhærebat, nec minus manuum operationi instabat. Si quando autem impediebatur diverso populorum sermone, solito more divini operis studium celebrare, hora saltem refectionis stans ante mensam, nihil cibi gustavit, priusquam aliquid operis faceret, illud non obliviscens quod dicit Apostolus : *Qui non operatur, nec manducet* (II *Thes.* III, 10). Clementia vero Dei omnipotentis meritum venerabilis reginæ nolens diutius latere, per illam operabatur miracula, ut liquido cunctis innotesceret, quantum sibi obsequentis vita placeret. Nam dum quodam tempore in Quitilingeburc anniversarium diem regis Heinrici magno apparatu celebraret, ut semper consueverat, tanta confluxit multitudo pauperum, ut nullo possent comprehendi numero. Regina vero illorum adventu hilaris effecta, præcepit quosdam collocari in cacumine montis, et ceteros in imo vallis, ipsa ministrans in monte vescentibus, alios vero commendans dispensatoribus. Cum autem omnes regales cibos impendisset, et larga manu quæque necessaria habundanter ministrasset, adhuc tortum panem [72] non perceperant, qui in valle sedebant. Stans ergo illa supra montis verticem, subito arripuit panem, super quem signum crucis imponens, invocato Christi nomine, projecit ab alto cacumine; qui volutus de loco in locum, inter densitates saxorum et sepium integer pervenit in cujusdam pauperis sinum, cui illum decreverat dandum, coram astante plurima multitudine populi, qui ejusdem testes fuerant miraculi. Ad hæc beatissima regina Christo gratias humiliter egit, cujus munere et virtute id noverat evenisse. Sed et alio nihilominus in eadem civitate [73] est declarata miraculo.

19. *De cerva, quæ ampullam devoraverat.* Mos quippe fuerat sanctæ dominæ, cotidie sacerdoti ad missam præsentare oblationem panis et vini pro salute et utilitate totius sanctæ ecclesiæ. Quadam ergo die, finita missa, una aurea ampulla incaute est perdita, in qua sancta Dei ad sacrificium vinum obtulerat. Richburc autem pedissequa ejus et aliæ sibi ministrantes, nimio timore coangustatæ, ubique requirebant, et invenire non poterant. Sequenti vero die cum cantaretur missa, Christi famula solitam reposcebat ampullam a sanctimoniali prædicta ; quæ perfusa rubore dixit, furto es e sublatam. Post missam regina ecclesiam egressa est, paullulum commota; statimque obviam habuit quamdam cervulam [74] infra claustra monasterii edomitam ; quam ut vidit, blando nutu ad se vocavit, adjurans per nomen Christi, ut sibi vas redderet, quod devorasset. Bestia autem virtuti imperantis obediens, dicto citius ampullam evomuit, haud immerito illius præcepto parens, quæ Deo semper fuit obediens. Omnes qui aderant Deo gratias agebant, quia regina de bruto animali vas illæsum recepit, quod nec ipsa devoratum viderat, nec ab aliquo audierat.

20. *De prophetia sanctæ Dei.* Non etiam prophetiæ dono caruit, quæ signorum efficacia enituit. Regalis progenies quodam tempore in Fraso (39), conveniens, pariter venerunt regales pueri, filiorum scilicet filii, Otto puer filius Ottonis imperatoris, et Heinricus natus Heinrici ducis Bajowariorum; et sicut venerabilis regina hunc præ ceteris suis natis dilexerat, ita et filium ejus Heinricum, suum parvulum nepotem, aliis nepotibus in amore præposuit. Sedente igitur Mahthilda venerabili ad epulas regalis mensæ et secum Adelheida [75] regina, coram asiabant pueri jocantes ludo infantili. Tunc Heinricus mensæ accessit propior, qui sanctæ Dei fuit carior, egregiam aviam diligenter intuens, ac familiariter se reclinavit in ejus gremium, tamquam ab ea desiderans osculum. Quem venerabilis regina gratanter suscepit, et amplectens illum brachiis, sic ait : « O domine Deus omnipotens, gratias tuæ pietati referimus et laudes, qui hunc parvum nepotem nobis reservasti incolumem, cujus patrem atra dies mortis abstulit. Sed gratias tibi, qui hoc nomen de nostra generatione delere noluisti. Hunc nobis, quæsumus,

---

VARIÆ LECTIONES.

[71] *Ekkehardus ex Widukindo III.*74. tradit, eam ancillas litteris instituisse, et pergit : Nam et ipsa litteras novit, quas adhuc adolescentula in monasterio Hervordiensi , avia sua matre Theodorici ejusdem loci abbatissa docente, didicerat; *quod supra cap.* 2. *legerat.* [72] quos dare solebat tortos panes 2. [73] eodem castello 2. [74] capreolam 2. [75] adilheida 1.

NOTÆ.

(39) Frose ad Albim.

salvum reserva, quamdiu velis mortali nos tenere in vita, ut nostrum amabilem filium Heinricum per nomen saltem imitetur et vocem. » Tunc et venerabilis regina Adelheit sic ait : « Quam exoptabilis est hujus pueri aspectus, et quam decorus ad intuendum vultus! Ubi ergo invenietur virgo, quæ ei conveniat forma et ingenio? Nos natam habemus parvulam, nomine Hemmam (40); hanc illi reservemus, si Deo placet et vobis, ut nobis copuletur hic gener exoptabilis. » Econtra Christi famula reticuit, et diu in responsione hæsitavit. Post hæc longa trahens suspiria, hæc reddidit verba : « Absit, ut de nostra parte vobis eveniat tantum triste; expedit enim filiæ vestræ feliciori se viro adjungere. Hoc nomen tunc solummodo decus habuit, quamdiu dominus noster Heinricus vixit. Postquam autem in posteros venit, numquam infortunio caruit. Quid dicimus de angustiis et tribulationibus quas sustinuit pater ipsius? Sed enim adhuc in divina dispositione est quid huic debeat accidere. Speramus autem, hoc nomen non excidere de genere nostro, priusquam aliquis parvulus nepos oriatur de ejusdem parvuli semine, qui sublimetur regali dignitate. » Quis [76] autem dubitet, electæ Christi famulæ prophetiam in christianissimo rege Heinrico nunc esse impletam; qui sine vi et armis, suscepit culmen regiminis, et tranquillitate pacis nunc tenet honorem dignitatis ? O rex Heinrice, merito laudande, induc etiam atque etiam menti tuæ prophetiam insignis reginæ, et cognosce te tantæ dignitatis ascendisse solium per ipsius interventum et meritum. Dominus Deus omnipotens, qui te elegit et sine vi culmen honoris concessit, tribuat tibi copiam benedictionis suæ, coronetque te corona justitiæ; faciat te blandum justis et terribilem impiis, quatinus justitiam sectantes per lenitatis mansuetudinem corrobores, et errantes per justitiæ districtionem terrifices. Angelus Domini te semper præcedat, comitetur et subsequatur, qui omnes actus tuos dirigat, et cunctos inimicos sub tuis pedibus conterat, ut ad profectum sanctæ ecclesiæ diuturno vivas tempore, et postmodum vitam percipias sine fine. Autor hujus dictatus non omitteret, quin tibi, rex gloriose, perpetuæ felicitatis et mundanæ prosperitatis plus exoptaret, si non ab invidis magis deputaretur vituperationi adulationis, quam caritati veritatis. Supersunt plurima de te laudabiliter dicenda; sed hæc prætermittenda sunt, ut ora invidorum obstruantur.

21. *De unctione Ottonis regis.* Revertendum est ad priora, ut ad finem perducantur incepta. Cum igitur longe lateque divulgarentur innumerabiles A virtutes reginæ Mahthildis, mira opinione laudis vocatus est filius ejus rex Otto in regnum Romæ a præsule sedis apostolicæ, ut gloriam imperialis coronæ perciperet, et Romanis præesset (*an.* 961). Tunc commendans regnum et Ottonem, parvum filium suum, piæ matri et archiepiscopo Wilhelmo, secum tulit fortia virorum pectora, et Christo duce Romam properabat, sicut papa mandaverat, secum comitante regina Adelheida. Cum autem pervenisset ad cathedram sancti Petri, simul cum uxore imperialem coronam accepit munere Christi, et totus populus Romanorum se sponte subjugavit ipsius dominatui, et sibi solvebant tributa, et post illum ceteris suis posteris (*an.* 962, *Febr.* 2). Interim venerabilis regina inter spem et metum angebatur dubia, utrum B filio suo evenissent prospera an adversa, et pro incolumitate ejus vitæ Deo semper obtulit sacrificium continuatione precum et largitate eleemosinarum. Tunc etiam construxit monasterium in civitate Northusunensi [77] consensu sui parvuli nepotis Ottonis, pro anima regis Heinrici et sui carissimi filii, cui patris nomen imposuerat, et quem in præfata civitate procreaverat. Illic congregaverat turmulam [78] sororum Deo et beatæ Mariæ virgini famulantium. Interea pervulgabatur Ottoni imperatori in Roma, suam optimam matrem nimium contristari de ejus absentia; qui miro accensus amore Christo dilectam videre, statim reliquit Romam et pervenit in civitatem Coloniam, ubi frater ejus Bruno venerandus C archipræsulatus tenebat infulam (*an.* 965, *Mai.-Jun.*). Illic sancta venerabilis regina filio obviam venit cum nepote parvulo, quem Romam petens sibi commendaverat, secum etiam comitante herili puero Heinrico, quem in loco filii dilexit, postquam idem dux Bajowariæ, filius scilicet ejus, ex hac vita discessit. Venit et regina Gerbirc, sanctæ Dei filia. Illic regalis conventus postremos alterutrum dedit amplexus, et illic sortiti sunt extrema collocutionis verba, id ita disponente divina clementia. Postea enim se non viderunt in hoc mortali corpore, sed ut speramus in æterna nunc congaudent requie.

22. *Quomodo vestigia filii Ottonis deosculaverit.* Ergo inclita regina primum a cæsare et filio suo archiepiscopo Brunone ceterisque illic confluentibus honorifice suscepta, suos gavisa est se vidisse D filios et nepotes, necnon Christo referebat laudes et gratias pro incolumitate omnium. Postea vero quam se mutuo salutarunt, ingressi sunt cubiculum, inter se producentes familiare colloquium. Interim introiit episcopus Baldericus (41), qui fuit magister Brunonis archiepiscopi temporibus regis Heinrici, et omni-

VARIÆ LECTIONES.

[76] Quis dubitet, hanc prophetiam in Heinrico Babenbergense ipsius pueri postea filio adimpletam, qui post ducatum Bajoariæ optime administratum, Ottone tercio imperatore reuerendæ ipsius Mahthildis pronepote defuncto, ipse nichilominus pronepos imperii suscepit coronam? Preterea eadem Dei famula, etc. 2. — [77] northusunensi 1. *constanter.* — in castro Northusun 2. — [78] *ita et* 2.

NOTÆ.

(40) Nupsit a. 966 Lothario regi Gallorum.
(41) Trajectensis; non ut Ekkehardus vult, Leodicensis.

bus caput inclinans, regalem conventum benedixit. Post hæc ad sanctam dominam Mahthildam specialiter infit : « Lætare, venerabilis regina, talibus muneribus a Deo honorata ; nunc vides filios tuos et illorum filios! Vere adimpletus est in te versiculus psalmistæ, qui ait : *Et videas filios filiorum tuorum* (*Psal.* cxxvii, 6). » Econtra regina Deo gratias egit, sicut semper solita fuit [79]. Tunc disseruit filiis et nepotibus suis de constructione monasterii Northusunensis, et quali [80] angeretur timore, ut inceptum opus non posset perficere ; tandem sic ait lacrimis perfusa : « Istud monasterium nostræ ædificationis extremum est opus, ut æstimamus. Ætas nostra ad laborandum est fragilis, insuper ceteris distribuimus monasteriis possessiones et rerum facultates ; quapropter commendamus vobis omnibus, ut inceptum opus perficiatis ; quia inchoavimus pro anima nostri domini et carissimi filii Heinrici, nec non pro regni stabilitate, et vestrum [81] omnium incolumitate. » Ad hæc imperator Otto coram omnibus respondit : « Deus secundet vestra incepta ; nostra non deerunt auxilia, quin etiam cohortamur filium nostrum Ottonem et cæteros nostros nepotes, ut illis subsidium præbeant, quamdiu vivant. » Postea pariter perrexerunt in civitatem Northusunensem, ad videndum ipsam congregationem. Tunc Deo dilecta regina sanctimoniales convocavit [82], et omnes imperatori commendavit. Ille autem omnes placido animo et hilari vultu suscipiens, Deo commendavit, dicens : « Sancta Dei genitrix virgo Maria, cœlestis [83] regina, illas [84] clementer suscipiat et per amorem filii sui [85] semper custodiat, ut Deum solum præ omnibus diligant, et illi tota mente deserviant, non pro appetitu humanæ laudis, sed solo desiderio æternæ remunerationis [86]. Ad hæc precamur, ut filii nostri ac nepotes tali misericordia commoveantur erga has sanctimoniales, ut quamdiu remaneat una sanctulula nostræ sobolis, illis numquam desit adminiculum consolationis. » Tunc [87] pro se suorumque salute parentum vel nepotum hæc omnia iterando firmabat, quæ sancta Dei consensu nepotis sui antea dederat, insuper et illa addidit quæ mater desideravit. Postea per tem dies [88] in eadem civitate commorabantur, et sancta regina filio commendavit quamplurima, quasi in hoc mortali corpore ulterius eum non esset visura. Ut autem dies illuxit quo rex abire decreverat, mane surgentes in longum produxere sermonem, multum lacrimantes. Post hæc ingressi sunt ecclesiam, pariter audituri missam, et venerabilis regina hilaritatem vultu simulabat, sed magnum dolorem corde premebat. Finita autem missa, filium talibus verbis iterum est aggressa : « Fili mi carissime, se-

dulo inducite vestræ memoriæ omnia quæ in [89] hoc loco commendavimus fidei vestræ. Sæpe hic jucunde viximus, et de periclitatione partus nos eripuit Deus. In hac civitate fratrem vestrum Heinricum procreavimus, quem propter paternum nomen nimium dileximus, necnon et hic nata est soror vestra Gerbirg. Ergo quia per intercessionem sanctæ Mariæ virginis in hoc loco bis enavigavimus angustias partus, hujus monasterii [in ejus honore [90]] fundamentum posuimus, et maxime pro anima vestri genitoris et fratris et pro incolumitate vestra, sicut supra memoravimus. Quapropter convenit ut, quotiens horum [91] memineritis, propter nos majorem compassionem in hoc loco commorantibus exhibeatis. Ad hæc, ut opinamur, extrema collocutionis verba hic inter nos sortimur. Quid plura? Hæc ultima vestræ matris visio hujus monasterii sit [92] admonitio.» Tunc imperator compunctus corde, promisit se omnia impleturum quæ postulaverat. Deinde pariter egressi ecclesiam, substiterunt ante januam, et amplectentes se invicem, fletus utrorumque humectavit faciem. Postquam autem oscula mutuo dederunt, omnes qui aderant lacrimas fundebant. Regina vero in ipsis foribus sistens gradum, euntem filium deducebat ad equum claro intuitu oculorum. Exinde ecclesiam ingressa, propere ad locum contendit, in quo imperator, dum missa cantabatur, steterat, et flectens genua, abeuntis filii lacrimando deosculabatur vestigia. Hæc ut vidit Witigo comes et ceteri, qui adhuc substiterant, milites, gemitu perculsi exierunt, et hæc imperatori dixerunt. Qui statim ab equo desiliens, ad ecclesiam revertebatur ingemiscens, et ingressus invenit illam adhuc in eodem loco orantem et multum lacrimantem, statimque pronus in terram cadens, ita locutus est : « O venerabilis domina, quali servitute has lacrimas vobis possumus rependere? » Iterumque aggressi, perpauca dixerunt voce lacrimabili. Postremo venerabilis regina sic ait : « Quid nobis prodest diutius morari? Quamvis nolentes, cogimur tamen ab invicem divelli ; et nos [93] intuendo dolorem non minuemus, sed potius augmentabimus. Ite jam in pace Christi ; nostram faciem ultra non videbitis in carne mortali. Ut æstimamus, nil prætermisimus, sed vestræ fidei commendavimus omnia quæ mente gerebamus. Tantum animæ nostræ hæc munera remittite, ut hunc locum sedulo inducatis vestræ memoriæ. » Imperator vero inde pergens, peragravit alias urbes Thuringiæ regionis. (*an.* 966), postea iterum Romam perrexit, filio suo secum comitante (*an.* 967).

22, 23. *De ægrotatione Mahthildis.* Jamjam appropinquavit hora multis luctuosa, in qua Deus animam

---

VARIÆ LECTIONES.

[79] quod sibi Dominus ex Syon in tantum benedixit *addit* 2. [80] quasi 1. [81] virorum 1. [82] ita corrigo ; convocari 1. [83] cœli 2. [84] has famulas suas 2. [85] s. domini nostri Jesu Christi 2. [86] retributionis 2. [87] Mox manu sua confirmat quæ 2. [88] menses 2. [89] de 2. [90] i. e. h. *desunt* 1. [91] ut quorum 1. [92] sit frequens a. 2. [93] uos 1.

inclitæ reginæ de carnis ergastulo voluit dissolvi, ut percieret præmium laboris et gloriam æternæ remunerationis. Per [94] circulum totius anni laborabat ægrotatione gravi, sed tamen circuibat loca regalia, quamvis deficerent corporis vires. Cum autem peragrasset civitates Saxoniæ regionis, et quæque necessaria singulis impendisset monasteriis, iterum Northusunensem civitatem adiit, quam nimium dilexit, ut videret Richburgam [95], quam nuper constituerat abbatissam. Statim autem ut venit, hanc ad se vocari præcepit, multa interrogans de congregatione sibi commissa. Post hæc ipsa monasterium est ingressa, diligenter investigavit quali studio disciplinæ unaquæque fuisset exercitata. Nam ex quo primum monasterium construxit, hanc consuetudinem semper habuit, ut ipsa scolam intraret, et singularum [96] studia intente pernosceret; quia sibi fuerat hoc munus gratissimum, videre vel audire cujusque hominis profectum. Tum commorabatur in eadem civitate a tempore autumni [97] usque ad festivitatem nativitatis Christi. Post sollempnitatem vero sancti apostoli Thomæ (*Dec.* 21) iterum abbatissam ad se vocavit, et hunc sermonem cum ipsa habuit: « O nobis semper fida et nostrorum laborum maxime conscia ! jam cognoscimus frequentia infirmitatis, nostræ dissolutionis diem nobis appropinquare, et idcirco expedit nobis hinc iter accelerare, ne hic præveniat nos ultimus dies præsentis vitæ. » Econtra abbatissa præ singultu et lacrimis primo reticuit, et paullo post sic ait: « O amabilis domina, quid sibi vult hæc prophetia? Cur nobis miseris tam triste malum prædicitis, aut cui nos desolatas relinquitis? Speramus enim, ut Deo propitiante nondum tale quid eveniat. Verum quia versatur in dubio, quorsum vertatur [98] hæc vestra ægritudo, humiliter vos petimus, ut hic maneatis per aliquot tempus, usque dum videamus, si Deo donante leniatur vester morbus; ut, si grave infortunium eveniat, quod mors nostræ saluti invida nos vestra vita destituat, saltem hac consolatione respiremus, ut in hoc loco nobiscum requiescat vestrum amabile corpus. » Tum Deo dilecta regina hæc responsa dedit: « Hæc jam pridem a nobis fuerant præcogitata; et quantum nobis placuisset, nostrum corpus in hoc sepeliri loco, si prædestinatum esset a Deo, ut filii nostri Ottonis et aliorum nostrorum nepotum erga vos major esset procuratio! Sed hoc haut consentiri pertimescimus, quia dominus noster Heinricus in Quitilingoburc requiescit, juxta quem oportet nos commendari sepulturæ, et diem ultimum exspectare. Nunc autem si in hoc loco evenerit obitus noster, gravius coangustabitur

A vester animus, et inferetur vobis calumnia [99] despectionis, si mortuum corpus vobis auferetur in vitiis. Hæ igitur causæ admonent nos hinc iter accelerare. Quid plura? Deum semper diligite, nec alium præter eum amatorem admittite, sed semper ejus famulatui intendite. Estote in oratione perviles, et in sancto proposito permanentes. Memores estote animarum, pro quibus hoc posuimus monasterium, insuper et nepotum nostrorum adhuc mortali in vita degentium, necnon mentionem nostri facite; nam [100] neminem ultra videbitis vobis placabiliorem. Commendamus vos Deo orphanorum patri, et sanctæ Mariæ virgini, et sanctorum intercessionibus, quorum reliquias hic collocavimus: non turbetur cor vestrum, sed spe tendite in Deum; quamvis enim corpore simus absentes, amore tamen semper vobis præsentes erimus. »

24. *De unctione reginæ.* Igitur discessit Deo dilecta regina de civitate Northusunense in 11 Kalendarum Januarii (*Dec.* 22), et maximum mœrorem illic commorantibus reliquit sanctimonialibus, quas semper materno dilexit amore; quia illam in hoc mortali corpore, pro dolor! ulterius non erant visuræ, quæ illarum fuit honor, lætitia, decus et gloria. Tunc in Quitilingoburc properabat, ubi Deus sanctam animam de carnis ergastulo dissolvi præordinaverat; ibique nimia ægritudine correpta, usque ad obitus diem infirmabatur. (*an.* 968). Appropinquante autem dissolutionis die, ad se vocari præcepit supra memoratam abbatissam Richburgam, cui omnia ejus secreta tunc fuerant notissima, ut diem obitus sui illic exspectaret, et in extremis, sicut antea, fideliter ministraret. Sentiens autem sancta domina diem ultimum sibi advenire, episcopis et presbiteris omnem censum erogabat, quem utilitati pauperum nondum accommodaverat, et munifica manu inter monasteria dividebat (42); illud recondens in memoria, quod evangelica præcipit scriptura: « Vende omnia quæ habes et da pauperibus (*Matth.* XIX, 21). » Cum igitur innumera confluerret multitudo, ægrotantem reginam visitare, venit et Willehelmus [101], Moguntinæ sedis archiepiscopus, et quamvis Deo jubente prior mortem esset subiturus, tamen aggreditur sanctam Dei, verba consolationis ministraturus: obiturus visitavit obituram, et suæ mortis nescius, consolabatur modicum post se victuram. Beata vero regina episcopum ut vidit, hilari vultu et quam familiari suscepit affatu: « Non dubitamus, inquit, voluntate Dei vos nunc ad nos dirigi; nam nemo nobis familiarior et ad hoc opus esset [102] acceptior; quandoquidem nobis hæc absumta est spes, ut dilectus filius noster Bruno maneret super-

VARIÆ LECTIONES.

[94] Beata igitur M. jam senio fessa, non minus enim quam septuagenaria erat, etc. 2. *Certe anno* 909, *nupta, anno* 968, *ad minimum* 75 *annos habebat.* [95] rigburgam 1. [96] singulorum 1. [97] autumpni 1. [98] versatur 1. [99] calumpnia 1. [100] hæc 2. *ita effert*: nullam enim sollicitudinem meliorem circa salutem animarum nostrarum ultra poteritis invenire. [101] Wilhelmus 1. *et infra.* [102] esse 1.

NOTÆ.

(42) Ita et Widukindus III. 74.

s:es, usque dum nostra extrema videret, et corpus terræ commendaret. Nunc autem primum audite nostram confessionem, et date nobis remissionem, per potestatem quæ vobis tradita est a Deo et sancto Petro principe apostolorum, et tunc intrate ecclesiam, et cantate missam pro peccatis et negligentiis nostris, insuper pro anima domini nostri regis Heinrici, et pro omnibus Christi [103] fidelibus, vivis et defunctis. » Completa autem confessione, episcopus intravit ecclesiam, omnia implens quæ reginæ desideraverat. Finita missa, rursum intravit cubiculum, et iterando dedit illi remissionem peccatorum. Postmodum perunxit eam sacrato oleo, et recreavit sacrosancto corporis et sanguinis Christi mysterio. Tunc inibi commorabatur per triduum, quia credebat jamjam imminere ejus obitum. Quarto autem die cum intelligeret, diem dissolutionis nondum instare, ad ægrotantem reginam accessit, et eundi licentiam postulavit, plangens fletu inconsolabili, quia sentiebat, ejus infirmitatem minime leniri; sed si mœroris asperitas animo ullas remitteret inducias, non dolere, quin potius deberet gaudere; quia sanctæ Dei anima recessura de corpore, de labore ad requiem creditur pervenire. Sancta autem domina et episcopus colloquebantur inter se plurima, quæ enumerare sunt perlonga, Interim regina ad se vocavit abbatissam Richburgam; interrogans si quid sibi superesset, quod episcopo dare posset. Illa vero respondens ait : « Quid vobis, Deo dilectissima, potest superesse? Omnia vestra in necessitates pauperum sunt distributa. » At illa : « Ubi sunt, inquit, pallia, quæ nostræ sepulturæ jussimus abscondenda? Illa nobis præsententur, ut nostro nepoti in pignus amoris donentur; nam ipse prior nobis his indiget, ut putamus, quia iter difficillimum est incepturus. Semper enim versatur in dubio, quo se vertat instabilis fortunæ conditio, vel ad quos labores miseros pertrahat homines. Cum autem noster obitus evenerit, hoc proverbium in nobis potest adimpleri, quod ore vulgi dici solet : « Propinqui sæpe invenient nuptialem vestem et lugubrem. » Interim dum hæc loqueretur regina, venit abbatissa afferens pallia ; at illa hæc accipiens, dedit episcopo, et ait : « Hæc munera nostra sint monimenta [104]. » Et cum hæc accepisset episcopus, gratias egit, et eam benedicens recessit. Conversus autem ad circumstantes, cum silentio sic locutus est : « Hinc in Radulveroth tendimus, et unum ex clericis nostris hic [105] relinquimus, ut si dominæ nostræ obitus eveniat, cito ad nos redeat, et nobis annuntiet, ut iterum veniamus, et decenti honore corpus terræ commendemus. » Regina vero caput erigens, quasi episcopus hæc ad se dixisset : « Non est opus, inquit, ut hic relinquatur, sed vobiscum potius proficiscatur; vos illo plus indigetis in comitatu vestri itineris. Ite in pace Christi, quocumque voluntas ipsius decreverit. »

25. *De obitu episcopi.* Episcopus autem inde in Radulveroth pergens, ibique medicinalem accipiens potionem, subitanea morte defungitur (*Mart.* 2). Euntes autem nuntii hæc in Quitilingoburc indicabant. Cum autem omnes dubitarent qualiter hæc reginæ indicarentur, ne infirmitatis ejus asperitas adaugeretur, venerabilis Christi famula, quasi spiritu prophetiæ illustrata, lacrimabiliter subridens ait : « Quid intra vos murmuratis? Et cur triste malum nos celare desideratis? Novimus enim, Willehelmum episcopum de hoc mundo migrasse, et hoc est magnus cumulus infirmitatis nostræ. Præcipite signa ecclesiæ pulsari, et pauperes congregari, ut eleemosinas accipiant, quæ pro anima ejus ad Deum intercedant. » Post hæc duodecim dies mortalis vitæ spiritum duxit.

26. *Qualiter suos consolata sit.* Sancto autem sabbatho (*Mart.* 14), in quo Christi famula recessura erat a seculo, ut primum persensit lucescere, omnes in cubiculo secum commorantes admonuit de somno surgere, ut presbiteros et sanctimoniales convocarent, et quæ agenda essent agerent. Cum ergo innumera utriusque sexus multitudo convenirent, præcepit sancta Dei nulli introitum prohiberi. Igitur omnibus introgressis, salutaribus monitis illos instruxit, dicens : « Servite Domino in timore, et exultate ei cum tremore ; apprehendite disciplinam, ne quando irascatur Dominus, et pereatis de via justa (*Psal.* 11, 11, 12). Declinate a malo et facite bonum, ut in extrema hora vestræ animæ ab insidiis diaboli eripiantur, et æterna vobis præmia a Deo donentur. » Post hæc præcepit, ut omnes exirent in pace Christi, nisi qui necessaria sibi essent ministraturi. Tunc ad se vocavit suam neptulam abbatissam Mahthildam, filiam Ottonis imperatoris, salutaria illi dans monita, ut esset pia et humilis, prudens et cauta, ac sibi commissum gregem custodiret, et ut monasterium raro egrederetur, ne secularibus dedita a Christi servitio impediretur. Dedit etiam ei in manum computarium, in quo nomina defunctorum scripta erant procerum ; commendavit illi domini sui regis Heinrici animam, commendavit et suam, et omnium fidelium, quorum memoriam recolebat. Novissime autem Richburc abbatissa mœsta processit, et genu flexo in terram, pedes reginæ lacrimando amplectitur, ita inquiens : « Domina mi carissima, cui relinquitis congregationem desolatam, super quam me indignam constituistis abbatissam? Difficile mihi est servare gregem commissum, quia vestrum aberit subsidium. » Sancta vero regina super hæc verba totis visceribus commota, dixit : « Summo vos commendamus defensori; non relinquimus vos alienis, sed filio nostro Ottoni aliisque nepotibus nostris. » At illa ait : « Versatur nobis, domina, in dubio, quo

---

VARIÆ LECTIONES.

[103] *vox deest* 1. [104] *sunt munimenta* 1. *Istud caritatis donum mei apud te sit commonitorium* 2. [105] *hinc* 1.

se vertat animus illorum. » Cum ergo abatissa amare fleret et consolationis verba expeteret, reginæ mœrorem ejus lenire cupiens ait : « Quo spes nostra tendenda, quo animus noster dirigendus, nisi ad Deum? Primum quærite regnum Dei et justitiam ejus, et hæc omnia adjicientur vobis (Luc. xii, 31). Credimus, filium nostrum Ottonem, prioris promissi haud immemorem, vobis impendere solamen. Quicumque autem possessionem ecclesiasticam ex nostra parte vestræ necessitati traditam injusta despoliatione scindit vel comminuit, provideat, quid Deo respondeat; contra vero quisquis muniat vel augeat, a Deo, fideli remuneratore, dignam mercedem recipiat. »

27. *Qualiter obierit.* Post hæc verba præcepit presbiteros et sanctimoniales propius accedere, ut ejus confessionem audirent et sibi a Deo remissionem postularent. Quo facto, jussit missam celebrari et corpus Christi sibi afferri, ut per sacri mysterii communionem securius evaderet callidi hostis læsionem. His omnibus rite peractis, sibi astantes admonuit, ut psalmos vigilanter decantarent et evangelium legerent, usque dum anima jussu Dei de corpore discederet. Post hæc nullum verbum protulit, sed oculis expansis et manibus elevatis, animo et spiritu in cœlum intendit. Appropinquante autem hora nona, jussit cilicium humi poni, corpus moribundum supra collocari, propriis manibus cinerem imponens capiti : « Non decet, inquit, christianianum nisi in cilicio et cinere mori. » Dein sanctæ crucis se muniens signaculo, cum pace et requie obdormivit in Domino 2 Idus Martii. Ut rectissime potuit investigari, anima sanctæ Dei egressa est de corpore in ipsa [106] hora dici, qua semper consuetudinem habuit pauperes recreare in nomine Domini diebus qua-A dragesimæ. Cum autem corpus lavissent et ad ecclesiam detulissent, venerunt nuntii reginæ Gerburgis, filiæ venerabilis domnæ Mahthildis, afferentes pallium auro intertextum, aptum cooperire loculum. Tunc electæ Christi famulæ prophetia in omnibus fuit adimpleta, et de transmigratione archiepiscopi Willehelmi et veste lugubri.

28. *De sepultura ejus.* Igitur sepelierunt corpus in basilica sancti Servatii, juxta sepulcrum regis Heinrici (43), cum magno honore, ubi ipsa decreverat requiescere et diem judicii expectare. Ergo discessit de corpore, nobilis genere, nobilior moribus et sanctitate, senex et plena dierum, omnibus suis posteris bonum relinquens exemplum. Cum honore enim præsentem vitam duxerat, et cum honore de mundo B migrabat; et quidquid temporaliter vixerat, in bonis operibus consummabat. Non est enim mortua credenda, cui, ut speratur, reddita est justitiæ corona; quia temporaliter vivens, omnes desideravit salvos esse et neminem de grege Christi perire; in profectu cujusque hilaris, in adversitate autem pertristis; erga omnes pia et compassibilis, exceptis vitiis, quibus non compassio sed rectitudo debetur. Multorum festivitates sanctorum in ecclesia celebrantur, quorum meritis non impar est, ut speramus, et a quorum societate non separabitur in æterna beatitudine. Vere fuerat dignum templum, in quo Dominus habitaverat, jejuniis castigatum, orationibus refectum [107], puritate mundatum. Sed quid de ejus laude digne potest dici? Dominus in illa laudetur, C et ipsa in Domino; ipse enim est laus ipsius, cujus laus ab ejus ore numquam recessit, cui est honor et gloria, decus et imperium in secula seculorum. Amen.

EXPLICIT VITA GLORIOSÆ REGINÆ MAHTHILDIS.

VARIÆ LECTIONES.

[106] id est nona *addit* 2 [107] et mundatum, puritate decoratum 2.

NOTÆ.

(43) Ubi adhuc conspicitur.

INTRA ANNUM DCCCCLXVII—DCCCCLXXXV.

GUMPOLDUS
EPISCOPUS MANTUANUS.

GUMPOLDI
VITA VENCEZLAVI DUCIS BOHEMIÆ.

(Pertz, *Monumenta Germaniæ historica*, Script. tom. IV, pag. 211.)

OBSERVATIONES PRÆVIÆ.

Ævo post cædem Vencezlavi ducis peracto, cum miraculorum virtute ejus perpetratorum fama Bohe-D miæ fines transgrederetur (1), et jam jamque de condendo Pragensi episcopio et Bohemia Ratisponen-

NOTÆ.

(1) Widukind. I. 35.

sium præsulum potestati eximenda cogitaretur, Otto A dextram, qua Christo Gumpoldi librum ab Hemma II imperator Gumpoldo Mantuano episcopo (2) Vitam sibi porrectum obtulerat, adorans elevat. Hemma Vencezlavi scribendam injunxit. Qui quæcunque vestitu violaceo auro consperso et limbo et cappa tanto temporis spatio elapso veracium virorum te- aureis utitur. Folio secundo [19] æque purpura auro-stimonio comperire poterat (3), collegit et stylo diffu- que ornato præfationis initium legitur, littera initia-so, contorto et sæpe obscuro explicavit. Liber intra lis S colore rubro viridi auroque ornata. Folio 20' annos 968 (4) et 973 conscriptus, et b. m. Josepho præfatione finita, cœna qua Vencezlavus fratri reli-Dobrowsky docente (5) omnium fere (6) quæ postea quisque convivis poculum porrigit, fol. 21 ducis de Vencezlavi vita prodierunt radix et fundamen- cædes prope ecclesiam et initium passionis aurea tum, statim claruisse videtur; nam ipso sæculo de- littera in membrana purpurea habentur. Textus fol. cimo in usum breviarii non semel (7) excerptus, 37 explicit, pagina 37' vacua relicta. Librum igitur, sæculo undecimo ineunte auctori Vitæ Adalberti cum propter litteræ formas ad sæculum x aut unde-episcopi (8) innotuit, et sæculis subsequentibus non cimi initium referri nequeat, non Hemmæ Bolizlavi II solum a Sigeberto Gemblacensi (9) et Cosma (10) uxoris, quæ a. 1006 obiit, sed aut alterius cujus-sed a reliquis legendarum sancti Vencezlavi aucto- dam (16) Hemmæ jussu confectum aut ex codice ribus, quos inter Karolus IV. imperator emicuit (11); B antiquiore jubente Hemma illa scripto exceptum esse exscriptus est (12). Quibus omissis (13), Gumpoldi crediderim. Certe magni habendus est, et textum tantum opus erroribus quidem minime vacuum, licet haud raro scriptoris imperitia depravatum, utpote fama tantum innixum, sed quod proxime ad proxime tamen ad Gumpoldi autographum acceden-Vencezlavi tempora accedit, proponimus. tem præbet, quare nonnisi raro, sententia haud

Gumpoldi librum, quem summus Dobrowsky anno dubie jubente, ab eo recessimus.
1819 ex codice bibliothecæ metropolitanæ Pragensis 2) C. regius Bruxellensis hodie numero 9289 sæculo xiv conscripto, sed nec integro nec textum insignis, olim Sancti Laurentii in Leodio, membra-bonum præbente quique auctoris nomen tacet, naceus, sæc. xii ineuntis, præter Gumpoldi librum exscripserat (14), ope codicum optimorum, quorum Vitas SS. Trudonis, Pigmenii et duorum Ewaldorum alterum anno 1823 in bibliotheca ducali Guelferby- continet, et a Bethmanno in usus nostros versus, tana, alterum anno 1826 in bibliotheca regia Bru- textum in universum quidem bonum, sed aperte xellensi evolvi proponimus. correctum et pro tempore emendatum sistit. Cujus

1) C. Guelferbytanus inter Augusteos in 4° nu- rei testem haud dubium habemus caput 15, ubi ver-mero 11, 2, signatus, compluribus codicibus constat, C ba Bohemiam Ratisponensi cathedræ subjectam quorum secundus foliis 18-37 Gumpoldi librum prædicantia omittuntur. Qua in re ut multis in aliis exhibet. Exaratus est manu pulchra sæculi xi ex- assentitur ei.
euntis aut xii. Capitum initia littera aurea indican- 3) C. bibliothecæ metropolitanæ Pragensis sæc. xiv, tur. Prima pagina (15) (18'.) picturam exhibet mem- qualem a Dobrowskio expressum legimus, sed in branæ purpureæ auro et coloribus diversis illatam, fine miraculum quod anno 1091 vel 1092 contigit ex Hemmam principissam terræ prostratam et pedes Cosmæ Chronico addit.
Vencezlavi ducis amplexantem, cujus capiti Christus 4) C. olim S. Adalberti Aquisgranensis, cujus vitæ, cujus librum sinistra tenet, præmium coronam apographum Bollandiani se habuisse in Actis SS. martyrii triplicem dextra manu imponit, hac inscrip- Sept. VII, 771, referunt, hodie latet.
tione aurea littera addita: *Hunc libellum Hemma* 5) Liber olim in codice bibliothecæ Brunnensis in *venerabilis principissa pro remedio animæ suæ in ho-* Moravia exstitit, quem intra annos 1100 et 1130 *nore beati Venceslavi martyris fieri jussit.* Dux veste conscriptum Bonaventura Pitter ad Dobnerum re-viridi limbo aureo ornata, tibialibus rubris, fasciolis tulit. Explicuit tamen textus in morte sancti, in et calcaribus aureis indutus, læva lanceam gestat, fine capitis 19, adjecta tantum formula *prestante*

NOTÆ.

(2) De ipso nihil præterea constat; sedisse eum oportet intra annos 967 et 983.
(3) V. cap. 21, 22, 23, 25.
(4) Ottone d. 25. Dec. 967 jam imperatore facto, sed Bohemia nondum a Ratisponensi diœcesi exemta V. cap. 15.
(5) In libro : « Kritische Versuche die ältere böhmische Geschichte von spätern Erdichtungen zu reinigen. » fascicul. I—III. Pragæ a. 1803, 1807, 1819.
(6) Excepta scilicet Laurentii Casinensis vita Ven- cezlavi.
(7) V. Dobrowskii legendas B. C. D. fascic. I p. 8 sqq., II. 20 sqq. Legendæ D codicem sæculo adhuc X exaratum in bibliotheca regia Monacensi inter Benedictoburanos numero 105 signatum vidi. Cf. Annales nostros VII, 387, et infra.
(8) Cf. c. 1 Boemiæ descriptionem.

(9) A. 921.
(10) A. 894, 929, 932.
(11) V. Acta SS. Sept. VII, 837-839.
(12) V. Dobrowsky l. c. III, 25-52.
(13) A Balbino in epitome historiæ Bohemiæ in-deque iterum in Actis SS. Sept. VII, 825 sqq. le-genda, quam a Christiano Bolizlavi I filio conscri-ptam fingunt, typis expressa est. Fluxit præcipue ex Gumpoldo et legenda codicis Monacensis.
(14) L. c. III, p. 53-119.
(15) Pagina exterior a scriptore vacua relicta, sæculo xiii exeunte ultima vitæ S. Ægidii recepit; ante eam pagina integra excisa est.
(16) B. m. Ebertus noster Hemmam ab Adamo Bremensi l. II. c. 49. memoratam indigitavit; sed principissa vocabulum Bohemiæ ducissam fuisse in-dicare videtur.

Domino, etc., usque *sæculorum amen*, ut lectio antiqua in usum Breviarii (17) Codicis istius fata ignoramur.

Gumpoldi textui quædam ex legenda inde sub finem sæculi X derivata, quam ex codice M) regio Monacensi inter Benedictoburanos Nro. 105. signato V. Cl. Föringer, bibliothecæ regiæ custos, exscripsit, subjicere juvabit. Quæ licet haud magni momenti, tamen qualiter paucos intra annos eadem res altera vice narrata sit ostendit.

A Librum Laurentii Casinensis monachi, ultimis sæculi XI annis ex relationibus Bohemi cujusdam et « domini Benedicti Saxonis, monachi Casinensis, » adhibita Vita S. Adalberti, conflatum et erroribus scatentem, hoc loco omitti placuit, quum quæcumque alicujus momenti esse poterant inde decerpta jam sexdecim ante annos Annalibus nostris inseruerim (18).

INCIPIT PROLOGUS GUMPOLDI MANTUANI EPISCOPI [1].

Studiorum igitur genera multiformia varias cuique mortalium ingerere solent ingeniorum curas, quibus id genus racione præstantissimum [2] imaginationis potentia interioris, tum natura, tum etiam industria, res quoquo modo sensibus subjectas intellectu discernere, et ad vota humana in usus jucundos gaudet diffingere. Hic namque mente [3] moderatus, spreto caducorum ludicro, superna intendit, ille extructos in altum honores ardenti rerum fugacium siti exæstuans desiderat; hunc ætas juvencula contra fas plerumque illicit, illum frigidæ senectutis natura longævitas in mores severos ac salubres coaptat; huic artis bellicæ audax prudencia appetibilem laudis gloriam promereretur, illi operum diversorum labor artificiosus desidiam eximit, mentisque naturalem subtilitatem extorquet. Quidam vero litteralis speculacione [4] profunditatis infixi, necnon liberali ocio per miras eloquiorum venustates perspicatius dediti, frequentissima reputacione [5], quo ordine siderum motus ac fixione non motabili disponantur, quæ aut qualis mensura terrenæ [6] magnitudinis ambitum [7], quadam quasi latenti racione, per formulas geometricales ad certam metiendi comprehensionem asstringat [8], quove dictu [9] tota per numerum decurrat summa quantitatis soliditatisque [10], aut per quas consonantiarum proportiones cantilena temperetur naturalis, vel qua opinionum imagine sub veri falsique proposito eorumque difficili commixtione tam profunda eloquentium subrepat disputacio, per artium scrupulositates in-

B vestigare desudant [11]. Alii autem studiis incitati carminum, ludo insistentes [12] poetico, ad næniarum [13] garrulitates alta [14] divertunt ingenia. Famam autem veritatis erga Dei sanctorum memoranda gesta, cœlesti benignitate mortalium obtutibus toties designatam, incuriæ quam exitiali [15] neglegentia, fabulis [16] delectati, non pavent subcludere. Nec mirum, si grandia ac philosophicas quæstiones moventia hujusmodi sapientes a simplici composicionum serie transduxerint [17], cum plures eorum, ardentius inhærendo gentilium scriptis, non tantum [18] quid in sacris gestis laudi divinæ proferendum ac litterarum indiciis in posteros divulgandum postposuerint [19], verum quicquid divinum ac menti de-

C votæ mitissimum [20] simpliciter ac sine difficultatis perplexione videtur, penitus id quasi utilitate carens abjecerint [21]. Hac denique fortuna, uti plures existimant, res hominum volvente ac sublimium sagacitate rethorum [22] magis altiora spectante, nobis [23] a tanta sapientum [24] ac docta loquacitate admodum sejunctis, brevis tamen seriola [25] subnotacionis, quamvis corrupte [26] prolata, victoriosissimi imperatoris augusti Ottonis secundi sacro jussu rusticitati nostræ imposita, memorabilis viri nomen gestorumque insignes mentiones paulo post declaratura, sequentis præcedat textus raritatem [27]; quem vero quantum attenuat culpa viciose scribentis, tantum exornat sancti excelsa dignitas, materiæ causam operum sacra auctoritate designantis [28].

D ### EXPLICIT PROLOGUS [29].

INCIPIT PASSIO SANCTI VENCEZLAVI MARTYRIS [30].

1. Avulsa igitur ob Inscrutabilis sacramentum Trinitatis priscæ catholicorum idoneoque [31] refragatu [32] pestiferæ hæreseos sentosa pullulatione, vitalis splendor dogmatis irradianti diffusione orbem atra erro-

VARIÆ LECTIONES.

[1] G. M. E. desunt 2. 3. [2] præstantissimum 1. [3] mentem 1. [4] speculacioni 2. [5] disputatione 2. [6] tenere 1. [7] hambitum 1. [8] astringat 2. 3. [9] dicto 2. [10] decer quantitatis soliditatis, aut 1. [11] desiderant 2. [12] institentes 1. [13] adueniarum 1. [14] alia 1. [15] exitali 1. [16] fabulosis 1. [17] transduxerunt *corr*. transduxerint 1. traduxerint 2. [18] s. notandum 1. [19] postposuerunt 2. [20] m. menti d. 2. [21] abjecerunt 2. [22] rhetorum 2. [23] nobisque 3. *corr*. nobis itaque 2. [24] sapientium 2. 3. [25] deest 2. (*ubi subnotatio ... ex corr.*) 5. [26] corrupte 1. [27] raritem 1. [28] designantes 1. [29] E. p. *desunt* 1. *Sequuntur in* 1. *picturæ convivii et cædis Vencezlavi; tum* Incipit passio, etc. [30] inc. vita ejusdem 2. [31] idoneque 1. i. c. 2. [32] refugatu 1.

NOTÆ.

(17) Dobrowsky l. c. I. 7. 8. (18) T. V, 136-43.

rum [33] caligine obfuscatum divinitus serenavit. Sed quia fidei salubris incrementa, quo primum roboris sumpsissent exordium æcclesiastici [34], priore [35] theologorum sollertia salutarium studiis textuum latius coruscante, libris inscriptum ac credulæ posteritati certius præsignatum satis constare pernovimus: gentibus tamen quibusdam longo post errabundo anfractuum [36] diverticulo ad normalis rectitudinem tramitis sacra illustracione redactis, nondum cunctæ mundi naciones, quamvis prædestinatæ, hujus gratiæ donum simul sunt sortitæ; sed ordinante cœlesti majestate, quasi paulatim surgentibus diaboli detrimentis, felicius in partes processit. Quarum quidem partium unam stili simplicitate præsentis exprimendam, incolis inhabitatam Sclavanicis [37], aggredimur [38]. Plaga aquilonalis [39], ceteris immitior ac fide tardior, nostræ prostratur [40] intentioni; quam ipsa sacri pneumatis [41] charistia ad christianæ cultum professionis, quamvis sera, tamen beata conversione dignata est instituere.

2. Quoniam quidem ab ipsis terræ incolis Boemia regioni vocabulum [42] sonat impositum; cui jam [43] regnante felicis memoriæ præclarissimo rege Heinrico, quidam gentis illius progenie clarior ac potentia in cives eminentior, Zpuytignev [44] (19) nomine, principatus regimen sub regis dominatu impendens, divini cultus dulci voto attactus, sacri fontis mysterio regenerari non parum anhelans, baptismo mundatur, et novo studio fervens, domos Dei ad [45] beatissimæ ejus genitricis Mariæ (20) sancticique apostolorum principis (21) memorandam venerationem construxit, in quibus postmodum innumera annuatim miracula [46] ope divina cooperante fulserunt.

3. Hujus interim laudabilis vitæ diebus, honestorum actuum exemplo, per naturæ legem obclusis, frater ejus ætate [47] minor Wratizlav [48] in principatum, se publico assensu eligente, successit, fraternamque ipse [49] assecutus [50] religionem, victorioso Dei [49] athletæ beato martiri Georgio basilicam (22) Deo dicandam, christianæ credulus veritati, erexit. Quo etiam post tardos temporum tractus naturaliter hominem exeunte [51], sobolem alta ammiracione [52] mortalibus per laudes frequentandam, filiorum scilicet tam natu quam etiam actu majorem, Deo dilectum Vencezlaum [53], superstitem sibi ac multo cœlestium ardentiorem reliquit.

4. Qui vero miræ claritatis ac amandæ indolis [54], dum floridam juventutis ætatem primum attigisset, patre adhuc vivo, ad litterarum disponi exercitia [55] desiderans, paternumque crebro flagitamine deflectens animum, ejus transmissu [56] in civitate Bunsza [57] litteris addiscendis est positus. Cujus itaque ingenio celeri capacitate divinitus instructo, brevi studio librum spalmodialem [58] ceteraque divinorum compluria perdidicit [59] et solidius interiori memoriæ conexuit. Patre interim, ut jam dictum est, universæ carnis viam ingresso [60], juvenis ipse senum exempla actibus declarans, sub regis serenissimi Ottonis (23) fulgente potentia, favorabili populorum assensu in paterni ducatus successionem, se nimium refutante, delectus, et in principalis sedem dignitatis est elevatus.

5. Quam gravibus [61] tunc perturbantis molestiæ diversitatibus principis novelli benignitas, terreno jure suscepto, intrinsecus angeretur, non est admirandum, quoniam cœlestia, præ ceteris intuendo mente devota [62] proposuit, ut quamvis publicæ utilitati providendæ debitor [63] extitisset, Dei tamen prædulci obsequio [64] uti primis se annis implicavit, potius despecto [65] seculari fastigio, non repudiavit. Plebis autem commissæ crimen luendum veritus, si dignam civilis districtionis legem non inpendisset; sed hoc ambiguum non diu mediastinum tractatus, quam sagaciter arripiens callem, ut neque hoc seculariter agendum omisisset, vel istud ob cœlestia tendendum a se neglegi in futurum non expavisset; moderari in civium ac miliciæ communes [66] utilitates legum decreta, benignissimo et admodum discreto dominio [67] denique residens, nutu certavit principali. In decernendo [68] providus, et misereri cuiquam promptus, in miseras reorum noxas facilius cessanda punitate exorabilis, omnigenarum qualitate pœnarum in judiciis alienus; domestica habitudine simplex, morum castitate perspicuus, bonorum promissione erga potentiores haud tardus; hisque adimplendis æque devotus; incolarum quoque inopum jam rusticitatem majoribus sæpe in diligendo præferens [69]; viduatis parentum vel rerum adminiculo, necnon patria exulantibus [70], consolator

VARIÆ LECTIONES.

[33] eorum 1. [34] æcclesiasticum 2. [35] priorum 2. [36] amfr. 2. [37] germanicis 3. [38] deest 1. [39] aquilonaris 2. [40] protestatur 2. protestat 3. [41] pneumati 1. [42] vocablum 1. [43] etiam corr. jam 1. [44] Zyptineus 2. Spitigueu 3. zpitigneus M. [45] ac 2. 3. [46] milacula 1. [47] post suppletum 1. [48] Wratyzlaus 2. Wratislaw 3. wirizlaum M. bratesclabus *Laurentius Cas.* [49] deest 2. 3. [50] assecutus 1. [51] eunte 1. [52] amiracione 1. [53] Wencezlaum 2. M. [54] i. puer 3. [55] exertia corr. exerticia 1. [56] transmissum 1. [57] Budec 2. Budess 3. Budèea M. [58] psalmodialem 2. [59] a quodam venerabili presbitero nomine Uceno M. [60] v. u. c. 2. [61] gradibus 1. [62] denuoto 1. [63] debita 1. [64] D. t. prædulce obsequium 2. [65] d. de's. 1. [66] comunes 1. [67] domicilio 1. domicilio 2. 3. [68] decerno 1. [69] proferens 1. [70] exulantibus.

NOTÆ.

(19) cf. Ann. Fuldenses a. 895. Tunc jam Christianus fuisse videtur.
(20) Pragæ t in urbe Pragæ. D.
(21) in loco Budec, ubi Vencezlavus scholam frequentavit.
(22) in arce Pragensi.
(23) Heinrici, qui Vencezlavum postea bello aggressus est.

ac paternus fautor miro semper caritatis splendore effulsit. Modestus in omnes actus, memorabilisque amator pacientiæ, et inter [71] cunctas casuum adversitates prudens moderator, substantiarum largissimus in pauperum flebiles indigentias dispensator, humilitatis mansuetissimæ placidus [72] exsecutor, in se plerumque [73] severior; in ceteros ubique clementior, omnibus in æternitatis exemplum largiendo, miserando, inscios [74] reformando, edoctos [75] roborando perluxit [76].

6. His ergo virtutum fulgentibus gemmis beatissimi juvenis decorata conversatio, in tantum ad hæc pietatis studium adamavit, ut quandocumque dispositis erga publicas necessitates colloquiorum vel placitorum inter ordinata judicum plebiumque subsellia edictis, eoque eminentius res quaslibet in judiciis prænoscente, si forsan quis noxa detentus, mortali sentencia quamvis debito proscriptus ejus [77] præsentiæ ab incusatorum damnabili judicio fuisset adductus [78], [ejus [79] suffragiis immunis abiret e medio]; si vero princeps ille misericors, nec permutata legis necessitate nec judicibus pro hoc solvendo aliquatenus ab eo exoratis, minime reum lege horribili cognovit eripiendum, se tandem cupiens ac sacros obtutus sanguinea cæde non sordidandos subducere, edita quoquo modo excusabili racione, consessu ac judicio excessit, quam sano ingenii acumine [80] salutaris æmulator et evangelici edicti, quo præcipitur: *Nolite judicare, et* [81] *non judicemini; et nolite condempnare, et non condempnabimini* (Luc. VI, 37).

7. Hoc ipse Deo plenus juvenis mandatum perfectius amando, ac periculose a quoquam mortalium præsentiens [82] non sequendum, notatis reis criminosa dampnacione pereundis benignissime pepercit [83]. Verum ne tormentorum nefanda monimenta diutius excrevissent, omnia patibula, hominum suspendiis in ejus regni locis quam pluribus erecta, pœnitus dirui fecit, nec ulterius hoc tempore reparari toleravit [84]. Felicissimo autem actuum provectu, bonitatis jam probandæ cumulum magis magisque in dies convenustando exaggerans, quacumque terrarum parte clericos advenientes alacri munificencia sub tocius necessitatis grata revelatione ad se recepit, divinoque amore erga proximum servando [85], sub oculis ejus adfixo, reverenda caritate secum eos libentius commanentes curiose benigniterque tractavit, eorumque [86] crebris sacrisque informationibus mens casta cœlitus edocta, frequentius in discendo exculta, in miram scripturarum capacitatem prodivit [87]. Quicquid [88] namque docentium studia in eo præsignaverant, honestis actibus ipse complevit; quia omnium angustiæ compassus, inbecillitate quosdam lassantes caritativo visitavit solacio, et mortis lege illaqueatos [89], plerumque neglecta a civibus minus religiosis sepultura, funebris [90] obsequii tumulavit officio. Sed gentibus, ducatu ipsius per legem ac morum consuetudinem [91] vetustam disponendis, rudis adhuc fidei doctrina nutantibus, dum per nefandas aditorum atque ararum furialium ædes, proceres quoque ipsos diis libandum alienis [92] frequentius in anno concursantes beatæ indolis juvenculus conspexisset [93], ad hanc scelerosam ædendis sacrificiorum victimis communionem quamvis sæpe rogatus [94], mensæ cœlestis convivia præ omnibus esuriens, non tantum epulas refutavit illicitas, verum etiam profana convivarum, sordibus dæmoniacis inquinatorum, quam strenue aufugit consortia. Super his tamen errore pestifero depressis non parum sollicitus, voluta sæpius scriptura, qua per apostoli dicta præcipitur: « Alter alterius honera [95] portate » (Gal. VI, 2), « quosdam, aliquo modo ad verum summi boni tramitem flexibiliores, suavis alloquio persuasionis, ut spretis quibus decepti fuissent idolorum imaginibus, ad veræ et inmutabilis, crescere vel minui nescientis, semper [96] manentis, essentiam Deitatis, mentes et vota cum fide inclinassent, supernæ mercedis bona promittendo inæstimabilia, constantissime adortari non destitit. Quosdam vero minus peritiæ hujus salutiferæ capaces, corde duriores, sensuque vera intellegendi desidiores, juxta monitum apostolicum oportune cathezizans [97] atque inportune objurgatus [98], utriusque modi [99] designans præmium, pro viribus conando, quoscumque potuit, tam ultronea quam coacta etiam invitatione, ad patrisfamilias cœnam; omnibus copiarum sumptibus habundantem, pulsa fame sacietatis æternæ gaudia subministrantem [100], conjungere cupidus properavit [101].

8. Inter [102] mira igitur jejuniorum elemosihis fulgentium acta hoc egregium modestæ consuetudini saluberrimo solitus est adnectere exemplo, videlicet ut divini insinuatione effaminis sacræ mentis intuitu altius perspecta, quia obedientiæ magis quam sacrificii Deum [103] comprobare legitur obsequium, pios ac venerandos mores admodum exornare studuisset.

VARIÆ LECTIONES.

[71] in 2. [72] placidissimus (*deest* mans.) 2. [73] pl. ipse s. 3. [74] in socios 1. [75] et doctos 3. [76] perduxit 1. [77] *deest* 2. 3. [78] addictus 3. [79] e. s. i. a. e medio *desunt* 1. 2. [80] accumine 1. [81] ut 2. 3. [82] persentiens 2. [83] Carceres quoque destruxit et omnia patibula succidit. M. [84] n. u. h. t. r. t. *desunt* 2. [85] servandum 2. 3. [86] erumque *corr.* eorumque 1. [87] p. c. 2. [88] Nam quicquid, 2. q. nam 3. [89] illaquæetos 1. [90] funeribus 1. *voc.* obsequii *suppleto.* [91] v. c. 2. 3. [92] Denique cum hi omnes predicti malivoli irent ad immolandum demoniis agnos atque porcellos ut ederent ex his nefandissimis hostiis, ipse autem oportunitatem querens subtraxit se ab eis, M. [93] aspexisset 2. [94] conrogatus 2. 3. [95] onera 2. 3. [96] sempergue 3. [97] chatezizans *corr.* cathezizans 1. catecizans 2. [98] objurgatus 2. 3. [99] *supp.* 1. [100] *erasum* 1. [101] in gremio sanctæ matris ecclesiæ constitutos assidue divinis dapibus nutriebat; vel in tabernis bibentes et a doctrina recedentes, statim illos mensæ pronos alligans, districte flagris verberabat multis. M. [102] inter *corr.* interea 1. [103] dominum 1. c. 2.

Quoniam [104] redeunte per annuas vices legitimo arduæ observationis jejunio, sacer ipse juvenis, sæcularibus quamvis ob regimen negociis haut raro fuerit interceptus [105], indefessis tamen orationum, larga inter pauperes dispensatione volantium, operibus singulos quam veneranter perduxit [106] dies. Noctibus autem serenissimo instans pervigilio, lenis inmemor soporis, primo quietis nocturnæ conticinio [107], spreto fulgentis stratu cubilis, clam ceteris de thoro [108] surgit, puerum cubicularem tacitus [109] excitat, codicellum manuali frequentia rugosum eripit, palatium nesciis custodibus egressus, comite solum clientulo, aspera montium cacumina, vallium exitialia [110] præcipitia, diverticulorum ac semitarum lapillosa vel glacie horrentia inter civitates itinera, continua psalmorum ceterarumque precum recitacione nudipes singulatim æcclesias quæritando perlustrabat. In tantum itaque carnis afflictionem sufferens [111], ut scissis teneris [112] plantis, cruor defluus sparsim notasset vestigia. Domui autem reversus, quæ mens interius gessit ipse dissimulando, principalium item vestibus ornamentorum solio residens induitur, sed caro mundissima cilicino subtus acumine dissulcatur [113]. Messis etiam inminente æstu, tuto noctis silentio per agellum tritici manipulos ipse falcicula [114] succidens, graviaque fasce propriis impositos humeris, in secretiore [115] domus angulo absconditi, ibidemque trituratis, et inter saxa tritico fracto ac purgamentis agrestibus ad mundam excussionem a sanctis manibus ipsius [116] diligenter cribrato, cum fontis aspersione, quem ipse solus præsente tantum puerulo cum ydria [117] producens veræ Trinitatis invocatione signavit, hanc farinulam massa [118] naturali congestam in libas sacrificales, sacerdotum manibus offerendas, ille proprio manuum labore coqui parabat. Necdum autem secum deputans missarum se satisfecisse sollempniis, sed obedientiæ, quam divinitus jam didicit victimis laude prælatam, sapore delectatus, inter annuos processus adveniente [119] vindemia, clanculum accito nimiæ ædelitatis jam dicto sequaci [120], vinearum septa noctu transiliens [121], fiscellulas utrisque dorso dependentes gravidis implens racemis, cellulam palatio remotiorem sibique adeo caram furto laudabili revisit. Interim hospitioli foribus repagulorum [122] cauta undique clausura munitis, in vas huic congruum vindemiolæ uvas pistillo conterens, expressoque musti tenero liquore, per linei sacculi mundam subtilitatem studiosissima castarum [123] impressione manuum excoluvit; sicque diotæ, conscio

A solum clientulo, infusum, secretiusque repositum, considerata oportunitate, inter clericos conprovinciales cum oblatis, quas missali celebritati [124] providendo ipse coquebat, sub mira divinorum communione [125] distribuit. O indissolubile circa pectus castissimum fidei inviolabilis vinculum! O laudabilis obedientiæ sectatorem devotissimum! O principis miram humilitatem, servulorum [126] officia divini amoris instinctu subire non pudentem! Qui mentis ardua contemplatione cœlestia quæ corde tenuit intuitus [127] archana, reverendam ac salutiferam dominici corporis et sanguinis collationem tanto veneratus est ac dilexit obsequio, ut libaminis [128] cultui cœlestis, criminum contagia mundantis, non fidei solummodo militasset constantia, verum etiam
B fontis purgatissimi exteriore instar servuli agrestis labore ac pia largicione sacerdotum religioni sortitus [129] ipse fuisset.

9. Non latere autem benignam veri amatorum intentionem utile ducimus, quoniam honesta quorundam relatione, futurorum certa præsagia cœlitus jam doctum juvenem [130] in crebris erga res humanas eventibus [131] præscisse ac familiarium sæpe [132] fidei per novos casuum terrores præsignasse [experti sumus [133]]. Cujus doni memorabilis gloriosam inter tot miraculorum præconia mentionem, scribentis non reticet humillima devotio; quia divinitus aperta visione, noctis conticinio, forte cujusdam atrium presbyteri Pauli [134], quod amœnis et vastis
C ædium munitur ambitibus, sub sancti Deoque pleni Vencezlavi [135] clarissimo obtutu, omni mœnium cultu desertum et humanæ passionis [136] habitacione omnino comparuit alienum. Quod videlicet ipse, pulsa somni carnalis gravitate, cordis speculatione pervigilis [137] excitatus, quisdam [138], quæ visa sunt, prudenti sermone innotescens, subindeque quid [139] verius futurum edita jam pronunciasset extensio, prophetanti [140] ore edisserens, convocatos hujusmodi dictis alloquitur:

10. «Thoro me accubantem, dulces amici vosque, o familiares clientuli, noctis silentio gravis et alta sustulit visio; quoniam Pauli presbyteri porticum tota ædificiorum sublimitate ac hominum cultu videbam penitus desolatam. Quo viso mœstus dejicior,
D ac internæ pro Dei fidelibus sollicitudinis molestia consternor. Sed tamen ut imensa omnium cognitionis pietate in spem, qua credenti cuncta [141] posse promissum est, transferor, hujus somnii [142] veritatem imminente jam casu [143] pernoscendam, claræ

VARIÆ LECTIONES.

[104] uō 1. *lineæ initio omisso.* [105] inceptus 1. [106] produxit 2. 3. [107] *deest* 2. *ubi nocturno.* [108] lecto 2. [109] exc. tac. 2. 3. [110] exitilia 1. [111] s. a. 2. [112] cissis teneribus 1. [113] disculcatur 1. [114] fascicula 1. [115] secretiori 2. 3. [116] ejus 2. [117] hydria 3. [118] masse 1. [119] adventante 2. [120] sequace 2. 3. 2. [121] properabat in vineam suam cum ministro fideli. M. [122] repaculorum 2. [123] castrarum 1. [124] celebritate 1. [125] *ita corrigo :* communicione 1. 2. communicationis 3. [126] servorum 2. [127] *deest* 2. [128] c. c. l. 2. [129] *deest* 2. 3. [130] *deest* 2. [131] evenientibus 2. [132] sæpe — miraculorum *desunt* 2. [133] e. s. *desunt* 1. [134] p. p. a. 2. [135] Wenczlai 2. *semper.* [136] *deest* 2. (*ubi* habitationi) possessionis 3. [137] pervigili 2. 3. [138] quibusdam 2. 3. [139] quod 2. 3. [140] prophetandi 1. [141] cuncta 1. [142] somni 1. [143] supernoscendam *præposito* casu 1.

solutionis interpretamento,¹⁴⁴ ad certam rei excusationem ¹⁴⁵ explanare aggrediar.

11. « Domorum namque visa destructio felicem [aviæ ¹⁴⁶] meæ Liudmilæ ¹⁴⁷, sanctæ ¹⁴⁸ ac venerabilis matronæ, portendit obitum. Quæ videlicet matris meæ, tam genere quam operum etiam inquinacione gentilis, furiali cum aliquot ministris ad scelus æque paratis facta conspiracione, non multum hinc processuro tempore, clanculum irruentibus perversorum armis, pro christiani nominis ac fidei professione corporis ¹⁴⁹ crudelem subibit passionem. Porticus autem, ut visio ¹⁵⁰ testatur, populis ¹⁵¹ deserta amplitudo, clero, nostro incluso ¹⁵² tutamine, miserabilem præfingit e regno expulsionem tociusque substantiæ non debitam amissionem. Enimvero execrabilis memoriæ genitrix mea sectæ vitali, quam pro toto posse confiteri, colere, corde tenus sequi et amare insto, et posthac aliorsum irrevocabilis instabo, mordaciter invidens, eosdem diversorum clericos ordinum ¹⁵³ quia mecum sentire non negant, ope terrena privatos, regno severius ejectum iri ¹⁵⁴ molitur ¹⁵⁵. »

12. Hac denique sagacis conjectura prædivinationis mens veri conscia minime frustratur; sed ut interpretacionis congrua ¹⁵⁶ sonuerunt indicia, erga jam scriptæ ¹⁵⁷ peremptionem matronæ, clerique longo adjacentium ambitu regionum in ejus subjectionem, immo mitissimam largitatem se prompte ¹⁵⁸ concedentis ¹⁵⁹ ferocem expulsionem, ordine incorrupto non longo post cuncta jam constat fuisse impleta. Qua ¹⁶⁰ videlicet gratiæ spiritualis significativa præscientia juvenis electi præcordiis elucente, parentes (24) invidi admodum concussi, jugiter ipsum Christi constantissimum amatorem per satellitum vicinius suis adjunctorum consiliis furtiva alloquia commoventes, a proposito, quo devotius cœlestibus capessendis insistere decrevit, ob necessitates publicas ab eo providendas aliquatenus avellere conati sunt. Ipse autem cœlestis armaturæ roboratus tutamine, hujusmodi familiarium ¹⁶¹ suggestionum næniis sacras interdum aures palam regni primatibus quasi consentiens applicabat ¹⁶², cordis autem interna consideratione assensum in actibus denegat; quia licet se quasi terroris humani ¹⁶³ specie simulasset cedentem, templaque Dei aliquantum solito rarius sub publicis conventibus frequentasset, tamen quod mentis profunditate dilexit, operum mira constancia manifestavit; quia continuam precum divinarumque orationum seriem, quam parvo inscriptam libellulo diligentius occultiusque ¹⁶⁴ secum servando retinuit, depositis ¹⁶⁵ interim secularis negotii curis, duo lecies vel plus eo, quamvis interdum nisi sub secretiore cubiculi vel ipsius thalami silentio orandi locus concedi non posset, inter noctis vel diei certas vicissitudines casta intentione Christum laudando ad finem usque perlegerat.

13. Transcursa ¹⁶⁶ interim annorum juvenilium tam felici ætate ¹⁶⁷, in virilis animi robur dux ipse altius conscenderat ¹⁶⁸, paulatimque suorum vana sectantium consilia viriliter abiciens, eorumque errabundam a vero ignorantiam non modicum abhominatus, die quadam militum et amicorum contione ¹⁶⁹ in ¹⁷⁰ palatio facta, hujusmodi ipsos effamine increpationis alloquitur : « O amici et fideles utinam Christi! Cum ego litterali studio jam quondam parentum cura injunctus ¹⁷¹ doctrinas avidius hauserim, inter cætera magistrorum dicta quoddam apostoli scriptum addisco, quo ait : « Cum « essem parvulus, loquebar ut parvulus, sapiebam « ut parvulus, cogitabam ut parvulus; quando autem « factus sum vir, evacuavi quæ erant parvuli (I Cor. « XIII, 11). » Hac quippe sententia, modo me ipsum intuendo, quoniam ¹⁷² primo jam adeunte pueritia rerum omnium factorem vilis ego factura cognoscere ejusque servitio me implicari ¹⁷³ ardentius desidero, sed puer ego in principatum vestra censura patri ¹⁷⁴ mortuo natu fratribus major succedens, per legum frena moderata et rem publicam Deo præstruente ¹⁷⁵ disposui, et patriam contra infestantium molem pro viribus tutavi : vos autem, quia cordibus erga summam veritatem speculandam desides fideque ¹⁷⁶ mihi manetis dispares, quam plurimum in consiliis vestræ perversitati amabilibus, sed rectitudini ¹⁷⁷ admodum dissimilibus, satis mihi injuriosos hactenus ¹⁷⁸ jam ¹⁷⁹ patior; qua districtione, si vita regnumque manebit incolume, posthac exsolutus vacabo, et juxta scriptum retromissa ¹⁸⁰ juventute vir effectus ¹⁸¹, quæ sunt parvuli evacuabo; præcepti actibus dominici, vestræ ulterius non obaudiens nequitiæ, superna roboratus clementia insistam. Quocirca vanescat susurrationis vestræ adversum me conspiratio; cessent sæva publicis conventibus inter vos consilia. Pacis amor domi forisque in regno ferveat. Negocia cujuslibet utilitatis judicum eversione non damnentur ¹⁸². Parricidiorum scelera, quibus pollui soletis, a quoquam ultra non præsumantur. Hæc legis inquinamenta si summi regis metu ¹⁸³ non deseritis, nostra ira in scelerosos Dei zelo accensa, quemcumque hujusmodi reum capite truncabit. »

VARIÆ LECTIONES.

¹⁴⁴ interpretamenta 1. ¹⁴⁵ excessionem 1. 3. ¹⁴⁶ deest 1. 2. ¹⁴⁷ ludmillæ 3. ¹⁴⁸ deest 2. ¹⁴⁹ c. sui 2. ¹⁵⁰ viso 1. ¹⁵¹ populi 2. ¹⁵² cleri n. inclusi 2. 3. ¹⁵³ o. c. 2. ¹⁵⁴ ire 2. ¹⁵⁵ molietur 2. 3. ¹⁵⁶ deest 2. ¹⁵⁷ scripturæ 1. ¹⁵⁸ propter 2. ¹⁵⁹ concredentis corr. conced. 1. ¹⁶⁰ Quia 1. ¹⁶¹ familiarum 1. ¹⁶² applicat 2. 3. ¹⁶³ huni 1. ¹⁶⁴ occultusque 1. ¹⁶⁵ Repositis 1. ¹⁶⁶ cum autem factus esset vir, conuocauit omnes uiros suos et matrem ei exprobrauit, etc. M. ¹⁶⁷ feliciate 1. felicium 3. ¹⁶⁸ conscederat 1. ¹⁶⁹ contentione 1. 3. ¹⁷⁰ deest 1. ¹⁷¹ injunctas 2. ¹⁷² quoniam corr. d'eum 2. ¹⁷³ implicare 2. ¹⁷⁴ patre 2. ¹⁷⁵ prestante 2. 3. |¹⁷⁶ nihique fide d. m. 2. ¹⁷⁷ r. valde a. 3. ¹⁷⁸ injuriosus hactanus 1. ¹⁷⁹ deest 2. ¹⁸⁰ etro missa 1. ¹⁸¹ efectus 1. ¹⁸² damnetur 1. ¹⁸³ metum non desideretis 4.

NOTÆ.

(24) Mater et frater Dobn.

Finito [184] excellentis alloquio jussionis, nefastae participes conjuracionis domum pavidi redeunt, superba mentium fastigia, accepto sacri ducis potenti vigore, coacti deponunt, solitasque erga mirae sanctitatis virum insidias, quamvis ad modicum tempus, moliri desinunt. Jam tunc Deo serenante comprimuntur aliquantum sub ejus manu barbarae motiones [185]; surgunt autem catholicae religionis laeta incrementa; quoniam divino cultui templa dicata, paulo ante infidelium neglectu cadentia, stabili reparatione fundantur, clerici patria bonisque privati, benigna largitate revocantur; statimque non tantum restituta, verum sancti viri plurimis adaucta muneribus substantia locupletantur, et tota per has partes tali sub principe elata congaudet aecclesia [186].

14. Deinde clarius virtutum ejus coruscante per orbem decore, rei publicae commoda curioso ducis coelitus armati regimine studiosus geruntur [187]. Sed quae prius supernae dilectionis vigore peragenda instituuntur, vigilanti principis diligentia tanto minus negleguntur, quoniam, licet palatinae frequens cohortis latus utrumque circumstipaverit tumultuatio solita, tamen sagatius recolens assiduus pro se populoque incredulo orator, inopumque promptissimus fautor, moesticia pressorum benignus consolator, eventu subitaneo raptorum compatiens adjutor, nulla interrumpente saecularium mora perseverat.

15. Aut fraudulenta hostis impurissimi machinatione hujusmodi operum affectibus astu, si umquam poterit, antiquo perimendis, minimum retardante, frater ejus Bolezlav [188] aetate minor, mentis perversitate et actuum qualitate execrandus, diabolico tactu instinctus [189], furoris nequitia contra virum Dei saevienter armatus, regni fraterna manu rapiendi cupidus, cum nefario ministrorum ausu mortales [190] exitii insidias sibi tendere quam plurimum conatus est. Sed divinitus praedestinatione rem, postmodum tamen futuram, cum fuisse certum constat dilatam. Jam parvo interjacente tempore vir Deo carus voto salutari propositum obligavit, se Deo donante aecclesiam nobili operum artificio constructorum, Christi eam victoriosique athletae ejus beati Viti martiris honori dicandam. Nec mora, instat impiger facti, fervens autem propositi, missis Ratesponae [191] sedi regiae legatariis [192], Tutonem episcopum (25), totius probitatis virum cujus diocesi tota subcluditur Boemia [193], supplici roga.u, quo idem opus Deo sacrandum ejus licentia et assensu fieret, implorat.

16. Dato juxta beati ducis vota ab episcopo permissu, remissisque caritate nuntiis, artifices celeri jussione convocat: fervet opus, labor impatiens effulget, aecclesia ad perfecti ornatus extremam manum perducitur, miroque metallorum fulgore decorata exornatur. Invitato jam dicto episcopo, in honorem [194] sancti Viti martiris consecratur [195] (26); ibidemque plurima miraculorum, divina virtute mortalibus [196] gestorum, in praesens usque signa coruscant. Nondum autem sitibundi erga Dei justiciam pectoris adimpleta profunditate, vir meritorum inaestimabilium electus Dei Venczlaus terreni fasces honoris, quos casu novit fragiles, depositurum fraternoque juri principatus moderamina spontaneo affectu illaturum cogitavit, necnon Romae liminibus apostolorum [197] orationis gratia quaerendis sub domni apostolici sacra auctoritate saecularibus se renuntiaturum monachicoque habitu vestiendum, eaque conversatione vitae temporalis extrema visurum, interni ardoris siti anhelavit. Sed largissimi remuneratoris providentia, aequis semper meritorum recompensationibus se dignos glorificante, majora huic coelestium consortii [198] servare dignata est certamina, ut post horum nobiles triumphos nobiliora captet et praemia.

17 [199]. Quoniam vesano germani Bolezlawi regni desiderio [200] quoquo modo posset acquirendi, per multimodas insidiarum versutias in sanctum Dei exardescente, iter [201] Romae tendendum intercipitur, profanae gentis cotidiana [202] conspiracio domiciliorum latibulis furtive densatur, ipsiusque fratris invidia [203] magis magisque, diabolo fomitem praebente, accenditur. Nequaquam tamen omnium s.e.

VARIAE LECTIONES.

[184] initio 1, F. itaque 2. 3. — [185] nationes corr. motiones 1. — [186] In tempore autem illo multi sacerdotes de provincia Bauuariorum et de Sueuia, audientes famam de eo, confluebant cum reliquiis sanctorum et libris ad eum, quibus omnibus habunde aurum et argentum, crusinas et mancipia atque uestimenta hilariter prout unicuique opus erat prestabat. Hii quoque omnes magistri mirabantur in doctrina ejus. Poterat namque imitator fore psalmistae qui in spiritu dixit: Super omnes potentes me intellexi, quia testimonia tua meditacio mea est. In cujus etiam mente sola preciosae margaritae claritas fulgebat, cuique dominus tantam graciam conferre dignatus est, ut ei preliis victor existeret. Uultu autem fuit procerus, corpore castus, ita ut celebs libenti animo optaret uitam finire. Blandum habebat cum militibus eloquium, quos autem sciebat inmites et uagantes sine causa, toto animo uitabat. addit M. — [187] reguntur 5. — [188] Bolezlaus 2. — [189] tactus instinctu 2. — [190] mortalis 2. 3. — [191] Ratisponae sedis 2. 3. radaspone M. — [192] legaturus suppl. 1. — [193] c. d. t. s. b. desunt 2. 3. — [194] honore 2. 3. — [195] Episcopus autem Tutus expandit manus suas, cum gratiarum accione ad dominum ouans et dicens: Ite narrate filio meo UUenczlauuo dicentes: Jam ecclesia tua constat ante Dominum Deum uenustissime constructa. Cumque narrassent secundum jussionem episcopi, ualde gauisus fuit et conuocatis omnibus Deo opitulante ipse incipiens iniro ordine fundauit ecclesiam in nomine sancti Uiti. M. — [196] emortalibus 1. — [197] a. principis 2. — [198] glorificans m. h. celestis consortii 2. 3. — [199] hic capitum distinctionem instituit. — [200] v. vel invidia 3. — [201] Inter 1. — [202] deest 2. — [203] nequir. 3.

NOTAE.

(25) Sedem tenuit a. 894—942.
(26) Ecclesiam a Tutonis successore, Michaele episcopo, consecratam esse, Cosmas tradit.

vitia in sanctissimi viri occultam necem conjuratorum beatam futuri diem trophæi ante Dei præsignationem accelerare valuerunt. Frater autem sceleris in eum luendi satis impatiens, ceteras fraudes in ejus cædem non debere visum est diutius prosecuturum [204], verum unam aliis aptiorem nefas potius maturari a se [205] cautius inventam delegit. Nam cunctorum armis vestium contractura doiose latentibus, simulataque pace, amor sub fraterno obtutu quasi verus fingitur, qui magis nocendi facultate quærenda monstratur [206].

18. Sub cujusdam vero festivæ diei exultabili ortu infelix ille fraudis amicus domum propriam (27) omni ornamentorum copia, quæ huic genti umquam moris erant habenda [207], quam studiose fulgidam fecit; convivium plus solito parandum ministris indixit; amicos sub hylaritatis specie invitavit; ipsiusque principis supplex [208] ingressus palatium, conviviis eum interesse fraternis primo omnium quo dignaretur corrogavit. Cujus mansuetudini quamvis falsæ Deo dignus Vencezlaus [209] multum congaudens, atque consertis invicem manibus, domum [210] gaudio introeunt. Epulis discumbunt. Vinoque post longum quisdam [211] ferocium convivarum saturatis, fraus conflata diu latere nescieus, eos quasi unanimiter in sancti viri necem accendit. Qui malivoli, mucronibus veste jam tectis, ter surgentes, terque iterum quasi quodammodo lassi sedibus se inclinantes [212], viribus saltim [213] et audatia omnino emolliti, eo quod nondum divinitus jussa venerit passionis hora, inlæsum eum dimiserunt. Hujus rei ipse aut inscius, periculo non pavidus, divini tutaminis securitate animatus, quamvis cujusdam clientuli in [214] aurem susurrantis cautela, quomodo contra eum moliti fuerint, præstrueretur, sede [215] tamen non motus, fratrem, cæterosque considentes [216] exhilarari, quasi hospitis [217] grata vice, amabiliter rogavit. Et paulo post amota mensa surgit, impletaque vino patera, modestæ salutationis dicto omnes dulciter hujusmodi alloquitur : « Salutet vos salus omnium Christus ! Calicem, quem manu teneo, in sancti archangeli Michahelis amorem ebibere, unumquemque nostrum ne pigeat, hoc amore spiritalitatis [218] ejus altitudinem pro posse venerantes, ut quacumque hora lex naturæ ad extrema nos deduxerit, anima-

rum nostrarum paratus susceptor clemensque in paradisi voluptates dignetur fieri subvector, cordium imis precemur ! » Statimque post verbum lætus ebibit, singillatim [219] omnibus eodem amore singulos scyphos [220] ebibendos blandissimo propinat osculo. Intrepidus autem, sumptis tam honeste epulis, uti divino jussu res differtur, domum inlæsus revisit.

19. Noctis autem sequentis [221] cursu, orationum ac elemosinarum curiosissima [222] desudans instantia, futuri [223] conscius, mortis pro Christo jura pati devotus pernoctavit. Redeunte autem post gallicinia matutinalis horæ officio, pulso signaculo, non segnis thoro, ut jam est solitus, prosiliens, ecclesiamque properando ingressus, cantum nocturnalem laudesque matutinales modesta intentus auscultac one, post plurimas orationes domum lassis membris aliquantum somno [224] reficiendis divertitur. Rubente jam [225] primum aurora, execrabili memoria scribendus Bolezlaus [226] viri sancti germanus, perversitatis auctor, quæ prius arma contra innocentem latenter commoverit [227] non inmemor, specu quo latuit, more lupino, cum ex adverso agnum furtive lacerandum irruit, ipse cum aliquot sequacibus huic sceleri comparibus furibunde progressus, et mucrone succinctus, viro simplici media via obvius restitit. Quem sanctus ipse mitissima inter salutando [228] benignitate [229] ita [230] alloquitur : « Ave, frater dilecte ! grates immensæ dilectioni tuæ a nobis sint relatæ, quia honorifice disposito [231] heri convivio bene nobis et satis jucunde [232] ministrasti. » Tam [233] dulci pessimus ille non respondens allocutioni, sed extracto cicius ense, in sancti capitis verticem, ut fortius valet, percutiens, ait : « Melius hodie tibi præparavero [234] convivium ! » Sed [235] ferro resiliente et nec vulneris tandem signum annotante [236], geminatur ictus. Quo nihilo magis lædente, tercio ferire cum velit, una cum extenso ictus ensis manu territi militis [237] excidit. Quem statim sanctus Vencezlaus per capulum [238] surripiens et supra scelerosum fratris jam inermis verticem manu librans [239] : « Videsne, inquid, ò funeste? Verti in te posset tuæ crudelitatis exitium. En ! unde prohibeor fraterni sanguinis fieri effusor? Sed nolo, de manu mea ultimo examine sanguis [240], o frater, tuus quæratur in me. Recipe gladium, matura supplicium; quæ sunt agenda

VARIÆ LECTIONES.

[204] persecuturum 3. [205] ac pro a se 1. [206] præmonstratur 2. [207] habendam 1. [208] suplex 1 [209] vencizlaus 1. [210] super lineam addit 2. [211] quibusdam 2. 3. [212] acclinantes 2. 3. [213] saltem 2. sæpius. [214] ut 1. ad 3. [215] sed eo 2. 3. [216] confidentes 1. 2. [217] ospitis 1. [218] spiritatis corr. spiritalitis 2. [219] singilatim 1. [220] cyphos 1. [221] frequentis 1. frequenti 2. [222] curiocissima 1. [223] futuræ 2. 3. [224] somnio 1. aliquanto (deest somno) 2. [225] autem 2. 3. [226] belezlaus 1. [227] c. 1. 2. [228] salutandum 3. [229] benignitate 1. [230] deest 1. [231] deposito 1. [232] abunde 3. [233] Jam 1. [234] præparo 2. 5. [235] Et vix sanguis emanuit, quia inpotens erat pre pauore horribili, et beatus UUenzeslaus facile superare potuisset eum, quia et gladium abstulit a manu ejus, sed noluit semet ipsum polluere. Ille uero uociferabatur dicens : Eia ubi estis? adjuuate me. Tunc omnes maliuoli accurrentes de latebris cum gladiis et lanceis multis uulneribus laniantes occiderunt. M. [236] anotante 1. [237] m. t. 2. [238] capulam 1. [239] uibrans 2. 3. [240] tuus o f. s. 2.

NOTÆ.

(27) Bolislawiæ, hodie Bunzlau; in Laurentii Casinensis libro Uollesclabus vocatur.

ne differas in longum! Resumpto iterum frater impius ferro, altum quasi vinci metuens clamat, in auxilium sui socios [241] vocat, se quasi coactum et a fratris impetu prius læsum repugnare simulat. Mox sotii magno clamore vocati accurrunt, causam quasi sceleris [242] inscii de tumultu quærunt, domini sui fervidam sentiunt iram. Eoque jam tunc sceleris auctore quarta vice sacrum caput per ictum saltim confringente, omnes simul armis irruunt, certatim membra lanceis gladiisque perfodiunt. Corpus sauciatum humi prosternitur semivivum. Crebrescunt iterum iterumque sævæ gladiorum percussiones; sanguis innocuus effunditur; corpus labe vacuum minutatim [243] quasi a canibus laceratur. Anima sacratissima carnei clausura domicilii sub tot vulnerum exuta tormentis, nobili triumpho angelicis subvecta manibus, summi remuneratoris aspectum gaudio visura, et inter gloriosos martirum ordines per ævum consessura, sub 4 [244] Kalendarum Octobrium perpetuo lætantia regni cœlestis ingreditur consortia.

20. Sacrum autem corpus credulorum pauci qui aderant venerabiliter sarcofago [245] includentes, celebrato a clericis funebri obsequio, extra æcclesiam certaminis loco vicinam condiderunt. Succedente post hinc in regnum nimiæ perversitatis duce Bolezlavo, sævitiaque ejus in catervas fidelium [246] furente, non multo post beati viri necem [247], humana dum fruitur vita, clericos et amicos, necnon servicio ejus familiariter junctos, subita mortis sententia damnavit [248].

21. Peracta fortissimi Dei athletæ [249] venerabili passione, ministri quidam sanguinem, qui per tabulas æcclesiæ ipsa martirii hora aspersus appareret [250], jussi aqua lavantes, penitus absterserunt. Posteraque die illuc venientes, non minus quam cum primum parieti adhæsit cruorem ipsum eodem loco dilatatum [251] conspiciunt. Non parum ipsi hoc viso [252] territi, aqua iterum allata, multo [253] studiosius abluere decertant. Crastino autem probandi causa, si etiam adhuc frustrati sint, redeuntes, non minus tinctum sanguine parietem, quamvis ter ablutus videatur, agnoscunt. Quibus [254] multum super hoc mirantibus, eoque abluendi labore post inde cessantibus, usque hodie sanguinis ejusdem intinctione paries ipse pro signo venerando nitescit.

22. Ut [255] veracium sæpe nobis relatu patefactum est, post constantissimi triumphum [256] athletæ omnes sanguinis effusores innocentis superno incussi furore, aut demonum potestate rapti inter homines postea non comparuerunt, aut versa pro viciis natura, canum [257] latratu vice loquendi utentes, dentium stridore morsus imitantur [258] caninos, aut misera corporum ariditate siccati, necnon auditus continua privacione, vitam ipsis saltim odiosam finierunt.

23. Quiescente ibidem per trium spatia annorum venerando corpore, fidelibus quisdam [259] nocte visum est, ut, Deo rem insinuante, inde ad æcclesiam sancti Viti martiris, quam ipse jam construxerat, religiosiore condendum sepultura transferri debeat. Qui somno emersi viso credentes, et licet principis tyrannidem metuentes, noctis tamen medio conticinio bustum quam pavidi recludunt, preciosum martyris pignus, non aperto sarcofago, vehiculo [260] percaute ligatum superponunt, viamque qua gressus eo dirigitur, carpentes, perveniunt ad rivum (28), incedendo supergredi animalibus plaustrum ducentibus nimia profunditate intransibilem, naviculis et portu utrimque [261] carentem. Stant quippe circumspicientes. Pons jam fractus undosa transgressione dissipatur; ligna ad ejus reparationem non inveniuntur. Quid facerent [262]? Dum in hac versantur angustia, subito erectis obtutibus, ecce mira Dei præsente virtute, plaustrum altera stat [263] ripa, undiquesecus [264] aquæ humiditate [265] intactum. Quo miraculo ipsi aliquantum hæsitantes, transnatato supra caballos rivulo, vehiculum sacro fasce gravatum prosecuti, ad locum prædestinatum citius applicant, æcclesiam cum sarcofago Deum laudando introeunt, foribusque diligentius obseratis precibusque sinceriter effusis, sarcofagum aperiunt; et ecce corpus carnea adhuc mole integrum et per cuncta vulnera sanum, apparentibus [266] tantum plagarum signis, nisi solum vulnus fraterno ense factum, quod se dehiscens sanguine visum est manare. Incluso iterum sub ipso altaris aditu, comitante fidelium turba, interque sonantibus clericorum ymnis, preciosum corpus celebri memoria venerandum condiderunt. Ibi vero divina sæpius coruscante omnipotentia, innumerabilibus miraculorum signis felix exultacio fidelibus, terrorque incredulis, tanti viri meritis, frequentissime clarescit. Cujus autem translationis tempus sub 4 [267] Non. Marcii mortalibus celebrandum annotatur. De virtutibus autem, quæ pietas divina per meritorum ejus orbi clarescentem gloriam post dignata est operari, sermonis nostri transcursu curiosa interseratur mentio, condignum videtur.

VARIÆ LECTIONES.

[241] s. in a sui 2. [242] s. q. 2. [243] minutatim 1. [244] III. Kal. Oct. M. [245] sarchofago 2. *constanter.* [246] f. c. 2. 3. [247] *deest* 1. [248] Illi quoque forsitan cursu rapido venientes in civitatem Pragam omnes amicos ejus peremerunt et clericos ejus persecuti sunt. M. [249] atletæ 1. [250] apparuit 2. [251] dilatam 1. [252] *deest* 2. [253] multa 1. [254] Q. vero 2. 3. [255] Et 2. 3. [256] ath. tropheum 2. [257] canu 1. [258] imitantur 1. [259] quibusdam 2. 3. [260] vegiculo corr. vehiculo 1. [261] utrique 1. [262] q. f. *deest* 2. [263] stat a. 2. 3. [264] secus *deest* 2. [265] humiditatem 1. [266] aparentibus 1. [267] III. M.

NOTÆ.

(28) Rivi vocabulum Rokytnicza ex Cosma et Cristiano adnotat Dobrowsky.

24. Quidam crimine judiciario capti [268], palatium sub vinculis ingressi, principis jussu carceri includuntur, tenatioribus infra ligaminibus per manus ac pedes sub crudeli [269] custodia implicantur [270]. Qui media nocte, ut erat necesse, pervigiles, strictura compedum ac manicarum miserabiliter contriti, genitu amaro corda pulsantes, in hujusmodi verba orationis, dormitante parum custode, omnes simul flendo [271] proruperunt : « O summe gementium consolator Deus, cœli terræque mirabilis creator, aspice nos mortis juri destinatos, et per suffragia dilecti tui Venceslavi militis, qui semper jam in mundo vivus, miseris pro tuo nomine benignus exitit defensor, ab instanti damnatione educere nos miserrimos dignare. Facta oracione, media pars carceris, qua custodes stantes vigilabant, repente tota quasi ære densissimo [272] obnubilatur; extinctisque intus ardentibus vigilum lucernis, cetera pars, qua vincti jacent, quasi sole clarissimo serenatur. Et ecce vox repentina, cœlitus ut vere credendum est [273] emissa, vinctis in aures tonat [274]; ut surgant, indicit. Qui ergo tam pavore quam [275] læticia stupefacti, membra silenter movent; statimque vincula in partes disrupta decidunt, manus solvuntur ac pedes; apertoque divinitus carceris hostio, læti exiliunt. Ita Dei nutu expediti, laudes Christo sanctoque ejus martiri Venceslavo inter populos referunt, immensaque virtutum ejus mirabilia constantissime et credentes et ammirantes propagare decertant.

25. Inter [276] quos gentilis quidam, baptismi gratia nondum mundatus, cum se jam per beati merita Venceslavi morte liberatum senserit, ad fidei catholicæ veram agnitionem devotus convertitur, salubri lavacro purgatur, firmataque fide [277], ac Dei in se confixo amore [277*], natum unicum, quem æque propria vita dilexit, in clericatus officium Dei servicio ad beati martiris æcclesiam se daturum promisit.

Hoc postmodum impleto, credens ipse Deoque serviens, satis longam perduxit ætatem.

26. Huic quid [278-279] aliud non minus succedit miraculum. Juvenculum quendam cubicularium, nomine Podiwen [280], ceteris fideliorem servulis [281], ejusque secretis aptiorem, vir sanctus jam sæculo vivens admodum amavit; cujus etiam superius meminit scriptum. Qui [282] karissimo privatus domino, lamenta tristis per dies frequentavit, et non minus plura factorum ejus exempla, quorum ipse conscius est, inter multos laudando dilatavit. Quo dux vesanus comperto, rapidissima [283] succensus ira, suspendio mox eum [284] interire jubet. Suspensus namque, ut vera bonorum testantur dicta virorum, post biennium, non aliter quam viva et sana solent hominum capita, florenti canicie per pilos [285] crescere atque candescere visus est.

27. Interea [286] captus quidam severa judicis sentencia, in similem carceralis custodiæ pœnam, altera die perimendus, intruditur [287], et prioribus solutis, multo strictius vincitur. Qui [288] etiam amarissime flendo sanctum Dei Venceslaum intimis ad sui auxilium precibus vocavit dicens : « Sancte Dei martyr, si tantum, ut homines dicunt, apud altissimum Deum obtinere vales, interveni pro me morituro, ut tuis liberatus meritis, ad criminum purganda commissa miser ego præsente aliquantum diutius vita subsistam. » Statimque ut oratum [289] est, rupit quam fortiter vinculis, Dei gratia nesciis custodibus carcere est exsolutus; sed extra astantibus paganorum latronibus iterum captus, nimium constringitur, et dum longius sub vinculis, precio quo possit commutandus, transfertur, priorem repetit oracionem; ac mansuefactis gentilium cordibus, sponte eum solvunt ac dimittunt. At [290] ita denuo liberatus, laudes Deo et beato duci per terras eundo magnificavit [291].

28. Mansisse fertur eadem civitate, qua sanctum

VARIÆ LECTIONES.

[268] judiciario capti 1. [269] deest 1. [270] post hæc in carcere plurimi homines jacebant in ligno inclusi, et unicuique fuit torques ferreus in collo, et hii omnes in angustiis suis Dominum omnipotentem deprecabantur dicentes : Domine Deus per merita et orationes beati We(n)ezlawi adjuva nos. Nocte autem insecuta quasi tintinnabulum sonuit in auribus eorum, et lux refulsit in carcere, et extendit se lignum velut arcus, et extraxerunt pedes suos de ligno. Tunc omnes vociferabantur unanimiter dicentes : Domine Deus miserere nobis. Mox adfuit Christi virtus, et uniuscujusque torques confractus, cecidit de collo, cecidit in terram. M. [271] deest 2. 5. [272] denso 2. [273] n. v. c. c. desunt 2. [274] intonat 2. 3. [275] et 1. [276] Quo viso miraculo unus paganus qui in eadem tentus servabatur, votum vovit domino dicens : Si Deus adjuvat me per merita beati Wencezlawi, credo in Christum, et dabo filium meum ei in servitium. De quo statim omnia vincla ferrea ceciderunt, quem iterum iterumque artiusque incluserunt, et rursum sicut ante ceciderunt ab eo compedes. Qui continuo dimissus, et sancta fide instructus, baptizatus est, et postea vixit plurimos annos. M. [277] firmataque fidei 1. [277*] a. c. 2. gnatum corr. natum 1. [278] Quæ in hoc capitulo leguntur, non habentur in M. [279] Quicquid 1. H. quoque 2. 3. [280] Podhivuen alio atramento sed eadem manu in loco vacuo relicto 1. ubi h superscriptum; n. P. desunt 2. 3. [281] s. f. 2. [282] vi 1. [283] rabid. 3. [284] enim 1. [285] pillos 1. [286] Alius quoque eodem modo jussus fuerat retrudi in carcerem, a quo similiter cuncta argumenta vinculorum disrupta ceciderunt, quem increduli statim comprehendentes vendiderunt longinquis paganis. Qui cum duceretur ab eis, meritis beati Wencezlawi sicut et frequenter ceciderunt catene de manibus ejus, et torques de cervice ejus. Qui etsi gentiles erant, cernentes mirabilia Dei eum dimiserunt. M. [287] includitur 2. 5. [288] Quin 1. [289] oratus 1. [290] Et 2. 3. [291] Postea quoque alium jussit princeps recludi in carcere, qui cum suspiriis frequenter invocabat Dominum dicens : Domine Deus per merita beati Wenczlawi adjuva me. Et dum obdormivit, statim expergefactus, vidit se stare extra carcerem in platea, et neque compedes erant in pedibus ejus, neque manices in manibus neque torques in collo illius. Et regressus ad vicarium, narravit quomodo mirabiliter Dei virtute raptus esset de carcere, quem illi statim dimiserunt. add. M.

requiescit corpus, mulier quædam visu orbata, manuum recurva inflexione ab ipso jam ortu contracta, omni usu [292], manibus per naturam concesso privata. Quæ videlicet, reverso per annum die festivo [293], æcclesiam sancti Viti martyris ingressa, et ante sepulchrum beati Vencezlavi, quo desideravit, ducta, orans prostrata, tamdiu precibus lugendo perseverat, quoad cunctis cernentibus sancti viri meritis visu inluminatur, et manuum salva restitucione instauratur.

29. Postea quoque captus quidam ab his, quibus aliquantum pecuniæ sub accomodacionis [294] pacto debuit, diuque sub vinculorum districtione, quo debitum solvat, contritus est. Sed ceteris imminentibus [295] negociis, aliquo per urbem ipsi vagantes, vinctum interim eum [296] inter viam publicam et æcclesiam deforis sub custodia jacentem dimiserunt. Ille media versatus angustia, manus contra portam æcclesiæ levavit, hoc modo precatus : « O dux mitissime martirque sanctissime, cum jam multos ab impiorum manibus sanctitas tua ad magnum Deum intercedendo eripuerit, exoro miser, ne me obliviscaris ligatum, sed solita pietate hinc me facias exsolutum [297]. » Præsente [298] cicius Dei clementia, beati martiris precibus quasi ferrea acie concisa [299], subito dissoliuntur vincula, ipseque Dei templum grates rependendo ingressus, prolatisque ad Deum et sanctos martires orationibus, liber domum remeavit.

30. Francorum igitur provincia vir quidam pedum [300] incessu ab ipsa jam infantia carens [301], et viciata natura non gressibilis sed reptilis per terram se contrahendo incedens, nocte quadam per soporem visione intremuit, quoniam miræ pulchritudinis vir, albis [302] indutus, lectulo assistens [303], claudum excitat, ac salutem monstrat dicens : « Quoquo modo valeas, o pauper, surge, ac Pragam, Boemiæ [304] civitatem, quamvis omni data pro vehiculo quo feraris substantia, proficiscere, eoque perventus, æcclesiam sancti Viti martyris, qua sanctum Vencezlavi martiris corpus requiescit, ingreditor; factaque oracione ibidem, gressus præter omne dubium recipies sanitatem. » Qui somno emersus jussa [305] neglegens, somni se delusum credens, iter impositum omnino differt. Nocte autem insecuta cubili pauper quiescens, eundem tantæ claritatis seniorem lectulo iterum [306] cernit adstantem, qui eum hoc modo redarguens ait : « Pauper amande, somno excitare, visionis hujus verum [307] agnosce præsagium. Unde misero tibi neglegentia, corpus debile curandum? Cur iter [308] ad propriam salutem nuper mea tibi indictum [309] visione distulisti? » Qua increpationis asperitate claudus evigilans, pulso auditus dubio, veritatis non inscius, respondit : « Proficisci non moror, o pie ac venerabilis senior ! » Factoque mane, paratur quantocius vehiculum, ac data mercatoribus per eandem viam tendentibus placita mercede, festino eorum ductu ad jam destinatum [310] pervenit locum, et juxta priorem viri in [311] somno apparentis monitionem [312] sancti Viti martiris æcclesiæ, qua beatum corpus quiescit, gressuum orbitate invalidus, aliorum [313] portacione infertur. Solo ante aram prostratus, intime Deum sanctosque precatur. Non diutius morante virtutis divinæ [314] subsidio, sed per miranda beati Vencezlavi martiris [315] merita, pedum nervi prius contracti quasi fragore extenduntur [316], bases et plantæ consolidantur. Surgit Dei gratia sanus, relataque [317] graliarum actione, sana et forti incessus restauratione potenter sine alicujus sustentaculo egressus, patriam exultando ac Dei mirabilia latius prædicando revisit [318].

VARIÆ LECTIONES

[292] visu 1. [293] festo 2. [294] acomm. 4. [295] in mentibus 1. [296] cum 1. [297] absolutum 2. [298] Cresente 1. [299] c. a. 2. [300] deest 1. [301] vir claudus M. [302] alis 2. [303] asistens 1. [304] boemiæ corr. boemaniæ 1. [305] visa somni n. se d. esse c. 2. [306] deest 1. [307] certum 2. [308] ita 2. [309] i. tibi 2. [310] designatum 2. [311] in s. a. desunt 2. [312] ammonitionem 2. [313] ab horum 2. [314] d. v. 2. [315] deest 2. [316] dist. 2. [317] elataque 1. [318] r. Explicit passio S. Wencezlai 2.

ANNO DOMINI DCCCCLXXI.

ERACLIUS
LEODIENSIS EPISCOPUS.

NOTITIA HISTORICA.
(Gall. Christ.)

Eraclius, qui et *Euracius* et *Everaclus*, et a Fulcuino *Euracrus* nuncupatur, Saxonicæ gentis nobilitate, singulari sapientia et rara scientia fuit percelebris. Coloniæ Agrippinæ eruditus, tantum progressum in sacris litteris fecit, tantumque pro eis dilatandis ardorem concepit, ut ex Bonnæ decano seu præposito factus Leodic. episcopus circa an. 960, totam Leodicensem Ecclesiam, imo totam provinciam, nullis hactenus litteris illustratam, ad studium accenderit, peritos undequaque clericos collegerit, eosque magistros instituens sua ope liberaliter paverit, scholasque per omnia tum sæcularis, tum regularis cleri claustra instituerit, inquit Egidius. Eas vero frequentare sua dignitate nullatenus indignum judicabat, animos tironum accendebat, sapientioribus difficillimas quæstiones proponebat enodandas, si minus possent, ipse enodabat. In via posito aderant perpetuo quibuscum de Scripturis tentaret, absens, quos scholariis reliquerat magistros frequentibus l'tteris ad studium provocabat. Eaque insigni sollicitudine complures provexit ad eximiam rerum humanarum et divinarum cognitionem, adeo ut mox celeberrimæ per vicina late regna scholæ Leodienses evaserint.

Tanta erat ejus sapientia, ut a principibus sæculi plurimi fieret et etiam ad regni negotia vocaretur. Hinc jubente Othone Augusto Brunonem Coloniensem comitatus est in Franciam, quo mittebatur, ut nepoti Lothario regi suppetias ferret. Trecis transiens Bruno sancti Patrocli corpus ab episcopo obtinuit, sed negotiis urgentibus redire coactus rem totam Eraclio commisit, qui sedulo eam exsecutus sacrum depositum Coloniam detulit. Imperatorem aut ejus filium cognominem (*sic*) secutus est in Italiam et victoriæ in Apulia Calabriaque adversus Græcum imperatorem perfidum reportatæ testis fuit; imo exercitum tot jam victoriis illustrem, sed solis eclipsi territum et ad deliquium fere adductum excitavit, vanum et puerilem esse terrorem edocuit, ac in pristinum animi vigorem restituit.

Ecclesiarum decorem adeo amavit, ut duas basilicas Leodii condiderit, alteram sub beati Pauli, alteram sub Sancti Martini nomine dedicaverit, et 30 canonicos singulis deputaverit. Ternas curias descripsit, et parœcis condidit templa S. Magdalenæ urbe media, et S. Severini ac S. Margaritæ in suburbiis. Suum et in rem monasticam studium ostendit, cum et Laubiensi monasterio idoneum pastorem instituit domnum Aletramnum, et postea Fulcuinum, quos plurimum juvit, restituens tres villas antea abalienatas, inquit Fulcuinus c. 27. Monasterium Sancti Laurentii sub vitæ finem ædificare aggressus est: ubi a fundamento surrexere parietes, veritus ne, quod accidit, ante perfectum opus vita eum deficeret, nascentem ecclesiam dotare voluit, et minus altare, majori nondum absoluto, in honorem sancti Sixti martyris et pontificis Romani consecravit, ibique Leonem episcopum, ex Græcis nobilissimum, quem sibi suspectum in has partes abduxerat Otho imperator, profugum excepit, mansionem assignavit, et de bonis a se ibidem delegatis, cum suis habere stipendia constituit, qui illi et post mortem sepultura donatus est.

Tantæ fuit fidei, ut insigne miraculum in se expertus fuerit. Sub sui episcopatus initia, horrendus morbus, qui lupus a medicis appellatur, corripuit ipsum et adeo ejus artus depascebat, ut quotidie binos gallinarum pullos mane, binos vespere objectos consumeret, nec sic tamen carnibus ægri parceret. Post omnem medicinæ artem vimque superatam, tandem ad divinam opem confugit, quam meritis beati Martini assecuturum se speravit, utpote qui post Normannicos impetus, Autissodoro Turones revectus miris prodigiis emicabat. Turones ergo profectus, natalem ejus diem celebravit, dies octo statuit ad ipsius tumulum continuos agere, tandem septima nocte raptus in exstasin vidit sanctum Martinum corpori suo crucis signum imprimere, et statim a morbo sanatus est. Mane facto, a clericis ejus Ecclesiæ fit canonicus et celebriori ritu sacrum peregit. Nec immemor beneficii statim ut ad sua reversus est, pretiosa omnis generis ornamenta pio medico obtulit et singulis canonicis singularia donaria transmisit, apud Leodium in descensu publici montis ecclesiam sub sancti nomine construxit, tantisque reddidibus cumulavit, ut 30 canonicis aliisque ministris abunde sufficerent, et demum de tanto eventu chartam manu propria conscripsit, et quoad potuit quotannis Turones accessi benefactori gratias acturus.

S. Evermari corpus jam diu in obscuro loco delitescens, sed divina revelatione cognitum elevavit e terra, et in ædem sancto Martino sacram intulit. Patientiæ documenta suis præbuit, cum eorum injuriis lacessitus de vindicta nequidem cogitavit. Tandem virtutibus clarus caducam hanc vitam cum æterna commutavit anno Incarnat. Dominicæ 971, vi Kal. Novembr., anno pontificatus sui 12, Othonis I, tam regni quam imperii 34, ait Ægidius, qui et ejus ad Ratherium epistolam refert, in qua se ejus filium dicit, eique ob sibi directam cum balsamo ex urbe Verona legationem gratias agit, demum in ejus laudes, de quibus nos supra, excurrit. Ejus quoque obitum an. 971 locat Chronicon Magdeburgense et Leodiense. Sepultus est in basilica Sancti Martini in monte. Adfuit concilio Ravennatensi, ubi et sua subscriptione institutionem archiepiscopatus Magdeburgensis confirmavit circa annum 967.

ERACLII
EPISTOLA AD RATHERIUM EPISCOPUM.

(CHAPPEAVILLE, *Gesta Pontif. Leodiens.*, p. 191-2.)

Domino et Patri ter beato præsuli RATHERIO, spectatæ opinionis viro, et probatissimo, EVERACLUS servorum Christi servus, suus indignus licet vocari filius quiquid in Christo Jesu felicius.

Hyperbaton cum ambagibus omittens, rem ipsam, quanta meæ pars vestra sit animæ, nudo et aperto sermone me juvat describere; scholastice si non valeo, utinam vel rustice, non ficte tamen, quia pura traho voce quod latet arcana non inenarrabile fibra, quantum vos sinuoso in pectore fixi, notare gestio. Illud comicum nostis: *Davus sum, non Œdipus*, ut fucatis verbis fallam audientes. Sed hæc hactenus.

Audita vero et attentius percepta legatione vestra mellita, nondum viso vel accepto, quod pio amore misistis, balsamo, litteris vestris adhuc non lectis, non minimum erga me, quem cognovi, tam magni et clarissimi viri affectus integer, mihi tantillo, accumulavit gaudium; liquor pretiosus, cujus fere eram inops, vultum non mediocriter exhilaravit datus. Audito tandem epitheto non meo nomini congruo, quod vestra charitas mihi, nulla commendatione actuum meorum apposuit, ultra quam credi potest, animum lætificavit.

Inde centies flexis genibus versus Veronam, vestra quasi lambens vestigia, millies mille vobis rependo gratias.

Cujus vero virtutis, si quod in me apparuerit, qui nulla omnino præluceo, simulacrum, nusquam, si experimento discere cordi est, a vobis aberit elongatum.

Pristinam sæpe soleo ante oculos dulcedinem ponere, idque crebris libenter sermonibus repetere, et si mane non, vel post prandia inter bibendum quomodo me fovistis, ut commanducandum cibum, sicut nutrices infantulis edentulis, in os meum trajecistis.

Quid ante, quid post pro tanto beneficio commemorem? rudis sum et ignarus. Quis enim est vobis aut sapientia, probitate, aut optimarum artium studio, aut innocentia, aut ullo laudis genere præstantior? Tulliana vox sonat: Nullus tantum est flumen ingenii, nulla dicendi, nulla scribendi tanta vis, nulla copia, quæ, non dicam exornare, sed tuarum virtutum laudes possit enarrare. Patientia si memoratur, si fas est dicere, fide salva, ne Deum offendam, tu es ipsa. Non salivam glutto sorbuisti mercurialem, inque luto fixum potuisti transcendere numerum. Satyricos omittamus comicos, ad simplices redeamus et sanctos.

Non modo non rapuisti, sed nec quidem appetisti aliena; largitus es propria, aliorum condolens miseriis, non felicitatibus invidens alienis, *omnibus* omnia factus, ut omnes lucrifaceres. Nativa vobis supplex tendit manus patria, et ut redeatis invitat. Omnes, quotquot sunt utriusque ordinis, clericalis, seu militaris, mente, voluntate, studio, gestu, voce, ut veniatis, clamant; vos videre desiderant; servitio vobis impendendo, nec numerum, neque modum præfigimus ullum. Omnia nostra erunt in manu vestra, secundum quod animo vestro insederit, o dilecte Ratheri. Cuncta providete, disponite, constituite, et ut libuerit, in omnibus agite. Sub vestro pollice docto et artifice, manum ferulæ non erubescam subducere. Vos valete; vos plaudite, et gratia Domini nostri vos ab incursu malo tueatur continue.

RELATIO MIRACULI S. MARTINI.

Eraclius manu propria describit suam miraculosam sanationem sicut et secundam visionem.

In nomine sanctæ et individuæ Trinitatis.

Anno secundo post reditum beati Martini ab exsilio, videlicet, a civitate Autissiodoro, providentia Dei, et auxilio Ingelgerii Castinensis comitis Hugonis inclyti Burgundiæ ducis consanguinei, cura pervigili, mira sollicitudine, et armatorum copiosa multitudine, in quo prius venerabatur loco, honorifice et decenter relocati, ego, Eraclius Dei patientia Leodiensis Ecclesiæ humilis episcopus, auditis miraculorum virtutibus, quæ per Dei gratiam et beati Martini meritum, incessanter ibi fiebant, morbo qui lupus dicitur, graviter attritus, et fere ad mortem deductus, sub spe recuperandæ sanitatis astrictus voto, cum clericis et militibus, Turonum quantocius veni devotus.

Cumque in ecclesia gloriosissimi confessoris prædicti, die noctuque cum effusione lacrymarum et gemitibus, vigiliis, jejuniis, orationibus instarem, Deique misericordiam et ipsius suffragium exorarem, nocte septima, beatus Martinus cum sancto Brictio, mihi præ lassitudine quasi in exstasi posito, apparuit, seque sequenti sic ait : « Frater Brictí, quid tibi videtur de fratre nostro Leodiensi episcopo, qui de remotis huc venit partibus, Deique auxilium, et nostrum tam devote requirit ? » Sanctus Brictius sibi loquenti sic respondit : « Piissime domine, si placet Deo et tuæ benignitati, bonum est ut curetur, cum sit multæ sanctitatis, et nostri ordinis, cujus vita ordinem non deturpat. » Illico propius accedens, et locum morbi cuspide baculi sui tangens, sic ait : « Frater Eracli, Dominus noster Jesus Christus sanat te, et incolumitati restituit, sua pietate.

« Igitur hilaris, sanus et incolumis, fratribus nostris canonicis manifestam Dei virtutem, revela, et ex parte ipsius et nostra præcipe, ut cum devoto populo laudes immensas suo Salvatori referant, et te in canonicum jure perpetuo recipiant. Tu vero hodie ad laudem Dei magnam missam celebrabis, ut qui te prius viderant quasi addictum morti, fiducialius sperent de subventione sui patroni. »

Hoc facto, et his dictis, a conspectu meo disparuit. Erant ambo episcopalibus indumentis rediniti. Surrexi lætus. Clerici mei et milites cum famulis accersiti, advenerunt, totusque canonicorum venerabilis conventus. Morbi locus quem patiebar in natibus, non est inventus : tamen in signum cicatricis, quædam lineola rubea apparens remansit. De tam glorioso et evidenti miraculo, *Te Deum laudamus* decantatur a clero, et voces devoti populi, cum laudibus extolluntur in excelso.

Mane facto, canonici convenientes in capitulo, me in fratrem et canonicum receperunt unanimi voluntate et desiderio. Magnæ missæ hora adveniente, secundum præceptum beati Martini, divina celebravi; collatis ecclesiæ donariis quamplurimis et fratribus, ad propria gaudens et sanus remeavi. Postmodum, procedente parvo tempore, non immemor tanti beneficii a Deo et beato Martino mihi collati, ad laudem Dei et honorem curatoris mei, in civitate Leodiensi, in monte publico, ecclesiam fundavi, construxi de proprio, dicavi, et opulentissime dotavi. In qua triginta canonicis ordinatis, cum servientibus et personis, et secundum consuetudinem Turonensis Ecclesiæ in legendo et cantando, et aliis ecclesiasticis moribus instructis, sicut quotquot annis consueveram, cum multa devotione, Turonum accessi, et sicut gratia Dei præeunte feceram, fratribus meis manifestum fieri duxi.

Et dum in quadam nocte Dominica pernoctarem, et Dei clementiam invocarem, iterum beatus Martinus, cum beatis Brictio et Eustachio, mihi in visione apparuit, dicens : « Dic fratribus tuis, ut canonicos quos ad serviendum Deo et mihi ordinasti Leodii, sub piæ conditionis forma, jure perenni in suam recipiant fraternitatem, et omnes successores tuos in episcopatu Leodiensi.

« Mutuæ fraternitatis hæc sit eis forma : Cum potuerint, et tempus congruum affuerit, se mutuo visitabunt, in choro stallum habebunt, et quotidianum recipient stipendium. » Quod devotissime, sanctissime et celebriter factum est. Et decimo anno reversionis beati Martini, auctoritate Dei omnipotentis, celebratum et confirmatum est, et sub anathemate interdictum, ne quis negligere aut violare præsumat quod auctoritas divina, et beati Martini voluntas instituit et corroborat.

Præterea additum est, quatenus nomina defunctorum alterutrum referrentur cum solemnitate, ob redemptionem peccatorum, et cum pulsabulis fratrum divina celebrentur.

Idem episcopus alteram ecclesiam in honore sancti Pauli in insula, miraculose Leodii construxit usque ad fenestras, in qua triginta canonicos deputavit.

Fertur enim orasse ad Dominum, ut ejusdem basilicæ construendæ sibi longitudinem et latitudinem ostendere dignaretur. Mane autem facto, cum universa circumquaque loca nix operuisset, futuræ ecclesiæ locum omnino non tetigit.

Ipse etiam inter cætera disciplinarum instituta

constituit, ut in adventu Domini, et a Septuagesima usque in Pascha, clerus pulla veste, nigris scilicet A cappis amiciatur, eo quod nigor color, pœnitentiæ et afflictioni, magis quam albus conveniat.

ANNO DOMINI DCCCCLXXIII.

JOANNES XIII PAPA.

NOTITIA HISTORICA.

(Apud Mansi, *Concil.* tom. XIX.)

Joannes Narniensis episcopus, post obitum Leonis pontificis pseudopapæ (vivente, an defuncto Benedicto quinto, incertum) factus est pontifex anno Domini 965, temporibus Ottonis et Nicephori Phocæ imperatorum. Qui cum initio pontificatus optimates Romanorum acrius fortasse quam oportebat insequeretur, eorum monitu ab Urbis præfecto captus, relegatus est in Campaniam. Sed dum imperatori Ottoni hæc innotuissent, ad vindicandam injuriam pontifici illatam, ipse in Italiam profectus est, restitutoque Joanne, de illius hostibus vindictam sumpsit istam, præfectum Urbis viventem curavit denudari, impositumque asino et ultro redimitum, ad ludibrium circumduci, virgisque cædi, ac demum carceribus mancipari: cadaver defuncti præfecti, a quo Joannes papa Urbe ejectus erat, e sepulcro extractum in diversa loca distrahi ac dissipari præcepit. (Regino.) Ad conversionem Polonorum Ægidium Tusculanum episcopum legatum a latere misit, data illi potestate regem Miezislaum, qui per connubium Christianæ uxoris Dambronwc'æ Bohemorum primi ducis filiæ conversus erat, in fide cum populo stabiliendi, episcopatus erigendi, eaque faciendi quæ ad totius regni conversionem populique instructionem pertinere videntur.

Idem ad convertendos Wandalos, Willibaldum, Prochorium aliosque viros doctissimos emisit: « Qui et Meisconem monarcham (verba Stanislai Orechovii apud Sanderum De visibili monarchia, num. 693, refero) et genus nostrum illi subjectum sacri baptismatis undis ab originali culpa abluerent, et ex civitate diaboli ablutos et mundatos in civitatem Dei transferrent, in Christique Ecclesiam dicarent; quod etiam factum est. Nam illi viri sanctissimi Wandaliam (sive tu malis Poloniam dici) ingressi, prædicabant nobis Christum, et gratiam ejus, qua nos in communionem suorum Deus convocaverat, celebrabant: homines turmatim ad flumina confluentes baptizabant, idola ex Wandalia exterminabant. » Ottonem juniorem, magni illius Ottonis filium, imperatorem coronavit. Roma cum imperatore Capuam profectus, Capuensem Ecclesiam, eo quod se Roma fugatum honorifice excepisset, digneque habuisset, et ab insidiis Pandulphi principis Capuani fideliter custodivisset, archiepiscopatus dignitate gratitudinis ergo insignivit. His peractis contigit, cum ad urbem revertisset, primariam Lateranensis ecclesiæ campanam, miræ magnitudinis, recens fusam, super campanile elevari, quam primum idem pontifex sacris ritibus Deo consecravit, atque nomine Joannis Baptistæ haud dubie, cui ipsa ecclesia dicata erat, nuncupavit. Agnoscunt illud et redarguunt novatores hæretici, quasi ille hoc suo exemplo posteros omnes pontifices et episcopos in illum errorem induxisset, ut campanis sacramentum baptismatis impendendum esse crederent et docerent: sed falluntur imperiti cum non tam baptizentur quam prævia benedictione sacrisque ritibus, sicut etiam alia vasa sacra, cultui divino dicentur et consecrentur; in qua consecratione imponuntur iis nomina, velut a cæteris campanis discernantur; vel saltem, quod magis ad pietatem conduceret, si voce alicujus sancti populus ad ecclesiam convocari diceretur.

Ad Theophanem Nicephori imperatoris Orientalis filiam Ottoni imperatori juniori desponsandam legationem misit, qua functus est Luitprandus Cremonensis episcopus. Sed cum Nicephorus coronatione duorum Ottonum graviter exacerbatus huic legationi nihil detulisset, Græca tamen fide, sub falso prætextu nuptiarum, legationem ipse ad Ottonem remisit, nuntians illi ut nuptias pararet, se cum filia brevi adfuturum. Cumque hac occasione exercitus Ottonis in nuptiis parandis occuparetur Orientales ex improviso militem imperatoris aggressi, eumdem magna strage fugarunt. Verum quando ea victoria elati secundo eumdem exercitum aggrederentur, innumera multitudo hostium cæsa fuit. Contigit hac de causa Nicephorum interfici, eique Joannem quemdam cognomento Zemisces, ad imperium elevari. Qui paulo post quam imperator factus esset, occisi imperatoris Nicephori filiam ad Ottonem misit: quam ipse, ut ait Witichindus, statim filio tradidit, celebratisque magnifice nuptiis omnem Italiam super hoc Germaniam lætiores reddidit. Eamdem a Joanne papa coronatam imperatricem fuisse testatur Sigebertus.

Per catenam sancti Petri, arreptitii collo circumdatam, cænonem expulit. In Magdeburgensi civitate recens ab Ottone condita primum episcopum Adelbertum constituit. Cumque sedem apostolicam annos sex, menses undecim, et dies viginti quinque tenuisset, VIII Idus Septembris obiit. Sepultus est in basilica Sancti Petri, ut videre est in ejus epitaphio.

Pontificis summi hic clauduntur membra Joannis,
Qui prudens pastor, persolvens debita mortis,
Isthic præmonuit moriens sua membra locari;
Quo pietate Dei resolutus nexibus atris
Egregii Pauli meritis conscendat in æthra,
Inter apostolicos cœlorum gaudia metat.
Gaudeat, exsultet sociatus cœtibus almis.
Dicite corde pio relegentes carmina cuncti,
Christo tui famuli misertus, scelera purga,
Sanguine qui sancto redemisti crimine mundum.

JOANNIS XIII PAPÆ
EPISTOLÆ ET DECRETA.

I.

JOANNES XIII CANONICORUM BONONIENSIUM IMMUNITATEM CONFIRMAT.

(Anno 967.)

[MANSI, *Concil.* XVIII, 509.]

JOANNES episcopus, servus servorum Dei.

Cum ego Joannes, sanctæ et apostolicæ Romanæ Ecclesiæ tertius decimus papa, residerem in Ravennate civitate una cum meis et Italicis episcopis, adfuerunt præsentiæ nostræ religiosi presbyteri et diaconi sanctæ Bononiensis Ecclesiæ, ac pro universo clero canonicæ congregationis humo prostrati, nostros osculantes pedes, obtulerunt epistolam tuitionis sanctæ recordationis domini Leonis V papæ, ut nullam donationem vel redditum publicum facerent. Unde compuncti divina misericordia ad eorum petitionem commodavimus sensum; et ideo a præsenti decima indictione omnibus ducibus, marchionibus, comitibus judicibusque, et universo populo a magno usque ad parvum in Bononiensi oppido commorantibus, dilectis fidelibus nostris notum esse volumus, ut omnes Bononiensis Ecclesiæ filii, id est sacerdotes, et levitæ, seu cunctus clerus ingesserunt nostro apostolatui, vim ac violentiam perpeti in suis facultatibus, et rebus, et possessionibus, et publica ab illis exigi servitia, tam in ecclesiasticis quam in suis mobilibus et immobilibus substantiis; quod contra omnium statuta sanctorum Patrum et canonicam auctoritatem esse cerneretur. Quare illorum calamitatibus condolentes, per has nostras litteras omnino interdicimus et prohibemus, eorum nihil ab eis vel successoribus illorum exigi ab aliqua magna parvaque persona, quæ illis jure et legaliter compertum [competunt?]. Insuper interdicimus ut nec portaticum, neque ripaticum, aut teloneum, sive ostaticum, neque paratam, vel sacramentum, quod dici nefas est, faciant. Sed sine aliquorum hominum, publicas sibi gerentium actiones, perturbatione atque molestia persistere securi, quietique nullam sustinentes violentiam in suis facultatibus vel omnibus rebus tam mobilibus quam immobilibus, tam de suis propriis quam etiam de ecclesiasticis, sed in Dei servitio et laudibus quieti et pacifici perseverent, quatenus pro nobis et cuncto populo Christiano securi Dominum quotidie exorent.

Datum XVIII Kal. Maii, pontificatus nostri anno 2, Ottonis imperatoris an. 6 indictione suprascripta.

II.

JOANNIS PAPÆ XIII BULLA PRO INSTITUTIONE ARCHIEPISCOPATUS MAGDEBURGENSIS (1).

(Anno 967.)

[Apud MANSI, *Concil.* tom. VIII, col. 509.]

JOANNES episcopus, servus servorum Dei, episcopus urbis Romæ, archiepiscopis, episcopis et cunctis timentibus Deum, omnique cœtui Christianorum.

Notum esse volumus qualiter, inspirante sancto Spiritu, meritisque apostolorum principis Petri, et vasis electionis sanctissimi Pauli, ac millia millium martyrum Christi, Roma caput totius mundi, et Ecclesia universalis ab iniquis pene pessumdata, a Domino Ottone Augusto imperatore, a Deo coronato Cæsare, et magno et ter benedicto, anno apostolatus nostri secundo, ipsiusque prænominati nostri spiritualis filii sanctissimi imperii sexto, erecta est, et in pristinum honorem omni reverentia redacta. Ipso namque anno una nobiscum, favente et consentiente invictissimo prædicto imperatore, acta est magna synodus Ravennæ XII.

---

(1) Archiepiscopatus Magdeburgensis instituendi opus sub Joanne XII cœptum sed nondum absolutum, tandem in duplici Ravennatensi concilio peractum fuit. Horum conciliorum aliud Aprili mense anni 967 habitum est, eidemque adfuit cum Ottone I imperatore Joannes pontifex, a quo data est pro ea erectione bulla subsequens. Conciliare vero decretum, quod potius dicendum esset stipulatio conventionis inter episcopum Halberstadiensem et eos quorum intererat ut archiepiscopatus ille erigeretur, ad concilium Ravennatense alterum anni 968 pertinet.

Kal. Maii, convenientibus archiepiscopis et episcopis circumquaque ex omni Italia, residentibus nobis in ecclesia beati Severi confessoris Christi, et ibi statutis omnibus rebus ecclesiasticis, secundum statuta canonum, et decreta antecessorum nostrorum, idem sanctissimus imperator ardentissimo cœpit amore perquirere, quomodo nostra apostolica auctoritate a primordio nomen christianitatis in aquilonaribus partibus dilataretur. Nos vero ejus animum in Dei servitio ita mirifice detentum mirantes, connivere ei dignum duximus, statuentes, presente et consentiente sancta synodo, et ipso imperatore, ut Magdeburg sita juxta Albiam fluvium, ubi ipse a Deo benedictus imperator corpus sancti Mauritii cum multis martyribus collocaverat, et miræ magnitudinis ecclesiam construxerat, deinceps metropolis sit et nominetur auctoritate beati Petri apostolorum principis, et ea qua prædecessores nostri Constantinopolim, statuerunt. Ideo quia filius noster, sæpe jam nominatus Otto, omnium Augustorum augustissimus, tertius post Constantinum, maxime Romanam Ecclesiam exaltavit, concessimus ut non posterior sit cæteris urbibus metropolitanis, sed cum primis prima, et cum antiquis antiqua inconvulsa permaneat. Suffraganeos vero eidem metropoli omnes unanimiter præordinavimus, Brandenburgensem episcopum, et Havelbergensem, iis cunctis quibuscunque imperator voluit in urbe Magdeburg archiepiscopus consecretur. Postea vero idem archiepiscopus et successores ejus habeant potestatem per congrua loca, ubi per illorum prædicationem Christianitas creverit, episcopos ordinare nominatim, nunc et præsentialiter Merseburg Cici, et Misni, a præsenti decima inditione perpetualiter confirmamus permanendum. Statuentes apostolica censura, sub divini judicii obtestatione, et anathematis interdictionibus, nulli licere nostrorum successorum atque pontificum, vel alii cuilibet personæ, hæc quæ a nobis pia intentione statuta sunt in quoscunque convellere, sed potius firma stabilitate inconvulsa manere definimus. Si quis autem, quod non credimus temerario ausu contra hoc nostrum apostolicum agere præsumpserit decretum, sciat se anathematis vinculis innodatum, et a regno Dei alienum, et cum impiis æterno supplicio deputatum. Et vero qui pio amore observator hujus nostri privilegii exstiterit, benedictionem a misericordissimo Domino Deo nostro consequi mereatur, et vitæ æternæ particeps atque cum sanctis omnibus sine fine lætetur.

Scriptum per manum Stephani notarii, regionarii et scriniarii sanctæ Romanæ Ecclesiæ in mense Aprili, et indict. x. Joannes sanctæ catholicæ et apostolicæ Romanæ Ecclesiæ præsul huic decreto a nobis facto pro confirmatione subscripsi.

Signum domini Ottonis piissimi imperatoris.

Ego Rudoaldus patriarcha sanctæ Aquileiensis Ecclesiæ interfui, consensi et subscripsi.

III.

DIPLOMA JOANNIS PAPÆ XIII, IN RAVENNATENSI CONCILIO (2) DATUM, QUO HEROLDUM SALISBURGENSEM ARCHIEPISCOPUM DEPONIT ET EXCOMMUNICAT; FRIDERICUM VERO EJUS LOCO ARCHIEPISCOPUM CREAT.

(Anno 967.)

[Apud Mansi, *Concil.* tom. XVIII, col. 499.]

Joannes, sanctæ Romanæ et apostolicæ Ecclesiæ præsul, omnibus archiepiscopis et episcopis, nostris dilectis in Christo fratribus, apud sanctam synodum Ravennæ nobiscum aggregatis, æternæ beatitudinis gaudia.

Sanctitati ac dilectioni notum vestræ esse volumus, quod Heroldus dudum Salisburgensis Ecclesiæ archiepiscopus, contra canonicam et apostolicam auctoritatem nefaria præsumptione post suorum oculorum amissionem videatur sacrum celebrare mysterium; et, quod ridiculum est, pallium gestare solemniter. Hoc namque non ad modicam hæreseos vesaniam attinet, et nobis omniumque fratrum orthodoxorum prudentiæ debet videri exsecrabile; præsertim cum ipse pro sua culpa et perfidiæ temeritate exoculatus sit, eo quod ecclesias Dei expoliaverit, thesaurum paganis erogaverit, seseque eis junxerit, in Christianorum necem et deprædationem, contra dominum et piissimum imperatorem suum seniorem rebellis et infidelis exstiterit: et proinde a decessoribus nostris sanctæ memoriæ pontificibus omne sacerdotale officium sæpe ei sit interdictum; atque electione et postulatione omnium pene nobilium, Bawariorum scilicet clericorum et laicorum, sancta Romana mater Ecclesia, suæ auctoritatis privilegio Fridericum virum venerabilem et cunctis laudabilem loco ejusdem Heroldi fieri esseque archiepiscopum omnino decreverit. Quapropter itaque nostrorum decessorum auctoritatem sequentes, vestræque omnium fraternitatis assensione roborati, ipsius Heroldi hæreticam et temerariam pravitatem amodo ac deinceps damnamus ac penitus confutamus ex vice beati Petri principis apostolorum, necnon omnes sequentes cæcitatem corporis et mentis ejus in tali præsumptione; eique communicantes excommunicamus primo et anathematizamus usque ad plenissimam emendationem. Insuper jam

---

(2) De hac synodo fit mentio apud continuatorem Reginonis his verbis: « Anno Dominicæ incarn. 967, Otto imperator natalem Domini celebravit: et excepto præfecto Urbis, qui aufugerat, tredecim ex majoribus Romanorum, qui auctores expulsionis domini Joannis papæ fuerant, suspendio interire jussit. Inde progrediens per Spoletum, Ravennam aiit: ibique Pascha celebraps cum domino Joanne papa plurimos ex Italia et Romania episcopos coadunavit; et habita synodo, multa ad utilitatem sanctæ Ecclesiæ adinvenit. Et apostolico Joanni urbem et terram Ravennatium, aliaque complura, multis retro temporibus Romanis pontificibus ablata, reddidit (*vel potius restitutionem jam ante factam confirmavit*), eumque inde Romam cum magna lætitia remisit. »

dicto Friderico per auctoritatem sedis apostolicæ dignissimo archiepiscopo honorem et dignitatem Salzburgensis archiepiscopatus confirmamus et corroboramus, et universos humilitati ejus allubescentes, benedicimus, et catholicos approbamus. Unde rogantes hortamur sanctitatem vestræ fraternitatis, et in hoc nobiscum pariter assentiatis, et huic nostræ apostolicæ sanctioni vestram confirmationem præbeatis.

(5) Joannes sanctæ catholicæ et apostolicæ Romanæ Ecclesiæ huic sanctioni editæ a me in synodo apud Ravennam subscripsi.

Signum domini Ottonis serenissimi imperatoris.

Rodoaldus patriarcha Aquileiensis Ecclesiæ interfui et subscripsi.

Petrus sanctæ Ravennatis Ecclesiæ archiepiscopus.

Walpertus sanctæ Mediolanensis Ecclesiæ archiepiscopus.

Lanwardus sanctæ Mindensis Ecclesiæ episcopus.
Otkerus sanctæ Spirensis Ecclesiæ episcopus.
Windo sanctæ Silvæ Candidæ Ecclesiæ episcopus, et bibliothecarius apostolicæ sedis.
Martinus sanctæ Sutriensis Ecclesiæ episcopus.
Benedictus sanctæ Portuensis Ecclesiæ episcopus.
Everardus episcopus Aretinensis.
Sichelmus episcopus Florentinæ.
Petrus episcopus sanctæ Volternensis Ecclesiæ.
Joannes sanctæ Ariminensis Ecclesiæ episcopus.
Hubertus [Adalbertus] sanctæ Lunensis Ecclesiæ episcopus.
Honestus episcopus sanctæ Perusinæ Ecclesiæ.
Petrus sanctæ Camerinæ Ecclesiæ.
Ingizo episcopus sanctæ Asisinatæ Ecclesiæ.
Leo episcopus sanctæ Asinatæ Ecclesiæ.
Joannes episcopus sanctæ Calliensis Ecclesiæ.
Erfemarius Anconitanæ Ecclesiæ episcopus.
Attingus episcopus Auximanensis Ecclesiæ.
Benedictus Humanatæ Ecclesiæ episcopus.
Eberardus Esinatæ [Æsinatæ] Ecclesiæ episcopus.
Benedictus Fuliginæ Ecclesiæ episcopus.
Julianus Lucerniæ Ecclesiæ episcopus.
Gregorius Comaclensis Ecclesiæ episcopus.
Ruodo sanctæ Cesinatæ Ecclesiæ episcopus.
Arnaldus Popiliensis episcopus.
Radaldus Rosiliensis episcopus.
Martinus Mantuanensis episcopus.
Stephanus Ficodensis episcopus.
Joannes Bellunensis episcopus.
Albericus Perufanensis episcopus.
Rodulphus Vicentinus episcopus.
Gerhardus Faventinæ Ecclesiæ episcopus.
Petrus Melaumaucensis episcopus.
Hubertus Parmensis episcopus.
Luizo Cremonensis.
Ermenaldus Regionensis episcopus.
Gorboldus Polonensis episcopus.
Gauslinus Patavensis episcopus.

(5) Mendosissimæ subscriptiones.

Arnaldus Tridentinus episcopus.
Teutpertus [vel Rupertus] Feltrensis episcopus.
Zenobius Fesulanus episcopus.
Gothofredus Aquensis episcopus.
Rojlo Astensis episcopus.
Luido Glosinensis episcopus.
Adalbertus Bonensis [Bononiensis] episcopus.
Wido Mutinensis episcopus.
Joannes Imolensis episcopus.
Ratherius Veronensis episcopus.
Antonius Brisuensis episcopus.
Udalricus Bergomensis episcopus.
Joannes Jordanensis episcopus.
Aupaldus Novariensis episcopus.
Lupus Spoletinæ Ecclesiæ.
Sigihardus Cetensis episcopus.
Rihelardus Fanensis Ecclesiæ episc. subscripsi.

Actum Ravennæ vii Kal. Maii, per manum Stephani scriniarii sanctæ Romanæ Ecclesiæ, in mense Aprili, et indictione decima in præsentia omnium sanctorum episcoporum.

IV.

JOANNIS PAPÆ XIII PRIVILEGIUM PRO ECCLESIA FERRARIENSI.

(Anno 967.)

[Apud Mansi, Concil. tom. XIX, pag. 1.]

In nomine Domini, Joannes episcopus, servus servorum Dei, omnibus Dei et sanctæ Ecclesiæ fidelibus.

Denuntiantes mandamus qualiter post justam et legalem electionem et consecrationem Martini episcopi Ferrariensis, in sancta Romana ecclesia a nobis factam, in civitate Ravennæ venimus cum ipso venerando Martino episcopo, aliisque quampluribus de nostra urbe Romanis, et in generali placito cum domno Ottone imperatore diversas causas, lites inspiciendas et deliberandas, et nobiscum residentium quoque astantium populorum multitudo clericorum, et laicorum, episcoporum, et abbatum de quampluribus regionibus infra basilicam beati Apollinaris convocatur; novus occurrit sermo prædicti Martini episcopi Ferrariensis, supplicans et petens a nobis ut omnia quæ a sancta Romana universali Ecclesia per papam Vitellianum, et Adrianum, et Leonem sanctæ Romanæ Ecclesiæ pontifices antecessores nostros in tempore Constantini, et Caroli imperatoris, per antiqua privilegia fuerant largita, tradita et confirmata; ita et nos per hoc nostrum confirmaremus præceptum; cujus scilicet precibus, et petitionibus, et omnium principum, episcoporum et abbatum, aliorumque clericorum, et laicorum inclinati, pro Dei timore et illius venerabilis fratris nostri præsulis Martini, omnia quæ a sanctis nostris antecessoribus, Romanæ sedis pontificibus, per antiqua privilegia per Ursonem judicem Ferrariensem perlecta sanctæ Ferrariensis ecclesiæ beati Georgii, tempore Martini, et Andreæ, et Joannis prædecessorum prædicti Martini tradita

esse cognovimus, per hoc nostrum a parte sanctæ cratione, et investitione sanctæ Ecclesiæ et sedis Romanæ Ecclesiæ beati Petri apostoli in prædicta Romanæ beati Petri apostoli separaverit, vel alienaverit, sancta Ferrariensi ecclesia beati Georgii, similiter aut si de omnibus quæ a sancta Romana coram cunctis astantibus et videntibus confirmamus Ecclesia sibi sunt data et tradita diminuere vel molestare præceptum, massam videlicet Babilonicam illam, tentabit ullo modo, vel ingenio unquam in quæ vocatur Ferraria, in qua ipsa sancta ecclesia aliquo tempore anathematis vinculo a parte omnibeati Georgii sita et consecrata est cum duodecim potentis Dei, et beatæ virginis Mariæ, et beatorum fundis suis; cui alias omnes massas minores positas apostolorum Petri et Pauli, et omnium sanctorum, infra nostrum ducatum et comitatum Ferrariensem et nostra perpetuo alligamus, cui omnes qui adcum omni obedientia et securitate subjugamus; erant ibi responderunt dicentes : Fiat, fiat. Quorum massam scilicet et ripam Pullariolus, cum duo- nomina sunt hic in parte descripta, id est in pridecim fundis suis, et massam Constantiacus cum mis :
duodecim fundis suis, et massam quartisianam cum Martinus episcopus sanctæ Sutrinensis Ecclesiæ.
duodecim fundis suis; et massam Doncro cum duo- Wido episcopus sanctæ Sersenatis Ecclesiæ.
decim fundis suis; sicque massam Petriculi cum Joannes episcopus sanctæ Corneliensis Ecclesiæ.
duodecim fundis suis; et massam Popularis cum Azio protoscrinarius et apocrisarius sanctæ Romanæ Ecclesiæ.
duodecim fundis suis; similiter massam Curuli, et
massam Salectam cum viginti quatuor fundis suis; Joannes dux urbis Romæ, qui vocatur Gambaruto.
et massam Sancticam, et Castilionem cum omni- Stephanus inculator urbis Romæ.
bus fundis suis; similiter et massam Firmianum Nec non Paulus gloriosus judex.
cum omnibus fundis, et pertinentiis suis. Has qui- Vigo judex Ferrariensis.
dem omnes massas cum omnibus juribus sibi perti- Petrus dativus istius civitatis Ravennæ.
nentibus, sicut a sanctis nostris supradictis anteces- Joannes dativus Ferrariensis.
soribus in præfata sancta Ferrariensi ecclesia beati Leo dativus de civitate Faventia.
Georgii largitum fore cognovimus; ita et nos per Petrus et Stephanus dativi Ferrar.
hoc nostrum, sicut supra dictum est, in sancta no- Petrus comes.
stra ecclesia, et tibi prædicto Martino confratri, et Garardus, et Hirardus de comitibus.
episcopo nostro, et successoribus tuis infra totum Arderatus, et Rambertus germani comitibus
ducatum atque comitatum, et episcopatum nostrum Joannes dux de Romano.
Ferrariensem in singulis massis, ecclesias, clericos, Joannes et Almericus germani filii sui.
presbyteros, diaconos ordinare et consecrare. Super Paulus et Petrus ducibus Traversaria.
hæc quidem omnia, omnibus tam præsentibus quam Petrus filius ipsi Pauli.
absentibus, notum fieri volumus, per prædictum Romualdus dux.
episcopatum Ferrariensem, et ecclesiam S. Georgii, Paulus filius Vitabiani.
et te Martinum episcopum, tuosque futuros succes- Joannes consul et patricius.
sores, episcopos, utramque parochiam perpetuo, Heraldus filius Jaraldi ex genere ducum.
sicut supradicti nostri antecessores habuerunt et Atelbertus et Sergius germani ducibus.
tenuerunt in suo dominio; ita et nos in jure, et Andreas filius quondam amabil. dativus.
dominio, seu privilegio sanctæ nostræ Romanæ Ec- Deusdedit de Ponte Augusto.
clesiæ beati Petri apostoli, et nostro nostrorumque Gasirius filius Joannis consulis.
successorum semper tenemus. Ut sit semper sub Vitalis de Liuto.
nostra electione, ordinatione, investitione, et conse- Joannes et Luicio germani, filii quondam Anacratione, et districtu. Et non liceat unquam nemini stasii consulis.
de tuis successoribus futuris, eligendis in ipso epi- Leotarius.
scopio episcopis ad nullius electionem neque investi- Petrus de Malo.
tionem vel consecrationem ire, nisi ad nostram Mauricius Spaza inferno.
sanctissimam sedem Romanam et apostolicam beati Vitalis filius Vitalis de Marino.
Petri apostoli nostrorumque successorum; et non *De tabellionibus autem cives Ravenn.*
liceat nemini nostrorum successorum, vel alieni Joannes consul de tabellio, qui vocatur Uter.
regni magnæ personæ, regis scilicet vel ducis, epi- Stephanus tabellio.
scopi neque archiepiscopi, hunc præfatum episco- Dominicus tabellio, Apollinaris tabellio.
pum et ecclesiam sancti Georgii, neque episcopos Sergius tabellio,
a dominio, et jure, et electione, ordinatione, inve- *De cancellariis autem.*
stitione, consecratione, districtu sanctæ Romanæ Vitalis cancellarius.
Ecclesiæ beati Petri apostoli separare. Si quæ vero Martinus cancellarius et sarsore.
persona hujus nostri regni, regis vel ducis, parva Leo cancellarius.
vel magna, hanc supradictam nostram Ferrariensem Sarius de Cisterno.
sanctam ecclesiam beati Georgii a jure et dominio Dominicus et Bernardus cancellarii de arbore
et potestate episcoporum suorum, electione, conse- Gaudenti. Isti omnes de civitate Ravenna.

De Ferrariensibus autem, Joannes archipresbyter sanctæ Ferrariensis Ecclesiæ.

Lopicinus archidiaconus.

Petrus presbyter, Georgius presbyter, Bonizo presbyter, et primicerius, Joannes archisubdiaconi.

De laicis.

Leo de Andrea consul,

Refredo filio ejus, Leo consul.

Gregorius de Danielis, et alius Gregorius consul, Petrus consul filius Leonis consulis, Anselmus consul filius Raimbaldo, Paulus consul, qui vocatur de Nastasia, Joannes qui vocatur de Cristinia; et aliorum hominum multitudo, quorum nomina esset longum ad scribendum.

V.

JOANNIS PAPÆ XIII BULLA AD GERBERGAM ABBATISSAM GANDERSHEIMENSEM.

(Anno 968.)

Ab Ottone majore et minore rogatus, parthenonem Gandersheimensem tuendum suscipit et ejus possessiones juraque confirmat.

[Apud Mansi, *Concil.*, tom. XVIII, col. 529.]

Joannes episcopus, servus servorum Dei, meritis et sanguinis claritate rutilanti, dilectissimæ nobis in Christo filiæ Gerbergæ, venerabili abbatissæ monasterii sanctorum confessorum Innocentii et Anastasii, quod Gandersheim nuncupatur, atque posteris suis in perpetuam salutem benedictionemque apostolicam.

Si piis votis ac petitioni assensum præbemus, omnipotenti Deo nos placere credimus. Quapropter universis sanctæ catholicæ Ecclesiæ filiis, presentibus et futuris, notum esse volumus quod in synodo quæ apud corpus beatissimi Petri apostolorum principis acta est in mense Decembris, et indictione undecima, amabiles Deo ac spirituales filii nostri, Otto major et minor, serenissimi imperatores Augusti, apostolicam paternitatem nostram humiliter obsecrare dignati sunt, coram archiepiscopis et episcopis, videlicet Italicis et ultramontanis, numero triginta et sex, quatenus præfatum monasterium Ganderseim, quod constat esse sub tuæ filiationis regimine situm in regno citerioris Saxoniæ ad honorem prædictorum confessorum Christi Innocentii et Anastasii, auctoritatis nostræ præsidio muniremus, et sub tuitione jureque sanctæ sedis apostolicæ perpetim susciperemus. Quorum piis congaudentes petitionibus alacri mente id fieri decrevimus, præcipientes ex ea, qua vice clavigeri cœlestis regni fulcimur, auctoritate, ut prænominatum venerabile cœnobium nemo unquam sæcularium possideat, neque ex decimis et possessionibus ejusdem quidquam sibi aliquis usurpet, non rex, non marchio, non comes, non episcopus, nec quilibet princeps quacunque potestate præditus, nisi forte tuendi ac defendendi causa, et hoc nonnisi tua et ejus, quæ pro tempore regularis fuerit, abbatissa, sobria fiat permissione. Esto igitur ad laudem omnipotentis regis abbatissa ejusdem monasterii, et subditas tibi sorores ad cœlestis patriæ gaudia expetenda instigare prudenti magisterio non cesset. Sit semper eisdem sororibus facultas sive licentia ex ipsa sua congregatione post obitum abbatissæ aliam sibi matrem, secundum regulam suam, substituere, et quam digniorem viderint pari animo et consensu : habeant potestatem eligere. Confirmamus vero et corroboramus ipsi sancto monasterio omnes res et possessiones mobiles et immobiles, quas nunc habet, et in antea, Deo opitulante, habere debet quolibet jure acquisitionis, ita ut amodo, et usque in finem sæcula [sæculorum] licenter eas teneat et possideat, omnium hominum contradictione remota Si quis autem contra hujus nostri apostolici privilegii tutelam agere tentaverit, et ex his quæ a nobis decreta sunt, aliqua pervertere molitus fuerit, hunc cum auxilio sanctæ et individuæ Trinitatis, et interventu beatæ Mariæ semper virginis, omniumque sanctorum, ex auctoritate beatissimi Petri apostolorum principis cum assensu comprovincialium pontificum, et omnium hujus nostræ sanctæ sedis suffraganeorum episcoporum excommunicamus, et a liminibus sanctæ Dei Ecclesiæ, omniumque Christianorum societate separantes perpetualiter anathematizamus.

Scriptum per manus Stephani scriniarii sanctæ Romanæ Ecclesiæ, in mense et indictione supra dicta undecima. Bene valete. Dat. Kal. Januarii per manus Widonis episcopi sanctæ Sylvæ Candidæ Ecclesiæ et bibliothecarii sanctæ sedis apostolicæ, anno, Deo propitio, pontificatus domini Joannis summi pontificis et universalis tertii decimi papæ in sacratissima sede beati Petri apostoli tertio, imperatoribus serenissimis dominis Ottone majore et minore. Anno imperii majoris sexto, minoris vero primo. In mense et indictione undecima.

VI.

JOANNIS PAPÆ XIII BULLA PRO MONASTERIO S. MAXIMINI TREVIRENSI.

(Anno 968.)

[Apud Mansi, *ubi supra*, col. 531.]

Joannes episcopus, servus servorum Dei, venerabili Lili abbati, amabili nobis in Christo filio Theitfrido apostolicam benedictionem et salutem.

Congruit apostolico moderamini, pia religione pollentibus benevola compassione succurrere, et poscentium animis alacri devotione impartire assensum ; ex hoc enim lucri potissimum a conditore omnium Deo procul dubio promeremur, dum venerabilia loca opportune ordinata ad meliorem fuerint statum reducta. Igitur quia religiositas tua petit ut monasterio tuo, quod in suburbio Trevirensi in honorem beatissimi confessoris Christi Maximini constructum esse dignoscitur, ob conservandam tibi atque fratribus vel successoribus tuis monasticæ tranquillitatis normam sanctæ apostolicæ nostræ, cui auctore Deo præsidemus, Ecclesiæ privilegium concedamus, tuæ petitioni benevola intentione assensum accommodare curavimus, decernentes apostolicæ auctoritatis præcepto, ut congregatio Deo sanctoque Maximino religiosè deserviens, sicuti a charissimo filio nostro Ottone, cæterisque regibus imperatoribus Francorum concessum est, liberam deinceps habeant potestatem creandi inter se quem secundum Deum sibi abbatem elegerint, nec aliqua cujuslibet dignitatis persona infra monasterium, nisi a te aliove abbate successore tuo vocatus, quidquid pro suo libitu ordinare vel temere exercere præsumat. Præterea apostolica nostra auctoritate omnimodis interdicimus ne cui unquam Ecclesiæ vel sedi concambio, vel alio aliquo negotio subdatur, sed tali libertate et immunitate, sicut Prumiense monasterium cæteraque loca regalia, inoffense et perpetualiter semper fruatur. Ipse autem locus monasterii perenniter sub mundiburdio regum vel imperatorum filiorum, scilicet sanctæ Romanæ Ecclesiæ præcepto apostolico jubemus ut permaneat nulli unquam personæ beneficiarius, aut invadendus pateat, sed ad usus et tranquillitatem monachorum ibi sub regula S. Benedicti Deo militantium absque ullius contradictione libenter permaneat. Ad cumulum quoque vel augmentum monasticæ tranquillitatis adjicimus, ne qua cujuslibet dignitatis persona quidquam vel minimum alienare vel minuere de rebus ecclesiæ præsumat, tam ex his quæ modo monasterio tuo collata sunt, quam ex his quæ cæteri fideles in dies collaturi sunt. Si quis autem, quod absit, nefario ausu præsumere hæc quæ a nobis ad laudem Dei omnipotentis pro stabilitate jam dicti venerabilis cœnobii statuta sunt, infringere aut in quocumque violare studuerit, ex auctoritate Dei omnipotentis per interventum B. Petri apostolorum principis, cujus vice fungimur, et nostræ humanitatis apostolicæ constitutionem, et assensum omnium comprovincialium, sive suffraganeorum episcoporum anathematis vinculo inextricabiliter innodamus.

Scriptum per manus Stephani scriniarii sanctæ Romanæ Ecclesiæ. Lectum in synodo Romæ habita, assidentibus divis imperatoribus Ottone Magno, filioque ejus æquivoco, anno, imperii majoris sexto, junioris primo. Datum IV Nonas Januarii.

VII.
BULLA JOANNIS PAPÆ XIII PRO MONASTERIO B. JOANNIS EVANGELISTÆ MISNENSI.
(Anno 968.)
[Apud Mansi, *ubi supra*, col. 552.]

Si semper sunt concedenda quæ piis desideriis congruunt, quanto potissimum quæ divini cultus prærogativa noscuntur, non sunt omnino abroganda; quæ sunt a largitoribus non solum poscenda, sed vi charitatis procul dubio exigenda? Habita igitur synodo et multorum venerabilium Patrum coepiscoporumque nostrorum conventu, Romæ in ecclesia B. Petri principis apostolorum, assidentibus augustissimis imper. Ottonibus utrisque; anno scilicet imperii, majoris sexto, minoris primo, iidem gloriosissimi impp. postularunt a nobis quatenus monasterium quod pro remedio animarum suarum primitus construi, et in honore B. Joannis evangelistæ consecrari fecerunt, super ripam fluminis, cui nomen est Albia, in civitate Misina, sita videlicet in provincia quæ dicitur Talemense, cui etiam monasterio virum venerabilem, nomine Burchardum, honorifice præfecerunt, privilegiis apostolicæ sedis decoraretur; ut sub jurisdictione sanctæ Ecclesiæ nostræ, cui Deo auctore præsidemus, constitutum, nullius alterius Ecclesiæ ditionibus submittatur. Pro qua re piis desideriis faventes hac nostra auctoritate id quod exposcitur effectui mancipamus interponentes tamen ea quæ et ipsi principes nostri innumeris privilegiis cupiunt exponi, et cunctis in Christo fidelibus manifesta fieri. More antiquorum impp. hi duo imperatores, pater et filius, nobis assidentes, Misnensi episcopatui terminum imposuerunt, nominando fines et determinationes locorum, sicut infra tenetur. Ubi caput et fons est aquæ, quæ dicitur Odera; inde quasi recta via usque ad caput Albiæ; inde deorsum in occidentalem partem, ubi divisio duarum regionum est Behem et Nisinen. Ibidem ultra Albiam, et per silvam in occidentalem partem, usque ad caput Mildæ, et sic deorsum per ambas plagas ejusdem fluminis, usque dum Milda intrat in Albiam (nec non ob hoc diximus in occidentali plaga, quia multæ villæ pertinent ad orientales urbes infra eumdem terminum), et sic sursum et ultra provinciam Nizizi, ad ipsum terminum sine dubio. Nec non in altera parte Luzici, et Selpoli, et sic usque ad civitatem Sulpize, illam videlicet infra eumdem terminum, et inde in aquam quæ dicitur Odera, et sic Odera sursum, usque ad caput ejus. Omnes vero quemadmodum hi præsentes imperatores statuisse fatentur, qui infra istum terminum habitant, in omni fertilitate terræ, frugum et pecudum in argento et vestimento, nec non, quod Teutonici dicunt, Ubereota (4), et Telunga familiarum insuper tota utilitate, et in omnibus rebus, quibus mortales utuntur, in diversis modis decimationes, quas Deo cuncta gubernandi debent, ad Misnensem Ecclesiam, primo Deo, deinde S. Joanni evangelistæ, universa dubietate procul remota, persolvant, referant et reddant. (Testantur etiam iidem præsentes nobilissimi imperatores quasdam res sui juris ac proprietatis eidem sanctæ Misinensi Ecclesiæ, cui venerabilis episcopus Burchardus præesse dignoscitur, pro remedio animarum suarum in proprium dedisse, hoc est tributorum suorum in quinque regionibus partes decimas, in Talemence, in Nisa, in Milezane, in Luzice, in Diodesa: ut anteaquam comes earumdem regionum partem sibi ab ipsis concessam auferat atque distribuat, decimas per totum ac per in-

(4) Vide Ducang. Gloss. in *Quercoupunga*.

tegrum jam dictæ sanctæ Dei Ecclesiæ persolvat, id est in melle, crusina (5), solutione argenti, mancipiis, vestimentis, porcis, frumento, et in omnibus rebus, quæ ad fiscum prædictorum impp. pertinere videntur, sanctæ Misinensi Ecclesiæ, nec non S. Joanni evangelistæ sui juris teloneum, a civitate quæ dicitur Belegora, usque ad ejusdem Misinensis ecclesiæ portum, sursum, indeque denuo per ambas plagas præfati fluminis Albiæ deorsum, sicque infra præfinitum terminum ubicunque manus negotiatorum ultra Albiam huc illucque sese diverterit, ex integro, et absque ulla contradictione eidem prænominatæ sedi Misinensi, persolvi et tradi perenniter constituisse.) Et ideo in Christo sanximus firmiterque concessimus ut nullus metropolitanus, nullus episcopus, nulla etiam magna vel parva alterius ordinis et gradus persona, præter sedis apostolicæ antistitem, infra terminos Misinensis Ecclesiæ, cui venerabilis episcopus Burchardus præesse dignoscitur, quemquam ordinare, dijudicare, excommunicare, vel aliquid temere exercere, ullo modo præsumat. Statuentes etiam apostolica censura, sub divini judicii obtestatione, et validis atque atrocibus anathematis interdictionibus, ut nullus imperator posthac, aut rex nullus, sive quispiam alius, cujuscunque sit dignitatis potestate præditus, ejusdem Ecclesiæ causis præsumat incumbere, vel minimum quiddam ex his quæ ad illud monasterium S. Joannis pertinere videntur, cui Burchardus episcopus præsidet, aut sibi temere vindicare, aut alicui magnæ parvæque personæ pro beneficio dare, aut quoquolibet modo inde auferre vel alienare audeat. Promulgamus etiam, et hoc auctoritate B. Petri apostolorum principis, coram Deo et terribili ejus futuro examini per hujus nostri privilegii atque constituti vim interminamus, ne quis mortalium sibi licere existimet, aliquid ex possessionibus Misinensis Ecclesiæ, tam ex his quæ antehac a gloriosissimis imperatoribus Ottone et ejus æquivoco filio, vel a cæteris Christianis eidem sancto loco oblata atque collata sunt, quæque postmodum sunt conferenda, ut profecto juxta id quod subjectum est, idem venerabilis locus apostolico hoc privilegio inconcusse donatus permaneat. Si quis autem, quod minime optamus, nefaria auctoritate hæc quæ a nobis ad laudem Dei pro stabilitate sæpedicti monasterii statuta sunt, refragare præsumpserit, nostrique præcepti transgressor exstiterit, sciat se anathematis vinculo innodatum, et cum diabolo atque Juda traditore Domini nostri Jesu Christi æterni incendii supplicio deputatum. At vero qui pio intuitu hujus apostolici constituti observator exstiterit, benedictionis gratiam a misericordissimo Domino Deo multipliciter consequatur, et vitæ æternæ particeps effici mereatur.

Scriptum per manus Stephani scriniarii sanctæ Romanæ Ecclesiæ, in mense Decembri, indictione undecima.

Signum domini Ottonis minoris imp. Augusti.

Petrus Ravennensis Ecclesiæ archiepiscopus subscripsit. Rodaldus patriarcha Aquileiensis subscripsit. Sigolfus episcopus S. Placentinæ Ecclesiæ consensi et subscripsi. Udalricus episcopus S. Pergamensis Ecclesiæ consensi et subscripsi. Siggo Pledensis [Blerensis] Ecclesiæ episcopus consensi et subscripsi. Benedictus episcopus S. Fultnensis [Fulginensis] Ecclesiæ consensi et SS. Joannes episcopus S. Normiensis (6) Ecclesiæ subscripsit. Joannes episcopus S. Galliensis [Galliensis] Ecclesiæ subscripsit. Joannes episcopus S. Arinensis [Ariminensis] Ecclesiæ interfuit et subscripsit. Humbertus episcopus S. Laviensis [Lunensis] Ecclesiæ consensi et subscripsi. Gerhardus episcopus Faventinæ Ecclesiæ consensi et subscripsi. Aufredus [Wigfredus] episcopus Verdecensis [Virdunensis] Ecclesiæ consensi et subscripsi. Zenobius episcopus Fesolanæ Ecclesiæ consensi et subscripsi. Gaidolfus episcopus Firminæ [Firmanæ] Ecclesiæ consensi et subscripsi. Ego Petrus episcopus Kamerinæ Ecclesiæ ibi fui et subscripsi. Eberhardus episcopus Aretinæ Ecclesiæ consensi et subscripsi. Stephanus episcopus Narniniensis Ecclesiæ consensi et subscripsi. Alberius episcopus Ausculanus subscripsi. Antonius Brixiensis (7) Ecclesiæ episcopus subscripsi. Dietericus Melensis Ecclesiæ episcopus subscripsi. Lanwardus Mindensis episcopus subscripsi. Huibertus episcopus subscripsi. Luzo episcopus Cremonensis subscripsi. Joannes episcopus Turdonensis [Terdonensis] subscripsi. Adelbertus episcopus subscripsi. Otger episcopus subscripsi. Sichelinus Florentinus episcopus subscripsi. Albericus episcopus subscripsi. Artuigo Ausinianæ Ecclesiæ episcopus subscripsi. Insinno Laucanensis [Lavicanensis] Ecclesiæ episcopus subscripsi Ertemarius Ancias episcopus subscripsi. Julianus episcopus Nucerinus subscripsi. Stephanus Cerviæ Ecclesiæ episcopus subscripsi. Atto Senegaliæ Ecclesiæ episcopus subscripsi. Lupus Spoltrinus episcopus scripsi. Lyndo Clusianæ Ecclesiæ episcopus subscripsi.

Data III Non. Januarii per manus Widonis, episcopi S. Silvæ Candidæ Ecclesiæ, et bibliothecarii sanctæ sedis apostolicæ. Anno Deo propitio, pontificatus domini Joannis summi pontificis et universalis tertii decimi papæ, in sacratissima sede B. Petri apostoli tertio, imperantibus dominis piissimis Augustis Ottone et ejus æquivoco filio, a Deo coronatis magnis imperatoribus, anno majoris imperii sexto, et minoris primo in mense Januario, indictione supra dicta undecima.

(*Loc. Sign.*)

---

(5) Vestis pelliceæ genus. Ducang., V. *Crusna*.
(6) *Narniensis*. Sed inferius est *Stephanus Narniensis*.

(7) Ita legendum, cum apud Labbeum sit *Brisunensis*.

VIII.
JOANNIS XIII PRIVILEGIUM PRO MONASTERIO DOLENSI DIŒCESIS BITURICENSIS.
(Anno 963.)
Dolensi monasterio privilegium concedit.
[Apud D. BOUQUET, *Recueil*, tom. IX, pag. 236.]

JOANNES episcopus servus servorum Dei, religioso abbati RAMNULPHO Dolensis cœnobii in honore sanctæ genitricis Mariæ et beatorum apostolorum Petri et Pauli constructi, ejusque successoribus in perpetuum.

Apostolicæ moderamini totius Ecclesiæ cura commissa est, et idcirco quisquis divina dispensatione in sancta Romana sede succedit, necesse est ut ubicunque possibile fuerit, utilitatem ejusdem Ecclesiæ procuret. Quapropter monasterium prædictum, quod Ebbo piæ memoriæ ædificavit, ita ut a prædecessore nostro per auctoritatem privilegii sancitum est, liberum ab omni dominatione cujuscunque personæ, aut regis videlicet aut episcopi, aut filiorum, vel filiarum, vel propinquorum ipsius Ebbonis esse decernimus, et res omnes quas vel nunc habere videntur monachi, vel deinceps ibidem collatæ fuerint, sine ulla contradictione possideant. Vodillonem quoque villam cum suis appendiciis, a Gerardo nobili viro collatam, eidem loco similiter attribuo vel confirmo. Capellam etiam sancti Germani, ecclesiam quoque sanctæ Mariæ, nec non sancti Dionysii, masuilium etiam in honore sancti Salvatoris, prata quoque in honore sancti Bouli, oleas denique in honore sancti Sulpitii, capellam nihilominus juxta castrum Dolis a Britonibus constructam, post illorum discessum attribuimus. Capellam quoque Sancti Martini infra Castrumfortem, etiam ecclesiam in pago Pictaviensi, salinas quoque in pago Alnensi; aludum etiam Lavariacum cum Monte Futario, cum omnibus rebus quas vel nunc habent, vel deinceps iidem monachi habituri sunt, ut jam diximus, sibi pertinentibus, ita sibi vindicent, ut nullius omnino subjiciantur, nisi Romanæ sedi, sicut in prædicto testamento præfati Ebbonis continetur. Hoc ergo nos intuentes, easdem res, quæ legaliter conceduntur, eidem cœnobio per nostram apostolicam auctoritatem confirmamus. Abbatem vero communiter et regulariter viventem sine ullius contradictione, quemcunque de ipsis saniori consilio eligerint, sibi præficiant. Quod si aliquis per munus aut per inanem gloriam, consentientibus, quod absit, monachis, irrepere tentaverit, hunc talem veluti furem et latronem per apostolicum interdictum prohibemus : sed ab ipsis personis, quibus beatus Benedictus in hac re potestatem tribuit, talem eligi præcipimus, qui domni Dei bene præesse studeat, et, sicut dictum est, communiter vivat, et fratribus prout potuerit prodesse magis quam præesse studeat. Constituimus etiam eidem cœnobio ecclesiam Sancti Lusoris quam iidem monachi dato pretio a nobili viro Simone per chirographi testamentum comparaverunt, ut nihil illis amplius requiratur nisi decem solidorum census. Quicunque vero prædicto monasterio in augendis rebus vel religione adjutores exstiterint, Christum Dominum et sanctam ejus Genitricem atque beatos apostolorum principes habere mereantur adjutores. E contra autem quicunque temerarii vel audaces monasterium aut fratres, sive quaslibet res ad eos pertinentes lædere aut usurpare præsumpserint, illos per apostolicam potestatem nobis per ipsos a Deo concessam sub anathematis vinculo, nisi resipuerint, usque in diem judicii obligamus. Observantibus hæc gratia et pax Christi multiplicetur, etc.

Scriptum per manum Theodori notarii sanctæ Romanæ Ecclesiæ, in mense Januarii, indictione undecima.

IX.
JOANNIS PAPÆ XIII BULLA AD ADALBERTUM MAGDEBURGENSEM ARCHIEPISCOPUM.
(Anno 968.)
Primatum illi inter universos Germaniæ, præsules, et æqualem cum primariis Galliæ honorem constituit.
[MANSI, *Concil.* XIX, 5.]

JOANNES episcopus, servus servorum Dei, dilecto nobis in Christo confratri, ADALBERTO, S. Magdeburgensis Ecclesiæ archiepiscopo, in Domino æternam salutem.

Si ea loca quæ ad salutem maxime populi et gentis ad Deum conversionis fundata sunt, privilegio nostræ auctoritatis munimus et decoramus, hoc ad provectum et divinæ religionis cultum pertinere nullo modo dubitamus. Igitur quia sedem Magdeb., cui Deo auctore præsides, nostra tuorumque comprovincialium auctoritate archiepiscopalem esse decrevimus, quem inter cæteras Ecclesias ordinem, vigorem, primatum et æquitatem habere in posterum debeat, apostolicæ sedis privilegio muniri sanximus. Dei igitur omnipotentis auctoritate, et B. Petri, apostolorum principis, et nostra, te tuosque successores in perpetuum, et Ecclesiam tuam omnium ecclesiarum archiepiscoporum et episcoporum, qui in Germania sunt, ordinati in sedendo, in judicando, in confirmando, in subscribendo, in sententiis dandis omnique ecclesiastico ordine primatum habere volumus. Eorum vero qui sunt in Gallia, item Mogonciens., Trevirens. et Coloniens. Ecclesiæ in omnibus parem honorem et similem vigorem præsenti privilegio confirmamus. Cæterum, more Romanæ Ecclesiæ, Ecclesiam tuam duodecim presbyteros, et septem diaconos, et viginti quatuor subdiaconos cardinales, qui sandaliis et lisinis utantur habere volumus. Super hoc vero iisdem presbyteris et abbatibus ecclesiæ Sancti Joannis Baptistæ in suburbio ejusdem civitatis constructæ tunicis uti concedimus. Quibus exceptis et episcopis super altare in honorem B. Mauritii dedicatum missam celebrare aliquis nullo modo præsumat, quod non ad superbiam, sed ad loci sanctitatem speciali reverentia præsenti privilegio munimus, et decoramus. Quapropter, frater fraterrime, Dominicorum salubriter reminiscens mandatorum, ita in commissæ plebis regimine lucrandisque animabus invigila, ut Redemptori nostro fructum bonæ operationis, in quo lætari possis, exhibeas.

Scriptum per manum Stephani scriniarii sanctæ sedis apostolicæ, in mense Octobri, indict. XII.

X.
ALTERA EJUSDEM AD EUMDEM BULLA.
(Anno eodem.)

Consecrationem episcoporum omnium inter Albiam et Salam, jusque palii illi et successoribus tribuit.

[[Mansi, Concil. XIX, 5]

Joannes episcopus, servus servorum Dei, charissimo confratri nostro Adalberto, sanctæ Magdeburgensis Ecclesiæ archipræsuli, in Domino æternam salutem.

Ita te, frater charissime et coepiscope noster, vita moresque tui hactenus idoneum reddidere, ut multa tibi credere, plura etiam committere, sicut bono dispensatori, non hæsitemus. Igitur quia ad pastorale culmen plebis tuæ, et comprovincialium tuorum, et nostra post Deum te auctoritas promovit, et quia tanta Sclavorum plebs ultra fluvios Albiam et Salam, scilicet Deo noviter acquisita, paucis pastoribus minime tueri potest, qualiter episcopis tuæ sedi subjectis parochias rationabiliter et caute dividas et distribuas, tuæ dispensationis et discretionis examini committo; et hoc serenissimi spiritualis filii nostri imperatoris Augusti, qui ejusdem tuæ Ecclesiæ fundator et auctor est, cura, diligentia et judicio fieri, per præsentis privilegii munimen statuo et confirmo. Si ergo ab apostolica sede, cui Deo auctore præsideo Ecclesiæ tuæ concessum, ut ab ejus rectoribus episcopi, qui ultra Albiam et Salam constituti, et constituendi sunt, post futuris temporibus consecrentur, et ipsi ejusdem tuæ scilicet Ecclesiæ archiepiscopos, sicut pro tempore fuerint, consecrent, qui pallium secundum morem Romanæ Ecclesiæ a nostra sede recipiant. Unde, frater charissime, dilectationem [f., dilectionem] tuam admoneo et obtestor, ut animo sis sollicitus, ne aliquid sibi commodi dato aut gratia, quælibet supplicatio personarum in sacris ordinibus vindices, sed ad hoc officium ille perducatur, quem morum gravitas commendet et vitæ præteritæ actio. Oramus autem omnipotentem Deum, ut sua te munitione circumagat, et sacerdotii susceptum officium operibus implere concedat.

Actum per manus Stephani scriniarii et bibliothecarii sanctæ Romanæ Ecclesiæ in mense Octobri, indictione statutum duodecima.

XI.
JOANNIS PAPÆ XIII PRIVILEGIUM PRO MONASTERIO ARULENSI.
(Anno 968.)

[Apud D. Bouquet, *Recueil* tom. IX, pag. 178.]

Joannes episcopus, servus servorum Dei, universis Christi fidelibus præsentibus et futuris, salutem in Domino perpetuam.

Si semper concedenda sunt quæ piis desideriis congruunt, quanto magis ea quæ pro divini cultus constantia pertinere noscuntur, omnimodo non sunt neganda. Et ideo sciat omnium vestrorum bonitas atque industria quia vir Deum timens et inclytus comes, nomine Oliba, veniens oratum Romam ad beatissimorum apostolorum Petri et Pauli sacratissima corpora, postulavit a nobis ut monasterium quod vocatur Arulas, constructum a fratre avi sui ad honorem Domini et semper virginis Dei genitricis Mariæ, positum territorio comitatus Rossilionensis, in loco qui Vallis Asperi vocatur, juxta ripam fluminis Theti, quod vulgari nomine etiam nuncupatur, sub perpetua immunitate sanctorum Patrum cum defensione sanctæ nostræ sedis apostolicæ manendum decerneremus, cum omnibus rebus et possessionibus sibi pertinentibus. Unde inclinati precibus ejus humilitatis, per hanc nostram apostolicam et inviolabilem præceptionem statuimus id ipsum Dei Genitricis monasterium ex integro pro sua stabilitate perpetualiter ad ditionem atque tuitionem sanctæ matris Ecclesiæ persisti debere, confirmantes illi omnes res quas jure et rationabiliter sibi a principio pertinent, et usque in finem sæculi pertinere debent, in cellis, ecclesiis, ornamentis, sacris vasis et ustensilibus, in villis, casis, servis, ancillis, libertis et affranticiis, aquis, cum ipsis aquarum ex utraque parte riparum verdigariis et circumjacentiis, terris et aquimolis cum suis caputaquis et ipsis aquæductibus ac piscariis omnibusque locis cultis et incultis, et cum universis usibus, redditibus, seu decimationibus et tributis: promulgantes etiam hæc omnia, et quæcunque legaliter dici et nominari possunt, per fines et terminos suos inconcussa et indemnia manere ad dominium ipsius sacri cœnobii, et utilitatem regularis abbatis seu monachorum ibidem Deo servientium. Quoquo tempore nequaquam licentia sit alicui episcopo, duci, comiti, aut ulli hominum magnæ parvæque personæ aliquid de omnibus quæ ei pertinent et in antea pertinere debent, tollere, aut violenter possidere, sive in quoquam molestiam et contrarietatem facere; sed cuncta mobilia et immobilia generaliter et integre salva seu integra persistant ad usum et incrementum ipsius sacri monasterii sub protectione nostræ sedis apostolicæ perpetuis temporibus a præsenti indictione 12. Dicimus etiam ut abbas qui ibidem pro tempore fuerit, si, quod absit, a regulari proposito et institutione beati Benedicti deviaverit, sive res monasterii ejusdem alienaverit, licentiam habeat prædictus comes Oliba sive sui eumdem abbatem expellendi foras, et quod ab eo alienatum fuerit ad proprium jus revocandi, et pro ipso alium Deo dignum abbatem constituendi, approbata rei veritate. Constituentes apostolica censura sub divini judicii obtestatione hæc quæ a nobis decreta sunt perpetuis temporibus inviolabiliter ab omnibus observanda. Si quis autem, quod non credimus, temerario ausu adversus hujusce nostræ præceptionis seriem contraire præsumpserit, sciat se, nisi resipuerit, judicio Dei omnipotentis et prædictæ semper virginis Dei genitricis Mariæ, beatissimorumque apostolorum Petri et Pauli et omnium episcoporum nostræque humilitatis auctoritate, cum omnibus impiis perpetuo incendio et indissolubili anathemate damnatum. At vero qui observator et custos ejus in toto exstiterit, gratiam et misericordiam a cœlesti rege obtineat, omniumque peccatorum suorum in præsenti absolutionem et in futuro æternam gloriam cum sanctis angelis consequatur.

Scriptum per manum Leonis notarii, regionarii atque scriniarii sedis apostolicæ in mense Decembri, indictione 12. Bene valete.

XII.

JOANNIS PAPÆ XIII. PRIVILEGIUM PRO MONASTERIO S. MICHAELIS DE COXANO.

(Anno 968.)

[MARINI, *Papiri diplomatichi* I, 52.]

JOANNES episcopus, servus servorum Dei, dilecto nobis in Christo filio WARINO, religioso abbati sacri monasterii Sancti Michaelis Archangeli et Beati Germani, quod situm est in valle Confluenti et in loco qui Coxanus, ac per te successoribus tuis regularibus abbatibus ejusdem monachis cœnobii in perpetuum apostolicam benedictionem et gratiam.

Cum magnæ nobis sollicitudinis cura insistat ad vigilandum pro universis Ecclesiis Dei, ne aliqua earum necessitatis jacturam in posterum patiatur, dignum ducimus pietatis intuitu loca ad omnipotentis Dei honorem bene ordinata apostolici privilegii auctoritate muniri, et cum omnibus quæ ad se pertinent rebus confirmari. Igitur quia interventu Olive laudabilis et magnifici comitis postulasti a nobis, quatenus reconfirmaremus tibi tuisque successoribus regularibus abbatibus prædictum monasterium, quod suus frater bonæ memoriæ comes Xenofredus pro amore cœlestis patriæ renovavit, dotavit et auxit, aggregatis monachis ad laudem et servitium cœlestis regis et honorem prædictorum sanctorum, videlicet archangeli Michaelis et Germani confessoris, inclinati tuis ejusque precibus, id ipsum venerabile monasterium super ripam Literanis fluminis constitutum, cum omnibus finibus et terminis suis, omnibusque rebus mobilibus et immobilibus generaliter et in integrum sibi pertinentibus, ad usum et stipendium regularium fratrum ibidem nunc et in posterum Deo servientium reconfirmamus, corroboramus, et præsenti protectione sub continua immunitate stabilimus, sicut a decessoribus nostris sanctissimis pontificibus atque Christianissimis Francorum regibus videtur confirmatum seu corroboratum. In primis villam Cotoleti et villam Tauriani, cum ecclesia Sancti Fructuosi et omnibus rebus sibi pertinentibus. Item villam quæ dicitur Cortis, et omnia posita inter hos affines in circuitu monasterii, id est ab orientali parte finis per summitatem Serre, qua pergitur ad jugum de Cleirano, et itur ad montem qui dicitur Lacarias, et sic ducitur per ipsum usque in montem qui dicitur Categonis, et deinde ad meridiem descenditur per Serram super locum qui dicitur Miliarias, et pervenitur ad Crucem super villam quæ dicitur Curtis: deinde tenditur usque ad rupem sive Cherum Clarinti, et venitur per summitatem de Serra usque in rivum Merilarium, et ducitur usque in fluvium qui dicitur Tecle, et a parte Circii, hoc est ab occidentali fronte venitur in stratam viam publicam quam dicunt Duas Sorores, et venitur usque in Literanum per ipsam viam publicam; deinde a parte aquilonali sub Sancto Felice tenditur, et pervenitur usque in alodem Sanctæ Mariæ. Item alibi ecclesiam Sancti Martini cum villa de Cleirano, cum finibus et adjacentiis suis. Item villam Castellani cum duabus ecclesiis ibi fundatis, hoc est sancti Andreæ et beatæ Mariæ semper virginis, cum alode suo, et cum decimis et primitiis suis, et cum omni ornatu earum. Ipsa villa posita est inter affines, sive affrontationes, id est ex una parte interminium de Moligio, vel in ipsa Petraficta, et ex alia parte in ipsa arca de Casalone, et vadit per Comam, qua pergitur ad flumen Tede; de tertia parte habet ipsos casales de Mengone. Item a quarta terminum de Canoa vel Petraficta, et venitur usque in flumen Tede, et ultra ipsum flumen quantum tenebat Xenofredus comes in die obitus sui, et villam Torrentis, cum finibus, terminis sive adjacentiis suis, sicut per scripturam idem monasterium habere videtur. Villam Tarefagii ex integro, et alodem de Moligio, quantum ipsi monasterio pertinet. Item quantum pertinet ei de alode de Moseddo, et quantum ei pertinet de alode de Arbuzolos, et Planizolos, et inter rivos, et in villa Mosetto, et in villa Felgaria per fines et terminos suos. Item in valle Saurimano ecclesiam Sancti Michaelis cum omnibus rebus ad se pertinentibus. In comitatu namque Feniliorensi confirmamus omnes res ipsi monasterio pertinentes, in valle Confluenti omnes res sibi pertinentes cum finibus et terminis suis. Item in comitatu Sardaniensi villa Orutz, cum villis et villarunculis suis, et cum omnibus adjacentiis earum, et alodem de Angulos, cum ipso Mercato, et cum finibus et terminis suis; villam Laginam cum ecclesia Sancti Vincentii, et cum finibus et terminis suis; villam Ballogarii cum ecclesia Sancti Thomæ, et cum villis et villarunculis suis, et cum omnibus terminis suis, et villam Laron, Mazunculas, et Talax, et Ozenias, cum ecclesia Sancti Stephani, et Saltonem cum ecclesia Sancti Mauritii, et parochiam Sancti Petri de Infurcato, et ecclesiam Salvatoris de Sponna cum decimis et primitiis suis, et villam Vulcarca cum finibus suis. Aragolisam cum alode et ecclesia Sancti Jacobi. Buluir cum ecclesia Sanctæ Cæciliæ, et cum ipso Polo, parochia Sancti Thomæ quæ est in Ventegiola, cum decimis et primitiis suis. Item omnes res ipsi monasterio pertinentes in comitatu Sardiniensi, cum finibus suis, et in comitatu Vergadano alodem de

Spongiola, et Monte Nigro, et omnes alodes ipsi monasterio pertinentes, et in valle Confluente villam Folionum, Setimdianum, Cornelianum, Vernetum, Cirisacum, Arrianum, Auger, Henne; et in villa Evulo, Juliulo, Campilias, Flazonum, Saorra, Foliolum, Torrendum, et Pinum, Portinianum, et Mascaronem, et omnes alias res ejusdem venerabilis monasterii positas in valle Confluenti. Item in comitatu Fenilionensi, ecclesiam Sanctæ Crucis cum castello, et omnibus rebus ad se pertinentibus. In comitatu Rossilionensi et alodem de Petra calcis, Sancti Felicis, Miliarium, Insula, Tunorium, vallem Ventuosam, Corvariam, Nifiagum, Poium Vuscani, et interminio de Valle Asperi, et valle Confluenti, ipsum alodem de Valle magna cum fines et terminos suos (sic). In comitatu Bisulgunensi alodem de Centenno cum finibus et terminis suis, vel in aliis locis posita. Item in comitatu Ausonensi alodem de Saliforas, et alium alodem qui fuit Oddonis. Hæc igitur omnia, quæ istis, sive aliis vocabulis nuncupantur, et omnes res in quocunque loco positas, quæ dici et nominari possunt, et quæ nunc usque eidem monasterio pertinent, et in antea per aliquod conquisitum usque in finem sæculi, sive per litteras, sive sine litteris, pertinere debent, tibi prædicto filio nostro Warino abbati, successoribusque tuis omnimodo concedimus, et per hanc nostram protectionem perenniter confirmamus, cum terris, vineis, campis, pratis, pascuis, silvis, ecclesiis, villis, casis, ædificiis, cultis et incultis, aquis et aquimolis, decimis, primitiis, et universis usibus et redditibus, cum servis et ancillis, aldionibus et aldeabus, et cum omnibus quæ dici et nominari possunt. Statuentes Dei, et nostra auctoritate, imo et protestantes, ut nullus rex, nullus episcopus, nullus dux, nullus comes, vel vicecomes, nullaque hominum magna vel parva persona audeat tibi et successoribus tuis violentiam, aut contrarietatem aliquam facere de universis rebus, quæ supra leguntur pertinentibus ipsi monasterio Beati Michaelis et Sancti Germani. Neque alicui eorum liceat homines vestros liberos, aut servos, sine voluntate vestra molestare, sive in servitium trahere. Sed amodo usque in finem sæculi, isdem vester locus, cum omnibus quæ sibi nunc pertinent, et in antea pertinere debent, quiete et pacifice maneat sub ditione sanctæ Romanæ matris Ecclesiæ, cujus juris est ad regularem et monasticam tranquillitatem, omnium hominum penitus et ubique contradictione remota. Si quis autem, A quod non credimus, huic nostro apostolico privilegio, in aliquo contrarius esse præsumpserit, nisi ex toto resipuerit, sciat se maledictum, reprobatum, atque anathematizatum, et a societate fidelium Christi et sanctæ Dei Ecclesiæ separatum, et cum omnibus impiis sine fine damnandum, et perpetuo incendio cum Juda traditore concremandum, ex auctoritate Dei omnipotentis, et beati Petri apostolorum principis, nostroque apostolico judicio. Qui vero hæc quæ a nobis decreta sunt custodire et diligenter observare studuerit, benedictionis gratiam a misericordissimo Domino per nostram et omnium sanctorum interventionem consequi mereatur, et gaudia perpetuæ beatitudinis angelicis junctus agminibus valeat feliciter obtinere.

Scriptum per manum Stephani notarii regionarii et scriniarii sanctæ sedis apostolicæ, in mense Decembrio, et indictione duodecima. Bene valete. Per hoc tamen nullum vobis et eidem monasterio jus de novo acquiri volumus, sed antiquum tantummodo conservari. — Datum Viterbii XIII Kal. Maii, anno tertio.

XII bis.
BULLA JOANNIS PAPÆ XIII PRO ASCETERIO QUINTELEIMBURGENSI (8).

(Anno 969.)

[Apud Mansi, *Concil.* XVIII, 503.]

JOANNES episcopus, servus servorum Dei. Corporis et mentis generositate præfulgidæ, utpote Augustæ liberalitatis MAHETILDÆ incomparabiliter laudabili abbatissæ venerabilis monasterii dicti Quitiliggaburg, et per se omnibus posteris tuis, et sanctæ congregationi ancillarum Christi ibi degentium, supernæ gratiæ plenitudinem apostolicamque benedictionem.

Quia per beatum Petrum apostolorum principem, cujus vice licet minus idonei fungimur, ecclesiasticæ potestatis jura ubique terrarum auctoritate evangelica atque authentica sanctorum Patrum habere videmur, idcirco specialiter dispensare cuncta ad omnipotentis Dei laudem et orthodoxam religionem, nullo catholicorum resistente, posse confidimus. Ideoque universitas Christifidelium cupimus ut cognoscat qualiter nos per interventum charissimi et spiritualis filii nostri domni Ottonis semper Augusti genitoris tui, et sanctissimæ matris ejus Mahetildæ Augustæ serenissimæ aviæ tuæ, præfatum Quitilingaburg locum positum in territorio Saxonico, cui præesse videris suscepimus sub jure et continua

---

(8) Quas modo subjicio Joannis papæ litteræ transmissæ ad me sunt a viro clarissimo Bartholomæo Prospero Camellini Regiensi, sed Mutinæ modo agente. Illas vero ipse recepit a clarissimo Antonio Uldarico Eraht., qui illas extraxerat e tabulario principali Brusvigensi, ejus curæ commisso. Utriusque nomen mihi reserandum fuit, ut publicum sciret quibus potissimum ejus accepti gratiæ referendæ sint. Quanquam, ut vera fatear, nonnulla in iis occurrunt quæ dubietatem ingenerant de hujus scripti sinceritate; cum insuetæ Joanni XIII formulæ in eis occurrant, ut illa, *nostræ*, etc., *archifratribus*, sicut et cætera statim in principio *corporis et mentis*, etc. Nonnulla etiam in nominibus episcoporum offendunt menda, quæ forte sunt vel esse possunt amanuensis. Demum indicio plane hic fallit. Utcunque res habeat sese, imprimendam hanc bullam censui, relicto lectoribus eruditis judicio. Neque tantum mihi sumo ut fictam hanc bullam, tanquam ex tripode, certo pronuntiem, cum præsertim cætera quæ hic leguntur Joannis XIII ætati satis quadrent. MANSI.

tuitione sanctæ Romanæ matris, cui præsidemus, Ecclesiæ; allubescentibus consentientibusque in hoc nostræ apostolicæ paternitati archifratribus in synodum Ravennæ aggregatis, videlicet Petro Ravennatense, Rodaldo patriarcha Aquilagense, cæteris et episcopis Widone Sylvæ Candidense, Benedicto Portuense, Marino Lutricensi, Siccone Blesano, Joanne Spirense, Londoardo Mindonense, Lutifrido etiam Papigense, Luitprando Cremonense, Huberto Parmense, aliisque simul confratribus nostris episcopis Italicis et Ultramontanis numero quinquaginta, ita ut a præsenti decima Kalendarum Maii sub patrocinio et tuitione beati Petri principis apostolorum ejusque vicarii perpetuis temporibus cum omnibus se attinentibus constitutum locatumque specialiter esse noscatur. Quapropter statuimus apostolica censura, ut idem monasterium omnimodo liberum amodo, et usque in finem sæculi perseveret per auctoritatem Dei et Domini nostri Jesu Christi, qui super Petrum habet Ecclesiam, per quem jubemus, et monendo protestamur, ut nullus imperator, rex, dux ullus, nec episcopus, nullaque cujuslibet dignitatis, sive potestatis, vel sacræ, vel mundanæ persona, audeat ejusdem loci abbatissas molestare et inquietare, sive de omnibus rebus ejusdem sacri monasterii in aliquo distrahere, vel de his quæ ad illud pertinent diminuere. Verum igitur quietum et inconcussum persistat cum cunctis subsistentiis suis, cum servis et ancillis, liberis et ascriptitiis, terris cultis et incultis, et universis rebus quæ dici et nominari possunt, quas nunc habet et in antea quolibet contractu habere debet. Sane ob mundii burdium tui tuorumque pro luminariis concinnandis ante corpus prædicti apostolorum principis libram unam argenti annuatim nostræ sanctæ Romanæ Ecclesiæ a te posterisque tuis, quæ eidem loco sancto præfuerint, persolvendam fore sancimus. Verum si fort... iter actionis difficultate singulis annis eadem pensio minime persolvi potuerit, licentia sit vel postea temporibus aliis condonatim ut Romanæ Ecclesiæ transmittatur. Si quis vero, quod minime credimus, contra Deum irritam hujus privilegii seriem in quoquam agere tentaverit, et id ipsum monasterium juri apostolicæ et Romanæ Ecclesiæ auferre conatus fuerit, nisi resipuerit, perpetuæ anathematis vinculo innodatus ex auctoritate Dei ejusque summi clavigeri, ac per nostram, et omnium nostrorum pontificum successorum humilitatem cum Juda traditore Domini perpetim diabolo societur. Qui autem observator ejus et custos esse studuerit, omnium delictorum suorum veniam, et cum beatissimo Petro cœtibus sanctorum sociatus, gaudia sine fine consequi mereatur. De cætero præcipimus ut abbatissa ibi nunquam ulla nisi ex electione, et gratia, ac voluntate omnium sanctarum sororum, quæ ibidem pro tempore Deo servire visæ fuerint, a quoquam ordinetur aut constituatur. Bene valete.

Scriptum per manum Stephani scriniarii sanctæ Romanæ Ecclesiæ in mense Aprili, indictione sexta decima. Dat. decima Kal. Maii per manum Widonis episcopi sanctæ Silvæ Candidæ Ecclesiæ, et bibliothecarii sanctæ sedis apostolicæ, anno, Deo propitio, pontificatus domini Joannis summi pontificis et universalis tertii decimi provisoris sanctæ Romanæ Ecclesiæ, videlicet undecimo ejusdem piissimi PP. anno, August. Ottone a Deo coronato Magno imperatore anno sexto monarchiam Romani imperii feliciter gubernante; indictione sexta decima.

XIII.

JOANNIS PAPÆ XIII PRIVILEGIUM PRO ECCLESIA TREVIRENSI.

(Anno 969.)

[Apud Hontheim, *Hist. Trevir. diplom.*, tom. I, pag. 505.]

JOANNES episcopus, servus servorum Dei, charissimis nobis in Christo fratribus universis episcopis, ac totius dignitatis et ordinis catholicis viris, præsentibus scilicet et futuris, perpetuam salutem.

Quia licet indigni, divinæ tamen dignationis gratia disponente, B. Petri apostolorum principis sacratissimam sedem universaleque in toto orbe terrarum ministerium suscepimus, necesse est omnium Ecclesiarum ut diligentissimam sollicitudinem ita continenter habeamus, ne earum jura, auctoritate ejusdem apostolorum principis cæterorumque successorum ejus venerabilium Patrum inviolabiliter statuta et confirmata nostro minuantur ac pereant tempore, sed potius corroborata decenter augeantur atque proficiant. Ideoque omnium vestrum nosse volumus sanctitatem et industriam, quod Theodorico dilectissimo fratre nostro Trevirensis Ecclesiæ archiepiscopo veniente Romam oratum ad sanctorum apostolorum limina, audivimus, sicut etiam pridem audiendo, imo et legendo compertum habuimus, eamdem ipsam præ cæteris Galliarum ecclesiis Christianæ religionis exordium catholicæque fidei prima rudimenta percepisse per sanctissimorum virorum Eucharii, Valerii, et Materni et cæterorum evangelicam doctrinam, quos tempore suo prædictus beatissimus Petrus apostolus ordinavit et instruxit, nec non illuc ad prædicandum direxit. Unde totius ordinis nostræ sedis apostolicæ consultu, gratuitoque assensu, jura privilegiorum, quæ a sancta Romana matre Ecclesia præfatis sanctis eorumque reliquis successoribus, id est Agritio, Maximino, Paulino, Severo, almificis et apostolicis viris, a primordio hucusque authentice concessa sunt, quæque etiam ipsius civitatis excidio, incendio aliove casu consumpta probantur, eidem Trevirensi Ecclesiæ prædictoque fratri nostro Theodorico, et per eum cunctis ipsius successoribus, reconfirmare, recorroborare et omni modo restituere dignum duximus, decernentes per hujus nostri apostolici privilegii validissimam constitutionem, ut quandocunque a nostra principali et apostolica sede episcopus, presbyter, vel diaconus, vel subdiaconus, sive quilibet ordinarius legatus rei ecclesiasticæ seu cogendæ synodi causa in Galliam, Germaniamve destinatus fuerit, Trevirensis præsul post quemlibet ordinarium legatum A. S. primum inter alios pontifices locum obtineat. Et si missus Romanæ Ecclesiæ defuerit, similiter post imperatorem sive regem sedendi, sententiam edicendi, et synodale judicium canonice promulgandi, primatum habeat; utpote in illis partibus vicarius nostræ sedis apostolicæ merito constitutus. Neque enim dignum est ut illius ecclesiæ præsul aliquo tempore cæteris non habeatur prælatus, cujus honor in illis partibus sub ipso apostolorum principe exstitit primitivus. Pari quoque modo sancimus omnes in parochiis ejus degentes sive ordinationem et promotionem cujuslibet ecclesiastici gradus a pontifice ipsius percipientes, eidem ipsi matrici Ecclesiæ, episcopoque illius debere canonice placere, obsequi et jure obedire. Siquidem decreto B. Clementis papæ super hoc ita cautum videtur : « Si vobis episcopis non obedierint omnes presbyteri, diaconi, subdiaconi ac reliqui clerici cuncti, omnesque principes tam majoris ordinis quam inferioris, atque reliqui populi, tribus et linguæ, non obtemperaverint, a liminibus sanctæ Dei Ecclesiæ alieni erunt, dicente Domino : *Qui vos audit, me audit : et qui vos spernit, me spernit.*» Inter hæc quoque omnia, quæ ad sæpe dictam Trevirensem Ecclesiam intra et extra civitatem pertinere videntur, id est ecclesias cum universis rebus sibi attinentibus seu monasteria, tam monachorum quam virginum, quæ ex præceptis sive scriptis regum seu imperatorum sive eorumdem fundatorum auctoritate, ad se pertinent et pertinere debent, et quidquid omnino illa ipsa ecclesia ubique et quoquo merito possidet et possidere debet, generaliter et specialiter concedimus; reformamusque præfato Theodorico fratri et coepiscopo nostro suisque successoribus ad perpetuam sanctæ Trevirensis Ecclesiæ dominationem atque ditionem per hujus nostræ apostolicæ præceptionis seriem a præsenti xii indictione et usque ad finem sæculi valituram. Contra quam si quis quid quolibet modo agere præsumpserit, et quod juste et canonice a nobis decretum est, in aliquo infringere tentaverit, sciat se ex Dei omnipotentis et prædicti beatissimi apostolorum principis omniumque sanctorum ac deinde nostra auctoritate damnandum et anathematizandum, et cum omnibus impiis æternis suppliciis deputandum. Qui vero hoc privilegium nostrum observare, custodire, adimplere fideliter

(9) *Imperii autem domini Ottonis majoris* VII. Annum Ottonis VII Browerus emendat in VIII. Recte id quidem : posset tamen inde severioribus criticis nasci ansa hoc diploma ex chronologico vitio impugnandi ; sicut idem ille error materiam disputandi dederat cl. Eckhart *in Animad. ad Fr. Schannat Diœc. Fuld.,* n. 29, pag. 42 *seqq.,* adversus ejusdem Joannis XIII bullam, anno superiori ecclesiæ Fuldensi concessam pro primatu abbatiali. At quis nescit annos Ottonum tam in Italia quam Germania a notariis subinde perperam fuisse numeratos : adeo certe ut respublica litteraria ingentem esset passura

studuerint, benedictionis gratiam et misericordiæ plenitudinem in cœlestibus castris inter electorum numerum efficaciter a Domino Deo consequi mereantur.

Scriptum per manum Stephani notarii et regionarii et scriniarii sanctæ sedis apostolicæ in mense Januario et indict. XII. Data XI Kalend. Februarii, per manum Sicconis episcopi sanctæ N. [Bieranæ] Ecclesiæ ad vicem Guidonis episcopi et bibliothecarii sanctæ sedis apostolicæ. Anno, Deo propitio, pontificatus domini Joannis pontificis et universalis XIII papæ in sacratissima sede D. Petri apostoli IV [*al.,* III] (9), imperii autem domini Ottonis majoris VII, minoris vero II, et indict. XII.

XIV.

JOANNES XIII THEODORICO ARCHIEPISCOPO TREVIRENSI PALLII USUM TRIBUIT.

(Anno 969.)

[In Tabulario regio Berolino. Ex schedis Perizii.]

XV.

BENEVENTANA SEDES ARCHIEPISCOPATUS TITULO INSIGNITUR.

(Anno 969.)

[MANSI, *Concil.* XIX, 19.]

JOANNES episcopus, servus servorum Dei, dilectissimo nobis LANDULPHO, venerabili atque merito honorabili Beneventanensis et Sipontinæ S. Ecclesiæ, et modo per nostræ apostolicæ auctoritatis concessionem archiepiscopo.

Cum certum sit Deo servientibus in cœlestia æterni regni præmia reservari, nobis tamen necesse est horum beneficia eis tribuere, ut in Dei laudibus ex remuneratione valeant multipliciter insudare. Et quia Beneventanensis Ecclesia, in exsequendis Dei laudibus magno conatu piaque religione insistit, atque erga reverentiam sanctæ et apostolicæ Romanæ Ecclesiæ præcipue exuberasse cognovimus, quod nobis olim apud eam manentibus omnino constat inventum; debemus itaque ex ardore charitatis, atque studio divini cultus eam causa honoris ac reverentiæ sublimiorem inter cæteras ordinare. Et quoniam sancta sedes est, ubi beati Bartholomæi apostoli corpus requiescit, merito decet augmento cultus amplioris decorare, quoniam et ad hoc divinæ miserationis respectu curam regiminis suscepimus, et ad exhibenda Deo sedula servitia, et canoras laudes potentiæ suæ devotos debemus sollicite invi-

stragem, si chartæ quælibet ut spuriæ abjiciendæ forent, quoties chronica Ottonum notas spuriæ referunt. Hoc observavit inter alios Kettnerus *Antiq. Quedlinburg.* pag. 697, qui, postquam in concinnanda sua *Historia* integrum loci archivum perlustrasset, ingenue fassus est sese in conciliandis Ottonum annis, præsertim cum indictionibus, frustra desudasse. Eo autem remotior debet esse ab hac nostra omnis subornationis suspicio, quod eam sibi exhibitam testetur Leo IX indubitato diplomate quod ad annum 1049 referemus.

tare. Itaque præsidentibus nobis in sancta synodo gare aut destruere, vel aliquam jacturam aut molestiam inferre, sit anathematis vinculis innodatus, acta ante confessionem beati Petri apostolorum principis septimo Kalendas Junias, propositis in et cum diabolo et ejus atrocissimis pompis, et cum medio sacrosanctis quatuor Evangeliis, præsente Juda proditore Domini nostri Jesu Christi, æterni domino Ottone gloriosissimo imperatore augusto, supplicii incendio concremandus. At vero qui pio Romanoque, nostro filio, nec non Romanis atque intuitu observator, et in omnibus exstiterit custo-Italicis, et occidentalibus religiosis quamplurimis, diens hujusmodi apostolici instituti, ad cultum Dei atque etiam catholicis et sapientissimis totius ordi- respiciens, benedictionis gratiam a misericordis-nis viris; hortatu siquidem benigno ipsius præfati simo Domino Deo nostro multipliciter consequa-domini clementissimi imperatoris augusti, una cum tur, et vitæ æternæ particeps effici mereatur. Amen. consensu infradictorum præsulum, atque sacerdo- Scriptum per manum Stephani scriniarii S. R. E. tum, omniumque clericorum S. R. E. qui inferius in mense Maii, indict. 12. subscripserunt, quibus Beneventanam cathe- Ego Joannes sanctæ catholicæ et apostolicæ Ro-dram velle exaltare, intervenientibus videlicet Lan- manæ Ecclesiæ XIII papa in hoc privilegio a nobis dulpho Beneventanæ et Capuanæ urbium principe, promulgato manu propria subscr. seu Spoleti et Cameri ni ducatus marchione et duce, † † Signum dom. Ottonis piissimi imperatoris. simulque et Landulpho excellentissimo principe filio Sico s. Ecclesiæ in hoc privilegio consensi ejus, usum pallii tibi, præfate præsul, ad sola mis- et subser. sarum solemnia peragenda concessimus, scilicet in Joannes episcopus Galisanæ Eccl. his festivitatibus, id est, in nativitate Domini, Epi- Joannes episcopus Anagninæ Eccl. phaniæ, Purificationis sanctæ Dei genitricis et Vir- Marinus episcopus sanctæ Sutrensis Eccl. ginis Mariæ, similiter et in Annuntiatione ejusdem Benedictus episcopus sanctæ Terracinensis Eccl. beatæ Mariæ, et in paschali festivitate, et in Ascen- Leo episcopus sanctæ Ostiensis Eccl. sione Domini, et Pentecoste, et festivitate S. Joan- Benedictus episcopus sanctæ Portuensis Eccl. nis Baptistæ, et in natalitiis beatorum apostolorum, Gregorius episcopus sanctæ Albanensis Eccl. et in Assumptione beatæ Mariæ, pariterque in Nat. Joannes episcopus sanctæ Salernitatæ Eccl. vitate ejusdem, simulque et in Dedicatione sanctæ Joannes, humilis episcopus sanctæ Castranensis Ecclesiæ tui archiepiscopatus, nec non et in die con- Ecclesiæ. secrationis, et consecratione episcoporum; tribuen- Joannes episcopus sanctæ Sarsinaten. Ecclesiæ tes tibi insuper cum eo potestatem et honorem ar- consensi et subscr. chiepiscopatus, id a ut fraternitas tua, et successores Stephanus episcopus sanctæ Ficodensis Ecclesiæ tui infra suam diœcesim, in locis quibus olim fue- consensi. rant, semper in perpetuum episcopos consecret, qui Constantinus episc. vestræ subjaceant dicioni, scilicet sanctæ Agathæ, Iguizzo episcopus Floren. Eccl. Abellini, Quintodecimi, Ariani, Asculi, Bibini, Vul- Hubertus episcopus subscripsi. turariæ, Larini, Thelesiæ, Alifæ. Adjecimus etiam Guifridus episcopus sanctæ Virodunensis Eccl. ut utaris pallo in festivitatibus B. Michaelis archan- Sigulphus sanctæ Placentinæ Ecclesiæ consensi geli, et translatione B. Bartholomæi apostoli. Posteri et subscripsi. vero tuæ Ecclesiæ rectores post obitum tuum conse- Luitprandus episcopus interfui. crationem ipsius archiepiscopatus, ac honorem pallii Bozzo episcopus sanctæ Astensis Eccl. consensi. ab hac sancta et apostolica, cui Deo auctore deser- Abraham sanctæ Frisigensis Ecclesiæ episcopus vio, sede percipiant. Confirmamusque tibi successo- consensi. ribusque tuis similiter Sipontum et ecclesiam B. Mi- Raterius episcopus sanctæ Marsicanæ Eccl. con-chaelis archangeli in Monte Gargano, et Varranum sensi et subscripsi. oppidum cum massis, et villis, et omnibus perti- Reginaldus sanctæ Rubilanensis Ecclesiæ episco-nentiis ecclesiarum suarum, qualiter ab antecesso- pus consensi et subscripsi. ribus nostris per concessionem privilegiorum pos- Albericus S. Reatinæ Ecclesiæ episcopus subscr. sideri videntur. Statuentes insuper apostolica cen- Dominius archipresbyter S. R. E. consensi et sura sub divini judicii obtestatione, et validis atque subscripsi. atrocibus anathematis interdictionibus, ut nullus Crescentius presbyter card. S. R. E. consensi et unquam alicujus dignitatis potestate præditus homo subscripsi. præsumat, vel etiam quæcunque magna parvaque Theophylactus S. R. presbyter consensi et sub-persona quoquo modo audeat destruere, dum pro- scripsi. fecto perenniter irrefragabili jure decernimus ut Benedictus archidiaconus S. R. E. consensi. ordinata in suo esse maneant: si tamen, ut supra Ego Bonifacius humilis diaconus S. R. E. con-dictum est, successores tui a sancta Romana et apo- sensi. stolica sede consecrationem et usum pallii decretali- Leo diaconus S. R. E. consensi. ter accipere non distulerint. Si quis autem, quod Joannes subdiaconus S. R. E. consensi. non optamus, nefario ausu præsumpserit hæc refra- Datum vii Kal. Junii per manum Guidonis episcopi sanctæ Silvæcandidæ Ecclesiæ, et biblioth. sanctæ sedis apostolicæ, anno pontific. domini nostri Joannis XIII papæ. iv, imperatoris Ottonis Majoris 7, et Minoris ii, indict. supradicta duodecima, anno Dominicæ Incarnationis 969.

XVI.

JOANNIS PAPÆ XIII PRIVILEGIUM PRO MONASTERIO FULDENSI.

(Anno 969.)

[Apud Dronke, *Cod. diplom. Fuld.*, pag. 330.]

Joannes episcopus, servus servorum Dei, charissimo nobis in Christo filio Werinhario sacri cœnobii Fuldensis abbati religiosissimo et per eum suis successoribus abbatibus in perpetuum.

Desiderium quod ad religionis propositum sanctorumque locorum stabilitatem pertinere, monstratur sine aliqua est Deo auctore mora perficiendum, ut ex hoc vigor religionis sanctæ roboretur et eisdem sanctis locis salus et indemnitas solidetur; nobis quoque lucri potissimum præmium a conditore omnium Deo in regnis cœlestibus ascribatur. Igitur quia per interventum domni Ottonis excellentissimi piissimique imperatoris Augusti, nostrique spiritalis filii et sanctæ Ecclesiæ defensoris, prænominatus Werinharius abbas postulavit a nobis quatenus venerabile monasterium cui præesse videtur, quod olim a sanctæ memoriæ Bonifacio episcopo ad honorem Dei et Domini nostri Salvatoris in loco qui vocatur Boconia erga ripam fluminis Wultaha constructum privilegii summæ sedis apostolicæ infulis decoretur : et sicut per sanctissimi papæ Zachariæ constitutionem aliorumque venerabilium pontificum prædecessorum decessorumque nostrorum præcepta ditioni sanctæ nostræ, cui Deo auctore deservimus, Ecclesiæ subpositum est, ita perpetuis temporibus perseveret et nullius unquam alterius Ecclesiæ jurisdictionibus submittatur. Quapropter, piis desideriis faventes, hac nostra auctoritate id quod exposcitur digno effectui mancipamus; ideoque omnem cujuslibet Ecclesiæ sacerdotem in præfato monasterio ditionem quamlibet habere aut auctoritatem præter sedem apostolicam prohibemus : ita ut nisi ab abbate monasterii fuerit invitatus nec missarum ibidem solemnia quispiam præsumat omnimodo celebrare, ut profecto juxta id quod subjectum apostolicæ sedi firmitate privilegii consistit, inconcusse omni tempore dotatum permaneat locis et rebus universaliter tam eis quas a primordio sibi vindicare debet vel quas moderno tempore tenet et possidet quam eis quas futuris temporibus in jus ipsius sacri monasterii divina providentia augere ex donis et oblationibus decimisque quorumlibet Christi fidelium voluerit absque ullius personæ contradictione firmitate perpetua perfruatur. Adjicientes autem pro magno amore præfati piissimi et Christianissimi domni Ottonis imperatoris Augusti specialiter constituimus ut isdem Fuldensis abbas ante alios abbates Galliæ seu Germaniæ primatum sedendi in omni loco quo conveniant obtineat, necnon et archimandrita con-

sultior et honorabilior nostra apostolica auctoritate permaneat. Constituimus quoque per hujus nostri decreti paginam ut quicumque cujuslibet ecclesiæ præsul vel quacumque dignitate prædita persona hunc nostri privilegii tenorem quem auctoritate beatissimi apostolorum principis cujus vice fruimur confirmamus et recorroboramus, violare et transgredi tentaverit, anathema sit et iram Dei omnipotentis incurrens a cœtu omnium sanctorum alienus existat et nihilominus præfati monasterii dignitas a nobis indulta perpetualiter inviolata permaneat apostolica in omnibus auctoritate subnixa.

Scriptum per manum Stephani scriniarii et regionarii sanctæ Romanæ Ecclesiæ, in mense Octobrio et indictione tertia decima.

Datum vi Idus Novembris, per manum Widonis episcopi et bibliothecarii sanctæ sedis apostolicæ, anno pontificatus domni nostri Joannis tertii decimi papæ quarto, imperii vero domni nostri Ottonis Augusti majoris octavo et minoris secundo, indictione xiii.

XVII.

JOANNIS XIII PRIVILEGIUM PRO MONASTERIO S. VINCENTII METENSI.

(Anno 970.)

[Apud Pertz, *Monum. Germ. hist.* Scrip. tom. IV, pag. 471.]

Joannes episcopus, servus servorum Dei, dilectissimo Deoderico filio nostro sanctæ Metensis Ecclesiæ præsuli.

Cum in exarandis Dei laudibus debita pastoralis compulit sollicitudinis cura, quæque ad stabilitatem piorum dignoscuntur pertinere locorum ubertim promulgare, et apostolicæ institutionis in privilegiis atque decretis censura confirmare : convenit nempe nos apostolico moderamine sancta venerabilia loca, quæ dudum fuerant in ruinis magnaque inopia ac paupertate degentia, opportune ordinare, seu ad meliorem sine dubio statum perducere, præsertim ubi illa petuntur quæ non ad commodum temporale, sed ad perpetuam providentiam pertinent Deum servientium animarum, scilicet ut venerabilis locus, qui a Deoderico dilectissimo filio nostro in uno conglobatus atque annexus est, cum propriis congregationibus, quæ regulariter in psalmis hymnis et orationibus Deo Salvatori nostro Jesu Christo pervigiles excubias exhibent, ab insolentiis exterioribus circummunitæ, jugiter valeant pii famulatus officia in monasterio Sancti Vincentii exhibere ; et quoniam constat tuam religiositatem hujus privilegii apostolicam confirmationem postulare a nobis, propter immutationes temporalium rerum variosque hominum casus, munitionem sancti Vincentii Christi martyris cum omnibus ad idem monasterium pertinentibus, atque corroborationem tui tuæque congregationis et successorum tuorum in perpetuum fieri censuimus; quatenus, nunc sicut a te disponuntur, ita in posterum usque in finem conserventur, et ut illa congregatio, inconcussa in unum perseverans, sedulas laudes Deo persolvere valeat, et sicuti a Deo eorum studia imbuta sunt, jugiter perseverare liceat, atque sub uno abbate jam prædictus locus constitutus, in honore sancti Vincentii indivisus sit et indivisa congregatio. Nec cuiquam licentia præbeatur, ut refugiens rigorem studiosæ sibi regulæ, huc illucque vagetur, vel aliis se conferre conetur monasteriis; quod a nobis contra regulam sub anathematis vinculo prohibetur. Quapropter statuentes atque promulgantes coram Deo et terribili ejus futuro examine, per hujus nostri privilegii apostolici atque constituti paginam sancimus, et beati Petri apostolorum principis auctoritate decernimus, atque obtestamur tam apostolicæ sedis futuros pontifices quamque qui episcopalem administraverint actionem, vel etiam magna parvaque persona aut quispiam cujuscunque sit dignitatis præditus potestate, ea quæ a prædicto Deoderico dilecto filio nostro pie venerabili loco tradita atque concessa fuerint, quoquo modo a quisquam licentiam habeant, sæpius nominatum locum Sancti Vincentii in unum adunatum atque spiritaliter apostolicæ exarationis stylo conjuncta disjungere vel aliquid exinde alienare. Et illud monasterium Sancti Vincentii respiciens sit ad sedem epis cpalem protomartyris Christi Stephani jubemus, atque abbas in potestate episcopi ipsius loci eligendus sit. Si vero episcopus defuerit, liceat abbati in festivis diebus ad sedem episcopalem accedere, ibique cum dalmatica et sandaliis, quas illi mittimus, missas celebrare. Si quis interea, quod non credimus, temerario ausu contra ea quæ ab hac nostra auctoritate pie et firmiter per hoc nos ram privilegium dispos ta sunt, contraire tentaverit, vel hæc, quæ a prædicto Theoderico dilecto filio nostro, Metensium præsule, ad laudem Dei pro stabilitate jam dicti monasterii videlicet sancti Vincentii statuta sunt refragare, auferre vel alienare præsumpserit, sciat se auctoritate beati Petri apostolorum principis anathematis vinculo innodatum atque cum Juda, traditore Domini nostri Jesu Christi, æterni incendii supplicio concremandum. Sic deputatus, nec unquam a præfati anathematis nexibus sit absolutus. At vero qui pio intuitu observator in omnibus exstiterit, gratiam benedictionis a misericordissimo Domino Deo nostro multipliciter conseq atur, et vitæ æternæ particeps efficiatur, et hæc catena beati Petri aperiat ei januam paradisi. Si vero aliquis episcopus inde aliquid minuere voluerit, hæc, ut diximus, catena claudat ei polorum regna. Scriptum per manum Stephani notarii et regionarii sanctæ Romanæ Ecclesiæ in mense Septembri, et in dictione quarta decima. Bene valete.

Data in die Kalend. Octobris, per manum Widonis episcopi et bibliothecarii sanctæ sedis apostolicæ, anno pontificatus domni Joannis summi pontificis et universalis tertii decimi, præsidentis in sacratissima sede beati Petri apostoli, quinto, imperii domni Ottonis Majoris nono, Minoris vero tertio, anno denique ab Incarnatione Domini nostri Jesu Christi 970.

XVIII.

Locatio Prænestinæ civitatis facta a Joanne XIII dominæ Stephaniæ senatrici sub annua pensione decem solidorum auri Romanæ Ecclesiæ facienda.

(Anno 970.)
[Muratori, Antiq. Ital. III, 235.]

JOANNES episcopus, servus servorum Dei, dilectissimæ in Domino filiæ Stephaniæ clarissimæ senatrici, tuisque filiis ac nepotibus.

Quoties illa a nobis tribui sperantur quæ rationi incunctanter conveniunt, animo nos decet libenti concedere, et petentium desideriis congruum impertiri suffragium. At ideo quia postulastis a nobis, quatenus daremus et concederemus atque traderemus tibi, tuisque filiis ac nepotibus, per nostram apostolicam auctoritatem, civitatem Prænestinam cum omnibus pertinentiis, cum omni publica datione et functione, quæ ad suprascriptam civitatem pertinet, inter affines et terminos novos et antiquos, id est Rivus, qui appellatur Latus, a secundo Lavisana, et a tertio latere Monticellus de Maximo, et a quarto latere Pons de Cicala, et a quinto latere Aqua Alta, et a sexto latere Vallis de Caporatie, et a septimo latere Mons qui dicitur de Folianu. Unde concedimus, tradimus, et a præsenti 14 indictione corroboramus per hanc nostræ apostolicæ auctoritatis scriptionem, omnium nostrorum successorum pontificum, omniumque hominum contradictione remota, ut persolvat pensionem in nostro palatio per singulos annos decem auri solidos, difficultate postposita; omnemque, qua indiget, meliorationem, seu defensionem, indifferenter vos sine dubio procurantes efficiatis; nullaque præterea ad dandam annue pensionem a vobis mora proveniat, sed ultro actionariis sanctæ nostræ Ecclesiæ apto tempore persolvantur. Nam si aliter, quod absit, a vobis mora provenerit de suprascripta melioratione seu defensione, nec non et persolvenda annue pensione, statuimus fore invalidam hanc nostram præceptionem. Post vero obitum vestrum memorata civitas cum omnibus suis meliorationibus ad jus sanctæ nostræ Ecclesiæ modis omnibus revertatur.

Bene valete.

Scripta per manum Stephani scriniarii sanctæ Romanæ Ecclesiæ, in mense Novembri, indictione 14.

Datum XVI Kalendas Januarii per manum Widonis episcopi et bibliothecarii sanctæ sedis apostolicæ, anno pontificatus domini nostri Joannis sanctissimi XIII papæ 6, imperii vero dominorum imperatorum nostrorum Ottonis Majoris Augusti 9, Minoris vero filii ejus 3 indictione suprascripta 14.

XIX.

JOANNIS XIII EPISTOLA AD GALLIARUM EPISCOPOS.
Ecclesiam Ausonensem in archiepiscopalem erigit.

JOANNES episcopus, servus servorum Dei, omnibus in Christo dilectissimis confratribus nostris in Galliarum partibus commanentibus, charissimis, reverendissimis archiepiscopis atque episcopis apostolicam benedictionem, et perpetuam in Christo salutem.

Dilectionem et fraternitatem vestram scire volumus qualiter Borellus, honorabilis et laudabilis comes, orationis et redemptionis suæ causa apostolorum Petri et Pauli limina veniens, prostratus pedibus nostris, lacrymabiliter questus est quemadmodum Tarraconensem archiepiscopatum, qui olim caput in illis partibus fuerat, Ausonensi Ecclesiæ subderemus, eo quod, peccatis merentibus, ipsa jam dicta civitas Tarraconensis a Saracenis capta et pastore destituta, nullum recuperandi locum aut inhabitandi usque hactenus reperire valeat. Propter quam causam prædecessorum meorum seculus auctoritatem, amodo et usque in perpetuum volumus, atque statuentes roboramus et confirmamus, ut Ausonensis Ecclesia potestatem et primatum teneat Tarraconensis Ecclesiæ, ... ad Ausonensem Ecclesiam confugiant, et quando aliquis ex illis ab hac luce migraverit, successor illius ab Ausonensi archiepiscopo, qui a nostra apostolica sede confirmatus est, succedat et consecretur. Unde quia sine sanctorum Patrum auctoritate hoc nostrum privilegium confirmare volumus, ante omnia et super omnia beatissimi et egregii papæ Gregorii instrumenta et documenta declarare deprómimus, ubi ait ad Benenatum episcopum Musitanæ Ecclesiæ: « Et temporis qualitas et vicinitas nos locorum invitat ut Cumanam atque Musitanam unire debeamus Ecclesias; quoniam hæ non longo a se itineris spatio sejunctæ sunt, nec, peccatis facientibus, tanta populi multitudo est, ut singulos, sicut olim fuit, habere debeant sacerdotes. Quia igitur Cumani castri sacerdos cursum hujus explevit, utramque nos ecclesiam præsentis auctoritatis pagina inesse tibique commisisse cognosce, propriumque utrarumque ecclesiarum scito te esse pontificem. Et ideo te, quæcunque tibi de earum patrimonio, vel cleri ordinatione, sive promotione juxta canonum statuta visa fuerint ordinare, atque disponere habebis, ut proprius revera sacerdos liberam et nostræ auctoritatis consensu atque permissione licentiam. » Similiter episcopo Willitrano, atque Fundano, et Squalitano ita in cunctis : « Temporis qualitas admonet episcoporum sedes antiquitus certis civitatibus constitutas, ad alia quæ securiora putamus, ejus diœcescos loca transponere, quo et habitatores nunc degere, et barbaricum possit periculum facilius declinari. » Et, quia longum esset enarrare qualia et quanta documenta a san-

10) Hoc decretum effectu caruisse asserit Petrus de Marca in Marcæ Hispanicæ lib. iv, pag. 405, eo

ctis doctoribus exinde dicta sunt, prout melius scimus et possumus, nostrum privilegium abbreviare curavimus, et Othonem virum venerabilem nuper episcopum ex modo et in antea, Deo favente, archipræsulem ejusdem Ausonensis Ecclesiæ præesse (10) decrevimus; ita sane ut nullus nostrorum successorum pontificum dictum Othonem archipræsulem confratrem nostrum, in omnibus quæ superius exarata sunt vel scripta audeat inquietare, vel in aliquo diminuere, sed magis quiete et secure conservet ipsum successoresque suos. Nam si aliter, (quod absit) qualiscunque homo sit dignitatis, qui hoc nostrum privilegium qualibet causa, de omnibus quæ superius scripta sunt, infringere aut diminuere voluerit, sciat se auctoritate Dei, apostolorumque Petri et Pauli principum, quamvis nos indigni eorum vicariatione fungamur, a corpore et sanguine Domini nostri Jesu Christi esse alienum, et cum iniquis et transgressoribus a gremio sanctæ Ecclesiæ segregatum. At vero qui pro intuitu custos et observator in omnibus exstiterit, benedictionis gratiam et misericordiam a misericordi, imo Domino Deo nostro consequi mereatur.

Scriptum per manum Gregorii notarii, et secretarii et scriniarii S. R. E. in mense Januario, indictione xiv. Bene valete.

XX.
JOANNIS PAPÆ XIII EPISTOLA AD GUISADUM URGELLENSEM, PETRUM BARCINONENSEM, etc.

(Anno 971.)

Significat se ecclesiam Tarraconensem Audonensi subjunxisse Atonemque archiepiscopum consecrasse ac pallio donasse. Cui ut obediant hortatur.

[Apud Florez 3, *España Sagrada*, XXVIII, 96.]

JOANNES episcopus, servus servorum Dei, venerabilibus episcopis GUISADO Urgellensi, et PETRO Barcinonensi, et SONIARIO Helenensi, in Domino salutem.

Comperiat fraternitas vestra quod Tarraconensem Ecclesiam, quæ perpetuo ob paganorum incursum deficiente ad nihil redacta est, Ausonensi injunximus, et ex duabus unam fecimus, in qua confratrem nostrum Attonem archiepiscopum, dato pallio, sicut olim Tarraconæ fuit, ordinavimus; præcipientes apostolicæ sedis auctoritate, et admonentes, ut eam erga eum subjectionem impendatis, quam quondam vestri antecessores Tarraconensis Ecclesiæ archiepiscopis intulerunt, et sive ipse, sive qui pro tempore in Ausonensi Ecclesia archiepiscopus fuerit, vestras sedes subjectas habeat, et post vos in eis episcopos ordinet et consecret.

XXI.
JOANNES XIII MONASTERIUM S. MARIÆ GLASTONIENSE TUENDUM SUSCIPIT.

(Anno 970.)

[MANSI, *Concil.* XIX, 23.]

Noverit cunctorum notitia fidelium quod ego, quod inaudito archiepiscopo Narbonensi conditum fuisset. MARTENE.

Joannes XIII, Conditoris clementia sanctæ Romanæ sedis existens indignus papa, gloriosi Anglorum regis Edgari, necnon et sanctæ Dorobernensis Ecclesiæ archipræsulis Dunstani, submisso pulsatus sum rogatu pro monasterio Sanctæ Mariæ, videlicet Glasingeberi, quod ipsi acti amore superni Regis in multis et magnis possessionibus ditaverant, monachorum inibi multiplicantes normam præceptoque regali firmaverant, quod et ipse facere non differam. Quorum assentiens benignæ petitioni, in sinu Romanæ Ecclesiæ et beatorum apostolorum protectione eumdem locum suscipio, et privilegiis astruo et corroboro, quo finetenus in eo quo nunc pollet permaneat monachali ordine. Ipsi quoque monachi de suis sibi adhibeant pastorem. Ordinatio vero tam monachorum quam clericorum in arbitrio abbatis et conventus sit. Decernimus etiam ut nulli omnino hominum eamdem insulam, causa placitandi, vel aliquid perscrutandi aut corrigendi, intrare liceat. Si quis autem id molitus fuit contraire, aut possessiones ejusdem ecclesiæ auferre, retinere, minuere, vel temerariis vexationibus fatigare, ex auctoritate Dei Patris, et Filii, et Spiritus sancti, sanctæque Dei genitricis Mariæ, ac SS. apostolorum Petri et Pauli, omniumque sanctorum, perpetuæ sit addictus maledictioni, nisi resipuerit. Omnibus vero eidem loco justa servantibus sit pax Domini nostri Jesu Christi, amen, nostraque stipulatio inconvulsa permaneat.

Actum tempore Ælfardi ejusdem monasterii abbatis.

XXII.

JOANNIS PAPÆ XIII EPISTOLA AD EDGARUM REGEM ANGLORUM.

(Anno 971.)

De episcopatu Wintoniensi expellendis clericis et introducendis monachis.

JOANNES episcopus, servus servorum Dei, EDGARO regi excellentissimo, atque omnibus episcopis, ducibus, comitibus, abbatibus et cuncto fideli populo Anglicæ gentis, Christianam salutem et apostolicam benedictionem.

Quoniam semper sunt concedenda quæ rationalibus quæruntur desideriis, oportet ut vestræ piæ petitionis studium in privilegiis minime offendatur præstandis. Scimus enim, gloriose fili, imperii vestri dignitatem zelo divinæ legis ita undique munitam, ut indesinenter pro venerabilium locorum percogitet stabilitate; quatenus proveniente pro labore, schola Dominici multipliciter serviti, et largitori omnium Deo abunde fructus referantur milleni. Quare, rex inclyte ac fili charissime, quod vestra excellentia per fratrem et coepiscopum nostrum Dunstanum ab hac apostolica sede, cui licet immeriti præsidemus, exposcit, omnibus modis concedimus, auctoritate apostolica sancientes, ut de monasterio in Wintonia civitate, in honorem sanctæ Trinitatis et beatissimorum apostolorum Petri et Pauli constructo, quod vetus, differentia novi illius quod juxta est cœnobii, cognominatur, canonici, domino episcopo, et omnibus catholicæ fidei cultoribus ex patentibus culparum suarum turpitudinibus odibiles, et in eisdem secundum impœnitens cor eorum inverecunde perdurantes, cum suo præposito, utpote vasa diaboli, ejiciantur: et sicut vestra sublimitas desiderat, dilectissimus frater et coepiscopus noster Ethewaldus, regularibus disciplinis apprime imbutus, monachorum secundum præcepta regulæ viventium gregem enutriat, eisque inibi perpetuam mansionem statuat ille, qui eorum vitam ita sanctitatis moribus exornet, ut, pastore ad laboris sui præmium vocato, non aliunde quam ex illa congregatione alter in locum regiminis succedat. Quod si impedientibus, quod absit, peccatis, ad hoc pontificale officium in eadem congregatione idoneum inveniri minime posse contigerit, auctoritate apostolorum principis Petri, cui Dominus ac Salvator noster ligandi solvendique potestatem contradidit, præcipimus ut nemo ex clericorum ordine ad hujus regimen Ecclesiæ promoveatur; sed potius ex alia qualiter congregatione qui dignus inventus fuerit monachus assumatur, et huic Ecclesiæ præficiatur. Si quis enim interea, quod non credimus, hæc apostolicæ sedis privilegii decreta irrita facere, et ea quæ nobis pie indulta sunt intaminare præsumpserit: auctoritate ejusdem cœlestis clavigeri Petri, omniumque successorum ejus, sciat se anathematis vinculo innodatum, et in illo magni judicii die perpetualiter damnandum. In Christo valeas, domine fili.

XXIII.

JOANNIS PAPÆ XIII PRIVILEGIUM PRO MONASTERIO S. MARIÆ THANGMARSFELDENSI.

(Anno 971.)

[Apud Eccard, *Historia genealog. princip. Saxon.* super, 145.]

JOANNES episcopus, servus servorum Dei.

Creditæ speculationis impellimur cura ac ardore movemur, pro venerabilium locorum percogitare stabilitatione atque Deo servientium securitate et hoc pro animæ pio labore, ut animæ Christo dicatæ, quæ si illi diebus eorum servire decreverunt, perseverent imperturbatæ, nec non et illa maneant sine tenus firma quæ a Christianis in Dei laude contracta sunt. Dilectus ac spiritualis filius noster Gero, sanctæ Coloniensis Ecclesiæ archiepiscopus, limina apostolorum digna devotione visitans, ac nobiscum plurima in statu religionis communicans, retulit se fratremque suum Thietmarum marchionem, Christi admonitos amore, quemdam locum in honore sanctæ Mariæ semper virginis instaurasse, et in eo monachorum regulam sancti Benedicti observantium addidisse officiis. Hujus loci ac religionis nostro suffragio ac privilegio paratam stabilitatem fieri expostulavit. Cujus petitioni annuens, apostolica auctoritate statuimus, quod eidem loco ac congregationi fratrum, sine alicujus potentia, divino ministerio instare liceat. Nec episcopis, vel potestati eorum in aliquo intermittere, vel retrosum distrahere liceat; sed ea, quæ modo habent, vel habituri sunt, abbas eorum cum monachis ordinanda constituat, nulli quidquam cujuslibet obsequii debeant præter tantum pro Christianis divinam orationem. Imperatorem defensorem appellent, ac pio inter se electo abbati procurationem commendent. Solum religionis statum episcopis, si intersit, requirat. Huic, si forte labatur, corrigendo adsit. Cæterum de servitio aliquo immunem relinquat ipsum locum. *Advocatum* de ipsa progenie, si forte in bonum faveant, eligant. Sin autem vim aut incommodum inferre moliuntur, ubi sibi placent, timentem Deum, ac stabilitati faventem secure perquirant. Si quis autem hanc nostram auctoritatem violare tentaverit, anathematis vinculo astrictus gehennæ tormenta sine fine se subire debebit.

Scriptum per manum Stephani, scriptoris sanctæ Romanæ Ecclesiæ, in mense Januario, indict. 15. — Data octavo Kal. Januar. per manum Witloni episcopi et bibliothecarii sanctæ sedis apostolicæ, anno pontificatus domni Joannis sanctissimi 13 papæ, 7 imperii domni Ottonis majoris 10, junioris 4, indictione quinta decima.

XXIV.

RESCRIPTUM JOANNIS PAPÆ XIII PRO EXCOMMUNICATIONE INVASORUM POSSESSIONUM MONASTERII S. SYMPHORIANI DIŒCESIS AUGUSTODUNENSIS.

(Anno 971.)

[Apud Mansi, *Concil.*, tom. XVIII, col. 450.]

Ego in Dei nomine JOANNES papa, sedis apostolicæ et Romanæ urbis apostolicus, divina clementia largiente, notum volo fieri omnibus qualiter veniens quidam episcopus a partibus Galliarum, nomine Girardus, Augustodunensis civitatis præsul egregius, pro regis etiam amore, et beati Petri principis apostolorum servitio Romam expetiit, nostram honorifice aggressus præsentiam. Qui dum nobis pro sua industria et honoris magnificentia gratus, acceptabilis et charus existeret, dum de pluribus sermo inter nos haberetur, manifestavit mihi humillime reclamando de quibusdam hominibus qui terram de suo episcopatu præsumptuose et violenter tenere videntur. Insuper deprecatus est ut eos excommunicaremus, et maledictionis jaculo illos damnaremus. Cujus petitionem benevole suscipiens, jussi ego Joannes papa, servus servorum Dei, talem excommunicationem et maledictionem fieri, scriptam manu propria Benedicti archiepiscopi nostri. Conjacet autem eadem terra in patria quæ dicitur Provincia, de abbatia S. Symphoriani. Quicunque ergo eam tenent terram S. Symphoriani, aut aliquid ex terra S. Nazarii, sine assensu Girardi ejus civitatis episcopi ex auctoritate Dei Patris omnipotentis, et Filii, et Spiritus sancti, omniumque sanctorum Dei; potestate insuper beati Petri senioris nostri, cum cæteris apostolis quibus data est potestas ligandi atque solvendi, et ex ministerio nostro, sint excommunicati et anathematizati, atque a liminibus sanctæ Dei Ecclesiæ alienati, nisi conversi ad satisfactionem venerint. Omnes enim maledictiones quæ in Veteri Testamento et Novo scriptæ sunt, veniant super eos nisi ad emendationem venerint. Sint maledicti in civitatibus, in villis, in agris, in viis, in castellis, in silvis et in omnibus locis. Deleantur de libro viventium, et cum justis non scribantur, nisi resipiscendi ad satisfactionem et emendationem venerint. Fiat.

XXV.

JOANNIS PAPÆ XIII EPISTOLA AD GLORIOSISSIMUM [COMITEM BARCINONENSEM?]

(Anno 971.)

Præsulem Attonem Gerundensis diœcesis gubernatorem constituit.

[Apud Florez, *España sagrada*, tom. XXVIII, pag. 252.]

JOANNES servus serv. Dei. . . . . . . gloriosissimo. . . . . tionem et charissimam salutem filiationi. . . . . . .

Agnovimus qualiter in vestris partibus qu. . . . . . . subito sacerdotes efficiunt, quod gravissimum et detestabile omnium debet esse Christi fidelium. Unde quia omnium Ecclesiarum Dei nos sollicitudo coarctat, tam pestiferum et in no. . . . . guo vestro, et a cunctis catholicis Christianis funditus eradicare satagimus fulti et . . . . sanctorum Patrum auctoritas maxime beatissimi papæ Gregorii ubi inter cætera . . . . . . episcopo Augustodunensi scribens ait . . . . . oc quoque ad nos pervenisse non dissimile dignum detestatione comperimus, quod quidam desiderio honoris inflati, defunctis episcopis, tonsurantur, et fiunt repente. . . . . . sacerdotes. . . . atque inverecunde religiosi propositi ducatum arripiunt, qui nec esse adhuc milites didicerunt. Q. . . . . . d putamus quid isti subjectis præstaturi sint, qui antequam dicipulatus limen attingant tenere locum magisterii non formidant, qua de re necesse est, ut si quamvis inculpati quisque sit meriti, ante tamen per distincta ordinis ecclesiastici exerceatur officia, videat quod imitetur, discat quod doceat, informetur quod teneat; ut po. . . . . . errare, quiet. . . . . . err. . . . . demonstrare. Diu ergo religiosa meditatione poliatur ut. . . . . . at, et sic lucerua super candelabrum posita luceat, ut adversa ventorum vis irruens conceptam eruditionis flammam non exstinguat, sed augeat. Nam cum scriptum sit, ut prius quis probetur, et sic ministret, multo amplius ante probandus est, qui populi intercessor assumitur, ne fiant causæ ruinæ populis sacerdotes mali. Nulla igitur contra hoc excusatio, nulla potest esse defensio, quia cunctis liquido notum est quæ sit in hujus rei diligentia sancti, egregii sollicitudo doctoris, qua neophytum ad ordines vetat sacros ascendere. Sicut autem tunc neophytus dicebatur, qui in initio sanctæ fidei erat eruditione plantatus, sic modo *neophitus* censendus est, qui repente in religionis habitu plantatus ad ambiendos honores sacros irrepserit. Ordinate ergo ad ordines ascendendum est. Nam . . . . . ad summa loci fastigia postpositis gradibus per abrupta quærit ascensum, et quia Gerundensem Ecclesiam sine plebis et populi electione episcopum neophytum consecratum audivimus, quoniam nulla ratio sinit ut inter episcopos habeatur, quod nec a clericis sic electus, nec a plebibus expetitus, modis omnibus volumus et jubemus, et ejusdem S. Gerundensis Ecclesiæ Attonem virum venerabilem archipræsulem, et confratrem nostrum provisorem, et gubernatorem ipsi Ecclesiæ in omnibus præesse constituimus, ita sane ut plebem et populum sibi commissum sic juste et canonice regat, quatenus pro ill . . . . redditurus . . . . . Judici . . . .

XXVI.
JOANNIS PAPÆ XIII EPISTOLA AD UNIVERSOS EPISCOPOS BRITANNIÆ CITERIORIS.

(Anno 972.)

[Marten. Thes. Anecd. III, 868.]

Vetat ne Turonensi archiepiscopo resistant, donec ipse de eorum controversia judicium tulerit.

JOANNES servus servorum Dei, episcopus Romanæ urbis, in Christo fratribus universis episcopis citerioris Britanniæ salutem in Christo et visitationem.

Quia vice beati Petri apostolorum principis, Domino Deo dignante, omnium ecclesiarum curam suscepimus, sollicitudinem qua uniuscujusque fides integra in eodem Domino reservetur, sine qua nullus ei placere valebit, ubique severe observare debemus. Ideoque notum sit vobis quoniam charissimus frater noster Arduinus, sanctæ Turonensis Ecclesiæ archiepiscopus, veniens ad apostolorum limina Romam oratum, interpellavit nos quod jura sui archiepiscopatus, quæ ab antiquis temporibus per decreta sanctorum pontificum sanctæ Romanæ matris Ecclesiæ suis prædecessoribus concessa et confirmata fuerunt, a vestro archiepiscopo et suis decessoribus per violentiam et paganorum Normannorum contrarietatem sublata videntur. Unde apostolica auctoritate vobis sciatis (11) interdictum, ne illius ullo modo juri resistatis deinceps, de omnibus quæ prædictus archiepiscopus confirmat archiepiscopatui suo pertinere debere, quousque ille vester archiepiscopus, aut aliquis ex vobis cum Arduino archiepiscopo, sive cum suo suffraganeo, vel alio fideli misso ad nostram sanctam matrem Ecclesiam veniat, ut ibi præcognitis causis inter vos et illum, quod æquum comprobabimus, definiatur ad laudem Dei et Domini nostri Jesu Christi. Quod si aliter quam jubemus contra voluntatem ejus feceritis, cognoscatis vosmetipsos Dei et B. Petri principis apostolorum, per nostræ humilitatis mandatum, auctoritate excommunicatos ab omni ecclesiastico officio. (*Hic desinit membrana Turonensis; quæ sequuntur, addun ur in editis.*) Quod si vero debitam reverentiam circa prædictum fratrem nostrum observare

(11) Editi addunt *esse.*

vobis placuerit, secundum justitiæ decretum a sancta Romana Ecclesia statutum, permaneatis cum Dei bebenedictione in unitate nostræ catholicæ communionis. Interea sciant regni vestri homines, maxime nobiliores, nominatim Berengarius, et filius suus Conatus, et Hoel cum fratre suo Guerech, cum cæteris majoribus, ut si contra justitiam inobedientes fuerint huic nostræ jussioni, et contrarii seu rebelles exstiterint prædicto fratri nostro Turonensi episcopo, sint et ipsi excommunicati et nostra benedictione apostolica privati.

XXVII.
PRIVILEGIUM JOANNIS PAPÆ XIII PRO MONASTERIO CLUNIACENSI.

(Anno 965-972.)

Hicterio Arelatensi, Amblardo Lugdunensi, Theutbaldo Viennensi, Stephano Claromontensi, Aimoni Valentinensi, etc., Maiolum abbatem Cluniacensem ejusque monasteria commendat.

[Bullar. Cluniac. 5.]

JOANNES episcopus, servus servorum Dei, fratribus et coepiscopis per urbes Galliarum consistentibus et præsidentibus, HICTERIO scilicet Arelatensi, AMBLARDO Lugdunensi, TEUTHBALDO Viennensi, STEPHANO Claramontensi, AIMONI Valentinensi, WIDONI Vesontiensi, ADONI Matisconensi, FROTGARIO Cabilonensi, WIDONI Vallaviensi, LONDRICO Avenionensi, GERALDO Genevensi, MAGNERIO Lausanensi, LUBOINO Lurensi, ROSTAGNO Vivariensi, apostolicæ gratiam benedictionis et gloriam æternæ beatitudinis.

Lætamur valde in Domino et exsultamus quod dilectio Dei et charitas proximi, quam vos studiosissime multorum relatione audivimus custodire, ad vias Domini et mandata facit vos subtiliter anhelare, ut pontificatus vestri discretum regimen multis sanctæ Ecclesiæ filiis necessarium præstet levamen. Quod manifestis probationibus vos semper facere desideramus pie et commonemus ut virtutum pennis ad cœlestia convolantes plures ad Christum populos trahere post vos possitis. Nostrum namque est vos hortari ne Domini disciplinam, per quam pervenitur ad gloriam, parvipendatis aut negligere velitis. Quoniam vos estis, ut ait Dominus, lux mundi et sal terræ, quibus commisit Dominus Jesus Christus Ecclesiam suam regendam, quam acquisivit sanguine suo. Notum itaque vobis facimus, dilectissimi, quod latior et amplior specialissime nobis est, charitas circa monasterium Cluniense, cui sapienter et beate præest charissimus filius noster domnus Maiolus abbas vobis, ut credimus, bene notus et pote vir religiosus, quem vobis attentius et diligentius cum monasteriis omnibus, quæ ejus sunt subjecta regimini, commendo; vestramque beatitudinem precor quod Dei amore, ac veneratione beati Petri apostolorum principis, nostræ quoque dilectionis affectu, protectores sitis cœnobiorum sibi commissorum. Nostra insuper auctoritate beati Petri vice fulta et roborata, Dei omnipotentis disponente gratia, vos commonefacio, ut quicunque potens, vel persona alicujus momenti præeminens res seu possessiones jam dictorum locorum pervadere ausu nefario tentaverit, censuram vestræ excommunicationis districtissimam, mox ut cognoveritis, irrevocabiliter et acrius incurrat, et a conventu fidelium segregetur, per vestram necne testificationem satis formidabilem vinculo nostræ excommunicationis se noverit colligatum, donec satisfactione congrua resipiscat, et prædicti monasterii patri Majolo humilitatem exhibeat veniam postulando et consequendo. Denique vos adjuro sub invocatione sanctissimæ et individuæ Trinitatis atque auctoritate apostolica enixius præcipio, et, ut fratres charissimos rogo, non licere vobis præterire hoc nostri pondus præcepti, quod et sanctæ Ecclesiæ exaltatio et vestra ad æterna bona est provectio. Te etiam, frater et coepiscope Stephane, in Domino alloquor pro insita bonitate tibi ut compellas Amblardum fidelem tuum Celsiniacensi coenobio propriam terram, quam hactenus eidem subtraxit monasterio, [restituere], ut tuo judicio correctus ligamina terribilis excommunicationis et poenas æternæ damnationis evadere possit; quoniam si non resipuerit, interminabili anathemate ferietur. Res quoque exigit ut tibi aliqua dicamus, frater charissime, et amande domne Ado episcope, quem, licet non viderimus, ex nomine novimus in omni spirituali bonitate. Efflagitamus itaque benignissimam tuæ paternitatis dulcedinem, ut quo vicinior esse videris præfati monasterii scholæ, et tua protectione pro tuo posse celerior fratrum necessitatibus occurrat, qui te ex abundanti charitate diligunt et ulnis totius amoris perfectissime ambiunt, et amplecti desiderant. Quocirca Cluniensis monasterii semper esto protector, sicut beati Petri es fidelis amator.

XXVIII.
JOANNIS PAPÆ XIII PRIVILEGIUM ADALBERONI REMENSI ARCHIEPISCOPO CONCESSUM.

(Anno 972.)

Confirmat decretum Adalberonis qui monachos in Mosomensi coenobio pro canonicis collocarat.

[Apud Mansi, *Concil.* tom. XIX, col. 31.]

JOANNES episcopus, servus servorum Dei, charissimo in Domino fratri ADALBERONI sanctæ Remensis Ecclesiæ dignissimo archipræsuli, perpetuam in Domino salutem.

Si ecclesias longe lateque diffusas divino nutu in sancta religione crescere cognoscimus, Deo omnipotenti laudibus exsultare gratiasque juges referre debemus. Quapropter cognovimus tua industria stabilitum in Mosomo castro, quod est super fluvium Mosæ, in veneratione Dei genitricis Mariæ, monasterium monachorum religione deculatum [*for.* decoratum, *vel a decus* decusatum], tuisque proprietatibus, ecclesiæque tuæ, terris et ecclesiis dotatum, quod sub pagina B. Petri, apostolorum principis decreti, nostrique, te orante, suscepimus. Insuper a locellum, qui a Stephano viro illustri atque ejus conjuge Freduide, *Tin* nomine constitutus, sanctoque Remigio suppositus fuit, quem eidem monasterio Mosomo, quia per se ob exiguitatem rerum stare non poterat, contulisti, collatis rebus in compensatione B. Remigio, consentientibus fratribus. Ut autem cognoscat universa Ecclesia nos unanimiter assentire; a te collata vel conferenda, seu a quibuslibet, in terris cultis et incultis, vineis, pratis, ecclesiis, mancipiis utriusque sexus, aquis, aquarum decursibus, in omnibus ad supradictum monasterium pertinentibus, B. Petri apostolorum principis, et nostri, firmamus decreto, quatenus sine livore oblatrantium locus quietus et inviolabilis jugiter permaneat. Si quis interea, quod non credimus, temerario ausu contra ea quæ ab hac nostra auctoritate pie et firmiter per hoc nostrum privilegium disposita sunt, ire tentaverit, vel hæc quæ a nobis ob laudem Dei pro stabilitate jam dicti monasterii, statuta sunt, frangere et in quoquam transgredi, sciat se auctoritate B. Petri, cujus, quanquam immeriti, vices agimus, anathematis vinculo innodatum, et cum diabolo et Juda traditore Domini nostri Jesu Christi æterno incendio concremandum. At vero qui pio intuitu observator in omnibus exstiterit, custodiens nostri apostolici constituti ad cultum Dei respicientis præceptionem, benedictionis gratiam et delictorum suorum indulgentiam consequatur, et vitæ æternæ particeps efficiatur.

Scriptum per manum Stephani scriniarii sanctæ Romanæ Ecclesiæ, in mense Aprili. Data per manus Andreæ episcopi ix Kalend. Maii, anno pontificatus domini nostri sanctissimi [Joannes], et tertii decimi papæ, septimo; imperii autem D. Ottonis majoris Augusti xi, junioris ii, quinto, in mense Aprili, indictione xv.

XXIX.
JOANNIS PAPÆ XIII EPISTOLA AD ADALBERONEM REMENSEM ARCHIEPISCOPUM.

(Anno 972.)

Privilegium monasterii S. Remigii.

[MANSI, *Concil.*, XVIII, 485.]

JOANNES episcopus, servus servorum Dei, dilectissimo in Domino fratri ADALBERONI, sanctæ Remensis Ecclesiæ dignissimo archipræsuli, perpetuam salutem.

Convenit apostolatui nostro, pro universis Dei Ecclesiis, ne damna rerum suarum sustineant, sed magis semper in melius augeantur et crescant, curam habere. Igitur quia fraternitatis tuæ dilectio nos postulavit, quatenus monasterium quod corpore beati Remigii nobilitatur, privilegio sanctæ nostræ sedis apostolicæ muniremus, quod ad Dei omnipotentis laudem, et ejusdem beati Remigii honorificentiam, nullius hominis avaritia et temeritate valeat in quoquam violari, et minui, sed potius augeatur et crescat. Quapropter per interventum tuæ dilectionis, archimonasterio quod in Francia situm est non longe a civitate Remensi, cui præesse videris, confirmamus et corroboramus hoc nostræ auctoritatis privilegio omnes possessiones, omnesque res mobiles et immobiles, quæ dici et nominari possunt, de terris, vineis, servis et ancillis, colonis et colonabus, ædificiis et habitationibus, thesauris, et ornamentis, et quibuslibet pecuniis. Statuentes sub divini judicii obtestatione, et anathematis validis interdictionibus, ut nunquam, neque ullus rex, neque archiepiscopus vel episcopus, vel etiam quorumlibet hominum magna parvaque persona, præsumat eidem archimonasterio ad damnum sive molestiam incumbere, sive de rebus et possessionibus ipsius auferre et alienare. Promulgamus autem et hoc auctoritate B. Petri, apostolorum principis, per hujus nostri apostolici privilegii constitutionem, ut omnia quæ a te vel a quibuslibet Christi fidelibus eidem archimonasterio donata sunt, vel in futurum donata fuerint, firma stabilitate ad jus et dominium ipsius permaneant: nec licentia sit cuiquam homini, vel conferre, vel alienare quid ex omnibus quæ ad illud pertinent, nisi ad communem utilitatem roborandam justitiæ, et gratiam competentis commutationis. Insuper abbatiam Sancti Timothei, quam eidem Sancto Remigio ad usum hospitalitatis tuæ largita est industria, quatenus cum tuorum, tum etiam successorum atque monachorum, ad hospitum necessaria, rara benevolentia non deficiat, abbas loci provideat, atque ad communem utilitatem distribuat: ita duntaxat, ne archiepiscopalis affluentia in suis nimium, non prout ferre locus possit, excedat. Si quis autem, quod non optamus, nefario ausu, contra hujus nostri apostolici privilegii paginam sciens agere præsumpserit, sciat se Dei et S. Petri apostolorum principis, nostræque humilitatis judicio excommunicatum, imo anathematizatum cum diabolo et omnibus impiis, quibus præparatus est cruciatus æternus. Qui vero pio intuitu hoc observare et custodire studuerit, a misericordissimo Domino Deo nostro benedictionis gratiam, et æternæ vitæ gloriam inter sanctos et electos consequi mereatur.

Scripta per manus Stephani scriniarii sanctæ Romanæ Ecclesiæ, in mense Apr. indict. 15. Datum per manum Andreæ episcopi VIII Kalend. Maii, anno pontificatus domini nostri Joannis sanctissimi et tertii decimi papæ 8, imperii autem domini Ottonis majoris Augusti 11, Junioris vero 5, in mense 4, indictione quinta decima.

XXX.

JOANNIS PAPÆ XIII PRIVILEGIUM PRO MONASTERIO S. SALVATORIS PAPIENSI.

(Anno 972.)

1. *Monasterium sancti Salvatoris Papiensis a quacunque jurisdictione ecclesiastica, vel sæculari immune, sub sanctæ Romanæ Ecclesiæ protectione et patrocinio fore declarat.* 2. *Baptismum in ecclesiis monasterii conferre permittit. Chrisma et ordines sacros a quocunque episcopo recipiendi facultatem indulget.* 3. *Abbatem e gremio monasterii a monachis eligendum, et a quocunque episcopo consecrandum, statuit.* 4. *Decimas bonorum monasterii a quocun-* que exigi interdicit. 5. *Excommunicationem adversus diripientes et perturbantes bona ejusdem promulgat.* 6. *Benedictionem benefactoribus elargitur.*

[MARGARINI, *Bullar. Casin.*, pag. 45.]

Pax Dei. — JOANNES episcopus, servus servorum Dei, dilectæ meæ, et in spiritualibus filiæ domnæ ADELAIDÆ serenissimæ Augustæ imperatrici.

Quoniam concedenda sunt quæ rationabilibus desideriis pertinere noscuntur, nostri apostolatus auctoritate, ad roboranda pia devotione sancta loca construentium, in præstandis privilegiis debet minime abnegari. 1. Igitur excellentiæ vestræ laudabilis mansuetudo postulavit a nobis, quatenus monasterium Dei, et Domini nostri Salvatoris, situm non longe a Ticinensi civitate, quod ad laudem et gloriam nominis ejus modo ædificasse, renovasse, et exstruxisse, religiososque monachos aggregatione, sub venerabilis abbatis regulari institutione excoluisse, et ex propriis rebus ditasse videmini, privilegiis sanctæ Romanæ et apostolicæ sedis, modis omnibus decoretur, ut sub patrocinio, et tuitione sanctæ nostræ, cui Deo auctore deservimus, Ecclesiæ constitutum, nullius Ecclesiæ juri et ditioni submittatur. Et ideo vestris piis desideriis faventes, hac nostra apostolica auctoritate decernimus, id ipsum præfatum Domini nostri Salvatoris monasterium, a modo, et usque in finem sæculi, sub patrocinio et tuitione sanctæ Romanæ Ecclesiæ, et apostolicæ matris Ecclesiæ, cum omnibus quæ ad illud pertinent, pertinendum. Statuimus namque sub divini judicii obtestatione et beati Petri apostolorum principis, nostræque humilitatis interdictione, ut nullus unquam, imperatorum, regum, episcoporum et ducum, marchionum, comitum, vicecomitum, gastaldionum, nullusque hominum in quolibet ordine et ministerio constitutus, audeat moleste causis eidem monasterio incumbere, videlicet de rebus et possessionibus, de ustensilibus et ornamentis, quæ ei pertinere videntur, quoquomodo auferre aut alienare præsumat. Nec quamlibet malitiam, et jacturæ molestiam, ibidem sive pacis tempore, sive belli ipsi inferre conetur. Profecto cum semper, ut prædictum est, firma stabilitate, sub patrocinio et tuitione sanctæ nostræ Romanæ matris Ecclesiæ permanendum decernimus, confirmamus et concedimus. — 2. Baptismum etiam in eisdem ecclesiis monasterii pertinentibus, licenter fieri, apostolica auctoritate permittimus; chrisma vero vel quidquid ad sacrum ordinem pertinet, a quacunque ecclesia, voluerint, nostra auctoritate accipiant. 3. Post obitum autem abbatis nemo ibi abbatem constituat, nisi quem consensus et communis voluntas fratrum ex ipsa congregatione elegerit. Electo vero abbate, sit facultas omni tempore præsulem eligere, qui tam sibi quam cæteris fratribus cum timore Dei, totiusque congregationis conniventiam, ubicunque voluerint consecrationis insignia, hujus nostræ auctoritatis privilegio absque ullo prætextu conferat dationæ (sic). 4. Simili quoque definitione, juxta desiderium vestrum, præcellentissima filia, decernimus, ut decinæ redditùum prædicti monasterii Domini Salvatoris a vobis fundati, a nullius ecclesiæ præsule, quovis ingenio exigantur. 5. Promulgantes nempe, et auctoritate beatissimi Petri apostolorum principis, coram Deo et terribili futuro examine, per hujus nostri apostolici privilegii constitutionem, sancimus, ut universa quæ a nobis in rebus mobilibus et immobilibus præfato monasterio oblata et concessa sunt, necnon et possessiones quæ a regibus, et principibus, sui quibuslibet Christi fidelibus collatæ sunt, fuerintve in posterum, inconcussa stabilitate ad ejus et dominium ipsum perpetuis temporibus perseverent. Nec licentia sit, ut dictum est eidem sancto monasterio pertinentibus, cuiquam magnæ parvæque personæ diripere aliquid et auferre, ut profecto ad Dei laudem securum et tranquillum, juxta id, quo munitum patrocinium, tuitione sanctæ sedis apostolicæ fore decrevimus, bene dotatum, et in melius dotandum permaneat. Si quis autem, quod non optamus, nefario ausu, præsumpserit hæc, quæ a nobis ad honorificentiam Domini Dei Salvatoris nostri, pro stabilitate ipsius monasterii statuta sunt, transgredi, sciat se anathematis vinculo, et excommunicationis innodatum, et cum diabolo, et omnibus impiis æterni incendii atrocissimo supplicio deputatum. 6. At vero, qui pio intuitu custos et observator eorum exstiterit, omnimodæ benedictionis gratiam, omniumque suorum peccatorum absolutionem et indulgentiam, et cœlestis vitæ beatitudinem, cum sanctis et electis a misericordissimo Domino nostro consequi mereatur in sæcula sæculorum. Amen.

Scriptum per manus Stephani scriniarii sanctæ Romanæ Ecclesiæ, in mense Aprili, indictione suprascripta 15.

Bene valete. Pax.

Data viii Kal. Maii per manus Vuidonis episcopi bibliothecarii sanctæ sedis apostolicæ anno pontificatus domni nostri Joannis sanctissimi ac religiosissimi XIII papæ; imperii vero domni Ottonis majoris xi, junioris autem v, in mense, et indictione 15 suprascripta.

XXXI.

JOANNIS PAPÆ XIII EPISTOLA AD PETRUM EPISCOPUM PAPIENSEM.

[Anno 972.]

Monasterium sancti Salvatoris Papiensis ab Adelaida imperatrice erectum et dotatum protectioni, non autem jurisdictioni episcopi Papiensis, committit.

[MARGARINI, *Bullar. Casin.* II, 47.]

JOANNES episcopus, servus servorum Dei, PETRO venerabili episcopo sanctæ Ticinensis Ecclesiæ salutem.

Cum piæ desiderium voluntatis, et laudandæ devotionis intentio, sacerdotalibus sit semper studiis adjuvanda, cura est sollicitudini adhibenda, ut ea quæ pro quiete religiosæ congregationis fuerint ordinata, nec dissimulatio negligere, nec quædam valeat præsumptio perturbare, scilicet, sicut hoc quod rationis exigit utilitas oportet definiri, ita quod de-

finitum fuerit, non debet violari. Et quia præcellentissima filia nostra Adelaidis Augusta divini amoris fervore succensa, non longe a mœnibus Ticinensis civitatis, monasterium in propriis constituit, sanctosque, ac venerabiles cœnobitas ibidem undecunque potuit, colligere curavit, qui in sanctæ conversationis proposito, secundum beatissimi Benedicti normam regularem sub abbate viventes, incessanter Dominum majestatis exorare, tam pro requie prioris viri sui gloriosæ memoriæ Lothariæ regis, quamque pro statu imperatoris clementissimi filii nostri Ottonis invictissimi Augusti, simul etiam communis filii, et eorum, ac nostri item Ottonis augusti suæque animæ mercede, prædictumque monasterium liberaliter possessionibus dotaverit, necessariisque omnibus vota, id quod sibi pie visum est pro habitantium sustentatione cumulaverit, bene fratrum reverendissime, tua sanctitas; cui ne voluntas unquam diceretur in veritum, et ea, quæ pro quiete monachorum disposita fuerant turbarentur, quæque contulit in jure eidem monasterio apostolica petiit auctoritate firmari. Hæc quoque suæ petitioni subjungente, ut eidem monasterio tam in dispositione rerum, quam in ordinatione abbatis, quædam pariter privilegia largiremus; sciens quippe cam apostolicæ sedi reverentiam a fidelibus exhiberi, ut quæ ejus fuerint decreto disposita, nullius deinceps usurpationis molestia quatiantur. Unde quia effectum, et imperialis voluntas, et tam pia pro servorum Dei quiete, sollicitudo expostulabat, juxta petitionem ejusdem præcellentissimæ filiæ nostræ Augustæ, præfato eidem monasterio in honorem Domini Salvatoris constituto, sanctæ sedis apostolicæ privilegia gratanter indulgemus, ubi omnia, quæ amplectendæ voluntatis ejus studium deposcebat, apostolicæ auctoritati annisu firmata sunt. Statuentes inter alia ut nullus episcoporum vicinarumque ecclesiarum, quilibet sacerdos in idem monasterium sibi jus ecclesiasticum aliquomodo vindicet, ac defendat, nisi forte a parte monasterii, licet a fratribus pro negotio aliquo ecclesiastico, fuerit invitatus. Et quoniam, fratrum dilectissime, locus ipse, ubi prædictum monasterium exstructum est, ad diœcesim sanctæ Ticinensis ecclesiæ, cui tua fraternitas, Deo auctore, præest hactenus pertinuisse dignoscitur, ne sub hac occasione, in eodem monasterio alicujus potestatis prærogativam tibi aliquando usurpare præsumas, ex beati Petri apostolorum principis, nostræque humilitatis auctoritate, modis omnibus interdicimus. Postulatus vero a parte monasterii, scilicet a fratribus, visitationem tuam illis, respectu divini amoris, devote exhibe; non autem petitus monasterii secreta ullatenus adire præsumas, ne per adventus tui præsentiam, in servorum Dei recessibus, popularis occasio præbeatur. Hæc namque omnia, quæ tibi in præsenti de sæpedicto monasterio interdicimus, cunctis etiam, qui in eo, quo es ordine, locoque successerint, sub interminatione divini judicii, beati quoque Petri apostoli, nostræque humilitatis auctoritate, sibi æternaliter interdicta cognoscant. Tu vero, frater, ea quæ a nobis statuta sunt, sacerdotali sicut decet studio inviolata conserva, nec ea patiaris in aliquo temerari, scilicet in custodiendis eis fraternitas tua se semper exhibeat, quatenus et omnem inquietudinis occasionem de loco venerabili excludat, et aliis similia operari persuadeat, diu se in custodiendam voluntatem nostram, sollicitam, ut decet exhibuerit, et devotam. Hujus autem censuræ cautionem, duplici tenore scribi decrevimus, statuentes, ut una inter tuæ ecclesiæ scrinia, aliam vero ab abbate servetur monasterii.

Scriptum per manus Stephani scriniarii sanctæ Romanæ Ecclesiæ in mense Aprilis, indictione 15, anno Domini 972.

XXXII.
JOANNIS PAPÆ XIII LITTERÆ DE INSTITUENDO EPISCOPATU PRAGENSI (12).
(Anno 972.)
[Apud MABILL. *Acta Sanctorum ord. S. Bened.*, Sæc. V, pag. 833.]

JOANNES servus servorum Dei BOLEZLAO, catholicæ fidei alumno, apostolicam benedictionem.

Justum est benivolas aures justis accommodare petitionibus, quia Deus est justitia, et qui diligunt Deum justificabuntur; et: Omnia diligentibus Deum cooperantur in bonum. Filia nostra soror tua, inter cæteras haud abnegandas petitiones, cordi nostro dulces intulit ex parte tui preces, scilicet ut nostro assensu in tuo principatu, ad Dei laudem et gloriam Ecclesiæ, liceret fieri episcopatum. Quod nos utique læto animo suscipientes, Deo gratias retulimus, qui suam Ecclesiam semper et ubique dilatat, et magnificat in omnibus nationibus. Unde apostolica auctoritate et sancti Petri potestate, cujus, licet indigni, tamen vicarii sumus, annuimus et collaudamus; atque incanonizamus, ut ad ecclesiam Sancti Viti et Sancti Wenezlai martyrum fiat sedes episcopalis; ad ecclesiam vero Sancti Georgii martyris sub regula sancti Benedicti, et obedientia filiæ nostræ Mariæ sororis tuæ, constituatur congregatio monialium. Verumtamen non secundum ritum aut sectam Bulgaricæ gentis, vel Ruziæ, aut Slavonicæ linguæ, sed magis sequens constituta et decreta apostolica, unum potiorem, ad placitum Ecclesiæ totius, eligas in hoc opus clericum, Latinis apprime litteris erudi-

tum: qui uti vomere, novalia cordis gentilium scindere, et triticum bonæ operationis serere, atque manipulos frugum vestræ justitiæ Christo reportare sufficiat. Val.

XXXIII.
Joannis XIII papæ privilegium pro Ecclesia Arelatensi.
(Anno 965-72.)
[BOUCHE, *Hist. de Provence*, II, 36.]

JOANNES episcopus, servus servorum Dei, divinæ pietatis nutu sedis apostolicæ humilis papa, YTERIO condigno fratri Arelatensis Ecclesiæ metropoli, pariterque archipræsuli, salutem et benedictionem optat in ævum, etc. THEUTBALDO Viennensis Ecclesiæ archipræsuli ejusque suffragantibus universis, AYMERICO primæ Narbonensis venerabili archiepiscopo cum suis subjectis; SYLVESTRO secundæ Narbonensis digno archipræsuli, suisque subjacentibus domino videlicet, LAUDERICO, THEODERICO, AYRANDO, HONORATO, PONTIO et HUMBERTO dignissimis Ecclesiarum suarum pastoribus communem ac perennem æternitatis gloriam.

Scitote vos rectores fore clavesque cœlestis januæ vobis a Deo potestatem ligandi ac solvendi, etc. Doleo itaque et vehementissime contristor super tanti sceleris causa, quæ a multorum hominum ore creberrime nostris conspectibus diffamatur, quia primas Arelatensium quæ principatum et caput obtinet cæterarum Ecclesiarum secunda a Romana sed e multimodis lacerationibus eviscerata jacet, et conculcatam fore audivimus, impletam in ea prophetæ sententiam dicentis, *Sedet in tristitia domina gentium*; quapropter vobis et cunctis Ecclesiarum Dei fidelibus propriis apicibus designare cupimus querelam tanti sacrilegii, cur prædictus ejusdem Ecclesiæ antistes nequiter assidua configatur injuria. Ea namque juvamina quæ a largitoribus nostræ Ecclesiæ sunt, semper cedenda sciatis a nobis plenissime fore largienda. Hunc igitur a clavigero regni cœlestis, nostræque inclytæ potestatis auctore, nostraque providentia suæ quoque cessionis coacti, largimus ei integram habere licentiam, et potestatem abominandi, gladio quoque excommunicationis feriendi eos, qui ei contrario obstiterint. Quod nos vere, ut omnibus cognitum est abnegare non valemus. Quamobrem obsecrando vobis præcipimus, atque fraterne flagitamus,

---

(12) Anno Dominicæ Incarnationis 967, Idus Julii, dux Bohemiæ, cui agnomen Sævus Bolizlaus, male mercatum fraterno sanguine, scilicet beati martyris Wenezlai, Bohemiæ ducatum cum vita amisit. Cui filius ejus æquivocus suus in principatu successit, multum dissimilis patri moribus bonis et conversatione spirituali. Erat enim vir Christianissimus, fide catholicus, pater orphanorum, defensor viduarum et clericorum, et peregrinorum, præcipuusque ecclesiarum fundator. Nam, ut in privilegio ecclesiæ Sancti Georgii in Praga legitur, xx ecclesias erexit, et eas omni ecclesiastica utilitate ampliavit. Hujus fuit soror, nomine Mlada, virgo sacra, litteris erudita. Quæ cum orationis causa Romam venisset, et a papa Joanne hujus nominis tertio decimo benigne suscipitur: ibique aliquandiu degens, monasticis disciplinis imbuitur. Dehinc papa consilio cardinalium, imo volens novæ Ecclesiæ subvenire, consecrat eam abbatissam, mutato nomine, Mariam, dans ei sancti Benedicti regulam et abbatialem virgam. Quæ Pragam rediens, et a fratre suscepta, obtulit ei litteras Apostolici, quarum formulam habes supra

ut omnes qui ausu temerario *terram sanctuarii* fuerint ausi contingere, vel in aliquo lædere, et injurias ei inferre, nullius admirantes personam plenissimum usquequaque faciatis legere, et secus sanctorum canonum præcepta graviter eos corrigite. Postremum vero si necesse fuerit, tempore et hora, qua ipse vos deprecando admonuerit, cum ipso pariter gladio excommunicationis percutite, tenor autem nostræ excommunicationis iste est quem vos volumus roborare atque confirmare.

Auctoritate sanctæ et ineffabilis Trinitatis, id est Patris, et Filii, et Spiritus sancti, sint excommunicati, partem habeant cum Dathan et Abiron quos terra vivos absorbuit; cum Juda quoque, qui Dominum tradidit, æternis incendiis concrementur; domus quoque eorum vastentur, sintque cum diabolo in igne, cujus ignis non moritur, et vermibus qui non moriuntur. In præsenti sæculo sentiant eamdem pœnamquam sentit Herodes, qui consumptus a vermibus exspiravit. Adjungat eis Dominus pestilentiam, donec pereant de terra et de his quæ sunt in ea. Percutiat eos Dominus egestate, febri, frigore, ardore et æstu, et persequentur eos omnia mala hæc, donec evellantur a sedibus paradisi; feriat eos quoque Dominus ulcere, et parte corporis per quam stercora diguntur. Scabie quoque, et prurigine, ita ut curari non possint. Amentia et cæcitate a Domino feriantur; habeant quoque consortium cum Ario, cujus intestina in secessum egressa sunt. Maledictione perpetua, maledicat eos Pater

A æternus, nisi se ad emendationem præparaverint, et sint sanctæ Dei Ecclesiæ liminibus sequestrati, et a consortio fidelium Christianorum omnium segregati, et insuper perpetuis anathematis vinculis innodati, ita ut non queant solvi usque pervenerint ad emendationem congruam. Maledicti sint dormientes, et maledicti vigilantes; maledicti egredientes, et maledicti regredientes; maledicti edentes et bibentes, et maledicti esurientes et sitientes. Maledicti sint operantes, et maledicti ab opere cessantes; maledicti in domo, maledicti extra domum; maledicti sint in civitate, maledicti extra civitatem; maledicti sint in villis, maledicti in montibus; maledicti in vallibus, maledicti in silvis; maledicti in pratis; maledicti in aquis, maledicti in omnibus locis, nisi se correxerint. Auferantur de partibus meritorum sanctæ Dei genitricis Mariæ omniumque aliorum sanctorum, recludanturque in baratro inferni. Ad postremum autem gladio perenniter excommunicationis nostræ, et Romanæ Ecclesiæ eos percutimus, et omnibus maledictionibus quæ in Veteri ac Novo Testamento continentur, eos jugulamus, perpetuali quoque gehennæ incendio concremandos etiam tradimus, nisi ad satisfactionem pervenerint. Volumus autem ut audientes hæc prosequantur dicentes : Fiat, fiat, fiat. Qui autem huic sententiæ nostræ obedire noluerit, sit anathema, maranatha, cujusve ordinis sit. Item enim dicitur perditio sit illis in adventum Domini. Amen.

ANNO DOMINI DCCCCLXXIII.

SANCTUS UDALRICUS

AUGUSTANUS EPISCOPUS.

NOTITIA HISTORICA IN SANCTUM UDALRICUM.

Udalricus Episcopus *Augustanus*, secundus hujus nominis (nam de primo jam supra egit Fabricius noster lib. VII. p. 505 s.) rexit Ecclesiam suam ab a. 924 ad 975. Vitam ejus exhibet Anonymius a Velsero Opp. p. 515. Surio 4. Jul. Mabillonio Sæc. V Benedictino, p. 415, et in Actis Sanctorum tom. II Julii, p. 97, editus cum Commentario prævio Jo. Binii p. 73, 97. Item Benedictus Gullmann, Augustanus, in Dissert. Lips. 1693 præside M. Godofredo Ludovici habita. Ei *Sermo synodalis, parochianis presbyteris in synodis enuntiandus* ascribitur, editus primum t. IX Conciliorum Binii edit. secundæ pag. 805.

VITA
SANCTI UDALRICI

Auctore Gerardo presbytero, ejus familiari.

(Apud Mabill. *Acta SS. ord. S. Bened.* Sæc. V, p. 415, ex editione Velseriana et codicibus mss.)

OBSERVATIONES PRÆVIÆ.

1. Auctores antiqui (nam recentiores interim silemus) omnino tres, qui sancti Udalrici (S. *Ulric*) episcopi Augustensis gesta posteris tradiderunt, inveniuntur, omnes a Marco Velsero, reipublicæ Augustanæ duumviro clarissimo, typis vulgati. Primus sub anonymi titulo; secundus Gebehardus, Udalrici in eadem sede successor quartus; tertius Berno Augiensis abbas, quos Ekkehardus junior suppressis nominibus laudat in lib. de Casibus monasterii sancti Galli cap. 5, ubi quædam ab eis prætermissa refert. Præter hos Ditmarus, Chronicon Augustanum aliique rerum Germanicarum Alamannicarumve historici de Udalrico honorifice agunt; inter recentiores illustrissimus cardinalis Baronius. At de primis vitæ scriptoribus hic præcipue dicendum.

2. Qui primus Udalrici acta litteris consignavit, anonymus a Velsero cæterisque dictus, pluribus in locis se Udalrici æqualem ac familiarem fuisse indicat; ut num. 18 : « Ea quæ vidimus non decet totum omittere. » Et num. 54 : « Hæc vero nemine dicente comperiebam, sed propriis oculis in quamplurimis peracta conspiciebam. » Udalscalcum esse quidam opinati sunt; sed quis sit Udalscalcus ille non satis explicant. Unus fuit eo nomine monachus Augustanus ad sanctam Afram, seu ad sanctum Udalricum, is qui de discidio inter Henricum episcopum et Eginonem abbatem exorto librum insignem scripsit, in tomo II Henrici Canisii editum, ubi quædam sancti Udalrici miracula commemorat. Idem postea ejusdem loci abbas fuit ab anno 1126 ad 1148. Udalscalcus alter fuit episcopus Augustensis post medium sæculum duodecimum; sed uterque longe ab anonymi nostri ætate. Hunc ecclesiæ cathedralis canonicum exstitisse patet ex libro de Miraculis (quem unius ejusdemque auctoris esse existimo) huic Vitæ subjecto. Nam, cap. 28 relato quodam miraculo ad sancti Udalrici tumulum in ecclesia S. Afræ patrato, addit exinde concursum populi factum in principem seu episcopalem ecclesiam Sanctæ Mariæ. « Inde in civitatem, inquit, ad ecclesiam Sanctæ Mariæ venientes, hæc nobis annuntiaverunt : » Primi istius auctoris nomen ignorasse videtur secundus vitæ scriptor Gebehardus, qui primam de sancti Udalrici gestis lucubrationem, « a quodam illustri viro compositam, » in prologo suo dicit. Sed tandem istius anonymi nomen in itinere nostro Germanico didicimus ex vetusto codice Ratisponensis monasterii Sancti Emmerammi, ante annos quingentos scripto, in quo prima hæc Vita reperitur sub titulo post capitulationes ita expresso : « In nomine Domini incipit Vita sancti Udalrici episcopi et confessoris Christi, edita a Gerardo, qui ab eo fuit presbyter ordinatus. » Gerardum itaque in posterum licebit appellare anonymum, qui nescio an idem sit cum Gerardo Udalrici capellano, de quo in Vita num. 63, seu præposito, de quo num. 70, atque presbytero, num. 83.

3. Binos Gerardi libros de Vita et Miraculis Udalrici cum simplici stylo scriptos legisset Gebehardus episcopus, eos novo orationis genere expolire aggressus est, uti ipse in Prologo suo testatur; sed morte præventus, opus perficere non potuit. Fuit is ab Udalrico Augustensis episcopus quartus, utpote qui post Henricum Udalrici successorem, anno 982, postque Eticum anno 988 exstinctos, successit Liutolfo post septem regiminis annos, atque ipse anno post millesimum secundo e vivis excessit. Gebehardi lucubratio imperfecta desinit in laude activæ et theoricæ Udalrici vitæ ab initio ejus pontificatus.

4. Paulo post ipsum Berno a Fridebaldo, monasterii Sanctæ Afræ apud Augustam Vindelicorum abbate quarto rogatus, anonymi scriptionem alia item forma exornandam suscepit, idque re vera exsecutus est ante annum 1030, qui Fridebaldi abbatis supremus fuit. De Bernone Hermannus ad annum 1008. « Ipso anno, inquit, Heinricus rex, cognita tandem post duos annos Immonis crudelitate, remoto eo, Bernonem, virum doctum, et primo Pruniensem monachum, Augiæ constituit abbatem.

Qui gratanter susceptus, fratres dispersos recollegit, et a Lamberto Constantiensi episcopo abbas ejusdem loci vicesimus nonus consecratus, magna insignis scientia pietateque præfuit annis quadraginta » Obiit anno 1048. Ejus elogium alias Deo dante referemus. Ex his tribus auctoribus unum hic damus, Gerardum, propterea quod ex aliis nihil fere scitu dignum, quod ab ipso non acceperint, discere liceat. Anonymi porro, id est Gerardi, commentatio primum typis excusa est ac notis illustrata ab ornatissimo viro Marco Velsero Augustæ Vindelicorum anno 1595, ex quo sequentem editionem adornavimus.

5. Sed, antequam eam exhibeamus, quædam in antecessum ad ejus illustrationem præmittere juvat. Et primo quidem inquirendum an monachus fuerit Udalricus, quem alii Vodalricum seu Othalricum, alii Wolricum appellant. Monachum ante episcopatum fuisse negant auctores Vitæ sanctæ Wiboradæ apud S. Gallum reclusæ, cui, cum suum de ineunda monastica professione consilium aperuisset, aliud a Deo statutum de ipso fuisse significavit, nempe futurum episcopum Ecclesiæ Augustensis, ut in ejus Actis superius ad annum 925. Sed antea ejusdem ecclesiæ canonicum fuisse testis est Ekkehardus junior in loco mox citato. Etsi vero Udalrico esse monacho non licuit, veste tamen monastica episcopus usus est, addictus, quatenus episcopalis dignitas ferebat, sancti Benedicti regulæ, cujus elementa in sancti Galli monasterio educatus didicerat. Sic enim Gerardus loquitur num. 17 : « Semper cuti suæ laneum apponens vestimentum, et regulam sequens monachorum. » Berno addit eum a carnibus perinde abstinuisse. Quia vero severum suis silentium de nocte præscribit sanctus Benedictus, id maxime in Quadragesima servandum sibi proposuit Udalricus; quo tempore « omne colloquium, nisi cum Deo et sanctis, usque ad alterius diei primam peractam omnino devitavit. » Denique, cum episcopalis oneris sarcinam in Adalberonem nepotem suum sub extremum vitæ suæ tempus rejicere animo destinasset, « episcopus indumento more monachorum formato induebatur, quorum antea regulam multimodis virtutibus sequi consueverat, » apud Gerardum num. 62. Et in synodo Ingelheimensi Gerardo capellano suo jussit consilium suum de relinquendo sæculo exponere. Quod ipse Gerardus præstitit his verbis : « Excellentissimi imperatores et religiosissimi antistites, desiderium domini mei est relinquere sæculum, et secundum regulam sancti Benedicti sanctam inire vitam, et in contemplativa vita diem exspectare obitus sui. In indumento pro certo habitus exterioris potestis cognoscere voluntatem animi interioris. » Ita Gerardus num. 63. Non visum est Patribus Udalrico id licere, sed tamen in habitu semel suscepto ipsum decessisse jure affirmare possumus; atque adeo non immerito eum inter nostros computamus. Trithemius in Historia Hirsaugiensi asserit eum in cœnobio Sanctæ Afræ ab eodem constructo monachum factum fuisse ante obitum.

6. Udalricus quædam ante pontificatum gessit a tribus auctoribus omissa, quæ hic præmittenda sunt ex Ekkehardi cap. 5 : « De sancto Udalrico autem qualiter nobiscum egerit, dicta Patrum quædam audivimus, quæ quidem in vita ejus vel tertio jam scripta non invenimus. De nobilibus enim ille, ut et ab aliis jam dictum est, natus, apud nostrates educatus est et doctus. Hic viam, qua in cœlos volavit, subvolare didicit ; hic virtutibus quas nunc operatur præludium fecit. Sanctorum enim nostrorum Galli et Otmari, quos puerulus patres elegit, se monachis jungens cum sanctis sanctissimus et cum electis ingreditur electissimus. Hartmanni enim junioris discipulus divina præ omnibus Spiritu sancto prælibatus hausit. In refectorio coram patribus, ubi vel in puncto peccare capitale erat, lector inoffensus creber erat, quamvis canonicus. Quod tamen illi progenitorum suorum indultum est gratia. Widoradam inclusam, coævulis se licentia data ad ludos parantibus, feriatis diebus furtim visitare assolitus, divinis ab illa interdum verbis et exemplis instructus est paginis. Nam quadam die cum illum ante fenestellam clausulæ stantem levissimo videret cingulo præcinctum, de suo ei paratum offerens, castitatis, inquit, fili mi, tibi cingulum hoc laneum meum a Deo accipe, continentiæque stropheo (id est cingulo virginali) ab hac deinceps die per Widoradam tuam te præcinctum memento. Cave autem, me tibi a Domino meo edictum ferente, ne ullis abhinc colloquiis vanis muliereculis misceris; etsi, ut facillime fit, aliquo carnis igne incensus fueris, loco in quo fueris mutato, *Deus, in adjutorium meum intende*; *Domine, ad adjuvandum me festina*, mox cantaveris. Sin autem sic pacem aliquo alio lapsu tuo vetante non habueris, titionem seu candelam ardentem, quasi aliud aliquid agas, quærens, digitum vel leviter adure, eodemque versu dicto securus eris. Sic magistra prædurata discipulum sanctissimum futurum, ut ipse patribus narrabat, contra ignem igne præduraverat. Multa sunt quæ de doctrina nutricis suæ (sic enim etiam vetulus eam nominare solebat) patribus ille dixerat, quæ, quia austera hujus temporis sanctis videri possunt et impossibilia, ne quid eis suboleat præterimus. De cilicio etiam, quo ipsa utebatur, cujus hodie asperitatem pro reliquiis id habentes horrescimus, pulvillulum filio suo, ut et ipsa eum nominabat, in abstinentiæ diebus utendum connexerat; quod interdiu in sinu gestans, noctibus ille maxillis lapide supposito aptare solebat. Tali ille lectisternio pro deliciis, usque coram januis ecclesiæ nocturnorum sonitum aut in sedili, aut nuda quidem exspectare terra solebat. Ilis et aliis similibus eum a pueritia assuescentem, cum et feminarum alloquia et solita sociorum fugitasset ludicra, sanctulum illum derisorie jam ab inde cœperunt vocitare..... Figuratis et interdum etiam risum moventibus, non tamen falsis et inanibus, crebro usus est verbis..... Idipsum etiam sibi pro reverentia sui, ut nobis canonicus

Evangelium legeret, concessum. Nam frater conscriptus tum vocis pulcherrimæ gratiam habebat. » Et quidem inter fratres conscriptos Sancti Galli apud Goldastum in tomi II pag. 185 legitur Oadalrich episcopus. Addit Ekkehardus : « Diutius autem quam cæteri coævi sui tum pro Wiborada sua scholis inhæserat. Quas tamen tandem relinquens, suique juris in possessionibus factus Augustæ, ubi canonicus ab infantia erat, in virtutum exemplis clarissimus, Gallum suum crebro visitabat, fratres suos conscriptos ter in anno ipse minister paverat.» Deinde miraculum refert de vase vinario, quod vehiculo e ponte lapso integrum superfuit. « Egerat quidem aliquando in loco Sancti Magni etiam diem sibi semper amabilem, reliquiasque ejus, ut mos nobis est, cappa illa aquilifera indutus, vespere diei sancti ipse domum reportabat; et cum infirmus tunc esset, ut sæpe quidem erat, paralyticus quidam adjutorio suorum in viam se, ut ipse super eum graderetur, prostraverat. At ille homini appropians, quasi de obstaculo indignatus, Surge, ait, quia et ego pedibus infirmus super te progredi nequeo. At ille tanquam ad increpantis verbum velocissime surgens incolumis abiit, secutusque fratres sine ullius adjutorio, Sancti Magni ecclesiam cum cæteris sanus introiit. Et episcopus capitio cappæ imposito cum anhelus stetisset, et de via lassus, audiens sanitatem hominis, acriter in dicentes invectus, super cancellos tandem innititur; signumque tam manifestum ab se excutiens, sancti Magni virtutem, quam manibus gerebat, hanc esse astantibus prædicans asseruit; neque tamen sic eis, ut hominem ab ipso sanatum esse discrederent, persuadere quidem ullo modo potuit. Hæc de pluribus, quæ apud Sanctum Gallum commanens gessit, tribus vitæ ejus scriptoribus non præjudicantes scripsimus. Neque enim miramur eos, cum quibus in sæculo versatus est, ea quæ cum spiritalibus gessit, quia minus sciverant, non scripsisse; sed plura eos quæ de eo concinnantur vulgo et canuntur tacuisse, cum infima quædam ejus magna fecerint, etiam miramur. » Et post nonnulla de facetis Udalrici dictis, et de obsidione Augustæ per Ungros (quod postremum in notulis referemus) Ekkehardus hæc subdit : « Hugo etiam quidam, regii generis homo primarius, propter sororem viri Dei virginem sacram, incestu agnitam ab ipso, quia sæpe inclinatus est, insolenter ei inimicus quadam die carri vehiculo, ut erat infirmitatis suæ, occurrit invecto. Quem cum milites episcopi præcessores, uti ei non occurreret, præmonerent, carrucarium, inquit, illum ab itinere meo nunquam declinabo. Quod ille a dicentibus post audiens, carrucæ, inquit, vehiculo, scitote, filii mei, ipse plus quam ego, indigus erit. Nec post multum nocte quadam sopori se tradens, cum evigilasset, lumbos in quibus peccaverat, acerrime dolens, in inferioribus ab illa nocte ita decreverat, ut præter cutem et ossa gracilia nihil haberet. Sicque longævitatis tempora, nunquam cogi valens ut pacem a viro Dei peteret, perduxerat. Ipsa autem sanctimonialis illa sanctorum exemplorum postmodum visa est femina : quippe quam frater novis sententiis dum vixit, annuatim puniverat. Ungris autem a se recedentibus, cum Buchowam illos, ubi soror ipsa erat, partesque nostras, ubi Wiboradam matrem sciebat, invadere velle comperisset, orasse fertur : Domine mi, seram [f. servam] istam adhuc impunitam mihi dona, ut gladio non pereat; sed et illam gladio semper paratam, ut palmam martyrii mereatur, confortans robora. Cellam quoque Galli tui integram cum famulantibus pie et misericors conserva. Atque ita precibus ejus sanctis effectum Deus undique dedit. » Hactenus ex Ekkehardo.

7. Augustam Vindelicorum, ad Lycum (*le Lec*) fluvium sitam, complures rexerunt episcopi ex nostris, quos hic certo designare haud facile est, deficientibus nos idoneis argumentis. Simpertum jam laudavimus in superiori tomo pag. 555. Hunc Carolus Magnus rex « constituit episcopum in ipsa civitate » Augusta, teste Ermenrico Elewangensi sæculi IX monacho, « restituitque omnia, quæ ab antecessore suo Pippino illuc tradita fuerant, insuper et addidit plurima. Suscepto episcopatu, Simpertus profectus est ad Augustam Vindeliciam et per annos fere triginta rexit ipsa monasteria, » nempe Campidonense, Sancti Galli, et cellam Sanctæ Afræ, « construens basilicam Sanctæ Afræ, et restaurans cœnobium Sancti Magni, » nempe Faucense (*Fuessen*) (v. num. 46 hujus Vitæ), de quo egimus in sæculo secundo, ubi de Sancto Magno. « Defuncto autem Simperto, Hanto (sic legendum, non Lanto, ut postea patebit) episcopatum suscepit, ipse in Bajoaria natus. Transactis post acceptum episcopatum septem annis, successores ejus, qui in ipsa Ecclesia constituti sunt, primus Nitkarius cœpit a fundamentis ecclesiam Sancti Magni construere; cæteri vero præsules eum subsequentes, prout potuerunt, similiter construxerunt. Tamen non fuit aula basilicæ ad perfectionem operis perducta, donec, Domino annuente, a gloriosissimo rege Ludovico, filio Ludovici clarissimi imperatoris, Lanto ipsam sanctam sedem adeptus est. » Hinc corrigendus Bruschii catalogus, qui Hantoni Waltherum primo, secundo Adelgerum, ac tertio tantum loco Neodegarium substituit, cum ex adverso Ermenricus, auctor illius temporis, Hantoni proxime Nitkarium, qui cum Neodegario idem est, subjicit. Ermenrico suffragatur vetus index Augustensium episcoporum, in fine hujus vitæ editus, in quo episcopi hoc ordine recensentur. Simpertus, Hanto, Nidger, Odalman, Wigger, Lanto, Adalpero, Hiltine, Oudalricus. Lanto basilicam Sancti Magni « quinto anno episcopatus sui perfecit, » ejusdemque sancti Magni corpus in decentiorem locum transtulit, « consilio inito cum archiepiscopo Magontiacensis Ecclesiæ Otkario, et cæteris episcopis suis suffraganeis. » Hæc fuse describit Hermenricus, qui præsens aderat, apud Goldastum in tomo I Rerum Alamannicarum pag. 915,

ex quo potiora in Elogio sancti Magni delibavimus. Lantonis obitum Bruschius consignat anno 877; quo anno Udelmannum ei subrogat. Udelmanno Widgarius seu Widogerus abbas monasterii Uttenburani (*Ottenbour*), eximie doctus et humanissimus, successisse dicitur anno 888. Vidimus insigne istud dioecesis Augustanae monasterium, in amoeno loco situm ad Gunzium (*Gnutz*) amnem, elegantissimis aedificiis instructum, cujus loci basilica sanctis martyribus Alexandro et Theodoro, quorum reliquiae istic habentur, dedicata est. Primus loci abbas Totto, quem pro sancto habent, tametsi anniversario huic officio quotannis parentant. De eo in Calendario Uttenburano, ‹ xiii Kal. Decemb., Totto noster abbas, qui corpus sancti Alexandri huc attulit, et cujus parentes locum istum fundaverunt. › Et in brevi Chronico ad cyclos paschales : ‹ Anno 1163 Totto sepelitur, › id est transfertur, ‹ et principale altare dedicatur. › Fundatum est monasterium anno 764. Huic Udalricus libertatem restituit, ex sequentis Vitae cap. 25. Porro, ut ad propositum redeam, Widgarius anno 898, ut notat Bruschius, Helvetiorum reliquiis, gentilismo etiam tunc infectis, Christianam veritatem praedicasse memoratur, ob id ‹ Helvetiorum Apostolus › appellatus. Widgarium anno 902 excepit Adalbero, quem monachum Elewangensem, atque abbatem ejusdem loci simul et episcopum fuisse Bruschius testatur. ‹ Fuit vir, inquit idem auctor, eximie doctus, excellens musicus, San-Gallensis monasterii liberalissimus benefactor, sancti Ulrici seu Udalrici alumnus et informator. › Adalberonem sancti Galli fratrem conscriptum beneficentissimum exstitisse tradit Ekkehardus cap. 5, probatque libellus de Fratribus conscriptis, tomo II apud Goldastum pag. 181, ubi Adalbero anno 908 ad Sanctum Gallum in vigilia ipsius sancti venisse dicitur, ‹ juncto sibi mitissimo Sebonensis Ecclesiae (Sabionensem [*Seben*] [v. metrop. *Salisp.* p. 439] alii appellant, nunc Brixinensem) antistite Meginberto; › ac locum variis donis locupletasse. Eo sedente Udalricus anno 909 Romam profectus, ejus mortem didicit a pontifice, a quo, cum ad suscipiendum episcopatum induci non potuisset, Hiltinus interim substitutus est. Qui anno 924 mortuus, tandem locum fecit Udalrico, quem prae manibus habemus. Is si quid humani in studio erga nepotem suum Adalberonem, quem successorem designavit, passus est, indubie ante mortem diluit, cum ipsius nepotis praematuram mortem in poenitentiae remedium convertit.

8. Caeterum Udalricus statim a suo ipsius obitu merito sanctus dictus creditusque est. Nam praeter ejus vitae scriptores, Hartmannus in Actis sanctae Wiboradae superius adductis, aequalis auctor, sanctum Udalricum; Ditmarus, anno 1018 mortuus, sanctum patrem Othalricum vocat in lib. I, et in lib. III Othelricus gemma sacerdotum ab eodem appellatur. Nec mirum sane, cum anno 993, id est ab ipsius obitu vigesimo, in sanctorum album relatus sit a Joanne papa XV, cujus hac de re litteras

A post vitam et miracula referemus. Liudolfus autem episcopus, qui pontificis jussu corpus sancti Udalrici tumulo extulit, oratorium in ejus honore construxit, teste Chronographo Magdeburgensi. Et hic sane honor eo majori consideratione dignus est quod solemnis iste canonizandi (ut loquuntur) ritus a sancto Udalrico initium coepisse videatur, ut in hujusce tomi praefatione exposuimus, praehabita inquisitione de ejus vita et miraculis, quae in duobus sequentibus libris proferuntur. Illud etiam observatione non indignum quod Gregorius papa VII Henrico Aquileiensi episcopo, qui antea canonicus Augustanus fuerat, usum pallii concedit, praeter alias, ‹ in festivitatibus beati Udalrici confessoris Christi atque pontificis, et beatae Afrae martyris, › ut legitur in lib. VI epistola 38. Ita vero Udalrici nomen celebre evasit, ut vocabulum et titulum primum indiderit ecclesiae ac monasterio Sanctae Afrae apud Augustam perinsigni, quod modo Sancti Udalrici (*S. Ulric*) et Sanctae Afrae nuncupatur ob ejus in eo loco sepulturam ac venerationem. Hunc locum monachis Benedictinis anno 1012 concessit Bruno episcopus Augustanus, praeposito abbate primo Reginbaldo, quem Bernardus Hertfelderus monasterii prior sanctum vocat in sua basilica sanctorum Udalrici et Afrae, et ex Kiburgensibus comitibus, id est Udalrici gente, oriundum. Reginbaldo abbati successit Dego anno 1015. Degoni post triennium Godesgenus, et post biennium Frideboldus anno 1030 mortuus; quo postulante Berno tertiam de sancto Udalrico scriptionem aggressus est. In eadem basilica asservantur sancti Udalrici reliquiae, magna ex parte sub ejus ara, in qua sacrum facere nobis datum est, reconditae, praeter caput, aliaque nonnulla peculiaribus scriniolis inclusa, quorum ectypum exhibet Hertfelderus, uti et calicis, casulae, stolae et manipuli atque dalmaticae, quibus vir sanctus usus est. In monasterio Murensi item ejus stola et quaedam reliquiae servantur. De ipsius inventione post librum Miraculorum agendum.

9. De quibusdam scriptis, quae Udalrico tribuuntur, dubiae admodum et incertae sunt conjecturae. In his est ‹ sermo synodalis parochianis presbyteris in synodis enuntiandus. › Quem Marcus Velserus Udalrici esse existimavit, propterea quod pleraeque interrogationes, quas Udalricus presbyteris in ejusmodi synodis facere solebat, teste Gerardo in sequentis libri cap. 6, praedicti sermonis (qui in tomo IX Conciliorum Labbeano editus est col. 805) interrogationibus respondeant. Verum dici potest id genus interrogationum capitula ab Udalrico accepta fuisse ex vulgari formula sermonis, qui in hujusmodi synodis haberi solebat. Et certe idem sermo, paucis immutatis, Leoni papae IV ascribitur in tomo VIII Conciliorum col. 35. Similis est item Ratherii sermo synodicus in Spicilegii tomo II pag. 256. Alius Udalrici sermo ad populum refertur in sequentis Vitae cap. 9. Ad haec quaedam superiori saeculo, Udalrici nomine venditata est epistola ad Nicolaum papam : cui auctoritatem conciliare co-

nati sunt novatores ex Æneæ Silvii Apologia ad Mayerum, ubi pontificem ab Udalrico de concubinis reprehensum dicit. Ad purum commentum censet Velserus; tum quia nullus toto Udalrici tempore Nicolaus papa Ecclesiæ Romanæ præfuit; tum quia hæc Æneæ verba in aliquibus codicibus non leguntur, absuntque ab editione Romana anni 1584; præterea Gerardus nullam hujus reprehensionis mentionem facit. Tametsi non injuria dici potest, id cadere posse in Joannem XII, quem flagitiis deditum Otto Magnus in frequenti synodo exauctorari curavit, cum frequenter admonitus resipiscere noluisset.

10. Sed jam tandem referenda est anonymi seu Gerardi lucubratio, quam Baronius cæteris merito prætulit ob simplicitatem, quæ veritatis magis, consentanea est; laudatque Marcum Velserum, apud Augustanos duum virum celeberrimum, qui hanc scriptionem « jam oblivione sepultam typis cudendo et notis illustrando, revocavit ad vitam. » Ita vir illustrissimus ad annum 924.

VITA
SANCTI UDALRICI
AUGUSTANI EPISCOPI.

AUCTORE GERARDO PRESBYTERO.

(Apud Mabill. *Acta sanctorum ordinis S. Bened.* Sæc. V, pag. 117.)

Aures plurimorum cum fama miraculorum Christi, quæ per servum suum sanctum Udalricum in honorem suæ sanctissimæ genitricis Mariæ fieri concessit, frequentissime pulsaret, et adhuc mentes eorum dubitatio occuparet, missis ad me legatis rerum veritates ex meis responsionibus cognoscere cupiebant, rogantes me ut ea quæ ego in veritate scire potuissem, lucida descriptione eis manifestarem. Cumque interrogantium tanta pluritas me undique interrogationibus cinxisset, ut omnibus singulariter responsa scriptis dare non posse æstimarem, cogitare tacitus cœpi intra memetipsum, ut cum tacita experientia experiri studuissem originem ortus ejus, ut, descripto ejus ortu, vitam subsequentem et obitum veraci relatu interrogantibus et legere volentibus omnibus in commune facere potuissem, non meis antecedentibus meritis confidens, nec sagacitati mentis meæ, sed in Dei misericordiam omnipotentis sperans, qui dixit: «Aperi os tuum, et ego adimplebo illud;» ut per merita præfati episcopi irrigatione Spiritus sancti et divini ignis fervore sensum meum dirigere dignetur, ut id quod ad cogitandum mihi inspiravit, ad perficiendum vires non subtrahat, nisi prædestinata animo idonea taxatione edere concedat, ut diligentibus Deum exempla ædificationis anteponant, et Dei præcepta spernentibus conversionis emolumentum, vel damnationis interminationem adaugeant. Ista pro certo in amore Christi legentibus, auxilium Dei omnipotentis adesse confidimus, ut per servum suum sint in isto sæculo freti, et, co juvante, flant ad æterna gaudia perducti.

Oportet imprimis ne reticeamus tanti talisque viri, Spiritu sancto juvante, nominis interpretationem. Theutica itaque lingua hæreditas a proavis derelicta *Altuodal* dicitur, *Ric* divitias sonat, ideo non incongrue Vodalricus a paterna hæreditate dives interpretari potest, nam æterni Patris hæreditate ditatus floruit, de quo Patre quotidie in oratione nostra dicimus: «Pater noster, qui es in cœlis,» etc. Ad cujus hæreditatis sanctus Paulus possessionem in Dei voluntate perseverantes consolatur, dicens: *Hæredes quidem Dei, cohæredes autem Christi* (Rom. VIII; I Cor. II); de qua etiam hæreditate scriptum est: *Quod oculus non vidit, nec auris audivit, nec in cor hominis ascendit quæ præparavit Deus diligentibus se* (I Cor. II); cujus compendio non solum sibimet fruitur, verum etiam plurimos multimodis beneficiorum consolationibus in hac peregrinatione vivens

I. Beatæ igitur memoriæ sanctus Udalricus excelsa prosapia Alamannorum ex religiosis et nobilibus parentibus ortus, patre scilicet Hupaldo (1) et matre Thetpirga (2) nuncupata; qui solito more lactatus, et summo studio nutritus, quamvis statura corpusculi elegans, tali tamen macilentia confectus erat, ut nutritoribus verecundia esset si aliquis ignotorum faciem ejus inspexisset. Mirantibus vero patre et matre quare tanta tenuitate et informitate corporis occuparetur, et sæpe inde cogitantibus, hebdomada interim duodecima ejus nativitatis quidam ignotus clericus, casu adveniens, supplicabat ut ab eis aliquot dies in hospitium reciperetur; qui benigne susceptus, et cum eis in atrio domus suæ hora refectionis sedens, audiebat in cubiculo infantulum vagientem, sciscitabatur quis aut cujus esset, præ pudore vero maciei, illis nolentibus indicare, dixit : « Si salvum illum esse cupiatis, celeriter ablactetur. » Qui parvipendentes ejus locutionem, cum lacti non subduxerunt. Altero vero die eum audiens, iterum dixit : « Quare non fecistis secundum consilium meum? » Qui adhuc contemnentes ejus consilium non crediderunt ei. Tertia autem die, audiens vagitum ejus infirmiorem quam antea, dicebat ad eos : « Pro incuria vestra perditioni traditur infantulus iste; pro certo sciatis quia, si uberibus non subtrahitur, in ista nocte morietur; si autem subtractus, salvabitur; in posterum a Domino aliquid magnum in eo manifestabitur. » Tunc demum ei obtemperantes aliis cum escis sustentare cœperunt. Qui statim recreatus, de die in diem proficiens, talem corporis formositatem accepit, ut ipsi sui parentes gratantes eum intuerentur, et aliis ostenderent. Qui laudantes Dominum die nocteque pro sospitate pueri, et pro eo quod talem ad eos direxit hospitem qui istius rei discretionem cognoscebat, et illis innotescebat. De præteritis ergo futura credentes, tractaverunt ubi vitam religiosissimam et docendi studiosissimam invenire potuissent, acceptoque consilio commendaverunt eum ad Sancti Galli monasterium, quia ibi nobilium Dei servorum multitudo, et religiositas discendi docendique studium tunc temporis habebatur. Commendatus vero cuidam religioso viro grammaticæ artis edocto, Waning nuncupato, a quo bene procuratus quotidianam religionis atque lectionis doctrinam accepit, et in intimis sui cordis inseruit, adeo ut paulatim fratres in eo doctrinæ fructificationem nimis proficere sentirent, et ob hoc eum in suæ fraternitatis consortium flagitando assumere conarentur. Horum itaque petitionibus sæpe commotraxit, multimodis juvaminibus et continuis miraculis nitus, inducias respondendi postulavit. Tunc itaque ad hanc introducet, sicut in sequentibus reperitur. ad quamdam ibi commorantem inclusam Wiberat (3) nominatam, consilium quærendo, accessit; quæ respondens, dixit ei : « Post triduum ad me veniens, si Deo placet, meum poteris animadvertere consilium. » Inde, illo recedente, ipsa devotæ orationis studio Dominum flagitabat ut, statuto die, certi veracisque consilii indicium sibi manifestare potuisset. Cumque ille, responsum accepturus, advenisset, dixit illi : « Ultra hæsitatio tuam non occupet mentem, quia istius cœnobii spiritualis pater a Deo decretus ad regendum nullo modo constitueris; sed in orientali parte, ubi quidam fluvius (4) duas dividit regiones, in futurum episcopali ministerio Deo militare debebis, et in eodem loco multa talia perpessurus es laboriosa, qualia nunquam antecessores tui sustinuerunt a paganis et malis Christianis, quæ tamen omnia, Deo juvante, in ultimis decentissime superabis; » hæc audita secretissimis fratribus intimavit, et eorum suasionem suavi colloquio mitigavit, totamque spem pristinæ destinationis in sua mente deposuit; et ob hoc tamen discendi studium non omisit, sed inibi cum omnibus charitative versabatur; donec, congruo tempore, duplicis sagina scientiæ ac religionis repletus, communi omnium oratione consolatus, et fraternitatis amore fretus, parentes suos amative dimissus revisitavit. Qui tunc, sapienti capto consilio, eum præsulis Augustensis Ecclesiæ Adalberonis (5) dominio subdiderunt, quem, multa tunc temporis sapientia repletum, musicaque arte præ cæteris præditum, gubernaculaque regni pene omnia cum rege (6) disponentem agnoverunt. Ipse vero, propter nobilitatem parentum, et bonam ejus indolem et formositatem, læto animo suscipiens, ministerium camerarii (7) sibi commendavit. Quo suscepto, et aliis secundum suam dignitatem beneficiis, sicuti præcoquus erat in omnibus, prospere agens de die in diem proficiebat. Interim vero libuit eum limina visitare beatorum apostolorum Petri et Pauli. Cumque illuc pervenisset, a venerando papa Marino (8) bene susceptus est, et ab eo interrogatus de qua provincia vel civitate esset nativus. Qui respondens, dixit : « De provincia Alamannia, et de civitate Augusta oriundus sum, versorque in servitio Adalberonis ejusdem civitatis episcopi. » — « Ne turberis, inquit, animo, o frater (9), ille de quo mihi dixisti, senior tuus Adalbero migravit a sæculo, et, Deo jubente, te ejusdem matriculæ (10) decet esse pastorem. » Eo quidem renuente intit : « Cur recusas destinationem Dei? si nunc inconcussam et indesolatam accipere refra-

---

(1) Al., Hucpaldo.
(2) Diepirch.
(3) Wiberata inclusa.
(4) Lycus Sueciam et Bavariam discriminat.
(5) Commendatur Adalberoni episcopo Augustano.
(6) Rege Ludovico IV.
(7) Onulph. De vocib. Ecclesiæ obscuris, came-rarium interpretatur qui pecuniarum curam gerit, Welserus vero hic cubicularium intelligit.
(8) Welserus putat Marinum papam per anticipationem vocari, idem sentit Baronius anno 924.
(9) Marinus si pontifex fuisset, Udalricum filium non fratrem vocasset.
(10) Ecclesiæ cathedralis.

caris in tranquillitate, in antea vero destructam et deprædatam in perturbatione accipies, et cum labore gubernabis et ræedificabis. » Altera vero die sine licentia papæ, propter tristitiam defuncti domini sui, et ne ab eo plus verbis constringeretur, exivit Roma, Augustamque revisitavit, et invenit ita sicut præfatus papa prædixit. Tunc Hiltine (11) successor Adalberonis effectus est. Qui tamen tantæ non fuit celsitudinis ut suo se vellet applicare servitio. Interim vero patre ejus defuncto, rediens suscepit procurationem matris suæ, recordans præcepti Domini dicentis: *Honora patrem tuum et matrem* (*Exod.* xx), etc. Tanta itaque eam diligentia et omnia sua custodivit ac disposuit, prout ei vires a Domino concessæ suppetabant. Post quindecim annos defuncto Hiltine episcopo, machinatione nepotis sui, Burchardi ducis, et aliorum propinquorum suorum, Heinrico (12) regi præsentatus, ejusque sublimitati nota facta est decessio episcopi, supplicatumque est ut præfato domino Udalrico episcopalis potestas ab eo concederetur. Rex vero intuens herilitatem staturæ illius, et comperiens doctrinæ suæ scientiam, petitioni eorum assensum præbens, regio more in manus eum accepit, munereque pontificatus honoravit. His vero ita peractis, hilari animo de rege revertentes, et Augustam pervenientes, secundum regis edictum potestativa manu investituram episcopatus sibi perfecerunt. Succedente vero tempore Nativitatis Domini in die solemnitatis (13) Innocentium consuetudinario ritu ordinatio ejus peracta est. Inde vero prospero reditu domum veniens, conspiciensque muros ecclesiæ undique depositos, omniaque ædificia nimis delapsa, sicut sub priori antistite igne sunt consummata, nimia tunc mentis anxietate fluctuans, cogitabat qualiter convenientissime tam penitus destructa ræedificare potuisset: quia maxima pars familiæ a paganis fuerat occisa, et oppida exusta et deprædata, pars autem familiæ quæ remanserat in magno egestatis labore erat afflicta. Acquisitis tamen architectis et multitudine congregata familiæ, cœpit sagaciter diruta restaurare, satisque sensibiliter ordinare, magnoque animi fervore studens ut cœpta perficere non desisteret. Cum vero vir magnæ suavitatis inchoatum opus, quamvis pressa supellectile, divino tum fretus adminiculo ardenter, implevit, omnia que ipsius templi interiora omnigeno, quantum valuit, decoramine ornare contendit; nec non etiam frequenter sagaci oculorum acie intus et forinsecus positiones ecclesiæ caute perlustrans, parvitatem non lucidæ cryptæ vilitatemque sibi nimis displicere conquestus, seque professus est competentius decentiusque, si Deus annuerit, positurum. Cumque opus cœptum satis crescere videretur, Ramberto cuidam fratri in exstasi mentis videbatur se, sicut solebat, cum illo psalmos decantare debuisse, et interim Adalberonem episcopum in aquilonari parte cryptæ, missatico apparatu vestitum, sibi apparentem, annuentemque ut ad se veniret; sed ille ancipiti timore septus viventis atque defuncti domini, cœpit oculis pavens in eum conspicari; interrogatusque ab eo, quare sic oculos in se inflecteret, ille respondens, dixit: « Ecce video seniorem meum Adalberonem episcopaliter, paratum ad missam, meque vocantem ad se. » At ille: « Festina, inquit, jussionem ejus implere. » Cui venienti ad se dixit: « Ramberte, dic domino tuo episcopo, mercedem a Domino accepturum pro orationibus et eleemosynis quas mihi fideliter transmisit, et hoc signum dicito illi, quod Fortunatus (14) et ego in proxima cœna Domini, Domino concedente, cum illo chrisma sanctificabimus, et quod operatio hujus cryptæ est ruitura; ob hoc tamen non debet emittere quin studeat in posterum stabiliter perpetrare. Fratres quoque recordari moneto, quod sine vi, et sua sponte, sedula et assidua oratione pro me laborare spoponderunt, et quod sic non fecerunt, et si hoc emendaturi non fuerint, sciant se esse de hoc in conspectu Domini rationem reddituros; et tu quotidie unum pro me psalmum cantabis, sine cautela, et hoc te emendare monebo. » Ipse vero episcopus interim regiis occupatus obsequiis cursum direxit ad curtem, ibique apud aulicos digno honore diu retentus, tandemque requisita salubri licentia domum repedavit, opusque cujus effectum sese cernere speravit, totum penitus dilapsum reperit ac subversum, secundum prædictam rationem præfati Ramberti. Tum vero cautioribus fundamentis positis, stabiliter perfecit.

Alia autem vice cum in oppido Waringa, vocitato primo mane consuetudinario more, psalmodiam cum eodem Ramberto studuisset explere, idem frater cœpit reflexis oculis timide moveri. Interrogatusque ab eo, respondebat, dicens: « Ecce video seniorem meum Adalberonem eodem modo sicut antea eum vidi præcipientem mihi ut illi ministrarem ad missam. » Qui statim surgens, retractis foribus, recessit de ecclesia donec hæc visio finiretur. Aliam vero visionem, quam de multis fratribus in veritate dicentibus accidisse dedicimus, oblivioni nos tradere non oportet. Quia cum religiosus vir die Paschæ ministerium sacramentorum studiose perficere decertaret, multitudine clericorum adveniente, et cuidam Heilrico (15) presbytero cantore existente (*sic*), apparuit dextera cum dextera episcopi sacramenta sanctificans. Expleta vero missa, ille præfatus Heilricus sequens eum in cubiculum suum cecidit ad pedes ejus, et incautius quam debuisset in præsentia laicorum hanc visionem explanavit. Cum ille respondens, dixit: « Utilius tibi fuisset ista reticere

---

(11) Hiltinus, Hiltenius.
(12) Henrico Aucupi.
(13) Anno nimirum 24 ineunte.

(14) Fortunatum Pictaviensem episcopum intelligit Welserus.
(15) Henrico.

quam loqui; » de hac vero responsione stupefactus recessit ab eo, et in cœna quæ ante cubiculum ejus est sita consedit, et statim oculi ejus magna nimietate cœperunt lacrymas effundere, et in ea effusione permanserunt usque dum in totum præsenti lumine privati sunt.

II. Alio tempore, in nocte antecedente diem sanctum Cœnæ Domini, quasi in somnis audivit vocem sibi loquentem : « Udalrice episcope, scias te hodie hospites esse suscepturum. » Et expergefactus a voce qui essent illi hospites cœpit tractare. Cum autem dormiret, loquentis sibi verba audivit : « Orationes tuas et eleemosynas tuas oculi Domini conspexere, et ideo binis antecessoribus tuis (16) Fortunato et Adalberoni es commendatus, ut tibi hodie et post hinc in istis sacris solemnitatibus sacra mysteria celebranti assistant, et ea tecum benedicant.» Mane autem facto, aliis, sicut mos est, peractis mysteriis, circumstantibus ministrorum ordinibus, cum sacramenta consecraret; ipse et quidam de circumstantibus devotiores viderunt dexteram Domini cum eo sacramenta consecrare, et signum crucis imponere; quibus, quia per spiritum eos sciebat, cum viaticum ab eo accepturi accederent, digitum ori superposuit ut de visione tacerent, quibus etiam, postea ad se vocatis, quæ ei in nocte dicta sunt, secreto nuntiavit, et præcepit ut, eo vivente, neque visa, neque ab eo secrete audita alicui manifestarent, si præsentem adhuc vitam habere voluissent.

Majoris etiam visionis sibimetipsi manifestata miracula sub silentio recondendum bonum esse non æstimo. Quia quadam nocte, cum corpus lectulo ad dormiendum collocasset, vidit sanctam Afram in magna formositate, pulchra tunica indutam atque succinctam, stantem ante ipsum, dicentemque sibi : «Surge, et sequere me.» Et hæc dicens, eduxit eum in campum qui vulgo dicitur Lechfeld. Ibi enim sanctum Petrum, principem apostolorum, invenit cum multitudine magna episcoporum et aliorum sanctorum, et eorum quos ille ante non videbat, et tum nutu Dei cognoscebat bene, synodale colloquium cum eis facientem, et magna et innumerabilia disponentem, Arnolphumque ducem Bavariorum adhuc viventem, de destructione multorum monasteriorum, quæ in beneficia laicorum divisit, de multis sanctis accusatum legaliter judicantem, et enses duos valde heriles, unum cum capulo, et alterum sine capulo sibi ostendentem, et sic loquentem : « Dic regi Henrico, ille ensis qui est sine capulo, significat regem qui sine benedictione pontificali regnum tenebit ; capulatus autem, qui benedictione divina regni tenebit gubernacula. » Finita itaque synodo præfata, Dei martyr monstravit illi loca castrorum ubi postea Otto, rex adhuc manens , regalem locutionem A cum populis diversarum provinciarum habuit ; ubi rex Berengarius de Longobardia (17) et filius ejus Adalbertus cum multis episcopis se præsentaverunt, et dominio (18) subdiderunt. Indicavitque ei venturam supergressionem Ungarorum, et loca belli, et, quamvis laboriose, tamen victoriam Christianis concessam esse nuntiavit. Hac visione peracta, reductum eum in lectulo collocatum dimisit. Ipse vero ad se reversus cogitabat, reverenter in recordationem suam ducens illud illustris verbisatoris rapti ad secreta tertii cœli dicentis : Sive in corpore, sive extra corpus (II Cor. XII), etc. Hæc vero visio ab eo paucis prudentibus ac sibi familiaribus manifestata est. Postea autem curtem regis adiens, solito more servitio ejus subdebatur, usque dum rex Henricus præsentem vitam finiret (19). Ottoni itaque filio ejus in regnum sublimato, eamdem quam patri sedulitatem servitii et fidei firmitatem in cunctis impertiri studebat. Tunc vero temporis habebat episcopus Udalricus filium sororis suæ Luitgardæ bonæ indolis, Adalberonem nomine, cuidam doctissimo magistro, Benedicto monacho, ad erudiendum scientiam grammaticæ artis et aliorum librorum commendatum. Cumque ille ab eo in omnibus profectibus bonæ scientiæ et disciplinæ doctus atque educatus in virile robur devenisset, statim de schola exemptus, ab avunculo suo episcopo imperatori præsentatus, et in manus ejus misericordiæ commendatus, regali servitio tam studiose atque decenter insistebat, usque dum imperatori ejus ministerium in ecclesiasticis et sæcularibus bene placuisset. De hac pro certo, sedulitate ejus servitii quotidiani, concessum est ejus avunculo sancto Udalrico episcopo, ut præfatus Adalbero in ejus vice itinera hostilia cum militia episcopali in voluntatem imperatoris peragerct, et in curte imperatoris ejus vice assiduitate servitii moraretur, ea videlicet causa ut præfato præsuli, Dei servitio, et custodiæ gregis commendati, et utilitatibus ecclesiæ, et orationibus, et eleemosynis secundum suum desiderium immorari licuisset. Ille vero, quantum sæcularibus curis se absolutiorem esse persensit (sic), tantum seipsum in Dei voluntate facere nitebatur obligatiorem. Cursus scilicet quotidianus cum matriculariis (20) in choro ejusdem matriculæ ab eo caute observabatur, quandocunque ei domi manendum aliæ occupationes consenserunt. Insuper autem unum cursum in honore sanctæ Mariæ genitricis Dei, et alterum de sancta cruce, tertium de omnibus sanctis, et alios psalmos plurimos, totumque psalterium omni die explere solitus erat, nisi si eum impediret aliqua inevitabilis necessitas. Missas autem tres (21) vel duas aut unam, secundum spatium temporis, cantare quotidie non desiit, si infirmitas

(16) Hoc verbum late sumendum videtur, cum nullus Fortunatus Augustanus episcopus reperiatur.
(17) Alii regem Italiæ vocant.
(18) Berengarius rex una cum filio se Ottoni Augustæ dedidit, an. 951. Contract. Witich. Dict. Mar.
et alii.
(19) An. 936.
(20) Matricularii, clerici matricis ecclesiæ.
(21) Sublata est ea consuetudo. Vide c. Sufficit, de consecrat., d. 1.

corporis aut aliquod studium bonum ei non subtraxit.

III. Multis temporibus carne abstinuit, sed tamen aliis cum eo manducantibus abundanter donavit. In quotidianis refectionibus, quando cum suis ad mensam sedebat, prima appositio panum atque ciborum, ex maxima parte, per aliquem clericum cui hæc commendata sunt, pauperibus dividebatur, exceptis his mancis atque debilibus qui, in grabatulis et in lectulis et in scamellis ambulantes, et in sperulatis lectulis, quotidianum victum in ejus præsentia acceperunt de optimis escis et potibus. Aliorum autem (22) nemo, qui in sua præsentia, sive notus fuisset sive ignotus, cibum sumpserunt, esuriens aut sitiens recedebat, nisi aliquando incuria aut tenacia ministrorum contigisset contra episcopi voluntatem. Hospites autem cum ad eum devenissent, tripudio et tanta hilaritate vultus et animi suscepti sunt et in omnibus procurati, veluti eis optime conveniebat, sciens in eis Christum se suscepisse, illo dicente: *Hospes fui, et suscepistis me* (*Matth.* xxv). Vasalli autem (23) imperatoris ab eo pergentes vel ad eum redeuntes, summo honore suscepti, et in tantum sunt epulentati ut in nullo eos aut jumenta eorum ulla indigentia fatigaret, acceptisque secum stipendiis itineris eorum necessariis, læti ab eo redirent. Monachos autem atque clericos et sanctimoniales eum visitantes more filiorum amavit, et spiritualibus eos atque corporalibus escis abundanter recreavit, et cum illo manere concessit quandiu eorum voluntati complacuit, et congruo tempore in omnibus hilaratos ire dimisit. Clericos autem suos ex familia, vel liberos mediocres vel nobiliores, summa diligentia nutrire et docere præcepit; et quoscumque inter eos honore dignos cognovit, ministeriis et congruis beneficiis ditiores fecit. Laici autem suæ dominationi subjecti, semper cum eo omni honore et lætitia commorabantur, nullam deceptionis fraudem ab illo fieri timentes, sed firmiter credentes atque certe scientes [quod] quidquid eis promiserat, hoc Domino annuente compendiose perfecerat. De familia autem ei commissa quicumque ante eum venerat se exclamando injuste esse oppressum vel exspoliatum, aut aliquo modo injuriatum de domino proprio cui in beneficium concessus erat, sive de conservo ejus, vel de alio aliquo, ad rationem ejus caute auscultavit; et ubi cognovit injuste contra eum factum fuisse, firmiter confestim præcepit ut iniquitas ei facta cito emendaretur; et non omisit donec perficeretur. Legitimum vero jus totius familiæ, quo pro antecessoribus suis utebatur, firmiter eam tenere concessit, et nullius potestatis hominem sub suo regimine degentem hoc ei tollere permisit. Otio inani nullo tempore animum suum subjacere patiebatur, nisi aliquid utilitatis excogitaret aut perpetraret, sive de ecclesia quam undique dilapsam invenit, vel de ejus ornatu, vel de paraturis altarium et clericorum, et de disciplina canonicorum et schola, de sustentatione et salvatione familiæ, et qualiter civitatem, quam ineptis valliculis et lignis putridis circumdatam invenit, muris cingere valuisset, quia in his temporibus Ungarorum sævitia in istis provinciis more dæmoniorum grassabatur. Hæc vero omnia cum exterius suorum fidelium consultu pertractaret, æstu tamen interius Divini amoris succensus, vigiliis et orationibus et jejuniis et eleemosynis Deo se sociare studiosissime festinabat, semper cuti suæ laneum apponens vestimentum, et regulam sequens monachorum. Post Completorium nunquam, propter ullius hominis petitionem, escam vel potum, delectationi corporis suæ consentiens, sumpsit. In mollitia plumarii non dormivit, sed psiathio (24) et sago aut tapetiis suppositis requievit. In nocte primum sonante signo surrexit, et prædictos cursus maxima cautela complevit.

IV. Tempus vero Quadragesimæ quanta devotione celebraret, sermo mihi non sufficit ad narrandum; sed tamen ea quæ vidimus non decet nobis in totum omittere. Matutinis namque laudibus expletis, aurora diei prima illuscescente, aliis orationibus expletis psallere psalterium cœpit, quo expleto et letania expleta, aliis orationibus firmiter insistebat, usque dum signum ad vigilias defunctorum sonaret, quo audito statim surrexit, et cum fratribus Vigiliam celebravit et Primam; Prima vero expleta, fratribus solito more crucem portantibus, ipse remanens in ecclesia codiculum breviatum ex psalmis cum aliis orationibus interim decantavit, usque dum fratres cum cruce redirent et missam sacrificationis celebrare cœpissent, ipse primum devote Deo sacrificium offerens, manum sacerdotis humiliter osculans. Expleta vero missa, Tertiam cum fratribus explevit; fratribus vero ad capitulum pergentibus, ipse solito more in ecclesia remansit, donec signum ad Sextam sonaret. Sexta autem hora expleta, altaria circuibat cum venia, cantans *Miserere mei, Deus,* et *De profundis;* tunc demum ad cubiculum rediit ad lavandam faciem suam et ad missam se præparandam. Missarum autem celebrationibus expletis et Vesperis decantatis, ad hospitiolum pauperum pervenit, et duodecim pauperum pedes lavit, et unicuique eorum de acceto pretium unius denarii donavit. Inde rediens, ad mensam pransurus consedit, ibi lectio non defuit, nec prædictorum pauperum multitudo copiosa. Apposita cum gaudio sumpsit, et cum eo manentibus maxima hilaritate distribuit, recordans illud Apostoli: *Hilarem enim datorem diligit Deus* (*II Cor.* ix). Unicuique enim præbebat quod eum libentissime sumere æstimabat. Cibo vero consumpto, et omnibus cum eo commorantibus lætificatis, congruo tempore Completorium recitavit, insuper aliis orationibus peractis, secreta cubiculi cum silentio repetivit, et omne colloquium,

---

(22) Etiam.
(23) Al. lectio habet, Vasalli autem ejus in propria ab eo.
(24) ψίαθος, storea leges.

nisi cum Deo et sanctis ejus, usque ad alterius diei Primam peractam omnino devitavit. Hoc modo dies Quadragesimæ explevit, usque in diem indulgentiæ quem dicunt Pascha palmarum, eo die mane diluculo ad Sanctam Afram (25) veniebat, si in præterita nocte ibi non manebat, missam de Sancta Trinitate cantabat, et ramos palmarum diversarumque frondium benedicebat, Evangelioque et crucibus et fanonibus (26), et cum effigie sedentis Domini super asinum, cum clericis et multitudine populi ramos palmarum in manibus portantis, et cum cantationibus in honorem ejusdem diei compositis, et cum magno decore pergebat usque ad collem quæ dicitur Perleich, ibique obviam ei veniebat chorus canonicorum cum pulchritudine magna, et cum civibus qui in civitate remanserant, et qui de oppidis circumjacentibus ipsis se jungere voluerunt, ibi, ad imitandum humilitatem puerorum cæterorumque populorum, ramis palmarum et vestimentis suis viam sternentium. Iis expletis, vir sanctus congruentissimam admonitionem de passione Domini ad omnes fecit, eousque sæpe ut ille fleret, fletuque suo multos flere fecisset. Admonitione peracta, omnes simul Deum laudantes ad ecclesiam matricularum pervenerunt, ibique missam cum eo celebraverunt, et inde omnes in sua redierunt. Postea autem in his tribus diebus contiguis synodale colloquium habere consuevit, eo quod canones (27) bis in anno episcoporum concilia fieri præcipiunt : unum xv Kal. Oct., et aliud quarta hebdomada post pascha; hoc in isto tempore perficere decrevit, ne in antea ei aliquod obstaculum illud perficiendi impedimentum faceret, et ut in cœna Domini cum eadem multitudine clericorum et populi plenius et honorificentius chrisma et oleum sanctificaretur. Eo vero die, hora tertia, omnes clerici, solemnissimis paraturis induti, venerunt in ecclesiam, et ipse, suo more gloriosissime ad Dei servitium paratus, cum eis sacrum mysterium agere devotissime cœpit, perlectoque Evangelio, et admonitione facta ad populum, et confessione populi accepta, indulgentiam humillime eis fecit, et tota synodo oblationem offerente, canonum ordinem, cautissime implevit usque ad benedictionem chrismatis et olei; hoc fecit magna reverentia sibi apportari, cum crucibus et cum pueris portantibus sub palliolo occultatis, et cereis, cum versibus ad hoc ministerium compositis formosissime decantatis, et cum processione duodecim presbyterorum, qui cum eo usque in finem missæ in suo ministerio perseverare debuerunt. Rite autem sibi allato, humillime suscepit, et totam synodum rogavit ut, quando ille crucem benedicendo super illud faceret, et ipsi, cum eisdem presbyteris qui in processione erant et sibi assistebant, benedicere non desisterent, cæterumque populum *Pater noster* cum magna humilitate decantare rogavit. Quo benedicto, et populo sacro viatico recreato, Vesperaque expleta, ad sacrarium venit chrisma et oleum clericis dispensandum. His dispensatis, ad hospitium pauperum venit, et eis solito more ministravit. Inde autem in ecclesiam ambulavit, et ante sacrarium venit, ibique a camerario allatis vestibus novis duodecim pauperes vestivit, et acervulum accoli aliis dispensavit; et eo die nullum ab eo vacuum abire dimisit, quamvis eorum multitudo magna adesset. Postea ad cibum venit, cibatisque omnibus cum eo manentibus, exemplo Domini pedes discipulorum suorum lavare cœpit. Lavationeque cum antiphonis congruentibus et versibus et lectionibus decentissime peracta, pocula optima in suis cellariis recondita cum magna charitate et humilitate sufficienter porrexit, et, Completorio expleto, membra in Dei servitio fatigata quieti lectuli commendavit. Die autem parasceve, horis secundum ordinem caute expletis, omissis aliis cursibus, sicuti in cœna Domini, nisi ad eumdem diem pertinentibus, mane diluculo psalterium explere festinavit, et, sacro Dei mysterio perpetrato, populoque sacro Christi corpore saginato, et, consuetudinario more, quod remanserat sepulto, iterum inter ecclesias ambulando psalterium explevit decantando, et, vespertina hora, sine mensa atque mensalibus, in cubiculo suo pane et cervisia se recreare cœpit, et unicuique qui secum erant panem et cervisiam juxta eorum voluntatem exhibere præcepit. Sanctissimo autem Sabbati die expletis nocturnis officiis, et amando psalterio perlecto, præparatum sibi balneum intravit, quo nunquam uti solebat eo tempore nisi in Sabbato ante Quadragesimam et in media Quadragesima, et eo die. Lavatione autem corporis peracta, et præparatione vestimentorum induta, ad sacrum officium solemniter se præparavit, et totum clerum hora diei nona cum eo paratum esse destinavit, statimque, perlecta trina letania, cereoque sanctificato lectionibusque et tractis consummatis, cum quina letania et cum omni honore ad baptismum consecrandum ad ecclesiam Sancti Joannis Baptistæ perrexit, baptizatisque ibi ab eo tribus pueris, cum septena letania, regressus est ad sacrarium ad missam se præparandum, clero interim psallente in choro. Missarum vero solemniis solemniter cum Vespera peractis, corporeque Christi dispensato, et sacris vestibus depositis, eo die mensa apposita ad refectionem cum magna multitudine consedit, et omnibus abundanter refectis cum gaudio ad mansiunculas redire permisit. Desiderantissimo atque sanctissimo Paschali die adveniente, post Primam intravit ecclesiam Sancti Ambrosii (28), ubi die Parasceve corpus Christi superposito lapide

(25) Ecclesia S. Afræ ea, quæ nunc vulgo S. Udalrici cœnobitis. SS. Udalrici et Afræ dicitur, urbe tunc non comprehendebatur.
(26) Fanones vexilla.
(27) Distinct. 18, c. 4 : « Primum post tertiam hebdomadam Paschæ, ut in quarta compleatur; se-

cundum Idibus Oct. » Apparet itaque hic xv Kal. Oct sumptum pro 15 die Oct.; quam phrasim etiam aliis in scriptoribus, parum latinam, est observare.
(28) Hujus ecclesiæ nullam memoriam superesse, sed stetisse prope cathedralem notat Welserus.

collocavit, ibique cum paucis clericis missam de sancta Trinitate explevit: expleta autem missa clerum interim congregatum in cœna (29) juxta eamdem ecclesiam sitam solemnissimis vestibus indutum antecessit, secum portato corpore Christi et Evangelio, et cereis, et incenso, et cum congrua salutatione versuum a pueris decantata per atrium perrexit ad ecclesiam Sancti Joannis Baptistæ, ibique Tertiam decantavit, indeque cum antiphonis ad honorem hujus diei congruentissime compositis, ad tuomum (30) formosissima processione, binis et binis secundum ordinem simul ambulantibus missam celebraturus pervenerat. Missa itaque devotissime religiosissimeque decantata, cunctisque sacramenta Christi accipientibus et in sua reverentibus, ille ad cibum accessit, ibi mensas tres omni decore præparatas invenit : unam cui ille cum quibus valebat assidere solebat, et aliam matriculis (31), tertiam congregationi sanctæ Afræ (32). Sanctificato itaque cibo, carnes agni et particulas lardi inter missarum solemnia benedicti omnibus dispensavit, et tunc demum cibum cum eis omni gaudio sumpsit. Tempore enim statuto symphoniaci venerunt quorum tam copiosa multitudo fuit, ut pene inter capedinem aulæ secundum ordinem stando implevissent, et tres modos symphonizando perfecerunt. His ita gaudiis multiplicatis, canonici, præcipiente episcopo, charitatem accipientes et rogantes, unum responsorium de resurrectione Domini interim decantaverunt. Et hac charitate expleta, ad alteram mensam congregatio S. Afræ similiter fecit. Appropinquante vero vespera, ille sibi et secum sedentibus lætanter pocula porrigere præcepit, et tertiam charitatem omnes charitative bibere rogavit, acceptaque ea charitate, tertium responsorium omnis clerus simul cum lætitia decantavit. Quo decantato, hymnum decantando canonici surrexerunt, ut apte præparati ad Vesperam devenire potuissent. Vespera autem peracta, episcopus, cum hospitibus et militibus, ad suam ædem omnes exhilarandos revertebatur. Mane vero quod est die lunæ, clerus totus ad Sanctam Afram congregabatur, ut episcopum venientem formosissimis paraturis indutus honorifice suscepisset, quia ejus consuetudo erat ut eo die ibi sacrarum solemniis missarum Deo militaret, et post peracta sacrarum missarum solemnia multitudinem populi illuc congregati sacro chrismate confirmaret, et his ita peractis, ad civitatem rediit, et ibi totam paschalem hebdomadam devotissime celebravit.

V. Finita paschali solemnitate, cum alicujus rei necessitas proposuisset, ut ad alia loca vel ad monasteria pertinentia ad episcopatum legitime pergere potuisset, Wilhinuvanc (33), Staphense, Fauces, Wissintesteiga, Heuvibach, (quæ nunquam in beneficium laicorum concessit, nisi de exterioribus locis ad eadem monasteria pertinentibus alicui de isto pago in quo monasterium suum situm est concessisset, ut ibi advocatum monasterii habere potuisset, ut ecclesiasticæ ab eo res defenderentur, sed ad suam potestatem optima quæque detinuit, ea videlicet causa ut facultatem ea visitandi et ibi manendi, et quæ necessaria erant corrigendi in stipendiis habuisset), sedebat itaque in solio super carpentum composito, de humerulis plaustri in ferro pendente, et cum eo unus clericus de capellanis ejus, qui cum eo totos dies psalmos decantasset. Non ideo quando inprimis tali modo pergere cœpit nisi (34) adhuc caballicare potuisset, sed ut a populis sequestraretur, ne a cantatione psalmorum eorum colloquiis ineptis impediretur. Comitari vero semper cum illo aliquos suos presbyteros prudentissimos, et de capellanis tantum ut quotidie servitium Dei decore perficere potuisset præcepit. Similiter et de vasallis suis semper secum aliquos sapientissimos habere voluit, si ei aliquod negotium de ecclesiasticis rebus vel sæcularibus ad tractandum devenisset, ut eorum consilio caute tractare et regere semper paratus esset. Fuerunt etiam electi de familia semper qui trahentibus bobus ductores fuissent, et eum ante et retro ad dexteram et ad lævam caute observassent, quibus ille quotidie tantam annonæ copiam per seipsum et per ministros ejus dare fecit in præsentia ejus, ut triplici numero virorum sufficere potuisset. Amantissimus quoque comitatus pauperum semper cum eo inter sua loca ibat; qui virtutem caballicandi habebant in cautissimis ambulatoribus pergebant. Alii autem his vehiculis in quibus soliti erant pergere, cum carpentis episcopalia ministeria portantibus perrexerunt. Quorum vero (35) mansiunculas et totas procurationes ipse per aliquem suorum fidelium quotidie caute disposuit. Nunquam vero in aliquo prædictorum monasteriorum otiosus manebat, nisi in ædificiis ecclesiæ, vel claustrorum, vel aliorum ædificiorum, vel murorum antea præparatis, et collectis supellectilibus laborasset. Vitam vero in eodem monasterio Deo militantium monachorum sive canonicorum et stipendia eorum omnino regere et componere studuit, et jus familiæ dissolvere omnimodo non concessit. Dona etiam sancti Spiritus tradere, ubi necessitas fuit, confirmatione chrismatis non omisit.

VI. Gratum autem et necessarium iter populis, cum quarto (36) anno, secundum constitutionem

---

(29) Porticu.
(30) Superscriptum erat: *ad summum* Germanicum scilicet cathedralis ecclesiæ nomen respexit, *Thuom*.
(31) Matriculariis, h. e. clero ecclesiæ cathedralis.
(32) Clerici regulares id temporis ecclesiam S. Afræ, quæ nunc S. Udalrici est, obtinebant.
(33) Al. *Staphense, Wisintessteigia, Houvibach, Fauces, Suichuvac*, vel *Fuich-Wanc*. Al., *Sca-phense, Unisintessbela, Houivibach, Fauces, Sinchuvanc*.
(34) *Nisi* pro *quod non*.
(35) Hoc *vero* abundat.
(36) Forte *uno quoque*; canones enim diœceses annue ab episcopis visitari volunt. 10 *q.* 1, *c.* 9 et 10. Capitula etiam Caroli M. et Ludov. Pii consentiunt, lib. VII, *cap.* 360, Act. 8.

canonum ministerium suum ad implendum, causa regendi et prædicandi atque confirmandi diœcesim sibi commissam visitare decrevisset, eodem modo, sicut superius diximus, in solio carpenti superposito sedebat, psalmosque solito more decantabat, eunuchum illum imitans qui, legens Isaiam prophetam super currum suum sedens, per viam pergebat, cui præcipiente Spiritu sancto Philippus adjunctus est, qui, ab eo prædicatus et baptizatus, fidem sanctæ Trinitatis accepit, æstimans pro certo, quantum se colloquiis humanis subtraxisset, ut tantum se divinis propinquiorem facere potuisset. Ad loca autem illa cum pervenisset ubi concilia sua denuntiata fuerant, cum evangelio et aqua benedicta et sonantibus campanis et tanta honorificentia susceptus est, quantum illis qui ibi congregati sunt virtus suppetebat. Statim vero missa celebrata in concilio considens, populum ante se vocari fecit, prudentioresque et veraciores sacramento interrogare præcepit, quæ in illa parochia emendatione digna fuissent, et contra jura Christianitatis perpetrata peccata, ut ei veraci relatu nota fierent facta. Ut autem ab eis aliquam normam rectitudinis supergredientia cognita audivit, sine perceptione personarum, secundum judicium clericorum, ad tramitem rectitudinis, quantum, omnipotenti Deo juvante, potuit, retrahere festinavit, et male pullulata surcula vitiorum falcastro verbi Dei studiosissime resecare, ne virgulta malorum germinum segetem Christi sibi commissam suffocare licentiam habuissent, et morbis vitiorum aptissima fomenta emendationum opposuit, sed tamen secundum verbum Dei dicentis: *Argue, obsecra, increpa in omni patientia et doctrina* (II Tim. IV). Ea vero quæ difficilia et insuperabilia ministris suis esse ab eis comperit, in præsentia sui, omnium cum eo manentium adjutorio, percauta directione finiri contendit. Quæ autem ab eis sine obtrectatione aliorum in statum rectitudinis converti persensit, eorum regimini perficiendum firmiter commendavit. Ille autem, sequens regulam sui ministerii, Spiritus sancti donum populo ad hoc illud congregato, sacræ unctionis confirmationem studuit imponere. Si autem his adhuc imperfectis nox solito more subrepens advenit, ne aliqua pars ovium sibi commissarum detrimento privationis cœlestis doni gravaretur, incensis luminaribus in nomine Domini cœpta perficere decertavit. Interdum autem, cum de refragatoribus justitiæ tanta contentio excrevisset, ut, decedente die, tenebræ noctis funderentur in mundo, ne pro eo concilia inibi ventilata remanerent incorrecta, luminibus incensis regulas canonicas legere præcepit, ut seris justitiæ ora refragatorum oppilarentur, et justis judiciis omnia in Dei voluntate consummarentur. Cum autem completo concilio vel confirmatione ad mansiunculas rediit, corpus reficiendum non prius prandium gustavit, quam pauperibus eleemosynæ ab eo clerico cui illa obedientia erat commendata erogabantur. Debilibus autem cum eo advenientibus in sua præsentia collocatis, abundantem refectionem apponi præcepit. In quibusdam autem diebus capitula cum clericis habere disposuit in his locis ubi hæc aptissime fieri archipresbyteri putaverunt, et ubi eum ab aliis mundanis conciliis absolutiorem esse arbitrabantur. Congregatis ante se clericis, archipresbyteros et decanos, et optimos quos inter eos invenire potuit, caute interrogavit qualiter quotidianum Dei servitium ab eis impleretur, et qualiter illis populus subjectus ex eis regeretur in studio prædicandi docendique; quantaque cautela infantes baptizarentur, infirmi visitarentur et ungerentur, defunctorum etiam corpora quanta compassione sepulturis traderentur; qualiter de decimis et oblationibus fidelium pauperes et debiles recrearentur, viduis et orphanis in universis necessitatibus subvenirent; quantoque studio in hospitibus et advenis Christo ministrarent; si subintroductas mulieres secum habuissent, et inde crimen suspicionis incideret; si, cum canibus vel accipitribus, venationes sequerentur; si tabernas causa edendi vel bibendi ingrederentur; si turpes jocos in usu haberent; si ebrietates et comessationes supra modum amarent; si rixis et contentionibus et æmulationibus deservirent; si nuptiis sæcularibus interessent; vel si aliqui eorum ministeria indecentia in consuetudine haberent; si per Kalendas, more antecessorum suorum, ad loca statuta convenirent, ibique solitas orationes explerent, suasque Ecclesias ad tempus reviserent; si obedientiam eorum magistris præbuissent, et in toto suo ministerio devoti et apti manere studuissent. Responsione autem de interrogatis facta, et ratione veritatis percepta, stantibus in rectitudine dulcissimæ consolationis gratia gratificavit, et ut deinceps a norma justitiæ non deviarent, suavi colloquio admonuit; errones autem per devia incedentes fratres, dignis terruit correptionibus, et, ut postea consueta vitia omitterent, præcepit.

VII. Horum autem qui in suo episcopatu proprietates habebant, quisquis religiosorum propter amorem Christi ecclesiam componere cupiebat, et cum concessa licentia ab eodem sancto episcopo eam ædificaverat, consecrationemque habili tempore ab eo fieri flagitavit, aptissime uniuscujusque petitioni præbuit assensum, si confestim ille consecratæ ecclesiæ legitimam dotem in terris et mancipiis in manum ejus celsitudinis dare non differret, in conspectu civium suorum et testium veridicorum, ne postea gestæ rei veritas offuscaretur; ea etiam ratione ut aliis circumjacentibus ecclesiis jura earum in nullis rebus propter illam novam minuerentur. Consecrationeque peracta, doteque contradicta, comprobato illic presbytero altaris procurationem commendavit, et ecclesiæ advocationem firmiter legitimo hæredi panno (57) imposito commendavit. Alicujus oblationem muneris non exposcebat, nisi presbyter ejusdem ecclesiæ aliquid propter honorem suum, et bonam voluntatem suam sponte eum accipere impetraret.

VIII. Jesu vero quodam tempore præceptis obediendo, cum in pago Aldegowe (58) nominatum ministerii sui officium implere decrevisset, venerunt quidam homines de eodem pago ad eum, lamentando dicentes: « Patres nostri in sua proprietate quam nobis reliquere, de lapidibus et cæmento et lignis ædiculam construxerunt, quam Deo et sanctis ejus dedicari voluerunt, et ut ipsi ibi sacrorum officiorum celebrationem audire meruissent, quia locus iste in magna vastitate eremi est situs, sed propter difficultatem viæ et pauperiem substantiæ eorum, nunquam episcopum ad consecrandam præfatam ædiculam introducere potuerunt. » His auditis, Dei servus hilari vultu dicebat : « Potestis nunc ad tempus quæ consecrationi ecclesiæ sunt necessaria acquirere? » Qui amicorum consolationibus freti responderunt : « Possumus. » Quibus ille infit : « Cautum mihi viæ ductorem dimittendo, antecedite, et quæ sunt ordinanda ordinato, ecce [ad] vestræ subveniendum necessitati illuc perveniam, et, Deo juvante, ecclesiam consecrabo. » Die vero altera, consecratione peracta, cives ipsi secundum suam facultatem munera offerentes ante eum veniebant; quæ videns, subridens dixit : « Non propter amorem alicujus muneris, sed ut vestræ necessitati consulerem, et servitium Dei in hoc loco multiplicaretur, huc veni, hæc nobis oblata vestræ utilitati servantes, et in Dei servitio crescentes, manete in pace. » Hæc dicens recessit, et de scrupulo viæ nullam nisi quasi lætando querimoniam fecit.

IX. His vero bonorum operum studiis insistens, omnes apud eum commanentes exhortatione benignissima spiritualiter recreavit, docens non solum in verbis sed etiam in operationibus ut unusquisque Dominum ex omnibus viribus perfecte diligeret, et ejus amori nihil præferret, et proximum tanquam seipsum, patrem et matrem honoraret; insuper omnes bonæ voluntatis homines, de quibus angelica canit multitudo, dicens : *Et in terra pax hominibus bonæ voluntatis* (*Luc.* II); malignis autem in omnibus eorum malis actibus resisteret, secundum sanctum prophetam David, dicentem : *Ad nihilum deductus est in conspectu ejus malignus : timentes autem Dominum glorificat* (*Psalm.* XIV); quod quisque sibi noluisset, alteri non faceret; ecclesias Dei cum devotione mentis et humilitate et cum oblationibus crebro visitaret, ibique cum effusione lacrymarum et pro remissione peccatorum suorum et pro omnibus justis suis necessitatibus Deum flagitare satageret. Inimicis insuper indulgentiam postulare monebat, secundum orationem Dominicam, dicentem : *Dimitte nobis debita nostra, sicut et nos dimittimus*

(57) Observa ritum tradendæ advocationis ecclesiæ.
(58) Vulgo *Alguq, Algare.*

debitoribus nostris (*Matth.* VI); et secundum Evangelium : *Sic et Pater meus cœlestis faciet vobis, si non remiseritis unusquisque fratri suo de cordibus vestris* (*Matth.* XVIII); et iterum : *Dimittite, et dimittemini* (*Luc.* VI). Decimas omnium laborum suorum Domino et sanctis ejus, ecclesiisque quibus sunt terminatæ, ne reatum Cain fratricidæ inciderent, cum magna cautela præsentare festinarent, Dominicas etiam dies et cæteras solemnitates in anno non solum in abstinentia servilium operum, sed et omnium vitiorum, devotissime venerari monuit; Eucharistiam quemque assidue accipere, atque ante acceptionem purgatum se exhibere, et post acceptionem mundum se custodire certaret. Dies Quadragesimæ cæteraque jejunia antiquitus constituta, et noviter cum consensu inventa, omni monuit devotione ab omnibus custodiri, abnegationem sui facere, et Christi vestigia sequi, corpus castigare, delicias non amare, esurientes et sitientes escis et poculis recreare, nudis vestimenta præbere, infirmos et in angustiis constitutos visitare, egenis et vagis mansiunculas concedere, et quæ sunt necessaria propter amorem Christi præbere, pupillos et viduas in tribulationibus visitare, atque in cunctis eorum necessitatibus subvenire, malitias in corde non retinere, et verbis aliquem ad iracundiam non provocare, iram deponere, vindictamque Domino concedere, nulli malum pro malo reddere, nec aliqua læsione exacerbare, maledicentes se non remaledicere, sed magis benedicere, et persecutionem pro justitia sustinere, discordantes et inimicitias inter se habentes ad unanimitatis concordiam revocare, Deo resistentibus resistere, et sibi cum fide militantibus juvamina præbere, nullo octo vitiorum principalium quæ omne genus hominum infestant, scandalo laqueari. Quærentibus autem quæ essent octo vitia principalia, respondit non solum illis, sed et his qui adhuc in hæsitatione manent, quæ sint octo vitia, dicens (59) : Primum est gastrimargia, hoc est ventris ingluvies, cum sua prole : comessatione et ebrietate; secundum est fornicatio, cum sua prole : turpiloquio, scurrilitate, ludicris, quæ etiam sunt stultiloquia; tertium est philargyria, hoc est, avaritia sive amor pecuniæ, cum sua prole mendacio, fraudatione, furto, perjurio, turpis lucri appetitu, falso testimonio, violentia, inhumanitate, voracitate ac rapacitate; quartum ira, cum ua prole : homicidio, clamore et indignatione; quintum, tristitia, cum sua prole : rancore, pusillanimitate, amaritudine, desperatione; sextum acedia, cum sua prole : otiositate, somnolentia, importunitate, inquietudine, pervagatione, instabilitate mentis et corporis, verbositate et curiositate; septimum cenodoxia, hoc est, vana gloria, cum sua prole : contentione, hæresi, jactantia, ac præsumptione novitatum ; octavum superbia, cum sua prole : contemptu, invidia, inobedientia, blasphemia, murmuratione, detrac-

(59) Hæc principalium vitiorum divisio etiam Cassiano et quibusdam aliis placuit.

tatione, inimicitia. Beatum vero dicebat, qui in istis vitiorum pedicis non offendebat. Octo vero notissimas beatitudines a Deo in Evangelio enumeratas, auribus cordis caute percipere, et intimis cogitationibus firmiter inserere, ut in tempore tentationis malignis spiritibus eas evellere virtus non concedatur, sed unusquisque ad spem coelestium desideriorum earum consolationibus sublevetur; Agno vero omnipotentis Dei Christo tollenti crimina mundi, semper die noctuque multiplices laudes et gratias totis desideriis et omnibus viribus referre, quia dignus est sua incarnatione, et nativitate, et baptismo, et crucifixione, et sepultura, et resurrectione, et ascensione solvere signacula septem libri signati, in visione sancto Joanni apostolo in Pathmos insula ostensi. Intente autem et subnixe omnium in commune benevolentiam postulavit : si qui essent qui in semetipsis segetem aliquarum victutum excrevisse sentirent, non suis meritis, sed omnipotentis Dei misericordiae applicarent, ne subito jactantiae grandine in eis necaretur, sed tempestiva maturitate, protegente Spiritu sancto, in horreis Christi collocaretur. Os a malo vel pravo eloquio custodire, lectiones sanctas libenter audire, mala sua praeterita cum gemitu et lacrymis quotidie in oratione Deo confiteri, et deinceps emendare, desideria carnis non perficere, voluntatem propriam frangere, sacerdotum praeceptis obedire, etiamsi ipsi, quod absit! aliter agant, eos imitantes, de quibus Dominus dicit : *Dicunt enim, et non faciunt* (Matth. XXIII). Castitatem amare monuit, nullum odire, invidiam et zelum non habere, contentiones non colere, elationem odire, venerari seniores, diligere juniores, timorem Domini in corde et animo sine intermissione habere, credere oculos Domini omnia videre, et aures ejus omnia audire, Psalmista dicente : *Ecce oculi Domini super justos, et aures ejus in preces eorum, vultus autem Domini super facientes mala, ut perdat de terra memoriam eorum* (Psal. XXXIII). Diem vero obitus sui et diem extremi judicii, in quo dicturus est Dominus his qui eum recreare et vestire et visitare in suis pauperibus quotidie festinant, qui ab auditione mala non timebunt, illud : *Venite, benedicti Patris mei* (Matth. XXV), etc., illis autem haec negligentibus, et Deo in suis membris non ministrantibus : *Discedite a me, maledicti, in ignem aeternum, qui praeparatus est diabolo et angelis ejus* (Ibid.), ante oculos semper suspectam et timidam habere ; et poenas maledictis praeparatas oculis mentis saepissime intueri; et locum pessimum qui semper est sine refrigerio, et sine splendore, et sine dulcedine, et erit sine fine, ubi vermis eorum non moritur, et ignis non exstinguitur, ubi fletus et stridor dentium, sine intermissione semper auditur, ubi vorans flamma machinationibus diaboli semper renovabitur, ubi consolationis spes omnino non habetur, sed de hora in horam tristitia angetur, quia finem manendi invenire non possunt, sed cum his quibus in hoc saeculo ministravere, in angustiis sine fine perseverant. Dei autem benedictis et in ejus dextera collocatis quanta gaudia atque tripudia maneant, semper, quantum humanis mentibus possibile est, cogitare oportet, de quibus scriptum est : *Quod oculus non vidit, nec auris audivit, nec in cor hominis ascendit, quae praeparavit Deus diligentibus se* (I Cor. II). Ubi hymnidici angelorum chori inenarrabili claritate fulgebunt; ubi celsitudo patriarcharum digno honore remunerata gaudebit ; ubi verax prophetarum ordo, prophetiis suis in toto expletis, Deo gratias agere non cessat; ubi judex apostolorum chorus, accepta ante promissa mercede, perenniter exsultabit; ubi martyres, palma martyrii eorum coronati, consolatione perfruuntur aeterna; ubi confessores, praemiis suis multiplicatis, in Dei laudibus perseverant; ubi virgines centesimi fructus retributione abundant, et viduae sexagesimi fructus restitutione honorantur; ubi monachi, ex resignatione saecularium omnium, cum esurientibus et sitientibus justitiam Dei, expletis eorum desideriis, satiati, Dei laudibus insistere non cessabunt; ubi poenitentes, depositis delictorum suorum oneribus, sine fine Deum laudantes congaudent; ubi pueri Agnum in albis sequentes, sub throno angelis concordantes, Deum laudare cantando, non cessant; ubi gloriosissima virgo, Dei genitrix, Maria, super choros angelorum exaltata, inaestimabili claritate et formositate omnes hilarans conspicitur; ubi justi sicut sol fulgebunt, et omnes sancti Creatorem suum et omnium creaturarum, in sua claritate facie ad faciem gaudendo videbunt, ab eis auferentem omnem metum et omnem moerorem et tristitiam, atque omnem adversitatem. In illo regno lux solis et lunae et stellarum non est necessaria; fames et sitis nulli nocebunt, frigus vel aestus nullum fatigabunt, infirmitas et dolor nulli advenient, venturae senectutis miseria non timebitur, sed sicut in die judicii corpora mortuorum in mensura aetatis plenitudinis Christi resurgent, in ea etiam impassibilitate et pulchritudine permanebunt. Nuptiae ibi non celebrantur, et progenies hominum postea non multiplicabitur; sed completus numerus justorum non minuetur, sed sine fine in gaudio servabitur; insidias diaboli ultra non timebit, indulgentia peccatorum ultra non indigebit; sicut angeli in primae conditionis impassibilitate permanebunt, sic et homines, post resurrectionem aequales angelis, in sobrietate et incommutabilitate perseverant in civitate Dei nostri, in monte sancto ejus aedificata, quae dicitur duodecim lapidibus pretiosis esse ornata atque fundata, quorum nomina et ordinem sanctus Joannes apostolus et evangelista in Apocalypsi enumerat : ubi jaspidem in primo fundamento positum dicit, quem dicunt omnia phantasmata fugare, in quo fidei viriditas designatur ; sapphirum in secundo, qui spem coelestis beatitudinis designat; calcedonem in tertio, qui flammam internae charitatis figurat; in quarto smaragdum, qui ejusdem fidei fortem inter adversa confessionem figurat; in quinto sardonichum, sanctorum inter virtutes humilitatem significantem; in sexto sardium, in quo sanctorum martyrum cruor exprimitur; in septimo chryzolithum, in quo spiritualis inter miracula prædicatio figuratur; in octavo beryllum, in quo prædicantium perfecta operatio significatur; in nono topazion, in quo eorumdem ardens contemplatio monstratur; in decimo chrysoprasum qui beatorum martyrum opus pariter et præmium significat; in undecimo hyacinthum, qui cœlestem ad alta sublevationem, et propter humilem ad humana descensionem figurat; in duodecimo amethystum, qui cœlestis semper regni in humilium animo memoriam designat. Hæc positio duodecim lapidum figurat firmitatem apostolorum, qui in fundamento Ecclesiæ sunt positi, sicut Salvator mundi beato dixit Petro: *Tu es Petrus, et super hanc petram ædificabo Ecclesiam meam* (*Matth.* xvi). Hæc dicendo ad Petrum omnibus notum fecit apostolis quod super eos esset Ecclesia sua ædificanda, quorum sonus in omnem terram exivit, et in fines orbis terræ verba eorum. Si apostoli fundamentum domus Dei sunt, et omnis Christianitas, ædificatio ejusdem templi, manere debet, dicente Apostolo: *Templum Dei sanctum est, quod estis vos, et Dei ædificatio estis*, etc. (*I Cor.* iii.), studeamus omnes totis viribus nos Ædificatori et Inhabitatori conjungere, ut doctoribus nostris in fundamento positis, eo donante, superædificari mereamur; ut inter electos lapides positi, et præfatis ordinibus juncti videamur; ut Creatorem et Redemptorem nostrum judicem vivorum et mortuorum, facie ad faciem videntes, cum eis laudare mereamur per infinita sæcula sæculorum. Amen.

X. Longe lateque cum fama ejus bonitatis dilataretur, et diabolus eum in hoc culmine virtutum stantem videret, omnigenis malitiæ suæ astutiis nitebatur in aliquam difficultatis voraginem immergere, et ab inceptis bonis impedire. His vero temporibus Liutolfus, filius Ottonis gloriosi regis, dux erat Alamannorum, cui pater ejus antea gentes omnes regionum suæ ditioni subjectarum sacramento post finem vitæ suæ subjugaverat; patruus autem ejusdem Liutolfi Henricus, frater regis, dux existit Noricorum: qui vero (40) inter se propter confinia regionum ex suasione malignorum hominum rixas et contentiones exercere cœperunt. Cumque eos rex nullatenus ad concordiam et pacem revocare potuisset, objecit se filio, et in adjutorium fratris convertitur. Cum autem filius ejus, cum universis quos congregare potuerat, ei resistere niteretur, atque extorrem regalis potentiæ agere moliretur, Henricus, præfatus dux, commendata civitate Ratisbona, totaque regione Noricorum, Arnolfo Palatino comiti, et cæteris insuper suis fidelibus, perrexit ad regem. Moram autem ibi illo faciente, præfatus Arnolfus cum multitudine populi fraudulenter Ratisbonam cum cæteris urbibus, et cum frequentia populorum, et cum omnibus quibus potuit, Liutolfi potestate subegit. Quibus compertis, rex cum fratre suo Henrico Bajoariam hostiliter invasit, ad restituendum eum in honorem prioris potestatis. Præfatus autem antistes, Udalricus, cujus fidelitatis firma stabilitas nunquam ab adjutorio regis separata est, hæc comperiens, dimissa parte in Augusta civitate vasallorum suorum, cæterisque rebus collocatis, cum quibus potuit, omisso vehiculo carpenti, equitando in servitium regis, in regionem Noricorum sagaciter venit, carmulaque prolongata possibilitatem redeundi apte non potuit habere. Arnolfus autem prædictus interim, accepta multitudine, Augustam adiit, et despoliavit rebus omnibus quas secum abducere potuit, comprehensosque quosdam milites episcopi secum Bajoariam revexit. Rex autem cum de regione Bajoariorum revertisset, et episcopus in sua redire voluisset, non considerabat se in Augusta civitate posse cum multitudine parva defendere, quia totum pene episcopatum in beneficium extraneorum dividebatur a Liutolfo et sequacibus ejus; milites autem episcopi quidam comprehensi, quidam vero sollicitatione iniqua divisi ab eo, quidam deprædationibus in pauperiem deducti, ita ut ei secundum suam voluntatem in adjutorio esse non potuissent. Illi autem qui cum illo remanserunt, suis colloquiis roborati, salubre consilium inierunt ut, relicta Augusta civitate, castellum quod dicitur Menichingen ædificare, et ab adversariis eorum ibi se defendere studuissent. Tum vero una tantummodo nocte in Augusta civitate manebat inclusus, altera die statim perrexit ad prædictum castellum; quod erat in toto interius exteriusque sine ædificiis desertum. Quamvis certe hiems dura fuisset, tamen in illo loco, in tabernaculis et in tuguriis festinanter compositis, exspectavere donec congregata familia castellum ligno circumcinxere, et intus secundum possibilitatem eorum ædificia apta composuere. Arnolfus itaque et omnes qui cum illo erant, regiæ potestati undique contradicentes, hæc comperientes, legationes miserunt, si sospitatem sui suorumque habere voluisset, potestati Liutolfi se sine dubio subdere non distulisset, et ut prædictum castellum cum suis componere deseruisset; quia eo tempore in tota regione Suevorum nullus in regis adjutorio remanebat, nisi Adalpertus comes, cum sibi subditis, et Theodpaldus, frater religiosi episcopi, et ideo æstimabant ut eorum decreto virtutem resistendi nullo modo acquirere voluisset. Qui, sapienti cum suis utens consilio, diversis promissionibus et humillimis responsionibus, et interdum obsidibus datis iterumque receptis ad se, eorum iras et obsidiones omnimodo mitigavit, donec ædificato castello vallibusque renovatis, in munitione ejusdem loci ab eorum cum suis sævitia se posse defendere æstimaret. Cum vero induciæ rationibus respondendi ultra prolongari non potuissent, tunc manifeste confessus est se, sicut cœpit, in voluntate regis velle perdurare. Tunc præfatus Arnolfus, filius Arnolfi ducis, congregata mul-

---
(40) Hoc vero abundat.

titudine eorum infaustorum qui antea Augustam civitatem deprædati sunt, et aliorum in quorum tunc confidebat adjutorium, voluit obsesso castello venerandum episcopum vi coactum cum suis ditioni subdere Liutolfi. Hac re comperta, episcopus econtra, legatis missis, multa pecunia promissa, flagitabat ut revertentibus eis illi licuisset in pace subsistere; sinautem, pace contradicta, redire noluissent, præcepit eisdem legatis suos parochianos banno Christianitatis constringere, ne loca Sanctæ Mariæ, in suo episcopatu sita, ullo modo invadere præsumerent. Qui vero pecunia contradita bannoque Christianitatis postposito, male incœpta omittere noluerunt, sed ad internecionem eorum ea Dominica (41) in qua mos est clericorum ante Quadragesimam carnes manducare, et deinceps usque ad sanctum tempus Paschæ devitare, hostiliter invaserunt prædium Sanctæ Mariæ, et episcopum obsederunt. Qui vero die noctuque in Dei servitio studiose permanens, timore abjecto in Deum confidens, obsessiones eorum pro nihilo ducens, in prædestinatione inita firmiter perseveraverat. Hæc vero obsessio ut comperta fuisset Adalperto comiti et Theodpaldo fratri episcopi, congregata phalange populi, prima die Quadragesimalis temporis, quod est dies lunæ, mane diluculo castra inimicorum invaserunt. Sed illi hæc antea posse fieri non putantes, imparati ad bellum inventi sunt, et, repentino timore perculsi, relictis spoliis fuga inimicos evadere studuerunt. Illi autem eos sequentes, Hermannum fratrem Arnolfi apprehenderunt, quosdam in castris ceciderunt, quosdam vero ulterius subsequentes interfecerunt. Maxima autem parte eorum interfecta, cæterisque fugatis, nullus eorum ad se defendendum fiduciam accepit, nisi unus nomine Egilolfus, fugiendo brachio Adalperti comitis modicum vulnus infecit, de quo etiam vulnere mortuus est; vulnerator etiam ejus statim occisus est a Liutperto vasallo ejusdem Adalperti. Paucissimi autem eorum, ictibus contusi, ac diversis modis vulnerati, periculum tamen mortis, equis eorum eos asportantibus, eo die vix evaserunt, quidam vero eorum, gelu miserabiliter astringente, nudi in desperatione vitæ proprias mansiunculas repetierunt. Corpus vero Adalperti, in Dei voluntate occisi, reverendus episcopus ad Augustam civitatem vexit, et, animam honorifice Deo commendans, in ecclesia Sanctæ Mariæ sepelivit. Nullus autem eorum qui antea sibi spolia Augustæ civitatis in contrarietatem sanctæ Dei genitricis Mariæ vindicaverunt, impunitus evasit, nisi qui se suis propriis rebus cum indulgentia reverendi episcopi redimere non distulerunt.

XI. Manus proprias unus ex his lacerando, vicinis suis in veritate dicentibus, perdito sensu spiritum exhalavit. Alius autem cum ablato de Augusta civitate libro caballum sibi bene placentem comparavit, et secum adduxit in domum suam,

(41) Vulgo *Quinquagesima*.
(24) Pro *stratagematum*.

uxorique suæ monstravit et dixit : « Melius mihi placet istum formosum caballum habere, quam librum cum quo hunc comparavi in Augusta relinquere. » Cujus verbis respondit uxor ejus, dicens: « Utile tibi forte fuisset, si manus tua hunc librum injuste non tetigisset. » Interim vero ille levigando manu in posteriora tangebat caballum, et statim ab eo percussus mortuus est. Novis et improvisis his cladibus, et aliis multis formidolosis rebus in reis peractis a multitudine populi compertis, timor magnus invasit eos qui se esse reos cognoverunt de prædicta prædatione Augustæ civitatis, non solum in eos qui illuc pervenerunt, sed et qui aliquid de injuste acquisitis ab eis acceperunt, et ideo, ad pœnitentiam et lamentationem conversi, digna emendatione et restitutione abstractarum rerum, et cum efflagitatione indulgentiæ episcopi, studuerunt se cum Christo et cum sancta Maria matre ejus pacificare. Non post multum vero temporis præfatus Arnolfus qui se præsumpsit res sanctæ Mariæ hostiliter invadere, et incorrigibilis sine pœnitentia perduravit, obsessa Ratisbona civitate paratus ad prælium exivit, et statim in articulo tumultus occisus est. Quidam etiam homo, de episcopatu qui dicitur Eihsteten, partem vilissimi mensalis inde ad suam proprietatem portavit, et statim a dæmonio occupatus, nullum abscondendi locum ab eo invenire potuit, neque in ecclesia neque extra ecclesiam, neque aspersus aqua benedicta, quin juxta eum semper videretur manere, donec, Augustam regrediens, injuste inde rapta reportavit, et episcopum cum scopis ei flagella imponere pro Christi nomine postulavit, et insuper indulgentiam præfati delicti condonare, sicque liberatus a dæmonio salvatus recessit.

XII. Ne diu me ab incœpta taxatione subtraham, libet stylum retrahere ab enumeratione ex utraque parte obsessarum urbium et bellorum undique furentium, et vicissitudine stromatum (42) diversorum, sed potius quomodo Dominus omnipotens per merita servorum suorum suum dignaretur populum liberare libet recensere; ne diaboli machinationibus ad suum perveniret exitium. Cum rex Otto in Alamannia, propter eos qui cum Liutolfo filio ejus ditioni suæ regalis potestatis contradicere voluerunt, cum exercitu conversaretur juxta flumen quod Hilara vocatur, in campo oppidi quod dicitur Tussa (43), et ibi sæpedictus filius ejus Liutolfus cum alio exercitu obvius ad pugnandum contra eum deveniret, et cum tanta vicinitate conjuncti essent, ut nulla ambiguitatis spe detenti manerent in utrarumque partium multitudine, n' bellum ab eis committeretur, tunc amabilis Deo Udalricus episcopus, in Deum tota fiducia confidens, assumpto Curiencis Ecclesiæ Hartberto religioso episcopo, legationes inter eos facere cœpit, et ad pacis concordiam exorare, et ne populus qui a Deo illis commendatus est ad regendum, pro eorum

(43) Tussen.

reatu duceretur ad perditionem. Deo autem annuente, duæ amborum mentes, patris scilicet Ottonis et filii ejus Liutolfi, de proficua admonitione et doctrina venerandorum episcoporum in mollitiam versæ, pactum pacis inter se placitaverunt; et, turbine belli mitigato, in sua cum pace redierunt. Tantis autem tunc præfatis tumultuum fatigationibus superatis, æstimaverunt se aliquod spatium temporis in pace posse quiescere. Altero pro certo statim anno, quod est anno incarnationis Domini nostri Jesu Christi 965, tanta multitudo Ungrorum erupit, quanta tunc temporis viventium hominum nemo se antea vidisse in ulla regione profitebatur, et Noricorum (44) regionem a Danubio flumine usque ad Nigram silvam, quæ pertinet ad montana, simul devastando occupavit, et cum Licum transcenderet, et Alamanniam occuparet, ecclesiam Sanctæ Afræ concremavit, et totam provinciam a Danubio usque ad sylvam deprædavit, et maximam partem usque ad Hilaram fluvium igne combussit. Augustam autem civitatem obsedit; quæ tunc finis sine turribus circumdata muris, firma ex semetipsa non fuit. Sanctus autem antistes magnam valde multitudinem optimorum militum secum intra septa civitatis collocatam habebat; ex quorum agilitate et audacia civitas fortiter firmata, Deo juvante, consistebat; qui ut exercitum Ungrorum ad expugnandam civitatem circumdare viderant, eis obviam exire voluerunt, sed hoc episcopus eis non consentiens, portam ubi maximus aditus intrandi manebat firmiter occludere præcepit. Porta autem orientalis plagæ (45) unde itur ad aquam, sic a densitate Ungrorum bello occupata est, ut ipsi æstimaverint se statim posse intrare: milites enim episcopi ante portam viriliter pugnantes eis resistebant, usque dum unus Ungrorum qui cæteros pugnando antecedebat, et ex cujus ductu et antecessione maximam prælianti in illa hora confidentiam habebant, occisus occubuit; cæteri denique cum eum terra tenus mortuum cadere viderunt, magno clamore et lamentatione eum rapientes, ad castra reversi sunt. Hora vero belli episcopus super caballum suum sedens stola indutus, non clypeo aut lorica aut galea munitus, jaculis et lapidibus undique circa eum discurrentibus, intactus et illæsus subsistebat. Bello vero finito regrediens circuivit civitatem, et domos belli in circuitu civitatis congruenter ponere, et in tota nocte eas ædificare, et vallos, quantum tempus suppetebat, renovare præcepit. Ille autem totum spatium noctis in oratione pernoctans, religiosas mulieres in civitate congregatas concitabat, ut una pars earum cum crucibus ad Dominum devote clamando intra circumiret, et altera pars clementiam sanctæ Dei genitricis Mariæ pro defensione populi, et pro liberatione civitatis studiosissime pavimento prostrata flagitaret. Ipse autem minimam particulam noctis ante Matutinam horam corpus requiei soporis indulsit, ut, matutinis et Laudibus expletis,

(44) Bavariam intelligit.

aurora primum irrumpente, salutaris sacrificii hostiam Deo libare licuisset. Ministerio sacro peracto, viatico sacro omnes recreavit, humilique admonitione persuasit ut, in fide recta persistentes, spem suam in Domino componere non dubitarent, indicans eis omnigenam sponsionem consolationis, et annuntians psalmigraphi David verba, dicentis: *Si ambulavero in medio umbræ mortis, non timebo mala, quoniam tu mecum es* (*Psal.* XXII). Salutari autem admonitione episcopi peracta, cum jubar radiantis solis primum latitudinem telluris irradiaret, exercitus Ungrorum inenarrabili pluralitate ex omni parte ad expugnandam civitatem circumcinxit, diversa ferens instrumenta ad depositionem murorum. Cumque undique parati essent ad bellum, et cuncta propugnacula civitatis repugnantium plena fuissent, quidam Ungrorum flagellis alios minantes ad pugnam coegerunt, et illi, tantam multitudinem in propugnaculis resistentium eis videntes, muris se conjungere adeo perterriti non audebant. Interim cum interius exteriusque parati essent ad bellum, Berchtolfus, filius Arnolfi, de castello Risineshurch vocitato venit ad regem Ungrorum, annuntians ei adventum Ottonis gloriosi regis. Qui, ut hoc audivit, suum classicum omni exercitui notum clangere præcepit, de cujus sonitu exercitus totus pugnam civitatis omisit, et ad colloquium eorum regis se conjungere festinavit. Qui, cum eis augmentatione facta, Deo donante, a pugna civitatis cessabat, et in occursum gloriosi regis ire cœpit; ea ratione ut, illo cum suis superato, victor rediens civitatem et totum regnum libere habere potuisset. Regi Ottoni venienti Dietpaldus comes frater episcopi, cum cæteris qui in civitate erant, nocte exiens in occursum venit. Rex igitur cum tantum exercitum Ungrorum perspexisset, æstimavit non posse ab hominibus superari, nisi Deus omnipotens eos occidere dignaretur, in cujus adjutorium confidens, suorumque consolationibus principum roboratus, bellum viriliter cum eis agere cœpit, et cum mutua cæde utrobique cecidissent, et his interfectis qui ad occisionem a Deo prædestinati erant, gloriosa victoria Ottoni regi a Deo, cui nihil impossibile est, data est; ita ut exercitus Ungrorum in fugam versus virtutem præliandi ultra non haberet, et, quamvis incredibilis numerus illorum occisus fuisset, tantus tamen eorum exercitus adhuc remanebat, ut hi qui de propugnaculis Augustæ civitatis eos venire conspexerunt, non pugna lacessitos eos redire æstimaverunt, donec prætereuntes civitatem ulteriora Lici fluminis littora festinando repetere cognoverunt. Rex autem cum suis eos sequens, et quibus se conjungere potuit occidens, vespertina hora diei Augustam pervenit, ibique cum episcopo illam noctem ducens, eique magnam consolationis revelationem faciens, de Dietbaldo fratre ejus qui in bello occisus est, et de aliis ejus propinquis ibidem interfectis. Rihgwinum filium Dietpaldi comitatibus

(45) Porta quam Jacobæam dicimus.

patris honoravit, episcopique fido adjutorio, in junctis tegebat. Non post multum vero temporis quibuscunque ejus desiderium cognovit, dignam decursum, iterum admonitus ut domum Sanctae mercedem restituit. Mane autem facto, fugitivas Afrae reaedificare non tardaret. De cujus instaurabarbarorum acies sequendo, regionem Bajoariorum (46) revisit, festinisque legatis missis, tota tissime fieri potuisset, et qualiter sub positione cryremigia et vada fluminum observare praecepit, ad ptae orientalem plagam ecclesiae convenientissime occisionem eorum, quod et ita factum est. Illi autem, nocte illuc venientes, quidam eorum ab his irrepsisset, continuis orationibus et jejuniis cum qui in navibus erant fluminibus immersi sunt, quidam occisi sunt, qui autem ad littus pervenerunt, misericordiam Dei secreto deprecari coepit ut ei ab his qui littora observabant interfecti sunt, nulla monstraretur locus in quo corpus sanctae Afrae colloeis via, et nullum devium ab eis inveniri potuit, catum fuisset, et si cryptam in eo loco ubi voluntas quin in omni loco vindicta Domini super eos manifeste maneret; ita etiam ut non post multos dies nem ejus et jejunium ad aures Domini pervenire reges eorum et principes comprehensi et ad Ratisbonam perducti, in ignominiam gentis eorum, David prophetae: *Ecce oculi Domini super justos, et* cum aliis multis eorum comprovincialibus equuleo suspenderunt.

XIII. Rex autem Otto potentiam in Deo tenens, locationis corporis ejus, sicut in scriptura passionis Henricum fratrem suum potestativa manu in regnum ejus est scriptum, ab Augusta civitate in secundo confirmavit, et ipse in Saxoniam victor, sicut solebat, miliario in ecclesia monstravit. Cryptam autem in revertebatur. Venerandus autem episcopus Udalricus, cum rex ab Augusta discederet, abiit ad loca reliquias, quae in illo loco in requie diem exspectare ubi bellum peractum est, quaerens praedictum Dietbaldum fratrem suum et nobilem Reginboldum esset faciendum, muros ex maxima parte ab ignibus filium sororis suae (47), et inveniens eos ad Augustam depositos cum magna festinatione reaedificare fecit, perduxit, et in ecclesiam Sanctae Mariae ante altare et priori altitudini mensuram unius cubiti superposanctae Walpurgae virginis in sede unius taphi (48) ambos fideliter sepelivit. His ita, sicut praelibatum ecclesiae decoravit, super aedificia in sua praesentia est, peractis, episcopus, quamvis multis adversis caute mensurata, summo studio incidere et adducere fatigatus fuisset, sicut optime omni speranti in Deo praecepit, et non tardavit donec imbricibus eam ex decet, bonae consolationis effectum assumens, cum toto cooperuit, et interius aedem ecclesiae laqueariis suis pertractare coepit qualiter imminentia damna vestivit, et lucida pictura decoravit, et ornamenta aptissime superare potuisset. In primis qualiter ecclesiae, quae propter barbaros in civitatem fuerant depraedatam congregationem clericorum sustentaret, ad implendum ministerium quotidianum servitii Dei in ecclesia, sciebat enim eos cibaria non habere, et ideo cum his quae, ipse sic depraedatus, habere potuit, et quae a benevolis populis ei transmissa sunt et oblata, assidue in sua praesentia eos innectere. Quidam hortulanus nomine Adelpoldus secundum suam facultatem manducare et bibere ibi deambulando inter gramina speluncam invenit, fecit, et omnimodis adjutoriis stabilivit, eo usque in quam intrans formosam aediculam sub terra muram ex semetipsis depraedationis miseriam temperaverunt, et loca eorum ex iterata laboratione cens: « In hoc loco possum olera mea et alia necessasustentationis subsidium attulerunt ; sua autem loca ignibus exusta et consumptis frugibus in desolationem redacta, studiosis laboribus in agris et aedificiis rum te perdere dubium non est. » Hortulanus autem renovare praecepit, strenuitas autem familiae jussioni verbis episcopi non credens, sine ejus licentia praeejus parendo, sic inchoabat, et congruo tempore fatas res in eamdem speluncam congregare coepit ; utilitatis usu, quantum possibilitas sufficiebat, restituit. Ecclesiam autem Sanctae Afrae, quae a paganis Hoc autem cum episcopo nuntiatum fuisset, jussit fuerat cremata, adhuc reaedificata non erat, sed adduci sibi hortulanum, et dixit ei : « Quare occupare tugurium glossibus (49) tectum altaria ab imbribus et intemperiebus defendebat; sepulcrum Simperti episcopi, in choro juxta gradus situm, adhuc inficior, ait; scio enim quod pro illo reatu, quod mandatis tuis non obedivi, istam tribulationem incurri. sine tecto remanebat : de cujus operimento in visione admonitus, lignis more operculi arte con-

(46) Al. Bavariorum.
(47) Luitgardae.
(48) Sepulcri.
(49) Pro *scandulis*.

indulgentiam ei cum benedictione donans, Deo concedente, sanitati restituit. Mirabile dictu! ille hortulanus postea illam speluncam nullo modo invenire potuit. Postea autem episcopus pollinctoribus accercitis, in australi parte exterioris muri ecclesiæ sepulcrum sibi fodere et exterius muro cingere, et perrupto muro ecclesiæ arcum muratum desuper curvare præcepit, et arcam aptam componere ad cooperiendum corpus in sepulcro, et insuper tabulatum densum, longo tempore imputribile, cauta conjunctione vinctum superponi decrevit. His præparationibus exsequiarum suarum perpetralis, omni hebdomada dehinc ipsum locum die Veneris visitare, et ibi hostias immolare consuetus erat, si alia aliqua ei occupatio vel absentia impedimentum non fecit. Interea vero Dei donante clementia istas regiones concordia pacis illustrabat, et benevolas mentes turba persecutionum a Dei servitio non prohibebat, ideo ipse Romam pergere decrevit, et illuc feliciter pervenit, liminaque beatorum apostolorum Petri et Pauli devotionis studio humiliter visitavit, ibique precibus profusis, eleemosynarumque largitate pauperibus dispensata, ab Alberico principe Romanorum honorifice susceptus est, frequentique ministerio et oblatione cumulatus, aliquot dies ibi perduravit. Cumque ibi morando reliquias sanctorum se velle comparare indicasset, quidam clericus ad eum veniens, perduxit eum in silentio noctis ubi caput sancti Abundi martyris in quadam ecclesia altari inclusum servabatur, cujus passionem ei ostendens, et caput præsentans, sacramento firmitatem fecit super reliquias, quas episcopus secum attulerat, ejusdem Abundi caput esse cujus passio præsentialiter fuit perlecta. Cum autem sacramentum peractum audisset episcopus, placitam mercedem clerico donavit, caputque sancti Abundi accipiens, ad Augustam secum reportavit, ibique ad consolationem multorum gloriose inclusit. Monasterium vero Sancti Galli ubi ille scientias litterarum fuerat perdoctus assidue visitavit, ibique Deo militantibus cœnobitis convivium fecit, et inde ad cellam sancti Meginardi perrexit, ad videndum servum Dei sanctum Eberhardum, ejusque necessitatibus sibique subjectis monachis subveniendum in quibuscunque potuit eorum cognoscere voluntatem. Ultima vero vice, Eberhardo vivente, cum inde recedere debuisset, expleta multimodæ amabilitatis locutione, acceptoque cum orationibus in ecclesia permisso, ad vehiculum suæ reportationis egressus est; cumque paratus esset ad pergendum, et eo die sanctum Eberhardum amplius videre non putaret, subito post eum quasi festinando veniebat, et oscula charitatis iterans, cum flebilibus oculis aiebat : « Ex hac hora ultra me non videbis, donec exempti corporibus in præsentia Dei nos videre merebimur. » Cujus verbis respondens episcopus dixit : « Dulcissime Pater, nunc scis me certe cito de hoc sæculo esse migraturum?» Cui ille respondit : « Finis adhuc vitæ tuæ tibi non imminet, verba autem quæ tibi nunc dixi vera esse non dubites. »

His verbis expletis episcopus remeavit, et antequam iterum eamdem cellam revisitaret, Eberhardus feliciter migravit a sæculo.

XV. Regionem quoque Burgundiorum tempore alio adiit, et ad Agaunensium locum ubi sanctus Mauritius cum suis sequacibus propter nomen Domini martyrium sumpsit, magnæ humilitatis studio visitavit. Qui antea a rege Burgundionum promissionem accepit, ut unum de sanctis martyribus ex ejus datione et adjutorio inde ad Augustam referre mereretur. Et cum illuc die Sabbati perveniret, monasterium noviter a Sarracenis exustum invenit, et nullum de habitatoribus ibi conspexit, nisi unum ædis ædilem [al. senilem] combustum monasterium custodientem. Cumque ille sacram noctem in Dei laudibus ibi permaneret, et mane cum radius solis primum latitudini terræ lucem diffunderet missam de Sancta Trinitate celebravit ; qua expleta, cum alteram statim venerationi diei Dominici congruentem celebrare cœpisset, duodecim clerici cum multitudine populi advenientes ministerii sui celebrationem audientes perstiterunt. Quo peracto, sanctus episcopus eosdem fratres salutavit, et muneribus honoravit, et ob quam rem illuc deveniret notum fecit. Qui hilaritatis ejus dulcedinem et sanctitatis religionem persentientes, ne delectabili desiderio privatus abiret, aperta collocationis sanctorum spelunca in scopulo exciso, plurima parte sanctarum reliquiarum donatum lætificaverunt. Cum vero optabili licentia clericorum et amantissima dimissione populi inde rediret, Constantiam civitatem causa orationis visitavit, et inde ad Augiam insulam venit, et ab Aleuvico abbate charitative susceptus et omnimodis commodis bene procuratus est. Cumque amabili colloquio inter se sermocinarentur, omnia quæ ei in itinere acciderunt nota fecit. Benevolentia autem abbatis, cum audiret eum pro amore sanctarum exsequiarum exire, desiderio ejus satisfaciens, non modicam partem de corpore sancti Mauritii et de aliorum multorum sanctorum reliquiis ei donans, lætum abire permisit. Augustæ vero civitati cum appropinquaret, præmissis nuntiis demandavit ut ad optivum [pro exoptatum] donum sanctarum reliquiarum, quod secum attulerat, honorifice clerici cum populo, et cum crucibus et incenso pigmentorum aquaque benedicta occurrerent, et suscipiendo gloriose cum laudibus et melodiis congruis perducerent honorifice cum illo in ecclesiam in honore sanctæ Dei genitricis Mariæ consecratam. Illuc cum perductum esset, ab episcopo caute collocatum est in arcam auro et argento coopertam, ad laudem Dei omnipotentis, et in auxilium populi advenientis, in nomine Domini nostri Jesu Christi, cui est honor et gloria per infinita sæcula sæculorum, Amen.

XVI. Talibus et his similibus studiis semper in Dei voluntate serviens, decertavit qualiter episcopatum, quem ad regendum suscepit, omnigenis honoribus sublimare potuisset, et servitium Dei et sanctæ Mariæ Dei genitricis amplificare indefess-

laborabat, et ideo ubique gratia Dei præventus, sicut in Psalmis scriptum invenitur : *Voluntatem timentium se faciet, et deprecationem eorum exaudiet, et salvos faciet eos* (*Psal.* CXLIV); et secundum Apostolum dicentem : *Scimus quomodo diligentibus Deum omnia cooperantur in bonum*, etc. (*Rom.* VIII). Multiplicibus enim Dei magnificentiis honoratus, et firma fide confortatus, desideria voluntatis suæ percipiens, multis in suis necessitatibus profuit, et possibilitatis suæ potentiam quantum potuit humiliter celavit, quia multi qui caduco morbo vexabantur, sanctitatis ejus benedictione percepta, sospitati restituebantur, si pro qua re benedictionem expetivere, non indicavere; qui autem necessitatis eorum afflictionem manifeste nuntiaverunt, benedictione subtracta, causa humilitatis abire permisit, dicens : « Ego non sum dignus de hac infirmitate vos posse liberare. »

Sanctificatum vero oleum in die cœnæ Domini ab eo tam salubre effectum est, ut multi in infirmitate positi, ab eo uncti celeriter sanitati restituerentur; et multi caliginem oculorum habentes, et præsentis luminis se in hoc sæculo munere carentes putavere, tactu hujus olei serenitate oculorum iterum uti meruerunt. Hæc vero, nemine dicente, comperiebam, sed propriis oculis in quamplurimis peracta conspiciebam. De ipsius autem episcopi recuperatione non oportet reticere quia, cum quodam tempore de monasterio Sancti Galli redire ad Augustam civitatem decrevisset, Campidonam veniens, tam gravi infirmitate detentus est ut ex se sine adjutorio aliorum ambulare non potuisset, et cibum ad recreationem corporis sumere vires non sufficerent. Missis nuntiis celeriter ad Augustam civitatem, oleum ab eo consecratum sibi inde reportare præcepit, cumque in vigilia Pentecostes nuntiis revertentibus hora diei nona, cum adhuc congregatio monachorum solemni officio missæ interfuisset, et ipse intra cubiculum sacrum mysterium auditum habuisset, oleum ei repræsentaretur, peracto sacro mysterio, monachi ad eum introducti sunt præsentibus clericis qui cum eo illuc devenerunt, et cantatis pro ejus infirmitate septem psalmis, letaniaque devote expleta, quemdam sanctum monachum Hiltine nominatum, ad claustrum revertentes fratres ad ungendum eum oleo sancto cum suis duobus presbyteris dimiserunt. Unctione vero peracta, secundum doctrinam Jacobi apostoli : *Infirmatur quis in vobis? inducat presbyterum Ecclesiæ*, etc. (*Jacob.* V), dixit episcopus præposito : « Istis unctoribus meis cum cæteris meis comitibus, in mea vice servitium congruenter exhibete, cum his bonis quæ nobis hodie concessit Deus. » Cum vero ad mensam prendendum consedissent, et adhuc prandium peractum non fuisset, nuntius de episcopo venit, dicens : « Læto animo estote et recreamini cum gaudio, quia dominus noster episcopus, quamvis hebdomada præterita vel buccellam panis ad refectionem accipere

(50) Transmittit flumen inundans nil madefactus.

non potuisset, nunc, Deo donante, se reficit, et reducta sanitate est melioratus. » Qui, audito delectabili nuntio, omnes simul Deum laudantes et Deo gratias dicentes, hilares effecti sunt. Vespertina autem hora adveniente, et signo vespertinali in primis sonante, statim surrexit, et ad ecclesiam ambulavit, et ibi in Dei laudibus infatigatus permansit, donec Vespertinalis laus a fratribus secundum cursum monachorum prolixe perficiebatur, et postea, de die in diem confortatus, ex integro pristinæ sanitati cito restitutus est. O quam magna multitudo dulcedinis Dei, qui illi hoc tanta velocitate ad remedium concessit, quod ille aliis ad medicinam et ad indulgentiam peccatorum præparavit, ut cum ejus fide perfecta cæteris plurimis fides confirmaretur!

XVII. Tradere huic quoque me aliam rationem in hoc loco oportet, quam Herewigo capellano ejus dicente comperi. Quadam die, cum pro aliqua utilitatis causa super fluvium Vindicem [*al.*, Vindomen; *al.*, Vindonem, *vulgo* Werten] nominatum caballicare debuisset, et ipse ab illuvie elevatus fuisset, et comites episcopi universi vadum rectitudinis devitarent, et alia vada aptiora quærerent, et idem ipse prænominatus Herewigus solus (50) cum eo remaneret, ipse vadum quod alii omiserunt sine trepidatione transcendit, soccis de sago factis indutus propter frigus, quia hiems erat. Præfatus vero Herewigus, flumine transgresso, ex cingulo deorsum, quamvis super altiorem caballum sederet quam episcopus, udus effectus est, et prospiciens in vestimenta episcopi si aqua infunderentur, sed nec in soccis quidem unum pilum humidum conspexit, et ad episcopum dixit : « Ego uditate perfusus sum, et tuæ celsitudini pilus in soccis non est madefactus. » Cui dixit episcopus : « Hæc quæ vidisti, me vivente nemini dicere præsumas. » Alio vero tempore cum ad colloquium Ottonis imperatoris ad Ratisbonam civitatem navigando per Danubium venire decrevisset, quodam die, nautis incaute ante se conspicientibus, navis cuidam ligno importune conjuncta, aquis repleta immersionem omnibus minabatur. Perturbati vero omnes et timore perculsi, ad littus magno studio navem perducere festinarunt. Navi vero aridæ adducta, quæ intra erant ad littus portaverunt, illius vero episcopi posteriori rostro navis sedentis obliti sunt. Unus vero clericorum Mesi nominatus, magno stupore attonitus, dixit : « Heu nobis miseris! quia seniori nostro in isto periculo adjutores non fuimus, » et his dictis currens per profunditatem aquæ quæ in navi fuerat congregata, assumptis brachiis episcopi super humeros ejus, evexit eum extra navem, omnibus itaque expositis et illo novissime egresso, navis in posteriori parte profunditati demersa est. Quid mirum si navis onusta eo insedente mergi non potuit, sed eo jubente super aquam stetit, qui beato Petro apostolo undas maris ad superambulandum propria voluntate firmavit? Sic non ex sua conditione, sed ex meritis in ea sedentis, navis interim super aquas natare cogebatur donec cunctis stipendiis et oneribus relevaretur, postea vero immersa nuntiabatur.

XVIII. Romam visitare itaque cum quodam tempore æstuanti animo desideraret, et ad fluvium nomine Tarcum (51) perveniret, tam periculosum ex inundatione aquarum factum invenit, ut nullus ex utraque parte advenientium eo die vel alio se posse venire super eum speraret: sanctus episcopus in Deum confidens, paratura missatica se indui festinavit, et in littore fluminis cum suis comitibus missam devote celebravit, et post missam præfatum fluvium tanta commoditate transivit, ut nulli ejus comitum aliquid adversitatum eveniret, sed omnes salvi et incolumes Deum laudantes gaudendo ibant per viam.

XIX. Multimodis Christi servitiis cum ferventissime insisteret, et undique amplificare studuisset, Deo donante, excogitavit, propter cujusdam sanctimonialis religionem Emoza nominatæ, ad ecclesiam Sancti Stephani protomartyris sanctimonialium congregationem componere, et regulæ sanctitatis subdere, et sancto velamine Christo Deo desponsatas conjungere. Quod cum factum fuisset, quædam mulier cum consensu connubia mariti despiciens, eidem congregationi ob futuræ beatitudinis mercedem obedientiam professa se admiscuit, litterarum vero scientia ad perfectionem docta non manebat, ad exteriora autem necessitatis opera strenuitatem magnam habebat, et ideo aliæ sanctimoniales eam cellerariam facere voluerunt. Qua renuente, episcopo nuntiatum est, et supplicatum est ut cum sua potestate ministerium cellarii commendaretur. Episcopus vero, supplicationi assensum præbens, præfatam sanctimonialem cellerariam esse præcepit: illa autem præcepto episcopi non obedivit, sed in pristina refragatione conata est persistere. Sequenti vero nocte in somnis audivit vocem dicentem sibi: « Quia non obedisti præcepto episcopi, ideo usu ambulandi privaris tandiu donec ab eo absolveris. » Expergefacta autem dissolutam membris ita se esse persensit, ut nullum ambulandi effectum habere potuisset. Hac infirmitate ligata, laboriose exspectabat adventum episcopi. Interim vero appropinquabat tempus synodalis colloquii, et episcopus ad Augustam revertebatur; hoc cum infirma sanctimonialis audiret, rogavit se portari in ecclesiam Sanctæ Mariæ et obtutibus ejus repræsentari, cumque ad ejus præsentiam veniret, ejus misericordiam deprecari cœpit, ut ab affligentibus alligationibus infirmitatis ab eo absolvi mereretur. Audita ejus deprecatione, episcopus de inobedientia eam increpavit, et munere benedictionis simul et indulgentiæ donatam dimisit. Cumque ab ea reverteretur episcopus, statim sanitati restituta currendo præcessit episcopum, antequam ille perambularet ecclesiam, et, ante celsitudinis ejus præsentiam prostrata, Deum pro reddita sanitate laudando, promisit de inobedientia ultra sese fore emendaturam, et ad proprias mansiunculas læta rediit.

XX. Hymnizans sanctus Dominum episcopus, habili tempore, postea ecclesiam in cœmeterio Sanctæ Mariæ in modum crucis ædificare cœpit, et, ædificatione peracta altaribusque quinque in ea compositis, in honore sancti Joannis Baptistæ dedicavit, et dolium baptizandi de petra excisum in ea constitui fecit, ei, dote legitimatam, presbytero ad procurandum in divinis officiis commendavit, et præcepit ut matricularii in omni hebdomada die Sabbati, et in aliis solemnibus festivitatibus, cum Evangelio et crucibus et cereis, cum Dei laudibus reverenter visitarent, et in Paschali hebdomada, quam dicunt infra Albas, quia tunc consuetudo est tres cantare psalmos ad Vesperam, remanentes duos illuc deambulando cum antiphona et tono formosa modulatione perpsallere, et ipse persæpe ibi salutares hostias Deo immolare consuevit.

XXI. Zoam (52) in ultimis temporibus suam salvare cupiendo, animo decrevit, quamvis vires corporis de die in diem decrescere sentiret, ut limina apostolorum Petri et Pauli devota intentione laborasset visitare. Cumque aliquantulum itineris peregisset in carpento, et ad difficiliores vias perveniret, non potuit iter ultra peragere, antequam in lecto collocatus equis superpositus pergere cœpit: sicque pergendo, quamvis comitibus ejus ubique periculosum videretur, Deo juvante, et sancto Petro apostolo, sine periculo Romam pervenit, votorumque ibi antea dispositorum et promissionibus devotionibus expletis, et gratissimorum emolumentorum et indulgentiarum donis acceptis, permissoque (53) salubri a sancto Petro et vicario ejus pontifice, cæterisque Deo ibi sancto Petro militantibus, honorabiliter accepto, felicem reditum iniit, et Ravennam visitare disposuit. Illucque cum appropinquaret, imperatorem gloriosum Ottonem cum imperatrice Adalhaida ibi manere comperit, et ante se misso nuntio adventum ejus illi indicavit, et ille statim nuntium sequendo ad ostium cubiculi imperatoris pervenit. Imperator vero, cum eum in tanta vicinitate manere agnovisset, uno pede calceato et alio adhuc incalceato, causa humilitatis et flagrantia divini amoris, eum ad suscipiendum amabiliter festinavit. Cumque in cubiculo accersita imperatrice suavi colloquio fruerentur, et alternis locutionibus diversarum rerum proventus terminarent, vir sanctus imperatorem cum auxilio imperatricis flagitare cœpit ut filio sororis suæ Adalberoni procurationem sui episcopatus, regimenque super familiam et omnia negotia sæcularia ad eum pertinentia, fideliter firmiterque commendaret, et ut a celsitudine ejus imperialis potentiæ promissum consolationis accipere mereretur, ut post ejus discessum cathedram episcopalis potestatis ei donaret, ut sibi majoris otii ad studium orationis et ecclesiastici regiminis et Christianitatis stabilitatem facultas concederetur. Cujus petioni gloriosus et benevolus imperator assensum præbens sæcu'ariunt

(51) Tarus Plinio, fluvius Italis Cispadanæ.
(52) Zoam pro vita, vitam pro anima usurpavit.

(53) Pe missum. Urtaub.

negotiorum commercia Adalberoni commendavit, et episcopalis honorem cathedræ post vitam episcopi, si Deus vellet, ei donare promisit, et insuper multis libris auri episcopum donatum amabiliter abire permisit, et ejus mansiones cum alio servitio necessario, cum suis fidelibus usque ad finem illius provinciæ caute disposuit.

XXII. Episcopus autem et præfatus Adalbero, cum lætabundi reverterentur ad civitatem, honorifice sicut decuit suscepti sunt, et omnes qui ibi inventi sunt, comperta eorum prospera reversione et honorificatione ab imperatore eis facta, valde lætificati sunt. Tunc vero præfatus Adalbero, congregatis militibus episcopi, desideravit ut ei sacramenta fidelitatis jurarent, quod et fecerunt in præsentia episcopi; similiter et familia per totum episcopatum fecit. Episcopus autem indumento more monachorum formato induebatur, quorum antea regulam multimodis virtutibus sequi consueverat. Cumque hæc ita agerentur, propter quorumdam clericorum æmulationem, qui se æstimabant post obitum sancti episcopi, imperiali celsitudine concedente, episcopatum posse acquirere, ferulam episcopalem publice portare præsumpsit, ut eis tota spes acquirendi episcopatus adimeretur.

XXIII. Postea vero revertentibus de Italia imperatoribus, patre scilicet et ipsius prole, ad Franciam, facta est synodus in loco qui dicitur Ingilunheim (54), ad quam archiepiscopi cum cæteris suis suffraganeis sanctum Udalricum cum suis legatis honorifice invitaverunt, Adalberonemque ejus nepotem cum eo venire decreverunt. Illuc vero cum pervenirent, et antistites ibidem congregati Adalberonem baculum episcopalem publice portare cognovissent, irati sunt contra eum, et dicebant ut, contra canonicæ rectitudinis regulam, in hæresim lapsus fuisset, et quod pontificalis honorem sublimitatis vivente episcopo sibi plus justo vindicaret, et ideo ultra eum episcopum ordinari non deceret. Quibus ille auditis, prima die synodale colloquium intrare devitavit, et in alia domo cum cæteris clericis episcopi remanebat. Antistes autem cum paucis suis capellanis synodum intravit. Cumque inter se pontifices colloquia habere cœpissent, uniuscujusque rationem per latinitatis locutionem voluerunt terminari; cumque causa sancti Udalrici fuisset ventilanda, et ille, pro infirmitate (55), tam sonora voce ut tota synodus audire potuisset, rationem proferre non posset, advocabatur unus suus clericus nomine Gerhardus, qui extra synodum cum Adalberone remanebat, ut pro eo desiderii sui rationem per latinitatis locutionem manifestaret. Cumque vix, pro densitate multitudinis, in præsentia imperatorum et episcoporum præsens stetisset, interrogabatur quid desideraret dominus suus. Quibus interrogationibus multiplicatis, dixit: « Non debeo interrogationibus vestris respondere pro domino meo, nisi illo præ-

(54) Synodus Ingilunheimensis in causa Adelberonis, an. 972.

cipiente. » Cui dixit episcopus: « Frater, bene tibi notum est desiderium meum, enarra hoc, et obsecra ut eorum consiliis et permissionibus, Deo juvante, expletum fiat. » Tunc præfatus clericus Gerhardus in præsentia omnium dixit: « Excellentissimi imperatores, et religiosissimi antistites, desiderium domini mei est relinquere sæculum, et secundum regulam sancti Benedicti sanctam inire vitam, et in contemplativa vita diem exspectare obitus sui. In indumento pro certo habitus exterioris, potestis cognoscere voluntatem animi interioris. » Istis et aliis rationibus in voluntate domini sui in finem deductis, terra tenus cecidit ante pedes imperatorum et antistitum, obsecrans ut petitionem domini sui secundum Dei voluntatem implere non dedignarentur. Qui simul respondendi inducias usque in crastinum diem postulaverunt, et postea inter se æstimaverunt qualiter causa Adalberonis terminaretur. Quidam vero episcoporum adjutores Adalberonis fuerunt, ne prorsus a spe episcopalis ordinationis, post vitam avunculi sui excluderetur. Hæc cum inter se sermocinarentur, ultima in unum ratione coadunati, omnes simul firmaverunt [quod], nisi Adalbero se sacramento excusaret quod non sciret hæresim manere quia episcopalem potentiam cum baculo arripuit, nullo modo ulterius legaliter episcopus fieri potuisset. Altera vero die cum episcopo etiam Adalbero synodali interfuit colloquio, et, cum ei prædictum crimen imputaretur, multis objectionibus diversorum colloquiorum cum suis adjutoribus a prædicto crimine se defendere statuit. Hoc cum ei adunatio omnium episcoporum non consentiret, secundum præ dictam destinationem episcoporum sacramentum perfecit, per nomen Patris, et Filii, et Spiritus sancti super quatuor Evangelia. Tunc iterum episcopus Udalricus petitionis suæ responsa, quæ pridie procrastinata fuerunt, per prædictum suum clericum expetivit, quia desideravit ut prædictus suus nepos episcopus ordinaretur, et ille, secundum regulam sancti Benedicti, in monasterio cum eorum consensu deservire mereretur. Episcopi autem, quamvis eis ex toto non placeret, aperte ei in synodo contradicere noluere petitionem suam; sed sapientissimi ex ipsis, cum consilio aliorum, extra synodum eum ambulare cum illis postulaverunt, ibique cum eo et cum suis clericis sapientissimis secretam locutionem habuere, dicentes: « Reverende Pater, cui nota est omnium ecclesiasticorum librorum normula, qui semper callem rectitudinis ambulasti non deviando, non decet ut nunc, istam viam quam semper tenuisti omittens, seminarium ex te sumat talis error, ut alius in loco tuo, te vivente, ordinetur; quia, si ex te talis consuetudo incipit perpetrari, in posterum multis reverendis et bonis episcopis, ab eorum nepotibus et clericis talia desiderantibus, multa concrescent adversa. Melius tibi est ut in eo ministerio, in quo cœpisti, Deo servire permaneas, quam, tuam voluntatem sequens, aliis

(55) Agebat annum octuagesimum secundum.

plurimis scandalum facias; quia ex te canonici et monachi et sanctimoniales et cæteri Christiani ad rectitudinis statum debent constringi, qui ex semetipsis per climata cadere festinant. Qui autem incaute ambulando ceciderunt, ex te, Deo juvante, erigi posse sperandi sunt. De nepote autem tuo Adalberone tuæ voluntati satisfaciendo, in commune firmamus ut nullus alius a nobis post tuum discessum, ad illum locum in quo tu pastor existis, eo vivente ordinetur nisi ipse. His consiliis consentiens sanctus episcopus Udalricus, cum eis in synodum regrediebatur, et tunc cum consensu aliorum antistitum, fecit ab imperatore Adalberoni commendari in eorum præsentia, procurationem sui habere, et sub ipso totius episcopatus cautam dispositionem in omnibus adimplere. Taliter vero istis terminatis, finita synodo, episcopus et Adalbero cum suis Augustam revertebantur (56).

XXIV. Prædicta vero synodus in autumnali tempore peracta est; et in antea Paschali tempore adveniente, sancta hebdomada finita, episcopus et Adalbero, amabiliter vocante Rinuvino [Richuvino] comite, Dietpaldi fratris episcopi filio, ad castellum Dilinga nominatum venerunt, ut ibi aliquot dies charitative cum eo et cum femina ejus Hiltegart nominata manerent. Paucis itaque diebus transactis, Adalbero ibi cum phlebotemo sibi phlebotemando sanguinem minui fecit, et postea cum episcopo ad cœnam consedit, et de cœna surgens in lectum se ad requiescendum deposuit. Cumque unusquisque ad suas divertisset mansiones, eadem nocte subitanea morte Adalbero defunctus est, an. 973. Herewingus ejus presbyter, cum ad nuntiandum hoc episcopo cubiculum ejus intraret, episcopus sermonem ejus præveniens, dixit illi: « Ecce Adalbero defunctus est» : Cui ille respondit: «Ideo ego huc intravi ut tibi hoc nuntiarem, nullus alius me præibat ad te, et quomodo hoc scire potuisti? » Cui ille respondit: « Vade, et suscita Riuvinum et omnes qui nobiscum sunt, ut cito præparent vehiculum ut corpus ejus Augustam civitatem ducamus. » Episcopus autem, missis ad Augustam legatis, præcepit ut in ecclesiæ Sanctæ Afræ sepulcrum ejus juxta ipsius sepulcrum præpararetur, quod et sic factum est. Ille autem cum his qui cum ipso erant, imposuit corpus carpento, et antepositis equis Augustam vexit cum frequentia populi. Matricularii autem cum crucibus et aqua benedicta, et cereis et incenso, et cum magna multitudine familiæ cæterique populi appropinquanti occurrerunt, et, honorifice suscipientes, cum congruis orationibus et modulationibus perduxerunt ad locum sepulcri, et ibi, expletis vigiliis et salutaribus pro ejus anima Deo oblatis hostiis, episcopo animam omnipotenti Deo commendante, corpus devotissime sepelierunt. Commendatione autem corporis peracta, et episcopo cum tristitia redeunte, universi fletu et lamentatione et magna mœstitia in suas reversi sunt mansiones, pro eo quod ex nobili genere ortum, et formosum, et grammaticæ artis bene doctum, et in Dei servitio studiosum, et in bonis operibus strenuum, et in eloquentia dulcisona cautum, in donando largum, in adversis aliorum tristem, multarum virtutum opulentia cumulatum, in adjutorio miserorum festinum, multimoda benevolentia ornatum virum, tam cito depositum omiserunt.

XXV. Religiosus autem antistes, misso legato, nuntiavit imperatori obitum prædicti nepotis sui, et abbatiam Utenbura nominatam, quæ ipsi a sua imperiali potentia concessa erat, postulavit sibi donari, non causa avaritiæ, sed ea intentione ut cœnobitis ibidem Deo servientibus deliberationem quam ille eis antea conscriptam et sigillatam ab eodem imperatore donari impetravit, restituere potuisset. Imperator autem per eumdem nuntium abbatiam concessit, et consolationem magnam et multimodam salutem remandavit. Nuntius autem cum reverteretur, invenit episcopum in loco qui dicitur Staphense, et hæc prædicta narravit. Paucis vero diebus postea revolutis, adhuc ipsi in eodem loco manenti per nuntium quemdam, orationis suffragia pro anima imperatoris poscentem, obitus ejus illi annuntiabatur. Inde vero cum ad Augustam rediret, venerunt nepotes sui, Riuvinus comes filius fratris sui Dietpaldi, et Hupaldus comes filius fratris sui Manegoldi, et rogaverunt illum ut pergeret ad oppidum quod nominatur Witeselinga, et illis monstraret ecclesiam ibi sitam, ubi corpora suorum parentum terræ commendata fuerant (de qua ipse sæpe eos antea præmonuit ut eam meliorarent, et eadem corpora in illum concluderent, ne ultra a pluviis domatum infunderentur), ordinare, et quantæ magnitudinis eam facere debuissent. Sanctus vero episcopus, quamvis certissime sciret in proximo manere sequestrationem corporis et animæ suæ, tamen pro divino amore et pro eorum amabilitate, illuc perrexit, et provida ordinatione eamdem ecclesiam super præfata corpora amplificari perdocuit, ibique cum nepotibus suis aliquot diebus moratus est, et inde ad castellum Sunnemotinga [al. Sunnennotinga) nominatum, propter petitionem Manegoldi fratris prædicti Adalberonis, pervenit. Cumque in itinere antequam illuc pervenirent, in campo propter herbam, juxta villam quæ dicitur Gerilehona, castrametati fuissent, cum sol occasui radios suæ lucis inserere cœpisset, venit quidam homo qui dixit Chunradum episcopum certissime defunctum fuisse; et nominavit diem obitus sui, et diem collocationis corporis ejus in sepulcrum. Hac fama audita, clerici et alii comites ejus stupefacti effecti sunt, et statim æstimaverunt nuntium Augustam mittere, ut pro ejus anima solitæ orationes explerentur. Quibus sanctus episcopus blando sermone infit, certissime rei veritatem sciens : « Desistite adhuc nunsequebatur, quod quoniam infra iterum repetitur.

(56) Miraculum quoddam in altero exemplo hic visum omittere.

tium mittere, mane diluculo comperietis qualiter circa episcopum maneat. » Crastina vero die diluculo quidam de Constantia venit, et de obitu episcopi veraciter contradixit, et ejus possibilitatem, secundum suam consuetudinem, esse nuntiavit. Sanctus autem episcopus Udalricus cœptum iter peregit, et ibi, quasi ad convivium vocatus, post expletionem salutaris hostiæ quam quotidie per se, quamvis viribus corporis valde esset destitutus, Deo persolvere satagebat, cum convivantibus quotidie ad mensam sedebat, et nullum corpori cibum exhibuit, nisi micas panis aquæ infusas in os misit, quas etiam sæpissime aquis exspoliatas de ore rejecit, haustibus vero aquæ interdum corpus, cum adhuc ad mensam sederet, reficiebat. Consummatisque ibi rebus pro quibus illuc vocatus est, abire cœpit; altera die ad locum qui dicitur Utluntiga (57) pervenit, et ibi ad se convocatis monachis de monasterio Uttenbura nominato, autumare cum eis et cum suis fidelibus provide cœpit quomodo deliberationem, quam eis antea sicut prædixi ab imperatore impetraverat, restituere potuisset, et dixit eis : « Eligite ex vobis unum ad abbatem, qui in Dei servitio utilis, et vestris necessitatibus possit cautus inveniri. Si illum eligitis qui mihi ad hoc placet, commendabo illi abbatiam usque in præsentiam domini mei imperatoris; sin autem alium nisi mihi placentem eligitis, non illi commendabo. » Qui respondentes dixerunt : « Nominet nobis sanctitas tua hunc qui tuæ dominationi placitus sit ad electionem nostræ unitatis. » Tunc dixit eis : « Rudungum (58) fratrem vestrum ad hoc nominabo ministerium. » Quibus auditis, fratres inducias postulaverunt, donec omnes simul loquerentur si hæc electio cum omnium fratrum consensu fieri potuisset. Cumque in loco destinato collecti fratres colloquia inter se habere cœpissent de præfata electione, quibusdam fratribus placuit, quibusdam displicuit, sed tamen cum consilio amicorum roborati, episcopi voluntati parentes, in unum coadunati Rudungum ad abbatem elegerunt, et, cum eo ad episcopum regredientes, unitatis eorum electionem ei nuntiaverunt. His auditis, episcopus assumpto baculo commendavit abbatiam præfato Rudungo usque in præsentiam imperatoris, qui tunc in imperio patri suo æquivoco successerat, et illum commendavit suis nepotibus et aliis suis fidelibus, ut eum celsitudini imperatoris præsentarent, et, illis cum fide ei juvantibus, ab eo hæc confirmarentur. His ita expletis, propriam sui episcopatus revisitavit sedem.

XXVI. Mœnia autem Augustæ civitatis introgressus, magna tristitia septus est pro morte Adalberonis sui nepotis, et pro obitu imperatoris, cui semper fidem in omnibus servavit, cujus etiam amor pectori ejus firmiter conglutinatus est. Pro requie vero animarum amborum multas eleemosynas largitus est pauperibus, et multas orationes et preces ad Dominum quotidie effudit, ut eis misereri dignaretur. Missarum vero officia quotidie celebrare non desistebat, quoadusque vires corporis subtrahebantur ut nullo modo ultra per se stare potuisset. Ad mensam vero sedebat, et sedentibus cum eo convivium faciebat, et ille quasi jejunus absistebat, et postea, in ecclesia vel in cubiculo suo, dulci cantatione psalmorum, vel auditione sacrarum lectionum recreatus est. Vires vero corporis cum ei ita defecissent ut per se missam cantare non potuisset, quotidie in ecclesiam introductus devotissime eam audire, et interim orationibus intentis insistere non desistebat. Pro certo post missam expletam cum cubiculum intraret, repausationi lectuli se non commendavit ante horam Vespertinam, sed super sedile suum calceatus sedit, et interdum se super pulvillum in dexteram partem reclinavit, interdum ad sinistram, et interdum sedens ad dorsum super posteriora sedilis in quo sedebat reclinavit. Et post expletionem cursus et totius psalterii, legente Gerhardo præposito [forte ecclesiæ cathedralis] sacrorum lectiones librorum audivit, et interdum cum eo inde dulci eloquio fruebatur. Cuidam vero [sic] eloquio inter ipsos finito, præfatus clericus interrogavit eum, dicens : « Habes spem pro ista infirmitate, Domine, obitum tuum tibi imminere? » Cui ille quasi eum increpando respondit : « Quare sic dixisti? non spero, sed certissime cognosco diem obitus mei non post multos dies mihi evenire. » De qua re presbyter contristatus indulgentiam postulavit, et dixit illi : « Domine, quem episcoporum præcipis vocare ad commendationem corporis tui? » Cui ille respondit : « Eo tempore quando anima mea derelictura est hoc corpus, non potestis ullum eorum huc advocare : quia comprovincialis meus Chunradus episcopus tanta infirmitate detentus est ut huc venire non possit, episcopi vero Banvariorum ad regale colloquium ad Franciam sunt congregati. » At ille inquit : « Domine, quid tunc facere debemus? » Cui sanctus episcopus dixit : « Nostis corpus hominis terræ commendare? » At ille ait : « Si talis persona esset super quam commendatio nostra fieri debuisset, timorem inde non haberemus. » Cui episcopus dixit : « Facite de hac re, cum tempus advenerit, sicut optime potestis, Dominus commendatorem corporis mei providebit. » Et his dictis præfatus presbyter iterum lectionis usum assumpsit, et in ea, sicut solitus erat, usque dum sonante signo Vespertinalis laudis hora annuntiabatur. Lectiones vero fuerunt Vitæ Patrum sanctorum, et liber sancti Gregorii quem Dialogorum vocant; cujus ultimus liber disputat multum de his qui de corpore rapti in spiritu multa viderunt, et iterum ad corpus redierunt. Taliter vero conversando formosissime exspectabat diem obitus sui, et interdum in spiritu plurima videbat, de quibus pauca his qui cum eo erant narravit. Interea Werinhario abbati de monasterio Vulta [Fulda] nominato, causa visitationis ad eum venienti, inter alia dixit : « Tu post me hic deberes episcopus fieri,

(57) Al., Ottinga.

(58) Al., Ruodungum.

omnes te elegerunt nisi duo, hi vero duo si aliis concordarent, electio tua sine dubio perfecta fuisset. Et his dictis manus Attelini tunc vicedomini (59), et manus Hiltini camerarii comprehendens, suæ fidelitati commendavit, et cum charitate eum abire permisit.

XXVII. Altera vero vice, quadam die quasi de gravi somno expergefactus, ei assidentibus et hæc audientibus, ait : « Heu ! heu ! quod illum nepotem meum Adalberonem unquam vidi, quia pro eo quod ei secundum desiderium suum consentiebam, nolunt me impunitum in suum recipere consortium! » Et his dictis statim tacuit. Virtus vero corporis de die in diem decrescens, in tantum deficiebat ut ecclesiam intrare nisi a duobus sustentatus non potuisset. Cum vero in die natali sanctorum Marci et Marcelliani, quod est XIV Kal. Julii, ecclesiam introduceretur ut missam audiret, peracta missa, ad sanctam crucem tapetium sibi deponi præcepit, et se super illo prosternebat. Ibi vero cum quasi dimidiam horam jacuisset, surrexit, et camerarium Liutpaldum presbyterum ad se venire fecit, et cunctas suas res quas ille in ministerio habebat in præsentiam sui portare præcepit, et ponere ante altare, nisi unam paraturam domus et mensarum, et unum coopertorium mardrinum ad servitium sui successoris dimisit. Cum vero ante eum posita fuissent, et ille ea conspexisset, dixit : « Quid mihi hæc omnia nunc debuerunt? » Quamvis vero illi plurima viderentur, numerus eorum major non fuit nisi pauca camisalia, et septem vel octo mensalia, et duo sarcilia, et X solidi argenti, quos in manum Gerhardi præpositi commendavit statim ad erogandum pauperibus. Cætera vero omnia disposuit dividi inter clericos ejusdem loci. De vestimentis suis misit Antonio (60) venerando viro, quem ille antea ad Utenburam in Dei nomine inclusit. Cuidam etiam Ruozoni, mobilitate membrorum carenti, nisi de brachiis sursum, cui domicilium in cœmeterio Campidonensis monasterii more lectuli a terra sublevatum ædificatum erat, ut ea quæ ab eo digesta fuerant terra tenus cadendo a domicilio separarentur, vestimenta transmisit; quia antea, cum episcopus in eodem monasterio moraretur, prædictum pauperem per se ipsum sæpe visitavit, et ejus locutionis dulcedinem libenter audivit, quia idem ipse prædictus pauper clauso ostiolo semper in Dei laudibus et orationibus die ac nocte morabatur. O quæ lingua virum tantæ benignitatis enarrare potest, qui, in ultimis positus, tanto spatio interposito, Christum vestire non omisit! pro eo certe quia ei semper aderat qui ab eo sua membra vestiri volebat. His vero prædictis dispensatis, præcepit vicedomino cæterisque quibus voluit suis fidelibus ac ministris, ut in cunctis locis ad suum servitium pertinentibus, cuncta quæ in eis inventa fuissent, in tres partes dividerentur, et tertia pars presbyteris pauperibusque provida dispensatione statim eo vivente donarentur; quod et factum est. Pro certo quamvis corpus gravi infirmitate detentum fuisset, sensus et animus et voluntas occupari non potuerunt, nisi [pro ut non] piis insisterent intentionibus.

XXVIII. Die itaque sancto nativitatis sancti Joannis Baptistæ hora diei prima, quasi repente de somno beatus Udalricus suscitatus, dixit camerariis suis : « Induite me vestimenta mea et calceamenta. » Qui hæsitantes propter magnam ejus infirmitatem, si hæc in exstasi mentis vel incapacitate sensus eis præciperet, implendo tamen præceptum ejus, induerunt eum vestimenta ejus et calceos. Statim autem paratura se missatica indui præcepit; cumque paratus fuisset, perambulavit matricem ecclesiam, et ad ecclesiam Sancti Joannis Baptistæ, quam ipse antea ædificaverat et in honore ejus consecraverat, pervenit, ibique missam (61), quam anniversariis solemnitatibus mane diluculo consueverat cantare, potenter et caute explevit; illaque finita, statim publicam missam iniit, et devotissime Deo juvante peregit. Ambas missas cum stando sine adjutorio aliorum, cum benedictionibus decenter ad finem perduceret, consedebat, et astantibus sibi clericis dicebat : « Hæc mysteria quæ nunc Deo donante peregi, ex possibilitate corporis mei non assumpsi, sed ex præcepto ; hodie enim, cum in lecto quasi sopitus somno jacerem, steterunt coram lectulo meo duo viri juvenes formosissimi aspectu, e quibus mihi unus dicebat : « Quare non surges, debes enim hodie ad Sanctum « Joannem Baptistam missam celebrare. » Cui alter respondit : « Quomodo potest hoc fieri, quia pro impos- « sibilitate corporis. Primam adhuc non explevit? » At ille qui antea locutus est ad me dicit : « Surge et se- « cundum meum sermonem Dei mysterium in præfata « ecclesia implere festina, quia hodie præter te nullus « alius ibi missam cantabit. » His vero dictis ad cubiculum regressus est. Cumque diem obitus sui devota mente et læto animo et secundum verba psalmographi David dicentis : *Quemadmodum desiderat cervus ad fontes aquarum; ita desiderat anima mea ad te Deus* (Psal. XLI), exspectaret ; quamvis verbis non dixisset, factis tamen manifestavit quod de hoc sæculo se migraturum esse in vigilia apostolorum Petri et Pauli putavit : Eadem die, antequam vespertinalis laus inciperet, et cum a custodibus omnes simul campanæ ad sonandum moverentur, balneatus et paratura quam ad obitum suum conservatam habuit indutus, se quasi defuncturum deposuit. Finita autem Vespertinali laude, aliis juvantibus se a terra levavit, et quasi secreto dixit : « O sancte Petre, nunc non fecisti sicut ego æstimavi! » Et quasi animo aliguit; ibi glossa œconomum interpretatur.

(59) Vincentius Borg. de eccl. Florent. observavit vicedominos ante an. 1000 fere ex clero fuisse, eam dignitatem post ad laicos transiisse. Onuph. de vocibus ecclesiasticis obscuris, ait etiam majores domus appellatos. Verum Distinct. 89, capitul. *Volumus* Gregor. vicedominum a majore domo distin-

(60) *Al.*, Hattoni, quod probat Welserus.
(61) Antiquitus tres missæ celebrabantur in festivitate S. Joan. Baptistæ : una scilicet in vigilia, reliquæ duæ in die. Vid. Albinum, et Amalarium, lib. III, c. 38.

quantum de hac re mente consternatus manebat. Præfatus autem presbyter Gerhardus dixit ad eum : « Domine, noli contristari, sed recordare quia aliis sanctis episcopis similiter contigit ; uni enim dictum est : Circa natale apostolorum de hoc sæculo ad requiem es perducturus ; is cum speraret se in natale apostolorum obiisse, induciæ ei prolongabantur usque in octavum diem, et tunc defunctus est. Cassio Narniensi episcopo, per quemdam presbyterum ab angelo flagellatum dictum est : Non cesset manus tua, non cesset pes tuus, age quod agis, operare quod operaris, natali apostolorum venies ad me. » Episcopus autem, æstimans in solemnitate apostolorum, quæ tunc proxima erat, sibi obitum suum imminere, in quibuscunque potuit ad depositionem corporis sui præparare se studuit. Solemnitate itaque adveniente, sanus permanebat et incolumis, et sic mansit, donec curricula septem annorum præterirent, et tunc in eodem die, sicut ei dictum est, multis bonis præmissis, et sacro ministerio expleto, feliciter migravit a sæculo. » His auditis, sanctus episcopus vera esse recordatus est, et respondit ei, dicens: « Bene dixisti, frater, » et relevatus mente bono animo manebat, et cum eo manentibus dulcem et commodum se exhibebat : nullum objurgans, nullum increpans, nulli iratus, nulli molestus, nulli adversus, nullum verbum alicujus lamentationis ab eo audiebatur, sed bona omnia quæ tunc potuit, præsentibus et absentibus fecit. Nemini indulgentiam negavit, gratia suæ benedictionis omnes consignavit. Prædictus vero Richwinus comes, nepos ejus, adhuc de regali locutione non revertebatur. De quo interdum dicebat : « O Richwine, utinam me vivente venires ut te viderem ! » Eo anno solemnitas apostolorum Petri et Pauli Dominica die eveniebat, de qua optimis moribus, sicut prædixi, exspectabat, donec dies quintæ feriæ pertransisset; in illa nocte, antequam aurora sextæ feriæ bene cognosci potuisset, asperso cinere in modum crucis, et aqua benedicta aspersa, se deponi fecit, et sic jacebat usque dum aurora cunctam latitudinem orbis illuminaret. Tunc Richwinus de palatio rediens intravit, et legationem imperatoris eo audiente recitavit. Eo scilicet viso legationeque audita, oculos levans secundum suam possibilitatem gratias agebat Deo omnipotenti qui, secundum dicta David prophetæ : *Voluntatem timentium se faciet*, etc. (*Psal.* cxliv.) Richwino autem exeunte, statim eadem hora clericis litaniam devote canentibus animam Deo commendans, anno incarnationis Domini nostri Jesu Christi 973, ætatis lxxxiii, ordinationis autem l, quarto die Julii, iv Non. ejusdem mensis, die Veneris, felici obitu quasi somno suavi soporatus, ergastulo corporis exemptus, migravit ad requiem. Pro certo sanctum corpus cum ad lavandum more solito denudatum fuisset, suavi odoris fragrantia nares omnium ibi manentium replevit, et tandiu permansit quoadusque corpus lavatum prædestinatisque vestibus indutum, et feretro impositum, in ecclesiam portaretur. Clerus nempe cum audiret quod episcopi Bauvariorum de prædicto colloquio redirent ad suam provinciam, misso legato, voluerunt archiepiscopum Fredericum ad commendationem sacri corporis vocare : cumque ad illum nuntius veniret, invenit eum tanta infirmitate febrium detentum, ut nullo modo advenire potuisset. Misso autem cum tristitia inde revertente, audivit quod venerandus episcopus Wolfgangus ad locum qui dicitur Nordilingga venire voluisset; in occursum ejus festinavit. Ad eum certe cum perveniret, salutatus ab eo audivit quod Augustam civitatem pergere voluisset, visitare sanctum Dei servum Udalricum in infirmitate detentum. Cui ille respondit : « Dominus sanctitati tuæ præcepit visitare eum, et ego ad hoc veni ut nuntiarem tibi quia defunctus est, et de omni congregatione ibi Deo militante te flagitare, ut festine venires et sanctum corpus Deo commendares. » Quo audito, sanctus episcopus magna mœstitia septus est; in eadem nocte diluculo surrexit, et ad Augustam pergere cœpit. In itinere vero cum cognovisset quod ad congruum tempus illuc pervenire non valeret, præmisso eodem legato, nuntiavit adventum ejus. Interim vero corpus in ecclesia sanctæ Mariæ a congregatione die noctuque cum orationibus et missarum celebrationibus, caute et devote custodiebatur usque in diem Dominicam. Die vero Dominica post primam missam pro ejus anima celebratam, congregato clero et sanctimonialium congregatione adveniente, et magna de provinciis multitudine populi, presbyteri levaverunt corpus, et ad Sanctam Afram ubi antea sepulcrum ejus præparatum fuerat, portare cœperunt. Cumque venirent ad collem qui dicitur Pereleich [*al.*, Perelich], præfatus nuntius venit, et adventum Wolfgangi episcopi nuntiavit. Illi autem perducentes corpus in ecclesiam sanctæ Afræ, et item missam sacrificalem cum omni devotione pro requie ejus animæ celebraverunt. Episcopus vero cum adhuc non veniret, et hora diei non tardaret, nisi tempus celebrationis publici Dei ministerii immineret, et hoc cum omni devotione a congregatione clericorum perficeretur, venit præfatus episcopus, qui cum honorifice susceptus fuisset, et orationi finem imposuisset, salutatis a se fratribus dixit : « Quid vobis videtur an hodie sacrum corpus commendamus, vel ad alterum diem procrastinemus ? » Cui fratres respondentes, dixerunt : « Si tuæ sanctitati placet, nobis bonum videtur si omnibus, qui nunc hic in præsentia sunt, annuntietur ut mane congrua hora huc ad commendationem sacri corporis conveniant, et a te salutaris hostiæ munus nobis sacrificantibus pro requie ejus animæ Deo offeratur, quia congrua hora præterita est, et tu es magna lassitudine septus. » Quibus auditis, episcopus consilio eorum libentissime assensum præbens, alterum diem exspectavit. Ea vero nocte Hiltegart, uxor præfati Richwini comitis, quamvis nupta, tamen satis religiosa, venit, camisaleque cera perfusum attulit, et sublimissimos clericos petiit ut sacro corpori caute secreto circumdaretur, ne sacerdotalis paratura, qua indutus erat, cito a terra consummaretur, quia ipse adhuc vivens præcepit ne tabulatum lignum corpori ejus supposuissent, sed puræ terræ imponerent, et ligneo operculo cooperirent: qui secundum ejus petitionem camisale corpori sacro circumdederunt. Mane autem facto, magna multitudine populi adveniente, et clericis sanctimonialibusque ibidem Deo militantibus congregatis, sed et de provinciis multis, sacris officiis utentibus adjunctis, antistes, cunctis pro ejus anima sacrificantibus, magna contritione cordis et humiliatione salutarem obtulit hostiam Deo, insuper etiam publica missa expleta, omnes in commune sobrio et cauto sermone admonuit, ut pro illa sancta anima intima intentione cordis devote exorarent, ut ab omni vinculo delictorum absoluta, Deo donante, perenni gaudio in ævum cum sanctis et electis Dei perfrui mereretur. Oratione autem secundum verbum ejus ab omnibus peracta, episcopus corpus sepelivit, et animam omnipotenti Deo devotissime cum lacrymis commendavit. Ministri autem, sicut prædictum est, operculo ligneo corpus cooperuerunt, et super hoc gradibus murati sepulcri densum ligneum tabulatum superposuerunt, in superficie autem terræ cum lapidibus conjunctis firmiter clauserunt. His ita peractis, episcopus ad Augustam causa orationis perrexit. Orationibus multipliciter consummatis, a fratribus per charitatem rogatus, paraturam missaticam, quæ fuit sancti Udalrici, quarum opulentia ille vivens abundabat, propter ejus sanctitatem suscepit: et honorifice, sicut optime dignus erat, dimissus, Deo comite ad propria reversus est.

XXVIII. post obitum sancti Udalrici episcopi, Heinricus filius Purchardi comitis successor ejus effectus est, non provide in ovile ovium intrando, sed aliunde ascendendo, quia Purchardo duce Alamannorum, qui filiam materteræ ejus habuit uxorem, et aliis plurimis, sed et quibusdam militibus, qui ab eo beneficia sua augeri astuta arte cupiebant, consiliantibus, subtili cœpit consilio æstimare qualiter prædictum locum sibi potuisset usurpare; quamvis in ejus scientiam deveniret, quod Werinharius abbas in quadam invisibili carnalibus oculis congregatione, ubi sanctus Udalricus in exstasi mentis adjunctus, audivit: Si duo aliis concordarent, ab omni illa congregatione ad hoc ministerium fuisset destinatus, ut ejus successor efficeretur, sicuti antea prædixi. Quidam clerici, advocato et aliis quibusdam militibus de eodem episcopatu secum comitantibus, ad curtem imperatoris baculum episcopalem ferendo iter agere cœperunt. Cumque ad Wormacensem civitatem ad monasterium sancti Cyriaci venirent, invenerunt ibi Purchardum ducem cum uxore sua in infirmitate occupatum. Cumque ei indicarent studium itineris sui, quibusdam machinationibus callida ratione ab eo illusi sunt; quia dixit eis imperatorem his diebus prope in ultimis finibus regni ejus morari, et in ea via quam pergere debuerunt, omnia supra modum cara, et herbam undique in defensione manere, et ideo semetipsos et eorum caballos nulla commoditate posse sustentari. Non post multos dies imperator noster vult regale colloquium habere ad locum qui dicitur Erinstein, illuc facile potestis ire, ideo revertimini nunc, et quando meus certus nuntius vobis prædictæ locutionis diem nuntiaturus advenerit, illuc venire ne dubitetis; ibi enim me invenietis firmum vobis fore adjutorem, et in electione episcopali sine ambiguitate me sciatis vobis concordari. His verbis auditis, vera esse æstimantes, et consiliis ejus consentientes, reversi sunt. Non post multum vero temporis nuntius ducis venit, et regale colloquium in prædicto loco manere indicavit, eosque illuc venire admonuit. Qui statim aliis fratribus secum sumptis, ad præfatum locum pergere festinaverunt. Cumque appropinquassent ad locum qui ad Balneos nominatur, quidam nuntius eis obvius dixit: « Henricus filius Purchardi quem imperator cum suis fidelibus, et dux Purchardus ad Augustam antistitem esse decreverunt, nunc cito occurret vobis. » Hac ratione audita, contristati fratres eo quod de prædicta electione episcopi privari debuerunt, ultra non sunt progressi, sed revertentes in loco opportuno exspectaverunt, usque dum præfatum Heinricum inde comitarentur. Eo statim die, cum ad castra venirent milites qui de duce Purchardo cum Heinrico venerunt, adjunctos sibi clericos rogare cœperunt, ut Heinricum in commune episcopum esse comprobarent in eodem loco. Qui inducias petierunt, usque in communi capitulo, domi cuncti fratres in unum se coadunarent. Cumque milites hoc refutarent, et longa inter se locutione contenderent, reversi ad Heinricum, cum quibusdam clericis elegerunt eum super se esse episcopum; quidam vero eum non eligentes, ad Augustam pervenerunt ad cæteros fratres. Cumque ad Augustam pervenirent sic sequestrati in electione ejus, venit quidam comes, Wolveradus nomine, cum aliis quibusdam hominibus quasi legationem ab imperatore ferendo ad congregationem, dicens: « Imperator demandavit vobis gratiam et misericordiam et omnia bona, et postulavit ut istum dominum Heinricum, quem ille cum suis fidelibus decrevit in isto loco esse pastorem, ut et vos ob amorem sui antistitem vobis eligere unanimiter non renuatis. » Legatio autem hæc fraudulenti consilio composita erat. Cui respondentes dixerunt: « Veniat ille cum vobis ad capitulum nostrum ad audiendum responsa nostra. » Cumque vix obtinuissent in capitulo intrarent, legebant lectiones canonicas de electione antistitum. Præfatus Heinricus, cum audisset de lectionibus in præsentia recitatis quod in potestate esset canonicorum eum eligere vel refutare, cum venia humiliter postulavit ut eum episcopum eligere non dedignarentur, promittens eis, si ejus postulationi consentirent, in posterum omnigenæ commoditatis impensionem. Qui ejus promissionibus credentes, quidam vero sponte, quidam vero dissensiones vitando, omnes tamen in commune decreverunt cum esse episcopum. Haec vero electio cum in ecclesia militibus et familiae nota facta fuisset, resonantibus campanis ab omnibus confirmabatur. Tunc demum praefatus Heinricus, assumptis quibusdam canonicis, perrexit ad imperatorem, et in praesentia ejus aliorum testimonio roboratus de electione ejus nuntiavit, humiliter flagitans ut a celsitudine ejus imperialis potestatis pontificium praenominatum ei concederetur. Imperator autem ejus petitioni non contradixit, neque continuo adimplevit, sed promisit ut post quinque dies in solemnitate sancti Mauritii ejus petitioni assensum praeberet, sicut et fecit. Postea vero statuto tempore ad Maguntiam venit, et a Rudperto archiepiscopo et suis suffraganeis benedictionem episcopalem accepit. His vero temporibus Otto filius Luitolfi, filii Ottonis imperatoris, dux fuit Alamannorum, et Heinricus, filius Heinrici fratris ejusdem imperatoris, dux Bauvariorum erat: qui, quamvis ex vicina propinquitate charitate conjuncti fore debuissent, ex machinatione male suadentis Satanae invidias et dissensiones inter se exercere coeperunt. Heinricus itaque episcopus aequivoco suo duci aptior mansit in omnibus, et ipsius consiliis plus consentiens quam Ottoni duci, quamvis civitas Augusta in suo ducatu sita maneret. Pro hac vero re Otto dux contra eum iratus esse coepit, et cum fidelibus suis consiliari ut ei, in quibuscunque potuisset, adversaretur; quod et fecit. Insuper episcopus quibusdam militibus nepotibus sancti episcopi Udalrici, Manegoldo et Hulpaldo, voluit beneficia abstrahere, propter quorumdam consilia, sine illorum reatu. Ipsi autem, quia episcopo sancto Udalrico adhuc vivente ab eo missi saepe in auxilio imperatoris cum herili multitudine militum venerunt, et in ejus servitio voluntatem ejus strenue in omnibus adimplentes, tandiu permanserunt usque cum illius gratia muneribus honorati redire dimissi sunt. Regina etiam profitebatur eorum se esse propinquam; ideo beneficia accepta episcopo contradixerunt et in eorum potestate, eo nolente, tenuerunt. Episcopus itaque his et aliis multis adversis fatigatus, tristis effectus est. Quodam tempore cum imperator Otto gentem Sclavorum cum exercitu invadere voluisset, et Otto, qui tunc dux erat Alamannorum et Bauvariorum, Heinrico deposito, in adjutorium ejus venire cum Alamannis et Noricis paratus esset, Heinricusque episcopus ire se cum illo promitteret, exspectavit cum suis militibus donec recederet exercitus, et, sicut antea consiliati sunt, occupavit cum militibus suis civitates quas potuit, et ipse in Nuwingburg intravit. Henricus autem, qui antea dux fuit, Pazonam civitatem intravit, ea ratione ut Ottone cum exercitu recedente, provinciam sibi adjutorio nepotis sui episcopi subjugaret. Hoc itaque consilium cum Ottoni duci notum factum fuisset, reversus est cum exercitu ambarum provinciarum, et obsedit eum in praefata civitate, Pazova. Imperator autem Otto, cum Dei clementia liberatus a Sclavis, venit post eum ad eamdem civitatem in obsidionem ejus. Cumque obsidione finita et carinula mitigata, imperator ad Saxoniam reverteretur, postea statuto tempore Heinricus filius Heinrici, et aequivocus ejus filius Perhtolfi ad colloquium imperatoris vocati sunt, cum quibus etiam Heinricus episcopus ad imperatorem se ad excusandum de praedicto reatu venit, ut restitutus gratiae ejus ad propria redire mereretur. Peracto itaque colloquio, Heinricus et aequivocus ejus in exsilium missi sunt. Heinricus autem episcopus ad Vurdinam ubi sanctus requiescit Luitgerus, abbati ad custodiendum commendatus est. Cumque ibi de Pascha usque post nativitatem sancti Joannis Baptistae cum magna cautela custodiretur, factum est imperiale colloquium in oppido quod dicitur Trulmanna. Illuc venerunt duo presbyteri Gerhardus et Anamotus de Augusta, et, cum interventu Ottonis ducis et episcoporum ibi inventorum, supplicaverunt non solum de semetipsis, sed de omnibus clericis et laicis in eodem episcopatu habitantibus, ne diu episcopali custodia privarentur. Imperator autem petitioni Ottonis ducis et aliorum suorum fidelium praelatorumque clericorum satisfaciens, episcopum de exsilio reduci praecepit, et in praesentia sua, iterato fidelitatis suae sacramento, cum gratia sua ad episcopatum suum redire concessit. Restitutus autem in suum locum episcopus tractare in animo suo coepit pro quibus reatibus ei tam diversa adversa sic frequenter accidissent, qui a duce multipliciter plus quam antecessores sui injuriabatur; et quia principes militum beneficia sua contra voluntatem ejus habere praesumebant, et electissimi de paterna sua familia ministratores diverso modo repente interierant, secreto a familiaribus clericis interrogavit, si sanctus Udalricus de Werenhario abbate diceret, ut successor ejus fieri deberet, sicuti ei antea dictum est. Cumque in veritate verum esse cognovisset, quod antea credere noluit, expavit se vehementer, sed publice non manifestavit; pro eo plus expavit, quia tunc frequenter signa magna et mirabilia ad sepulcrum sancti Udalrici episcopi, Deo concedente, fiebant. Tunc demum in meliora multipliciter mutatus, cum Deo se pacificare conatus est, et matricem ecclesiam novo tecto cooperire praecepit, et super Licum fluvium ad Sanctam Afram pontem composuit. Et, ut nullus ex familia de ponte telonium aut ullam redhibitionem acciperet, praecepit, sed in eleemosynam ejus quicunque voluissent sine contradictione et occupatione pergerent. Postea autem Romam et limina sanctorum apostolorum Petri et Pauli pro remissione delictorum suorum visitavit. Et antea quam illuc pergere coepisset, proprietatem quam pater suus Purchardus in Geisinhausa habere visus est, et quam Etichoni fideli suo sub testimonio contradidit, ea videlicet ratione ut eam illuc firmiter transfunderet, ubi eum filius ejus Heinricus episcopus rogaret, tunc pro certo Ethich postulante episcopo tradidit cum manu ejus praefatam proprietatem legitime, secundum legem Noricorum, sanctae Mariae super altare ejus in

Augusta civitate situm, et super capsam deauratam lapidibusque inclusis decoratam, cum ecclesia et totis ædificiis, cum agris, pratis, pascuis, molendinis, aquis aquarumque decursibus, viis et inviis, civitatibus, sylvis, tonsis et intonsis, quæsitis et adhuc inquirendis, et cum familia et cum omnibus ad eamdem proprietatem jure pertinentibus, nisi xx hubas extra traditionem dimisit; et eas servituti sancti Magni ad Fauces decrevit; canonicisque placitavit, ut potestatem haberent, si vellent, easdem hubas xx cum x in ista provincia in bono loco sitis hubis concambire, in manum Werinharii advocati, et in manum Gerhardi præpositi, pro remedio animæ suæ, et patris matrisque suæ et materteræ suæ cæterorumque propinquorum et parentum suorum, in eam placitationem, ut in jure et potestate canonicorum perpetualiter in oblatione permaneat, salvo in omnibus eorum quotidiano stipendio; et ut ipsi, pro requie ejus animæ, annis singulis ante anniversarium diem ad horam vespertinam vigiliam plenam de voce celebrent, et in anniversario die iterum vigiliam expleant, et celebrata missa altaris, hostiæ oblationem omnes in commune Deo offerant, et insuper centum pauperes sufficienti stipendio edendi et bibendi procurent, et ex eis duodecim vestiant, in uno anno laneis vestimentis, et in altero anno laxeis induant, et caligas calceamentaque præbeant. Si autem aliquis successor [*al.*, *meus, et sic postea*] ejus antistes hanc placitationem irrumpere tentaverit, et prædictam proprietatem canonicis auferendo in suam utilitatem aliquo modo redigere conatus fuerit, et ita ratione ei comperta statim non restituerit, hæredes ejus legitimi liberam habeant potestatem tres ponere super altare denarios, et eamdem proprietatem inde redimere et in jus proprium possidere omnibus in futurum generationibus.

Actum Augusta, in ecclesia sanctæ Dei Genitricis Mariæ ante altare, episcopo Heinrico perpetrante, in præsentia canonicorum, coram frequentia populi et coram testibus subnotatis.

Signum Etih qui hanc traditionem fecit. Signum Adalbero. Signum Jagob. S. Marahuurat. S. Willehalm. S. Hunurid. S. Engilmar. S. Wezzi. S. Pilgirim. S. Gundachar. S. Cadolt. Isti de provincia Noricorum (62).

Isti autem de provincia Alamannorum. Signum Werenhere advocatus qui hanc traditionem cum manu Gerhardi præpositi accepit. S. Histipold. S. Gotebold. S. Reginhar. S. Suidger. S. Aribo. S. Vrolf. Anno incarnationis Domini nostri Jesu Christi nongentesimo octogesimo, indictione VIII, IV Nonas Octob., et xx (63) die Jovis. Ego igitur Gerhardus indignus presbyter notavi diem et annum. His

(62) Aliud exemplar hæc nomina habet : *Etich, Adalbero, Jacob, Marahunart, Willichalm, Hunfrid, Engilmar, Wezzi, Pilegrim, Gundechar, Cadolt, Weinhere. Gerhardi, Hittebold, Gotebold, Reginhar,*

ita, sicut prædixi, expletis, Romam perrexit et votis suis peractis sanus ad propria venit. Adhuc autem intus magna angustia mentis angebat, pro eo quod a duce Ottone, quamvis exterius pacificati essent, plus cogebatur quam antecessores sui ei servitium facere de rebus Sanctæ Mariæ; et pro eo quod quidam milites beneficia ecclesiastica ad illius potestatem jure pertinentia contra ejus voluntatem possidebant. Quia ille ex nobilibus parentibus ortus est, et grammaticæ artis aliorumque librorum magnam scientiam habebat, suavique colloquio et bene sonante loquela valde congrue exuberabat, in sanctis solemnitatibus, in Dei servitio et in prædicatione studiosus fuit. Herili servitio ad mensam suam utebatur, et cum eo manentibus copiam manducandi atque bibendi hilari vultu et placida mente porrexit. Familiæ autem plus justo sævior exstitit, eorum jus tollendo, et in quibusdam locis novum censum creando. Tunc demum cognoscebat quod prælibata adversa, nisi Deo adjuvante et imperialis celsitudinis gratia machinante, superare non potuit, et toto nisu servitio imperatoris se innectere studuit, ut acquisitione ejus gratiæ omnes contrarietates ei ab aliis undique imminentes, cum ejus præsentia et cum ejus præceptis mitigarentur. Ideo igitur sæpius cum imperialibus muneribus eum visitavit, et drudes [*al.*, *gratos, al., consiliarios*] suos donis congruis sibi complacare satagebat, et insuper hostilia itinera cum eo pergebat, taliter sicut ei optime æstimabat placere. Anno itaque Domini nostri Jesu Christi 983, imperator cum exercitu Calabriam provinciam adiit; illuc etiam episcopus Heinricus cum eo pervenit : cumque ibi pugna cum Sarracenis ageretur, plurimis ibi ex utraque parte occissis, heu dolor! sive captus, sive occissus, etiam ibi remansit. Supra modum est lamentandum perditio ejus, quia locus ejus a clericis suis, et propinquis et cognatis et amicis inveniri et visitari non potest. Periculosum est valde decretum Dei per suos sanctos revelatum supergredi et prophetias spernere, dicente Scriptura : *Spiritum nolite exstinguere, prophetias nolite spernere* (*I Thess. v*). Werrenharius autem postea ab imperatore interrogatus si episcopatum accipere vellet, sicut sanctus Udalricus antea decrevit, qui cum adhuc esset sanus et incolumis, respondit se ultra hunc episcopatum non velle accipere. Post contradictionem autem episcopatus, ita ministris ejus comperi, paucis horis interpositis, infirmari cœpit et ad Luggam vitam finivit, et corpus ejus portatum est usque ad sanctum Domnum, et honorifice est sepultum. Otto autem dux etiam ad Luggam defunctus est, et a suis super montana portatus, et usque ad Aschaffenburg perductus, cum magno honore et nimia lamentatione ibi terræ commendatus est.

Suidger, Arebo, Vrolf. Dies et annus non est ascriptus. Sed et hæ appellationes inversæ sunt; isti de provincia Alamannorum, isti autem de Noricorum.

(63) Et xx videtur delendum.

MIRACULA S. UDALRICI.

I. Post commendationem pretiosi thesauri sacri corporis Udalrici, tapetium sepulcro superponebatur et assiduum lumen appositum sine intermissione ardebat. Quidam autem custodum ardentem cereum incaute posuit juxta sepulcrum; quo recedente, cereus cecidit in transversum super apetium sepulcri, et ardens permansit donec illa pars cerei quæ super tapetium jacebat ab igne consumebatur; et cum anteriori parte tapetii quæ sepulcro eminebat conjunctus arderet, et flammam sursum per tapetium emitteret, custos advenit, et hoc videns tremefactus obstupuit, et quod adhuc remanebat de cereo timens abstulit, tapetiumque sollicite inspexit si ab igne aliquid læderetur, vestigium ignis de minimis micis cereis invenit, unum vero pilum in superficie et in latere sepulcri in tapetio exustum invenire non potuit. Hoc miraculum cum magistro suo et fratribus nuntiaret, et vestigium cerei monstraret, et tamen tapetium illæsum ostenderet, admiratione et gaudio repleti Deum omnes glorificaverunt et sanctum Udalricum.

II. Quamvis adhuc nullum inibi aperte fieri miraculum comperiretur, utriusque sexus familiæ multitudo jugiter pavimento prostrata, positioni sancti corporis adjuncta, necessitatis suæ suffragia precabatur, deprehendensque ei multa omnigenæ commoditatis auxilia inde evenire, frequentius eumdem cœpit visitare locum. Itaque cum ab assiduitate visitantium, Domino concedente, plurimis ille commendaretur locus, venit quidam homo de provincia Noricorum, nomine Reginwalechi, qui integro anno febre fatigatus ad nimiam infirmitatem deductus, ad Wicfredum præpositum ejusdem loci venit, interrogans eum si aliquod liberationis suæ medicamentum ei indicare potuisset. Qui respondens, dixit : « Vade et acquire tibi baculum, et porta eum ad sepulcrum domini mei sancti Udalrici pro sospitate sua. » Qui ambulans inde concidit sibi baculum de ligno bidullaneo, et portavit eum ad præfatum præpositum. Qui ambulans cum eo duxit eum ad sanctum sepulcrum, et monstravit ei baculum ponere super illud. Oratione etiam clericorum fretus, et doctrina eorum in fide confortatus, eadem hora a febre liberatus, sanitati manifeste redditus est.

Eodem vero tempore in istis regionibus incredibilis multitudo populorum febribus fatigabatur. Qui cum audirent præfatum hominem ad sanctum sepulcrum, sicut prædixi, fuisse liberatum, quidam cum baculis, quidam etiam additis aliis oblationibus festinaverunt pro sanitate sua sanctum visitare sepulcrum. Qui omnes, undecunque venirent, celeriter sanitati restituebantur.

III. Quidam de familia sanctæ Mariæ, Hisenhart [*al.*, Isenhart] nomine, unum de baculis qui ad sepulcrum de infirmis portabantur, tulit, et eum in manu portando, inde ambulare cœpit : cumque ad collem qui dicitur Perileich veniret, a febre acriter fatigari cœpit. Tunc præsentiens pro quo reatu infirmitati concederetur, regressus ad sepulcrum, baculum restituit in locum ubi eum tulit, votumque fecit ut ultra nullum inde auferre præsumeret, votoque peracto a febre dimissus est.

IV. De congregatione Sanctæ Afræ presbyter unus, Adelger nominatus, tulit de sepulcro duos bacellos speciosos ad videndum, et aptos in manibus adportandum; et sui obliviscens portavit eos in domum suam, illique cum sedisset, invasit eum oscitatio crebra et obripilatio cutis maxima, et omnia membra tædio occupata sunt; ita ut virtutem sedendi, neque ambulandi, nec saltem jacendi apte non potuisset habere. Qui intra semetipsum æstimare cœpit pro qua re tam subita solutione membrorum gravaretur; et surgens venit ad Wicfredum præpositum, et nuntiavit illi eventum rei. Cui ille dixit : « Tu ne istos bacellos de sancto sepulcro tulisti ? » Qui dixit : « Ita feci » « Festina, inquit ille, reponere eos in locum suum. » Hoc cum factum fuisset, omni incommoditate corporis fugata, presbyter confestim sanitati pristinæ restitutus est.

V. Quicunque etiam de multitudine vulgi de apportatis baculis in manus suas acceperunt, ut inter sacra mysteria se super eos inclinarent, et facilius finem mysterii exspectarent, repentina invasione febris quassati sunt, compertaque causa eventus, rejectis baculis eadem hora liberati sunt.

VI. His casibus divulgatis, et in notitiam undique omnium deductis, nullus præsumebat vel minimum bacellum sine licentia inde auferre; et ideo tanta multitudo baculorum excrevit, ut facile dinumerari non potuisset, nec sine impedimento in angulis ecclesiæ collocari. Unde factum est ut super trabes ejusdem ecclesiæ, ubi sepulcrum situm est, ponerentur. Mansionarii itaque, præcipiente eorum magistro, frequenter eos ad focum portant, et eis ardentibus ceram ad mollitiem redigunt ad candelas multiplicandas ad servitium Dei. Super trabes tamen plurimi semper remanebunt, et hi qui eos conspiciunt, non putant numerum eorum in aliquo minorari. Sustentacula eorum qui, gratia Dei concedente, per merita sancti Udalrici a diversis infirmitatibus ibi sunt liberati, plurima pendent, et aliorum analogiæ secundum membra diversa infirmantium figuratæ etiam plurimæ ibi videri possunt. Vehicula etiam eorum qui carris superpositi multimoda debilitate membrorum manci illuc veniebant, et in omnibus membris perfecta sanitate donabantur, relictis ibi carris cum tuguriis, pedestri itinere læti redierunt, ante fores ecclesiæ conspici possunt.

VII. Cujusdam vero mulieris filia in brachio in totum debilis facta in pago Geltenstein, cui quadam nocte in somnis dictum est : « Quare filiam tuam cum lucerna non producis ad sepulcrum sancti Udalrici pro sanitate sua? » Quæ expergefacta somnium nuntiavit filiæ suæ, et ut celerius potuit eam illuc cum candela perduxit, et perfecta sanitate recepta, eam inde lætam ad propriam possessionem revexit.

VIII. De eodem vero pago de oppidulo Toningewe vocato, quidam homo cui aures clausæ sunt ut nihil audire potuisset, et lingua ligata, ita ut nunquam ullum verbum proferre potuisset, ad sepulcrum sancti Udalrici a fratribus suis deductus est, et ibi prostratus diu jacuit lacrymas fundendo; elevatus autem a fratribus per altaria deductus est. Cumque ambulare cœpisset, et perveniret ante altare sancti Donati, quod est situm ad occidentalem partem ecclesiæ, audivit sonitum canentium in choro clericorum, et infirma adhuc voce dixit fratribus suis : « Ecce audio et loqui possum. » Qui cum peracto Dei ministerio hæc clericis annuntiarent, et ipsi veraciter hæc ita esse cognoscerent, campanas sonare fecerunt, et ipsi in commune Deum laudare cœperunt, laudationeque finita cum perfecta loquela et integro auditu donatus præfatus infirmus abire promeruit.

IX. Ex familia episcopi Heinrici similarius quidam, Luitnotus nominatus, reatu proprio gratiam domini sui perdidit, pro eo quod farra per loca episcopi sibi commendata magna incautela dissipavit. Qui cum a ministris episcopi vehementer territus maximum timorem incideret, ad sepulcrum sancti Udalrici pro liberatione imminentis angustiæ nudis pedibus accessit, et ibi diu cum lacrymis adjutorium ejus postulavit. Inde autem cum reverteretur, paucis diebus interpositis, facilius quam credere potuisset, gratiam sui domini recepit. Deinde in auxilium ejus firmiter ubique confidens, in recreatione sua pro amore ejus frequenter bibebat, et alios bibere postulare consuevit.

X. Idem Luitnotus quadam die ad domum Razonis [al., Rasonis], qui tunc potens minister episcopi fuit, in oppido Pobingga venit, et ibi cum eo prandium sumpsit. Qui cum saturatus abire voluisset, præfatus Razo cogebat eum plus ad bibendum. Cujus petitioni ille contradicere non audebat, sed vas quod illi porrigebatur accepit, dicendo : « Istam siceram bibere pro charitate sancti Udalrici, per cujus adjutorium de maximis angustiis liberatus sum, volo. » Cumque poculum hausisset, et vas cum manu deorsum verteret, dixit : « Cum ista charitate signatus, certus sum quia nullius adversitatis pravitas mihi hodie poterit nocere, sed neque gladius corpus meum vulnerare. » Cui Razo dixit : « Da mihi digitum tuum, ut videam si cultellus meus tuum possit vulnerare membrum. » Qui statim magna fide digitum suum ei porrigebat. Ipse autem apprehenso ejus digito, alia manu cultellum de vagina extrahere conatatur, ad vulnerandum digitum prænominati pistoris, propriæque suæ manui cum eodem cultello grande vulnus infecit, digitumque apprehensum simul et cultellum festine dereliquit, et suam manum vulneratam lamentari cœpit, pistor autem in fide confortatus sanus recessit.

XI. Alius autem ex familia, nomine Adelhardus [al., Adalhardus], cum de Augusta civitate ad suam mansionem quæ est sita in oppido Eitingen nominato, pergere voluisset, ante portam civitatis quidam homo eum cum aliis bibere rogavit. Cumque bibere cœpissent, quidam ibi manentium pro charitate sancti Udalrici postulavit eos potum accipere. Præfatus autem Adelhardus sordidum verbum ex ore suo emisit, et poculum rogatæ charitatis accipere renuit. Cumque paululum inde recederet, in planitie viæ equo suo cadente crus ejus fractum est, et ita ad suam domum cum labore deductus longo tempore debilis permansit. Postea vero votum ad sepulcrum sancti Udalrici vovit, et, Deo donante, sanitati est restitutus, et deinde charitatem quam antea sprevit alios frequenter bibere postulavit.

XII. In præfata villa Eitinga quadam die, cum multi ex familia simul ad bibendum in unum congregati fuissent, fuit inter eos unus, nomine Walterich, discipulus Wicfredi, præpositi de Sancta Afra, qui, cum audiret ibi postulare sancti episcopi Udalrici charitatem, profano ore quasi insaniendo stultissime locutus est : « Quid mihi prodest charitas illius episcopi, quia ille signa facere non potest plusquam unus canis? » Illo verbo emisso, diabolo concessus loquelam hominis amisit, et more canis furendo sonare cœpit, et ganniendo atque latrando, parvo tempore evoluto, heu! miserabiliter vitam finivit.

XIII. In civitate Augusta quidam faber Herevuns vocatus, longo tempore magna infirmitate totius corporis detentus, ita ut ambulare non posset nisi aliis adjuvantibus, et interdum cum duobus sustentaculis sustentatus, prope terratenus inclinato capite ad necessaria corporis vix pervenit. Qui cum audisset multos infirmos ad sepulcrum sanctum sæpe sanari, cœpit illuc ultra vires repere, et mane diluculo de mansione sua exire, et illuc ante horam diei tertiam vix pervenire. Cumque hoc frequenter fecisset, quodam tempore in Quadragesima, die Veneris, cum ad portam, cui capella sancti Michaelis est superposita, veniret, ultra modum lassus et universis viribus destitutus subsistit, dicens : « Domine Deus, Pater omnipotens, cognoscere digneare quanta infirmitate nunc istum adii locum, et per merita sancti confessoris tui Udalrici miserere mei, » et aliquantulum pausitus repsit usque ad sepulcrum. Finita ibi oratione, dum acceptis sustentaculis adjuvante comite suo surgere voluisset, unum sustentaculum in pavimento lapsum est, et ipse ad terram iterum dejectus est, et in dejectione genua ejus retro in contractione nervorum more fractorum malleorum sonitum fecerunt, et crura per pavimentum extensa sunt. Comes autem illius cum solito more eum levare voluisset, dixit illi : « Exspecta paulisper; ut mihi videtur, ex me ipso surgere possum et ambulare. » His dictis, dimissis in pavimento sustentaculis, surexit et ambulavit. Qui statim ibi accepta cruce, clericis cæterisque civibus cum eo comitantibus, sine baculo potenter ad Sanctam Mariam in Augustam civitatem perambulavit, ibique Dei laudibus in commune peractis, eadem hora ad Sanctam Afram crucem portando regressus est.

XIV. Nativus quidam pauper de oppido quod dicitur Messlinga [*al.*, Messinga], Hiltibaldus nomine, cæcitate perculsus est, et in illa cæcitate duos annos perduravit: tertio autem anno, quidam homines de eodem pago pergere decreverunt ad Augustam civitatem causa orationis; qui invenerunt eum in eodem itinere cum duce suo victum per oppida quærentem, et dixerunt ei : « Perge nobiscum ad Augustam civitatem et ad sepulcrum sancti Udalrici, forsitan ibi misericordiam consequi poteris. » Quibus ille respondit : « Stipendia mihi et ductori meo, et oblationes ad illa sancta loca deferendum non habeo. » Qui respondentes, dixerunt : « Si nobiscum ieris, quantum possumus auxiliatores tui sumus. » Quorum consentiens suasionibus cum eis perrexit ad Augustam; et eadem nocte juxta sanctum sepulcrum foris ecclesiam diem exspectavit futurum. Mane autem facto, infra ecclesiam ad sepulcrum deductus devote oravit, et antea amissum lumen oculorum, gratia Dei donante, recepit, levataque cruce, comitante cum eo magna multitudine populi, ad Sanctam Mariam pervenit, et qualiter sit illuminatus, civibus suis ei testimonium dantibus recitavit.

XV. Quodam (64) tempore cum sanctus episcopus ad synodum Ottonis imperatoris in Inglunheim congregatam pergeret, quidam pauper de oppido Affelterbach, Rudpret [*al.*, Rutpertus] vocatus, juxta viam ei conjunctus est, ilia sua de ventre prolapsa in loco umbilici portans in sinu suo : cumque ea aperto sinu episcopo ostenderet, præcepit ei denarium dari et dixit illi : « In pace Dei perge. » Qui non multo post tempore, meliorari de die in diem cœpit, et sanato ventre de prædicta infirmitate liberatus est. Postea autem idem ipse claudus factus est, ita ut nisi scamellis sustentatus ambulare potuisset, utilitate etiam dextræ manus in lineamentis totus privatus est. Hac infirmitate cum quatuor annis detentus mansisset, desideravit venire ad sepulcrum sancti Udalrici, et comparavit ceram quam sancto ad sepulcrum deferret; comparata autem cera virtus ei in sustentaculis baculorum, dimissis scamellis ambulandi concessa est. Illuc autem taliter cum pervenisset, manus ejus et genua sanitati restituta munia sua receperunt, ita ut idem homo sine sustentaculis erectus gradiens tripudiando rediret.

XVI. De regno etiam Lotharii quidam Lutericus [*al.*, Luitharius] qui multo tempore luce oculorum caruit, ad sanctum sepulcrum venit, et orationibus peractis visum clarum recepit.

XVII. Clericus quidam, qui in Augusta civitate

(64) Hoc miraculum in uno exemplari etiam sub finem capitis 23 Vitæ S. Udalrici relatum. Porro minimum duabus Ingelheimens. synodis S. Udalricus

studio discendi sæpe inter scholares morabatur, cum ad propinquos suos reverteretur, mutus effectus est : cumque ab eis ad sepulcrum sanctum deductus fuisset, emissis de. ore suo duobus denariis super sepulcrum, loquelam quam amisit, recepit.

XVIII. Cæcus quidam cum valde parvulo ductore ad sanctum locum hiemali tempore studuit pergere : qui cum Smutturam fluvium transgrederetur, et ad longum rivulum de fonticulis congregatum super viam decurrentem veniret, ductor ejus ei auxilium præbere non potuit, sed de frigore et lassitudine defectis viribus cecidit. Cæcus autem, ductore cadente, magna cura et tristitia per decursum rivuli cum baculo undique palpando ambulavit, et magna voce clamando ad sanctam Mariam et sanctam Aframet et ad sanctum servum Dei Udalricum, adjutorium et misericordiam sibi dari intenta mente flagitavit. Cumque sic palpando et clamando pene usque ad finem rivuli perveniret, Dei donante clementia, subito apertis oculis lumen aspexit, et regrediens ductorem suum levavit, et usque ad sanctum sepulcrum, omnipotentem Deum et sanctos suos laudando, portavit, ibique manifeste clericis et omnibus præsentibus quæ ei in via acciderant, recitavit.

XIX. Fuit quædam matrona in Francorum provincia prædives et nobilis, quæ arrepta a diabolo nimie laborabat; ad cujus ereptionem quinque episcopi cum aliis plurimis convenerunt. Qui cum diabolum orationibus et conjurationibus arctarent ut obsessum corpus dimitteret, clamans et ejulans, dixit : « Nisi aliquid de rebus episcopi Udalrici huc venerit, propter vestrum præceptum possessum vas non dimitto. » Cumque iterum atque iterum eadem responsa iteraret, æstimare cœperunt ut legatos ad Augustam mitterent, ut aliquid acquirerent de rebus episcopi. Interim vero cum hæc inter se arbitrarentur, clamavit diabolus per os matronæ : « Væ mihi ! væ mihi ! hic in vicinitate est presbyter unus qui habet humerale quod fuit præfati episcopi : » quamvis non sponte, sed Deo jubente, nominavit presbyterum et locum ubi habitavit. Cumque accersitus presbyter cum humerali veniret, antequam domum intraret, dæmon dixit : « Væ ! væ ! nunc venit humerale episcopi. » His dictis clamando et dolendo corpus matronæ valde fatigatum reliquit. Interrogatus autem presbyter unde ei humerale veniret, respondens dixit : « Episcopus aliquando ad regale colloquium pergendo, ad nostram ecclesiam venit, et nos sibi missam cantare rogavit, cumque alba nos indui sine humerali velle videret, dixit : « Ubi est vestrum humerale ? » Cui ego respondi : Non habeo humerale. Tunc ille istud humerale jussit mihi donari. » Matrona autem a dæmonio liberata, et sensui sanitatique restituta, tota vestimenta sua, quibus eo die induebatur, cum caligis et calcea-

interfuit; posterioris, quæ acta an. 972, mentio fit in Vita cap. 23. Prioris meminit an. 948, vii Id. Jun Frodoardus in Chron.

mentis ad sepulcrum sancti Udalrici per nuntios misit; quibus etiam præcepit ut ibi nuntiarent qualiter, Domino concedente, per ejus merita est liberata. Wicfredus ejusdem loci præpositus, qui etiam et custos ecclesiæ eo tempore mansit, de froco ejusdem matronæ dalmaticam fieri fecit, et alia ejus vestimenta, sicut congruum fuit, ad Dei servitium composuit, ut hoc signum misericordiæ Dei frequentius posteris in recordatione maneret.

XX. In regione Sclavorum, filius Wolezlawi [al., Wolcs'ai] ducis in valetudinem incidit, et in tantam infirmitatem deductus est, ut pater ejus et mater cæteriqne præsentes amici præsentem vitam eum ulterius habere posse desperarent. Cumque pater in his augustiis versaretur, admonitus est de matre pueri et de aliis quibus notum fuit quam multipliciter multi per merita sancti Udalrici de diversis angustiis liberati essent, continuo votum vovit, si filius ejus ad vitam rediret, ut missis legatis sepulcrum sancti Udalrici cum oblationibus visitaret. Eodem vero die filius ducis conversus ad vitam, consolationem patri non minimam obtulit. Qui cognoscens misericordiam Dei in filio, nuntios statim mittere et votum ejus implere studuit. Qui venientes ad sepulcrum obtulerunt v libras argenti et aureos quamplurimos, et de cera quantum unus fortis saumarius portare potuit; mater etiam pueri seorsum aureorum denariorum bonam partem pro filio misit. Legati etiam altare Sanctæ Mariæ cum auro et aliis oblationibus, sicut eis præceptum est, devote visitaverunt, similiter et altare Sanctæ Afræ, et narraverunt pro qua re missi sunt, dicentes antequam ipsi exirent de sua provincia, ut filium domini sui ambulantem et sanum dimitterent.

XXI. Alio quoque tempore quidam dux Vandalorum (65) Misicho cum sagitta toxicata in brachio vulneratus est. Qui cum sentiret sese veneno nocivo esse percussum, et sibi imminere mortis interitum eadem hora putaret, cum magna fide et constantia votum vovit, ut brachium argenteum cum manu, quantocius potuisset, ad sanctum Udalricum mittere non differret. Qui statim post votum relevatus a periculo ad domum suam rediit, et brachium secundum suum votum componere præcepit. Cumque fabri brachium fabricare cœpissent, et manum in eo fingerent, dux continuo de imminenti periculo liberatus surrexit, Deum laudans qui eum per merita sui sancti episcopi de mortis periculo liberavit, votum suum perficiens, mittendo brachium cum manu ad viri sancti sepulcrum.

XXII. Quædam mulier de Curiensi Retia, relicto proprio marito, cuidam viro de pago Albegewe, Durinc vocato, in matrimonium juncta est. Cumque cum illo aliquantulum temporis maneret, a dæmonio obsessa est, et ab eo nimie vexabatur. Quæ cum in multis sanctis locis liberationis suæ adjutorium quæreret et non inveniret, consilium accepit ut ad sepulcrum sancti episcopi Udalrici veniret; quod

(65) Polonos significat.

et fecit. Cumque appropinquaret Augustæ civitati, et ecclesiam sanctæ Afræ bene aspicere potuisset, clamans et fremens cecidit in terram, et facta est quasi mortua. Præfatus autem Durinc cum comitantibus sibi studuit levare eam; levata autem, reddito sensu, a dæmonio est liberata.

XXIII. Eleemosynaria quædam Abrahami Frisingensis episcopi civitatis, de villa quæ dicitur Camera, cui maxilla pectori fuit inserta, et loquela in toto negata, cui etiam manus brachiis replicatæ et conglutinatæ erant, ut figuræ digitorum vix cognosci potuissent, cum veniret ad sanctum sepulcrum, et inde revertendo super pontem Lici fluminis ambularet, quidam homo ei obvius venit, et interrogavit eam unde pergeret; cui illa respondere non potuit, sed vertebat se inclinando ad ecclesiam sanctæ Afræ, ut ei monstraret unde pergeret: cum autem se ad illam verteret, maxilla de pectore solvebatur, et loquela ei ad respondendum concessa est.

XXIV. Quidam cæcus cum perveniret cum ductore suo ad fluvium qui dicitur Vindex, interrogavit eum si adhuc videre potuisset civitatem et monasterium. Cumque audiret in proximo fuisse sanctum locum, abstrahere sibi fecit caligas et calceamenta, ut nudis illuc perveniret pedibus; ductor autem ejus, raptis calceamentis et aliis rebus ejus, furtive recessit ab eo, qui æstimans ut pro aliqua necessitatis causa oppidum juxta situm intraret, et statim sibi in adjutorium rediret. Cumque diu exspectaret, vociferando cum nominare cœpit ut veniret. Interim etiam quæsivit tabernas et calceamenta, et non invenit. Tunc persensit a ductore suo se esse despoliatum; flendo et orando clamare cœpit ad sanctam Mariam matrem Domini, et ad sanctam Afram, et ad sanctum Udalricum, ut sibi aliquod consolationis supplementum eveniret. In hac cum prolixæ afflictionis tribulatione laboraret, subito ignotum conspexit oculis lumen, et statim crucicula de viminibus facta eumdem denotavit locum, et tunc lætus destinata visitavit loca, gratias omnipotenti Deo et sanctis ejus agens pro perceptione luminis; cives autem de Hovarchusa in eodem loco ubi cruciculam monstratam invenerunt, majorem crucem pro signo posuerunt.

XXV. Quodam tempore cum populus currerct undique ad Augustam in vigilia nativitatis sanctæ Mariæ, ut sanctum diem ibi solemniter celebrarent, quædam mulier inter alios cum puerulo suo parvulo studuit et illuc venire, ut illum ad sepulcrum sancti Udalrici cum oblationibus ibi præponderaret pro sua sospitate. Cumque super pontem Vindicis carpento superpositum puerulum cum aliis rebus ducere voluisset, pro inæqualitate pontis carpento inclinato, puerulus cecidit in amnem, qui pro nimia iluvie vehementer elevatus, universis super eum meantibus exitium minitavit. Cumque mater tristissima in perniciem sui in amnem post puerum cadere voluisset, et vix a circumstantibus comprehensa tenerettur, populi in utraque parte fluminis in ripa festinaverunt in adjutorium infantis. Qui cum a nemine eorum adjuvari potuisset, flumine submersus ab oculis omnium occultabatur. Mater autem ab amne vi abducta, et quantum possibile fuit consolatione recepta, flendo et lamentando adjutorium sanctissimæ Dei genitricis Mariæ imprimis quæsivit, et postea ad sepulcrum sancti Udalrici cum oblationibus quas antea pro sospitate filii sui illuc deferre decrevit, et eas pro requie animæ puerili cum bona fide donavit. Sequenti vero nocte cum triste corpus mulieris sopor occuparet, quidam valde venerabilis senex, in vestitu episcopali, apparuit ei, dicens : « Pœnitet ne te, mulier, valde infantulus tuus ? » Quæ respondit : « Etiam, domine. » Cui ille : « Mane diluculo, inquit, vade ad fluvium, et ubi ultima vice in amne videretur, quære eum in ripa fluminis inter frutices. » Quæ expergefacta venturum cras vix exspectans cum adjuvantibus sibi ripam fluminis adiit, et secundum verbum sancti viri infantem suum sanum et incolumem invenit. Tunc læta Deum laudans rediit, et rem gestam in civitate et ubique recitavit.

XXVI. Quidam vero homo juxta Danubium, cum cunctus populus sua sponte natalitium sancti Udalrici solemniter celebraret, fenum cum rastellis congregavit in cumulos, diem sanctum spernendo. Qui cum altera die cum plaustris veniret, ut hoc in fenarium suum duceret, exterius formosum invenit ; cum autem bibenti ligno interius tangeret, totum in favillas immutatum invenit, et diem sanctum quem antea celebrare noluit, postea præ timore contemnere non audebat.

XXVII. Eodem vero tempore ancilla cujusdam matronæ, Gerbirc [*al.*, Gerbirch] nuncupatæ, telam suum, dum texendo laboraret, subitus dolor cœpit contrahere manus ejus ; quod cum lamentando aliis diceret, responderunt ei : « Depone texile ferrum, quia pro reatu hodierni operis hic labor tibi accidit ; » quæ vix manibus de ferro absolutis lectum intravit. Cumque ibi requiem non haberet, præ contractione manuum, conservæ ejus nuntiaverunt dominæ suæ : illa vero præcepit ut mane diluculo duceretur pro liberatione sua ad sepulcrum sancti Udalrici. Cumque in itinere lassæ circa horam nonam in planitie Lechfeldici campi ad reficienda corpora consedissent, dolor cœpit minui in manibus laborantis, ita ut antequam de ipso loco surgerent, usui prioris rectitudinis redderentur. Quæ tunc lætæ pervenerunt ad prædestinatum locum, et inde in civitatem ad ecclesiam sanctæ Mariæ genitricis Dei. Post vesperam venientes, hæc, sicuti gesta sunt, nobis annuntiaverunt, et lætæ ad propria redierunt.

XXVIII. Nobilis quædam matrona de Burgundionum provincia, dum decrevisset pergere ad Augustam civitatem causa orationis, quemdam claudum eleemosynarium præcepit comitari secum ; cujus caballum duobus ministris suis commendavit, ut pedes ejus, sicuti mos est pergentibus, ferro munirent. Qui fraudulenter pedes caballi cum clavis vulneraverunt ; ne delator eorum in itinere actuum suorum pro fidelitate dominæ suæ, sicut solitus erat, maneret. Dixeruntque claudo : « Caballus tuus claudicat, et ideo hic te necesse est remanere. » Quibus claudus respondens dixit : « Quamvis caballus claudicet, tamen non consentio hic me remanere ; qui omnia potest Deus omnipotens, etiam me valet, sicut sibi placet, ad loca perducere destinata. » Cumque cum aliis pergere cœpisset, sano et apto caballo ad Augustam pervenit. Cumque ibi ad sepulcrum sancti Udalrici devotam orationem prolongaret, et firma fide pro sospitate sua clementiam Dei imploraret, in præsentia multorum sanitati redditus est. Hoc videntes præfati homines qui impedire iter ejus in caballo voluerunt, ceciderunt terratenus, confitentes clericis cæterisque qui in præsentia aderant delicta sua, veniam postulantes, quod eum claudum impedire voluerunt ne perveniret ad locum, ubi Dominus per merita sancti Udalrici eum sanare dignatus est. Et accepta pœnitentia secuti sunt claudum sanatum crucem portantem, uterque saxum tantæ magnitudinis portans quantum levare potuit, usque in ecclesiam sanctæ Dei Genitricis Mariæ, quæ est sita in civitate ; ibique peccata sua lamentabantur multum cum lacrymis veniam postulantes. Cumque hoc signum in præsentia omnium recitatum fuisset, clerici *Te Deum laudamus*, et populi *Kyrie eleison* cantantes, gratias et laudes Deo referebant.

XXIX. Quidam homo juvenis, cujusdam filius comitis, tanta infirmitate est detentus, ut nec in lecto nisi ab aliis adminiculatus in aliud se vertere potuisset latus, nec cibum multo tempore valeret accipere, nisi paucis oblatis refocillaretur. Cum vero immani labore fatigaretur, a fidelibus suis in lecto ad sepulcrum sancti Udalrici deductus est, oblationibus oblatis lacrymabiliter ibi misericordiam deprecatus est. Cumque eum in lecto ad Sanctam Mariam portare cœpissent, in medietate viæ cœpit rogare portantes ut deponeretur ad ambulandum. Qui non credentes eum posse ambulare, noluerunt deponere. Ad portam vero civitatis iterum rogavit ut deponeretur, dicens se posse ambulare. Qui iterum ei non consenserunt. Ad gradus vero atrii ecclesiæ cum perveniret, in nomine Dei omnipotentis, omnes in commune flagitavit ut, deposito lecto, eum ambulare dimitterent. Ipsi autem in fide hæsitantes petitioni ejus assensum non dederunt. Ille autem ut cognovit infirmitatem ab eo esse separatam, et virtutem nutu Dei concessam, exsilivit de lectulo, et indo strenuo gressu ad ecclesiam pervenit, et sospes ad propria rediit.

EPILOGUS.

Hæc pauca præibata miracula sufficiant studiosis ad bona exempla lectoribus, ita ut etiam tardis et segnibus nimii nausii [*pro* nauseæ] fastidium non inculcent. Quomodo si cœpero cuncta beneficia adeuntibus ad sepulcrum sancti Udalrici et inde revertentibus, vel juxta sepulcrum infirmis atque debilibus a Deo concessa sigillatim enumerare, nullius adjutorio nisi solius Dei, qui omnia potest, possum perficere. Ita tantum namque multiplicia sunt, ut sensibilitas humanæ agilitatis dinumerare ea non possit. Quia quibusdam post vota devote peracta illuc cum oblationibus veniendi, statim, in laribus suis donata sunt. Quibusdam in itinere ad huc longe positis, quibusdam illuc appropinquantibus, quibusdam illuc pervenientibus, quibusdam inde redeuntibus compendiose adimplenda sunt. Quorum auditus bono rumore non solum propinquas, verum etiam longe sitas regiones advolavit, quod frequens frequentia adventantium undique populorum sæ- A pissime manifestat, indicans in istis locis in suis regionibus multa magnalia Dei per merita sancti Udalrici facta, quorum vera cognitio nos propter nostras necessitates ad ista loca veniendum incitavit. His auditis, eia nos, qui inquilini hujus ecclesiæ sumus, et tanti patroni faciem sæpissime vidimus, et ejus doctrinam benedictionemque sæpissime accepimus, et in eo optima exempla conspeximus, et nunc in retributionem ejus bonorum operum assidua miracula et diversa signa in liberatione multorum videmus et audimus, cur non expergiscimur, et tædium nostri desiderii non deponimus? Eum vero de quo loquimur quantum, Deo donante, possumus imitantes, ejus adjutorio iter rectitudinis ineamus, per quod pervenire mereamur ad eum qui B in tribus personis in divinitatis æqualitate unus, incommutabilis, omnipotens Deus permanet sine fine in sæcula sæculorum, Amen.

SANCTI UDALRICI

AUGUSTANI EPISCOPI

SERMO SYNODALIS.

Ex codice manuscr. monasterii Neresheimensis, scripto anno Christi 1009, quod ex verbis istis colligitur : « Ab initio mundi usque in adventum Domini secundum Hebraicam veritatem anni sunt 3956, secundum vero interpretes, anni 5699. Colliguntur autem anni omnes a creatione primi hominis usque in septimum annum Henrici imperatoris secundum Hebraicam veritatem 4965, secundum vero interpretes 6708. »

(Labb. *Concil.* IX, 803.)

CONJECTURA MARCI VELSERI DE AUCTORE SERMONIS SEQUENTIS.

Cum codex Neresheimi in Augustana diœcesi, anno Christi 1009, hoc est tricesimo sexto post mortem sancti Udalrici, scriptus sit, verisimile fit synodales has constitutiones a sancto Udalrico fluere, quas sequentes deinde episcopi, quod inscriptio innuit, sæpius repetere et proponere consueverint. Primum vero earum auctorem sanctum Udalricum esse, magnopere confirmat locus vetusti scriptoris in ejus Vita, cap. 6 : « In quibusdam autem diebus capitula cum clericis habere disposuit, in his locis ubi hæc aptissime fieri archipresbyteri putaverunt, et ubi eum ab aliis mundanis conciliis absolutiorem esse arbitrabantur. Congregatis ante se clericis, archipresbyteros, et decanos, et optimos quos inter eos invenire potuit, caute interrogavit qualiter quotidianum Dei servitium ab eis imploretur, et qualiter populus illis subjectus ex eis regeretur in studio prædicandi docendique, quantaque cautela infantes baptizarentur, infirmi visitarentur, et ungerentur, defunctorum etiam corpora quanta compassione sepulturis traderentur, qualiter de decimis et oblationibus fidelium pauperes recrearentur, viduis et orphanis in universis necessitatibus subvenirent, quantoque studio in hospitibus et advenis Christo ministrarent ; si subintroductas mulieres secum habuissent, et inde crimen suspicionis inciderent, si cum canibus vel accipitribus venationes sequerentur, si tabernas causa edendi vel bibendi ingrederentur, si turpes jocos in usu haberent, si ebrietates et comessationes supra modum amarent, si rixis et contentionibus et æmulationibus deservirent, si nuptiis sæcularibus interessent, vel si aliqui eorum ministerio indecentia in consuetudine haberent, si per Kalendas more antecessorum suorum ad loca statuta convenirent, ibique solitas orationes explerent, suasque ecclesias ad tempus reviserent, si obedientiam eorum magistris præbuissent, et in toto suo ministerio devoti et apti manere studuissent. » Cum pleræque harum interrogationum constitutionibus respondeant, tempus præterea locusque conveniat, profecto nihil vetat uni eidem sancto Udalrico constitutiones et interrogationes tribuere.

ADMONITIO SEVERINI BINII.

Amice lector, hunc sermonem synodalem, post primam editionem, conciliorum secundæ inserendum in sit ad me amplissimus dominus Marcus Velserus piæ memoriæ, quondam inclytæ reipublicæ Augustanæ duumvir, sequens prisci ævi monimentum, una cum conjectura de auctore : operæ pretium facturum me putavi, ut latentem sermonem omnibus pastoralibus synodis celebrandis utilissimum, e tenebris erutum in lucem emitterem, Quod ecclesiasticæ disciplinæ faustum sit : eritque ut spero, si qui in sortem ac ministerium Domini cooptati sunt, hæc tam salutaria monita in intimas medullas demittant, ut ad eorum præscriptum, vitam, mores, et actiones suas conformare studeant. Cum incertum sit quoto anno ab Udalrico habitus fuerit, præfixum initio scripti libri annum retinendum esse judicavi.

Fratres presbyteri et sacerdotes Domini, cooperatores nostri ordinis estis. Nos quidem, quamvis indigni, locum Aaron tenemus, vos locum Eleazari et Ithamaris. Nos vice duodecim apostolorum fungimur, vos ad formam septuaginta discipulorum estis. Nos pastores vestri sumus, vos pastores animarum vobis commissarum. Nos de vobis rationem reddituri sumus summo pastori Domino Jesu Christo, vos de plebibus vobis commissis. Et ideo, charissimi, videte periculum vestrum. Admonemus et obsecramus fraternitatem vestram, ut de communi salute vestra cogitantes attentius, audiatis admonitionem nostram, et quæ vobis suggerimus, memoriæ commendetis, et opere exercere studeatis.

In primis admonemus ut vita et conversatio vestra irreprehensibilis sit, scilicet ut cella vestra sit juxta ecclesiam, et in ea feminas non habeatis. Omni nocte ad nocturna surgite. Cursum vestrum certis horis decantate. Missarum celebrationes religiose peragite. Corpus et sanguinem cum timore et reverentia sumite. Vasa sancta propriis manibus abluite et abstergite. Nullus cantet missam, nisi jejunus. Nullus cantet, qui non communicet. Nullus cantet sine amictu, alba, stola, fanone, planeta. Et hæc vestimenta nitida sint, et ad nullos alios usus sint. Nullus cum alba, qua in suos usus utitur, præsumat missam cantare. Nulla femina ad altare Domini accedat, nec calicem Domini tangat. Corporale mundissimum sit, altare coopertum de mundis linteis. Super altare nihil ponatur, nisi capsæ et reliquiæ, aut forte quatuor Evangelia, et buxida cum corpore Domini ad infirmos; cætera in nitido loco recondantur.

Missale plenarium, Lectionarium et Antiphonarium unaquæque ecclesia habeat. Locus in sacrario aut juxta altare sit præparatus, ubi aqua effundi possit quando sacra vasa abluuntur, et ibi vas nitidum cum aqua dependeat, ibique sacerdos manus lavet post communionem. Ecclesiæ sint coopertæ bene et cameratæ, et atrium sit sæpe munitum. Nullus extra ecclesiam per domos aut in locis non cameratis missam cantet. Omnis presbyter clericum habeat aut scholarem, qui epistolam vel lectionem legat, et ad missam respondeat, et cum quo psalmos cantet. Nullus solus missam cantet.

Nullus cum calcariis, quos sporones rustice vocamus, et cultellis extrinsecus dependentibus, missam cantet, quia indecens est et contra regulam ecclesiasticam est.

Calicem et oblatam recta cruce signate, id est non in circulo et variatione digitorum, ut plurimi vestri faciunt, sed strictis duobus digitis et pollice intus recluso, per quos Trinitas innuitur, istud A signum † recte facere studete : non enim aliter quidquam potestis benedicere. Infirmos visitate, et eos reconciliate, et juxta apostolum (Jac. v) oleo sancto inungite, et propria manu communicate. Et nullus præsumat tradere communionem laico aut feminæ ad deferendam infirmo.

Nullus vestrum pro baptizandis infantibus, aut infirmis reconciliandis, aut mortuis sepeliendis, præmium vel munus exigat. Videte ne per negligentiam vestram ullus infans sine baptismo moriatur. Nullus vestrum sit ebriosus et litigiosus, quia servum Domini non oportet litigare. Nullus vestrum arma ferat in seditione, quia arma vestra debent esse spiritualia. Nullus canum aut avium jocis serviat.

Nullus in tabernis bibat. Unusquisque vestrum, quantum sapit, plebi suæ de Evangelio vel Apostolo, die Dominico, vel festis diebus, annuntiet. Verbum Domini debetis prædicare. Curam pauperum, peregrinorum et orphanorum habete, eos ad prandiola vestra invitate. Estote hospitales, ut alii a vobis exemplum bonum sumant.

Omni die Dominica ante missam aquam benedictam facite, unde populus aspergatur : et ad hoc solum vas habete. Sacra vasa, et vestimenta sacerdotalia, nolite in pignore dare negotiatori aut tabernario. Nullus vestrum usuras exigat, et conductor sui fenoris existat. Res et facultates, quas post diem ordinationis vestræ acquiritis, sciatis ad ecclesiam pertinere. Nullus sine scientia et consensu nostro ecclesiam acquirat. Nullus per potestatem sæcularium ecclesiam obtineat. Nullus ecclesiam ad quam titulatus est relinquat, et ad aliam quæsitus causa migret. Nullus plures ecclesias teneat sine adjutorio aliorum presbyterorum. Nullatenus una ecclesia inter plures dividatur. Nullus alterius parochianum, nisi in itinere, et cum placitum fuerit, ad missam recipiat. Nullus in alterius parochia missam cantet. Nullus pœnitentem invitet carnem manducare, et bibere vinum, nisi pro eo ad præsens eleemosynam fecerit. Nullus præsumat baptizare, nisi in vigilia Paschæ et Pentecostes, nisi propter periculum mortis. Unusquisque fontes habeat, et si non potest lapideos, habeat aliud vas ad hoc præparatum, in quo nihil aliud fiat. Videte ut omnibus parochianis vestris Symbolum et Orationem Dominicam insinuetis. Jejunium Quatuor Temporum, et Rogationum, et Litaniæ majoris, plebibus vestris omnimodis observandum insinuate : feria quarta ante Quadragesimam plebem ad confessionem invitate, et ei, juxta qualitatem delicti, pœnitentiam injungite, non ex corde vestro, sed sicut in Pœnitentiali scriptum est. Quater in anno, id est, Natale domini, et Cœna domini, Pascha, et Pentecoste, omnes fideles ad communionem corporis et sanguinis Domini accedere admonete. Certis temporibus conjugatos ab uxoribus abstinere exhortamini. Eulogias post missam in diebus festis plebi tribuite. Nullus induatur vestimentis laicalibus. Nullus rem, aut possessionem, aut mancipium ecclesiæ, vendere, aut commutare, aut quocunque ingenio alienare præsumat.

Diem dominicum, et alias festivitates, absque opere servili a vespera usque ad vesperam celebrari docete. Cantus et choros mulierum in atrio ecclesiæ prohibete. Carmina diabolica, quæ super mortuos nocturnis horis vulgus facere solet, et cachinnos quos exercent, sub contestatione Dei omnipotentis vetate. Cum excommunicatis nolite communicare. Nullus illis præsumat missam cantare, sed et plebibus vobis hoc annuntiate. Ad nuptias nullus vestrum eat. Omnibus annuntiate ut nullus uxorem accipiat, nisi publice celebratis nuptiis. Raptum omnimodis prohibete, et ut nullus ad proximam sanguinis sui accedat, et ut alterius sponsam nullus ducat. Porcarios et alios pastores vel Dominica ad missam venire facite. Patrini filiolis suis Symbolum et Orationem Dominicam insinuent, aut insinuari faciant. Chrisma semper sub cera sit sigillo [*forte* sub sera sit, et sigillo], propter quosdam infideles. De ministerio etiam vobis commisso vos admonere curamus, ut unusquisque vestrum, si fieri potest, expositionem Symboli et Orationis Dominicæ, juxta traditionem orthodoxorum penes se scriptas habeat, et eam pleniter intelligat: et inde, si novit, prædicando populum sibi commissum sedulo instruat; si non, saltem teneat, vel credat. Orationes quoque missarum et Canonem bene intelligat, et si non, saltem memoriter ac distincte valeat proferre. Epistolam et Evangelium bene legere possit, et utinam ad litteram ejus sensum posset manifestare. Psalmorum verba et distinctiones regulariter ex corde cum canticis consuetudinariis pronuntiare sciat. Sermonem, ut supra diximus, Athanasii episcopi de fide Trinitatis, cujus initium est, *Quicumque vult*, memoriter teneat. Exorcismos et orationes ad catechumenum faciendum, ad fontem quoque consecrandum, et reliquas preces super masculum et feminam, pluraliter ac singulariter distincte proferre valeat. Similiter baptizandi, ad succurrendum infirmis, ordinem quoque reconciliandi, juxta modum sibi canonice servatum, atque ungendi infirmos, orationes quoque eidem necessitati competentes bene saltem sciat legere. Similiter ordinem et preces in exsequiis agendis defunctorum. Similiter exorcismos et benedictiones salis et aquæ memoriter teneat. Cantum nocturnum atque diurnum noverit.

Computum minorem, id est epactas, concurrentes regulares, terminum paschalem, et reliquos sapiat, si est possibile. Martyrologium et Pœnitentiale habeat, et cætera. Volumus autem, fratres charissimi, quatenus quæ nostra percepistis traditione, quantum humana patitur infirmitas, bonis studealis operibus adimplere, præstante Domino nostro Jesu Christo, qui cum Patre et Spiritu sancto vivit et regnat Deus per omnia sæcula sæculorum. Amen.

CHARTA UDALRICI

EPISCOPI AUGUSTANI

Qua Campidonensi monasterio eligendi abbatis libertatem restituit.

Omnibus spem vitæ gerentibus, et adhuc in posterum nascentibus notum sit quod primo Ottone principatum regni procurante, sanctissimæ memoriæ Udalricus, Augustensis civitatis episcopus, Campidonensis monasterii ovile de manu prædicti principis suscepit, et ad ipsum, non avaritiæ vel austeritatis causa, sed pro augendo sanctæ Mariæ servitio, paterna provisione procuravit. Per id tempus, duobus electis fratribus in eodem monasterio militantibus vir venerabilis sui laboris pondus commendans, Moysen legiferum vatem imitatus est, qui frequentia populi fatigatus, Aaron et Hur adjutorio sublevatus. In eadem vice sanctus Udalricus unum, nomen habentem Liuferich, infra claustrum fratribus Deo servientibus decanum et magistrum fieri destinabat: alterum Irminhart vocatum in præpositura sæcularis negotii desudare præcipiebat. Huic Irminhardo in exterioribus rebus prudenter conversanti, et dignis meritis suis bonam famam in contiguis partibus et in regis foribus promerenti, placuit ut aliquod remedium suæ animæ præpararet, et ut in honore Dei basilicam fundotenus construeret, quam ut mente disposuit, Dei adjutorio et optimi episcopi consilio operis expletione perpetravit, et hanc ipsam ecclesiam in pomerio fratrum honorifice constructam Deo dignus Vodalricg episcopus in honore sanctæ Crucis, et sancti Herasmi et sancti Nicolai confessoris VII Idus Maii dedicavit, et coram multitudine cleri et populi episcopali sententia decrevit, ut unus ex fratribus, qui in regulari vita, morum excellentia dignus fuisset, eamdem ecclesiam quotidiano obsequio provideret, et quotidie sui videlicet episcopi annonam de cellario fratrum pleniter acciperet: dedicatoque altari vir sanctus, omni pietate

cumseptus, in legitimam dotem unum mansum in A in hoc altare contradidit. Dehinc sacerdotali veste
Iponingewe, et dimidium in Lietenbere, et tertiam indutus, coram populo publice dixit : « Si qua persona
partem in *Heimiringen* donans, et adhuc ex tali pau- huic ecclesiæ vel altari aliquid horum, quæ dedimus,
periate ecclesiam non posse procurari existimans, abstrahat, huic æternæ vitæ januam intrare non
unum mancipium, quod vocabatur, *Modelbreth*, liceat, et ab hac luce sequestretur; quam in con-
cum novali quod primus ex viridi silva in monte spectu Dei omnis justus feliciter contuetur (66). »
Chnieboz cepit, adjuncta manu Salechonis advocati.

NOMINA EPISCOPORUM AUGUSTÆ CIVITATIS.

I. Zozimus. *Aliquis recentiori manu præposuit*, S.   XXVII. Heinricus.
    Dionysius martyr.   XXVIII. Embrico. Hic primo ordinationis suæ anno,
II. Perewelf.   qui est ab Incarnatione Domini 1064, datis ab
III. Tagepertus.   antecessore ejus 50 talentis, ecclesiam sanctæ
IV. Manno.   Afræ a fundamentis destruxit : et repertum est
V. Wicho.   corpus sanctæ Eutropiæ in plumbeo sarcophago
VI. Pricho.   prid. Kal. Maii; corpus vero sanctæ Afræ in
VII. Zeizzo.   lapideo sarcophago miræ magnitudinis integrum,
VIII. Marchman.   et quodam cæmento obductum, repertum est IV
IX. Wichterpus.   Nonas ejusdem mensis.
X. Tozzo.   *Hactenus prima manus : quæ sequuntur, secunda*
XI. Sintpertus.   *manu adjecta sunt*.
XII. Hanto.   XXIX. Sigefridus.
XIII. Nidger.   XXX. Hermannus.
XIV. Odalman.   XXXI. Waltherus.
XV. Wigger.   XXXII. Kondradus.
XVI. Lanto.   XXXIII. Hartwicus.
XVII. Adalpero.   XXXIV. Oudalschalcus.
XVIII. Hiltine.   XXXV. Heirtwicus.
XIX. S. Oudalricus.   XXXVI. Sifridus.
XX. Heinricus.   XXXVII. Syboto.
XXI. Euticus.   XXXVIII. Hartmanus.
XXII. Liutolth.   XXXIX. Sifridus.
XXIII. Gebehart.   XL. Wolfardus.
XXIV. Sigefridus.   XLI. Degenhardus.
XXV. Pruno.   XLII. Fridericus.
XXVI. Eberhardus.

APPENDIX.

OFFICIUM SANCTI UDALRICI.

(Dom GERBERT, *Scriptores ecclesiastici de musica*, II, 117.)

(*Ant. ad Magnif.*) Venerandi patris Wodalrici solemnia magnæ jucunditatis repræsentant gaudia, quæ merito cleri ac populi suscipiuntur voto, celebrantur tripudio. Lætetur tellus tali compta præsule. Exsultet polus tanto ditatus compare. Solus dæmon ingemat, qui ad ejus sepulcrum suum assidue perdit dominium. Ave, nunc corona martyrum. Salve, gloria confessorum. Simulque sanctorum decus omnium, nos Christo commenda in perpetuum.

(*Invitatorium*.) Adoremus regem Christum Dominum, qui hodie sanctum Wodalricum perduxit ad regna cœlorum.

(*Antiphonæ nocturnorum*.) 1. Beatus Wodalricus ex nobilibus et religiosis parentibus Deo prædestinante in salutem plurimorum extitit ortus. Beatus vir.

2. Hunc religiosi parentes commendaverunt in

(66) *Confer ea quæ de episcopis Augustanis dicta sunt, tum in observationibus præviis num.* 7, *tum ad Vitæ, cap.* 1. *Dionysium ex catalogo episcoporum Augustensium expungit Velserus in Notis ad conversionem sanctæ Afræ sub finem*.

sancti Galli cœnobium, sacris litterarum studiis A imbuendum.

Quare fremuerunt.

3. Qui inter egregios regularis disciplinæ magistros dulcissimos theoriæ carpebat quotidie fructus.

Domine quid multiplicati.

4. Igitur sacræ institutionis norma sanctus adolescens perductus, in cathedram pontificalem est sublimatus.

Cum invocarem.

5. Vox beato sic ait in visu : Wodalrice episcope scias te hodie hospites suscepturum esse.

Verba mea.

6. Inter cætera miraculorum insignia vir Dei persæpe cœlesti meruit perfrui visione.

Domine Dominus noster.

(*Responsoria I nocturni tria.*) (℟ 1.) Beatissimi pontificis Wodalrici diem natalitium recolentes, qui hunc tantis coruscare fecit virtutibus * Christum condignis veneremur laudibus. (℣.) Qui inter cætera dignationis suæ beneficia hujus Sancti nobis donavit patrocinia. Christum.

(℟ 2.) Puer Dei inclitus Wodalricus infra duodecim ætatulæ suæ hebdomadarum curricula * ex divina admonitione a materno suspendi jussus est lacte. (℣.) Ut solido cibo confortatus cœlestis verbi dispensator præfiguraretur egregius. Ex divina.

(℟ 3.) Cum transacto infantiæ termino jam bonæ indolis puer existeret, in sancti Galli cœnobium est commendatus * sacris litterarum studiis imbuendus. (℣.) Ubi multorum futurus magister Deo favente sategit prudenter. Sacris.

7. (*Antiphonæ II nocturni.*) Sanctus sacerdos dum divina quondam celebraret mysteria, dextera Dei superna visibiliter apparuit supra sacrosancta.

Domine quis habitabit.

8. Quadam nocte, in visu ei sancta Afra apparuit, et locum collocationis proprii sui corporis in ecclesia demonstravit.

Domine in virtute tua.

9. Sanctum Agaunensium locum, orandi gratia, adivit, ubi Thebæorum martyrum reliquias Deo donante acquisivit.

Domini est terra.

10. Quas cum summo honore Augustam attulit, ac in oratorio Dei Genitricis cum hymnis et psalmodiis religiose collocavit.

Benedicam.

11. Per oleum, quod sanctus Pontifex in Cœna Domini consecravit, plurima curationum beneficia ægrotis Christi gratia condonavit.

Te decet.

12. Celebratis missarum solemnis, quemdam fluvium periculosa aquarum inundatione refusum transvadavit cum incolumitate suorum.

Bonum est.

(*Responsoria II nocturni tria.*) (℟ 4.) Deo dilectus veluti per divinum oraculum fuerat edoctus in pueritia, * in civitate Augusta sacerdotali decoratus est infula. (℣.) Hic Dei gratia se præveniente, ac totius plebis voto in unum concurrente, in civitate.

(℟ 5.) Orationes tuæ et eleemosynæ. Wodalrice, Deo sunt acceptæ, qui binis antecessoribus tuis te commendavit, * ut tibi sacra mysteria celebranti assistant, et ea tecum benedicant. (℣.) Wodalrice episcope, scias te hodie hospites suscepturum esse. Ut tibi.

(℟ 6.) Vir Deo plenus dum hostiam salutarem immolaret, ipso ex more signum crucis agente, dextera Dei sancta visibiliter apparuit, * quæ sacrosancta Dominici sacramenti mysteria cœlitus consecravit. (℣.) Vere felix et sanctus, cui, hora sancti sacrificii, dextera Dei apparuit ministrando Quæ sacrosancta.

(*Ant. ad Cantica.*) Surge, Wodalrice, et secundum meum sermonem in ecclesia hodie divinum ministerium festina implere.

(*Responsoria tria III nocturni.*) (℟ 7.) Quidam verbis viri Dei non obaudiens sensum cum visu et auditu perdidit, sed mox ad ipsum perductus, * pristinæ sanitati est restitutus. (℣.) Cujus tribulationibus cum mitissimus condolens indulgentiam et benedictionem donaret. Pristinæ.

(℟ 8.) Sanctimonialis femina, ut per sancti pontificis orationem est sanata, mox currendo præcessit cum * laudans et benedicens Dominum. (℣.) Pedibus ejus provoluta gratiarum actiones egit devota. Laudans.

(℟ 9.) Sancte Dei Woldarice, virtutum gratia plene, spes miserorum, decus ecclesiarum, * intende preces populi supplicantis, ut impetres veniam pro delictis. (℣.) Ecce quia super pauca fidelis exstitisti, super multa constitutus in gaudium Dei tui introisti. Intende.

1. (*Antiphonæ ad Laudes et horas.*) Dominus Jesus Christus de cœlo misericorditer in terram prospexit, quando sanctum Vuodalricum catholicæ ecclesiæ pontificem fieri destinavit.

2. Cultor Dei egregius ad culmen pontificatus divina electione promotus, cœlestis verbi semina ubique spargebat per fidelium corda.

3. Hujus sanctissimi viri salutaria dogmata divinorum signorum semper cœlitus comitabatur efficacia.

4. Sancta Afra martyre viro Dei quondam visione ducatum præbente, supernorum civium cœtui feliciter meruit associari.

5. In hujus sacri conventus medio apostolorum principem vidit cum aliis, quos vel olim in carne vel tunc primum in spiritu cognovit.

(*Ad Bened.*) O beatum virum, cœlesti visione dignum, qui etiam inter cætera divinæ revelationis arcana superventurum Pannonicæ gentis didicit bellum, et triumphum Christianæ parti cœlitus concessum.

(*Ad Magnif. in II Vesp*). Sacerdos Dei Wodalricus

cum ex ergastulo carnis ad æthera esset sublevatus, tanta de exanimi ejus corpore suavissimi odoris manavit fragrantia, ut cunctorum ibi assistentium perfunderet nares et pectora. In cujus veneratione dicamus : Gloria tibi Domine.

(*Collecta ad Missam.*) Deus qui hodiernæ festivitatis diem beati Wodalrici confessoris tui atque pontificis transitu gloriosum fecisti : concede propitius sic tanti patroni atque doctoris merita venerari in terris, ut ipsius apud te patrocinia sentiamus in cœlis. Per.

(*Secreta.*) Munus, Domine, nostræ devotionis sacro altari superpositum, pia beati Wodalrici supplicatio tibi Domino Deo nostro reddat acceptum, et ad hoc percipiendum purificet corda omnium nostrum. Per.

(*Præfatio.*) Æquum et salutare. Te quidem in B A sanctis tuis mirabilem prædicare, cujus gratuiti semper est muneris, quidquid in eorum vel verbis sonat mirabile, vel virtutibus coruscat insigne. Unde ex eorum collegio beati Woldarici confessoris tui atque pontificis solemnia celebrantes, eadem sacrosancta Filii tui Domini nostri Jesu Christi dextera petimus in æternum consignari, quæ singularem redemptionis nostræ hostiam, ipso sacerdote sacro altari assistente, visibiliter voluisti benedici. Per eumdem Christum Dominum nostrum : per quem majestatem tuam laudant.

(*Postcommunio.*) Cœlestium sacramentorum participes effecti, quæsumus, Domine Deus noster : ut, interveniente beato Wodalrico confessore tuo atque pontifice, et peccatorum nostrorum indulgentiam, et vitam consequi mereamur æternam. Per.

ANNO DOMINI DCCCCLXXIV.

BENEDICTUS VI PAPA.

NOTITIA HISTORICA.
(MANSI *Conciliorum generalium* tom. XIX, col. 37.)

Benedictus, patria Romanus, filius Hildebrandi, post obitum Doni subrogatus est in locum ejus XIII Kal. Decemb., anno Redemptoris 972. Hujus temporibus Otto magnus imperator, funeribus matris et Wilelmi Moguntini episcopi præmissis, mortuus est in Saxonia, anno imperii sui duodecimo. Adelais relicta conjux animam defuncti Ottonis mariti sui prosecuta fuit iis pietatis officiis, quæ a Witichindo in fine libri III describuntur. Post obitum patris Otto secundus solus imperare cœpit, qui cum patre sextum annum imperii sui inchoaverat. Benedictus a Bonifacio Francone Romano, Fernitii filio, cardinale diacono, viro scelestissimo, captus et in carcerem detrusus, strangulatus est ab eodem, anno Christi 974, cum sedisset annum unum, menses tres C et dies aliquot. Sedem apostolicam sacrilega cæde optimi pontificis vacantem sacrilegus homicida Bonifacius, qui septimus ejus nominis reperitur alibi nuncupatus, violenter invasit, eamque annum unum et mensem tenuit. Hunc ego, antiquiores scriptores imitatus, inter veros et legitimos pontifices numerandum non esse judicavi, quod sedem apostolicam turpiter ingressus, turpius deseruerit. Nam cum post multa alia scelera et flagitia homo nefarius Vaticanam basilicam omnibus ornamentis suis exspoliasset, Benedictus Albericorum, de quorum familia erat, ope et auxilio fretus, cum usque adeo exagitavit, ut, Roma relicta, Constantinopolim abire cogeretur. Quando et qua occasione Romam redierit, dicam infra in vita Joannis XIV.

NOTITIA DIPLOMATICA.
(JAFFÉ, *Regesta pontificum Romanorum*, 331.)

† Benedicti VI bullæ sunt scriptatæ per manum
  Stephani notarii regionarii et scriniarii s. sed. apost. (2, 4, o,.
  Benedicti scriniarii s. summæ et apost. sed. (3).
Datæ p. m.
  Widonis episcopi et bibliothecarii s. sed. apost. (2).
  Joannis Deo amabilis primicerii s. ap. sed. (3).
  Joannis episcopi et bibliothecarii s. sed. apost. (4).

† Quem alii censent in locum Joannis XIII, alii in Benedicti VI, subrogatum esse, DONUM (seu DOMNUM, BONUM) eximi de paparum serie oportere, perfecte demonstravit W. Giesebrecht, Jahrbücher des deutschen Reichs unter Otto II, p. 441. E tabulis enim cæterisque indiciis fidis, quorum auctoritate confecta horum pontificum chronologia est, satis apparet intervallum anni 1 et mensium 6, qui recentioribus in catalogis Dono tribuuntur, fuisse neque inter Joannis XIII et Benedicti VI, neque inter Benedicti VI et VII gubernationes. Accedit, quod jam ‹ vivente › Benedicto VI, invasisse in ecclesiam constat Bonifarium VII antipapam, ut illi succedere Donus minime potuerit. Postremo illud maxime notandum est, vetustissimos optimosque catalogos de Dono tradidisse nihil. Sic enim in iis de Benedicto VI reperitur:

In cod. Est. ap. Murat III, II, 252, not. o, p :
‹ Benedictus VI diaconus de regione VIII sub Capitolio, ex patre Ildebrando monacho ingressus est

mense Januario die 19. Hic fuit electus v anno regis Ottonis, ind. prima. Dominus sedit a. 1. m. 6. Iste strangulatus est. »

In cod. Vat. ap. Murat. III, ii, 352:

« Benedictus VI, natione Romanus, ex patre Hildibrando, sedit a. 1 m. 6. Iste comprehensus est a quodam Crescencio, Theodorae filio, et in castellum S. Angelli retrusus ibique strangulatus est propter Bonifacium diaconum, quem miserunt vivente eo papa ».

In cat. pop. ap. Eccard, Corp. hist. II, 1640.

« Johannes (*l*. Benedictus) VI, nat. Rom. ex patre Hildebrando, sedit a. 4 m. 6 et de consilio Malifacii strangulatus est in castello S. Angeli ».

Ex tribus igitur his catalogis, quos a communi manasse fonte manifestum est, unus cod. Est. vocem « Domnus » continet. Quae vero cum in catalogis illis pro « papa » haud raro collocetur, neque hoc loco referri nisi ad ipsum Benedictum VI queat, quivis concedet facile, falsa transcribentium in crpretatione Domnum illum una cum tantodem anni 1 mensiumque 6 pontificatu, quantum fuisse Benedicti VI scimus, in posteriores catalogos irrepsisse.

BENEDICTI VI PAPÆ

EPISTOLÆ ET PRIVILEGIA.

I.

Benedicti papæ VI epistola ad Fredericum Salisburgensem episcopum et ejus comprovinciales. Ipsi ejusque successoribus vices apostolicas in Norica et Pannonia concedit.

(Anno 973.)
[MANSI, *Concil.* XIX, 58.]

BENEDICTUS, divina favente gratia atque totius populi Romani electione apostolicus, FRIDERICO Salisburgensis Ecclesiae archipraesuli, una cum suis fratribus, videlicet Noricae provinciae episcopis, mansuram in Christo felicitatem.

Protoplasto generis humani atque ejus semine serpentina suasione in geminam cadente morte, multas Deus misericordia ductus medicinas misit in hunc mundum, patriarchas scilicet justos, prophetas veridicos, legiferum cum lege : et his omnibus mundum salvare non valentibus, novissime Filium suum humana carne indutum ad redemptionem generis humani ad terras transmittere dignatus est. Eo itaque inter homines conversante, duodecim elegit apostolos, quos ad seminandum verbum Dei in corda fidelium per universam transmisit orbem : quorum atque totius Ecclesiae sanctum constituit Petrum principem, cui gregem commisit ecclesiasticum, tertio ei dicens : *Pasce oves meas* (*Joan.* XXI); cui etiam ligandi atque solvendi tradidit potestatem, dicens : *Quodcunque ligaveris super terram, erit ligatum et in cælis; quodcunque solveris super terram, erit solutum et in cælis* (*Matth.* XVI). Et non solum sancto tali concessa Petro potentia, sed etiam suis successoribus, ejus vicem in Ecclesia tenentibus, eadem ligandi atque solvendi a Deo tradita est potestas. Sancti itaque Petri apostoli successores per loca, prout opus erat atque decuit, constituerunt archiepiscopos, qui eorum vicem tenerent in Ecclesiis; quia ipsi universas regere non poterant Ecclesias. Nos quoque vicem beati Petri apostoli, prout hominibus istius temporis possibile est, in Ecclesia tenentes, statuta illorum antecessorum nostrorum con-

A firmare, quantum possumus, libenter desideramus. Concedimus itaque vicem apostolicam Friderico Salisburgensis Ecclesiae antistiti, ejusque successoribus, in tota Norica provincia et in tota Pannonia, superiori videlicet et inferiori, quomodo sui antecessores eamdem potestatem a nostris habuere antecessoribus : ita scilicet, ut nulli liceat in praefatis provinciis sibi usurpare pallium, nec episcopos ordinare, nec ullum officium quod ad archiepiscopum pertinere debet, praeter praefatum archiepiscopum ejusque successores. Quicunque autem huic refragari, vel contendere voluerit decreto, quod nos vice B. Petri apostoli fungentes, consensu nostrorum episcoporum ac totius cleri Romanae Ecclesiae, decrevimus, sciat se B. Petro ejusque vicario esse contrarium atque fore anathema usque ad satisfactionem, sive sit episcopus, aut presbyter, sive clericus cujuscunque ordinis, sive laicus cujuscunque fuerit dignitatis; quia sancta sanctorum antecessorum nostrorum solvere nolumus neque valemus. Sed quomodo illi consensu suorum episcoporum ac totius cleri constituerunt, fiat ex eorum pariter, et nostro decreto firmum atque perpetuum. Quicunque autem episcopi per amicos, sive clam per aliquam fraudem, aliquando ejusdem dignitatis petierint, sive petierunt privilegium, illos suspendimus ab ea dignitate; quia illicitum judicamus ut aliquis episcopus, sine totius suae provinciae atque suffraganeorum suorum consensu, pallium sive aliquod archiepiscopatus privilegium a Romano pontifice acquirere praesumat.

II.

Privilegium Benedicti papæ, quod dedit episcopo Theodorico Treviransi.

(Anno 973.)
[MANSI, *Concil.* XIX, 45.]

BENEDICTUS episcopus, servus servorum Dei, charissimis nobis in Christo fratribus universis episcopis, ac totius dignitatis, et ordinis catholicis viris, præsentibus, scilicet et futuris, perpetuam salutem.

Quia, licet indigni, divinæ tamen dignationis gratia disponente, beati Petri apostolorum principis sacratissimam sedem, universaleque in toto orbe magisterium suscepimus, necesse est omnium Ecclesiarum, ut diligentissimam sollicitudinem ita continenter habeamus, ne earum jura auctoritate ejusdem apostolorum principis, cæterorumque successorum ejus venerabilium Patrum inviolabiliter statuta, et confirmata, nostro minuantur ac pereant tempore; sed potius corroborata decenter augeantur atque proficiant. Ideo vestram nosse volumus sanctitatem quod, Theoderico dilectissimo fratre nostro Treverensis Ecclesiæ archiepiscopo Romam dirigente legatarium, ad sanctorum apostolorum limina audivimus, sicut etiam pridem audiendo, imo et legendo compertum habuimus, eamdem ipsam præ cæteris Galliarum Ecclesiis, catholicæ religionis exordium, et Christianæ religionis catholicæque fidei rudimenta prima percepisse per sanctorum virorum Eucharii, Valerii, Materni, et cæterorum evangelicam doctrinam, quos tempore suo prædictus beatissimus Petrus apostolus ordinavit et instruxit, nec non illuc ad prædicandum direxit. Unde totius ordinis nostræ sedis apostolicæ consultu, gratuitoque assensu jura privilegiorum, quæ a sancta Romana matre Ecclesia præfatis sanctis, eorumque reliquis successoribus, id est Agritio, Maximino, Paulino, Severo, almificis et apostolicis viris, a primordio usque nunc authentice concessa sunt, quæque etiam ipsius civitatis excidio, incendio aliquove casu consumpta approbantur, eidem Treverensi Ecclesiæ prædictoque fratri nostro Theoderico, et per eum cunctis successoribus suis, reconfirmare, recorroborare et omni modo restituere dignum duximus, decernentes, etc., ut Treverensis præsul post quemlibet ordinarium legatum apostolicæ sedis in Galliam, Germaniamve destinatum, primum inter alios pontifices locum obtineat. Et si missus Romanæ Ecclesiæ defuerit, similiter post imperatorem, sive regem sedendi, sententiam edicendi, et synodale judicium canonice promulgandi primatum habeat, utpote in illis partibus vicarius nostræ sedis apostolicæ merito constitutus. Neque enim dignum est ut illius Ecclesiæ præsul aliquo tempore cæteris non habeatur prælatus, cujus honor in illis partibus sub ipso apostolorum principe exstitit primitivus. Pari namque modo sancimus, omnes in parochiis ejus degentes, sive ordinationem et promotionem cujuslibet ecclesiastici gradus a pontifice ipsius percipientes, eidem ipsi matrici Ecclesiæ episcopoque illius debere canonice placere obsequi, et jure obedire. Si quidem decreto beati Clementis papæ super hoc ita cautum videtur (*epistola 3, ad Rufinum Toran.*): *Si vobis episcopi non obedierint, omnes presbyteri, diaconi, subdiaconi ac reliqui clerici cuncti, omnesque principes tam majoris ordinis quam inferioris, atque reliqui populi, tribus et linguæ non obtemperaverint, a limitibus sanctæ Ecclesiæ Dei*

alieni erunt, dicente Domino: Qui vos spernit, me spernit (*Luc.* x, 16). Inter hæc quoque omnia, quæ ad supradictam Treverensem Ecclesiam intra et extra civitatem pertinere videntur, id est Ecclesias cum universis rebus sibi attinentibus, seu monasteria tam monachorum quam virginum, quæ ex præceptis, sive scriptis regum, seu imperatorum, sive eorumdem fundatorum auctoritate ad se pertinent et pertinere debent, et quidquid omnino illa ipsa Ecclesia ubique, et quoquo merito possidet et possidere debet generaliter et specialiter concedimus, reformamusque præfato Theoderico fratri et coepiscopo nostro, suisque successoribus ad perpetuam sanctæ Treverensis Ecclesiæ dominationem atque ditionem, per hujus nostræ apostolicæ telis præceptionis seriem, hac præsenti I indictione, et usque in finem sæculi valituram. Contra quam si quis agere præsumpserit, et quod juste et canonice a nobis decretum est in aliquo infringere tentaverit, sciat se ex Omnipotentis, et prædicti beati simi apostolorum principis omniumque sanctorum, ac deinde nostra auctoritate damnandum et anathematizandum, cum omnibus impiis æternis suppliciis deputandum. Qui vero hoc privilegium nostrum observare fideliter statuerit, benedictionis gratiam et misericordiæ plenitudinem in cœlestibus castris inter electorum numerum efficaciter a Domino Deo consequi mereatur.

Scriptum per manum Stephani notarii, scriniarii sanctæ sedis apostolicæ, in mense Januario indictione I.

Data vi Kal. Februarii per manum Widonis episcopi et bibliothecarii sanctæ sedis apostolicæ, anno, Deo propitio, pontificatus domni Benedicti sanctissimi summique pontificis, et universalis VI papæ primo, imperii autem domni Ottonis majoris XII, minoris autem VI.

III.

Benedictus . . . . . [VI] papa Petro reverentissimo abbati monasterii Sancti Benedicti et Sanctæ Scholasticæ, confirmat omnia bona, inter quæ domum et ecclesiam Sancti Viti Romæ in regione VII, et monasterium Sancti Erasmi, et monasterium Sanctorum Cosmæ et Damiani, cum casis et curte positum Romæ juxta viam Latam, cum curte majori et ecclesia infra se, quæ est in honore sancti Benedicti et sanctæ Scholasticæ, quod fuit de Joanne presbytero, duce castelli Albanensis, posita Romæ regione tertia, in loco qui dicitur Massa Juliana.

(Anno 975.)

[MURATORI, *Antiq. Ital.* V, 774.]

. . . Scriptum per manum Benedicti scriniarii sanctæ summæ et apostolicæ sedis, mense Novembrio, indictione II. Bene Valete. Data VI Kalendas Decembris per manum Joannis Deo amabilis primicerii summæ apostolicæ sedis, anno, Deo propitio, pontificatus domni Benedicti summi præsulis sexti papæ in sacratissima sede, beati Petri apostoli primo, imperante domno Ottone pissimo perpetuo Augusto a Deo coronato pacifico imperatore.

IV.
Benedicti VI privilegium pro monasterio Vizeliacensi.
(Anno 973.)

[D'Acherii, *Spicil.* II, 504.]

Benedictus episcopus, servus servorum Dei, Eldrado religioso abbati sancti Vizeliacensis cœnobii omnique congregationi ejusdem monasterii in perpetuum.

Quoties illa tribui a nobis optantur, quæ rationi incunctanter conveniunt, animo nos debet libenti concedere, et petentium desideriis congruum impertiri suffragium. Atque ideo quia postulasti a nobis, quatenus privilegium sedis apostolicæ monasterio Vizeliaco, cui præesse dignosceris, quod constat olim a Gerardo nobilissimo et Christianissimo viro, necnon et Berta uxore ejus, in honore Domini et Salvatoris nostri Jesu Christi et veneratione beatissimæ semper virginis Mariæ genitricis ejusdem Domini nostri Jesu Christi constructum; in regno scilicet Burgundiæ, in pago Avalensi, quodque a præfatis fundatoribus beato Petro apostolorum principi pia devotione et testamenti pagina collatum est, facere deberemus; inclinati precibus tuis libenter fieri decrevimus. Unde et constituimus et apostolica auctoritate censemus, atque per hoc nostrum apostolicum privilegium confirmamus, ut nullus rex aut pontifex, vel abbas aut comes, vel qualiscunque magna vel parva persona, avaritiæ cupiditate correptus aut diabolica suggestione deceptus, audeat vel præsumat contra tuum honorem, o venerabilis Eldrade abba, qualicunque modo insurgere, in tua vita aut de tuo honore tibi molestias inferre, vel de omnibus rebus monasterii quæ tibi tuisque prædecessoribus a nobis nostrisque antecessoribus per paginam privilegii concessa atque firmata sunt, aliquas invasiones vel rapinas sive violentias inferre, si non vult, auctoritate Dei et sancti Petri et nostra apostolica excommunicatione, a corpore et sanguine Domini Jesu Christi et ab ingressu ecclesiæ disjunctum esse. Hoc quoque capitulo præsenti subjungimus, ut locum avaritiæ secludamus, nullum de regibus, nullum de episcopis vel sacerdotibus, vel de quibuscunque fidelibus, per se, suppositamve personam, de ordinatione ejusdem abbatis, vel clericorum, aut presbyterorum, vel de largitione chrismatis, aut consecratione basilicæ, vel de quibuscunque causis ad idem monasterium pertinentibus, audere in qualibet specie exenii loco quidquam accipere, neque eumdem abbatem pro ordinatione sua aliquid dare præsumere, ne hac occasione, ea quæ a fidelibus pio loco offeruntur, consumantur. Neque episcopus civitatis ipsius parochiæ nisi ab abbate ipsius monasterii invitatus, ibidem publicas missas agat, neque stationes in eodem cœnobio indicat, ne servorum Dei quies quoquomodo populari conventu perturbari valeat, neque paratas, aut mansionaticos exinde præsumat exigere. Susceptionem autem fidelium et religiosorum virorum atque beneficentiam, quam jubet Apostolus cunctis exhibendam pro possibilitate loci et facultatum, non modo ibidem fieri [non] denegamus, verum etiam suademus : sed et modus in numero congregationis adeo conservetur, ut nec pluralitas penuriam, nec paucitas inhabitantium destitutionem loci inducere valeat. De cætero notum fieri volumus quia devenerunt ad nos deprecatoriæ litteræ Gerardi episcopi Augustodunensis Ecclesiæ, pro decimis quatuor ecclesiarum, sancti videlicet Petri, et sancti Christophori, sanctique Germani, nec non sancti Leodegarii, quas ipse prædictus abbas ab eodem episcopo impetraverat, sicuti antecessores ejus ab episcopis ipsius sedis per succedentia tempora ordinatis fecisse noscuntur, ut sub confirmatione nostri privilegii corroboraremus, quod et fecimus, excommunicantes, ut nullus Augustodunensis Ecclesiæ episcopus aliquam calumniam abbati ejusdem loci sive monachis de ipsis inferat ecclesiis, sive de decimis, tam ipse quam aliqua emissa persona valeat minuere aut in aliam transferre parochiam. Si quis vero regum, episcoporum, sacerdotum, abbatum, judicum, comitum, aut sæcularium personarum, contra hanc nostræ institutionis paginam venire tentaverit, percussus apostolico anathemate, potestatis honorisve sui dignitate careat, reumque se coram divino judicio cognoscat, et nisi ea quæ a se male acta sunt deleverit, a sacratissimo corpore Domini nostri Jesu Christi alienus fiat, atque æterno examini districtæ ultionis subjaceat. Cunctis autem eidem loco justa servantibus sit pax Domini nostri Jesu Christi, quatenus et hic fructum bonæ actionis recipiant, et apud districtum judicem præmia æternæ pacis inveniant.

Scriptum per manum Stephani Nicolani episcopi [*leg.* Stephani notarii regionarii] et scriniarii S. R. Et in mense Novembri, indict. II. Datum IV Kal. Decembr. per manum Joannis episcopi [bibliothecarii est sedis apostolicæ, anno I pontificatus domini Benedicti sanctissimi VI papæ, imperante domno Ottone a Deo coronato magno imperatore, anno VI, indict. II.

V.
Benedictus VI papa monasterii S. Petri Rodensis privilegia confirmat.
(Anno 974.)

[Dom Bouquet, *Recueil*, IX, 242.]

Benedictus episcopus, servus servorum Dei Ildesindo religioso abbati venerabilis monasterii S. Petri apostoli, fundati in comitatu Petralatense in monte quem dicunt Rodas subtus castrum Verdariæ, et per te in eodem venerabili monasterio successoribus abbatibus in perpetuum.

Quoniam concedenda sunt quæ rationabilibus desideriis pertinere noscuntur, nostri apostolatus auctoritas, ad roborandam piam fidelium devotionem, in præstandis privilegiis debet minime abnegari. Igitur excellentiæ tuæ laudabilis mansuetudo postulavit a nobis quatenus apostolica auctoritate per hoc privilegium concederemus et confirmaremus tibi tuisque successoribus. In perpetuum supra dictum monasterium, cum omnibus suis adjacentiis et pertinentiis, cum finibus terminisque suis. Et ideo tuis piis desideriis faventes, nostra apostolica auctoritate decernimus ad ipsum præfatum S. Petri apostoli monasterium cum omnibus suis amodo et usque in finem sæculi sub patrocinio et defensione sanctæ Romanæ et apostolicæ matris Ecclesiæ perpetim permanendum, et sub tuitione sanctæ nostræ, cui Deo auctore deservimus, Ecclesiæ constitutum, nullius alterius juri et ditioni submittatur, nisi sub tua tuorumque successorum in perpetuum.

Confirmamus namque tibi tuisque successoribus prædictum monasterium cum suis terminis et adjacentiis, et cum omnibus quæ inferius continentur, id est, ab ipsa meda quæ est infra portum Fraxani et ipso raso usque in locum quem dicunt Tres fratres, a parte videlicet orientis usque in medium mare; atque inde vadit ad ipsum locum quem vocant Molinum de Balaschó, indeque pervenit ad ipsam Tamarit, et inde pergit usque ad ipsam Petrafitam, et serram usque in ipso Fitorio de monte Pininello et vadit ascendendo usque in firmitatem ipsius montis, atque descendendo pergit per ipsam viam usque in locum quem vocant Sorberelo, et descendendo pervenit in ipsam Clusam et ad ipsum casalem de Friulano. Inde vero ascendit per jam dictam viam ad ipsum casalem de Salvatore, et ad ipsum collum Trederici de Vinea Vitula, et pervenit usque in summitatem montis, qui ibidem est. Inde vero vadit per ipsam serram usque in collum de Hermeneardo, et pervenit ad fontem sive ad collum de Filmera, et inde ad collum S. Genesii; sicque ascendendo et descendendo vadit per summitatem de ipsa serra quam vocant Calmi, et pervenit subtus ipsum castrum quem vocant Pinna Nigra usque in ipsas vineas quæ sunt de Palatio. Et vadit subter ipsam silvam quæ est ad meridiem subtus castrum Virdariæ usque subtus ipsam rocham quam dicunt Fitorio, et ascendit ad vallem de Fulcimania, atque pervenit subtus fontes de Bevolis in vallem de Frinone. Inde vero vadit per ipsas rochas usque in montem de Infesta, et descendit a parte Occidentis per ipsam viam publicam usque in rocham Ventosam, et in ipsum usque locum qui vocatur de valle Budiga; et ascendit ad ipsam crucem, sicque descendit usque in viam de jamdicta cruce per ipsam vallem usque in reigo de Budiga. Inde descendit in collum de Terrario, et pervenit in summitatem montis quem dicunt Rocha Morena. Deinde a parte circii descendendo et ascendendo pervenit in summitatem de Wardia Maurisca, et pergit per summam serram usque in parada de Durando, et pervenit per summam serram usque in rederix de sancto Genesio. Et ascendit per summam serram in ipsum pugium qui est super ipsum Rovescarium, et descendit per ipsam serram ad jam dictam medam quæ est intus in mare. Item infra hos terminos confirmamus tibi tuisque successoribus ecclesiam sanctæ Crucis cum decimis et primitiis, et S. Joannis cum decimis et primitiis et oblationibus, atque alodibus ad ipsas Ecclesias pertinentibus, et ecclesiam S. Baudilii in valle Tabellaria, et ecclesiam S. Stephani quæ est in valle Subiradellos, et ecclesiam S. Fructuosi, et ecclesiam S. Vincentii quæ est in valle Lanciani cum decimis et primitiis suis, et ecclesiam S. Genesii, et ecclesiam S. Petri cum ipso castro Miralias, et ipsum castrum Virdariæ cum ipso castellare et cum ipso Fitorio, et cum Pinna Nigra, cum omnibus rochis, terris et sylvis, quæ infra hos terminos sunt, excepto ipsam silvam de sancto Romano, sicut resonat in charta quam fecerunt Gausfredus comes et episcopus Suniarius ad jam dictum cœnobium.

Item confirmamus ad ipsum cœnobium in perpetuum stagnum de Castilione cum ipso gradu de mare et cum ipsis insulis, sicut resonat in præcepto Ludovici regis, sive in charta quam fecerunt Gauzfredus comes et Suniarius episcopus ad monasterium jam dictum, et quantum habet ipsum monasterium in villa Castellione et in villa Palatioli quem vocant Furtianum superiorem et Furtianellum minorem, et villarem Ildesindi cum ipsis stagnis et piscatoriis, et omnia quæ habet in termino de ipso Faro et villæ Saccari et villæ novæ et villare Stagniolo, cum ipsis stagnis et suis villarunculis, et quantum habet in villa Petralta, et in villa Oleastri, et in villa S. Clementis, et in villare Dodolfini, et in comitatu Impuritano, et quantum habet in villa Militiano, quem vocant Sanctum Petrum; et in villa Armentaria cum ipsa ecclesia S. Martini, et in villa Mucroni, et in villa Columbi, et in villa Chaniano cum ecclesia S. Martini, et in villa Suntrana, et in villa Dalmalia, et in villa Torricella, et in villa Rinbeuri mortui. Et in comitatu Bisuldunensi, quantum habet in villa Lertio vel in molendinos, vel in Tapiolas quas vocant Figarias. Et in comitatu Gerundensi, ipsum mansum qui est infra muros ejusdem civitatis, et villam Palatioli cum Ecclesia S. Genesii, et ecclesiam sanctæ Mariæ in Blandas, et Ecclesiam sancti Juliani, et Ecclesiam sancti Gaugini, et villam Felgari cum ecclesia sancti Cypriani, et Ecclesiam sanctæ Justæ, cum decimis et primitiis et oblationibus ad easdem Ecclesias pertinentibus, et ipsum pinum qui fuit de Borello, et alaudia Soccoronio. Et in comitatu Barchinonensi, et in Vallensi, in monte Signio, et in valle Jordaria, quantum ibidem habet. Et in villa Larona, et in Agello, et in Terminio de Olerdula in Penades alaudem qui fuit de Guilisclo. Et in comitatu Ausona, quantum habet in villa Berga, cum ipsa ecclesia Sanctæ Ceciliæ cum suo alaude, et alaudem quem habet in terminio de castro Cardona, et in Correzano ecclesiam Sanctæ Mariæ et Sancti Petri cum suo alaude. Et in comitatu Paliarensi, juxta civitatem Liminianam, ecclesiam S. Andreæ et omnia quæ habet in eodem comitatu. Et in comitatu Cerdaniæ in villa Atzela ecclesiam S. Petri et Sanctæ Columbæ cum decimis et primitiis, et alaudibus oblationibusque ad eam pertinentibus, et quantum habet in villa Exi, villam Villellam in Confluenti cum terminibus suis. Et in comitatu Funilictensi ecclesiam S. Andreæ in valle Poziliano, et quantum ibidem habet. Et juxta muros Narbonæ mansum unum. Et in comitatu Rossilionensi ecclesiam S. Salvatoris cum villare Miliani, et villam Lupiani, et ecclesiam sanctæ Columbæ cum decimis et primitiis, et villam Conjunctam cum suis molendinis, et villam Pollestris cum Ecclesia S. Martini, cum decimis et primitiis atque alaudibus, et villam Torrilias cum ecclesia S. Petri, cum primitiis et oblationibus. Et in comitatu Valle Asperi alaudem de Campellos et de valle Crosa, et villam de rivo Nugario cum ecclesia S. Michaelis cum decimis et primitiis.

Decimias et primitias et oblationes de jam dictis ecclesiis, et monasterium supradictum, et loca et alodia cum omnibus finibus, limitibus, terminis et adjacentiis, quantum hodie ipsum monasterium infra hos comitatus superius scriptos habet, et auxiliante Deo acquisiturus erit, juris sanctæ Romanæ, cui Deo auctore deservimus, Ecclesiæ, a præsenti secunda indictione ipsum monasterium villas, et alaudes, et ecclesias, cum omnibus eorum pertinentiis, ut supra legitur, in perpetuum per hujus privilegii seriem stabilimus tibi tuisque successoribus detinendum, et cum Dei timore regendum et dispensandum, ita ut nullus unquam regum, nullus episcoporum, nullusque hominum in quolibet ordine et ministerio constitutus, audeat moleste causis ejusdem monasterii incumbere, et hæc omnia, ut supra jussimus in perpetuum persistant, statuentes apostolica censura sub divini judicii obtestatione et anathematis interdictione ut nullus unquam nostrorum successorum pontificum præsumat aliquam vim aut invasionem in rebus ipsius monasterii facere. Post obitum vero abbatis nemo ibi abbatem constituat nisi quem consensus et communis voluntas fratrum ex ipsa congregatione elegerit, secundum Deum et S. Benedicti regulam, nullumque præmium sive donum pro consecratione illius aliquis accipere contendat. Et si cum gratis episcopus ordinare noluerit, ad cujus diœcesim ipse pertinet locus, vel a nostra Romana matre Ecclesia vel a quocunque voluerit episcopo per nostram auctoritatem libere ordinetur. Si quis autem, quod non optamus, nefario ausu præsumpserit hæc, quæ a nobis ad honorificentiam Domini nostri Jesu Christi pro stabilitate jam dicti monasterii statuta sunt, transgredi, sciat se anathematis vinculo innodatum, et cum diabolo, et omnibus impiis æterni incendii atrocissimo supplicio deputatum. At vero qui pio intuitu custos et observator eorum exstiterit, omnimodæ benedictionis gratiam, omniumque peccatorum suorum absolutionem, et cœlestis vitæ beatitudinem cum sanctis et electis a misericordissimo Domino Deo nostro consequi mereatur in sæcula sæculorum. Amen.

Scriptum per manum Stephani notarii regionarii et scriniarii nostræ apostolicæ matris Ecclesiæ in mense Aprilis et indictione secunda. Bene valete.

VI (1).

Benedictus papa VI monasterii S. Cæciliæ Montisserrati privilegia confirmat.

(Anno 972.)

[Dom Bouquet, *Recueil*, IX, 241.]

BENEDICTUS episcopus, servus servorum Dei, Cæsario abbati venerabilis cœnobii Sanctæ Cæciliæ Montisserrati, et cunctæ tuæ congregationi successoribusque tuis perpetuam in Domino salutem.

Quoniam concedenda sunt quæ rationabilibus desideriis pertinere noscuntur, nostra apostolica auctoritas, ad roborandam piam fidelium devotionem, in præstandis privilegiis debet minime abnegari. Igitur excellentia tua et laudabilis mansuetudo postulavit a nobis quatenus apostolica auctoritate per hoc privilegium concederemus et confirmaremus tibi tuisque successoribus in perpetuum supradictum monasterium, cum omnibus adjacentiis et pertinentiis, cum finibus terminisque suis. Et ideo tuis piis desideriis faventes, nostra apostolica auctoritate decernimus ad ipsum præfatum Sanctæ Cæciliæ monasterium, cum suis terminis et adjacentiis, et cum omnibus quæ inferius continentur. Ita sane ut nullus rex, archiepiscopus, episcopus, comes, vel vicecomes seu aliqua magna parvaque persona sub jure et dominio suo prædictum monasterium mittere audeat, et non habeat potestatem vel licentiam alienare eumdem locum, vel sub alterius monasterii dominatione submittere; sed semper liberum et solidum retineas tuæ ac Romanæ ecclesiæ potestati : et nullus mortalium, quæ ibi sunt modo vel erunt, invadere vel usurpare præsumat, aut fratres ibidem servientes inquietare; ita ut nullus unquam regum, nullus episcoporum, nullusque hominum in quolibet ordine et ministerio constitutus audeat moleste causis ejusdem monasterii incumbere, nec homines illorum per ullam causam distringere. Et ipsum monasterium, villas et alodes, decimas et primitias, quas dudum habuit et in antea acquisierit, et ecclesias cum omnibus eorum pertinentiis, ut superius legitur, in perpetuum per hujusmodi privilegii seriem stabilimus tibi tuisque successoribus detinendum, ac Dei cum tremore regendum, et dispensandum. Et hæc omnia, ut supra jussimus, tota in perpetuum persistant. Statuentes apostolica censura sub divini judicii obtestatione et anathematis interdictione, ut nullus unquam nostrorum successorum pontificum præsumat aliquam vim aut invasionem in rebus ipsius monasterii facere. Post obitum vero abbatis nemo ibi abbatem constituat, nisi quem consensus et voluntas communis fratrum ex ipsa congregatione elegerit secundum Dei timorem et S.

(1) Dubium.

Benedicti regulam, si ibi dignus inventus fuerit, nullumque præmium sive domum pro consecratione illius aliquis accipere contendat. Et si eum gratis episcopus ordinare noluerit, ad cujus diœcesim ipse pertinet locus, vel a nostra matre Ecclesia Romana vel a quocunque episcopo per nostram auctoritatem libere ordinetur. Qui vero custos et observator hujus nostri privilegii fuerit, gratiæ omnipotentis Dei et apostolorum Petri et Pauli particeps nostra benedictione fruatur. Qui vero, quod non optamus, contemptor et transgressor hujus nostri privilegii fuerit, iram omnipotentis Dei incurrat et a corpore et sanguine Christi extraneus fiat, et a nostra apostolica auctoritate, quo usque digne satisfecerit, excommunicatus maneat, a sanctæ Ecclesiæ collegio sequestratus, sociatus illis qui dixerunt Domino Deo : *Recede a nobis, scientiam viarum tuarum nolumus* (Job XXI, 14); et anathematis vinculo innodatus, cum diabolo et omnibus impiis æterni incendii baratro deputetur.

Scriptum per manum Petri diaconi sanctæ Romanæ Ecclesiæ et concellarii sacri palatii in mense Decembrio die XVI, indictione XV.

INDEX

IN

FLODOARDI HISTORIAM ECCLESIÆ REMENSIS.

A

Abbo Antissiodorensis episcopus, 207.
Abbo Tricassinus ep., 106.
Abel archiepiscopus Remensis, 121.
Accusare qui non possint, 103.
Achadeus comes, 219.
Actardus Namnetensis, ep., 190, 212, 260, 283.
Adalardus abbas, 252.
Adalbernus, ep., 220.
Adalbero ep. Metensis, 311.
Adalgarius abbas, 252.
Adelgarius Hamburgensis ep., 265.
Adelmus comes, 241.
Adeloldus Turonensis, 203.
Adelonus clericus excom., 312.
Ado abbas, 113.
Ado Viennensis archiep., 202.
Adrianus papa, 118, 121, 191, 201, 202, 201.
Adventius Metensis episcopus, 222.
Adultera pejerans punita, 321.
Ægidius archiepiscopus Remensis a Childeberto capitis et accusatus, 96 *et seqq.* Ordine remotus et exsilio mulctatus, 97.
Æneas Parisiorum episcopus, 207.
Aetius S. Remigii nepos, 83.
Agapitus papa, 301.
Agathmerus S. Remigii nepos, 83.
Agericus (S.), 316.
Agilimarus ep., 251.
Aglus ep., 207.
Agricola presbyter S. Remigii nepos, 63.
Agricola (S.) ecclesia, 40, 41.
Alamanni victi, 51.

Alaricus rex Gothorum fusus, 56, 57.
Albradus rex, 278.
Aldricus episcopus Transrhenensis, 222.
Alpais Ludovici imp. filia, 320.
Alstranus rex, 298.
Altharius decanus, 257.
Altmanus monachus, 257.
Almarus comes, 290.
Altmonis castrum ædificatum, 288 ; captum, 311, 302.
Altmi villare monasterium ædificatum, 107. Ecclesia bis corruit, 107, exstructa in honorem S. Petri et omnium apostolorum, 108. Privilegium monasterio concessum, 108.
Amalbertus comes, 219.
Amalricus religiosus archiep., 201.
Amausius archiep. Rem. 56.
Amblicum castrum combustum, 301.
Ampulla sancta e cœlo descendit, 52.
Anastasius abbas Rom. bibliothecæ custos, 253.
S. Andreæ apostoli dens, 321.
Angelbertus arch. Rem., 106 S. Antonis Aureliani episcopus, 57.
Ansiacus villa, 71.
Anselmus monachus, 257.
Anselmus nobilis, 213.
Apor archiep. Rem., 56.
Apollinaris (S.) martyr, 55, vidit cœlos apertos, 55 ; ejus miracula, 54 ; ossa translata, 56.
Arbidogilus villa, 101.
Arnoldus ep. Tullensis, 228, 229.
Arnulfus (S.) episcopus Metensis, 102.
Arnulfus Transrhenensis, 260, 273.
Artoldus arch. Rem., 73, 117, 297, 300, 312, Remis

pulsus, 299 ; restitutus, 303, cogitur se abdicare archiepiscopatu, 306; ei data possidenda moneta urbis Rem., 298; ejus controversia cum Hugone, 303, 304.
Atolus XII cœnodochia studio S. Remigii struxit, 84.
Attelæ villa, 268.
Attilas Laudunensis episcop., 107.
Avennacum monasterium, 250, 321.
Aurelianus Lugdunensis arch., 263, 264.

B

Balbacus vic. s, 289.
Balderichus (S.) abbas, 315 ; ejus mors et miracula, 314 *et seqq.*; corpus furto ablatum, 314 ; cujusdam abbatis in eumdem blasphemia, 315.
Balduinus comes Flandrensis, 189, 223, 241, 286, 290.
Balsamia (S.) S. Remigii nutrix, 44.
Balteunus S. Basoli nepos, 99.
Barnabas arch. Rem., 43.
Baruc arch. Rem., 43.
Basilica SS. Petri et Pauli Parisiis, 56, 57. Remis ad monasterium puellarum, 105, 106. Ad Cortem, 106. S. Symphoriani sl. e ad apostolos, 105, 106. S. Victoris, S. Basoli, 106. Crispini et Crispiniani, 106.
Basilicaris porta Rem., 116, 520.
Basilica villa, 520.
Basilius imp. Græcorum, 190.
Basolus (S.), 97 *et seqq.*, miracula ab ipso et in, 93, 99; illius ecclesia in Vitriaco, 107.
Bayo, 107, 108.
Bego correptus a dæmone 116.

Benedictus abbas, 48, 99, 107.
Benedictus papa, 156.
Benedictus (S.), 48.
Benna vehiculi genus, 75.
Bennadius sive Bennagius arch. Rem., 45.
Bercetum monasterium, 70.
Bercharius abbas, 107, 108.
Berna villa, 267.
Bernardus comes Arvernicus, 244.
Bernardus comes Redonensis, 213.
Bernardus comes Tolosanus, 241.
Bernardus ecclesiæ Remensis custos, 141.
Berno Catalaunensis ep., 229.
Bernoldi visio, 140, 192.
Berta Avennaci abbatissa, 250, 251, 266.
Berta Gerardi comitis uxor, 251.
Berta Guntberti uxor 321 ; ejus corpus, 321.
Bertharius presbyter, 271.
Bertramus comes, 216.
Berta Ricuini uxor mortua, 72, 73.
Beruinus Treverensis archiep., 203.
Betausius archiep. Rem., 56.
Blitgarius medius crepuit, 74.
Bonifacius (S.) in Gallis legatus, 118, 121, 122.
Boso comes, 247, 296.
Boso nobilis, 305.
Bova (S.), 313. Ejus corpus, 313.
Bovæ et Dodæ (SS.) monasterium, 319.
Brunardus abbas, 272.
Brunna monasterium, 313.
Burgundiones victi, 56.

C

Calixti (S.) corpus, 266, 282. Monasterium, 266.

268.
Campellis abbatia, 268.
Carlomannus Pipini filius 121. Ejus sepultura, 121.
Carlomanus Caroli regis filius adversus patrem consurrexit, 192; excommunicatus, 192.
Carlomannus diaconus regis filius, 244.
Carolus Magnus rex Franc., 122, 125.
Carolus Ludovici imp. F. rex Francorum, 87.
Carolus rex Francor. Lotharii frater, 138, res Ecclesiæ Rem., ablatas restituit, 144.
Carolus Pippini filius, 115, 116. Ejus sepulcrum, 117.
Carolus puer. rex, 268, 270, 273, 274. A suis destitutus, 295. Carcere liberatus, 296. Iterum custodiæ mandatus, 296.
Carolus Ludovici Transrhenani regis filius, 199, 255, 275.
Caviniacum a S. Remigio maledictum, 55.
Causostis humnitio occupata, 298. Obsessa et capta, 298.
Celsinus (S.), 68.
Celti villæ homines seditiosi maledicti a S. Remigio, 58.
Census publici rectores, 62.
Childebertus rex, 95.
Chilpericus, 95.
Christiani auguria captantes, aut cum paganis superstitiosos cibos comedentes, 105.
Clericus, 102, non debet adire forum sine permissu episcopi, 102. Clerici ab Ebone post suam depositionem ordinati gratibus ecclesiasticis privati, 155, 155, ad gradus recepti, 157.
Clodoveus sive Ludovicus Francorum rex, 50. Rothildem uxorem ducit, 50. Alamannos vincit, 51. Fit Christianus, 51; baptizatur, 51-52. Remigio possessiones dat, 53 Ejus victoriæ, 56; mors, 57.
Codiciacus villa, 55, 71.
Coenobium a S. Remigio ædificatum, 85, combustum, 94. Fons ibi exortus, 94.
Colutier non potest vivere in atriis aut cæmeteriis S. Remigii ecclesiæ circumjacentibus, 97.
Collaticia porta Rem, 320.
Confessio per litteras, 224.
Conradus dux, 75, 510.
Conradus rex, 502.
Controversia inter episcopos Suessionens. et Noviom., 126.
Corbanacum castrum captum, 298.
Corbeiacensis coenobii monachorum temeritas, 287.
Costa vicus, 288.
Cosmæ et Damiani (SS.) basilica, 106.
Crux major ecclesiæ S. Mariæ Remis furto sublata, 300.
Crucis signum de sanguine S. Oriculi, 42.

Culniclacus vicus, 511.

D

Dado ep. Virdunensis, 316.
Dagobertus rex Gall., 106.
Dingulfus, 525.
Denavilla, 517.
Dentlum dolor sanatus, 119, 120, 121, 145.
Deodati (S.) corpus, 231.
Deroldus ep., 367.
Dido ep. Laudunensis, 285.
Dionysii (S.) corpus Remis servatum, 89. Illius ecclesia, 392.
Dionysii (S.) monachi cum suis martyris corpore a Fulcone Remis excepti, 288.
Divitianus (S.) Suessionis episcopus, 32.
Doda (S.), 77. Ejus corpus, 315.
Dodilo Cameracensis ep., 281.
Donatianus (S.) arch. Rem., 56.
Drogo Metensis ep., 158.
Duodeciacum villa, 267.

E

Ebo arch. Rem., 56, 99, 127. Damnatus fidem conversit, 155. Dejoctus, 154 et seqq. restitutus, 157. Ad Lud. regem Germaniæ se confert, 158. Depositionis ejus judicii reparatio, 159 et seqq. Ejus libellus, 155, 156. Ei concessus civitatis munus, 151. Data abbatia S Columbani, 158. De eo visio, 155.
Ebrardus, 257.
Ebrardus clericus febri liberatus, 116.
Ecclesia B. Mariæ in arce Remensi fundata, 38, 59.
Ecclesiæ benedictio a morte liberati, 105.
Ecclesiæ Græcæ et Latinæ controversia, 190, 191. Inter Ecclesiæ facultates computandum quidquid sacerdoti ab extraneis donatur vel dimittitur, 101.
Ecclesiæ dilatis muri corruunt, 57.
Edelbaldus rex Angl., 159.
Edilulfus Anglorum rex, 159.
Electio episcoporum, 105, 195, 197, 251.
Engilgarius nobilis, 218.
Epiphanius abbas basilicæ S. Remigii, 97. Officio remotus, 97.
Episcopus an possit alienare bona Ecclesiæ, 105. Episcopi decedentis bona non licet occupare ante testamenti reseratiouem, 104. Episcopo an liceat ministeria sacra frangere, 104. Episcopi in Galliæ jurant fidelitatem, 210, 214. Unde eligendi, 255. Electi regia auctoritate, 105. Episcoporum electio, 105, 195, 197, 197.
Ecanrus Catalaunensis ep., 222.
Erlebaldus comes excommunicatus, 295. Interemptus ab excommunicatione solutus, 295.

Erluinus, 218.
Erudufridus, 261.
Ermunus Silvanectensis, ep. 205.
Eucherii (S.) Aurelianensis episcopi visio, 116.
Engelramnus comes, 244.
Eulogius S. Remigii intercessione vitæ et bonis redditus, 56.
Eurardus arch. Senonensis, 261.
Eura dus marchio, 266.
Europa (S.) virgo et martyr, 59. Sepulta, 40. Reliquiæ translatæ, 42.
Excommunicatio, 102.
Excommunicatus, 105.

F

Felix abbas S. Juliani martyris, 103.
Fercicus civis Remensis, 48.
Flavius arch. Rem., 95.
Flawardus auctoris avunculus, 100. Captus a latronibus, 100.
Flodoardus custodiæ mandatus, 299.
Florentius (S.) martyr, 40.
Folco comes, 241.
Folcuinus Moriuensis ep., 207.
Fons S. Basoli, 94. Fons in monasterio S. Theoderici et Theodulfi exortus, 94. Miracula ibi edita, 94.
Formosus papa, 277.
Formosus religiosus ep., 204.
Fortunatus Italicus poeta, 43.
Franci ad fidem conversi, 48, 49, 50, 51, 52. Francorum mos in regum electione, 274, 275.
Franco ep., 229.
Fredericus Moguntinus arch., 302, 508.
Fredericus sacerdos, 510.
Frotarius Biturigensis arch., 261.
Frotharius Burdegalensis ep., 204, 265.
Frotharius archiep., 279.
Folbertus Cameracensis, 297, 510, 575.
Fulco arch. Rem., 42, 120, 137, 261, 267. Ecclesiam item. auxit facultatibus, 267, 268, 287. Ejus scripta, 261, et seqq. Mors, 290.
Fulcrannus monachus, 236.
Fulerici cujusdam crimen, 151, 152. Excommunicatio, 200, 201, 258, 255.
Fulcricus Trecassinus ep., 223.
Fulradus S. Dionysii abbas, 116.

G

Gallus ep. Arvernensis, 106.
Gaudericus episcopus, 204.
Laudiacus locus, 316.
Gaugerici et Quintini (SS.) basilica, 106.
Gautsuinus, 255.
Genebaudus ordinatus episcopus Laudunensis, 55. Ejus peccatum, 54. Poenitentia, 54. Mors, 55.

Genovefæ (S.) altare in ecclesia S. Christophori in Remensi orbe, 59. Illius basilica, 107.
Gerardus comes, 259.
Gerberga regina, 302, 506.
Gerhardi presbyteri visio, 117.
Gerlanimons, villa, 517.
Germani (S.) basilica, 106.
Gernicæ cortis ecclesiæ redditæ cum abs furto ablatæ, 117.
Gibehardus abbas, 124.
Gibero quidam misere vexatus, 201.
Gibrianus (S.) ejusq. frater, 284.
Gingleium villa, 268.
Godefridus comes palatii, 318, 518.
Goiannus comes, 217.
Gondebaudus victus, 56.
Gondebertus Pertas dedit ecclesiæ SS. Timothei et Apollinaris, 55.
Gontarius archipresbyter, 258.
Gothescalcus hæreticus condemnatus, 159, 177.
Guthi tusi, 56, 57.
Goslinus comes, 244.
Gozlinus, 255.
Gregorius eccl. Rem. nomenculator, 204, 255.
Gregorius papa in Galliam venit, 159.
Grimo ep. Rotomag., 121.
Grimoaldus, 107, 114.
Grimm rius abbas, 254.
Grimoldus abbas, 252.
Guntarius abbas, 255.
Guntarius Coloniensis ep., 201.
Guuthaldus archiep., 209.
Gumbertus, 520, 521. Ejus corpus translatum, 531.
Guntmarus sacerdos, 519.
Guntramnus rex, 96.

H

Hadericus comes, 288.
Hæretici, 102.
Haligarii Cameracensis episcopi libri, 124.
Herbertus ep. Senon., 121.
Harduinus abbas Altvillarensis, 155.
Harduinus comes, 245.
Hectis Trevirorum archiep., 200.
Hedenulfus Laudunensis ep., 229, 255.
Helenæ (S.) translatio ad monasterium Altumvillare, 108 et seqq.
Heuricus rex, 296, 297.
Herricus Turonensis archiep., 202.
Heribertus comes, 294, 295, 296, 298, 299, 303, et s. qq. Excommunicatus, 301. Mortuus, 312.
Heribertus Heriberti comitis filius, 312.
Herigarius Maguntiæ præsul a S. Remigio flagellatus, 74.
Herilandus Tarvanensis ep., 270.
Herimannus Coloniensis arch., 205, 279.
Herimandus Moriensis ep., 285.
Heriveus arch. Rem., 34,

71, 82, 147, 291. Ejus mors, 293.
Herivens Herivei nepos, 291; excommunicatus, 50%.
Hermenricus rex impius, 275.
Hetilo archiep., 282.
Hetilo Noviomagensis ep., 230.
Hilaria diacona, 81.
Hibrii (S.) basilicæ Remis, 91, 522.
Hildebaldus episc. Suessionensis, 223.
Hildegarius Belvacensis ep., 297, 309, 312.
Hildegarius Meldensis ep., 226.
Hildemannus Belvacensis ep., 435.
Hildumus abbas S. Dionysii, 139, 251.
Hilueradus Ambianensis ep., 225.
Hincmarus Laudunensis ep., incusari Remensis nepos, 202, 207 *et seqq*. Ejus mors, 254.
Hincmarus monasterii S. Remigii abbas, 73.
Hincmarus arch. Rem., 76, 139, 140, 141, 142. Pallium obtinuit ad usum quotidianum, 151. Ejus libri ei scripta, 180, 186, 191 *et seq*. Mors, 260.
Hirmingardis Ludovici imp. uxor, dicta Augusta, 129.
Homicidium, 103.
Honoratus ep. Belvacensis, 283.
Hormisda papa, 262.
Hucbaldus comes, 291.
Hucbaldus m nachus a barbaris lædi non potuit, 115, 290.
Hugo abbas, 251.
Hugo Lotharii regis filius, 195, 248. Roma pulsus, 298.
Hugo Herib. F. arch. Rem., 94, 295, 296, 298, 301, 305. Diaconus, 249. Obtinet pallium, 300. Remis expulsus, 302, 303 Contemps t synodum, 303. Excommunicatus, 310, 312. Ejus seu felitas, 311.
Hungari Gallias infestant, 93,295. Lotharieuse regnum vastant, 295, 295.
Hungarius ep., 223.

I

Immo comes, 259.
Incestus 103.
Irmingardis Augusta, 230.
Irmingardis Bosonis conjux, 251.
Irmlasinda matrona, 251.
Irminiru iis regina, 253.
Isaac comes, 291.
Isaac Lingonensis episc., 235.
Isembertus, nobilis, 247.

J

Jesse Amblanensis ep, 131.
Joannes Cameracensis ep., 226.
Joannes episcopus, 204.
Joannes papa, 228, 260, 295, 296, 297. Trecas venit, 201.
Joannes Rotomagensis archiep., 205, 261.
Joannis (S.) basilica, 103.
Jocundus (S.) martyr, 40.
Jovinus sanct. Agricolæ

templum fundavit et decoravit, 40. S. Remigius ibi morari solitus, 41. Ejus vestigia graduum ecclesiæ lapidi us expressa, 41. Ejus reliquiæ, 316.
Judith Caroli regis filia Angliæ regina Balduino comiti nubit. 159.
Julicus villa, 55, 71. Miraculum ibi editum, 72, 73.
Juliani (S.) martyris ecclesia Remis, 84, 105, 106.

L

Lambertus designatus ep., 231.
Lambertus imp., 268, 270, 271.
Lampadius Remorum proses a dæmonio arreptus moritur, 34.
Laudo ep., 106.
Landramnus archiepisc., 200.
Lantardus sacerdos, 238.
Latro Genebaudi filius, 55. Ordinatus episcopus, 55.
Laudunensis episcop. primum ordinatus, 213.
Laudunum obsessum, 300. Captum, 306. Arx Nova capta, 293.
Leo episcopus custos bibliothecæ Rom, 204.
Leo IV papa, 151.
Lestemna villa, 268.
Leutegiselus, ep., 106.
Leudemarus abbas, 113.
Leutgardus regina Transrhenensis, 234, 321.
Libri fons, 321.
Lotharius rex Italiæ, 194, 195, 201. imp., 137, 194.
Ludovicus abb., 251.
Ludovicus imp., 116, 127, 326. Remiscum Stephano prpa exceptus,129. Muros dedit Eboni arch., 131. Ca tus a filiis et cilicio indutus ab episcopis, 133. Regno restitutus, 134. Mortuus, 137.
Ludovicus Caroli filius rex Gall, 196, 298, 300, 310, 376. Captus a Normannis, 302. Unctus, 306.
Ludovicus Ludovici regis filius, 313.
Ludovicus Transrhenensis sive Germaniæ rex, 55, 71, 138, 150, 153, 194, 195, 229, 270, 253, 216, 259.
Lues inguinaria intercessione S. Remigii depulsa, 68.
Luidberius Maguntinus præsul, 201.
Luitardus, 241.
Luithbrandus Italorum rex Beretum monasterium Moderanno tradit, 70.
Luitdulfus capellanus, 312.
Lupus Catalaunensis ep., 155, 205.
Lupus (S.) Trecassinus ep., 57, 41.

M

Macra (S.) virgo et martyr, 324. Illius templum, 525.
Magenardus mon., 236.
Majo comes, 211.
Manasses sacrorum violator, 270, 271.
Mancio Catalaunensis ep., 281.
Mancipia Christiana Christianis tantum venundanda, 103.
Maulacum villa, 218.
Manigauldus, 243.
Mapinius, ep., 93, 94.
Marcilianæ villa, 101.
Margolium villa, 268.
Maria sive Marotia Joannis papæ mater, 297.
Mariæ (B.) ecclesia in arce Remensi fundata, 55, 39.
Marinus episc., 504.
Marinus papa, 261, 262.
Marinus papæ vicarius, 310, 311.
Martini (S.) ecclesiæ in episcopio Remensi, 103, 106, 325.
Martis porta Rem., 28.
Martius conventus, 50.
Maternianus (S.) arch. Rem., 56.
Matusgus, 289.
Mauricii (S.) basilica, 105, 106.
Maurus (S.) presbyter, 55. Ejus reliquiæ, 55.
Medardi (S.) basilica, 105, 106.
Medardi (S.) monasterium, 256, 290.
Meumius (S.), 52.
Meretricum collectio Remis in vicinariu congregationem permutata, 88.
Merohlanus (S.) Scotus, 325.
Michael Græcorum imp., 190.
Michaelis (S.) oratorium in porta Basilicari Rem., 116.
Milo expulso S. Rigoberto factus arch. Rem., 116.
Milo Gerlanimontis præpositus, 317.
Miracula, 32, 33, 35, 36, 40, 41, 42, 44, 46, 52, 57, 58, 69, 71, 73, 75, 77, 80, 86, 87, 89, 90, 91, 98, 99, 100, 101, 109, 113 *et seqq*., 118, 119, 120, 155, 145, 288, 291, 313, 316, 519, 521, 522, 525 *et seqq*.
Moderannus Redonensis episcopus, 70. Bereceti abbas, 70.
Molendinum a S. Remigio eversum, 35.
Monasterium regale Rem. 520.
Monasterium in monte Bardoms a Moderanno ædificatum, 153.
Momia Bertæ neptis, 321.
Mons acutus obsessus, 311.
Mons Falconis. Monasterium ibi ædificatum, 315.
Montanus (S.) monachus, 45, et seqq.
Mosomum castrum reparatum, 292. Obsessum, 297. Captum, 508, 311.
Mulier ante reliquias S. Remigii sanata fatetur se proprium matrem occidisse, 89.
Municipiorum origo, 213.

N

Nantarius, 230.
Nazarenorum evangelium, 204.
Nicasius, arch Rem, 56, *et seqq*. Martyr, 36. Sepultus, 40. Ejus reliquiæ translatæ, 42. Basilica, 105, 106.

Nicolaus papa, 156, 157, 190, mortuus, 191.
Nivardus (S.) sive Nivo arch. Rem., 107. Ejus mors, 108.
Normanni Gallias vastant, 250, 262, 267, 270, 273, 280, 288, 314, 325. Fusi, 301. Ad fidem conversi, 215.
Notho, 137.
Notho Arelatensis arch., 207.
Novilliacum villa, 216.

O

Octulfus Trecassinus ep, 228.
Odal-icus Aquens. ep., 295, 301.
Odal-icus comes, 216.
Odelardus archipresbyter, 258.
Olila (S.) Reoli filia, 112.
Odo Belvacensis ep., 224. do Heri ei arch. Remensis frater, 291.
Odo rex, 269. Ejus et Caroli regis discordiæ, 526.
Oirannus Senogalliensis ep., 261.
Orbucense monasterium, 77.
Orcivallis villa, 101.
Oriculus (S.) martyr cum sororibus suis, 42.
Orientalium schismata et hæreses, 267.
Otho rex, 308, 310.
Outradus canonicus, 314.

P

Pagani Gallias vexant, 262.
Paganorum amicitia fugienda, 276.
Pallium non debet temere concedi episcopis, 267.
Hincmaro concessum ad usum quotidianum, 151.
Pardulus Laudunensis ep, 206.
Parisii obsessi a Normannis, 232, 273.
Patricia (S.), 246.
Pertæ villa, 53.
Pestis in Gallia et Germania, 294.
Petri (S.) crypta in ecclesia Rem., 127.
Pippinus Aquitanorum rex, 132, 199.
Pippinus rex Gal., 116. A S. Remigio correptus. 71.
Pleonicus archiepiscopus, 280.
Plumbea fontana villa episcopi Remensis, ibique miraculum editum, 75.
Polycarpi (S.) translatio, 110.
Primogenitus diacon., 36.
Principius Suessorum episcopus, 44.
Prudentius Trecensis episcopus, 205.

R

Rabanus (B.) Maguntiæ præsul, 200.
Rado subdiaconus Suession. dolore dentium liberatus a S. Remigio, 76.
Radulni monach. visio, 135.
Raganarius peremptus, 53.
Regenelmus Noviomagensis ep., 227.

Ragenoldus comes, 303, 311.
Ragimbaldus percussus et furiis agitatus moritur, 75.
Rainnerus, 207.
Ramoldus comes, 247.
Rampo sacrorum violater, 270, 271.
Ranciati munitio, 311.
Radoldus presbyter, 100.
Ratramnus excommunicatus, 257.
Remensis et Treverensis archiepiscopatus distinctio, 174, 197. Remensis sedes cæteris Gallicanis magis honorata, 262. Remensis Ecclesiæ reditibus aucta, 95, 94, 298; multa ei prius ablata restituta, 132, reparata, 150. Illius privilegia, 114, 122, 132, 141, 156, 265, 268, 285, 294.
Remi inter finitimos semper tenuerunt principatum, 31. Illorum origo, 27, 29, 31. Primi martyres, 52 et seqq. Remi obsessi, 37, 269, 299, 301, 302, 398, 508. Relicti solitarii, 40. Cremati, 47. Capti. Muro circumdati, 287. Durocortorum Remorum, 29. Remis hospitale ædificatum, 155. Signa visa, 295, 297, 298. Monasteria, 315, 526. Remis multa basilicæ fuerunt, quæ Flodoardi tempore non reperiebantur, 515. Scholæ restitutæ, 259.
Remigius (S.) dictus Remedius arch. Rem., 43, 44, 45. Silvæ in saltu Vosago fines manu sua terminavit, 71. Arianum episcopum convertit, 57. Male dixit seditiosis Cel i villæ, 58. Oculis privatus et restitutus, 58. Ejus mors, sepultura, testamentum, 59, 60 et seqq. Tumulus, 55. Cripta, 69. Oratorium, 72. Discipuli, 83 et seqq. Basilica, 105. Virtutes et miracula, 41, 43, 46, 47, 71, 77 et seqq. Possessiones, 53 et seqq. Corpus translatum, 69, 75, 76, 80, 260, 288, 291, 295.
Reolus, ep., 108, 111.
Ricardus sacrorum violator, 270, 271.
Richaldus chorepiscopus, 254.
Richildis regina, 253.
Riciovarus præf., 524.
Riculfus ep. Suessionensis, 526.
Rigetium nemus, ibique monasterium, 98.
Rigobertus (S.) arch. Rem, 113, 115. Remis pulsus, 116 et seqq. Exsulat in Vasconia, 117. Redit, 117. Ei datæ terræ circa Gerniacam, 114. Ejus obitus, 118. Translatio, 119. Reliquiæ, 292.
Robertus comes Carnotenus, 293. Rex constitutus, 294.
Robertus Treverensis arch., 302, 308, 310.

Rodoaldus archipresbyter, 254, 255, 256.
Rodoardus ep. Catalaunensis, 288.
Rodemia villa, 268.
Rodoardus Remensis Ecclesiæ præpositus, 258.
Roduicus (S.) 516.
Rodulfus Biturigensis ep., 201.
Rodulfus comes, 240.
Rodulfus ep. Laudunensis, 309, 311.
Rodulfus rex, 295, 296, 298, 305.
Romæ origo incerta, 29.
Romanus arch. Rem., 93.
Ejus ecclesia, 517.
Romulfus 19, ep., 97, 101.
Roricus Normannus, 241.
Rosetum villa, 73.
Rostanus Arelatensis arch., 203, 279.
Rotgarius rex, 295.
Rothadus Suessionensis ep., 76, 204. Depositus, 159, 162.
Rothildis Clodoveo nubit, 50.
Rotlandus archiep., 201.
Rotrudis monial., 251.
Rufinus et Valerius (SS.) martyres, 525 et seqq. Eorum basilica, 106.

S

Sacerdos superinductus ab Hincmaro excommunicatur, 257.
Sacra trium monasteriorum singulis annis in unum locum delata, 516.
Sacrilegium ab episcopo judicatur, 213.
Sanguis sudatur, 321.
Senderoldus Moguntinus arch., 265.
Senonensis episcopus primas Galliarum et Germaniarum, 202.
Sergius papa, 155.
Serpentes fugati, 74.
Servatius (S.) Tungrensis ep., 57.
Severus arch. Rem., 56.
Seulfus arch. Rem., 42, 147, 291. Ejus mors, 295, 505.
Sidonius Arvernorum ep., 49.
Sigebaldus diaconus multatus, 310.
Sigebertus rex, 107, 313.
Sigebertus sacerdos, 237.
Sigebodus sacerdos, 256.
Sigemundus ep., 230.
Sigloardus archipresbyter, 255, 256, 257.
Silvani et Siliviani (SS.) corpora, 55.
Sindulfi (S.) translatio, 111.
Sinicius II (S.) ep. Rem., 52. S. Sextus I, arch. Rem., 32. Ejus basilica, 105.
Sixti et Sinici (SS.) sepulcrum, 52. Eorum ossa translata in Remigii ecclesiam, 52. SS. Sixti et Sinici basilica unius presbyteri titulus, 52.
Sonnacius diaconus, 101.
Sonnatius arch. Rem, 102. Ejus acta et testamentum, 103.

Spanulfi villa, 314.
Sparnacum villam emit S. Remigius, 61.
Spernus abbas, 99.
Stephanus abbas, 285.
Stephanus papa, 262, 264, 271.
Stephanus papa Remis ab Ebone exceptus, 129.
Suavegotta regina villæ Virisiaci tertiam partem ecclesiæ Remensi delegat, 93.
Suessionica urbs incensa, 511. Suessionicæ ecclesiæ fundatio, 52.
Susanna abbatissa, 85.
Syagrius in Galliis occisus, 50.
Symmachus papa, 280.
Synodus Arelatensis, 56. Aurelianensis, 56. Belvacensis, 157. Carisiacensis, 252. Apud Engulenheim, 304. Apud S. Macram, 298. Namnetensis, 107. In Neustria, 248. Noviomensis, 126. Parisiensis generalis acta, 102 et seqq. Remensis, 136, 542. Suessionensis, 135 et seqq., 137. Ad Theoderici castrum, 297. Ad Theodonis villam, 151. Treverensis, 190 et seq., 260. Treverensis, 159, 511. Ad Troslegium, 293, 294, 296. Wangionensis, 265. Virdunensis, 305, 508.

T

Tenoilus villa, 74.
Tetbaldus pseudoepiscopus excommunicatus, 312.
Tetgisus presbyter, 109.
Teudechildis Suanegottæ filia, 94.
Teudoinus Herlvei Remensis præsulis legatus, 74.
Teudulfus comes, 212.
Teutberga abbatissa, 252.
Teutboldus Lingonensis ep., 264, 265, 270, 271, 285.
Teutgaudius Treverensis ep., 200.
Theobaldus excommunicatus, 311.
Theoderamnus, 107, 108. Fit monachus, 108.
Theodoricus Cameracensis ep., 206.
Theodericus comes, 247.
Theodericus rex Francorum lumen recipit, 86. Ejus filia mortua vitæ restituta, 87. S. Theoderici corpus tumulo condidit, 88.
Theodericus (S.) 84 et seqq. Ei data Vendera villa, 87. Ejus miracula, 86 et seq. Monasterium, 92, 94. Basilica, 105.
Theoderici et Theodulfi (SS.) monasterium, 106.
Theodulus (S.), 89 et seq. Abbas, 90. Nunquam cessavit ab exercitio, 90. Ejus miracula, 90 et seqq. Aratrum, 90. Ejus reliquiæ, 292.
Tilpini arch. Remensis mors, 122, 125.
Timotheus (S.) martyr, 55 et seqq. Vidit cœlos aper-

tos, 33. Illius miracula, 35. Ossa in Saxoniam translata, 36.
Timothei et Apollinaris (SS.) ecclesia, 33, 105, 106.
Tonantii et Jovini (SS.) corpora, 35.
Transulfus abbas, 232.
Treverensis et Remensis archiepiscopatus, 174, 197.

U

Ursus archidiaconus S. Remigio familiaris, 83.

V

Vasneia villa, 326.
Vedasti (S.) abbatia, 290.
Venatio in silva Rigetia apud cellulam S. Basoli, 98.
Veranus (S.) 288, 289.
Victoris (S.) ossa, 351.
Viriziacum monasterium 112.
Virtudis villa, 268.
Visto, 133, 140, 192, 319, 321.
Viti (S.) basilica, 106.
Vitonus, (S.) 316.
Viventius (S.) archiep. Remensis, 56.
Vuldensis ecclesia consecrata, 312.
Vulfadus Biturigensis ep., 204.
Vulfadus canonicus Remensis cum sociis, 154, 190, et seqq., 202, 259.
Vulfarius arch. Rem. Carolo Magno carus, 126.
Vulfingus, 258.
Vulfiniaco in Rivo oratorium in S. Remigii honorem dedicatum, 75.
Vulpecula Genebaudi filia, 55.

W

Walas Metensium præsul, 229.
Walterus Senonensis arch., 270, 271, 280.
Wandali trepidi fugiunt a civitate Remensi, 40.
Wandalorum persecutio 36 et seqq., 57, 41.
Warnerius pagi Vormacensis comes, 74.
Wastitia villa, 315 et seqq.
Welfus nobilis, 241.
Wido ep. Suessionensis, 309, 311, 512.
Wido imp., 268, 274, 375.
Wifredus Morinensis ep., 311.
Willelmus Normannorum dux, 299, 506.
Willebertus Catalaunensis. ep., 227.
Willebertus arch. Coloniensis, 515.
Winemarus Fulconis arch. Rem. interemptor, 290.
Witio Rotomagensis arch., 291.

Y

Yvo pseudoepiscopus excommunicatus, 312.

Z

Zacharias papa, 117, 121.
Zeudeboldus Arnulfi regis filius, 272.

ORDO RERUM
QUÆ IN HOC TOMO CONTINENTUR.

FLODOARDUS CANONICUS REMENSIS.

Notitia historica in Flodoardum.	9
Notitia altera.	15
Notitia bibliographica.	19
De Flodoardo testimonia et elogia.	21

HISTORIÆ REMENSIS ECCLESIÆ LIBRI QUATUOR. 23

Præfatio ad lectorem. 23
Prologus auctoris. 27

LIBER PRIMUS. 27

Cap. I. — De conditione urbis Remensis. 27
Cap. II. — De amicitia Romanorum atque Remorum. 29
Cap. III. — De primis hujus urbis episcopis. 32
Cap. IV. — De primis ejusdem martyribus urbis. 32
Cap. V. — De successoribus præmissorum præsulum. 36
Cap. VI. — De sancto Nicasio. 36
Cap. VII. — De miraculis ipsius ecclesiæ. 41
Cap. VIII. — De S. Oriculo et sororibus ejus. 42
Cap. IX. — De successoribus beati Nicasii. 42
Cap. X. — De S. Remigio. 43
Cap. XI. — De ordinatione ipsius ad episcopatum Remensem. 45
Cap. XII. — De diversis ab eo patratis miraculis et de doctrina ipsius. 46
Cap. XIII. — De conversione Francorum. 49
Cap. XIV. — De possessionibus quas ei rex Ludovicus et Franci contulerunt. 55
Cap. XV. — De victoriis Ludovici per auxilium sancti Remigii et fine ipsius regis. 56
Cap. XVI. — De synodo ubi convertit hæreticum. 57
Cap. XVII. — De mitigatione ignis, et obitu ejusdem, vel sepultura ipsius. 58
Cap. XVIII. — Testamentum ab ipso editum. 60
Cap. XIX. — De remedio pestis inguinariæ et cæteris per ipsum collatis. 68
Cap. XX. — De translatione corporis ipsius, et quibusdam denuo patratis miraculis. 69
Cap. XXI. — De altera vel iterata translatione, seu relatione corporis ejus ad urbem. 75
Cap. XXII. — De remediis subinde pluribus impensis. 77
Cap. XXIII. — De discipulis ejusdem beati Remigii. 83
Cap. XXIV. — De S. Theodorico. 84
Cap. XXV. — De S. Theodulfo. 89
Cap. XXVI. — De fonte in horum sanctorum monasterio nuper exorto. 91

LIBER SECUNDUS.

Cap. I. — De successoribus beati Remigii. 94
Cap. II. — De Egidio præsule. 94
Cap. III. — De S. Basolo. 97
Cap. IV. — De Romulfo præsule. 101
Cap. V. — De Sonnatio episcopo. 102
Cap. VI. — De Leudegiselo episcopo, Angelberto et Landone. 106
Cap. VII. — De S. Nivardo. 107
Cap. VIII. — De translatione S. Helenæ ad ipsius sancti monasterium. 108
Cap. IX. — De translatione S. Sindulfi ad idem monasterium. 111
Cap. X. — De S. Reolo episcopo. 112
Cap. XI. — De S. Rigoberto. 113
Cap. XII. — De expulsione ipsius ab urbe Remensi. 115
Cap. XIII. — De miraculis in vita ipsius ostensis. 118
Cap. XIV. — De obitu et sepultura ipsius. 118
Cap. XV. — De translatione corporis ejusdem. 119
Cap. XVI. — De Abel ejus successore. 121
Cap. XVII. — De Tilpino episcopo. 122
Cap. XVIII. — De Vulfario episcopo. 125
Cap. XIX. — De Ebone præsule. 127
Cap. XX. — De Ebonis depositione. 134

LIBER TERTIUS.

Cap. I. — De electione vel ordinatione Hincmari. 137
Cap. II. — De reparatione judicii pro Ebonis depositione. 139
Cap. III. — De visione ejusdem Bernoldi. 140
Cap. IV. — De restitutione rerum ecclesiasticarum a Karolo rege peracta. 141
Cap. V. — De reparatione Remensis ecclesiæ ab ipso Hincmaro patrata. 144
Cap. VI. — De miraculis in eadem ecclesia postea declaratis. 145
Cap. VII. — De visione cujusdam Gerhardi presbyteri. 147
Cap. VIII. — De aliis quibusdam miraculis. 149
Cap. IX. — De secunda beati Remigii corporis translatione. 150
Cap. X. — De pallii quotidiani usu a Romanæ sedis præsule perceptione et rebus ecclesiæ sub eo concessis. 151
Cap. XI. — De synodo comprovinciali apud Suessionicam urbem habita. 153
Cap. XII. — De vacatione Cameracensis sedis et conjunctione Balduini cum Judith filia regis. 159
Cap. XIII. — De causa Rothadi suessonici episcopi depositi. 162
Cap. XIV. — De quodam Gothescalco schismatico. 177
Cap. XV. — De libris quos idem præsul Hincmarus composuit. 180
Cap. XVI. — De his quæ Karolo regi scripsit. 186
Cap. XVII. — De synodo sex provinciarum Galliæ apud Trecas habita. 190
Cap. XVIII. — Item de præfato rege Karolo. 191
Cap. XIX. — Quæ Ludovico ejusdem Karoli filio scripsit. 193
Cap. XX. — De iis quæ Ludovico fratri ejusdem Karoli scripsit. 193
Cap. XXI. — De his quæ quibusdam archiepiscopis vel episcopis scripsit. 200
Cap. XXII. — Quæ instrumenta vitæ, vel redargutiones Hincmaro nepoti suo scripserit. 207
Cap. XXIII. — Quæ Altfrido Transrhenensi episcopo et cæteris quibusdam episcopis scripserit. 222
Cap. XXIV. — Quæ abbatibus quibusdam scripta direxerit. 231
Cap. XXV. — Quæ sacerdotibus, vel monasteriis quibusdam scripsit. 235
Cap. XXVI. — Quæ viris quibusdam illustribus. 237
Cap. XXVII. — Quæ aliquibus reginis scripta miserit. 250
Cap. XXVIII. — Quæ sibi subjectis monita salutis ediderit. 254
Cap. XXIX. — De libro edito a se, qualiter Domini vel sanctorum sint imagines venerandæ. 260
Cap. XXX. — De translatione corporis S. Remigii a monasterio ipsius et obitu Hincmari episcopi. 260

LIBER QUARTUS.

Cap. I. — De episcopatu Fulconis et quæ scripta quibusdam Romanis pontificibus direxit. 261
Cap. II. — Quæ Formosus papa Fulconi vel Karolo regi, atque Odoni scripsit. 267
Cap. III. — Quæ Franciæ quibusdam præsulibus scripta legaverit. 269
Cap. IV. — Quæ Stephanus papa Fulconi, et quæ Fulco eidem papæ rescripserit. 271
Cap. V. — Quæ regibus quibusdam Fulco scripta direxerit. 272
Cap. VI. — Quæ diversis scripserit episcopis. 279
Cap. VII. — Quæ abbatibus, vel illustribus viris quibusdam. 285
Cap. VIII. — De rebus quibus episcopium auxit, et cæteris bonis quæ in episcopatu egit. 287
Cap. IX. — De sancto Gibriano et fratribus ejus. 288
Cap. X. — De interemptione Fulconis archiepiscopi. 290
Cap. XI. — De præsulatu domni Herivei. 291
Cap. XII. — De relatione beati Remigii ad monasterium suum. 291
Cap. XIII. — De reparatione castri Mosomi, aliarum

QUÆ IN HOC TOMO CONTINENTUR.

que munitionum quarumdam vel ecclesiarum. 292
Cap. XIV. — De synodalibus conciliis habitis et Nortmannorum conversione vel expeditione contra Hungaros. 292
Cap. XV. — De Karoli regis a suis derelicti sustentatione. 293
Cap. XVI. — De Erlebaldi comitis excommunicatione et absolutione. 293
Cap. XVII. — De obitu Herivei præsulis. 293
Cap. XVIII. — De successione Seulfi episcopi. 294
Cap. XIX. — De synodo quam habuit et cæteris actibus, vel fine ipsius. 294
Cap. XX. — De electione Hugonis filii Heriberti. 295
Cap. XXI. — De infestatione Hungarorum, et discordia inter Rodulfum regem exorta. 296
Cap. XXII. — De introductione Odalrici Aquensis episcopi Remis, et redactione sub custodia Karoli regis. 296
Cap. XXIII. — De simultate inter Hugonem et Heribertum comites, ac Rodulfum regem exorta. 296
Cap. XXIV. — De ordinatione domni Artoldi episcopi. 297
Cap. XXV. — De signis Remis visis et morbis inde secutis. 297
Cap. XXVI. — De receptione Ludovici post mortem Rodulfi regis. 298
Cap. XXVII. — De excommunicatione Heriberti comitis. 298
Cap. XXVIII. — De expulsione domni Artoldi ab urbe Remensi. 299
Cap. XXIX. — De malis quæ deinceps consecuta sunt. 300
Cap. XXX. — De occupatione Altimontis castri vel Mosomi et morte Heriberti. 301
Cap. XXXI. — De obsidione urbis Remensis ab exercitu Ludovici regis. 301
Cap. XXXII. — De restitutione regulæ in monasterio sancti Remigii et constitutione abbatis Hincmari. 302
Cap. XXXIII. — De repulsione Hugonis episcopi. 302
Cap. XXXIV. — De synodo Virduni habita. 303
Cap. XXXV. — De synodo apud Engulenheim congregata et excommunicatione Hugonis episcopi. Series litis inter Artaldum et Hugonem episcopos agitatæ. 304
Cap. XXXVI. — De obsessione vel incensione urbis Suessonicæ ab Hugone comite. 311
Cap. XXXVII. — De excommunicatione Hugonis comitis. 312
Cap. XXXVIII. — De quibusdam ecclesiis vel monasteriis urbis Remensis. 313
Cap. XXXIX. — De S. Balderico abbate. 313
Cap. XL. — De miraculis post obitum ipsius ostensis. 314
Cap. XLI. — De villa Waslicia. 315
Cap. XLII. — De ecclesia S. Romani, et miraculis in Galliani (Gerlani) monte. 317
Cap. XLIII. — De miraculo in Rheno flumine patrato. 318
Cap. XLIV. — De miraculis in monasterio sanctorum Bovæ ac Dodæ factis. 319
Cap. XLV. — De visione cujusdam puellæ. 319
Cap. XLVI. — De altero Remis puellarum monasterio. 320
Cap. XLVII. — De domno Guntberto et ipsius uxore Bera. 321
Cap. XLVIII. — De duabus ecclesiis S. Hilarii Remis. 322
Cap. XLIX. — De ecclesiis in honore S. Martini circumquaque per totum circiter episcopium constructis. 323
Cap. L. — De miraculis S. Martini Remis ostensis. 324
Cap. LI. — De sancta Macra virgine. 324
Cap. LII. — De sanctis Rufino et Valerio martyribus. 325
AUCTARIUM FLODOARDI. 327
SCHOLIA IN LIBROS HISTORIÆ REMENSIS ECCLESIÆ. 329
APPENDIX AD HISTORIAM REMENSIS ECCLESIÆ. 405
Statuta synodalia. 405
De ministris. 407
Sequuntur gesta. 409
Decretum cleri Laudunensis de Hedenulfo electo episcopo. 411
Appendicula Historiæ Flodoardi. 413
ANNALES FLODOARDI. 418
Admonitio ad lectorem. 418
FLODOARDI OPUSCULA METRICA. 492
Invocatio. 492
DE TRIUMPHIS CHRISTI SANCTORUMQUE PALÆSTINÆ LIBRI TRES. 492
Incipit liber primus. 492

Incipit liber secundus. 509
Incipit liber tertius. 530
DE TRIUMPHIS CHRISTI ANTIOCHIÆ GESTIS, LIBRI DUO. 550
Præfatio. 550
Incipit liber primus. 550
Incipit liber secundus. 571
DE CHRISTI TRIUMPHIS APUD ITALIAM LIBRI QUATUORDECIM. 595
Prœmium. 595
Liber primus. 597
Liber II. 614
Liber III. 635
Liber IV. 651
Liber V. 671
Liber VI. 691
Liber VII. 711
Liber VIII. 727
Liber IX. 747
Liber X. 765
Liber XI. 792
Liber XII. 815
Liber XIII. 834
Liber XIV. 854

SANCTA MATHILDIS REGINA.

Vita S. Mathildis. 855
Observationes præviæ. 885
Præfatio. 889
Incipit laudabilis vita gloriosæ reginæ Mathildis. 890

GUMPOLDUS EPISCOPUS MANTUANUS

Vita Vencezlavi ducis Bohemiæ. 919
Observationes præviæ. 919
Prologus. 923
PASSIO S. VENCEZLAVI MARTYRIS. 923

ERACLIUS LEODIENSIS EPISCOPUS.

Notitia historica. 943
Epistola ad Ratherium episcopum. 945

JOANNES XIII PAPA.

Notitia historica. 949
EPISTOLÆ ET DECRETA. 951
I. — Canonicorum Bononiensium immunitatem confirmat. 951
II. — Bulla pro institutione archiepiscopatus Magdeburgensis. 952
III. — Diploma in Ravennatensi concilio datum, quo Heroldum Salisburgensem archiepiscopum deponit et excommunicat; Fridericum vero ejus loco archiepiscopum creat. 954
IV. — Privilegium pro ecclesia Ferrariensi. 956
V. — Bulla ad Gerbergam abbatissam Gandersheimensem. 959
VI. — Bulla pro monasterio S. Maximi Treviresi. 960
VII. — Bulla pro monasterio B. Joannis evangelistæ Misnensi. 961
VIII. — Privilegium pro monasterio Dolensi diœcesis Bituricensis. 965
IX. — Bulla ad Adalbertum Magdeburgensem archiepiscopum. 966
X. — Altera ejusdem ad eumdem bulla. 967
XI. — Privilegium pro monasterio Arulensi. 967
XII. — Privilegium pro monasterio S. Michaelis de Coxano. 969
XII bis. — Bulla pro asceterio Quinteleimburgensi. 972
XIII. — Privilegium pro ecclesia Trevirensi. 974
XIV. — Theodorico archiepiscopo Trevirensi pallii usum tribuit. 976
XV. — Beneventana sedes archiepiscopatus titulo insignitur. 976
XVI. — Privilegium pro monasterio Fuldensi. 979
XVII. — Privilegium pro monasterio S. Vincentii Metensi. 980
XVIII. — Locatio Prenestinæ civitatis. 982
XIX. — Epistola ad Galliarum episcopos. 983
XX. — Epistola ad Guisadum Urgellensem, Petrum Barcinonensem. 984
XXI. — Monasterium S. Mariæ Glastoniense tuendum suscipit. 984
XXII. — Epistola ad Edgarum regem Anglorum. 985
XXIII. — Privilegium pro monasterio S. Mariæ Thangmarsfeldensi. 986
XXIV. — Rescriptum pro excommunicatione invasorum possessionum monasterii S. Symphoriani diœcesis Augustodunensis. 987
XXV. — Epistola ad gloriosissimum comitem Barcinonensem. 988
XXVI. — Epistola ad universos episcopos Britanniæ citerioris. 989
XXVII. — Privilegium pro monasterio Cluniacensi. 990

ORDO RERUM QUÆ IN HOC TOMO CONTINENTUR.

XXVIII. — Privilegium Adalberoni Remensi archiepiscopo concessum. 991
XXIX. — Epistola ad Adalberonem Remensem archiepiscopum. 992
XXX. — Privilegium pro monasterio S. Salvatoris Papiensi. 995
XXXI. — Epistola ad Petrum episcopum Papiensem. 995
XXXII. — Litteræ de instituendo episcopatu Pragensi. 997
XXXIII. Privilegium pro ecclesia Arelatensi. 998

SANCTUS UDALRICUS AUGUSTANUS EPISCOPUS.

Notitia historica. 999
Vita S. Udalrici auctore Gerardo presbytero ejus familiari. 1001
Observationes præviæ. 1001
Incipit Vita. 1059
Miracula. 1059
Epilogus. 1060
SERMO SYNODALIS. 1069
Conjectura Marci Velseri de auctore sermonis sequentis. 1069

Admonitio Severini Binii. 1070
Charta Udalrici, qua Campidonensi monasterio eligendi abbatis libertatem restituit. 1075
Nomina episcoporum Augustæ civitatis. 1075

APPENDIX.

Officium S. Udalrici. 1075

BENEDICTUS VI PAPA.

Notitia historica. 1079
Notitia diplomatica. 1079
EPISTOLÆ ET PRIVILEGIA. 1081
I. Epistola ad Fredericum Salisburgensem episcopum et ejus comprovinciales. Ipsi ejusque successoribus vices apostolicus in Norica et Pannonia concedit. — 1081
II. Privilegium quod dedit episcopo Theodorico Trevirensi. 1083
III. — Privilegium quod confirmat Petro reverentissimo abbati monasterii S. Benedicti et S. Scholasticæ. 1084
IV. — Privilegium pro monasterio Vizeliacensi. 1085
V. — Monasterii S. Petri Rodensis privilegia confirmat. 1086
Monasterii S. Cæciliæ Montis Serrati privilegia confirmat. 1090

FINIS TOMI CENTESIMI TRIGESIMI QUINTI.

Ex typis MIGNE, au Petit Montrouge.

www.ingramcontent.com/pod-product-compliance
Lightning Source LLC
Chambersburg PA
CBHW070837230426
43667CB00011B/1835